DICCIONARIO TECNICO
Español - Inglés

Guy MALGORN

Translated, revised and increased by
MARÍA RODRÍGUEZ RODRÍGUEZ
with the help of PEDRO ARMISÉN

TECHNICAL DICTIONARY

Spanish ~ English

MACHINE-TOOLS, MINING, INTERNAL-COMBUSTION
ENGINES, AVIATION, ELECTRICITY, RADIO, SHIP-
BUILDING, METALLURGY, PUBLIC WORKS,
COMMERCE.

Guy MALGORN

Traducido, revisado y aumentado por
MARÍA RODRÍGUEZ RODRÍGUEZ
con la colaboración de PEDRO ARMISÉN

DICCIONARIO TECNICO

Español - Inglés

MAQUINAS-HERRAMIENTAS, MINAS, MOTORES DE
COMBUSTIÓN INTERNA, AVIACIÓN, ELECTRICIDAD,
RADIOCOMUNICACIÓN, CONSTRUCCIONES NAVA-
LES, METALURGIA, OBRAS PÚBLICAS, COMERCIO.

PARANINFO

DÉCIMA EDICIÓN

© 1999 Editorial Paraninfo
ITP An International Thomson Publishing company
Magallanes, 25; 28015 Madrid ESPAÑA
Teléfono: 91 4463350 Fax: 91 4456218
(itesparaninfo.pedidos@mad.servicom.es)

© de la traducción española Editorial Paraninfo
ITP An International Thomson Publishing company

© GAUTHIER - VILLARS, EDITEUR, París (Francia)

Para más información:

México y América Central
Séneca, 53, Colonia Polanco
México, D. F. 11560
Tel: 525-281-2906 Fax: 525-281-2656
e-mail: clientes@mail.internet.com.mx
MEXICO

El Caribe
Tel: 787-758-7580 Fax: 787-758-7573
e-mail: 102154.1127@compuserve.com
Hato Rey, PUERTO RICO

América del Sur
Tel. (54-11) 4325-2236
Fax. (54-11) 4328-1829
e-mail: sdeluque@ba.net
Buenos Aires, ARGENTINA

INTERNATIONAL THOMSON PUBLISHING
One Main Street, 6th Floor
Cambridge, MA 02142
Tel: 617 528 3104 Fax: 617 423 43 25

Traducido por: María Rodríguez Rodríguez

Impreso en España
Printed in Spain

ISBN: 84-283-1354-7

Depósito Legal: M-31.453-1999

(071/61/30)

CLM. Eduardo Marconi, 3. Políg. Ind. Codeín. Fuenlabrada (Madrid)

COMPARACION ENTRE LAS UNIDADES DE MEDIDAS INGLESAS Y LAS DEL SISTEMA METRICO

Longitudes

1 centímetro (cm)	0,3937 inch (pouce)
1 metro (m)	3,2808 feet (pieds)
1 metro (m)	1,0936 yard
1 kilómetro (km)	0,6214 mile
1 inch (pulgada)	2,54 cm
1 foot (pie)	0,3048 m
1 yard	0,9144 m
1 mile	1,6093 km
1 mile	1760 yards (yd)
1 yard	3 feet (ft)
1 foot	12 inches (in)

Superficies

1 centímetro cuadrado (cm²)	0,155 square inch (pulg. cuad.)
1 metro cuadrado (m²)	10,7639 square feet (pies cuad.)
1 metro cuadrado (m²)	1,19 square yard
1 hectárea (ha)	2,4710 acres
1 square mile	640 acres
1 acre	4840 square yards
1 square inch	6,4514 cm²
1 square foot	0,0929 m²
1 square yard	0,836 m²
1 acre .·	0,4047 ha
1 square yard (sq. yd.)	9 square feet
1 square foot (sq. ft.)	144 square inches (sq. in.)

Volúmenes

1 centímetro cúbico (cm³) . .	0,0610 cubic inch
1 metro cúbico (m³)	35,3146 cubic feet
1 metro cúbico (m³)	1,308 cubic yard
1 cubic yard (cub. yd.)	27 cubic feet
1 cubic inch	16,387 cm³
1 cubic foot	0,02832 m³
1 cubic yard	0,76451 m³
1 cubic foot (cub. ft.)	1728 cubic inches

Capacidades

1 litro (l)	7,1 gill
1 pint	4 gill
1 quart	2 pints
1 gallon (imperial gallon) . . .	4 quarts
1 peck.	22 gallons
1 bushel.	8 gallons
1 quarter	8 bushels
1 litro	0,2641 U.S.gallon (gallon amér.)
1 gill	0,141981
1 pint	0,567931
1 quart	1,1358611
1 gallon (imperial gallon) . . .	4,543511
1 peck.	9,087 1
1 bushel.	36,348 1
1 quarter	290,781 1
1 U.S. gallon.	3,78681

Pesos

1 gramo (g)	15,432 grains (Troy)
1 gramo (g)	0,0353 ounce (avoirdupois)
1 kilogramo (kg)	2,2046 pounds (avoirdupois)
1 tonelada (t)	0,964 ton (English long ton)
1 grain.	0,0648 g
1 onza.	28,35 g
1 pound.	0,45359 kg
1 ton.	1,016 t
1 ton.	2240 pounds (lbs)
1 pound.	16 ounces (oz) 7000 grains
1 onza.	437,5 grains

Pesos (Troy)

1 Troy ounce	480 grains (avoirdupois) 31,104 g
1 Pennyweight	24 grains 1,555 g

Presiones

1 kg/cm²	14,2233 libras por pulgada cuad. (lbs/sq. in.)
1 kg/m²	0,2048 libras por pie cuadrado (lbs/sq. ft.)
1 lbs/sq. in	0,070307 kg/cm²
1 lbs/sq. ft	4,8824 kg/m²

RELACION DE LOS GRADOS TERMOMETRICOS

Fórmula general para convertir un número de grados centígrados en grados Fahrenheit:

$$T_F = 1,8\, T_C + 32$$

Fórmula general para convertir un número de grados Fahrenheit en grados centígrados:

$$T_C = \frac{T_F - 32}{1,8}$$

ESCALA KELVIN

Escala de temperaturas en grados absolutos. Añadir 273° a la temperatura en grados C ordinarios, para tener los grados K.

Restar 273° a los grados K, para tener los grados C.

POTENCIA CALORIFICA

Para convertir	en	Multiplicar por
Calorías por kilogramo	B.T.U. (British Thermal Units) per pound	1,8
Calorías por metro cuadrado	B.T.U. per square foot	0,369

MEDIDAS DE LONGITUDES INGLESAS
(valoradas en milímetros)

Pouces.	0.	1/16.	1/8.	3/16.	1/4.	5/16.	3/8.	7/16.
0.....	–	1,587	3,18	4,76	6,35	7,94	9,53	11,11
1.....	25,40	26,99	28,57	30,16	31,75	33,34	34,92	36,51
2.....	50,80	52,39	53,97	55,56	57,15	58,74	60,32	61,91
3.....	76,20	77,79	79,37	80,96	82,55	84,14	85,72	87,31
4.....	101,60	103,19	104,77	106,36	107,95	109,54	111,12	112,71
5.....	127,00	128,59	130,17	131,76	133,35	134,94	136,52	138,11
6.....	152,40	153,98	155,57	157,16	158,75	160,33	161,92	163,51
7.....	177,80	179,38	180,97	182,56	184,15	185,73	187,32	188,91
8.....	203,20	204,78	206,37	207,96	209,55	211,13	212,72	214,31
9.....	228,60	230,18	231,77	233,36	234,95	236,53	238,12	239,71
10.....	254,00	255,58	257,17	258,76	260,35	261,93	263,52	265,11
11.....	279,39	280,98	282,57	284,16	285,74	287,33	288,92	290,51
12.....	304,79	306,38	307,97	309,56	311,14	312,73	314,32	315,91
13.....	330,19	331,78	333,37	334,96	336,54	338,13	339,72	341,31
14.....	355,59	357,18	358,77	360,36	361,94	363,53	365,12	366,71
15.....	380,99	382,58	384,17	385,76	387,34	388,93	390,52	392,11
16.....	406,39	407,98	409,57	411,16	412,74	414,33	415,92	417,50
17.....	431,79	433,38	434,97	436,55	438,14	439,73	441,32	442,90
18.....	457,19	458,78	460,37	461,95	463,54	465,13	466,72	468,30
19.....	482,59	484,18	485,77	487,35	488,94	490,52	492,12	493,70
20.....	507,99	509,58	511,17	512,75	514,34	515,92	517,52	519,10
21.....	533,39	535,98	536,57	538,15	539,74	541,33	542,92	545,50
22.....	558,79	560,38	561,96	563,55	565,14	566,73	568,31	569,90
23.....	584,19	585,78	587,36	588,95	590,54	592,12	593,71	595,30
24.....	609,59	611,18	612,76	614,35	615,94	617,53	619,11	620,70
25.....	634,99	636,58	638,16	639,75	641,34	642,93	644,51	646,10
26.....	660,39	661,98	663,56	665,15	666,74	668,33	669,91	671,50
27.....	685,79	687,39	688,96	690,55	692,14	693,73	695,31	696,90
28.....	711,19	712,78	714,36	715,95	717,54	719,13	720,71	722,30
29.....	736,59	738,18	739,76	741,35	742,94	744,53	746,11	747,70
30.....	761,99	763,58	765,16	766,75	768,34	769,93	771,51	773,10
31.....	787,39	788,98	790,56	792,15	793,74	795,33	796,91	798,50
32.....	812,79	814,38	815,96	817,55	819,14	820,73	822,31	823,90
33.....	838,18	839,77	841,36	842,94	844,53	846,12	847,71	849,29
34.....	863,58	865,17	866,76	868,34	869,93	871,52	873,11	874,69
35.....	888,98	890,57	892,16	893,74	895,33	896,92	898,51	900,09

MEDIDAS DE LONGITUDES INGLESAS (valoradas en milímetros)
(continuación)

Pouces.	1/2.	9/16.	5/8.	11/16.	3/4.	13/16.	7/8.	15/16.
0.....	12,70	14,29	15,88	17,46	19,05	20,64	22,23	23,81
1.....	38,10	39,69	41,27	42,86	44,45	46,04	47,62	49,21
2.....	63,50	65,09	66,67	68,26	69,85	71,44	73,02	74,61
3.....	88,96	90,49	92,07	93,66	95,25	96,84	98,42	100,01
4.....	114,30	115,89	117,47	119,06	120,65	122,24	123,82	125,41
5.....	139,70	141,28	142,87	144,46	146,05	147,63	149,22	150,81
6.....	165,10	166,68	168,27	169,86	171,45	173,03	174,62	176,21
7.....	190,50	192,08	193,67	195,26	196,85	198,43	200,02	201,61
8.....	215,90	217,48	219,07	220,66	222,25	223,83	225,42	227,01
9.....	241,30	242,88	244,47	246,06	247,65	249,23	250,82	252,41
10.....	266,70	268,28	269,87	271,46	273,05	274,63	276,22	277,81
11.....	292,09	293,68	295,27	296,86	298,44	300,03	301,62	303,21
12.....	317,49	319,08	320,67	322,26	323,84	325,43	327,02	338,61
13.....	342,89	344,48	346,07	347,66	349,24	350,83	352,42	354,01
14.....	368,29	369,88	371,47	373,06	374,64	376,23	377,82	379,41
15.....	393,69	395,28	396,87	398,46	400,04	401,63	403,22	404,81
16.....	419,09	420,68	422,27	423,85	425,44	427,03	428,62	430,20
17.....	444,49	446,08	447,67	449,25	450,84	452,43	454,02	455,90
18.....	469,89	471,48	473,07	474,65	476,24	477,83	479,42	481,00
19.....	495,29	496,88	498,47	500,05	501,64	503,21	504,82	506,40
20.....	520,69	522,28	523,87	525,45	527,04	528,63	530,22	531,80
21.....	546,09	548,68	549,27	551,85	552,44	554,03	555,61	557,20
22.....	571,49	573,08	574,66	576,25	577,84	579,43	581,01	582,60
23.....	596,89	598,48	600,06	601,65	603,24	604,83	606,41	608,00
24.....	622,29	623,88	625,46	627,05	628,64	630,23	631,81	633,40
25.....	647,69	649,28	650,86	652,45	654,04	655,63	657,21	658,80
26.....	673,09	674,68	676,26	677,85	679,44	681,03	682,61	684,20
27.....	698,49	700,09	701,66	703,25	704,84	706,43	708,01	709,60
28.....	723,89	725,48	727,06	728,65	730,24	731,83	733,41	735,00
29.....	749,29	750,88	752,46	754,05	755,64	757,23	758,81	760,40
30.....	774,69	776,28	777,86	779,45	781,04	782,63	784,21	785,80
31.....	800,09	801,68	803,26	804,85	806,44	808,03	809,61	811,20
32.....	825,49	827,08	828,66	830,25	831,43	833,43	835,01	836,60
33.....	850,88	852,47	854,06	855,64	857,23	858,82	860,41	862,99
34.....	876,28	877,87	879,46	881,04	882,63	884,22	885,81	887,39
35.....	901,68	903,27	904,86	906,44	908,03	909,62	911,21	912,79

TABLA DE CONVERSION
(grados centígrados en grados Fahrenheit)

C.	F.		C.	F.		C.	F.		C.	F.	
−17,8	0	32	− 1,67	29	84,2	14,4	58	136,4	30,6	87	188,6
−17,2	1	33,8	− 1,11	30	86,0	15,0	59	138,2	31,6	88	190,4
−16,7	2	35,6	− 0,56	31	87,8	15,6	60	140,0	31,7	89	192,2
−16,1	3	37,4	0	32	89,6	16,1	61	141,8	32,2	90	194,0
−15,6	4	39,2	0,56	33	91,4	16,7	62	143,6	32,8	91	195,8
15,0	5	41,0	1,11	34	93,2	17,2	63	145,4	33,3	92	197,6
−14,4	6	42,8	1,67	35	95,0	17,8	64	147,2	33,9	93	199,4
−13,9	7	44,6	2,22	36	96,8	18,3	65	149,0	34,4	94	201,2
−13,3	8	46,4	2,78	37	98,6	18,9	66	150,8	35,0	95	203,0
−12,8	9	48,2	3,33	38	100,4	19,4	67	152,6	35,6	96	204,8
−12,2	10	50,0	3,89	39	102,2	20,0	68	154,4	36,1	97	206,6
−11,7	11	51,8	4,44	40	104,0	20,6	69	156,2	36,7	98	208,4
−11,1	12	53,6	5,00	41	105,8	21,1	70	158,0	37,2	99	210,2
−10,6	13	55,4	5,56	42	107,6	21,7	71	159,8	38	100	212
−10,0	14	57,2	6,11	43	109,4	22,2	72	161,6	43	110	230
− 9,44	15	59,0	6,67	44	111,2	22,8	73	163,4	49	120	248
− 8,89	16	61,8	7,22	45	113,0	23,3	74	165,2	54	130	266
− 8,33	17	63,6	7,78	46	114,8	23,9	75	167,0	60	140	284
− 7,78	18	65,4	8,33	47	116,6	24,4	76	168,8	66	150	302
− 7,22	19	67,2	8,89	48	118,4	25,0	77	170,6	71	160	320
− 6,67	20	68,0	9,44	49	120,2	25,6	78	172,4	77	170	338
− 6,11	21	69,8	10,0	50	122,0	26,1	79	174,2	82	180	356
− 5,56	22	71,6	10,6	51	123,8	26,7	80	176,0	88	190	374
− 5,00	23	73,4	11,1	52	125,6	27,2	81	177,8	93	200	392
− 4,44	24	75,2	11,7	53	127,4	27,8	82	179,6	99	210	410
− 3,89	25	77,0	12,2	54	129,2	28,3	83	181,4	100	212	413
− 3,33	26	78,8	12,8	55	131,0	28,9	84	183,2	104	220	428
− 2,78	27	80,6	13,3	56	132,8	29,4	85	185,0	110	230	446
− 2,22	28	82,4	13,9	57	134,6	30,0	86	186,8	116	240	464

¿Cuál es la temperatura en grados Fahrenheit que corresponde a una temperatura de 100 centígrados? Tomar la cifra en tipo grueso 100 y leer en la columna de la derecha, donde se encuentra 212°F.

Ejemplo.– ¿Cuál es la temperatura en grados centígrados que corresponde a una temperatura de 100°Fahrenheit? Tomar la cifra en tipo grueso 100 y leer en la columna de la izquierda la temperatura en centígrados, o sea 38.

TABLA DE CONVERSION
(grados centígrados en grados Fahrenheit) *(continuación)*

C.		F.	C.		F.	C		F.	C.		F.
121	250	482	316	600	1112	510	950	1742	704	1300	2372
127	260	500	321	610	1130	516	960	1760	710	1310	2390
132	270	518	327	620	1148	521	970	1778	716	1320	2408
138	280	536	332	630	1166	527	980	1796	721	1330	2426
143	290	554	338	640	1184	532	990	1814	727	1340	2444
149	300	572	343	650	1202	538	1000	1832	732	1350	2480
154	310	590	349	660	1220	543	1010	1850	738	1360	1292
160	320	608	354	670	1238	549	1020	1868	743	1370	2498
166	330	626	360	680	1256	554	1030	1886	749	1380	2516
171	340	644	366	690	1274	560	1040	1904	754	1390	2534
177	350	662	371	700	1292	566	1050	1922	760	1400	2552
182	360	680	377	710	1310	571	1060	1940	766	1410	2570
188	370	698	382	720	1328	577	1070	1958	771	1420	2588
193	380	716	388	730	1346	582	1080	1976	777	1430	2606
199	390	734	393	740	1364	588	1090	1994	782	1440	2624
204	400	752	399	750	1382	593	1100	2012	788	1450	2642
210	410	770	404	760	1400	599	1110	2030	793	1460	2660
216	420	788	410	770	1418	604	1120	2048	799	1470	2678
221	430	806	416	780	1436	610	1130	2066	804	1480	2696
227	440	824	421	790	1454	616	1140	2084	810	1490	2714
232	450	842	427	800	1472	621	1150	2102	816	1500	2732
238	460	860	432	810	1490	627	1160	2120	821	1510	2750
243	470	878	438	820	1508	632	1170	2138	827	1520	2768
249	480	896	443	830	1526	638	1180	2156	832	1530	2786
254	490	914	449	840	1544	643	1190	2174	838	1540	2804
260	500	932	454	850	1562	649	1200	2192	843	1550	2822
266	510	950	460	860	1580	654	1210	2210	849	1560	2840
271	520	968	466	870	1598	660	1220	2228	854	1570	2858
277	530	986	471	880	1616	666	1230	2246	860	1580	2876
282	540	1004	477	890	1634	671	1240	2264	866	1590	2894
288	550	1022	482	900	1652	677	1250	2282	871	1600	2912
293	560	1040	488	910	1670	682	1260	2300	877	1610	2930
299	570	1058	493	920	1688	688	1270	2318	882	1620	2948
304	580	1076	499	930	1706	693	1280	2336	888	1630	2966
310	590	1094	504	940	1724	699	1290	2354	893	1640	2984

TABLA DE CONVERSION
(grados centígrados en grados Fahrenheit) *(continuación y fin)*

C.	F.	C.	F.	C.	F.	C.	F.	C.	F.
899	1650	3oo2	1o93	2000	3632	1288	2350	4262	1482	2700	4892
904	1660	3o2o	1o99	2010	365o	1293	2360	428o	1488	2710	491o
91o	1670	3o38	11o4	2020	3668	1299	2370	4298	1493	2720	4928
916	1680	3o56	111o	2030	3686	13o4	2380	4316	1499	2730	4946
921	1690	3o74	1116	2040	37o4	131o	2390	4334	15o4	2740	4964
927	1700	3o92	1121	2050	3722	1316	2400	4352	151o	2750	4982
931	1710	311o	1127	2060	374o	1321	2410	437o	1516	2760	5ooo
938	1720	3128	1132	2070	3758	1327	2420	4388	1521	2770	5o18
943	1730	3146	1138	2080	3776	1332	2430	44o6	1527	2780	5o36
949	1740	3164	1143	2090	3794	1338	2440	4424	1532	2790	5o54
954	1750	3182	1149	2100	3812	1343	2450	4442	1538	2800	5o72
96o	1760	32oo	1154	2110	383o	1349	2460	446o	1543	2810	5o9o
966	1770	3218	116o	2120	3848	1354	2470	4478	1549	2820	51o8
971	1780	3236	1166	2130	3866	136o	2480	4496	1554	2830	5126
977	1790	3254	1171	2140	3884	1366	2490	4514	156o	2840	5144
982	1800	3272	1177	2150	39o2	1371	2500	4532	1566	2850	5162
988	1810	329o	1182	2160	392o	1377	2510	455o	1571	2860	518o
993	1820	33o8	1188	2170	3938	1382	2520	4568	1577	2870	5198
999	1830	3326	1193	2180	3956	1388	2530	4586	1582	2880	5216
1oo4	1840	3344	1199	2190	3974	1393	2540	46o4	1588	2890	5234
1o1o	1850	3362	12o4	2200	3992	1399	2550	4622	1593	2900	5252
1o16	1860	338o	121o	2210	4o1o	14o4	2560	464o	1599	2910	527o
1o21	1870	3398	1216	2220	4o28	141o	2570	4658	16o4	2920	5288
1o27	1880	3416	1221	2230	4o46	1416	2580	4676	161o	2930	53o6
1o32	1890	3434	1227	2240	4o64	1421	2590	4694	1616	2940	5324
1o38	1900	3452	1232	2250	4o82	1427	2600	4712	1621	2950	5342
1o43	1910	347o	1238	2260	31oo	1432	2610	473o	1627	2960	536o
1o49	1920	3488	1243	2270	4118	1438	2620	4748	1632	2970	5378
1o54	1930	35o6	1249	2280	4136	1443	2630	4766	1638	2980	5396
1o6o	1940	3524	1254	2290	4154	1449	2640	4684	1643	2990	5414
1o66	1950	3542	126o	2300	4172	1454	2650	48o2	1649	3000	5432
1o71	1960	356o	1266	2310	419o	146o	2660	482o	17o5	3100	5612
1o77	1970	3578	1271	2320	42o8	1466	2670	4838	176o	3200	5792
1o82	1980	3596	1277	2330	4226	1471	2680	4856	18o5	3300	5972
1o88	1990	3614	1282	2340	4244	1477	2690	4874	1871	3400	6152

CONVERSION DE LAS PRESIONES
DEL SISTEMA INGLES AL SISTEMA ESPAÑOL

Libras por pulgada cuadrada	Atmósferas	Kilos por centímetro cuadrado	Milímetros de mercurio	Libras por pulgada cuadrada	Atmósferas	Kilos por centímetro cuadrado	Milímetros de mercurio
0.....	0,000	0,00000	0,00	26.....	1,772	1,83030	134,68
1.....	0,068	0,07040	5,18	27.....	1,840	1,90070	139,86
2.....	0,136	0,14079	10,36	28.....	1,908	1,97109	145,04
3.....	0,204	0,21119	15,54	29.....	1,976	2,04149	150,22
4.....	0,272	0,28158	20,72	30.....	2,044	2,11189	155,40
5.....	0,340	0,35198	25,90	31.....	2,113	2,18228	160,58
6.....	0,409	0,42238	31,08	32.....	2,181	2,25628	165,76
7.....	0,477	0,49277	36,36	33.....	2,249	2,32307	170,94
8.....	0,545	0,56317	41,44	34.....	2,317	2,39347	176,12
9.....	0,613	0,63357	46,62	35.....	2,385	2,46387	181,30
10.....	0,681	0,70396	51,80	36.....	2,453	2,53426	186,48
11.....	0,749	0,77436	56,98	37.....	2,522	2,60466	191,66
12.....	0,818	0,84475	62,16	38.....	2,590	2,67506	196,84
13.....	0,886	0,91515	67,34	39.....	2,658	2,74545	202,02
14.....	0,954	0,98555	72,52	40.....	2,726	2,81585	200,581
15.....	1,022	1,05594	77,70	41.....	2,794	2,88624	205,595
16.....	1,090	1,12634	82,88	42.....	2,862	2,95664	210,610
17.....	1,158	1,19674	88,06	43.....	2,931	3,02704	215,624
18.....	1,226	1,26713	93,24	44.....	2,999	3,09743	220,339
19.....	1,295	1,53753	98,42	45.....	3,067	3,16783	225,653
20.....	1,363	1,40792	103,60	46.....	3,135	3,23322	230,668
21.....	1,431	1,47832	108,78	47.....	3,203	3,30862	235,682
22.....	1,499	1,54872	113,96	48.....	3,271	3,37902	240,697
23.....	1,567	1,61911	119,14	49.....	3,339	3,44941	245,711
24.....	1,636	1,68951	124,32	50.....	3,408	3,51981	250,726
25.....	1,703	1,75990	129,50				

CONVERSION DE LAS PRESIONES
DEL SISTEMA INGLES AL SISTEMA ESPAÑOL

Libras por pulgada cuadrada	Kilos por centímetro cuadrado	Libras por pulgada cuadrada	Kilos por centímetro cuadrado	Libras por pulgada cuadrada	Kilos por centímetro cuadrado
51.......	3,58	75.......	5,27	99.......	6,96
52.......	3,65	76.......	5,34		
53.......	3,72	77.......	5,41	100......	7,03
54.......	3,80	78.......	5,48		
55.......	3,87	79.......	5,55	110......	7,734
56.......	3,94			120......	8,437
57.......	4,00	80.......	5,62	130......	9,140
58.......	4,08	81.......	5,69	140......	9,843
59.......	4,15	82.......	5,76	150......	10,546
		83.......	5,83	160......	11,249
60.......	4,22	84.......	5,90	170......	11,953
61.......	4,29	85.......	5,97	180......	12,656
62.......	4,36	86.......	6,04	190......	13,359
63.......	4,45	87.......	6,11	200......	14,062
64.......	4,50	88.......	6,18		
65.......	4,57	89.......	6,25	210......	14,765
66.......	4,64			220......	15,468
67.......	4,71	90.......	6,33	230......	16,171
68.......	4,78	91.......	6,40	240......	16,874
69.......	4,85	92.......	6,47	250......	17,577
		93.......	6,54	260......	18,280
70.......	4,92	94.......	6,61	270......	18,984
71.......	4,99	95.......	6,68	280......	19,687
72.......	5,06	96.......	6,75	290......	20,390
73.......	5,13	97.......	6,82		
74.......	5,20	98.......	6,89	300......	21,093

CONVERSION DE LAS PULGADAS, PIES, YARDAS, EN MEDIDAS ESPAÑOLAS

	Inches en centímetros	Feet en metros	Yards en metros
1.........	2,539954	0,304794	0,914383
2.........	5,079908	0,609589	1,828767
3.........	7,619862	0,914383	2,743150
4.........	10,159816	1,219178	3,657534
5.........	12,699770	1,523972	4,571917
6.........	15,239724	1,828767	5,486300
7.........	17,77968	2,133561	6,400684
8.........	20,31963	2,438360	7,315068
9.........	22,85959	2,743150	8,229451
10.........	25,39954	3,047949	9,143835
11.........	27,93949	3,352739	10,058218
12.........	30,47945	3,657534	10,972602

CONVERSION DE LAS MEDIDAS DE SUPERFICIE

	Square inches en centímetros cuadrados	Square feet en metros cuadrados	Square yards en metros cuadrados
1.........	6,451366	0,0928997	0,836097
2.........	12,902732	0,1858	1,6722
3.........	19,354098	0,2787	2,5083
4.........	25,805464	0,3716	3,3443
5.........	32,256830	0,4645	4,1804
6.........	38,708196	0,5574	5,0165
7.........	45,159562	0,6503	5,8526
8.........	51,610928	0,7432	6,6887
9.........	58,062294	0,8361	7,5248
10.........	64,513660	0,9290	8,3609
11.........	70,965026	1,0219	9,1971
12.........	77,416392	1,1148	10,0336

CONVERSION DE LAS MEDIDAS DE VOLUMEN

	Cubic inches en centímetros cúbicos	Cubic feet en metros cúbicos	Cubic yards en metros cúbicos
1.........	16,386176	0,0283154	0,76451328
2.........	32,772352	0,056630	1,52902
3.........	49,158528	0,84946	2,29353
4.........	65,544704	0,113261	3,05805
5.........	81,930880	0,141577	3,82256
6.........	98,317056	0,168892	4,58707
7.........	114,703232	0,198207	5,35159
8.........	131,082908	0,226523	6,11610
9.........	147,475584	0,254838	6,68061
10.........	163,861760	0,283154	7,64513
11.........	180,247936	0,311469	8,40964
12.........	196,634112	0,339784	9,17415

MEDIDAS DE VOLUMEN

Medidas españolas　　　　　　　　　**Valor inglés**

1 metro cúbico .... 35,3165 cubic feet

1,31　　cubic yards

Medidas inglesas　　　　　　　　　**Valor español**

1 cubic inch .... 16,386 centímetros cúbicos

1 cubic foot .... 0,028 metros cúbicos

1 cubic yard .... 0,764 metros cúbicos

MEDIDAS DE SUPERFICIE

Medidas españolas	Valor inglés
1 metro cuadrado	1,196 square yard
1 área	119,603 square yards; 0,024 acre
1 hectárea	2,417 acres
1 square inch	6,4513 centímetros cuadrados
1 square foot	0,0928 metros cuadrados
1 square yard	0,8360 metros cuadrados
1 acre	40,4671 áreas

CONVERSION DE LAS UNIDADES DE TRABAJO

Medidas españolas	Valor inglés
1 kilográmetro	80,832 inch-pounds
1 kilográmetro	7,236 foot-pounds
1 tonelada-metro.	38,762 inch-tons
1 tonelada-metro.	3,231 foot-tons

Medidas inglesas	Valor español
1 inch-pound	0,0115 kilográmetros
1 inch-ton	25,707 "
1 foot-pound	0,138 "
1 foot-ton	309,564 "

CONVERSION DE LOS PESOS

Medidas españolas	Valores ingleses
1 gramo.	15,4323 grains troy
1 gramo.	0,6430 pennyweight
1 gramo.	0,032 ounce troy
1 kilogramo	2,205 pounds (avoirdupois)
1 quintal	220,5 ” ”
1 tonelada	2205 ” ”

Medidas inglesas	Valores españoles
1 pennyweight	1,5551 gramos
1 ounce (troy)	31,1034 ”
1 ounce (avoirdupois).	28,3495 ”
1 pound (avoirdupois)	453,5926 ”
1 stone (28 pounds).	6,350 kilos
1 quarter (28 pounds)	12,7 ”
1 hundredweight (cwt).	50,802 ”
1 ton (20 cwt)	1016,048 ”

Nota. – Las medidas llamadas "Troy weight" sólo se utilizan para metales preciosos y en farmacia.

Las medidas llamadas "Avoirdupois" son las medidas usuales. Para el oro y la plata se cuenta por onzas (oz) de 31,103496 g, "deniers" (dwt) de 1,55 g y "grains" de 0,0647 g. (grn).

El mercurio es generalmente evaluado en botellas ("flasks", "bottles") de 34,65 kilos.

Además de la tonelada de 1016 kilos (2240 pounds), existe una tonelada de 907 kilos (2000 pounds), llamada tonelada corta "short ton" poco utilizada en Inglaterra, pero de empleo general en los Estados Unidos donde sirve para expresar pesos de carbón. Para las restantes masas pesadas (locomotoras, por ejemplo), los pesos son expresados generalmente en "livres" y no en toneladas.

MEDIDAS BAROMETRICAS

(BAROMETRICAL MEASURES)

Inches	Milímetros	Inches	Milímetros	Inches	Milímetros	Inches	Milímetros
28,15	715	29,65	753	30,14	765,5	30,49	774,5
28,35	720	29,69	754	30,16	766	30,51	775
28,54	725	29,73	755	30,18	766,5	30,53	775,5
28,74	730	29,77	756	30,20	767	30,55	776
28,94	735	29,81	757	30,22	767,5	30,57	776,5
29,13	740	29,85	758	30,24	768	30,59	777
29,17	741	29,89	759	30,26	768,5	30,61	777,5
29,21	742	29,92	760	30,28	769	30,63	778
29,25	743	29,94	760,5	30,30	769,5	·30,65	778,5
29,29	744	29,96	761	30,31	770	30,67	779
29,33	745	29,98	761,5	30,33	770,5	30,69	779,5
29,37	746	30,00	762	30,35	771	30,71	780
29,41	747	30,02	762,5	30,37	771,5	30,75	781
29,45	748	30,04	763	30,39	772	30,79	782
29,49	749	30,06	763,5	30,41	772,5	30,83	783
29,53	750	30,08	764	30,43	773	30,87	784
29,57	751	30,10	764,5	30,43	773,5	30,90	785
29,61	752	30,12	765	30,47	774	30,94	786

CONVERSION DE LAS UNIDADES DE CAPACIDAD

Medidas españolas	Valores ingleses
1 litro	1,7607 pint
1 hectolitro	176,0773 pints
1 hectolitro	22,0096 gallons

	Medidas inglesas	Valor español
Pt	1 pint (1/8 gallon)	0,5679 litros
t	1 quart (2 pints)	0,1358 "
Gal	1 gallon	4,5434 "
Pck	Peck (2 gallons)	9,0869 "
Bu	Bushel (4 pecks)	36,3477 "
	Quarter (8 bushels)	290,7813 "
	Load (5 quarters)	1453,9065 "
	1 hogshead (56 gallons)	245,34 "
	1 pipe (2 hogsheads)	490,69 "
	1 tun (2 pipes)	981,38 "
	1 firkin (9 gallons)	40,89 "
Bière	1 Kilderkin (18 gallons)	81,78 "
	1 barrel (36 gallons)	163,56 "

El petróleo se mide oficialmente en América por barriles de 42 galones (159 litros). Prácticamente llega en barriles de 50 a 52 galones.

SISTEMA DE ROSCADO "WHITWORTH" PARA PERNOS

Diámetro exterior del filete (pulgadas)	Diámetro exterior del filete (mm)	Número de filetes por pulgada	Diámetro del núcleo (mm)	Diámetro exterior del filete (pulgadas)	Diámetro exterior del filete (mm)	Número de filetes por pulgada	Diámetro del núcleo (mm)
1/16	1,587	60	1,045	1 3/8	34,924	6	29,503
1/8	3,175	40	2,362	1 1/2	38,099	6	32,678
3/16	4,762	24	3,407	1 5/8	41,274	5	34,769
1/4	6,350	20	4,724	1 3/4	44,449	5	37,943
5/16	7,937	18	6,130	1 7/8	47,624	4 1/2	40,396
3/8	9,525	16	7,492	2	50,799	4 1/2	43,571
7/16	11,112	14	8,789	2 1/4	57,149	4	49,017
1/2	12,700	12	9,989	2 1/2	63,499	4	55,367
9/16	14,287	12	11,577	2 3/4	69,849	3 1/2	60,556
5/8	15,875	11	12,918	3	76,199	3 1/2	66,906
11/16	17,462	11	14,505	3 1/4	82,549	3 1/4	72,544
3/4	19,050	10	15,797	3 1/2	88,898	3 1/4	78,892
13/16	20,637	10	17,384	3 3/4	95,248	3	84,406
7/8	22,225	9	18,610	4	101,508	3	90,755
15/16	23,812	9	20,198	4 1/2	114,298	2 7/8	102,985
1	25,400	8	21,334	5	126,998	2 3/4	115,190
1 1/8	28,574	7	23,927	5 1/2	139,698	2 5/8	127,509
1 1/4	31,749	7	27,102	6	152,398	2 1/2	139,385

SISTEMA DE ROSCADO "WHITWORTH" PARA TUBOS

Diámetro interior de los tubos		Diámetro exterior de los tubos (mm)	Diámetro exterior del filete (mm)	Diámetro del núcleo (mm)	Número de filetes por pulgada
Nominal (pulgadas inglesas)	Efectivo (mm)				
1/8	5	10	9,72	8,55	28
1/4	8	13	13,16	11,45	19
3/8	12	17	16,67	14,96	19
1/2	15	21	20,97	18,65	14
5/8	17	23	22,92	20,59	14
3/4	21	27	26,44	24,12	14
7/8	24	31	30,20	27,88	14
1	26	34	33,25	30,29	11
1 1/8	29	38	37,89	34,94	11
1 1/4	33	42	41,91	38,95·	11
1 3/8	36	45	44,32	41,37	11
1 1/2	40	49	47,81	44,86	11
1 5/8	43	52	51,33	48,38	11
1 3/4	46	55	51,99	49,04	11
2	50	60	59,61	56,66	11
2 1/4	60	70	65,72	62,76	11
2 1/2	66	76	76,23	73,28	11
2 3/4	72	82	82,47	79,52	11
3	80	90	88,52	85,56	11
3 1/2	90	102	99,37	96,41	11
4	102	114	110,21	107,25	11

METODOS DE ARQUEO DE LOS BUQUES DE COMERCIO

Se llama *tonelaje* de un buque de comercio, al volumen de las capacidades interiores que son utilizables para recibir mercancías. El término *tonelaje* puede medir dos magnitudes:

— *Peso*, cuando se trate de toneladas exclusivamente.
— *Volumen*, en cuyo caso se refiere a
   Toneladas de Registro
   Toneladas Moorsom
   Toneladas de arqueo, etc.

Se llama *arqueo* a la operación mediante la cual se determina la cabida de una embarcación, así como el volumen encerrado por dicha embarcación.

Las principales naciones marítimas han adoptado un método único de arqueo: el método Moorsom. La unidad de arqueo es el *tonel inglés* (*) de 100 pies cúbicos, o sea, 2,832 m³.

1 tonel de arqueo = 100 pies cúbicos ingleses = 2,832 m³,
1 m³ = 0,363 toneles de aforo = 35,32 pies cúbicos ingleses,
1 pie cúbico inglés = 0,01 tonel de arqueo = 0,0283 m³.

VELOCIDAD DE LOS BUQUES

El *nudo* está ligado a la milla marina (nautical mile. Int.) que vale 1852 metros (definición sancionada por la Conferencia Hidrográfica Internacional de 1929, a pesar de la oposición del Reino Unido y de los Estados Unidos).

En Gran Bretaña se emplea siempre la *nautic mile* (U. K.) que vale

6080 feet (U. K.) = 1853,18 metros
= 1,000 64 mile (Int.)

En los Estados Unidos se emplea la *nautic mile* (U. S.) que vale

6080,20 feet (U. S.) = 1853,248 metros
= 1,000 67 nautic mile (Int.)

(*) Medida antigua para el arqueo de las embarcaciones, equivalente a cinco sextos de tonelada (Dicc. R.A.E.).

CALIBRE DE LOS HILOS

Número del calibre	S. W. G. (*)		B y S (**)		B. W. G. (***)	
	Diámetro (mm)	Sección (mm^2)	Diámetro (mm)	Sección (mm^2)	Diámetro (mm)	Sección (mm^2)
7/0..	12,70	126,6	–	–	–	–
6/0..	11,79	109,1	–	–	–	–
5/0..	10,97	94,57	–	–	–	–
4/0..	10,16	81,07	11,68	107,2	11,53	104,4
3/0..	9,449	70,12	10,40	85,03	10,80	91,54
1/0..	8,839	61,36	9,266	67,43	9,652	73,15
1/0..	8,230	53,19	8,251	53,48	8,636	58,57
1....	7,620	45,60	7,348	42,41	7,620	45,60
2....	7,010	38,60	6,544	33,63	7,214	40,87
3....	6,401	32,18	5,827	26,67	6,579	33,99
4....	5,893	27,27	5,189	21,15	6,045	28,70
5....	5,385	22,77	4,621	16,77	5,588	24,52
6....	4,877	18,68	4,115	13,30	5,156	20,88
7....	4,470	15,70	3,665	10,55	4,572	16,42
8....	4,064	12,97	3,264	8,366	4,191	13,79
9....	3,658	10,51	2,906	6,634	3,759	11,10
10....	3,251	8,302	2,588	5,261	3,404	9,096
11....	2,946	6,819	2,305	4,172	3,048	7,296
12....	2,642	5,480	2,053	3,309	2,769	6,019
13....	2,337	4,289	1,828	2,624	2,413	4,572
14....	2,032	3,243	1,628	2,081	2,108	3,491
15....	1,829	2,627	1,450	1,650	1,829	2,627
16....	1,626	2,075	1,291	1,309	1,651	2,140
17....	1,422	1,589	1,149	1,038	1,473	1,704
18....	1,219	1,168	1,024	0,823	1,245	1,217
19....	1,016	0,811	0,912	0,653	1,067	0,893
20....	0,914	0,657	0,812	0,518	0,889	0,621
21....	0,813	0,519	0,723	0,410	0,813	0,519
22....	0,711	0,397	0,644	0,325	0,711	0,397

(*) S. W. G. (Standard Wire Gauge): Calibre normal inglés.
(**) B y S (Brown et Sharpe Gauge, o "American Wire Gauge"): Calibre americano.
(***) B. W. G. (Birmingham Wire Gauge): Antiguo calibre anglo-americano, usual en Alemania del Norte.

CALIBRE DE LOS HILOS *(continuación)*

Número del calibre	S. W. G. (*)		B y S (**)		B. W. G. (***)	
	Diámetro (mm)	Sección (mm²)	Diámetro (mm)	Sección (mm²)	Diámetro (mm)	Sección (mm²)
23....	0,610	0,292	0,573	0,258	0,635	0,317
24....	0,559	0,245	0,511	0,205	0,559	0,245
25....	0,508	0,203	0,454	0,162	0,508	0,203
26....	0,457	0,164	0,405	0,129	0,457	0,164
27....	0,417	0,136	0,361	0,102	0,406	0,130
28....	0,376	0,111	0,321	0,0810	0,356	0,0993
29....	0,345	0,0937	0,286	0,0642	0,330	0,0856
30....	0,315	0,0779	0,255	0,0509	0,305	0,0730
31....	0,295	0,0682	0,227	0,0404	–	–
32....	0,274	0,0591	0,202	0,0320	–	–
33....	0,254	0,0507	0,180	0,0254	–	–
34....	0,234	0,0429	0,160	0,0201	–	–
35....	0,213	0,0358	0,143	0,0160	–	–
36....	0,193	0,0293	0,127	0,0127	–	–
37....	0,173	0,0234	0,113	0,0100	–	–
38....	0,152	0,0182	0,101	0,00797	–	–
39....	0,132	0,0137	0,0897	0,00632	–	–
40....	0,122	0,0117	0,0799	0,00501	–	–
41....	0,112	0,00981	–	–	–	–
42....	0,102	0,00811	–	–	–	–
43....	0,0914	0,00657	–	–	–	–
44....	0,0813	0,00519	–	–	–	–
45....	0,0711	0,00397	–	–	–	–
46....	0,0610	0,00292	–	–	–	–
47....	0,0508	0,00203	–	–	–	–
48....	0,0406	0,00130	–	–	–	–
49....	0,0305	0,000730	–	–	–	–
50....	0,0254	0,000507	–	–	–	–

(*) S. W. G. (Standard Wire Gauge): Calibre normal inglés.
(**) B y S (Brown et Sharpe Gauge, o "American Wire Gauge"): Calibre americano.
(***) B. W. G. (Birmingham Wire Gauge): Antiguo calibre anglo-americano, usual en Alemania del Norte.

PESO DE 100 PERNOS DE ACERO DULCE, COMPRENDIDAS CABEZAS Y TUERCAS DE 6 CARAS (sistema internacional)

Longitud, cabeza no comprendida (mm)	Diámetros							
	6.	7.	8.	9.	10.	11	12.	14.
	kil.	kil.	kil.	kil.	kil.	kil.	kil.	kil.
10....	0,833	1,289	1,756	–	–	–	–	–
15....	0,943	1,539	1,952	2,806	3,670	4,828	6,337	–
20....	1,053	1,589	2,148	3,054	3,976	5,198	6,778	10,291
25....	1,163	1,739	2,344	3,302	4,282	5,568	7,188	10,891
30....	1,273	1,889	2,540	3,550	4,588	5,938	7,629	11,490
35....	1,383	2,039	2,736	3,798	4,894	6,308	8,069	12,090
40....	1,493	2,189	2,932	4,046	5,200	6,678	8,509	12,600
45....	1,603	2,339	3,128	4,294	5,506	7,048	8,950	13,289
50....	1,713	2,489	3,324	4,542	5,842	7,418	9,390	13,889
55....	1,823	2,639	3,530	4,790	6,118	7,788	9,831	14,448
60....	1,933	2,789	3,716	5,038	6,424	8,158	10,271	15,087
65....	2,043	2,939	3,912	5,286	6,730	8,258	10,712	15,687
70....	2,153	3,089	4,108	5,534	7,036	8,898	11,152	16,286
75....	2,263	3,239	4,304	5,782	7,342	9,268	11,593	16,886
80....	2,373	3,389	4,500	6,030	7,648	9,638	12,033	17,485
85....	2,483	3,539	4,696	6,278	7,954	10,008	12,474	18,085
90....	2,593	3,689	4,892	6,526	8,260	10,378	12,914	18,684
95....	2,703	3,839	5,088	6,774	8,566	10,748	13,335	19,284
100....	2,813	3,989	5,284	7,022	8,872	11,118	13,795	19,883
110....	–	4,289	5,676	7,518	9,484	11,858	14,676	21,082
120....	–	4,589	6,068	8,014	10,096	12,598	13,557	22,281
130....	–	4,889	6,460	8,510	10,708	13,338	16,438	23,480
140....	–	–	6,852	9,006	11,320	14,078	17,319	24,679
150....	–	–	7,244	9,502	11,932	14,818	18,200	25,878
160....	–	–	7,636	9,998	12,554	15,558	19,081	27,077
170....	–	–	–	10,494	13,156	16,298	19,962	28,276
180....	–	–	–	10,990	13,768	17,038	20,843	29,475
190....	–	–	–	11,486	14,380	17,778	21,724	30,674
200....	–	–	–	–	14,992	18,518	22,065	31,873

PESO DE 100 PERNOS DE ACERO DULCE, COMPRENDIDAS
CABEZAS Y TUERCAS DE 6 CARAS (sistema internacional) *(continuación)*

Longitud, cabeza no comprendida (mm)	Diámetros							
	16.	18.	20.	22.	24.	27.	30.	33.
	kil.	kil.	kil.	kil.	kil.	kil.	kil.	kil.
20....	15,340	–	–	–	–	–	–	–
25....	16,123	22,120	30,152	–	–	–	–	–
30....	16,906	23,111	31,376	36,000	–	–	–	–
35....	17,689	24,102	32,600	37,400	47,300	63,500	–	–
40....	18,472	25,094	33,824	38,850	49,000	65,850	86,000	110,150
45....	19,255	26,086	35,048	40,300	50,800	68,100	88,750	113,500
50....	20,038	27,077	36,272	41,750	52,650	70,330	91,500	116,800
55....	20,821	28,068	37,496	43,200	54,400	72,530	94,250	120,120
60....	21,604	29,060	38,720	44,700	56,200	74,830	97,000	123,450
65....	22,387	30,051	39,944	46,200	58,000	77,000	99,750	127,000
70....	23,170	31,043	41,168	47,700	59,750	79,200	102,500	130,200
75....	23,953	32,034	42,392	49,200	61,500	81,410	105,250	133,400
80....	24,736	33,026	43,616	50,650	63,250	83,650	108,000	136,850
85....	25,519	34,017	44,840	52,100	65,000	85,900	110,750	140,100
90....	26,302	35,009	46,064	53,400	66,750	88,100	113,500	143,500
95....	27,085	36,000	47,288	54,900	68,500	90,300	116,250	146,820
100....	27,868	36,992	48,512	56,200	70,300	92,500	119,000	150,150
110....	29,434	38,975	50,960	59,000	73,830	97,000	124,500	156,800
120....	31,000	40,958	53,408	62,000	77,360	101,500	130,000	163,450
130....	32,566	42,941	55,856	64,800	80,900	106,000	135,500	170,100
140....	34,132	44,924	58,304	67,750	84,450	110,500	141,000	176,750
150....	35,698	46,907	60,752	70,650	88,000	115,000	146,500	183,500
160....	37,264	48,890	63,200	73,650	91,550	119,500	152,000	190,150
170....	38,830	50,873	65,648	76,750	94,060	124,000	157,500	196,800
180....	40,396	52,856	68,006	80,000	97,600	128,500	163,000	203,450
190....	41,962	54,839	70,544	83,500	101,200	133,000	168,500	210,100
200....	43,528	56,822	72,992	86,500	105,000	137,500	174,000	217,000

SISTEMA INTERNACIONAL DE ROSCADO PARA PERNOS

Diámetro del perno	Paso (mm)	Diámetro del círculo inscrito. Abertura de llave (mm)	Altura		Diámetro del núcleo (mm)	Sección del núcleo (mm²)
			de la cabeza del perno (mm)	de la tuerca (mm)		
6.....	1	12	4,2	6	4,59	17,3
7.....	1	13	4,9	7	5,59	25,5
8.....	1,25	15	5,6	8	6,24	31,9
9.....	1,25	16	6,3	9	7,24	42,5
10.....	1,5	18	7	10	7,89	50,9
11.....	1,5	19	7,7	11	8,89	64,0
12.....	1,75	21	8,4	12	9,54	74,3
14.....	2	23	9,8	14	11,19	102
16.....	2	26	11,2	16	13,19	141
18.....	2,5	29	12,6	18	14,48	170
20.....	2,5	32	14	20	16,48	220
22.....	2,5	35	15,4	22	18;48	276
24.....	3	38	16,8	24	19,78	317
27.....	3	42	19,9	27	22,78	409
30.....	3,5	46	21	30	25,08	509
33.....	3,5	50	23,1	33	28,08	634
36.....	4	54	25,2	36	30,37	745
39.....	4	58	27,3	39	33,37	897
42.....	4,5	63	29,4	42	35,67	1026
45.....	4,5	67	31,5	45	38,67	1206
48.....	5	71	33,6	48	40,96	1353
52.....	5	77	36,4	52	44,96	1626
56.....	5,5	82	39,2	56	48,26	1874
60.....	5,5	88	42	60	52,26	2194
64.....	6	94	44,8	64	55,56	2481
68.....	6	100	47,6	68	59,56	2846
72.....	6,5	105	50,4	72	62,85	3172
76.....	6,5	110	53,2	76	66,85	3584
80.....	7	116	56	80	70,15	3948

ROSCADO SISTEMA "ACME" PARA TORNILLOS

Número de filetes por pulgada	Profundidad del filete (mm)	Anchura del filete en el remate del plano (mm)	Anchura del filete en la base (mm)	Separación en el remate (mm)	Plano al fondo del hueco (mm)
1......	12,954	9,416	16,116	15,984	9,284
1 1/3...	9,779	7,061	12,121	11,989	6,929
2......	6,604	4,707	8,125	7,993	4,575
3......	4,488	3,137	5,464	5,329	3,005
4......	3,429	2,355	4,127	3,995	2,222
5......	2,794	1,882	3,330	3,198	1,750
6......	2,370	1,570	2,797	2,664	1,438
7......	2,067	1,344	2,416	2,283	1,214
8......	1,841	1,176	2,131	1,999	1,044
9......	1,664	1,049	1,908	1,775	0,916
10......	1,524	0,942	1,730	1,598	0,810

Paso en milímetros	Profundidad del filete (mm)	Anchura del filete en el remate del plano (mm)	Anchura del filete en la base (mm)	Separación en el remate (mm)	Plano al fondo del hueco (mm)
2......	1,25	0,741	1,388	1,259	0,612
2,5....	1,50	0,926	1,707	1,574	0,793
3......	1,75	1,111	2,017	1,888	0,982
4......	2,25	1,482	2,647	2,518	1,352
5......	2,75	1,852	3,277	3,147	1,727
6......	3,25	2,227	3,906	3;777	2,093
8......	4,25	2,961	5,164	5,039	2,835
10......	5,25	3,704	6,424	6,295	3,575
12......	6,25	4,447	7,683	7,554	4,316
16......	8,25	5,947	10,221	10,052	5,778
20......	10,25	7,410	12,719	12,590	7,280

A

A través, Across.

Abaca, Abac or abacus.

Abacá, Abaca, manilla hem.

Ábaco, Alignment chart, graphic chart, nomogram or nomograph; — (mat.), abac or abacus.

Abandonar una galería, To break up a drift.

Abandono (nav.), Abandonment.

Abanico, Fan; **antena en —,** fan shaped antenna, harp antenna; **en —,** fan shaped; **marcador en —,** fan marker; **radiobaliza en —,** fan marker beacon.

Abarbetado, Lashing; — (barca, buques), jammed.

Abarbetar (mar.), To lash.

Abarquillado, Corrugated.

Abarquillamiento, Buckling, warpage, warping.

Abarquillar, To corrugate.

Abarquillarse, To warp.

Abastecedor, Ship chandler, tender.

Abastecer, To victual.

Abastecimiento, Supply.

Abatible, Hinged; **tapadera —,** hinged cover.

Abatimiento, Leverage, perpendicular depth.

Abatir, To beat away, to crease; — (árboles), to cut down.

Abcisa, Absciss (plural abscisses).

Abedul, Beech tree, birch, birch tree; — **plateado,** silver birch.

Abeliano, Abelian; **grupos abelianos,** abelian groups.

Aberración, Error; — (óptica), aberration; — **cromática,** chromatic aberration; — **de anchura de rendija,** slit width error; — **de frente de onda,** wave front aberration; — **de zona,** oblique spherical aberration; — **fotogramétrica,** photogrammetric aberration; — **newtoniana,** newtonian aberration; — **por esfericidad,** spherical aberration; **círculo de —,** crown of aberration.

Abertura, Aperture, beam, break, gap, loop hole, opening, stroke; — **completa,** full aperture; — **de reradiación,** scattering aperture; — **del diagrama de control,** tone control aperture; — **del objetivo,** lens aperture; — **del tragaluz,** venting opening; — **eficaz,** effective aperture; — **eficaz máxima,** maximum effective aperture; — **plana de un reflector,** plane aperture of a reflector; **alza con — para apoyar el ojo,** aperture or peep sight; **cuerda de —** (paracaídas), rip cord; **de — múltiple,** multiple aperture; **pinzas de tornillo de — estrecha,** dog nose handvice.

Madera de abetillo, Norway spruce fir wood.

Abeto, Fir, fir tree, spruce tree; — **blanco,** silver fir tree; — **negro del Canadá,** hemlock; — **resinoso,** pitch tree; — **rojo,** spruce wood; **madera de — blanco,** fly woodbine;

madera de — del Canadá, hemlock spruce fir wood; **viga de —,** fir joist.

Abichita, Abbcite.

Abierto, Open, sunk; **a cielo —,** open cast; **circuito — o de corriente intermitente,** open circuit; **dínamo abierta,** open type dynamo; **estructura abierta,** openness; **explotación a cielo —,** cast on day; **horno de solera abierta,** open hearth furnace; **mina a cielo —,** open pit mine; **pila abierta,** open cell; **tina abierta** (teñido), open beck; **trabajos antiguos a cielo —,** coffin.

Abigarrado (roble, etc.), Piebald.

Abismal (clavo), Clasp nail.

Ablandamiento, Softening; **punto de —,** softening point.

Abocardar, To expand.

Abocinado, Bell mouthed; **tubos abocinados,** flared up tubes.

Abocinadura, Bell mouth.

Abocinar, To enlarge.

Abolladura, Boss.

Abollamiento, Boss.

Abollonar, To bruise, to emboss.

Abombado, Bubble type, dished; **fondo —,** dished end, dished head; **parabrisas —,** bubble wind shield.

Abonado, Consumer, customer; **— llamado,** called subscriber; **retención del — llamado,** called-subscriber-hold condition.

Abonos nitrogenados, Nitrogenous fertilizers.

Aboquillar (tubos), To enlarge.

Abovedado, Archlike, domelike; **pasaje —,** arch way or arch-way; **tejado — de intradós liso,** arched roof with smooth surface.

Abovedar, To arch.

Abrasímetro, Abrasionmeter.

Abrasión, Abrasion; **resistencia a la —,** abrasion resistance.

Abrasivo, Abradant, abrasive; **arena abrasiva,** abrasive sand; **pasta abrasiva para pulimentar,** abrasive cleaning compound; **resalto —,** abraded land; **substancias abrasivas,** abrasives.

Abrazadera, Binding hoop, brace, castor, clevis, clip, cramp, cramp frame, dog, frame with cramps or cramping, jointing cramp, screw clamp, strap, yoke; **— de articulación,** spindle clamp; **— de pared,** wall clip; **— de tornillo,** stirrup bolt; **— de tubería,** casing clamps; **— de volante,** flywheel dowelling; **— giratoria,** revolving clamp; **— metálica,** angle iron; **— para sostener un trinquete de perforación,** crow; **— rápida,** rapid clamp; **— regulable,** adjustable clamp; **— resistente,** rigid brace; **— vuelta,** reversed angle iron; **refuerzo de —,** angle ring stiffening.

Abrellantas, Rim opener.

Al **abrigo** de, Proof; **al — de polvos,** dust proof; **puesto al — de,** proofed.

Abrillantado, Brightening.

Abrir, To open; **— trincheras,** to break; **— un agujero en la mampostería para acoger el extremo de una puerta,** to break in; **— un pozo,** to bore.

Abrochadura, Retaining, tacking.

Absoluto, Absolute (Abs.); **alcohol —,** absolute alcohol; **alto —,** high vacuum; **cero —,** absolute zero; **electrómetro —,** absolute electrometer; **presión absoluta,** absolute pressure; **sistema —,** absolute system; **temperatura absoluta,** absolute temperature; **unidad absoluta,** absolute unit (or C.G.S.); **unidad absoluta de intensidad,** absolute ampere; **vacío —,** absolute vacuum; **valor —,** absolute value.

Absorbedor, Absorber; **— de neutrones,** neutron absorber; **— oscilante,** oscillating absorber.

Absorbente, Absorbent, absorptive; **pozo —,** absorbing well; **tierra —,** absorbent earth.

Absorber, To absorb.

Absorciómetro, Absortiometer; — **fotoeléctrico,** photo-electric absortiometer.

Absorción, Absorption, taking up; — **de capas bajas,** low frequency distortion; — **de cifras,** digit absorption; — **de rotación,** rotational absorption; — **de tierra,** ground absorption; — **dieléctrica,** dielectric absorption; — **eléctrica,** soaking in; — **ionosférica,** ionospheric absorption; — **química,** chemical absorption; **bandas de** —, absorption bands; **cámara de** —, absorption chamber; **campo sin** —, unabsorbed field intensity; **circuito de** —, absorber circuit; **coeficiente de** —, absorption coefficient; **corriente de** —, absorption current; **dinamómetro de** —, absorption dinamometer; **económetro de** —, absorption econometer; **espectro de** —, absorption spectrum; **factor de** —, absorptance; **higrómetro de** —, absorption hygrometer; **manipulación de** —, absorption keying; **modulación por** —, absorption modulation; **ondámetro de** —, absorption wavemeter; **pirómetro de** —, absorption pyrometer; **poder de** —, absorbent power; **raya de** —, absorption line; **torre de** —, absorbing tower, absorption tower.

Absorcividad, Absorptiveness or absortivity.

Absortivo, Absorptive.

Acabado, Dressing, finishing work, reconditioning; — **de superficie,** surface finish; — **especular,** mirror finish; — **satinado,** satin finishing; — **superficial,** planing; — **superfino,** superfinition; **carro de** —, surfacing carriage; **en curso de** —, course of completion; **herramienta de** —, finishing tool; **macho de** —, bottoming tap; **máquina de** —, finishing machine, surfacing machine; **máquina de — de las cajas de cojinetes,** axle box boring machine; **pasada de** —, finishing cut or pass; **plato de** —, surfacing plate.

Acabador, Closer.

Acabadora, Superfinishing machine.

Acaballamiento, Convex making.

Acabamiento, Finishing.

Acabar, To dress.

Acacia, Locust; **falsa** —, acacia.

Acanalado, Banded, channeled, fluted, grooved, serrated, splined; — **por urdimbre,** weft rib; **árbol** —, castellated shaft, serrated shaft, splined shaft; **máquina de fresar las ranuras de los árboles acanalados,** splined milling machine; **tapón** —, fluted plug.

Acanalador, Match plane; — **de cola de milano,** dovetail plane; — **hembra,** grooving plane.

Acanaladura, Channel, flute, furrow, groove, pass, rifling, serration, spline; — **gótica,** gothic pass; **con acanaladuras en espiral,** spiral fluted; **con acanaladuras rectas,** straight fluted; **con arrastre por** —, splined driven.

Acanalar, To flute; **fresa de** —, moulding cutter; **guillame de** —, fluting plane; **máquina de** —, fluting machine, groove cutting machine.

Acantina (química), Acanthine.

Acantita, Acanthite.

Acarreador, Block setting crane.

Acarrear, To convey.

Acarreo, Carriage.

Acartonado, Boardy.

Accesibilidad, Accessibility, approachability.

Accesible, Accessible, boardable.

Acceso fortuito, Random access; — **secundario,** secondary approach; **puerta de** —, access door; **rampa de** —, crossing or raised approach.

Accesorio, Accessory (plural Accesories), gadget, implement; — (secundario), appendage; — **de torno,** lathe attachment; — **para motor,** motor attachment; **accesorios,** fixings, gear; **accesorios** (de máquinas, etc....), fittings, mountings; **accesorios de automóviles,**

automotive accessories; **accesorios de caldera,** boiler armature, boiler fittings; **accesorios de máquinas,** engine fittings; **accesorios eléctricos,** electric fittings; **mecanismo de impulsión de los accesorios,** accessory drive gear.

Accesorios, Attachment, equipment.

Accidental, Adventitious.

Accidentes, Lamings; **lleno de —,** bumpy; **prevención de —,** accident prevention.

Acción, Action, share; **—** (turbina), impulse; **— al portador,** transferable share; **— de,** acting; **— de actualización,** dividend share; **— de aporte,** initial share; **— de llevar al máximo,** boosting; **— diferida,** deferred share; **— enzimática,** wilting; **— fototransistora,** phototransistor action; **— nominal,** nominal share; **— nominativa,** registered share; **— paso a paso,** step by step action; **— unilateral del vapor,** steam acting on one side; **acciones** (véase **Stock**), stocks; **acciones de fundador,** founder's share; **acciones de preferencia,** preference or preferred shares; **acciones entregadas en garantía,** qualification share; **álabes del escalón de —,** impulse stage bladings; **campo de —,** area; **de — automática,** self acting; **de — rápida,** quick acting; **escalón de —,** impulse stage; **mecanismo de acciones solidarizadas,** interlocking gear; **paletajes de —,** impulse blades; **radio de —,** scope, span; **relé de — rápida,** quick acting relay; **rueda de —,** impulse wheel; **turbina de —,** action turbine, impulse turbine.

Accionado, Operated; **— a mano,** hand or manually operated; **— hidráulicamente,** hydraulically operated; **— por,** powered; **— por cremallera,** rack drive; **— por excéntrica,** eccentric driven; **— por motor,** motor driven, motor operated; **— por motor Diesel,** Diesel driven; **herramienta accionada por explosivo,** powder actuated tool.

Accionador, Actuator; **árbol —,** driving shaft.

Accionamiento, Driving; **— por excéntrica,** eccentric action; **biela de —,** actuator; **brazo de —** (piñón de cambio), gear shifting arm; **correa de —,** driving belt; **mecanismo de — de válvula,** valve operating mechanism; **motor de — de la mesa,** table driving motor; **sistema de — por motor,** power driven system; **válvula de — eléctrico,** electrically operated valve.

Accionar, To actuate, to drive; **—** (una máquina), to engage; **— una llave,** to throw a key; **volante de mano que acciona el cabezal móvil** (máq. rectificadora), hand wheel for actuating headstock.

Accionista, Investor, shareholder.

Aceitado, Oiled.

Aceitar, To oil.

Aceite, Oil; **— aislante,** insulating oil; **— antiherrumbre,** slushing oil; **— combustible** (petróleo, nafta), oil fuel; **— compuesto de aceites minerales y vegetales,** compounded oil; **— de absorción,** absorption oil; **— de adormidera,** poppy oil or poppy seed; **— de algodón,** cotton seed oil; **— de alquitrado,** coal or coaltar oil; **— de alquitrán,** tar oil; **— de alumbrado,** illuminating oil; **— de ámbar,** amber oil; **— de angélica,** carlin oil; **— de animal,** animal oil; **— de ballena,** sperm oil, whale oil; **— de cacahuete,** arachid oil, peanut oil; **— de colza,** colza oil, rape oil; **— de compresor,** compressor oil; **— de corte,** cutting oil; **— de creosota,** creosote oil, dead oil; **— de drenaje,** drain oil; **— de engrasar,** lubricating oil; **— de esquisto,** shale oil; **— de exudación,** foots oil; **— de hígado de bacalao,** cod liver oil; **— de linaza,** linseed oil; **— de linaza cocido,** dry oil; **— de linaza hervido,** boiled linseed oil; **— de linaza natural,** raw linseed oil; **— de máquina de coser,** sewing machine oil; **— de marca,** branded oil; **— de nuez,** groundnut oil, nut oil; — **de oliva**, olive oil; — **de palma**, palm oil; — **de parafina**, paraffin oil; — **de pata de buey**, Neat's foot oil; — **de patas de buey**, foot oil; — **de pescado**, fish oil; — **de petróleo**, rock oil, rock tar; — **de pino**, pine oil; — **de pintura**, paint oil; — **de pulir**, polishing oil; — **de quemar**, lamp oil; — **de recocido**, tempering oil; — **de refinado**, refining oil; — **de relojería**, clock oil; — **de ricino**, castor oil; — **de rodaje**, running in oil; — **de sebo**, wool oil; — **de semillas**, seed oil; — **de temple**, quench oil, tempering oil; — **de trementina**, turpentine oil; — **decolorado**, white oil; — **depurado**, purified oil; — **desprovisto de su gas**, dead oil; — **detergente**, detergent oil; — **esencial**, essential oil; — **especial**, attar; — **grafitado**, graphited oil; — **graso**, fatty oil; — **hidrogenado**, hydrogenated oil; — **inhibido**, inhibited oil; — **lubrificante**, lube oil; — **mineral**, hydrocarbon oil, mineral oil; — **muerto**, dead oil; — **muy fluido**, penetrating oil; — **muy fluido** (hasta 220/SSU a 100° F), **semifluido** (de 220 a 1000 SSU a 100° F), **viscoso** (1000 SSU y por encima), light, medium, heavy bodied oil; — **neutro**, neutral oil; — **neutro filtrado y decolorado al sol**, bloomless oil; — **nuevo**, unused oil; — **oxidado por una corriente de aire**, blow oil; — **para alumbrado**, oil for lamps; — **para cilindros**, cylinder oil; — **para cojinetes**, journal oil; — **para ejes**, axle oil; — **para engranajes**, gear oil; — **para husillos**, spindle oil; — **para máquina de hielo**, ice machine oil; — **para maquinaria**, machinery oil; — **para motores de avión**, air plane oil; — **para pivotes**, spindle oil; — **para rodamientos a bolas**, ball bearing oil; — **para telares**, loom oil; — **para transformadores**, transformer oil; — **para vagones**, car oil; — **para válvulas**, valve oil; — **pesado**, crude oil, heavy oil, thick oil; — **privado de su gas**,

dead oil; — **residual**, residual oil; — **secante**, drying oil, siccative oil; — **solar**, solar oil; — **usado**, used oil; — **vegetal**, vegetable oil; — **volátil**, essential oil, volatile oil; **aceites esenciales**, etheral oils; **bidón de** —, oil holder; **bomba de** —, oil circulating pump, oil pump; **caja de** — (cojinete), drip pan; **cárter del** —, oil pan; oil sump; **cilindro de** —, oil cylinder; **colector de** —, oil manifold; **condensador de** —, oil condenser; **conmutador de** —, oil switch; **conservador de** —, oil conservator; **deflector de** —, oil baffle; **depósito de** —, oil reservoir, oil tank; **depurador de** —, oil cleaner, oil purifier, oil reclaimer; **dilución de** —, oil dilution; **disyuntor en** —, oil circuit breaker; **en baño de** —, oil immersed; **entrada de** —, oil inlet; **espesamiento de los aceites**, gumming up; **filtro de** —, oil filter, oil screen; **filtro humedecido con** —, air strainer; **flotación del** —, oil flotation; **freno de** —, oil buffer; **galga de nivel de** —, sounding rod; **grifo de nivel del** —, oil gauge cock; **horno de** — **pesado**, oil furnace; **impregnación de** —, oil impregnation; **indicador del nivel de** —, oil level gauge; **junta de** —, oil seal; **lodo ɘl** —, oil mud; **manómetro de presión de** —, oil pressure gauge; **nivel de** —, oil level; **nivel para** —, oil gauge; **número de gramos de KOH necesarios para neutralizar 1 g. de aceite**, neutralisation or neutralization number; **orificio de drenaje de** —, oil drain; **parte líquida de un** — **volátil**, elacoptene or eleoptene; **piedra para** —, oil stone; **quemador de** —, oil burner; **receptáculo de** —, bowl oil; **recuperador de** —, oil extractor; **refrigeración por** —, oil cooling; **refrigerante de** —, oil cooler; **regeneración del** —, oil reclamation or oil reconditioning or oil rehabilitation; **retención del** — **en depresiones**, canning of oil; **retenedor del** —, oil flinger; **salida de** —, oil release; **sumergido en**

—, oil immersed; **tapón de cárter de** —, oil sump plug; **vapores de** —, oil fumes.

Aceitera, Oil can, oil feeder, oil holder; — **de válvula,** valve oil can.

Aceitero, Oil; **molino** —, oil mill.

Aceitoso, Oily.

Aceleración, Acceleration, speeding; — **debida a la gravedad,** acceleration due to gravity; — **del distribuidor,** acceleration of the slide valve; — **desde baja velocidad,** acceleration low speed; — **negativa,** deceleration; — **obtenida en los toneles,** acceleration obtained in barrel rolls; **de** —, accelerating; **facilidad de** —, pickup; **faja de** — (aeródromos), accelerating lane.

Acelerado, Accelerated; **envejecimiento** —, superaging; **movimiento** —, accelerated motion.

Acelerador, Accelerating, accelerative, accelerator; — **de escape,** exhaust accelerator; — **de ondas estacionarias,** standing wave accelerator; — **de partículas,** particle accelerator; — **de protones,** proton accelerator; — **lineal,** linear accelerator; **botón de** —, hand throttle button; **electrodo** —, accelerating electrode; **electrodo** — **posterior,** post accelerating electrode; **muñón de ajuste de varilla del** —, accelerator throttle rod adjusting trunnion; **pedal del** —, accelerator pedal, throttle pedal; **soltar el pedal** —, to allow the accelerator to return to its normal position.

Acelerante, Accelerating; **fuerza** —, accelerating power; **tobera** —, acceleration nozzle.

Acelerar, To accelerate; — (un motor), to run up.

Acelerógrafo, Accelerograph.

Acelerómetro, Accelerometer.

Acepillado, Smoothing.

Acepillar (calderas, etc.), To smooth.

Aceptabilidad, Acceptableness.

Aceptador, Acceptor; **nivel** —, acceptor level.

Aceptante, Acceptor; **semiconductor** —, acceptor semiconductor.

Acequia, Channel, irrigation canal.

Acer, Rubrum, red maple; — **saccharum,** rock maple wood.

Aceración, Steeling.

Acerado, Picked, steeling; — **superficial,** case or face hardened; **hierro** —, steeled iron.

Acerar, To steel.

Acerdesia, Acerdese.

Acerería, Steel institute, steel mill.

Acería, Steel mill, steel works.

Acerías, Steel makers.

Acerista, Steel treater.

Acero (ver también en las diferentes designaciones de acero enumeradas en otra parte), Steel; — **afinado,** fined steel; — **al boro,** boron steel; — **al carbono,** carbon steel; — **al cobalto,** cobalt steel; — **al crisol,** crucible steel or crucible cast steel; — **al cromo,** ascoloy, chrome steel; — **al manganeso,** manganese steel; — **al níquel,** nickel steel; — **al níquel-cromo,** chrome nickel steel; — **al tungsteno,** tungsten steel; — **al vanadio,** vanadium steel; — **aleado,** alloyed steel; — **batido,** refined steel, sheared steel; — **Bessemer,** Bessemer steel; — **bruto,** raw steel; — **calmado,** killed steel; — **cementado,** cemented steel, converted steel; — **centrifugado,** centrifugal steel; — **comercial,** merchant steel; — **con pocas pérdidas,** low loss steel; — **con 3 a 28 % de cromo sin níquel y de carácter ferrítico y magnético,** stainless iron; — **crudo,** rough steel; — **chapado,** clad steel; — **de alta permeabilidad,** high permeability steel; — **de calidad,** quality steel; — **de cementación,** case hardening steel; — **de construcción,** constructional steel, structural steel; — **de fileteado,** free machining steel, screw machine steel; — **de**

forja, forging steel; — **de fundición acerada,** semisteel; — **de marca,** quality steel; — **de primera clase,** high class steel; — **desbarbado plano,** mill bar; — **dulce,** mild steel; — **dulcificado** (del que se ha disminuido el temple), softened steel; — **duro,** hard steel; — **efervescente,** rimned steel; — **efervescente controlado,** plugged steel; — **en bandas,** strip steel; — **en flejes,** hoop steel; — **endurecido,** chilled steel; — **endurecido en la superficie,** case hardened steel; — **endurecido para laminadores,** chill; — **especial,** alloy steel, special steel; — **esponjoso,** rimmed steel; — **esponjoso efervescente parcialmente desoxidado,** rimmed steel or rimming steel; — **estirado brillante,** bright drawn steel; — **estirado en caliente,** hot drawn steel; — **estirado en frío,** cold drawn steel; — **extradulce,** dead soft steel; — **forjado,** wrought steel; — **fundido en crisol,** crucible steel or crucible cast steel; — **indeformable,** non distorsion steel; — **inoxidable,** stainless steel; — **Krupp no cementado,** K.N.C. (Krupp non cemented); — **laminado,** rolled steel; — **magnético,** magnetic steel; — **manganosilicoso,** silicomanganese steel; — **Martin,** Martin steel, open hearth steel; — **moldeado,** steel casting; — **natural,** natural steel; — **no magnético,** non magnetic steel; — **no tratado,** untreated steel; — **para bruñir,** crude steel, crushed steel; — **para herramientas,** tool steel; — **para matrices,** die steel; — **para molde de fundición,** martial crocus; — **para resortes,** spring steel; — **para transformadores,** transformer steel; — **plata,** silver steel; — **poco templable,** shallow hardening steel; — **pudelado,** puddled steel; — **pulido,** bright steel; — **rápido,** h.s.s. (high speed), high speed steel; — **recocido,** annealed steel; — **rectificado con la muela,** ground steel; — **refractario,** heat resistant or resisting steel, heat steel; — **reposado,** killed steel; — **resistente al calor,** heat resisting steel; — **revenido,** tempered steel; — **semicalmado,** open steel, semikilled steel; — **semidulce,** half mild steel; — **semiduro,** half hard steel, medium steel; — **soldable,** weldable or welding steel; — **soldado,** welded steel; — **templable,** hardenable steel; — **templado,** hardened steel, (poco frecuente), tempered steel; — **Thomas,** Thomas steel; — **vejigoso,** blistered steel; — **vesiculado,** blistered steel; — **Wootz,** Wootz steel; **afinado del** —, shearing of steel; **bronceado de** —, brazing steel; **buque de** —, steel vessel; **calmado del** —, killing; **calmar aceros,** to kill; **cinta de** —, steel tape; **conjunto hecho soldando rozas de** —, steel fabrication; **conjunto soldado de piezas de** —, steel weldment; **chapa de** —, steel plate; **chapa fina de** —, steel sheet; **chapas de** —, sheet steel; **desmontaje de estructuras de** —, unbuttoning; **elaboración del** —, melting, steel making; **enteramente de** —, all steel; **fundidor de** —, steel melter; **granalla de** — **para bruñir,** crushed steel; **hilo de** —, steel wire; **lámina de** —, steel strip; **limaduras de** —, steel dust; **llanta de** —, steel rim; **moldería de** —, steel foundry; **nobleza del** —, steel nobility; **partículas de** —, edge; **polvo de** —, steel powder; **polvos de** — **prealeados,** prealloyed steel powders; **portada de** — (minas), steel set; **resorte de** —, steel spring; **transportador de banda de** —, steel belt conveyor; **trozo de** —, gab; **tubos de** —, tubular steel; **virutas de** —, steel turnings.

Acerrojar, To bolt.

Acetaldehído, Acetaldehyde.

Acetato, Acetate; — **básico de cobre,** basic copper acetate; — **de alúmina,** red mordant; — **de amilo,** amyl acetate; — **de celulosa,** cellulose acetate; — **de plomo,** lead acetate.

Acético, Acetic; **ácido** —, acetic acid; **hidrácido** —, acethydrazide.

Acetilación, Acetylation.

Acetilénico, Acetylenic.

Acetileno, Acetylene; **alumbrado por** —, acetylene lighting; **generador de** —, acetylene generator; **lámpara de** —, acetylene lamp; **negro de humo de** —, acetylene black; **soldadura autógena por** —, acetylene welding.

Acetilo, Acetyl; **peróxido de** —, acetyl peroxide.

Acetona, Acetone, pyroacetic spirit.

Acíclico, Acyclic.

Acícula, Acicula.

Acicular, Acicular, aciculine.

Acidación de pozos de petróleo, Acidizing of oil wells.

Acidez, Acidity.

Acidificación, Acidification.

Ácido, Acid; — **absorbido por el kieselguhr,** dry sulphuric acid; — **acético,** acetic acid; — **algínico,** alginic acid; — **benzoico,** flowers of benzoin; — **carbólico,** carbolic acid; — **cinámico,** cinnamic acid; — **cloranílico,** chloranilic acid; — **clorhídrico,** hydrochloric acid; — **crotónico,** crotonic acid; — **diluído,** dilute sulphuric acid; — **fénico,** carbolic carbide; — **iodoacético,** iodacetic acid; — **mineral,** mineral acid; — **nítrico,** nitric acid; — **químicamente puro,** chemically pure acid; — **orgánico,** organic acid; — **rebajado,** dilute sulphuric acid; — **sulfúrico,** sulphuric acid; — **sulfúrico diluído,** acid diluted sulfuric; — **sulfúrico fumante,** fuming sulphuric acid; — **tíglico,** tiglic acid; **ácidos acilaminados,** acylamino acids; **ácidos grasos,** fatty acids; **ácidos para detener un tinte en una tela teñida anteriormente,** discharging acids; **bombona para ácidos,** carboy; **esteres ácidos,** acid esters; **hogar de solera ácida,** acidophen hearth; **inatacable por los ácidos,** acid-proof; **mezcla de ácidos,** conjuga-ted acids; **número de** —, acid number; **pulido por ataque con** —, etching polishing; **recipiente a prueba de** —, acid proof tank; **tanque inyector de** —, acid blow case; **tratar con** —, to acidize; **tubo soluble en** —, acid soluble pipe.

Acidoide, Acidoid.

Acidulable, Acidifiable.

Acidulado, Acidulate or acidulated; **agua acidulada,** acidulate water.

Acidulidad, Acicuity.

Acieristas, Steel makers.

Acilceteno, Acilketene.

Acitación, Acytation.

Aclarado, Flushed.

Aclástico, Nonrefractive.

Acodado, Bent, cranked; **antena acodada,** bent aerial; **anteojo** —, bent telescope; **árbol** —, crank shaft; **conducto** —, elbow; **eje** —, crank axle; **empalme** —, angle pipe; **empalme por cajas acodadas** (calderas), bent connection; **llave acodada,** bent spanner or bent wrench; **palanca acodada,** bent lever, elbow joint lever, elbow lever; **tubo** —, elbow pipe.

Acodalado, Staying.

Acodar, To crank; to elbow.

Acodillado, Elbowed.

Acollador, Screw chain.

Acometida, Junction.

Acomismo, Acomism.

Acomodar, To accommodate.

Acondicionamiento de aire, Air conditioning; — **de muela,** trueing or truing; **aparato de** — **para altura,** air high altitude; **instalación de** — **de aire,** air conditioner.

Acondicionar una muela, To true.

Acopado, Cupwise.

Acopiar, Stockpiling.

Acoplable, Interlinkable.

Acoplado, Accoupled; — **en paralelo,** parallel connected; **acoplados,** paired; **amplificador** — **por batería,** battery coupled amplifier; **amplificador** — **por resistencia,** resistance coupled amplifier; **amplificador** — **por transformador,** transformer coupled amplifier; **cilindros acoplados,** paired cylinders; **juego de ejes acoplados,** 8 wheel articulated; **oscilador** —, coupled oscillator; **postes acoplados,** twin posts; **radiadores acoplados,** twin radiators; **transformadores montados o acoplados en paralelo,** transformers connected in parallel.

Acoplador, Controller, coupler, coupling; — **centrífugo,** centrifugal coupling; — **de espira resistiva,** resistive-lop coupler; — **de ranura larga,** long-slot coupler; — **direccional,** directional coupler (directive feed); — **direccional multirranura,** multi-hole directional coupler; — **electrónico,** clamper; — **por reacción,** back coupling.

Acoplamiento, Connection, coupler, coupling, engaging gear, hook up; — **a reacción,** feed back coupling; — **acodado en escuadra,** elbow joint; — **ajustable** (radio), loose coupling; — **articulado,** jointed coupling; — **automático,** automatic coupler; — **cerrado,** tight coupling; — **con bridas en escuadra,** flanged elbow; — **con movimiento longitudinal,** expansion coupling; — **crítico,** critical coupling, optimum coupling; — **de bridas y de bulones,** screw flange coupling; — **de cabeza articulada,** flexible head coupling; — **de coquillas,** split coupling; — **de discos,** disc coupling, drag link; — **de láminas de acero,** steel lamination coupling; — **de pasador fileteado,** vicecoupling; — **de platos,** plate coupling; — **de reacción,** back coupling; — **de resistencia,** resistance coupling; — **de segmentos extensibles,** spring ring coupling; — **de trinquete,** pawl coupling; — **directo,** direct coupling; — **elástico,** flexible coupling; — **electromagnético,** electromagnetic coupling; — **electrónico,** electronic coupling; — **electrostático,** electrostatic coupling; — **en cantidad,** joining up in quantity; — **en paralelo,** abreast connection, joining up in parallel, parallel connection; — **en serie,** joining up in series; — **fijo,** fast coupling; — **flexible,** flexible coupling; — **flexible elástico,** flexible coupling; — **fuerte,** close coupling; — **magnético,** magnetic coupling; — **óptimo,** optimum coupling; — **para árboles de transmisión,** shaft couplings; — **por capacidad,** capacitive coupling; — **por cinta,** band coupling; — **por condensador,** condenser coupling; — **por cono,** cone coupling; — **por cono de fricción,** cone coupling; — **por fricción,** friction clutch coupling, overload coupling; — **por garras,** claw coupling, dog clutch; — **por impedancia,** impedance coupling; — **por inducción,** inductive coupling; — **por inductancia y capacidad,** choke-capacity coupling; — **por manguito,** muff coupling, sleeve coupling; — **por pasador fileteado,** vicecoupling; — **por pasadores,** needle coupling; — **rígido,** closed coupling; **acoplamientos en series,** series connection; **biela de** —, coupling link; **bulón de** —, drag bolt, **capacitor de** —, coupling capacitor; **coeficiente de** —, coefficient of coupling; **collar de** —, coupling flange; **cono de presión para** —, wedge for coupling; **junta de** —, coupling joint; **manguito de** —, claw coupling sleeve, clutch coupling box, coupling box, coupling sleeve claw, dog clutch sleeve; **ondas de** —, coupling waves; **oscilador de** — **electrónico,** echo; **perno de** —, drag bolt; **transformador de** —, coupling transformer.

Acoplar, To connect, to couple, to join up; — **en cantidad** (electr.), to join up in quantity; — **en paralelo,** to join up in parallel; — **en serie,** to join up in series.

Acoplo (radio), Coupling; — **curvado**, bend coupling; — **interetápico**, interstage coupling; — **línea-guía**, door-knob transformer; — **parásito**, stray coupling; — **por iris**, iris coupling; **amplificador de** — **por impedancia**, choke coupled amplifier; **condensador de** — **de antena**, antenna coupling condenser; **corte de cuarzo de** — **cero**, quartz zero coupling cut; **dieléctrico de** —, dielectric matching; **oscilador de** — **electrónico**, electron-coupled oscillator.

Acorazado, Battleship, metal clad, shell type; — (dínamo, etc....), iron clad; **cintura acorazada**, armoured belt; **dínamo acorazada**, iron clad dynamo; **indicador** —, tubular drop; **transformador** —, shell transformer.

Instrumentos para **acordonar**, Cording tools.

Acoriogénico, Noncryogenic.

Condensador de **acortamiento** de antena, Antenna shortening condenser.

Acortar, To shorten.

Acotación, Dimension, dimension figure, dimensioning.

Acotado, Dimensioned; **croquis** —, dimensioned sketch; **plano** —, dimension drawing; **precio** —, quotation; **punto** —, spot height.

Acotar, To dimension; — (dibujo), to figure.

Acrecencia, Accrument.

Acreedor, Creditor; — **hipotecario**, encumbrancer.

Extensión por **acres**, Acreage.

Acrescencia de los cristales, Accretion of crystals.

Acridina, Acridine.

Acrilato, Acrylate; — **de etilo**, acrylate ethyl.

Acrílico, Acrylic; **cloruro** —, acrylyl chloride; **plásticos acrílicos**, acrylic plastics; **polímero** —, acryloid polymer; **resinas acrílicas**, acrylic resins.

Acriloide, Acryloid.

Acristalado, Glassed; **cabina acristalada**, glassed cabin.

Acritud, Cold hammering; **dar** —, to smith; **hierro con** —, short iron.

Acrobacia (aviación), Stunt; — **aérea**, acrobatics.

Acrobático, Acrobatic; **vuelo** —, acrobatic flight.

Acromático, Achromatic; **lente acromática**, achromatic lens.

Acromatismo, Achromatism or achromaticity; — **por esfericidad**, spherical achromatism.

Acromatizado, Achromatized.

Actas, Transactions.

Actínico, Actinic; **puente** —, actinic arc.

Actínido, Actinide.

Actinio, Actinium.

Actinismo, Actinism.

Actinización, Actinization.

Actinolítico, Actinolitic.

Actinometría, Actinometry.

Actinométrico, Actinometric.

Actinómetro, Actinometer; — **monométrico**, monometric actinometer.

Actinón, Actinon.

Actinote, Actinote.

Activación, Activation.

Activado, Activated; **alúmina activada**, activated alumina; **baño** —, activated bath; **carbón vegetal** —, activated charcoal.

Activador, Activator; **factor** —, promoting factor.

Activar, To activate; — **la combustión**, to accelerate the combustion; — **los fuegos**, to accelerate the combustion, to stir the fires, to urge the fires.

Activo, Active, assets, barmy; **base activa**, active dope; **corriente activa**, active current; **potencia activa**, active power; **transductor** —, active transducer.

Acto, Deed.

Actógrafo, Actograph.

Actuario, Actuary.

Acuatubular, Water tube.

Acueducto, Conduit.

Acuidad, Acuity; — de una punta, acuteness.

Acuifugo, Aquifuge.

Acumulación, Compactness, floor space; — térmica, thermal storage; ensayo de —, accumulation test.

Acumulador, Accumulator, bunker, secondary battery; — alcalino, alkaline accumulator, alkaline cell; — cadmio-níquel, cadmium-nickel accumulator; — de cubeta, tray accumulator; — de ferroníquel, iron-nickel accumulator; — de pesos, weight accumulator; — de presión equilibrada, self containing pressure accumulator; — de vapor, steam accumulator; — hidráulico, hydraulic accumulator; — hidroneumático, air hydraulic accumulator; — trabajando o en descarga, working accumulator; — tudor, tudor accumulator; aislador de acumuladores, insulating support; batería de acumuladores, accumulator battery, storage battery; caja de acumuladores, accumulator tank; cuadro de distribución de los acumuladores, battery switch board; elemento de —, battery element; elemento de acumuladores, cell; émbolo del —, accumulator plunger; lámpara de acumuladores, accumulator lamp; placa de —, accumulator plate; receptor de acumuladores, battery powered receiver; recipiente del —, accumulator case, accumulator jar; tambor de contrapeso de —, weight drum; vaso de —, accumulator case, accumulator container, accumulator jar, battery jar.

Acumular, To accumulate.

Regla de cálculo acumulativa, Cumulative rule.

Acuñación, Coining; — con volante, coining by the engine; — de moneda, coining.

Acuñado, Jammed, wedged.

Acuñamiento, Jamming; — (herr.), jarring.

Acuñar, To coin, quoin; prensa de —, coining press; troquel de —, coining hammer; troquel de — monedas, coining hammer; volante de —, coining machinery.

Acuñarse, To bind; — (válvulas), to jam.

Acuoso, Aqueous; solución acuosa, aqueous solution.

Acústica, Acoustics; — de locales, room acoustics.

Acústico, Acoustic, acoustical; — polarizado, polarized sounder; amortiguador —, acoustic clarifier; choque —, acoustic shock; filtro —, acoustic filtre; impedancia acústica, acoustic impedance; impedancia acústica característica, characteristic acoustical impedance; impedancia acústica por unidad de superficie, unit area acoustical impedance; intensidad acústica de referencia, reference sound level; laberinto —, acoustic labyrinth; panel —, acoustical panel; potencia acústica instantánea, instantaneous sound power; presión acústica máxima, maximum sound pressure; radiogoniómetro —, aural-null direction finder; regeneración acústica, acoustic feedback; señal acústica, aural signal; tubo —, speaking tube.

Acutangular, Acutangular.

Acutángulo, Acute angled.

Achaflanado, Chamfered, tapered; borde —, chamfered edge.

Achaflanador, Chamfering; lámina achaflanadora, chamfering blade.

Achaflanadora, Chamfering machine.

Achaflanar, To bevel, to chamfer, to edge, to taper; **máquina de —,** chamfering machine, edge milling machine.

Achicador, Bailer, bailing can; **cabeza del —,** bailer top.

Achicamiento del agua rezumante, Drain.

Achicar el agua rezumante, To drain.

Achique, Bailing; **bomba de —,** unwatering pump; **galería de —,** drainage gallery.

Adamantino, Adamantine.

Adamascado, Damasked.

Adamina o **adamite,** Adamine or adamite.

Adaptabilidad, Adaptability.

Adaptación, Matching; **— a la oscuridad** (aviac.), dark adaptation; **— de ecos,** pip matching; **— en delta,** delta-matching; **lámina de —,** matching strip; **mala —,** mismatching; **mala — de impedancia,** impedance mismatching.

Adaptador, Adapter, adjustor, converter, foot hook, lug; **— a cardan,** adapter universal joint; **— coaxil,** coax-to-coax adapter; **— de soporte de barrena fresa,** adapter broach holder; **— de válvulas metálicas,** adapter metal tube; **— de zócalo de válvula,** valve base adapter; **— del retén de aceite,** adapter grease retainer; **— guía-coaxil,** waveguide to-coax adapter; **— para bocinas,** adapter loud speaker; **— para manijas de llaves,** adapter wrench handle; **sección adaptadora serie,** impedance transforming section; **transformador — de impedancias,** impedance matching transformer.

Adaptadores, Draw back.

Adaptar, To adapt.

Adaraja, Toothing stone.

Adelantado (relojería), Fast.

Adelantar el encendido del motor, To advance the firing of the motor.

Adelante, Advance; **marcha —,** ahead motion; **marcha hacia —,** ahead; **turbina de marcha —,** ahead turbine.

Adelanto experimentado en el automóvil, Advance in automobile design.

Adelfolita, Adelpholite.

Adelgazar, To diminish.

De **Adenolino,** Adenylic.

Adentro, Inwards.

Adherencia, Adherence, adhesion, adhesiveness, bondability, grip; **— de una rueda de acero contra un riel de acero,** adhesion of a steel wheel on a steel rail; **— límite,** limit of adhesion; **ensayo de —,** bond test.

Adherente, Adherent, adhesive; **peso —,** adhesive weight; **poder —,** adhesive power.

Adherir, To adhere.

Adherirse a tierra, To cling.

Adhesión, Adhesion, adhesiveness.

Adhesividad, Adhesivity.

Adhesivo, Adhesive; **cinta adhesiva,** adhesive tape, rubber adhesive.

Adiabáticamente, Adiabatically.

Adiabático, Adiabatic; **cambio — de temperatura,** adiabatic temperature change; **compresión adiabática,** adiabatic compression; **curva adiabática,** adiabatic curve; **diagrama —,** adiabatic diagram; **expansión adiabática,** adiabatic expansion; **línea o curva adiabática,** adiabat; **rendimiento —,** adiabatic efficiency; **saturación adiabática,** adiabatic saturation; **transformación adiabática,** adiabatic transformation.

Adiamantado, Diamond; **herramienta adiamantada,** diamond tool; **muela adiamantada,** diamond wheel; **rodillo —,** diamond wheel.

Adición, Addition, addittament, incremental; **dúplex por —,** incremental duplex.

Aparato de **adiestramiento,** Simulator; **aparato de — de pilotaje,** flight simulator.

Adinamia, Adynamia.

Adjudicatario, Contractor.

Adjunto, Appended, deputy.

Administración, Trustee; — (de Correos), office; **consejo de** —, board of trustee, managing directors.

Administrador (de una sociedad), Director.

Administradores, Trustees.

Admisión, Admission, intake; — (máquinas), induction; — **eficaz,** real admission; — **en franquicia,** free admittance; — **parcial** (turbina), partial admission; **avance a la** —, lead admission; **caja de** — **del vapor,** steam admission; **caja de la válvula de** —, admission valve box; **corona de** —, ring of admission ports; **curva de** — **del vapor,** steam admission line; **émbolo de** —, admission gear rods; **lumbrera de** —, admission port; **período de** —, admission period; **plena** — (turbina), full admission; **presión de** —, throttle pressure; **recubrimiento a la** —, steam overlap; **toma de** — **de aire,** air sleeve; **tubo de** —, induction pipe; **válvula de** —, admission valve, induction valve; **volumen de** —, admission space.

Admitancia, Admittance; — **de transferencia,** transfer admittance; **símbolo de la** — (inversa de la impedancia), y.

Admitido, Admit; **altura admitida,** admit in height.

Admitir (abriendo una válvula, un grifo, etc.), To turn on.

Adobe, Air brick, unbaked brick.

Adoquín, Adit; — **pequeño,** small ashlar.

Adoquinado, Pavement, paving, pitching.

Adoquinar, To pave.

Adornar, To dress.

Adquisición, Acquest.

Adsorbato, Adsorbate.

Adsorbedor, Adsorber.

Adsorbente, Adsorbant, adsorptive.

Adsorber, To adsorb.

Adsorbido, Adsorbed.

Adsorción, Adsorption, sorption; — **cromatográfica,** chromatographic adsortion; — **por rotación,** rotational adsorption.

Aduana, Custom or Customs; — (edificio), customhouse; **certificado para el reintegro de derechos de** — **pagados,** custom debenture; **declaración en aduanas,** custom declarations; **derechos de** —, custom duties; **entrega de los derechos de** —, draw back; **fianza en aduanas,** custom security; **operaciones de** —, custom clearance; **reintegro de derechos de** —, drawback; **tarifas de** —, custom tariffs.

Unión aduanera, Customs Union.

Adujado, Coiled.

Adujar (cabo), To coil down.

Adulteración, Adulteration.

Adulterante, Dopant.

Advertidor, Detector.

Adyacencia, Adjacence or adjacency.

Adyacente, Adjacent; **ángulos adyacentes,** adjacent angles.

Aeración, Ventilation.

Aéreo, Aerial, aerian, aero, overhead; **aguja aérea,** aerial frog; **aparato marino de enlace** —, air liaison marine craft; **ataque** —, air raid; **cable** —, overhead cable; **cargamento** —, air cargo; **código de navegación** —, air navigation act; **comisión de seguridad aérea,** air safety board; **conductor** —, overhead conductor; **correo** —, air mail; **correo** — **militar,** military air mail; **corretaje** —, airbroking; **cruce** — **de líneas,** aerial crossing; **defensa aérea,** air defence; **escuadrilla aérea,** air squadron; **estado de alertar** —, air alert status; **ferrocarril** —, aerial railway; **flete** —, air freight; **fotografía aérea,** aerial photography, aerial survey;

fuerza aérea de combate del ejército, air army combat; grúa de cable —, elevated cable way crane, overhead traveller; hélice aérea, air screw (Inglaterra: véase Airscrew y Propeller, América); hélice aérea calada, blade airscrew; línea aérea, aerial line, air line; mortero —, air mortar; navegación aérea, aid air navigation; pasillo —, route lane; potencia aérea numérica, numerical air strength; puente-grúa —, overhead travelling crane; real fuerza aérea, Royal Air Force (R. A. F.); red aérea, overhead network; ruta aérea rectilínea, airway straight line; saco de correo —, air mail bag; seguridad aérea, flight security; servicio de precauciones contra ataques aéreos, air precaution service; servicio de transportes aéreos de encomienda, air carrier service; sistema de transportes aéreos regulares, scheduled air system; tarifa aérea, air fare; tráfico —, air traffic; transportador —, aerial carrier, aerial ropeway, aerial transporter; transporte —, skylift; transporte de encomiendas aéreas, air express business; vista aérea, aerial view.

Aeroambulancia, Ambulance plane.

Aerobalística, Aeroballistic.

Aeróbico, Aerobic.

Aerodina, Aerodyne.

Aerodinamicista, Aerodynamicist.

Aerodinámico, Aerodynamic, aerodynamical; aerodinámica, aerodynamics; álabes directores de un canal —, wind tunnel cascades; balanza aerodinámica, aerodynamic scales or balancee; calentamiento —, ram heating; canal — para aviones supersónicos, supersonic wind tunnel; concha aerodinámica, conk; freno —, air brake; freno — de aletas, air flap type; plano —, aerofoil; rendimiento —, lift drag ratio; túnel —, air tunnel.

Aeródromo, Aerodrome, air field; — de escuela de aviación, airport flying school; faro de —, aerodrome beacon.

Aerogenerador, Aerogenerator.

Aerografía, Aerography.

Aerolar, Aerolar.

Aerolástico, Aeroelastic.

Aerología, Aerology.

Aerómetro, Aerometer, air poise.

Aeromotor, Windcharger.

Aeronauta, Aeronaut.

Aeronáutica, Aeronautics, balloonery.

Aeronáutico, Aeronautical.

Base aeronaval de reserva, Air naval reserve.

Aeronave, Aircraft; — de ala baja, low wing aircraft; — de elevada performance, high performance aircraft; — de gran carga, large scale aircraft; — de matrícula extranjera, aircraft of foreign registry; — de propulsión nuclear, nuclear powered aircraft; — de serie, production type aircraft; — de servicio público, public service aircraft, public service airship; — de sustentación dinámica, dynamic lift aircraft; — de transporte de gran altura, high altitude airliner; — impulsada por medios mecánicos, mechanically driven aircraft; — propulsada por motor, engine driven airship; plataforma para aeronaves, airport apron.

Aeronavegabilidad, Airworthiness; certificado de —, certificate of airworthiness; con condiciones de —, airworthy.

Aeroplano, Aeroplane, aircraft; — estafeta, courier; — fuera de servicio, crate; — modificado para ser catapultado, cataplane; efecto —, aeroplane effect.

Contrato para la explotación de servicio aeropostales, Air mail contract.

Aeropuerto, Airport, air terminal, airport, terminal station; — **completamente iluminado,** fully lighted airport; — **parcialmente iluminado,** partially lighted airport; **pista de** —, airport apron.

Aerorrefrigeración, Aerocooling.

Aerorrefrigerar, To aircool.

Aerosol, Aerosol.

Aerosoloscopio, Aerosoloscope.

Aerostática, Aerostatic, ballooning.

Aérostato, Aerostat; — **fotográfico,** airship for photographic work.

Aeróstero, Balloonist.

Aerotransportar tropas o material, To airland.

Aerotriangulación, Aerotriangulation.

Aferrado, Binding; **pata de** —, binding iron.

Afianzador, Fastener.

Afianzar, To cleat, to shore or to shore up, to stay.

Aficionado, Amateur; **estación de** —, amateur station.

Afieltrado, Clothing, coating, covering, felted.

Afieltrar, To felt.

Afiladera, Rubstone, whetstone.

Afilado, Edged, grinding, honey combing, keen, sharp, sharpening; — **con aspersión,** wet sharpening; — **en seco,** dry sharpening; — **recto del borde cortante,** correct application of cutter; **ángulo de** —, grinding angle, sharpening angle; **inclinación de** —, grinding slope; **taller de** —, grindy.

Afiladora, Grinder, sharpener, sharpening machine; — **de cuchillas,** saw blade grinder, saw blade grinding machine; — **de herramientas,** tool grinding machine; — **de sierras,** saw sharpener.

Afilar, To affile, to edge, to hone, to set, to set an edge, to sharpen, to spike, to whet; — **en húmedo,** to grind wet; — **herramientas,** to set tools; **canaleta de muela de**

—, chest; **máquina de** —, sharpening machine; **máquina de** — **fresas,** milling cutter grinder; **máquina para** — **las brocas helicoidales,** twist drill grinder; **máquina para** — **las fresas y los escariadores,** cutter and reamer grinder; **piedra de** —, grinding stone, whetstone; **piedra para** —, clearing stone.

Colineaciones afines, Collineations affines.

Calote de mineral dispuesto para la **afinación,** Caxon.

Afinado, Converted, refined, refinement; **escoria de** —, refinery cinder; **fundición afinada,** refined cast iron; **hierro** —, refined iron; **horno de** —, copper refining furnace; **taller de** —, refinery; **zamarra mal afinada,** cobble.

Afinador, Finer, refiner.

Afinamiento, Fineness.

Afinar (metal), To fine, to refine; — (oro o plata), to clear.

Afines, Affines.

Afinidad, Elective, attraction; — **molecular,** attraction; — **por el oxígeno,** adustion.

Afino, Fining, refining; — **electrolítico,** electrolytic refining; — **neumático,** converting; **escoria de** —, fining slag; **últimas escorias del** —, foxtail.

Aflojamiento, Slackening.

Aflojar, To loosen, to slack or to slacken, to unclinch, to unfasten, to unscrew; — **un tornillo,** to ease.

Aflojarse, To work loose.

Afloramiento, Blossom or blossoming, crop, cropping, flushing, outcrop, outcropping; — (minas), cap; — **sin profundidad,** blow.

Afloramientos, Black pins.

Aflorar, To dip, to fay, to make even; — (minas), to basset.

Aforrado de un cabo, Serving.

Aforrar, To sheathe; — **un cabo,** to parcel, to serve; **mazo de —,** serving mallet.

Afuste, Carriage; — (cañones), mounting; — **de cuna,** cradle mounting; —**de cañón,** gun mounting.

Agalmatolito, Figure stone.

Nuez de **agalla,** Gall nut.

Agar-agar, Agar-agar.

Agárico, Agaric; **mineral —,** agaric mineral, liquid chalk.

Agarradero, Hold.

Agarrar, To gag, to grip.
Sistema de **agarre,** Chucking method.

Agarrotado, Frozen, jammed, seized, stuck.

Agarrotamiento, Griping or Gripping, seizing, seizure; — **de un motor,** binding.

Agarrotarse, To check, to cut, to fray; — (máquinas), to gripe, to seize.

Agente, Agent, medium, representative, salesman; — **marítimo,** shipping agent; — **químico estornutatorio,** sternutator.

Agilidad, Nippiness.

Agitación, Stirring; — **de grasa,** grease churning; — **de la masa de hierro a pudelar por medio de una hoja o de un atizador,** bleeding or bleed; — **térmica,** thermal agitation; **ruido de — térmica,** shot noise.

Agitador, Beater, blade, stirrer; — (caucho), muddler; — (fabricación de jabón), fan; — (máquinas), agitator.

Agitar, To stir; — **el mineral** (preparación mecánica), to dolly.

Aglomeración, Sintering.

Aglomerado, Bonded, briquetable, concrete, sinter, sintered; **aglomerados,** blocks, patent coal or patent fuel.

Aglomerante, Bond; — **de núcleos,** binder core; **aglomerantes,** binders; **con —,** bonded; **con — de resina,** resinoid bond.

Aglomerar, To agglomerate, to bond, to sinter; — (pudelaje), to ball; **máquina de —,** roaster.

Aglutinación, Agglutination; — **de combustible,** cementing; — **de coque,** clinkering.

Aglutinante, Agglutinating, caky.

Agolletado, Choke bored.

Agotado (yacimiento), Depleted, spent.

Agotamiento, Drainage; **bomba de —,** draining engine, dredging pump; **de —,** exhausting.

Agotar (minas), To exhaust; — (un yacimiento), to deplet.

Agramado, Braking, scutching; — **del lino,** braking.

Agramar (el cáñamo), To swingle; — (textiles), to scuth.

Agramiladora, Trimming machine.

Agramiza (lino), Shive.

Agrandar, To enlarge.

Agregación, Aggregation; **cuerpo formado por —,** aggregate body.

Agregado, Aggregate (en plural: **Aggregates).**

Agregar, To Aggregate.

Agriado, Stale; — (metal), cold beaten.

Agriamiento, Cold hammering, cold work, cool hammering, hammer hardening, strain hardening.

Agriar, To cold hammer, to cool hammer, to hammer, to hammer harden.

Agrícola, Agricultural; **máquina —,** agricultural machinery; **máquina — accionada por motor,** agricultural motor driven machine.

Agrietado, Check marked, choppy, cracked, flawy, honey combed, shaky.

Agrietamiento, Cracking.

Agrietar, To gape.

Agrietarse, To craze, to chap, to chink.

Agrimensor, Surveyor; **metro —,** tape line.

Agrimensura, Land surveying, location; **jalón de —,** levelling pole.

Agrio, Cold short, sour; — (hierro), brittle; — (met.), eager.

Agrupación local móvil de iones, Crowdion; **agrupaciones metiladas,** methyl groups; **agrupaciones nitradas,** nitro groups.

Agrupamiento, Grouping.

Agrupar, To group.

Agrura, Brittleness.

Agua, Water; — **abajo,** tail water; — **acidulada,** acidulated water; — **blanda,** soft water; — **bruta,** raw water; — **de alimentación,** feed water; — **de cal,** lime water; — **de cemento,** cement water; — **de circulación,** circulating water; — **de cloro,** bleaching liquid; — **de cristalización,** water of crystallisation; — **de enfriamiento,** cooling water, jacket water; — **de estiércol,** dung water; — **de inyección,** injection water; — **de lluvia,** rain water; — **de maceración,** steepwater; — **de mar,** salt water, S. W. (salt water); — **de pulverización,** spray water; — **de reposición,** make up water; — **de sentina,** bilge water; — **destilada,** distillated or distilled water; — **dulce,** freshwater; — **dura,** earthy water, hard water; — **en los cilindros,** hydrostatic lock; — **estancada,** slack water; — **fuerte,** aqua fortis; — **madre,** bittern; — **no tratada,** raw water; — **pesada,** heavy water; — **potable,** drinkable water; — **que contiene cobre,** cement water; — **que fluye desde que se abre hasta que se cierra una esclusa,** damming water; — **regia,** aqua regia; — **represada,** damming water; — **salada,** brine; **ablandador de —,** water softer; **ablandador del —,** water softener;

acción de tomar o hacer —, watering; **adelanto del buque en el —,** way; **agotamiento del —,** dewatering; **aguas abajo,** down stream; **aguas arriba,** upstream; **aguas de cabecera,** head water; **aguas madres,** leach brine; **aguas vírgenes,** raw brine; **alimentación de —,** watering; **analizador de —,** water analyser; **aportación de vapor de —,** admixture of water vapor; **bolsa de —,** water slug; **bolsa de —** (tubería de vapor), water slug; **bomba de —,** water circulating pump; **boquilla de chorro de —,** monitor; **caja de —,** water tank; **calentador de —,** water heater; **cámara o cofre de —,** water chamber; **canalización de —,** water line; **circulación de —,** water circulation; **colchón de —,** water cushion; **compuerta de toma de —,** gate for water intake; **con refrigeración por —,** water cooled; **contador de —,** watermeter; **contenido de —,** moisture content; **contenido total de —** (terrenos), holard; **curado debajo del — del mar** (maderas), water seasoning; **depuración de — de alimentación,** water purifying apparatus; **depuración del —,** water treating; **distribución de —,** water works; **echar — en el acumulador,** to add water to the battery; **elevador de —,** water lifter; **eliminador de —,** scrubber; **envoltura de —,** water jacket; **evaporador de —,** water evaporator; **excavación para drenaje de aguas,** soakaway; **extraer el —,** to abstract the water; **fuga de —,** water way; **hacer —,** to leak; **hacer —** (no ser estanco), to make water; **hacer aguas las costuras** (N.), to gape; **hacer una vía de —,** to spring a leak; **horno metalúrgico de cuba con circulación de —,** water jacket; **indicador de temperatura del —,** water temperature gauge; **inyección de —,** water flooding; **lámina de —** (calderas), water space, water way; **línea de —,** water line; **manto de —** (geología), water horizon; **máquina de achique de —**, water scoops; **máquina de extraer —**, scooping machine; **martillo de —**, water hammer; **medida de la dureza de un — calcárea**, grain; **nivel de —**, water level; **pantalla de —**, water wall; **pequeña fuga de —**, dropping out (the water); **poceta de recogida de aguas**, water ring; **procedimiento de lavado de los terrenos auríferos por medio de una corriente de — violenta**, booming; **puerta de aguas abajo**, down stream gate; **que hace —**, leaky; **radiodetector de —**, water monitor; **refrigeración por —**, water flow cooling; **resistencia del —**, water resistance; **separador de —**, water separator; **sobre el —**, overwater; **substancia muy fina mantenida en suspensión en el — turbia**, dredge; **taponar una vía de —**, to fother a leak, to stop a leak; **tirante de — bajo una obra**, head way; **toma de —**, water intake, water supply; **tomar —**, to make water, to water; **torre de —**, water tower; **transporte por —**, water borne goods; **tubo de nivel de — (calderas)**, water gauge; **tubo principal de una conducción de —**, water main; **vapor de —**, water vapour; **vía de —**, leak, leakage, water way.

Aguada, Wash, washing, water point, watering.

Aguarrás, Oil of turpentine, spirits of turpentine.

Agudeza auditiva, Auditary acuity; **— del filo de una cuchilla**, acuteness; **— visual**, visual acuity.

Agudizar, To set an edge; **— herramientas**, to set tools.

Agudo, Acute, fine, sharp; **ángulo —**, acute angle; **de punta aguda**, keen edged.

Aguijón, Gad.

Aguilón en cuello de cisne, Goose neck boom.

Aguja, Index (plural **Indices**), moveable rail, needle, pen, pointer, railroad switch, stylus; **— (ferrocarril)**, sliding tongue, switch, switch blade, switch tongue; **— aérea**, aerial frog; **— astática**, astatic needle; **— de cambio de vía**, slide rail; **— de carburador**, carburettor needle; **— de cuadrante**, dial pointer; **— de derrota**, compass steering; **— de exudación**, bristling; **— de fonógrafo**, phonograph stylus; **— de hacer punto**, knitting needle; **— de inclinación**, dipping needle; **— de inyector**, injector needle; **— de jareta**, bodkin; **— de la válvula del flotador (auto)**, float valve needle; **— de polvorero (minas)**, pricker; **— de rampa (transbordador)**, ramp for climbing; **— imantada**, magnetic needle; **— loca**, perturbed or disturbed needle; **— móvil**, tongue rail; **— registradora**, cutting stylus; **agujas**, points; **agujas (minas)**, backing deals; **agujas de exudación**, copper foam; **cambiar las agujas**, to switch off; **compuerta de —**, needle valve; **compuerta de — equilibrada**, balanced needle valve; **en sentido inverso al de las agujas del reloj**, counter clock wise; **máquina de cepillar las agujas**, switch tongue planer; **rodamiento de agujas**, needle bearing; **ruido de —**, surface noise; **ruido de la — (gramófono)**, needle scratch; **sistema astático de agujas imantadas**, astatic pair; **telégrafo de —**, single needle system; **válvula de —**, needle valve.

Agujereado, Punctured.

Agujerear, To puncture.

Agujero, Gap, hole, pit, spindle boring; **— de alto horno**, stone dam; **— de colada**, floss hole; **— de cubo**, bore hub; **— de descarga**, discharging hole; **— de deshornado**, discharging hole; **— de hombre**, manway; **— de inspección**, hand hole; **— de limpieza**, mud hole; **— de llenado**, feed hole; — **de mirilla,** eye holes; — **de paredes hendidas,** bore split; — **de peso de perno roscado** (taladrora), clearance hole; — **de pozo,** bore well; — **de sal** (calderas), mud hole; — **de tonel,** bung; — **de vaciado,** oil drain; — **de visita,** sludge hole; — **escariado,** bored hole; — **para ligadura,** bond hole; — **para remache o bulón de cabeza embutida,** counter bore; — **para visita,** eye holes; — **perforado,** bored hole; — **perforado con dimensiones** (no debiendo ser roscado posteriormente), clearing hole; **ensanchamiento con fondo plano del orificio de un —,** counter bore; **larguero de — de acceso a la cámara,** cross bar.

Ligeramente **Aguzado,** Acutate.

Aguzar, To edge.

Ahogado, Quenched.

Ahogar (compartimentos, carburador), To flood.

Ahogo, Flooding; — **de un carburador,** carburettor flooding.

Ahondar, To beat out, to deepen, to sink.

Ahorquillado, Forked.

Ahorro, Savings; **caja de ahorros,** savings bank.

Ahuecado, Channeled.

Ahuecamiento, Coring out.

Ahuecar, To hollow out.

Ahusamiento, Taper.

Aire, Air; — **adicional,** auxiliary air; — **adicional** (auto), extra air; — **admitido en sentido de la marcha,** ram air; — **admitido en sentido de la marcha** (aviones), scavenger or scavenging air; — **agitado,** bumpy air; — **caliente,** hot blast; — **circulante,** circulating air; — **comburante,** burning air; — **comprimido,** supercharge air; — **con polvo,** air dust laden; — **dinámico,** ram air; — **fresco,** intake air; — **inflamable,** dirt; — **insuflado** (Diesel), blast air; — **inyectado,** blast; —

viciado, foul air, stale atmosphere; **abrazadera de tubería de —,** air line clip; **accesorio regulador de presión de —,** air regulating accessory; **acondicionamiento del —,** air conditioning; **acumulación de —,** damming up the air; **altar con entrada de —,** split bridge; **amortiguador de —,** air cushion, air pot; **anillo de entrada de —,** air intake ring; **aparato de probar por —,** air test fixture; **aspirador de —,** air exhauster; **bolsa de —,** air pocket, air space, air trap; **bolsa de —** (auto), air lock; **bomba de —,** air pump; **bomba de — con impulsión directa,** air direct driven; **boyantez en el —,** air buoyancy; **brocha de — de mano,** air brush hand; **calentador de — de tipo de convección,** air convection type; **cámara de —** (neumáticos), air tube; **canal de —** (hornos), air channel; **centro de —,** air centre; **codo de entrada de aire giratorio,** air rotatable inlet; **colchón de —,** air bed, air mattress, air space; **combinar con el —,** to aerify; **compresor de —,** air compressor; **compresora de — movida por correa,** air belt driven; **compresora de — movida por electricidad,** air electrically driven; **compresora de — movida por vapor,** air steam driven; **comunicación aire-tierra,** ground-to-air communication; **condensador de —,** air capacitor, air condenser; **conducto de —,** air pipe; **conductos al — libre,** exposed ducts; **conjunto de platos del depurador de —,** air directing vane assembly; **contador de —,** air meter; **corriente de —,** air current, air draught, air flow, draughtiness; **corriente de — oscilante uniplanar,** air flow uniplanar oscillating; **curva característica del —,** air characteristic; **chimenea de —,** air and ladder way; **depósito de —,** air drum, air flask, air holder, air reservoir, air vessel, tank for air supply; **depósito recogedor de agua del purificador de —,** air

washer tank; **depurador de —**
autolimpiador, air self cleaning;
depurador de — de baño de aceite,
air oil bath; **depurador de — de**
servicio pesado, air heavy duty;
desplazamiento del —, aerodynamical volume displacement; **dispo-**
sitivo de presión de —, air pressure gauge; **disyuntor de — compri-**
mido, air blast circuit breaker;
enderezadores de filetes de —,
wind tunnel straighteners; **enfria-**
miento por —, air cooled, air
cooling; **enriquecimiento de los**
minerales por medio del —, dry
concentration; **escape al —,** atmospheric exhaust; **esclusa de —,**
air lock, air sluice; **espacio de —,**
air gap or path; **espacio de — ra-**
rificado, evacuated space; **evacua-**
ción de —, air bleed; **eyector de**
—, air ejector; **extracción de —,**
air bleed; **extracción de líquido**
por — comprimido, air drive; **ex-**
tractor de —, air exhauster; **filete**
de —, stream line; **filtro de —,**
air cleaner, air filtre, air strainer;
filtro de — de baño de aceite,
oil bath air cleaner; **fondo del de-**
pósito de —, air drum head; **fuga**
de —, leakage of air; **hendidura**
por la que pasa el —, air pipe;
impermeable al —, air tight; **indi-**
cador de velocidad de —, air
speed indicator; **inestabilidad del**
—, bumpiness; **inyección de —,**
air flooding; **inyección de — com-**
primido, air lift; **ladrillo cocido al**
—, air brick; **locomotora de —**
comprimido, air locomotive; **man-**
ga de —, wind sock; **manguera de**
—, air scoop, stocking, tubular
streamer; **máquina de — caliente,**
caloric engine; **máquina de presu-**
rización de —, air pression engine;
motor de —, air motive engine;
motor de — caliente, air engine;
nivel de burbuja de —, air level;
obturado por —, airbound; **obtu-**
rador de —, air seal, air shutter;
orificio de evacuación de —, riser;
orificio para entrada de — res-
tringido, air inlet for slow running; **palanca del —,** air lever;

paso auxiliar de —, air passage
auxiliary; **perforador de — com-**
primido, compressed air drill; **pila**
con despolarizante de —, air cell;
plato deflectorio del depurador de
—, air directing vane; **poste para**
—, air low type; **pozo de salida**
de — (minas), return shaft; **pre-**
sionización del —, air pressurization; **purga de —,** air escape; **pur-**
gador de —, air valve; **ráfaga de**
—, blast of wind; **reacción del —,**
air reaction; **recalentador de —,**
air heater; **refrigerador de —,**
air cooler; **registro de —,** air
valve; **regulador de —,** air chest,
air regulator; **resistencia del —,**
air resistance; **retenedora del de-**
flector de —, air deflector clamp;
rozamiento del —, air friction;
secar al —, to air; **sentido de**
transmisión tierra-aire, ground-to-
air way of transmission; **separador**
de —, air separator; **separador de**
— comprimido, air trap; **sin —,**
breezeless; **soporte del depósito**
del —, air drum hanger; **tapón de**
evacuación del —, air plug; **tem-**
ple al —, atmospheric drain; **ten-**
der al —, to skye; **tolva de —,**
air scoop, air sleeve; **toma de —,**
air hole, air intake, air scoop,
scoop, vent; **toma de — de car-**
burador, carburettor air; **tornillo**
de válvula de — auxiliar, air valve
screw; **tornillo-tapón de orificio de**
—, air intake plug screw; **tramo**
tierra- —, ground-to-air; **transpor-**
tador por —, air borne; **transpor-**
tado por el —, air ferried; **válvula**
de —, air valve; **válvula de escape**
de —, air escape valve; **válvula**
de evacuación de —, air release
valve; **válvula de expansión de —,**
air reducing valve; **vena de —,**
air stream.

Aireación, Airing or airiness, venting; **hogar de — (mina),** dumb
furnace.

Airear, To air.

Aislado, Insulated; **— con caucho,**
rubber insulated; **— con papel,**
paper insulated; **— con silicona,**
silicone insulated; **— térmica-**

mente, heat proof; **hilo** —, insulated wire; **neutro** —, insulated neutral.

Aislador, Insulator, isolator, spring cap; — **de bujía,** spark plug insulator; — **de campana,** pin insulator; — **de caperuza,** spring cap; — **de cruce,** bushing, oil filled bushing; — **de discos,** disc insulator; — **de entrada,** leading in insulator; — **de línea,** line insulator; — **de parada,** shackle insulator; — **de suspensión,** suspension insulator, suspension isolator; — **de transposición,** transposition insulator; — **de vidrio,** glass insulator; — **eléctrico,** electric insulator; — **pasapanel,** duct; **campana de** —, cup; **cinta aisladora o de empalme,** insulating tape; **soporte de** —, insulator bracket; **tapa escurridora de** —, drip cover.

Aislamiento, Cover, insulation; — **de cerámica,** ceramic insulation; — **fónico,** insulation, sound insulation; — **interelectródico,** interelectrode insulator; — **térmico,** thermal insulation; **aparato para medir el** —, insulation testing set; **aparato para verificar el** —, insulation set; **cable telefónico con** — **de aire,** dry core cable; **ensayo de** —, accumulation test, insulation test; **relación entre el diámetro del alma y el espesor del** —, core ratio; **resistencia de** —, insulation resistance or strength.

Aislante, Insulating, insulator; — **de huevo,** egg insulator; **aceite** —, insulating oil; **barniz** —, electric varnish, insulating varnish; **cinta** —, insulation tape; **columna** —, bushing; **compuesto** —, insulite; **ladrillo** —, insulating brick; **soporte** —, spring support; **taburete** —, insulating stool.

Aislar (elec.), To insulate.

Aislatorio, Insulative.

Ajustabilidad, Adjustability.

Ajustable en altura, Height adjustable; **escariador** —, adjustable reamer.

Ajustadamente, Closely.

Ajustado, Fit, fitted, jointed; **muy** —, closely fitted.

Ajustador, Adjuster, fitter, viceman; — **mecánico,** filer; **aro** —, adapter; **calibre de** —, scribing block; **sistema** — **de bobina de reversión,** adjuster socket system.

Ajustamiento forzado, Force fit.

Ajustar, To adapt, to adjust, to face, to frame, to gad, to make true, to tally, to trim; — **el piñón a la profundidad necesaria en la corona,** to adjust pinion to ring gear for depth; — **en frío,** to drive on cold; — **la separación entre los electrodos,** to regap; — **un cable,** to splice a rope; — **un cojinete,** to scrape a bearing.

Ajuste, Adjusting, fit, fitting; — **a plena carga,** full load adjustment; — **con apriete,** tight fit; — **de la imagen,** framing; — **de onda corta,** short wave adjustment; — **duro,** exact fit, tight fit; — **forzado,** tight fit; — **mediante tornillo y tuerca,** screw and nut adjustment; — **por contracción,** shrink or shrunk on fit; — **radial** (ferrocarril), radial adjustment; **hacer trabajo de** —, to adjust; **muesca de** —, adjustment notch; **plato de** —, adjustment plate; **taller de** —, fitting shop; **tornillo de** —, adjusting screw; **tornillo de** — **de aire,** air adjustment screw; **tuerca de** — **fijo,** adjusting nut.

Ala, Aisle, blade; — (auto, avión), wing; — **atirantada,** strutter wing; — **batiente** (helicóptero), flapping wing; — **corta,** stub wing; — **curva,** cambered wing; — **de doble hendidura,** double slotted wing; — **de doble larguero,** two sparred wing; — **de estribo,** step grade side bearer; — **de hendiduras múltiples,** multislotted wing; — **de larguero,** flange or flanch (rare); — **de larguero único,** one sparred wing; — **de una viga,** flange or flanch (rare); — **de viga,** board; — **delantera,** front wing; — **elíptica,** elliptical wing;

— en delta, delta wing; — en diedro invertido, inverse taper wing; — en flecha, swept back wing; — en media luna, crescent wing; — en voladizo, cantilever wing; — entroncada, stub winding; — exterior, outer wing; — gruesa, thick wing, — inferior, bottom wing, lower wing; — rebajada, low wing; — replegable, folding wing; — sin flaps, unflapped wing; — sin hendiduras, unslotted wing; — sin montantes, unstrutted wing; — sobrealzada, high wing; — superior, top wing, upper wing; — trapezoidal, tapered wing; — trasera, rear wing; — triangular, delta wing; — volante, all wing aircraft, flying wing; alabeo del —, wing twisting or wing warping; alabeo de las alas, wing warping; alargamiento de un —, aspect ratio; arriostrado de las alas, wing bracing; borde del —, wing edge; calado del —, wing setting; carga del —, wing loading; con perfil de —, aerofoil shape; cuerda del —, wing chord; curvatura del —, wing camber; depósito de extremo de —, wing tip tank; descubrir el —, to strip a wing; enlucido para las telas de las alas, dope; envergadura del —, wing span; extremo de —, wing tip; extremo de — desmontable, removable wing tip; fijación del —, wing attachment; flecha de un —, angle of sweep back; flotador de extremo de —, wing tip float; implantación de las alas, wing socket; incidencia del —, wing incidence; insertación del —, wing socket; junta del —, wing attachment; media —, half wing; paracaídas de extremo de —, wing tip parachute; perfil del —, wing curve, wing shape; raíz del —, root wing; ranura de extremo de —, wing tip slot; rendimiento del —, wing efficiency; resbalamiento sobre el —, side slip; sección del —, wing curve; sección o perfil del —, wing section; soporte de —, wing mounting, wing support; superficie del —, wing surface; tanque de —, wing tank; tipo — -casco, wing and hull type; vano del —, bay wing; vano del — superior, bay drag;` volteo del —, vane beam.

Alabastrino, Alabastrine.

Álabe, Bucket, float, paddle; — (turbina), blade; — articulado, feathering paddle; — de ajuste, stop blade; — de cola de milano, dovetailed overlapping blade; — de toma de aire, bucket vane; — de turbina de gas, gas turbine blade; álabes deflectores, cascade; — director, gun blade, gun vane; — directriz, guide blade; — distribuidor, guide vane; — distribuidor (turbina), wicket gate; — fijo, stationary blade; — motriz, moving blade; — móvil, rotating blade; — -riostra (turbina), supporting blade; — separador, supporting blade; álabes de acción, action or impulses bladings, impulse blades; álabes de baja presión, low pressure blades, low pressure blading; álabes de reacción, reaction blades, reaction bladings; base de —, blade pin; colocación de los álabes, blading; corona de álabes, blade rim; curvatura de —, blade curvature; paso de los álabes, blade pitch, blade spacing; pérdidas en los álabes, blade losses; perfil de —, blade section; ranura de fijación del —, blade groove; rotor provisto de álabes, bladed spindle; rotura de álabes, bucket failure; rueda de álabes (bombas centrífugas), centrifugal blade wheel; ruedas de álabes, float water wheels. paddle wheel; segmento de álabes móviles, bucket segment; talón de —, root.

Alabeado, Atwist, buckled, cast, twisted, warped; taladro —, twisted auger; alabeada (hélice), out of truth trustee.

Alabeamiento, Distortability.

Alabear, To drop, to jet out, to twist, to warp.

Alabearse, To cast, to distort, to take a set, to warp.

Alabeo, Bending, buckle, buckling, crooking, distortion, setting, warpage, warping; — **positivo,** washin; **volante de mandos de** —, aileron hand wheel.

Ala-casco, Blended hull.

Alambique, Alembic, limbec, retort, still; — **de descomposición,** cast iron alembic.

Alambre, Iron thread, lead; — **de Archal,** binding wire; — **de hierro,** iron wire; — **de latón,** binding strength, brass wire; — **de níquel-cromo,** nichrome wire; — **de nudo,** bare wire; — **de rejilla,** grid lead; — **espinoso,** barbed wire; — **para hacer respiraderos,** venting wire; — **que une las puntas de los álabes en las turbinas de baja presión,** lashing wire; — **recubierto,** coated wire; **avisador de ruptura de** —, wire break alarm; **barra de estirar** —, drag bench; **cable de** — **de acero,** steel wire rope; **cepillo de** —, wire brush; **estirador de** —, screw dolly; **extensímetro de** — **resistente,** resistance wire gauge; **núcleo de** — (elec.), iron wire core; **rayo de** —, wire spoke; **rejilla de** —, wire grid.

Alambrera, Arbor work.

Álamo, Poplar or poplar tree; — **blanco,** white poplar; — **de Carolina,** Carolina poplar; — **del Canadá,** cotton wood; — **negro,** black poplar; — **piramidal de Italia,** lombardy poplar or pine poplar.

Alargadera, Adapter, bolt head, drive spindle, extensión piece, lengthening piece; — (hincado de pilotes), dolly; — **de laminador,** mill spindle.

Alargaderas, Extension pieces.

Alargado, Stretched; **de forma alargada,** elongated.

Alargamiento, Lengthening, strain; — **de rotura,** breaking elongation, elongation at rupture; — **elástico unitario,** elastic extension; — **permanente,** permanent extension; — **total,** elongation; — **unitario o específico,** elongation per unit of length; **prueba de** —, elongation test; **relación de** —, fineness ratio.

Alargar, To expand, to lenghthen, to stretch.

Alarma, Alarm; — **de alto nivel,** high level alarm; — **de batería,** battery alarm; — **de central,** office alarm; — **del tipo de sirenas,** siren type alarm; **cañón de** —, alarm ground plate; **circuito de** —, alarm circuit; **cocodrilo de** — (ferroc.), alarm contact; **flotador de** —, alarm float; **red de mando de** —, alarm control system; **señal de** —, detector; **telégrafo de** —, alarm telegraph.

Betula **Alba,** Silver birch.

Albañil, Mason.

Albañilería, Mason work, masonry.

Albardilla, Cat's back.

Albata (metal), Albata.

Albayalde, White lead; **pintura al** —, white lead paint.

Alberca, Bowl.

Albergue (maroma), Housing.

Albita, Albite.

Albura, Alburn, blea, sap or sapwood.

Alburno, Sap wood.

Álcali, Alkali; — **de alquitrán,** alkali of tar; — **vegetal,** vegetable alkali; **residuos de fabricación de álcalis,** alkali waste.

Alcalinidad, Alkalinity.

Alcalino, Alkaline; **batería de electrolito** —, alkaline battery; **metales** — **térreos,** alkaline earth metals; **metales alcalinos,** alkaline metals; **tratamiento por dicromato** —, alkaline dichromate treatment.

Alcalioso, Alkalious.

Alcance, Range, scope.

Alcanfor, Camphor; — **crudo,** camphor crude; **vapor de —,** camphor vapor.

Alcanfórico, Camphoric.

Alcantarilla, Culvert; **sistema de alcantarillas,** sewage.

Sistema de **Alcantarillado,** Sewerage.

Alclad, Alclad.

Alcohilación, Alkylation.

Alcohilato, Alkylate.

Alcohilénico, Alkenyl; **silanos alcohilénicos,** alkenyl silanes.

Alcohol, Alcohol, spirit; — **absoluto,** anhydrous alcohol; — **atílico,** allyl alcohol; — **de buena clase,** high grade alcohol; — **desnaturalizado,** denatured alcohol, methylated spirits; — **etílico,** ethyl alcohol; — **hexílico,** hexyl alcohol; — **metílico,** methyl alcohol, wood spirit; — **polivinílico,** polyvinyl alcohol; — **propílico,** propyl alcohol; **alcoholes de cabeza** (destilación), foreshots; **alcoholes inferiores,** lower alcohols; **con baja graduación de —,** low alcoholic content; **lámpara de soldar de — de los plomeros,** alcohol torch.

Alcoholamida, Alkylot-amide.

Alcoholar, To alcoholize.

Alcoholisis, Alcoholysis; — **catalizada,** catalysed alcoholysis.

Alcoholizar, To alcoholize.

Alcoloide, Alkaloid.

Alcornoque, Cork tree.

Aldaba, Falling latch.

Aldehido, Aldehyde, deshydrogenized alcohol; — **insaturado,** unsatured aldehyde.

Ácidos **Aldónicos,** Aldonic acids.

Aleabilidad, Alloyability.

Aleación, Alloy, blending; — (bismuto, 46,6 por 100; estaño, 19,4 por 100; plomo, 34 por 100, que funde a 99° C), dobereiner's alloy; — **a base de cobre,** copper base alloy; — **a base de estaño,** tin base alloy; — **a base de plomo,** lead base alloy; — **antiácida,** acid proof alloy; — **binaria,** binary alloy; — **blanca,** white metal alloy; — **cobre níquel,** copper nickel alloy; — **cromo molibdeno,** chrome molybdenum alloy; — **cuaternaria,** quaternary alloy; — **de aluminio y silicio,** silicon aluminum alloy; — **de solución sólida,** solid solution alloy; — **de 1/8 de zinc y 7/8 de cobre,** bath metal; — **de oro y plata de color amarillo pálido,** electrum; — **invertida,** alternate alligation; — **liviana,** light or light weight alloy; — **monofásica.** single phase alloy; — **nativa de oro y plata,** electrum; — **para ensayador de batería,** alloy battery tester; — **para joyas falsas** (oro, plata, cobre), caracoli; — **para resistencia eléctrica,** alloy electric resistance; — **para soldaduras,** hard soldering; — **platino oro,** platinum gold alloy; — **pobre en,** alloy low percentage; — **resistente a las altas temperaturas,** high temperature alloy; — **ternaria,** ternary alloy; **componentes de —,** alloying elements; **ley de una —,** alloy.

Aleado, Alloyed; **acero débilmente —,** low alloy steel; **fundición aleada,** alloy cast iron.

Alear, To alloy, to combine.

Aleatoriedad, Randomness.

Aleatorización, Randomization.

Alefriz, Rabbet; — **de la quilla,** rabbet of the keel.

Alefrizar, To rabbet.

Alerce, Larch tree; — **de América,** tamarac wood.

Alero, Descent; — **de cornisa,** coping.

Alerón, Aileron, balancing flap, corbel, fin, wing flap; — **alabeado,** warped aileron; — **compensado,** balanced aileron; — **compensado aerodinámicamente,** dynamically balanced aileron; — **compensado**

con pesas, mass balanced aileron; — compensado estáticamente, statically balanced aileron; — con interceptor, interceptor type aileron; — con ranuras, slotted aileron; — corto y ancho, short wide aileron; — de borde de salida, aileron trailing edge; — de estabilidad lateral, lateral control aileron; — de grande superficie, large surface aileron; — de perfil de ala, wing section aileron; — de portada, console; — deformado, warped aileron; — equilibrado de charnela propuesta, backset hinge balanced aileron; alargamiento de —, aspect aileron; ángulo positivo de desplazamiento del —, aileron deflection angle; borde del —, aileron level; cable de compensación de alerones, aileron compensation cable; control de —, control banking; charnela de —, aileron hinge; dar a fondo alerones contrarios, aileron to put on full opposite; herrajes de bisagra del —, aileron hinge fittings; mando de alerones del tipo cables y poleas, aileron cable and pulley tipe; mando de alerones descendentes, aileron downmotion; mando del —, aileron control; palanca de la varilla de mando de alerones, aileron shaft lever; sistema de alerones accionado por cables y varillas, aileron stick and cable; superficie de compensación del —, aileron compensating surface.

Aleta, Blade, bucket, fashion piece, flap, vane, wing; — (auto), fender, mud guard; — (buques), fashion piece or fashion timber; — (buques de madera), fashion piece; — (de motor a reacción), tooth; — (de tubos fundidos), fin; — alabeada, twisted blade, vortex blade, warped blade; — compensadora (aviones), trim or trimming tab; — de dirección, guide wing; — de enfriamiento, cooling fin; — de popa, quarter; — del borde de ataque, slat; — del cohete, rocker fin; — delantera, front mud guard; — giratoria,

revolving sleeve; — hidrodinámica, underwater flap; — hipersustentadora, high lift flap; — hipersustentadora (aviac.), flap, slat; — trasera, back mud guard; aletas, sponsons; aletas de refrigeración (aviac.), cooling gills, cooling vanes, turning vane; aletas de refrigeración del capó, cowl gills; aletas sustentadoras, stub wings; bomba de aletas, vane pump; casco de —, blade stripping; con aletas, flanged, grilled; obturador de aletas, flap shutter; radiador con aletas, grilled radiator; radiador de aletas (auto), flanged radiator, gilled radiator; ranura del cilindro de la máquina de atorar las aletas, groove for angle web.

Aleteo, Clapping; con aleteo, flapping.

Partículas Alfa, Alpha particules.

Alfabeto Morse, Morse code; — telegráfico, telegraphic alphabet.

Alfajía, Bridging joist, girder.

Alfardón, Joist.

Alfarería, Earthenware, pottery.

Alféizar, Fillister, groove.

Algarrobo, Carob wood.

Algas, Algae; destructor de —, algae eliminator.

Algebraico. Algebraic or algebric; geometría algebraica, algebraic geometry; suma algebraica, algebraic sum.

Algebrización, Algebraisation.

Algodón, Cotton; — estampado, printed cotton; — hilado, spun cotton; — -pólvora comprimido, compressed gun cotton; — pólvora seco, dry gun cotton; — retorcido, cotton thread; borras de —, cotton waste; con capa sencilla de —, single cotton covered; con doble capa de —, double cotton covered; de funda de trenza de —, braided cotton; desecho de —, engine waste; desmontadora de —, cotton gin; fábrica de hilados de —, cotton factory; **hilande-ría de** —, cotton mill, cotton spinning; **hilo con vaina de** — **sen-cilla,** S. C. C. wire; **hilo de** —, cotton thread, cotton yarn; **mecha de** — **hilado,** slab; **prensa para embalar el** —, cotton press; **tejido de** —, cotton fabric; **tejidos de** —, cotton stuffs; **tela de** —, cotton cloth; **trenzas de** —, cotton foxes.

Algoritmos, Algorithms.

Alicates de pico redondo, Round pliers; — **para estirar,** drawing pliers.

Alidada, Alidade or alhidade, cross staff, index bar, radius bar, sight bar; — (de sextante, etc.), index (plural **Indices**); — **de anteojo,** telescopic alidade; — **de anteojos para planchetas,** alidade plane table; — **de pinula,** alidade open sight.

Alifático, Aliphatic; **ácido** —, aliphatic acid; **aldehidoiminas alifá-ticas,** aliphatic aldimines; **cetonas alifáticas,** aliphatic ketones.

Aligación, Alligation; — **directa,** medial alligation; **regla de** —, rule of alligation.

Aligerado, Lightened; **alma aligera-da,** lightened web.

Agujero de **Aligeramiento,** Lightening hole.

Aligerar, To lighten; — **la carga de un extremo,** to tip.

Alílico, Alhylic, allylic; **alcohol** —, allyl alcohol.

Alimentación, Feed, feeding, input, power supply, supply; — (madera), feed; — **a presión,** pressure feed; — **bajo presión,** force or forced feed; — **directiva,** directive feed; — **en carga por gra-vedad,** gravity feed; — **en para-lelo,** shunt feed; — **en retorno,** feed back; — **invertida,** degenerative or inverse feed back; — **por el centro,** center feed; — **por gravedad,** feed by gravity; — **por la base,** base feed; — **por la red,** mains supply; — **por un extremo,** end feed; — **serie,** series feed; **agua de** —, feed water, feedwater; **amplificador con** — **en paralelo,** shunt feed amplifier; **aparato de** —, feed apparatus; **bomba de** —, feed pump, feeding pump, supply pump; **caja de** —, feeding box; **calentadores del agua de** —, feed water heaters; **canaleta de** —, feed snout; **circuito de** —, supply circuit; **cisterna de** —, feeding cistern; **compresor de** —, feed compressor; **cómputo por inversión de** —, reverse battery metering; **conducto de** —, feed chute; **conectador de** —, power lead; **cuenca de** —, drainage basin; **depósito de** —, feeding vessel; **depurador de agua de** —, water purifying apparatus; **embudo de** —, feeding funnel; **frecuen-cia de** —, supply frequency; **in-terstición de** — (de una antena), fee determination; **palanca de** —, feed arm; **plena** —, full boost; **recalentador de agua de** —, feed heater; **rectificador para** —, rectifier power supply system; **regu-lador automático de** —, automatic feed regulator; **regulador hermé-tico del circuito de** —, closed feed controller; **ruido de** —, battery supply circuit noise; **tanque de** —, feed tank; **tubo de** — **de vapor,** steam feed pipe; **válvula de** —, supply check valve.

Alimentado, Fed; — **por o con,** powered; **antena lineal alimentada en el centro,** center-feed linear antenna feed.

Alimentador, Feeder; — **concéntrico,** concentric tube feeder; — **de en-lace en serie,** buckling; **canaleta alimentadora,** feed trough; **esta-ción alimentadora,** power feeding station; **túnel** —, feeder tunnel.

Alimentar, To feed; — **la caldera,** to feed the boiler.

Monografía de **Alineación,** Alignment chart; **radiofaro de** — **omni-direccional,** omni-directional radio range.

Alineado, Aligned; **no** —, misaligned.

Máquina **Alineadora** de bancada, Aligner engine mount.

Alineamiento, Alignment, line; — (avión), sweep; — **para aterrizar en la pista,** alignment for landing on the runway; **dispositivo para** — **émbolos,** aligning fixture piston; **fuera de** —, out alignment; **mal** —, misalignment.

Alinear, To align, to aline, to line.

Alisado, Bored, boring, broaching; — **de un motor,** cylinder bore; **banco de** —, boring bench; **virutas de** —, bore chips.

Alisador, Borer, boring bit, burr nipper, finishing bit, polishing bit, top fuller; — **vertical,** upright boring mill; **carro de** —, boring block; **máquina alisadora de montante fijo,** floor type boring machine.

Alisadora, Bore mill.

Alisadura, Clipping.

Alisamiento, Flatting.

Alisar, To face, to polish; **fresa de** —, hole boring cutter; **lima de** —, planing file; **máquina de** —, boring machine, smoothing machine; **máquina de** — **interiormente los cilindros,** engine cylinder boring machine; **máquina para** — **las llantas de las ruedas,** tyre boring machine; **tajadera para** — (forja), bottom fuller.

Aliso, Alder wood.

Aliviadero, Lightening hole, waste weir; — **de fondo,** undersluice gate.

Aljibe, Cistern.

Alma, Apron pieces, core bar; — **aligerada,** lightened web; — **de contrachapado,** plywood web; — **de tubo,** tubular core; — **perforada,** drilled web.

Almacén, Bond, depot, magazine, stock room, store, store room, warehouse; — **de mercancías,** goods depot; **en** —, in stock; **es-** tación —, railholding point; **guarda de** —, warehouseman; **mercancías en** —, stocks; **roca** —, reservoir.

Almacenado, Stockpiling, warehousing; — **en depósito** (aduanas), bonded.

Almacenaje, Storage, warehousing; — **en bruto,** bulk storage.

Almacenamiento, Stocks, warehousing; — (acción y precio pagado), storage; **cisterna de** —, storage tank; **estantería de** —, storage rack; **parque de** —, storage yard.

Almacenar, To stockpile, to store, to warehouse.

Almacenero, Warehouseman.

Almacenista, Storekeeper

Almadona, About sledge.

Almendrilla (carbón de dimensión comprendida entre 1,9 y 3,1 cm.), Nut.

Almendrillas, Beans and nuts, nut coal.

Almidina, Amidone.

Almidón, Starch; **engrudo de** —, starch paste.

Almohadillado de la coraza de un buque, Backing.

Almohallidado, Padded.

Álnico, Alnico.

Alnus glutinosa, Alder wood.

Cabo de **aloe,** Aloe rope; **madera de** —, agallócum.

Alojado, Cottered into, housed.

Alojamiento, Bed, housing; — **de la punta,** bearing centre; — **de los conductores en las ranuras** (elec.), bedding of wires; — **de los muñones,** trunnion hole; — **para la tripulación,** accomodation.

Alojar, To house.

Alotropia, Allotropy.

Alotrópico, Allotropic.

Alpaca, German silver, nickel silver.

Alpax, Alpax.

Alquifol, Alquifou.

Alquilable, Lettable.

Alquilación, Alkylation; **instalación de — termal,** thermal alkylation unit.

Alquilar, To rent.

Alquilato, Alkylate.

Alquilbencenos, Alkylbenzenes.

Alquiler, Rent; **dar en —,** to rent out.

Alquílico, Alkyl; **éter —,** alkyl ether.

Sal de fenolato de **Alquilo,** Alkyl phenolate salt.

Alquitrán, Tar; **— mineral,** mineral tar; **— para carreteras,** road tar; **— vegetal,** swedish tar oɪ vegetable tar, wood tar; **aceite de —,** tar oil; **barnizar con —,** to pay; **hormigón de —,** tar concrete; **índice de —,** sludging valve.

Alquitranado, Tarred; **macadan —,** tarmac.

Alquitranadora, Tar spreader.

Alquitranar, To salve, to tar.

Alquitranería, Tar works.

Altar (caldera), Fire bridge, flame bridge; **— (calderas),** bridge.

Altavoz, Loudspeaker, spkr; **—** (abreviatura de **Loudspeaker**), speaker; **— de bajos,** bass loudspeaker; **— de bobina móvil,** moving coil loudspeaker; **— de cristal,** crystal loudspeaker; **— de dos conos,** duo cone loudspeaker; **— dinámico,** dynamic loudspeaker; **— electrodinámico,** electrodynamic loudspeaker; **— electromagnético,** electromagnetic loudspeaker; **— para frecuencias acústicas muy altas,** tweeter; **rejilla de —** (radio), scattering grid; **teléfono de —,** loud speaking telephone.

Alteración, Alteration, tampering; **— de los colores,** fading.

No **Alterado,** Unweathered.

Alterar, To base.

Alternación, Alternateness.

Alternados, Staggered.

Alternador, Alternator; **— asíncrono,** asynchronous alternator; **— de alta frecuencia,** high frequency alternator; **— de campo giratorio,** alternator revolving field; **— de eje vertical con rangua inferior,** umbrella type alternator; **— de hiperfrecuencia,** radio-frequency alternator; **— heteropolar,** heteropolar alternator; **— homopolar,** homopolar alternator; **— monofásico,** monophase alternator; **— polifásico,** multiphase or polyphase alternator; **generador —,** alternator generator.

Alternancia, Alternation; **alternancias de esfuerzos,** stress reversal.

Alternativo, Reciprocating; **campo magnético —,** alternating magnetic field; **máquina alternativa,** reciprocating engine; **movimiento —,** reciprocating motion; **sierra alternativa,** drag saw; **sierra de movimiento —,** hack sawing machine.

Alterno (elec.), Alternating; **corriente alterna,** alternating current; **corriente alterna síncrona,** symmetric alternating current; **lado de corriente alterna,** alternating current side; **manipulador de corriente alterna,** double current key; **motor de corriente alterna,** alternating current motor; **soldadura por corriente alterna,** alternating current welding.

Alternomotor con colector, Alternating current commutator motor; **— de colector,** alternating current commutator motor.

Altimetría, Altimetry.

Altimétrico, Altimetric; **sonda altimétrica,** radio altimeter.

Altímetro, Altimeter, height finder; **— acústico,** sonic altimeter; **— barométrico,** barometric altimeter; **— de lectura directa,** altimeter direct reading; **— de reflexión,** reflection altimeter; **— estereoscópico,** stereoscopic height finder; **— registrador,** recording altimeter; **— sensible de presión,** altimeter sensitive pressure.

Altitud, Altitude; — **a la que un motor sobrealimentado da su máxima potencia** (aviación), rated altitude; — **operacional** (aviones), operating altitude; **ensayo de —,** ceiling test; **indicador visual de —,** visual altitude indicator.

Altitudinal, Altitudinal.

Alto, High; — **de popa** (buques), high sterned; — **horno,** blast furnace; — **horno de crisol ovalado,** blast furnace with oval hearth; — **horno de solera abierta,** blast furnace with open hearth; — **vacío,** high vacuum; **alta frecuencia,** H. F. (high frequency; de 3 a 30 megaciclos); **altos** (de un buque), top sides; **caldera de alta presión,** boiler with high pressure; **calefacción de alta frecuencia,** H. F. heating; **con — contenido de,** high; **con — contenido de cobalto,** high cobalt content; **corriente de alta frecuencia,** H. F. current; **escalón de alta presión** (turbinas), high pressure stage; **inducción de alta frecuencia,** H. F. I. (high frequency induction); **lámpara de vapor de mercurio a alta presión,** high pressure mercury lamp; **magneto de alta tensión,** high tension magneto; **motor de gas de horno —,** blast furnace gas blast.

Altoparlante, Loudhailer.

Altostrato, Altostratus.

Altura, Altitude, height; — **a la aspiración,** suction head; — **de antena,** antenna height above terrain; — **de arrollamiento,** height of winding; — **de aspiración,** draft head, suction head; — **de crucero,** running height; — **de flecha,** boom height; — **de impulsión,** delivery head; — **de izado,** lift; — **de la cabeza de un diente,** addendum; — **de levantamiento,** hoisting height; — **de recubrimiento** (de dos hojas de chapa), breadth of lap; — **de techo** (aviac), ceiling height; — **de trabajo,** working height; — **eficaz,** effective head, effective height; — **eficaz de utilización,** altitude effective service; — **equi-**valente, equivalent height; — **estática,** static head; — **libre,** maximum height; — **libre sobre,** head room; — **máxima,** ceiling height; — **máxima de potencia,** altitude maximum power; — **mínima de seguridad,** altitude minimum safe; — **virtual,** virtual height; **aguja índice de —,** altitude pointer needle; **cámara de —,** altitude chamber; **cámara de ensayos en —,** altitude test chamber; **regulable en —,** height adjustable; **tabla de correcciones de las alturas altimétricas,** alignment chart for altitudes; **tomar la — del sol** (navegación), to take the sun; **vuelo en grandes alturas,** high altitude flight.

Alud, Avalanche; **túnel contra aludes,** avalanche gallery.

Alumbrado, Illumination; — **de calles,** street lighting; — **urbano,** city street lighting; **aceite de —,** illuminating oil; **dínamo de —,** lighting dynamo; **gas de —,** illuminating gas, lighting gas; **transformador de —,** lighting transformer.

Alumbrador, Lighter.

Alumbrar, To alum, to illuminate, to light; — **agua,** to draw up.

Alumbre, Alum, alumen; — **amoniacal,** ammonium alum; — **calcinado,** alum calcined burnt; — **de hierro,** iron alum; — **de potasa,** potash alum; **baño de —,** alum bath.

Alumbrera, Alum mine, alum maker.

Alumbroso, Alumish.

Alúmina, Alumina; — **activada,** activated alumina; — **de cromo,** chromic alum; — **hidratada para afilar,** alundum; — **sinterizada,** sinter alumina; **caldera de —,** alum boiler; **pila de —,** alum battery; **trisulfuro de —,** volcanic alum stone.

Aluminaje, Alumination, aluming, aluminium coating.

Aluminar, To alum.

Aluminio, Aluminium or aluminum; — **fundido batido,** aluminium hammered cast; **acetato de** —, oil pulp; **aleación de** —, aluminium alloy; **cable de** —, aluminium cable; **chapa de** —, aluminium sheet; **hoja de** —, aluminium foil; **pintura de** —, aluminium paint; **polvo de** —, aluminium powder; **protección de las superficies metálicas por una solución sólida de** — **en hierro,** calorizing.

Aluminita, Aluminite.

Aluminización, Aluminizing.

Aluminoso, Aluminous; **cemento** —, aluminous cement; **esquisto aluminoso,** alum shales, alum slate; **fundente** —, aluminous flux; **hulla aluminosa,** aluminous pit coal.

Aluminotermia, Aluminothermy.

Alundum, Alundum; **muela de** —, alundum wheel.

Alunita, Alunite.

Aluvial, Alluvial; **yacimiento** —, alluvial deposit.

Aluvión, Alluvium; **de** —, alluvial; **terrenos de** —, alluvia; **tierra de** —, dirt.

Alveógrafo, Alveograph.

Placa **alveolada,** Close meshed grid.

Alveolar, Foamed.

Alvéolo, Bin.

Alza, Back or rear sight, bridge, sight; — (cañones), scale; — **de charnela,** flap sight; — **de librillo,** leaf sight; — **de presa,** flood gate; — **de puntería,** back sight; — **descubierta,** open sight.

Alzado, Front view; — **a mano,** eye sketch; — **de válvula,** valve lift; — **telescópico,** telescopic lift; **dibujar a mano alzada,** to draw free hand.

Alzaprima (palanca), Cross bar.

Alzar, To raise.

Allanar, To flatten, to make even, to plane.

Amainador, Bankman.

Amainar (mar.), To lower.

Amalgama, Amalgam; — **para platear cobre,** amalgam for copper silvering; **paso de la** — **de oro,** drying off.

Amalgamación, Amalgamation; **caldera de** —, amalgamating pan; **de** —, amalgamating; **gamuza de** —, amalgamating skin; **máquina de** —, amalgamator; **molino de** —, amalgamating mill; **tonel de** —, amalgamating barrel or tub.

Amalgamadc, Amalgamated; **placa de zinc amalgamada,** amalgamated zinc plate.

Amalgamar, To amalgamate.

Amantillo, Compensator.

Amaraje forzoso (aviac.), Ditching.

Amarar, To alight, to come down.

Amarillo, Yellow; — **de ocre,** yellow ocre; **caparrosa amarilla,** yellow copperas; **hematites amarilla,** yellow hematite.

Amarra, Grapnel rope, line, mooring rope; — (marina), makefast; — **perfecta y eficaz,** clamp positive.

Amarradura, Lashing, seizing.

Amarraje, Fastening.

Amarrar, To knot, to lace, to lash, to make fast, to tie; **alambre para** —, brace wire.

Amarre, Anchoring, mooring; — **en el pie de roda del paraván,** point of tow; **aislador de cable de** —, anchor wire insulating; **cadena de** —, back stay; **herrajes de** —, hold down shackles; **mástil de** —, mooring mast; **torre de** —, mooring tower.

Amasado, Batch, mixing, mulling; — **dilatado,** input batch; — **inalterado,** output batch.

Amasador, Kneader.

Amasadora, Kneading mill, mixer, mulling machine, pugger; — **de acción rápida,** rapid action mixer.

Amasar, To mix.

Piedra de las **amazonas,** Amazon stone.

Ámbar, Amber, electrum; **barniz de —,** amber varnish; **mineral de —,** mineral amber.

Ambiente, Ambient; **temperatura —,** ambient temperature.

Ambroína, Ambroin.

Ambulancia, Ambulance.

Madera de abeto negro de **América,** American red spruce fir wood.

Madera de encina **americana,** Live oak wood.

Americio, Americium.

Ametrallador, Gunner, machine gunner; **— trasero,** aft gunner; **torreta de ametralladora,** machine gun turret.

Ametralladora, Machine gun; **— con enfriamiento por agua,** water cooled machine gun; **— pesada,** heavy machine gun; **bala de —,** machine gun bullet; **cañón de —,** machine gun barrel; **cinta de —,** machine gun belt.

Amianto, Amianthus, asbestos, earth flax, fossil paper; **— tejido,** woven asbestos; **anillo de —,** asbestos ring; **cápsula de —,** asbestos dish; **cartón de —,** asbestos board, (para junta), asbestos millboard; **con guarnición de —,** asbestos steam packing; **cordón de —,** asbestos string; **cuerda de —,** asbestos twine; **filtro de — para calderas,** asbestos cord; **papel de —,** asbestos paper; **púrpura de —,** asbestos purple; **rodaja perforada de —,** asbestos washer; **tejido de —,** asbestos fabric; **trenza de —,** asbestos cord; **trenzas de cáñamo provistas de —,** asbestos plaited yarn; **variedad muy ligera de —,** fossil cork; **vestido de —,** asbestos clothing.

Amicroscopia, Amicroscopy.

Amida, Amide; **— alcalina,** alkali amide.

Amidinas, Amidines.

Amilacetato, Amyl acetate.

Amílico, Amyl; **alcohol —,** amyl alcohol or hydrated amyloxide.

Aminas, Amines; **— diazomidadas,** diazotized amines; **aminas acetilénicas,** acetylenic amines.

Aminoácidos, Amino acids.

Aminorar, To lower.

Amoladera, Oil stone.

Amolado, Grinding, whetting; **— cónico,** taper grinding; **— sin centro,** centreless grinding.

Amoladora, Grinding machine.

Amoladura, Smooth grinding; **— de superficies planas,** plane surface grinding, surface grinding machine.

Amolar, To grind; **— (una herramienta),** amolar; **máquina de —,** grinding machine (véase también **Grinder** y **Machine**), grindstone set.

Amoldar los peldaños, To assemble the moulds.

Amonal, Amonal.

Amonedar, To mint.

Amoniacado, Ammoniated.

Amoniacal, Ammoniated; **alumbre —,** ammonia alum, ammonium alum; **hidroclorato de cobre —,** ammonio muriatic copper.

Amoníaco, Amonia, hartshorn (spirits of); **— sintético,** synthetic ammonia; **colada al —,** ammonia leaching; **fosfato ácido doble de — y sosa,** microcosmic salt; **fundición resistente al —,** ammonia casting; **gas —,** ammonia; **hidrosulfato de —,** hydrosulphur of ammonia; **sal —,** ammonia salt.

Amónico, Ammonium; **carbonato —,** ammonium carbonate; **fosfato —,** ammonium magnesium phosphate; **nitrato —,** ammonium nitrate; **sulfato —,** ammonium sulphate.

Amonificador, Ammonifier.

Amonio, Ammonium; **cloruro de —,** sal ammoniac.

Amonitífero, Ammonitiferous.

Amoniuro, Ammoniate.

Amontonable, Stackable.

Amontonamiento, Deflection, settlement.

Amontonar, To ball, to drift.

Amontonarse la granalla del micrófono, To settle together.

Amorfo, Amorphous, shapeless; **fosfato —,** amorphous phosphate.

Amortajado, Shrouded.

Amortiguacímetro, Dampometer.

Amortiguación, Attenuation; **— de las ondas,** wave attenuation.

Amortiguado, Damped, quenched; **circuito —,** quenching circuit; **chispas amortiguadas** (radio), quenched sparks; **impedancia amortiguada,** damped impedance; **oscilaciones amortiguadas,** damped oscillations.

Amortiguador, Absorber, dash pot, deadener, pender, quencher, schock absorber; **—** (auto, etc.), shock absorber; **—** (eléctrico, etc...), damper; **— acústico,** acoustic clarifier, acoustical attenuator; **— avisador,** cueing attenuator; **— de bajada,** check drop; **— de émbolo,** buffer piston; **— de expansión,** expansion dampe; **— de llamas,** back arrester; **— de mando,** control damper; **— de olas,** wave filter; **— de pulsaciones,** pulsation damper; **— de vibraciones,** vibration; **— en el que está colocada una clavija de enganche,** draw head; **— hidráulico,** hydraulic shock absorber, liquid spring schok absorber; **— neumático,** air dash pot, air-oil schock absorber, pneumatic absorber; **martinete con —,** dead stroke hammer.

Amortiguamiento, Cushioning, damping, quenching; **— de las oscilaciones** (elec.); damping of oscillations; **— del ruido,** silencing; **— del sonido,** deadening; **— magnético,** magnetic damping; **— máximo,** critical damping; **— por cuadro de cobre,** copper damping; **— viscoso,** viscous damping; **coeficiente de —,** decay coefficient; **factor de —,** damping factor, decay coefficient; **paleta de —,** damper wing.

Amortiguar, To damp, to deaden, to deenergise or deenergize.

Amortiguarse (oscilaciones), To die or die away.

Amortizable, Redeemable.

Amortización, Amortization or amortizement; **gastos de —,** amortization charges.

Ampelita, Ampelite.

Amperaje, Amperage.

Ampere, A, amperio.

Amperimétrico, Amperometric; **valoración amperimétrica,** amperometric titration.

Amperímetro Ammeter (véase también **Voltmeter** en ciertas expresiones), amperemeter or amperometer (véase **Ammeter**); **— aperiódico,** dead beat ammeter; **— conmutador,** ammeter commutator; **— de abrazadera,** clamp ammeter; **— de balanza,** steel guard ammeter; **— de cuadro móvil,** moving coil ammeter; **— de disco excéntrico,** eccentric iron disk ammeter; **— de inductor,** ammeter generator field; **— de muelle antagonista,** spring ammeter; **— de parada de la aguja,** pointer stop ammeter; **— de precisión,** standard ammeter; **— de repulsión,** magnetic vane ammeter; **— de resorte,** marine ammeter; **— de resorte amplificador,** magnifying spring ammeter; **— electrostático,** electrostatic ammeter; **— instalado al ras,** ammeter surface type; **— quemado,** burned out ammeter; **— registrador,** recording ammeter; **— térmico,** hot band ammeter, hot wire ammeter, hot wire ampbemeter, thermal ammeter.

Amperio, Amp (abreviatura de **Ampere**), ampere.

Amperio-hora, Amp-hr, ampere hour (Amp.-hr).

Amperio-vuelta, Ampere ring, ampere turn.

Amperivuelta, A.t. (Ampere-turn); — **magnetizante,** magnetising ampere-turn.

Amperivueltas, Ampere turns.

Ampliación, Growth, magnification.

Ampliado, Magnified; — (foto), enlarged; **fotografía ampliada,** magnified photograph.

Ampliador, Magnifier.

Amplidino, Amplidyne, amplidyne drive.

Amplificación, Amplification, magnification; — **de potencia,** power amplification; — **por servo-mando,** power boosting; **coeficiente de** —, amplification factor, coefficient of amplitude; **factor de** —, amplification factor; **relación de** —, magnification ratio.

Amplificado, Magnified.

Amplificador, Amplifier, intensifier; — **acoplado por batería,** battery-coupled amplifier; — **acoplado por cátodo,** cathode-coupled amplifier; — **acoplado por resistencia,** resistance-coupled amplifier; — **acoplado por transformador,** transformer coupled amplifier; — **compensado,** weighted amplifier; — **con alimentación en paralelo,** shunt-feed amplifier; — **con rejilla a tierra,** grid-grounded amplifier; — **corrector,** clamp amplifier; — **de acoplo por impedancia,** choke-coupled amplifier; — **de alta frecuencia,** high frequency amplifier; — **de alta ganancia,** high gain amplifier; — **de amplia banda,** wide band amplifier; — **de ancha banda,** amplification wideband; — **de baja frecuencia,** audio amplifier, low frequency amplifier; — **de banda ancha,** broad band amplifier; — **de corriente continua,** d. c. amplifier; — **de cristal de cuarzo,** crystal amplifier; — **de década,** decade amplifier; — **de desplazamiento permitida,** amount of permissible play; — **de dos, tres o cuatro etapas,** two, three or four stage amplifier; — **de frecuencia intermedia,** intermediate frequency amplifier; — **de la rotación,** amplitude of rotary oscillation; — **de potencia,** power amplifier; — **de rejilla a masa,** grounded grid amplifier; — **de sinfonía doble,** double-tuned amplifier; — **de sintonía escalonada,** stagger-tuned amplifier; — **de tres válvulas,** three tube amplifier; — **de una etapa,** one stage amplifier; — **de varias etapas,** poly-stage amplifier; — **de varios pasos,** multistage amplifier; — **de vídeo frecuencia,** videofrequency amplifier; — **de vigilancia,** monitoring amplifier; — **de voltaje por resistencias,** amplification resistor voltage; — **de voz,** speech-input amplifier; — **detector,** amplifying detector; — **diferencial,** differential amplifier; — **electrónico,** electronic amplifier; — **en cadena,** chain amplifier; — **en cascada,** cascade amplifier; — **en contrafase,** push-pull amplifier; — **igualador,** equalizing amplifier; — **integrador,** integrated noise figure, integrating amplifier; — **invertido,** inverted amplifier; — **limitador,** limiter amplifier; — **limitador de volumen,** volume limiting amplifier; — **magnético,** magnetic amplifier; — **megafónico,** public address amplifier; — **modulado en placa,** plate-modulated amplifier; — **operacional,** operational amplifier; — **para uso general,** general purpose amplifier; — **parafásico,** paraphase amplifier; — **parafásico flotante,** floating paraphase amplifier; — **pentriodo,** pentriode amplifier; — **previo,** signal frequency amplifier; — **retroactivo,** retroactive amplifier; — **rotativo,** rotating amplifier; — **sin transformador de salida,** single ended amplifier; — **telegráfico,** telegraph magnifier; **dispositivo** —, magnifying mechanism; **fidelidad de un** —, fidelity of an amplifier; **pentodo — microfónico,** amplifier pentode speech.

Amplificar, To boost, to magnify.

Amplitud, Amplitude, maximum value, maximum valve; — **de resonancia,** resonance amplitude; —

del desplazamiento, amount of displacement; — ortiva, vertical amplitude; compás de amplitudes, amplitude compass; descretador de crestas de amplitudes, lopper; modulación de —, amplitude modulation, amplitude modulation (A. M.); modulación de impulsos en —, pulse amplitude modulation.

Ampolla, Blotch; — (metalurgia), blister; — de cuarzo, quartz bulb; — de televisión, bulb television; — en la cubierta, blister tire; acero con ampollas, blistered steel; reparación de ampollas, blown out repair.

Ampuesa, Choaked or choked, chocks, chuck.

Amputado, Amputee.

Amura (buques), Loof.

Anáglifos, Anaglyphs.

Analagmático, Anallagmatic.

Análisis, Analyse or analysis, essay, estimation; — armónico, harmonic analyse; — colorimétrico, colorimetric analyse; — cualitativo, qualitative analyse; — cuantitativo, quantitative analyse; — dimensional, dimensional analyse; — espectrográfico, spectrographic analyse; — espectroquímico, spectrochemical analyse; — espectroscópico, spectroscopic analyse; — inmediato, proximate analyse; — polarográfico, polarographic analyse, polarographic estimation; — por conductibilidad, conducimetric analyse; — por vía húmeda, analyse by wet process; — por vía seca, analyse by dry process or in the dry way; — volumétrico, volumetric analyse; regla de —, analysing ruler.

Analítico, Analytic, analytical; extensión analítica, analytic continuation; geometría analítica, analytic geometry; micro —, micro analytical.

Analizabilidad, Analyzability.

Analizador, Analyser, signal tracer; — de agua, water analyser; — de armónicos, harmonic analyser; — de caudal, delivery rate or flow analyser; — de electrolisis, electric analyser; — de gas, gas analyser; — de gas de combustión, flue gas analyser; — de ignición, ignition analyser; — de ondas, wave analyser; — de rayos infrarrojos, infrared analyser; — de sonido, sound analyzer; — de vuelo, flight analyser; — del espectro, spectrum analyser; — eléctrico, electro-analyser; — electrostático, electrostatic analyser; — panorámico, panoramic analyser; disco —, scanning disc.

Por analogía, Analog.

Método analógico, Analog method.

Análogo, Analog.

Anamorfosis, Anamorphosis.

Anasquítico, Anaschistic.

Anastasa, Anastase.

Anastigmático, Anastigmal; objetivo —, anastigmal (lens).

Ancla, Anchor, drogue; — atrapadora de tubería, anchor tubing catcher; — de amarre, mooring hook; — de aterrizaje por cohete, rocket propellant anchor; — de bóveda, tie anchor; — de capa, sea anchor; — de deriva, drag anchor; — de expansión, expanding anchor; — de madera, log anchor; — de sujeción, cramp iron; — explosiva, explosive anchor; — para roca, rock anchor; — pequeña, kedge; — sin cepo, stockless anchor; cadena del —, schackle of the anchor; caña de —, anchor shank, shank; caña del —, anchor shoe or anchor shank; cepo de —, anchor stick or anchor stock; cepo del —, anchor bolt, stock; cruz del —, cross anchor; cuello del —, throat; disparador del —, tumbler; entalingadura del —, jew's harp; galga de —, backing anchor; garras de —, anchor bushing; perno de horquilla de —, anchor shackle bolt; pestañas del —, blades of the anchor or palms of the anchor; **placa de apoyo del —**, angle plate; **uña de —**, pea; **varadero del —**, anchor plate; **zuncho del cepo de —**, anchor stock hoop.

Anclaje, Anchoring, bracing, fastening, mooring, shoulder, snug; **— con cornamusa de amarra,** anchorage snatch block; **— de resorte de retracción,** anchor pull back spring; **— de un muñón,** shoulder of a trunnion; **derechos de —,** moorage; **pata de —,** anchor bushing; **placa de —,** anchor plate; **saliente de —,** boss for foundation bolt.

Anclar, To brace.

Anclote, Draw hook, kedge, mooring hook.

Ancoraje, Anchorage.

Ancusina, Alkannin.

Ancho, Broad, wide; **— de banda,** band width; **— de tela,** breadth; **a lo —,** breadthways; **con mallas anchas,** wide meshed.

Anchura, Breadth, width; **— de banda equivalente de ruido,** equivalent noise bandwith; **— de codaste,** siding of a sternpost; **— de corte,** width of cutting or cutting width; **— de cuaderna,** siding of a beam; **— de manga,** main breadth; **— de trazado,** moulded breadth; **— de vagra,** siding of a keelson; **aberración de — de rendija,** slit width error.

Andalusita, Andalusite.

Andamiaje, Dock, false works, scaffolding, stage; **— tubular,** tubular scaffolding.

Andamio, Scaffold, stage; **— (para obreros),** staging; **puente de —,** chime bracket.

Andén, Pavement.

Anecoico, Anechoic; **cámara anecoica,** anechoic or anechoid chamber.

Anelasticidad, Anelasticity.

Anemobarómetro, Anemobarometer.

Anemógrafo, Anemograph.

Anemómetro, Air speed indicator, anemometer, wind gauge; **— de cónicas,** cup anemometer; **— de copas,** cup anemometer; **— de hilo electrocalentado,** hot wire anemometer; **— de ionización,** ionisation anemometer; **— de molinete,** wind mill anemometer; **— registrador,** recording anemometer.

Aneroide, Air vacuum, aneroid; **barómetro —,** aneroid barometer.

Anfibio, Amphibian, amphibious; **avión —,** amphibian; **vehículo —,** amphibious vehicle.

Anfiteatro, Bowl.

Angaria, Angary.

Mallas **angostas,** Close mesh.

Angstrom, Angstrom; **unidad — (10⁻⁸ cm.),** Angstrom unit (10^{-8} cm).

Anguiforme, Anguine.

Angular, Alley arm, angle bar, angle iron, angular, corner iron; **— de cabeza,** top angle; **— de cubrir juntas,** angle of backing off; **— de unión,** butt angle; **abrazadera —,** angle bar; **avance —,** angle of advance; **banda —,** angle ring; **brida —,** angle fishplate, boom angle; **corbata de — (buques),** angle collar; **corbatas de —,** staple angles; **dentado de dientes angulares,** herring bone; **distancia —,** angular distance; **engranaje de dientes angulares,** double helical gear; **engranajes por dientes angulares,** crescent shaped gearing; **fleje —,** angular iron band; **fleje de hierro —,** angular iron band; **frecuencia —,** angular frequency, radian frequency; **grapa — de hierro,** angle brace; **junta —,** edge joint; **momento —,** angular momentum; **movimiento —,** angular motion; **nervadura —,** boom angle; **perfil —,** angle bar; **pieza —,** angular part; **refuerzo —,** angle stiffening; **riostra —,** angle brace; **sección —,** angular section; **taco —,** angle picker; **velocidad —,** angular velocity.

Ángulo, Angle, corner, cutter, draft; — **adyacente,** continuous angle; — **agudo,** acute angle; — **al vértice,** angle terminal; — **con el suelo,** ground angle; — **correspondiente,** corresponding angle; — **crítico,** critical angle, stalling angle; — **de afilado,** grinding slope, sharpening angle; — **de amplitud,** angle of displacement; — **de ataque,** corner angle, angle of cutting edge or cutting edge, angle of incidence, corner angle; — **de ataque crítico,** critical angle of attack; — **de ataque geométrico,** geometrical angle of attack; — **de avance** (electricidad), angle of lead, lead angle; — **de balance,** angle of roll; — **de biselado,** grinding angle; — **de caída,** angle of descent; — **de calaje,** angle of lead, offset angle; — **de calaje de cola,** tail setting angle; — **de contacto** (laminación), angle of bite; — **de contingencia,** angle of contact; — **de corte,** angle of rake; — **de corte de la cuchilla,** angle of backing off; — **de depresión,** angle of depression; — **de deriva,** drift angle; — **de desfase,** angle of lag; — **de deslizamiento,** angle of side slip; — **de despegue,** ground angle; — **de desprendimiento,** rake angle, side rake angle; — **de desprendimiento de la viruta,** chip clearance slope; — **de desprendimiento superior,** top rake angle; — **de despulle,** clearance angle, draft angle, relief angle; — **de dirección,** angle of lead; — **de elevación,** angle of elevation; — **de enlace** (mat.), boundary angle; — **de entalladura de la superficie de corte,** cutting angle; — **de entallado,** gashing angle; — **de fondo de los dientes,** bottom angle; — **de giro,** angle of yaw; — **de impulsión,** projection angle; — **de incidencia,** angle of incidence; — **de inclinación,** filt angle, tilt angle; — **de inclinación de tornillos,** thread angle; — **de inclinación del diente,** tooth angle; — **de incli-**

nación del eje del proyectil sobre su trayectoria, yaw; — **de la cuchilla,** angle of rake; — **de la chapa** (forja), fishing angle; — **de la quilla,** keel angle; — **de las piezas polares,** angle of polar span; — **de línea,** angle of wires; — **de nivel de los ojos,** eye level angle; — **de oblicuidad,** angle of obliquity; — **de paleta,** blade angle; — **de pendiente,** angle of slope; — **de pérdidas dieléctricas,** loss angle in dielectrics; — **de planeo,** gliding angle; — **de plegado,** angle of bend; — **de proyección** (balística), angle of departure; — **de quilla** (avión y C. N.), dead rise; — **de rebaje real,** true rake; — **de recubrimiento,** angle of lapping; — **de reposo,** angle of repose; — **de resistencia,** cutting angle; — **de rodadura,** roll angle; — **de rozamiento,** angle of friction, angle of resistance; — **de salida,** exit angle, rake angle; — **de salida negativo,** negative rake; — **de separación** (regulador a bolas), angle of deflection; — **de situación** (balística), angle of sight; — **de sondeo,** angle of dive; — **de superposición,** overlap angle; — **de talla,** angle at top, cutting angle; — **de tiro,** angle of projection (balística), angle of dispart; — **de tracción,** angle of draft; — **de viraje,** steering lock; — **del codaste,** rake; — **diedro,** dihedral angle; — **diedro lateral,** dihedral lateral angle; — **diedro longitudinal,** dihedral longitudinal angle; — **efectivo de hélice,** effective helix angle; — **externo,** external angle; — **hexagonal,** hexagon angle; — **horario,** hour angle; — **horizontal,** horizontal angle; — **intermedio,** intermediate angle; — **interno,** internal angle; — **límite,** limit angle; — **llano,** plane angle; — **máximo de giro de las ruedas delanteras,** steering lock; — **muerto de un conducto de gas,** dead corner; — **negativo,** negative angle; — **normal,** normal angle; — **obtuso,** obtuse angle; — **óptico**, optical angle; — **plano**, corner; — **redondeado**, filleted angle; — **sólido del haz**, beam area; — **vivo**, sharp angle; **ángulos adyacentes**, adjacent angles; **ángulos apsidales**, apsidal angles; **ángulos apsidiales**, apsidial angles; **aparato medidor de ángulos externos**, angulometer; **brida de hierro en —**, angle flange, angle of flange; **codo en — recto**, square elbow; **de —**, bevel wave, bevel way; **de — obtuso**, blunt edged; **engranaje de —**, bevel gear; **filete de —**, fillet angle; **fisura de —**, edge crack; **fresa de —**, angular cutter; **guía colocada en los ángulos**, corner guiding; **hierro en —**, angle iron; **ligeramente en —**, angle at a slight; **lima para colas de milano cuyos lados forman un — de 108º**, five canted file; **orientable bajo todos los ángulos**, fully castoring; **pieza de —**, elbow; **punta de árbol con anillo tallado en — aguUo**, ring centre; **radiación con — elevado**, high angle radiation; **remendado de las chapas en los ángulos**, angle patching; **rueda de —**, bevel gear wheel; **taco de — cuña**, angle blocks; **unión de ángulos**, angle joint.

Anguloso, Angulous, edged.

Anhídrido, Pentoxide, tetroxide; — **sulfuroso**, sulphur dioxide; — **vanadizo**, vanadium pentoxide.

Anhidro, Anhydrid or anhydride; — (adj.), anhydrous.

Anilina, Aniline; — **de eosina**, eosine aniline; — **para safranina**, aniline for safranine; **colas de —**, aniline tailings; **rojo de —**, azaleine.

Anilla, Eye, knob, ring; — **de prensaestopas**, packing washer; — **elástica**, spring ring.

Anillar, To nuzzle; **prensa de —** (obuses), banding press; **prensa para —** (obuses), band crimping press.

Anillo, Bushing, clasp, collar, hank, link, loop, protector, ring; — **acanalado**, fluted ring; — **antidesgaste**, wear or wearing ring; — **colector**, collecting ring, slip ring, (elec.), collector or collecting ring; — **colector de aceite**, oil catch ring; — **compensador**, equilibrium ring; — **contra desgaste**, chafing ring; — **de ajuste**, calking ring; — **de alambre**, circlet wire; — **de apoyo**, ball collar; — **de arranque de un motor de inducción**, shading ring; — **de bisagra**, eye; — **de cierre** (turbinas), end ring; — **de contacto**, contact ring; — **de estanqueidad**, gland ring, wear or wearing ring; — **de Faïrbairn**, bowling ring; — **de ficción**, chafing ring; — **de fijación**, clamping ring; — **de fondo**, collar step; — **de fondo de prensaestopas**, bush; — **de guía**, collet; — **de protección**, chafing ring; — **de purgar**, bleeder ring; — **de resorte**, spring collet; — **de seguridad**, collar set; — **de sujeción**, retaining ring; — **de tope**, collar, looser collar; — **equipotencial**, equalizing ring; — **Gramme** (elec.), Gramme ring; — **metálico**, packing ring; — **normado** (mat.), normed ring; — **para malletas**, circle mallet; — **partido**, split ring; — **soporte** (máq.-herr.), ring carrier; — **tórico**, annulus; **anillos booleanos** (mat.), boolean rings; **anillos de Newton**, Newton's rings; **anillos metálicos**, piston rings; **contador en —**, ring counter; **devanado en —**, ring winding; **engrasador de —**, oil saving bearing; **lubricación por —**, ring lubrication or oiling; **motor asíncrono de anillos colectores** (elec.), slip ring induction motor; **pruebas en —**, loop test.

Ánima, Heart; — (cañón), bore; — **clara**, clear bore; — **lisa**, smooth bore; — **rayada**, rifled bore; **fusil de — lisa**, bore gun.

Anión, Anion.

Aniónico, Anionic.

Aniquilador, Annihilator.

Anisotropía, Anisotropy, directionality; — **paramagnética,** paramagnetic anisotropy.

Anisotrópico, Anisotropic; **aleación anisotrópica,** anisotropic alloy; **conductividad anisotrópica,** anisotropic conductivity.

Radiador **anisótropo,** Anisotropic radiator.

Oxidado **anódicamente,** Anodized.

Anódico, Anodal, anodic; **circuito —,** plate circuit; **alimentación anódica,** anode supply; **luz anódica,** anodal light; **oxidación anódica,** anodic oxidation; **proceso —,** anodizing process; **punto —,** anode spot; **puntos anódicos,** anode spots; **tensión anódica,** anodic voltage.

Anodizado, Anodized.

Anodizador, Anodizer.

Anodizar, To anodize; **cuba para —,** anodizing tank.

Anodo, Anode, positive electrode; — **auxiliar** (tubos de gas), keep-alive anode (gas tubes); — **de tubo de rayos X,** target; — **enfriado,** cooled anode; — **final,** final anode; — **hendido,** split anode; — **hueco,** hollow anode; — **oscilador,** anode oscillator; **magnetrón de — neutro,** neutral anode type magnetron; **magnetrón de — hendido,** split anode magnetron; **seguidor de —,** anode follower.

Anolito, Anolyte.

Anomalía, Jump.

Anomalístico, Anomalistic.

Anomaloscopio, Anomaloscope.

Anotación, Recording; **enlace de anotaciones,** recording trunk; **posición combinada de líneas y anotaciones,** combined position line and recording.

Anotador, Tallyman.

Anotar (mercancías), To tally.

Resorte **antagónico,** Antagonistic spring.

Par **antagonista,** Countertorque.

Antecámara, Antechamber.

Anteco, Antoecian.

Antecrisol, Fore hearth; — (fund.), breast pan; — **de cubilote,** breast pan; **horno de —,** fore hearth.

Antehogar, Forehearth.

Anteincrustante, Boiler fluid.

Antena, Antenna (Ant.), antenna (plural Antenae) (En Inglaterra se usa especialmente para la recepción; véase **Aerial** para la emisión. En América **Antenna** se usa para los dos casos); — (radio) (La palabra «aerial» se aplica especialmente a la radiodifusión; en América se prefiere la palabra «antenna». Véase esta palabra), aerial, mine firing pin; — (radio), aerial wire; — (torpedo), horn; — **a la que se añade un condensador o una inductancia en serie,** loaded aerial; — **acodada,** bent aerial; — **adcock,** adcock antena; aerial adcock; — **artificial,** artificial antenna, artificial or dummy antenna; — **bocina,** horn antenna; — **capacitiva,** capacitive antenna; — **cargada,** loaded antenna; — **cilíndrica,** cylindrical antenna; — **colectiva,** collecting antenna; — **colgante,** trailing aerial; — **con capacidad terminal,** top-capacitor aerial; — **de alambre,** wire antenna; — **de banda ancha,** broadband antenna; — **de cilindro ranurado,** slotted cylinder antenna; — **de cortina,** curtain array; — **de cuadro circular,** circular loop antenna; — **de cuadro rcetangular,** square loop antenna; — **de dipolo plegado,** folded dipole antenna; — **de emergencia,** emergency antenna; — **de emisión,** sending aerial, sending antenna, transmitting antenna; — **de fosa,** flush antenna; — **de jaula,** cage aerial; — **de lente,** lens antenna; — **de mariposa,** supertunstile antenna; — **de mariposa de varios picos,** several-bay supertunstile antenna; — **de media onda,** half wave antenna; — **de onda completa,** full-wave antenna; — **de ondas estacionarias,** standing-wave aerial;

— de ondas progresivas, travelling-wave; — de parachoques, bumper antenna; — de polarización circular, circularly polarized antenna; — de ranura, slot antenna; — de recepción, receiving aerial; — de rejilla, grid antenna; — de rueda, cartwheel aerial; — de sintonía múltiple, multiple-tune aerial; — de televisión, television antenna; — de varilla, rod antenna; — dipolo magnético de cuatro bucles, cloverleaf antenna; — direccional, beam or directional antenna; — direccional en abanico, harp antenna; — dirigida hacia los lados, divided broadside aerial; — discocónica, discone aerial; — doblete, doublet antenna; — elipsoidal, prolate spheroidal antenna; — en abanico, fan shaped aerial, — en forma de paraguas, umbrella aerial; — en L invertida, inverted antenna; — en paraguas o en sombrilla, umbrella aerial; — en tejado, flap top aerial; — helicoidal, helical antenna; — Hertz, Hertz aerial; — horizontal, flap top antenna; — imagen, image antenna; — inclinada, tilted antenna; — incorporada, built-in aerial; — libre en el espacio, free space antenna; — lineal delgada, thin linear antenna; — muda, dumb antenna, mute antenna; — omnidireccional, omni-directional antenna; — orientable, steerable aerial; — parabólica, parabolic antenna; — principal de televisión, television master antenna; — prismática, cage aerial or antenna, prismatic aerial; — radárica, radar antenna; — ranurada, flush mounted antenna, slot aerial; — raspa, fishbone antenna; — receptora, receiving antenna; — resonante, resonant antenna; — rómbica, rhombic antenna; — sintonizada, tuned aerial; — sumergida, submerged aerial; — tipo queso, cheese antenna; — torniquete, bay turnstile antenna; — triangular, triangle antenna; — tripolo, tripole aerial; — unidireccional, unidirectional antenna; alimentación de antenas, antenna feeding; alimentador de —, aerial feeder; altura media de — sobre el suelo, average aerial height; antenas complementarias, complementary antennas; antenas con manguito, sleeve antennas; antenas con placa de tierra, ground-plane antennas; antenas con reflector, reflector type aerial; autoinducción de —, aerial tuning inductance (A. T. I.); autoinducción de la —, aerial tuning inductance; bajada de —, aerial lead; bastidor de — de cuadro, loop antenna frame; capacidad de —, aerial capacity; circuito de —, aerial circuit; condensador sintonizador de —, A. T. C. (aerial tuning condenser); conductor de —, aerial conductor, aerial wire; conmutador de —, wire change over switch; contrapeso de —, aerial drogue, aerial weight, (aviac.), aerial drogue; diagrama de potencia de una —, power pattern of an antenna; diagrama de radiación de —, antenna pattern; elemento de un sistema de antenas, element of an antenna array; ganancia de una —, gain of an antenna; haz de —, aerial extension; hilo de —, antenna strand, stranded aerial wire; imagen de una —, image of an antenna; inductancia de —, loading coil; modelo de —, antenna model; multiacoplador de —, antenna multicoupler; radiogoniómetro de antenas separadas, spaced aerial direction finder; red de —, aerial network; red de antenas, antenna array; rendimiento de —, radiation efficiency; resistencia de —, aerial resistance; sintonización de —, antenna tuning; sistema de antenas rectilíneas, array of linear antennas; sistema directivo de antenas, directive antenna array; tambor de —, aerial drum; variómetro de —, aerial variometer.

Anteojo, Glass, sighting telescope.

Antepecho, Arm rest, coping stone, sheer strake; — de ventana, breast wall.

Antepozo, Fore shaft; — (petróleo), cellar.

Anteproyecto, Draft scheme, preliminary work.

Antepuerto, Outer harbour, tidal basin.

Hogar anterior, Extension furnace.

Anti-grisú, Explosion proof motor.

Anti-herrumbre, Antirust.

Anti-hielo, Anti-icing.

Antiácido, Antacid.

Antiaéreo, Antiaircraft, A. A. (antiaircraft); arma de defensa antiaérea, antiaircraft weapon; artillería antiaérea, antiaircraft artillery, antiaircraft gunnery; cañón —, antiaircraft gun; compañía antiaérea, antiaircraft company; mira antiaérea, antiaircraft sight; protección antiaérea, antiaircraft protection.

Antiafieltrado, Non felting.

Antiapex, Antapex.

Antibalance, Anti-rolling.

Antibiótico, Antibiotic.

Anticabeceo, Antipitching.

Anticarro, Anti-tank; cañón —, anti-tank gun.

Anticátodo, Target.

Anticipador, Anticipator.

Anticlástico, Anticlastic.

Anticlinal, Anticline; teoría —, anticlinal theory.

Anticoincidencia, Anticoincidence.

Anticongelante, Antifreeze; líquido —, de-icing fluid; mezcla —, antifreezing mixture; pasta —, de-icing paste.

Anticorrosivo, Antifouling, corrosion proofing; pintura anticorrosiva, anticorrosive paint.

Antideflagrante, Explosion proof.

Antiderrapante, Anti-skid, non skid or non slipping; cadena —, anti-skid chain; freno —, non skid brake; talón —, non skid bead.

Antidetonante, Antidetonant, anti-knock.

Antideslumbrante, Antidazzle.

Antiendurecedor, Nonhardening.

Antiestático, Antistatic.

Antiferromagnetismo, Antiferromagnetism.

Antifricción, Anti-attrition, babbit; — (metal), antifriction; — vieja, babbit old; •condiciones de —, antifriction characteristics; mani-vela —, antifriction pivot; metal —, soft metal; metal — (84 % de estaño; 8 % de cobre; 8 % de antimonio), babbit metal.

Antimonioso, Antimonial; plomo —, antimonial lead.

Antinormal, Antinormal.

Auriculares antiparásitos, Antistatic headset.

Antirresonante, Antirumble.

Antraflávico, Anthraflavic; ácido —, anthraflavic acid.

Anillo anular, annular ring; cámara —, annular chamber.

Anunciador neumático, Pneumatic annunciator.

Aplicaciones de esmalte, Application enamel.

Árbol de fijación, Arbor clamping.

Antifriccionado, Babbited or babbited.

Antifriccionar, To babbit.

Antigás, Antigas; traje —, gas clothing.

Antigel, Antifreezing.

Antigiratorio, Non spinning; cable —, non spinning cable.

Antiherrumbre, Rust preventive.

Antihielo (alas de avión), Anticer.

Antiincrustaciones, Scale preventing.

Antilogaritmo, Antilogarithm.

Antimonio, Antimony; — **gris compacto,** compact grey streaked antimony; — **sulfurado,** antimony glance; **aceite de —,** oil of antimony; **flores de —,** flowers of antimony; **fluoruro de —,** antimony fluoride; **oxisulfuro de —,** red antimony; **rojo de —,** red antimony; **sulfuro de —,** grey antimony ore.

Antimonioso, Antimonious.

Antimoniuros, Antimonides.

Antióxido, Rust preventive or preventative; **mastique —,** cement rust.

Antiozono, Antiozonant; **agente —,** antiozonant.

Antiparásitos, Suppressed; **cuadro receptor —,** suppressed loop aerial.

Antiresonante, Antiresonant.

Antirresonancia, Antiresonance.

Válvula antirretroceso, Non return valve.

Antisol, Antisun.

Antisubmarino, Antisub or antisubmarine.

Antivibración, Antivibration; **montaje antivibraciones,** antivibration mounting.

Antraceno, Anthracene.

Antracita, Anthracite, blind coal, coal stone, glance coal, stone coal; — **en grano muy fino,** flax seed coal; — **que pasa por criba de 3 mm.,** culm.

Antracitoso, Anthracite; **hulla antracitosa,** anthracite coal.

Antroposofía, Anthroposophy.

Anualidad, Annuity.

Anuario, Directory.

Anudado, Knit.

Anudar, To knot.

Anulación, Cancellation.

Anulado, Cancellated.

Anular, Annular, to cancel; **de fuego —,** rimfire; **flotador —,** annular float; **formación —,** annulation; **grano —** (ranguas), collar step; **máquina —,** annular engine; **oscilador —,** ring opening; **transformador —,** ring transformer; **válvula —,** annular valve.

Anunciar, To advertise.

Anuncio, Advertisement.

Anzuelo, Hook; — (véase **Crutch**), crotch.

Materia **añadida,** Aggregate.

Añadir, To aggregate; — **273° C a la temperatura en grados centígrados ordinarios,** kelvin scale; — **fundentes,** to prepare the addittament.

Apagado, Quenched; — (alto horno), out of blast; **cal apagada,** slacked lime; **cal apagada al aire,** air slacked lime.

Apagador, Damper, extinguisher.

Apagar, To put out, to switch off; — **el horno,** to damp down; — **los fuegos,** to put out the fires; — **un arco,** to blow off, out; **dejar apagarse los fuegos,** to let the fires down.

Apanalado, Honey combed.

Factor de **apantallamiento,** Screening factor.

Aparadura, Inside, inner, keel plating.

Aparamenta, Equipment, fixtures, switch gear.

Aparato, Apparatus (plural **Apparatuses**), device, fixture, gear, instrument, set, tester, unit; — **a tornillo,** screw gear; — **acústico eléctrico,** acoustic electric apparatus; — **automático,** self acting apparatus; — **avisador,** warner; — **de abonado,** subscriber apparatus; — **de accionamiento,** driving gear; — **de apuntado en altura,** elevating gear; — **de arranque de reostato cilíndrico,** drum starter; — **de arranque en el volante,** barring gear; — **de aterrajar**, tapping attachment; — **de dar fuego**, firing device; — **de ensayo**, testing machine; — **de entrenamiento**, trainer; — **de izado**, hoisting gear, lifting gear; — **de medida**, measure instrument, tester; — **de medida de la consistencia del hormigón**, concrete consistency test; — **de medida universal**, multiple purpose or multipurpose tester; — **de perfilado**, truing device; — **de post-combustión**, after burner, post burner; — **de protección**, safety device; — **de radio**, wireless apparatus; — **de reducción al cero**, return to zero gear; — **desodorizante**, deodorising apparatus; — **electromédico**, electro-medical apparatus; — **esnorkel o snort, sistema inglés de Schnorkel** (submarinos), snort device; — **fumívoro**, smoke consuming apparatus; — **para cortar en bisel**, mitre cutting machine; — **para gobernar**, steering gear; — **para lavar minerales**, box, dolly; — **para limpieza de alcantarillas**, flusher; — **para producir clima artificial**, weatherometer; — **para producir una corriente turbulenta**, turbulator; — **Parry** (cierre de altos hornos por cono y embudo), cup and cone; — **protector de sierra**, saw guard; — **respiratorio**, breathing; — **tipo,** apparatus model; **aparatos,** appliances; **aparatos de elevación**, lifting appliance; **aparatos domésticos**, household appliances; **margen de aparatos arrítmicos**, margin of «start-stop» apparatus; **margen interno de — arrítmico**, synchronous margin of start-stop apparatus; **sala de aparatos telegráficos**, telegraph instruments room; **todo — de características máximas**, booster; **todo — para remediar una dificultad, por ejemplo, rascador para quitar el exceso de color de los cilindros de impresión**, doctor.

Aparcamiento, Parking.

Aparecer, To appear shining.

Aparejado, Rigged; **enteramente —**, ataunt.

Aparejar, To rig.

Aparejería, Tafferel, taffrail; — (buques), tackling.

Aparejo, Appliance, axle tree, bond of masonry, purchase, rig, rigging; — (pintura), under coat; — **a tizón**, header work; — **de dos ruedas perpendiculares la una a la otra**, duplex purchase; — **de palanquín**, burton; — **de rabiza**, jigger; — **en espina**, herring bone work; — **medio**, bond mean.

Aparente, Apparent; **diámetro —**, apparent diameter; **potencia —**, apparent power.

Apariencia falsa, Sham.

Apartadero, Shunt line; **raíles de —**, crossing rails; **vía de —**, side track.

Apartar, To shunt.

Productos de aparte, Filler materials.

Apear, To prop.

Apéndice, Appendix, fin.

Apeo, Bearing up, head frame, prop; — (construcción), arch; — (minas), head frame; — **de mina**, headgear; — **de pozo de mina**, pit head frame.

Aperiódico, Aperiodic, dead beat; **antena aperiódica**, aperiodic antena; **galvanómetro —**, dead beat galvanometer; **voltímetro —**, dead beat voltmeter.

Apertura muy lenta (que determina el laminado del vapor), Delayed opening; **avance a la —**, advanced opening; **bocina de — gradual**, horn with tappered flore; **corrector de —**, fixed break corrector; **corrector de — mínima**, minimum break corrector; **distorsión de —**, aperture distortion; **fenómeno de — espontánea y cierre**, squidding.

Apetibilidad, Palatability.

Apilado, Stacking.

Apilar, To stack; **acción de —,** piling.

Apisonado, Ramming; **— mecánico,** air ramming.

Apisonadora, Rammer, road roller, tamper, tamping machine; **— de sacudidas,** vibrating tamper.

Apisonar, Rammer, to tamp; **máquina de —,** tamper; **máquina de — arena,** ramming machine; **que se puede —,** rammable.

Aplanadera, Commander, earth rammer.

Aplanado, Levelled, ramming.

Aplanador, Battledore, derby, planisher.

Aplanadora, Beetle, leveler, planer, ram, straightening machine; **— de carreteras,** road planer; **— de mano,** earth rammer; **— mecánica,** power rammer.

Aplanamiento, Absorbing; **—** (en construcciones de tierras), amount; **amplificador de — máximo,** maximal flatness amplifier.

Aplanar, To dress, to face, to flatten, to level, to make even, to pare, to plain; **acción de —,** fullering; **hierro a pulir, a —,** broad chisel; **llama de —,** flattener; **llana de —,** flatter; **máquina de —,** flattening machine, planing machine, planisher, straightening machine; **martillo de —,** enlarging hammer, planishing hammer; **martillo para —,** planisher; **tás de —,** polishing block; **yunque de —,** straightening block.

Lente aplanática, Aplanat.

Aplanatismo, Aplanetism.

Aplanético, Aplanetic.

Aplantillado, Moulding (**molding** en América).

Aplastabilidad, Crushability.

Aplastado, Bulged in (tube).

Aplastamiento, Collapsing; **peso que produce el —,** crushing weight.

Aplastar, To clench, to crush, to smash; **acción de —,** grinding.

Aplastarse, To collapse.

Aplicabilidad, Relevancy.

Aplicable, Applicative.

Aplicación, Application; **aplicaciones monótonas** (topología), monotone mappings.

Aplicaciones, Engineering.

Aplicador, Applicator; **— de goma,** rubber applicator.

Aplicar de sobre su asiento (válvula), To seat.

Aplomar muros, To plumb.

Apontaje, Landing stage.

Aporoso, Poreless.

Aportación, Relief.

Aporte, Apport; **metal de —,** filler metal; **productos de —** (soldadura), filler.

Apóstol (buque), Knight head.

Apoya-cabezas, Cheek rest.

Apoyar, To haul.

Apoyo, Bearing, bearing fulcrum, cock nail, course, discharge, journal, layer, prop, propping, support; **— de collarín,** inside bearing, neck journal bearing; **— de consola,** wall bearing; **— de cuchilla,** fulcrum bearing; **— de eje,** clamped axle box; **— de péndulo,** swing bearing; **— de resorte,** bearer spring; **— de rótula,** tilting bearing; **— del gato,** jacking pad; **— del muñón,** trunnion shoulder; **— directo,** bearing direct; **columna de —,** proppet; **cordón de —,** assist cord; **eslora de —,** girder plate; **eslora de — central,** centre girder plate; **gato de —,** bearing toe; **pletina de —,** bearing strip; **punto de —,** basis, fulcrum; **superficies de —,** bearing faces; **travesaño de —,** sleeper.

Apreciación por la vista, Appraisal visual.

Aprendiz, Apprentice, prentice.

Aprendizaje, Apprenticeship, prenticeship.

Aprestado, Pressing.

Aprestar (telas), To press.

Apresto, Finishing; — (papel), size; **capa de** —, primer, under coat.

Apreta-juntas, Adjustable clamp.

Apretado, Clamped, nipped, tight; **no** —, loose.

Apretamiento, Bulk head.

Apretar, To clamp, to clamp the tool, to clench, to fasten, to nip, to ram, to squeeze, to tighten; — (tornillos, tenazas, etc.), to gripe; — **a fondo,** to block hard; — **a tope,** to bolt up dead; — **una clavija,** to drive in.

Aprietacable, Cable clip.

Aprietatuercas mecánico, Nut runner.

Apriete, Clamping, peening, pressing; — (máq.), tightening; — **neumático,** pneumatic clamping; **ajuste con** —, exact fit; **brida de** —, clip; **con** — **rápido,** quick clamping; **grapa de** —, coupling clip; **llave de** —, screw key; **puente de** —, bridge clamp, cross over cleat; **tornillo de** —, binding screw, press screw.

Aprisionamiento (sondeo petrolífero), Freezing.

Aprobable, Approvable.

Apropiable, Assumable.

Apropiar, To dress.

Aprovechamiento limitado, Limited availability; — **pleno,** full availability.

Aprovechar lo que se pueda de una cosa inútil, To cannibalize.

Aprovisionamiento, Feed, stock; — **automático,** auto or automatic feed; **correa sin fin para el** — **de una máquina,** feed apron.

Aprovisionamientos, Store.

Bote para **aprovisionar,** Rearming boat.

Aproximación, Approach; — **controlada desde tierra,** ground controlled approach; — **por instrumentos,** instrument approach; **aproximaciones sucesivas,** succesive approxi-mations; **área de** —, approach area; **método de aproximaciones sucesivas,** methods of approaches; **velocidad de** —, approach speed.

Aptitud, Quality; — **para funcionar,** runability.

Aptitudes, Ability (plural **Abilities**), fitness.

No **apto,** Rejectee.

Apuntado, Pointing; **antena cilíndrica apuntada,** cylindrical antenna with conical section at the gap.

Apuntalado, Braced, propped, strutted; — **de cubiertas,** propping.

Apuntalamiento, Bracing, staying, wind bracing; — **de cubiertas,** shoring or shoring up.

Apuntalar, To brace, to prop, to shore or to shore up, to stay, to strut, to underpin; — **con escoras,** to prop; — **en azimut,** to traverse; — **las cubiertas,** to prop.

Apurado, Extended.

Arábico, Arabic; **ácido** —, arabic acid.

Arado de bastidor, Spade.

Aragonita, Needle spar.

Aramco, Arabian American Oil Co.

Arandela, Binding hoop, pad, ring, rivet plate, round, spacer, washer; — (tonel, mástil), hoop; — **aislante,** grommet; — **de caucho,** rubber pad, rubber washer; — **de cierre,** stay ring; — **de cizalla dura,** shearing washer; — **de cuero,** leather washer; — **de equilibrio,** balancing washer; — **de freno,** lock washer; — **de gancho,** drag washer; — **de plomo,** lead plug, leaden washer; — **de resorte,** spring washer; — **de seguridad de un eje,** body washer; — **del ensanchamiento del eje,** body washer; — **en cuña,** taper washer; — **Grover,** Grover washer; split washer, spring washer; — **metálica,** metal washer; **arandelas Grover,** Grover washers.

Pata de **araña,** Oil tackle; **pata de** — (máq.); oil tackle; **patas de** — (cojinetes), araneous paws.

Arañar, To score.

Arbitraje, Arbitrage or arbitration; **consejo de —,** arbitration committee.

Análisis **arbitral,** Arbitrage analysis; **comisión —,** court, board of referees.

Arbitrio, Referee; **tribunal de arbitrios,** court, board of referees.

Árbitro, Arbitror, referee.

Árbol, Axle, cutter spindle, spindle; — (de máquinas), shaft; — (de torneado al aire), beam; — (máquinas), arbor (Se usa sobre todo en los Estados Unidos. Véase **Shaft**); — (Véase **Wood** para el detalle de las especies de madera), tree; — **acanalado,** fluted shaft, grooved shaft, spline shaft; — **acodado,** crank shaft; — **con acanaladuras,** grooved shaft; — **con brida,** flanged shaft; — **con cuatro manivelas,** four crank shaft; — **con núcleo,** core spindle; — **de accionamiento,** drive shackle; — **de alargadera,** extension shaft; — **de arnés de engranajes,** gear shaft; — **de arrastre,** coupling shaft; — **de ballesta en un torno,** turning arbor; — **de cabrestante,** winding barrel; — **de cambio de marcha,** reversing shaft; — **de cardan,** cardan shaft; — **de cigüeñal,** crank shaft; — **de coche,** axle tree; — **de coral,** hard wood of Madagascar; — **de desembrague,** disengaging shackle; — **de distribución,** half time or half speed shaft, ignition cam shaft, valve shaft; — **de elevación,** reverse shaft; — **de empuje,** thrust shaft; — **de freno al pie,** footbrake shaft; — **de izado,** cog shaft; — **de la excéntrica,** eccentric shaft; — **de levas,** cam shaft, cog shaft, half time or half speed shaft; — **de mando,** driving shaft, engine shaft; — **de manivelas,** crank shaft, main shaft; — **de máquina de ensayo a presión,** beam; — **de palancas opuestas,** curved axle; — **de puesta en marcha,** starting shaft; — **de re-**

gulación, regulating shaft; — **de retorno,** countershaft; — **de sierra,** arbor saw; — **de transmisión,** gear shaft; — **de transmisión de la potencia,** power axle; — **de una pulidora,** boring bar; — **del cambio de velocidades,** lay shaft; — **del paralelogramo,** motion shaft; — **flexible,** flexible shaft; — **horizontal,** engine shaft, horizontal shaft; — **hueco,** hollow shaft; — **inclinado,** rocker shaft; — **intermediario,** counter shaft, intermediate shaft, lay shaft; — **intermedio,** lay shaft; — **inversión de marcha,** reversing shaft; — **joven,** sapling; — **loco,** loose axle; — **macizo,** solid shaft; — **manivela,** throw; — **motor,** axle shaft, driving shaft, engine shaft; — **o vástago de excéntrica de marcha adelante,** go ahead eccentric rod; — **oscilante,** rocking shaft; — **porta-broca,** boring bar; — **portacuchilla,** cutter spindle; — **portafresas** cutter arbor; — **portahélice,** propeller shaft; — **portaherramienta,** cutter bar; — **portamuela,** wheel arbor, wheel spindle; — **portamuelas,** grinding spindle; — **primario,** primary shaft; — **principal,** main bearing, main shaft; — **que dirige la punta giratoria de un torno o de una máquina herramienta,** live spindle; — **suspendido,** overhead shaft; — **transversal,** cross shaft; **acoplamiento de los árboles,** coupling of the shafts; **árboles de hojas anchas,** broad leaf trees; **árboles de hojas puntiagudas,** needleleaf trees; **árboles de manivelas,** main shaft; **asiento de — de hélice,** stern bracket; **brida de —,** shaft disc; **cojinete del — de la máquina,** main bearing; **cojinete de un —,** shaft carrier; **extremo de —,** shaft end; **fulcro y cojinete de un —,** carriage of a shaft; **hacer solidario del — principal,** to clutch to the main shaft; **línea de árboles,** line of shafting; **los árboles,** shafting; **palier del — de la máquina,** main pedestal; **palier del — de mani-**

vela, crank shaft bracket; **parte del — que gira en el palier,** journal; **paso del — portahélices,** screw passage; **polea del — portamuelas,** wheel spindle pulley; **potencia en el —,** shaft horse power; **tronco de —,** stick.

Arboladura, Masting; **taller de —,** masthouse, mastyard.

Arbolar, To mast.

Arbotamiento, Buttressing.

Arbotante, Abutment, arch brace, arch buttress, arched buttress or flying buttress, axle tree, butment, buttress, dragon beam, outrigger, spur, stanchion, stay, strut.

Arbutina, Arbutin.

Arca, Case.

Arcada, Arcade, arch, arch way or arch-way; **— intersectada,** intersecting arcade.

Arcatura, Arcature.

Arce, Maple, maple tree; **— duro,** rock maple.

Arcén, Edge.

Arcilla, Argil, clay, flookam, loam; **— adhesiva,** sticky clay; **— blanca,** priam, white clay; **— calcinada,** burnt ballast; **— contraída por exposición al fuego,** drawn clay; **— desengrasada,** opened clay; **— en el techo o piso,** muckle; **— endurecida,** bend; **— ferruginosa,** iron clay; **— ferruginosa empleada en tintorería,** flax seed ore; **— grasa,** fuller's earth, lam, soapy clay; **— gris,** gray clay; **— magra,** green clay; **— muy plástica de color oscuro,** gumbo; **— plástica,** cologne clay; **— reflactaria,** fire clay; **— sapropética,** sappropel; **amasadora de —,** clay tempering machine; **cantera de —,** clay pit; **capa de —,** pan; **ladrillo de —,** clay brick; **macho de —** (fund.), loam core; **mezcladora de —,** clay temperating machine; **molde de —,** loam mould; **moldeo de —,** loam moulding; **moldeo en —** (fund.), loam casting; **molino de —,** clay mill;

objetos de —, clayware; **pisón de —,** clay iron; **recubrir de —,** to clay; **relleno con — del agujero de un barreno,** claying; **retorta de —,** clay retort; **tapón de —** (alto horno), clay plug.

Arcilloso, Argillaceous, clayish, famp, loamy; **arenisca arcillosa,** dawk; **capas de mineral de hierro —,** flamper; **esquisto —,** clay shale or slate; **hiero oxidado macizo —,** clay iron ore; **marga arcillosa,** clay grit; **material —,** douk; **muro —** (de capa de carbón), poundstone; **naturaleza arcillosa,** heaviness; **pavimento —,** clay pavement; **salbanda arcillosa,** clay course; **tierra arcillosa,** fluccan.

Arcillosilíceo, Argilo-siliceous.

Arcillera, Clay pit.

Arco, Arch, bow, edging, span, spark; **—** (geometría, electricidad), arc; **— articulado,** hinged arch; **— cantante** (elec.), hissing arc; **— conopial,** ogee arch; **— de ala,** arc wing; **— de aligeramiento,** relieving arch; **— de apriete** (frenos), grip-hold arc; **— de centro pleno,** entire arch; **— de criba,** arm of the sieve; **— de descarga,** back arc; **— de engrane,** arc of action; **— de lanceta,** lancel arch; **— de paralelo,** parallel arc; **— de polaridad invertida,** reverse polarity arc; **— de refuerzo,** arch wall; **— de reposición,** homing arc; **— de ruptura,** break arc; **— de ruptura** (electricidad), interruption arc; **— de suspensión,** suspension bow; **— de timpa,** fold; **— de toma de corriente,** bow; **— de tres articulaciones,** three hinged arch; **— de varias roscas de rasillas,** timbrel arch; **— dentado,** segmental rack; **— estalactílico,** stalactiled arch; **— formero** (arquitectura), formeret; **— frotante,** sliding bow; **— geostático,** geostatic arch; **— hendido,** slide sweep; **— impostado,** voussoir arch; **— lobular,** arch cusped; **— musical,** singing

arc; — **o aro de fuego en el colector,** flash; — **peralteado,** stilled
arch; — **pivotante,** rotating or revolving bow; — **Poulsen,** Poulsen
arc; — **rebajado,** depressed arch;
— **secundario,** secondary arch; —
sumergido, submerged arc; —
teórico, theoretical arc; — **trapezoidal,** askew arch; — **triangular,**
triangular arch; — **voltaico,** flaming arc; **ahogo del** —, dying out
of the arc; **arcos elípticos,** elliptic
arches; **arcos eruciformes,** caterpillar arches; **apareo del** —,
bond arch; **batiente de** —, arc
column; **caída de** —, arc drop;
capacidad de ruptura de —, arc
rupturing capacity; **carbón de lámpara de** —, arc carbon; **cebar el**
— **(electricidad),** to arc; **cenicero
de lámpara de** —, ash dish; **centro
para trazar el** —, point of radius;
cercha de —, arched girder; **cizallas de** —, arc shears; **colector de**
—, bow collector; **curvatura de un**
—, arcuature; **dispositivo inductor
de** —, arcing device; **duración del**
—, arcing time; **encebado de** —,
arcing; **extinción de un** —, outage;
extinción del —, spark quenching;
extinguidor de —, arcing horn; **extintor de** —, arc quencher; **formación de** — **eléctrico,** flashover
or flashingover; **formación de un**
— **continuo por no desionizarse,**
holdover; **formación del** —, arcing;
formando un —, arcing; **foso del**
—, arc chamber; **hacer saltar el**
—, to arc; **lámpara de** —, arc
lamp; **lámpara de** — **concentrado,**
concentrated arc lamp; **lámpara de**
— **excitado en derivación,** shunt
wound arc lamp; **máquina al** —
en atmósfera de helio, helium
shielded arc welding; **múltiple de
arcos,** bank multiple; **nervadura
de** —, arch rib; **prensa hidráulica
de** —, hydraulic type press; **presa
en** —, arch dam; **resorte en** —,
bow spring; **retroceso del** —, arc
back, backfire; **ruptura del** —,
arc rupturing; **segueta de** —, bow
saw; **sierra de** —, bow saw; **sil-
bido del** —, hissing arc; **soldadura**

con — **eléctrico,** arc welding; **soporte de** —, bow base; **toma de
corriente por** —, bow collector;
unión de —, arch union; **vaciamiento en** —, arched hollow; **viga
en** —, arched girder.

Archivero, Archivist.

Archivolta, Centry.

Archivos, Record, register.

Ardiente, Live; **cuerpo** —, burning
body.

Devanado de caja de **ardilla,** Squirrel
cage wave.

Área, Area; — (superficie), A; —
compensadora, area balancing; —
de aproximación, approach area;
— **de captación,** collecting aperture; — **de emplazamiento,** area of
site; — **de influencia,** power area;
— **de la rejilla,** area of fire bars;
— **de la sección de fatiga,** stressed area; — **de la superficie de
apoyo** (de un cojinete), area of
bearing; — **de pruebas,** testing
area; — **de separación de juntas,**
clearance area; — **de un círculo
de 1 mil** (una milésima de pulgada) **de diámetro** (0,000506 mm²),
circular mil; — **de una central,**
central office area; — **efectiva,**
effective area; — **móvil,** mobile
base; — **negativa** (diagrama), deficiency area; — **positiva** (diagrama), excess area.

Arena, Arena, moulding earth, moulding loam, sand, silt; — **arcillosa,**
arena, loam sand; — **aurífera,**
gold sand; — **de escoria,** artificial
sand; — **de fundición,** foundry
sand; — **de mar,** sea sand; — **es-
tufada,** dry sand; — **fina de moldeo,** facing sand; — **glauconífera,**
green sand; — **micácea,** fake; —
para cemento, concrete sand; —
silícea, silica sand; **aparato de
chorro de** —, sand blast machine; **arenas flotantes** (minas),
quicksand; **cable de la bomba de**
—, sand line; **caja de** —, sand
box; **cantera de** —, ballast pit,
sand pit; **centrifugado en** —, sand
spun; **decapado con** —, sand

blasting; **incrustación de** —, fret; **incrustación de** — (fundición), crumbling; **limpiado con chorro de** —, sandblasted; **limpieza con chorro de** —, sandblasting; **limpieza por chorro de** —, grit blasting; **máquina de proyectar** —, sand slinger; **moldeo en** —, sand casting; **moldeo en** — **glauconífera**, green sand moulding; **moldeo en** — **seca**, dry sand moulding; **reloj de** —, glass, sand glass.

Arenadora, Sand spraying machine.

Arenal, Sand pit.

Arenera, Sand box.

Arenero, Sander.

Arenisca abigarrada superior, Upper red sandstone; — **arcillosa friable**, gaize; — **carbonífera**, carboniferian sandstone or coal sandstone.

Arenoide, Arenoid.

Arenoso, Arenulous, sandy; **pozo de fondo** —, absorbing wall or tank.

Areómetro, Areometer.

Arfar (marít.), To dive.

Argamasa, Clay; **muro de** —, clay wall; **revestimiento de** —, slag face.

Arganeo, Crown of the anchor.

Argentífero, Silver bearing.

Argiroide, Argiroid.

Argollón (ancla), Ring.

Argón, Argon; **lámpara** —, argon lamp; **soldadura por arco en atmósfera de** —, argon arc welding.

Ariete, Monkey; — **hidráulico**, hydraulic ram, ram; **golpe de** —, water hammer.

Arista, Arris, cant, edge, edge side, quoin, ridge; — **a arista** (distribuidor), line and line; — **cortante**, angle of cutting edge or cutting edge; — **de acción del distribuidor**, leading edge; — **de retroceso**, edge of degression; — **de retroceso** (geometría), line of striction; — **de una piedra**, corner; — **matada**, cant; — **medianera** (turbinas), dividing edge; — **viva**, draught edge, sharp edge, square edge; — **viva** (construcción), knuckle; **cincel de** — **plana**, cold set; **con** — **matada**, cant wise; **de** — **viva**, sharp edged; **de aristas redondeadas**, dull edged; **instrumento de** — **viva**, edge tool; **oblicuidad de la** — **cortante**, cutting edge rake; **rebajar las aristas**, to bevel.

Aristado, Bearded.

Aristero, Nose spar.

Aristón (arquitectura), Groin.

Aritmética, Arithmetics.

Aritmético, Arithmetic; **calculador** — **en serie**, serial digital computer; **media aritmética**, arithmetic mean; **unidad aritmética**, arithmetic unit.

Aritmómetro, Arithmometer.

Arizonita, Arizonite.

Arma, Weapon; — **antisubmarina**, anti-submarine weapon; — **antitanque**, antitank weapon; — **de defensa**, defensive arm; **armas antiaéreas**, a. a. weapons; **llave de** — **de fuego**, lock; **palanca de armas**, cocking lever; **perrillo de** — **de fuego**, cock.

Armadera, Chief frame.

Armado, Coated, cocked, reinforced, trussed; — (cable), armoured or armored; — **arriba y abajo**, reinforced at the top and bottom; — **en compresión**, reinforced in compression; — **en la parte inferior**, reinforced in lower face; **hormigón** —, reinforced concrete; **madera armada**, armoured wood; **tubo** —, armoured hose; **viga armada**, fished beam.

Armador, Owner, ship owner.

Armadura, Armature, armour or armor, armouring, brace, core frame, frame work, reinforcement, rib, stay, truss, truss frame; — (electricidad), anchor; — **curva**, bent reinforcement; — **de botella Leyden**, coating; — **de celosía**, bay work; — **de cinta de hierro**, iron armouring; — **de compresión**, compresion reinforcement; — **de**

empotramiento, fixing reinforcement; **— de hierro,** core iron; **— de horno,** buck stay; **— de tensión,** tension reinforcement; **— de timbre,** pile frame; **— de un cielo de hogar,** roof ribs or roof stays; **— de un horno,** strong bar; **— de una caja de fuego,** bridge stay; **— del estátor,** stator frame; **— del horno,** buck stay; **— en abanico,** fan reinforcement; **— en hélice,** spiral reinforcement; **— giratoria,** armature construction; **— inferior,** lower reinforcement; **— longitudinal,** longitudinal reinforcement; **— simétrica,** symmetrical reinforcement; **— superior,** top reinforcement, upper reinforcement; **— transversal,** transverse reinforcement; **gatillo de —,** armature pawl; **núcleo de —,** spider; **preparación de armaduras,** adapting the iron work; **relé de — estrangulada,** isthmus armature relay; **sujección de las armaduras,** fastening of reinforcement.

Armamento, Armament, weaponry; **— auxiliar,** auxiliary armament; **— defensivo,** defensive armament; **— grueso,** heavy armament; **— secundario,** secondary armament; **capitán de —** (buque mercante), overlooker.

Armar, To arm, to armour, to set; **— una pieza de carpintería,** to arm a piece of timber; **de —,** cocking.

Armario de herramientas, Tool crib.

Armazón, Base, frame, framework, framing, skeletton, wainscot; **— de pozo,** shaft equipment; **— de selectores,** selector rack; **— de una casa,** frame of a house; **— del descansabrazos,** arm frame; **— mecánica,** bay work; **— metálica,** metal framework; **— rígida,** rigid frame; **hacer el — de,** to frame; **viga-carrera de —,** curb plate.

Armella, Box stable, ring hook, screw ring; **— con espiga roscada,** eye screw.

Armero, Gun smith, gunsmith; — (persona), armourer.

Armide, Armide.

Armisonante, Armisonant.

Armónico, Harmonic; **— fundamental,** fundamental harmonic; **análisis —,** harmonic analysis; **analizador de armónicos,** harmonics analizer; **armónicos,** harmonics; **armónicos impares,** odd harmonics; **armónicos pares,** even harmonics; **coeficiente de distorsión armónica,** coefficient of harmonic distortion; **componente —,** harmonic component; **detector de armónicos,** harmonic detector; **distorsión armónica,** harmonic distortion; **distorsión armónica global,** total harmonic distortion; **filtro de armónicos,** harmonic filter; **generador de armónicos,** harmonic generator; **klistrón generador de armónicos,** klystron harmonic generator; **llamada armónica infrasintonizada,** undertuned harmonic ringing; **llamada armónica sintonizada,** tuned harmonic ringing; **telegrafía armónica,** voice frequency multichannel telegraphy.

Armure, Armure.

Arnés, Harness; **— de seguridad,** safety harness.

Aro, Tyre or tire (América); **— hendido,** cut ring; **con aros,** hooped; **máquina de poner aros,** hooping machine; **poner aros,** to hoop.

Químico especializado en **aromas,** Flavorist.

Aromático, Aromatic; **compuestos aromáticos,** aromatic compounds; **de alto contenido en aromáticos,** highly aromatic; **destilado —,** aromatic distillate; **hidrocarburo —,** aromatic hydrocarbon; **núcleo —,** aromatic ring; **serie aromática,** aromatic series.

Aromatizador, Aromatizer.

Arpeo, Grapple; — (marít.), anchor.

Arpillera, Fabric covering, pack cloth.

Arpón, Drag; — **pescatubos,** casing spear.

Arponado, Rag bolt.

Arqueado, Arched, cambered; **abertura arqueada,** arched opening.

Arqueadura, Arch.

Arquear, To arch, to measure.

Arqueo, Measurement; — (comercio), measure; **certificado de —,** measure brief; **tonelada de —,** measure ton.

Arqueología, Archaeology.

Arqueólogo, Archaeologist.

Arquetipal, Archetypal.

Arquitecto, Architect.

Arquitectura, Architecture.

Arrancaclavos, Claw wrench, nail puller.

Arrancacuñas, Packing drawer.

Arrancado (minas), Brushing.

Arancador, Switch; — **automático,** self starter; — **de aire comprimido,** compressed air starter; — **de cilindro,** drum starter; — **de inercia,** inertia starter; — **de manivela,** crank starter; — **eléctrico,** electric starter; — **secuencial,** sequential starter.

Arrancar, To start, to strip, to withdraw; — **los pilotes,** to draw out; — **mineral a la bóveda,** to dig upwards; — **un clavo,** to take out a nail; **hacer — un motor,** to crank.

Arranca-sondas, Bore catch.

Arrancatubos, Bulldog spear.

Arranque, Cranking, start, starting, working; — (máquinas), runup; — (minas), winning; — **a pedal** (motor), kick starting; — **automático,** self starting; — **en vacío,** loadless starting; — **hidráulico,** hydraulic mining; — **por aire comprimido,** starting by means of compressed air; — **de cartucho,** cartridge starting; **aire de —** (Diesel), starting air; **anillo de —** (motor de inducción), shading ring; **batería de —,** starting battery; **botón de —,** starter button; **carga de —,** starting load; **cresta de —,** inrush peak; **depósito de —** (Diesel), starting air vessel; **devanado de —,** starting winding; **enriquecer la mezcla en el —,** to prime; **ensayo de —,** starting trial, tear test; **equipo de —,** winning equipment; **frente de —,** digging face; **momento torsor de —,** static torque; **motor de —,** starting motor; **par de —,** starting torque; **plot de —,** resistance step; **reóstato de —,** starting rheostat; **resistencia de —,** starting resistance; **tablero de —,** starting panel; **toberas de aire de —,** starting piping; **tubería de —,** flow main; **válvula de —,** starting valve.

Arrastradera grande, Spinnaker.

Arrastrado por, Driven; **tambor —,** driven drum.

Arrastrar, To drive, to lead, to link, to trail.

Arrastre, Drive, driving, haulage, overflow, trail; — **de agua,** carryover, overflow of water; — **de metal,** fretting or fretting corrosion; — **líquido** (petróleo), puking; **ángulo de —,** trail angle; **aparato de —,** haulage plant; **cerrojo de —,** driving pin; **cuña de —,** active catch; **índice de —,** pulling figure; **piñón de —,** driver gear; **plato de —,** driver plate, driving plate; **polea de —,** driving pulley; **tambor de —,** driver drum; **tope de — para las ruedas,** carrier gear; **trinquete de —,** feed pawl.

Arreglar averías, To make good damage.

Arreglo, Fixture, lay out.

Arrendable, Leasable.

Arrendante, Rentee.

Arrendatario, Lessee.

Arresta-chispas, Spark arrester.

Arriar, To veer.

Arriba, Up.

Arriendo, Lease.

Arriero, Driver.

Arriostrado, Brace, braced, bracing, cross braced, rigging, strutted; — **al centro,** center braced; — **de cable,** bracing cable; — **de trama en U,** counterdiagonal bracing; — **exterior,** external bracing; — **lateralmente,** strongly braced; — **longitudinal,** longitudinal bracing; — **vertical,** vertical bracing; **pieza de —,** connecting piece.

Arriostramiento, Guying; — **o célula central de ala** (aviación), canopy; **bastidor de —,** distance piece; **perno de —,** distance bolt, distance sink bolt.

Arriostrar, To brace, to stiffen; — **lateralmente,** brace laterally.

Arrítmico, Start-stop; **margen de aparatos arrítmicos,** margin of start-stop apparatus; **margen normal —,** normal margin of start-stop apparatus; **sistema —,** start stop system; **sistema — con arranque sincrónico,** stepped start stop system.

Arrojable, Jettisonable.

Arrollamiento, Coiling, wrap or wrapper; — **con tomas múltiples,** multi-tapped directional coupler, multi-tapped winding; — **de enfoque,** focusing coil; — **de inducido,** armature coil; — **de tambor,** cylindrical armature; **profundidad radial del —,** radial depth of winding.

Arrufo, Camber, sagging, sheer or shear; — (mar.), arch; **dar — a,** to sag; **esfuerzo por —,** sagging strain; **tener —,** to be sagged; **tener —** (álabes, rotura del buque), to sag.

Arruga, Ripple.

Arrumaje, Trim.

Arsenal, Arsenal; — **marítimo,** dock yard.

Arseniacales, Containing arsenic.

Arseniato, Arseniate; — **de plomo,** arsenate of lead.

Arsenical, Arsenical.

Arsénico, Arsenic; — (adj.), arsenic.

Arsenífero, Containing arsenic.

Arsenioso, Arsenious; **ácido —,** flaky arsenic; **óxido —,** arsenious oxyde.

Arseniuro, Arsenide.

Hidrógeno **arseniurado,** Arsine.

Artefactos domésticos, Domestic or house-hold appliances.

Artesa, Back, chimming trough, tipping hopper or tippler hopper, trough; — **de canal,** basin canal; — **de 71 cm de largo, de 10 cm de profundidad y 15 cm de ancho que sirve para medir mineral,** dish; — **de minero,** standing buddle; — **de mortero,** boss; — **para el lavado de los minerales,** buddle.

Artesano, Craftsman, mechanic.

Pozo **artesiano,** Artesian well, pressure well.

Artesón, Abac or abacus, coffer, waggon or wagon; — **de muela,** circular bucket; **en forma de —,** box shaped.

Artesonado, Wainscoting.

Artesonar, To wainscot.

Articulación, Articulation, bearing, connection, drag link, elbow, hinge, joint, jointing, knuckle; — **de horquilla,** fork head; — **de la bomba de aceleración,** accelerating pump connecting link; — **de nuez,** ball and socket joint; — **de piedra,** stone articulation; — **de reducción,** reducing elbow; — **de viga de celosía,** eye joint; — **en el vértice,** crown joint; — **esférica,** bushing ball; — **giratoria,** revolving joint; — **redondeada,** round elbow; **armella de —,** eyelet; **de dos articulaciones,** two pivoted.

Articulado, Articulated, connected, flexible, linked, pivoted; **cabeza articulada,** flexible head; **cadena articulada,** sprocket chain; **costado —,** side rack; **gancho —,** drop hook; **herramienta articulada,** articulated tool; **junta articulada,** swing joint; **patín —,** articulated shoe, pivoted slipper; **zapata articulada,** articulated shoe.

Articulamento, Articulamentum.

Articular, To connect.

Artículos, Appliances; **— de goma,** rubber articles; **— para radio,** radio appliances.

Artifacticio, Artifactitious.

Artificial, Artful, artificial, dummy, phantom; **alumbrado —,** artificial lighting; **antena —,** artificial antenna, dummy aerial or antenna; **boca —,** artificial mouth; **carga —,** phantom load; **horizonte —,** artificial horizon; **línea —,** antenna line; **masa —,** artificial mass; **negro —,** artificial black; **radioactividad —,** artificial radioactivity.

Artillería, Artillery, gunnery, ordnance; **— antiaérea,** anti-aircraft artillery, antiaircraft gunnery; **— de campaña,** field artillery; **— de montaña,** mountain artillery; **— gruesa** (buque), heavy ordnance; **— ligera,** light artillery, light ordnance; **— media,** medium ordnance; **— naval,** naval artillery; **— pesada,** heavy artillery, heavy ordnance; **pieza de —,** piece of ordnance; **tipo de —,** artillery type; **visor colimador de —,** gun sight.

Arzón, Crank of centrebit.

Asalmonado, Spotted; **fundición asalmonada,** spotted iron.

Asamblea general, G. A.

Asbestina, Asbestine.

Asbesto, Wood rock; **— leñoso,** amiantine wood; **— lignitiforme,** rock wood; **forro de —,** asbestos sheathing.

Ascendente, Ascending; **ataque —,** ascending working; **columna —,** ascending pipe; **pendiente —,** ascending slope; **ramal —** (correa), side engaging with pulley.

Ascensión, Climbing; **— continua,** continuous climb; **— de una ladera,** ascent of a hill; **ensayo de —,** climbing test.

Ascensional, Ascensional; **fuerza —,** ascensional power, static lift; **gas —,** buoyant gas; **poder —,** lift; **potencia —,** lifting power.

Ascenso, Ascent.

Ascensor, Elevator, lift; **— eléctrico,** electric lift; **— hidráulico,** hydraulic lift; **— para aviones situado al costado de la cubierta de un portaavión,** deck edge elevator; **— para buques moviéndose en un plano inclinado,** shiplift.

Asdic (aparato para detectar submarinos), Asdic equipment.

Asecuencia, Asequence.

Asegurado, Insured.

Asegurador, Fastener, insurer.

Asegurar, To insure.

Asentamiento, Settlement.

Asentar, To bed; **—** (mampostería), to engage.

Aseptizar, To aseptify.

Aserradero, Saw yard.

Aserrado, Sawing; **— de la madera paralelo a un canto,** ripsawing; **— en inglete,** mitreing; **— por cuartos,** quarter sawing; **— transversal,** cross sawing; **bloque de —,** saw block.

Aserradora de cilindros, Saw mill with rollers; **— de marquetería,** fret sawing machine; **— vertical alternativa,** cang saw mill; **carro de —,** drag.

Caballetes de aserradores longitudinales, Saw pit frames.

Aserrar madera, To saw, to saw out, to saw up; **máquina de —,** sawing machine; **máquina de — y trocear,** sawing and cutting machine.

Asesoría, Assessorship.

Asfaltado, Asphaltic; cartón — para techos, asphaltic roofing felt.

Asfaltaje, Asphalt covering.

Asfaltenos, Asphaltenes.

Asfáltico, Asphaltic, asphaltite; hormigón —, asphaltic concrete.

Asfalto, Asphalt, asphaltum, mineral pitch; — aislante, cable compound; — basto, raw asphalt; — berberisco, barbary asphalt; — colado, melted asphalt; — comprimido, compressed asphalt; — líquido, liquid asphalt; — oxidificado, oxidized asphalt; — para pavimento, pavement asphalt; — para pavimentos, paving asphalt; — soplado al vapor, steam treated asphalt; bloque de —, asphalt block; hormigón de —, concrete asphalt; lámina de —, bituminous carpet; mastique de —, asphalt mastic.

Asiderito, Asiderite.

Asidero, Grasp, hold.

Asiderosis, Asiderosis.

Asiento, Bed, chocks, pedestal, saddle, sleeper, trimming; — blindado, armoured seat; — cónico, bevel or conical seat; — de bomba de pozo de mina, form; — de caldera, boiler bearer; — de chaveta, key seat; — de hélice, bracket; — de obturador, seat; · — de un carril, lower flange; — de válvula, clack seat, seat, seating, valve seat; — delantero, front seat; — lanzable (aviación), cannon seat; — o talón de suspensión (de las placas de acústica), lug; — orientado hacia atrás, backward facing seat; — para calderas, base boiler; — para horno, bed furnace; — plano, bed flat; — proyectable, ejectable seat, ejection seat; — proyectable (aviac.), cannon seat; — trasero, back seat; con doble — (válvula), double seated; con dos asientos, two seater; con un solo —, single seated; descansar per-

fectamente sobre el — (válvula), to bed; emplazamiento de los asientos, seating space; larguero de —, bolster; placa de —, flange or flanch (rare); poner — nuevo, to reseat; poner — nuevo a una válvula, to reseat a valve; que no tiene su —, out of trim; válvula de — plano, disk valve; válvula de doble —, double seated valve.

Asignación, Assignment, salary; — (de fondos), earmarking; conmutador de —, alloter switch.

Frecuencia asignada a una estación, Frequency assigned to a station.

Asimetría, Asymmetry.

Asimétrico, Assymmetric or assymmetrical, assymmetrical, non simmetric, non symmetrical; conductividad asimétrica, asymmetric conductivity; desviación asimétrica, assymmetrical deflection; modulación asimétrica, vestigial sideband modulation.

Asimilabilidad, Assimilability.

Asíncrono (electricidad), Asynchronous; motor —, asynchronous motor.

Asíntota, Asymptote.

Asintótico, Asymptotic; integración asintótica, asymptotic integration.

Asociación (elec.), Joining up; — de Normas Americanas, A. S. A. (American Standard Association).

Asociar, To connect, to join up.

Asociativo, Associative; evoluciones no asociativas, non associative valuations; sistemas asociativos, associative systems.

Pluralidad de aspas, Assembly of blades.

Aspadera (telas en cuerda), Winch.

Aspecto del autor, Appearance of the car.

Depósito de aspersión, Suction tank.

Aspersividad, Aspersivity.

Asperjar, To sprinkler.

Aspillera (molino), Conduit.

Aspiración, Intake, suction; **agujero de —,** blast hole; **altura de —,** draught head, suction head, suction lift; **colector de —,** inlet manifold; **depósito de aire de —,** vacuum chamber; **limpieza por —,** vacuum cleaning; **manguera de —,** suction hose; **pocillo de —,** blast hole; **tiro por —,** exhaust draft; **tubo de —,** aspiring tube, suction pipe; **válvula de —,** intake valve; **voluta de — del rotor,** supercharger inlet volute.

Aire **aspirado,** Intake air.

Aspirador, Air exhauster, cleaner, exhauster, suction cleaner, suction pump; **— de gas,** gas exhauster; **— doble,** double aspirator; **— eléctrico,** electric cleaner.

Bomba **aspirante** e impelente, Lifting and forcing pump; **máquina —,** suction engine; **ventilador —,** air exhauster, exhaust fan, exhauster.

Aspirar, To draw, to exhaust, to suck; **—** (motores de explosión), to draw in.

Aserradura de plano (carpintería), Abutment.

Astático, Astatic; **aguja —** (brújula), astatic needle; **bobina astática,** astatic coil; **carrera astática de seguridad** (regulador de máquinas de vapor), astatic lift; **galvanómetro —,** astatic galvanometer; **par —,** astatic couple or pair; **suspensión astática,** astatic suspension.

Astigmatismo, Astigmatism.

Astilar, Astylar.

Astilla, Billet, chip, fragment; **— de madera,** splinter; **— de vidrio,** glass chip.

Astillero, Shipbuilding yard, stock; **— del estado,** naval yard; **anguilas de —,** bilge ways; **astilleros del Estado,** naval yards; **en —,** on the slips; **poner en —,** to lay down; **puesta en —,** laying down.

Astilloso, Splintery; **—** (metales), spilly.

Astrofísica, Astrophysics.

Astrofotográfico, Astrophotographic.

Astrogeodético, Astrogeodetic.

Astrolabio, Astrolabe; **— de prisma,** prism astrolabe.

Astronáutica, Astronautics.

Astronáutico, Astronautical.

Astronavegación, Astronavigation.

Astronomía, Astronomy.

Astronómico, Astronomical.

Asunto, Concern.

Atacable, Attackable.

Atacadera, Tamping bar.

Atacado, Eaten; **— mecánico** (cañones), power ramming.

Atacador, Bar jumper; **— de horno,** bat.

Atacante, Attacking; **piloto —,** attacking pilot.

Atacar con ácido, To bite, to etch.

Bien **atado,** Securely bound.

Atadura, Binder, fastening, grip.

Ataguía, Cofferdam, dam, dike, embankment, levee, stop log; **— aguas abajo,** downstream bulkhead; **— aguas arriba,** upstream bulkhead; **— de aguas abajo,** downstream stop log; **— de aguas arriba,** upstream stop log; **— difusora,** diffuser bulkhead; **— ranurada,** stop log; **— típica de cajón,** typical cofferdam; **elemento de —,** bulkhead element.

Ataguiamiento, Cofferdamming.

Ataque, Attack, drive; **— al ácido,** etching; **— de tanques,** tank attack; **— desde el frente,** frontal attack; **— por la noche,** night attack; **ala con borde de — en media luna,** crescent wing; **borde de —** (de un ala), leading edge; **brazo de —,** actuating arm; **frente de —,** mine head.

Atar, To fasten.

Atarjea, Culvert, drain, gutter.

Atascado, Choked up; **atascada** (válvula), jammed.

Atascamiento, Choking up, clogging; — (tubo), obstruction; — **del crisol,** blocking.

Atascar la lima, To choke up, to clog.

Atascarse, To choke.

Atelaje, Coupling.

Atemperado, Tempered.

Atemperador, Atemperator.

Atenuación, Attenuation; — **compuesta,** composite attenuation; — **de inserción,** insertion loss; — **de la luz por lamparilla,** dimming; — **diafónica,** crosstalk attenuation; — **equivalente de nitidez,** articulation equivalent reference, equivalent articulation loss; — **imagen,** image attenuation; — **paradiafónica,** near-end crosstalk attenuation; — **por interacción,** interaction loss; — **radio,** radio attenuation; — **telediafónica,** far-end crosstalk attenuation; **componente de — conjugada,** conjugated attenuation coefficient; **componente de — iterativa,** iterative attenuation coefficient; **constante de —,** attenuation constant; **constante de — imagen,** image attenuation coefficient constant.

Atenuador, Attenuator, losser, minimizer; — **advertidor o avisador,** cueing attenuator; — **de pistón,** piston attenuator.

Aterciopelar, Flocking.

Atérmico, Athermanous.

Aterrajado, Tapping.

Aterrajar, To thread; **máquina de —,** tapping machine.

Aterrizador, Under carriage; — **de orugas,** track tread landing gear.

Aterrizaje, Alighting, approach, landing, run out, touch down; — **con la hélice calada,** dead stick landing; — **de defensa,** circling descent; — **de panza,** belly landing; — **forzoso,** forced landing; — **instrumental,** instrument let down; — **por instrumentos,** instrument let down; — **sin visibilidad,** blind approach, blind landing; — **sobre el puente,** deck landing; **alerones de —,** landing flaps; **amortiguador de —,** bag bumping; **ancla de — de cohete,** rocket propellant anchor; **ángulo de —** (aviac.), ground angle; **área de —,** airport apron, landing area; **cable de —,** landing wire; **carta de —,** landing chart; **cohete de —,** landing flare; **chasis de —,** landing chassis, undercarriage chassis; **distancia de —,** landing run; **faros de —,** landing headlamps; **freno de — sobre cubierta,** decking brake; **lámpara de —,** floodlight; **luces de —,** approach lighting; **pasillo de —,** approach portal; **patín de —** (aviones), landing skid; **radar de —,** landing radar; **rampa de —,** landing lights; **rebotar en el —,** to kit off; **rueda de tren de —,** landing wheel; **T de —,** landing T; **tren de —,** alighting gear, landing chassis, landing gear; **tren de — de orugas,** track tread landing gear; **tren de — lateralmente,** sideways retractable undercarriage; **tren de — triciclo,** tricyclic gear; **velocidad de —,** landing speed.

Aterrizar, To alight, to come down, to land; — **brutalmente** (aviación), to bump; — **con el tren de aterrizaje dentro,** to bellyland; — **demasiado corto,** to shoot under; — **demasiado largo,** to shoot over.

Atiesar, To stiffen.

Atirantado, Braced.

Atirantamiento, Bracing.

Atirantar, To brace; — **cuerda ejerciendo en el centro una tracción normal a su dirección,** to swig.

Atizador, Coal poker, crook, iron hook, poker, tapping bar.

Atmidómetro, Atmidometer.

Atmoclástico, Atmoclastic.

Atmósfera, Atm (atmosphere), atmosphere; — **ácida,** acid atmosphere; — **protectora,** protective atmosphere; — **viciada,** stale atmosphere.

Atmosférico, Atmospheric; **absorción atmosférica,** atmospheric absorption; **descarga atmosférica,** atmospheric discharge; **destilación atmosférica,** atmospheric topping; **electricidad atmosférica,** atmospheric electricity; **estrato —,** atmospheric stratum; **ionización atmosférica,** atmospheric ionization; **máquina de vapor —,** atmospheric steam engine; **parásitos atmosféricos,** atmospherics; **presión atmosférica,** atmospheric pressure; **primera destilación a presión atmosférica,** topping; **refracción atmosférica,** atmospheric refraction, refraction in the atmosphere; **válvula atmosférica de las calderas,** internal safety valve.

Atoado, Warpage.

Atoaje, Kedging, towage, warping.

Atoar (con un cabo), To warp; **guindaleza de —,** tow rope.

Atochar, To fill up.

Atomicidad, Combined power of atoms.

Atómico, Atomic; **bomba atómica,** atom bomb, atomic bomb; **cabeza de combate atómica,** atomic war head; **cañón —,** atomic gun; **cono —,** atomic war head; **de propulsión atómica,** atomic powered; **desintegrador —,** atom smasher; **energía atómica,** atomic energy; **explosión atómica,** atomic blast, atomic explosion; **feria atómica,** atomfair; **fisión atómica,** atomic fission; **hidrógeno —,** atomic hydrogene; **peso —,** at. wt. (atomic weight), atomic weight; **pila atómica,** atomic pile.

Atomización, Atomization, spray; **cámara con —,** spray type chamber.

Atomizador, Atomiser or atomizer; **— centrífugo,** centrifugal atomiser; **— de petróleo,** petroleum atomizer.

Átomo, Atom; **radiación de átomos excitados,** radiation from excited atoms.

Atorado, Jammed.

Atoramiento, Clogging.

Atorarse, To jam.

Atornillable, Attachable by bolts.

Atornillado, Screwed; **— a fondo,** screwed home.

Atornillador, Screw driver, screwdriver; **— mecánico,** screwstick.

Atornillamiento, Screwing.

Atornillar, To screw; **aparato de —,** screwing tackle; **apretar atornillando,** to screw down, in, up.

Atrancamiento, Ramming.

Atracción, Attractibility, pickup; **— bilateral,** bilateral attraction; **— cohesiva,** cohesive attraction; **— contraria,** counter attraction; **— unilateral,** unilateral attraction; **fuerza de —,** attractibility.

Atrapador (fundic.), Elbow tongs.

Atrás, Go astern; **hacer marcha —,** to back; **marcha —,** backing.

Con **atraso,** Behindhand.

Atrasos, Arrears.

Atravesado por el flujo (elec.), Fluxed; **estar —,** to cross.

Atravesar, To cross.

Atricción, Attrition.

Atruchado, Mottled; **fundición atruchada,** mottled pig iron; **hierro —,** mottled iron.

Audibilidad, Audibility; **umbral normal de —,** normal threshold of audibility.

Audible, Audible; **frecuencia —,** audible frequency; **intervalo —,** range of audibility; **recepción —,** audible reception; **señal —,** audible signal.

Recepción **auditiva,** Aural reception.

Audiofrecuencia, Audiofrequency; **medidor de —,** audiometer; **oscilador de —,** audiomeasurements, audiooscillator; **señal de —,** audiosignal.

Audiometría, Audiometry.

Audión, Audion.

Aumentador, Augmenter; — **de presión,** booster; — **de presión centrífugo,** centrifugal booster.

Aumentar, To boost, to eke, to magnify; — **el resguardo,** to remargin; — **la intensidad de una señal,** to fade out.

Aumento, Magnification, magnifying power; — (óptica), magnifying power, power; **gran** —, high magnification; **lente de** —, magnifying glass; **lente de** — (Véase **Amplifier**), magnifier; **N aumentos,** N power.

Aurato, Aurate; — **potásico,** aurate of potassium.

Aureo, Aurated.

Aúrico, Auric.

Auricular, Ear phone, headphone; — **de inserción,** tool joint.

Aurífero, Aureous; **arena aurífera,** gold sand.

Auscultador, Auscultator.

Austenita, Austenite.

Austenítico, Austenitic, non growth; **acero** —, austenite steel, austenitic steel; **electrodo** —, austenitic electrode.

Autálico, Authalic.

Autígeno, Authigene.

Auto, Auto; **batería de** —, automobile battery.

Auto-adhesivo, Self bonding.

Auto-enfriamiento, Self cooling.

Auto-propulsado, Self driven.

Auto-templable, Air hardening or self hardening.

Autoabsorción, Self absorption.

Autoadherente, Self bonding.

Autoamortizable, Self liquidating.

Autobloqueante, Self locking; **tuerca** —, self locking nut.

Autobús, Bus, motorbus; — **abierto,** open bus; — **cerrado,** closed bus; — **oficial,** official bus; — **para partidas de campo,** excursion bus; — **transformable,** convertible bus;

empresa de autobuses, bus company; **itinerario de autobuses,** bus route; **red de autobuses,** bus network.

Autobusista, Busman.

Autocalefactor, Self caulking.

Autocar, Autocar, motor bus.

Autocebado, Restarting; **inyector de** —, restarting injector.

Mandril autocentrador, Self centering chuck.

Autoclave, Autoclave, digester, mud hole.

Autocontrol, Self checking.

Autocontrolado, Self controlled.

Autocromo, Autochrome.

Autodesoxidante, Self descaling.

Autodifusión, Self diffusion.

Autodina, Autodyne; **detector** —, autodyne detector; **método** —, autodyne method.

Autodino, Autodyne, self heterodyne.

Autodosificación, Self proportioning.

Autoencendido, Dieseling, pinging, pre-ignition, self ignition.

Autoenclavador, Self locking; **perno** —, self locking bolt.

Autoenfriamiento, Self cooling.

Autoengrasador, Self oiling.

Autoequilibrado, Self balanced; **puente** —, self balanced bridge.

Autoestable, Self supporting; **torre** —, self supporting mast.

Autoestanco, Self sealing.

Autoestereoscópico, Autostereoscopic.

Autoexcitación, Self excitation; **dínamo de** —, self exciting dynamo.

Autoexcitador, Autoexciter, self exciting.

Autoextinción, Self quenching.

Autofertilidad (árboles frutales), self fruitfulness.

Autofundante, Self fluxed.

Autogenerador, Self generating; **faro** —, headlamp with combined generator; **fotocélula autogeneradora,** self generating photocell.

Autógeno, Autogenous; **placa de formación autógena,** solid plate; **soldadura autógena,** autogenous welding, oxyacetylene welding.

Autogiro, Autogire or gyre, gyroplane; **— para camino,** roadable autogyro; **aspa del —,** autogyro blade; **demostración con —,** autogyro demonstration.

Autoheterodina, Self heterodyne.

Autoinducción, Inductance, self induction; **— de antena,** aerial tuning inductance; **bobina de —,** inductance coil, retardation coil.

Circuito **autointerrumpido,** Self interrupted circuit.

Autoionización, Autoionization.

Autolavador, Self scrubbing.

Autolorigado, Autostrengthened.

Automática (ciencia), Robotry.

Automático, Automatic, nonattended, self acting; **— interurbano,** toll dialing; **alimentador —,** autofeeder, self feeder; **aparato — de enganchar,** attacher automatic; **alza automática** (armas), autosight; **aparato vendedor —,** merchandizer; **arranque —,** self starting; **avance —,** autofeed; **avance —** (magneto), autotiming; **avance —** (máq.), sensitive feed; **bloquear el avance —,** to lock the self control; **bomba de cebado —,** self priming pump; **cambio — del sentido del movimiento,** self reversing motion; **compensación automática de bajos,** automatic bass compensation (abc); **con cierre —,** self closing; **con descarga automática,** self unloading; **con extinción automática,** self quenching; **con limpieza automática,** self cleaning; **control —** **de ganancia instantánea,** instantaneous automatic gain control; **control de volumen —,** A.V.C. (automatic volume control); **de nivel —,** self levelling; **depósitos de taponamiento —,** self sealing tank; **disparador —,** self timer; **dispositivo de alimentación automática,** automatic feed attachment; **engrasador —,** self acting oiler; **espacio —,** unshift on space; **estabilizador —,** automatic stabiliser; **eyector —,** automatic ejector; **filtro de limpieza atomática,** self cleaning strainer; **funcionamiento —,** automatic operation; **interruptor de seccionamiento —,** mechanically controlled switch; **lapidadora automática,** autolapper; **levantado —,** automatic lifting; **magneto de avance —,** automatic lead magneto; **mando —,** self act; **perforadora de avance —,** sensitive drilling machine; **piloto —,** automatic pilot; **polarización automática,** automatic bias; **puesta a cero automática,** automatic reset; **purgador —,** steam trap; **rotación automática,** rotary self drive hunting; **sistema — de relés,** relay automatic system; **sistema — Wheatstone,** Wheatstone automatic system; **sistema de aterrizaje —,** I.L.S.; **válvula automática,** automatically operated valve (A.O.V.) or automatic valve.

Automatismo, Robotism.

Automatización, Automation.

Automatizar, To robotize.

Automatógrafo, Automatograph.

Autometamorfismo, Autometamosphism.

Automotor, Railcar, rear engine car, self moving; **industria automotriz,** automotive industry; **lancha automotora,** motor barge; **traílla automotriz,** tractor scraper.

Automóvil, Automobile; **—** (adj.), automotive, car, motor car; **— a reacción,** jet car; **— en circulación,** car in operation; **— oficial,** official automobile; **— pequeño,** runabout; **accesorios de —,** automotive accessories; **camión —,** motor lorry, motor truck; **de**

—, automotive; **fabricación de automóviles,** automotive production; **mecánica del** —, automobile work.

Automovilismo, Automobilism, motoring.

Automovilista, Motorist.

Autonomía (de un avión), Operational endurance.

Emisor autooscilante, Self oscillating sender.

Autooxidación, Autooxidation.

Autopolar, Self polar.

Autopropulsado, Self driven, self propelled.

Pruebas de **autopropulsión,** Self propelled test.

Con **autoprotección,** Self protected.

Autoridades de la dársena, Authority dock.

No **autorizado** (actividades), Bootleg.

Autorregistrador, Autographic.

Resistencia **autorreguladora,** Ballast resistor.

Resistencia de **autorregulación,** Ballast resistance.

Autorregulable, Self adjustable.

Autorregulador, Self regulating.

Autosaturación, Self saturation.

Autosaturante, Self-saturating.

Autosincronización, Self synchronizing.

Autosincronizante. Self synchronizing.

Autosíncrono, Self synchronous.

Autosoldable, Self soldering; **bobina térmica** —, self soldering heat coil.

Autotemplable, Self hardening, self tempering.

Autotransformador (elec.), Autotransformer.

Empresa de **autotransporte,** Trucking firm.

Autoverificador, Self verifying.

Autovía, Rail car.

Autozunchado, Autofrettage, self hooped.

Auxiliar, Auxiliary, subsidiary; **combustible** —, standby fuel; **dispositivo** —, auxiliary device; **electrodo** —, auxiliary electrode; **flotador** —, auxiliary float; **instalación** —, auxiliary plant; **luz** —, additional port; **pequeño caballo** —, doctor; **polo** —, commutating pole, interpole; **válvula** —, auxiliary air valve, by-pass valve.

Auxógrafo, Auxograph.

Auxómetro, Auxometer.

Avance, Advance, feed, gaining rate, inside lap, travel; — (magneto), lead; — (minería), outstope; — **a la abertura,** advanced opening; — **a la apertura de escape,** advance exhaust opening; — **a la evacuación** (distribuidor en coquilla), inside lead; — **a la introducción** (distribuidor en D), inside lead; — **al encendido,** advanced ignition; — **al encendido** (auto), advanced aparking; — **al escape,** exhaust lead; — **automático,** auto or automatic feed, automatic lead, power feed; — **automático del carro,** automatic travel; — **de fase,** phase lead; — **de la mesa,** table feed; — **de profundidad,** downwards feed, plunge feed; — **de una herramienta,** feed movement; — **del distribuidor,** lead; — **en la trayectoria de vuelo,** advance along the flight path; — **en profundidad,** in feed; — **fijo,** fixed lead; — **lento,** slow feed; — **lineal interior** (distribución por distribuidores), linear exhaust lead; — **longitudinal,** longitudinal feed; — **manual,** sensitive feed; — **manual de una herramienta,** hand feed; — **mecánico,** power feed; — **por cremallera,** rack feed gear; — **por piñón y cremallera,** rack and pinion; — **radial,** radial feed; — **rápido,** fast feed; — **regido por mecanismo de vacío y centrífugo,** advance with vacuum and centrifugal control; — **regulable** (magneto), adjustable lead; — **transversal,** cross feed, traverse or transversal feed; — **transversal rápido automático,** power rapid traverse; **ángulo de** —, angle of advance, lead angle; **barra de** —, feed bar; **caja de los engranajes de** —, feed box; **circuito de** — **automático,** self drive circuit; **cremallera de** —, feed rack; **duplicador de avances,** feed doubler; **manecilla de** —, feed handle; **mecanismo de** —, feed mechanism; **plato indicador de los avances,** feed index plate; **retraso y** — **del distribuidor,** lap and lead of the valve; **tornillo de** —, lead screw; **tornillo de accionamiento del** —, feed screw; **tornillo de tope de** —, advance stop screw; **trinquete de** —, stepping pawl; **trinquete de** — **automático,** pawl for power feed; **volante de** — **a mano,** hand feed wheel.

Avante, Go ahead!

Avantrén, Breast work; — (artillería), limber; — **de arado,** collar.

Avanzar, To advance, to encroach, to overhang; — (galerías), to drive; — **en la trayectoria de vuelo,** to advance along the flight path; — **la corrección altimétrica,** to advance the altitude control.

Avellanado, Countersink hole, countersunk; **cabeza avellanada,** countersink head.

Avellanador, Countersink, countersinking bit.

Avellano, Hazel tree.

Avenadora, Sand spraying machine.

Aventadora, Winnoving machine.

Aventurina, Aventurine.

Avería, Break down, damage, failure, outage; — (comercio), average (s); — (de automóvil), breakdown; — (de máquina), breakdown; — (material), injury; — **de motor,** engine fallure; — **particular,** particular average; — **que proviene de un contacto con tierra,** earth; **con** —, hung up; **libre de averías,** F.A.A. (Free of all average); **libre de averías particulares,**

F.P.A. (Free particular average); **liquidador tasador de averías,** stater; **localizador de averías,** fault finder; **reglamento de averías,** average statement; **tener una** —, to breakdown.

Averiado, Broken down, damaged, disabled, faulted, stalled.

Averiar, To bungle; — (material), to injure.

Averiarse, To fail.

Averiguable, Findable.

Aviación, Aviatics, aviation; — **civil,** civil aviation; — **comercial,** commercial aviation; — **colonial,** colonial aviation; — **de batalla,** battle aviation; — **de transporte,** transport aviation; — **deportiva,** sporting aviation; — **naval,** naval aviation; **aluminio de** —, stooge; **campo de** —, air field; **enlace de** —, air liaison; **gasolina de** —, aviation gasoline; **motor de** —, aeróengine.

Aviador, Airman, aviator; — **de caza nocturno,** night pursuit airman; — **de guerra,** war aviator; — **naval,** aviator naval.

Avido de, Absorbent.

Avión, Air craft; — (Véase también **Aeroplane** y **Airplane**), plane; — **a reacción,** jet plane, jet-power aircraft, reaction plane; — **bimotor,** twin-engine airplane (Véase **Plane**), twin engined aircraft, two engine or two engined plane; — **biplaza,** two seater or two seat plane; — **catapultado,** catapulted plane; — **caza,** fighting plane; — **cisterna,** air tanker, tanker aircraft; — **cisterna para repostar en vuelo,** tanker aircraft; — **comercial,** commercial plane, transport; — **con base terreste,** land based plane; — **cuatrimotor,** four engine or four engined aeroplane, four engine or four engined plane; — **de adiestramiento,** trainer aircraft, training plane; — **de ala baja,** low wing aircraft; — **de ala alta,** high wing aeroplane, high wing aircraft; — **de ala baja,** low wing aeroplane; — **de alas fijas,** fixed wing airplane, fixed wing aircraft; — **de ataque sobre blancos terrestres,** ground attack plane; — **de caza,** chaser; — **de combate,** combat plane; — **de distancia variable entre planos,** airplane of variable gap; — **de dos pisos,** double decked aircraft; — **de geometría variable,** folding plane; — **de gran radio de acción,** long range plane; — **de línea,** air liner; — **de línea para vuelo a grandes altitudes,** stratoliner; — **de observación,** observation plane; — **de prácticas,** trainer aircraft, training machine; — **de reconocimiento,** reconnaissance plane; — **de transporte,** transport aircraft, transport plane; — **de turismo,** touring plane; — **de un fuselaje,** single fuselage airplane; — **de una sola hélice,** single propellered airplane; — **embarcado** (en portaaviones), carrier borne plane; — **embarcado en portaaviones,** carrier borne plane; — **examotor,** six engine or six engined plane; — **experimental,** research aircraft; — **ligero,** light plane; — **metálico,** all metal aeroplane; — **militar,** military plane; — **monomotor,** amphibian single engined plane; — **multiplaza,** attack multiplace; — **para ataques nocturnos,** night raider; — **para levantamientos fotográficos,** photographic airplane; — **para uso del personal director de una empresa,** executive aircraft; — **para transporte de tropas,** trooper; — **para viajes diurnos,** airplane for day operations; — **precursor,** pathfinder; — **prototipo,** prototype aircraft; — **que despega como helicóptero,** convertiplane; — **que se considera blanco de tiro,** target plane; — **que transporta a otro,** composite plane; — **radio dirigido,** radio controlled plane; — **rezagado en una formación,** straggier; — **robot,** drone or drone airplane; — **sanitario,** ambulance plane; — **sin cola,** tail less aeroplane; — **terrestre,** land plane; — **tipo biplano,** biplane type airplane; — **transónico,** transonic plane; — **trimotor,** three engine aeroplane, three engined aircraft; **acción de mover rodando el — en varias direcciones para compensar la brújula,** groundswinging; **altitud a la que un — sobrealimentado da su máxima potencia** (aviación), rated altitude; **célula de —,** air frame; **equipo de hombres con ganchos para el manejo de aviones ardiendo,** hookmen; **fondeadero de aviones de patrulla,** anchorage patrol plane; **freno de —,** aircraft brake; **hangar para aviones,** aerohangar; **indicador de inclinación transversal de un —,** bank indicator; **morro de —,** heading; **pasarela telescópica para aviones,** jetways; **superficie total de un —,** welted surface.

Flotador **avisador,** Alarm float.

Luz de **aviso,** Cue light.

Avituallamiento, Refilling.

Avivar los fuegos, To brisk up the fires.

Axial, Axial; **compresión —,** axial compression; **de simetría —,** axially symmetric; **empujador —,** thrustor; **esfuerzo de compresión —,** collapsible load; **flujo —,** axial flow; **turborreactor de flujo —,** axial flow turbojet.

Axialidad, Axiality.

Axialmente, Axially.

Axífugo, Axofugal.

Axina, Axine.

Axiómetro, Steering indicator.

Axonométrico, Axonometric.

Ayuda radiogoniométrica, Aid radio directional.

Ayudante de soldador eléctrico, Tacher; — **del planeador,** assistant glider.

Ayustado, Spliced; — (de torones), joining.

Ayuste, Overlaunching, width.

Azabache, Black amber, coal pitch, jet.

Azada plana, Bede, mattock.

Azadón, Hoe, spade.

Azafrán, Crocus.

Azeotrópico, Azeotropic; **destilación azeotrópica,** azeotropic distillation.

Azídico, Azide.

Azimut, Azimuth; **apuntar en —,** to point in azimuth.

Azimutal, Azimuthal; **alidada —,** azimuth sight; **círculo —,** azimuth circle; **en dirección —,** azimuthwise; **mesa —,** azimuth table.

Azindona, Azindone.

Azobenceno, Azobenzene.

Azobórico, Azoboronic; **ácido —,** azoboronic acid.

Azoeosina, Azoeosine.

Utensilios de **azófar,** Brass ware, copper ware.

Azogado, Tin bath; **— (de espejo),** tin leaf; **— (espejo),** silvering; **— de vidrio,** silvering.

Azogamiento, Foliature.

Compuestos **azoicos,** Azocompounds.

Azuda, Crown iron.

Azuela, Blockaxe, chip axe, holing axe; **— curva,** rounding adze, spout adze; **— de carpintero,** hammer adze; **— de filo redondo,** adze round edge; **— de mano,** adze; **— de tonelero,** barrel howel, cooper's adze; **— delantera,** broad axe; **— doladera,** hollowadze; **—**

recta, flat adze; **— recta de martillo,** notching adze; **entallar a la —,** to adze.

Azufrado, Sulphuration.

Azufrador de lana, Sulphurator.

Azufrar, To sulphurate.

Azufre, Sulphur; **— en bastoncillos,** roll or stick sulphur; **— en cilindros,** roll or stick sulphur; **— granulado,** drop sulphur; **— nativo,** native sulphur; **— orgánico,** organic sulphur; **— vivo,** brimstone; **agente eliminador del —,** desulfurizer; **blanqueo al —,** stoving, sulphuration; **flores de —,** flowers of sulphur.

Azufrera, Soufriere, sulphur mine.

Azul, Blue; **— batán,** blue milling; **— de azindona,** blue azindone; **— de cobalto,** blue cobalt; **— de cresilo,** blue cresyl; **— de delfino,** blue delphin; **— de potasa,** potash blue; **— de Prusia,** chinese blue; **— de timol,** thymol blue; **— de toluidina,** toluidin blue; **— glicina,** glycine blue; **— imperial,** imperial blue; **— opalino,** opal blue; **— patentado,** patent blue; **— violado,** garter blue; **calco —** (dibujo), blue print or printing; **luminosidad — de los tubos de vacío,** blue aurora or blue glow; **máquina de fotocalcado —,** blue printing machine; **vitriolo —,** blue stone.

Azulmina, Azulmine.

Azurina, Azurine.

Azurita, Azurite, blue copper ore.

Azuteno, Azutene.

Azurol, Azurol.

B

Babor, Larboard, port, port side; **costado de —,** port side.

Bache atmosférico, Bump; **— de aire,** air pocket.

Badajo (campana), Clapper; **movimiento de —,** angle bob, bent lever; **timbre de dos badajos,** polarized bell.

Badana, Gold beater's skin.

Badén, Gully.

Badil, Colrake, fire shovel.

Bagarra carbonera (Ingl.), Keel.

Bahía, Bay.

Bainita, Bainite.

Bajada, Fall; **— de antena,** downlead; **— de una antena,** leading in wire; **tubo de —,** down take.

Bajado (tren de aterrizaje), Lowered.

Bajamar, Low water.

Acción de **bajar** el timón, Low rudder; **hacer —,** to force down.

Bajo, Bass, low, sub, under; **— relieve,** low relief; **altavoz de bajos,** bass loudspeaker; **avión de alas bajas,** low wing aeroplane; **borne de baja tensión,** low tension terminal; **bujía de baja tensión,** low tension spark plug; **carbón de baja calidad,** low grade coal; **cebado a baja tensión,** low tension ignition; **cebado a baja tensión y alta frecuencia,** low tension and high frequency ignition; **compensación automática de bajas frecuencias,** automatic bass compensation; **con predominio de las bajas frecuencias,** bassy; **de — vatiaje,** low wattage; **de bastidor —,** low fra-

med; **de entrada baja,** low browed; **de valoración baja,** low titered; **escalón de baja presión** (turbina), low pressure stage; **fermentación baja,** bottom fermentation; **filtro de paso —,** low pass filter; **frecuencia muy baja,** very low frequency; **hogar —,** bloomery fire; **magneto de baja tensión,** low tension magneto; **motor de baja tensión,** low tension motor; **osciloscopio de baja frecuencia,** low frequency oscilloscope; **refuerzo de tonos bajos,** bass boosting; **transformador de baja frecuencia,** low frequency transformer; **transformador de baja tensión,** low tension transformer; **turbina de baja presión,** low pressure turbine; **vapor a baja presión,** low pressure steam.

Bakelita, Bakelite; **envoltura de —,** bakelite case.

Bakelizar, To bakelize.

Bakelización, Bakelizing.

Bala, Bloom, bullet, lump; **—** (de algodón, etc.), bale; **— blindada,** solid or full patch bullet; **— con camisa de níquel,** nickel jacketed bullet; **— de ametralladora,** machine gun bullet; **— de cañón,** bullet; **— de expansión,** expansive bullet; **— de punta blanda,** soft nose bullet; **— de punta de cobre,** copper pointed bullet; **— de punta hueca,** hollow pointed bullet; **— de punta redondeada,** round nose bullet; **— expansiva** bullet expanding; **en balas,** baled; **formación de balas de algodón,** pressing; **resistente a las balas,** bullet resistant or resisting.

Balance, Balance, schedule, swing; **— decimal,** decimal balance; **—**

favorable, favorable balance; — **térmico,** heat balance, thermal balance; **flexibilidad del** — (aviones), roll flexibility; **inestabilidad por** —, roller instability; **poder de extinción del** —, roll quenching power.

Anillo del **balanceador,** Balancer ring; **grupo** —, balancer set.

Balancear, To rock, to swing.

Balanceo, Rocking, roll; — **de la mar,** jumbal; **chapa de** —, wash plate.

Balancín, Balance, beam, fly, great lever, link, rocking lever, side lever, traverse beam, weigh beam, weigh vibratory beams, wippletree, working beam; — **de bomba,** balance of a pump, ball of a pump; — **de husillo,** fly press; — **de reenvío** (ferroc.), rocker; — **de suspensión,** rocking lever; — **de tornillo,** fly press, screw press; — **de válvula,** rocker, valve rocker; — **empuja-válvulas,** rocker arm; — **lateral,** swing bolster; — **motor,** motor pendulum; **balancines para acuñación,** coining machinery; **cabeza de** —, beam end; **cabezal del** —, head beam; **caja de** —, rocker box; **castillete de máquina de** —, gallows-frame; **gorrones del** —, beam gudgeons; **gran** —, main beam; **lima de** —, balanced web; **máquina de** —, beam engine, lever engine, side lever engine; **prensa de** —, fly press.

Balandro, Sloop.

Balanza, Balance, weighing machine, — **automática,** automatic weighing machine; — **comprobadora de pesos,** checkweigher; — **de cuchillas,** balance knife edge; — **de inducción,** induction bridge; — **de precisión,** analytical balance; — **de torsión,** torsion balance; — **electrodinámica,** current balance; — **galvanoplástica,** plating balance; — **hidrostática,** hydrostatic weighing unit; — **romana,** auncel weight; **balanzas de resorte,** weig-

hing machines; **fleje de** —, balance beam; **índice de una** —, cock of a balance; **palanca de** —, beam of a balance; **pasador de** —, axis; **platillo de una** —, scale of a balance; **vatímetro de** —, watt balance.

Balanzón, Balance bob.

Balastaje, Ballasting.

Balastar, To ballast.

Balastera, Ballast pit.

Balasto, Ballast concrete, tank; — (ferrocarril), ballast; — **de grava,** gravel ballast; — **de piedras troceadas,** crushed stone ballast; **recargar con** —, to reballast.

Balastro, Metal stone.

Balata, Bulletwood.

Balaustrada, Balustrade.

Balde, Pail, tub; — **de madera,** wooden bucket; — **para alquitrán,** tar bucket.

Balística, Ballistics; — **electrónica,** electron ballistics.

Balístico, Ballistic; **densidad balística,** ballistic density; **medida balística,** ballistic measurement.

Baliza, Buoy, radar beacon; — **radar,** radar beacon.

Balizado, Beaconed, marking; **pasillo** — **de aterrizaje,** approach portal.

Balizaje, Buoyage, buoying.

Balizar, To mark.

Balón esférico, Spherical balloon.

Balsa, Craft, dinghy, float, raft; — (madera), balsa; — **de carenar,** raft; — **de salvamento,** beaching gear; — **neumática,** inflatable or pneumatic dinghy; — **para carenar,** float; **transporte en balsas,** flotation.

Ballesta delantera, Forward or front spring, front spring bracket; — **trasera,** rear spring, rear spring bracket; **gemela de** —, spring shackle, spring stirrup; **mano de** —, spring shackle; **suspensión por resortes o ballestas,** springing.

Ballonet, Ballonet; — (globos), airbag.

Bambolear, To stagger.

Caña de **bambú,** Bamboo; **varilla de** —, bamboo rod.

Banasta, Coal scuttle, corf.

Bancada, Engine mounting, gantry; — (de torno), bed; — **de escote,** gap bed; — **de fresadora,** column; — **de torno,** lathe bed; — **recta,** straight bed; — **rígida,** rigid bed; **torno de** — **escotada,** break lathe.

Cuenta **bancaria,** Bank account.

Bancarrota, Bankrupcy.

Banco, Bank, bed, bench, stand; — **de ajustador,** bench; — **de alisado,** boring bench; — **de carga para baterías,** constancy potential; — **de carpintero,** bench; — **de enderezar,** dressing bench; — **de ensayo,** rig, test bench, test rig; — **de ensayo para engranajes,** gear rig; — **de ensayo para rodamientos,** bearing rig; — **de estirado,** draw or drawn bench; — **de estirado en caliente,** hot bed; — **de estirar,** tube engine, tube frame; — **de hojalatero,** bench; — **de nubes,** bank of clouds; — **de pruebas,** simulator, test or testing bed, test stand; — **de pruebas para motores,** engine simulator; — **de pruebas volante,** flying test bed; — **de socorro** (máq.), stand by; — **de taller,** banker, bench, work bench; — **de trabajo,** work bench; — **estirado en frío,** cold draw bench; — **fijo,** fixed bed, standing vice; — **giratorio,** whirling stand; — **guíaondas,** waveguide bench stand; — **motor,** bench motor; — **óptico,** optical bench; — **para estirado,** push bench; — **para estirado de tubos,** push bench; — **portátil,** movable bench; **abrazadera de** —, bench strip; **empleado de** —, bank clerk; — **endurecimiento en** — **de estirado,** bench hardening; **ensayo en** —, bed testing, bench testing; **incisión en media luna**

del — **escotado,** break; **luneta de un** — **de estirar,** gauge plate; **mesa del** —, bench plank; **mordaza de un** — **de torno,** side of a lathe; **rectificadora de** —, bench grinding machine; **soporte de** — **de carpintero,** clamp, cramp frame, dog; **sucursal de** —, settlement; **superficie del** —, bench plank; **taladradora de** —, bench type drilling machine; **tornillo de** —, bench clamp, bench press, bench screw, bench vice, dog hook, lockfiler's clamps.

Banda, Band, belt, binding, binding hoop, channel, frequency range, range, reel, streak, strip, stripe; — (arquitectura), facia; — **ancha,** broad band, wide band; — **característica de un sonido vocal,** characteristic band (of a vocal sound); — **de absorción,** absorption band; — **de ametralladora,** machine gun belt; — **de amortiguamiento de frecuencias,** filter attenuation band; — **de aparejo,** band suspension; — **de apriete,** clamping strap; — **de buque,** heel; — **de conducción,** conducting band; — **de corriente,** belt of current; — **de desgarre,** ripping panel; — **de detención de frecuencias,** filter stop band; — **de dispersión,** scatter band; — **de eje,** clip band; — **de energía,** energy band; — **de energía permitida,** allowed energy band; — **de energía prohibida,** forbidden energy band; — **de ensayo,** test strip; — **de entretenimiento,** entertainment band; — **de fijación,** clamping strip; — **de frecuencia,** frequency band; — **de guarda** (de seguridad), guard band; — **de hierro,** clout; — **de metros,** meter band; — **de montaje,** fit strip; — **de n metros** (radio), n meter band; — **de onda,** band wave; — **de plomo o de zinc para junta,** flashing; — **de recubrimiento,** butt plate, butt strap, junction plate; — **de rodadura,** tyre tread; — **de rodadura** (neumáticos), tread wear; — **de rodamiento,** tread;

— de televisión, television band; — de transmisión, filter pass band, transmission band; — de unión, packing strip, strip plate; — espectral, spectral band; — exploradora, scanning band; — externa, external band; — lateral doble, double sideband; — lateral principal, main sideband; — lateral residual, vestigial sideband; — lateral única, single side band; — para aficionados, amateur band; — para comunicaciones nocturnas, night band; — protectora, carcass padding; — residual, vestigial band; a bandas, striped; anchura de la —, bandwidth; caer de — (N), to careen; con — de rodamiento ancha, wide treaded; conjunto de varias bandas, monopack; ensanche de —, band spreading; filtro de paso de —, band pass filter; lijadora de —, sander belt; llave de cambio de —, band switch; probadora de bandas de forzamiento, rotating band tester; producto de ganancia por anchura de —, gain bandwidth product; radiación fuera de —, out-of band radiation; radiación fuera de la — ocupada, radiation outside of occupied band; registrador en —, tape recorder; rollo de —, strip sheet; selector de —, range selector; señalización en —, signalling in band; señalización fuera de —, out-of-band signalling.

Bandaje (ruedas locomotoras), Tyre or tire.

Bandazo, Lurch.

Bandeja de goteo del petróleo, Oil drip tray; — de pestaña, blanket tyre.

Banderola, Field colours.

Puesta en **bandolera** (hélice), Feathered.

Banquero, Banker, exchanger.

Banqueta, Bench, cushion frame; — (dique), step; — (tierras), bank.

Banquillo plegable; Folding bench.

Baño, Bath, pool; — de aceite, oil bath; — de aceración, steel bath; — de acerado, steel bath; — de arena, bath sand; — de azogado, tin bath; — de emplomado, lead bath; — de estañado, tin pot; — de galvanoplastia, electroplating bath; — de grasa, grease bath; — de lubricante, lubricant bath; — de mercurio, mercury pool; — de niquelado, nickel plating bath; — de sal, salt bath; — de temple, tempering bath; — de vapor, steam bath; — fijador, bath fixing; — lento, slow bath; — neutro, neutral bath; — rápido, rapid bath; filtro de aire con — de aceite, oil bath air cleaner; trabajo del — (met.), boil; tranquilización del — líquido, killing.

Baño-maría, Water bath.

Bao, Beam; — (N.), breadth; — de los raseles, panting beam; brusca de baos, rounding, rounding of the beams.

B. A. P. C. O., Bahrein Petroleum Co.

Baquetilla, Bead.

Baranda, Guard rods.

Barandilla, Hand rail, life guard or life line, railing.

Barato, Low in cost.

Barbacana, Outlet, weeper, weephole.

Barbilla, Cam.

Barbitúricos, Barbiturates.

Barbotón, Chain pulley.

Barcaza, Barge, craft, hopper punt, lighter, scaw; — de carbón, coal lighter.

Barco, Boat, vessel; — a vapor, steam boat; — de 25 nudos, a 25 knotter; — faro, light-boat; — plano, punt; — que da tantos nudos, knotter; comunicación entre barcos, ship-to-ship communication.

Baremo, Schedule.

Baría o bar (unidad absoluta de presión), Barye or bar.

Baricéntrico, Barycentric.

Barilar, To chip.

Bario, Barium; **carbonato de** —, barium carbonate; **pigmento blanco formado por una parte de albayalde y tres partes de sulfato de** —, dutch white.

Barisfera, Barysphere.

Tierra amarilla de **barita,** Cawk.

Baritrón, Barytron.

A **barlovento,** Aweather.

Barniz, Float and set, glaze, lacquer, varnish; — **aislante,** insulating varnish; — **con poco aceite de secado rápido,** short oil varnish; — **de laca fisurable para recibir la galga medidora,** stress coat; — **de lijar,** rubbing varnish; — **de muñequilla,** French polish; — **de siliconas,** silicone varnish; — **incoloro,** clear varnish; — **incombustible,** flame resistant dope; — **secante,** quick drying varnish; — **sin disolvente,** solventless varnish; — **transparente,** transparent varnish; **agrietamientos en el** — **o en la pintura,** crazing; **corrimiento del** —, icicling; **impregnación de** —, varnish impregnation; **pintar con** — **las alas de los aviones,** to dope; **tinte con** —, color varnish.

Barnizado, Varnished; — **con muñequilla,** fadding; — **de las alas,** doping; **batista barnizada,** varnished cambric.

Barnizar, To varnish; — **con laca** (auto), to dope.

Baroclínico, Baroclinic.

Barógrafo, Barograph.

Barometría, Barometry.

Barométrico, Barometric; **altímetro** —, barometric altimeter; **cápsula barométrica,** aneroid capsule; **corrección barométrica,** barometer correction; **presión barométrica,** barometric pressure; **regulador** —, barostat control; **tubo de caída barométrica,** barometric discharge pipe.

Barómetro, Barometer, glass, weather gauge; — **aneroide,** aneroid barometer; — **de cuadrante,** barometer wheel; — **de depósito abierto,** open cistern barometer; — **de tubo inclinado,** diagonal barometer; — **descendente,** falling barometer; — **registrador,** recording barometer; **subida del** —, rise of barometer.

Baroscopio, Baroscope.

Barotermógrafo, Barothermograph.

Barotrópico, Barotropic.

Barquero que conduce con la pértiga, Puntist.

Barquilla, Nacelle; — (de dirigible), gondola; — **escamoteable o retráctil,** retractable nacelle; — **interior,** inboard nacelle; — **perfilada,** stream-lined nacelle.

Barra, Bar, crow, rail; — **acanalada,** corrugated bar; — **acodada** (hormigón armado), bent up rod; — **calibradora,** caliber rule; — **colectora para fuerza,** power busbar; — **colectora principal de un tablero de distribución** (elec.), bus-bar; — **compensadora,** compensating bar; — **de acero,** steel bar; — **de acoplamiento,** tie rod; — **de alineación,** drift bolt; — **de apoyo,** handril, pricker bar; — **de armazón de popa,** transom; — **de avance,** free bar; — **de avance del torno,** feed bar; — **de bloqueo** (minas), spragy brake; — **de cenicero,** clinker bar; — **de compresión** (horm. armado), compression rod; — **de conexión,** connection bar; — **de distribución,** bus bar; — **de enganche** (elec.), juntion bar, truck coupler; — **de enrayar,** brake scotch, brake spray; — **de escariado,** boring spindle, cutter spindle; — **de estaño,** tin bar; — **de garganta** (hormigón armado), corner rod; — **de mina,** jumper bar, percussion borer; — **de parada,** braking club; — **de profundidad,** diving rudder; — **de resistencia** (hormigón armada), carrying rod; — **de retén,** catch rod; — **de retención,** holding bar;

— **de rozadura,** cutter bar; — **de seguridad de enganche,** safety coupling rod; — **de tensión** (horm. armado), tension rod; — **de torsión,** torsion bar; — **de tubos,** danforth's frame; — **del cenicero,** pricker bar; — **en doble T de calaje de las chapas de tubo,** bar lock; — **en T,** T bar; — **en U,** channel bar; — **en forma de U,** channeled bar; — **en Z,** Zed bar; — **enderezadora,** bending iron; — **entallada,** notched bar; — **excéntrica,** cam bar; — **hexagonal,** hexagon iron; — **hueca inflada por presión inferior de los gases,** puffed bar; — **inclinada** (hormigón armado), inclined rod; — **lateral,** side bar; — **lisa,** plane bar; — **ómnibus de batería,** battery bus bar; — **para desconexión,** break post; — **picafuegos,** slice bar; — **portadora,** stress bar; — **retienemallas del dobladillo** (tejidos), weltbar; — **selectora,** selecting bar; — **tipo,** standard bar; — **transversal de calaje,** cross bar; — **triangular,** triangular bar; — **vertical extrema** (armazón metálica), vertical end; **barras en T, en U,** T, U, channels; **canilla de — de estirar,** draw block; **capacidad de —,** bar capacity; **derivado de la —,** from rod; **extrusor de barras,** plodder; **hierro en —,** iron bar; **horno de recalentar las barras,** bar heating furnace; **mordaza de barras** (máq.-herr.), bar tightener; **paso de —,** bar way; **soporte de —,** bar support; **torno de —,** bar lathe.

Barra-carril, Bar rail.

Barraganete, Futtock.

Barredora mecánica para alfombras, Carpet sweeper.

Barrena, Auger, bar whimble, borer, comb bit, chair bit, drill, earth borer, hollow boring bit, wimble; — (aviac.), spinner; — (para perforar), bit; — **cónica,** bit rose, taper auger; — **de ajustar,** bar wimble; — **de asegurar los per-**nos, large auger; — **de berbiquí,** boring bit; — **de cola,** tailspin; — **de cuchara,** nose bit, shell auger; — **de dos bocas,** double lipped auger; — **de estaca,** bolt auger; — **de explosión,** expanding auger or expansion auger; — **de gusano,** auger worm; — **de impulsión mecánica,** power auger; — **de percusión,** percussion bore; — **de pico de pato,** duck nose bit; — **de punta,** common bit, dowel bit; — **de punta piramidal de sección cuadrada y de dos cortes,** flute bit; — **de remache,** rivet auger; — **de sonido,** ground auger; — **de tornillo,** screw auger; — **de una boca,** single lip screw auger; — **de unir las pinas de las ruedas,** felloe auger; — **de uña,** duckbill; — **en pico de pato,** ducknose bit; — **espiral,** twisted bit; — **fresa de forma especial,** broach formed; — **-fresa maciza,** solid broach; — **-fresa patrón,** standard broach; — **giratoria,** bit rotary, turning auger; — **helicoidal,** half twist bit, screw auger, twist drill; — **hueca de expansión,** expanding auger or expansion auger; — **mecánica,** power auger; — **para abrir pozos,** well borer; — **para boca profunda,** long eye auger; — **para llantas,** jaunt auger; — **para madera,** wood bit, gimblet or gimlet; — **para tubos de bomba,** auger pump; — **percutente,** percussion bit; — **plana,** flat spin; — **segunda,** second bit; — **vaciada en media caña,** duck nose bit; **barrenas,** crow's foot; **casquillo de —,** drill socket; **cepo de —,** auger holder; **cola de una —,** shank of a borer; **entrar en —,** to spin; **espiga de —,** auger shank; **máquina de —,** auger twister; **mecha de —,** auger bit.

Barrenado, Boring, sunk; — **con superficie interior lisa,** borizing; — **de cañones,** gunboring.

Barrenar, To bore; **banco de —,** boring bench; **barra de —,** whimble bar.

Barrenilla, Auger, driller, small auger.

Barreno, Borer, jumper, jumper bar, mining drilling, percussion borer, tap drill; — **corto,** pitching borer; — **de cabeza cuadrada,** square bit; — **de roca,** stone drill; **barrenos,** drillings, tool bits; **dar bocazo al** — (minas), to blow off, out; **hierro de limpiar barrenos,** drag twist.

Barrer, To sweep.

Barrera, Clay pit; — **de potencial,** potential barrier; — **del sonido,** sound barrier; **capa** —, barrier layer; **impulso** —, disabling pulse.·

Barreta, Bridge, sliding face; — (de un cilindro), bar.

Barrica, Cask.

Barrido, Scanning, scavenging, scouring, sweep; — **de frecuencia,** frequency sweep; — **de los gases,** gas scouring; — **mecánico,** mechanical scanning; **aire de** —, scavenging air; **aislador de** —, sweep oscillator; **bomba de** —, scavenging pump; **colector de** —, scavenger housing; **de** —, scavenger, scavenging; **generador de** —, sweep generator; **motor de** —, scavenging engine; **número de líneas de** — **por minuto** (televisión), drum speed; **turboventilador de** —, scavenging blower; **válvula de** —, scavenging valve.

Barriga (barril), Bilge.

Barril, Barrel, vessel; — **de amalgamación,** amalgamating barrel; — **de desbarbar,** polishing barrel; — **de petróleo,** petroleum barrel; **a** — **perdido,** on trip barrel; **acabado al** —, barrel tumbling; **duela de** —, stave.

Barrilete, Barrel, cylinder.

Barro, Dirt, mud; — **de amoldador,** clay molding; — **trabajado,** puddled clay; **mortero de** —, cob mortar.

Barreta, Sliding plate.

Barrote, Bar, rail, staff; — (N.), carling; — **de emparrillado,** bar of a grid; — **de parrilla,** bar of a fire grate, fire bar; — **de rejilla en zigzag,** interlocking grate bar; — **redondo** (escala), round; **alma de un** —, web; **barrotes,** grille; **curvatura de** —, round; **fresa para barrotes,** rounding cutter.

Barrotín, Half beam.

Basalto, Basalt.

Basamento, Base, basement, root; — **de piedras,** bottom pitching; — **inferior de prensa,** base.

Báscula, Dumping or dump, weighing machine; — (cerr.), basquili; — **automática,** automatic weighing machine; — **de índice o de aguja,** dial balance; — **de pozo,** beam; — **de serrería,** crank; — **registradora,** weightometer; **básculas,** weighing machines; **con movimiento de** —, tipping; **cuchilla de** —, clasp knife; **eje de** —, swing axis; **parrilla de** —, drop bars; **puente de** —, bascule bridge, drawbridge, weigh bridge.

Basculable, Tilting, tippable; **cuchara** —, tipping tub.

Basculación, Basculation; **volquete de** — **hacia adelante,** end tipping barrow.

Basculado, Tilted.

Basculador, Dumper, tilter, tippler, tripper; — **de vagones,** car dumper, car tilter, tipple; — **de vagonetas de mina,** mine car tippler.

Basculamiento, Swinging; **camión con** — **en la parte trasera,** rear dump truck; **camión con** — **lateral,** side dump truck.

Basculante, Tipping; **artesa** —, balanced trough; **balde** —, dump bucket; **camión** —, dump truck; **fondos basculantes,** drop bottoms; **parrilla** —, dumping grate; **puente giratorio** —, draw bridge; **semiremolque de fondo** — **hacia atrás,** tournatrailer; **tenaza** —, tipping trough; **tenaza** — **de gran capacidad,** tournarocker; **tolva** —, tippler hopper; **vagón** —, dump (ing) car, tip wagon.

Bascular, To tilt, to tip; — (un vagón), to dump.

Base, Baffle plate, basis, break board, measured mile; — (de aviación), base; — (quím.), base; — **acampanada,** bell base; — **activa,** active dope; — **anular,** base ring; — **auxiliar,** auxiliary base; — **de apoyo,** base supporting, footing; — **de control,** base control; — **de dos postes,** bipost base; — **de patas,** pin base; — **de reparación,** repair base; — **de un triángulo,** base of a triangle; — **del poste,** butt section; — **empedrada,** bottoming; — **fuerte,** strong base; — **fundida en coquilla,** bottom chilled; — **graduada,** base graduated; — **oxigenada,** basyl; — **para los pagos,** basis of payment; — **primaria,** primary base; — **término,** terminal base; **círculo de** —, base circle; **empedrado de** —, bottom pitching; **generador de** — **de tiempos,** time base generator; **longitud de la** —, base length; **placa de** — **fija,** base fixed; **plano de** —, base plane; **posición de** —, base position; **roca de** —, bed rock; **soldadura blanda a** — **de plomo,** lead base solder.

Basicidad, Basicity.

Básico, Basic; **culata básica,** basic end; **escoria básica,** basic slag; **horno de solera básica,** basic open hearth furnace; **horno Martin** —, basic open hearth furnace; **industria básica,** basic industry; **producción básica,** basic production.

Bastardo, Bastard; **lima bastarda,** bastard file; **lima bastarda de punta cónica y curvada,** bastard rifler; **picadura bastarda** (minas), bastard cut.

Bastidor, Bed, bed, plate, carcase, casing, frame, frame of a locomotive or france plate, framework, framing, housing, mount, nacelle, set up, slab miller, stand, standard, structure, swing frame; — (arbo-ladura), trestle tree; — (hélice), frame; — **acodado,** joggled frame; — **auxiliar,** subframe; — **cardador,** fearnaught; — **cárter,** box pattern engine bed; — **cerrado,** box pattern engine bed; — **cerrado formando cárter,** box pattern engine bed; — **de abrigo,** flake; — **de antena de cuadro,** loop antenna frame; — **de banqueta,** bolster; — **de bobinas de repetición,** repeating coil rack; — **de bogie,** truck frame; — **de cuello de cisne,** bent head; — **de envigado,** binding beam; — **de fundición,** cast case; — **de la mesa,** supporting table arm; — **de montaje,** assembly jig; — **de motor,** engine bed; — **de panel,** panel frame; — **de peso compensado,** weight compensated bed; — **de prensa de imprenta,** carriage; — **de torno,** body; — **de una máquina,** frame of an engine; — **del bogue,** truck frame; — **en C,** bear frame; — **en cuello de cisne,** bear frame, gooseneck frame; — **en pirámide,** a frame; — **giratorio,** swivel bed; — **triangular,** jib frame; — **triangular o poligonal,** truss; **atirantado del** —, chassis bracing; **bastidores en cruz,** cross frames; **bastidores en línea,** stands in line; **de doble** —, two housing; **elemento del** —, chassis component; **muela con** — **pendular,** swing grinder; **parte inferior de** —, bottom box or flask, drag.

Bastión, Bullwark.

Bastón para retorcer filamentos, Doubling machine.

Batalla, Battle; **crucero de** —, battle cruiser.

Batán, Beetling engine, fuller, ram.

Batayola, Armour shelf, hand rail, rail, stringer; — **de empalletado,** stanchion.

Batayolas, Breadth lines, stringers.

Bate, Bat, beater pick.

Batea, Dish.

Bateadora, Tamper.

Batelero, Water main.

Batería, B (battery), bank, battery, gang; — **alcalina,** alkaline battery; — **auxiliar,** boosting battery; — **central,** common battery; — **compensadora,** balancing battery, buffer battery, equalizing battery, trickle battery; — **común,** power pack; — **con marco,** frame battery; — **de acumuladores,** storage or secondary battery; — **de arranque,** starling battery; — **de artillería,** artillery battery; — **de bocartes,** stamp battery; — **de cloruro,** battery chloride; — **de compensación,** buffer battery; — **de conversación,** talking battery; — **de copas,** cup battery; — **de difusión,** diffusion battery; — **de los elementos,** two cell battery; — **de emergencia,** stand by battery; — **de ensayo,** testing battery; — **de filamento,** filament battery; — **de hornos,** a battery; — **de iluminación,** lighting battery; — **de inmersión,** immersion or plunge battery; — **de llamada,** calling battery; — **de n elementos,** n cell battery; — **de pilas,** block cell, primary battery; — **de placa,** B battery, plate battery; — **de plomo,** lead battery; — **de pruebas,** test battery; — **de refuerzo,** booster battery; — **de rejilla** (radio), C battery; — **de señales,** signalling battery; — **de socorro,** stand by battery; — **débil,** low battery; — **descargada,** rundown battery; — **en cascada,** cascade battery; — **flotante,** floating battery; — **gemela,** dual battery; — **para aviación,** aviation battery; — **silenciosa,** quiet battery; **barra ómnibus de** —, battery bus bar; **borne de** —, battery terminal; **caja celular de** —, battery multicell; **carga de** —, battery charge or charging; **carga de refuerzo de** —, boost battery; **carga y descarga de** — **en tampón,** parallel battery float scheme; **cargador de baterías,** battery charger; **contacto de** —, battery contact; **corriente de** —, battery current; **descarga suplementaria de una** —, assisted discharge of a battery; **elemento de** —, battery cell; **emisor** — **de socorro,** emergency battery; **montaje de** — **seleccionada en tampón,** divided battery float scheme; **presilla para** —, battery clip; **reforzar una** — (elec.), to boost; **sistema de** — **central,** common battery system; **sistema de** — **local,** local battery system; **tapón de** —, battery plug.

Baterías, Batteries.

Batido, Beating, hammered, hammering, welded, welding, wrought; — **en frío,** cold hammering, hammer hardening; **frecuencia de** —, beat frequency oscillator; **hierro** —, as drawn; **nuevo** — **de la pasta papelera,** repulping; **oscilador de** —, beat frequency oscillator.

Batidor, Beater; — **de hierro,** lift hammer; **brazo del** —, beater bar; **martillo de** — **de oro,** enlarging hammer; **punta del** —, beater pick.

Batidura, Peeling, scale, squared grid; — **de hierro,** iron scale; **batiduras,** copper ashes, forge scales, scales; **batiduras de forja,** batteture; **batiduras de hierro,** crust of iron, hammer slags.

Batiente, Column; — **inferior de puerta de esclusa,** threshold; **puerta de** —, mitre gate; **tope del** — **de puerta de esclusa,** threshold branch.

Batimiento, Flapping.

Batir, To beat out the iron, to hammer, to mash, to puddle; — **el cáñamo,** to beat hemp; — **hierro,** to dolly, to draw out, to forge.

Batista, Cambric.

Trinca del bauprés, Gammoning.

Bauxita, Bauxite.

Bayoneta, Bayonet; **casquillo de** —, bayonet base; **cubo de** —, bayonet socket; **junta de** —, bayonet joint.

Bazuca, Bazooka.

Bebedero (pieza fundida por inyección), Stalk; — **de alimentación,** tedge.

Bedana, Parting tool.

Belemnita, Fire stone.

Belio (unidad de sonido), Bel.

Bellota, Acorn, gland.

Bencénico, Benzine; **serie bencénica,** benzine series; **solución bencénica,** benzene solution.

Benceno, Benzene.

Bencenoidico, Benzenoid.

Bencina, Benzene, burning fluid.

Beneficio, Profit; — **integro,** gross profit; — **neto,** clear profit; **beneficios y pérdidas,** profit and loss.

Beneficios, Revenue.

Bengala de señales, Illuminating bomb; — **trazadora,** tracer fuse.

Flores de **benjuí,** Benjamin flowers.

Bentonita, Bentonite.

Benzina, Benzine (Véase **Gasoline**).

Benzoato, Benzoate; — **cálcico,** benzine calcium; — **de etilo,** ethyl benzoate; — **sulfúrico,** sulphur benzoate.

Benzoico, Benzoic; **ácido —,** benzoic acid.

Benzoilo, Benzoyl.

Benzoínas, Benzoins.

Benzol, Benzol or benzole; **recuperación del —,** benzol recovery.

Benzólico, Benzolic.

Berbiquí, Auger, belly brace, bit brace or stock, bitstock, brace, breast borer, breast brace, breast drill, drill, drill box, drill crank, drill stock, hand brace, screw driver; — **de botones equilibrados,** counter-balanced crank shaft; — **de clavija,** plug centre bit; — **de manubrio,** drill bow, drill brace, drill with bow; — **de pecho,** breast drill; — **de pecho a dos velocidades,** two speed breast drill; — **de pecho basculador con placa de apoyo para el pecho,** breast re-

ciprocating; — **de violín;** bow drill; — **y broca,** stock and bit; — **y su broca,** brace and bit; **armazón de** — **de pecho,** breast frame; **cojinete de —,** crank shaft bearing; **manivela de —,** bow of a brace; **máquina para rectificar los berbiquíes,** crank shaft grinding machine; **rodamiento de cojinete de** —, crank shaft thrust ball bearing.

Bergantín, Brig.

Berilio, Glucinium.

Berkelio, Berkelium.

Berlina, Mine car, truck.

Berlingado (metalurgia), Poling.

Berma, Berm.

Bessemerizar, To bessemerize.

Beta, Warp.

Betasincrotón, Betasynchrotron.

Betatrón, Betatron, induction accelerator, rheotron.

Betún de judea, Asphaltus; — **sólido,** solid bitumen.

Bevatrón, Bevatron.

Biangular, Two angle.

Biarticulado, Two hinged.

Bias, Bias.

Biatómico, Diatomic; **molécula biatómica,** diatomic molecule.

Biaxialidad, Biaxiality.

Bibásico, Bibasic.

Bicarburo, Bicarbide.

Máquina de vapor **bicilíndrica,** Duplex steam engine.

Bicolor, Particolored.

Bicóncavo, Biconcave, concave-concave, double concave.

Bicónico, Biconical; **antena bicónica,** biconical antenna.

Biconvexo, Biconvex, convex-convex; **lente biconvexa,** biconvex lens.

Bicromato, Bichromate, dichromate or dicromate; — **de potasa,** bichromate of potash; — **potásico,** potassium dichromate; **tratar con** — **de potasa,** to chrome.

Bidente, Bident; **terminal** —, bident terminal.

Bidireccional, Bidirectional.

Bidón, Can; — **de aceite,** can of oil; — **de petróleo,** barrel; — **de seguridad,** safety can.

Biela, Arm, axle tree, connecting rod, link, main link, rod; — (Véase **Connecting**), connecting rod; — **articulada,** linked arm; — **colgante,** side rod; — **de acoplamiento,** coupling link, drag link, parallel rod; — **de acoplamiento** (ferr.), coupling rod, side rod; — **de elevación,** link brake, suspension lever; — **de empuje,** thrust rod; — **de excéntrica para la marcha atrás,** backway rod; — **de excéntrica para la marcha delante,** fore eccentric rod; — **de mando,** operating rod; — **de relevo o de levantamiento,** weigh bar; — **de sonda,** pitman; — **de suspensión,** link, suspension rod; — **de suspensión de seguridad,** breaking link; — **del paralelogramo,** parallel rod; — **del paralelogramo de Watt,** motion siderod; — **directriz,** driving rod; — **en retorno,** return connecting rod; — **lateral de T,** cross tail butt or strap; — **motriz,** linkage; — **motriz** (ferrocarril), main rod; **apoyo de la** —, axle tree bed; **articulación de** —, small end; **articulación de pie de** —, cros shead pinbearing; **bielas del paralelogramo de Watt,** parallel bars; **cabeza de** —, big end, big end of a connecting rod, connecting rod head, connecting rod top end, crank end of the connecting rod, cros shead, end, head of the connecting rod; **cabeza de** — **con caja,** butt end, gib and cotter end, jib and cotter end; **cabeza de** — **con carga,** connecting rod fork; **cabeza de** — **de abrazadera,** box end, solid end; **cuerpo de** —, shank of the connecting rod; **cuerpo de la** —, connecting rod jib; **eje de pie de** —, gudgeon pin, wrist pin; **máquina de** — **invertida,** back acting engine; **muñón**

de pie de —, cross head pin; **pie de** —, connecting rod bottom end, foot of the connecting rod; **pivote de pie de** —, cross head pin; **transmisión por bielas,** linkage.

Agente de **bienes** inmobiliarios, Real estate agent; **bienes inmuebles,** real estate; **secuestro de bienes,** embargo.

Bifasado, Diphase.

Bifásico, Diphase, two phase; **alternador** —, diphaser; **generatriz bifásica,** two phase generator; **sistema** —, two phase system; **sistema** — **de cuatro conductores,** two phase four wire system; **transformador** —, two phase transformer.

Bifilar, Bifilar; **cable** —, two wire cable; **cable** — **plano,** twin lead cable; **cable** — **tubular,** tubular twin conductor cable; **devanado** —, bifilar windings; **suspensión** —, bifilar suspension.

Lentes **bifocales,** Binary glasses.

Bifurcable, Tappable.

Bifurcación, Branching, diversion cut, junction; — (ferrocarril), branch off; — **de tubos,** breech; — **de un conductor,** branching; — **final,** final connection.

Sistema **bifurcado,** Forked working system.

Bifurcador, Bifurcator.

Bigorneta, Anvil, anvil stake, beak iron, little bickern, small anvil; — **de mano,** hand anvil; **saliente cónico de la** —, anvil bed.

Bigornia, Anvil horn, beak (of an anvil), beak iron, bickern, thin anvil; — **de forja,** filing board; — **pequeña,** bench anvil, small anvil; **con** —, beaked; **tajo de** —, anvil block.

Bigorniar el anillo, To beak the bow.

Bigornilla, Little anvil.

Bigotera, Floss hole, tap hole.

Bihélice, Two shafted; **buque** —, two shafted ship.

Engranajes **bihelicoidales**, Herring gears.

Bilateral, Two way.

Bilinear, Bi-linear.

Billa, Ball.

Billete, Ticket; — **de ida**, single ticket; — **de ida y vuelta**, return ticket; — **para circular un día determinado en cualquier tren dentro de una zona especificada**, rail rover ticket.

Billón (En Francia y en Estados Unidos, 1 billion = 1000 millones; en Inglaterra y España, 1 billion = cuadrado del millón = 10^{12}), Billion.

Bimetálico, Bimetal, bimetallic; **aleación bimetálica**, bimetal; **aleación bimetálica compensadora**, compensating bimetal; **elemento** —, bimetallic strip; **relé** —, bimetal relay; **termostato** —, bimetal thermostat.

Bimetalismo, Bimetallism.

Bimórfico, Double current; **dínamo bimórfica**, double current dynamo.

Bimotor, Twin engine, two motor; **avión** —, two engine plane.

Bimotórico, Bimotered.

Binadera, Planing tool.

Binadora, Hoe.

Binario, Binary.

Binauricular, Binaural.

Binocular, Binocular; **microscopio** —, binocular microscope.

Binomial, Binomial; **coeficientes binomiales**, binomial coefficients.

Del **binomio**, Binomial; **teorema del** —, binomial theorem.

Bioclástico, Bioclastic.

Bióxido, Dioxide; — **de carbono**, carbon dioxide; — **de cloro**, chlorine dioxide; — **de estaño**, stannic oxide; — **de titanio**, rutile.

Biplano, Biplane.

Biplaza, Two place, two seat.

Biplazas, Two seater.

Bípode, Bipod; **mástil** —, bipod mast.

Bipolar, Bipolar, two pole; **devanado** —, two pole winding; **electrodo** —, electrode bipolar.

Birrefringencia, Birefringence.

Birrefringente, Birefringent, double refracting.

Bisagra, Joint hinge; — **embutida**, flap hinge; — **maciza**, butt blank.

Bisecar, To bisect; **de** —, bisecting; **indicador de** —, bisecting gage.

Bisector, Bisecting, bisector; — **de radiofaro**, bisector range.

Bisel, Basil, bevel, chamfered edge, edge, feather edge, sharp edge, snape, tapered side; — **de una lima**, back chamfer; **corte en** —, bevel cut; **de** —, beveled or bevelled; **en** —, beveled or bevelled; **estampa en** —, beveled punch; **hierro en** —, wedge iron; **junta en** —, bevel joint; **sierra circular en** —, beveled circular saw; **tallado en** —, feather edged; **tallar en** —, to bevel; **tallar en** — (armazón), to snape; **tenazas de** —, bit pincers.

Biselado, Beveled or bevelled, chamfering off; — (vidrio), bezelled; **cincel** —, cant chisel; **costura biselada**, calking seam; **junta biselada**, calking seam; **ladrillo** —, bevelling; **lima triangular biselada**, cant file; **palustre** —, twitcher; **tenazas biseladas**, chamfer clamps; **tornillo de cabeza biselada**, bevel headed screw; **vidrio** —, beveled glass.

Biselador, Beveler.

Biseladora, Beveling machine.

Biselar, To bevel, to chamfer, to nick.

Bisilicato, Bisilicate.

Bisimétrica, Bisymmetry.

Bismalito, Bysmalith.

Bismuto, Bismuth; **sulfuro de** —, bismuth glance.

Bisulfuro, Bisulphide; — **de carbono,** bisulphide of carbon.

Bita, Bitt, toggle; — **de amarre,** bollard.

Bitácora, Compass box.

Bitartrato, Bitartrate.

Biterciario, Ditertiary.

Bitoque, Stopple.

Bitume de Judea, Jew's pitch.

Bitumen, Asphalt, asphaltum, bitumen, mineral caoutchouč, mineral pitch.

Bituminado, Bitumen; **cable** —, bitumen cable.

Bituminizar, To bituminize.

Bituminoso, Bituminous; **carbón** —, bituminous coal; **depósito** —, bituminous deposit; **esquisto** —, boghead.

Mezcla **bituminosa,** Bituminous mixture.

Bivalencia, Bivalency.

Resonador **bivalvo,** Shell circuit.

Bivector, Bivector.

Bixina, Bixin.

Blanco, White; — **de España,** whiting; — **de zinc,** zinc white; **cabo** — (no alquitranado), white rope, unstarred rope; **calentado al** —, white hot; **en** —, blank; **fundición blanca,** white pig iron; **haya blanca,** yoke elm; **indicador de** — móvil, moving target indicator; **localizador de ruta del** — aéreo, target plotter; **madera de abeto** —, white spruce wood; **madera de álamo** —, white poplar wood; **metal** —, white metal; **ruido** —, white noise; **señales de** — **y negro,** black and white signals; **tiro al** —, target practice.

Blando y quebradizo, Frowy; **componente** —, soft component; **lámpara blanda,** soft valve; **materiales blandos,** soft materials.

Blanqueado, Blanched, bleached, bleaching; **no** —, unbleached.

Blanqueador de petróleo, Petroleum bleacher.

Blanqueadora, Bleacher; — **rotatoria,** rotary bleacher.

Blanquear, To blanch, to bleach.

Blanqueo al sol, Crofting; **pedestal de** —, blanking pedestal.

Blenda, Black jack, mock lead; — (mineral de zinc), blend; — **testácea,** schalenblende.

Blindado, Armoured or armored, bullet proof, cased, encased, metal clad, screened, shielded; **alto horno** —, cased blast furnace (Véase también **Furnace**); **asiento** —, armoured seat, backward facing seat; **bujia blindada,** screened sparking plug; **cabina blindada** (elec.), cubicle; **cuadro** —, shielded loop; **depósito** —, bullet proof tank; **enteramente** —, fully encased; **horno alto** —, cased blast furnace; **no** —, unarmoured.

Blindaje, Armour or armor, armour plating, casing, liner, plating, sheating, shield, shielding; — **de alto horno,** blast furnace armour, blast furnace casing; — **de lámpara,** valve shield; — **en galería,** tunnel lining; — **soldado,** welded casing; **placa de** —, armour plate or plating.

Blindar, To encase, to shield.

Blocaje, Backing.

Blocao, Conning tower.

Bloque, Block, clamp, pile, unit; — **amortiguador,** bumper block; — **de accionamiento,** block driving; — **de cabeza,** head block; — **de cimentación,** block foundation; — **de conexión,** block strap; — **de dominios,** block of domains; — **de embutición,** form block; — **de enrayado,** stop block; — **de fijación,** anvil cushion; — **de hélice,** block propeller; — **de hormigón,** block concrete; — **de madera,** block wood; — **de parada,** stop block; — **de parada accidental,** stop block; — **de paro,** block grip; — **de terminales,** distributing block; — **desplazable,** movable block; —

grande de carbón, judd; **— grueso,** clumb; **— para matriz,** die block; **— portaherramienta,** tool block; **— protector,** protecting block; **— terminal,** terminal block; **a —,** home; **coeficiente de —,** block coefficient; **en bloques,** rubbly; **fundición en —,** block casting; **impedancia en bloques,** blocked impedance.

Bloqueable, Lockable.

Bloqueado, Clamped tight, clamping, jamming, locked, scotch, stalling; **empuñadura de — de la . mesa,** table clamping handle; **freno —;** locked brake.

Bloqueador, Blocking; **tubo —,** blocking tube.

Bloquear, To jam, to lock, to stall; **— (una tuerca),** to stake; **— el avance automático,** to lock the self control; **— la válvula de escape,** to hold the exhaust valve.

Bloqueo, Blockade, blocking, bottom pitching, lock, locking, stop; **— de la dirección,** steering lock; **— de las ruedas,** wheel locking; **— del brazo,** arm lock; **— del paso,** pitch lock; **— en el aire,** blockade air; **barra de —,** brake scotch; **calzo de —,** scotcher; **capacitor de —,** blocking capacitor; **células de —,** blocker cells; **diodo de —,** clamping diode; **oscilador de —,** blocking oscillator; **palanca de —,** locking lever; **período de —,** off period; **pistón de —,** lock piston.

Blume, Bloom.

Bobina, Cob, cop, drum, reel, smoothing choke, spool, web, winding; **— (elec.),** coil; **— (tejeduría),** bobbin; **— antagonista,** bucking coil; **— autoinductora,** coil inductance; **— blindada,** shield coil; **— compensadora de zumbido,** humbucking coil; **— con cubierta de bakelita,** bakelite case coil; **— con núcleo de herradura de hierro comprimido,** iron dust core coil; **— con núcleo de hierro,** iron core coil; **— de acoplamiento,** coupling

coil; **— de ajuste,** tuning coil; **— de alma de panal,** honey comb coil, lattice wound coil; **— de antena,** lengthening coil; **— de autoinducción,** kicking coil, retardation coil, tickler; **— de autoinducción de núcleo de aire sin hierro,** air core reactor; **— de banda de cobre** (elec.), edge strip coil; **— de barrido,** sweeping coil; **— de campo,** field coil; **— de carga,** loading coil; **— de cartón,** cardboard spool; **— de compensación,** compensating coil; **— de concentración,** concentrating coil; **— de descarga,** discharge coil; **— de enfoque,** focusing coil; **— de equilibrio,** balancing coil; **— de excitación de campo,** exciting coil; **— de exploración,** exploring or flip coil; **— de fibra,** fibre roller; **— de inducción,** choke or choking coil, coil induction, impedance coil, spark coil; (elec.), ballast; **— de madera,** wooden spool; **— de modulación** (altavoz), bucking; **— de reacción** (radio), tikkler; **— de reactancia** (elec.), choking coil; **— de reactancia con entrehierro ajustable,** swing chacke; **— de reactancia de absorción,** smoothing coil; **— de resistencia,** resistance coil; **— de Rhumkorff,** Rhumkorff coil; **— de secciones,** section wound coil; **— de shunt,** shunt coil; **— de sintonización,** tuning coil; **— de soplado de chispas,** blowout coil; **— de trabajo,** operating coil; **— de urdimbre,** warp bobbin; **— de una caja de perforadora,** box sheave; **— de varias capas,** multilayer coil; **— de vibrador,** buzzer coil; **— deflectora,** deflecting coil; **— desenrolladora,** take off reel, take off spool; **— desviadora** (de un haz de electrones), deflecting yoke; **— devanada sobre forma,** form wound coil; **— elemental,** elementary coil; **— elemental de inducido,** single spool; **— en el cátodo,** coil cathode; **— en pilas,** pile-wound coil; **— exploradora,** flip coil, pick up coil; **— híbrida,** hybrid coil; **— inductora,** field coil; **— inductriz,** coil field; — **Klingelfuss** (radio), Klingelfuss coil; — **longitudinal**, longitudinal coil; — **móvil**, moving coil; — **niveladora** (elec.), smoothing coil; — **primaria**, primary coil; — **repetidora**, repeating coil; — **Rhumkorff**, Rhumkorff coil; — **secundaria**, secondary coil; — **sin hierro**, air core coil; — **supernumeraria**, odd coil; — **térmica**, heat coil; — **térmica autosoldable**, self-soldering heat coil; **anillo de fijación de** —, coil clip; **bastidor de bobinas de repetición**, repeating coil rack; **bobinas inductoras**, field coils; **caja de bobinas**, coil box; **hilera de** —, drum bench; **soporte de** —, coil form.

Bobinado, Coil winding, coiled, coiling, spooling, winding, wound; — **a máquina**, machine wound; — **con cubrejunta**, butt wound; — **del indicador**, coil indicator; — **en aluminio**, aluminium wound; — **en cobre**, copper wound; — **frontal**, end winding, evolute winding; **arrollamiento o** — **espiral**, spiral wave winding.

Bobinador, Coiler, spooling wheel.

Bobinadora, Coil winding machine, coiler, reel, tension coil, tension reel, winding machine coil.

Bobinar, To coil, to spoon, to wind; **aparato de** —, winder; **máquina de** —, coil winding machine, winding machine; **torno de** —, winding lathe.

Boca, Mouth, muzzle, nozzle; — **artificial**, artificial mouth; — **de alimentación**, feed snout; — **de barril**, bung hole; — **de hogar**, door; — **de horno de vidrio**, bottoming hole; — **de tenaza**, bit; **abertura de mordaza o de** —, opening of jaws; **quemador de** — **redonda**, straight slot burner.

Bocamina, Pit head.

Bocarte, Cornish stamp, disintegrator, ore crushing machine, pounding machine, pounding mill, rack crusher, stamp, stamper, stamping engine, stamping mill; **batería de bocartes**, stamp battery; **golpe del pilón del** —, drop; **mineral de** —, stamp rock; **pasador de** —, bucking plate; **trituración con** —, bucking; **triturar con** —, to crush hore, to pound; **triturar con el** —, to buck.

Bocarteado, Stamped.

Bocartear el mineral, To stamp.

Boceto, Rough draught.

Bocina, Horn; — **aplanada**, sectoral horn; — **bicónica**, biconical horn; — **circular**, circular horn; — **cónica**, conical horn, conical scanning; — **de apertura gradual**, horn with tappered flare; — **de codaste**, stern tube; — **de ganancia patrón**, standard gain horn; **antena** —, horn antenna; **embocadura de una** —, throat of a horn; **lengüeta de** —, horn reef; **pera de** —, horn bulb.

Bodega (buque), Hold; — (buques), orlop; — **de popa**, after hold; — **de proa**, fore hold.

Bogie, Bogie, truck; — **de un solo eje**, two wheel bogie; — **portadora**, trailing bogie; **plataforma de** —, bogie truck; **vagón de** —, bogie wagon.

Boj, Box wood.

Bol, Bole

Bola, Ball, block; — (de un termómetro), bulb; — **caliente**, hot bulb; — **de equilibrio**, ball compensating; — **de observatorio**, time ball; — **de termómetro**, boss; — **esférica**, spherical ball; — **y cono**, ball and cone; **aparato de cierre a** —, ball lock; **bolas de regulador**, fly balls; **cierre de bolas**, ball lock; **cojinete de empuje a bolas**, ball thrust bearing; **comprobar las bolas**, to ball test; **con cojinetes de bolas Timken**, Timkenized; **con doble fila de bolas**, double ball race; **corona de rodamiento a bolas**, ball race; **de** — **mojada**, wet bulb; **de** — **seca**, dry bulb; **ensayo a la** —, ball test; **ensayo de dureza de la** —, ball testing; **flotador de** —, ball float;

jaula de bolas, ball cage; jaula de rodamiento a bolas delantero, front ball bearing race; jaula para cojinete a bolas delantero, front ball race; jaula para cojinete a bolas trasero, rear ball race; laminador de bolas, ball train; linternas de bolas, ball cage; mandrino hueco para bolas, ball turning chuck; molino de bolas, ball crusher, ball mill; montado sobre rodamiento a bolas, ball bearing mounted; operación de reducción a bolas pequeñas, pelletization; rangua de bolas, ball pivot bearing; reducido a pequeñas bolas, pelletized; reducir a pequeñas bolas, to pelletize; rodamiento de bolas, ball bearing; taquímetro de —, ball head; taquímetro de bolas de un regulador, ball head; tope de arrastre a bolas, ball driver, ball thrust; válvula de retención de bolas, ball check; válvula esférica de —, ball valve.

Tierra bolar; Bole.

Bolardo, Bollard.

Boletín, Certificate, check; — de expediciones, despatch note.

Aparejo de bolinear, Luff or luff tackle.

Bolita, Pellet.

Bolométrico, Bolometric; polarización bolométrica, bolometric bias.

Bolómetro, Bolometer.

Bolsa (la), Stock exchange; — de gas, bleeder; — de mineral, bunch; — para carenar, punt.

Bomba, Bomb, draft engine, pump; — a reacción, jet bomb; — alternativa, reciprocating pump; — arrastrada por el motor, engine driven pump; — aspirante, aspiring pump, lifting pump, sucking pump; — aspirante e impelente, lifting and forcing pump; — atómica, atom or atomic bomb; — centrífuga, centrifugal pump; — con carretilla, trolley compressor; — de acción directa, donkey pump; — de acción retardada, delayed action bomb; — de accionamiento a mano, hand pump; — de aceite, oil pump; — de aceite de engrase, lubricating oil pump; — de aceleración (autos), accelerator pump; — de ácido, acid pump; — de achique, balling pump, unwatering pump; — de agotamiento, pumping engine; — de agotamiento o de excavación de aproximación, milling pump; — de agua, water engine, water pump; — de agua con metano, water-methanol pump; — de agua de condensación, condensate or condensate removal pump; — de aire, air pump, evactor; — de aire de dos etapas, double stage air pump; — de aire húmedo, wet air pump; — de aire seco, dry air pump; — de aletas, vane pump; — de alimentación, feed pump, supply pump; — de alimentación auxiliar, donkey pump; — de apriete (para plato de máquina herramienta), dog; — de arena, bailer tubular; — de auxiliar de alimentación, donkey pump; — de cala, bilge pump; — de calor, heat pump; — de cangilones, chain pump; — de caudal medio, metering pump; — de caudal visible, sight feed pump; — de cebado, booster pump, priming pump; — de cebado automático, self priming pump; — de circulación, circulating pump; — de circulación de agua, water circulating pump; — de combustible (Diesel), fuel pump; — de compresión, air compressing pump; — de condensador, wet air pump; — de diafragma, diaphragm pump; — de difusión, diffusion pump; — de doble efecto, double acting pump; — de doble pistón, double piston pump; — de efecto retardado, time bomb; — de engranajes, gear pump; — de exhaustación, drainage pump, exhaust pump; — de extracción, extraction pump; — de extracción de salmuera, brine pump; — de fragmentación, fragmentation bomb; — de gasolina, petrol pump; (auto), fuel pump;

— de hélice, propeller pump; — de hidrógeno, hydrogen bomb; — de hormigón, concrete pump; — de incendios, fire engine, fire pump; — de inyección, injection pump, jet pump; — de los tanques de asiento, trimming pump; — de oxígeno, oxygen bomb; — de paleta deslizante, sliding vane pump; — de perforación, borehole pump, pump for boring; — de perforación de pozos, pump for sinking; — de pistón, reciprocating pump; — de pistón buzo, plunger pump; — de pistón buzo único, single plunger pump; — de refrigeración (máq.-herr.), coolant pump; — de regulación, governor pump; — de relojería, time bomb; — de rosario hidráulico, chain pump; — de sacudidas, jerk pump; — de señalización, signalling bomb; — de simple efecto, single acting pump; — de sobrealimentación, booster pump, boster pump; — de sobrecompresión, booster pump; — de tambor en media luna, crescent pump; — de tornillo, screw pump; — de tres cuerpos, three throw pump; — de turbina, turbine pump; — de uranio, uranium bomb; — de vaciado, dredging pump, sinking pump; — de vacío, vacuum pump; (auto), vacuum tank; — de vapor, steam or steam driven pump, steam pump engine; — de varios pistones, multiplunger pump; — diferencial, differential pump; — elevadora, lifting pump; — elevadora inferior, bucket lift; — elevante, lift or lifting pump; — explosiva, explosive bomb; — explosiva de profundidad, depth bomb; — filtrante, filter pump; — hidráulica, hydraulic pump; — impelente, force or forcing pump; — impulsora de hormigón, pumpcrete; — incendiaria, incendiary bomb; — libre, free pump; — multicelular (de n escalones), n stage pump; — nodriza, booster pump; — obstruida, choked pump, foul pump; — para aguas de lodos, magma pump; — para líquidos corrosivos, corrosive liquid pump; — para purgar de agua las conducciones de gas, drip pump; — pequeña a mano, forcer; — planeadora, gliding bomb; — radiodirigida, radioguided bomb; — rotativa, rotary pump; — volante, jet bomb; alojamiento a prueba de bombas, bomb shelter; barrilete de —, penstock; caballete de —, pump jack; cabeza de —, bomb nose; caja de bombas, bomb chest; campana de — de aire, air pump bell; casa de bombas, pumphouse; caudal de una — de aire, air pump discharge; cebar la —, to fetch the pump, to prime the pump; célula de bombas, bomb cell; cilindro del cuerpo de la — situado debajo del pistón, air chamber; compartimento para bombas, bomb bay; compuerta para dejar caer una —, bomb door; control de bombas, bomb control; cruzeta de — de acción directa, donkey crosshead; cuerpo de —, pump barrel or pump body, pump chamber, working barrel; desatascar la —, to free the pump; escotilla de las bombas, bomb door; estiba de bombas, bomb storage; exhibición de lanzamiento de bombas, bomb exhibition; filtro de —, strainer of a pump; instalación de bombas, bombing installation; interruptor de disparo de bombas, bomb switch; leva de escape de — de aire, rocking lever of the air pump; manguera de una —, hose; palanca de —, pump brake; pared interior de —, pump bore or pump box; persona que lanza las bombas empleando un conmutador eléctrico manual (avión), togglier; rampa de bombas, bomb bay; regulador de —, pump governor; rueda de la —, pump impeller; válvula de — de aire, air pump valve; varilla de — elevadora (minas), bucket rod.

Bombardeable, Bombable.

Bombardeo, Bombardment, bombing; — de asalto, bombing attack; — en picado, dive bombing; — expe-

rimental, experimental bomber; — **iónico,** ionic bombardment; — **nocturno,** night bomber; — **poco intenso,** small bombardment; — **terrestre,** ground bombing; — **vertical,** vertical bombing; **aviación de** —, bombing aviation; **avión de** —, bomber, bombing plane; **base de** —, bombing base; **concurso de** —, bombing competition; **distancia de** —, bombing distance; **hidroavión de** —, bomber seaplane; **raid de** —, bombing raid; **técnica de** —, bombing technique; **unidad de** —, bombing unit.

Bombardero, Bomber; — **a reacción,** jet bomber; — **de gran radio de acción,** long range bomber; — **ligero,** light bomber; — **medio,** medium bomber; — **pesado,** heavy bomber.

Bombeabilidad, Pumpability.

Bombeamiento, Bellying.

Bombear, To draw out, to drive, to pump; — **el agua de una mina,** to fork.

Bombeo, Cambering, pumphandling, pumping, stalling, superelevation, surging; — **neumático,** air pumping; **de** — **continuo,** continuously pumped; **equipo de** —, pumpset; **estación de** —, pump station, pumpability rig, pumping station; **máquina de dar** —, cambering machine.

Bombero, Fireman.

Bombilla, Glass envelope; — (elec.), bulb; — **al vacío,** bulb vacuum; — **de lámpara,** chamber; — **eléctrica,** electric bulb, globe or bulb; — **tubular,** tubular bulb; **casquillo de** —, lamp holder; **ennegrecimiento de la** —, bulb blackening.

Bombita, Bombite.

Bombona, Boiling bulb; — **para ácidos,** demi-john.

Bonderita, Bonderite.

Bonderización, Bonderizing or bonderising; — **del caucho,** bonderizing rubber.

Bonetero, Prick wood, spindletree wood.

Bonificación, Dividend, divider, reclaiming.

Bono del tesoro, Bond.

Boquete, Break.

Boquilla, End, nozzle, snout, tip; — **ciega,** blind nozzle; — **de cotada,** nozzle; — **de pulverización,** spray nozzle; — **de quemador,** burner tip; — **de soplete,** nipple; — **sujetamachos,** tap chuck.

Bórax, Borax, tinkal; — **en polvo,** powdered borax.

Tubo borbotador, Bubbler.

Borbotar, To boil.

Borboteador, Bubbler; — **de gas,** gas bubbler.

Borbotear, To bubble.

Borboteo, Bubbling; **platillo de** —, bubble tray.

Borda, Side; **fuera de** —, outboard; **tablazón de la** —, bulwark.

Bordada, Broad side.

Borde, Brim, edge, edging, ledge, linch, lip; — **agrietado,** split end; — **cortante,** bit, cutting edge; — **cortante de una herramienta,** wire edge; — **de ataque,** entering edge; — **de ataque en doble flecha,** double swept leading edge; — **de ataque o anterior,** leading edge; — **de costilla,** rib nose; — **de charnela,** flap sight; — **de fuga,** trailing edge; — **de la rueda,** running edge; — **de rodamiento,** running edge; — **de salida posterior,** trailing edge; — **exterior,** exposed edge; — **fisurado,** split end; — **principal,** leading edge; — **recto,** straight edge; — **redondeado,** fold; **con bordes redondeados,** flanged, flapped; **con dos bordes cortantes,** two edged; **costilla del** — **de ataque,** nose rib; **chapa de bordes redondeados,** flanged iron sheet; **de bordes,** brimmed; **de bordes anchos,** broad brimmed; **desmoronamiento en el** — (carreteras), ravelling; **difracción en bordes,**

knife edge diffraction; **redondeamiento de un** —, flanging.

Bordear, To edge; **teja de** —, edging tile.

De a **bordo,** Shipborne; **radar de** —, air borne radar; **servicios de a** —, ancillary services; **puesto a** —, F.O.B. (Free On Board).

Hierro de **bordura,** Edge iron.

Bórico, Boric, boronic; **ácido** —, boracid or boric acid.

Borífero, Boriferous.

Borna, Binding clamp, binding screw, bushing, terminal; — **de alta, de baja tensión,** high tension, low tension terminal; — **de pila,** cell terminal; — **de puesta a tierra,** earth terminal; — **de rosca,** screw terminal; — **de separación,** distance terminal; — **de unión,** end terminal; — **empalmadora,** wire clamp; — **tipo condensador,** condenser bushing; **caja de bornas,** terminal box; **collarín de** —, terminal clamp.

Borne, Bench, bushing, plug; — **de derivación** (elec.), branch terminal; — **de tornillo,** binding post; — **negativo,** A—; F—; negative terminal; — **positivo,** A+, F+, positive plug, positive terminal; **tablero de bornes para fusibles,** fuse block; **tira de conexión de bornes,** terminal block.

Bornita, Bornite.

Boro, Boron; **acero al** —, boron steel; **carburo de** —, boron carbide; **forma cúbica del nitruro de** —, borazon; **nitruro de** —, boron nitride.

Borocitrato, Borocitrate.

Borofluoruro, Fluoborate.

Borohidruro, Borohydride.

Boruro, Boride; — **de hierro,** boride iron.

Borra, Felt, stuffing, wad; — **de pelusa de algodón,** batting waste; — **de seda,** floss silk.

Borrado, Withdrawal; **impulso de** —, blanking pulse; **solenoide de** —, withdrawal solenoid.

Borrador de reparaciones, Blotter repair.

Borrar, To erase; **goma de** —, eraser.

Borrarse, To withdraw.

Borrosa, Breezing.

Bort, Bort.

Bosquejo, Blank, outline, rough draught, sketch.

Botador, Wedge driver.

Botadura, Heaving, launch; **cuna de** —, cradle, shipping cradle.

Botapasadores, Pin extractor, pin punch.

Botapernos, Bolt driver.

Botar (un buque), To launch; — **un remache,** to drive a rivet.

Botarel de puente, Breast.

Bote, Dinghy or dingy (plural: **Dinghies**), inflatable or pneumatic dinghy; — **de metralla,** canister; — **de remos,** rowboat; **amarra de un** —, cablet; **ascensor de botes,** canal lift; **patrón de un** —, coxswain.

Botella, Bottle, container, cylinder, stamp; — **de aire de insuflación,** spray air bottle; — **de goma,** rubber bottle; — **de hidrógeno,** hydrogen bottle; — **de insuflación** (Diesel), spray air bottle; — **de Leyden,** electric jar, Leyden's jar; **casillero para botellas,** bottle bin; **gato en forma de** —, bottle jack; **pila** —, cell bottle.

Boterola, Snap, snapping tool.

Botón, Assay grain, bead, button, hasp; — **de alumbrado,** light button; — **de arranque,** starter button; — **de contacto,** contact button; — **de mando,** knob; — **de manivela en voladizo,** counter crank; — **de disparador,** catch button; — **de llamada,** call button; — **de puesta en marcha,** knob; — **de punta de mira,** auger; — **de regulación de rumbo** (aviac.), course setting knob; — **de transmisión,** transmit button; — **del interruptor,** button switch; — **estria-**

do, button knurled; — **fundido en crisol**, assay grain; **caja de mando de botones pulsantes**, push button control box; **eje del —**, knob shaft; **falso —**, chuck square; **material para botones**, button stock.

Boucherizar, To boucherise.

Bóveda, Crown, fornication, roof arch, vault; **—** (horno de vidrio), fire vault; **— de descarga**, arch rear; **— de horno**, baffle plate, brick arch; **— de la timpa de alto horno**, tympo arch; **— de la tobera**, tuyere arch; **— de medio punto**, full center arch; **— de membrana**, thin shell; **— de nervaduras radiantes**, fan vault; **— de sillares**, arch ashlar; **— del horno**, fire arch; **— en rincón de claustro**, four part vault; **— maestra**, main vault; **— muerta**, centre arch; **— vaída**, truncated dome; **abertura de la —**, span; **abollamiento de una —**, corbel; **armadura de —**, centering; **arranque de —**, springing of a vault; **clave de —**, head stone, key stone; **clave del arco de una —**, arch stone; **contruir bóvedas**, to arch; **cubierta de —**, arch lid; **dovela de —**, springer; **dovela de una —**, skew back; **empuje de una —**, drift; **en forma de —**, arch like; **faldón de —**, civary; **ladrillo de —**, arch brick; **llave de —**, closer, head stone; **placa de —**, arch plate; **presa de bóvedas múltiples**, multiple arch dam; **puntal lateral de la —**, upholding the arch; **techo en —**, shell roof; **triángulo de —**, cell.

Bovedilla (buques), Counter; **— entre nervaduras**, prusian cap; **— entre nervios**, prussian coping.

Boya, Buoy; **— de gas**, gas buoy; **— de naufragio**, wreck buoy; **— de señales**, signal buoy; **— radioemisora**, sonobuoy; **— sónica**, sonobuoy; **— sonora**, sonobuoy.

Boyante (buque), Light.

Boyle, Boyle; **ley de —** (ley de Mariotte), boylet's law.

Boza (amarra), Stopper.

Bozar (mar), To stopper.

Ovillo de **bramante**, Hank.

Braquipirámide, Brachypyramid.

Brasa, Dust, embers, live coal.

Brasca, Cement, fix; **— del horno**, first batch.

Brasero, Coal pan, devil, fire pan.

Brasilete, Brasil wood.

Braunita, Braunite.

Braza, Web; **—** (1,829 m.), fathom; **de un cote y vuelta de —** (nudo), half hitch and timber hitch.

Brazo, Arm, brace, crane head, jib, spider, wiper; **—** (soporte de eje), palm; **— acodado de manivela**, crank arm; **— central**, central arm; **— de adorno**, ornamental bracket; **— de extensión**, extension arm; **— de fijación**, clamp arm; **— de grapón**, hinged dog hook arm; **— de grúa**, jib; **— de la dirección** (auto), steering drop arm; **— de llamada del paralelogramo de Watt**, bridle rod; **— de rueda hidráulica**, spider; **— de un motor**, arm; **— de una palanca**, arms; **— exterior**, arm outward; **— solidario**, arm integral; **— triangular**, triangular arm; **articulación de —**, boom hinge; **brazos** (diapasón), tines; **herraje de la cabeza del —**, boom point; **levantamiento del — de la grúa**, boom hoist; **pieza de brazos radiales**, spider; **poste de —**, pole bracket; **radio de rotación del —**, boom swing; **variabilidad de inclinación del —**, lauffability.

Chapa de **brazola**, Coaming plate.

Brazota (buques), Coaming.

Brea, Asphalt, asphaltum, coat; **— de alquitrán**, pitch.

Brecha, Flaw, gap, gaping, hack, rift; **—** (mineral), breccia; **— de falla**, ruttles; **acción de abrir —**, breaching.

Brechiforme, Brecciform.

Brida, Backing up flange, bridle, curbing, eccentric belt, fish plate, flange or flanch (rare), fork joint, fork yoke, link, rebate, slide, stirrup, tread, web, yoke; — (de un bastidor, etc.), cheek; — **angular,** flange angle; — **de admisión,** inlet flange; — **de ángulo,** angle fishplate, bracket joint; — **de apoyo,** tail arm; — **de apriete acodada,** clamp upset; — **de árbol,** shaft disc; — **de contacto,** bridge contact piece; — **de cubo,** hub flange; — **de empalme** (ferrocarriles), splicing ear; — **de enganche,** binding iron; — **de escape,** exhaust flange; — **de fijación,** mounting pad; — **de hierro,** iron cramp; — **de máquina de taladrar,** bridge; — **de mufla móvil o inferior,** bottom block; — **de obturación,** blanck flange or blind flange; — **de orificio de escape,** boss exhaust; — **de remolque,** tow shackle; — **de resorte,** spring shackle, spring stirrup; — **de suspensión de sierra,** saw buckle; — **de tope** (ferr.), check piece; — **de tubo,** pipe joint, thimble; — **de unión,** bracket, step grade side bearer, web; — **de unión de polea,** pulley block; — **del cordón inferior de una viga armada,** binding stay; — **del lado de impulsión** (bomba), discharge flange; — **del lado evacuación,** discharge flange; — **emisión,** inlet flange; — **en U,** channel fish plate; — **guía-cádena,** chain guard; — **móvil** (tubo), moveable flange; — **oscilante de la caja de grasas,** axleb ox yoke; — **portadora** (motor de gas), cheek guide; **acoplamiento de bridas y de bulones,** screw flange coupling; **bridas de fijación,** mounting pads; **junta de —,** flange assembly, flange connection; **media —,** clip half; **palanca de horquilla o de —,** double eye lever; **virola de bridas,** flanged belt.

Brillante, Argent, bright, flaring, light; **acero estirado —,** bright drawn steel; **no —,** matt; **punto —,** bright spot.

Brillar, To flare, to lighten, to radiate, to shine, to sparkle.

Brillo, Brightness, brilliance, flash; — **de lámpara,** brightness of lamp; **distribución del —,** brightness distribution; **impulso intensificador de —,** brightening pulse; **modulación del —,** brilliance modulation; **relación de —,** brightness ratio.

Bringabala, Rocking arm; **bringabalas,** hinge levers.

Briqueta, Brick, briquette, cubical coal; **aglutinante para la fabricación de briquetas,** briquette cement; **prensa para briquetas,** briquet press.

Brizna, Fragment.

Broca, Bit, borer, boring spindle, brad awl, drill, drill barrel, driller, driver, edge, hollow boring bit, rock bit, treblet, worm; — (de torno, de perforadora), spindle; — **a derechas,** right hand drill; — **a izquierdas,** left hand drill; — **americana,** twist drill; — **anular,** core borer; — **barreno,** hollow boring bit; — **cónica,** stretching drift; — **cónica para ensanchar un agujero,** drift; — **de acero,** steel drift punch; — **de acero de corte rápido,** high speed steel drill; — **de ajustar,** barren setter; — **de berbiquí,** brace bit, hand brace; — **de centrar,** centre bit, centre drill; — **de centrar de tres puntas,** centre bit; — **de dos cortantes,** double chamfered drill, double cutting drill; — **de escariado,** tapping spindle; — **de espiga cilíndrica,** cylindrical shank twist drill; — **de espiga cónica,** taper shank twist drill; — **de espiral de Arquímedes,** spiral drill; — **de guía,** pin driver; — **de labios rectos,** straight fluted drill, straight shank drill; — **de lengua de aspid,** pointed (end.) drill; — **de perforación,** drilling spindle; — **de punta,** chisel; — **de telón,** centre drill; — **de tetón,** centre bit; —

de tetón cilíndrico, pin bit, pin drill; **— de tres puntos universales,** expanding centerbit; **— de virola,** drill with bow; **— helicoidal,** half twist bit, twist drill; **— inglesa,** centre bit; **— larga,** slot mortising bit; **— micrométrica,** micrometer spindle; **— nitrurada,** nitrided spindle; **— para centrar,** borer centering, countersinking bit, cutter; **— para perforar una mortaje,** slotting drill; **— patrón,** standard spindle; **abertura de unión de la —,** taper in spindle; **alojamiento de la —,** taper in spindle; **caja de —,** drill box; **carrera de la —,** drill stroke; **collarín de —,** spindle bearing; **collarín de la —,** spindle flange; **cono de la —,** shank of drill; **de brocas múltiples,** multispindle; **desviación de la —,** running out of the drill; **escariado de la —,** spindle boring, spindle hole; **fijación de la —,** drill holding; **fuste y — de berbiquí,** brace and tool; **hacer coincidir dos agujeros por medio de la —,** to brad; **hornillo de —** (máq.- herramienta), spindle bush; **manguito para —,** drill socket; **máquina para afilar brocas,** drill grinding machine; **punta de centro de —,** centre point; **tetón de — de centrar,** pin of a centrebit.

Herramienta de **brocado,** Drilling bit.

Brocal, Bank, edge; **— de pozo,** curb stone.

Brocha, Broach, broche; **— de calibrado,** calibrating broach; **— de dos hileras,** two row brush; **— de encerar,** waxing brush; **— de mandrinar,** broaching tool; **— dura,** hard brush; **— para benzina,** benzine brush; **— para casar colores,** blender brush; **— para cola,** glue brush; **— para laca,** lacquering brush; **— para letrero,** lettering brush; **— para pinturas,** distemper brush.

Brochado, Broaching; **— exterior,** outside broaching; **— interior,** inside broaching; **herramienta de —,** broaching tool.

Brochar, To broach; **máquina de —,** broaching machine; (horizontal), horizontal broaching machine; **máquina de — exteriormente,** surface broaching machine; **máquina de — universal,** universal broaching machine; **máquina de — vertical,** vertical broaching machine.

Broche, Hasp, locket.

Bromado, Bromination; **— alcalino,** alkaline bromination.

Bromato, Bromate; **— de sodio,** sodium bromate.

Bromal, Bromal.

Bromalina, Bromalin.

Bromanisilo, Bromanisil.

Bromo, Bromine; **índice de —,** bromine number; **papel al —,** bromide paper; **vapores de —,** bromine vapors.

Bromoaurato, Bromoaurate.

Brómico, Bromic; **ácido —,** bromic acid.

Bromobenzoílico, Bromobenzoylic.

Bromobenzoílo, Bromobenzoyl.

Bromoformo, Bromoform.

Bromuro, Bromide; **— de etilo,** ethyl bromide; **— de metilo,** methyl bromide; **papel —,** bromide print.

Bronce, Bronze or gunmetal, gun metal, hard brass; **—** (la palabra **brass** se emplea con frecuencia en este sentido), brass; **— al manganeso,** manganese bronze; **— al níquel-estaño,** nickel tin bronze; **— amarillo,** yellow bronze; **— de alta resistencia,** high tension or high tensile bronze; **— de aluminio,** aluminium bronze; **— de campanas,** bell metal; **— de estaño,** tin bronze; **— directo,** direct bronze; **— duro,** hard bronze; **— estatuario,** statuary bronze; **— fosforoso,** phosphor bronze; **— maleable,** malleable bronze; **— natural,** common bronze; **— para cojinetes,** bearing bronze; **— para medallas,** bronze for medals.

Bronceado, Bronzing.

Broncear, To bronze, to brown.

Broncesoldadura, Brazing or hard soldering.

Broncita, Bronzite.

Brotar (chorro), To spurt; — (petróleo), to gush, to well; **hacer —,** to spurt, to squirt.

Brote (petróleo), Gusher; **detener un —,** to kill.

Browniano, Brownian; **movimiento —,** brownian movement.

Brucita, Brucite.

Brujidor, Edge tool.

Brújula, Box and needle; — **amortiguada,** damped compass; — **azimutal,** azimuth compass; — **de bitácora,** binnacle compass; — **de bote,** boat compass; — **de caja,** compass box; — **de cuadro magnético,** card compass; — **de inclinación,** dipping circle, dipping compass; — **de inducción,** earth inductor compass, induction compass; — **de reloj,** compass watch; — **de senos,** sine galvanometer; — **de tangentes,** tangent galvanometer; — **de trípode del minero,** dial; — **giroscópica,** gyro compass; — **giroscópica Anschutz,** Anschutz compass; — **giroscópica Sperry,** Sperry compass; — **invertida,** telltale; **aguja de la —,** compass needle.

Brukita o brookita, Brookite.

Bruma, Mist.

Bruñido, Burnishing, glazing; — **de una muela,** glazing of a wheel; — **final,** final burnishing.

Bruñidor para fotografía, Burnisher photograph.

Bruñir, To brighten, to burnish; — **la superficie,** to burnish the surface; **máquina de —,** burnishing machine; **piedra de —,** burnishing stone.

Abrirse bruscamente, To snap open.

Brusco, Quick; **con ruptura brusca,** quick break; **electroimán de ruptura brusca,** snap magnet.

Brusela (pinzas finas), Corn tongs.

Bruto, Bulk, coarse, crude, gross, raw; **agua bruta,** raw water; **cuarzo —,** raw quartz; **petróleo —,** crude oil; **tuerca en —,** blank nut.

1000 BTU (unidades inglesas de cantidad de calor), Mbh.

Buceable, Divable.

Bucear, To dive.

Bucle, Curl, loop; — **que hace un conductor al entrar en un edificio,** drip loop; **barrido en —,** loop scavenge; **en dobles bucles,** double loop; **sistema de — cerrado,** closed loop system.

Bueno, Good.

Bufarse (revestimientos), To sweel.

Bujarda, Granulating hammer.

Bujardar, To bush hammer.

Buje, Axle guard, axle pin of a wheel, splint of the axle; — **de alineamiento,** aligning bushing; — **de caucho,** rubber bushing; — **de contacto,** contact bushing; — **del émbolo,** piston bushing; — **flexible,** spring bushing; — **guía,** clutch bushing; — **guía-cadena,** chain guard; — **motor,** drive bushing; — **móvil,** slip bushing.

Bujía, Candle, plug; — (auto), sparking plug; — **a base de estearina,** stearine candle; — **blindada,** screened sparking plug; — **de alta tensión,** high tension spark plug; — **de baja tensión,** low tension spark plug; — **de descarga superficial,** surface discharge spark plug; — **de electrodos de níquel,** nickel electrode plug; — **de electrodos de platino,** platinum electrode plug; — **de electrodos finos,** fine wire electrode plug; — **de encendido,** spark or sparking plug; — **de tres cubiertas,** three decker; — **incandescente,** glow plug; **aislador de —,** spark plug insulator; **aislante de —,** spark plug insulator; **casquete de** —, plug terminal; **cuerpo de** —, spark plug body; **de 1500 bujías** (iluminación), of 1500 candle; **filamento de** —, ignition lead; **hilos de** —, spark plug leads; **junta de** —, spark plug gasket, sparking plug gasket; **separación de las puntas de una** —, plug gap; **tapón de** —, sparking plug hold.

Bujía-pie, Foot candle, ft, ft-cl (**foot candle**).

Bulón, Bolt, iron pin; — **de anclaje,** anchoring bolt; — **de arriostrado,** distance sink bolt; — **de autoapriete,** self locking bolt; — **de cabeza biselada,** garnish bolt; — **de cabeza fresada,** countersinkheaded bolt; — **de cierre,** expansion bolt; — **de chaveta,** cotter bolt; — **de entallas,** barbed bolt; — **de fundación,** cotter bolt; — **de prensaestopas,** gland bolt; — **de unión,** clamping bolt, connecting bolt; — **empotrado,** countersinkheaded bolt; — **excéntrico,** eccentric bolt; — **o cabilla ordinaria,** common bolt; **artificio de un** —, bolt hole.

Bulto, Knob.

Bulldozer, Bulldozer; — **de ruedas,** tournadozer; — **de tablero inclinado,** angle dozer, grade or trail bulldozer.

Bullión, Base bullion.

Bullir, To bubble.

Buque, Vessel, ship; — **anclando en la rada,** roadster; — **auxiliar,** tender; — **carbonero,** collier; — **cisterna,** tank vessel, water tender; — **compuesto,** composite vessel; — **con cochinata,** web frame vessel; — **con cubierta de superestructura,** awning deck vessel; — **con cubierta superior,** spardeck vessel; — **con saltillo de popa,** quarterdecker; — **con un solo radiotelegrafista,** single operator ship; — **costero,** hoy; — **de acero,** steel vessel; — **de comercio,** merchant ship; — **de cuatro palos,** four mast ship; — **de dos chimeneas,** two stacker; — **de dos puentes,** two deck vessel; — **de**

escolta, escort vessel; — **de guerra,** warship; — **de hierro,** iron vessel; — **de pesca por arrastre,** seiner; — **de rastreo,** trawler; — **de ruedas,** paddler; — **de transporte,** storeship; — **de tres puentes,** three deck vessel; — **de un puente,** one deck vessel; — **en terminación a flote,** ship completing after launching; — **gemelo,** sister ship; — **mercante,** merchant ship; — **portaaviones** aircraft carrier, aircraft tender, carrier; — **prisión,** hulks; — **rápido,** grayhound; — **transbordador,** seatrain; **armador de un** —, outfitter; **casco de un** — **naufragado,** wreck; **círculo completo descrito por un buque de vela,** chapeling; **conjunto de las vagras de** —, ceiling; **constructor de buques,** ship builder, ship wright; **desguazador de buques,** ship breaker; **gobierno del** —, conning; **línea de flotación del** — **cargado,** load water line; **línea de flotación del** — **descargado,** light water line; **oficial encargado de visitar el** —, boarding officer; **proveedor de buques,** ship chandler; **remolinos de la estela de un** —, wash; **varenga de un** —, ribs of a ship.

Buque-taller, Floating workshop, repair ship.

Burbuja, Blob, bubble; **lleno de burbujas,** bubbly; **sextante de** —, bubble sextant.

Burbujeo, Bubbling.

Burel, Marlinspike.

Bureta, Buret or burette, can.

Buril, Chisel metal, cross cut chisel, cross cutting chisel, cutter, cutter of a planing machine, cutting tool, chisel, flat belt, former chisel, hand chisel, sculper; — **de punta redonda,** round chisel; — **para grabar el damasquinado,** rose engine tool; — **para madera,** corner chisel; — **para metales,** chipping chisel; — **romo,** blunt chisel; — **triangular,** burr; **grabador al** —, line etcher; **quitar con el** —, to chip off.

Burilado, Chipping.

Buriladora, Router.

Burilar, To chisel, to cut off.

Burlete, Swell.

Bursiforme, Bursiform.

Busa, Blast pipe, nozzle, spout.

Buscador, View finder; — (anteojo), finder; — **de enlaces,** junction manhole; — **de prueba,** testing finder; — **ordinario,** inderectly connected finder; — **preferente,** directly connected finder; — **preselector,** line finder with allotter switch; — **primario,** first line finder; — **secundario,** second line finder.

Buscafugas, Faulfinder; — (gas), detector.

Buscapunta, Chamfering broach.

Busco (dique), Sill.

Búsqueda de los defectos, Trouble shooting.

Butadieno, Butadiene.

Butalanina, Butalanine.

Butanizar, To butanize.

Butano, Butane.

Butanona, Butanone.

Buterola, Cup, die, dye (rare), rivet heading set, riveting die, riveting punch, riveting set, riveting tool, rivetting punch, snap head die, snap headed rip, snapping tool; — **esférica,** die for round head; **buterolas acopadas,** cup shaped dies.

Butilacetileno, Butyl acetylene.

Butilenglicol, Butyleneglycol.

Butílico, Butyl, butyle, butylic; **acetato —,** butyl acetate; **alcohol —,** butyl alcohol; **peróxido —,** butyl peroxide.

Butilo, Butyl, butyle; **bromuro de n —,** n butyl bromide.

Butiracético, Butyracetic.

Buza (orificio), Muzzle.

Buzamiento, Course, dip.

Buzo, Diver; **bocamangas herméticas de —,** diver cuffs; **botas con plomo de —,** diver leaden shoes; **collar de traje de —,** diver collar; **émbolo —,** diver; **gaza de un —,** bow of a knot; **peto de —,** diver bib; **traje de —,** diver dress.

By-pass (tubería de derivación), By-pass.

C

Caballero (construcción carreteras), Side piling.

Caballete, A frame, bearer, bench, dog, easel, horse, prop, saw block, stool, trestle; — **de defensa,** chafe rod; — **de extracción,** tower winder; — **de muro,** coping stone.

Caballito, Ground loop.

Caballo, Horse; — (máquina auxiliar para la alimentación de las bombas), donkey; — **auxiliar,** bilge donkey; — **de vapor,** horse power; — **indicado al freno: 76,00884 kilográmetros por segundos,** B.H.P. (brake horse power); — **nominal,** N.H.P. (nominal horse power); — **teórico,** theoretical horse power; — **vapor,** horse power; **a** —, straddled; **caballos fiscales,** taxable horse power; **pequeño** — **de alimentación,** donkey engine; **potencia en caballos, indicada al freno,** brake horse power; **potencia indicada en caballos,** I.H.P. (indicated horse power); **que desarrolla 500 caballos,** working up to 500 H.P.

Caballo-hora, Horse power hour.

Cabecear, To pitch.

Cabeceo, Pitching.

Cabecera, Head rest; **aguas de** —, headrace.

Cabeza, Head, spindle nose; — **a cabeza,** butt and butt; — **abierta,** marine end; — **bombeada,** snap point; — **cerrada,** solid end; — **de apoyo** (de raíl), base; — **de biela,** big end of a connecting rod, cross head, cross head end; — **de biela abrazadera,** box end; — **de biela con tapadera,** butt end; — **de biela en horquilla,** solid end;

— **de cable,** cable terminal; — **de cabrestante,** capstan head, drum head; — **de caja de biela,** strap; — **de campana,** beam; — **de carga,** box end; — **de carril,** rail head; — **de compuerta,** bay; — **de electrodo excitador,** keep-alive cap; — **de esclusa,** lock bay; — **de horno,** end; — **de inyección,** swivel; — **de mortero,** back; — **de pistón,** piston crown, piston head; — **de puente,** end girder; — **de remache hemisférica,** cup head; — **de rotación,** swivel; — **de seis lados,** hexagon head; — **de soldadura,** welding head; — **de surgencia,** flow head; — **de tirante del cambio de aguja,** tang end; — **de tubería,** bradenhead; — **del diente,** addendum; — **del martillo,** header; — **divisora** (máq.-herr.), dividing head; — **micrométrica de cortocircuito,** short circuit micrometer head; — **oscilante** (máq.-herr.), tilting head; — **portamuela** (rectificadora), wheel head; — **portapieza,** work head; — **redonda,** cheese head; **acoplamiento de** — **articulada,** flexible head coupling; **barreno de** — **cuadrada,** square bit; **cabezas** (lavados de minerales), heads; **caja de** — **de compuerta,** head box; **canal de** —, head flume; **cara de** — (horno Martin), end; **clavo de** — **plana,** clout nail; **clavo de** — **rómbica,** diamond nail; **compuerta de** — **de presa,** pressure shutter; **con** — **semiesférica** (tornillos), button headed; **de** — **redonda** (tornillo, etc.), round headed; **perno con** —, head bolt; **perno de** — **plana,** flat headed bolt; **perno sin** —, short drove bolt; **poner en** —, to hear; **primera** — (remache), die head; **remache de** — **abombada,** snap

headed rivet; **remache de —
cónica,** conical head rivet; **sin —**
(clavo), headless; **tornillo de —
fresada,** bevel headed; **tornillo de
— redonda,** round headed screw;
vigueta de —, head beam.

Cabezal, Contact maker, head; —
(destilador), cover; — (máq.-
herr.), head stock; — (torno),
head stock; — **automático de
roscar,** die head; — **barrenador,**
boring head; — **de bomba,** clack
box; — **de cabrestante,** drum
head; — **de dirección** (sobre calentador), guide cap; — **de fijación** (torno), steady head; — **de
fresado,** cutter head, hob head,
milling head; — **de jaula,** box end;
— **de luneta,** collar plate; (torno),
extra poppet; — **de perforación,**
drilling head, head; — **de pozo,**
head; — **de roscar,** die head; —
de sonda, casing head; — **de
torno,** poppet head; — **de tubo,**
header; — **de una bomba de perforación de pozos,** discharge head;
— **de válvula,** valve chest; —
fijo (torno), headstock; — **fijo de
un torno,** centre stock or centre
puppet; — **lector,** reading head;
— **motor,** head motor; — **móvil,**
loose headstock, puppet stiding,
tail stock of a lathe; (torno),
shifting head; — **móvil de torno,**
sliding puppet of a lathe; —
móvil de un torno, tailstock; —
múltiple, multiple head; —· **para
roscar,** screwing chuck; — **porta-
brocas,** spindle head; — **portacuchilla,** cutter block or head; —
portamuela, headwheel; — **portapieza** (torno, máquina de rectificar, etc...), headstock, head work;
— **revólver,** capstan head; **punta
del — fijo de un torno,** puppet
centre; **punta del — móvil,** dead
centre, loose headstock centre.

Cabida, Capacity.

Cabilla, Bolt, dowel pin, frame bolt,
knob dowel, set bolt, stud bolt;
— (extremos de radios y rueda de
timón), spoke; — **de muro,** wall
dowel; — **espiral,** spiral dowel.

Cabina, Booth, cab, cabin; — **con
techo,** covered cab; — **de ametrallador,** gunner's cockpit; — **de
grúa,** crane cabin; — **del casco,**
cabin hull; — **de la tripulación,**
crew compartment; — **de lavado,**
wash booth; — **de señalador,**
signal box; — **eléctrica,** electric cab; — **estanca,** pressure cabin; — **telefónica,** call box, call
room; — **vidriada,** glassed cabin;
avión de —, cabin airplane.

Cabio (cercha), Spar; — **maestro,**
binding rafter; **acción de poner
cabios,** raftering.

Cable, Cable, rope; — (200 yardas
o 185, 2 metros), cables length;
— **aéreo portante,** cable way; —
aislado con papel, one wire cable;
— **alimentador,** feeder cable; —
antigiratorio, non spining cable;
— **armado,** armoured cable, iron
coated cable; — **artificial,** artificial cable; — **bajo tensión,** live
wire; — **bajo yute,** jute protectod
cable; — **barnizado,** varnished
cable; — **bifilar plano,** twin-lead
cable; — **bifilar tubular,** tubular
twin-conductor cable; — **blindado,**
screened cable; — **cerrado,** fuil
lock rope, locked cable, locked
rope; — **con camisa de plomo,**
lead covered cable; — **con carga
continua** (krarupizado), conti-
nuously-loaded cable; — **con carga
discontinua** (pupinizado), coil-
loaded cable; — **con conductores
múltiples,** bunched cable; — **con
cuatro conductores aislados,** spiral
four; — **con dos conductores,** two
wire cable; — **con envuelta de
asfalto,** asphalted cable; — **con
funda metálica,** metallic screened
cable; — **con guarnición trenzada,**
stranded cable; — **con suspensión
continua,** lashed cable; — **con
tres conductores,** three conductor
cable; — **con un solo conductor,**
one wire cable; — **con varios conductores,** multiple conductor cable;
— **conector,** jumper wire; — **de
acero,** steel rope; — **de acumulación de tierras en aguas poco profundas,** shore end of the cable;

— **de alabeo** (aviación), warping cable; — **de alambre de acero**, steel wire rope; — **de áloe**, aloe rope; — **de aluminio**, aluminium cable; — **de armadura, mitad de filástica, mitad de alambre de latón**, bread and butter cable; — **de arrastre**, drag cable, drag wire, drift wire; — **de aterrizaje**, landing cable, landing wire; — **de cierre de un circuito**, jumper; — **de cobre**, copper cable, stranded copper wire; — **de conductor único**, single conductor cable; — **de cuero**, leather cable; — **de distribución**, distribution cable; — **de elevación**, hoist cable; — **de entrada**, leading-in cable; — **de envuelta de goma**, pilot cable, rubber coated cable; — **de esparto**, coir rope; — **de espía**, stream cable; — **de extracción**, winding rope; — **de fibra vegetal**, fiber cable; — **de funda metálica**, metal screened; — **de gran capacidad**, large-capacity cable; — **de guarnición trenzada**, stranded cable; — **de incidencia**, incidence wire; — **de izar**, lifting cable; — **de minado**, digging cable; — **de oconita**, okonite cable; — **de pequeña capacidad**, small capactity cable; — **de perforación**, drilling cable; — **de pontón**, brace cable; — **de pozo**, pit cable; — **de remolque**, drag cable, tow line, towing cable; — **de reserva**, spare cable; — **de tiro**, drawing-in wire; — **de transporte inclinado**, gravity cable; — **del malacate de herramientas**, bull rope; — **desatrancador**, venting wire; — **desmagnetizante**, degaussing cable; — **doble**, double cable, twin cable; — **flojo**, slack cable; — **fuselado**, streamline or streamlined wire; — **grúa**, elevated cableway crane; — **intermedio**, intermediate cable; — **interurbano**, toll cable; — **izador**, hoisting rope; — **lateral**, lateral cable; — **ligero**, flexible cable; — **metálico**, wire line, wire rope; — **mixto**, composite cable; — **múltiple**, multiple cable; — **no inductivo**, non inductive cable; — **para acumulación de tierra en aguas poco profundas**, shallow water cable; — **para aeroplanos**, airplane cable; — **piloto**, paper insulated cable; — **plano múltiple**, carpet cable; — **portador**, lift wire; — **principal**, main cable; — **redondo**, cable circular; — **remolcador**, tow rope; — **semicerrado**, half lock rope; — **sin pérdidas**, nonlossy cable; — **subfluvial**, river cable; — **submarino**, submarine cable; — **submarino intermedio**, submarine intermediate cable; — **subterráneo**, earth cable, underground cable; — **suspendido**, cable pendant; — **teledinámico**, fl·, rope; — **telefónico**, telephone cable; — **telefónico con aislamiento de aire**, dry core cable; — **telegráfico**, telegraph cable; — **terrestre**, way land cable; — **tractor**, hauler cable; — **trenzado**, threaded wire; — **urbano**, exchange cable; **abrazadera de —**, drilling clamp; **acción de asegurar la tensión de un ala de un —**, etc..., doping; **acción de quitar la vaina de un —**, skinning; **adujar el —**, to coil the cable; **aflojamiento de un —**, drift; **ajuste de cables**, cable splice; **aislador de — de amarre**, anchor wire insulator; **alma de un —**, core of a cable, filling; **alma del —**, core of the rope; **ángulo de ataque de un —**, fleet angle; **aparato para la colocación de cables**, cable laying machinery; **atirantado con — de acero**, wire bracing; **bobina de —**, cable reel; **bucle de —**, dead eye; **cabeza de —**, cable head; **caja de empalme de cables**, cable box; **canal de —**, cable trough; **colocar un — en**, to embed (a cable); **conductor para —**, cable duct; **constante de pérdida de un —**, damping constant of a cable; **cubierta de —**, cable sheath; **desenrollar un —**, to unwind a rope, to wind off; **detector de pérdidas en los cables**, cable fault tester; **encintado de un —**, binding wire; **enhebrar — en un cuadernal**, to reeve; **enrollar un —,** to wind up a rope; **ensayo de perforación de los cables,** cable breakdown test; **extremidad de —,** cable end; **extremo de —,** junk; **fabricación de cables,** cable making; **forro de —,** keckling; **grapón para —,** rope hook, rope grap; **grasa de impregnación para cables,** cable compound; **grúa de — aéreo,** elevated cableway crane; **herramienta de —,** cable tool; **instalar cables o hilos metálicos,** to wire; **manguito de —,** cable shoe; **máquina de armar los cables,** wire covering machine; **máquina de trenzar cables,** cable stranding machine; **nudo de —,** carrier; **nudo en el extremo de un —,** half hitch; **oficina de cables,** cable office; **pañol de cables** (buques), cable locker; **placa de cables,** cable plate; **polea para —,** rope pulley; **procedimiento de perforación con —,** spudding; **repetidor de — submarino,** submarine cable repeater; **rueda motriz de —,** leader; **servicio de cables,** cable service; **soporte de —,** cable bracket; **tambor del —,** cable drum; **teleférico de cables flojos,** dragline; **tendido de cables,** cable laying; **tensión de —,** cable tensioner; **terminal de —,** cable angular, cable clip, cable shoe, wire stretching die; **terminal para cables,** cable socket; **torón de —,** cable strand; **toronado de un —,** laying; **tráfico sobre cables coaxiales,** coaxial route; **transmisión por —,** rope driving; **transmisión por cables múltiples,** continuous rope drive systems; **tubo conductor para cables,** cable bracket; **unión de los cables,** cable connection; **unión del —,** rope joint.

Cableado, Cabling, rigging, wiring; **— oculto,** concealed wiring.

Cablear, To cable, to wire.

Cabo, Rod; **— alquitranado,** tarred rope; **— basto,** thrum; **— blanco,** white rope or untarred rope; **— de esparto,** coir rope; **— de menos de 25 mm de mena,** small

stuff; **— no alquitranado,** white rope or untarred rope; **— pasado por seno,** slip rope; **— tetratorónico con mecha,** shroud laid rope; **— tritorónico,** three stranded rope; **aforrar un —,** to keckle; **rosca de —,** coil.

Cabotaje, Home trade; **—** (mares del Reino Unido), home trade.

Cabreada, Climb; **exceso de —,** climb excess; **máximum de —,** climb maximum.

Cabreado, Climbing; **vuelo —,** climbing flight.

Cabrestante, Capstan, cat head, crane, whim, winch, windlass; **— a vapor,** steam capstan; **— de grúa,** crane winch; **— de perforación de pozos,** well borer's winch; **— eléctrico,** electric capstan; **— hidráulico,** hydraulic capstan; **— múltiple,** compound capstan; **— para muflas,** winch capstan; **— pequeño,** cat head; **— portátil,** portable capstan; **— sencillo,** capstan gear; **izar con el —,** to windlass; **tambor de —,** capstan head.

Cabria, Arbor wheel, axle tree, crab, crane, derrick, dredge, gin, sheer legs, top; **—** (aparato de izar), shear; **cuadernal de —,** gin block.

Cabrio, Spar.

Cabriolé, Cabriolet.

Cabrión, Lumber.

Cacahuete, Arachid; **aceite de —,** arachid oil, peanut oil.

Cacodilato, Cacodylate.

Cacodílico, Cacodylic; **ácido —,** cacodylic acid.

Cadacondensado, Cadacondensed.

Cadena, Chain, line, link, warp; **— antiderrapante,** non skid chain; **— calibrada,** chain pitched; **— central,** chain central; **— con anilla extrema,** chain ring; **— con los dos extremos tensos,** sling chain; **— con tornapuntas,** stud link chain; **— de agrimensor,** land chain, surveying chain; — **de agrimensor** empleada en Estados Unidos de América. Tiene 66 pies. 20,116 m. de largo; cada anillo tiene 2,012 m. En los Estados Unidos la palabra «chain» se usa sólo para designar esta medida, gunter's chain; — **de ancla**, cable; — **de arrastre**, drag chain; — **de articulaciones**, flat link chain; — **de avance**, feed chain; — **de cangilones**, chain and buckets; — **de contretes**, stud link chain; — **de decapado**, pickling line; — **de descarga** (de cuchara), emptying chain; — **de enganche**, drag chain; — **de engranajes**, chain of gears; — **de enrayar**, locking chain; (coche), lock chain; — **de eslabones**, link chain, sprocket chain; — **de eslabones estrechos**, short linked chain; — **de gancho**, hook chain; — **de ganchos**, hook link chain; — **de grúa**, chain crane; — **de Gunter** (66 pies), gunter's chain; — **de mallas estrechas**, short linked chain; — **de maniobra**, chain control; — **de maniobra de válvula**, chain valve; — **de montaje**, assembly line; — **de remolque**, towing chain; — **de repartición de carga**, course chain; — **de retención**, back stay; — **de rodillos**, chain roller, block chain, roller chain; — **de suspensión**, suspension chain; — **de tracción**, pull chain; — **de transmisión**, gearing chain; — **dentada**, cutter chain; — **eléctrica**, electric chain; — **en que las partes de los eslabones en contacto están separados por una pieza móvil**, dodge chain; — **floja**, slack chain; — **Galle**, plate chain, sprocket chain; — **limpiatubos**, chain wheel; — **motriz**, driving chain; — **ordinaria**, land chain, link chain, open link chain; — **para enrayar** (rueda), wheel chain; — **para trozos**, log chain; — **portacuchillas**, cutter chain; — **radiactiva**, radioactive chain; — **receptora**, chain input; — **silenciosa**, silent chain; — **sin fin**, endless chain; — **Vaucanson**, band chain; **acortamiento de — por torsión**, climbing; **aparejo de —**, chain tackle; **aparejo diferencial con —**, chain block; **árbol con —**, chain axle; **boza de —**, cable stopper; **caja de cadenas**, cable locker; **carrera de —**, path of a chain; **cárter de la —**, chain case; **compuestos de — larga**, long chain compounds; **con —**, chain driven; **draga con — de cangilones**, bucket chain dredger; **eslabón corto de —**, chain short; **eslabón de — con travesaño**, chain stud; **eslabón largo de —**, chain long; **eslabón triple de —**, chain triple; **forro de —**, chain cover; **gancho de —**, chain staple; **gatera de cadenas** (buques), chain pipe; **gato de polea de cadenas**, chain jack; **guía de —**, chain guiding; **hierro de —**, chain iron; **junta de —**, chain joint; **llave de —**, chain tong; **mando de cadenas**, chain gear; **medición con — de agrimensor**, chaining; **medir con —**, to chain; **parrilla con — sinfin**, chain grate; **pasador de —**, chain pin; **paso de la —**, chain pitch; **piñón de —**, sprocket wheel; **polea de —**, chain sheave, chain wheel, dum sheave; **reacción en —**, chain reaction; **remache en —**, chain riveting; **rueda de —**, chain sheave, chain wheel; **servicio de —**, chained service; **sordina de —**, chain silencer; **tenazas de —**, chain tong; **tensor de —**, chain adjuster; **transmisión por —**, chain drive, chain gear; **viento de —**, chain stay.

Cadenada (medida), Chain.

Cadencia, Rate, timing.

Cadenero, Chain man.

Cadenilla, Chain; **fuelle de —**, chain blowing apparatus.

Cadera, Cheek.

Cadmiado, Cadmium plated; **procedimiento de —**, cadmium process.

Operación de **cadmiar**, Cadmium plating.

Cadmio, Cadmium; **lámpara de** —, cadmium lamp; **sulfuro de** —, cadmium sulfide.

Cagafierro, Cinder, iron dross, slag; **galleta de** —, raw ball.

Caída, Crop end, descent, discharge, drapability, fall, scrap end, slip, waste end; — (de presión, de tensión, etc...), drop; — (de tensión, etc...), dip; — **bruta,** bulk head, gross head; — **catódica,** cathode drop, cathode fall; — **de materia activa,** falling out of the paste; — **de potencial** (eléctrico), potential drop; — **de techo,** roof conductor; — **de tensión,** voltage drop; — **de tensión en el tubo,** tube voltage drop; — **de tensión por unidad de longitud,** voltage gradient; — **disponible,** available head; — **libre** (de un trépano), free fall; — **media,** average head, medium head; — **neta,** net head; — **reactiva,** reactive drop; — **total,** gross head, total head; — **útil,** operating head, productive head; **alta** —, high head; **altura de** —, head; **baja** —, low head; **martillo de** — **libre,** drop hammer; **par máximo que puede soportar un motor de inducción sin** — **prohibitiva de velocidad** (siempre que esté excitado en serie), break down torque; **reforzador de** — (hidr.), head intensifier, fall or head increaser; **velocidad de** —, rate of fall.

Caja, Box, breakage, bush, case, casing, caxon, cementig chest or through, chest, chimney shaft, drum, enclosure, housing; — (auto, locomotora), body; — (de agua, etc.), tank; — (de un mástil), heel; — **alemana, de tumba, buddle;** — **anular,** bush packing; — **colectora de moneda,** coin collecting box; — **cuadrada,** can square; — **de aceite,** box oil; — **de agua,** feed tank; — **de alimentación,** blast tank; — **de ardilla,** squirrel cage; — **de arena,** sand box; — **de bobinas,** coil box; — **de bornes,** terminal box; — **de**

cambio de velocidades, wheel box, speed gear box; — **de cambios de velocidadse,** wheel box; — **de camión,** truck body; — **de caoba,** cabin mahogany; — **de carga,** stuffing box; — **de carro,** bucket carrier; — **de cementación,** cementing trough; — **de cierre** (caldera tubular), header cap, joint; — **de cojinetes,** axle arm; — **de conexión,** conection box; — **de debajo,** top flask; — **de derivación** (elec.) **o de ramificación o distribución,** distributing box; — **de derivación para cables,** flush box; — **de diferencial,** differential gear casing; — **de dirección,** gun bracket; — **de distribución,** slide box, slide chest, slide valve chest; — **de distribuidor,** slide valve case; — **de eje,** chair, journal box; — **de empalme acodada,** bend connector; — **de empalme de cables** (elec.), cable box; — **de encima** (fundición), top box; — **de engranajes,** gear case, wheel box; — **de engrase,** axle box, box of a wheel, box of axle, grease box, journal box; — **de fuego,** comburation chamber, fire bottom; — **de guarnición,** stuffing box; — **de humo,** smoke chest; — **de humos de una caldera,** smoke box of a boiler; — **de inmersión que se adhiere a un dique,** limpet; — **de lavado,** stirring buddle; — **de los raseles,** trimming tank; — **de machos,** core stock, core templet; — **de madera,** case wood, crate; — **de mando de botones pulsantes,** push button control bottom; — **de mandos de botón pulsador,** push control box; — **de moldeo,** box for moulding; — **de municiones,** ammunition box; — **de polea,** shell; — **de pruebas,** test box; — **de registro,** valve box; — **de resistencias** (elec.), resistance box; — **de retorno,** header box; — **de seguridad** (laminador), breaker, breaking piece; — **de tubos,** tube box; — **de un gato,** case; — **de unión de los cables,** splice box; — **de válvula,**

valve box, valve cage, valve pocket, valve chest; — **de vapor,** distributing box; — **de velocidades,** gear bottom, gear box, gear case, speed box; — **del buje,** box of a wheel; — **del mecanismo,** casing gun; — **inferior de moldeo,** bottom flask; — **intermedia,** cheeks; — **móvil,** movable body; — **registradora,** cash register; — **robusta,** solid box; — **superior de moldeo,** cope; — **terminal de cable,** cable terminal box; **banco en forma de** —, box bed; **cabeza de** —, solid end; **cajas superior e inferior del moldeo,** flask; **cementación en cajas de hierros,** box hardening; **cepillo que tiene una parte de la** — **de boj,** boxed plane; **cielo de la** — **de fuego,** roof of the firebox; **colocación en cajas,** crating; **costado de la** —, bodyside; **devanado de** — **de ardilla,** squirrel cage winding; **en** —, crated, housed; **forma de** —, box form, box type; **fundición en cajas,** box casting; **larguero a** —, box spar; **moldeo con cajas** (fund.), flask moulding; **poner en cajas,** to crate; **unir a** — **y espiga,** to cock.

Cajador, Tug chain.

Anteña **cajeada,** Boxed-in slot antenna.

Cajear (minas), To hew.

Cajeo, Jagging.

Cajera, Half sheave.

Cajero, Cashier.

Máquina **cajista,** Type setting machine.

Cajón, Chest, drawer, locker; — (hidráulica), caisson; — **anti-torpedos,** blister; — **de cabezal,** head box; — **de la cinta** (telégrafo), tape drawer; — **neumático de cimentación,** float case; — **sin forro,** case unlined; **bobina de un** — **de taladro,** box sheave.

Cal, Lime; — **apagada,** slack lime; — **hidráulica,** water lime; — **viva,** core, quick lime; **abono con** — (terreno), liming; **cantera de pie-**dra de —, lime pit; **carbonato de** —, calcium carbonate; **horno de** —, lime kiln; **lechada de** —, cream of lime, lime wash, lime white; **óxido de** —, calcium oxide; **piedra de** — **hidráulica,** cement stone.

Cala, Scot; — **de un buque,** hold; **calas,** filler pieces; **calas de cojinetes,** block chain; **en la** —, under hatches; **grúa de** —, ship yard crane.

Calabrote, Hawser, line, rope; — **de acero,** steel hawser; — **de cuatro forones,** four stranded rope; — **de espía,** towline; — **de remolque,** warp; — **metálico,** wire rope; — **tetratorónico,** four stranded rod.

Tornillo de **calada,** Foot screw.

Calado, Blocking, clamping, gauge or gage, keyed, pressing on, set, setting, stalling; — (hélice), dead; — (motor), stalled; — **de la hélice,** propeller setting; — **por contracción,** shrink or shrunk on fit; **aterrizaje con la hélice calada,** dead stick landing; **estar** —, to stick; **sin diferencia de** —, on an even keel; **visor con** — **de rumbo,** course setting sight.

Cortahierro de **calafate,** Single arm anvil.

Calafateado, Calked, calking.

Calafatear, To calk, to drive in, to stuff; — **remaches,** to calk rivets; **canto de** —, calking edge; **cincel de** —, calking iron, calking tool; **herramienta de** —, calking tool.

Calafateo, Reeming.

Calaje, Cottering; — **de manivela,** crank displacement; **ángulo de** — **de cola,** tail setting angle; **piezas de** —, rail clip.

Calambre, Cramp.

Calamina, Brass ore, carbon; — **verde,** bonamite.

Calaminado, Carbonising, carbonized, sooting.

Calamón, Dog mail.

Calandrado, Calendered, pressing.

Calandrar, To calender; — (papel), to press.

Calandria, Beating mill, calender, wringing machine; — **de radiador,** radiator frame; — **para el secado,** can.

Calar, To fasten, to jam, to key, to press on, to set; — (escobilla), to adjust; — (motor), to pack up; — (un motor), to stall; — **buques,** to draw; — **las escobillas** (electricidad), to advance the brushes; — **los cojinetes,** to line up the brasses; — **velas,** to draw.

Calazón, Draft or draught, draught or draft, gauge or gage, water draught; — **de corcho,** light draught; — **en carga,** load draught.

Calcador, Tracer.

Calcar, To counter draw, to trace.

Calcáreo, Calcareous; **piedra calcárea,** limestone.

Calce, Chock, guard, key, wedging; — **de bocarte,** boss.

Calcedonia, Chalcedony.

Calcímetro, Calcimeter.

Calcinación, Roasting; — **de piedra caliza,** burning of limestone; **horno de** —, calciner; **óxidos residuales de la** —, calx.

Magnesia **calcinada,** Light magnesia; **tierra** —, burned earth.

Calcinar, To calcine.

Calcinarse, To clinker.

Calcio, Calcium; — **metálico de cuba electrolítica,** carrot; **carburo de** —, carbide of calcium or calcium carbide; **cloruro de** —, calcium chloride; **sulfato de** —, calcium sulphate; **tungstato de** —, calcium tungstate.

Variedad de **calcita,** Dog's tooth spar.

Calco, Re-tracing, tracing; — **azul,** blue print; — **de un dibujo,** calking; **papel de** —, tracing paper.

Derivados **calcogenados,** Chalcogen derivatives.

Calcopirita, Chalcopyrite, copper pyrites; — **o bornita,** copper blende.

Calcosita, Chalcocite.

Calculado, Computed; **ampliamente** —, supersized; **peso** —, computed weight.

Calculador, Calculator, computer or computor; — **analógico,** analog computer; — **arítmico en paralelo,** parallel digital computer; — **aritmético en serie,** serial digital computer; — **de rumbo y distancia,** course computer; **máquina calculadora,** calculating machine, calculator.

Calculadora, Computing device, computing mechanism; — **electrónica,** electronic calculator, electronic computer; — **mecánica,** mechanic computer; **máquina** —, comptometer, computing machine.

Calcular, To calculate; — **por calculadora electrónica,** to computerize; **de** —, calculating; **instrumento de** —, calculating instrument; **máquina de** —, computer or computor.

Cálculo, Calculus (plural: **Calculi**), computation; — **de la capacidad,** calculation of capacity; — **de los esfuerzos,** calculation of stresses; — **de marcaciones,** bearing computation; — **de velocidad,** calculator speed; — **diferencial,** differential calculus; — **integral,** integral calculus; — **mental,** calculation mental; — **operacional,** operational calculus; — **por máquinas,** machine computation; **cálculos proporcionales,** sentential calculi; **regla de** —, slide rule.

Calda, Firing; — (forja), heat; — **a temperatura del rojo oscuro,** blood red heat; — **al rojo cereza,** cherry red heat; — **al rojo cereza claro,** blight cherry red heat; — **al rojo oscuro,** dark red heat; — **al rojo sombra,** bloom; — **exudante,** sparkling heating, welding heat, white heating; (forja), welding glow, white flame, white heat; — **grasa,** white heat.

Caldeado, Fired.

Caldear, To stoke; **acción de —,** cold staking.

Caldeo, Firing, fuel, heating, stoking; — **indirecto,** indirect heating; — **por aceites combustibles,** oil firing; — **por carbón pulverizado,** pulverized coal firing; **aparato para el — mecánico,** mechanical stoker; **herramientas de —,** stoking tools; **instrumentos de —** (hurgones, atizadores, picafuegos, etc...), fire irons; **piso de —,** fire. flooring, stoking floor; (loc.), foot plate; **plancha de — interior,** box iron; **superficie de —,** fire surface, flue surface, heating surface; **temperatura de —,** firing temperature.

Caldera, Boiler, kettle, pan, pot; — **auxiliar,** donkey boiler; — **calentada por los dos extremos,** double-ended boiler; — **cilíndrica,** barrel boiler, round boiler; — **cilíndrica con dos hornos interiores,** double-flued boiler; — **con volquete,** caravan boiler; — **de alta presión,** boiler with high pressure, high pressure boiler; — **de amalgamación,** amalgamating pan; — **de avivar,** clearing copper; — **de caja de inversión en forma de mochila,** knapsack boiler; — **de calefacción por nafta,** oil fired boiler; — **de calor perdido,** exhaust heat boiler, waste heat boiler; — **de canales o de galerías,** flue boiler; — **de capa líquida bajo los ceniceros,** wet bottom boiler; — **de circulación forzada,** forced flow boiler; — **de fondo seco,** dry bottom boiler; — **de gas,** gas fired boiler; — **de hervidores,** elephant boiler, French boiler; — **de hervidores de retorno de llama,** drogflue boiler; — **de hervidores múltiples,** battery boiler, multiple deck boiler; — **de horno de cal,** body; — **de hornos escalonados,** double story boiler; — **de láminas,** sheet flue boiler; — **de llama directa,** direct flame boiler, locomotive boiler; — **de llama invertida,** drop flue boiler; — **de pisos,** multiple stage boiler; — **de plurihervidores,** multiple deck boiler; — **de recuperación,** top boiler, waste heat boiler; — **de retorno de llama,** return flame boiler; — **de secciones,** sectional boiler; — **de tintura,** dyeing copper; — **de tubos curvos calentados directamente por el hogar con guiado de llama por deflectores tubulares,** «daring» type thornycroft boiler; — **de tubos de agua finos** (caldera express), express type of watertube boiler; — **de tubos de agua sumergidos,** drowned tube boiler; — **de tubos de humo,** fire tube boiler; — **de tubos múltiples,** multitubular boiler; — **de vapor,** steam boiler; — **de vaporización instantánea,** flash boiler; — **de volquete,** wagon boiler; — **en la cual el agua y los gases circulan en el mismo sentido,** concurrent boiler; — **en la cual el agua y los gases circulan en sentido inverso,** countercurrent boiler; — **en la que el agua circula en tubos calentados directamente en el hogar,** water tube boiler; — **enana,** dwarf boiler; — **marina,** marine boiler; — **ordinaria** (calentada por un solo lado), single ended boiler; — **resudante** (forja), white flame; — **seccional en la que el agua circula por tubos calentados directamente en el hogar,** waste tube boiler; — **semitubular,** combination boiler; — **sin remaches,** wrought welded boiler; — **sin volumen de agua trasero,** dry back boiler; — **superpuesta,** top boiler; — **tipo Galloway,** breaches boiler; — **transportable,** portable boiler; — **tubular,** tubular boiler; **accesorios de —,** boiler fittings; **accesorios de calderas,** boiler mountings; **alimentación de una —,** boiler feeding; **anteincrustante para calderas,** boiler composition; **asiento de —,** boiler bearer, boiler support; **barrera de —,** bridge boiler; **bomba para pruebas de calderas,** boiler prover; **caballete de —,** boiler cradle; **caja de combustión de una —,** fire box of a boiler; **caja de humos de una —,** smoke box of a boiler; **calderas separa-**

das con una caja común de vapor, twin boilers; **cámara de calderas,** stokehold; **cambiar las calderas,** to reboiler; **camisa de —,** barrel of the boiler; **cargar una —,** to empty, to fill a boiler; **casa de calderas,** boilerhouse, boilery; **circulación de agua para —,** boiler circulation; **colector de —,** boiler header; **colector de calderas,** boiler drum; **cuerpo cilíndrico de —,** barrel of the boiler; **cuerpo de —,** boiler shell; **cúpula de la —,** cover of the boiler; **chapa para calderas,** boiler plate; **dejar apagarse la —,** to burn down; **desincrustar una —,** to scale a boiler; **domo de una —,** drum of a boiler; **encender una —,** to light fires under a boiler; **equipo de calderas,** set of boilers; **fondo de —,** boiler end, boiler head; **forro de —,** cleading; **fractura intercristalina de chapas de —,** boiler embrittlement; **frente de —,** foreboiler; **gasto de una —,** boiler duty; **gast) de vapor de la —,** boiler output; **montaje de la —,** setting of boilers; **orejeta de —,** boiler bracket, boiler lug, bracket; **pequeña fuga de agua en las calderas,** dripping; **picadura de —,** boiler pit, pit of a boiler; **picar una —,** to pick a boiler, to scale a boiler; **plano de asiento de una —,** boiler setting; **polín de —,** cradle; **presión de la —,** boiler pressure; **punzonadora de mano para chapas de calderas,** boiler bear; **purgar una —,** to blow down a boiler; **quitar los sedimentos de una —,** to scale off a boiler; **revestimiento de —,** packing of a boiler; **riostra de —,** belly brace; **rotura de —,** collapse of boilers; **sala de calderas,** boiler room, stokehold; **soporte de —,** boiler support; **tabique de separación de —,** baffle boiler; **tirante de —,** boiler brace, stay bar, stay rod; **tubo mercantil para calderas,** boiler merchants; **tubos de —,** boiler tubes; **virola de cuerpo de —,**

course: **virolas de un cuerpo de —,** corrugations of a drum.

Calderería, Boiler forge, boiler making, boiler works.

Calderero, Boiler maker, kettle maker, tinker.

Calderetero (buques), Donkeyman.

Caldéro, Copper; **guardacalor de calderas,** fidley.

Calefacción, Firing, heating; **— central,** central heating; **— de alta frecuencia,** H.F. heating, radiofrequency heating; **— electrónica,** electronic heating; **— por convección,** convective heating; **— por inducción,** induction heating; **— por radiación,** radiant heating; **— por vapor,** steam heating; **caldera de — por nafta,** oil fired boiler; **elemento de — indirecta,** heater.

Calefactor, Chaffern.

Calentable, Heatable.

Calentado, Heated; **— al blanco,** white hot; **— al rojo,** red hot; **— con gas,** gas fired; **— con petróleo,** fired with oil; **— eléctricamente,** electrically heated; **caldera calentada por gas,** gas fired boiler; **película de óxido que se forma sobre un metal —,** fire coat.

Calentador, Heater; **— de aire,** hot stove blast; **— de lecho** (calderas), blister; **— dieléctrico,** dielectric heater; **— -enfriador,** coolant heater; **— para evaporaciones,** burner for evaporations; **purga de —,** heater drain.

Calentamiento, Warming; **—** (elec.), heating; **—** (motores, cojinetes), overtemperature; **— aerodinámico,** ram heating; **— de una máquina,** warming up; **— del combustible,** fuel heating; **batería de —** (radio), heating battery; **cátodo de — indirecto,** indirectly heated cathode; **panel de —,** heating panel; **serpentín de —,** heating coil; **sistema**

sin —, cold jet system; **vapor de** —, heating steam; **vesiculación de** —, reboil.

Calentar, To bring up, to fire, to get up steam, to heat, to warm; — **la locomotora,** to stoke the engine; **motor que se calienta,** overheating engine.

Calentarse (puntos de apoyos, cojinetes, etc.), To run hot.

Calibración, Standardisation or standardization, calibrating; **valor de** —, calibrated valve.

Calibrado, Boring, calibrated, calibration, gauged, gauging; — **de cilindro,** bore; **alineamiento de** —, bore alignment; **amperímetro** —, calibrated ammeter; **baremo de** —, loading table; **diámetro de** —, boring diameter; **pie** —, standard foot.

Calibrador, Carpenter's gauge, gauge or gage, gauger; shifting gauge, sizer; — **americano de alambres,** A.W.G. (American wire gauge); — **de alambre,** wire gauge; — **de cincel,** caliper chisel; — **de cristal de cuarzo,** quartz crystal calibrator; — **de cuchilla,** cutting gauge; — **de cursor,** slide caliper; — **micrométrico,** sliding gauge; — **para centrar,** centering gauge; **alambre** —, calibrating wire; **aparato** —, calibrating apparatus; **barra calibradora,** caliber rule; **verificador de** —, bore gauge.

Calibrar, To calibrate, to fine bore, to gauge, to size; — **de nuevo,** to check; — **interiormente un cilindro,** to bore out a cylinder; **compás de** —, inside callipers; **compás de** — **para esferas,** globe callipers.

Calibre, Bigness, bore, face mould, gauge or gage, jig, punch for rivets, templet or template, thickness gauge; — (artillería), caliber or calibre; — **a mano,** calibration hand; — **de alturas,** end gauge, end measuring rod; — **de bolas,** caliber ball; — **de corredera,** caliper gauge; — **de espesor de depósito,** coating thickness gauge; — **de espesores,** outside caliper; — **de espesores de articulación ajustable,** caliper adjustable joint; — **de fileteado,** centre gauge, screw thread gauge; — **de gruesos,** callipers or calipers, outside callipers; — **de gruesos con tornillo micrométrico,** micrometer callipers; — **de interior,** inside caliper; — **de la velocidad,** calibration speed; — **de mandíbulas,** caliper gauge, gap gauge; — **de matriz,** hole in the die; — **de presión,** pressure gauge; — **de profundidades,** depth gauge; — **de rebajado,** limit gauge; — **de roscado,** centre gauge; — **de tapón,** plug gauge; — **de tolerancias,** limit gauge; — **de tornillo,** caliper rule, pitch gauge, screw gauge; — **del cilindro del laminador,** caliber roll; — **decimal,** decimal gauge; — **exterior,** external gauge; — **interior,** internal gauge; — **invariable,** invariable calibration; — **neumático,** air gauge; — **para alambres,** wire gauge; — **para chapas,** plate gauge; — **para fileteado,** thread gauge; — **para gruesos,** caliper gauge; — **para medir el ángulo de las puntas de un torno,** centre gauge; — **para verificar el ángulo de las puntas de un torno,** centre gauge; — **registrador,** recording gauge; — **regulable,** adjustable gauge; **de grueso** —, heavy calibred; **de medio** —, secondary; **escala de calibres,** standard scale; **fusil de pequeño** —, small bore rifle; **fusil del** — **12,** 12 gauge gun; **grueso** —, large bore; **grueso** — **o gran** —, heavy or large calibre; **plantilla de** — **británica,** G.B.S. (Gauge Brown and Sharps); **punzón** —, centre punch for rivets; **tiro antiaéreo de pequeño** — **y de débil intensidad,** light flak; **torno de** —, founder's lathe; **verificar el** — **de los cañones,** to tertiate.

Hacer una **calicata,** To begin the streak; (minas), to burrow.

Caliche, Crude.

Calicó, Calico, cotton. tissue.

Calico blanco, Bleached calico; — **crudo**, unbleached calico.

Calidad, Grade; — **de transmisión**, transmission quality; — **superior**, best quality; **baja** —, low grade; **cable de cáñamo de alta** —, boltrope; **ladrillo de segunda** —, countesses.

Caliente, Hot; **acero estirado en** —, hot drawn steel; **aparato de viento** — (horno alto), hot blast stove; **calorífero de aire** —, air heater; **colgadura del revestimiento por marcha muy** —, hot scaffold; **collarín puesto en** —, shrunk on collar; **conformado en** —, hot forming; **corriente de aire** —, warm air blast; **estampar en** —, to hot stamp; **forjabilidad en** —, hot forgeability; **fragilidad en** —, redsear; **laminado en** —, hot rolled; **prensado en** —, hot pressing; **puesto en** —, shrunk on; **quebradizo en** — (hierro), red short; **sierra en** —, hot sawing machine.

En forma de **cáliz**, Dished.

Caliza carbonífera, Carboniferian limestone; — **metamórfica o sacaroides**, metamorphic limestone; **escoria muy** —, high lime slag.

Calmado, Tempered; **acero** —, fully deoxidized steel.

Calmar, To temper.

Calor, Heat, warmth; — **específico**, specific heat, specific heating; — **exudante**, sparkling heat; — **latente**, latent heat; — **por histéresis**, hysteresis heat; — **radiante**, radiant heat; — **solar**, solar heat; **acero resistente al** —, heat resistant or resisting steel, heat resisting steel; **bomba de** —, heat pump; **caldera de** — **perdido**, waste heat boiler; **intercambiador de** —, heat exchanger; **intercambio de** —, heat exchange; **que puede tratarse al** —, heat treatable; **que se contrae por el** —, heat shrinkable; **regulador de** —, heat control; **tratar al** —, to heat.

Caloría, Calory; — **-alcohol**, calory alcohol; — **inglesa** (cantidad de calor necesario para elevar en un grado Fahrenheit la temperatura de la libra inglesa de agua, es igual a la caloría española dividida por 3,97), calory; **0,252 calorías**, heat unit.

Calorífero, Air stove, heating apparatus.

Calorífico, Calorifer, calorific; **efecto** —, calorific effect; **poder** — **neto**, gross calorific powder.

Calorifugado, Blanketed, lagged, lagging; **cuba calorifugada**, lagged beaker. •

Calorífugo, Insulating, non conducting; **mezcla calorífuga**, ganister; **poder** —, heating value.

Calorígrafo, Calorigraph.

Calorimetría, Calorimetry.

Calorímetro, Calorimeter; — **de agua**, calorimeter water; — **de estrangulamiento**, choking calorimeter; — **de flujo**, flow calorimeter; — **de vapor**, calorimeter steam.

Calorización, Calorization, calorizing.

Calorizado, Calorized; **acero** —, calorized steel.

Calzada, Roadway; — **para carruajes**, carriageway; **asiento de una** —, road bed.

Calzado, Wedged.

Calzar, To quoin, to wedge; **cuña para** —, quoin.

Calzo, Adjusting key, block, bull, cleat, flat, friction shoe, packing, spacer, wedge; — (de bastidor, de perforación), shoe; — **de madera**, dowel; — **dentado**, clamping piece; **calzos**, packing pieces.

Calzón de chimenea, Breech.

Calle, Street; **enganche de** — (minas), pit eye.

Cabrestante, Capstan; — **pequeño**, crab capstan; **rueda de** —, capstan wheel.

Cama, Form, former.

Cámara, Bord, camera, can, chamber, dome, float chamber, room, stern sheets; — **antiariete**, surge chamber; — **binocular**, binocular camera; — **blindada**, screened room; — **cinematográfica**, motion picture camera; — **con atomización**, spray type chamber; — **copiadora**, copying camera; — de **absorción**, absorption chamber; — **de agua**, water bag, water space, (calderas), water chamber; — de **aire**, air camera, air chamber, air tube, inner tube, rubber tube, tube; — **de aire de bomba**, air chamber; — **de altitud**, altitude chamber; — **de caldeo**, boiler room, fire room; — **de caracol** (turbina), spiral casing; — de **carga**, base chamber; — **de combustión**, burner chamber, combustion area, combustion chamber; — **de combustión con inyección de combustible**, spray type chamber; — **de combustión de inyección**, spray type chamber; — **de comercio**, chamber of commerce; — **de compensación**, balancing space, clearing house; — **de compresión**, compression chamber; — **de condensación**, chamber for condensation; — **de decompresión**, decompression chamber; — **de desecación**, stoved room; — **de eco**, echo chamber; — **de embrascado**, ash chamber; — **de ensayos**, test chamber; — **de ensayos en altura**, altitude test chamber; — **de equilibrio**, balancing chamber, surge chamber; — **de esclusa**, chamber, lock chamber; — **de expansión**, expansion tank; — **de explosión**, explosion chamber; — **de gas**, gas space; — **de inyección**, transfer pot or transfer well; — **de ionización**, faraday chamber, ionization chamber; — **de navegación**, cabin navigator's; — **de nivel constante**, float chamber; — **de observación**, observation chamber; — **de piloto**, cabin pilot's; — **de precombustión**, antechamber; — **de radio**, cabin radio; — **de reacción** (petr.), soaker drum; — **de regeneración**, checker chamber; — **de reposo**, surge chamber; — **de restitución**, plotting camera; — **de tambor giratorio**, drum camera; — **de televisión**, television camera; — **de toma**, exposure camera; — **de turbina**, drain box; — **de un pozo**, trunk; — **de válvula**, valve pocket; — **de Wilson**, cloud chamber, explosion chamber; — **elevada**, cabin top; — **métrica**, metrical camera; — **oblicua**, oblique camera; — **oscura**, dark room; — **principal**, main camera; — **reguladora**, monitoring chamber; — **resonante**, resonant chamber; — **separadora**, buffer chamber; — **tomavistas**, photographic camera; **a** — **lenta** (cine), slow motion; **distribución de** — **única**, single steam valve chest; **esclusa de** —, lock; **sin** — (neumáticos), tubeless; **marco de** —, camera frame; **motor de** —, camera motor; **refuerzo de la** —, chamber liner; **visera de** —, lens hood or shade or pannel.

Cambiacorreas, Belt shifter.

Cambiadiscos, Record changer.

Cambiador de discos, Record changer; — **de frecuencia rotativo**, rotary converter; — **de tomas**, tap changer.

Cambiar, To turn; — **de vía**, to switch; — **las velocidades**, to change or to shift gears, to shift gears.

Cambio, Change; — **accidental**, accidental change; — **atmosférico**, atmospheric change; — **de aguja**, frog; — **de letras**, letters shift; — **de local**, change of premises; — **de motores**, engine change; — **de neumático**, tire change; — **de temperatura**, temperature change; — **de velocidades**, change speed, gear change, gear shift, gear shifting, (auto), change gear, change speed gear; — **de velocidades de tren desplazable**, slide block change speed gear; — **de velocidades preselectivo**, preselective gear change; — **del largo**, alteration in length; — **en la frecuencia**, frequency change;

— **instantáneo,** instantaneous change; — **sincronizado,** synchromesh; **agente de** —, exchanger, stockbroker; **caja de cambios,** change speed gear, speed gear box; **engranajes de — de velocidad,** moveable gears; **letra de** —, bill of exchange or bill, draft or draught; **letra de — aceptada,** bill of exchange; **palanca de — de marcha,** link lever; **palanca de — de velocidades,** change speed lever, gear shift lever; **reostato de — de velocidades,** speed changing rheostat.

Aguja cámbrica, Cambric needle.

Camino, Lane, way; — **de contraremolque,** foot path; — **de desvío,** by-pass road; — **de rollizos,** corduroy road; — **de sirga,** towpath; — **del haz,** channel beam; **caminos de arrollamiento,** track slots; **caminos de rodadura,** track slots.

Camión, Cart; — (en América), truck; — (Véase **Truck**), lorry (plural **lorries**); — **basculante,** dump truck; — **cisterna,** road tank, tank truck; — **cisterna de gasolina,** gasoline tank truck; — **con remolque,** lorry trailer; — **con vuelco lateral,** side dump truck; — **con vuelco trasero,** rear dump truck; — **de abastecimiento,** fuelling vehicle; — **de caja de descarga,** tip lorry; — **de hormigonera,** mixer truck; — **de reparaciones,** breakdown lorry; — **de socorro,** breakdown lorry; — **hormigonera,** truck mixer; — **oruga,** caterpillar truck; — **para repostar,** bowser; — **para todo uso,** utility truck; — **remolque,** lorry trailer; **caja de** —, truck body; **grúa sobre** —, truck crane.

Camión-cisterna, Fuelling vehicule.

Camión-grúa, Truck crane.

Camión-oruga, Caterpillar truck, crawler truck.

Camionaje, Cartage, truckage.

Camionero, Carter, trucker.

Camioneta, Light lorry.

Camisa, Casing, jacket, line, lining, setting, sleeve, steam case; — (caldera, hogar, etc.), shell, (de alto horno), mantle, (de mechero de gas), mantle, (máquinas), case; — **de agua,** water jacket; — **de cerámica,** ceramic tubing; — **de cilindro,** liner; — **de un molde,** casing; — **de vacío,** vacuum envelope; — **de vapor,** steam jacket; — **del cilindro,** cylinder envelope; — **exterior de cilindro,** cylinder jacket; — **o envoltura de circulación de aire,** air jacket; **agua de las camisas,** jacket water; **bala con** — **de níquel,** nickel jacketed bullet; **cable con** — **de plomo,** lead covered cable; **motor de** — **deslizante,** sleeve valve engine; **provisto de** —, jacketed.

Camón, Cam.

Campana, Bell, canopy, cowl; — **de gas,** bell; — **de guía,** bowl; — **de inmersión,** bulb floating; — **de laboratorio,** hood; — **de vidrio** (de pila Meidinger), bell jar; **bronce de campanas,** bell metal; **cuerda de** —, bell cord; **en forma de** —, bell shaped valve; **que tiene un orificio en forma de** —, bell mouthed; **techo en** —, bell roof; **válvula de** —, cup valve.

Campanilla, Bell; **agarrador de** —, bell pull; **correa para** —, bell strap; **instalador de** —, bell hanger.

Campaña, Field; **pieza de** —, field gun or piece.

Campeche, Brazil wood.

Campo, Field; — **a distancia,** far field; — **alternativo,** alternating field; — **de contactos,** contact bank; — **de dispersión,** stray field; — **de exploración,** scanning field; — **de inducción,** induction field; — **de Jacks,** Jack-in connection; — **de radiación,** radiation field; — **desviador,** deflecting field; — **diferencial** (mat.), differential field; — **disruptivo,** disruptive strength, electric strength; — **eléctrico,** a field; — **electromagnético,** electromagnetic field; — **electrostático,** electrostatic field; — **en el**

entrehierro (electricidad), air field; — escalar, scalar field; — giratorio, rotary or rotatory or rotating current field; — gravitatorio, gravitational field; — magnético, G field, magnetic field; — mesónico, meson field; — oscilante, oscillating field, swinging field; — particular, patch field; — perturbador, disturbing field; — próximo, near field; — pulsatorio, pulsating field; — radial (elec.), radial field; — retardado, retarded field; — sin aborción, unabsorbed field intensity; — uniforme, uniform field; — vectorial, vector field; — visual, field of vision; accesorio para concentrar un rayo de luz sobre el —, lieberkuhn; al través de un arrollamiento de —, across a field winding; componente del — eléctrico, electric field component; de —, on edge ways; despejar el — de tiro, to unmask; distribución de —, aperture field intensity distribution; distribución del — (elec.), field distribution; intensidad de —, field intensity, field strength; intensidad de — radioeléctrico, radio field intensity; intensidad del —, field strength; lente de —, field lens; líneas de — eléctrico, electric field lines; líneas de intensidad de — constante, contours of constant field intensity; rejilla de —, cathode grid, field grid; relé de — derivado, shunt field relay; reóstato de —, field rheostat; representación de un —, field mapping; tubo de — retardador, retarding field tube.

Madera de pino del Canadá, Canadian fir wood.

Canal, Canal, culvert, channel, drain, duct, flume, gat, gut, spout, tube; — amplificador, channel amplifier; — de abastecimiento, head race; — de acercamiento, channel approach; — de admisión, chute inlet, inlet canal; — de aguas abajo, tail race; — de aguas arriba, head race, head water canal; — de alimentación, feed chute; — de cabeza, head flume; — de colada, metal drain, runner, (fund.), drain, (funderías), pouring spout; — de comunicación, channel communication, communication channel; — de conversación, voice channel; — de corriente portadora, carrier channel; — de desagüe, drain; — de descarga, channel, spillway, tail race pipe, tail water course, weir canal; — de descenso, chute gravity, lower reach; — de escape, tail race; — de llamas, flue; — de llamas por debajo de la solera (horno de coque), bottom flue; — de llegada, head race, penstock, leat; — de navegación, canal navigation; — de nivel, dead canal; — de pruebas (hidrodinámico), tank test; — de radiodifusión, broadcast channel; — de servicio, service channel; — de subida, head bag, head race; — de televisión, channel for television; — de tono, tone channel; — de transmisión, transmission channel; — embaldosado, dale; — en túnel, canal tunnel; — encajonado por hierros cuadrados o planos (laminador), box groove; — flotable, drift canal; — hidrodinámico, test tank, testing tank; — piloto, pilot channel; — radioeléctrico, radio channel; — superior, upper reach; álabes directores de un — aerodinámico, wind tunnel cascades; equipo de canales sobre portadoras, carrier channelling equipment; espacio de — entre dos esclusas, reach; interferencia de — común, common channel interference; interferencia de otro —, second channel interference; interferencia del — adyacente, adjacent channel interference; mezclador de canales, channels mixer; pico de — de escorias, cinder notch; rayos canales, positive rays; selección de —, channelling; sistema de doble —, dual channel system; teja de —, pentile; ventilador de — aerodinámico, wind tunnel fan.

Cojinete de **canaladuras,** Collar thrust bearing.

Canaleta (minas), Hose trough; — **de desagüe,** chute.

Canaliza, Channel.

Canalización, Boosting main, conduit, duct, main; — (elec.), wiring; — **bajo tubos,** conduit tubes; — **de agua,** water line; — **enterrada,** ground pipe; — **principal,** main line; — **sumergida,** seal line.

Canalizaciones, Ducting.

Canalizar, To canalize.

Canalón, Culvert, channel stone, chute, gutter; — **abovedado,** vault; — **de alero,** eave trough; — **de tejado,** gutter; — **interior,** eave lead.

Candado, Padlock.

Candela-hora, C-hr, candle hour.

Canfógeno, Camphogen.

Cangilón, Bowl, bucket, casing tube, cup, pan, spout; — **colector,** scoop; — **de draga,** bucket; — **de elevador,** elevator bucket; — **de elevador mecánico,** bucket loader; — **de niveladora,** skimmer scoop; **cadena de cangilones,** bucket chain elevator, conveyer chain; **elevador de cadena de cangilones,** bucket chain elevator; **excavadora de cangilones,** bucket excavator.

Canilla, Cop, copping wire, faucet; — **de lanzadera,** cop; **broca para canillas,** cop skeever.

Canillera, Winding machine.

Canoa automóvil, Motor boat, motor craft, petrol boat; — **del hidroavión,** boat of a seaplane; — **grande** (buque), pinnace.

Canon minero que se debe al propietario del terreno: 3,7 t de mineral de estaño apto para fundición, Dish.

Cantera, Drift, drift way, pool, quarry; — **a cielo abierto,** open quarry; — **de arcilla,** clay pit; — **de granito,** granite quarry; — **de pizarra,** slate quarry; — **de yeso,** chalk pit; — **que no produce mineral directamente,** dead work; — **subterránea,** underground quarry; **camino de** —, by pit; **explotación de** —, quarrying; **extraer de una** —, to quarry; **lecho de** —, bolster, clearing grain.

Cantero, Stone cutter.

Cantidad, Input, quantity, rate; — **irracional,** surd; — **sacada,** output; **acoplar en** — (elec.), to join up in quantity; **unidad de** — **de calor,** British thermal unit.

Cantilever, Cantaliver; **medio** —, semicantaliver; **resorte** —, cantaliver spring; **viga** — **llena,** full cantaliver.

Cantina, Canteen.

Canto, Edge; — **biselado,** bevel edge, chamfer edge or chamfer; — **calafateado,** calking or caulking edge; — **de cabeza,** butt edge; — **de calafateo,** calking or caulking edge; — **labrado,** dressed ashlar; — **sin labrar,** rough ashlar; **cantos,** boulder stones; **cantos rodados,** shingle; **de** —, edge wise, edgeway; **punto activo de** —, active singing point; **punto de** —, singing point; **punto pasivo de** —, passive singing point.

Cantonear la madera, To saw round; **sierra de** —, turning saw.

Cantonera, Angle.

Caña, Cane; — **de hierro para soplar vidrio,** bunting iron; — **partida,** yoke; **carro de acero para** —, cane steel; **compartimiento de la** —, steering compartment; **cuchillo para** —, cane knife; **media** —, bead, shoulder.

Cáñamo, Hemp; — **de Manila,** abaca, manilla hemp; — **macho,** male hemp; **alma de** —, hemp core; **calabrote de** —, hemp hawser; **de** —, hempen; **enriar el** —, to steep hemp; **espadillar el** —, to swingle, to tew hemp; **guarnición de** —, hemp packing; **moler el** —, to beat hemp; **trenza de** —, hemp colling.

Cañerías, Piping.

Cañizo, Lattice.

Cañón, Cannon, gun; — (de fusil), barrel; — **antiaéreo,** A.A. gun, antiaircraft; — **antitanque,** antitank gun; — **atómico,** atomic gun; — **autopropulsado,** self propelled gun; — **de ametralladora,** machine gun barrel; — **de campaña,** field gun; — **de electrones,** electron gun; — **liso,** plain barrel; — **sin retroceso,** recoiless gun; — **zunchado con alambre de acero,** wire gun; **alza de un —,** gun scale; **asiento de —,** cannon seat; **bastidor de —,** gun mounting; **batería de —,** truck battery; **bóveda de —,** barrel vault; **braguero de —,** span; **de uno, de dos cañones** (fusil), single, double barrelled; **escopeta de cañones superpuestos,** underover shot gun; **parte plana entre acanaladuras de —,** land; **pólvora de —,** gun powder; **práctica de tiro con los cañones fijos de un cazador,** fighter gunnery; **soporte de —,** gun mounting.

Cañonero, Gunner.

Cañonera fluvial, River gun boat; **lancha —,** gun boat.

Caoba, Mahogany, mahogany wood; — **hembra,** caoba wood; — **para planchas,** caoba wood; **de —,** caoba wood; **lámina de — para contrachapado,** mahogany veneer.

Caolin, China clay, kaolin.

Capa, Batch, bed, bowl, case, coating, course, lay, layer, lode; — (metal), wash, (minas), branch, seam, vein; — (minas, cantera), trench; — **activa de peróxido,** active peroxide layer; — **activa de un permagétido,** mollisol; — **aislante,** insulating layer; — **de acabado,** finishing coat; — **de agua,** reservoir; — **de apresto,** under coat; — **de asiento,** subgrade; — **de asiento de las carreteras,** base; — **de carbón,** fuel bed; — **de cementación,** case; — **de cemento,** concrete batch; —

de combustible, body; — **de conducción,** conducting layer; — **de detención** (células fotoeléctricas), barrier or blocking layer; — **de esmalte,** coat of enamel; — **de heaviside** (radio), heavyside layer; — **de hulla,** coal seam; — **de mineral,** deposit; — **de parada** (elec.), blocking layer; — **de peróxido** (acústica), peroxide layer; — **de taller,** coat shop; — **de tubo,** cap tube; — **de una mina,** load; — **del terreno,** rock arrangement; — **delgada,** thin film; — **dorsal,** backing layer, (minas), backing layer; — **E** (zona reflejante de la ionosfera), E; — **endurecida,** chill; — **estrato vertical,** edge seam; — **filtrante,** filter bed; — **ionizada,** ionized layer; — **ionizada de la ionosfera** (F_1 la capa más baja, F_2 la capa más alta), F layer; — **límite,** boundary layer, boundary layer separation; — **metálica de sujección del diamante** (pulido), dop; — **nomal,** regular ciat; — **o mano de pintura,** coat; — **paralela,** parallel bed; — **superior de roca blanda,** rind; **a la —** (buque de vela), atry; **absorción de capas bajas,** low-layer absorption; **afloramiento de una —** (minas), basset; **ancla de —,** drag anchor; **arrollado en capas superpuestas,** layerwise wound; **bobina de una —,** single layer coil; **bobina de varias capas,** multilayer coil; **capas anuales o de crecimiento,** growth rings; **capas de la ionosfera,** ionospheric layers; **con doble — de algodón,** D.C.C. (double cotton covered); **con dos capas,** double layer; **de n capas,** n layered; **de una sola —,** single layer; **de varias capas,** multilayer or layered; **dirección de las capas** (minas), strike of beds; **dirección de una —,** bearing of a lode; **juntas de —,** bed joints; **muro de — de hulla,** sill; **prolongamiento brusco de una —,** down cast dyke; **reforzado de una —,** down cast; **salto de —,** burst.

Capacete de muelle, Spring cap.

Capacidad, Capability, capacitor; — (elec.), permittor, (elect.), capacity; — **a tierra,** earth capacity; — **absoluta,** absolute capacity; — **calorífica,** heat capacity; — **de aceite,** oil capacity; — **de alta tensión,** high-voltage capacity; — **de botella Leyde,** jar capacity; — **de carboneras** (buques), bunkerage; — **de carga,** carrying capacity, load capacitance, loading capacity; — **de explotación,** work capacity; — **de extremo** (antenas), end capacity; — **de logonios,** logon capacity; — **de los depósitos,** tankage volume; — **de malaxado,** mixing capacity; — **de metronios,** metron capacity; — **de perforación,** hole capacity; — **de pila,** capacity of the cell; — **de producción,** productive capacity; — **de ruptura,** interrupting capacity; — **de sobrecarga,** overload capacity; — **de temple,** hardenability; — **de transporte,** carrying capacity; — **de transporte de corriente,** current carrying capacity; — **efectiva,** effective capacity; — **eficaz,** effective capacity of the cylinder; — **en amperios-hora,** ampere-hour capacity; — **en cuadrado,** square bar capacity; — **en redondo** (sierras circulares), round bar capacity; — **estática,** static capacity; — **geométrica** (de una figura), geometric capacitance; — **inductiva específica,** S.I.C. (specific inductive capacity); — **mutua,** mutual capacitance; — **normal,** rated capacity; — **parásita,** stray capacity; — **por horas,** capacity hourly; — **reflectora,** mirror capacity; — **residual,** residual capacity; — **terminal,** top capacitive loading; — **utilizable para mercancías** (buques), stowage; **acoplamiento por inductancia y —,** choke capacity **capacidades interelectródicas,** interelectrode capacitances; **de gran —** **de desconexión,** h.r.c.; **distinta —,** unequal capacitance; coupling; **alta —,** high capacity; **antena con — terminal,** top capacitor aerial; **cable de gran —,** large-capacity cable; **cable de pequeña —,** small capacity cable; **doble —,** capacity double; **exceso de —,** capacity surplus; **filtro de inductancia y —,** choke capacity filter; **medida de —** (0,5679 litros), pint, (52,5 galones = 240 litros), hogshead; **medida de — equivalente a unos 81 litros,** kilderkin; **por —,** capacitive or capacity coupling; **valor de —,** capacitive value.

Capacitancia, Capacitance; — (elec.), permittance; — **rejilla-cátodo,** cgk; — **rejilla-placa,** cgp; **altímetro de —,** capacitance altimeter; **de mínima —,** anticapacitance; **puente de —,** capacitance bridge.

Capacitímetro, Capacitance meter, capacitometer.

Capacitivo, Capacitive, condensive; **acoplamiento —,** capacitive coupling; **reactancia capacitiva,** capacitance reactance; **relé —,** capacitance relay.

Capacitor en amperios, Capacitor ampere.

Capacho (de carbón), Basket.

Caparrosa, Copperas, vitriol; — **azul,** blue vitriol; — **impura,** black vitriol; — **verde,** green vitriol.

Capataz, Captain, foreman, overman; — **de barreneros,** powderman; — **de cantera,** boss; — **de minas,** bottom captain, captain dresser; — **obrero,** overman.

Caperuza, Hood, valve hood; — (chimenea), cover; — (de chimenea), cowl; — **de cierre** (tubo), cap screw; — **de chimenea,** cap, cowl, chimney hood; — **de hélice,** propeller cap, spinner hub; — **prefocal,** prefocus cap; **tornillo de —,** cap screw.

Capilar, Capillary; **agujero —,** capillary orifice; **alumbre —,** feather alum; **ascensión —,** creeping; **efecto —,** capillary action; **electrómetro de tubo —,** capillary electrometer; **lámpara —,** capillary lamp; **pirita —,** hardkise.

Capilaridad, Capillarity, capillary action; **medidor de** —, capillometer.

Capital, Investment; **de importancia** —, at a premium.

Capitalista, Investor.

Capitán (marina mercante), Master.

Capitel, Bridge, chimney top, top.

Capó, Cowl, cowling, hood; — **fijo,** fixed hooding; **aletas de refrigeración del** —, cowl gills; **aletas del** —, cowl flaps.

Capoquero, Silk cotton tree.

Capot, Companion, enclosure, hooding; — (de un auto...), bonnet; — **delantero,** nose cowl.

Capota, Bonnet, folding top; — (autos), hood; — (de auto), canopy; **con** — (motores), hooded; **conservación de la** —, care of top; **cristal de ventanilla de** —, back glass.

Capotado, Encowled.

Capotaje (aviac.), Cowling.

Capotar, To turn turtle:

Cápsula, Blasting cap, cap, capsule, copper cap; — (química), dish; — **de carbón microfónica,** carbon button; — **de engarce,** dop; — **de micrófono,** case microphone; — **de vacío,** vacuum capsule; — **metálica,** metallic capsule; **electrodo de** —, dished electrode; **en forma de** —, caplike.

Captación, Pick-up; — **de corriente,** collection of current; — **de gas,** gas off-take; — **directa,** direct pick-up; **factor de** —, pick-up factor.

Captador, Pickup; — **de polvos,** dust catcher; **tubo** — **de imágenes,** storage camera tube.

Captura de electrones, Electron retrapping.

Con capucha, Cowled.

Capuchón de frasco, Cap.

Cara, Face; — (de una pieza), pane; — **anterior de cepilladora,** breast board; — **de colada,** breast; — **de colada al horno,** breast of a furnace; — **de contraviento** (horno alto), blast side; — **de guiado,** guiding face; — **de muela,** face of the wheel; — **de sillar,** panel; — **dorsal,** back; — **plana,** plane face; **curvatura según la** — **ancha,** flatwise bend; **curvatura según la** — **estrecha,** edgewise bend; **de caras centradas** (met.), face centered; **de dos caras,** double faced; **de seis caras,** hexagonal; **enmasillar contra la** — **del cristal,** to face putty.

Caracol (curva algebraica), Limacon.

Caracola (para extraer varillas de sonda), Crow's foot.

Carácter, Character; — **blanco,** character white.

Característica (de logarítmo), Index (plural **Indices**); — **ascendente,** rising characteristic; — **de cortocircuito,** short circuit characteristic; — **de despegue de la vena del paletaje** (aviación), stalling characteristics; — **de destilación,** characteristic distillation; — **de emisión,** emission characteristic line; — **de placa,** plate characteristic; — **de rejilla,** grid characteristic; — **de rejilla-placa,** grid-anode characteristic; — **de un logaritmo,** characteristic; — **descendente,** drooping characteristic; — **dinámica,** dynamic characteristic; — **eléctrica,** characteristic; — **en devatado,** watt less current characteristic; — **en vacío,** no load characteristic; — **no lineal,** non linear characteristic; — **total,** lumped characteristic; **impedancia** —, characteristic impedance; **características,** characteristics, features, ratings, specification; **características operatorias,** operating characteristics.

Característico, Characteristic.

Caracterizabilidad, Characterizability.

Carbámico, Carbamic.

Carbazol, Carbazol.

Carbenos, Carbenes.

Carbetoxilación, Carbethoxylation.

Carbina, Carbine.

Carbinoles, Carbinols.

Carbitol, Carbitol; — **dietílico,** carbitol diethyl.

Carbocianina, Carbocyanine.

Carbodinamita, Carbodynamite.

Carbólico, Coal tar; **ácido** —, coal tar creosote.

Carbómetro, Carbometer.

Carbón (electricidad), Carbon; — **activado,** activated charcoal; — **activo,** active coal; — **aglutinante,** close burning coal; — **antracitoso,** anthracite coal; — **apagado,** dead coal; — **ardiente,** live coal; — **bituminoso,** bituminous coal, cannel coal, soft coal; — **brillante,** glance coal, pea cock coal; — **calibrado de dimensiones comprendidas entre 44 y 63 mm,** egg coal; — **comprimido,** pressed coal; — **coquificable,** coking coal; — **cribado,** picked coal, riddled coal, screened coal; — **cristalizado,** hard carbon; — **de bovey** (lignito), bovey coal; — **de calidad muy inferior,** jacks (plural de **Jack**); — **de dimensiones comprendidas entre 3,1 y 4,4 cm.,** stove; — **de dimensiones comprendidas entre 12,7 y 19 mm.,** pea; — **de dimensiones comprendidas entre 32 y 19 mm.,** chestnut-coal; — **de estufa,** stove coal; — **de forja,** forge coal, smithy coal; — **de gas,** cannel coal; — **de gas** (hulla compacta muy rica en materias volátiles), cannel-coal; — **de la capa superior,** day coal; — **de leña,** charcoal; — **de llama corta,** steam coal; — **de llama larga,** candle coal; — **de madera,** charcoal; — **de muy mala calidad,** branch coal; — **de Newcastle,** walt's end coal; — **de piedra,** coal; — **de probeta,** retort carbon; — **de roca,** best coal, large coal; — **de turba,** charcoal peat; — **doble,** double carbon; — **grafítico,** graphitic

carbon; — **en nódulos,** returning coal seam, rich coal; — **en trozos,** clod coal; — **fino,** druss; — **flambante,** cherry coal; — **galleta,** cobbles, cobbling; — **homogéneo,** solid carbon; — **luciente,** pea cock coal; — **magro,** dry burning coal, free ash coal; — **malo,** fault; — **mate,** dead coal; — **menudo,** small; — **mineral,** fibrous anthracite; — **no surtido,** unsorted coal; — **pulverizado,** pulverized coal or powdered coal; — **pulverulento,** breeze coal; — **que se rompe fácilmente en pequeños cubos,** dice coal; — **regular homogéneo,** homogenous coal; — **seco o antracitoso,** blind coal; — **sin clasificar,** pit coal, rough coal; — **sin cribar,** unscreened coal; — **sin lavar,** unwashed coal; — **terroso malo,** mucks; — **vegetal,** carbolignum; **abatir** —, to break down; **acarreador de** —, coal wheeler; **alquitrán de** —, coke tar; **armazón de tres riostras para soportar el** — **durante el arranque,** cockermeg; **arranque del** —, winning of coal; **balde de** —, coal scuttle, kibble, scuttle; **botón de** —, carbon button; **briqueta de** —, coal block; **cantidad de** — **o de mineral que corresponde al dueño del suelo,** due; **capa de** —, coal seam; **cesta de** —, coal scuttle, coal skip; **cesta para** —, coal basket, kibble; **cribón para** —, coal grizzly; **cubo para** —, coal bucket, coal scuttle; **cuchara para** —, tub; **depósito de** —, coal store; **escobillas de** — (elec.), carbon brushes; **esquisto negro mezclado con trozos de** —, danks; **estación de** —, coaling station; **explotación de** —, colliery; **extracción del** —, coal working; **filón superficial de** —, bed of coal laid open; **finos de** —, duff, fine coal; **gabarra de** —, coal lighter; **galleta de** — **de dimensiones comprendidas entre 10 y 6,3 cm.,** broken; **galletas de** —, beans and nuts; **granalla de** —, carbon granules; **granos de** — **que atraviesan el tamiz de mallas de 12 mm. y son rechazadas por** el de mallas de 6 mm., buck wheat; **hierro al — vegetal,** charcoal iron; **horno de — o de carbonización,** charcoal kiln (works); **laboreo de —,** coal getting; **lavado del —,** deslining; **lavar el —,** to desline; **mantenimiento del —,** coal handling; **mecha de — de lámpara de arco,** core; **medida inglesa de —** (12 sacks; 1 sack = 109,043 litros), choldron; **membrana de —,** carbon disc; **menudo de —,** druss; **menudos de —,** culm; **micrófono de —,** carbon dust microphone; **montón de —,** dump; **muestreo de —,** coal sampling; **negro de —,** carbon black; **pala para —,** coal shoot; **paquete de —,** bundle of carbons; **parque de —,** coal depot, coal store; **pedazo grande de —,** cob; **picador de —,** coal cutter, (minero), coal drigger; **pilar de —,** rance, stander; **polvo de —,** coal dross or coal dust, culm; **pontón de —,** coal hulk; **residuos de —,** coal waste; **rocas de — terrones,** clod coal; **rozadora de —,** coal cutter; **vagón de volquete para —,** coal tip; **vía levantada para la descarga de —,** coal shovel.

Carbonado, Carbonaceous.

Carbonato, Carbonate; **— amónico,** ammonium carbonate; **— de bario,** baryum carbonate; **— de cal magnesífero,** bitter spar; **— de cal pulverulento,** agaric; **— de cobre,** carbonate cupric; **— de cobre amoniacal,** cupram; **— de estroncio,** carbonate strontium; **— de sodio,** sodium carbonate; **— de zinc,** dry bone; **horno de fabricación de carbonatos calcinados,** alkali works.

Carboneo, Coaling; **grúa de —,** coaling crane.

Carbonera, Bunker, coal closet, coal shed; **— lateral,** bunker side; **capacidad de carboneras,** bunker capacity; **carboneras,** coal bunkers; **llenar completamente las carboneras,** to complete with coal; **llenar las carboneras,** to bunker.

Carbonero, Collier, wood burner; **barco —,** coaling boat.

Carbónico (Ácido), Carbon dioxide, carbonic acid; **gas —,** carbon dioxide; **nieve carbónica,** solid carbon dioxide.

Carbonífero, Carboniferian or carboniferous; **caliza carbonífera,** carboniferian limestone; **depósito —,** carbon deposition, carbonaceous deposit; **pizarra carbonífera,** coal slate; **sistema —,** carboniferous system.

Carboniferosidad, Carboniferosity.

Carbonilo, Carbonyl.

Carbonilla, Breeze, cinder, cinders, chingle; **carbonillas,** coal cinders, fly ash; **limpieza de la — de los tubos,** brushing out the tubes.

Carbonita, Carbonite.

Carbonitruración, Carbonitriding.

Carbonización, Carbonization, charring; **horno de —,** carbonizer.

Carbonizado, Carbonized, charred.

Carbonizar, To carbonize, to char; **— la hulla,** to coke; **horno de —,** carbonising furnace, char oven.

Carbono, Carbon; **— activo,** active carbon; **— de cementación,** carbon carburizing; **— positivo,** positive carbon; **— sin aleación,** straight carbon; **— tenaz,** sticking carbon; **acero al —,** steel carbon; **aparato para medir el —** (metalurgia), carbometer; **bióxido de — disuelto,** dissolved carbon; **compuesto de —,** compound carbon; **con pequeño porcentaje de —,** low carbon; **de bajo contenido en —,** low carbon; **depósito de —,** sooting; **micrófono de —,** carbon microphone; **monóxido de —,** carbon monoxide; **óxido de —,** carbon monoxide; **pobre en —,** carbon low; **poner los electrodos de — a una lámpara de arco,** to carbon; **que contiene —,** carbonaceous; **residuo de —,** carbon residue; **tetrabromuro de —,** carbon tetrabromide; **tetracloruro de —,** carbon tetrabromide; **tetra-**

fluoruro de —, carbon tetrafluoride.

Carbonómetro, Carbometer, carbonimeter.

Carbonoso, Carbonaceous, charry, coaly; con depósito —, carbonized; depósito —, carbon deposit; formación carbonosa en los motores, carbonising.

Carbopetroceno, Carbopetrocene.

Carborundo, Carborundum; muela de —, carborundum wheel.

Carboseal, Carboseal.

Carbotérmico, Carbothermic.

Carboxilación, Carboxylation.

Carboxílico, Carboxylic; ácido —, carboxylic acid.

Carboxilo, Carboxyl.

Carboy, Carboy.

Carburación, Carbonization, carburetion or carburation, carburization or carburisation, carburizing or carburising; — de los filamentos de la lámpara de incandescencia, flash; — de un filamento, flashing; dificultar la —, to cause faulty carburetion.

Carburado, Carbonized, carburetted; acero —, high temper steel.

Carburador (auto), Carburettor or carburetter (rare); — corriente, ordinary carburettor; — de difusor, diffuser carburettor; — de flotador, float feed carburettor; — de gas-oil, gas-oil carburettor; — de gasolina, gasoline carburettor; — de inyección, injection carburettor; — de nivel constante, float feed carburettor; — de pulverización, spray carburettor; — de serie normal, conventional carburettor; — de superficie, surface carburettor; — invertido, downdraught carburettor; — para diversos combustibles, combination carburettor; — sin flotador, float less carburettor; — tipo, typical carburettor; — vertical, updraught carburettor, vertical carburettor; admisión de —, carburettor intake; aguja de —, carburettor needle; carburadores acoplados, duplex carburettor; carburadores emparejados, duplex carburettor; cebador del —, (auto), tickler; obturador del —, choke carburettor; purgador de —, carburettor drain; toma de aire del —, carburettor air intake; varilla de ajuste de —, carburettor rod.

Carburante, Carburetant, fuel; — para reactores, jet fuel; — residual, residual fuel; gama de destilación de un —, B. R. (Boiling range).

Carburar (cementación de acero), To carbonize, to carburet, to carburize or carburise.

Carburo, Carbide, carburet; — aglomerado, cemented carbide; — cementado, cemented carbide; — de boro, carbide boron; — de calcio, calcium carbide; — de hierro, iron carbide; — de tantalio, tantalum carbide; — de titanio, titanium carbide; — de tungsteno, tungsten carbide; — de volframio, wolfram carbide; — granulado, granulated carbide; — sinterizado, sintered carbide; cabeza de herramienta de corte, de —, carbide tips; fresca de placa de —, carbide cutter; herramientas al —, carbide tools; precipitación de —, carbide precipitation.

Carburómetro, Carburometer.

Carburreactor, Jet fuel bracket.

Carcasa, Annealing arch, barrel casing, carcase, casing, framework, shell; — (de un motor), frame; — de seis capas, six-ply carcass; — inductora, pole box; — rígida, rigid frame; — tubular, tubular framework.

Cárcel, Clamps, dog, jointing cramp; — (tonelería), cooper's dog; — (unidad de luminosidad), carcel.

Carcomido, Rotten.

Carda, Card; — de lana, fearnaught; limpieza de las cardas, card clothing; limpieza de los dientes de la —, boring of the tampings.

Cardado, Combed, combing.

Cardadura, Carding; **— del algodón,** coton carding.

Cardan, Cardan; **con articulación —,** cardan driven; **horquilla —,** cardan forkpiece; **horquilla de —,** cardan yoke; **suspensión —,** gimbal (plural **Gimbals,** que se usa más); **tubo de —,** cardan tube.

Cardar, To card, to comb.

Cardenillo (Recubierto de), Aeruginous.

Cardiff, Welsh coal.

Cardioide, Cardioid; **micrófono de diagrama —,** cardioid microphone.

Carena, Botom, dry dock, graving, keel, skin; **— de un navío,** bottom of a ship; **centro de —,** centre of buoyancy; **dique de carenas,** graving dock; **forro de —,** bottom plating; **forma de —,** graving dock; **playa de —** (natural), graving beach.

Carenado, Stream lining.

Carenaje, Careenage or careening, cowling, fairing; **— de la cabina,** covering: **obrador de —,** gridiron.

Carenar, To grave, to refit, to repair.

Carga, Burden, cargo, charging, lading, load, loading, stress, stressing, suction head; **— (alto horno),** heat; **— (eléctrica),** charge; **— acumulada,** stored charge; **— a la salida,** discharge head; **— artificial,** artificial load; **— cebo,** primer charge; **— completa,** complete charge; **— constante,** dead load; **— continua de compensación,** trickle charge; **— contraria,** opposite charge, unlike charge; **— crítica,** crippling load; **— de aceleración,** accelerating charge; **— de arranque,** starting load; **— de batería,** battery charging; **— de cebo** (torpedo), primer charge; **— de cenizas negras** (procedimiento leblanc), ball; **— de compresión y de tracción,** push pull loading; **— de cucharón,** dipperful; **— de derrumbamiento,** collapsing load; **— de entrada,** charge incoming;

— de impulsión, impulsion loading; **— de inflamación,** booster charge; **— de las alas,** wing loading; **— de mineral o de fundición,** charge; **— de pago,** pay load; **— de rotura,** breaking load, breaking weight, ultimate strength, ultimate stress; **— de un horno,** burden of a furnace; **— de un horno, de un alambique,** batch; **— de una vela,** choking frame; **— del cojinete,** bearing stress; **— dinámica,** dynamic load; **— electrostática,** electrostatic charge; **— en vacío,** zero load; **— específica del electrón,** electron charge mass ratio; **— estática,** dead load, gravity head, position head, static load; **— explosiva,** explosive charge; **— explosiva con envuelta adhesiva,** sticky charge; **— flotante,** floating charge; **— general** (cargamento de un barco), general; **— hueca,** shaped charge; **— incompleta,** incomplete charge; **— inductiva,** inductive or larging load, lagging load; **— inferior a la nominal,** under stressing; **— inicial,** initial charge; **— iónica,** ionic charge; **— latente,** bound charge, latent charge; **— lenta,** charge slow, trickle charging battery; **— negativa,** negative charge; **— neta,** net charge; **— nula,** zero load; **— parcial,** partial load; **— periódica,** periodic charging; **— por la boca,** muzzle loading; **— portadora,** carrier loading; **— positiva,** positive charge, vitreous charge; **— previa,** preload; **— propulsiva,** propelling charge; **— rápida,** quick charging, rapid charge; **— reactiva,** reactive load, wattless; **— resinosa,** resinous charge; **— rodante,** wheel load; **— semifuerte,** medium heavy loading; **— submarina,** depth charge; **— útil,** carrying capacity, disposable load, useful load, working head, (aviones), disposable load; **— y descarga en batería en tampón,** parallel battery float scheme; **abertura de —,** charge opening, charging open; **alimentado en —,** gravity fed; **altura correspondiente a**

las pérdidas de —, friction head; altura de —, head; andén de — o de descarga, loading edge; aparato de —, charging apparatus; aparejo de —, garnet; avión de —, freighter; boca de —, charging hole; bodega de —, cargo space; buque de —, cargo boat; caballo de —, packhorse; cable con — continua, continuously loaded cable; cable de —, charging wire; capacidad de — (aviación), carrying power, lift; característica en que el voltaje varía inversamente con la —, drooping characteristic; cargado con — general, loaded with general cargo; carretilla de —, charging barrow; centro de —, load center; cifra de independencia en tubos de memoria por —, read around number in charge storage; circuito de —, load circuit; coeficiente de — (aviac.), load factor; conexiones para la —, charging connections; conmutación de toma bajo —, load tap charging; cono de — (torpedo), head; corriente de —, charging current; cucharón de —, charging box; curva de diversidad de la —, diversity curve; depósito en —, gravity feed tank; derechos de — y descarga, lastage dues or rates; desplazamiento de —, load displacement; desplazamiento de una —, luffing; dispositivo de mando para la —, charging control; efecto de — de espacio tendiente a anular el flujo electrónico cátodo-ánodo, debunching; en —, underload; estación de —, loading station; factor de — (elec.), load factor; flotación en —, load line; fuga en tubos de memoria por —, spill in charge storage tubes; galería de — (minas), muching pan; indicador de —, charge indicator, load indicator; indicador de distribución de la —, lodicator; levantamiento de —, cold decking; línea de —, load line, load voltage; malacate para elevar cargas, air hoist; manifiesto de —, load manifest; mezclador por cargas, batch mixer; modula-

ción por variación de la resistencia de —, modulation by variation of loading; muelle de cargas, loading bay; nivel de — (horno alto), stock line; nivel de tubos de memoria de —, level in charge-storage tubes; orificio de —, loading hole; parrilla de —, spreader stocker; pérdida de —, duct loss, pressure drop, (hidráulica), resistance head, friction head; pérdidas de —, head losses; plena —, full load, full rating; porta de —, lading hole (buques); prima de —, primage; procedimiento de —, charging method; puerta de —, blast gate, charging door; punta de —, load peak; puntal de —, boom, derrick; redistribución en tubos de memoria por —, redistribution in charge storage tubes; regeneración en tubos de memoria por —, regeneration in charge storage tubes; régimen de —, charge rate, charging load or charging rate, (acumulador) charge rate; régimen de fin de — (acumuladores), finishing rate; registrador de —, load recorder; regulación de la — (horno alto), burdening; repartición de la —, distribution of load, load sharing; reparto de cargas, distribution of load; resistencia de —, charging resistance; saquete de — de un cañón, cartridge; sección de —, charging section; servicio de repartición de — (elec.), dispatching; sin —, disencumbered; tensión de —, charging voltage; tubo de — espacial, space charge grid tube; tubo de memoria por —, charge storage tube; válvula de — (gasógeno), charging valve; válvula de — directa, dead weight valve; variaciones de —, load variations; variador de toma bajo —, load tap changer.

Cargadera (buques), Inhauler.

Cargadero de mineral para buques, Shiploader.

Cargado, Charged, loaded, misty color, stretched, weighted; —

(mar.), bound; — **de**, laden with; — **por resorte**, spring loaded; **demasiado — en los altos**, top heavy; **hora cargada de un grupo de circuitos**, circuit group busy hour; **llamadas reducidas en la hora cargada**, equated busy hour calls.

Cargador, Filler, loader, magazine, shipper; — (minas), bandsman; — **de acumuladores**, charger; — **de cartuchos**, clip; — **de cinta móvil**, carpet loader; — **de refuerzo**, booster set; — **rápido**, fast or quick charger; **cinta cargadora móvil**, unloader; **retenida del —**, catch magazine.

Cargadora, Elevating grader, loading machine; — **de banda transportadora**, carpet loader.

Cargamento, Cargo, charging, freight, lading, lastage, loading, ship load; — (poco frecuente), consignor; — **estibado**, bulk.

Cargar, To load; — (eléc.), to charge; — (un horno), to fill; — **demasiado**, to overload; — **un buque** (sólo se emplea el participio pasado **laden**; en los otros tiempos se emplea **to load**), to lade; — **un muelle**, to stretch; — **un pocillo de mina**, to tamp a hole; **llana de —**, filling trowel; **máquina de —**, charging machine; **máquina de — el horno**, charger; **sensibilizar en tubos de memoria por —**, to prime in charge storage tubes.

Cargazón, Filling.

Caries seca, Dry rot.

Carillón, Bell ringing engine.

Carlinga, Bearer, centre girder, cockpit, keelson, log (véase **keelson**), support; — **central**, middle line keelson, vertical keel; — **de los motores**, jet pod; — **de pantoque**, bilge keelson; — **lateral**, sister keelson or side keelson; — **principal**, main keelson; — **superpuesta**, rider keelson; **orificio de —**, hole mast.

Carmín amarillo, Yellow carmine.

Carnet, Lot; — **de obrero**, character; — **de señalización**, signal log.

Carotina, Carotene.

Carpintería, Carpentry; **compás de —**, carpenter's line.

Carpintero, Carpenter; **azuela de —**, axe bench; **sierra de —**, carpenter saw.

Carraca, Ratchet click.

Carrasca, Helm oak, holly oak, live oak.

Carrasco, Evergreen oak.

Carrera, Path, run, travel; — (de manivela, etc.), throw; — (máq.), stroke; — (máq.-herr.), power; — (válvula), opening; — **ascendente**, up or upward stroke, upward travel; — **de aproximación**, approach travel; — **de aspiración**, induction or intake stroke, suction stroke; — **de compresión**, compression stroke; — **de escape**, exhaust stroke; — **de exhaustación**, exhaust stroke; — **de expansión**, expansion stroke; — **de ida del pistón**, outstroke; — **de la broca**, drill stroke, spindle stroke; — **de la corredera**, travel of the valve; — **de la mesa**, stroke of table, travel of table; — **de la torreta**, turret travel; — **de repulsión**, buffer stroke; — **de vuelo**, career flying; — **de vuelta** (pistón), instroke; — **del cabezal**, stroke of head; — **del distribuidor de la corredera**, stroke of the slide, of the valve; — **del pistón**, piston travel; — **del tambor** (telefotografía), drum travel; — **descendente**, down or downward stroke, downward travel; — **inferior**, groundsill; — **motriz**, power stroker, working stroke; — **motriz del cilindro**, working surface of cylinder; — **sin retroceso**, dead stroke; — **vertical**, vertical travel, (máq.-herr.), vertical power; **coche de —**, racing car; **introducción de vapor en la mitad de la —**, expansion half on; **longitud de —** (pistón), length of the stroke; **media —**, half stroke, mid stroke; **mitad de la —**, mid way;

posición a media — (palanca de puesta en marcha, etc.), mid gear; **topes de fin de** — (junta de mina), keeps.

Carreta, Cart.

Carretaje, Drayage.

Carrete, Reel; — **de película,** film spool.

Carretera, Road; — **empedrada,** metalled road; **ensayo sobre** —, road run or test; **transporte por** —, road transport.

Carretero, Cartwright, driver; **maestro** —, wheel wright.

Carretilla, Barrow, barrowful, wheel barrow; — **con carga,** barrow tray; — **de continua,** copping plate; — **de ruedas,** dolly.

Carretillero (minas), Barrow man.

Carretón, Barrow.

Carril, Frog, rail, track; — **acanalado,** grooved rail; — **Barlow,** saddle rail; — **brunel,** bridge rail, gauge rail; — **curvo,** curve rail; — **de aguja,** sliding rail; — **de apartadero,** rail for turn out; — **de cabeza,** bridge rail; — **de cabeza única,** single headed; — **de cordón inferior poligonal,** fish bellied rail; — **de curva de transición,** easing rail; — **de dirección,** guide rail; — **de doble cabeza,** bull head rail, bulb rail, double headed rail, double rail, H rail; — **de doble seta,** bull head rail; — **de reborde,** edge rail; — **de rodadura,** crane rail; — **de zapata,** foot rail, (vignole), flange; — **en U,** bridge rail; — **engrasado,** slippery track; — **fijo de un cambio de vías,** main rail; — **guía,** guide rail; — **móvil,** moveable rail, pointer rail, switch rail; — **ondulado,** fish bellied rail; — **plano,** flat headed rail; — **prismático,** parallel rail; — **saliente,** edge rail; — **Vignole,** T rail; **alma de** —, centre rib; **barra de** —, centre rib; **cabeza de** —, flange or flanch (rare), rail head; **carriles de apartadero,** crossing rails; **conexión de** —, rail bond; **cortafrío para** —, chisel track; **cuerpo de** —, centre rib; **cuerpo de un** —, stem of a rail; **doble** —, two headed rail; **escarpia de** —, dog spike; **freno sobre** —, track brake; **hierro en barras para carriles,** rail iron; **instalador de carriles,** track layer; **laminador de carriles,** rail mill, rail rolling mill; **línea de carriles,** rail tracks; **máquina de curvar carriles,** rail bender or rail bending machine; **máquina de fresar carriles,** rail milling machine; **máquina de taladrar carriles,** rail drilling machine; **prensa de curvar carriles,** jack crow; **prensa de enderezar carriles,** rail press; **sobre carriles,** rail track mounted; **tercer** —, third rail; **zapata de** —, lower flange or edge of a rail, rail foot.

Carrilada, Wheel track.

Carrilla, Pulley.

Carro, Car, ram, saddle, tool holder, truck, turret saddle, waggon or wagon; — (máquina-herramienta), slide; — (puente grúa), travelling crab; — (torno), sliding rest; — (torno, grúa), carriage; — (torno, puente-grúa), crab; — **de acabado de superficies,** surfacing carriage; — **de alisado,** boring saddle; — **de combate,** tank; — **de cuchillas** (cepilladora de madera), cutter slide; — **de dilatación,** expansion saddle; — **de encendido,** ignition car; — **de escobillas,** wiper carriage; — **de excéntrica,** eccentric sheave; — **de grúa,** crane trolley; — **de guiado** (perforadora), sliding drill arm; — **de la rueda delantera,** nose wheel dolly; — **de perforadoras múltiples,** jumbo; — **de puente grúa,** crane crab, crane trolley; — **de riego,** watering cart; — **de torno,** slide rest; — **de torno de mando automático,** self acting slide rest; — **de transporte,** beach dolly; — **del portaherramienta,** sliding tool carriage; — **delantero,** front carriage; — **deslizante,**

sliding saddle; — **elevador**, hoisting trolley, lift truck; — **giratorio**, revolving slide rest; — **inferior**, bottom slide; — **longitudinal**, lengthwise carriage, main saddle of carriage; — **mandado por cadena**, chain crab; — **para botellas**, cylinder truck; — **para poner en tierra los hidroaviones**, beaching gear; — **pesado**, heavy tank; — **portaclichés**, negative holder; — **portahélices**, propeller dolly; — **portaherramienta**, cross tool carriage, (para excavar), sliding tool carriage, tool box, tool holder carriage, tool slide; — **portaherramienta transversal**, bed slide; — **portaherramientas**, tool saddle; — **portahoja** (sierra), blade holder carriage; — **portamuelas** (rectificadora), wheel slide; — **portasierra**, saw carriage; — **portatorreta**, turret slide; — **transportador**, travelling platform; — **transversal** (máq.-herram.), crosswise or transverse carriage; — **trasero**, rear carriage; **desplazamiento del** —, crab travel; **galpón para carros**, barn car; **guía del** —, carriage guiding; **herramienta de un** — **de torno**, slide rest tool; **narria de la contrapunta del** —, bottom slide; **pista de rodadura del** —, crab track; **plataforma de** —, carriage apron; **retroceso del** —, carriage return; **solera de** —, boister truck; **soporte del** — (torno), socket of the rest; **suela de la contrapunta del** —, bottom slide; **torno de** —, slide lathe.

Carrocería, Body, carriage work, coachwork; — **abierta**, open body; — **de reparto**, body delivery; — **desmontable**, detachable body; **construcción de** —, body construction; **equipado en** —, body fitted; **instalación de** — **en el bastidor**, body mountain; **nervio de** —, batten body; **parte de** —, body unit; **piezas embutidas para** —, body stampings.

Carrocero, Body worker.

Carta, Letter; — **celeste**, star man; — **certificada**, registered letter; — **de aproximación**, approach chart; — **de aterrizaje**, landing chart; — **de aviso**, letter of advice; — **de derrotas**, chart pilot; — **de Estado Mayor**, ordnance survey; — **de fletamiento**, charter pass; — **de pago**, receipt; — **de pista**, runway chart; — **de porte**, bill of landing; — **de valores declarados**, registered letter; — **de vuelo**, chart flight; — **geográfica**, map; — **magnética**, magnetic chart; — **marina**, chart, marine chart; — **seccional**, sectional chart.

Cártamo de antimonio, Crocus of antimony.

Cartela, Billet, gusset, gusset stay; — **apoyada de una viga** (construcción), angle course beam.

Cartelas, Fobs.

Cárter, Box, case, casing, crank case or crank chamber, crank chamber, housing, mounting, outer casing, steering box, sump; — **cerrado**, enclosed casing; — **de aceite**, oil pan; — **de basculador**, rocker box; — **de compresor**, compressor mounting; — **de dirección**, steering box; — **de distribución**, camshaft trough; — **de la cadena**, chain case; — **de transmisión**, gear bottom; — **del puente trasero**, differential housing; **tapa de entrada de aceite al** —, breather cap; **tapón de vaciado del** —, oil pan drain plug.

Cartografía, Cartography, land surveying, mapping; — **aérea**, aerial mapping; — **fotogramétrica**, photogrammetric mapping.

Cartográfico, Cartographic.

Cartón, Board, cardboard, paste board; — **alquitranado para techumbres**, felt roofing; — **de amianto**, asbestos board; — **fuerte**, mill board; — **muy espeso para juntas**, mill board; **fósforo de** —, fusee.

Cartonaje, Carboard packings.

Cartuchera, Ammunition belt.

Cartucho, Cartridge; — **con reborde,** flanged cartridge; — **de culote,** rimmed cartridge; — **filtrante,** filter cartridge; — **sin reborde,** grooved cartridge, rimless cartridge; **aguja para perforar el —,** blasting needle; **caja de cartuchos,** cartridge case; **casquillo de —,** cartridge case, cartridge shell; **cinta de cartuchos** (ametralladora), ammunition belt; **recargador de cartuchos,** cartridge reloader; **vaina de —,** cartridge case, cartridge shell.

Carvajo, Chesnut oak.

Casa, House; **de —,** residential.

Casar, To abut on.

Casca blanda, Corky bark; **pozo de —,** binder pit.

Cascada, Cascade, outfall, overfall; **agrupamiento en —,** cascade grouping; **amplificador en —,** cascade amplifier; **en —,** cascaded; **etapa en —,** cascade stage; **limitador de —,** cascade limiter; **sistema en —,** cascade system; **tubo de alta tensión con secciones en —,** cascade tube.

Cascajo, Dirt.

Cáscara, Casting; **pieza moldeada en —,** die casting.

Casco, Diver helmet, headphone, helmet, — (de buque, de hidroavión), hull; — **antihumo,** smoke helmet; — **de álabes,** blade stripping; — **de hidroavión,** float hull; — **de un buque,** skin; — **parahumos,** smoke helmet; — **telefónico,** telephone head receiver; **atravesar el — de,** to hull; **de — de acero,** steel hulled; **de — de madera,** wooden hulled; **ensayo de cascos,** case test; **estabilizadores de hidroavión de —,** sponsons; **hidroavión de —,** flight boat.

Cascote, Core.

Cascotes, Expletives.

Casilla, Cab; — **de camión,** cab truck; **soporte para —,** cab brace.

Casillero, Bin; — **de herramientas,** bill tool; — **para botellas,** bottle bin; **división de —,** bin divider.

Casiterita, Cassiterite, tin bearing ore; **masa irregular de mineral impregnada de —,** carbona.

Casquete (de paracaídas), Canopy; — **de bujía,** plug terminal; — **de cierre,** cap screw; — **esférico,** ball cap, spherical cap; — **fileteado,** cap screw; — **parabólico,** parabolic spinner; **tornillo de —,** screwed cap.

Casquillo, Bottom pitching, cap, cartridge shell, ferrule, holder, sleeve, socket; — (de lámpara de incandescencia), cap; — (elec.), duct; — **concéntrico,** concentric cap; — **de acoplamiento,** bush; — **de bayoneta,** bayonet base; — **de cono Morse,** Morse taper socket; — **de contrapunta,** barrel; — **de lámpara eléctrica,** base; — **de montaje,** socket of spindle; — **de ocho pitones,** octal base; — **de ojal,** bottom loop tip; — **de ojete,** bottom loop tip; — **de pasta,** bushing composition; — **de reducción,** reducing sleeve; — **de resorte,** spring box; — **del contrapunto del torno,** back centre socket; — **en bruto,** blank bushing; — **guía,** guide sleeve; — **intermedio,** bushing spacer; **acoplamiento de —,** sleeve coupling; **casquillos moleculares,** molecular glands; **junta de —,** socket joint.

Castaño, Chestnut tree; — **dorado,** brownish red; **color —,** brown; **madera de — enano,** dwarf chestnut wood.

Castillete, Ferry post.

Castillo, Fore sheets; **regala del —,** rails of the upper works.

Castina, Flux, lime, limestone flux.

Castor (Aceite de), Castoreum.

Cataclástico, Cataclastic.

Catador, Taster.

Catafoto, Reflex reflector.

Catalana (Forja), Bloomery fire.

Catalejo, Glass, telescope.

Catálisis, Catalyse; — **heterogénea,** heterogenous catalyse.

Catalítico, Catalytic; **acción catalítica,** catalytic action; **cracking** —, catalytic cracking; **efecto** —, catalytic action; **fluido** —, catalyst fluid, catalytic fluid; **piroescisión catalítica,** cat craking; **proceso** —, catalytic process; **síntesis catalítica,** catalytic process; **transformación catalítica,** catalytic transformation.

Catalizado, Catalysed; — por. ácidos, acid catalysed.

Catalizador, Catalyst; — **fresco,** fresh catalyst; — **orgánico,** organic catalyst; **sustancia que activa la acción de los catalizadores,** promoter; **tubo** —, catalysing tube.

Catalizar, To catalyse.

Catalogación, Filing.

Catálogo, Catalog, list, price list; — **industrial,** industrial catalog.

Catapulta, Catapult; — **a vapor,** steam catapult; **carrera de la** —, catapult run; **lanzamiento por** —, catapult take off; **motor de la** —, catapult engine.

Catapultable, Catapultable, knock out.

Catapultado, Catapulted, catapulting; **asiento** — (aviación), catapult seat; **avión** —, catapulted plane; **despegue** —, catapult assisted take off.

Catapultar, To catapult.

Catarata (Cilindro de la), Cataract cylinder.

Catastral, Cadastral; **levantamiento** —, cadastral survey.

Catautógrafo, Cathautograph.

Cataviento, Dog vane.

Catecú, Cutch.

Categoría de piloto, Class of pilot.

Catenaria, Catenary; — (curva), sag; **curva** —, catenary curve.

Catenario, Catenary; **sistema** —, catenary system.

Catetómetro, Cathetometer.

Catetrón, Cathetron.

Catión, Cation, hydrogen ion.

Catódico, Cathodic; **caída catódica,** cathode drop, cathode fall; **corriente catódica,** cathode current; **corriente catódica de pico,** peak cathode current; **desintegración catódica,** cathode desintegration; **disposición catódica,** cathodic deposition; **electrodo** —, cathode spot; **horno de rayos catódicos,** cathode ray furnace; **indicación catódica,** cathode indication; **indicador de sintonización de rayos catódicos,** cathode ray tuning indicator; **lámpara de rayos catódicos,** cathode ray lamp; **luminosidad catódica,** cathode glow; **mancha catódica,** cathode spot; **oscilador** —, cathodic oscillograph or cathode ray oscillograph; **oscilógrafo de rayos catódicos,** cathode ray oscillograph; **osciloscopio de rayos catódicos,** cathode ray oscilloscope; **pantalla de tubo de rayos catódicos,** target of cathode ray tube; **placa catódica,** cathode plate; **protección catódica,** cathodic protection; **rayo** —, cathode ray; **revestimiento** —, cathode coating; **tubo** —, cathode ray tube; **tubo de rayos catódicos,** cathode ray tube; **tubo de televisión de rayos catódicos,** cathode ray television tube.

Catodizar, To cathodize.

Cátodo, K, negative electrode; — (elec.), cathode or catelectrode; — (poco usado, véase **cathode**), kathode; — **con revestimiento de cesio,** caesium coated cathode; — **de calentamiento directo,** directly heated cathode; — **de calentamiento indirecto,** equipotential cathode, indirectly heated cathode, potential cathode; — **de la osciladora,** oscillator cathode; — **de mercurio,** mercury cathode; — **de óxido,** oxide coated cathode; — **emisor,** hot cathode; — **hueco,** hollow cathode; — **incandescente,** incandescent cathode; — **obtenido por evaporación,** evaporated cathode; **luminiscencia de** —, luminiscence cathode; **paso de** —, by-

pass cathode; **rectificador de —
frío,** cold cathode rectifier; **resistencia de —,** cathode bias; **seguidor de —,** cathode follower;
tensión entre — y ánodo, voltage
acceleration; **tubo de — caliente,**
hot cathode tube; **tubo de — frío,**
cold-cathode tube; **zumbido de —,**
cathode hum.

Cátodoluminiscencia, Cathodolumi-
nescence.

Catolito, Catholyte.

Caución, Bail, bailment, pledge money; **— de aduana,** security
custom.

Caucho, Caoutchouc, indiarubber,
rubber; **— de silicona,** silicone
rubber; **— fósil,** elastic bitumen;
— frío, cold rubber; **— natural,**
natural rubber; **— sintético,** synthetic rubber; **— vulcanizado,** vulcanized indiarubber; **arandela de
—,** duct; **atacar el tubo de —,**
to affect the rubber hose; **bajo
—,** rubber coated; **con revestimiento de —,** rubber coated; **correa de —,** rubber belt; **cubierta de —,** rubber tyre; **disolución de —,** rubber solution; **junta
de —,** rubber seal; **revestir de —,**
to rubberise or rubberize.

Cauchotado (Nylon), Rubberized nylon.

Cauchutado, Rubberised or rubberized; **nylon —,** rubberised nylon;
seda cauchutada, rubberised silk;
tejido —, rubberised fabric.

Cauchutar, To rubberise or rubberize.

Caudal, Capacity, delivery; discharge, draft or draught, duty, flow,
flux, output, rate of discharge,
rate of flow, run off, stream,
supply, volume, yield; **— de aire,**
air flow; **— del inyector,** burner
flow; **— o flujo gaseoso,** gas
stream; **— posible** (petróleo),
deliverability; **— unitario,** flow
rate; **— visible,** visible flow; **acelerador de —,** discharge accelerator; **analizador de —,** delivery
rate analyser; **diagrama de cau-**

dales, flow chart; **engrasador de
— variable,** sight feed lubricator;
medidor de —, flow gauge, flow
meter or flow indicator; **medidor
de — de toro pendular,** ring balance flow meter; **registrador de —,**
flow recorder; **regulador de —,**
flow control, flow governor, flow
regulator.

Cáustico, Caustic; **curva cáustica**
(óptica), caustic curve; **dar el lavado —,** caustic wash; **potasa
cáustica,** caustic potash; **producto
—,** caustic solution; **sosa cáustica,** caustic soda.

Cavar, To bore, to dig up.

Cavernoso (acústica), Tubby; **—**
(metal), blown hollow.

Cavidad, Cavity; **— de efecto acu-
mulativo,** folded cavity; **— rellena
de agua o de gas,** bag; **— resonante,** resonant cavity; **de —,** multicavity type magnetron; **filtro de
—,** cavity filter; **magnetrón de
cavidades cilíndricas,** cylindrical
cavity type magnetron; **ondímetro
de — resonante,** cavity resonator
wave; **Q de — resonante,** Q of
cavity resonator; **resonador de —,**
cavity resonator; **resonador de —
cilíndrica,** cylindrical cavity resonator.

Cavitación, Boundary layer separation, cavitation, streaming; **— en
burbujas,** bubble cavitation; **— laminar,** sheet cavitation; **erosión
por —,** cavitation erosion; **índice
de —,** cavitation index.

Cayailla, Adjoint piece.

Caza, Jet; **— a reacción,** jet fighter;
— de aire, jet stream; **— monoplaza,** single seat fighter; **avión
de —,** fighter.

Cazador (avión), Fighter; **— de día,**
day fighter; **— de noche,** night
fighter.

Cazaremaches, Cup, riveting punch.

Cazar un remache, To knock out a
rivet.

Cazatorpedero, Destroyer.

Cazasubmarinos, Submarine chaser.

Cebado, Flash over, priming, starting; — (dínamo), excitation; — **automático,** automatic or self priming; **aguja de** —, priming iron, priming wire; **bomba de** —, priming pump; **defecto de** —, refusal of excitation; **orificio de** —, priming opening; **tapón para el** — (bombas), priming plug; **tensión de** — (tubo de vacío), ignition voltage; **tubo de** —, priming tube.

Cebador, Entering tap; — **de explosión,** combustion starter; **eyector** —, priming ejector; **resorte del** —, choker spring.

Cebar, To prime; — **un gasógeno,** to draw up; **instrumento para** —, first bit; **tornillo para** —, priming screw.

Cebarse (arco), To flash over.

Cebo, Cap, detonating primer, exploder, priming; — **a percusión,** percussion priming; — **formado por un pedazo de tubo lleno de detonadores y cartuchos de dinamita,** jack squib; — **percutido,** fired cap.

Cebolla, Air intake, ajutage.

Cedazo, Bolter, colander, cribble, cullender, sieve, van, wing.

Ceder, To assign, to give way, to part, to yield.

Cedro, Cedar; — **blanco,** cedar white; — **de Virginia,** kauri or cowdie; **tanque de** —, cedar tank.

Cegar una vía de agua, To fodder.

Cejador, Tug chain.

Celador, Lineman.

Celda (eléct.), Cell; — **de conductibilidad,** conductibility cell; — **de gas,** cell gas.

Celita, Celite.

Celofán, Cellophane.

Celosía, Blind; **celosías,** louvres or louvers; **de** — (vigas), open webbed; **mástil de** —, lattice mast.

Celotex (fibras de caña de azúcar), Celotex.

Célula, Cellule; — **de avión,** air frame; — **de resonancia,** reso-

nance cell; — **disyuntiva,** switchgear cell; — **eléctrica,** cell bridge; — **fotoconductora,** photoconductive cell; — **fotoeléctrica,** photocell or photoelectric; — **fotovoltaica,** photovoltaic cell; — **fotovoltaica con capa de detención,** barrier layer photocell; — **húmeda,** cell wet; — **unitaria,** cell unit.

Celular, Cellular; **larguero** —, cellular spar; **sección** —, cellular section.

Celuloide, Celluloid; **de** —, celluloidal; **hoja de** —, celluloid sheet; **placa de** —, celluloid plate.

Celulosa, Cellulose; **acetato de** —, cellulose acetate; **nitrato de** —, cellulose nitrate.

Celulósico, Cellulosic; **esteres celulósicos,** cellulose esters; **fibras celulósicas,** cellulose fibers; **gel** —, cellulose gel; **lacas celulósicas,** cellulose lacquers.

Cementabilidad, Cementability.

Cementación, Carburization or carburisation, carburizing or carburising, case hardening, cementing, hard surfacing, hardening; — (petroquímica), cementation, cementing; — **a la llama** (oxiacetilénica), flame hardening; — **a líquido,** carburizing liquid; — **por gas,** gas carburizing; **acero de** —, carburizing steel, case hardening steel; **cabeza de** — (petróleos), cementing head; **crisol de** —, cementing chest or through; **horno de** —, carburizing furnace, hardening furnace; **polvo de** —, cement, cementing powder; **prensaestopas de** —, cement retainer.

Cementado, Carburized or carburised, case or face hardened, case hardened, cemented; **acero** —, carburized steel, cemented steel converted steel, harveyed steel; **acero Krupp** —, K. C. (Krupp cemented); **acero Krupp no** —, K. N. C. (Krupp non cemented); **carburo** — **o fritado,** cemented carbide.

Cementador, Casehardener, cementer:

Cementar, To carburize or carburise, to cement, to harvey, to harveyize; — (acero), to cement; **horno de** —, cementing furnace; **tapón para** —, cementing plug.

Cementílico, Cementilic.

Cementita, Cementite.

Cemento, Cement, mastic; — **a prueba de agua,** waterproof cement; — **aluminoso,** aluminous cement; — **asfáltico,** asphalt mastic; — **blanco,** clinker cement; — **de acetona,** acetone cement; — **de almáciga,** mastic cement; — **de arena,** sand cement; — **de fraguado lento,** slow setting or slow hardening cement; — **de fraguado rápido,** quickly taking cement or quick hardening cement; — **de puzolana,** puzzolana cement; — **de unión,** sealing compound; — **fundido,** aluminous cement; — **fusible,** fusible cement; — **hidráulico,** hydraulic cement; — **insoluble,** insoluble cement; — **mal cocido,** samel; — **natural,** natural cement; — **para parches,** patching cement; — **para techado,** roofing cement; — **Portland,** Portland cement; — **supersulfatado,** supersulfated cement; **agua de** —, hydraulic or water cement; **agua de** — **conteniendo cobre,** water cement; **capa de** —, cement lining; **embutido en el** —, sunk in concrete; **fábrica de** —, cement plant; **goma de** —, cement stock; **horno de** —, cement kiln; **inyección de** —, cement injection; **inyector de** —, cement gun, cement injector; **lanza de** —, cement gun; **mesa de aplicar el** —, cementing table; **molino de** —, cement mill; **saco de** —, cement bag; **silo para** — **a granel,** bulk cement plant.

Cenagoso, Limous.

Cendra, Mixed with ashes.

Cendrada, Bird's shot.

Cenicero, Ash box, ash chest, ash hole, ash pan, ash pit, ash tray, ash tub, cinder fall; — **de horno,** cave; **pantalla de** —, damper; **puerta corredera del** —, ash pan dump; **puerta de** —, damper; **puerta de báscula de** —, ash door; **registro de** —, ash stop; **válvula del** —, ash pit damper.

Ceniciento, Hot short brittle.

Ceniza, Cinder; — (cenizas), ash (plural **ashes**); **cenizas,** embers; **cenizas de coque,** coke ash; — **de huesos,** ash bone; **cenizas lavadas,** buck ashes; **cenizas volantes,** flasky ashes, fly ash, light ashes; **cenizas volcánicas,** volcanic ashes; **caja de cenizas,** cinder box; **cubo de cenizas,** ash box; **cueva de cenizas,** ash cellar; **evacuación de las cenizas,** ash discharge, ash sluicing; **extracción de cenizas,** ash extraction; **eyector de cenizas,** ash ejector; **eyector hidráulico de cenizas,** ash sluicing system; **finos de las cenizas,** loose ashes; **horno de cenizas,** ash furnace; **lecho de cenizas,** ash deposition; **pañol de cenizas,** ash cellar; **sin cenizas,** ashless; **tolva de cenizas,** ash hopper; **tratar con** —, to ash.

Centellear, To sparkle.

Centelleo, Flicker, scintillation; — **de la plata** (en la copelación), lightning coruscation; **lámpara de** —, flash lamp.

Centésima (por ciento), Point.

Centésimal, Centesimal, centigrade; **escala** —, centigrade scale.

Centiárea, Centiare.

Centígrado (centésima de grado), Centigrade; — (ter.) (E.E.U.U.); centesimal.

Centilitro, Centiliter.

Centimétrico, Centimetric.

Centímetro, Centimeter.

Centipoise (centésima de poise), Centipoise.

Centistoke (centésima de stoke), Centistoke.

Centrado, Centered, trim; — (artillería), spotting; — automático, self centering; — de avión, trimming; — de cuadro, centering horizontal; — de la punta, bearing centre; — de línea, vertical centering; araña de —, spider; casquillo de —, bush centering; corona centradora de moldeo, frame centering; cúbica centrada, body centered; de caras centradas (metalurgia), face centered; operación de — en un torno, centring or centering or centreing (véase centering).

Centrador, Centre; — para vidriera, centre sash; plato —, centering plate.

Central, Central, midship, navel, power house, power station; — de energía, power plant; — de hormigón, concrete mixing plant; — dosificadora, ready mixed concrete plant; — eléctrica, generating plant, power station; — hidroeléctrica, hydroelectric station; — intermedia, tandem exchange; — interurbana, toil exchange; — principal, main exchange; — privada, private exchange; — repartidora de carga (elec.), load dispatcher; — satélite, satellite exchange; — semiautomática, automanual switching center; — subordinada, dependent exchange; — telefónica, telephonic exchange; — telegráfica, telegraph office; — térmica, heat engine station, steam station, thermal plant; — urbana, urban exchange; área de una —, central office area; calefacción —, central heating; carlinga —, middle line keelson; collar de —, centering collar; derivación —, centre tap; dilatación —, centre boss; estación — superpuesta, superposed power station; línea —, middle line; montante —, center pillar;' pasador —, centre pin; pieza —, centre piece; plano —, centre section; resistencia con derivación —, centre resistor; sección —, centre section, (aviac.), mainplane; toma

—, center tap; transformador con derivación —, center transformer.

Centralita, Centralite.

Centralizador, Centralizer; tope del —, centralizer stop.

Centralizar, To centralize.

Centrar, To centre; broca de —, centre drill; cuadro de — los bastidores, frame centering; dispositivo de —, centering apparatus; herramienta de —, centre finder; herramienta para —, centre punch; manguito de —, centering sleeve; máquina de —, center drilling machine, centering machine, centre drilling machine; taladro de —, centre bit, centre drill.

Centrifugacia, Centrifugacy.

Centrifugación, Centrifugalization; vaso de —, centrifugal bowl.

Centrifugado, Centrifuged; acero —, centrifugal steel; depósitos centrifugados, centrifuged deposits; trama centrifugada, centrifugal weft.

Centrifugadora, Centrifuge.

Centrifugar, To centrifuge.

Centrífugo, Axifugal, centrifugal; acoplador —, centrifugal coupler; bomba centrífuga, centrifugal pump; colada centrífuga, centrifugal casting; compresor —, centrifugal compressor; ventilador —, screw fan.

Centrípeta, Centripetal; fuerza —, centripetal force; turbina —, turbine with inward radial flow.

Centrípeto, Axipetal.

Centro, Centre or center, department; — de acero, steel centre; — de aviación, aviation center; — de círculo, center or circle; — de conmutación, switching centre; — de entrada internacional, inconming operator (international service); — de esfuerzos, working point; — de fase, phase center; — de gravedad, C. G. (centre of gravity), centre of gravity; — de investigación, research department; — de la pupila de entrada (de objetivo), front node; — de

presión, de rotación, de empuje, centre of pressure, of rotation, of thrust; — **de proyección,** center of projection; — **de semejanza,** centre of similitude; — **de simetría,** centre of symmetry; — **de soporte,** centre of support; — **de tránsito,** transit office; — **de tránsito internacional,** international transit centre; — **director,** controlling exchange; — **intermedio,** intermediate centre; — **interurbano,** toll center; — **óptico,** optical centre; — **retransmisor por cinta,** tape relay centre; — **rural,** rural centre exchange; — **rural principal,** rural main exchange; — **telegráfico,** telegraph centre; — **terminal internacional,** international terminal exchange; — **transmisor,** forwarding office or sending office; **alimentación por el —,** center feed; **rectificación sin —, sin punta,** centreless grinding; **sin —,** centreless.

Centroidal (que se aplica en el centro de gravedad), Centroidal.

Centroide, Centroid.

Cepillado, Planing; — **circular,** circular planing; — **interior,** internal planing; — **oblicuo,** angle planing; — **vertical,** vertical planing; **rectificar por —,** to plane off; **trabajo de —,** planing work.

Cepillador (Cilindro), Roller brush.

Cepilladora, Chamfering machine, planer, planing machine, planing machine or planer; — **de doble montante,** double housing planer; — **de manivela,** crank planer; — **de ménsula,** table type planer; — **de un montante,** double upright planing machine; — **de un solo montante,** openside or single housing planer, openside planing machine; — **en basto,** roughing planer; — **lateral,** side planing machine; — **monomontante,** openside planing machine; — **para madera,** buzz planer; — **rotatoria para madera,** buzz-planer; **fresadora —,** planer type miller, plano milling machine; **herramienta de —,** cutter of a planing machine.

Cepillar, To cut out, to plane; — **la madera con la doladera,** to dub; — **una pieza de madera,** to mould (to mold en América); **cuchilla de —,** planing tool; **cuchilla de una máquina de —,** planing tool; **máquina de —,** planer, planing machine; **máquina de — las agujas** (ferroc.), switch tongue planer; **máquina de — manivelas,** crank planer, crank planing machine.

Cepillo, Brush, fay, planer; — **basto,** brush coarse; — **bocel,** fluting plane, moulding plane, round plane, (carpintería), strike block; — **cilíndrico,** brush roller; — **curvo,** chimb plane; — **curvo de tonelero,** cooper's plane; — **de astrágalo,** proof bead; — **de bruñido,** dolly; — **de cantear,** edge plane; — **de carpintero,** plane; — **de cola de milano,** dovetail plane; — **de escuadrar,** cornish plane or edge; — **de galera,** long plane; — **de garganta,** fluting plane; — **de limpiar tubos,** flue brush; — **de lubrificación,** oil brush; — **de máquina,** brush machine; — **de ranurar,** banding plane; — **de taller,** bench plane; — **liso,** plain brush; — **metálico,** hog; — **para cornisas,** cornice plane; — **para el piso,** brush floor; — **para hacer la parte superior de los raíles,** capping plane; — **para machos,** tonguing plane; — **para molduras,** cornice plane, moulding plane; — **para muebles,** brush furniture; — **para redondear pasamanos de escalera,** capping plane; **ángulo de ataque del —,** angle of inflection of a plane; **caja del —,** plane stock; **conexión de cepillos,** brush coupling; **cuña del —,** plane wedge; **hierro de —,** blade; **hierro del —,** plane iron; **jaira de —,** basil; **lumbrera del —,** plane hole; **mesa de cepillos,** nicking buddle; **pequeño — que tiene el borde cortante de la cuchilla en la parte delantera del fuste,** bull nose; **reborde de un —,** fence of a plane.

Cepo (de pilotes), Binding piece; — **de yunque,** block; — **del ancla,** anchor stick, anchor stock.

Cera, Wax; — **de sellar,** sealing wax; — **detergente,** detergent wax.

Cerametales, Cermets (ceramic metals).

Cerámica, Ceramic; — **de esteatita,** ceramic steatite; **con revestimiento de** —, ceramic coated; **manguito de** —, ceramic tube; **revestimiento de** —, ceramic coating.

Cerámico, Ceramic; **metales cerámicos,** ceramic metals; **productos cerámicos,** ceramics.

Cerargirita, Kerargyrite.

Ceraunito, Ceraunite.

Cercado, Enclosure.

Cercenar, To curtail.

Cerco, Curb, drift bolt.

Cercha, Couple, roof truss; — **armada cintrada,** trussed beam; — **curva,** bow truss; — **principal,** main bulkhead.

Ceresina, Ceresin.

Cerezo, Cherry tree.

Cérico, Ceric; **ácido** —, ceric acid; **perclorato** —, ceric perchlorate.

Cerimétrico, Cerimetric.

Cerio, Cerium; **sulfato de** —, cerium sulphate; **sulfuro de** —, cerium sulfide.

Cernada, Buck ashes, dust shot, lixiviated ash.

Cernedor, Bolter, bolting kutch, bucker.

Cerner a mano, To buck, to spall; **martillo de** —, bucker.

Cernido a mano, Bucking, cobbing.

Cero, Cipher, null, zero; — **absoluto,** absolute zero; — **de las cartas marinas,** low water standard; — **de un monío,** arrow; **aparato de reducción a** —, device of return to zero; **aparato de reducción al** —, set back device; **control del** —, control del cero, zero point control; **empleo de temperaturas bajo** —, subzeroing; **indicador de** —, null indicator; **método del** —, balanced method, null method, zero method; **poner a** —, to reset; **termómetro sin** —, suppressed zero thermometer..

Cerrado, Closed, enclosed, sealed; — **herméticamente,** tightly sealed; **avión terrestre del tipo** —, closed landplane; **bastidor** —, box pattern engine bed; **cable** —, full lock rope; **consola-palier cerrada,** longitudinal wall hanger bearing; **funcionamiento en circuito** —, closed-circuit working; **funda cerrada,** armoured locked; **ignitrón** —, sealed ignitron; **lámpara de arco en recipiente** —, enclosed arc lamp; **motor** —, totally enclosed motor; **núcleo** —, closed core; **pila cerrada,** sealed cell; **pliegue** —, closed fold; **prensa cerrada,** enclosed type press; **tipo** —, closed type; **transformador de circuito** —, closed circuit transformer; **transformador de circuito magnético** —, transformer with closed magnetic circuit; **transformador de núcleo** —, closed core transformer; **túnel de vena cerrada,** closed jet wind tunnel; **vaso** —, closed cup.

Cerradura, Lock, nab; — **de abecedario,** dial lock; — **de bomba,** Bramah's lock; — **de bombillo,** Bramah's lock; — **de combinación,** dial lock; — **de cremona,** Basquili lock; — **de dos pestillos,** lock with two bolts; — **de dos vueltas,** twice turning lock; — **de palastro,** case lock; — **de seguridad,** safety lock; — **de un solo pestillo,** dead lock; **escudo de** —, drop; **uña de** —, fang.

Cerrajero, Locksmith.

Cerrar, To close, to dry, to key, to seal, to shunt; — (gas), to turn out; — **con llave,** to lock; — **la vía,** to block; — **los gases** (auto, etc.), to throttle back or down; **acción de volver a** —, reclosing or reclosure; **barra cruzada de** —, cross bar; **volver a** —, to reclose; **vuelto a** —, reclosed.

Cerrojo, Box, box screw, clasp, fastener, lock, set bar, sliding bolt; — **de arrastre,** catch bolt; — **de cabeza cuadrada,** square headed bolt; — **de colas,** bent bolt; — **de correas,** strap type fastener; — **de resorte,** catch bolt, spring bolt; **cerrado con** —, bolted; **cerrojos,** interlocks; **hembra de** —, bolt clasp; **llave de** —, bow key of a cock.

Certificado, Certificate, certified, registered; — **de adición,** certificate of addition; — **de aprobación de tipo,** certificate type approval; — **de empleo,** character; — **de navigabilidad,** certificate of navigability; — **de origen,** certificate of origin; — **de pruebas,** certificate test; — **de salida,** clearance certificate; — **de visita o de reconocimiento,** certificate of survey.

Cerusa, Ceruse, white lead.

Cerveza, Beer; **bomba de** —, beer engine.

Cesio, Caesium or cesium, cesium (véase **caesium**); **con revestimiento de** —, caesium coated; **cromato de** —, caesium chromate; **óxido de** —, caesium oxide.

Cesión, Assignation; — **de calor,** delivery.

Cesionario, Assignee.

Césped, Turf.

Cesta de herramientas, Flag basket; — **de secar** (fund.), drying kettle; — **para llevar a la espalda,** dorsel.

Cesto, Basket.

Cetano, Cetene.

Ceteno, Cetene; **índice de** —, cetene number.

Cetoesteroide, Ketosteroid.

Cetonas, Ketones; **cetonas alifáticas,** aliphatic ketones.

Cetónico, Ketonic; **ácidos cetónicos,** ketoacids; **descarboxilación cetónica,** ketonic decarboxylation.

Cianhídrico, Zootic; **ácido** —, zootic acid.

Cianinos, Cyanines.

Cianita, Kyanite.

Cianoacético (Éster), Cyanoacetic ester.

Cianoetilación, Cyanoethylation.

Cianógeno, Cyanogen.

Cianometría, Cyanometry.

Cianométrico, Cyanometric.

Cianotipo (fotografía), Cyanotype.

Cianuración, Cyaniding.

Cianuro, Cyanide; — **cuproso,** cuprous cyanide.

Ciclación, Cyclization.

Cíclico, Cyclic; **carga cíclica,** cyclic loading; **cetonas cíclicas,** cyclic ketones; **compuestos cíclicos,** cyclic compounds; **esfuerzos cíclicos,** cyclic stresses; **paso** —, cyclic pitch.

Ciclización reductiva, Reductive cyclization.

Ciclo, Cycle; — **abierto,** open cycle; — **cerrado,** closed cycle; — **de histéresis,** hysteresis loop; — **de magnetización,** magnetization cycle; — **de marcha,** run; — **de operaciones,** processing cycle; — **de trabajo,** doty cycle; — **límite,** limit cycle; — **principal,** major cycle; — **reversible,** reversible cycle; — **secundario,** minor cycle; **rendimiento del** — (máq.-herr.), efficiency of cycle.

Cicloexano, Cyclohexane.

Ciclogiro, Cyclogiro.

Cicloide, Cycloid.

Cicloinversor, Cycloinverter.

Ciclón, Cyclone.

Ciclotrón, Cyclotron.

Ciego, Blind; **agujero** —, blind hole; **tubo** —, blank liner; **volar a ciegas,** to fly blind.

Cielo (minas), Burden; — **de hogar,** crown; — **de la caja de fuego,** crown of the fire-box; **a** — **abierto,** above ground, exposed.

Ciento (Por), P.c.t. (per cent).

Cierre, Clasp, closer, closing, closure, seal, sealing; — **automático,** automatic closing; — **con vidrio,**

glass seal; — **de báscula,** breakdown action; — **de colector** (quemadores), hand hole door; — **de cremallera,** zip fastener; — **de tornillo,** breech screw; — **de tubo,** closure tube; — **del molde,** fastening of moulds; — **exterior,** outer closing; — **forzado,** positive closing; — **hermético,** tight closure; — **manual,** hand closing; — **plegable,** hinged breech; — **por fieltro,** felt closure; — **rápido,** quick closing; — **retardado,** delayed closing; — **vertical,** vertical closure; — **voluntario de fábrica,** lockout; **al** — (elec.), make; **canilla de** — (cadena), end pin; **con** — **automático,** self closing; **con** — **hidráulico,** water packed; **dispositivo de** —, closing device; **imperfección de** —, closure imperfect; **junta con** — **de pestaña,** closed lock joint; **línea de** —, abutment line; **manigueta de** —, snib; **muro de** —, enclosing wall; **nuez de** —, breech nut; **perno de** —, expansion bolt; **pie de cabra de** —, plate closer; **placa de** —, closure plate; **relaciones de** —, closure relations.

Cifra, Cipher, check, figure, number; — **de independencia** (en tubos de memoria por carga), read-around number (in charge-storage tubes); — **de lectura** (en tubos de memoria por carga), read-number (in charge storage tubes); — **de lectura en tubos de memoria por carga,** read number in charge storage tubes; **registro de cifras,** digit storage.

Ciframiento, Enciphering.

Cigüeñal, Crank shaft, double throw crank; — (auto), drill brace.

Cilindrada, Charge, charge cylinder, cylinderful, piston displacement, swept volume.

Cilindrado, Rolling, turning off; — **basto,** rough turned; — **de gravillas,** grit rolling; — **fino,** smooth turned.

Cilindrador, Cylinderer.

Cilindrar, To turn off; **torno de** — **y de filetear,** engine lathe; **torno de** — **y de pulir,** sliding and surfacing lathe.

Cilíndrico, Cylindrical; **antena cilíndrica apuntada,** cylindrical antenna with conical section at the gap; **barrena cilíndrica hueca,** core bit; **cola cilíndrica** (herramientas), straight shank; **distribuidor** —, cylindrical slide valve, piston valve; **reflector** —, cylindrical reflector.

Cilindro, Cylinder, roll; — (bomba), working barrel; — **acanalado,** grooved roll; — **cardador,** sprocket wheel (hilatura feeding roller); — **de acabado,** finishing roll, finishing roller; — **de aceite,** oil cylinder; — **de aire** (de soplante), blowing cylinder (de un soplante); — **de aletas,** ribbed cylinder; — **de alta, de baja presión,** high, low pressure cylinder; — **de apoyo,** idle roll; — **de baja presión,** low pressure cylinder; — **de camisa,** casing bowl; — **de dirección,** guide roll; — **de estirado,** drawing roller; — **de movimiento alternativo,** reversing roll; — **de revolver,** cylinder; — **de sostén,** back up roller; — **de trabajo,** live roll, working cylinder; — **del barógrafo,** barograph drum; — **dentado,** toothed cylinder; — **desbarbador,** billet roll, blooming roll, roughing cylinder; — **desbastador,** billet roll; — **distribuidor,** piston valve cylinder; — **doble para cilindrar tubos,** beader double; — **escurridor,** dandy roll; — **hendedor,** cutter of the splitting mill; — **impresor,** printing cylinder; — **moderador,** dash pot; — **motor,** master cylinder, power cylinder, (motor de gas), main cylinder; — **oscilante,** oscillating cylinder; — **ovalado,** out of round cylinder; — **ovalizado,** out of round cylinder; — **para descortezar,** barking drum; — **portapapel del indicador,** indicator cylinder; — **preparador,** preparing roll; — **primitivo,** pitch cylinder; — **rebajador,** roughing down roll; — **retorneado,** rebored cylinder; — **soporte,** backing up roll; — **triturador,** beating engine; — **verificador,** barrel plug; — **vertical,** vertical cylinder; **antena de** — **ranurado,** sloted cylinder antenna; **asperezas del** —, roll ragging; **barrer los gases del** — (Diesel), to scavenge; **calibrar interiormente un** —, to bore out a cylinder; **camisa de** —, cylinder closing; **camisa del** —, casing of the cylinder; **carrera motriz del** —, working surface of cylinder; **cilindros acoplados,** paired cylinders, twin cylinders; **cilindros cortadores,** slitting rollers; **cilindros de molido,** chat rollers; **cilindros desbastadores,** shingling rollers; **cilindros emparejados,** twin cylinders; **cilindros en V,** V type cylinders; **cilindros en W,** W type cylinders; **cilindros rajadores,** slitters; **con dos, tres, cuatro cilindros** (laminador), two, three, four high; **con n cilindros,** n cylindered; **deflector entre cilindros,** intercylinder baffle; **filástica de** — **laminador,** roll pod; **fondo de** —, back end; **fondo del** —, bottom cover; **interior liso de los cilindros,** smooth bore; **introducción de gasolina en los cilindros para facilitar el arranque,** engine priming; **llenar el** — (motor de vapor), to charge; **máquina de alisar interiormente los cilindros,** engine cylinder boring machine; **máquina de escariar los cilindros,** floor type boring machine; **máquina de rectificar los cilindros de laminador,** roll grinding machine; **motor de n cilindros,** n cylinder engine; **motor de varios cilindros,** multicylinder engine; **pegarse a las paredes del** —, to gum up; **perno de** —, roll neck; **plato de** —, end plate; **purga del** —, draining the cylinder; **refuerzo de** —, collar of the cylinder; **revestimiento del** —, lining of the cylinder; **torno para tornear los cilindros de laminador,** roll turning lathe; **válvula de seguridad del** —, priming valve.

Cillazadora, Shearing machine.

Cimacio, Ogee.

Cimbra, Arch, arched false work, centering, centre or center; — (arcos bóvedas), cradling.

Cimbrado, Arched.

Cimentación, Foundation; — **elástica,** elastic foundation; — **sobre pilotes,** foundation on piles; **artesones de** — **para puentes,** bridge foundation cylinders; **caja de** — **para puentes,** bridge foundation cylinders; **perno de** —, foundation bolt; **placa de** —, foundation plate; **soleta de** —, concrete slab.

Cimientos (Allanadora de), Subgrade.

Cinabrio, Cinnabar.

Cincado por sublimación, Sherardized, sherardizing.

Cincar por sublimación, To sherardize.

Cincel, Calking tool, chisel, chisel for cold metal, hot chisel, narrow chisel, toggle; — **a mano,** hand chisel; — **ancho de cantero,** drove; — **biselado,** cant chisel; — **cóncavo,** concave chisel; — **cuadrado,** square chisel; — **curvado,** carving, carving gouge; — **de aplanar,** turning chisel; — **de banco,** cold chisel; — **de calafate,** making iron; — **de calefatear,** fullering tool; — **de cuchara,** entering chisel; — **de dentista,** dental chisel; — **de desbastar,** chipping chisel; — **de escultor,** marteline chisel; — **de hoja oblicua,** bevelled chisel; — **de lengua de carpa,** bolt chisel; — **de minero,** cross mouthed chisel; — **de nariz,** skew chisel; — **de plantilla,** former; — **en bisel,** firmer; — **fino,** smoothing chisel; — **para encastradura,** scaling chisel; — **para frío,** hewing chisel; — **para madera,** cant chisel; — **para piedra,** stone chisel; **mango de** —, chisel handle; **punta de** —, chisel point; **recortar al** —, to chip out; **tallar con** —, to chisel.

Cincelada, Carved.

Cincelado, Chased, chasing, chipping.

Cincelar, To carve, to cut off, to chisel, to enchase; **banco de —,** chipping bench; **herramienta de —,** chasing chisel; **máquina de —,** chaser mill; **máquina de — tornillos,** chaser screw.

Cincha, Belt, mat.

Cine, Movies or moving pictures.

Cinefluorografía, Cinefluorography.

Cinemático, Kinematic.

Cinematografía, Motion pictures.

Cinematográfico, Cinematographic; **aparato —,** motion picture apparatus; **objetivo —,** cinematographic lens.

Cinematógrafo, Cinematograph or kinematograph, kinematograph or cinematograph, motion pictures, moving pictures.

Cinescopio, Kinescope.

Cineteodolito, Cinetheodolite.

Cinético, Kinetic; **energía cinética,** active energy, actual energy, kinetic energy.

Cinglado, Shingling.

Cinglar, Squeezer.

Cinglar (Máquina de), Blooming machine, squeezer.

Cinómetro, Cynometer.

Cinoscopia, Cynoscope.

Cinta, Binding hoop, mica tape, ribbon, tape, wale; **— adhesiva,** adhesive tape; **— aislante,** insulation or insulating tape; **— cargadora,** loader; **— continua de papel,** wed; **— cuadrangular,** quadrangular circuit; **— de abrasivo,** linisher; **— de acero,** steel tape; **— de raspadores,** scraping belt; **— esmerilada,** emery tape; **— magnética,** magnetic tape; **— operculada,** chadless tape; **— perforada,** seaming tape; **— plana,** strip conductor; **— plástica,** plastic tape; **— transportadora para equipajes,** baggage conveyer; **abrasión con — sin fin,** linishing;

acoplamiento de —, band coupling; **centro retransmisor por —,** tape relay centre; **conmutación con retransmisión por — perforada,** tape retransmission automatic routing; **correa de —,** belt saw; **dar cohesión a la —,** to lock in; **decámetro de —,** measuring tape; **fábrica de cintas,** ribbon weaving; **freno de —,** band brake, strap brake; **memoria en — magnetofónica,** magnetic tape memory; **polea de sierra de —,** band wheel; **registrador de —,** tape recorder; **registrador de — magnética,** magnetic tape recorder; **retransmisión de — perforada,** perforated-tape retransmitter tape relay; **sierra de —,** band saw; **termostato de —,** strip type thermostat; **traca de —,** sheer strake; **transportador de —,** belt conveyor; **transportar por — sin fin,** to conveyorize.

Cintado, Fully set, taut.

Cintra, Fornication.

Cintrado, Pressed in.

Cinturón, Sash; **— blindado,** armour or armoured belt; **— de hierro plano,** iron belt; **— de seguridad,** safety belt.

Cinurita, Cynurite.

Circuitería, Circuitry.

Circuito, Circuit, smoothing choke; **— (telegráfico) de enlace,** junction trunk (telegraph); **— (telegráfico) directo,** direct (telegraph) circuit; **— abierto,** open circuit; **— aéreo,** overhead network; **— autointerrumpido,** self-interrupted circuit; **— bajo tensión,** live circuit; **— biestable,** lock-over circuit; **— cerrado,** closed circuit, complete circuit, loop; **— compensador de bajos,** bass-boost circuit; **— compuesto,** composite circuit; **— con vuelta por tierra,** earth return circuit; **— de alumbrado,** lighting circuit; **— de ánodo,** anode characteristic line; **— de antena,** aerial or antenna circuit; **— de aullador,** howler circuit; **— de autoarrastre,** bootstrap circuit;

— de avance automático, self drive circuit; — de bocina, horn circuit; — de calefacción, heating circuit; — de carga, load circuit; — de control de realimentación, feedback control loop; — de cordón, cord circuit; — de corriente continua, direct current circuit; — de corte de llamada, ringing trip circuit; — de cuatro hilos, four-wire circuit; — de desacoplo, decoupling circuit; — de dos hilos, two-wire circuit; — de dos partes o columnas, two part circuit; — de encendido, ignition circuit; — de entrada, input circuit; — de entrenamiento, training circuit; — de excitación, excitation circuit; — de fijación de base, clamping circuit; — de grilla, grid circuit; — de hiperfrecuencias, hyperfrequency circuit; — de iluminación, lighting circuit; — de impulsos, pulse network; — de impulsos alternos, pulse halving circuit; — de llegada. incoming circuit; — de multivibrador, flip flop ci.·cuit; — de órdenes, controlling circuit; — de partida, outgoing circuit; — de placa, plate circuit; — de pruebas, test circuit; — de refrigeración, water circuit; — de rejilla, grid circuit; — de reposición forzada, forcible release circuit; — de retardo, delay circuit; — de retorno, return circuit; — de retorno por tierra, earth circuit; — de salida, output circuit; — de seguridad, guard circuit; — de supresión, rejection circuit; — de toma y observación de líneas, pluggin-g-up an observation line circuit; — de tránsito, transit circuit; — de una pila, chain; — de volante, flywheel circuit; — del motor, motor circuit; — decodificador, decoder circuit; — derivado, branch circuit, shunt circuit; — distribuidor, position load distributing circuit; — eliminador de ondulaciones de una corriente, smoothing choke; — en bucle, loop line; — en contrafase, push-pull circuit; — en triángulo, delta

or mesh circuit, mesh circuit; — escalar, scaler circuit; — estable, stable circuit; — estático de relé, combinational relay circuit; — excitador, driving circuit; — formador, shaping circuit; — impreso, printed circuit; — incompleto, incomplete circuit; — integrador, integrating circuit; — internacional directo, direct international circuit; — interurbano, toll circuit; — logarítmico, logarithmic circuit; — magnético, magnetic circuit; — magnético de cinco núcleos, five limb magnetic circuit; — mariposa asimétrico, semi-butterfly circuit; — metálico, metallic circuit; — mixto, composite circuit; — monoestable, monostable circuit; — multicanal, multi-tone circuit; — múltiple, multiple circuit; — oscilante, oscillatory circuit; — por conjunción, and-circuit; — por desplazamiento de fase, phase shifting circuit; — preselector (radio), rejectostatic circuit; — primario, primary circuit; — pulsante, pulsing circuit; — radioelectrónico, radio electronic circuit; — radiotelefónico, radiotelephone circuit; — real, side circuit; — recorrido por la corriente, live circuit; — resonador, magnification circuit; — resonante, acceptor circuit, resonant circuit; — resonante paralelo, tank circuit; — restaurador, restoration circuit; — secuenciado de relé, sequential relay circuit; — secundario, secondary circuit; — superfantasma con vuelta por tierra, earth return double phantom circuit; — superheterodina con cristal piezoeléctrico, stenode circuit; — superpuesto, superposed circuit; — telefónico internacional, international telephone circuit; — telegráfico, telegraph circuit; — telegráfico internacional, international telegraph circuit; — telegráfico superfantasma equilibrado, double phantom balanced telegraph circuit; — triangular, triangular circuit; — velociselector, speed switching circuit; abrir el —, to break the circuit, to open the circuit; **aparamenta de protección de los circuitos eléctricos** (pararrayos, disyuntores), switch gear; **cable con circuitos antiinductivos**, cable protected against interference; **cerrar el** —, to close the circuit; **circuitos con características concentradas**, lumped circuits; **circuitos de montaje del radar**, radar circuitry; **contrato de alquiler de un** —, private wire agreement; **corriente en — cerrado**, closed-circuit current; **cortar la corriente en un** —, to deenergise or deenergize; **cortar un** —, to interrupt; **elemento que puede colocarse fuera de** —, additional cell; **en — abierto**, n. c. (no connection); **ensayos sistemáticos de circuitos**, overall circuit routine tests; **funcionamiento en — abierto**, open-circuit working; **lubricación en — cerrado**, loop lubrication; **poner en** —, to cut in, to cut in the current, to switch on; **poner fuera de** —, to switch off, to switch out; **puesta en** —, switching on; **puesta fuera de** —, switching off; **salvar un** —, to by-pass a network; **término genérico aplicado a todo dispositivo de abertura, de cierre, de modificación de las conexiones de un** —, switch; **turbina en — cerrado**, closed cycle turbine; **vuelo en** —, circling.

Circulación, Axial flow, circulation, draft or draught, draining, flow, fluxing, traffic; — (turbina), exhaust; — **a contravía**, running on wrong line; — **automática**, automatic circulating; — **de vapor**, steam circulating; — **expedita**, free circulating; — **forzada**, forced circulation; — **intensiva**, rapid circulating; — **libre**, free surface flow; — **monetaria**, currency; — **por gravedad**, gravity circulating; — **por termosifón**, thermo-syphon circulation; **agua de** —, circulating water; **agujero de** —, circulating hole; **aire de** —, circulating air; **bomba de** —, circulating pump, circulation pump; **corriente** —, circulating current; **de** —, circulating; **de — múltiple**, multiple flow; **de — simple**, single flow; **de doble** —, double flow; **diagrama de** —, flow pattern; **permiso de** —, sailing permit; **tubo de** —, circulating pipe; **válvula de aspiración del mar de las bombas de** —, circulating inlet valve.

Circulador, Circulator; — **de aceite**, oil circulator; — **de agua**, water circulator.

Circular, Circular, to flow; **cortadora** —, circle cutter; **diagrama** —, circle diagram, circular diagram; **grapa** —, circlip; **grifo de macho con orificio** —, roundway valve; **horno** —, annular kiln; **movimiento — alternativo**, rocking motion; **órbita** —, circular orbit; **paso** —, circular path; **plato** —, circular plate; **polarización** —, circular polarization; **radiofaro de diagrama** —, radiophare of circular diagram; **sierra** —, annular saw, disk saw; **sierra — de carro**, rack circular saw; **tubo** —, circular tube.

Circularidad, Circularity; **con defecto de** —, out of round.

Circularmente, Circularly; **fresar** —, to mill circularly.

Circulatorio, Circulatory; **aparato de destilación circulatoria**, circulatory.

Círculo, Annular rod, binding, circle, ring; — **aperiódico**, aperiodic circlip; — **bifurcado**, branch circlip; — **de aberración**, crown of aberration; — **de base**, root circle; — **de cabeza** (rueda de engranaje), addendum circle; — **de cara de rueda**, tread circle; — **de cobre**, copper circle; — **de corona**, addendum circle; — **de curvatura**, circle of curvature; — **de excéntrica**, eccentric circle; — **de imagen**, image circle; — **de la corona**, point circle; — **de la hélice**, circunference propeller; — **de los agujeros de los pernos**, pitch circle; — **de pie**. dedendum line, (engranajes), dedendum line; — de rodadura, tread circle; — de rodamiento, generating circle, tread circle, (engranajes), base circle; — de suspensión, gimbal ring; — dividido, divided circle; — graduado, graduated circle; — interior, dedendum circle; — primitivo (engranajes), base circle, pitch circle; — receptor, receiving circuit; cuarto de —, circle quarter; curva en evolvente de —, involute curve; engranaje de perfil de evolvente de —, single curve gear.

Circunferencia, Circumference; — de rodamiento, rolling circumference; — interior, inner circumference.

Circunferencial, Circumferential; rueda de fricción —, circumferential friction wheel; superficie —, circumferential surface.

Circunfluencia, Circumfluence.

Circunsolar, Circumsolar.

Cisco, Breeze, coal cinders, coal dross or coal dust, small.

Cisne, Swan; cuello de —, frame with cramps or cramping, swan neck.

Cisteína, Cystine.

Cisterna, Cistern, container, fueller, hotwell, tank; — antibalanceo, anti-rolling tank; — remolque, tank trailer; camión — de gasolina, gasoline tank truck; vagón —, boiler truck.

Citoscopio, Cytoscope.

Citracónico, Citraconic.

Citrato, Citrate; — de amoníaco, citrate of ammonia; — de sodio, citrate of sodium: — ferroso, citrate ferrous.

Cizalla, Cutting press, shear; — a guillotina, gate shear; — al aire, flying shears; — cónica, shearing cone; — de alzaprima, lever shear; — de guillotina, gate shears, guillotine shear; — de mano, bench shears, block shears, shearing crocodile hand lever, shearing machine; — para barras, bar shear; — para chapa, plate shears; — para chapas, plate cutting machine; — para tochos, bloom shear; — para viguetas, billet coping shear; — universal, universal shear; cizallas (véase Shear), shears; cizallas de mano, bench shears, block shears; cizallas para hierro, forging chisel; hoja de tijera o —, shear blade.

Cizallado, Sheared.

Cizallador, Clipper of iron plate; — (obrero), shearer; máquina punzonadora y cizalladora, punching and shearing machine.

Cizalladura transversal, Cross cutting; arandela de —, shearing washer; resistencia a la —, shear strength, shearing resistance or strength.

Cizallamiento, Cropping, cutting action, shearing, shearing action.

Cizallar, To clip, to crop, to shear; máquina de —, cuting press.

Clapete de bomba, Clack pump.

Claraboya, Clerestory, skylight, window; con —, batten and space.

Clarificación, Clarification.

Clarificante, Clarifiant; polvo —, clarifying powder.

Clarificar, Clarifier, to fine; caldera de —, clarifier.

Clasificación en una prueba, Classification at a race; aparato de —, clarifying apparatus; de —, clarifying.

Clasificador mecánico, Mechanical classifier.

Claro, Bright, light.

Clásico, Paragon.

Clasificable, Classifiable.

Clasificación, Calibration, classification, filing, rank, sorting; — del carbón, dressing; — por gravedad, sorting by gravity; sociedad de clasificaciones, classification society; vía de — (ferrocarril), distributing track.

Clasificador (aparato de lavado de mineral o de carbón de corriente horizontal o ascensional), Classifier.

Clasificadora, Separator.

Clasificar, To buddle, to file, to size, to titrate; — **minerales a mano,** to cob.

Clástico, Clastic.

Clatrados, Clathrates.

Cláusula, Provision; — **adicional** (seguros), rider.

Clavado, Clinched, nailed.

Clavar, To nail, to sink, to spike; — **un clavo,** to drive, to drive in a nail; — **una broca,** to drive; **máquina de — tirafondos,** sleeper screw.

Clavazón, Fastening; — **de cabeza perdida,** dumb fastening; — **de hierro,** iron fastening.

Clave, Arch stone; — **de bóveda,** crown; **armadura de — de hogar,** crown bar; **articulación de la —,** crown hinge; **telegrama de —,** code message.

Clavera, Nail stump, small anvil; — (forja), bore.

Clavero, Nail maker, nail smith, nailer; **bigorneta de —,** nail stake.

Clavetear, To clout.

Claviforme, Clavate.

Clavija, Cask plug, collar, dowel, joint frame, joint pin, key, peep, peg, pin, plug, shackle key; — **banana,** banana pin; — **cónica de madera,** spile or spill; — **de apriete,** wedge bolt; — **de catado,** tightening key; — **de conexión,** connection plug; — **de contacto,** connecting plug; — **de dos espigas,** two pin plug; — **de ensayo,** testing plug; — **de escucha,** listening plug; — **de llamada,** calling plug; — **de madera,** nog; — **de regulación,** wedge bolt; — **de roble,** nog, pin; — **de tierra,** earth plug; — **de toma,** enquiry plug; — **de tres tetones,** three pin plug; — **de unión de la varilla del pistón con la cruceta o la traviesa,** piston rod cotter; — **empernada en abrazadera,** clinch bolt; — **maestra,** kingpin, sole bolt; — **maestra de coche,** main pin; — **móvil o deslizante,** draw key; — **variable,** wander plug; **clavijas,** block chairs, dowelling; **conector de — hendida,** split bolt connector; **conjunto de clavijas,** fastening; **conmutador de —,** plug commutator; **contacto de clavijas,** plug contact; **cordón de —,** plug cord; **enlace terminado en —,** plug ended junction; **interruptor de —,** plug switch; **meter una —,** to plug; **mortaja para el paso de una —,** cotter hole; **puente de clavijas,** plugbridge.

Clavijita, Clip nail.

Clavo, Brad, nail; — **con cabeza de diamante,** brad nail; — **de cabeza ancha,** dog nail; — **de cabeza plana,** clout nail, flat headed nail; — **de cabeza redonda,** round headed nail; — **de punta desmochada,** counter clout; — **de raíl,** dog spike; — **de rombo,** diamond nail; — **de tejedor de cabeza doblada,** clasp nail; — **de tornillo,** clench, clincher nail, screw nail; — **forjado,** wrought nail; — **para hielo,** frost nail; — **pequeño,** tack; **arandela convexa para clavos,** roove; **arranca-clavos,** nail catcher; **arrancar un —,** to take out a nail; **cabeza de —,** head of a nail, nail head; **clavar un —,** to drive in a nail; **extractor de clavos,** nail claw; **facilidad para clavar clavos,** nailability; **hierro en barras para clavos,** nail iron; **punta de un —,** point of a nail; **tenazas para clavos,** nail nippers.

Claxon, Horn.

Clema, Wire clamp.

Clic del obturador, Shutter click; — **en la banda,** click in the band.

Cliché, Exposure, negative.

Clidonógrafo, Klydonograph.

Cliente, Customer.

Climatización, Air conditioning, pressurization.

Clinkerización, Clinkerization.

Clinógrafo, Clinograph.

Clinométrico, Clinometrical.

Clinómetro, Clinometer, water level; — **líquido,** liquid clinometer; — **de burbuja,** bead clinometer.

Clipper transoceánico, Clipper transoceanic.

Clisado, Processing.

Aguas **cloacales,** Sewage; **evacuación de las aguas cloacales,** water sewerage; **tratamientos de las aguas cloacales,** sewage treatment.

Cloracético, Chloracetic.

Cloración, Chlorination, chloring; — **seca,** dry chlorination.

Clorado, Chlorinated; **disolvente** —, chlorine solvent.

Clorador, Chlorinator.

Cloranilina, Chloraniline.

Clorarsina, Chlorarsine.

Cloratado, Chlorate; **explosivo** —, chlorate explosive.

Clorato, Chlorate; — **sódico,** sodium chlorate.

Cloretona, Chloretone.

Clorhídrico, Chlorhydric; **ácido** —, chlorhydric acid, hydrochloric acid, marine acid, muriatic acid.

Clorhidrina, Chlorhydrin.

Clorimina, Chlorimine.

Clorita, Chlorite; — **esquistosa,** chlorite slate; — **terrosa,** chlorite clay.

Cloro, Chlor, chlorine; — **líquido,** liquid chlorine; **aparato de tratar mineral con** —, chlorinator ore; **bióxido de** —, chlorine dioxyde.

Cloroacetofenona, Chloracetophenone.

Cloroamida de mercurio, Amidochloride of mercury.

Clorobenceno, Chlorobenzene.

Clorofita, Chlorophyll.

Cloroformo, Chloroform.

Clorurar, To chloruret.

Cloruro, Chloride; — **alcalino,** alkali chloride; — **de cal,** bleaching powder; — **de calcio,** calcium chloride; — **de etileno,** dutch liquid; — **de potasio,** digestive salt; — **férrico,** ferric chloride; **cloruros alcalino-térreos,** alkaline earth chlorides; **solución de** — **estannoso,** cotton spirits.

Clorosulfónico, Chlorsulphonic.

Club de planeadores, Club glider.

Coacervado, Coacervate.

Coagulación, Coagulation.

Coagulador, Coagulator.

Coagulante, Coagulant.

Coagular, To coagulate.

Coagularse, To allov.', to coagulate, to fix, to set.

Coalescencia, Coalescence.

Coalita (combustible obtenido por destilación de carbón a baja temperatura), Coalite.

Coáltar, Gas tar.

Coaltitud, Coaltitude.

Coaxial, Co-axial; **antena** —, co-axial antenna; **cables coaxiales,** co-axial cables.

Coaxil (Adaptador), Coax-to-coax adapter; **adaptador guía-** —, waveguide to coax adapter; **estación directriz** —, coaxial control station; **terminación de línea** —, termination for coaxial line; **vatímetro** —, coaxial wattmeter.

Cobaltaje, Cobalt colouring.

Cobáltico, Cobaltic.

Cobaltífero, Cobaltiferous.

Cobaltina, Cobalt glance.

Cobaltizado, Cobalt colouring.

Cobalto, Cobalt; — **gris,** glance cobalt; — **metálico,** metallic cobalt; **acero al** —, cobalt steel; **arseniuro nativo de** —, fly stone; **azul** —, bice; **flores de** —, cobalt bloom; **nitrato de** —, cobalt nitrate; **óxido de** —, cobalt oxide.

Cobaltoso, Cobaltous.

Cobertizo, Canopy.

Cobertura, Coverage, covering.

Cobrar (Documento a), Collectible document.

Cobre, Copper; — **afinado,** refined copper; — **al berilio,** beryllium copper; — **al manganeso,** manganese copper; — **amarillo,** brass, yellow copper; — **batido,** wrought copper; — **blando,** soft copper; — **bruto,** coarse copper; — **de cemento,** cement copper or cementatory copper; — **de roseta,** refined copper; — **electrolítico,** electrolytic copper; — **en barras,** copper bars; — **en estado de finas partículas en suspensión en el agua,** float copper; — **en hojas,** sheet copper; — **en lingotes,** copper ingots; — **fosforoso,** phosphor copper; — **nativo,** native or nature copper; — **nativo encontrado lejos de la roca de origen,** float copper; — **nativo encontrado lejos de la roca madre,** float copper; — **negro,** blister or blistered copper; — **negro desplateado,** poor coarse copper; — **no desplateado,** calamine copper; — **oxidado,** oxidized copper; — **oxidado ferroso,** brick ore; — **puro,** pure copper; — **quebradizo,** dry copper; — **rojo,** copper brick, red copper; — **roseta,** copper brick, refined copper; — **sulfurado,** copper glance; **agua de** —, copper cleansing liquid; **aleación a base de** —, copper base alloy; **aleación de** — **y zinc,** red brass; **bobinado en** —, copper wound; **brillo del** — **afinado,** shine of copper; **calderero de** —, brasier or brazier; **calderero en** —, coppersmith; **cenizas de** —, copper ashes; **con fondo de** —, copper bottomed; **depósito de** — **en las láminas del colector,** copper dragging or copper foiling; **forrado en** —, copper bottomed, copper sheathed; **forrar con** — (carenas), to metal; **forrar en** —, to copper, (buques), coppering; **forro de** —, copper sheathing; **fundería de** —, copper works; **fundición de** —, copper foundry, copper works;

grabado en —, copper engraving; **granalla de** —, copper stone; **hilo de** —, copper wire; **hoja de** —, copper plate; **hojas de** —, copper sheets; **mata de** — **bruto,** copper rust; **mineral de** —, copper ore; **moneda de** —, coppers; **moneda de** — **o bronce,** copper coin; **óxido de** —, copper oxide, crocus of venus; **partes de** — **fundido que caen en la colada,** dross of copper; **pérdida en el** —, copper loss; **piritas de** —, copper pyrites; **placa de** —, copper plate; **placa de** — **roseta,** copper disk; **plancheta de** —, copper planchet; **rectificador de óxido de** —, copper oxide rectifier; **soldar con** —, to copper solder; **sulfato de** —, blue copperas, blue stone, blue vitriol, copper sulphate; **sulfuro de** —, copper sulphide; **trenza de** —, copper-braid; **varilla de** —, brass rod.

Cobro (de dinero), Cashing.

Coca (de cable), Nip, kink; **formar cocas,** to kink.

Coccínico, Coccinic.

Cocción, Baking, burning, firing; — **dura,** claggum; **duración de** —, coking period.

Cocer, To bake; — **ladrillos,** to anneal bricks.

Cocido, Burnt; — **a fondo,** dead roasted; — **a muerte,** dead burnt; — **dos veces,** double burnt; — **una vez,** single burnt; **perfectamente** — (horno de coque), burned off.

Cociente, Quotient.

Cocimiento, Burning; — **de ladrillos,** baking.

Cocina eléctrica, Electric range.

Cocinero (buques), Commissaryman.

Cocodrilo (ferrocarril), Alarm contact.

Coche, Car; — **blindado,** armoured car; — **cama,** sleeping car; — **de carreras,** racing car; — **de ferrocarril,** coach; — **de n ejes,** n axle car; — **de ocasión,** second hand car; — **de segunda clase,**

second-class coach; — **de turismo**, car coupler, touring car; — **para funicular**, car incline; — **pesado**, heavy car; **antena de** —, cowl antenna; **carrocería de** —, body car.

Cochinata, Rider, web frame; **buque con** —, web frame vessel.

Codal, Shore.

Codalamiento, Shoring or shoring up.

Codaste, Post, stern post, sternpiece or sternpost; — **a popa**, outer sternpiece; — **a proa**, inner sternpiece; — **proel**, propeller post; **aleta sumergida junto al** —, hydroflaps.

Codeína, Codeine.

Código, Code; — **binario**, binary code; — **bivalente para cable**, two condition cable code; — **de cinco unidades**, five-unite code; — **de dos en cinco**, two-out five code; — **de edificación**, code building; — **Morse**, Morse-code; — **para cable**, cable code; — **telegráfico**, telegraphic code; — **trivalente para cable**, three-condition cable code; **alfabeto del** —, code chart; **selección por señales de** —, permutation code switching system.

Codirección, Joint directorship.

Codisolvente, Cosolvent.

Codo, Angle, bend, bend pipe, crank, duct elbow, edging, elbow, foot hook, knee, quarter bend, round elbow, square elbow; — **compensador**, expansion bend; — **de ángulo recto**, square elbow; — **de cruzamiento**, cross over bend; — **de gancho**, body; — **de reducción**, angle reducer; — **empleado para el montaje de las tuberías de agua, de gas**, drop elbow; — **redondeado**, round elbow; — **vivo**, square elbow; **válvula de** —, check valve with screwed tails.

Coeficiente, Coefficient, módul, modulus (plural **moduli**); — **bloque**, block coefficient; — **de absorción**, absorption coefficient; — **de alargamiento**, modulus of elasticity for tension; — **de alargamiento de**

un ala, aspect ratio; — **de atenuación**, attenuation factor; — **de autoinducción**, coefficient of self induction; — **de deflexión**, deflection factor; — **de inducción mutua**, coefficient of mutual induction; — **de interacción**, interaction factor; — **de intermodulación**, intermodulation coefficient; — **de ponderación**, weightage; — **de propagación**, propagation coefficient; — **de reactancia**, reactive factor; — **de realimentación**, feedback factor; — **de reflexión**, reflection coefficient; — **de resistencia**, CD (drag coefficient); — **de seguridad**, guard ratio; — **de sombra**, shadow factor; — **de transferencia iterativa**, iterative transfer coefficient; — **de utilización**, coefficient of utilization; — **de vaporización**, coefficient of vaporization; — **de viscosidad**, coefficient of viscosity; — **negativo de temperatura**, n.t.c. (negative temperature coefficient); **afectado de un** —, weighted; **coeficientes de Einstein**, Einstein coefficients.

Coercitivo, Coercive; **fuerza coercitiva**, coercive force.

Coercividad, Coercivity.

Coextensivo, Coterminous.

Cofabricante, Comaker.

Cofia, Corbel course, end cap.

Cofre, Box, case, coffer, coffer work, chamber, chest, enclosure, trunk; — (**de puesto**), cabinet; — **de distribución**, distribution bottom; — **de protección**, protecting case; — **de vapor**, steam chest, (caldera), steam chamber; — o **caja de agua** (caldera), bow water.

Cogedero de una palanca, Bail; **cogedero de una pieza**, bail.

Coherencia, Coherence or coherency.

Coherente, Coherent; **roca** —, coherent rock.

Cohesibilidad, Cohesibility.

Cohesión, Coherence or coherency, cohesion; **esfuerzo de** —, bond stress; **susceptible de** —, cohesible.

Cohesor, Coherer; — **de granalla,** granular coherer; — **de limaduras,** filings coherer; — **de polvo,** powder coherer; — **de punto de contacto único,** point coherer.

Cohete, Rocket; — **bietápico,** two stage or two staged rocket; — **con paracaídas,** parachute flare; — **de arranque,** booster rocket; — **de aterrizaje,** landing flare; — **de combustible líquido,** liquid fuel rocket; — **de combustible sólido,** solid fuel rocket; — **de doble efecto,** ducted rocket; — **de peróxido de hidrógeno,** hydrogene peroxide; — **hidrostática,** hydrostatic fuse; — **luminosos,** flare; — **monoetápico,** rocket one stage or one staged rocket; **ancla de aterrizaje de** —, rocket propellant anchor; **ciencia de los cohetes,** rocketry; **combinación globo-** —, rockoon; **gases de exhaustación del** —, rocker exhaust gas; **proyectiles** —, R. P. (rocket projectiles).

Cohobación, Cohobation.

Cohobar, To cohobate.

Cohomología, Cohomology.

Coincidencia, Coincidence; **telémetro de** —, coincidence telemeter.

Coincidental, Coincidental.

Cojín, Cushion.

Cojinete, Armilla, axle bearing, axle tree bed, bearing, bearing fulcrum, bolster, brass, bush, collar, cushion, chair plate, fulcrum, grain, journal, journal bearing, journal box, line shaft bearing, pillow, pillow block, spindle; — (de polea), bushing; — (ferr.), rail chair, chair; — **a bolas,** ball joint; — **antifriccionado,** babbited bearing; — **autoengrasante,** self aligning bearing; — **cerrado,** bush bearing, longitudinal wall hanger bearing, solid journal bearing; — **con corrección del huelgo,** adjustable brass; — **de apoyo radial acanalado,** collar thrust bearing; — **de apriete,** dog; — **de berbiquí,** crank shaft bearing; — **de bolas,** ball thrust bearing; — **de bolas de desembrague,** clutch ball thrust bearing, — **de cambiavía,** chair switch; — **de canaladuras,** collar thrust bearing; — **de carril,** cradle; — **de cigüeñal,** main bearing; — **de collarín** (topes), collared bearing; — **de contaco plano,** journal bearing; — **de empuje,** collar thrust bearing, thrust bearing, thrust block, thrust shoe; — **de empuje de bolas,** ball thrust bearing, thrust bearing; — **de estaño,** tin bearing; — **de ferrocarril,** chair rail; — **de hilera,** chase, die, dye (rare); — **de la silleta de suspensión,** drop hanger bearing; — **de manivela,** main box; — **de palier,** journal rest; — **de pivote,** chocks; — **de precisión,** precision bearing; — **de quicionera** (de bogie), bogie slide; — **de raíl,** chair; — **de rodillos,** roller bearing, thrust roller; — **de rodillos cónicos,** taper or tapered roller bearing; — **de rótula,** swivel bearing; — **de soporte,** journal rest; — **de tope,** clutch adjusting collar; — **de traviesa,** chair; — **del árbol horizontal,** main bearing; — **del cigüeñal,** crank shaft bearing; — **del husillo,** spindle bearing; — **del motor,** motor bearing; — **del talón de aguja,** heel chair; — **en cilindro,** cartridge unit; — **en tres piezas,** three part bearing; — **estanco,** stuffing box bearing; — **exterior,** tall bearing; — **exterior del árbol horizontal,** outboard bearing; — **flojo,** looser bearing; — **flotante,** floating bearing; — **intermedio,** line shaft bearing, neck collar journal; — **liso,** journal bearing; — **medio,** bushing half; — **oblicuo,** angle pedestal bearing; — **ordinario,** pedestal bearing; — **para filetear,** cutter; — **para husos,**

spindle boister; — **piloto**, pilot bearing; — **portador**, bearing carrier; — **seccional**, split bearing; — **secundario**, tail bearing; — **soportador**, brass bearing; **ajustar un** —, to scrape a bearing; **aleación para cojinetes**, bearing alloy; **alojamiento de los árboles en los cojinetes**, shaft bearings; **anillo de** —, bearing ring; **aparato para ajustar un** —, doctor; **apoyo de** —, thrust housing; **cojinetes ajustables**, adjustable bearings; **cojinetes de collarín**, neck journal bearings; **cojinetes de hilera**, screw dies; **collar de** —, pillow; **collarines de** —, thrust collars; **con cojinetes de rodillos**, roller bearinged; **de cojinetes móviles**, die stock; **efecto de vibración de un árbol en un** — **demasiado engrasado**, oil whip; **falso** —, dummy bearing; **guarnecer un** —, to line a bearing; **guarnecer un** — **de la fricción**, to babbit or babbit; **hilera de cojinetes móviles**, screw stock; **metal para cojinetes**, box metal, bush metal; **metales para cojinetes**, bearing metals; **palier con** —, bushed bearing; **placa soporte de** — **de bolas**, ball plate; **plato de** —, bearing bracket; **poner un** —, to bush, to bush a bearing; **revestir los cojinetes con metal antifricción**, to line up the brasses; **revestir un** — **con metal antifricción**, to rebabitt; **rodamiento de** — **de berbiquí**, crank shaft thrust ball bearing; **soporte de** —, thrust bearing pedestal; **terraja de** —, stocks and dies; **viga portadora de cojinetes**, bearing frame.

Cokera, Coke box.

Cokificación, Cokefication.

Cola, Carriage, fang, shank, tail; — (de polea), tail; — **conductora** (acus.), current carrying lug; — **corroída**, decayed lug; — **de boca**, lip glue; — **de colada**, transfer cull or transslug; — **de golondrina**, dovetail; — **de milano**, culvertail, dovetail, dovetailing, swallow tail; — **de milano a media madera**, secret dovetailing; — **de pato** (cureña), trail; — **de pescado**, fish glue; — **de rata**, rat-tail; — **del mercurio**, tail of mercury; — **en V** (aviación), butterfly tailplane; — **fuerte**, glue; — **marina**, marine glue; — **protectora**, primer; **botalón de** —, boom tail; **cerrojo de** —, bolt bent; **colas**, tailings; **colas de anilina**, aniline tailings; **colas de milano pasantes**, ordinary dovetailing; **en** — **de milano** (véase **Dovetail**), duff tail; **lima de** — **de ratón**, round edge joint; **luz de** —, table lamp, tail light; **máquina para fresar las espigas en** — **de milano**, spindle moulder for dovetailing; **máquina para hacer las chavetas en** — **de milano**, dovetailing machine; **montante de larguero de enlace de** — (avión), tail boom strut; **patín de** —, tail skid; **resbalamiento de** —, tail slide; **rueda de** — **orientable**, steerable tail wheel; **ruleta de** —, tail wheel; **superficies de** —, tail surfaces; **unión a** — **de milano**, swallow scarf.

Colabilidad, Castability, casting fluidity, fluidity.

Colable, Castable.

Colada, Batch, connecting piece, creep, heat, leaching, stroke, tap; — (fund.), running off or out; — **continua**, continuous casting; — **de metal fundido**, tapping; — **en aire frío**, cold casting; — **en arena**, sand casting; — **en arena seca**, dry sand casting, sand casting; — **en arena verde**, green sand casting; — **en bolsa**, tapping; — **en cáscara**, die casting; — **en cáscara por gravedad**, gravity die casting; — **en descenso**, top pouring; — **en fuente**, bottom pouring; — **en lingotera**, pouring, teeming; — **en molde permanente**, permanent mold casting; — **semicontinua**, semi-continuous casting; **chorro de** —, balanced gate, feeding or feed head, git, sprue, (fund.), dead head; **chorro de** — **sencillo**, ball gate; **hacer una** — (fundición), to cast; **impurezas arrastradas por el metal durante**

la —, cold shot; **lecho de** —, pig bed; **piquera de** — (horno alto), tap.

Colado, Run; — **centrífugamente,** centrifugally cast; **mal** —, faint run.

Colador, Colander.

Colágeno, Collagene.

Colar en lingotera, To pour; **colar en lingoteras,** to teem.

Colateralidad, Collaterality.

Colcotar muy basto, Clinker.

Colchón, Mattress; — **de agua,** water cushion; — **de aire,** air bed, air cushion, air mat, air mattress.

Colección de periódicos o de papeles, File; — **de pesos,** cup weights.

Colectivo, Distributing; **amplificador** — **de antena,** antenna distributing amplifier; **conferencia colectiva,** conference call.

Colector, Collecting head, collecting shoe, collector, commutator, culvert, cup, drain, exhaust manifold, header, manifold, pipe manifold, prime conductor, receiver, sink, slip ring, socket, trap; — **de aceite,** drip cup; — **de aire,** air manifold; — **de alimentación,** feeding collector; — **de aspiración,** induction inlet manifold; — **de barrido** (Diesel), scavenger housing; — **de caldera,** boiler header; — **de combustible,** fuel gallery; — **de escape,** ejector manifold; — **de fuegos,** fire collector; — **de lubricante fuera del cárter** (motores), dry sump; — **de máquina eléctrica,** comb; — **de mercurio,** mercury slip ring; — **de polvo,** dust collector; — **de silenciador,** silencer manifold; — **de vapor,** steam header; — **de virutas,** chip tray; — **múltiple,** tie piece; **alternomotor con** —, alternating current commutator motor; **anillo** —, collecting ring; **anillo** — **de aceite,** oil catch ring; **aro de fuego en el** —, flashes; **caja colectora de moneda,** coin collecting box; **delga de** —, commutator bar;

el agua del — **está agotada,** the water is forked; **escobilla de** —, commutator brush; **motor asíncrono de anillos colectores** (elec.), slip ring induction motor; **motor de** —, commutator motor; **rejilla colectora,** collecting grid; **válvula de** —, drain trap.

Coleo (de avión), Yaw.

Colgador de anilla, Carrying ring.

Colgante, Hanging; **puente** —, suspension bridge.

Colgar, To catch.

Colimación, Collimation; **error de** —, error of collimation.

Colimador, Collimator.

Colimar, To collimate.

Colineación, Collineations; **colineaciones afines,** collineations affines.

Colineador, Collineator.

Colineal, Collinear; **puntos colineales,** collinear points.

Colisa (Con), Slotted.

Colisión electrónica, Electron collision.

Colmatado, Water impedance.

Colocación, Fixing, installation, laying, placement, placing, positioning; — **de las calderas,** setting of boilers; — **giratoria,** clamping pivoted; **plano de** —, setting plane.

Colocado, Fited, placed, set.

Colocar, To arrange, to install, to lay, to set; — **con solape,** to lap; — **los raíles,** to fix; — **sillares,** to block up; — **travesaños,** to divide; — **un remache,** to drive a rivet, to drive in; **máquina de** — **aros de toneles,** claw trussing machine.

Colodión, Collodion.

Colofonia, Collophony, rosin.

Cologaritmo, Antilogarithm, cologarithm.

Coloidal, Colloidal; **carbón —,** colloidal carbon; **electrólito —,** colloidal electrolyte; **grafito —,** colloidal graphite; **hormigón —,** colcret; **partículas coloidales,** colloidal particles; **protector —,** colloidal protector; **química —,** colloid chemistry.

Coloide, Colloid; **— líquido** (química), sol; **— orgánica,** organic colloid.

Color, Color or colour; **— a prueba de fuego,** fireproof color; **— cuello de pichon,** dove color; **— de adorno,** decorative color; **— de aplicación,** surface color; **— de apresto,** priming color; **— de gran fuego,** fireproof color; **— de las caldas,** heat color; **— de madera,** wood color; **— de temple,** tempering color; **— delicado,** delicate color; **— fusible,** enamel color; **— intenso,** strong color; **— ligero,** light color; **— llamativo,** vivid color; **— mineral,** mineral color; **— permanente,** permanent color; **— por sales de estaño,** spirit color; **— rojo cereza,** glowing red color; **— tierno,** dim color; **— vitrificable,** enamel color; dim, muffle color; **centelleo de colores,** color flicker; **colores primarios,** primary colors; **colores vegetales,** vegetal colors; **de —,** colorama; **escala de colores,** color scale; **fotografía en colores,** color photography, color stuff (cine); **intercambio de —,** heat exchange; **máquina que utiliza los colores perdidos,** waste gas engine; **pureza de —,** brightness of color; **respuesta al —,** color response; **televisión en —,** color television.

Coloración, Colouring; **— química,** chemical colouring.

Colorante, Color or colour, colorific, dye, dye stuff, stain; **— orgánico,** organic dye; **materias colorantes,** dye; **principio —,** coloring principle; **retoque por colorantes,** dye retouching; **solución —,** stain.

Coloreado, Coloring or colouring; **franja coloreada,** coloured ring; **vidrio —,** coloured glass.

Colorear, To colour.

Colorimetría, Colorimetry.

Colorimétrico, Colorimetric; **análisis —,** colorimetric analysis, colorimetric method.

Colorímetro, Colormeter, colorimeter.

Coloriscopia, Coloriscopy.

Columbio, Columbium, niobium.

Columna, Brow piece; column, standard, tower; **—** (cepilladora), main standard; **— adosada,** imbedded column; **— ajunquillada,** cabled column; **— ascendente,** riser; **— ascensional** (fábrica de gas), ascension pipe, ascending pipe (horno de coque); **— con rellenos,** packed column; **— cruciforme formada por dos angulares,** starred angles; **— de agua de alimentación,** jack head, stand pipe; **— de alimentación,** supply riser; **— de borboteo,** gas bubble column; **— de canales con placas corridas,** column battened; **— de destilación,** distilling column, fractionating tower; **— de destilación fraccionada,** french column; **— de distribución,** switch column; **— de oxidación,** oxidising tower; **— de pared,** wall column; **— de sección circular,** cylindrical column; **— embutida,** imbedded column; **— exterior,** exterior column; **— ligera,** flying column; **— maciza,** solid column; **— para construcciones,** building column; **altura de —,** column height; **balanza de —,** column balance; **fuste de —,** shaft of the column; **grúa de —,** column crane, pillar crane; **perforadora de —,** pillar drilling machine.

Columnario, Columnar.

Colza, Colza; **aceite de —,** colza oil.

Collar, Brake strap, clamp, collar; — **de apriete,** collet; — **de cilindro,** cylinder jaw; — **de defensa (marina),** puddening; — **de extremidad,** collar end; — **de mástil,** necklace, spider; — **de retén,** collar stop; — **embutido,** collar flusl); — **flotador,** collar float; — **separador,** collar space; — **universal,** universal clip; **brida de** —, collar flange; **con** —, flanged.

Collarín, Axle tree bed, bearing, bolster, brass, collar, flange or flanch (rare), gland, neck, projection, rebate, seating, shoulder; — **(máquinas),** hoop; — **de árbol,** neck of a shaft; — **de broca (máq.-herr.),** spindle flange; — **de cilindro,** cylinder jaw; — **de excéntrica,** eccentric hoop, eccentric ring, eccentric strap, strap; — **de prensaestopas,** stuffing box bearing; — **de refuerzo,** reinforcing collar, strengthening ring; — **de tope,** thrust collar; — **de tubo,** collar; — **de un eje,** neck of a shaft; — **del prensaestopas,** stuffing box bearing; — **puesto en caliente,** shrunk on collar; **con** —, flanged; **tope de** —, collar thrust bearing.

Coma, Coma.

Comando costanero, Coastal command.

Comba, Bulging; — **(carpint.),** arch; **exceso de** —, camber excess.

Combado, Buckled, cambered, deflection, warped; — **de los electrones,** electron bunching.

Combadura, Camber.

Combar, To deflect, to warp.

Combarse, To bow, to distort, to hog, to jet out.

Combate, Combat; — **aéreo en que varios contendientes están entremezclados,** melee; **aeronave de** —, combat aircraft; **apropiado para el** —, combatworthy; **tripulación de** —, combat crew.

Combinación, Fusion, combination; — **de alumbrado,** light combination; — **de sonidos,** combination of sound; — **de velocidades,** speed combination; **combinaciones (mát.),** combinations; **instrumento de** —, combination tool; **llave de** —, combination key; **repartidor de** —, combination distributing frame; **unidad de** —, combination unit; **volumen, peso relativo de un cuerpo en su** — **n.ás sencilla,** combining volumen, combining weight.

Combinado, Combined; **acción combinada,** compound action; **instrumento** —, combination instrument; **máquina combinada,** combined machine; **máquina combinada de tipo corriente,** conventional combined machine; **máquina de vapores combinados,** two vapour engine.

Combinador, Combinator, controller; — **(telégrafo),** combiner.

Combinante, Combinant.

Combinar, To combine.

Combinatorio, Combinatorial.

Comburente, Comburent, combustive; **aire** —, comburent air.

Combustibilidad, Burnability, combustibility, combustibleness.

Combustible, Combustible, fuel; — **al plomo,** leaded fuel; — **antidetonante,** anti-knock fuel; — **con alto contenido de aromáticos,** high or highly aromatic fuel; — **con bajo contenido de aromáticos,** low aromatic fuel; — **de índice de octano elevado,** high octane fuel; — **de reserva,** reserve fuel; — **gaseoso,** gaseous fuel; — **líquido,** liquid fuel; — **parafínico,** paraffinic fuel; — **sólido,** solid fuel; **abastecedor de** —, fueller; **aceite** — **(petróleo, nafta, etc...),** oil fuel; **aprovisionamiento de** —, fuelling; **aprovisionar de** —, to fuel; **bomba del** — **(Diesel),** fuel pump; **carrillo de dos ruedas, para el transporte del mineral, del** —, dandy; **cohete de** — **líquido,**

liquid fuel rocket; **cohete de —** **sólido,** solid fuel rocket; **colector de —,** fuel gallery; **compuesto —,** combustible matter; **conducto lateral de —,** by-pass fuel; **depósito de —,** pressurized fuel tank; **depósito de — presurizado,** pressurized fuel tank; **depósito del —,** fuel tank; **deshidratación del —,** fuel drying; **efecto del movimiento del pistón para efectuar la mezcla del — y aire,** squish; **gasto de —,** fuel consumption; **inyección de —,** fuel injection; **vaciado del —,** defueling; **válvula de —,** fuel valve.

Combustión, Burning, combustion; **— completa,** burnup, comburation; **— detonante,** detonating combustion; **— espontánea,** spontaneous combustion; **— húmeda,** wet combustion; **— interna,** internal combustion; **— prolongada** (motor de combustión interna), after burning; **— retardada,** hangfire; **activar la —,** to accelerate the combustion; **analizador de gas de —,** flue gas analyser; **cámara de —,** burner chamber, comburation chamber, combustion area or combustion chamber, combustor, compression chamber, (turborreactor), flame tube; **cámara de — de elementos separados,** can type combustor; **cámara de — de inyección,** spray type chamber; **copela de ensayo de —,** calcining test; **chimenea de —,** combustion shaft; **de — lenta,** slow burning; **de — rápida,** quick burning; **gas de —,** flue gas; **paleta de turbina de —,** gas turbine bucket; **punto de —,** fire point, burning point (temperatura a la que el petróleo se inflama y sigue ardiendo); **recalentador de —,** combustion heater, combustion regulator; **retraso en la —,** hangfire; **rendimiento de —,** combustion efficiency; **temperatura real de —,** actual combustion temperature; **velocidad de —,** rate of burning; **zona de —,** combustion zone.

Combustor anular, Annular type combustor.

Coménico, Comenic; **ácido —,** comenic acid.

Comercial, Business, commercial, trading; **acero —,** merchant steel; **aviación —,** commercial aviation; **denominación —,** commercial term, commercial work; **explotación —,** commercialization; **instalación —,** commercial installation; **marina —,** mercantile navy; **vuelo —,** commercial flight.

Comerciante, Dealer, mercantile, merchant; **— al por mayor,** merchant.

Comercio, Commerce, merchandise, trade; **buque de —,** merchant ship; **cámara de —,** chamber of commerce; **de —,** mercantile, trading.

Cometa (una), Kite; **— celular,** box kite; **— para la antena de emergencia,** box kite.

Cometografía, Cometography.

Comisión, Comission, committee; **— de cobro,** charge collection; **— de ensayos,** trial committee; **— en las ventas,** comission sales; **— examinadora,** examining comission; **— gestora,** managing committee; **— técnica,** technical comission.

Comité, Committee; **— ejecutivo,** executive committee.

Compacidad, Compactness.

Compactación, Compacting; **— por laminador,** roll compacting; **herramienta de —,** compacting tool.

Compactado, Compacted.

Compactibilidad, Compactibility.

Compacto, Fast, rugged; **—** (topología), compactum; **conjunto —,** compact assembly; **grupo —,** compact unit; **hacerse —,** to sag.

Compañía (comercio), Company; **—** (de seguros), office; **— Británica de Radiodifusión,** B.B.C. (British Broadcasting Company); **— de petróleos del Irak,** I.P.C. (Iraq Petroleum Co); **— petrolífera Anglo-Iraniana,** Anglo-Iranian Oil Co (A.I.C.).

Comparación (Barrita de), Assaying piece.

Comparador, Comparator; — **cartográfico,** chart comparison unit (G.B.); — **cerrado,** closed comparator; — **de ala,** wing comparator; — **de bobinas,** coil comparator; — **de cuadrante,** dial comparator; — **de palanca,** level comparator; — **fotoeléctrico,** photoelectric comparator; — **horizontal,** horizontal comparator; — **óptico,** optical comparator; — **óptico-electrónico,** electron-optical comparator; — **vertical,** vertical comparator.

Comparascopio (microscopio), Comparascope.

Comparativo, Comparative; **curva comparativa,** comparative curve; **valor** —, comparative valve.

Compartimentación, Compartmentation.

Compartimentado, Ship subdivision.

Compartimentar, To comparmentize.

Compartimento (minas), Panel; — **de municiones,** ammunition dump.

Compartimiento, Compartment; — **para el lanzamiento de paracaidistas,** parabay; — **para equipajes,** cargo compartment, freight compartment; — **transversal,** cross bunker.

Compás (brújula), Compass; — **bailarín,** calipers or calipers; — **con arco,** wind dividers; — **de calibrar,** compass caliber; — **de dibujo,** compasses; — **de espesores,** bow compasses; — **de gruesos de cremallera,** back calipers; — **de medidas,** dividers; — **de puntas secas,** dividers; — **de ruta,** steering compass; — **de varas,** trammel; — **magistral** (compás giroscópico), master compass; — **para esferas,** ball caliper; — **principal** (compases giroscópicos), master compass; — **universal,** universal caliper, universal compass; **compensar un** —, to adjust a compass; **flotante de rosa de** —, compass float; **pivote del** —,

centre pin; **rosa giratoria de** —, rotatable compass.

Compensación, Balancing, compensation, equalising or equalizing, trim; — **de bajos,** bass compensation; — **de desgaste,** compensation for wear; — **de temperatura,** temperature compensation; — **de tierra** (radio), counterpoise; — **de tonos altos,** treble compensation; — **por presión,** pressure compensation; — **secundaria,** secondary balance; **aleta de** —, trimming tab; **arrollamiento de** —, compensating winding; **cálculo de** —. compensating computation; **canal de** —, equalisation passage; **carga continua de** —, trickle charge; **con** — **del huelgo,** adjustable for take up; **conductor de** —, equaliser feeder; **conductores de** —, equalizing mains; **chimenea de** —, surge tank; **de** —, compensating; **dínamo de** —, balancing dynamo; **fiap de** —, trim tab; **indicador de** —, balanced indicator; **mecanismo de** —, compensating gear; **método de** —, compensation method; **onda de** —, compensation wave; **palanca angular de** —, bell crank equalizer; **pistón de** —, dummy piston; **tensión de** —, equalising pressure.

Compensado, Balanced, compensated, trimmed; — **con pesas,** balanced mass; — **para las variaciones de temperatura,** temperature compensated; **alerón,** balanced aileron, balanced flap; **motor en serie** —, compensated series motor; **radiogoniómetro de cuadro** —, compensated-loop direction finder; **timón** —, balanced rudder.

Compensador, Balanced gear or differential gear, balancer, compensator, equalisation box, equaliser or equalizer, equalization bottom, expanding, expansion joint; — **(electricidad),** padder; — **acústico,** acoustic compensator; — **aerodinámico,** aerodynamic balancer; — **de ametralladora,** gun balancer; — **de compás,** compass compensator; — **de ruido,** noise weighting; — **dinámico,** trim tab; — **enfriado con hidrógeno,** hydrogen cooled compensator; — **rotativo,** rotating compensator; — **síncrono,** synchronous compensator; **aleta compensadora,** control trimmer, trimmer; **balancín —,** equaliser or equalizer; **compensadores de plano de dirección,** trims; **cuadro —** (distribución), relief frame; **dínamo compensadora,** equaliser or equalizer; **flap —,** trimming flap; **globito —,** auxiliary balloon; **imanes compensadores** (compás), quadrantal correctors; **manguito —,** expansion joint; **máquina compensadora,** balancer equalizer; **palanca compensadora,** compensating lever; **pistón —,** balanced piston; **prensaestopas —,** expansion stuffing bottom; **resorte —,** equaliser spring; **tapón del —,** compensator plug; **transformador —,** balancing transformer; **tubo —,** compensating pipe, expansion pipe.

Compensadora, Equaliser or equalizer.

Compensar, To equalise or equalize; — (un compás), to compensate; — **el huelgo,** to take up; **que compensa,** equalising or equalizing.

Compensatriz, Balancer.

Competencia, Fitness; **prueba de —,** competency test.

Competición desleal, Competition unfair.

Competidor, Competitor.

Compilación de trabajos, Symposium.

Complejo, Complex; — **metálico** (quím.), metallic complex; **impedancia compleja,** impedance complex; **ion —,** complex ion; **mineral —,** blanch of ore.

Complementario, Complementary; **antenas complementarias,** complementary antennas; **color —,** complementary colour.

Complemento, Complement; — **aritmético,** arithmetical complement; — **de ángulo,** complement of angle; — **de peso,** makeweight; **línea de —,** complementary line.

Completamente esmerilada, All frosted.

Componente, Component; — **armónica,** harmonic component; — **audiofrecuente,** audio component; — **cuadrantal de error,** quadrantal component of error; — **de atenuación conjugada,** conjugated attenuation coefficient; — **de atenuación iterativa,** iterative attenuation coefficient; — **de choque,** shock component; — **de desfase conjugado,** conjugated phase-change coefficient; — **de señal,** signal component; — **de substentación,** lift component; — **de transferencia conjugada,** conjugated transfer coefficient; — **del campo eléctrico** (o magnético), electric (or magnetic) field component; — **estable,** heavy constituent; — **hacia arriba,** upward component; — **horizontal,** horizontal component; — **inferior,** lower component; — **octantal de error,** octantal component of error; — **radial,** radial component; — **reactiva,** reactive component; — **semicircular de error,** semi-circular component of error; — **tangencial,** tangential component; — **volátil,** volatile constituent; **componentes simétricas,** symmetrical components; **componentes verticales,** vertical components; **conjunto de los componentes,** componentry; **fuerzas componentes,** component forces; **onda — extraordinaria,** extraordinary wave-component.

Componer, To type set; **máquina de —,** type setting machine.

Comportamiento, Behaviour, holding.

Composición, Composing, composition, setting; — **de caucho,** compounding rubber, rubber composition; — **de los flujos** (elec.), composition of flux; — **de movimientos,** composition of motion;

— **de régimen,** good compression; — **de velocidades,** composition of velocities; — **elástica,** elastic compression; — **plástica,** plastic composition; — **química,** chemical composition; **buque de** —, composite vessel; **de** — **especial,** specially compounded.

Compound (máquina de vapor de expansiones sucesivas), Compound; **devanado por el sistema** —, compounding.

Compoundaje, Compounding; **válvula de** —, compounding valve.

Compra, Purchase; **precio de** —, purchase price.

Comprador, Purchaser.

Compresibilidad, Compressibility.

Compresible, Compressible; **cuerpo** —, compressible body.

Compresímetro, Compressometer.

Compresión, Bearing stress, compression, ramming; — **absoluta,** absolute compression; — **adiabática,** adiabatical compression; — **axial,** axial compression; — **completa,** complete compression; — **de torsión,** twist compressor; — **de un doblez a regla,** creasing; — **débil,** weak compression; — **elástica** (cilindro de vapor), cushioning; — **elevada,** high compression; — **inicial,** initial compression; — **máxima,** maximum compression; — **media,** mean compression; — **permanente,** permanent compression; — **residual,** residual compression; **anillo de** —, compression ring; **baja** —, low compression; **barra de** —, compression strut; **carga de** — **y de tracción,** push pull loading; **control de** —, compression control; **de** —, compressive; **distancia de** —, compression distance; **doblarse por** — **en un extremo,** to collapse; **efecto de** —, compressibility effect, compressive effect; **esfuerzo de** —, compressive stress; **flexión axial por** —, collapse; **máquina de** —, compressing machine.

Comprensión (Porcentaje de — inmediata), Immediate appreciation percentage; **relación de** —, compression ratio; **relación índice de** —, compression ratio; **resistencia a la** —, compressing strength, compressive strength; **trabajo de** —, compression work; **tubo por** —, compressing tube.

Compresor, Blower, compressing engine, compressor, supercharger; — **aerodinámico,** supersonic compressor; — **auxiliar,** auxiliary compressor; — **axial,** axial compressor; — **centrífugo,** centrifugal compressor, centrifugal supercharger; — **compound,** compound compressor; — **de aire,** air compressor; — **de aire de dos etapas,** two stage air pump; — **de alimentación,** feed compressor; — **de amoníaco,** ammonia compressor; — **de arranque,** starting compressor; — **de cabina,** cabin supercharger; — **de doble efecto,** double acting compressor; — **de dos escalones,** two stage compressor; — **de dos etapas,** two stage supercharger; — **de dos velocidades,** two speed super charger; — **de flujo axial,** axial flow compressor; — **de gas,** gas compressor; — **de gas de alta presión,** high pressure gas compressor; — **de muelle,** spring compressor; — **de n escalones,** n stage compression; — **de refrigeración,** refrigeration compressor; — **de sobrealimentación,** supercharger; — **de varios escalones,** multistage or multistaged compressor; — **duplex,** duplex compressor; — **horizontal,** horizontal compressor; — **móvil,** portable compressor; — **neumático,** pneumatic compressor; — **para pintura con dos pistolas,** paint compressor; — **plurietápico,** multistage supercharger; — **universal,** universal compressor; **álabe director del** —, supercharger diffuser vane; **cárter del** —, compressor mounting; **derivación sobre el** —, compressor bleed; **difusor del** —, supercharger diffuser; **embrague del** —, supercharger clutch; **estátor de** —, compressor stator; **rodillo** —, compresor roller, compactor; **rótor del** —, supercharger impeller, supercharger rotor; **rueda de** —, compressor impeller; **sin** —, compressorless; **voluta de aspiración del** —, supercharger inlet volute.

Compresor-expansor, Compander.

Comprimido, Compact, compressed; **aire** —, compressed air, supercharge air; **arranque por aire** —, starting by means of compressed air.

Comprimidor compresor, Squeezer compressor.

Comprimir, To compress.

Comprobación, Check; — **con redundancia,** check redundancy; — **de capacidad,** checking capacity; — **de valores,** appraisal; — **de velocidad de discos,** dial speed tester.

Comprobatoria (Rutina), Test routine.

Compromiso, Compromise; **alimentador de** —, compromise feeder; **contraer un** —, to make a commitment; **método de** —, compromise method.

Compuerta, Baffle, baffle plate, flood gate, gate, mill dam, pin valve, shutter, sluice, sluice valve, valve, valve blade; — **de aguas abajo,** down stream gate; — **de aguas arriba** (esclusa), crown gate; — **de aliviadero,** spillway gate; — **de ataguía,** draft tube gate; — **de descarga,** undersluice gate; — **de deslice,** blast slide; — **de esclusa,** lock gate; — **de fondo,** bottom gate, undersluice gate; — **de mariposa,** butterfly valve; — **de presa,** barrage gate; — **de segmento,** segment sluice; — **de toma de agua,** regulator gate; — **de un barco,** valves; — **evacuadora,** spillway gate; — **plana de toma,** sluice gate; — **por conjunción,** and-gate; — **por disyunción,** or-gate; — **registro esférico,** spherical valve; — **reguladora,** regulating valve; — **tra-**

sera, tail board; — **-vagón,** slide gate; **pared de** —, sluice board; **válvula** —, screw down valve.

Compuesto, Compound, in type; — (mar), composite; — **gaseoso,** gaseous compound; — **mineral,** mineral composition; — **obturador,** sealant; **aceite** —, compounded oil; **atenuación compuesta,** composite attenuation; **compuestos afines,** related compounds; **compuestos aromáticos,** aromatic compounds; **compuestos de cadena larga** (quim.), long chain compounds; **compuestos nitrogenados,** azocompounds; **compuestos orgánicos,** organic compounds; **compuestos polinucleares,** polynuclear compounds; **compuestos sulfurados,** sulphur compounds; **señal compuesta,** composite signal; **viga compuesta,** compound girder.

Computador, Cumulative.

Cómputo, Accounting; — **automático de llamadas,** automatic message accounting; — **múltiple,** multiple metering; — **por batería positiva,** positive battery metering; — **por cuarto hilo,** forth wire metering; — **por inversión de alimentación,** reverse battery metering; — **por tiempo y zona,** time and zone metering.

Común, Block; **estaño** —, block tin; **metal** —, base metal.

Comunicabilidad, Communicability.

Comunicación, Communication; — **bifurcada,** forked working; — **bilateral,** two way connection; — **de movimiento,** connecting gear; — **directa,** direct communication, direct relation; — **directa internacional,** direct international relation; — **en los dos sentidos,** two-way communication; — **entre barcos,** ship-to-ship communication; — **internacional telegráfica,** direct international (telegraph) connection; — **militar,** military communication; — **por conmutación,** switched connection; — **punto a punto,** point to point communication; — **rechazada,** refused communication; — **sonar**, sonar communication; — **telegráfica**, telegraph relation communication; — **unilateral**, one way connection; **conducción de** —, conduit pipe; **de** —, communicating; **duración total de la** —, overall lasting of a call; **nudo de** —, center of communication; **petición de** —, booking of a call; **porcentaje de comunicaciones atendidas**, effective booked calls percentage; **recepción de comunicaciones**, communication reception; **señal de principio de** —, clearforward signal; **sistema de** — **por impulsos**, pulse communicating system; **transmisor de** —, communication transmitter; **tubo de** —, communicating tube, conduit pipe, connection channel.

Comunicador, Communicator.

Concatenación, Interlinking of phases.

Concatenado, Phase locked; **sistema de fases concatenadas**, interlinlinked two phase system.

Cóncavo, Concave; — **removible**, concave removable; **espejo** —, concave mirror; **lente plano-cóncava**, plano concave lens.

Concebir, To design.

Concentrabilidad, Concentrability.

Concentración, Benefication, concentration, focusing or focussing, titre; — **aeronáutica**, aeronautical concentration; — **de esfuerzos**, stress concentration; — **de potencia**, concentration of power; — **mínima**, threshold valve; — **por flotación**, concentration by flotation; **grado de** —, degree of concentration; **pila de** —, concentration cell; **planta de** —, concentrating plant; **procedimiento de** —, concentration process.

Concentrado, Concentrated, lumped, strong; — (mineral rico de lavado), concentrate; — **de plomo**, balland; — **en el centro**, concentrated at center; **característica concentrada** (radio), lumped characteristic; **circuitos con características concentradas**, lumped circuits; **concentrados**, heads; **inductancia concentrada**, concentrated inductance, lumped inductance; **sistema** —, concentrated system.

Concentrador, Concentrator.

Concentrar, To concentrate, to focus.

Concéntrico, Concentric; — **con el cuerpo**, centered on shank; **arrollamientos concéntricos**, concentric windings; **cámara concéntrica**, concentric chamber; **círculo** —, concentric circle; **cuadrado** —, concentric square; **devanados en capas concéntricas**, concentricity.

Concepción, Design.

Concesión, Concession, lease; — **minera** (E.E.U.U.), location; **retroventa de una** —, redemption.

Concesionario, Lessee; — **de patente**, patent lessee.

Conciencia, Breast plate.

Concoidal, Conchoidal.

Concoide (curva), Conchoid.

Concrecionado, Concretionary.

Concreciones, Concretions.

Concrete, Stud; **con concretes** (cadenas), studded; **sin** —, studless.

Concretivo, Concretive.

Concreto, Ballast concrete, concrete; **número** —, applicate; **tanque de** —, concrete tank.

Concurso, Competition.

Concha (Moldeo en), Chill moulding.

Condensación, Condensation; — **de vapor**, vapour condensation; — **giratoria**, rotary condensation; — **inicial**, initial condensation; — **por contacto**, dry or external condensation; **agua de** —, condensate waste water; **barrilete de** —, hydraulic condenser; **llegada de agua de** —, condensate supply; **máquina de** — **por superficie**, surface condensing engine; **sin** —, non condensing; **tubo de** —, condensation tube; **turbina de** —, condensing turbine.

Condensacional, Condensational.

Condensado, Condensate, condensed.

Condensador, Permittor; — (eléctrico), condenser; — (máquinas), condenser; — (véase **Capacitor**), condensator (poco empleado); — (véase **Condenser**), capacitor; — **abierto,** open condenser; — **auxiliar,** auxiliary condenser; — **calibrado,** calibrated condenser; — **compensador,** buffer capacitor; — **con papel,** paper condenser; — **de acoplamiento,** condenser coupling, coupling capacitor; — **de aire,** air capacitor, air condenser; — **de alambre,** wire condenser; — **de antena,** aerial tuning condenser; — **de aplanamiento,** smoothing condenser; — **de balanceo,** balancing condenser; — **de bloqueo,** blocking capacitor, blocking condenser; — **de charro,** ejector condenser; — **de derivación,** bridging condenser, by-pass condenser; — **de desacoplo,** bypass capacitor; — **de emisión,** transmitting capacitor; — **de filtrado,** filter capacitor, filter condenser; — **de grilla,** grid condenser; — **de inyección,** jet condenser; — **de mercurio,** mercury condenser; — **de mica,** mica capacitor, mica condenser; — **de neutralización,** neutralizing condenser; — **de parada,** stopping capacitor; — **de paso,** by-pass capacitor; — **de placas de vidrio,** glass plate capacitor; — **de recepción,** receiving capacitor, receiving condenser; — **de recuperación,** regenerative condenser; — **de rejilla,** grid capacitor; — **de sintonización,** tuning capacitor; — **de superficie,** surface condenser; — **de tipo rotativo,** rotating condenser; — **de transmisión,** transmitting condenser; — **de vacío,** gauge condenser; — **de vidrio,** glass condenser; — **defectuoso,** leaking condenser; — **dieléctrico,** dielectric condenser; — **doble,** double condenser, dual capacitor; — **eléctrico,** electric condenser; — **electrolítico,** electrolytic capacitor,

electrolytic condenser; — **en bloque,** condenser block; — **en el aceite,** oil condenser; — **en serie,** series capacitor; — **estático,** static condenser; — **evaporativo,** evaporative condenser; — **intermedio,** intermediate condenser; — **Mosicki,** Mosicki condenser; — **no regulable,** fixed capacitor; — **para mejorar el factor de potencia,** power factor capacitor; — **sin escalones,** stepless condenser; — **síncrono,** synchronous condenser; — **tubular,** condenser by contact, tubular capacitor; — **variable,** variable condenser; **armadura de un —,** plate of condenser; **cabeza de —,** condenser head; **caja de —,** condenser shell; **cátodo unido al —,** by-passed cathode; **de —,** condensing; **doble — de ajuste,** dual-trimmer; **esqueleto de —,** condenser frame; **férula de —,** condenser ferrule; **placas fijas de un —,** stator plates; **probador de condensadores,** checker condenser; **soldadura por descarga de —,** stored energy welding; **soporte para condensadores,** condenser support; **unidad condensadora,** capacitor unit.

Condensar, To condenser.

Condición, Specification.

Condiciones, Terms; — **de recepción,** reception specifications; **en — de servicio muy duras,** heavy duty; **pliego de —,** specification, the conditions of contract.

Conducción, Attendance, conduction, delivery, leading, main, penstock, pipe, pipe line, pipe wave, pipe way, tube; — **de aceite,** oil piping; — **de agua,** water main; — **de aire,** air pipe; — **de gas,** gas main; — **de los gases,** baffling; — **de traída,** intake duct; — **del fuego,** stoking; — **eléctrica,** electric conduction; — **electrolítica,** electrolytic conduction; — **forzada,** penstock, pipe line, pressure conduit, pressure pipe line, water line; — **gaseosa,** gaseous conduction; — **interior,** saloon; **compuerta de cabecera de — for-**

zada, penstock head gate; **conducciones**, mains, piping; **conducciones de agua**, water mains; **conducciones de gas**, gas mains; **conducciones eléctricas**, electric mains; **corriente de —**, conduction current; **de —**, homing; **elemento de —**, pipe section; **tubo de — de vapor**, main pipe.

Conducido, Ducted.

Conducir, To control. to lead.

Conducta, Drive, management.

Conductancia, Conductance; **— anódica**, anode conductance; **— exterior**, surface conductance; **— mutua**, mutual conductance, transconductance; **unidad de —** (elec.), **inversa del ohm,** mho.

Conductibilidad, Conductance, conductivity; **— de los dieléctricos**, dielectric conductance; **— térmica**, thermal conductance; **alta —**, high conductivity.

Conductimétrico, Conductimetric, conductometer.

Conductividad, Conductivity; **— del metal**, conductivity of metal; **— eléctrica**, electrical conductivity; **— técnica**, technical conductivity; **— térmica**, heat conductivity, thermal conductivity. **— unipolar,** unipolar conductivity.

Conducto, Conduit, chimney shaft, duct, flume, inlet, leader, line, runner, shoot, snout; **—** (de gases, de humo), port; **— abierto,** exposed duct; **— automático,** automatic chute; **— de agua,** conduit ditch; **— de aire de una galería ciega para la ventilación,** dumb drift; **— de desagüe,** flow line; **— de enlace,** split duct; **— de entrada,** conduction pipe; **— de evacuación,** delivery pipe **— de humo,** bear; **— de ventilación,** air channel, air pipe (minas); **— flexible,** flexible duct; **— para barras colectoras,** busway; **— para cartuchos,** cartridge chute; **— principal de viento,** blast main; **acumulación de polvos de los conductos,** nodulising; **caja de conductos tubulares,** conduit box;

pantalla de **— de paso,** by-pass screen..

Conductómetro, Conductometer.

Conductor, Bonded, conducting, conductive, channel, fingelman, main; **—** (elec.), conductor, conveyer or conveyor, lead; **— aislado,** insulated wire; **— apuntado,** pointed conductor; **— de alimentación,** leading in wire; **— de aluminio,** aluminium conductor; **— de cables retorcidos,** stranded wire; **— de cobre,** copper conductor; **— de empalme** (calderas), dog; **— de encendido,** igniting or ignition wire; **— de hierro,** iron conductor; **— de masa,** earth wire, (auto), ground wire; **— de resonancia,** resonant conductor; **— de tierra,** earth wire; **— de trole,** trolley wire; **— del calor,** conductor or heat; **— elevador de tensión,** booster lead; **— esférico,** spherical conductor; **— flexible,** cord; **— ininflamable,** flame proof wire; **— múltiple,** bundle conductor, conductor bundle; **— neutro,** equalising conductor; **— redondo,** round conductor; **— simple,** single conductor; **— sin corriente,** currentless conductor; **— térmico,** heating wire; **— testigo,** pilot wire; **— vertical** (antena tipo), single vertical wire antenna; **— vertical plegado** (antena tipo), folded stub antenna or folded vertical wire antenna; **— vulcanizado,** vulcanized conductor; **alojamiento de los conductores en las ranuras** (elec.), bedding of wires; **buen —,** good conductor; **cable de tres conductores,** three conductor cable; **capa conductora,** conducting layer; **conductores de compensación,** equalising mains; **conjunto de cuatro conductores aislados,** quad; **hilo —,** conducting wire; **mal —,** bad conductor; **neumático —,** conductive tyre; **no —,** non conducting, non conductive; **partícula conductora,** conduction particle; **ramal —,** tight side of belt; **sin —,** driveless; **suelo —,** conducting floor.

Conductores (Con varios), Multiwire.

Conectabilidad (máquinas), Connectivity.

Conectable, Connectable.

Conectado, Electrically bonded, tapped; — **en oposición,** connecting in opposition; **mal** —, improperly connected; **no** — **a tierra,** unearthed.

Conectador, Connector; — **a prueba de humedad,** moisture-proof connector; — **de bridas,** flanged connector; — **de línea,** line connector; — **de tornillo,** screw joint.

Conectar, To connect, to plug, to switch on; — **a tierra,** to connect to earth, to put to earth.

Conector, Connector; — **de clavija hendida,** split bolt connector; — **superior,** top connection; — **terminal,** terminal connector.

Conexión, Bond, connector, flushing, hook up. junction, juncture, plugging, tie; — (elec.), connection, in steps, pulling into step; — **a enchufe,** barrel connection; — **a tierra,** ground connection; — **apretada,** tight connection; — **corredera,** sliding connection; — **de inducido,** armature connection; — **enchufable,** jammer emission; — **final,** end connection; — **frontal,** front connection; — **para pruebas en poste,** test pole connection; — **posterior,** rear connection; — **sin solduras,** solderless connection; — **telegráfica internacional de tránsito,** transit international telegraph connection; — **triple,** triple connection; — **tubular,** conduit connection; **aparato eléctrico de** —, electrical switch gear; **caja de** —, connecting box; **clavija de** —, connecting plug, plug key; **con conexiones ya hechas** (electricidad), prewired; **conexiones de filamento,** filament leads; **de** — **directa,** direct acting; **diagrama de conexiones,** connection diagram; **esquema de conexiones,** wiring diagram; **falsa** —, false connec-

tion; **línea de** —, tie line; **manguito de** —, splicing sleeve; **punto de** —, attaching point; **superficie de** —, connecting surface; **terminal de** —, connecting tag; **tubos de** —, connecting pipes.

Confección, Making; — **de las piezas sueltas,** assembling.

Conferencia, Subscription; — **de abono,** subscription call; — **de Estado** (en el Servicio Internacional), government call (in the international service); — **de estado en el servicio internacional,** government call in the international service; — **de pago en destino,** collect call; — **de socorro** (en el servicio internacional), distress call (in the international service); — **demorada,** delayed conversation; — **fortuita a hora fija** (en el servicio internacional), occasional fixed time call (in the international service); — **inmeriata en el servicio internacional,** lighting call in the international service; two link international call; — **internacional de servicio,** international service call; — **internacional de tránsito,** transit international call; — **internacional directa,** direct intenational call; — **privada ordinaria,** ordinary private call; — **privada urgente,** urgent private call; — **telegráfica,** telegraph conversation; **conexión para** — **directa,** connection for direct conversation.

Confirmante de un nombramiento, Assentor.

Confluencia, Confluence.

Conformable, Shaping.

Conformación, Cold starting.

Conformado, Forming, shaped, wrought; — **en frío,** cold forming; — **por estirado sobre plantilla,** stretch wrap forming.

Conformador, Shaping; **máquina conformadora,** shaping machine.

Conformar, To make, to mold (**to mold** en América), to shape; **matriz de** —, trimming die.

Confuso (Trazo), Blur.

Congelable, Icing; **no** —, non icing.

Congelación, Congealing, freezer, freezing, icing; — (perforación de pozos de mina, túneles), freezing process; — **rápida** (frío atomizado), quick freezing; **punto de** —, freezing point.

Congelado, Freezed, frozen.

Congelador, Froster.

Congelarse, To freeze.

Conglomerado, Conglomerate; — **aurífero,** banket.

Congruencia, Congruence.

Conicidad, Conicalness, draft; **con** — **de salida,** tapering.

Cónico, Coned, conical, taper, tapered, tapering; **asiento** —, bevel seat; **broca de espiga cónica,** taper shank twist drill; **casquete** —, conical spinner; **cojinete de rodillos cónicos,** tapered roller; **diente** —, club tooth; **diferencial** —, bevel differential; **dispositivo para tornear** —, taper turning device; **embrague** — **doble,** double cone clutch; **embrague** — **equilibrado,** balanced cone clutch; **engranaje** —, bevel gear; **engranaje** — **helicoidal,** skew bevel wheel; **engranajes cónicos,** beveled gears; **exploración cónica,** conical scanning; **fresa cónica,** cone countersink, reamer; **junta cónica,** union cone; **lado** —, coned end; **lima de dientes cónicos,** blunt file; **manguito** —, taper sleeve; **pieza cónica,** conical piece; **piñón** —, bevel pinion; **rueda cónica,** bevel gear wheel, bevel wheel; **rueda de fricción cónica,** friction bevel gear; **rueda dentada cónica,** mitre wheel; **sección cónica,** conical section; **taladro** — **de tornillo,** taper auger; **válvula cónica,** mitre valve; **verificador** —, master taper gauge.

Conífera, Conifer; **madera de** —, wood of coniferous trees.

Conificado, Coned.

Coniforme, Coniform.

Conjugado, Connected; — (mat.), conjugate; **conjugados,** conjugated; twin; **dienes conjugados,** conjugated dienes; **focos conjugados,** conjugate foci; **impedancias conjugadas,** conjugate impedances; **simplex** —, two way simplex.

Conjugar, To connect.

Conjunto, Gang, kit, outfit, set, unit; — **de medidas,** troy; — **de remos de un bote,** oarage; — **de válvulas que soportan la presión de un surtidor natural de petróleo,** christmas tree; **anualidad conjunta,** joint annuity; **dibujo de** —, G.A. drawing; **plano de** —, assembly plate; **que no tiene unidad de** —, patency.

Conjuntor, Junctor.

Conmensurable, Commensurable.

Conminución, Size reduction.

Conmociones violentas, Blows.

Conmutable, Switchable.

Conmutación, Commutating, commutation, switching; — **de batería,** battery commutation; — **de haz,** beam switching; — **de lóbulo,** lobe switching; — **de tomas en carga,** load tap changing; — **electrónica,** electronic switching; — **para cables,** cable commutation; — **sin chispas,** sparkless commutation; — **sin interrupción,** make-before-break contact; **aparato de** —, switch apparatus; **conexión por** —, switched connection; **equipo eléctrico de** —, equipment switching; **mecanismo de** —, switch gear; **panel de** — **de antenas,** aerial control table, antenna control board; **paso de** —, switching stage; **procedimiento de** —, process of commutation; **telegrama de tránsito con** —, transit telegram with switching.

Conmutado, Commutated.

Conmutador, Break, commutator, cut out, switch, tap changer; — (elec.), changer; — **de aguilón de guía** (antenas), boom type switch; — **de amperímetro,** ammeter switch; — **de antena,** change over switch; — **de asignación,** alloter switch; — **de cavidad resonante de ecos artificiales,** performeter; — **de clavijas,** commutator plug; — **de contactos a presión,** pressure contact-switch; — **de contactos deslizantes,** sliding contact-switch; — **de control,** control switch; — **de corte,** cutt-off switch; — **de dos movimientos,** double motion switch; — **de emisión-recepción,** send-receive changeover or switch; — **de grupo,** group switch; — **de lámpara,** changer lamp; — **de longitudes de onda,** wave changing switch; — **de ondas,** wave change switch or wave changing; — **de pedal,** tumbler switch; — **de recepción,** shift receiving equipment; — **de relé,** commutator for making contact; — **de ruptura brusca,** snap switch; — **de ruptura lenta,** slow break switch; — **de sectores,** wafer switch; — **de tomas,** tap changer, tap switch; — **de un movimiento,** single motion switch; — **de voltímetro,** voltmeter switch; — **disyuntor,** commutator for breaking contact; — **doble,** commutator double; — **eléctrico de palanca,** toggle switch; — **electrónico,** electronic commutator, electronic switch; — **emisión - recepción,** send-receive switch; — **estrella-triángulo,** star delta switch; — **inversor,** current reverser, change over switch, make and break current; — **múltiple,** multiple switch board; — **oscilante,** tumbler switch; — **paso a paso,** step by step switch; — **permutador,** double throw switch, throw over switch; — **selector,** selector switch; — **selector de medida,** metering selector switch; — **transmitir recibir** (antenas), antenna changeover switch; — **tridireccional,** three way switch; —

unidireccional, single way switch; **aislamiento de** —, commutator insulation; **anillo extremo de** —, commutator ring; **conmutatriz** (elec.), rotatory converter; **cuadro** — **de consola,** upright type switch board; **cuadro** — **múltiple,** multiple switch board; **dispositivo para tornear el** —, commutator turner; **lado de** —, commutator end; **punto de contacto de** —, commutator point; **relé** — **de escobillas,** wiper switching relay; **tensión en el** —, commutator voltage.

Conmutar, To change over, to commutate, to switch.

Conmutatriz, Rotary converter, transverter.

Cono, Cone, taper, torpedo head; — **ahusado,** tapered cone; — **atómico,** atomic war head; — **complementario,** generating cone; — **concéntrico,** concentric cone; — **convergente,** convergent cone; — **de apoyo de hélice,** propeller cone; — **de apriete para hilos,** cone clamp; — **de avance,** feed cone; — **de cierre** (alto horno), bell; — **de cola,** tail cone; — **de combate,** war head; — **de desmoronamiento,** scree; — **de dispersión,** cone of spread; — **de ejercicio,** practice head; — **de entrada,** bell mouth; (de una conducción forzada), tapered inlet pipe, (hidr.), bell mouth; — **de extinción,** cone of null; — **de fijación,** cone clamping; — **de fricción,** friction, friction socket; — **de guarnición,** packing cone; — **de la hélice,** spinner; — **de llama,** cone of flame; — **de rectificar,** grinding cone; — **de regulación,** adjusting cone; — **de unión,** compression slope; — **de visión,** cone of vision; — **decantador,** spitzkasten; — **deflector,** deflecting cone; — **deslizante,** sliding cone; —, **grande,** big or large bell; — **invertido,** inverse cone, inverted cone; — **Morse,** Morse taper; — **normal,** standard cone; — **parabólico,** curvilinear cone; — **pequeño,** small bell; — **radial,** radial cone; — **radiante en presencia de tierra,** single cone above earth; — **trasero,** tail cone; — **truncado,** blunt cone; **acoplamiento por** —, cone coupling; **ángulo de conos,** coning angle; **casquillo de** — **Morse,** Morse taper socket; **conos para medir el tiempo de fusión en un ensayo pirométrico,** melting cones; **embrague de** — **de cuero,** leather faced clutch; **embrague de conos invertidos,** reverse cone clutch; **en forma de** —, conically; **formación de conos,** coning; **freno de** —, cone brake; **grados de** — **de poleas,** step cone; **llanta de** —, cone rim; **tallado en** —, tapered; **tallar en** —, to taper; **tronco de** —, frustrum, frustrum of a cone; **tubo de conos escalonados,** petticoat pipe.

Cono-ancla, Drogue.

Conoideo, Conoidal.

Conoscopio, Conoscope.

Consejero, Adviser.

Consejo, Board; — **de administración,** board of directors.

Conservación, Maintenance, preserving or preservation; — **de la madera,** timber preserving; — **del aceite,** oil preserving.

Conservado, Preserved.

Conservar, To preserve.

Consigna, Order.

Consignación (mercancías), Consignment.

Consignador, Consignor.

Consignatario, Consignee.

Consintiente, Consentient.

Consistencia del hormigón, Concrete consistency.

Consistente (Grasa), Cup grease.

Consistómetro, Consistometer.

Consola, Bracket, bracket support, bridge bracket, console, gantry, shoulder bracket, wall bracket; — **con empotramiento,** bridge bracket; — **de escuadra,** angle bracket; — **de la mesa,** angle

table; — **en escuadra,** wall bracket; — **mural,** bearing wall bracket; — **sobre vigueta,** angle course beam; **cuadro conmutador de** —, upright type switchboard; **en** —, overhung.

Consolidación, Bracing, consolidation.

Consolidar, To brace, to tamp.

Constancia, Constancy; — **de círculo,** circuit constancy; — **de engrane,** constancy of mesh; — **de red,** network constancy; — **de tiempo,** time constancy.

Constantán, Constantan; **resistencia de** —, constantan resistance.

Constante (mat.), Constant; — **de atenuación imagen,** image attenuation coefficient constant; — **de pérdida de un cable,** damping constant of a cable; — **de propagación,** propagation constant; — **de radiación,** radiation constant; — **de tiempo,** time constant; — **de transferencia imagen,** image transfer coefficient-constant; — **de un galvanómetro,** galvanometer constant; — **dieléctrica,** dielectric constant, permittivity, specific inductive capacity; **carga** —, dead load; **constantes,** characteristics; **constantes concentradas,** lumped constants; **cuerpo** —, continued body; **engrasador de nivel** —, constant level oiler; **nivel** —, constant level; **relación** —, constant ratio; **velocidad** —, constant velocity.

Constitución de aire, Constitution of air.

Constituído (No), Nonconstituted.

Constituyente, Constituent; — **útil,** constituent usable.

Constitutivo, Constituent; **pieza constitutivo,** constituent part.

Construcción, Building, construction, making, structure, watch making, work; — **automóvil,** automobile work; — **completamente metálica,** all metal construction; — **de piedras,** masonry; — **en doble puente,** double deck construction; — **en**

tierra apisonada, coffer work; — mecánica, engineering work; — pesada, massive construction; — soldada, welded structure; — sólida, massive construction; acero de —, construction steel, constructional steel; construcciones desmontables, portable buildings; construcciones menores, minor construction; construcciones metálicas, structural steel work; de —, constructional; defecto de —, fault in desing; en —, building, (buques), under construction or in course of construction; gradas de —, stocks; grés de —, brown stone; madera de —, lumber; material de —, building material; metales de —; structural metals; papel de —, building paper; piedra de —, building stone; pieza de madera de —, stick; presupuesto de —, building device; sistema de —, design; taller de — de máquinas, engineering works; trabajo de —, construction work.

Constructible, Constructible.

Constructivo, Building; herramienta constructiva, building tool.

Constructor, Builder, constructor, designer; — de botes, builder boat; — de presas, dammer.

Construibidad, Buildability.

Construible, Buildable.

Construido, Built; — con francobordo, carved built; — con tingladillos, clinked built; (máquina) construida por, engined.

Construir, To build, to make; — con tablas, to batten; — un dique, to bank.

Consumación, Consumption.

Consumo (gasolina), Drain; — de combustible, fuel consumption; — de gasolina, petrol consumption; — diario, daily consumption; — horario, hourly consumption; — por caballo-hora, consumption por B.H.P.; bajo — (de gasolina), low drain; en horas de menor —, off peak; ensayo de —, consumption test; horas de menor —, off peak time; tarifa en horas de menor —, off peak fare.

Contabilidad, Accountancy, accounting, bookkeeping; — por partida doble, bookkeeping by double entry; — por partida sencilla, bookkeeping by single entry.

Contabilización, Journalizing.

Contable, Accountant, bookkeeper; grupos contables (topología), countable groups.

Contacto, Ignition switch; — (eléctrico), connection; — de carbón, carbon contact; — de cierre, making contact current or extra current on making; — de interruptor giratorio, rotary interrupter contact; — de puente de interruptor, bridging contact; — de reposo, break (or back) contact (in a relay or key), back contact (manipulador Morse); — de tierra perfecto, dead earth; — de trabajo, make contact in a relay or key; — doble, twin contact; — eficaz, positive connection; — eléctrico, contact; — en punto muerto, dead contact; — húmedo, wet contact; — para impresión, pull contact; — pasivo, passive contact; — perfecto con tierra, good earth; — por mercurio, mercury contact; — reforzado, heavy duty contact; — seco, dry contact; conmutador de contactos a presión, pressure contact switch; conmutador de contactos deslizantes, sliding contact switch; contactos de separación brusca (termostato), snap action contacts; contactos de separación muy lenta (termostato), creep contacts; contactos del ruptor, breaker points; contactos platinados, breaker points; contactos protegidos, hosed contacts; corriente de —, making contact current (elec.); de varios contactos, multi-contact; diagrama de contactos asociados, attached contact diagram; diagrama de contactos dispersos, detached contact diagram; llave de —, ignition key; **masa de —**, contact mass; **micrófono de —**, contact microphone; **pértiga de —**, contact pole; **rebote de los contactos**, bounce of contacts; **resistencia de —**, contact resistance; **rodillo de —**, contact roller; **rueda de —**, contact wheel; **selector final de 200 contactos**, 200-outlet group selector; **vibración de contactos**, chassis contact; **voltímetro de —**, contact voltmeter.

Contactor, Contactor; **— de radiofrecuencia**, radiofrequency contactor; **— magnético**, magnetic contactor; **accionado por —**, controlled contactor.

Contado, Cash; **al —**, prompt; **pagar al —**, to pay cash; **precio neto al —**, net cash; **venta al —**, cash sale.

Contador, Counter, meter, register; **— (auto)**, speedometer; **— (marina)**, paymaster; **— con conducción de diamante**, diamond conduction counter; **— con resorte de rechazo**, kick off spring message register; **— de aire**, air or air flow meter; **— de centelleos**, scintillation counter; **— de cristal**, crystal counter; **— de derivación**, branch meter; **— de descarga de gas**, gas discharge counter; **— de gas**, gas meter; **— de hilos y placa**, wire and plate counter; **— de impulsos**, coincidence counter; **— de lectura directa**, direct reading meter; **— de llamadas al final del múltiple**, late choice call meter; **— de ocupación de reloj**, group occupancy meter; **— de rayos gamma**, gamma ray counter; **— de revoluciones**, counter for revolutions; **— de sobrecarga**, overflow meter; **— de tarifa**, ratemeter; **— de tiempo**, time meter; **— de tiempo de ocupación de grupo**, group occupancy time meter; **— de tráfico**, traffic meter; **— de tráfico al final del múltiple**, late choice traffic meter; **— de vatios-hora**, energy meter, watthourmeter meter; **— de voltiamperios-hora reactivos**, var

hourmeter; **— electrónico**, electronic counter; **— en anillo**, ring counter; **— Geiger-Müller**, G.M. counter; **— giroscópico**, gyroscopic meter; **— horario**, hour meter; **— kilométrico**, odometer; **— motor**, motor meter; **— para corrientes trifásicas** (elec.), three phase meter; **— polifásico**, polyphase meter; **— secundario de derivación**, branch meter; **— totalizador**, integrating counter, integrating meter; **espectrómetro —**, counter spectrometer; **tubo —**, countertube; **tubo — de radiación**, radiation countertube.

Contante, Prompt; **dinero —**, cash.

Contar, To number; **máquina de — los hierros en Z**, Z bar cutting machine.

Contención, Bearing; **muro de —**, bearing wall.

Contenedor, Container.

Contenido, Content; **— de información**, information content; **— de información estructural**, structural information content; **— de información selectiva**, selective information content; **— en**, ratio; **con alto — de azufre**, high sulphur; **con alto — de cobalto**, high cobalt content; **de alto — en**, high content.

Contestación (Señal de), Answer back signal.

Contingente, Quota.

Continuativo, Continuative.

Continuo, Continuous; **barra de tracción continua**, continuous drawbar; **colada continua**, continuous casting; **corriente continua**, continuous current, D.C. (direct current); **espectro —**, continuous spectrum; **estatorreactor de marcha continua**, continuous ram jet; **excavadora de cadena continua de cangilones**, continuous bucket chain excavator; **extracción continua**, continuous blow off; **horno —**, draw kiln; **motor de corriente continua**, continuous current motor; **oscilación continua**, continuous oscillation; **tren —**, continuous mill; **tren máquina —**, continuous rod mill; **voltímetro de corriente continua**, voltmeter for direct current.

Contorneado, Cross cutting; **dientes contorneados,** cross cutting teeth.

Contornear, To by-pass.

Contornear (Serrucho de), Padsaw.

Contorno, Contour. crown, grain boundary.

Contra amperivueltas, Back ampere turns; **palabras compuestas con —**, counter.

Contra-amperios-vueltas, Ampere turns.

Contra-apoyo, Bracing.

Contra-corriente, Back current.

Contra-hendedor, Cleaving iron.

Contra-manivela, Cross crank.

Contra-punta, Dead centre; **—** (torno), back centre.

Contra-remachado, Burr.

Contra-remache, Rivet plate.

Contra-resorte, Counterspring.

Contra-rotativo, Contra-rotating.

Contra-sobrestadía, Despatch.

Contra-tallar, To counter cut.

Contrabalancín, Bridle rod.

Contrabatería (Tiro de), Counterfire.

Contraboterola, Counterset.

Contrabraceado, Abox.

Contracadena, Chain auxiliary.

Contracalibrar los ensambles, Counter-gauge.

Contracapacidad eléctrica, Electric balance.

Contracarril, Check rail, guard rail, safety rail.

Contracción, Contraction, shrink, shrinkage; **— de una veta de hulla,** contraction; **enmangado por —,** shrink fit; **formación de cavidades de —,** piping.

Contraclavija, Fox wedge.

Contracorriente, Back flow, counter flow, counter current, reverse current; **a —,** counter flow, counter streaming.

Contractilidad, Contractility.

Contracurva, Inflected curve.

Contrachapado, Laminated, ply wood, three ply; **— de tres espesores,** three ply wood; **alma de —,** ply web, three ply web; **espesor de —,** ply; **madera contrachapada,** ply wood; **nervio del —,** three ply rib; **revestimiento de —,** ply wood covering; **sierra de —,** veneer cutting machine.

Contrachapeado, Veneering; **hoja de caoba para —,** mahogany veneer; **sierra de —,** veneering saw.

Contrachaveta, Fox key or fox wedge, gib, gib and cotter, nose key.

Contradestello, Antiflash.

Contradiagonal, Counter diagonal.

Contradireccional, Contradirectional.

Contraelectromotor, Electromotive; **fuerza contraelectromotriz,** counter voltage, back electromotive force, c.e.m.f. (counter electromotive force).

Contraerse (metales, etc.), To shrink.

Contraescarpa, Counterscarpe, counterslope.

Contraestampa, Counterdie, head cup, shock, upper die.

Contrafalleba, Counterbit.

Contrafase, Push pull; **amplificador en —,** push pull amplifier; **circuito en —,** push pull circuit; **micrófono en —,** push pull microphone; **oscilador en —,** push pull oscillator.

Contrafuegos, Fire screen.

Contrafuerte, Arch brace, butment, buttress, contrefort.

Contragolpe, Counterbuff; **— a cada inversión del movimiento,** back lash.

Contrahecho, Balky.

Contrahendedor, Clearing iron.

Contrahierro, Break iron, knife back iron; — (cepillo para madera), break iron; — **de cepillo,** back iron.

Contrahilo, End grain; **a —,** in the direction of grain.

Contraido, Shrunk.

Contraimanación, Back magnetisation.

Contrainformación, Counterenquiry.

Contramaestre, Boss, headman, overlooker, overseer; — (minas), sirdar, foreman, manager.

Contramagnetización, Back magnetisation.

Contramanivela, Crank with drag link, return crank.

Contramarcha, Countershaft, reverse; — (torno), back gear.

Contramerlín, Falling axe.

Contraobra, Counterwork.

Contrapedal, Coaster; **freno de —,** coaster brake.

Contrapelo, Cross grained; **madera a —,** cross grained wood.

Contrapeso, Back balance, balance or balancing weight, balanced weight, counter balance, counterpoise, counterweight, tumbler; — (en el plano inclinado de una mina), back balance; — **de carburador,** float weight; — **eléctrico,** electric balance; **con —,** counterweighted; **hacer —,** to counterpoise, to counterweight; **jaula del —,** balanced pit; **palanca de —,** balanced lever, counter weight lever; **proveer de un —,** to counterweight.

Contraplaca, Back stay.

Contraplacado, Back stay; **fuselaje de —,** plywood fuselage.

Contrapresión, Back pressure, counterpressure, negative pressure; **válvula de —,** back pressure valve; **válvula de — constante,** back pressure valve.

Contrapunta, Back centre or center, foot stock, loose headstock centre, puppet head, puppet head centre; — **de apriete rápido,** quick clamping tailstock; **casquillo de la —** (torno), back center socket; **fijar la —,** to clamp the tailstock; **forro de la —,** tailstock sheath; **soporte de la —** (torno), back stay.

Contrapunzón, Counter punch.

Contrareembolso, Cash on delivery, C.O.D. (cash on delivery).

Contrarreacción, Inverse or negative feed back.

Contrarroda, Apron, stemson.

Contraseña de latón, Check brass; — **para llave,** check key.

Contrasentido (A), Across the grain.

Contrastado, Gauged.

Contrastar, To gauge.

Contraste, Coinage; **patrón de —,** calibrating standard.

Contrasurco, Back furrow.

Contrata, Contract.

Contratación privada, Private tender.

Contratalud, Counterslope.

Contratensión (Barra de), Counterbracing.

Contratibilidad, Contratibility.

Contratista, Contractor; — **de instalaciones eléctricas,** electrical contractor; **empresa —,** contracting firm; **material del —,** contractor's equipment.

Contrato, Contract; — **de alquiler de un circuito,** private wire agreement; **hacer un —,** to make a contract.

Contratope, Buffer box, counterknocker, counterstop.

Contratorsión, Back twist; — (minas), back twist.

Contratuerca, Check nut, counter nut, jam nut, lock nut, stopping nut.

Contravapor, Black steam, reverse steam.

Contravariante, Contravariant.

Contraventana, Shield, shutter.

Contraventeamiento en triángulo, Arrow point.

Contraviento, Blast; **cara de** —, blast side.

Contretes (Cadena de), Stud link chain.

Control, Check, check up, checking, checking up, gauging, monitoring, rating, supervisión, survey; — **automático de brillo,** automatic brilliance control; — **automático de ganancia instantánea,** instantaneous automatic gain control; — **automático de volumen,** automatic volume control (A.V.C.); — **automático del nivel sonoro,** automatic volume control; — **de alerón,** aileron control; — **de cero,** zero-set-control; — **de cómputo múltiple,** multimetering control; — **de contraste,** contrast control; — **de ganancia,** gain control; — **de gases,** throttle control; — **de la conversión,** overhearing; — **de la temperatura y del grado de oxidación** (met.), rimming; — **de la velocidad,** speed control; — **de las soldaduras,** weld checking; — **de nivel,** level control; — **de simetría,** symmetry control; — **de volumen,** fader, volume control; — **del cero,** zero point control; — **electrónico,** electronic control; — **estructural,** structural check; — **fotoeléctrico,** photoelectric control; — **neumático,** pneumatic control; — **por desplazamiento de fase,** phase control shift; — **por polarización,** bias control; — **por tercer hilo,** sleeve control; — **visual,** visual monitoring; **abertura del diagrama de** —, tone control aperture; **aparato de** —, monitoring; **aparatos semejantes de** — **único,** gang control; **bobina de** — **del haz eléctrico,** focusing coil; **conjunto de condensadores variables de** — **único,** gang capacitor; **cuadro de** —, control panel; **electrodo de** —, focusing electrode; **estación de** —, checking station;

marca de —, check; **pérdida de** —, racing; **ponerse fuera de** —, to race; **receptor de** —, monitor receiver; **rejilla de** — (radio), control grid; **sistema de** — **con realimentación,** feedback control system; **tablero de** —, control board; **torre de** — (aviación), control tower; **válvula de** —, air control valve, control valve; **varilla de** — **de la chispa,** accelerator to carburettor rod.

Controlabilidad, Controllability.

Controlado, Clocked, controlled; — **oficialmente,** oficially checked; **aproximación controlada desde tierra,** ground controlled approach; **interceptación controlada desde tierra,** ground controlled interception; **minuto** —, clocked minute; **rectificador de rejilla controlada,** grid controlled rectifier.

Controlador, Controller, checker; — **de aire de combustión,** air flow controller; — **de cuenta,** count controller; — **de frecuencia,** frequency controller; — **de nivel de líquido,** liquid level controller; — **de tambor,** drum controller.

Controlar, To check.

Convección, Convection; — **muerta,** dead convection; — **natural,** free convection; — **viva,** live convection; **calentamiento por** —, convective heating; **corriente de** —, current convection; **recalentador de** —, superheater convection.

Convector, Convector; — **de agua caliente,** hot water convector.

Convenio, Agreement.

Convergencia, Convergence.

Convergente, Convergent, converging; **haz** —, convergent beam; **lente** —, converging lens; **menisco** —, converging convex-concave lens.

Converger, To converge.

Conversión de código, Code conversion; — **en vigas de la madera,** girderage or girdering; **nivel de** — **en baja frecuencia,** control discriminator.

Conversor, Converter; **heptodo** —, pentagrid-converter tube; **red conversora de frecuencia,** frequency converting network; **válvula conversora,** converter tube.

Convertido, Converted.

Convertidor, Converter, inverter; — **ácido,** acid converter; — **básico,** basic converter; — **Bessemer,** Bessemer converter; — **con soplado lateral,** side blow converter; — **de frecuencia,** frequency converter; — **Thomas,** Thomas converter; — **vibratorio,** vibrating converter; **boca de** —, converter nose; **cargador de** —, coke backer; **operación en el** —, blow; **pico de colada de** —, converter nose; **proyecciones del** —, converter waste.

Convertiplano, Convertiplane.

Convertir, To convert.

Convexidad, Convexity.

Convexo, Convex; **espejo** —, convex mirror; **iluminación gradual «convexa»,** tappered illumination.

Convoy, Convoy.

Conyuntor, Circuit closer.

Cooperación, Cooperation; **módulo de** —, index of cooperation.

Cooperativo (Trabajo), Teamwork.

Coordenadas, Coordinates.

Coordinación, Coordination; — (quím.), co-ordinate link; — **de frecuencias,** frequency coordination; — **de niveles,** level coordination; **compuestos de** —, coordination compounds; **relación de** —, coordination link.

Coordinativa (Química), Coordination chemistry.

Coordinatógrafo, Coordinatograph.

Copa (En forma de), Bell shaped.

Copador, Creasing tool.

Copela, Cup, cupel furnace; — **de níquel,** pan.

Copelación, Cup assay, cupellation, fire assay.

Copelador, Cupeller.

Copelar (metales preciosos), To assay.

Copia cianográfica, Blue printing.

Copiador, Copying, tracer; **cabezal** —, tracer head; **torno** — **de fresca,** copying milling machine.

Copiadora, Printing box; — **de contratipos,** duplicating printer.

Copiar, To copy; **máquina de** —, profiling milling machine; **prensa de** —, copying press; **torno de fresa de** —, copying milling machine.

Copiloto, Copilot.

Copo, Flake; — **para hilar,** tow.

Copolimerización, Copolymerisation.

Coprimero, Coprime; **valor** —, coprime value.

Copropietario, Owner; **armador** —, joint owner or part owner.

Coque, Coke, gas coke; — **de alto horno,** blast furnace coke; — **de fundición,** foundry coke; — **en galletas,** nut coke; — **menudo,** breeze coke, dross coke or druss coke; — **mezclado,** mixed coke; **alto horno de** —, coke blast furnace; **apagado del** —, cooling coke; **apagado del** — **en seco,** dry coke cooling; **ceniza de** —, coke ash; **deshornadora de** —, coke pusher or coke pushing machine, coke ram; **extinción del** —, damping down; **fundición al** —, coke casting; **horno de** —, coke kiln or coke oven; **menudo de** —, breeze; **residuo de** —, coke waste; **trituradora de** —, coke breaker; **vagoneta para** — **incandescente,** coke omnibus.

Coquería, Coke plant.

Coquificable, Coking; **carbón** —, coking coal.

Coquificación, Coking; **horno de** —, coking chamber; **poder de** —, coking capacity.

Coquilla, Chill, half coupling, liner, spring chuck; **colada en —,** chilled iron; **colar en —,** to chill; **en forma de — fina,** thin shelled; **moldeo en —,** moulding in iron moulds; **pieza moldeada en — bajo presión,** pressure die cast or casting.

Coquización, Coking; **índice de —,** coking index.

Coquizador, Coker; **obrero —,** coker.

Coral ramoso, Andaman red-wood.

Coraza (de barco), Armour or armor; **— vertical** (buques), side armour.

Corazón, Heart.

Corchete, Brace.

Corcho, Cork; **— aglomerado,** agglomerated cork; **— pulverulento,** corticene; **exprimidor de —,** cork squeezer; **flotador de —,** cork float; **grandes tapones de —,** cork bungs.

Cordada (lava), Ropy.

Cordel, Line, string; **— de albañil,** carpenter's line; **— de marcar,** line chalk; **— entizado,** chalk line.

Cordelería, Rope house, ropery.

Cordelero, Rope maker; **nudo de —,** ropemaker's hitch.

Cordita, Cordite.

Cordón, Bead, coping stone, cord, flange or flanch (rare), member, rounding, sheer rail, twist; **—** (laminador), collar; **— de abertura del saco,** parachute release cord; **— de bordura,** beaded edge; **— de calabrote,** strand; **— de clavija,** plug cord; **— de estopado,** coiling; **— de soldadura,** bead; fillet, weld beacon; **— inferior,** chord lower; **hierro en T doble con cuatro cordones cruzados,** cross half lattice iron; **máquina de formar cordones,** cable stranding machine.

Cordoncillo, Edging; **punto de —,** rope stitch.

Corindón, Adamantine spar; **rueda de —,** corundum wheel.

Corladura, Silver gilt.

Cornisa de chimenea, Rain cap; **goterón de —,** drip; **llave de —,** feather brick.

Cornisamiento, Corbel.

Corona, Annulus, coil, crown, curb, rim; **— colectora de aceite,** oil catch ring; **— de álabes** (turbina), blade rim; **— de álabes fijos,** blading stationary; **— de ancla,** crown; **— de embrague,** clutch ring; **— de exhaustación,** exhaust annulus; **— de paletas,** blade rim; **— de rodillos,** roller cage; **— de sondeo,** core bit, core drill; **— de soporte,** bracket rim; **— del foso de placa giratoria** (locomotoras), cribling; **— dentada,** crown gear; **— dentada cónica,** crown wheel; **— intermedia** (turbina), partition cap; **batería de —,** crown of cups; **circunferencia de la —,** addendum circle; **descarga en —,** corona discharge; **efecto —,** corona effect; **efecto de —** (elec.), corona; **pérdida por efecto —,** corona loss; **trépano de —,** square bit; **válvula de —,** cup valve.

Coronación, Capping; **— de presa,** crest of a dam.

Coronado, Capped.

Coronamiento, Capping, coping.

Coroniforme, Coroniform.

Corre-guía, Belt guide.

Correa, Belt, hide rope, strap; **— abrasiva,** sand belt; **— adherida,** cemented belt, glued belt; **— articulada,** link belt, hick belt; **— cosida,** laced belt; **— cruzada,** crossed belt; **— de cuero,** leather belt, leather strap; **— de dínamo,** generator belt; **— de eslabones,** link belt; **— de goma,** rubber belt; **— de retroceso,** heelstrap; **— de talón,** edged belt; **— de tela,** fabric belt; **— de transmisión,** driving belt, transmission belt; **— de una hoja,** single thickness belt; **— de ventilador,** fan belt; **— doble,** double belt, two ply belt; — **en V,** winding belt; — **encolada,** glued belt; — **horizontal,** horizontal belt; — **inclinada,** oblique belt; — **para la marcha atrás,** return belt; — **pegada,** cemented belt joint; — **recta,** open belt; — **semicruzada,** half crossed belt, quarter turn belt, quarter twist belt or quarter turn belt; — **sin fin,** endless belt; — **transportadora,** belting conveyor; — **trapezoidal,** trapezoidal belt, vee belt; **cambia correas,** belt shifter; **conducido por —,** belted; **conos escalonados para la transmisión de movimiento por —,** cone pulley; **correas,** belting; **correas de cuero,** leather belting; **correas de tela,** canvas belting; **coser la —,** to lace, to lace the belt; **de —,** belted; **deslizamiento de una —,** slippage belt; **disparador de —,** belt shifter; **embrague de —,** belt shifter; **grapa para —,** belt fastener; **herramienta para reparar correas,** band driver; **horquilla de disparador de —,** belt shifting fork; **inversión de la marcha por —,** belt reverse; **juego de la —,** belt clearance; **junta de —,** belt joint; **la — da sacudidas,** the belt flaps; **la — flota,** the belt flaps; **la — patina,** the belt slips; **lijadora de —,** sand belt; **mandado por —,** belt driven; **montar una —,** to strap; **pasta antideslizante para —,** belt dressing; **polea para —,** band pulley, band wheel; **ramal conducido de la —,** loose side of belt; **ramal conductor de la —,** driving; **reenvío de —,** intermediate belt gearing; **sacabocados de coser correas,** belt punch; **tambor de —,** tumbler; **tensor de —,** belt stretcher or tightener; **tireta de unir correas,** belt lace; **tiro de —,** driven side of belt, driving side of belt; **tornillo de empalme de —,** belt jack; **transmisión por correas,** belting.

Corrección, Correction; — **de impulsos,** pulse correction; — **de sincronismo,** synchronous correction; **botón de — de rumbo,** course setting knob; **factor de —,** correction factor.

Corrector, Corrector; — **de altitud,** altitude control; — **de apertura,** fixed break corrector; — **de apertura mínima,** minimum break corrector; — **de cierre mínimo,** minimum make corrector; — **de frecuencia,** frequency corrector; — **de impulsos,** pulse corrector; — **de latitud,** latitude corrector; — **de relación fija,** fixed ratio corrector; — **de velocidad** (compás giroscópico), speed corrector; **imán —,** directing magnet.

Corredera, Apron, bearer, clutch, connecting link, link, ram, slide, slide valve, slide way; — **de expansión,** cut off slide valve; — **de sondeo,** jars; — **excéntrica,** crank guide; — **portaherramienta,** bed slide; — **Stephenson,** link motion; — **transversal,** cross rail; **árbol de la —,** slide valve shaft; **avance de la —,** lead of the slide valve; **carrera de —,** ram stroke; **compuerta de —,** slide gate; **con —,** sliding; **correderas,** cross-head guides, gun rods; **chasis de —,** sliding sash; **guía de —,** ram slide way; **guía de la —,** ram guide, slide bar; **placa frotante de la —,** valve face; **taco de —,** bell movement; **tornillo de elevación de la — transversal,** cross rail elevating screw; **varilla de —,** valve spindle; **vástago de la —,** flanch of the slide, spindle of the slide, valve rod; **vástago que comunica el movimiento a la —,** valve lever; **vástagos de la —,** slide faces.

Correderas, Guide rods.

Corredor, Broker; — **de servicio,** catwalk service; — **marítimo,** ship broker.

Corregible, Correctable.

Corregir, To make good.

Correo, Mail.

Correr, To flow.

Correrse la estiba, To shift.

Corretaje, Brokerage.

Correspondencia, Connection.

Corresponsabilidad, Joint liability.

Corriente, Current. flow, stream; — **activa,** active current; — **alterna,** alternating current (A.C.); — **catódica de pico,** peak cathode current; — **compensadora,** equalising current; — **continua,** continuous current, direct current; — **cruzada,** blast cross; — **de absorción,** absorption current; — **de aire,** air draught, air current; — **de aire que entra en la mina,** down cast; — **de alta frecuencia,** high frequency current; — **de amplificación,** amplification current; — **de caldeo,** filament circuit; — **de calentamiento** (radio), filament current; — **de carga,** charging current, load current; — **de conducción,** conduction current; — **de convección,** convection current; — **de conversación,** speech current; — **de cortocircuito,** short circuit current; — **de descarga,** discharge or discharging current; — **de drenaje,** drain current; — **de llamada,** ringing current; — **de oscuridad,** dark current; — **de pico,** peak current; — **de placa,** plate current; — **de retorno,** return current; — **de ruptura,** break induced current; — **de saturación,** saturation current; — **de sobrecarga,** overload current; — **devatada,** idle current, wattless current; — **directa de rectificación,** rectifier forward current; — **eléctrica,** electric current; — **en circuito cerrado,** closed-circuit current; — **en vacío,** no load current; — **explosiva,** explosive blast; — **inducida,** induced current; — **inducida de desconexión,** break induced current; — **inductora,** field current; — **intermitente,** make and break current; — **inversa de rectificación,** rectifier reverse current; — **invertida,** conmutated current, reverse current; — **o circuito de baja frecuencia,** L.F.C. (low frequency); — **periódica,** periodic current; — **portadora,** carrier current; — **primaria,** primary current; — **reactiva,** reactive current; — **rectificada,** rectified current; — **residual,** residual current; — **secundaria,** secondary current; — **termoiónica,** thermoionic current; — **transitoria,** transient current; **a contra** —, counter streaming; **a prueba de puntas de corrientes,** surge proof; **aceleración brusca o salto brusco de la** —, rush of current; **aflujo de** —, inrush, inrush current; **arco de toma de** —, sliding bow; **aumento súbito de la** —, rush of current; **baja de la** —, decrease; **brida de** —, belt of current; **busca-pérdidas de** —, leakage detector; **canalización sin** —, dead main (elec.); **capacidad de transporte de la** —, current carrying capacity; **característica** — **longitudinal de onda,** current-wavelength characteristic; **circuito de** — **continua,** direct current circuit; **colector de** —, skate; **con doble** —, double deflexion; **concentración de aluviones auríferos por medio de una** — **de aire,** dry blowing; **constante de las corrientes parásitas,** eddy current constant; **constantes de las corrientes parásitas,** eddy current constant; **corrientes,** chimney flues; **corrientes de descarga espontánea,** leakage currents; **corrientes de Faraday,** Faradic currents; **corrientes de Foucault o parásitas,** eddy currents; **corrientes de llama de abajo hacia arriba,** upper flues; **corrientes de llama en sentido de la longitud de la caldera,** flash flues; **corrientes de llamas de arriba hacia abajo,** down flues; **corrientes parásitas,** stray currents; **cuenta** —, running account; **de** — **invertida periódicamente,** electro P.R. (periodic reverse current); **de corrientes de igual sentido,** parallel flow; **de corrientes del mismo sentido,** parallel flow; **debilitamiento de la intensidad de una** —, weakening of the accumulator; **densidad de** —, current density; **disminución**

de la —, decrement; **distribución de —** (en antenas o en sistemas), current distribution (on antennas or arrays); **entretenimiento —**, running maintenance; **frenado por inversión de —**, plugging; **fuente de —**, supply; **galvanómetro portátil para indicar el sentido de una —**, detector; **hacer pasar — en un circuito,** to energize; **intensidad de — admisible,** carrying capacity; **línea sin —**, dead line; **manipulador de — alterna,** double current key; **margen de —**, current range; **nivel absoluto de —**, absolute current level; **paso de la — por el aislante,** breakdown; **puntas de —**, current surges; **rectificador de —**, current rectifier; **sobre — de desconexión,** breaking contact current or extra current on breaking; **sobrecarga de —**, over current; **telegrafía por — vocal,** voice frequency telegraphy; **tiempo de establecimiento de la —**, current building up time; **toma de —**, current tap, jack, power socket, power supply, service box, socket; **transformador de —**, current transformer; **transmisión por — de una polaridad,** single-current transmission; **valor de la — o de la tensión en ausencia de señales** (tubo de vacío), quiescent valve; **voltímetro de — continua,** voltmeter for direct current.

Corrimiento de tierras, Land slip, slipping.

Corroer, To begnave or begnaw, to corrode, to decay, to forge, to gnaw; **— el hierro,** to puddle.

Corroído, Pitted; **cola corroída,** decayed lug.

Corronización, Corronization.

Corrosibilidad, Corrosibility.

Corrosible, Galling; **no —**, non galling.

Corrosión, Attack, corrosion, crumbling, galling, grid, mordication, pitting; **—** (chapas), biting; **— agrietante,** cracking corrosion; **— bajo tensión,** stress corrosion; **—**

externa, external corrosion; **— intergranular,** intergranular attack, intergranular corrosion, season cracking (grietas que se producen con el tiempo, principalmente con el latón); **— por ácidos,** acid corrosion; **— por bases,** basic corrosion; **— telúrica,** soil corrosion; **ensayo de —**, corrosion test, etching test; **figuras de —**, etching figures; **no resistiendo la —**, corrodible; **resistencia a la —**, corrosion resistance; **resistente a la —**, chemical resistant, corrosion resisting, non corrodible; **tipo de — que resulta del arrastre de una pieza pesada que gira sobre otra,** fretting or fretting corrosion,

Corrosividad, Corrosivity.

Corrosivo, Corroding, corrosive, mordicant; **agente —**, corrodant; **sublimado —**, corrosive sublimate.

Corta-arandelas, Washer cut.

Corta-circuito, Cutout, disconnect; **— de fusible,** fuse cutout.

Corta-tubos, Casing knife, pipe cutter.

Cortabilidad, Cuttability.

Cortable, Cutable.

Cortado, Cut; **disco —**, blank punch.

Cortador de banco, Cleaving tool; **— de camisa,** casing cutter.

Cortadora, Chipper, slitting machine; **— a vapor,** steam shearing machine.

Cortadura, Denomination; **pequeñas cortaduras,** small denominations.

Cortafríos, Beading tool, butt tool, cape chisel, hammer chisel; **— de lengua de carpa,** bolt chisel.

Cortante, Edge, edged, face, keen, shear blade; **— de la herramienta,** cutting point; **— de trépano,** boring bit; **— de una broca de centrar,** cutter of a centre-bit; **— de una herramienta,** cutting edge; **— oblicuo,** side cutting edge; **— transversal,** cross side cutting edge; **borde —**, cutting edge of tool; **borde — desmochado,** blunt cutting edge; **esfuerzo —**, shear stress; **formón de bordes cortantes dispuestos en rectángulo,** self coring mortising; **mecha espiral con labios cortantes,** auger bit with advance cutter; **pinzas cortantes,** hypers; **tomar el esfuerzo** —, to carry the shear.

Cortapernos, Bolt breaker, bolt cutter.

Cortar, To clip, to chop off, to cut, to cut off, to hew down, to pare, to shear, to slit; — **a dimensión,** to fraise; — **a la demanda,** to cut to fit well; — **con buril,** to chop off; — **con dimensiones,** to dress; — **de nuevo,** to re-cut; — **el extremo de una barca,** to shear off; — **el vapor,** to shut off steam, to turn off; — **el vidrio,** to divide; — **en pedazos,** to cantle; — **en zigzag,** to crankle; — **madera,** to break down; — **menudo,** to chop fine; **acción de** — **de nuevo,** recutting; **aparato de** — **en bisel,** mitre cutting machine; **cuchillo para** — **la pasta,** docker; **herramienta recta de** —, cutting off tool; **llave sin** —, blank key; **máquina de** — **hierba,** mower; **máquina de** — **los hierros en U,** channel bar cutting machine; **sierra de** — **hierro,** slitting saw.

Cortatubos, Pipe cutter, tube cutter.

Corte, Cut, cutting, diagram, knifing, log, section; — (de un circuito), disconnexion; — **bajo el agua,** underwater cutting; — **brusco,** roughing cut; — **de cuarzo,** quartz cut; — **de cuarzo de acoplo cero,** quartz zero-coupling cut; — **de sierra,** saw kerf; — **de talud,** bank cutting; — **en bisel,** mitre cut; — **en bloques,** stack cutting; — **horizontal,** plan view; — **longitudinal,** longitudinal section, (navíos), sheer draught; — **transversal,** cross section; **acero de** — **rápido,** high speed steel; **ángulo de** —, cutting angle; **circuito de** — **de llamada,** ringing trip circuit; **chorro de** —, cutting jet; **desechos de** —, chips cut away; **dureza específica de** — **de herramienta,**

cutting hardness; **dureza para el** —, cross hardness; **esfuerzo de** —, cutting stress; **espesor de** —, depth of cut, width of cutting; **fluido de** —, cross fluid; **frecuencia teórica de** —, theoretical cutoff frequency; **fuerza de** —, cutting power; **herramienta de** —, cutting tool; **herramienta de** — **en grano de cebada,** cutting tool; **herrería de** —, edge tools; **herrero de** —, edge tool maker; **lubricante de** —, cutting oil; **manipulación por** — **de frecuencia,** on-off keying; **rendimiento del** —, cutting capacity; **resistencia específica de** —, cutting resistance; **velocidad de** —, cutting speed.

Corteza, Bark, dross; — **exterior verde de nuez,** husk of walnut.

Cortina de tablestacas, Sheet piling; **antena de** —, curtain array.

Corto, Short; **barreno** —, pitching borer; **distribuidor en D** —, short D slide valve; **emisor de ondas cortas,** short wave transmitter; **lámpara de vapor de mercurio de arco** —, short arc mercury lamp; **máquina de fresar los aterrajados cortos,** short thread milling machine; **tope de paso** — (de hélice), fine pitch stop; **torno de bancada corta,** short bed lathe.

Cortocircuitación, Shorting.

Cortocircuitado, Shorted end; **línea de transmisión cortocircuitada,** shorted end transmission line.

Cortocircuito, Short circuit; — **deslizante,** sliding short circuit; — **perfecto,** dead short circuit; **abreviatura de** —, shorted or shorted out; **acción de disparo de un** —, drop out action; **cabeza micrométrica de** —, short circuit micrometer head; **característica en** —, short circuit characteristic; **conmutador de puesta en** —, short circuiting device; **devanado en** —, short circuit winding; **electrodos en** —, bridged gap; **estribo de** —, short plunger; **indicador de** —, growler; **motor asíncrono con inducido en** —, motor with short circuited rotor; **poner en —**, to short circuit; **puesta en —**, short circuiting; **puesta en — de los electrodos**, gap bridging, gap frame press; **relación de —**, S.C.R. (short circuit ratio); **puesta en — de los electrodos** (bujías), spark plug bridging; **rotor en —**, short circuit rotor.

Corvadura, Sweep.

Cosecante (mat.), Cosecant.

Cosechadora-trilladora, Combine.

Cosedora, Broaching machine.

Coseno (mat.), Cosine.

Coser, To sew; **máquina de —**, sewing machine; **motor de máquina de —**, sewing motor.

Cósmico, Cosmic; **radiación cósmica**, cosmic radiation; **rayo —**, cosmic ray.

Cosmología, Cosmology.

Cosmotrón, Cosmotron.

Costa, Shore; **a lo largo de la —**, coast wise, nearshore; **batería de —**, coast battery; **costas**, cost; **servicio de — a costa**, coast service.

Costado (buque), Side; **— de asiento**, arm side; **— de avión**, beam; **— de un buque**, quarter of a ship; **costados articulados**, side rack; **rueda hidráulica de —**, middle shot wheel; **vista de —**, end elevation or end view.

Coste, Cost; **— de expropiación**, right of way cost.

Costera (Sentido de transmisión barco), Ship to shore way of transmission.

Costero, Coastwise, slab wood.

Costilla, File plate; **con costillas**, ribbed; **serrucho de —**, tenon saw.

Costo total de milla, Charge mileage.

Costra, Crust, outer coating.

Costura, Edge fastening, seam; **— longitudinal**, longitudinal seam; **— ribeteada**, flanged seam; **— sola-**pada, lapped seam; **— transversal**, transversal seam; **desgarrón de la —**, seam rending or rip; **sin —**, seamless; **tubo sin —**, seamless tube.

Cota (de un dibujo), Mark; **— de un dibujo** counter; **línea de —**, dimension line.

Cotada (Cucharón de), Ladle or casting ladle.

Cotangente (mat.), Cotangent.

Cotidiano, Quotidian.

Cotizable, Marketable.

Cotización, Quotation.

Cotizaciones, Market quotations.

Coupé, Brougham.

Covalencia, Covalency.

Covalente, Covalent; **enlace —**, covalent bond.

Covariante, Covariant.

Covendedor, Covendor.

Cowper, Store, stove.

Cracking (piroescisión), Cracking; **— del aceite**, reforming; **— térmico**, thermal cracking; **gasolina de —**, cracking gasoline; **horno de —**, cracking kiln.

Crampón, Catch, clamp, climbing spur, cramp, chape, hanging clamp.

Cran, Nick, nock, notch.

Cráter, Crater; **— positivo**, positive crater.

Crecer, To extend; **—** (mortero), to expand.

Crecida, Flood.

Creciente (luna), Crescent; **en cuarto —**, crescent shaped.

Crecimiento, Growth; **— del cristal**, crystal growth; **— del grano**, grain growth; **anillos anuales o de — de la madera**, growth rings of of wood; **lado de —** (cuadros), growing end of board.

Crédito, Credit; **—** (escritura, bono), letter of credit; **— basado en efectos**, paper credit.

Cremallera, Mangle rack or mangle wheel, rack; — **de funicular,** cogged rail; — **de un gato de doble piñón,** bar of a rack and pinion jack; **avance por piñón y** —, rack and pinion feed; **corte de** — (vigas), joggle; **fresa matriz para cremalleras,** rock hob; **locomotora de** —, rack engine; **piñón y** —, rack and pinion; **unido a** —, joggled.

Creosota, Creosote, **aceite creosotado,** creosote oil.

Creosotación, Creosoting.

Creosotado, Creosoted.

Creosotar, To creosote; **utillaje para** —, creosoting plant.

Creosótico, Creosotinic; **éster** —, creosotonic ester.

Cresta, Crest; **tensión de** —, peak voltage.

Cretácea (Naturaleza), Chalkiness.

Criba, Colander, cribble, cullender, dust sieve, screen, van, wing, — **cilíndrica,** sieve drum; — **de pistón,** jig; — **de sacudidas,** jigging screen, shaking or vibrating sieve; — **de tambor,** composition sieve, compound; — **gruesa,** riddle; — **hidráulica,** brake sieve; — **mecánica,** screening plant; — **para arena,** sand sifter; — **rotativa,** revolving screen; **lavar minerales en** — **lavadora,** to cradle; **tambor de cribas,** bolting chest.

Cribado, Riddled, screened, screening, sieving; — (carbón), picked, picking; — **molecular,** molecular sieving; **carbón** —, riddled coal; **carbones cribados,** screened coals; **desperdicios de** —, riddlings; **instalación de** —, screening plant.

Cribador, Screener; **trommel** —, revolving screen.

Cribar, To sieve, — (con criba), to riddle.

Cribonero, Grizzlyman.

Cric, Hook rope, jack, jack screw; — **de piñón y cremallera,** rack and pinion jack; — **de polea de cadenas,** chain jack; — **sencillo,** hand screw; **cuernos de un** —, spikes of a jack; **cuerpo de** —, jack body; **garfios de un** —, spikes of a jack; **palanca de** —, jack handle; **uñas de un** —, spikes of a jack.

Crica, Cleft, chink, crack, fire crack, fissure, flaw; **formación de cricas,** chacking.

Criofílico, Cryophilic.

Criógeno, Cryogenic.

Crioscipia, Cryoscopy.

Criostato, Cryostat.

Criotratamiento, Deepfreezing.

Cripton, Krypton; **lámpara de** —, krypton lamp.

Crisol, Crevet, glass pot, hearth, melting pot, pot, skillet; — (horno alto, etc.), crucible; — **con revestimiento refractario,** crucible lined with charcoal; — **cubierto** (horno de vidrio), cap pot; — **de la copela,** cup pan; — **de orífice,** cruset; — **grande,** coffin; — **hueco,** finger crucible; — **sobre ruedas,** travelling crucible wagon; **acero al** —, crucible steel; **alto horno de** — **abierto,** blast furnace with chamber hearth; **batería de crisoles,** bench; **botón de** —, crucible stand; **constricción de un** —, delivery; **culote de** —, button; **horno de** —, crucible furnace, pot furnace; **molde** — **de copela,** cupel pan; **pinzas de** —, elbow tongs; **residuo del** —, assay grain; **taller de crisoles,** pothouse; **vientre de** —, crucible belly.

Crisolita, Chrysolite.

Crisosulfito, Chrysosulphite.

Cristal, Crystal; — **cúbico,** cubic crystal; — **de cuarzo,** quartz crystal; — **de roca,** mountain crystal; — **de seguridad,** safety glass; — **de ventana,** glass, pane, pane of glass, plate glass; — **esmerilado,** ground glass; — **óptico,** optical glass; — **perfecto,** strain free crystal; — **piezoeléctrico,** piezo-electric crystal; — **sintético,** non gem crystal, synthetic crystal; — **tallado a 35" grados del eje del cristal madre,** A.T. cut crystal; **amplificador de — de cuarzo,** crystal amplifier; **barra de plomo para unir cristales,** came; **calibrador de — de cuarzo,** quartz crystal calibrator; **concrescencia de cristales,** crystal growth; **contador de — de cuarzo,** crystal counter; **cristales libres,** incoherent crystal; **detector de — sin sintonía,** untuned crystal detector; **detector de cristales,** crystal detector; **diodo de — piezoeléctrico,** crystal diode; **filtro de —,** crystal filter; **mezclador de — equilibrado,** balanced crystal mixer; **oscilador continuo controlado por —,** free-running crystal controlled oscillator; **sin cristales,** unglazed; **superficie cubierta de cristales pequeños,** druse; **tinte de —,** shade.

Cristalino, Crystalline; **retículo —,** crystal lattice; **silicato —,** crystalline silicate.

Cristalización, Crystallization.

Cristalizada (Violeta), Crystal violet.

Cristalizador, Crystallizer, chiller, draining bac.

Cristalizar, To crystallize; **hacer —,** to crystallize.

Cristalografía, Crystallography; — **sintética,** synthetic crystallography.

Cristolón, Crystolon; **muela de —,** crystolon wheel.

Crítico, Critical; **ángulo —,** critical angle; **frecuencia crítica,** critical frequency, penetration frequency, threshold frequency; **frecuencia crítica portadora** (de un filtro), cut off frequency; **longitud de onda crítica** (de un filtro), cut off length; **masa crítica,** critical mass; **presión crítica,** critical pressure; **punto —,** burble point; critical point; **tensión crítica** (elec), critical voltage; **velocidad crítica,** critical speed.

Cromado, Chrome plated, chrome plating, chrome tanned, chromium plated, chromium plating, chromizing; **color —,** chromed color; **cuero —,** chromed leather.

Cromado, Chromed.

Cromar, To chrome; — (con cromo), to chromicize.

Cromático, Chromatic; **aberración cromática,** chromatic aberration; **sensibilidad cromática,** color sensitivity.

Cromatismo, Chromatism.

Cromato, Chromate; — **alcalino,** alkali chromate; — **de hierro y níquel,** ferrous nickel chromate.

Cromatografía, Chromatography; — **de fraccionamiento,** partition chromatography.

Cromatográfico, Chromatographic; **absorción cromatográfica,** chromatographic adsorption.

Cromatograma, Chromatogram.

Crómico, Chomic.

Cromita, Chromite.

Cromo, Chrome or chromium; — **duro,** hard chrome; **acero al —,** chrome alloy steel, chrome steel; **aleación de níquel y —,** chromel; **alumbre de —,** chromic alum; **amarillo de —,** chrome yellow, lead chromate; **curtición con sales de —,** chrome tanning; **moldura al —,** chrome strip.

Cromonas (quím.), Chromones.

Cromo-naranja, Chrome orange.

Cromoazurina, Chromazurine.

Cromóforo, Chromophore.

Cromolibdeno, Chrome molibdenum.

Cromopirómetro, Chromopyrometer.

Cromóscopo, Chromoscope.

Cromoso, Chromous.

Cromotrópico, Chromotropic; **ácido —,** chromotropic acid.

Cronodesconectado, Time released.

Cronodisparador, Chrono-release.

Cronógrafo, Chronograph, stop watch; — **de tambor,** drum chronograph; — **eléctrico,** chronograph electric.

Cronometrista, Clerk time; — **de tiempos de fabricación,** ratefixer.

Cronómetro, Chronometer; **ajustar un —,** to regulate a chronometer.

Cronoscopio, Chronoscope.

Cronostato, Chronostat.

Cronototalizador, Time totalizer.

Croquis, Chalking, eye sketch, sketch, tracing; — **acotado,** dimensioned sketch; — **fotogramétrico,** photogrammetric sketch.

Crown-glass, Crown-glass; **lente convesa de —,** crown lens.

Cruce oblicuo, Diamonds crossing; **aislador de —,** oil filled bushing; **vía de —,** crossing loop.

Crucera, Bending stick.

Crucero, Couple, seagoing ship, tie; — (laminador), scout; — **de vidriera,** arm; **normal al —** (mineralogía), on plane; **plano de —,** plane of cleavage; **turbina de —,** cruising turbine; **velocidad de —,** cruising speed, sea speed.

Cruceta, Brace, cross head, crown, downing lever, sliding block, spider, tappet; — (locomotora), counter balance; **guías de la —,** motion bars; **motor de —,** cross head engine; **patín de —,** cross head slipper; **perno de —,** cross head center; **tirantes de —,** crossarm braces.

Cruceteado, Cross braced.

Crucífero, Cruciferous.

Cruciformismo, Cruciformism.

Crudo, Crude oil, raw, rough; **tela cruda,** unbleached linen.

Crujía, Middle section, passage or passageway, waist.

Cruz, Cross; — **de Malta,** Maltese cross; — **de San Andrés,** cross columns, cross stay, Saint Andrew's cross; **en —,** cross, cross wise; **en forma de —,** cross sha-

ped; **poner en —,** to cross; **tirante de — de San Andrés,** cross stay.

Cruzado, Cross; **de capas cruzadas,** crossbedded; **mesa con movimientos cruzados,** double cross motion table.

Cruzamiento, Crossing; — **doble,** diamonds crossing; — **oblicuo** (ferrocarril), diamond crossing; **corazón de —,** frog; **corazón de — de carriles,** crossing; **vía de —,** crossing loop.

Crystolón, Crystolon; **muela de —,** crystolon wheel.

Cuaderna, Cant floor, timber; — (buques), frame; — **de hierro,** iron rib; — **maestra,** midship bend, midship frame; — **principal,** maximum cross section; — **recta,** square frame; — **revirada,** cant frame, cant timber; — **transversal,** transverse bulkhead; **cartabón de —,** bracket frame; **fuera de cuadernas,** moulded (molded en América); **malla de —,** timber and room; **separación de cuadernas,** spacing of frames or frame space.

Cuadernal, Block and pulley, pulley block.

Cuadradillo, Corner chisel; — (hierro), slit iron.

Cuadrado, Quadrate, square; — **de segundo grado,** quadratic; **centímetro —,** square centimeter; **con extremo —,** square tipped; **de cabeza cuadrada,** square headed; **de torones cuadrados,** square stranded; **decímetro —,** square decimeter; **elevar al —,** to square; **lima cuadrada,** blunt file; **limatón —,** square file; **método de los mínimos cuadrados,** least squares method; **metro —,** square meter; **milímetro —,** square millimeter; **muesca cuadrada,** square jag; **perno —,** square bolt; **pie —,** sq. ft. (square foot), square foot; **pulgada cuadrada,** sq. in. (square inch), square inch; **reducible a un —,** quadrible; **terraja de filete —,** screw with a square thread; **tor-**

nillo de filete —, flat threaded screw; **tuerca cuadrada**, square nut.

Cuadral, Angle tie, brace.

Cuadrangular, Quadrangular.

Cuadrantal, Quadrantal; **error** —, quadrantal error.

Cuadrante, Dial, face; **— de medidas**, metering dial; — ' **de referencia**, bug; **— luminoso**, luminous dial; **— micrométrico**, micrometer dial; **aguja de** —, dial pointer; **antena de** —, quadrant aerial; **balanza de** —, armed (short or long) (balance); **comparador de** —, dial comparator; **electrómetro de** —, quadrant electrometer; **guías del** —, back links; **lámpara de** —, dial light; **manómetro de** —, dial manometer; **placa de** —, dial plate; **sector de** —, quadrant; **termómetro de** —, dial thermometer.

Cuadrar, To hew.

Cuadrático, Quadratic; **formas cuadráticas**, quadratic forms; **rectificador** —, square law rectifier.

Cuadratura, Quadrature; **— de fase**, phase quadrature; **componente en** —, quadrature component.

Cuadrete, Quadded; **cable de** —, quadded cable; **hilo de** —, quad wire.

Cuádrica, Quadric; **superficie** —, quadric surface.

Cuádrico, Quadric.

Cuadriculado, Cancellated, checkered, squared, squaring; **papel** —, squared paper.

Cuadrilátero, Quadrangle, quadrilateral.

Cuadrilla, Spell.

Cuadripolar, Quadrupole; **momento** —, quadrupole moment.

Cuadrípolo, Quadrupole.

Cuadro, Approach portal, bridle, bridle of the slide, chord, frame, frame of a locomotive or frame plate, frame of a shaft, housing, panel, rectangular reinforcement; — (ferroc.), container; — (radio), loop; **— adaptador** (fot.), adjusting frame; **— atirantador**, stiffening frame; **— blindado**, shielded loop; **— compensador** (distribuidores), equilibrium ring, (distribuidor), relief frame; **— de conexiones**, connector pannel; **— de control**, control pannel; **— de dimensiones**, chart dimension; **— de distribución**, switch board; **— de distribución de frecuencias**, frequency allocation table; **— de fuerza**, power frame; **— de fusibles**, fuse board; **— de maniobra**, switch board; **— de plomo endurecido** (acus.), hard lead frame; **— de pruebas**, test board; **— de una espira**, simple turn loop; **— interurbano**, toll board; **— oscilante**, swing frame; **— receptor**, loop aerial; **— receptor antiparásitos**, suppressed loop aerial; **— unido**, corner frame; **antena de — circular**, circular loop antenna; **antena de — rectangular**, square loop antenna; **antena de cuadros cruzados**, crossed coil aerial; **curva en corazón que se mueve en un** —, differential eccentric and frame; **frecuencia de** —, frame frequency; **radiogoniómetro de — móvil**, rotating direction finder; **radiogoniómetro de cuadros cruzados**, crossed loops direction finder; **recepción en** —, loop reception.

Cuádruple, Quadruple.

Cuajarse, To coagulate.

Cualidad, Quality; **cualidades de adherencia**, rubbing qualities.

Cualificado (obrero), Skilled.

Cualitativo, Qualitative; **análisis** —, qualitative analysis.

Cuántico, Quantum; **mecánica cuántica**, quantum mechanics; **números cuánticos**, quantum numbers; **teoría cuántica**, quantum theory.

Cuantificación, Quantification.

Cuantificado, Quantized; **espacio —,** quantized space.

Cuantificador, Quantizer.

Cuantitativo, Quantitative; **análisis —,** quantitative analysis; **dosificación cuantitativa,** quantitative calibration.

Cuanto, Quanta, quantum; **— de acción,** quantum of action; **— de luz,** light quanta.

Cuarcífero, Quartziferous.

Cuarentena, Quarantine.

Cuartearse, To craze.

Cuarto, Quadrant; **—** (medida de peso), quarter; **— de círculo,** quadrant; **aserrado por cuartos,** quarter sawing; **de — de círculo,** quadrantal; **en — creciente,** mooned.

Cuarzítico, Quartzitic.

Cuarzo, Flint, quartz; **— ágata,** emery stone, eye stone; **— espongiforme,** spongiform quartz; **— fundido,** fused quartz; **— tallado,** piezoid; **corte de —,** quartz cut; **cristal de —,** quartz crystal; **fibra de —,** quartz fibre; **lámpara con envuelta de —,** quartz lamp; **lámpara de —,** quartz bulb; **oscilador de —,** quartz oscillator; **reloj de —,** quartz clock; **resonador de —,** quartz resonator.

Cuasigrupos (mat.), Quasi-groups.

Cuaternario, Quaternary; **aleación cuaternaria,** quaternary alloy.

Cuatrimotor, Four engine, four engined; **avión —,** four engine plane.

Cuatrirreactor, Four jet.

Cuatro, Four; **máquina de aplanar de — cilindros,** four roller flattening machine.

Cuba, Body, coop, chamber, jar, mixing trough, moat, penstock, sump, tank, tub, vat; **— ajustadora** (transformador), form fit tank; **— anular,** annuler moat; **— basculante,** balance trough; **— calorifugada,** lagged beaker; **— cerrada,** closed vat; **— con estaño fundi-**do, washpot; **— de aceite,** oil tempering tank; **— de agitación para la amalgamación,** dolly tub; **— de almacenamiento,** fuelling tank; **— de alto horno,** stack; **— de decantación,** sintering tank; **— de desengrase,** degreasing tank; **— de deshidratación,** dewatering tank; **— de digestión,** digestion tank; **— de enjuague,** rinsing vat; **— de escaldar de chorro,** spray scalder; **— de fermentación,** fermentation vat; **— de gasógeno,** body; **— de horno,** furnace body; **— de impregnación,** impregnation tank; **— de lavado,** swilling tank; **— de secado,** drying tank; **— de transformador,** transformer tank; **— del arco,** arc chamber; **— galvanizada,** galvanized tank; **— mezcladora,** mixing trough; **— o blindado de cuba,** stack; **— para aclarar con agua corriente,** running buddle; **— para enfriar en el temple,** bosh; **— vientre de un alto horno,** body of a blast furnace; **cubas,** vats; **fondos de —,** vat sludge.

Cubatura, Cubature.

Cubeta, Container, trough; **—** (barómetro), cistern; **— de decantación,** settling pan; **— de escorias,** clinker scuttle; **— de escurrido, de destilación,** drip cup; **— de fondo abatible,** drop bottom bucket; **— de hormigón,** concrete bucket; **— del rectificador,** rectifier pool; **— draga,** earth grab; **— en la que se agitan los fieltros** (preparación mecánica de minerales), dolly tub; **— metálica,** metal container; **— o cuchara basculante,** tipping hopper; **— para lavar el oro,** dolly; **acumulador de —,** trough accumulator; **muela de —,** cup wheel; **placa de cubetas** (acum.), trough plate; **revelado en — vertical,** dipping bath development.

Cubeta-draga, Bucket, earth grab, grab.

Cubicación, Cubature, floor space, measure; **— de la madera en rollo,** log scaling.

Cúbico, Cubic, cubical; **centímetro —,** cu cm (cubic centimeter), cubic centimeter; cubic decimeter; **metro —,** cubic meter; **pie —,** cu ft (cubic foot); **pie — por segundo,** cusec; **pulgada cúbica,** cu in (cubic inch); **raíz cúbica,** cubic root.

Cubierta, Casing, deck; **— balón,** casing balloon; **— corrediza,** cockpit enclosure; **— de cable,** cable sheath; **— de caucho,** rubber tyre; **— de círculos,** wired tyre **— de intemperie ligera,** shelter deck; **— de neumático,** shoe; **— de rueda,** wheel tyre; **— de turbina,** case; **— de vuelo de portaavión,** flight deck; **— en espiral,** spiral casing; **— hueca,** cushion tyre; **— inutilizada,** old casing; **— neumática,** pneumatic tyre; **— para montones de heno,** hay cap; **— reconstruida,** rebuilt casing; **— superior,** hurricanedeck; **— volada,** cantilever roof; **aterrizaje en —** (aviación), deck landing; **aterrizaje sobre —,** decking; **aterrizar en —,** to deck; **baos de —,** deck beams; **cargamento de —,** cargo deck; **con cubiertas de caucho,** rubber tyred or tired; **de una —,** single decked; **forro de la —,** deck plating.

Cubierto, Boarded; **—** (engranaje), shrouded; **fuego —,** ash fire.

Cubilete, Beaker; **— picudo,** lipped beaker; **— rotatorio,** rotating bowl.

Cubilote, Cupola or cuppola, cupola furnace; **— con canal,** rapid cupola; **— de reguera,** rapid cupola; **horno de —,** cupola or cuppola.

Cubo, Boss, bucket, bush, bushing, case, centre boss, cube, hub, pail, pillow block; **— continuo,** continuous boss, solid boss; **— de cenizas,** ash bucket; **— de hélice,** airscrew or propeller hub; **— de hélice,** screw boss; **— de latón,** brass case; **— de rueda,** boss, box of a wheel, hob, runner boss, wheel hub; **— de transportador,** bucket conveyer; **— de turbina,** turbine boss; **— de una rueda de una hélice,** nave; **— para incen-**

dio, bucket fire; **— perfilado,** spinner; **— plegable,** collapsible bucket; **— torneado,** bored eye; **capacidad de un —,** bucket full; **disco de —,** hub flange; **guarnición del —,** nave hoop; **unión de cubos,** boss joint.

Cubreequipajes de lona (vagón), Tilt.

Cubrejunta, Butt plate, butt strap, fishplate, junction plate; **— doble,** double butt riveting; **— longitudinal,** edge strip; **— sencilla,** single butt riveting.

Cubrejuntas, Batten, butt cover plane, butt plate, butt strap, cover plate, covering bead, covering plate, edge strip, packing strip, strip, strip plate.

Cubresol, Sunshade.

Cubridor, Throwing; **poder —,** throwing power, hiding power (colores).

Cubrir con plomo, To lead; **— con un toldo o una lona,** to tilt; **— los fuegos,** to bank up the fires, to damp down, to put out the fires; **— una sección,** to block.

Cuco, Bus, tank engine.

Cucúrbita, Bolt head; **tapadera de —,** blind head.

Cuchara, Clamshell, clamshell automatic bucket, coal scuttle, grab, spoon; **—** (sondeo), bailer; **— con buza** (acerías), stoppered ladle; **— con garras,** bucket grab, grapping bucket; **— de colar,** shank; **— de excavadora,** dipper; **— de tenaza,** excavator; **— de valvas mordientes en cuartos de cáscara de naranja,** orange peel automatic bucket; **— estriadora** (instrumento de modelador para acanalar), flute; **— excavadora,** cleanser, earth grab; **— mecánica,** scraper; **— mecánica con remolque,** wagon scraper; **— mecánica giratoria,** rotary scraper; **— mecánica mandada por cable,** cable drive scraper; **— para cimentación,** dump bailer; **encargado de la —,** ladler; **puente de — excavadora,** grabbing; **tractor con —,** motor scraper.

Cucharón, Skip or skip hoist; — **de draga,** scoop; — **de excavación,** earth grab; — **de pala mecánica,** dipper.

Cuchilla, Arch brick, blade, boring tool, cutter, cutter drill, chopper, edge, knife, shear blade; — (de cepillo, garlopa, etc.), iron; — **abiselada,** chamfering iron; — **de acabado,** boring tool; — **de balanza,** knife edge; — **de báscula,** clasp knife; — **de cantear,** edging knife; — **de escariar,** boring cutter; — **de fiador,** clasp knife; — **de herramienta,** blade tool; —.**de interruptor,** switch blade; — **de picaporte,** clasp knife; — **de placa de carburo,** carbide cutter; — **de soporte de espejo** (ensayo de metales), mirror knife edge; — **de una balanza,** knife edge; — **generadora,** cutter arbor; — **para hender,** cleaving tool; — **para tornear interiores,** inside corner tool; — **postiza,** carbide tip; — **postiza insertada,** tip; **gramil de** —, cross gauge; **interruptor de cuchillas,** chopper switch; **lima de** —, knife; **portaherramienta con cuchillas de disco,** cutter for fluting taps; **soldadura de las cuchillas postizas insertadas,** tipping; **suspensión por cuchillas,** knife edge suspension.

Cuchillería, Cutlery.

Cuchillo, Chopper; — **de desfibrador,** chipper knife; — **de impresión,** writing bar.

Cuello, Neck, nozzle; — (máquinas), throat; — **de cisne,** gap, goose neck; **aguilón de** — **de cisne,** goose-neck boom or jib; **bastidor en** — **de cisne,** goose neck frame; **en** — **de cisne,** swan necked; **profundidad de** — **de cisne,** gap; **profundidad del** — **de cisne,** depth of gap.

Cuenca hullera, Coal field.

Cuenta, Account, counting, numbering; — (minas), gurt; — **corriente,** current account; — **de banco,** bank account; — **de gastos de la construcción,** account of building expenses; — **electrónica de pulsaciones,** scaling; **a** —, instalment; **cancelación de cuentas,** settlement; **volver a debitar en** —, to redebit.

Cuenta-revoluciones, Rev-counter, revolution counter, speed indicator.

Cuentagotas, Drop glass, dropping lubricator, eye dropper, stactometer; **frasco** —, dropping bottle.

Cuentapasos, Pacemeter.

Cuentarevoluciones, Speed indicator.

Cuerda, Line, rope, tether; — **continua,** continous chord; — **de ala,** depth; — **de amianto,** asbestos twine; — **de arco,** chord, string; — **de cuero,** hide rope; — **de hilos torcidos,** braid rope; — **de piano,** piano wire (aero); — **de sirga,** tow rope; — **de un perfil de ala,** length of chord; — **del ala,** chord, wing chord; — **geométrica,** geometric chord; — **media,** mid chord; — **media del ala,** medium chord; — **pequeña,** string; **cable de la** —, chord wire; **cuerdas de transmisión,** driving the ropes; **cuerdas viejas,** shakings; **dar** —, to wind up; **devanado de** —, short pitch winding; **devanado por cuerdas,** chord winding machine; **galvanómetro de** —, string galvanometer; **tambor de** —, rope drum.

Cuerno, Horn; — (de yunque), beak (of an anvil).

Cuero, Hide, leather; — **artificial,** fabrikoid; — **de bomba,** pump leather; — **de imitación,** leather cloth; — **de primera calidad,** bend; — **embutido,** leather cup; — **repujado,** leather cup; **anillo de** — **embutido,** leather packing collar; **canoa de** —, currach; **correa de** —, leather belt, leather strap; **de** —, leathern; **embrague de cono de** —, leather faced clutch; **en** —, leathern; **engranajes de** — **crudo,** raw hide gears; **redondos de** —, red tapism; **tireta de** —, thong.

Cuerpo, Body, case; — (matemáticas), field; — **cilíndrico,** barrel; — **de biela,** shank of a connecting rod; — **de bomba,** case, casing, chamber, pump barrel, volute spiral; — **de grifo,** hollow of a cock, shell, valve box; — **de igual resistencia,** body of the strongest form; — **de lámpara,** lamp house; — **de palier,** casing; — **de polea,** shell of a block; — **de revolución,** body of revolution; — **de sonda** (petróleo), outdoor barrel; — **de una rueda dentada,** gear blank; — **del cilindro,** barrel; — **negro,** black body; — **principal del carburador,** body of carburettor; **de dos cuerpos,** two case; **de un —,** single case; **eje de — oblicuo,** oblique crank; **haciendo — con,** integral with.

Culata, Break off, breech, cover, cross head, crown, cylinder head, end, shoulder piece, yoke, yoke piece; — (de pistón), cross head; — (fusil), butt; — **de cilindro,** cylinder head; — **de fusil,** butt end; — **de quemador,** combustion head; **anchura de —,** width of yoke; **bloque de —,** breech black; **campo de dispersión de —,** yoke stray field; **espesor de —,** thickness of yoke; **poner una —,** to breech; **rigidez de —,** stiffness of yoke; **sin —,** coverless, coverless engine.

Culombio (elec.), Coulomb.

Culote, Base, base cap, bottom, part opposite to the centers of bellows; — (de obús), base; — **de ocho brocas,** octal base.

Cumarinas (quím.), Coumarins.

Cumbrera, Chimney top, coping.

Cumel, Cumene.

Cuna, Hammock, nacelle; — **de motor,** engine bearer.

Cuna-motora, Cradle.

Cuneta, Channel stone; — (dique seco), water way; — **de descarga** (para recoger las aguas de filtración), counter drain.

Cuña, Adjusting key, chock, gab, key, stamp, wedge; — (de madera, de hierro), liner; — (minas), moyle; — **con guiaderas de media caña para hendir piedras,** plug and feather; — **de ancla,** anchor shoe; — **de apriete,** wedge key; — **de arrastre,** driving horn; — **de hierro,** staple; — **de madera,** spile or spill; — **de retenida** (devanado de los motores eléctricos), driving horn; — **fina para palier,** shim; — **para abatir árboles,** falling wedge; **en forma de —,** wedgewise; **fijar con cuñas,** to wedge; **ladrillo de —,** arch brick; **prensa de —,** wedge press.

Cuño, Die stamp.

Cupón, Coupon.

Cúprico, Cupric; **sal cúprica,** cupric salt.

Cuprífero, Copper bearing; **valores cupríferos,** coppers.

Cuprita, Red copper.

Cuproamoniacal, Ammonuriet; **licor —,** ammonuriet of liquid copper.

Cuproferratos, Cupferrates.

Cuproníquel, Cupronickel.

Cuproso, Cupreous or cuprous, eruginous; **cianuro —,** cupreous cyanide; **cloruro —,** cupreous chloride; **óxido —,** cupreous oxide; **residuo de tostación de las piritas cuprosas,** blue billy.

Cúpula, Companion, cupola or cuppola, dome; — **de concentración,** concentrating cup; — **de dama,** crown; — **de puntería,** sighting blister; — **de un alambique,** cap; **tobera de —,** nozzle on dome, stand pipe on dome.

Cureña (cañón), Frame; — **de mortero,** carpet mortar.

Curio, Curium.

Cursor, Slide; **calibre de —,** sliding caliper; **puente de —,** bridge meter; **selector de —,** selector with sliding contact.

Curtido, Hammering, tanned, tanning; — **al cromo,** chrome taning; **extracto de —,** tanning extract.

Curtidor, Currier, tanner.

Curtiduría, Tannery.

Curtiente (Licor), Tan liquor.

Curtir, To tan.

Curva, Contour, curve, diagonally, graph, loop; **— de acuerdo,** radius (plural radii), throat; **— de buque,** standard; **— de distribución de la resistencia,** taper curve; **— de enlace,** junction curve; **— de expansión,** expansion line; **— de indicador,** diagram; **— de probabilidades,** probability curve; **— de refuerzo del puente,** knee of the deck; **— de refuerzo horizontal,** lodging knee, square knee; **— de refuerzo oblicua,** dagger knee; **— de refuerzo vertical,** hanging knee; **— de tubo,** bend pipe; **— final** (leva), end curve; **— Fletcher** (curva de sensibilidad del oído), Flectcher curve; **— llave,** knee; **— osculatriz,** osculatrix; **extensión de una —,** range; **máximo de una —,** hump (of a curve); **punto de retroceso de una —,** retrogression point.

Curvado, Atwist, bend, bending, bent, cambered, crook, deflection, rolling in; **— hacia fuera,** outbent; **madera curvada,** bending wood.

Curvador (para madera), Bending head; **máquina curvadora,** bending machine.

Curvadora, Bending machine; **— de cuadernas,** framebender.

Curvar, To bend, to bow, to deflect; **alicates para — los tubos aislantes,** bending pliers; **aparato de —,** bender apparatus; **aparato para —,** bender; **caballete para —,** bending horse; **cabezal de —,** bending head; **dispositivo de —,** bending fixture; **horno de —,** bending furnace; **máquina de —,** bending machine; **máquina de — chapas,** bending machine, plate bending roll; **máquina para — raíles,** bender rail; **molde de chapa para —,** bending plate; **prensa para — chapa,** bending press; **tambor de —,** bending drum; **viga de —,** bending arm.

Curvarse, To bow, to cast; **— (las chapas),** to buckle.

Curvatura, Aduncity, bend, bending, bight, bow, curvature, flexure; **— del techo,** folding; **— diagonal** (de armazón, de buque), sny; **— inferior,** lower camber; **— según la cara ancha,** flat sheet reflector; **— según la cara estrecha,** edgewise bend; **— superior,** upper camber; **de doble —,** cambered double; **ligera —,** bend slight.

Curvígrafo, Curve tracer, cyclograph.

Curvilinealidad, Curvilinearity.

Curvilíneo (Cono), Paracurve.

Curvo, Curve; **carril —,** curve rail; **curva de respuesta,** response curve; **regla curva,** irregular curves; **tiro —,** high trajectory fire.

CH

Chabota, Stock anvil.

Chadless, Chadless; **perforación —,** chadless perforation.

Chaflán, Beveled edge, bevelling, chamfer edge or chamfer, chamfered edge, feather edge, taper; **cortar un —,** to cut off an edge; **doble —,** double bevel.

Chaflanar, To bevel, to slope timber.

Chalana, Craft.

Chaleco salvavidas, Lifejacket.

Chalupa, Launch.

Chambrana, Jamb; **— (de puerta),** frame molding.

Champiñón, Mushroom.

Chanfleado doble, Double chamfer.

Chapa, Black plate, coat, fire wall, plate, pressed end plate, sheet; **— de acero,** steel plate; **— de aleación ligera,** light alloy sheet; **— de aparadura,** garboard plate; **— de caja fuerte,** safe plate; **— de cubetas,** trough plate; **— de envoltura,** lag; **— de envuelta,** lagging; **— de hierro,** terne plate; **— de hierro, plomo y estaño,** terne plate; **— de la limera del timón,** horse-shoe plate; **— de pérdidas pequeñas,** low loss sheet; **— de protección,** sheeting; **— de recubrimiento,** cover plate, covering plate; **— de rejillas,** perforated sheet; **— de relleno para reducir el huelgo,** shim; **— de unión,** tie plate; **— de varenga,** floor plate; **— del tablero,** scuttle dash; **— delgada,** sheet of metal, thinned plate; **— dura,** bloom plate; **— estañada,** tinned plate; **— estriada o gofrada,** checkered plate; **— eyectora,** stripper plate; **— fina,** sheet iron, thin sheet, (forja), band; **— fuerte,** plate iron; **— galvanizada,** galvanized sheet; **— gruesa,** heavy plate; **— inferior,** under shield; **— laminada,** rolled sheet iron; **— martilleada,** hammered sheet iron; **— mediana,** medium plate; **— naval,** truss; **— o pieza fundida currentiforme,** fairwater; **— ondulada,** corrugated iron plate, corrugated sheet; **— para caldera,** boiler plate; **— para tubos,** skelp; **— perforada,** perforated sheet; **— perforadora de entrada de sumidero,** bell trap; **— plana,** flat sheet; **angular de —,** corner plate; **banda de — de hierro,** sheet iron strip; **chapas antimetralla,** splinter plates; **chapas de acero,** sheet steel; **chapas de desgaste,** wear resisting plates; **chapas de trancanil,** stringer plates; **chapas embutidas y de borde redondeado,** dished or flashed plates; **chapas recortadas,** stampings; **chapas taladradas,** punchings; **cubierto de —,** trussed; **cubrir con —,** to truss; **descoser una — remachada (buque de chapas solapadas),** to rip off the plaking; **forrado con —,** plated; **forrar con —,** to plate; **grado de dureza de las chapas,** temper numbers; **lámina de — fuerte,** iron plate; **lámina de — gruesa,** iron plate, plate of sheet iron; **laminador de chapas finas,** thin sheet mill; **laminar las chapas,** to roll slabs; **máquina de cortar —,** plate cutting machine; **máquina de curvar chapas,** plate bending rolls; **máquina de plegar chapas,** plate benders; **máquina de recortar —,** stamping machine; **núcleo de chapas,** iron plate core; **obra de —,** plate work; **pantalla de — (véase Baffle),** baffle plate; **paquete de chapas,** bundle of sheets; **plantilla de —,** plate template; **protección de las chapas por capa de hierro y zinc**, sherardizing; **recortadora de —**, nibbling machine; **taller para trabajar chapas**, plate shop; **tijeras para chapas**, plate shears; **unión con — embutida**, angle seam; **vagra de —**, plate keelson.

Chaparrones, Showers; **— cósmicos**, cosmic ray showers; **— electrónicos**, electron showers.

Chapeado, Facing; **dispositivo de —**, blocking device; **hoja de —**, veneer; **placa de —**, veneer.

Chapear, To veneer.

Chapistería, Sheet metal; **taller de —**, sheet metal shop.

Chapoteo, Splash.

Chapuceramente (marina), Lubberly.

Chapucero, Gimcrack.

Chapuzas (Hacer), To bungle.

Charmilla (Madera de), Hop hornbeam wood.

Charnela, Door hanger, hinge; **— de alerón**, wing flap hinge; **— de crucero**, casement hinge; **— de mariposa**, valve hinge; **chasis de charnelas**, snap flask; **con —**, hinged; **tapadera con —**, hinged lid; **té con —**, T hinge; **terraja de —**, hinged screw stock, hinge stocks.

Chasis, Body, carriage, chassis, chassis base, framework, housing, slide, swing frame, traversing platform; **— (auto)**, frame; **— (en América)**, structure; **— de parrilla**, grate bar bearer; **— de sierra**, body; **— fotográfico**, dark slide; **— industrial**, industrial chassis; **— recto**, straight chassis; **— soldado**, welded frame; **— tubular**, tubular chassis, tubular frame.

Chasis-almacén (fotografía), Drawer; **— de n placas**, n plates magazine.

Chasis-prensa, Printing frame.

Chasquido, Chatter or chattering; **chasquidos de manipulación**, keying clicks.

Chata (bote), Accon.

Chatarra, Old iron, scrap iron, scrap metal; **chatarras empaquetados** (metal), compressed bundles; **enviar o colocar una pieza vieja** (automóvil, etc.) **en los montones de —**, to place on the scrap heap; **existencias de —**, scrap stocks; **hacer —**, to pound; **tratamiento de chatarras**, scraps process.

Chaveta, Cotter, fore lock, linchpin, key, pin, shackle pin; **— con hendidura**, split cotter; **— cónica**, taper pin, tapered cotter; **— de apriete**, tightening key, wedge key; **— de barbilla**, catch key, headed key; **— de enganche**, knuckle pin; **— de junta de carriles**, channel pin; **— de regulación**, cotter with screw end; **— de resorte**, spring cotter, spring key; **— de retención**, jig pin; **— doble**, gib and cotter; **— en cola de milano**, dovetail; **— hendida**, slit cutter; **— móvil o deslizante**, draw key; **— no cónica fijada a una de las piezas y pudiendo deslizar en la ranura**, feather key; **— partida**, split cotter; **— ranurada**, spring key; **— recta**, corner locking; **— y contrachaveta**, gib and cotter, gib and key; **apretar una —**, to tighten up a cotter; **bulón de —**, cotter bolt; **collar de —**, collar pin, cotter pin; **con —**, keyed; **empujar una — en su alojamiento**, to drive in a cotter; **herramienta para tallar las ranuras de las chavetas**, key way cutter; **pasador de —**, cotter pin, forelock bolt, tommy; **perno con —**, key bolt; **perno de —**, collar pin; **ranura de —**, key hole, key seat, key way; **unión con —**, keyed connection; **unión por —**, cottering.

Chaveteado, Wedging; **— en**, cottered into.

Chavetear, To cotter, to pin, to wedge.

Chavetero, Key hole.

Cheque, Cheque; — (véase **Cheque**), check; — **a la orden,** cheque to order; — **al portador,** cheque to bearer; — **cruzado,** crossed check.

Cheurón, Rafter.

Cheurones, Charters; **rueda de** —, double helical wheel.

Chigre, Winch; **capirón de** —, warping end; **gatillo del trinquete de un** —, winding pawl.

Childrenita, Childrenite.

Chilenita, Chilenite.

Chimenea, Air cask, chimney, funnel, smoke pipe, smoke piping, smoke stack, stack; — **abatible,** hinged funnel; — **de charnela,** hinged funnel; — **de ladrillo,** brick chimney; — **de ventilación,** ventilating chimney; — **interior** (de un horno de ladrillo), bay; — **telescópica,** telescopic funnel; — **Venturi,** Venturi chimney; **bastidor de** —, chimney board; **boca de la** —, chimney mouth; **camisa de** —, air case, funnel casing; **caperuza de** —, chimney cover, chimney shaft, chimney top, funnel cowl; **caperuza de la** —, chimney hood; **conducidos hacia la** —, chimney flues; **conductos que llegan a la** —, chimney head; **cuerpo de la** —, chimney stack; **fondo de** —, chimney back; **fundación de** —, chimney foundation; **maestra de** —, parging; **paramento de** —, chimney board; **pedestal de** —, chimney base; **registros de chimeneas,** draught plates; **remate de** —, chimney neck; **revestimiento interior de** —, chimney lining; **silbato de** —, air pipe; **tiro de la** —, chimney draught; **tubo de** —, chimney tube, shank; **tubo de una** —, shank of a chimney; **virola de** —, belt of an iron chimney.

Chincheta, Draught bolt, thumbtack.

Chiquichaque, Sawyer.

Chirriante, Chirpy; **señal** —, chirpy signal.

Chirriar, To creak, to jar.

Chirrido, Creaking.

Chispa, Flake, spark; — **apagada** (emisión por impulsión), quenched spark or short spark; — **de cierre,** closing spark; — **de ruptura,** break spark, rupture spark; — **disruptiva,** breakdown spark; — **eléctrica,** electric spark; — **musical,** singing spark; — **ramificada,** branched spark; **amortiguamiento de las chispas,** spark damping; **chasquido de chispas,** hash; **dieléctrico a prueba de chispas,** askarel; **distancia explosiva de las chispas,** sparking distance; **emisor de** —, spark transmitter; **frecuencia de chispas** (radio), spark frequency; **generador de chispas,** spark generator; **mecanizado por chorro de chispas,** spark working; **paso o descarga de las chispas,** spark discharge; **salto de** —, arcing; **soldadura por chorro de chispas,** spark welding; **soltar chispas,** to sparkle; **soplador de chispas,** spark extinguisher; **voltímetro de** —, spark gap voltmeter.

Chispeante, Flaring.

Chisporroteo (de las escobillas, etc.), Sparking.

Chocar, To knock, to slip; — **con otro auto,** to collide.

Chófer (de automóvil), Chauffeur.

Chofeta, Fire pan.

Choque, Allision, blow, catch, concussion, crumbling, crush, dash, impact, impulse, knoching, shock; — **acústico,** acoustic choke; — **con entrehierro ajustable,** swing-choke; — **de carga,** charging choke; — **de descohesión,** decohering tap; — **de retroceso,** back shock, back stroke, return shock; — **violento,** clash; **amortiguador de** —, antibouncer; **chapa de** — (hornos), dashplate; **choques,** blows; **ensayo con ondas de** —, shock wave test; **ensayo de flexión al** —, blow bending test; **ensayo de ondas de** —, schock wave test; **excitación por** —, collision excitation, shock excitation; **herramientas de** —, vibrating tools; **instalación de ensayos de ondas de** —, impulse testing equipment; **junta de** —, choke joint; **máquina de ensayo de** —, of shock tester machine; **onda de** —, shock wave; **placa de** —, buffer plate; **prueba de** —, blow stress; **resistencia a los choques,** shock resistance; **ruido de** —, hurtle; **separador de** —, baffle separator; **superficie de** — (conducto), deflecting plate; **tabique de** —, collision bulkhead; **trabajo al** —, blow stress.

Chorrear, To drip, to trickle; — **con granalla mezclada con un inhibidor de corrosión,** to wet peen.

Chorreo, Trickling; **refrigerante de** —, trickling cooling plant.

Chorro, Connecting piece, runner, spray, stream; — **caliente,** blast hot; — **de agua,** jet; — **de aire,** jet stream; — **de aire comprimido,** cupola blast; — **de colada,** dead head, feed head; — **de combustible,** fuel spray; — **de corte,** cutting jet; — **de vapor,** steam jet; — **de vapor para activar el tiro,** blast; — **de viento,** blast; - - **secundario o auxiliar,** subsidiary spray; **colada de** — **de fundición,** spray; **de propulsión a** —, jet propelled or powered; **deflector del** —, jet deflector; **deflexión del** —, jet deflection; **desviador del** —, thrust reverser; **dispositivo de conexión a tierra por** — **de agua,** water jet earthing device; **eyector de** — **de vapor,** steam jet ejector; **hincar pilotes con** — **de agua,** to jet; **limpiadora de** — **de arena,** sand spraying machine; **propulsión a** —, jet propulsion; **rectificador de chorros de mercurio,** jet chain commutator.

Chumacera, Bearer.

Chumacería (Pedestal de), Pedestal bearing.

Chupador, Strum box; — (bomba), strainer.

Chupar, To suck.

Chupona, Suction dredger.

Churreado, Extruded.

D

Dactilografiar, To type or to typewrite.

Dactilógrafo, Typist.

Dado (de polea), Cock; — **cortador,** cutting die; — **de rodillo,** bush roller.

Dalbergia cearensis, King wood; — **latifolia,** Indian wood; — **nigra,** Brazilian rose wood or rosewood, rose wood.

Dama (alto horno), Baffle stone; — (horno alto), dam stone.

Damajuana, Demi-john.

Damasquinado, Damasking; **grabado en —,** milled.

Damasquinar, To damascene or damaskeen.

Dañado, Disabled.

Daño, Damage; **daños y perjuicios,** damages.

Dar de sí (objeto que cede), To give.

Darafio (unidad de elastancia, inversa de la capacitancia), Daraf.

Dársena, Camber, inner harbour; — (puerto), dock; — **de armamento,** fitting out dock; — **de mareas,** tidal dock; **entrada en —,** docking; **entrar en —,** to dock; **pavimento de —,** apron.

Dato, Datum; **datos,** data; **datos estadísticos,** statistical data.

Daturina, Devil's apple.

Debajo, Under.

Débil (detrás de un número), Bare; **acero de pérdidas débiles,** low loss steel; **3 pulgadas débiles,** 3 bare.

Debilitamiento, Attenuation, decay; — (fot.), fading.

Débilmente, Light; **acero — aleado,** light weight alloy.

Débito, Debit.

Decaborano, Decaborane.

Década, Decade; **divisor de décadas,** decade divider.

Decadencia, Decay.

Decalado, Shifting; — **de escobillas,** brush shifting; — **de las alas,** stagger; — **hacia adelante,** front stagger, lead; — **hacia atrás,** lag; lagging, rear stagger.

Decalaje, Displacement; — **de fase** (elec.), phase displacement.

Decalaminado, Descaling.

Decalaminar, To descale; — **un motor,** to decarbonize an engine; **máquina de —,** scaling machine.

Decalar, To stagger.

Decámetro, Measuring tape.

Decantación, Coagulation, elutriation, sedimentation, settling; **cubetas de —,** coagulation basins; **purificación por lavado o —,** elutriation; **tanque de —,** separating tank.

Decantar, To decant, to elutriate.

Decapado, Blanching, cleaning, degreasing, descaling, dipping, flatting, pickling, rubbing down, scouring, stripping; — **al ácido,** dipping; — **al chorro,** jet pickling; — **con ácido,** acid etching, etching; — **con arena,** sand blasting; — **con gas,** gas pickling; — **electrolítico,** electrolytic pickling; **horno de —,** scaling furnace, scaling oven; **inhibidor de —,** pickling inhibitor; **licor de —,** pickle liquor.

Decapador (Flujo), Welder flux.

Decapadora, Scraper.

Decapante, Stripper.

Decapar, To clean, to cleanse, to degrease, to descale, to dip, to pickle, to scale, to scour metals; — (metales), to scour; — **por ácido,** to dip.

Deceleración, Deceleration.

Decelerar, To decelerate.

Decibelímetro, Decibelmeter.

Decibelio (unidad de intensidad sonora; abr.: db), Decibel; **abreviatura para —,** db.

Decimal, Decimal.

Decimétrico, Decimetric; **onda decimétrica,** decimeter wave, decimetric wave.

Decímetro, Bevel scale, decimeter.

Decitratar, To decitrate.

Declaración, Bill, caveat; — **de avería** (buque mercante), protest.

Declinación, Decay, variation; — (aguja imantada), declination; — **de la aguja imantada hacia el nordeste,** east variation; — **magnética,** magnetic declination; — **magnética astronómica,** variation.

Declinante, Drooping.

Declive, Cant, pitch, shelving; — **lateral de carretera,** .kerb.

Declividad, Declivity, dip.

Decodificador, Decoder; **circuito —,** decoder circuit.

Decompresor, Compression release.

Decrementímetro, Decremeter.

Decremento, Damping factor; — (radio), decrement.

Decrescencia, Shift.

Dedo, Finger; — **selector,** selecting finger.

Defecto, Defect, fault, shortcoming; — **de aislamiento,** fault of insulation; — **de superficie,** surface defect; — **de superficie barnizadas en que aparecen picadas por pequeños agujeros,** pinholing; — **que aparece en la soldadura por puntos de chapas finas de aleación de aluminio,** nonweld; **acción de quitar defectos de tochos du-**rante las fases de laminado, machine scarfing; **defectos,** wasters; **pequeño — en los metales,** brack.

Defectoscopio, Defectoscopy.

Defectuoso, Dry; **equipo —,** malequipment; **imán —,** defective.

Defensa, Fender; — (armazón), shoulder; — **para las jarcias,** scotchman.

Deficiente, Blind; **zona de recepción —,** blind spot.

Déficit, Deficit.

Definición (televisión), Definition; **alta —,** high definition; **baja —,** low definition.

Deflagración, Deflagration.

Deflagrador, Deflagrator.

Deflección, Alteration of angle.

Deflectígrafo, Deflectograph.

Deflector, Air scoop, baffle, baffle plate, splash ring or shield, splash shield, water slinger; — **de limpieza o de humidificación de aire,** scrubber plate; — **del chorro,** jet deflector; — **desviador,** deflector; **cono —,** deflecting cone, deflector cone.

Deflexión del chorro, Jet deflection.

Deformación, Deflection, deformation, set, strain; — (metal), distress; — **angular,** alteration of angle; — **permanente,** permanent set; — **plástica,** plastic deformation, time flow; — **por tracción,** tensile deformation; **carga de — permanente,** crippling load; **punto de — permanente,** breaking down point.

Deformado, Deformed, strained, stressed.

Deformar, To deform.

Deformarse, To take a set.

Deformímetro, Strain meter.

Degradar (colores), To shade off. **Degresión,** Degression.

Deionización, De-ionisation or deionization.

Delantal de minero, Breach leather.

Delante, Forward; **horno que extrae la escoria por —,** front slagger.

Delantera, Front, nose; **— de horno,** breast of a furnace.

Delantero, Front; **ballesta delantera,** front spring bracket; **eje —,** front axle; **jaula de rodamiento a bolas —,** front ball bearing race; **vista delantera,** front view.

Delastrado, Unballasted, unballasting.

Delastrar, To unballast.

Delétereos (Gases), After damp.

Delga de colector, Commutator bar; **— del distribuidor** (máquina de vapor), port bridge.

Delgadez, Thinness.

Delgado, Thin.

Delicuescer, To deliver.

Delineación, Lineation.

Delineante topográfico, Topographic draftsman.

Delta, Delta; **adaptación en —,** delta matching; **metal —,** delta melta; **rayos —,** delta rays.

Demanda, Demand; **factor de —,** demand factor; **presentación de —,** suing.

Demandado (Estar), To sue.

Demoler, To scrape.

Demolición, Demolition; **en —,** scrapped.

Demora, Delay; **indicación de —,** time bearing display.

Dendrítico, Dendritic.

Dendrito, Dendrite.

Denominador, Denominator.

Densidad, Density, specific gravity; **— A.P.I.** (véase **A.P.I.**), gravity A.P.I.; **— de exploración,** scanning density; **— de flujo radiante,** radiant flux density; **— de llamadas,** calling rate; **— de metronios,** metron density; **— de potencia,** power density; **— de potencia sonora,** sound power density; **— especular,** specular density; **óptica,** optical density; **reducción**

de — (fábrica de cerveza), diminution of density.

Densificador (Cuerpo), Densener.

Densificar, To densify.

Densímetro, Densimeter, hydrometer, petrol hydrometer; **—** (humos), densometer; **— fotoeléctrico,** photoelectric densitymeter.

Densitómetro, Densitometer.

Dentado, Gearing, joggle, milled, ribbed, saw like, serrated, toothed; **— de engranaje de Cruz de Malta,** pin teeth; **— de evolvente de círculo,** evolute teeth, single curve gear; **— de flancos radiales o rectos,** radial flank teeth; **corona dentada** (cabrestante), sprocket wheel; **dinamómetro a ruedas dentadas,** toothed wheel dynamometer; **escarificadora dentada,** rooter; **rueda dentada,** cog wheel or cogged wheel, toothed wheel; **sector —,** rack segment, toothed quadrant; **zapata dentada,** milling shoe.

Dentadura, Teeth.

Dentar (Máquina de) los engranajes, Gear cutting machine.

Dentro, Inside.

Denuncia (de un contrato), Denunciation.

Dependiente de facturación, Bitting clerk.

Deposición, Throwing; **poder de —,** throwing power.

Depositar, To deposit.

Depósito, Ammunition dump, boss, bowl, cistern, container, deposit, deposition, depot, foot, goods depot, head pond, hotwell, lens (plural **lenses**), magazine, pan, receiver, reservoir, scale, sediment, staple, stock yard, sump, tank, trough, trust, warehouse, well, yard; **—** (almacén), station; **—** (alto horno), scaffold; **—** (de lodos), sludging; **— bajo presión,** pressure feed tank; **— blindado,** bullet proof tank; **— carbonado,** carbonaceous deposit; **— de aceite,** box of axle, oil reservoir, oil tank; — **de aduana,** bonded warehouse; — **de agua,** water tank; — **de agua caliente,** hotwell; — **de aire,** air chamber, air drum, air holder, air reservoir; — **de carbón,** coaling station; — **de cenizas,** ash deposition; — **de centrado,** trim tank; — **de cobre,** coating copper; — **de combustible presurizado,** pressurized fuel tank; — **de gasolina,** petrol tank, (véase también **gas**), gas tank; — **de la manguera,** hose trough; — **de lodos,** catch basin; — **de mercancías,** store, warehouse; — **de mineral** (en algunos casos 405,42 kg.), bing; — **de polvos,** dust catcher; — **de socorro,** reserve tank; — **de taponamiento automático,** self sealing tanks; — **de vapor,** steam drum; — **de víveres,** feeding vessel; — **en carga,** gravity feed tank; — **en el extremo del ala** (avión), tiptank; — **en presión,** pressure vessel; — **fangoso** (calderas), dirt; — **frigorífico,** refrigerated warehouse; — **inorgánico,** inorganic deposit; — **lanzable,** slip or droppable or detachable tank; — **orgánico,** organic deposit; — **principal,** main tank; — **salino,** bittering; — **seco,** dry deposit; — **subsidiario,** subdepot; — **termométrico,** thermometer well; **barómetro de** — **abierto,** open cistern barometer; **certificado de** —, warrant; **depósitos,** stratification; **depósitos centrifugados,** centrifuged deposits; **depósitos de agua,** feed tanks; **depósitos electrolíticos,** electrolytic stratification; **extracción de los depósitos solubles** (de una turbina), washing out; **gastos de** —, housage; **llenado del** —, refueling; **sifón de** —, gulley siphon; **vaciar un** — **del combustible,** to defuel.

Depreciación (moneda), Diminution.

Depreservación, Depreservation.

Depresión, Suction; **a** —, vacuum operated.

Depuración, Cleaning, purification, reclaiming, reclamation, rehabili-

tation, treatment or treating; **de aceite,** purification oil; — **del aceite,** oil rehabilitation; — **en seco,** dry cleaning; **producto de** —, scavenger.

Depurado, Cleaned, purified, refined; **aceite** —, purified oil; **aeronave depurada,** clean aircraft; **fuselaje** —, clean body.

Depurador, Box purifier, cleaner, epurator, purger, purifier, scrubber, separator; — **centrífugo,** centrifugal cleaner; — **de aceite,** oil purifier, oil reclaimer; — **de aire,** air scrubber; — **de gas,** gas purger; — **de gasolina,** gasoline cleaner; **planta depuradora** (aceite), reclaiming plant.

Depurar, To depurate, to fine, to purify, to reclaim, to refine, to treat.

Derechas (A) (tornillo), Left, right handed; **paso a** —, right handed thread; **taladro a** —, right hand drill; **tornillo roscado a** —, right handed screw.

Derecho, Duty, right, royalty, toll; — **de puerto,** keelage; — **proporcional,** ad valorem duty; — **sobre el terreno,** due; **ala inferior derecha,** right hand lower wing; **derecha,** right hand; **derechos,** charges, (a pagar), dues, fees, (aduana, etc.), revenue; **derechos de amarraje,** mooring dues; **derechos de consumo,** town dues; **derechos de entrada,** import duty; **derechos de muelle,** wharf duty; **derechos de puerto,** harbour duty; **derechos de ribera o de costa,** shorage; **persona que lleva brazal en el brazo** —, right arm rating; **pie** —, brace; **poner** —, to straighten.

Deriva, Drift, fin; — (aviac.), dorsal fin; — (N), centre board; **a la** —, maverick; **ángulo de** —, drifting angle; **doble** —, twin fin; **indicador de** —, drift indicator; **plano de** —, stabiliser or stabilizer; **quilla de** —, sliding keel.

Derivación, Bleeding or bleed, by-pass, by-passing, diversion, drift, shunt, tap, tapping; — (elec.), branching; — **conductora,** by-path; — **de mando,** drive connection; — **sobre el compresor,** compressor bleeding; **borna de** —, branch terminal; **caja de** —, connecting box; **canal de** —, avoiding canal; **con** — **corta,** with short shunt; **contradevanado en** —, teaser; **de** —, bridging; **de** — **corta,** short shunt dynamo; **de** — **larga,** long shunt dynamo; **de larga** — (dínamo compound), with long shunt; **devanado en** —, shunt wound; **dínamo excitada en** —, shunt dynamo; **hilo de** —, shunt wire; **lámpara de arco en** —, shunt wound arc lamp; **línea con** —, leaky line; **montaje en** —, cross leakage, shunt coupled wiring; **motor** —, shunt motor, shunt wound motor.

Derivada, Differential coefficient; — (mat.), derivative; — **primera,** first derivative; **unidad** —, derived unit.

Derivado, By-passed, shunted; — (adj.), Derived; — (quím.), derivative; **productos derivados,** derived products.

Derivador, Diverter.

Derivar, To unrivet; — (electricidad), to branch.

Derivómetro, Drift meter, drift sight.

Dermolito, Dermolith.

Derramarse, To discharge.

Derrame, Depth of opening; — (arquitectura), depth.

Derrapar, To skid, to slip; — **sobre el suelo,** to trip.

Derrape, Side slip, skidding; **fricción de** —, skidding friction.

Derribar hulla, To bring down.

Derrick-grúa, Derrick crane.

Derrota ortodrómica, Circle route.

Derruir, To colt in.

Derrumbado, Caving; **formación derrumbada,** caving formation.

Derrumbamientos, Cavings.

Derrumbarse, To fall in.

Derrumbe, Run of hill.

Desaceleración, Deceleration.

Desacetilación, Desacetylation.

Desacoplamiento, Decoupling; **circuito de** —, decoupling circuit.

Desacoplar, To uncouple.

Desacoplo, Decoupling; **filtro de** —, decoupling filter; **red de** —, decoupling network; **resistencia de** —, decoupling resistance.

Desactivación, Desactivation.

Desactivado, Desactivated.

Desactivar, To desactivate.

Desacuñar, To unwedge.

Desadaptador patrón, Standard mismatcher.

Desagregado, Fine, fluxed.

Desagregador, Disintegrator.

Desagregar, To flux.

Desagregarse con la humedad, To exfoliate.

Desaguadero, Chute, tail race, water way; — **abierto,** box drain.

Desagüe, Catch pit, culvert, discharge, draft or draught, drain, drainage, draining, overshoot; — **automático,** automatic dummy; — **por el costado,** side dump; **bomba de** —, drainage pump; **galería de** —, digging, (minas), drain gallery; **grifo de** —, draining cock; **lugar de** —, dump; **orificio de** —, exit.

Desahogo (Eclisa de), Easing fish plate.

Desaireación, Deaeration.

Desaireado, De-aerated.

Desaireador, Deaerator; **anillo** —, de-aerating ring.

Desalabear, To unward.

Desalcalinizar, To dealkalize.

Desalquitranado, Detartarised.

Desalquitranar, To detartarise.

Desanimación, Deamination.

Desaparecer (filones), To dwindle.

Desarenar, To cleanse.

Desarmar (buque mercante), To lay up.

Desarme (de un buque), Laying up.

Desarraigador, Rooter; **arado —,** rooter plow.

Desarreglo, Binding, failure.

Desarrollado, Actual; **energía desarrollada,** actual energy.

Desarrollamiento, Unrolling.

Desarrollar, To develop; — (mat.), to expand.

Desarrollo (armazón), Spread; — **en serie,** series expansion.

Desarrumación, Breaking bulk.

Desarrumado, Out of trim.

Desarrumar, To break bulk.

Desastre, Shipwreck.

Desatar, To disjoin, to unfasten, to untie.

Desatascador, Wire riddle.

Desatascar, To clear, to unkey; — **la bomba,** to free the pump.

Desatornillar, To screw off, to unscrew; — **un tornillo,** to loosen a screw.

Desatrancar, To clear.

Desaturación, Brining.

Desaturado, Brined.

Desaturar, To brine.

Desazufrar (petróleo), To sweeten.

Desbarbado, Deflashing, dressing, shaving, smoothing, trimming; — (chapa, fundición), cutting; — **de las rebabas,** trimming of a flash; **herramienta de —,** cleansing tool; **material de protección —,** fettling material.

Desbarbador, Barer, chipping chisel, cleanser, de-burring, great chisel; **cilindro —,** bloom roll; **làminador — (forja),** blooming rolling mill; **tren —,** blooming rolling mill, cogging mill; **tren o laminador —,** puddle rolling mill.

Desbarbar, To chop off, to clean, to de-burr, to dress, to edge off, to pare, to smooth, to trim; — **a máquina,** to chop; — **una pieza de fundición,** to trim; **máquina de —,** fettling machine, trimming machine.

Desbarbc, Trimming.

Desbarrar una estameña, To clear and widen a shaft.

Desbastado, Rough machined, rough turning, straightened.

Desbastador, Burr cutter, finishing bit, grinder, large chisel, polishing cask, reaming bit; — (grabador), carving chisel, dressing chisel; — **de punta redonda,** skew carving chisel; — **o escariador acanalado,** burr; **tren —,** billeting roll; **tren —,** breaking down mill.

Desbastar, To axe, to beard off, to broach, to clip, to cut grossly, to cut out, to chip, to dress, to face, to hew roughly, to rough plane, to shear, to straighten, to take off the burrs; — (torno), to rough-turn; — **en la fresa,** to mill off; — **la madera,** to jack, to plane off timber; — **madera de construcción,** to baulk; — **una pieza de madera,** to slope timber; **madera sin —,** with the bark on; **máquina de —,** surfacing machiqne; **máquina de — madera,** chipper wood.

Desbaste, Breakdown, cogging, rough grinding, rough turning; — (laminado), roughing; — **con la prensa,** press roughing; — **de ajuste,** rough planed; — **de la madera de construcción,** rough hewing; **pasada de —,** roughing cut, roughing pass; **refrentado de —,** rough facing; **segundo —** (laminado), pony roughing.

Desbenzolado, De-benzoline.

Desbituminar, To debituminize.

Desbloquear, To unclamp.

Desbloqueo, Unclamping.

Desbobinadora, Uncoiler.

Desbordar sobre, To overhang.

Descalcador, Bent gouge, bill head, chiming iron, claw, head bill, round nosed pliers.

Descalcificar, To delime.

Descanso, Comfort; **instalación para —,** comfort station.

Descapotable (auto), Convertible.

Descapsular, To uncap.

Descarbonizar, To decarbonize an engine.

Descarboxilación, Decarboxylation.

Descarburación, Decarburation or decarburization.

Descarburado, Decarburized.

Descarburar, To decarburize.

Descarga, Conduit, delivery, discharging, dumping or dump, easing, eduction, fill, tipple, unleading, unloading; **—** (calderas, etc.), discharge; **—** (eléctrica), discharge; **— a tierra** (rayo), streamer; **— aperiódica** (elec.), dead beat discharge; **— de horno,** discharging; **— de mercancías,** offloading; **— de retorno,** back discharge; **— de vuelta de la corriente alterna de los tubos de vacío,** back lash; **— del cilindro,** clearing of the cylinder; **— disruptiva,** disruptive discharge, flashover or flashingover; **— en abanico,** brush discharge; **— en cepillo,** brush discharge; **— espontánea,** self discharge; **— gaseosa,** gas discharge; **— instantánea,** dead beat discharge; **— libre,** free discharge, free energy; **— luminosa,** glow discharge; **— oscilante** (elec.), alternating or oscillating or oscillatory discharge; **— por las puntas,** point discharge; **— radiante,** brush and spray discharge; **— recurrente,** recurrent surge; **— superficial** (bujía), tracking; **— suplementaria de una batería,** assisted discharge of a battery; **abertura de — de horno,** discharging hole; **altura de —,** delivery, delivery head, discharge head; **canal de —,** tail race pipe; **capacidad de —,** discharge capacity; **compuerta de —,** bleeder valve; **con — automática,** self dump, self dumping; **conducto de —,** delivery canal, delivery pipe, discharge chute; **corriente de —,** discharge current, discharging current; **fenómenos de —,** surge phenomena; **lámpara de — luminosa,** glow discharge lamp; **ojo de —,** discharge aperture; **orificio de —,** discharge nozzle; **palier de — de un pozo de extracción,** bank of a drawing shaft; **piquera de — de colada,** discharge aperture; **régimen de —,** strain of discharge; **tobera de —,** discharge cone; **tubo de —,** discharge pipe, down pipe; **válvula de —,** bleeder valve, delivery valve, flush valve, pressure clack.

Descargado, Bled, unloaded; **descargada** (batería), run down; **horas descargadas,** off peak time.

Descargador, Bleeder, discharger, docker, lighterman, longshoreman, lumper, relief valve, spark gap, unleader; **— de horno,** discharger; **— de puntas,** saw-tooth arrester; **— de vacío,** vacuum arrester; **cilindro —,** doffer, doffing cylinder; **puesto de —,** spark generator.

Descargar, To balance, to bleed, to discharge, to disgorge, to lighten, to unlade, to unlay, to unload; **— mercancías,** to unship; **— retortas** (gas), to draw; **— una válvula,** to balance.

Descarnador, Paring knife.

Descarnar, To flesh.

Descarrilamiento, Derailing or derailment.

Descarrilar, To derail.

Descebado, Defused, defusing.

Descebar, To defuse; **— una bomba,** to dry up.

Descebarse, To clear away; **—** (dínamo), to run down.

Descementado, Decarburized.

Descendente, Down; **movimiento —,** down stroke; **pozo de ventilación —,** down go board.

Descender en vertical, To dive.

Descenso, Dip, dive, down stroke; — **de una capa,** drip; — **rápido,** quick lowering; **movimiento de ascenso y** —, up and down movement; **radioguía de** —, glide path transmitter; **tubo de** — (caldera tubular), down comer; **volante de mano que regula el** — **de la muela** (máquina rectificadora), hand wheel for setting grinding wheel movement.

Descensor, Lowerer.

Descentrado, Decentered, offset, out of centre.

Descentramiento, Decentering, off-centering.

Descentrar, To bring out the center; — (broca, taladro), to cut untrue.

Descifrar, To decriptograph.

Descincado, Dezincification.

Desclavador, Claw wrench.

Descobreado, Decoppering, decuperated or decoppered.

Descohesar (radio), To decohere.

Descohesión, Decohering; **choque de** —, decohering tap.

Descohesor, Tapper.

Descolgado (teléfono), Permanent glow.

Descolgar, To unhitch.

Descombro, Dug out earth.

Descompresión, Decompression, off loading, relief; **cámara de** —, decompression chamber; **grifo de** —, compression reliet cock, decompression tap, pet cock, relief cock; **leva de** —, relief cam, relieving cam.

Descompresor, Exhaust valve lifter.

Descomprimido, Depressurized.

Descompuesto, Out of order.

Desconcharse, To chip off.

Desconectado, Disconnected, unplugged.

Desconectador, Trigger; — **de velocidad crílica,** overspeed trip; **circuito** —, trigger circuit; **tiratrón** —, trigger thyratron.

Desconectar, To disconnect, to disengage, to switch off, to uncouple; — **súbitamente,** to trigger off.

Desconexión, Releasing, throw over; — (elec.), falling out of step; — **de distribución Corliss,** crab claw; **bobina de** —, trip coil; **dispositivo de** —, trip; **leva de** —, deflecting cam; **palanca de** —, trip lever; **par de** —, breaking down torque.

Descongelación, De-icing, defrosting; **solución de** —, de-icing strip.

Descongelador, De-icer, defroster.

Descongelar, To defrost.

Descortezado, Barked, disbarking.

Descortezamiento, Decortication.

Descortezar, To bark, to disbark; **máquina de** —, disbarking machine.

Descoser las costuras remachadas, To drive out the rivets.

Descostrado, Rough turning, scarfing.

Descubierto, Bare, open; **al** —, exposed; **fundir al** —, to cast in open sand; **moldeo al** —, open sand moulding.

Descuento, Account, discount; — **de 7 por 100 en caso de pago a un mes,** 7 % monthly discount for cash.

Desdoblamiento, Resawing.

Desdoblar (madera), To resaw; **máquina de** —, resawing machine.

Desdorar, To ungild.

Deseada (Señal), Desired signal.

Desecación, Dry; **aparato de** —, drying apparatus; **bombas de** — **de la cala,** bilge donkey; **estufa de** —, dry bath.

Desecado, Drainage, drained, drainer, drying.

Desecador, Dessicator, dryer or drier; — **de aire,** air dryer.

Desecadora, Drying cylinder.

Desecar, To drain, to drain up, to dry, to pump out; — **completamente,** to dry up; **estufa de** —, basket or drying kettle.

Desecho, Brack, heave, refuse; — **de hierro,** scrap iron; **desechos,** scrap metal; **desechos de algodón,** cotton waste; **desechos de corte,** chips cut away; **desechos de madera,** wood waste; **desechos de refino,** sludge; **madera de —,** offal; **pérdida de desechos,** waste.

Deselectrizar, To deenergise or de-energize.

Desembalado, Uncrating.

Desembalar, To uncrate.

Desembarazar una bomba, To free.

Desembarcadero, Landing place, wharf.

Desembarcar, To discharge, to unship.

Desembarque, Landing, unshipment; **muelle de —,** landing stage.

Desembarracar, To get off.

Desembolsos, Expenditures.

Desembragable, Releasable.

Desembragado, Out of gear.

Desembragar, To declutch or de clutch, to demesh, to disconnect, to disengage, to throw out the clutch, to throw out of gear, to uncouple, to ungear.

Desembrague, Clutch, disconnecting, disengaging, throw out clutch; **acoplamiento con —,** disengaging coupling; **aparato de —,** disengaging gear; **árbol de —,** disengaging shaft; **cerrojo de —** (máq.-herram.), disengaging latch; **cojinete a bolas del tope de —,** clutch ball thrust; **horquilla de —,** disengaging fork, shifting fork (correa); **mecanismo de —,** apparatus for disengaging, adjusting clasp, disconnecting gear; **palanca de —,** disengaging lever; **pedal de —,** clutch foot, clutch pedal; **trinquete de —,** disengaging pawl.

Desempaquetador, Packing worm.

Desempernar, To unbolt.

Desempleo, Unemployment.

Desempolvado, Dedusting.

Desempolvador, Deduster.

Desempolvar, To dedust, to dust.

Desencajar, To unsocket.

Desencalladura, Salvage; **instalación de —,** salvage plant; **material de —,** salvage plant.

Desencallar, To get off.

Desencofrado, Stripping of forms.

Desencofrar, To strip a form.

Desenfocado (fotografía), Blurred.

Desenfoque de haz, Beam defocusing.

Desenganchador, Relay tripping.

Desenganchar, To pull out of step, to release, to stall, to trip, to unhitch, to unhook.

Desenganche, Stall, trip out, tripping; **— del avance** (máq.), feed tripping; **distribución con mecanismo de —,** trip gear; **hilera de — automático,** self disengaging mecanismo de —, trip mechanism; **par de —,** breaking down torque; **pata de —,** cam releasing.

Desengranar, To disengage, to throw out of gear, to ungear.

Desengrasar, To cleanse, to fur; — una lima, to clean.

Desengrase, Cleaning.

Desengrilletar, To unshackle.

Desenlodador, Clearing iron.

Desenmallar, To unshacle.

Desenrollar, To unroll; **devanadera para —,** running off reel.

Desensibilizar, To desensitize.

Desentablar, To rip off the planking.

Desentibar, To untimber.

Desequilibrado, Unbalance.

Desequilibrio, Unbalance; **— dinámico,** dynamic unbalance; **en —,** off balance; **puente con —,** unbalanced bridge.

Desescombrar, To clear, to clear away.

Desescoriado, Slagging.

Desescoriar la piquera de la tobera, To cut off the slags on the conduit pipe; **— un horno,** to draw.

Desescorificar la parrilla, To clinker.

Desesmaltado, De-enameling.

Desestañar, To untin.

Desfasado, Out of phase, phase shifting; **corriente desfasada o de fases de caladas,** phase displaced current.

Desfasador, Phase shifter; — **múltiple,** phase splitter.

Desfasaje, Phase shift.

Desfase, Phase change coefficient; — **de imágenes,** image phase-change coefficient; **componente de — conjugado,** conjugated phase change coefficient.

Desferrificar, To deferrize.

Desfibrador, Fiber breaker, stuff grinder.

Desfibradora, Chipper, stripping machine, wood grinding machine.

Desfibrar, To strip.

Desfluorescencia, Deblooming.

Desfondado, Staved.

Desfondadora, Ripper, scarifying machine.

Desfondar, To stave.

Desgarradura, Rent, rip.

Desgarrar, To tear.

Desgarrarse, To rend.

Desgarre, Ripping; **cuerda de la banda de —,** ripping line; **panel de —,** ripping pannel.

Desgarro, Ripping; — **de una costura de remaches,** seam rip; **longitud de —,** ripping length.

Desgasado, Degassed, degassing.

Desgaseado, De-aeration, degassing.

Desgaseador, De-aerator.

Desgasificado, De-aerated.

Desgastado, Attrite, worn; **completamente —,** worn out.

Desgastador, Emery stick.

Desgastar, To burr up a screw, to emery; — **con muela,** to grid; — **en seco con la muela,** to grind dry.

Desgastarse, To chafe.

Desgaste, Chafing or chaffing, frazzle, rubbing; — **abrasivo,** scoring; — **de imagen** (TV), picture tearing; **aparato de medida de — en vacío,** vacuum wear machine; **chapas de —,** wear resisting plates.

Desgranar, To throw out of gear.

Desgrasado, Degreasing; — **en pieza** (textil), piece scouring; **tanque de —,** degreasing tank.

Desgrasar, To degrease.

Desguace, Scrapping.

Desguarnecer, To dig up.

Desguarnecido (alto horno), Clearing.

Desguazador, Slicer.

Deshacer, To disengage, to undo.

Desherrumbrado, Derusting.

Deshidratación, Dehydration, dewatering; — **en vacío,** vacuum dehydration; **curvas de —,** dehydration vats; **tanque de —,** dewatering tank.

Deshidratado, Devaporized, dewatered, dried.

Deshidratar, To dehydrate, to dewater.

Deshidroalogenación, Dehydrator, dehydrohalogenation.

Deshilachador, Devil.

Deshollinado, Soot blowing.

Deshollinador, Go-devil.

Deshollinamiento, Blowing.

Deshollinar (calderas), To sweep.

Deshornadora, Coke pushing machine; — (hornos de coque), ram; — **de coque,** coke ram.

Deshuesamiento, Boning.

Deshumidificación, Dehumidification or dehumidifying.

Deshumidificador, Dehumidificator.

Deshumidificar, To dehumidity.

Designar por sus iniciales, To initialize.

Desigual, Uneven; **de aspecto —**, cockbilled.

Desimantación, Demagnetisation or demagnetization; **dispositivo de —**, demagnetiser.

Desincronización, Pull out or pull up.

Desincronizado (elec.), Falling out of step.

Desincrustación, Scaling.

Desincrustado, Furring; desincrustada (caldera), picked.

Desincrustador (Martillo de), Scaling hammer.

Desincrustante, Boiler scaling apliances, disincrustant, scale destroying, scale preventing; — (calderas), detartariser; **desincrustantes para calderas**, boilers scaling appliances.

Desincrustar, To fur; — **una caldera**, to pick a boiler, to scale.

Desinfección, Disinfection; **aparato de —**, disinfecting apparatus.

Desinflar, To deflate.

Desintegración, Decay, desintegration; — **del mesón**, meson decay; — **nuclear**, nucléar desintegration; — **provocada**, stimulated decay; — **radioactiva**, radioctive decay; **constantes de —**, decay constants; **proceso de —**, decay process.

Desintegrado, Desintegrated.

Desintegrador, Desintegrator, smasher; — **de arenas**, sand desintegrator; — **de átomos**, atom smasher.

Desintegrar, To desintegrate.

Desintonizado, Detuned, untuned.

Desintonizar, To mistune, to untune; — (radio), To detune.

Desionización, De-ionisation or de-ionization; **potencial de —**, de-ionisation potential.

Desionizante, De-ionising.

Desionizar, To de-ionise.

Deslastre en vuelo, Jettisoning.

Desliamiento, Weakening or weakness.

Desliarse, To weaken.

Deslignificar, To delignify.

Deslizadera, Cable guide, cross head block, chute, guideway, slide, slide bar, slide way, slipper guide, tappet guide, way; — (para mercancías, briquetas, etc.), shoot; — **prismática**, prismatic slide; **deslizaderas**, cross head guides, guide rods, gun bars, (máq. herr.) bed ways; **guiado por deslizaderas**, bar guide; **máquina de rectificar las deslizaderas**, slide way grinding machine.

Deslizamiento, Creep, displacement, sliding, slip, slippage, slipping; — **de una correa**, belt slippage; — **del acoplamiento**, carrier arc and guide arc; — **sobre el ala**, side slip; **ciclo de —**, flip cycle; **coeficiente de —**, transverse modulus of elasticity; **componente de —**, sliding component; **fricción de —**, friction of sliding, sliding friction; **plano de —**, slip plane; **superficies de —**, slips; **zona de —**, slip zone.

Deslizante, Sliding; **grifo de cuerpo —**, lift plug valve; **junta —**, sliding joint, slip joint; **junta de fuelle —**, expansion joint.

Deslizar, To slide, to slip; — **sobre corredera**, to slide.

Deslucir, To dull.

Deslumbramiento, Glare; — **por reflexión**, reflected glare; **relación de —**, glare rating.

Deslumbrante (No), Free or glareless; **pader —**, blinding power.

Deslustrado, Damped; — (vidrio), matted.

Deslustrador, Shrinker.

Deslustrar, To damp.

Desmagnetización, Degaussing, demagnetisation or demagnetization.

Desmagnetizante, Demagnetiser; **circuito —**, degaussing circuit.

Desmagnetizar, To degauss, to demagnetise.

Desmantelado, Dismantled.

Desmantelamiento, Dismantling.

Desmantelar, To dismantle.

Desmenuzamiento, Crumbling.

Desminado, Demined.

Desminar, To demine.

Desmochar, To take off the edge.

Desmodulación, Demodulation.

Desmoldeado, Stripped.

Desmoldeador, Stripper; **aparato —,** stripper; **puente —,** stripper, stripping crane.

Desmoldear, To dress, to strip; — **la fundición,** to lift.

Desmoldeo, Dressing, stripping.

Desmontable, Demountable, detachable, portable, removable; **llanta —,** detachable rim, removable rim.

Desmontado, Dismantled, overhauled, stripped, stripping.

Desmontadora de algodón, Cotton gin.

Desmontaje, Disassembly, dismantling, overhaul, overhauling, taking apart.

Desmontar, To break up a drift, to burr, to dismantle, to dismount, to overhaul, to remove, to strip; — (una máquina), to break off, to take to pieces.

Desmontarruedas, Wheel wrench.

Desmontaválvulas, Valve extractor, valve lifter.

Desmonte, Baring, filling up, flanging.

Desmoronamiento, Crumbly, mouldering.

Desmoronar, To fall in.

Desmulsionabilidad, Demulsibility; **ensayo de —,** demulsibility test.

Desmulsionamiento, Demulsification, demulsifying.

Desmultiplicación, Reduction ratio.

Desmultiplicado, Geared down, low geared.

Desnaturalizado, Denatured.

Desnaturalizar (alcohol), To denature.

Desnitrificación, Denitrification.

Desnivel, Warping.

Desnivelación, Dislevelment, skew.

Desnivelado, Uneven, unlevelled.

Desnudar, To bare.

Desnudo, Bare, blank; **alto horno de chimenea desnuda,** independent free blast furnace.

Desobstruir, To clear, to free.

Desodorizante, Odor adsorber.

Desoldeo, Desodering.

Desorientación (avión), Diversion.

Desoxidación, Blanching, killing, pickling.

Desoxidado, Blanched, deoxidized.

Desoxidador, Dipper.

Desoxidar, To pickle.

Desozonizar, To deozonize.

Despacio, Go slow!, slow!; — (las máquinas), slow!

Despacho (buques), Dayroom.

Despalmar (buques), To grave.

Despedir (un obrero), To discharge.

Despegar, To come off, to take off, to unseat, to unstick.

Despegue, Lift, take off, taking off; — (aviación), unstick, unsticking; — **a plena carga,** full load take off; — **catapultado,** catapult assisted take off; — **de interceptores en el menor tiempo posible** (aviación), scramble; — **sin visibilidad,** blind take off; — **vertical,** vertical take off; **carrera de —,** take off run; **distancia de —,** take off distance; **empuje en el —,** take off thrust; **en el —** (potencia), on take off; **impulsor de —,** disengaging rod; **potencia en el —,** take out put or power; **velocidad de —,** unstick speed.

Despentanizador, Depentanizer.

Despepitadora, Cotton gin.

Desperdicio, Loss (plural **losses**); **desperdicios,** waste; **producir desperdicios echando vidrio fundido en agua,** to dragade.

Despilfarrar, To squander.

Desplatar, To desilverize.

Desplazabilidad, Displaceability.

Desplazable, Shiftable, slidable; **cambio de velocidades de tren —,** slide block change speed gear; **peine —,** fly reed; **tren —,** sliding gear.

Desplazamiento, Drift, isotope shift, shift; **—** (buques) (química), displacement; **— angular,** angular displacement, angular travel; **— automático,** hunting; **— axial,** shifting; **— de frecuencia,** frequency shift; **— de una capa,** heave; **— de una pieza** (de máquina), shifting; **— en carga,** load displacement; **— en lastre** (buques), light displacement; **— transversal,** transverse shifting; **circuito por — de fase,** phase shifting circuit; **corriente de —,** displacement current; **lanzada para evitar el —,** snotter; **modulación por — de frecuencia,** frequency shift signalling.

Desplazar, To shift.

Desplomar, To lean; **— un borde,** to crease.

Desplomarse, To collapse.

Desplome, Counterbatter, fissure, stalling; **—** (pizarrería), falling in; **característica de —,** stalling characteristics.

Despojar un tubo, To beat out.

Despojo, Backing off, clearance, delivery; **— posterior,** clearance back.

Despolarización, Depolarization.

Despolarizante, Depolarizer.

Despolarizar, To depolarize.

Desprender, To disjoin; **— escorias,** to beat off.

Desprendibilidad, Detachability, strippability.

Desprendible, Droppable, strippable; **depósito —,** droppable tank.

Desprendimiento, Evolution, stripping; **— de gas,** developing; **— de la vena fluida giratoria,** rotating stall; **ángulo de —,** draught angle.

Desproteinizado, Deproteinized; **caucho —,** deproteinized rubber.

Desprovisto de impurezas, Clean of impurities.

Despulle, Clearance, relief; **— de las virutas,** swarf clearance; **— de virutas,** clearing; **— o despojo lateral,** side clearance; **ángulo de —,** clearance angle, relief angle; **ángulo de — frontal,** front clearance angle, front relief side; **ángulo de — lateral,** side relief angle.

Despumar, To despumate.

Despuntado, Blunt, chipped; **—** (herramienta), dull.

Despuntar, To blunt, to dull, to rebate, to take off the edge.

Despunte (lingotes), Crophead.

Desrebabado, Snagging.

Desrecalentado, Desuperheated.

Desrecalentador, Desuperheater.

Desrecalentamiento, Desuperheating.

Desrecalentar, To desuperheat.

Destajo, Contract; **a —,** by contract.

Destalonado, Backing off, clearance, relief.

Destalonar, To relieve; **aparato de —,** relieving attachment; **dispositivo de —,** relieving device; **máquina de —,** relieving machine; **torno de —,** relieving lathe.

Destapado, Caming through.

Destartrado, Scaling.

Destartrar, To scale.

Destelleante, Flaring.

Destello, Flash, flicker; **— de magnesio,** magnesium lighting; **faro de destellos,** blinker; **fotómetro de destellos,** flicker photometer; **fuegos de n destellos,** flashing lights; **lámpara de —,** flash tube, flashing lamp; **microscopio de destellos,** blink microscope.

Desterronador (Aparato), Clod crusher.

Destilación, Distillation; — **aceotrópica,** azeotropic distillation; — **al vapor de agua,** steam distillation; — **directa,** straight run distillation; — **en vacío,** vacuum distillation; — **en vaso cerrado,** destructive distillation; — **fraccionada,** fractional distillation; — **isotérmica,** isothermal distillation; — **molecular,** molecular distillation; — **seca,** degassing; **alargadera para aparato de —,** distillation head; **análisis por — fraccionada,** analysis by boiling; **aparato de — a reflujo,** reflux distillation apparatus; **columna de —,** fractionating column or tower, topping tower; **gasolina de —,** straight run gasoline; **horno de — (de Andouin),** drip furnace; **producto de — del petróleo compuesto en su mayor parte por heptano,** Danforth's oil; **residuos de —,** dregs; **segunda —,** doubling.

Destilado, Distillate, distilled or distillated; — **de cracking,** pressure distillate; **agua destilada,** distilled water.

Destilador, Distilling plant, stillman; **aparato — de agua,** distilling water apparatus.

Destilar, To distill, to draw off, to strip; **aparato para —,** distillor.

Destilería, Distillery.

Destinatario, Addressee, consignee.

Destino, Destination; **estación de —,** office of destination.

Destornillar, To unbolt.

Destral, Axe, cleaver, falling axe, hatchet.

Destrórsum, Right hand; **hélice —,** right hand helix.

Destructivo, Destructive; **ensayo no —,** non destructive test.

Destructor, Destroyer.

Destruido por el fuego, Fire killed.

Desulfurización, Desulfurisation, de sulphurization or desulphurizing.

Desunir, To disengage.

Desvanecimiento artificial, Artificial fading; — **de la señal** (radio), fading; — **selectivo,** selective fading.

Desviable, Divertible.

Desviación, Bucling, deflection, deviation, elongation, swing; — **a tope,** full availability group, full-scale deflection; — **asimétrica,** assymmetrical deflection; — **de fase,** phase swing; — **de frecuencia,** frequency swing; — **de haz,** beam bending; — **electromagnética,** electromagnetic deflection; — **magnética,** magnetic deflection; — **total en pantalla,** full screen deflection; **método de — de nodo,** node shift method; **presión de —** (turbinas), deflection pressure; **sensibilidad de — electrostática,** electrostatic deflection sensitivity.

Desviado, Bent, deflected, offset, out of true.

Desviador (minero), Shackler; — **de chorro,** thrust reverser; — **de haz,** beam bender; **fuerza desviadora,** directing force.

Desviamiento, Flaring.

Desviar, To bore away, to deflect, to divert, to tap.

Desviarse, To cast.

Desvío del tráfico telefónico, Diversion.

Desvulcanizador, Devulcanizer.

Detallista, Retailer; **precio de —,** retail prices.

Detección, Detection; — **cuadrática,** square law detection; — **por placa,** plate detection; — **sónica,** sound detection; **submarina,** submarine detection; **dispositivo de —,** detection device.

Detectable, Detectible.

Detectófono, Detectophone.

Detector, Detector, locator, pickup, scanner; — **amplificador,** amplifying detector; — **con centelleo,** scintillation detector; — **de amplitud,** amplitude detector; — **de carborundo,** carborundum detector; — **de contacto,** contact detector;

— **de cristal sin sintonía,** untuned crystal detector; — **de cristales,** crystal detector; — **de fase,** phase detector; — **de fuga de gas,** gas leak locator; — **de fugas,** escape detector, leak detector; — **de humedad,** moisture detector; — **de humo,** smoke detector; — **de incendios,** fire detector; — **de minas,** mine detector; — **de neutrones,** neutron· detector; — **de onda estacionaria,** standing wave detector; — **de ondas,** wave detector; — **de pérdidas de corriente,** leakage detector; — **de tensión de rejilla casi negativa,** C detector; — **de tubo de vacío,** vacuum tube detector; — **electrolítico,** electrolytic detector; — **integrador,** integrating detector; — **magnético,** magnetic detector; — **térmico,** barreter (otro término para **thermal detector),** thermal detector; — **termoiónico,** thermionic detector; — **ultrasono de defectos,** sonovisor; **lámpara detectora** (radio), detecting valve, detector; **lámpara detectora oscilante,** detector-oscillator.

Detención (Pasador de), Detent pin; **pivote de —,** detent pin.

Detener, To key.

Detonación de una granada, Bursting of a grenade.

Detergencia, Detergency.

Detergente, Detergent.

Deteriorables (Mercancías), Perishables.

Deteriorar, To deteriorate.

Deterioro, Decay, deterioration, spoilage.

Determinación, Sampling; — **de posición,** position-finding.

Determinador de posición y acercador, Fixer and homer.

Determinante, Determinant; — **antisimétrico,** skew determinant; — **modular** (mat.), modular determinant.

Determinar (Método de espejo para) la ganancia, The mirror method of gain measurements.

Detersivo, Detergent; **cera detersiva,** detergent wax.

Detonación, Pinking; **índice de —,** knock rating.

Detonador, Detonator.

Detonante, Detonant, detonating; **explosivo no —,** low explosive; **gas —,** detonating gas.

Detonar, To detonate; **hacer —,** to detonate.

Detracción, Bleeding or bleed.

Detrás (Poner), To back.

Deuda, Due.

Deudor, Debtor; — **privilegiado,** chargee.

Deuterio, Deuterium.

Deuterización, Deuteration.

Deuterizado, Deuterated.

Deuterón, Deuteron.

Deuteruro, Deuteride.

Devanadera, Paper pool, racer, reel, reeler, winder; — **dentada,** cog racer; — **mecánica,** power reel.

Devanado, Rotor winding, unspooling, winding, wound; — **autoprotegido,** self-protected winding; — **auxiliar,** auxiliary winding; — **bipolar,** bipolar winding, two pole winding; — **compound,** compound winding; — **con cable redondo,** round wire winding; — **de ardilla,** squirrel winding; -- **de arranque,** starting winding; — **de bobinas cortas,** short coil winding; — **de caja de ardilla,** squirrel cage winding; — **de campo,** field winding; — **de cuerda,** short pitch winding;· — **de excitación,** field winding; — **de fases,** phase winding; — **de fases hemitrópicas,** hemitropic winding; — **de resorte** (en relé polarizado), bias winding (on a polar relay); — **de rotor,** rotor winding; — **de tambor,** drum winding; — **de una ranura por polo,** one slot winding, single coil winding; — **del estátor,** stator winding; — **del variómetro,** jigger winding; — **detector,** pick up coil; — **diametral,** full pitch winding; — **dispuesto en un solo plano,** single range winding; — **dispuesto sobre dos planos,** two range winding; — **dispuesto sobre tres planos,** three range winding; — **distributivo,** distributive winding; — **doble,** duplex winding; — **en anillo o gramme,** gramme winding; — **en anillo o da gramme,** ring winding; — **en cortocircuito,** short-circuit winding; — **en disco,** disc winding; — **en espiral,** spirally wound; — **en hélice,** spiral winding; — **en serie,** series winding; — **espiral,** spiral winding; — **frontal,** evolute winding; — **Gramme,** Gramme ring; — **imbricado,** interlaced winding, lap winding; — **inductor,** field winding; — **lateral,** lateral winding; — **mixto,** series parallel winding; — **múltiple o de varios circuitos,** multiplex winding; — **multipolar,** multipolar winding; — **no inductivo,** non-inductive winding; — **no inductor,** bifilar windings; — **o bobinado del inducido,** armature winding; — **ondulado,** ondulate winding, wave winding; — **paralelo,** parallel winding; — **plano,** edge winding; — **polifásico,** polyphase winding; — **por cuerdas o de cuerda,** chord or coil winding machine; — **primario,** primary winding; — **principal,** main winding; — **rastrero,** creeping winding; — **rotórico,** rotor winding; — **secundario,** secondary winding; — **semisimétrico,** semi-symmetrical winding; — **sencillo,** simplex winding; — **simétrico,** symmetrical winding; **bobina devanada sobre forma,** form wound coil; **devanados concéntricos,** concentric windings; **devanados inductores,** field windings; **inducido de — cerrado** (radio), closed coil; **motor de rotor —,** wide speed range motor; **resistencia devanada,** wire wound resistor.

Devanador, Reeling; **máquina devanadora,** reeling machine.

Devanar (cabrestantes, etc.), To upwind.

Devatado, Wattless current; **característica en —,** wattless current characteristic.

Desoxidar, To deoxidate.

Dextrina comercial, British gum.

Dextrorso, Clockwise.

Dia, Day, prompt;**días de plancha,** lay days; **días laborables,** working days; **días laborables en los que el tiempo permite trabajar,** weather days; **luz de —,** day light; **por —,** daily; **tráfico medio en días laborables,** traffic per average working day.

Diablo, Devil; — (carro), truck; — (lanas), devil.

Diacetato, Diacetate.

Diacrilato, Diacrylate.

Diafonía, Crosstalk; — **ininteligible,** unintelligible crosstalk; — **inteligible,** intelligible crosstalk; — **telefónica,** crosstalk.

Diafragma, Diaphragm, leak, septum, sliding stop valve; — **de seguridad,** rupturing diaphragm; — **parabólico,** curvilinear cone; — **resonante,** resonant diaphragm; — **térmico,** thermal leak; **válvula —,** sliding stop valve.

Diageotropismo, Diageotropism.

Diaglomerado, Diaglomerate.

Diagonal, Diagonal; **canal cuadrado de — vertical** (laminador), diamond pass; **en —,** cornerwise, diagonally; **riostra —,** diagonal stay; **tirante —,** brail.

Diagrama, Chart, diagram, drawing, pattern; — **absoluto** (antenas), absolute pattern; — **circular,** circle or circular diagram; — **completo,** complete diagram; — **de caudales,** flow chart; — **de comunicaciones,** communication chart; — **de conexiones,** connection-diagram; — **de contactos aso-**

ciados, attached contact diagram; — **de contactos dispersos,** detached contact diagram; — **de directividad,** directivity pattern; — **de distancias,** vertical coverage pattern; — **de emisión,** emission chart; — **de enlace,** trunking scheme; — **de equilibrio,** equilibrium diagram; — **de flujo,** flow pattern; — **de fuerzas,** diagram of strains; — **de intensidad de campo** (antenas), field pattern (antennas); — **de las cilindradas,** cylinder diagram, piston (position time) diagram, volume diagram; — **de las presiones sobre el cilindro,** piston (pressure time) diagram; — **de lubricación,** chart lubrication; — **de principio,** logical diagram; — **de puentes,** junction effect; — **de radiación,** radiation pattern; — **de radiación fusiforme,** cigar-shaped radiation pattern; — **de radiación toroidal,** doughnut-shaped radiation pattern; — **de Smith,** Smith chart; — **de transposiciones,** transposition diagram; — **direccional,** directional pattern; — **entrópico,** entropy diagram; — **normalizado** (antenas), normalized patern; — **oval de distribuidor,** oval slide valve diagram; — **polar,** polar diagram; — **por reflexión,** reflection pattern; — **presión-volumen,** P.V. diagram; — **primario,** primary pattern; — **relativo** (antenas), relative pattern (antennas); — **secundario,** secondary pattern; **pleno del** —, efficiency of cycle; **radiofaro de** — **circular,** radiophare of circular diagram.

Dial, Dial.

Diálaga, Diallage rock.

Dialcohílico, Dialkyl; **fosfito** —, dialkyl phosphite.

Dializar, To dialyse.

Diamagnético, Diamagnetic.

Diamagnetismo, Diamagnetism.

Diamantar (Aparato para), Diamond carrier.

Diamante, Diamond; — (de pinza), heel; — **de vidriero,** diamond tool; — **negro,** bort; **contador con conducción de** —, diamond conduction counter; **lima de cobre en la que se ha martilleado** —, diamond file; **muela de polvo de** —, diamond grinding wheel; **polvo de** — **para pulir,** diamond bort; **punta de** —, diamond point.

Diamantino, Diamant; **mortero** —, diamant mortar.

Diametral, Dimetient.

Diámetro, Diam (diameter), diameter; — **admisible de redondo** (máq.-herr.), bar capacity; — **admitido** (torno) **doble de la altura de punta,** swing over bed; — **aparente,** apparent diameter; — **de salida,** discharge diameter; — **exterior,** od (outside diameter), outside diameter; — **exterior de tubo,** overall diameter; — **interior,** inside diameter; — **máximo admisible sobre la escotadura,** swing in gap bed; — **útil de pantalla,** useful screen diameter.

Diapasón (Modulación por), Fork-tone modulation; **oscilador de** — (vibrador), tuning fork oscillator.

Diario de navegación, Log book.

Diatermia de onda corta, Short wave diathermy.

Diatomita, Diatomite, infusional earth (or **kieselguhr**), kieselguhr, rotten stone.

Diazoación, Diazotisation.

Diazobenzol, Diazophenol.

Diazoicos (Compuesto), Diazocompounds.

Diazonaftol, Diazonaphtol.

Diazonio, Diazonium.

Diazotado, Diazotised; **aminas diazotadas,** diazotised amines.

Dibenzílico, Dibenzyl; **éter** —, dibenzyl ether.

Dibenzilo, Dibenzyl.

Diborano, Diborane.

Dibromuro, Dibromide; — **de etileno,** ethylene dibromide.

Dibujante, Draftman or draughtman, draughtsman or draftsman, drawer.

Dibujar, To delineate, to design, to draw, to draw out; **— a escala,** to draw to scale; **— a lápiz,** to draw in lead; **— a mano alzada,** to draw free hand; **— un levantamiento,** to plot.

Dibujo, Design, draft or draught, drafting, drawing, plan, tracing; **— a mano alzada,** free hand drawing; **— al lavado,** wash or washed drawing; **— de detalle,** detail drawing; **— de ejecución,** working drawing; **— de perspectiva,** perspective drawing; **— de proyecto,** preliminary drawing; **— de taller,** working drawing; **— en sección,** cut away drawing; **— industrial,** engineering drawing, mechanical drafting; **— lineal,** lineal drawing; **— topográfico,** field sketching; **arena para —,** drafting room; **gabinete de —,** drawing office; **hoja de papel de —,** drawing sheet; **mesa de —,** drawing table; **oficina de —,** drawing officce; **papel de —,** drafting paper, drawing paper; **rollo de papel de —,** draw block; **tablero de —,** drawing board; **tela de —,** drafting cloth.

Dicetonas, Diketones.

Dicroísmo, Dichroism.

Dicromático, Dichromic.

Dictáfono, Dictating machine.

Diedro, Diedral, dihedral.

Dieléctrico, Dielectric; **absorción dieléctrica,** dielectric absorption; **antena —,** polyrod; **calentador —,** dielectric heater; **calentamiento —,** dielectric heating; **calentamiento por histéresis dieléctrica,** electronic heating; **constante dieléctrica,** dielectric constant or dieletric coefficient; **corriente dieléctrica,** dielectric current; **cuenta dieléctrica** (en cadena de aisladores), dielectric bead; **cuerpo —,** electric; **desplazamiento —,** dielectric displacement; **ensayos dieléctricos,** dielectric tests; **flujo —,** dielectric flux; **guía dieléctrica de ondas,** dielectric guide; **histéresis dieléctrica,** dielectric hysteresis; **lente de — artificial,** artificial dielectric lens; **pérdida dieléctrica,** dielectric loss; **rigidez dieléctrica,** dielectric strength, (elec.), disruptive strength.

Dielectrómetro, Dielectrometer.

Dienos, Dienes; **— conjugados,** conjugated dienes.

Diente, Catch, clutch, cog, dent, drill edge, driver, indentation, knob, lift, mill cog, tooth, wiper; **— (carpintería),** indent; **— (tenedor, horquilla),** prong; **— adaptado a la rueda,** pin; **— cónico,** club tooth; **— de arrastre,** catch; **— de control,** control tooth; **— de lima,** file tooth; **— de madera adaptado a una rueda,** cog; **— de madera para rueda mecánica,** cogging wood; **— de retenida,** cocking toe; **— de rotor** (elec.), rotor tooth; **— de rueda,** cog; **— de sierra,** dog's tooth, jag, saw tooth; **— del inducido,** armature tooth; **— doble** (para sierra tipo marmolista), champion tooth; **— lateral de rueda dentada,** face cog; **— recto,** straight tooth; **— superpuesto,** cog; **ángulo del —,** tooth angle; **cara de un —,** face of a tooth; **con dientes,** cogged, toothed; **dientes,** teeth (plural de **tooth,** ver esta palabra); **dientes contorneados,** cross cutting teeth; **dientes cuyo espesor se reduce hacia cada extremo,** crown; **dientes de ranura,** briar teeth; **dientes del inducido,** armature teeth; **dientes en pico de loro,** briar teeth; **dientes escalonados,** cogs in steps; **dientes insertados,** inserted teeth; **dimensiones de los dientes,** tooth atting dimensions; **espacio entre dientes,** jag, kerf; **flanco de un —,** face of a tooth, tooth cutting face; **flanco de un — de engranaje,** shoulder; **generador de dientes de sierra,** saw tooth generator; **hueco de un —,** depth of a tooth;

inducción eficaz en los dientes (elec.), actual tooth induction; **inducción en los dientes** (elec.), tooth induction; **inducción máxima en los dientes** (elec.), maximum tooth induction; **máquina de pulir los flancos de los dientes de engranajes,** tooth face grinding machine; **máquina de tallar los dientes,** tooth cutting machine; **obtención de dientes cuyo espesor se reduce hacia cada extremo,** crowning; **paso de los dientes,** tool pitch; **poner dientes,** to cog; **saturación de los dientes,** tool saturation.

Diesel, Diesel; — **fijo,** stationary diesel; — **marino,** marine diesel.

Diéster, Di-ester.

Dietílico, Diethylene; **peróxido** —, diethylene peroxide.

Diferencia entre el diámetro de un perno y el del agujero destinado a recibirlo, Drift; **modulación por** — **de fases,** outer modulation.

Diferenciación (Producto de), Differentiale.

Diferenciador (Circuito), Peaker circuit.

Diferencial (adj.), Differentiable; — (auto), balanced gear or differential gear, balanced gear (véase también **differential**), differential, equalising gear; — **cónico,** bevel differential; — **recto,** spur wheel differential; **caja del** —, differential gear box; **cálculo** —, differential calculus; **cuna para el** —, basket differential; **devanado** —, differential winding; **frenado** —, differential braking; **micrófono** —, differential microphone; **pila termoeléctrica** —, balancing thermopile; **polipasto** —, differential pulley block; **precipitación** —, differential precipitation; **relé** —, differential relay; **termómetro** —, differential thermometer; **termostato de dilatación** —, differential expansion thermostat.

Diferido, Delayed.

Difracción, Deflection, diffraction; — **electrónica,** electron diffraction; — **en bordes,** knife-edge diffraction; — **esférica,** spherical diffraction; **cámara de** —, diffraction camera; **diagramas de** —, diffraction patterns; **redes de** —, diffracting or diffraction gratings; **región de** —, diffraction region; **retículos de** —, diffraction gratings.

Difractómetro, Diffractometer.

Difusiómetro, Diffusiometer.

Difusión, Diffusion, grain boundary, scattering; — **de la luz,** light scattering; — **de los neutrones,** neutron seal; — **elástica,** elastic scattering; — **gaseosa,** gaseous diffusion; — **hacia atrás,** back scattering; — **inelástica,** inelastic scattering; — **intergranular,** grain boundary; — **isotrópica,** isotropic scattering; — **total,** complete diffusion; **coeficiente de** —, diffusion coefficient; **llamas de** —, diffusion flames; **propagación por** — **troposférica,** tropospheric scatter propagation; **válvula de** —, diffusion pump, diffusion valve.

Difuso, Diffused; **iluminación difusa,** diffused illumination.

Difusor, Beader tube, casing, choke, choke tube, delivery space, diffuser, volute chamber; — (auto), mixer, mixing cone or spray; — (bomba), volute; — (nucleónica), scatterer; — **acaracolado,** spiral casing; — **de altavoz,** baffle; — **de ventilación centrífugo,** delivery space; — **de ventilador centrífugo,** delivery space; — **del compresor,** supercharger diffuser vane; — **doble,** double choke; — **en espiral,** volute casing; — **en paralelo,** twin choke; — **subsónico,** subsonic diffuser; — **supersónico,** supersonic diffuser.

Digerir (Hacer), To digest.

Digestión (Cuba de), Digestion tank.

Digestivo, Digester.

Digestor, Digester; — **de lodos,** sludge digester.

Dilación, Delay.

Dilatación, Dilatation, expansion, expansivity, swelling; — **de una varilla de sondeo**, upset; — **lineal**, linear expansion; — **térmica**, thermal expansion; **junta de** —, expansion joint; **tubo de** —, expansion pipe.

Dilatado, Expanded; — **por presión interior** (tubo), bulged in (tube); **presentación con centro** —, expanded-centre plan display.

Dilatancia, Dilatancy.

Dilatar, To enlarge; **prensa de** —, upsetting press.

Dilatarse, To expand, to swell.

Dilatometría, Dilatometry.

Dilatómetro, Dilatometer, expansometer; — **óptico**, optical dilatometer.

Dilatoria (Excepción), Demurrer.

Dilución, Dilution; — **del aceite**, oil dilution.

Diluido, Dilute; **ácido** —, dilute sulphuric acid; **ácido sulfúrico** —, dilute sulfuric acid; **no** —, undiluted.

Diluir, To dilute; — **el mercurio**, to fix.

Diluyente, Diluting; **agente** —, diluting constituent.

Dimensión, Dimension, measurement; **clasificación por dimensiones**, sizing; **con n dimensiones**, n dimensional; **de dimensiones prácticas**, practical sized; **dimensiones de un buque**, measurements of a ship; **dimensiones standard**, standard sizes.

Dimensionabilidad, Dimensionability.

Dimensionado, Sized.

Dimensional, Dimensional; **análisis** —, dimensional analysis.

Dimensionamiento, Sizing.

Dimensionar, To size.

Dimetílico (Éter), Dimethylether.

Dina (unidad de fuerza del sistema C.G.S), Dyne.

Dinación (radio), Dynation.

Dinafocal, Dynafocal.

Dinámicamente, Dynamically.

Dinámico (adj.), Dynamic; **altavoz** —, dynamic loudspeaker; **característica dinámica**, dynamic characteristic; **carga dinámica**, dynamic load; **equilibrado** —, dynamic balancing; **impedancia dinámica** (acústica), motional impedance; **presión dinámica**, pitot pressure; **sensibilidad dinámica** (fototubo), dynamic sensitivity.

Dinamita, Dynamite; — **goma**, blast gelatin, blasting gelatine, explosive gelatine; **goma** —, gum dynamite; **voladuras con** —, dynamite works.

Dinamitería, Dynamite works.

Dínamo, Dynamo; — **a gas**, gas dynamo; — **abierta**, open type dynamo; — **acorazada**, iron clad dynamo; — **auxiliar**, booster battery; — **bimórfica**, double current dynamo; — **compensadora**, balancing dynamo; — **de autoexcitación**, self exciting dynamo; — **de corrientes rectificadas**, unidirectional dynamo; — **de derivación**, shunt dynamo; — **de doble excitación**, double coil dynamo; — **de excitación mixta**, compound wound dynamo; — **de excitación separada**, separate circuit dynamo or separately excited dynamo; — **de iluminación**, lighting dynamo; — **de inducido de disco**, disc dynamo; — **de llamada**, calling dynamo; — **de vapor**, steam dynamo; — **del tipo inferior**, undertype dynamo; — **del tipo superior**, overtype dynamo; — **equilibradora**, balancing dynamo; — **excitada en derivación**, shunt wound dynamo; — **excitada en serie**, series dynamo, series wound dynamo; — **excitadora**, exciting dynamo; — **hipercompuesta**, hypercompound dynamo; — **para fuerza motriz**, power dynamo; — **shunt**, shunt dynamo; — **-volante**, flywheel dynamo; **bastidor de** —, dynamo frame; **la** — **chispea**, the dynamo sparks.

Dinamoeléctrica (Máquina), Dynamoelectric machine.

Dinamométrico, Dynamometric; **contador —,** dynamometric supplymeter; **freno Prony —,** dynamometrical brake; **molinete — Renard,** air friction dynamometer, fan dynamometer.

Dinamómetro, Dynamometer, spring balance; **— a ruedas dentadas,** toothed wheel dynamometer; **— de absorción,** absorption dynamometer; **— de freno,** brake dynamometer; **— de torsión,** torsion dynamometer; **— de transmisión,** belt dynamometer; **— térmico,** heat dynamometer.

Dinamoscopio, Dynamoscope.

Dinamotor, Dynamotor; **— mejorado,** genemotor.

Dinas, Dinas brick; **tierra de —** (grés desagregado muy arcilloso), dinas clay.

Dinatrón, Dynatron.

Dinero, Money; **— disponible,** looping cash, ready money; **— en efectivo,** specie.

Dínodo, Dynode.

Dinómetro, Dynometer.

Dintel, Cap piece, threshold.

Dioctaédrico, Dioctahedral.

Diodo, Diode; **— de bloqueo,** clamping diode; **— doble,** duodiode; **— termiónico de vacío,** vacuum thermionic diode; **— termoiónico de gas,** gas filled thermionic diode; **— termiónico de vapor,** vaporfilled thermoionic diode; **doble —,** twin diode; **rectificador de —,** diode.

Diofántico, Diophantine; **ecuación diofántica** (mat.), diophantine equation.

Dioplasa, Emerald copper.

Dioptasa, Emerald copper.

Dióptrica, (Mira), Peep-sight.

Dioptrio, Diopter.

Diorita, Green stone.

Diospyros virginiana, Persimmon.

Diplex, Diplex; **telegrafía —** (simultánea) (doble en igual sentido), diplex telegraphy.

Diploma, Certificate; **— de piloto,** pilot's certificate.

Dipolar, Dipole; **momento —,** dipole moment.

Dipolo, Dipole, doublet; **— plegado,** bent dipole; **antena de — plegado,** folded dipole antenna; **dipolos cruzados,** crossed dipoles.

Dique, Dam, dam weir, dike, dock, levee, mound, weir; **— de presa,** cofferdam; **— de río,** run of river dam; **— de tierra,** earthen dam; **— flotante,** floating dock, tidal basin; **— Pascal,** Pascal dike; **— seco,** dry dock; **barco-puerta de —,** caisson; **durmiente de —,** beam dam; **durmiente de un —,** dam beam; **encauzamiento por diques,** dike, levee; **punta de —,** jetty head.

Dirección, Control, direction, drive, leading, slide, steering, tracking; **— a la derecha** (auto), right hand drive; **— a la izquierda** (auto), left hand drive; **— de imantación,** direction; **— del viento,** points of a compass; **— general de las fábricas,** general works management; **— irreversible,** irreversible steering; **— por radar,** radar tracking; **agarrotamiento de la —,** steering lack; **ángulo de —,** angle of lead; **brazo de la —,** steering drop arm; **caja de la —,** steering box; **cambiar de —,** to take another bearing; **cilindro de —,** roll guide; **de dos direcciones,** two way; **de tres direcciones,** three way; **de una sola —,** single way; **flechas de —,** trafficators; **ganancia en una —,** gain in a direction; **haz de —,** radiobeam; **manguito de —,** steering socket; **palanca de —,** steering lever; **pivote de —,** steering swivel; **sistema de tres direcciones,** three adresses system; **tubo de la —,** steering column; **volante de —** (auto), steering wheel; **volar sin — determinada,** to loïter.

Direccional, Directional, homing; **acoplador — multirranura,** multihole directional coupler; **antena —,** beam antenna, directionnal antenna, homing aerial; **diagrama —,** directional pattern; **indicaciones direccionales,** homing indications; **radiofaro —,** directive beacon; **relé —,** directional relay.

Direccionalización, Directionalization.

Directa (Máquina de biela), Direct acting engine.

Directivo, Directive; **antena directiva,** directive aerial.

Directo, Direct; **caldera de llama directa,** direct flame boiler; **captación directa,** direct pick-up; **cátodo de calentamiento —,** directly heated cathode; **conexión por conferencia directa,** connection for direct conversation; **contribuciones directas,** direct taxation; **corriente directa de rectificación,** rectifier forward current; **de acción directa,** direct acting; **de efecto —,** direct acting; **de enganche —,** direct connecting; **de lectura directa,** direct reading; **de mando —,** direct acting; **exploración directa,** direct scanning; **marcación directa,** direct bearing; **selector de progresión directa,** forward acting selector; **toma directa** (auto), direct drive; **tren —,** through train; **válvula de carga directa,** dead weight valve.

Director, Directing, managing, principal; **centro —,** controlling exchange; **eje —,** steering axle; **plato —,** gun blade disc.

Directriz (Biela), Driving rod.

Dirigible, Aerocruiser, airship, directable, dirigible; **— amarrado,** moored airship; **— deformable,** non rigid airship; **— ligero,** blimp, non rigid dirigible; **— rígido,** rigid airship; **— rígido por presión,** pressure rigid airship; **hangar para dirigibles,** airship shed; **motor de —,** airship engine.

Dirigido, Controlled, directed; **— electrónicamente,** electronically controlled; **— hidráulicamente,** hydraulically controlled; **— por radar,** radar operated; **movimiento —,** constrained movement; **radiografía dirigida,** directed wireless telegraphy.

Dirigir, To control, to drive, to lead, to manage, to mastermind, to steer.

Discal, Discal.

Disco, Dam, discus, disk, plate, record; **— acanalado** (máquina de fresar madera), grooving cutter block; **— con cuchillas,** cutter disc; **— con rebajos sectoriales,** sectored disk; **— de agujas** (ferrocarril), ground disc; **— de apriete,** packing ring; **— de distribución o de reparto** (telegrafía), distributor plate; **— de embrague,** clutch plate; **— de excéntrica,** eccentric pulley; **— de gramófono,** phonograph disk; **— de lijado,** sander disc; **— de perforadora,** cutter block or head, drill plate; **— de pulido,** polishing wheel; **— de talla lateral,** lateral cut disc; **— director** (turbina), diaphragm; **— giratorio de ranuras,** episcotister; **— macizo,** full disc; **— microsurco,** microgroove disk; **— para bruñir el cobre,** buff; **— para triturar el salitre molido por manivela,** crank boss; **— pulidor,** polishing disk; **— virgen,** recording blank; **discos de inducido,** core disks; **embrague de discos,** disk clutch; **grabación de — gramofónico,** disk recording; **grada de discos,** discer; **impulso de —,** dialling pulse; **inducido de —,** armature core disc; **manivela de —,** disk crank; **pilote de —,** pile disk; **portaherramienta con cuchillas de —,** cutter block with turned steel cutters; **sierra de — de fricción,** friction disc saw; **turbina de — o de plato,** disc turbine; **válvula de —,** disk valve.

Discontinuidad, Boundary; **superficie de —,** boundary layer.

Discontinua (Cable con carga), Coil loaded cable; **en forma —,** batchwise.

Discriminador, Discriminator; **— de control,** control discriminator.

Disectrón, Dissectron.

Diseño, Contrivance; **— limpio,** clean design.

Disgregación de la cascarilla de laminación, Scale-breaking.

Disipación (elec.), Dissipation; **factor de —,** dissipation factor.

Disminución, Lowering; **— graduada del espesor de un muro,** diminution.

Disminuir, To diminish, to shorten; **— la velocidad,** to slack speed, to slow.

Disociación, Dissociation; **—** (quím.), cleavage; **— catalítica,** catalytic dissociation.

Disociar, To start.

Disolución, Dissolution, solution; **— anódica,** anodic dissolution.

Disolvente, Solvent; **— aromático,** aromatic solvent; **— clorado,** chlorine solvent; **— del caucho,** rubber solvent; **— aceite pesados,** naphta; **— orgánico,** solutizer; **— oxigenado,** oxygenated solvent; **barniz sin —,** solventless varnish; **sin —,** solventless.

Disolver, To dissolve.

Disparador, Catch, detent, drop pawl, nipper, shooter; **— del dispositivo de flotación,** actuator flotation gear; **aparato —,** disengaging gear; **tenazas de —,** devil's claw dogs.

Disparo, Burn, burnout, disengaging; **errar el —,** to miss fire; **pedal de —,** firing pedal.

Dispersancia, Dispersancy.

Dispersión, Dispersion, leakage

Disponer, To arrange; **— la arena alrededor del modelo,** to arrange the sand round the mould. (véase **Stray**), scattering; **—** (elec.), stray or leakage; **— de**

las piezas polares, pole shoe leakage; **— de ranuras,** slot leakage; **— en la cabeza,** head stray; **— estadística,** straggling; **— magnética,** magnetic leakage; **— polar,** pole leakage; **— rotacional,** rotational dispersion; **banda de —,** scatter band; **caja de — o de arranque** (elec.), distribution gear; **campo de —,** leakage field; **campo de — de estator,** stator stray field; **campo de — de la culata,** yoke stray field; **campo de — de las ranuras,** slot stray field; **factor de —,** seal factor; **flujo de —,** leakage flux; **tensión de —,** stray voltage, stray voltage.

Disponibilidad, Availment.

Disponible, Available, in hand; **caída —,** available head; **capacidad —,** available capacity; **espacio —,** available espace; **potencia —,** available rating; **superávit —,** free surplus; **superficie —,** available surface.

Disposición, Arrangement, lay out; **— de las escalas,** scale arrangement; **— de las superficies sustentadoras,** arrangement of planes; **— de las válvulas,** arrangement of valves; **— de los mandos,** arrangement of controls; **— de los órganos de mando,** arrangement of drive; **— interna,** internal arrangement.

Dispositivo, Arrangement, device, gadget; **— antidesvanecedor,** automatic volume control; **— antiparásitos,** noise suppressor; **— automático,** automatic attachment; **— de ajuste,** antibacklash; **— de amarre,** tethering ring; **— de apriete,** clamping device; **— de arrastre,** training gear; **— de autocalibrado,** autoinfeed attachment; **— de centrado,** centring or centering device; **— de conducción de aviones,** homer; **— de encendido,** firing device; **— de guiado,** homing device; **— de ignición,** firing gear; **— de inclinación,** tilting device; **— de limpiado,** cleaning device; **— de llamada** (ferr.), controlling mechanism; **—**

de reposición (ferrocarril), controlling mechanism; — **de reproducción**, reproducing or copying attachment; — **de reproducir**, tracer attachment; — **de seguridad contra las sobrepresiones**, off loading; — **de seguridad de una máquina**, guard; — **de socorro**, breakdown appliance; — **de terrajado**, tapping attachment; — **de toma de corriente**, current collector; — **de vaciado rápido** (aviación), jettison gear; — **explorador** (televisión), scanner; — **mecánico que ahorra dinero o tiempo de trabajo**, saver; — **para excluir la luz de los ojos**, occluder; — **para medir la torsión de una probeta**, troptometer; **dispositivos de estabilización**, relief arrangement; **dispositivos de regulación**, controls.

Dispositivo de socorro, Breakdown appliance; — **para medir la torsión de una probeta**, troptometer.

Disruptivo, Disruptive; **descarga disruptiva**, disruptive discharge; **tensión disruptiva**, disruptive voltage.

Distancia, Distance; — **angular**, angular distance; — **de implantación**, spacing; — **de despegue**, take off run; — **del eje de un árbol a la parte inferior de la base de la silleta**, drop; — **entre apoyos**, span; — **entre ejes**, bar, distance between centres; — **entre puntas** (máq.-herr.), distance between centers; — **explosiva de las chispas**, sparking distance; — **focal**, focal length; — **media de transporte**, mean haul; — **mínima de transmisión de una radio-onda después de reflejada en la ionosfera**, skip distance; — **reticular**, interplanar spacing; **a** — **conveniente**, clear; **determinación automática de** —, demora o elevación, automatic range bearing or elevation; **diagrama de distancias**, vertical coverage pattern; **indicador de** — **y ángulo de elevación**, elevation position indicator; **lectura de la** —, range tracking; **mandar a** —, to remote control; **mando a** —, remote control, telemotor

controlling gear; **marcación a larga** —, long distance bearing; **medida a** —, telemetering; **medir a** —, to telemeter; **selección automática a** — **del abonado**, subscriber's trunk dialling; **vigilancia a** —, remote supervision.

Distensibilidad, Distensibility.

Distorsión, Blasting, distortion; — **armónica global**, total harmonic distortion; — **de amplitud**, amplitude distortion; — **de campo**, field distortion; — **de exploración**, scanning distortion; — **de fase**, phase distortion; — **de imagen**, image distortion; — **de intermodulación**, intermodulation distorsion; — **de sobrecarga**, overload distortion; — **no lineal**, non-linear distortion; — **oblicua**, skew distortion; — **para destruir**, springing; — **por histéresis**, hysteresis distortion; **coeficiente de** — **armónica**, coefficient of harmonic distortion.

Distribución, Issue, supply, timing; — **binómica** (antenas), binomial array (antennas); — **de amplitud** (en una abertura), amplitude distribution (on an aperture); — **de energía**, electricity supply; — **de expansión**, cutt off slide valve, out off valve gear; — **de fase en una abertura**, phase distribution on an aperture; — **de frecuencias**, allocation of frequencies; — **de grupos y subgrupos**, group or super-group allocation; — **neumática**, pneumatic placing; — **por arrastres**, drag valve gear; — **por gravedad**, placing by gravity; — **por levas**, cam gearing; — **sinusoidal**, sinusoidal distribution; **árbol de** —, ignition cam shaft; **caja de** —, distribution box; **columna de** —, switch column; **cortacircuito de** — (elec.), distributing fuse; **engranajes de** —, timing gears; **línea de** —, distribution line; **pieza de** — **de bomba**, carrier; **pistola de** —, trigger nozzle; **red de** —, distribution network; **sub-estación de** —, distribution substation; **tablero de** —, distributing board, distribution

board, switch board; **tablero de —
de fuerza motriz,** power switch
board; **tablero de — de iluminación,** lighting switch board; **tensión de la red de —,** main supply
voltage; **transformador de —,** distribution power, distribution transformer; **tubo de —,** delivery hose.

Distribuidor, Cup valve, guide vanes,
header, slide, slide valve, steam
distributor, tray, valve; **—** (auto),
distribute; **—** (auto, etc...), distributor; **— cilíndrico,** cylindrical
slide valve; **— de admisión,** supply valve; **— de concha,** d valve;
— de coquilla, shell slide valve;
— de extracción (torre de fraccionamiento, petróleo), weir box; **—
de rejillas,** gridiron valve; **— del
encendido,** contact maker; **—
electrónico,** electronic distributer;
— en D, D slide valve, D valve;
— en D corto, short D slide valve;
— en D largo, long D slide valve;
— equilibrado, balanced slide valve, equilibrated slide valve; **—
rotatorio,** rotary valve; **— secundario** (locomotora), easing valve;
álabe —, wicket gate; **cabeza del
— del encendido,** distributor head;
caja de —, chest valve, slide
valve case, slide valve chest,
valve casing; **camisa de —,** valve
case; **canal —,** distributary; **cilindro —,** piston valve cylinder; **circuito —,** position load distributing
circuit; **diagrama oval de —,** oval
slide valve diagram; **dibujar en
desarrollo el espejo del —,** to
develop the valve face; **espejo de
—,** face; **espejo del —,** sliding
face; **grillete del —,** valve link;
guía de —, bridle; **lumbreras del
—,** slide valve ports; **mecanismo
que comunica el movimiento al
—,** valve gear; **placa de —,** distributor disc; **recubrimiento de las
solapas del —,** slide valve lap;
recubrimiento del —, cover of the
slide, cross slide; **recubrimiento
interior del —,** exhaust lap; **transmisión del movimiento a los distribuidores,** connecting gear; **vástago del —,** port bridge.

Distribuir, To distribute.

Disubstituído, Disubstituted.

Disuelto, Dissolved; **oxígeno —,** dissolved oxigen.

Disulfuro, Disulfide; **— de alkilo,**
alkyl disulfide.

Disyunción, Switching.

Disyuntor, Breaker, breaker circuit,
disconnecting switch, disconnec-
tor, interrupter switch, switch
gear; **—** (elec.), disjunctor; **— de
aire comprimido,** compressed air
circuit breaker; **— de antena,** antenna braker circuit; **— de máxima,** overload circuit breaker; **—
de mínima,** underload circuit
breaker; **— en el aceite,** oil circuit breaker; **— en el aire,** air
circuit breaker; **conmutador —,**
commutator for breaking contact.

Diterpenos, Diterpenes.

Diurno, Diurnal; **movimiento —** (astronomía), diurnal motion.

Divalente (Radical) (química), Dyad.

Divergente, Divergent or diverging,
expanding; **haz —,** divergent
beam; **lente —,** divergent lens.

Diversidad (Recepción en), Diversity reception.

Diverso, Miscellaneous.

Dividendo, Dividend; **cupón del —,**
dividend.

Dividir, To split; **— mármol,** to divide; **banco de —,** tracing bench;
compás de —, dividers; **máquina
de —,** dividing machine, (maquinaria), indexing machine; **máquina de — circular,** circular dividing;
máquina de — linear, linear dividing; **máquina de fresar y — las
ruedas de engranajes,** wheel cutting and dividing machine; **regla
de —,** sliding gauge.

División, Partition; **—** (máq.-herr.),
indexing; **múltiplex por — de frecuencia,** frequency division multiplex; **múltiplex por — de tiempo,**
time division multiplex.

Divisor, Divider, dividing head, index head; — (aritm.), divisor; — **de décadas,** decade divider; — **de frecuencia,** frequency divider; — **de tensión,** voltage divider; **circuito** —, dividing network; **plato** — (máq.-herr.), index plate.

Doblado, Doubling; **remo** —, double scull.

Doblador, Doubler, — **de barras,** bar bender; — **de tensión,** voltage doubler; **rectificador** — **de tensión en cascada,** cascade voltage doubler rectifier.

Dobladura en frío, Cold bend.

Doblaje de un metal, Charging.

Doble, Dual, twin; — (saltarregla), bevel T; — **encendido,** dual ignition; — **fondo,** double casing; — **magneto,** dual magneto; — **mando,** dual control; — **pared,** double casing; — **toma,** dual switching; — **vía,** double line; **banda lateral** —, double sideband; **compresor de** — **efecto,** double acting compressor; **con** — **fila de bolas,** double ball race; **con** — **finalidad,** dual purpose; **contabilidad por partida** —, bookkeeping by double entry; **corona** —, elephant paper; **cobrejunta** —, double butt riveting; **de** — **bisel,** double edged; **de** — **columna** (máq.-herr.), double column; **de** — **efecto,** double acting; **de** — **elemento** (fusible), dual element; **de** — **revestimiento** (buques), double plated; **embrague cónico** —, double cone clutch; **en bucles dobles,** double loop; **engranaje de** — **reducción,** double reduction gear; **flap de** — **ranura,** double slotted flap; **fusible de** — **elemento,** dual element fuse; **hélice de** — **rotación,** dual rotation propeller; **hierro en** — **T con cuatro pestañas cruzadas,** cross half lattice; **imantación por** — **contacto,** magnetisation by double touch; **lente** —, doublet; **lima de** — **picadura,** double cut file; **línea de** — **hilo,** double wire line; **línea de** — **vía,** double track road; **partida** —

(contabilidad), double entry; **prensa de** — **acción,** double action press; **programa** — (cine), double billing; **remachado de cubrejuntas** —, double covering plate riveting; **ruedas dobles,** dual wheels; **soporte** — **en U, J o S,** double U, J or S insulator spindle; **tapón calibrador** —, double ended plug gauge; **torno de** — **herramienta,** duplex lathe; **turbina de** — **extracción,** double extraction turbine; **válvula de** — **orificio,** double ported valve; **vía** —, double track, double way; **viga de alma** —, double webbed girder.

Doblegar, To yield to axial compression.

Doblete, Doublet; — **apretado,** close doublet.

Docena, Dozen; **gran** —, long dozen.

Docimástica, Art of assaying.

Documento negociable, Bill.

Dodecano, Dodecane.

Doéglico, Doeglic; **ácido** — (obtenido por saponificación del aceite de ballena), doeglic acid or doeglic oil.

Doladera, Barrel howel, chip axe; — (carp.), dowel axe, broad axe; — (tonelería), adze.

Dólar, To plane; — (moneda americana), dollar.

Dolomía ferruginosa, Brown spar.

Dolomita, Dolomite.

Doméstico (adj.), Residential.

Domicilio social, Head office.

Domo, Canopy, cupola or cuppola, dome; **cuerpo de** —, dome shell; **cúpula de** —, dome crown.

Donadora (Impureza), Donor impurity.

Dorado, Gilding, gold plating; — **al fuego,** amalgam gilding; — **por inmersión,** water gilding; — **por tinte,** pigment gilding.

Dorar, To deaurate.

Dorsal (Placa), Diver shoulder plate.

Dorso, Back; — **de la hoja de una herramienta,** back; — **del borde cortante de una herramienta de torno,** back edge; **al** —, overleaf.

Dos, Two; **broca de** — **cortantes,** double cutting drill; **cerradura de** — **pestillos,** lock with two bolts; **cerradura de** — **vueltas,** twice turning lock; **compresor de aire de** — **etapas,** two stage air pump; **con** — **capas,** double layer; **fresadora de** — **husillos,** double spindle milling machine; **encender los fuegos de** — **calderas,** to light fires under two boilers; **gato de** — **garras,** jack with a double claw; **junta a tope con** — **filas de remaches en cadena,** butt joint with double (treble) chain riveting; **línea de** — **vías,** line with two sets of tracks; **unión a solape con** — **filas de remaches en cadena,** lap joint with double chain riveting; **voltímetro de** — **escalas o de dos graduaciones,** double scale voltmeter.

Dosage, Admixture.

Dosificación, Admixture, calibration, determination, dosage, estimation, titration; — **iodométrica,** iodometric determination; — **polarográfica,** polarographic determination.

Dosificador, Water gauge.

Dosificar, To proportion.

Dosimetría, Dosimetry.

Dosímetro, Dosage meter; — **de irradiaciones,** quantimeter.

Dotación de proyectiles, Complement of shells.

Dovela, Key stone voussoir; — **del arco,** arch voussoir; **cabeza de** —, face.

Draga, Drag, dredge, dredger, dredging machine; — **aspiradora,** hopper or hydraulic dredge, pump dredger; — **con cadena de cangilones,** bucket chair dredger; — **chapadora,** hopper dredge; — **de altamar,** seagoing dredger; — **de cable,** dragline; — **de cangilones,** dipper dredge, elevator dredge; — **de corriente de agua aspirante,** sewerage dredger; — **de corriente de aire aspirante,** flushing dredger; — **de excavación,** deep dredger; — **de saco o de red,** net dredger; — **de vapor,** dredger barge, mud lighter; — **flotante,** floating dredge; — **seca,** bucket excavator; **cangilón de** —, dredger bucket.

Dragado, Dredging.

Dragadora (Cuba), Dragline.

Dragar, To cleanse, to dredge.

Drao, Ram engine.

Drenabilidad, Drainability.

Drenaje, Drainage; — **eléctrico,** electric drainage; — **eléctrico directo,** direct electric drainage; — **eléctrico forzado,** forced electric drainage; — **eléctrico regulado,** controlled electric drainage; — **superficial,** surface drainage; **corriente de** —, drain current; **excavación para** — **de aguas,** rummel; **tubo de** —, drain tile.

Drenar, To deplet.

Drusa, Druse.

Dualística (Teoría) (quím.), Dualism.

Ductibilidad, Ductility.

Dúctil, Ductile, tractile; **fundición** —, castiron ductile iron.

Ductilidad, Tractility.

Duela, Side board; — (de barrica), shake; **sierra de duelas,** barren saw.

Dulce, Mild, soft; **acero** —, mild steel.

Dúplex, Duplex; — **diferencial,** differential duplex (system); — **por adición,** incremental duplex; — **por oposición,** opposition duplex; **marcha en** — (metal), duplexing; **operación en** —, duplex operation; **sistema** — **puente,** bridge duplex system; **telegrafía** — **simultánea** (doble en sentido inverso), duplex telegraphy.

Duplicador, Duplicator; — (eléctrico), doubler.

Durabilidad, Lastingness.

Duración, Duration; **— de las rotaciones,** round time, turn round time; **— de un cargo o empleo,** incumbency; **esperanza de —** (materiales), serviceability; **modulación de impulsos en —,** pulse duration communication.

Duraluminio, Dural or duraluminium.

Dureza, Hardness; **— a la abrasión,** abrasion hardness; **— al rayado,** scratch hardness; **— secundaria,** red or secondary hardness; **aparato para quitar — al agua,** softener; **ensayo de —,** hardness test; **máquina de ensayo de —,** hardness testing machine.

Durmiente, Beam shelf, discharge, shelf, shelf piece, sleeper, standing.

Duro (caña de timón, etc.), Stiff; **agua dura,** earthy water; **fundición dura,** hard cast iron; **parte muy dura,** burk.

E

Ebanista, Cabinet maker, joiner.

Ebanistería, Cabinet work, joinery; **madera de —,** cabinet maker's wood.

Ébano, Ebony, ebony tree; **falso —,** laburnum.

Ebonita, Ebonite, hardened caoutchouc.

Ebullición, Boil, boiling, ebullition; **de bajo punto de —,** low boiling; **en —,** ebullient; **punto de —,** boiler point; **reducir por —,** to boil down.

Ebullómetro, Ebulliometer.

Ebulloscopio, Ebulliometer, ebullioscopy.

Eclipsable, Tilting.

Eclipsado, Retracted, retraction.

Eclipsador, Occulter.

Eclipsarse, To retract.

Eclipsógrafo, Trammel .

Eclisa, Bar splice, fish joint, fish plate, fishing base plate, splice bar; **— angular,** angle splice bar; **— de ángulo,** bracket joint; **— de desahoga,** easing fish plate; **— en U,** channel fish plate; **— exterior,** exterior fishplate; **— interior,** interior fishplate; **— plana,** shallow fishplate.

Eclisaje, Fishing.

Eclisar, To fish.

Eco, Echo; **— eléctrico,** electric echo; **— permanente,** permanent echo; **adaptación de ecos,** pip matching; **cámara de —,** echochamber; **cámara sin —,** anechoic or anechoid chamber; **ecos de mar,** sea returns; **ecos de tierra,** ground returns (radar); **registra-dor de ecos,** echosounding recorder.

Ecómetro, Echometer; **— de impul-so,** pulse echometer.

Económetro (aparato registrador de la cantidad de ácido carbónico contenido en el gas de combustión), Econometer; **— de absor-ción,** absorption econometer.

Economías, Savings.

Economizador, Economiser or economizer.

Ecosfera, Ecosphere.

Ecosistema, Ecosystem.

Ecosonda, Echosounding recorder.

Ecuación, Equation; **— característi-ca,** characteristic equation; **— de segundo grado,** quadratic equation; **— diferencial,** differential equation; **— lineal,** linear equation; **— matricial,** matric equation; **— no lineal,** non linear equation; **— secular,** secular equation; **ecuaciones empíricas,** empirical equations; **reducir una —,** to reduce an equation.

Ecuatorial, Equatorial; **telescopio —,** equatorial telescope.

Echado (Estar), To lollop.

Edición, Issue.

Edificación, Building; **maquinaria de —,** building machinery.

Edificado, Built.

Edificar, To build.

Edificio, Building; **— principal,** main building; **pequeños edificios** (nombres colectivos), craft; **plan —,** building plan.

Eductor, Eductor.

Edulcorar, To dulcify.

Efectivo, Cash; — **entregable y pagable inmediatamente,** prompt; admisión **efectiva,** real admission; **equivalente** — **de transmisión,** effective transmission; **potencia efectiva,** actual power; **presión efectiva,** active pressure.

Efecto, Acting, action, effect; — **absoluto,** whole effect; — **de antena,** aerial effect; — **de bloqueo** (aviación), blanketing effect; — **de carga espacial,** space charge effect; — **de contacto,** junction filter; — **de emisión irregular,** shot effect; — **de oscurecimiento,** black-out effect; — **de proximidad,** proximity effect; — **de tierra,** ground effect; — **de trayectos múltiples,** multipath effect; — **dinámico,** gross effect; — **Faraday,** Faraday effect; — **fotoconductivo,** photoconductive effect; — **fotoeléctrico,** photoelectric effect; — **giroscópico,** gyroscopic effect; — **isotópico,** isotopic effect; — **Joule,** ohmic resistance; — **Kelvin,** skin effect; — **múltiple,** multiple effect; — **peculiar** (elec.), skin effect; — **Peltier,** Peltier effect; — **perdido,** impeding effect; — **perjudicial,** impeding effect; — **superficial,** skin effect; — **termoeléctrico,** thermoelectric effect; — **Thomson,** Thomson effect; — **total,** gross effect; — **útil,** duty, efficiency, useful effect; **de doble** —, double acting, double action; **de simple** —, single acting, single action; **de triple** —, triple acting; **doble** —, double effect; **efectos,** stocks.

Efectuación, Effectuation.

Efervescencia, Boil, effervescence.

Efervescente, Effervescent; — (acero), unkilled; **acero** —, effervescent steel; **calda** — (acero), wild heat.

Eficacia, Efficiency.

Eficaz. Actual; — (elec.), effective; **abertura** — **máxima,** maximum effective aperture; **caída** —, effective head; **inducción** — **en los dientes** (elec.),, actual tooth induction.

Eflorescencia, Attenuation of rocks; **hacer** — (quím.), to bloom out.

Eflorescerse, To effloresce.

Efluente, Outflow.

Efluvio, Dissipation, effluve or effluvium, emanation; **sin efluvios,** brushless.

Eiconógeno (fotografía), Eikonogen.

Eje, Axle, centre line, C.L. (centre line), crank, main pin, pin, shaft, spindle; — (geometría), axis (plural **Axes**); — **anterior,** front axle; — **auxiliar,** auxiliary axle; — **central,** center axle, central axis; — **completo,** axle assembly; — **con cadena articulada,** axle chain; — **de báscula,** swing axis; — **de cardan,** lone axle; — **de cilindrado,** feed shaft; — **de condensador,** capacitor shaft; — **de cuerpo oblicuo,** oblique crank; — **de cureña,** block pin; — **de dirección,** directional axis; — **de emergencia,** axle emergency; — **de empuje,** thrust line; — **de engrase,** greasing axle, plain axle; — **de la aleta,** finshaft; — **de la vía,** centre track; — **de levas,** tumbling shaft; — **de locomotora,** locomotive axle; — **de manivelas,** crank or cranked axle; — **de pie de biela,** gudgeon pin; — **de polea,** pin, sheave pin; — **de quilla** (c. n.), centre line; — **de rueda,** wheel axis; — **de sección circular,** circular axle; — **de sección en T,** cross axle; — **de tracción,** thrust line; — **de transmisión,** lineshaft; — **de un automóvil,** tree axle; — **de un guíaondas,** axis of a waveguide; — **de vehículo,** car axle; — **de ventilador,** fan spindle; — **del ala,** wing axis; — **del diferencial,** differential axis; — **del husillo,** spindle axis; — **delantero,** leading axle; — **director,** steering axle; — **enterizo,** solid axle; — **final,** tailshaft; — **flotante,** floating axle; — **horizontal,** horizontal axis; — **libre,** uncoupled axle; — **longitudinal,**

lengthwise or longitudinal axis; — **macizo,** core axle; — **magnético,** magnetic axis; — **mayor,** (de elipse), major axis; — **medio,** middle line; — **menor de una elipse,** minor axis; — **motor,** driving axle, drive or driving or motive axle, live axle, power axle; — **motor con manivelas a 90°** (locomotoras), cross axle; — **motor con manivelas caladas a 90° una de la otra,** cross axle; — **móvil,** sliding axle, turning axle; — **oblicuo,** oblique axis; — **óptico,** optical axis; — **orientable,** flexible axle; — **para vehículos pesados,** heavy axle; — **patentado,** patent axle; — **portador,** bearing axle; — **portafresas,** cutter arbor, spindle cutter; — **portante,** carrying axle; — **posterior,** rear axle; — **radial,** radial axle; — **reforzado,** trussed axle; — **rígido,** fixed axle; — **roto,** broken axle; — **saliente,** overhanging axle, projecting axle; — **secundario,** countershaft; — **transversal,** crosswise axis, transversal axis; — **trasero,** back axle, back axle or rear axle, trailing axle; — **trasero y diferencial,** back axle and differential; — **varilla de registro de vapor,** main valve spindle; — **vertical,** vertical axis; **angularidad del —,** shaft angularity; **anillo espaciador del —,** axle spacer; **apoyo del —,** clamped axle box; **arandela de —,** axle tree washer; **avantrén y dos ejes portadores traseros** (locomotoras), 4 coupled double ender; **avantrén y tres ejes portadores traseros** (locomotoras), 6 coupled double ender; **botón de manivela del —,** main pin; **caja del —,** axle bearing; **coche con n ejes,** n axle car; **cojinetes de — de un molino de agua,** axle tree (of a water-mill); **cuerpo del —,** body of axle; **chumacera de línea de ejes,** pillow block bearing; **chumacera del —,** crank shaft bearing; **de — a —,** to centre or from centre to centre; **descarga de un —,** rearing; **dispositivo contra la descarga de —,**

antirearing device; **distancia de — a eje de los orificios,** pit of holes; **ejes,** beam gudgeons; **espiga de un —,** journal of an axle or axle journal; **espiga del —,** axle neck; **foso para montar ejes,** axle pit; **golpeteo en el — trasero,** buck axle; **gorrón del —;** axle arm, axle end; **grasa para los ejes,** axle grease; **guarnición de —,** axle wad; **mangueta del —,** axle spindle; **muñón de un —,** journal of an axle or axle journal; **muñón del —,** axle journal; **pezonera del —,** axle pin; **piñón de —,** axle pin; **revestimiento de un —,** axle wad; **sistemas de ejes articulados,** articulated axles; **soporte de —,** arbor support; **soporte del —,** axle bearing; **taller de tornero de ejes,** axle turning shop; **taller de tornos para ejes,** axle turning shop; **todo — en general,** gudgeon; **torno para los cuerpos de los ejes,** axle lathe; **turbina de — horizontal,** horizontal shaft turbine; **turbina de — vertical,** vertical shaft turbine; **tuerca del —,** axle nut.

Ejecución (En), In hand.

Ejemplos (Servirse de), To exemplify.

Ejercicio, Drill; — **de incendio,** fire emergency drill; — **de percusión en tierra,** ditching drill.

Ejército terrestre, Army ground.

Ejión, Chimb, thin brick; — **de extremo,** corner connection; — **de tope,** corner connection.

Elaboración del acero, Steel making.

Elaborador, Processer.

Elastancia (recíproco de la capacitancia), Elastance or stiffness.

Elasteno, Elastene.

Elasticidad, Elasticity, springiness; — **de cizalladura,** elasticity in shear; — **de flexión,** bending elasticity; — **de torsión,** torsional elasticity; — **de tracción,** elasticity of elongation, tensile elasticity; **análisis de —,** stress analysis; **ensayo de —,** elongation test; **inversa del módulo de —,** modulus of rigidity; **límite de —,** elastic limit, limit of elasticity; **módulo de —,** modulus of elasticity.

Elástico, Elastic, lofty; **casquillo —,** elastic sleeve; **deformación elástica subsecuente,** elastic reaction, (ensayo de metales), elastic time effect; **estabilidad elástica,** elastic stability; **fibra elástica,** bending line; **fuerza elástica antagonista,** elastic counter stress, elastic reaction; **línea de flexión elástica,** elastic line; **no —,** inelastic; **reología más allá del límite —,** postyield flow; **soporte —,** elastic support.

Elastomería, Elastomery.

Elastómetro, Elastometer.

Elaterita, Elastic bitumen.

Elatita, Petrified fir wood.

Elayodato, Elaidate; **— de metilo,** methyl elaidate.

Elayódico, Elaidic; **ácido — o elaídico,** elaidic acid.

Elección, Picking.

Electreto, Electret.

Eléctricamente, Electrically.

Electricidad, Electricity; **— dinámica,** dynamic electricity, electricity in motion; **— estática,** static electricity; **— latente,** bound electrification; **— magnética,** magneto electricity; **— negativa,** negative electricity; **— positiva,** positive electricity.

Electricista, Electrician.

Eléctrico, Electrical; **— (adj.),** electric; **accesorios eléctricos,** electric fittings; **acero —,** electric steel; **acumulador —,** electric accumulator; **ángulo —,** electrical angle; **aparatería eléctrica,** electricals; **aparato — de publicidad,** electric display apparatus; **ascensor —,** electric lift; **bombilla eléctrica,** electric bulb; **calefacción eléctrica,** electric heating; **campo —,** electric field; **candelero —,** electrolier; **carga eléctrica,** electric charge; **central eléctrica,** electric light station, electricity works; **centro —,** electrical center; **circuito —,** electric circuit; **cobresoldadura eléctrica,** electric brazing; **coche —,** electric; **conducción eléctria,** electric conduction; **conductividad eléctrica,** electrical conductivity; **controlador —,** electric controller; **corriente eléctrica,** electric current; **cronógrafo —,** electric chronograph; **chispa eléctrica,** electric spark; **descargador —,** lowerator; **desplazamiento —,** electric displacement; **detonador —,** electric detonator; **dipolo —,** electric doublet; **drenaje — directo,** direct electric drainage; **drenaje — forzado,** forced electric drainage; **drenaje — polarizado,** polarized electric drainage; **eje —,** electric axis; **energía eléctrica,** electric power; **extracción eléctrica de muestras,** electric logging; **fábrica generadora de luz eléctrica,** electric light station; **filtro —,** electric filter; **flujo —,** electric flux; **fonógrafo —,** electric phonograph; **generador —,** electric generator; **grado —,** electrical degree; **horno —,** electric furnace; **ignitor —,** electric ignitor; **iluminación eléctrica,** electric lighting; **imagen eléctrica,** electric image; **inducción eléctrica,** electric induction; **industria eléctrica,** electroindustry; **intensidad de un campo —,** electric field strength; **intensidad eléctrica,** electric intensity; **lámpara eléctrica,** electric lamp; **locomotora eléctrica,** electric locomotive, electromotive; **longitud eléctrica** (de una antena), control length; **luz eléctrica,** electric light; **maclado — (cristales),** electrical twinning; **mando —,** electrical control; **maquinaria eléctrica,** electric machinery; **modulación eléctrica,** electrical modulation; **onda eléctrica,** elastic wave; **onda eléctrica transversal,** transverse electric wave; **órgano —,** electric organ; **oscilaciones eléctricas,** electric oscillations; **precipitación eléctrica,** electrical precipitation;

registro —, electrical transcription; reloj —, electric clock; rigidez eléctrica, insulating strength; señalización eléctrica, electric signalisation; soldadura eléctrica, electric welding; sometido a un esfuerzo —, electrically strained; sondador —, electric depth finder; suministro —, . electric supply; telémetro —, electric telemeter; testificación eléctrica (sondeos), electrical monitoring; totalmente —, all electric; tracción eléctrica, electric traction; transductor —, electric transducer.

Electrificación, Electrification; — de los ferrocarriles, railroad electrification; — rural, rural electrification.

Electrificar, To electrify.

Electrizabilidad, Electrizability.

Electrización, Electricalization, electrification.

Electrizar, To electrify.

Electro, Electro; — de retención, holding magnet; — selector, selecting magnet.

Electroaccionado, Electrically operated.

Electroacústica, Electroacoustic.

Electroacústico (Diafragma de un traductor), Diaphragm of an electro-acoustic transducer.

Electroafinidad, Electro-affinity.

Electroanálisis, Electroanalysis.

Electrobalística, Electroballistics.

Electrobioscopio, Electrobioscopy.

Electrocalentado, Hot wire; anemómetro de hilo —, hot wire anemometer.

Electrocapilaridad, Electrocapillarity.

Electrocobreado, Copperplated.

Electrocontractilidad, Electrocontractility.

Electrocristalización, Electrocrystallisation.

Electrocronomedidor, Electric timer.

Electrochoque, Electric shock.

Electrodiálisis, Electrodialysis.

Electrodinámico, Electro-dynamic.

Electrodínamo, Dynamoelectric.

Electrodinamómetro, Ampere balance, current balance, electrodynamometer; — de resorte, direct reading ampere balance.

Electrodo, Electrode; — acelerador posterior, post-accelerating electrode; — anterior, front electrode; — austenítico, austenitic electrode; — auxiliar, auxiliary electrode, (acumuladores), auxiliary plate; — bipolar, bipolar electrode; — compuesto, composite electrode; — con saquete de carbón, carbon bag electrode; — cóncavo, concave electrode; — cónico, conical shell electrode; — continuo, continuous electrode; — de cápsula, dished electrode; — de concentración, concentration electrode; — de control, control electrode, focusing electrode; — de gota de mercurio, dropping mercury electrode or mercury capillary; — de gotas, dripping electrode; — de grafito, graphite electrode; — de masa, earth electrode; — de placa, plate electrode; — de rejilla, grid electrode; — de rutilo, rutile electrode; — deflector, deflecting electrode; — deslizable, sliding electrode; — desnudo, bare metal electrode, naked electrode; — fijo, fixed electrode; — normalizado, standard electrode; — positivo, anode; — posterior, back electrode; — revestido, coated electrode or coated metal electrode, covered or coated electrode; corriente de —, electrode current; electrodos en cortocircuito (bujía), bridged gap; encamisado de —, cladding; lámpara de dos electrodos, diode; lámpara de tres electrodos (radio), double anode valve; potencial de —, electrode potential; puesta en cortocircuito de los electrodos (bujía), spark plug bridging; punta de —, electrode tip; puntas de —, welding tips; revestimiento de —, electrode coating; separa-

ción de los electrodos, electrode spacing, gap width; **susceptancia de** —, electrode susceptance; **tensión de** —, electrode voltage; **tubo de seis electrodos,** hexode; **tubo de siete electrodos,** heptode.

Electroendosmosis, Electric endosmosis.

Electroespectrograma, Electrospectrogram.

Electroestricción, Electrostriction.

Electroforesis, Electrophoresis.

Electrogalvánico, Electro-galvanic.

Electrógeno, Power generating; **grupo** —, power generating set.

Electrogrúa giratoria, Electric slewing crane.

Electroimán, Electromagnet; — **apantallado,** iron-clad electromagnet; — **de arrollamiento unilateral,** club foot electromagnet; — **de campo,** field electromagnet, field magnet; — **de herradura,** bifurcate electromagnetic; — **de levantamiento,** lifting magnet; — **de núcleo móvil,** plunger electromagnet; — **de pie zambo,** club foot electromagnet, lagging electromagnet; **armadura de** —, keeper; **grúa de** — **portador,** magnet crane.

Electrokimógrafo, Electrokymograph.

Electrolisis, Electrolysis; **dorado por** —, electrogilt.

Electrolíticamente (Depositado), Electrodeposited.

Electrolítico, Electrolytic; **afinado** —, electrolytic refining; **cobre** —, electrolytic copper; **condensador** —, electrolytic condenser or capacitor; **conducción electrolítica,** electrolytic conduction; **cuba electrolítica,** electrolytic cell or pile; **decapado** —, electrolytic pickling; **deposición electrolítica,** electrotytic deposition; **depósito** —, electrodeposition; **disolución electrolítica,** electrodissolution; **efecto** —, electrolytic action; **extracción electrolítica,** electroextraction; **interruptor** —, electrolytic interrupter;

no —, non electrolyte; **pararrayos** —, electrolytic arrester; **planta de encobrado** —, copper works; **pulido** —, electropolishing; **reducción electrolítica,** electroreduction; **refinado** —, electrorefining; **reproducción electrolítica,** electroforming.

Electrolito, Electrolyte; — **alcalino,** alkaline electrolyte; — **anfótero,** amphoteric electrolyte; — **coloidal,** colloidal electrolyte; — **inmovilizado,** solid electrolyte; **solución de** —, electrolytic solution.

Electrolización, Electrolyzation.

Electrolizador, Electrolyser.

Electrología, Electrology.

Electroluminiscencia, Electroluminescence.

Electromagnético, Electromagnetic; **campo** —, electromagnetic field; **desviación electromagnética,** electromagnetic deflection; **inducción electromagnética,** electromagnetic induction; **lente electromagnética,** magnetic lens; **onda electromagnética,** electromagnetic wave; **onda electromagnética transversal,** transverse electromagnetic wave; **unidad electromagnética,** electromagnetic unit.

Electromanómetro, Electromanometer.

Electromecánico, Electromechanical; **transductor** —, electromechanical transducer.

Electrometalurgia, Electrometallurgy.

Electrometría, Electrical measurements.

Electrométrico, Electrometer; **amplificador** —, electrometer amplifier; **balanza electrométrica,** weight electrometer.

Electrómetro, Electrometer; — **absoluto,** absolute electrometer; — **condensador,** condenser electrometer; — **de campana,** bell electrometer; — **de cuadrantes,** quadrant electrometer; — **de ensayo,** testing electrometer; — **de hilo,** fibre electrometer, thread electrometer;

— **de pajas,** straw electrometer; — **de senos,** sine electrometer; — **mecánico,** mechanical electrometer; — **patrón,** calibrating electrometer.

Electromigración, Electromigration.

Electromoldeo, Electroforming.

Electromotor, Electric motor, electromotive.

Electromotriz, Electromotive; **fuerza** —, counterelectromotive (force), electromotive force; **fuerza — en reposo,** electromotive force of rest; **fuerza contra- —,** back or counter electromotive force.

Electrón, Electron; — **de poca energía,** low energy electron; — **libre,** free electron; — **primario,** primary electron; — **secundario,** secondary electron; **bombardeo de electrones,** electron bombardment; **cañón de electrones,** electron gun; **combado de los electrones,** electron bunching; **concentrador de electrones,** electron gun; **desplazamiento de los electrones,** electron drift; **emisión de electrones,** electron emission; **enfoque de electrones,** focusing electrons; **flujo de electrones,** electron flux; **generador de electrones,** electron generator; **haz de electrones,** electron beam.

Electrón-voltio, Electron volt.

Electronegatividad, Electronegativity.

Electrónica (ciencia), Electronics.

Electrónicamente, Electronically.

Electrónico, Electronic; **acoplamiento** —, electron coupling, electronic coupling; **aparato — de medida,** electronic testmeter; **ariete** —, electronic ram; **barrido** —, electron scanning; **circuito** —, electronic circuit; **conmutador** —, electron commutation, electron switch; **chaparrones electrónicos,** electron showers; **difracción electrónica,** electron diffraction; **disposición de metal** —, cathode sputtering; **distribuidor** —, electronic distributer; **equilibrado** —, dynetric balancing; **espejo** —, dynode,

electron mirror; **excitación electrónica,** electronic excitation; **fotómetro** —, electron photometer; **instrumento** —, electron instrument; **lente electrónica,** electron lens; **mando** —, electron control, electronic control; **micrógrafo** —, electron micrograph; **microscopio** —, electron microscope; **óptica electrónica,** electron optics; **órbitas electrónicas,** electron orbits; **órgano** —, electronic organ; **perfilómetro electrónico,** electron profilometer; **periscopio** —, electron periscope; **pesada por medios electrónicos,** electronic weighing; **rectificador** —, electron rectifier; **telémetro** —, electron rangefinder; **telescopio** —, electron telescope; **televisión** —, electron television; **tubo** —, electron tube; **tubo — de destellos,** electronic flash tube; **tubo de desplazamiento** —, electron transit tube; **vatímetro** —, electronic wattmeter; **voltímetro** —, electron voltmeter, valve voltmeter.

Electroósmosis, Electroosmosis.

Electropercusión, Electropercussion.

Electroplastia, Electrolytic plate, electroplating; — **en cuba,** barrel plating; **baño de** —, electroplating bath; **proceso de — por ánodos insolubles,** electrowinning.

Electropolar, Electropolar.

Electroquímica, Electrochemistry; galvanochemistry.

Electroquímico, Electrochemical; **equivalente** —, electrochemical equivalent.

Electroscopio, Electrification detector, electroscope; — **de condensador,** condensing electroscope; — **de fibra de cuarzo,** quartz fibre electroscope.

Electrostático, Electrostatic — (sistema de unidades), E.S.; **analizador** —, electrostatic analyser; **barnizado** —, electrospraying; **campo** —, electrostatic field; **carga electrostática,** electrostatic charge; **concentración electrostática,** electrostatic focusing; **generador** —, electrostating generator; **pantalla electrostática,** electrostatic shield; **precipitación electrostática,** electrostatic precipitation; **separador** —, electrostatic separator; **unidad electrostática,** E.S.U. (electrostatic unit); **voltímetro** —, electrostatic voltmeter.

Electrotacómetro, Electric tachometer.

Electrotecnia, Electrical or electroengineering.

Electrotecnología, Electrotechnology.

Electrotérmico, Electrothermic.

Electrotren, Electrotrain.

Electroválvula, Electrovalve.

Electroviscosímetro, Electroviscometer.

Elektron, Elektron; **lámina de** —, elektron sheet.

Elemental, Elemental, elementary; **área** —, elemental area; **bobina o — de inducido,** single spool; **carga** —, elementary charge; **estado** —, elementariness; **instrucción** —, basic training.

Elemento, Element, primary cell, unit; **— cargado,** cell charged; **— de cable,** cable cell; **— de ebonita,** cell ebonite; **— de gasolina,** gasoline constituent; **— de imagen,** picture element; **— de señal coincidentes,** coincident signal elements; **— de un sistema de antena,** element of an antenna array; **— defectuoso,** cell backward; **— director** (antenas), director element (antennas); **— doble,** double cell; **— excitado** (sistema de antenas), driven element; **— iluminante,** illuminating constituent; **— lechoso,** milking cell; **— pasivo** (sistema de antenas), passive element; **— patrón,** standard cell; **— pesado,** heavy element; **— que puede colocarse fuera de circuito,** spare cell; **— reflector,** reflective element; **— secundario,** secondary constituent;

— sensible, sensing unit; **— simple,** simple cell; **— testigo,** pilot cell; **— unitario,** unit element; **— unitario de código,** code element unit; **batería de n elementos,** n cell battery; **borna de** —, cell terminal; **cámara de combustión de elementos separados,** can type combustor; **disposición de elementos,** cell arrangement; **elementos de almacenamiento en tubos de memoria por carga,** storage element in charge storage tubes; **elementos de señal sucesivos,** sequential signal elements; **elementos prefabricados,** subassemblies.

Elevación, Elevation, heave, height, lifting, rise, sheer plan; **— a una potencia,** involution; **altura de** —, lift; **ángulo de** —, angle of elevation; **aparatos de** —, hoisting machinery; **apuntar en** (cañón), to elevate; **bomba inferior de** —, bucket lift; **de** —, lifting; **gato de — del tren,** undercarriage main jack; **tapa de** —, cell cover; **tope amortiguador de** —, elevation buffer; **tornillo de — de la mesa,** table elevating screw; **tornillo de puntería en** —, elevating screw.

Elevado (Combustible de índice de octano), High octane fuel; **con rango** —, high positioned; **gasolina con — índice de octano,** high octane gasoline.

Elevador, Breech lock, elevator, hoist, step up transformer; **— de aspiración,** suction elevator; **— de banda,** belt elevator; **— de cangilones,** belt elevator, bucket elevator; **— de carbón,** coal elevator; **— de granos,** grain elevator; **— de tensión,** booster positive; **— hidráulico,** hydraulic elevator; **— móvil,** portable elevator; **— por vacío,** vacuum lifter; **bomba elevadora,** lift pump; **carro** —, lift truck; **elevadores,** lifters; **sombrerete de** —, bonnet or casing of an elevator; **transformador** —, step up transformer; **trinquete — de antena,** aerial elevation pawl.

Elevar, To elevate, to erect, to raise; — **el voltaje,** to boost; — **un número a una potencia,** to involve (a number).

Elevarse (aero), To rise.

Eliminación, Removability, riddance; **filtro de —,** ripple filter.

Eliminador (radar), Blanker.

Elipse, Ellipse or ellipsis.

Elipsoidal, (Antena), Prolate spheroidal antenna.

Elipsoide, Ellipsoid, elliptic conoid.

Elipticidad, Ellipticity.

Elíptico, Elliptic or elliptical; **polarización elíptica,** elliptic polarisation; **resorte —,** elliptic spring.

Elongación, Elongation.

Emanación, Emanation; — **radiactiva,** radioactive emanation.

Embalaje, Crating, packaging, packing, packing up; — **para material frágil,** crate; — **para materiales frágiles,** skeleton cage.

Embalamiento, Racing; — (de máquina), race.

Embalar, Baling, to crate, to pack; — **el motor,** to increase engine speed; **correa de —,** baling strap; **existencias sin —,** bulk storage; **máquina de —,** packaging machine.

Embalarse, To race.

Embaldosar, To tile.

Embaldosinado, Pavement.

Embalse de aguas arriba, Head pond.

Embandejación, Palletization.

Embarcación, Boat.

Embarcadero, Landing place, wharf.

Embarcado, Carrier; **avión —** (en portaaviones), carrier borne plane; **grupo de aeronaves embarcadas,** carrier group.

Embarcar (mercancías), To ship.

Embargo, Attachment, embargo, execution, extent.

Embarque, Shipment; — **de mercancías,** shipping; **atado listo para —,** bundle shipping; **conocimiento de —,** bill of landing.

Embeber, To impregnate.

Embobinado, Coil assembly; — **de una bocina,** throat of a horn.

Embolada, Admission, piston stroke.

Émbolo, Piston; — **buzo,** plunger piston; — **tubular,** pump ram; **juego a dejar entre el cilindro y el —,** allowance piston clearance; **juego de —,** clearance piston.

Embonado (refuerzo de madera), Sheathing.

Embonar (poner un refuerzo), To sheathe.

Emborrascamiento de una mina, Impoverishment.

Emborronamiento debido al suelo, Ground clutter.

Embotado, Disedged.

Embotadura, Bluntness.

Embotar, To dull, to obtund.

Embragable, Clutchable.

Embragado, Connected, coupled.

Embragar, To connect, to couple, to engage, to gear, to put in gear, to throw into gear.

Embrague, Clutch, connecting, connection, coupling, engaging, engaging coupling, engaging machinery; — **ajustable,** adjustable clutch; — **automático,** slippage clutch; — **centrífugo,** centrifugal clutch; — **con ventilación,** ventilated clutch; — **cónico doble,** double cone clutch; — **cónico equilibrado,** balanced cone clutch; — **de cono,** cone or conical clutch; — **de conos invertidos,** reverse cone clutch; — **de cuerno,** horn clutch; — **de dientes,** box clutch, dog clutch; — **de disco,** adhesion wheel; — **de discos,** disc clutch; — **de discos múltiples,** multiple disc clutch; — **de engranajes,** gear clutch; — **de fluido magnético,** magnetic fluid clutch; — **de ganchos,** claw clutch; — **de partículas magnéticas,** magnetic particle clutch; — **de plato,** plate clutch; — **de platos móviles,** slip clutch coupling; — **de rodillos,**

roller clutch; — **del compresor,** supercharger clutch; — **del motor,** engine clutch, motor clutch; — **desacoplado,** disengaged clutch; — **desenganchable,** disconnectable clutch; — **en automovilismo,** automotive clutch; — **en T,** cheese coupling; — **equilibrado,** balanced clutch; — **hidráulico,** hydraulic clutch; — **magnético,** magnetic clutch; — **para la marcha atrás,** backward gear; — **para la marcha hacia adelante,** forward gear; — **por cepillos,** brush coupling; — **por fricción,** friction clutch; — **por segmento,** expanding clutch; — **por segmentos extensible,** expanding clutch; — **principal,** master clutch; — **que resbala,** slipping clutch; — **sincronizador,** synchronizer clutch; — **suave,** smooth clutch; **acoplamiento de** —, engaging and disengaging gear; **brazo de** —, clutch finger; **buje de engranaje de** —, clutch bushing; **clavija del** —, clutch bolt; **cojinete de** —, clutch bearing; **cono de** —, clutch cone; **corona de** —, clutch ring; **corona de** — **de fibras,** fiber clutch ring; **diafragma de** —, clutch diaphagram; **diente de** —, engaging scarf; **disco de** —, clutch disc; **doble** —, double clutch; **electrodo de** —, clutch magnet; **endentación de** —, engaging scarf; **entrecierre de** —, clutch interlock; **freno de** —, clutch brake; **horquilla de** —, clutch release fork; **juego de discos de** —, clutch assembly; **manguito de** —, clutch box, clutch tooth; **maquinaria de** —, engaging machinery; **muesca de** —, engaging scarf; **órgano de** —, clutch member; **palanca de** —, clutch lever, operating lever; **plato de** —, clutch plate; **plato de** — **volante,** clutch fly wheel; **regulador de** —, clutch governor; **resorte de** —, clutch spring; **suplemento de** —, clutch insert; **tubo del mecanismo de** —, clutch tube; **tuerca de graduación de** —, clutch nut.

Embreado, Tarring; **no** —, unstarred.

Embrear, To pitch.

Embridado, Clamped, clamping, fish plating, jammed.

Embridar, To clamp, to clinck.

Embudo, Funnel.

Embutición, Cupping, drawing, flanging, forming, press work, pressing, snarling, stretching, swaging; — **del cuero,** crimping; — **profunda,** deep drawing.

Embutida, Pressing.

Embutido, Beading, countersunk, dished, embossed, flanged, pressed, stamped; — (calderas), chasing, embagged; — **a mano,** beading hand; — **al torno,** burnishing; — **con martillo,** panel beating; **acero** —, pressed steel; **bastidor de acero** —, pressed steel frame; **cuero** —, crimp; **chapa embutida,** sheet steel pressing; **fondo** —, dished bottom, stamped head; **piezas embutidas para carrocería,** body stampings.

Embutidora, Nail stump.

Embutir, To couch, to cup, to chase, to chase with the mallet, to enchase, to enlarge, to expand, to ferrule, to press; to snarl, to stamp; — **al torno,** to burnish; — **recubriendo,** to block down; — **un remache,** to knock out a rivet; — **un tubo,** to beat out the ends of a tube; **máquina de** — **tubos,** pipe socketing machine; **martillo de** —, chasing, chasing hammer; **prensa de** —, crimping press, stamp press.

Emergencia, Emergency; **ángulo de** —, angle of emergency; **transmisor de** —, elliptically polarized waves.

Emergente, Emergent.

Emerger, To emerge.

Emisión, Broadcast or broadcasting, emission, exit, issue; — (radio), sending; — **acústica,** sound output; — **de electrones,** electron emission; — **de luz ultravioleta**, ultraviolet emission; — **de señales horarias**, time signals emission; — **excesiva**, overissue; — **imperfecta**, imperfect emission; — **parásita**, parasite emission; — **perfecta**, perfect emission; — **perturbadora**, disturbed emission; — **por campo**, field emission; — **primaria**, primary · emission; — **secundaria**, secondary emission; — **termoiónica**, thermoionic emission; **anchura de banda necesariamente ocupada por una** —, band with necessarily occupied by an emission; **antena de** —, sending aerial or antenna, transmitting aerial or trans antenna; **aparato de** —, sending apparatus, transmitting apparatus; **características de** —, emission characteristics; **condensador de** —, transmitting capacitor; **de** —, transmitting; **diagrama de** —, emission chart; **espectro de** —, emission spectrum; **estación de** —, sending station; **orificio de** —, eduction port; **puesto de** —, sending station.

Emisividad, Emissivity.

Emisivo, Emissive; **poder** —, emissive power, emitting power, radiating power.

Emisor, Transmitter; — **autooscilante**, self-oscillating sender; — **con oscilador maestro**, driven sender; — **controlado**, controlled sender; — **de chispa**, spark transmitter; — **de facsímiles**, fac-simile transmitter; — **de frecuencia fija**, fixed-frequency transmitter; — **de imagen**, vision transmitter; — **de llamadas**, key sender; — **de ondas cortas**, short wave transmitter; — **de óxido**, oxide emitter; — **de película atómica**, atomic film emitter; — **de radiodifusión**, broadcast transmitter; — **de socorro**, emergency transmitter; — **estabilizado por cristal**, crystal-controlled transmitter; — **transportable**, portable transmitter; **cadena de emisores**, chain of transmitters; **emisores sincronizados**, synchronized transmitters.

Emisora (Vena), Emissarium.

Emitancia, Emittance.

Emitir (un préstamo, acciones), To float.

Emolescencia, Emollescence.

Emolumentos (plural **Salaries**), Salary.

Empaletado, Blading; — **con sobreespesor**, bulged blading; — **del tramo de acción** (turbinas), impulse stage bladings; — **para régimen supersónico**, supersonic blading.

Empalmador, Binding screw, connector; — (elec.), clamp.

Empalmadora de películas, Film splicer.

Empalmar, To abut, to adjust angles by curves, to connect, to joint, to splice; — (torones), to join; — **a medida madera**, to scarf; — **piezas de madera por sus extremos**, to add; — **por los extremos**, to assemble by mortises.

Empalme, Abutting, butt, connection, flushing, junction joint, scarfing; splice, splicing, union; — **a espiga**, joggle; — **a media madera**, scarfing; — **con cuero**, leather pasting; — **de correa**, belt joint; — **de cremallera**, joggle joint; — **de inglete**, mitre joint; — **de lengüeta doble**, barge couple; — **de manguito**, sleeve joint; — **de ojal**, eye splice; — **de orejas**, lug union; — **de pico de pájaro**, bird's mouth joint; — **de torsión**, American twist joint; — **en rayo de Jupiter**, joggled and wedged scarf; — **por pares** (hilos cableados), twisted pairs splicing; — **por torsión**, American twist, American twist joint; — **por una fila de muescas**, joggling; — **simple**, plain scarf; **aislante de** —, pothead; **caja de** —, connector, sealing box, service box; **caja pe** — **de cable**, splice box; **orejeta de** — (ferrocarril), splicing ear; **vagras de** —, frame joints; **vaina de** —, connecting conduit.

Empaquetado, Fagot or faggot, slab, slab bloom, stack; — (met.), piling.

Empaquetadura, Junk ring, packaging, packing washer, stuffing, weize; — **de algodón,** wicking; **retacador para empaquetaduras,** packing stick; **trenza para empaquetaduras,** packing tow.

Empaquetamiento, Packing.

Empaquetar, To pack; **máquina de** —, packaging machine, packet packing machine.

Emparejado (televisión), Paining.

Emparrillado, Grating; — **de grandes alveolos,** wide meshed grid; **enrejado** —, wire grid.

Empastado, Boiling, pasting.

Empastor, Paster.

Empastar, To paste; — **las placas,** to paste plates; **máquina de** — (acumuladores), pasting machine.

Empate, Wheel base.

Empedrado, Bottoming, metal, pebble work; **carafirme de** —, cheek stone.

Empedrar, To ballast, to metal.

Empenaje, Fin tail, stabiliser or stabilizer, tail, tail plane, tail unit; — (aviación), empennage; — **de incidencia variable,** variable incidence tail plane; — **en V,** butterfly table fin.

Empeñar, To mortgage.

Empernado, Bolted.

Empernar, To bolt.

Empezado (hablando de un tonel), Abroach.

Empilado, Stack.

Empinada, Zoom or zooming.

Empinado, Reared.

Empinar, To bank.

Empinarse, To rear; — (avión), to mount.

Empírico, Empirical; **ecuaciones empíricas,** empirical equations.

Emplastecido, Puttying.

Emplazamiento, Bay, berth, locality, site; **vuelo de** —, positioning flight.

Emplazar, To load.

Empleado, Clerk, employee.

Empleo, Development, employment, office; **dejar un** —, to vacate; **instrucciones para el** —, directions.

Emplomado, Leaded, leading.

Emplomadura, Sealing.

Emplumaduras, Tail surfaces.

Empobrecimiento (catalizadores), poisoning.

Empotrado, Built in, embedded, imbedded, restrained; **elemento** —, insert.

Empotramiento, Bed, collar, scarfing, trunnion hole; **armella mural de** —, wall eye.

Empotrar, To clamp, to enchase, to imbed, to set an edge.

Empresa, Proposition, undertaking; — **de reparación de buques,** ship-repairer; — **de teléfonos,** company telephone; — **explotadora,** company operating; **empresas que aseguran un servicio púbico como el abastecimiento de vapor, gas, de agua, de aire comprimido,** (USA) utilities (Public utility companies).

Empresario, Undertaker.

Empujador, Lifter, ram, striker, tappet, thrust rod; — (obrero, minas), trammer; **cojinete de** —, tappet roller; **rodillo de** — **de válvula,** valve tappet roller.

Empujar, To boost, to extend, to joggle; — **con violencia,** to drift; — **el fuego al fondo de un horno,** to bank.

Empujaválvula, Tappet, valve tappet; **cojinete de** —, valve tappet roller; **huelgo de los empujaválvulas,** tappet clearance.

Empuje, Jerk, thrust; — **del agua,** pressure; — **del suelo,** creep; — **estático,** static thrust; **arandela de —,** thrust washer; **centro de —,** aerodynamic centre; **cojinete de —,** collar thrust bearing; **horquilla de —,** suspension fork; **inversión del —,** jet deflection, thrust reversal; **inversor de — de rejilla retráctil,** retractable jet deflector; **inversor del —,** thrust reverser; **puntal de .—,** thrust block; **rangua de —,** thrust block; **recepción axial del —,** taking up the axial thrust.

Empuñadura, Hand hold, handle, hold, spoke; — (de herramienta), haft.

Emulsificación, Emulsification.

Emulsión, Emulsion; — **fotográfica,** photographic emulsion; — **nuclear,** nuclear emulsion; — **sensible,** sensitive emulsion; **índice de —,** S.E. No, (número necesario de segundos para que se separe un aceite una vez emulsionado y tratado bajo ciertas condiciones), emulsion number.

Emulsionabilidad, Emulsibility.

Emulsionado, Emulsified.

Emulsionamiento, Emulsification.

Emulsionar, To emulsify.

Emulsor, Emulsifier.

Enántico (Éter), Hungarian oil.

Enantiomorfo, Enantiomorphic.

Enarenado, Sanded, sanding; — **de durmientes,** boxing of sleepers.

Enarenamiento, Blinding.

Enarenar, To sand.

Encabillar, To pin.

Encabritamiento de boca, Break; — **y picado sucesivo** (aviones), porpoising.

Encabritar, To zoom.

Encachado (dique seco), Floor.

Encadenar, To chain, to shackle.

Encajado, Flush.

Encajar, To clamp, to couch, to enchase.

Encaje (Del), Lacy.

Encajonamiento, Coffer foundation.

Encajonar, To embank.

Encalladura, Stranding.

Encallar, To beach, to strand.

Encaminamiento, Route via.

Encamisado, Lined; — **de electrodo,** electrode coating.

Encamisar, To line.

Encapilladura, Rig.

Encargado, Deposited; **minero — de una rafadora,** cutterman.

Encargar (mercancías), To order.

Encarrilamiento, Rerailing; **rampa de —,** rerailing ramp.

Encarrilar, To rerail.

Encasquillar, To ferrule.

Encastrado, Recessed.

Encastramiento, Fitting in, recessing.

Encastrar, To couch, to imbed, to recess.

Encastre, Recess.

Encendedor (lámpara seguridad de minas), Relighter; — **eléctrico,** electric lighter.

Encender, To kindle, to light; — **los fuegos de dos calderas,** to light fires under two boilers.

Encendido, Firing; — (alto horno), blow in; — (motores), ignition; — **anticipado,** pre-ignition; — **espontáneo,** self ignition, spontaneous ignition; — **por bujía,** spark ignition; — **por magneto,** magneto ignition; — **por quemador,** burner ignition; — **prematuro,** premature fire; **analizador de —,** ignition analyser; **aparato de —,** firing apparatus or firing device; **aparatos de —,** electric igniters; **avance al —,** advanced ignition, advanced sparking, spark advance, sparking advance; **avance o retroceso al —,** spark timing variation; **bobina de —,** ignition coil; **botón conmutador de —,** ignition switch;

botón de —, ignition switch; **bujía —**, igniter or ignitor; **bujía de —** (véase **Plug**)', spark plug; **carro de —**, ignition car; **circuito de —**, ignition circuit; **cortar el —**, to cut off ignition, to switch off the ignition; **chispa de —**, ignition spark; **dispositivo de — doble**, dual igniter; **doble —**, dual ignition; **excéntrica de —** (auto), contact maker; **fallos de —**, spark failures; **hilo de —**, ignition wire; **palanca control del —**, ignition control lever; **palanca de avance al —**, sparking lever; **regular el —**, to adjust the ignition; **retraso al —**, retarding spark, (auto), retard; **retraso de —**, retarded ignition; **sistema de —**, ignition system.

Encercar, To bind with iron.

Encerrado, Housed.

Encerrojada, Locking.

Encerrojamiento, Latching.

Encerrojar, To lock.

Encina, Helm oak, holly oak; **— de California,** live oak.

Encintador, Tape winding; **máquina encintadora,** tape winding machine, taping machine.

Enclavamiento, Interlock, interlocking, lock out; **dispositivo de —**, locking device; **placa de —**, locking plate.

Enclavar, To close, to engage, to lock.

Enclavijado, Pegging.

Enclavijar, To bolt, to jam, to peg, to pin.

Encobrado, Copper plated, copper plating, coppering; **— electrolítico,** electrocoppering; **planta de —**, copper works; **taller de —**, copper works.

Encobrar, To copper, to copper plate.

Encofrado, Boarded, bracing, casing, form, formed, housing, lag, lagging, shuttering, wall; **— del techo,** ceiling form; **— en acero,** steel casing; **— en bóveda,** arch form; **— en madera,** wood casing; **— exterior,** outside form; **— interior,** invert form; **— metálico,** metallic shuttering, steel form; **— telescópico, ·**telescopic form; **marco de —** (minas), dutch case.

Encofrar, To form.

Encolado, Glueing or gluing, pasting, sized, stickiness; **— de la madera,** wood glueing; **— de la urdimbre,** slashing; **— del rayón,** rayon slashing; **— por testa,** end jointed; **trabajo de —**, building segment.

Encolar, To paste.

Encordar, To cord.

Encorvar, To deflect.

Encrucijada, Assemblage of veins.

Encuadernación en tela, Covering.

Encuadernador, Binder.

Encuesta, Inquiry.

Enchapado, Overlaying.

Enchavetado, Keyed.

Enchavetamiento, Keying.

Enchavetar, To cleat; **—** (una pieza sobre otra, una rueda en un árbol), to key.

Enchufar, To plug.

Enchufe, Jack; **— de campana,** bell socket.

Endecágono, Endecagon.

Endentado, Meshed.

Endentar, To mesh; **—** (vigas), to joggle.

Enderezado (de planchas), Edging.

Enderezador de aluminio, Aluminium stiffener; **— de imagen,** erector.

Enderezadora, Straightener.

Enderezamiento, Righting, stiffening; **—** (avión), pull out or pull up; **momento de —**, righting moment; **objetivo de —**, rectifying lens.

Enderezar, To dress, to make even, to straighten; — (avión), to flaten out; — (pieza metálica), to line; **máquina de** —, straightening machine; **mármol de** —, bench face plate; **placa de** —, dressing plate; **yunque de** —, straightening block.

Endosador, Endorser.

Endosatario, Endorsee.

Endosmótico, Endosmotic.

Endotérmico, Endothermic.

Endurecer, To chill, to harden; — **demasiado,** to overharden.

Endurecido, Chilled, hardened; — **por acritud,** work hardened; **acero** — **en la superficie,** case hardened steel; **cilindro** —, chill roll.

Endurecimiento, Hardening; — **estructural,** age hardening, precipitation hardening; — **por envejecimiento,** age hardening; — **por trabajo,** work hardening.

Enebro (madera), Juniper.

Energética (Industria), Power industry.

Energeticismo, Energeticism.

Energía, Energy, power; — **atómica,** atomic energy, atomic power; — **cinética,** active energy, cinetic energy; — **de circulación,** energy of flow; — **de enlace,** binding energy; — **de histéresis,** hysteresis energy; — **de resonancia,** resonance energy; — **eléctrica,** electric energy, electric power; — **en la hora de máxima carga,** on peak energy; — **hidroeléctrica,** hydroelectric power; — **libre,** tree energy; — **mecánica,** mechanical energy; — **nuclear,** nuclear energy; — **potencial,** potential energy; — **propulsora,** propulsive power; — **radiada,** radiated energy; — **reactiva,** reactive energy; — **residual,** residual energy; — **térmica,** heat energy; **banda de** — **prohibida,** forbidden energy band; **central de** —, power plant; **circuito de transmisión de** —, power circuit; **consumidor de** —, power

user; **control de la** —, power auditing; **distribución de** — **eléctrica,** power distribution; **espectro de** —, energy spectrum; **espectro de** — **acústica,** sound power spectrum; **producción de** —, power production; **tarifa de** —, power rate.

Enfieltrado, Felting.

Enfilada (Tiro de), Enfilado.

Enflejado, Banded.

Enflejar, To band.

Enfocada (Zona), Photographic coverage.

Enfocador, Lens finder; — (foto), finder.

Enfoque, Viewing; — **de electrones,** focusing of electrons; — **electrostático,** electrostatic focusing; **botón de** —, focusing button; **dispositivo de** —, focusing adjusment; **unidad de** —, focus supply unit.

Enfriado, Cooled; — **por aceite,** oil cooled; — **por agua,** water cooled; — **por aire,** air cooled; **compensador** — **con hidrógeno,** hydrogen cooled compensator; **transformador** — **por aire,** air cooled transformer.

Enfriador, Cool or cooling bed, cooler; **cámara enfriadora,** chilling chamber; **enfriadores de agua,** cooling towers; **máquina enfriadora,** chilling machine.

Enfriamiento, Chilling, cooling; — (alto horno), slaking; — **al aire,** wind chill; — **brusco del metal por agua,** cracker; — **forzado,** forced cooling; — **por agua,** water cooling; — **por aire,** aircooling; — **por camisa de agua,** jacket cooling; — **por circulación forzada de aceite,** forced oil cooling; — **por circulación forzada de aire,** forced air cooling; — **por hidrógeno,** hydrogen cooling; — **por radiación,** radiational cooling; — **rápido,** quenching; **agua de** —, cooling water; **aletas de** —, cooling vanes; **lecha de** —, cooling bed; **salida del agua de**

—, cooling water outlet; **superficie de** —, cooling surface; **transformador de — por aire,** dry type transformer; **turbina de** —, cooling turbine.

Enfriar, To chill; **— por circulación,** to recool.

Engachador receptor (minas). Bankman.

Engalgar, To block.

Enganchamiento, Engagement.

Enganchar, To catch, to couple, to cramp, to hook; — (elec.), to pull into step.

Enganche, Coupling, draw gear, engagement, hitch, hook engagement, interlock, interlocking, latching, pulling into step; — **automático,** automatic hitch, automatic latch; — **sobre llanta,** clinching on the rim; **aparato de** — (ferrocarriles, etc.), interlocking gear; **barra de** —, drag bar, draw bar; **barra de seguridad de** —, safety coupling rod; **bulón de** —, draw bolt; **cabeza de** —, head block; **cadena de** —, coupling chain, drag chain, draw chain; **chaveta de** —, locking pin; **doble** —, double catch; **enganches de ferrocarriles,** railway couplings; **gancho de** —, draw hook; **resorte de** —, draw spring; **talón de** —, bead clincher.

Engarce, Peening, seating.

Engarzado, Crimped, chocking.

Engarzahilos, Wire clip.

Engarzar, To crimp, to seat; **pinzas de** —, crimper.

Engastar, To add.

Engomado, Jamming, stick, stickiness or sticking; — **de los segmentos,** ring stick, ring stickiness; — **de un segmento,** ring sticking, sticking; — **de una válvula,** sticking of a valve; — **en frío,** cold stick; **estar** — (grifo, etc.), to stick; **ligeramente** —, tacky.

Engomar, To jam.

Engrampadora, Clipping machine.

Engranado, Connected, coupled, meshed; **estar** —, to stick.

Engranaje, Catching, connection, gear, gearing; — (acción), connecting; — **bastardo,** bastard wheel; — **casi recto,** bastard wheel; — **conductor,** sun gear; — **cónico,** angular gearing, bevel gearing, bevel or beveled gear, conical gearing, mitre gear; — **cónico de dentado espiral,** spiral helical gear; — **cónico en ángulo recto,** mitre gear; — **cónico helicoidal,** skew bevel wheel; — **de dientes angulares,** double helical gear, herring bone gears; — **de distribución,** timing gear; — **de doble reducción,** double reduction gear; — **de fusión algebraica,** algebric gear; — **de multiplicación regulable,** variable gear; — **de tornillo sin fin,** worm gearing; — **desmultiplicador,** reducing gear, reduction gear; — **en cuero crudo,** rawhide gears; — **en la relación de 7 a 1,** gearing of 7 to 1; — **epicicloidal,** crypto gear, epicyclic gear, epicyclid train; — **helicoidal,** helical bevel, skew gear, spiral gear; — **helicoidal de dentado de perfil de evolvente de círculo,** helical involute gear; — **helicoidal de evolvente de círculo,** helical involute gear; — **por dientes angulares,** crescent shaped gearing; — **principal,** sun gear; — **recíproco,** reciprocal gear; — **recto,** spur gear; — **reductor,** reduction gear; **árbol de la caja de engranajes,** gear shaft; **bomba de aceite para engranajes,** gear oiler; **bomba de engranajes,** gear pump; **cárter de engranajes,** gear casing; **comprobadora de engranajes,** gear tester; **de** —, geared; **engranajes de la broca,** spindle gears; **engranajes planetarios,** planetary gears; **fresa para dentar engranajes,** cutter for gear wheels; **harnés de engranajes,** change wheels; **máquina de dentar los engranajes,** gear cutting machine, or gear cutter or gear shaper or gear shaping machine; **máquina de pulir los flancos de los**

dientes de engranajes, tooth face grinding machine; **máquina de rectificar los engranajes,** gear grinding machine; **máquina de tallar engranajes por tornillo-fresa,** gear hobbing machine; **máquina para rectificar engranajes,** gear shaving machine or gear grinding machine; **máquina para tallar los engranajes helicoidales,** spiral gear cutting machine; **mecanismo de engranajes** (máq.-herram.), change wheels; **piñón de — corredizo,** shifting gear; **serie de engranajes,** back gear, gear changes; **sin engranajes,** gearless; **tren de engranajes,** gear of wheels; **tren de engranajes de cambio de velocidad,** sliding gear; **tren de engranajes planetarios,** planetary gear train; **turbina de engranajes,** geared turbine.

Engranar, To catch, to catch in, to compound, to connect, to couple, to endent, to engage, to jam, to mesh, to put in gear, to put into mesh, to throw into gear.

Engrane, Catching, contact, intermeshing, meshing; **línea de —,** pit line; **mecanismo de —,** engaging gear; **punto de —,** meshing point.

Engrapado, Stapling.

Engrapar, To cramp.

Engrasable, Greasable.

Engrasado, Clogged, clogging, foul, fouled, furring, oiled.

Engrasador, Greased, impermeator, lubricator, oiler; **— de anillo,** ring oiler; **— de bomba de mano,** hand pump lubricator; **— de caudal visible,** sight feed lubricator; **— de copa,** grease cup; **— de cuentagotas,** drip feed lubricator; **— de embudo,** telescopic lubricator; **— de nivel constante,** constant level oiler; **— de percusión,** hand oiler; **— Stauffer,** Stauffer lubricator; **grifo —,** grease cock; **pistola engrasadora,** grease gun.

Engrasamiento, Dirtying.

Engrasar, To batch, to foul, to grease, to oil, to salve, to squirt; **aceite de —,** lube or lube oil.

Engrase, Anointing, oiling; **— centralizado,** central lubrication; **— de los cilindros efectuado en un punto determinado de la carrera,** timed lubrication; **— exagerado,** overlubrication; **— forzado,** forced lubrication; **anillo de —,** oil ring; **caja de —,** oil box; **caja de — de un eje,** oil axle; **con — automático,** self oiling; **copa de —,** greasor; **escobilla de —,** oil brush; **grifo de —,** oil cock, tallow cock; **junta de —,** tallow joint; **orificio de —,** oil hole; **ranuras de —** (máq.-herr.), cruciform grooves; **tubo de —,** oil pipe.

Engravilladora, Gritter.

Engrilletar, To join with shackles, to shackle.

Engrudado, Pasting.

Engrudar (Máquina de), Pasting machine.

·Engrudo, Flour paste, paste.

Engrudoso, Paster.

Engrumecerse, To clot.

Enhidrita (mineral), Enhidrite.

Enhornado, Charging.

Enhornadora (de horno Martín), Charging machine.

Enitrina, Hard wood of Madagascar,

Enjarciar con el cabrestante, To rig the capstan.

Enjimelgado, Coupled, coupling.

Enjimelgar, To couple.

Enjuagar, To rinse.

Enjuague, Rinsing.

Enjugado, Flushed.

Enjugar, To flush.

Enjullo, Loom beam barrel.

Enlacado, Lacquering.

Enlacar, To lacquer.

Enlace, Static bonding, reconciling, tie; — (química), bond, link, linkage; — (trenes), connection; — **acodado,** angle pipe; — **ala-fuselaje,** wing fillet; — **aromático,** aromatic bond; — **común** (en un múltiple parcial), common trunk; — **de anotaciones,** recording trunk; — **de los bastidores,** stay of frames; — **individual** (en múltiple parcial), individual trunk; — **para números cambiados,** changed number trunk; — **rápido directo,** straightforward junction; — **telegráfico,** telegraph connection; **abertura de —,** adapter; **conducto de —,** split duct; **de —,** bridging; **electrodos de —,** bonding electrons; **energía de —,** bond energy; **montante de vigueta de —,** tail boom strut; **radio —,** radio link; **relé de — interautomático,** auto-auto relay set.

Enladrillado, Brick work, bricked.

Enlatado, Trussing.

Enlazar, To enchase; — **dos curvas,** to reconcile.

Enlechar, To grout.

Enlistonado, Lathed, laths, lathing, lattice.

Enlistonar, To lath.

Enlosado, Pavement; — **ajedrezado,** diamond pavement.

Enlucido, Coat, coating, daubing, float skin, glaze, setting, wash, whitewashing; — **en dos capas,** setwork; **mano de —,** coat float.

Enlucir, To clear itself, to clear up with gypsum, to coat with lime, to whitewash; — (un muro), to float.

Enmadejado, Winding.

Enmaderado, Wood work.

Enmangado, Fit.

Enmangar, To haft, to helve, to overlape.

Enmascaramiento (acústica), Masking; — **antiradar,** radar camouflage; — **auditivo,** aural masking (GB), marking effect.

Enmasillado, Luting.

Enmendar, To amend.

Enmuescado, Joggled.

Ennegrecer, To blacken.

Ennegrecido al fuego, Black burnt.

Ennegrecimiento, Blackening; — **de la bombilla,** bulb blackening.

Enol, Enol.

Enolizable, Enolizable.

Enrarecimiento, Rarefaction.

Enrasado, Flush, levelling or leveling.

Enrasamiento, Flushing.

Enrasar, To make even, to make flush, to skin.

Enrayado, Blocked, blocking, locking.

Enrayar, To lock.

Enrejado, Arbor work, grating, grid, lattice, lattice work, railing, trellis work; **electrodo de —,** grid electrode.

Enrejar, To trellis.

Enriado, Retting, steepening.

Enriar, To ret, to steep.

Enriquecer (un mineral), To dress; — **minerales,** to enrich.

Enriquecido, Enriched; — **en oxígeno,** oxygen enriched.

Enriquecimiento (de los minerales), Benefication.

Enrolar, To size.

Enrollado, Coiled; — **ajustado,** butt wound.

Enrollar, To coil; — **un cable,** to wind up a rope.

Ensacado, Bagged.

Ensacar, To bag; **máquina de —,** bagging apparatus.

Ensamblado, Assembled, assembling, assembly; — **a cola de milano,** dovetailed; — **de las traviesas** (ferrocarriles), boxing; — **en cremallera,** dovetailed.

Ensambladura, Bevel shoulder, joinering, scarfing, slit; — **con espiga,** double tongued joint; — **de almohadón,** cogging joint; — **de**

caja y espiga, cross joint; - - de lengüeta, edge joint by grooves and dovetail; — de llave, dice scarf; — doble, dice scarf; — en pico de flauta, scarfing joint, skew scarf; — en V, dice scarf; — endentada, scarf with indents; — por espiga, dowelling.

Ensamblaje, Assemblage, assembling.

Ensamblar, To assemble, to draw, to join, to join up, to scarf; — a cola de milano, to dovetail; — una armadura, to frame.

Ensamble, Erection, holding, joining up, overlaunching; — a cola de milano, dovetailing; — a rosca de tubos, screw pipe coupling; — de espiga y mortaja, grooving and feathering joint; — de ranura y lengüeta, groove and tongue joint; procedimiento de —, drifting method.

Ensanchamiento, Enlarging; — del fondo por explosión de cargas (barrenos), squibbing.

Ensanchar, To enlarge, to expand, to widen; — un orificio, to fraise.

Ensanche, Bell mouth, bulging, draft; — a mecanizar, breast board; — de banda, band spreading.

Ensayado, Tested.

Ensayar, To assay, to essay, to experience, to test, to try.

Ensayo, Assay, essay, metering, tear test, test, testing, trial, try; — a baja temperatura, cold test; — de aceites para determinar la cantidad de oleína que contienen, elaiding test; — de acumuladores, testing of the accumulators; — de adherencia, bond test; — de aislamiento, insulation test; — de alargamiento, expanding test; — de amortiguamiento (de una batería de acumuladores), buffer test; — de ascensión, climbing test; — de capacidad (acumuladores), capacity test; — de consumo, consumption test; — de corrosión, corrosion test, etching test; —

de disrupción, breaking down test; — de doblado o plegado, bending test; — de duración, life test; — de elasticidad, elongation test; — de fatiga, fatigue test; — de fisuración, cracking test; — de flexión, bending test; — de flexión al.choque, blow bending test; — de fluencia, creep testing; — de frenado, braking test; — de inflamación, flash test; — de los minerales por vía seca, assay; — de microdureza, microindentation test; — de ocupación de la línea (teléfono), engaged test; — de ondas de choque, schock wave test; — de perforación, breaking down test, drift test, drill test; — de pilas, cell test; — de plegado alternativo en sentido inverso, alternating test, back bending test; — de punzonamiento de un cuerpo, drift test; — de recepción, receptance trial, reception test; — de resiliencia, impact test; — de resistencia, endurance test; — de rotura a la tracción, breaking test; — de techo (aviación), ceiling test; — de templabilidad, hardenability test; — de tracción, tensile test; — de Trommel, Trommel test; — de un automóvil, trial run; — de velocidad, speed test; — dieléctrico, dielectric test; — dinámico, dynamic test; — en banco de pruebas, bed testing; — en caliente, hot test; — en carretera, road test; — en frío, cold assay, cold test; — en tierra, ground test; — en vuelo, flight test; — escarificador, essay porringer; — estático, static test; — Izod de resiliencia, Izod test; — Micum, trommel test, tropical hard wood; — no destructivo, non destructive test; — por vía húmeda, humid assay or assay by the wet way, wet essay; — por vía seca, dry assay or assay by dry way, dry essay; — sobre carretera, road run; aparato de —, test kit; aparato de ensayos de corrosión, corrosion tester; balanza de —, assay balance; banco de — móvil, engine test car; **banco de ensayos**, test bench; **bloque de** —, metering stud; **botón de** —, assay grain, prill; **cápsula de** —, assay plate; **copela de** —, calcining test; **crisol de** —, little assay crucible; **cuchara de ensayos**, assay spoon; **ejecución de un** —, carrying out of a test; **en** —, under test, under trial; **ensayos en vuelo**, flight testing; **ensayos sistemáticos de circuitos**, overall circuit routine tests; **escudilla de** —, assay test; **hacer el** — **de**, to prove; **hacer ensayos**, to make, to undergo trials; **hacer sus ensayos**, to make, to undergo trials; **horno de** —, assay furnace; **instalación de ensayos de ondas de choque**, impulse testing equipment; **laboratorio de ensayos**, testing laboratory; **máquina de** —, tester; **máquina de** — **de choque**, of schock tester machine; **máquina de** — **de dureza**, hardness testing machine; **muestra de** — (a veces), assay; **pinzas de** —, essayer's tongs; **realización de un** —, carrying out (of a test); **timbre de** —, testing bell.

Ensenada, Dock.

Ensuciado, Fouled.

Ensuciamiento, Fouling; — **por plomo**, lead fouling.

Ensuciarse, To foul.

Entabicación, Wainscot.

Entabicado, Bracing, divided; — **en persianas**, louvred wall.

Entablamento, Entablure.

Entablamiento, Coping.

Entablar, To plank.

Entablonado (Madero para), Deal.

Entalingar, To shackle.

Entalpía, Enthalpy.

Entalpico, Enthalpic.

Entalla, Cleft, jag, mortise, nick, notch; — **concentradora de esfuerzos**, stress raising notch; **con entallas**, cogged; **profundidad de la** —, notch severity; **tenacidad a la** —, notch toughness; **tuerca con entallas**, castellated nut.

Entallado, Holed, notched.

Entalladura, Channel, faucet hole, gab, jagging, notching; — **para el paso de una clavija**, cutter hole; **calibre para la** — **de traviesas**, adzing gauge; **lados de una** —, butment cheeks.

Entallar, To adze, to hole, to nick, to notch; — (tuercas), to castellate.

Entarimado, Boat, flooring, platform.

Entartración, Deposit of scale.

Entarugado, Paving block.

Entelado, Fabric covering; — (aviac.), fabric covered.

Entelar, To canvas.

Entenalla, Filing vice, hand vice.

Entero, Integer; **función entera**, integer function, integral function.

Entibación, Casing, cribling, lag, lagging, shaft lining, tubbing, wainscoting; — (de una mina), timbering; — **a escuadra**, alley arm; — **de un pozo**, frame of a shaft; — **en madera**, cribbing; — **provisional**, forepoling; **marco de** — (minas), arch, head frame; **redondo pequeño de** —, clog; **roldana de** —, crib; **sin** —, unlined; **vigilante de** —, deputy.

Entibado (Cambio del) (minas), Retimbering.

Entibar, To timber, to wainscot.

Entrada, Escutcheon, inflow, inlet, input, orifice; — (comercio), pratique; — **de aceite**, oil inlet; — **de la jaula o del pozo**, door to shaft; — **en dique**, drydocking; **aislador de** — **de antena**, aerial lead in insulator; **caudal de** —, input; **centro de** — **internacional**, incoming terminal exchange; **cono de** — (de conducción forzada), tapered inlet pipe; **dar** — **a**, to admit to pratique; **de doble** —, double inlet; **de una** — **y varias salidas**, one many inlet; **filtro de** — **inductiva**, choke input filter; **transformador de** —, input transformer; **tubo de** —, input tube.

Entramado, Batten ends, bay work, lattice, lattice work, nog, nogging, panel work, truss work; — **de ladrillos,** brick nogging; — **metálico,** bay work.

Entramar, To batten.

Entrante, Recess.

Entre, Inter.

Entreabrirse, To rive.

Entrechoque, Clashing.

Entrecinta, Cant board, chime bracket.

Entrecruzado, Intersected.

Entrecruzamiento, Crosslinking.

Entrega, Delivery; — **de premios,** prizegiving; **a la —,** after delivery, on delivery; **falta de —** (seguros), non delivery; **furgoneta de entregas,** delivery van; **hacer entregas sucesivas de dinero** (en desuso), to install.

Entregar (A), For delivery.

Entrehierro, Air gap, air path, clearance; — (electricidad), air gap or path; **recorrido (o trayecto) en el —,** air path; **trayectoria de las líneas de fuerza en el —,** air path.

Entrelaminado, Interleaved; **chapas entrelaminadas,** interleaved sheets.

Entrelazado, Interlaced, interleaved; — **de ramas,** plashing; **exploración entrelazada,** interlaced scanning.

Entrepaño, Bay.

Entrepuente, Between decks, tween deck.

Entrevigado, Beam filling.

Entropía, Entropy; — **relativa,** relative entropy.

Entubación, Shaft lining, tubing; **cabeza de sondeo de —,** casing head.

Entubado, Casing; — (pozos), iron tubing; — **cónico,** tapered casing.

Entubar, To tube; **troquel de rebordear o de —,** die plate.

Envainado, Sheathing.

Envainar, To sheathe.

Envase, Canning.

Envejecido, Aged.

Envejecimiento, Age hardening, aging; — (estabilización artificial), seasoning; — **térmico,** thermal aging; **endurecimiento por —,** age hardening.

Envergadura, Space across the wings, span, spread.

Envés, Wrong side.

Envío (de mercancías), Invoice.

Envirolado del extremo de choque, Safe ending.

Envoltura, Casing, cleating, clothing, encasement, envelope, jacket; — **de caldeo,** heating jacket; — **lisa,** square tread cover; **proveer de una —,** to encase.

Envolvente, Enveloping; **visor de — de impulsos,** pulse envelope viewer.

Envuelta, Cover, covering, encasement, enclosure, housing, liner; — **calorífuga,** deading; — **con ranuras,** grooved cover; **interruptor de — estanca,** switch in watertight case.

Eólico, Aeolian; **rocas eólicas,** aeolian rocks.

Eosina, Eosine.

Epicicloidal, Epicyclic; **engranaje —,** epicyclic gear, epicycloid gear; **reductor —** (engranaje), epicyclic reduction gear; **tren —,** epicyclic train.

Epicicloide, Epicycloid.

Epitrocoide (epicicloide engendrada por un punto situado fuera de la circunferencia del círculo de rodadura), Epitrochoid.

Eptano, Heptane.

Equidimensional, Equant.

Equilateralidad, Equilaterality.

Equilátero, Equilateral.

Equilibrado, Balanced, compensated, counterbalanced, counterweighted, levered, trim, trimmed, trimming; — **dinámicamente,** dynamically balanced; — **lateral,** lateral trim; **circuito telegráfico superfantasma**

—, double phantom balanced telegraph circuit; **compuerta de aguja equilibrada,** balanced needle valve; **distribuidor** —, balanced slide valve, equilibrated slide valve; **embrague cónico** —, balanced cone clutch; **grúa equilibrada,** balanced crane; **línea apantallada y equilibrada,** shielded and balanced line; **manivela equilibrada,** balanced handle; **no** —, unbalanced, unpoised; **olas equilibradas,** balance waves; **suspensión equilibrada,** levered suspension.

Equilibrador, Equaliser or equalizer.

Equilibradora, Balancing machine.

Equilibrar, To balance, to compensate, to counterbalance, to counterweight, to trim; **herramienta para** —, balancing fixture; **máquina de** —, balancing machine.

Equilibrio, Balance, balancing, equilibrium, equipoise; — **colorimétrico,** color match; — **de puente,** bridge balance; — **de un buque,** trim; — **dinámico,** dynamic balancing; — **electrónico,** dynetric balancing; — **estático,** static balance; **cámara de** —, balancing chamber, balancing space; **chimenea** —, surge tank; **de** —, compensating; **diagrama de** —, equilibrium diagram; **en** —, even; **equilibrios,** equilibria; **equilibrios metalúrgicos,** metallurgical equilibria; **masa de** —, balanced mass; **pistón de** —, balanced piston; **potencial de** —, equilibrium potential; **resistencia de** —, ballast resistance; **tara de** —, balanced weight; **tornillo de** —, balanced screw.

Equilibrómetro, Impedance unbalance measuring set, return loss measuring.

Equimolecular, Equimolecular.

Equinoccial (Marea), Spring tide.

Equipado, Equipped, fitted; — **con,** powered.

Equipaje, Baggage, luggage; **compartimiento para equipajes,** cargo compartment, luggage room; **furgón de equipajes,** baggage car, luggage car, luggage van; **red de equipajes,** apparel net.

Equipar, To accoutre, to arm, to equip.

Equipo, Fixture, kit, outfit, rigging, shift, spell; — (obreros), gang; — **automático,** automatic equipment; — **de a bordo,** airborne equipment; — **de control,** control equipment; — **de operadora,** operator's telephone set; — **de perforación,** drilling rig; — **de vigilancia,** survey equipment; — **eléctrico,** electric equipment; — **multicanal,** multichannel equipment; — **notificador de demora,** delay announcing equipment; — **radioeléctrico,** radio set; **jefe de** —, foreman; **trabajo de** —, team working.

Equipolente, Equipollent.

Equipotencial, Equipotential; **anillo** — (alec.), equalising ring; **línea** —, equipotential line; **superficie** —, equipotential surface.

Equiprobabilidad, Equiprobability.

Equiseñal, Equisignal; **zona** —, equisignal zone.

Equivalente, Equivalent; — **de referencia,** reference equivalent, volume equivalent; — **electroquímico,** electrochemical equivalent; — **mecánico del calor,** Joule's equivalent, mechanical equivalent of heat; — **relativo,** relative equivalent; **altura** —, equivalent height; **circuito** —, equivalent circuit; **recorrido** —, equimileage; **resistencia** —, equivalent resistance.

Equivocadas (Poner señas), To misdirect.

Ergio (unidad de trabajo del sistema C.G.S.), Erg.

Ergódico (mat.), Ergodic.

Ergotecnia, Power engineering.

Erigir, To erect; — **verticalmente,** to set up.

Erizo, Chain wheel, sprocket wheel; — **de costado,** crown wheel.

Erosión, Erosion.

Erosivo, Erosional.

Errado, Broken down.

Errático, Random; **perturbación errática,** random disturbance.

Error, Error; — **cuadrantal,** quadrantal error; — **de cálculo,** miscomputation; — **de colimación,** index error; — **de emplazamiento,** site error; — **de fase en la iluminación,** illumination phase error; — **de marcación,** error in bearing; — **de noche,** night error; — **de pipetado** (química), pipetting error; — **de polarización,** polarization error; — **instrumental,** instrumental error; — **medio,** mean error; — **octantal,** octantal error; — **periódico,** cyclic error; — **probable,** probable error; — **residual,** residual error; — **semicircular,** semi-circular error; — **sistemático,** systematic error; **componente cuadrantal de** —, quadrantal component of error; **componente octantal de** —, octantal component of error; **componente semicircular de** —, semi-circular component of error.

Erupción, Gusher.

Erythrochiton (madera), Sabien.

Esbozar, To delineate.

Esbozo, Outline, rough draught, rough sketch.

Escafandra, Diving apparatus .

Escala, Ladder, scale, scaler; — **automática,** automatic scaler; — **«bien-mal»** (comprobadora de válvulas), «good-bad» scale; — **conceptual,** conceptual scale; — **de Beaufort,** Beaufort's scale; — **de contaje por décadas,** decade scaler; — **de matices,** tone wedge; — **de popa,** stern ladder; — **de reducción,** scale of reduction; — **de temperaturas en grados centígrados absolutos,** kelvin scale; — **estrecha,** blade-narrow; — **graduada,** graduated scale; — **métrica,** meter scale; — **reducida,** small scale; — **telescópica,** telescopic ladder; **a — reducida,** reduced scale; **con dos escalas o** **graduaciones** (voltímetro), double scale; **dibujar a** —, to draw to scale; **modelo a** —, scale model; **montante de** —, ladder beam; **pequeña** —, small scale; **unidad de — métrica,** metrical scale unit.

Escalar, Scalar; **campo** —, scalar field; **cantidad** —, scalar quantity; **función** —, scalar function; **mesón** —, scalar meson.

Escalariforme, Scalariform.

Escaldar, To scald.

Escalenoedro, Scalenohedron.

Escalera, Stair; — **corrediza,** travelling ladder; — **de caracol,** circular stair, cockle stairs; — **eléctrica,** electric stair way; **escaleras,** stairs; **función en** — (mat.), step function; **peldaño de** —, step.

Escalón, Ladder step, staff, stage, stair, stape, step; — **de acción,** impulse stage; — **de alta presión** (turbina), high pressure stage; — **de baja presión** (turbina), low pressure stage; — **de reacción** (turbina), reaction stage; — **de un muro de piñón,** corbie-step; **álabes del — de acción,** impulse stage blandings; **excavación por escalones,** bench digging; **lente en escalones,** step lens; **manómetro de un** —, single stage regulator; **sección en escalones,** stepped area.

Escalonado, Ranged, stepped, tiered; **caldera de hornos escalonados,** double story boiler; **escalonados** (dientes de engranaje), in steps; **polea escalonada,** step cones; **turbina de presiones escalonadas,** pressure compounded turbine; **turbina de velocidades escalonadas,** velocity compounded turbine.

Escalonamiento, Gradation; — **de frecuencias,** frequency staggering.

Escama, Flake, scale, scale of copper, peeling; — **de metal,** scales of metal; **escamas,** copper ashes, hammer slags; **escamas de forja,** forge scales; **escamas de grafito,** graphite flakes; **escamas de lami-**

nado, mill scales; **escamas de mica**, mica flakes; **escamas de parafina**, scale wax.

Escamación, Spalling.

Escamiforme, Squamiform.

Escamoso, Flaky.

Escamoteable, Retractable; **ruedas escamoteables**, retractable nose wheels.

Escamotear, To retract.

Escamoteo, Retraction.

Escandallo (Plomo del), Blue pigeon.

Escandio, Scandium.

Escantillón, Running board, scantling; **con escantillones normales**, full scantling.

Escapar (Dejar) el vapor, To let off steam.

Escaparse, To exhaust; — (por una junta), to blow.

Escape, Blast, disconnecting gear, eduction, egress, jet efflux; — (cronómetro), escape; — (máq. de vapor), exhaust; — (reloj), escapement; — **al aire libre**, atmospheric exhaust; — **de gases**, escape; — **libre**, detached escapement; — **taconeado**, divided blast; **avance al** —, exhaust lead; **bloquear la válvula de** —, to hold the exhaust valve; **brida de** —, exhaust flange; **cabezal de la válvula de** —, exhaust valve box, exhaust valve chest; **carrera de** —, exhaust stroke; **colector de** —, exhaust collector, exhaust manifold; **cresta de** —, cam exhaust; **leva de** —, exhaust cam; **lingüete de una rueda de** —, click of a ratchet wheel; **lumbrera de** —, exhaust opening; **mando del** —, exhaust gear; **orificio de** —, exhaust port; **presión de** —, exhaust pressure; **recubrimiento de** —, exhaust lap; **tiempo de** —, exhaust stroke; **tobera de** —, cleaning pipe, exhaust jet, jet pipe, (locomotoras), exhaust pipe; **tubo compresor de gas de** —, exhaust turbocharger; **tubo de** —, drain pipe, escape pipe, exhaust

pipe, tail pipe, waste steam pipe; **válvula de** —, exhaust valve; **válvula de** — **de aire**, air escape valve; **vapor de** —, dead steam; **vapores de** —, exhaust fumes.

Escarapela, Cockade.

Escariabilidad, Broachability.

Escariado, Caliber or calibre, drilling, reamed, reaming, riming, spindle hole; — **cilíndrico**, broaching round; — **del árbol**, bore spindle; — **interior**, internal broaching.

Escariador, Bore clear, borer, broach, broche, centre punch, drill, reamer, reaming bit, top fuller, wimble; — **cónico**, taper reamer; — **de acanaladuras en espiral**, spiral fluted reamer; — **de acanaladuras rectas**, straight fluted reamer; — **de tracción**, drawing broach; — **exagonal**, six square broach; — **para agujeros de pasadores**, pin reamer; — **para desrebarbar**, pipe burring reamer; — **rectangular**, angle drift; — **vertical**, upright boring mill; **espiga de** —, cutter spindle; **máquina de afilar escariadores**, reamer grinding machine; **torno** —, boring and turning mill, boring mill, vertical boring mill.

Escariadora, Boring machine, jig boring machine, reaming machine; — **fresadora**, boring and milling machine; — **horizontal**, drilling lathe.

Escariar, To bore, to fraise, to ream, to rime; **máquina horizontal de** —, drilling lathe.

Escarificadora, Scarificator, scarifier, scarifying machine.

Escarificar, To scarify.

Escarlata, Bow dye.

Encarmenar, To cull.

Escarpado, Precipitous; — (forja), scarf.

Escarpar, To scarf; — **al soplete**, to deseam.

Escarpe (carpintería), Scarf.

Escarpia, Dog nail.

Escintilación, Scintillation; **contador de** —, scintillation counter.

Escintilador, Scintillator.

Escisión, Cleavage; — **alcalina,** alkaline cleavage; — **nuclear** (fisión), nuclear fission.

Esclerógrafo, Sclerograph.

Escleroscopio, Scleroscope.

Esclusa, Sluice, wear; — **de aire,** air sluice; — **de fuga,** outlet lock; — **de molino,** mill dam; — **en espolón,** cheeks sluice; **cabeza de** —, lock crown, pier head; **elevación o descenso que permita la** —, lockage; **encachado de** —, apron; **jefe de esclusas,** sluice master; **materiales de** —, lockage; **peaje de** —, lockage; **plataforma de una** —, apron; **puerta de** —, sluice gate rangua de —, dockgate; **umbral de** —, lock sill.

Esclusero, Lock keeper or lock guard.

Escoba, Broom; — **de fibra,** fiber broom; — **de limpiar carriles,** track broom.

Escobén, Hawse, hawse hole, hawse pipe; **tapón de** —, hawse plug or block.

Escobilla (elect.), Brush; — **ancha,** bridging wiper; — **colectora,** brush collector, feeder brush, (elect.), appropiating brush; — **de alambres metálicos,** wire brush; — **de carbón,** block brush, carbon brush; — **de colector,** commutator brush; — **de electrodo para la galvanoplastia de piezas que no pueden colocarse en la cubeta de galvanoplastia,** doctor; — **de prueba,** pilot brush; — **de repuesto,** spare brush; — **elástica,** elastic brush; — **engrasadora,** oil brush; — **ensanchada,** flare brush; — **estrecha,** non-bridging wiper; — **laminar,** leaf brush; — **limpiatubos,** flue brush; — **metálica,** metal brush; — **móvil,** movable brush; — **negativa,** negative brush; — **para alfombra,** carpe brush; — **positiva,** positive brush; — **principal,** main brush; — **regulable,** adjustable brush; **arista anterior de** —, leading brush edge; **calaje de la** —, brush shifting; **calaje de las escobillas** (electricidad), adjustment; **corriente de escobillas,** brush current; **formación de un arco entre el colector y la** —, burning; **frotamiento de escobillas,** brush friction; **llave para** —, brush key; **mordaza de** —, brush clamp; **placa de** —, brush plate; **punta de** —, brush tip; **rodaje de la** —, bedding of a brush.

Escobillón, Beater, drift, jumper bar, sprinkle.

Escofina, File, rasp, rasp file, roughener, wood rasp; — **curva,** bow file, rifle file; — **para madera,** grater file.

Escogedor (minerales), Wailer.

Escoger, To sort; — **a mano,** to cob; — **a mano el mineral,** to cull.

Escollera, Cliff, rockfill dam.

Escollerado, Riprapping.

Escombro, Earth work; **escombros,** brick bat, caving, clearing, cutting, debris, dust.

Escopeta de percutidores exteriores, Hammer gun.

Escopleado, Chiseled, dapping.

Escopleadura, Bevel shoulder.

Escoplo, Gab, heel tool, mortise chisel or mortising, spudder; — **bifurcado,** forked chisel; — **de limpiar mortajas,** burr chisel; — **neumático,** pneumatic chipper; — **para hacer espigas,** tang chisel.

Escora, Shore, stanchion; — (aviac.), bank; **error debido a la** — (compás), heeling error; **puntal de** —, shore.

Escorado, Lopsided; — (buques), on the heel.

Escorar, To heel or to heel over, to jam, to shore or to shore up.

Escoria, Draff, iron dross, scoria; — **de afino,** fining slag, iron stag; — **de alto horno,** blast furnace cinder; — **de metal,** dross; — **de sosa,** cruzol; — **en polvo,** bead;

— **fusible**, wet slag; — **oxidante**, oxide slag; — **superficial** (metal en fusión), scupper; — **tostada**, roaster slag; — **vítrea**, vitreous clinker; **agujero de escorias**, slag hole; **arena de escorias**, artificial sand; **canaleta para la** —, slag launder; **cemento de** —, slag cement; **costra de** —, slag; **cubeta de escorias**, clinker scuttler; **escorias**, anvil cinders, blast cinder, cinders, clinker, dross, slag; **escorias de alto horno**, blast furnace slag; **escorias de arrabio**, cast scrap; **escorias de un horno de recalentamiento** (empleadas para el revestimiento de los hornos), bull dog; **ladrillo de** —, slag brick; **lana de escorias**, silicate cotton, slag wool; **nódulos metálicos en las escorias**, prills; **parrilla de escorias**, dumping grate; **proceso con dos escorias**, double slagging; **quitar la** —, to slag off; **revestido de escorias**, slagged.

Escoriáceo, Scoriaceous.

Escorial, Barrow, burrow, cinder tip, coffering, dump, slag heap.

Escorificación, Slagging; **paredes de** —, monkey walls.

Escorificador, Scorifier.

Escorificante, Assaying vessel.

Escoriosidad, Drossiness.

Escorioso, Cinder; **fundición escoriosa**, cinder pig iron.

Escotado, Screw cutting, turning; — **de precisión**, precision turning; **banco** —, bed with gap, gap bed.

Escotadura, Channelling.

Escotar, To channel.

Escote, Cut up; **con** — (tornos), gap.

Escotera, Sheave hole.

Escotilla, Hatch, hatchway; — **de cala**, hatch cover; — **de mar**, close hatch; — **llena**, close hatch; **brazola de** —, ledge; **enjaretado de escotillas**, gratings.

Escotillón, Scuttle.

Escotópico, Scotopic; **visibilidad escotópica**, scotopic visibility.

Escribir (Máquina de), Typewriter.

Escritura privada (no firmada por un funcionario público), Private deed.

Escuadra, Angle, corner, squadron, square; — **con espaldón**, back square; — **de agrimensor**, cross slide, cross staff; — **de carpintero**, back carpenters, framing square; — **de cierre de ensambladura**, angle iron diaphragm; — **de conexión**, bracket connection; — **de chapa**, corner plate; — **de detención** (ferr.), angle stop; — **de diámetro**, centre square; — **de hierro**, iron square; — **de rodete**, bulb angle; — **de sombrerete**, back square, rim square; — **embutida**, pressed angle; — **en T**, T square; — **exagonal**, hexagonal square; — **para repasar** (moldeo), angle sleeker; — **-transportador**, bevel protactor; **balancín de** —, V bob; **brida en** —, angle splice bar; **consola de** —, end wall bracket; **consola de** — **de fresadora**, knee; **consola en** —, angle bracket; **escuadras**, trussels; **falsa** —, angle bevel, bevel, bevel protractor, shifting square, sliding square; **falsa** — **de combinación**, bevel combination; **junta de** —, abutting joint; **junta en falsa** —, cross joint; **regulador de palancas en escuadra**, bell crank governor; **sección de** — **con nervio**, bulb section.

Escuadrado, Bevelling, squaring; — **en ángulo agudo**, friction bevelling, under bevelling or acute; — **en ángulo obtuso**, standing bevelling or obtuse; **falso** —, warping; **gabarit de** —, bevelling board; **madera groseramente escuadrada**, dull edged wood.

Escuadrador, Broach, puncher chisel, reaming bit, rimer; — **de cinco caras**, five sided broach.

Escuadradora, Jig boring machine.

Escuadrar, To bevel, to broach, to square; — **la madera**, to square; **máquina de** —, bevelling machine.

Escuadreo, Squaring; — (pieza de madera), scantling.

Escuadrilla, Flight or flying; — (aviac.), squadron.

Escuadrón, Gang.

Escucha, Listening; **llave de —,** listening key.

Escudo, Buckler, escutcheon, file plate, shield; — (buques), stern frame; — **de bocallave de cerradura,** espato; — **lateral** (motor eléctrico), end shield.

Esculpido, Carved.

Esculpir, To carve.

Escultura, Carving.

Escurridor, Barrow, drip, dropping board.

Escurridora, Wringing machine.

Escurrir el cuero, To drain.

Esencia, Essence, spirit.

Esencial, Essential; **aceites esenciales,** essential oils; **emisión no —,** non-essential emission.

Esfenoide, Sphene.

Esfera, Sphere; — **formada por la onda de choque,** shock sphere; — **fotométrica,** photometric sphere; **carro de tornear esferas,** ball rest; **descargador de esferas,** ball spark gap; **fotómetro de —,** photometer sphere.

Esfericidad, Spherical; **aberración de —,** spherical aberration; **acromatismo de —,** spherical achromatism.

Esférico, Spherical; **aberración esférica,** spherical aberration; **apoyo — oscilante,** ball rocking; **armónicos esféricos,** spherical harmonics; **articulación esférica,** ball joint; **candoluminiscencia esférica,** S.C.P.; **cojinete —,** ball and socket (joint); **fresa esférica,** spherical cutter; **globo —,** spherical balloon; **muñón —,** ball gudgeon, ball journal; **nivel —,** spherical level; **trigonometría esférica,** spherical trigonometry.

Esferidomo, Spheridome.

Esferoidal, Spheroidal.

Esferoidita, Spheroidite.

Esferoidización, Balling process, spheroidizing.

Esferómetro, Sherometer.

Esfragística, Sphragistics.

Esfuerzo, Drift, effort, expansion, pull, strain, stress, stressing; — **cortante,** shear stress, shearing stress; — **de cizalladura,** shearing strain; — **de compresión,** compression or compressive stress; — **de corte,** cutting stress; — **de flexión,** bending strain; — **de inercia,** inertia stress; — **de presión axial por impresión,** breaking stress; — **de repulsión,** repulsion stress; — **de rotura,** breaking strain, breaking stress; — **de tensión,** tensile stress or tension stress or tractive; — **de torsión,** torsional stress; — **de tracción,** tensile stress or tension stress or tractive stress, tractive effort; — **dieléctrico,** dielectric stress; — **medio,** mean stress; — **que causa una deformación permanente dada,** yield strength; — **residual,** residual stress; — **resistente,** drag load; **alternación de esfuerzos,** stress reversals; cada vez más empleado para designar, no el **esfuerzo,** sino la consecuencia del —, strain; **ejercer un — sobre,** to strain; **esfuerzos,** stresses; **esfuerzos alternados,** alternating stresses, cyclic stresses; **esfuerzos cíclicos,** cyclic stresses; **esfuerzos repetidos,** repeated stresses; **hacer — sobre,** to bring a strain on; **limitador de esfuerzos,** stress limiting bar; **relación de — a deformación,** stress strain relation; **relajación de los esfuerzos,** stress relaxation; **sometido a esfuerzos,** carrying stress; **sometido a un —,** strained.

Eslabón, Chain iron, link; **paso del —,** inside length of the chain.

Eslinga, Sling.

Eslingar, To sling.

Eslora, Coaming; — **de apoyo**, cross girder, girder; — **de apoyo de costado**, wing girder plate; — **de apoyo lateral**, side girder plate; **esloras**, head ledges.

Esmaltado, Enamelled, enamelling; **alambre** —, enamelled wire.

Esmaltadores (Cortador de), Enamel's file.

Esmaltar, To enamel, to loricate.

Esmalte, Enamel; — **sintético**, synthetic enamel; — **vitrificado**, porcelain enamel; **aplicación de** — **en frío**, cold enamelling; **hilo con vaina de algodón sobre** —, S.C.E. wire.

Esmaltita, Dope.

Esmeralda, Emerald; — **de níquel**, emerald nickel; **madre de** —, emerald like stone.

Esmeril, Alloy, emery, polishing stone; — **basto**, coarse emery; — **en polvo**, emery dust; — **superfino**, finest emery; — **ultrafino**, F.T. emery; **aparato para rectificar muelas de** —, emery wheel truers; **guarnición de muela de** —, lap; **máquina de muelas de** —, emery grinding machine; **muela de** —, emery stone, emery wheel; **papel de** —, emery paper; **piedra de** —, emery wheel; **polvo de** —, emery dust; **polvos de** —, flour, lapidary's emery; **pulir con** —, to emery; **reavivador de muelas de** —, emery wheel dresser; **rueda de** —, emery grinder, emery wheel; **tambor de** —, emery cylinder; **tela de** —, emery canvas emery cloth.

Esmerilado, Beaded, glazing, grinding; — (metales), calking; — **de válvulas**, grinding in valves; — **mecánico con piedra de esmerilar**, honing; **cinta esmerilada**, emery tape.

Esmeriladora, Grinding machine.

Esmerilar, To bead, to hone; **máquina de** —, superfinition honing machine.

Esmithsonita, Dry bone.

Espaciado, Spaced; **poco** —, closely spaced.

Espaciador, Spacer; — **de rotor**, rotor spacer; **anillo** —, spacing ring.

Espacial, Spatial; **grupos espaciales**, space groups.

Espaciamiento, Shift, space, spacing; — **angular**, angular spacing; — **atómico**, atomic spacing; — **de las vagras**, frame space, spacing of the frames.

Espacio, Room, space; — **automático**, unshift-on space; — **de agrupamiento** (de un klistrón), drift space; — **de torbellinos**, eddy space; — **entre el techo del ascensor y el del edificio en la posición más alta**, runby; — **entre los pilares de un puente**, span; — **fibrado esférico** (mat.), sphere bundle; — **libre**, clearance, free space; — **libre para el tráfico**, clearance for traffic; — **libre vertical**, clearance vertical; — **muerto**, clearance; — **muerto volumétrico**, volumetric clearance; — **oscuro de Aston**, Aston dark space; — **perdido entre la carga**, broken stowage; — **perjudicial**, clearance, dead space, noxious space; — **vectorial**, vector space; **antena libre en el** —, free space antenna; **carga de** —, space charge; **decolado de** —, shifting; **descargador de** — **de aire**, air gap arrester; **efecto de carga de** —, space charge effect; **espacios sin radiación**, radiation gaps; **factor de** —, space factor; **resección en** —, sowing resection; **pérdida en el** — **libre**, free space loss.

Espada (Lima), Cant file, ensiform file.

Espadear, To swingle.

Espadilla (botes), Rigged oar.

Espadillado, Braking, swingling.

Espadillar el cáñamo, To tew.

Espaldón, Parados; — (mástil), shoulder.

Espaleado, Shovelling.

Espalear, To shovel.

Espalto, Spalt.

Esparadrapo, Cere-cloth.

Esparcidora, Spreader, sprinkling machine; — (horno de coque), leveller; — **gravimétrica,** gravity spreader.

Espardeck, Spardeck.

Espárrago, Feather, grub screw, plug, spigot or spiggot.

Espático, Spathic; **hierro —,** spathic iron; **plomo —,** black lead ore.

Espato, Spar; — **cúbico,** cube spar; — **flúor,** cand, spar.

Espatoflúor, Fluor spar.

Espátula, Bumper, cutter of a planing machine, planer, slice, spatula, spud; — etc. (herramientas de torno), heel tool; — **en forma de corazón y con el mango curvo,** dog tail; **masilla para —,** filling up putty; **mastique para —,** filling up putty.

Especialista, Expert, specialist.

Especializado, Specialized.

Especificaciones, Ratings, specifications.

Específico, Rated, specific; **calor —,** specific heat; **capacidad específica,** specific capacity; **fotosensibilidad específica,** specific photosensitivity; **peso —,** specific gravity; **resistencia específica,** specific resistance.

Especificar, To itemize.

Especifidad, Specificity.

Espécimen, Specimen.

Espectral, Spectral; **análisis —,** spectral essay, spectrum analysis; **banda —,** spectral band; **fuente —,** spectral source; **línea —,** spectral line.

Espectro, Bogy, spectro; — (plural **Spectra),** spectrum; — **continuo,** continuous spectrum; — **de absorción,** absorption spectrum; — **de emisión,** emission spectrum; — **de energía,** energy spectrum; — **de frecuencia,** frequency spectrum; — **de frecuencias de impulsos,** pulse frequency spectrum; — **de masa,** mass spectrum; — **de rotación,** rotational absorption spectrum, rotational spectrum; — **de ruido,** noise spectrum; — **infrarrojo,** infrared spectrum; — **radioeléctrivo,** radio spectrum; — **solar,** solar spectrum; — **ultrahertziano,** microwave spectrum; — **ultravioleta,** ultraviolet spectrum; — **visible,** visible spectrum; **analizador de —,** spectrum analyser; **espectros,** spectra; **línea del —,** spectroline.

Espectrofluorímetro, Spectrofluorimeter.

Espectrofotometría, Spectrophotometry; — **de absorción,** absorption spectrophotometry; — **de llama,** flame spectrophotometry.

Espectrografía, Spectrographic analysis, spectrography.

Espectrográfico (Análisis), Spectrographic analysis.

Espectrógrafo, Spectrograph; — **de masas,** mass spectrograph; — **en vacío,** vacuum spectrograph.

Espectrohelioscopio, Spectrohelioscope.

Espectrometría, Spectrometry; — **de masa,** mass spectrometry.

Espectrómetro, Spectrometer; — **de masa,** mass spectrometer; — **de rayos** β, beta ray spectrometer; — **por reflexión,** reflecting spectrometer.

Espectroquímica, Spectrochemistry.

Espectroquímico, Spectrochemical;

Espectroradiómetro, Spectroradiometer.

Espectroscopia, Spectroscopy; — **de metales,** metal spectroscopy.

Espectroscópicamente, Spectroscopically.

Espectroscópico, Spectroscopic; **análisis —,** spectroanalysis.

Espectroscopio, Spectroscope; — **electrónico,** electronic spectroscope.

Especular, Specular; **acabado** —, mirror finish; **hierro** —, specular iron; **piedra** —, specular stone.

Espejo, Mirror, thrust ring; — (herr.), runner face; — (máquinas), runner face; — **de pivote de turbina,** thrust bearing runner; — **del cilindro,** back plate; — **parabólico,** parabolic mirror; **espejos,** back plates.

Espeque, Crow bar.

Espera (de radio, de conectar), Standby or stand by; **posición de** —, standby position.

Espernada, Axle pin, fore lock, linch pin.

Espernado, Trigger.

Espesador, Tickener.

Espesar (calderería). To deepen.

Espeso (Mortero poco), Slurry.

Espesor, Bigness, fit strip, gauge or gage, ply, thickness; **calibre de espesores,** thickness gauge; **con aislamiento de poco** — (cable), thin walled; **con dos espesores,** two ply; **planchas de 12,7 mm. de** — **y menos,** deal five cut stuff.

Espiche, Dowel.

Espiga, Fang of a tool, hub, journal, mill cog, peg, spike, stop pin, stud, tenon; — **de cuchillo,** fang, pin; — **de junta de raíles,** channel pin; — **de madera,** dowel pin; — **helicoidal de escoplo,** auger for hollow mortising chisel; — **machacadora,** bruiser; — **oblicua** (carpintería), angle locking; — **portaherramienta,** cutter arbor; — **terminal,** end tenon; **broca de** — **cónica,** cylindrical shank twist drill; **máquina de sacar espigas,** tenoning machine; **máquina para fresar las espigas en cola de milano,** spindle moulder for dovetailing; **unir a** —, to cog; **unir por** —, to tenon.

Espigón, Embankment, mound.

Espilítico, Spilitic; **roca espilítica,** spilitic rock.

Espín, Spin; — **nuclear,** nuclear spin.

Espina (Aparejo en), Herring bone work.

Espinela, Spinel.

Espino (Alambre de), Barbed wire.

Espinoso, Barbed.

Espintariscopio, Spinthariscope.

Espinterómetro, Gap, sparkgap, spinthermometer; — **fraccionado,** quenched gap; — **regulable,** adjustable spark gap.

Espira, Turn; — (electr.), convolution; **espiras inactivas,** dead turn, unused turn.

Espiráculo, Spiracle.

Espiral, Scroll, spiral; — **de Arquímedes,** Archimedes spiral; — **de volante de reloj,** spring balance; — **interior,** inner coil; **alambrada portátil en** —, gooseberry; **arrollamiento abobinado** —, spiral wave winding; **cámara** —, spiral chamber; **cubierta en** —, spiral casing; **curva con transición** —, spiraled bend; **descender en** —, to spiral down; **descenso en** —, spinning dive; **devanado** —, spiral spring, spirally wound, (elec.) spring winding; **en** —, spiraled, spirally; **engranajes cónicos con dentado** —, spiral bevel gears; **enrollado de** —, pigtail; **mandril de** —, scroll chuck; **muelle** —, spiral spring; **picado en** —, spiral dive; **resorte** —, hairspring; **voluta** —, spiral casing; **voluta de** —, casing.

Espiraliforme (Leva con perfil), Snail.

Espíritu de sal, Soldering spirit; — **de vino,** ardent spirit.

Espoleta, Fuse; — **de acción retardada,** delay action fuse; — **de inercia,** inertia fuse; — **de ojiva,** nose fuse; — **de percusión,** percussion fuse; — **de proximidad,** proximity fuse; — **de tiempo,** time fuse.

Espolín, Cop.

Espolón, Spur; — (de buque), ram; — (de pilar de puente), fender; — **de bauprés,** head knee.

Espolvorear, To sprinkle.

Esponja, Sponge; — **de titanio,** titanium sponge; — **metálica,** metallic sponge.

Esponjamiento, Swelling.

Esponjarse, To expand.

Esponjoso, Spongy; **hierro** —, sponge iron; **plomo** —, spongy lead.

Espontáneo, Spontaneous; **combustión espontánea,** spontaneous combustion; **descarga espontánea,** self discharge; **encendido** —, spontaneous ignition.

Espuma, Dross, foam, iron dross, scum or skin, skin; — **de jabón,** suds; **en** —, foamed; **extintor de** —, foam sprayer; **formación de** —, foaminess; **generador de** —, foam generator; **goma** —, foam rubber, sponge rubber.

Esquema, Diagram; — **de conexiones,** circuit diagram.

Esquemático, Diagrammatic or diagrammatical, schematic.

Esquí, Ski; **esquís de aterrizaje,** landing skis.

Esquina, Corner; — **interior de una jamba de derrame,** scontion; **en** —, cuniform or cuneated or cuneal; **junta de** —, corner connection.

Esquirol, Fink.

Esquisto, Batt, schist, shale; — **arcilloso,** clay shale, clay slate; — **bituminoso,** oil shale; — **blando,** clod; — **clorítico,** peachstone; **aceite de** —, shale oil.

Esquistosidad, Schistosity.

Esquistoso, Shaly; **hulla** —, slate coal.

Estabilidad, Stability, steadiness; — **de combustión,** combustion stability; — **de fase,** phase stability; — **de frecuencia,** frequency stability; — **de transmisión,** transmission stability; — **direccional,** directional stability; — **elástica,** elastic stability; — **en marcha,** road holding; — **lateral,** lateral stability; — **longitudinal,** longitudinal stability; — **transversal,** rolling or transversal stability; **curva de** —, stability curve.

Estabilización, Stabilization, stabilizing; — **giroscópica,** gyrostabilization; **control de** —, balancing control.

Estabilizado, Stabilised; **acero** —, stabilised steel; **agua estabilizada** (tratada contra los depósitos), stabilised water; **oscilador** — **por línea,** line stabilized oscillator; **oscilador** — **por resistencia,** resistance stabilized oscillator; **reacción estabilizada,** stabilized feed back.

Estabilizador, Stabiliser or stabilizer; — **de tensión,** voltage stabiliser; — **giroscópico,** gyroscopic stabiliser; — **montado en la parte superior del estabilizador vertical,** stabilator; **apéndice** —, stabiliser fin; **circuito** —, steadying circuit; **válvula estabilizadora de tensión,** stabilovolt tube; **estabilizadores,** fin.

Estabilizar, To stabilise or stabilize.

Estable, Steady; **circuito** —, stable circuit.

Establecer, To settle; — **la corriente,** to energize.

Establecimiento, Concern, establishment, settlement; — (de la presión), builder; — **en desuso,** manufacture; **tiempo de** — **de la corriente,** current building up time.

Estaca, Pile, stanchion, stilt.

Estacada, Coal tip, fender, staith, wharf (plural **wharfs** en Inglaterra, **wharves** en América); — **flotante,** boom; — **metálica,** sheet piling.

Estación, Outdoor plant, station; — (establecimiento), station; — (minas), bank, bank level, banking, core; — **alimentadora,** power feeding station; — **atendida,** attended station; — **autoalimentada,** autoexcited station; — **base,** base station; — **central,** central station; — **clasificadora,** retarder yard; — **de aficionado,** amateur station; — **de avión,** aircraft station; — **de bombeo,** pump station; — **de distribución de servicio,** service station; — **de elevación,** pumping station; — **de emisión,** transmitting station; — **de ferrocarril** (E.E.U.U.), depot; — **de frecuencia patrón,** standard frequency station; — **de gasolina,** gas station; — **de localización,** radiolocation station; — **de mercancías,** freighthouse; — **de radiodifusión,** broadcasting station; — **de radiofaro,** radiobeacon station; — **de radionavegación,** radio-navigation station; — **de salvamento,** lifeboat station; — **de servicio,** fueller, fuelling station, gas station, utility station; — **de televisión,** television station; — **directriz** (servicio internacional), control station; — **directriz coaxial,** coaxial control; — **directriz de grupo,** control office, group control station; — **elevadora,** pumping station; — **emisora receptora portátil,** walkie-talkie; — **experimental,** experimental station; — **fija,** fixed station; — **generadora** (elec.), generating station; — **intermedia,** way station; — **maestra,** master station; — **marítima,** ocean or passenger terminal; — **móvil terrestre,** land mobile station; — **no atendida,** unattended station; — **perturbadora,** interfering station; — **radiogoniométrica,** D.F. station, radio direction finding station; — **regulada,** regulated station; — **reguladora,** control station; — **subdirectriz,** subcontrol station; — **subdirectriz de grupo,** group sub-control station; — **telealimentada,** dependent station (GB); — **telegráfica corregida,** slave telegraphy station; — **telegráfica maestra,** master telegraphy station; — **telerregulada,** release lag; — **terrestre,** land station; — **terrestre de radionavegación,** radionavigation land station; **andén de** —, platform; **frecuencia asignada a una** —, frequency assigned to a station; **material para** — **de minas,** equipment banking; **número indicativo de** —, station index number.

Estacionamiento, Standing; **contador de** —, parking meter; **luz de** —, parking light.

Estacionar, To house, to park.

Estacionario, Stationary, steady; **onda estacionaria,** stationary wave.

Estadidad, Statehood.

Estadímetro, Stadimeter.

Estadística, Return, statistics.

Estadístico, Statistical; **impureza estadística,** statiscal impurity.

Estadístico-termodinámico, Statistico-thermodynamic.

Estado, Order, return, state; — **polvoriento,** dustiness; **cable en buen** —, sound cable; **en buen** —, sound; **en mal** —, faulted.

Estalagmita (Carbonato cálcico en forma de estalacita o), Drip stone.

Entalladura por presión, Rockburst.

Estallar, To burst, to explode.

Estallido, Bursting; — **de un neumático,** blow out.

Estampa, Bolster, cress, die, dye (rare), die holder, die plate, drift, fuller, header, print, swage block; — (forja), stamp, swage; — **de forja,** boss; — **de forjado,** forging die; — **inferior,** bottom die, bottom swage, (forja) lower die; — **para hacer las sierras,** dog head hammer; — **plana,** bracket, (calderería) chasing stake; — **redonda,** rounding tool, top fuller; — **secundaria,** counterdie; — **superior,** top die; **bloque para** —, die block; **bloque para estampas,** die, dye (rare); **forjar con** —, to swage; **parte superior de —,** top tool; **pieza forjada sin —,** handforging.

Estampación, Forging drop, press work, stamping; **— de chapas,** sheet stamping; **matriz de —,** die stamping; **taller de —,** press working shop.

Estampado, Drop forging, pressed, stained, stamped, swaging, tooled; **desrebabador para piezas estampadas,** stamping trimmer; **estampados,** drop forgings.

Estampar, To drift, to press, to stamp; **— (telas),** to stain; **máquina de —,** swager; **máquina de — clavos,** chopper nail; **matrices de —,** stamping die; **prensa de —,** drop forging press.

Estampilla (Cazaleta de), Dome.

Estampillado, Coinage.

Estampografía, Stampography.

Estanco, Antileak, leakproof, sealed, tight, water tight; **— a los gases,** gas tight; **— al agua,** water tight; **— al vacío,** vacuum tight; **— al vapor,** steam tight; **cojinete —,** stuffing box bearing; **compartimento —,** water tight compartment; **junta estanca,** steam tight joint, water tight joint; **puerta estanca,** water tight door; **tabique —,** water tight bulkhead; **túnel de vena estanca,** closed throat wind tunnel.

Estandard, S.t.d.

Estannífero, Stanniferous, tin bearing; **depósito —,** tin deposit.

Estannina, Bell metal ore; **nódulo de —,** bell metal ball.

Estanque, Basin.

Estanqueidad, Sealing, tightness; **— a los rociones,** spray proofness; **anillos de —,** gland rings; **arandela de —,** sealing washer; **caja de —,** glands; **junta de —,** air seal, seal; **junta hidráulica de —,** sealing water glands.

Estantería de almacenamiento, Storage rack; **— para herramientas,** tool rack.

Estañable, Tinnable.

Estañado, Blanched, tinned, tinning; **baño de —,** tin pot.

Estañador, Tinker.

Estañar, To tin; **— las chapas,** to blanch iron. .

Estaño, Tin; **— común en lingotes,** block; **— de lavado,** stream tin; **— de roca,** lode tin; **— en hojas,** tin sheet; **— en llantones,** bar tin; **— granulado,** drog tin; **bronce de —,** tin bronze; **cloruro de —,** crystales of tin; **fábrica de —,** tin works; **mina de —,** ball, tin mine; **mineral de —,** tin ore; **mineral de — concentrado,** black tin; **óxido de —,** oxide of tin, tin stone or tin stuff; **papel de —,** tinfoil; **polvos de —,** putty powder; **soldadura al —,** tin solder; **suelda al —,** tin soldering.

Estárter, Switch; **— de luminiscencia,** glow switch; **— luminiscente térmico,** watch dog switch; **— térmico,** thermal switch.

Estática (ciencia), Statics.

Estáticamente, Statically.

Estático (adj.), Static; **aeroelasticidad estática,** static aeroelasticity; **caída estática,** static head; **capacidad estática,** static capacity; **carga estática,** dead load, static charge, static load; **electricidad estática,** static electricity; **eliminador de estáticos,** X stopper; **empuje —,** static thrust; **ensayo —,** static test; **equilibrio —,** static balance; **presión estática,** static pressure; **rectificador —,** stationary rectifier; **resistencia estática,** static strength; **transformador —,** stationary transformer.

Estaticización, Staticization.

Estátor (elec.), Stator; **bastidor del —,** stator frame; **devanado del —,** stator winding; **muesca de —,** stator slot.

Estatórico, Stator; **devanado —,** stator winding; **paleta —,** stator blade.

Estatorreactor, Estatoreactor, ram jet, ram jet engine; — **de marcha continua,** continuous ram jet; — **de marcha intermitente,** intermittent ram jet; **helicóptero de estatorreactores,** ram jet helicopter.

Estatoscopio, Statoscope.

Estay, Prop, stanchion, stay, truss rod.

Estearato, Stearate; — **de litio,** lithium stearate; — **de sodio,** sodium stearate.

Esteárico, Stearic; **ácido** —, stearic acid.

Estefanita, Brittle silver ore.

Estela (buques), Wake.

Estelar, Stellar.

Estelionato, Stellionate.

Estelita, Stellite; **guarnecido de** —, stellited.

Estenosar, To sthenosize.

Estequiometría, Stoiochiometry.

Estequiométrico, Stoiochimetric.

Éster, Ester; — **ácido,** acid ester; — **celulósico,** cellulose ester; — **cianoacético,** cyanoacetic ester; — **de creosota,** creosotinic ester; — **fosfático,** phosphate ester; — **metílico,** methyl ester; — **orgánico,** organic ester; — **silícico,** silicone ester; — **sulfúrico,** sulphuric ester.

Estereobloque, Stereoblock.

Estereocomparador, Stereocomparator.

Estereofónico, Stereophonic; **recepción estereofónica,** reception stereophonic; **sonido** —, stereophonic sound.

Estereoisómero, Stereoisomeric.

Estereoquímica, Stereochemistry.

Estereoquímico, Stereochemical.

Estereoradian, Stereoradian.

Estereoscopía, Stereoscopy.

Estereoscópico, Stereoscopic; **fotografía estereoscópica,** stereoscopic photography; **visión estereos-**cópica, stereoscopic vision; **altímetro** —, stereoscopic height finder; **imágenes estereoscópicas,** stereoscopic pictures; **proyector** —, stereoprojector; **telémetro** —, stereoscopic range finder.

Estereoscopio, Fantascope, stereoscope.

Estereotomía, Stereotomy.

Estereotopógrafo, Stereotopograph.

Estérico, Steric; **efecto** —, steric effect; **tensión estérica,** steric strain.

Estéril (madera), Thin; — (minas), dead; **el** — (de la madera), the thin part.

Estériles, Attle, barren; — (de cobre y estaño), brood.

Esterilizar, To sterilize.

Esteroides, Steroids.

Estetoscopio, Stethoscope; — **industrial,** industrial stethoscope.

Estiba (acción y precio pagado), stowage; — **y desestiva,** stevedoring; **corrimiento de** —, shifting; **tablones anticorrimiento de la** —, shifting boards.

Estibación, Rigging.

Estibador, Rouster, stevedore, stower.

Estibar, To pack, to rig, to trim; — (lastre), to trench; — (mercancías), to stow.

Estigmador, Stigmator.

Estilete, Stylus.

Estima, Reckoning.

Estimación, Device, extent.

Estimaciones, Estimate.

Estimar, To appraise.

Estímulo, Stimuli; **estímulos sonoros,** sound stimuli.

Estipulación, Provision.

Estirable, Drawable.

Estirado, Drafting, drawing, drawn, flattening, strain, stretched, stretching; — **continuo,** continuous drawing; — **discontinuo,** single draft drawing; — **sin soldadura,** seamless drawn; **banco de** —, drawing frame; **banco de** — **en frío,** cold draw bench; **bruto de** —, as drawn; **conformado por** — **sobre plantilla,** stretch wrap forming; **hilera de** —, drawing frame; **hileras de** —, wire drawing dies; **horno de** —, flattening oven; **tubo** —, drawn tube, solid drawn tube; **velocidad del** —, rate of drawing.

Estirador, Roller; **cilindro** —, drawing roller; **cilindros estiradores,** stretching rolls.

Estirar, To draw, to lengthen, to stretch; — **al hierro,** to draw out iron; — **chapa con martillo,** to draw down; — **el hierro,** to draw out, to lengthen iron; **alicates para** —, drawing pliers; **banco de** —, draw bench, drawing bench; **hilera de** —, draw plate, drawing plate, wire stretching die; **máquina de** —, drawing frame, stretching machine; **pesada sobre el banco de** —, drawing; **piedra de** —, flattening stone; **prensa de** —, drawing press, stretching press.

Estireno, Styrene.

Estishovita, Stishovite.

Estofa, Stuffing.

Estopa, Feazings, hemp, stuff, tow; — **alquitranada,** oakum; — **bruta,** raw hemp; **collarín de prensaestopas,** follower; **rellenar de** —, to chinse.

Estopado (Forro de caja de), Neck bush.

Estopín (cañón), Tube.

Estopor, Compressor.

Estrangulación (Sin), Chokeless.

Estrangulado, Throttled.

Estrangulador, Choker; — **automático,** automatic choker; **alambre de** —, choker wire; **articulación de control de** —, choker swivel; **casquillo de control de** —, choker automatic boshing; **circuito del** —, choke circuit; **estufa del** —, choke stove; **soporte de control del** —,

choker support; **tope de mariposa del** —, choker stop.

Estrangulamiento, Choke, contraction, nip; — (del vapor), throttling; — **del vapor,** wire drawing.

Estrangular (el vapor), To draw; — **el vapor,** to throttle, to wire draw.

Estrás, Paste .

Estratificado, Laminated, stratified.

Estratificar, To stratify.

Estratiforme, Stratiform.

Estratigrafía, Stratigraphy.

Estrato de una mina, Lode; — **empinado,** edge seam; **de dos estratos,** bilayered.

Estratoscopio, Stratoscope.

Estratosfera, Stratosphere.

Estratovisión, Stratovision.

Estrave, Bow.

Estrechado, Squeezed; **sección estrechada,** squeezed section.

Estrechamiento, Nip.

Estrecharse (filones), To dissue.

Estrecho, Short; **cadena de eslabones estrechos,** short linked chain.

Estrella, Star; — **-triángulo,** wye-delta; **en forma de** —, starlike; **motor en** —, radial engine.

Estrellada (Rueda), Star wheel.

Estría, Chamfer edge or chamfer, channel notch, serration, stria; — **ojival,** pointed groove.

Estriación, Striation; **sin estriaciones,** streak free.

Estriado, Channeled, liny, striate; **anillo** —, fluted ring; **árbol** —, serrated shaft; **neumático** —, beaded edge tyre.

Estriar, To furrow.

Estribar, To butress.

Estribo, Abamurus, bail, bow, foot board, fork link, foot step, link, running board, step, stirrup; .— (de puente), abutment; — (hormigón armado), adapter; — **de cortocircuito,** short plunger; — **de**

presa, bitt, header; — de presión, binding clip; — de sintonía, tuning plunger; — de suspensión, clip suspension; estribos, cross frames; soporte de —, running board angle.

Estribor, Starboard; a — todo (timón), full left rudder; de —, starboard.

Estricción (probetas), Reduction of area.

Estrictor, Strictor.

Estridulación, Stridulation.

Estrioscopia, Strioscopy.

Estriping, Stripping.

Estrobar (polea), To strap.

Estrobo, Dead eye, strap.

Estroboscópico, Stroboscopic; compás —, stroboscopic direction finder; ensayos estroboscópicos, stroboscopic testings; fotografía estroboscópica, stroboscopic photography; lámpara estroboscópica, stroboflash; líneas estroboscópicas, strob lines; taquímetro —, stroboscopic tachometer.

Estroboscopio, Stroboscope; — electrónico, electronic stroboscope.

Estrógenos, Estrogens, oestrogens.

Estroncio, Strontium; sulfuro de —, strontium sulfide.

Estropeado, Damaged.

Estructura, Compacture, frame work, structure; — cristalina, crystalline structure, structure; — de goma para evitar la formación de hielo, de-icing boot; — helicoidal, screw type structure; — molecular, molecular structure; — rígida oblicua, skewed rigid frame; ensayo de —, structural test; estructuras, structural work; unión de —, contignation.

Estructural, Structural.

Estuche, Box, case; — de muelle, spring casing.

Estudio, Design, designing, survey; — de grabación, recording studio; — de sonido, sound studio; — de vídeo, video studio; en —, at designing stage; estudios, investigation.

Estufa, Drying oven, drying stove, kiln, smoke house, stove; — (horno alto), stove.

Estufado de machos, Core baking.

Estufar, To dry, to stove.

Estuquista, Plasterer.

Etalajes (alto horno), Boshes; — liberados, free standing boshes.

Etano, Ethane.

Etanol, Ethanol; — anhidro, anhydrous ethanol.

Etapa, Stage; — de primera detección, mixer stage; — de velocidades (turbina), velocity row; — excitadora, driver stage; con n etapas o escalones, n staged; longitud de —, stage distance; por etapas, by reserve steps, in stages; primera — (de compresión), first stage.

Éter, Ether; — alkílico, alkyl ether; — de mesitilo, mesityl ether; — debencílico, dibenzyl ether; — dimetílico, dimethyl ether; — polimérico, polymeric ether; — polímero, polymeric ether; — sulfúrico, sulphuric ether.

Eterificar (un ácido mineral), To dulcify.

Etilación, Ethylation.

Etilénico, Ethylene; resina etilénica, ethylene resin.

Etileno, Ethylene; — polimerizado, polymerised ethylene; óxido de —, ethylene oxide.

Etilglicol, Ethylglycol.

Etilhidracina, Ethylhydrazine.

Etílico, Ethyl; alcohol —, ethyl alcohol.

Etilo, Ethyl; acetato de —, ethyl acetate; bromuro de —, ethyl bromide; nitrato de —, ethyl nitrate.

Etilocelulosa, Ethyl cellulose.

Etiquetado, Tagged.

Eucalipto, Eucalyptus; — (madero), karri; — **marginata,** jarrah timber.

Euclídeo, Euclidean; **espacio —,** euclidean space.

Eudiómetro, Detonating tube.

Europio, Europium.

Eutéctico, Eutectic.

Eutectoide, Eutectoid.

Evacuación, Discharge, eduction, evacuation, exhaust, influx, release; — (calderas), blow off; — **al exterior,** overboard discharge; — **de un líquido,** efflux; **galería de —,** evacuation gallery; **tubo de —,** blow down pipe, down take, tail pipe; **tubo de — de emisión,** eduction pipe.

Evacuador, Outlet; — **de crecidas,** spillway.

Evacuar, To exhaust.

Evaluación, Rating.

Evaluar, To appraise.

Evaporación, Evaporation, vaporation; — **en vacío,** vacuum evaporation; **canales de —** (met.), evaporating channels; **cápsula de —,** evaporator; **potencia de —,** evaporatory efficiency.

Evaporador, Evaporator; — **centrífugo,** centrifugal still; — **de agua,** water evaporator; — **en vacío,** vacuum evaporator; — **tubular,** tube evaporator.

Evaporar, To evaporate; — **a sequedad,** to evaporate to dryness.

Evaporatorio, Evaporating; **aparato —,** evaporating apparatus; **máquina evaporatoria,** evaporator; **superficie evaporatoria,** evaporating surface.

Evaporímetro, Evaporimeter.

Evitador de llama, Flame arrestrer.

Evolución, Turning; **círculo de —,** turning circle.

Evolvente, Evolvent.

Exabromoetano, Hexabromoethane.

Exacloroetano, Hexachloroethane.

Exactor, Extortioner.

Exaedrito, Hexahedrite.

Exafásico, Six phase; **convertidor —** six phase converter.

Exafluoruro, Hexafluoride.

Exagonal, Hexagonal; **barra de hierro —,** hexagonal bar iron; **escariador —,** six square broach; **hierro —,** hexagon iron; **torreta —,** hexagon turret; **tuerca —,** hexagonal nut.

Exágono, Hexagon.

Examen, Survey; — **pericial,** ball testing.

Exametafosfato, Hexametaphosphate.

Exametiletano, Hexamethylethane.

Examinar, To overhaul; — **parcialmente,** to ball test.

Exapolar, Hexapolar.

Exavalente, Hexavalent.

Excavación, Digging, earth digging, excavation, opening; **disponer las excavaciones,** to dig; **equipo de —,** shovel equipment; **productos de —,** excavation.

Excavado, Grooved, holed, hollowed.

Excavador, Digger.

Excavadora, Ditcher, dredger, excavator; — **acarreadora,** carryall; — **continua,** loader; — **de cadena continua,** continuous bucket chain excavator; — **de garras,** grip dredger; — **de tenazas,** grab dredger; — **en altura,** shallow dredger; — **para fosos,** ditcher.

Excavadura, Scraper.

Excavar, To beat out, to dig, to dig up, to groove, to hole, to hollow, to mine, to sluice; — **los cimientos,** to dig; — **para extraer objetos cubiertos de arena,** to abrade.

Excedente, Excess, margin; — **de trabajo,** excess of work.

Excéntrica, Lift; — (aparato), eccentric; — **de calaje variable,** adjustable eccentric; — **de distribución,** main eccentric; — **de escape,** detent cam; — **en la que se puede desplazar el radio de excentricidad relativamente a la**

manivela, shifting eccentric; — **en la que se puede desplazar el radio de excentricidad respecto a la manivela,** shifting eccentric; — **lateral,** side eccentric; — **móvil,** slipping eccentric; — **para la marcha adelante,** fore or forward eccentric; — **para la marcha atrás,** back eccentric or backward eccentric; **árbol de** —, eccentric shaft; **barra de** —, eccentric rod; **biela de** —, eccentric rod; **biela de** — **para la marcha adelante,** fore eccentric rod; **carro de** —, eccentric beam; **carro de** — **con su contrapeso,** eccentric beam and balance; **collar de** —, eccentric stirrup, revolving collar; **collarín de** —, clip, eccentric clip, eccentric hoop, eccentric ring, eccentrinc strap; **disco de** —, eccentric sheave; **distribución por** —, cam gearing; **fricción de** —, eccentric friction; **horquilla de la biela de** —, eccentric hook; **horquilla de la biela de la** —, eccentric gab; **la** — **está adelantada respecto a la manivela,** the eccentric leads; **mando por** —, eccentric action, eccentric motion; **platillo de** —, eccentric pulley, eccentric sheave; **prensa de** —, eccentric press; **radio de la** —, eccentric radius; **todo el mecanismo de una** —, eccentric gear; **topes de la** —, eccentric stops; **transmisión de** —, eccentric rod gear; **vástago de** —, eccentric rod.

Excentricidad, Eccentricity, offsetting; **grado de** —, degree eccentricity; **radio de** —, eccentric radius, throw of the eccentric.

Excéntrico (Amperímetro de disco), Concentric iron disk ammeter; **biela de excéntrica de horquilla,** eccentric fork; **collar de excéntrica,** eccentric belt; **collarín de excéntrica,** eccentric stirrup; **mandado por excéntrica,** eccentric driven; **mandrino** — .(torno), eccentric chuck; **plato de excéntrica,** eccentric disk or disc; **tope de excéntrica,** eccentric catch.

Exceso, Excess; — **de aire,** air excess; — **de potencia,** power margin.

Excipiente, Excipient.

Excitabilidad, Excitability.

Excitación, Energizing; — (elec.), excitation; — **electrónica,** electronic excitation; — **en vacío,** no load excitation; — **impulsiva** (radio), impact or shock excitation; — **por choque,** collision excitation, impact excitation or shock excitation, shock-excitation; — **residual,** residual excitation; **ánodo de** —, excitation anode; **circuito de** —, excitation circuit; **corriente de** —, exciting current; **curva de** —, excitation curve; **transformador de** —, exciting converter, exciting transformer.

Excitado, Excited, wound; — **en serie,** series wound; **dínamo excitada en derivación,** shunt wound dynamo; **dínamo excitada en serie,** series wound dynamo; **lámpara de arco** — **en derivación,** shunt wound arc lamp; **radiación de átomos excitados,** radiation from excited atoms.

Excitador (elec.), Discharger; — **estático,** static exciter; — **maestro,** master driver; — **secundario,** slave driver; **cabeza de electrodo** —, keep-alive cap; **dínamo excitadora,** exciter; **etapa excitadora,** driver stage; **excitadora de extremo de árbol,** shaft end exciter.

Excitar, To energize.

Exclusión, Exclusion; **principio de** — **de Paul,** Paul's exclusion principle.

Excrecencia, Blotch.

Excusa (comercio), Allowance.

Exento, Free; — **de derechos,** duty free.

Exhalación, Damp.

Exhalado, Exhaled; **aliento** —, breath exhaled.

Exhalar, To disengage.

Exhaustación, Exaltation; **lumbrera de —,** exhaust port; **pozo de la —,** exhaust box; **tobera de —,** exhaust nozzle.

Exílico, Hexyl; **alcohol —,** hexyl alcohol.

Existencia, Life.

Exómetro, Exometer.

Exosa, Hexose.

Exosfera, Exosphere.

Exotérmico, Exothermic.

Expandido, Expanded.

Expandidor (vidrio), Flattener.

Expandir el vidrio, To flatten.

Expandirse, To expand.

Expansibilidad, Expansibility.

Expansible, Expanding.

Expansión, Expansion; **— adiabática,** adiabatic expansion; **— de gas,** expansion; **— de traza,** trace expansion; **— variable,** variable expansion; **amortiguador de —,** expansion damper; **ancla de —,** expanding anchor; **ángulo de — polar,** pole shoe angle; **calderín de —,** flash drum; **central de —,** expansion central plant; **corredera de la — variable,** expansion line; **curva de —,** expansion line; **de —,** expanding, expansively; **distribución de —,** cut off valve gear; **distribuidor de —,** cutt off slide valve; **distribuidor de — de rejilla,** gridiron expansion valve; **doble —,** compound stage expansion, two stage expansion; **evaporación por —,** flash evaporation; **mandril de —,** tube expander; **máquina de —,** expansion engine, expansive engine; **máquina de triple, de cuádruple —,** triple, quadruple engine; **mariposa de —,** cutt off valve; **mecanismo de —,** expansion gear; **mecanismo de — variable,** adjustable expansion gear; **ondas de —,** expansion waves; **tanque de —,** expansion tank; **tapón de —,** welch plug; **torre de —,** flash tower.

Expansionado por etapas sucesivas, Compounded.

Expansionar, To expand; **— por etapas sucesivas,** to compound.

Expansivo, Expanding; **bala expansiva,** expanding bullet.

Expansor, Expandor, expansion gear, tube expander.

Expedición, Clearing, despatch, forwarding; **— de los lingotes,** lingot run; **— de mercancías,** shipment.

Expedidor, Consigner, consistency, sender, shipper, shipping agent.

Expediente, Maker, makeshift.

Expender, To deliver.

Experiencia, Experiment.

Experimentar, To experience, to experimentize.

Explanación (Locomotora de), Bogie engine.

Exploración, Scanning; **— eléctrica,** electrical scanning; **— electrónica,** electronical scanning; **— entrelazada,** interlaced scanning; **— por sectores,** sector scanning; **— progresiva,** progressive scanning; **— rápida,** rapid scanning; **— rectilínea,** rectilinear scanning; **bobina de —,** exploding coil; **cabezal de —,** scanning head; **fotómetro de — automática,** automatic scanning photometer; **señales de —,** driving signals; **velocidad de —** (T.V.), scanning speed.

Explorador de líneas de central privada, Hunting over a PXB group; **— fotoeléctrico,** photoelectric scanner; **— indirecto de punto móvil,** flying spot scanner; **— magnético,** magnetic explorer.

Explorar (Máquina de), Probe machine.

Explosímetro, Explosimeter.

Explosión, Blowing up, bursting, explosion; **— atómica,** atom or atomic blast; **— en el carburador,** popping or popping back; **ampolla de —** (quím.), explosion bulb; **cámara de —,** explosion chamber; **hacer —,** to blow up, (calderas) to burst.

Explosionar, To explode.

Explosividad, Explosiveness.

Explosivo, Blasting agent, explosive; — **de gran potencia,** high explosive; — **rompedor,** high explosive; **carga explosiva,** explosive charge; **efecto** —, exploding agency; **facilidad para ser volada con explosivos** (rocas), blastability; **viento de la onda explosiva,** blast wind.

Explosivos, Ammunition.

Explosor, Blasting rig, exploder; — **asíncrono,** non synchronous spark gap; — **de bolas,** ball spark gap; — **giratorio,** rotary spark gap; — **síncrono,** synchronous spark; **puesto de** —, spark generator.

Explotabilidad (minas), Gettabilit·, — (minería), mineability

Explotable, Alive.

Explotación, Extraction, operation, proposition, winning, works; — (min.), exploit; — **a cielo abierto,** adit mining, cast on day; — **continua,** continuous mining, mining; — **de hullera,** coal mining, mining; — **de las minas,** mining; — **escalonada a cielo abierto,** coffin; — **por pilares,** bord and pillar system; — **por tramos horizontales por hundimiento** (minas), scramming; **capacidad de** —, work capacity; **compañía de** — **minera,** mining company; **gastos de** —, operating cost, working expenses; **ingresos de** —, operating revenues; **jefe de** —, captain dresser; **material de** —, working stocks; **preparar la** —, to develop.

Explotado a fondo (minas), Carried to end; **parte ya explotada** (minas), goave.

Explotador, Exploiter; — (servicio aéreo), operator.

Explotar, To beat away; — (minas), to fit; — **la turba,** to dig.

Expoliación, Cleavage.

Exponencial, Exponential; **curva** —, exponential curve; **ecuación** —, exponent equation.

Exponente, Exp, index (plural **índices**); — (mat.), exponent; — **de carga** (buques), exponent of capacity; **exponentes algebraicos,** indices (plural de **index**).

Exportar, To export.

Exposición, Exposure, setting; **calculador de** —, exposure calculator; **tiempo de** —, exposure.

Exposímetro, Exposure meter.

Exprimibilidad, Squeezability.

Exprimidor, Wringing machine.

Expulsador, Knock out.

Expulsar, To bump out, to drift.

Expulsión, Expulsion; **pararrayos de** —, expulsion arrester; **válvula de** —, forcing valve.

Extendedora, Spreader.

Extender, To stretch; — **un metal de manera que se le haga adherirse al objeto que lo atraviesa,** fullering; **fácil de** —, brushable; **piedra de** —, flattening stone.

Extendible, Spreadable.

Extendido, Expanded.

Extensibilidad, Tensibility.

Extensible, Collapsible; **escariador** —, adjustable reamer.

Extensimetría, Extensometry.

Extensímetro, Extensimeter, extensometer; — **de fibra,** fiber or fibre extensometer; — **de hilo resistente,** resistance wire strain gauge; — **o tensómetro,** strain gage.

Extensión, Elongation, expansion; — **del registrador,** register length; **brazo de** —, extension arm.

Exterior, Outdoor, outer, outside, outward, overall; — (minas), surface; **diámetro** — (tubos), overall diameter; **fábrica** —, outdoor plant; **muro** —, outwall; **retransmisión de exteriores,** outside broadcast; **válvula de seguridad** —, external safety valve.

Exteriormente, Outside; **peine de roscar** —, outside screw cutting tool.

Externo, External; **resistencia externa,** external resistance.

Extinción, Extinction, quenching; — **de un alto horno,** dead banking; — **del arco,** spark quenching; **con** — **automática,** self quenching; **cono de** —, cone of null; **potencial de** —, extinction potential.

Extinguidor de llama, Flame arrester.

Extintor, Quencher; — **de chispas,** spark quencher; — **de incendios,** fire extinguisher.

Extracción, Blow off, drawing, drawing off, extraction, mining, output, stripping; — (turbina), bleeding or bleed; — **continua,** continuous blow off; — **de fondo,** blow down; — **de fondos** (calderas), bottom blow off; — **de muestras** (sondeo), logging; — **de superficie** (calderas), surface blow off; — **de un mineral,** mining; — **de un modelo,** draft, draw, draw taper; — **del antimonio por fusión con hierro,** doubling; — **por disolventes,** solvent extraction; — **por pozos** (minas), shaft hoisting; **bomba de** —, extraction pump; **caballete de** —, winder tower; **cables de** —, winding ropes; **cesta de** — (hullera, minera), corf; **equipo de** —, winding equipment; **grifo de** —, blow down valve, blow off cock; **jaula de** —, hoisting cage, shaft bucket; **máquina de** —, drawing engine; **maquinista de** —, brake man; **pozo de** —, drawing shaft; **presión de** —, extraction pressure; **residuos de** —, extraction residues; **torre de** — **de platillos perforados,** sieve plate extraction tower; **tubo o válvula de** —, bleeder; **turbina con** — **de vapor,** topping turbine; **turbina de** —, extraction turbine; **turbira de doble** —, double extraction turbine; **válvula de** —, bleeder pipe; **vapor de** —, bled stealn, extraction steam, process steam.

Extractiforme, Extractiform.

Extractor, Exhauster, extractor, knock out; — (de instrumentos de sondeo), finger grip; — **de disolvente,** solvent extractor; — **de pernos,** cotter driver; — **técnico,** abstracter.

Extradós, Top surface, upper surface of a wing; **superficie de** —, wing top surface.

Extraer, To bleed, to blow off, out, to dig, to draw down, to draw off, to draw out, to drift, to extract; — (minas), to draw up; — **agua,** to bear water; — **del fuego** (metalurgia), to blow off, out; — **por destilación** (química), to abstract; **orificio de cuña de** — (portaherramienta), drift hole.

Extrafuerte, Extrahard.

Extraído, Bled, mined.

Extraordinario, Overtime; **horas extraordinarias,** after hours, (arsenales, canteras), overtime; **sin horas extraordinarias,** without resorting to overtime.

Extrapolación, Extrapolation.

Extrapolado, Extrapolated.

Extrapolar, To extrapolate.

Extravío (ferrocarriles), Misscarriage.

Extremidad, End; **efecto de** —, end effect; **luz de** — (aviación), boundary light; **nervadura de** —, rained end, ridged end; **virola de** — (calderas), end course, end shell ring.

Extremo, Butt, butt end, end, end piece, extreme; — **aplastado de la espiga de una broca,** tang; — **de árbol,** end axle; — **de barra,** end; — **de galería,** dean; — **de vástago de pistón perfilado en T,** marine end; — **del ala,** wing tip; — **macho de un tubo de conducción,** spigot end of a pipe; — **muerto,** dead end; — **pequeño de cubo,** forenave; **alimentación por un** —, end feed; **apoyado libremente en los extremos,** cantilevered; **barra diagonal de** — (armazón metálica), end diagonal; **con los extremos invertidos,** end for end; **corona de** — (turbinas), end ring; **cubo de** —, end boss; **depósito de** — **de ala,** wing tip tank; **ensayo de temple por un** —, end quench test; **manguito de** — **de cable,** end sleeve.

Extricción (Confinado por), Pinchcock.

Extrínseco, Extrinsic; **semiconductor** —, extrinsic semiconductor.

Extruibilidad, Extrudability.

Extruido, Extruded; **perfil** —, extrusion.

Extruir (Máquina de), Extruding machine.

Extrusión, Extrusion; — **hacia adelante** (metal extruido en el sentido de avance del punzón), forward extrusion; — **hacia atrás** (metal extruido en sentido opuesto al del punzón), backward extrusion; **máquina de fabricar piezas por** —, extruding machine; **prensa de** —, extruding press; **prensa de forjar por** —, extruding press.

Extrusora, Extrusioner.

Exudación, Bleeding or bleed, dripping, eliquation, roasting.

Exudante, Sparkling; **calda** —, sparkling heat.

Exudar, To eliquate, to liquate; — (met., forja, parafina), sweating.

Eyección, Ejection, expulsion.

Eyectable, Ejection; **asiento** — (aviac.), ejection seat.

Eyectado, Ejected.

Eyectar, To eject.

Eyector, Ejector, jet pump, nozzle, spout; — **colocado en un pozo,** deep well elevator; — **de aire,** air ejector, air jet; — **de carbonillas,** ash ejector; — **de compensación,** compensating jet; — **de chorro de vapor,** steam jet ejector; — **de orificios múltiples,** multiple opening jet; — **neumático,** pneumatic ejector; — **principal,** main jet; **resorte de** —, spring eyector.

F

Fábrica, Factory, institute, mill, planning, plant, works; — **de cerveza,** brewery; — **de gas,** gas works; — **de géneros de punto,** hosiery mill; — **de hierro,** iron works; — **de papel,** paper mill; — **de pólvora,** gunpowder mill; — **de productos químicos,** chemical works; — **de sosa,** soda works; — **de tejidos,** mill; — **generadora,** power station; — **generadora de luz eléctrica,** electric light station; — **metalúrgica,** smelter; — **subterránea,** underground factory; **directo de** —, as machined; **montado en** —, factory assembled; **montaje en** —, assembly in the works; **personal de** — (etc.), staff.

Fabricación, Fabrication, making, manufacture, production; — **de cables,** cable making; — **de lámparas en crisol,** basting; — **de pernos,** bolt making; — **del papel,** manufacture of paper; — **en serie,** in line machining; **control de** —, production control; **fresadora de** —, manufacturing milling machine; **proceso de** —, manufacturing process; **técnica de** —, making practice; **torno de** —, manufacturing lathe.

Fabricado, Chambered, made.

Fabricalidad, Fabricability.

Fabricante, Fabricator, maker; — **de utensilios de madera,** white cooper.

Fabricar, To fabricate, to produce; — **en serie,** to mass produce; — **pavés o ladrillos de escorias,** to basalt; **máquina de** — **tuercas,** nut making machine.

Faceta, Chamfer edge or chamfer, face; — (de objetos tallados), side; **con n facetas,** n sided.

Facsímil, Facsimile; **ondas tipo Ay** —, type Ay facsimile waves.

Factor, Factor; — (mat.), efficient; — **de absorción,** absorption factor; — **de amortiguamiento,** damping factor; — **de apantallamiento,** screening factor; — **de autonomía,** range factor; — **de captación,** pick-up factor; — **de corrección,** correction factor; — **de desviación,** deviation factor; — **de disipación,** dissipation factor; — **de distorsión,** distorsion factor; — **de espacio,** stacking; — **de forma,** form factor; — **de frecuencia máxima utilizable,** maximum usable frequency; — **de fuerza** (transductor), tensor factor, (transductores) force factor; — **de nivelación,** balance feature; — **de pérdidas,** loss factor; — **de potencia,** power factor; — **de ruido,** noise figure; — **de separación,** splitting factor; — **de sobretensión,** magnification factor; — **de transferencia,** transfer factor; — **de utilización,** utilization factor, (cociente entre la suma de los consumos individuales y la capacidad de la red eléctrica), diversity factor; **condensador para mejorar el** — **de potencia,** power factor capacitor.

Factoría, Factory, mill.

Factorizar, To factorize.

Factura, Bill; — (comercio), invoice; **facturas despachadas,** billings.

Facultativo, Optional.

Fachada, Front; — **de un edificio,** outwall.

Faena, Job; — **de estibas** (puertos), wharfinging.

Fajina, Facing board, fascine work; **cimentación sobre fajinas,** fascine work.

Falca, Wash strake, wash board.

Falciforme, Crescent; **engranajes falciformes,** crescent gearing.

Faldilla de pistón, Piston skirt.

Falsear, To strain, to take a set.

Falsearse, To take a set.

Falsificación, Tampering; **autor de un pleito por —,** caveator; **defensor contra un pleito por —,** caveatee; **pleito por —,** caveat.

Falsificar, To adulterate, to copy, to doctor.

Falso, Dead, dummy; **— cristal,** crystal pebble; **frente — (minas),** gowl.

Falso-eje, Loose axle.

Falta de, Shortage; **— de simetría,** lapsidedness.

Falun (geología), Falun.

Falla, Dyke, fault; **— (geología),** robble; **— (minas),** break; **— inversa,** overfault; **inclinación de una —,** hade.

Fallado, Broken down.

Fallamiento, Faulting.

Fallo (de fuego, de encendido), Misfire or missfire; **tener fallos,** to misfire.

Fanal, Lantern.

Fango, Oooze.

Fantasma, Phantom; **circuito —,** phantom circuit.

Fantomización, Phantom; **transposiciones para —,** phantom transpositions.

Faradímetro, Faradmeter.

Faradio (unidad de capacidad eléctrica), Farad.

Faradización, Faradism.

Fardo, Lump.

Farmacosiderita, Cube ore.

Faro, Flare lighting, headlamp, light, lighthouse; **— (auto),** headlight; **— (coche),** head light, headlamp; **— antogenerador,** headlamp with combined generator; **— baliza,** beacon; **— con generador,** headlamp with separate generator; **— de acetileno,** beacon acetylene, beacon airport; **— de aeródromo,** aerodrome beacon, airport location beacon; **— de color rojo,** beacon red; **— de haz circular,** circular beam beacon; **— de haz cuadrado,** square beam beacon; **— de neón,** neon beacon; **— eléctrico,** electric headlamp; **— oscilante,** oscillating beacon; **derechos de faros,** beaconage; **línea de faros,** beacon line; **señal de —,** beacon signal; **torre para faros,** beacon tower; **válvula —,** lighthouse tube.

Fasaje, Phasing.

Fase, Stage; **— (elec.),** phase; **— esferoide,** sheroid sigma; **— principal,** main phase; **— sigma,** sigma; **ángulo de —,** phase angle; **avance de —,** phase lead; **centro de — de un sistema,** phase center of an array; **compensador de —,** delay equalizer; **conductor de —,** phase wire; **corriente desfasada o de fases decaladas,** phase displaced current; **cuadratura de —,** phase quadrature; **de fases concatenadas** (elec.), interlinked (véase **system**); **de fases no concatenadas,** non interlinked; **decalado de —,** difference of phase, phase displacement, phase lag; **desplazamiento de —,** phase shift; **diagrama de —** (antenas), phase pattern (antennas); **distorsión de —,** phase distortion; **en —,** cophasal, in phase, in step; **entre fases,** interstage; **error de — en la iluminación,** illumination phase error; **fases superpuestas,** overlapping phases; **igualador de —,** phase equalizer; **inversión de fases,** phase reversal; **modificador de —,** phase advancer; **puesta en — para blanco** (negro), phase-white (black); **punto de unión de fases,** interlinking point; **resistencia de —,** phase resistance; **retraso de —,** phase lag, retardation of phase; **unión de fases,** interlinking of phases.

Fásico, Phasal.

Fasímetro, Phasemeter; — **electrónico**, electron phasemeter.

Fasor, Phasor.

Fatiga, Fatigue, strain; — **fotoeléctrica**, photoelectric fatigue; **descenso del límite de** — **de las piezas que han soportado un esfuerzo superior a este límite**, overstressing effect; **ensayo de** —, fatigue test; **máquina de ensayo a la** —, fatigue testing machine; **máquina de ensayo de** —, fatigue machine; **resistencia a la** —, fatigue strength; **rotura por** —, fatigue failure.

Fatigar, To overstrain, to strain; — (máq.), to pant; — **por exceso de trabajo**, to overstrain.

Feldespato, Feldspar or feldspath; — **descompuesto**, cotton rock; — **opalino**, changeable feldspar; — **verde**, amazon stone.

Felpa, Shag.

Fémico, Femic; **roca fémica**, femic rock.

Fénico, Carbolic; **ácido** —, carbolic acid.

Fenílico, Phenyl; **sulfuro** —, phenyl sulfide.

Fenilo, Phenyl.

Fenocristalino, Phenocrystic.

Fenodesviante, Phenodeviant.

Fenol, Phenol.

Fenólico, Phenolic; **compuesto** — **aislado**, formica; **plástico** —, phenolic plastic.

Fenómeno (Desaparición de un), Burnoff.

Fermentación, Fermentation; — **pura**, pure fermentation; **cubas de** —, fermentation vats; **gases de** —, fermentation gases.

Fermento, Yeast.

Ferrado (polea, etc...), Iron bound.

Ferrar un pilote, To ferrule.

Ferrato, Ferrate.

Férreo, Ferrous; **metales férreos**, ferrous metals; **metales no férreos**, non ferreous metal; **no férreos**, non ferrous.

Férrico, Ferric; **no** —, non ferrous.

Ferrita, Ferrite; **bobina con núcleo de** —, ferrite core coil; **separador de** —, ferrite separator.

Ferrítico, Ferritic; **acero** —, ferritic steel.

Ferro, Ferro.

Ferrobús (ferrocarril), Railbus.

Ferrocarril, Railroad railway; — **aéreo**, aerial railroad, elevated railroad; — **de cremallera**, cog railway, rack railroad; — **de dos vías**, two track railway; — **de dos vías, de cuatro vías**, double track, four track railroad; — **de tracción animal** (minas), barrow way; — **de vía estrecha**, narrow gauge railroad; — **de vía única**, single track railroad; — **funicular**, rope railroad; **línea de** —, railroad line; **petardo para** —, detonating signal; **ramal de** —, branch railroad; **red de ferrocarriles**, railroad network; **sin ferrocarriles**, railless; **transporte por** —, rail transport; **traviesa de** —, railroad sleeper.

Ferrocianuro, Ferrocyanide.

Ferrocromo, Chrome iron, ferrochromium.

Ferroeléctrico, Ferroelectric.

Ferrofósforo, Ferrophosphor or phosphorus.

Ferromagnético, Ferromagnetic; **resonancia ferromagnética**, ferromagnetic resonance.

Ferromanganeso, Ferromanganese.

Ferrómetro, Ferrometer.

Ferromolibdeno, Ferromolybdenum.

Ferroniobio, Ferroniobium.

Ferroníquel, Ferronickel.

Ferrorreactancia, Ferroreactance.

Ferrorresonancia, Ferroresonance.

Ferrósico, Ferrosic; **hidruro** —, ferrosic hydride.

Ferrosilíceo, Ferrosilicon.

Ferroso, Ferrous; **hidróxidos ferrosos,** ferrous hydroxides.

Ferrovanadio, Ferrovanadium.

Ferroviario, Railroad; **obrero —,** railroader; **técnica ferroviaria,** railroad engineering.

Ferruginoso (Peridoto), Chrysolite iron.

Fertilizantes, Fertilizers.

Férula, Ferrule.

Ferulación, Ferruling.

Fescolización, Fescolising.

Fiador, Detent, drop pawl.

Fianza, Security, voucher; **poner en libertad bajo —,** bail.

Fibra, Fiber; **—** (metales y madera), grain; **— aislante,** fish paper; **— de cuarzo,** quartz fiber; **— de madera,** excelsior; **— de vidrio,** fiber glass; **— elástica,** bending line; **— neutra,** neutral axis, neutral fiber; **— prensada,** wall board; **— sintética,** synthetic fiber; **— textil,** textile fiber; **— vegetal,** vegetable fiber; **— vulcanizada,** fiberboard, vulcanized fiber; **corona de embrague de —** (vulcanizada), fiber clutch ring; **fibras,** string; **fibras celulósicas,** cellulosic fibers; **madera de — cruzada,** cross fibred wood; **perpendicular a las fibras,** across the grain; **tapón de —,** bumper fiber; **tubo de —,** fiber tube.

Fibrillas, Fibrils.

Fibroso, Fibrous.

Ficha, Card, jack; **— de escucha,** listening plug; **— o clavija de contacto,** switch plug.

Fichar, Control; **reloj de —,** control clock.

Fidelidad (de reproducción), Fidelity; **— de un amplificador,** fidelity of an amplifier; **alta —,** high fidelity; **receptor de alta —,** high-fidelity receiver.

Fíder (elec.), Feeder; **— radial,** radial feeder.

Fiebre de comprar, Boom buying.

Fieltro, Felt; **— de amianto,** asbestos felt; **— de amianto para calderas,** asbestos boiler felt; **— para tacos,** wadding; **forrado de —,** felt lined; **guarnición de —,** felt gasket; **junta de —,** felt joint; **mesa de — sin fin,** Brunton's frame; **mesa de lavado de —** (preparación mecánica de minerales), frame.

Figura, Diagram; **—** (geometría), figure.

Fijación, Attachment, chape, clamping, fastening, fixing, fixture, tab; **anillo de —,** clamping ring; **aparato de —,** fastener; **material de —,** binding material; **pala de —,** bracket pedestal; **placa de —,** wiring plate; **tornillo de —,** setscrew.

Fijado, Clamped; **—** (fotografía), fixing.

Fijar, To attach, to bed, to clamp, to fix.

Fijarse, To settle.

Fijeza, Fixedness; **—** (de la luz eléctrica), steadiness.

Fijo, Dead, fixed, immovable, standing, stationary; **atenuador —,** pad; **banco —,** fixed bed; **carril —** (de cambio de vía), main rail; **conferencia fortuita a hora fija en el servicio internacional,** occasional fixed time call in the international service; **disco —,** fixed disc; **estación fija aeronáutica,** aeronautical fixed station; **magneto de avance —,** fixed lead magneto; **máquina fija,** fixed type machine; **motor eléctrico —,** fixed electric motor; **polea fija,** dead pulley, fast pulley; **resistencia fija,** fixed resistor; **servicio — aeronáutico,** aeronautical fixed service.

Fila, Line, rank, row, string; **—** (de cilindros), bank; **barra de enlace entre filas,** inter-suite tie bar.

Filado (Prensas de), Wire drawing dies.

Filamento (bombilla), Filament clip; — (de lámpara de incandescencia), filament; — **doblemente arrollado**, coiled-coil filament; — **metálico**, metal filament; **batería de** —, filament battery; **circuito de** — (radio), filament circuit; **retorcedor de filamentos**, cord wheel; **saturación del** —, temperature saturation.

Filar (cable), To slip .

Filástica, Rope yarn, yarn.

Filete (de tornillo), Fillet; — **cuadrado**, square worm; — **de aire**, stream line; — **de tornillo invertido**, reverse thread; — **redondeado**, round worm; — **triangular**, angular thread, triangular warm; **filetes de aire**, stream lines; **máquina de laminar los filetes de tornillos**, thread rolling machine; **roer los filetes de un torno**, to strip; **tornillo con varios filetes**, multiplex thread screw; **tornillo de** — **cuadrado**, square threaded screw; **tornillo de un solo** —, single threaded screw; **tornillo de varios filetes**, multiplex thread screw.

Fileteado, Cutting, chased, free cutting, screw cutting, screwed, screwing, thread cutting, threaded, threading; — **en el torno**, cutting thread on the lathe; — **hembra**, box thread; **acero de** —, free machining steel, screw machine steel; **calibre de** —, screw thread gauge; **carro de** —, screw cutting saddle or slide; **extremos fileteados**, screwed ends; **indicador de** —, thread indicator; **laminado de fileteados**, thread rolling; **máquina de rectificar los fileteados**, thread grinding machine; **tapón** —, screw plug.

Fileteador macho, Male screw.

Filetear, To screw cut, to worm; — **con plantilla**, to chase; — **en el torno paralelo**, to chase the screwthread; **aparato de** —, threading device; **fresa de** —, thread milling cutter; **herramienta para** — **exteriormente**, male cutting tool or outside screw cutting tool; **máquina de** —, thread cutting machine, threading machine; **máquina de** — **a la fresa**, thread milling machine; **máquina de** — **con herramienta**, single point tool threading machine; **máquina de** — **con la muela**, thread grinding machine; **máquina de** — **de terraja abrible**, self opening die bead threading machine; **máquina de** — **de terraja móvil**, self opening die head threading machine; **máquina de** — **tornillos**, screw cutting machine; **peine de** — (torno), chasing tool; **torno de** —, screw cutting lathe.

Filial (de una sociedad), Subsidiary.

Filigrana, Filigrane; — (joyería), filigree; — (papel), water mark; — **en seco**, stamp mark.

Film hablado, Sound film; — **sonoro**, sound film; **empalmadora de filmes**, film splicer.

Filo, Cutter, cutting edge, edge, wire edge; — **de la herramienta**, cutting edge of tool; — **de una herramienta**, cutter; **ángulo de** —, cutting angle; **embotamiento de filos**, dulling; **escoplo cilíndrico de** — **transversal**, cross mouth chisel; **portaherramienta con hierro de** — **curvo**, cutter block with hook tool; **sin** —, edgeless.

Filoche (de molino), Big cable.

Filón, Brood, course, feeder, load (véase **Lode**), lode, slide, vein, vein of metal; — **arcilloso**, fluccan; — **ciego**, blind lode; — **crucero**, caunter; — **de cobre**, copper lode; — **de crucero** (minas), bar; — **de minas**, string of mines; — **de poco valor**, balk; — **estéril**, channel; — **flotante**, shode; — **metálico**, aid, full cleft; — **pequeño**, femmer; — **principal**, champion lode; — **que parte del fondo de la vena principal**, dropper; — **que se enriquece**, belly of ore; — **rico** (de oro o de plata), bonanza; — **sin afloramiento**, blind lode; — **superficial de carbón**, bed of coal laid open; **atravesar un** —, to cut across; **bifurcación de un** — **en**

seco (se dice de una mina cuyo colector está libre de agua), fork; **desviación brusca de** —, elbow; **dirección de** —, course; **filones,** stringer; **hastial posterior de un** —, back of a lode; **hastiales de** —, cheeks sluice; **inclinación de un** —, course, dip; **indicios de mineral superficial que revelan la presencia de un** — **subyacente,** broil; **lecho de un** —, country; **pendiente de un** —, hade.

Filtración, Filtration; — **bajo presión,** pressure filtration; — **permitida por un recipiente de material radioactivo,** screenage; — **por vapor,** vacuum filtration; **instalación de** —, bag house.

Filtrado, Filtrate, strained, trapping; **bobina de** —, filter choke; **dispositivo de** —, tiller device.

Filtrador (radio), Filter; **condensador de** —, filter capacitor.

Filtrante, Filter; **cartucho** —, filter cartridge; **piedra** —, drip stone.

Filtrar, To filter, to ooze out, to seep, to strain; **manga para** —, filter cap.

Filtro, Filter, grating, screen, smoothing choke, strainer; — **birrefringente,** birefringent filter; — **corrector,** correcting filter; — **de aceite,** oil screen, oil strainer; — **de aire,** air cleaner, air filter, air strainer; — **de aire con baño de aceite,** oil bath air cleaner; — **de banda eliminada,** band stop filter; — **de canal,** channel filter; — **de carbón,** carbon filter; — **de cavidad,** cavity filter; — **de cristal,** crystal filter; — **de desacoplo,** decoupling filter; — **de emisión,** sending filter; — **de entrada capacitiva,** capacitor input filter; — **de entrada inductiva,** choke input filter; — **de inductancia y capacidad,** choke-capacity filter; — **de junta,** junction hunter; — **de limpieza automática,** self cleaning strainer; — **de línea,** line filter; — **de luz de día,** daylight filter; — **de paso alto,** high pass filter; — **de paso bajo,** low pass filter; —

de paso banda, band pass filter; — **de pliegues,** folded filter; — **de resonancia,** resonant filter; — **de ruidos,** noise filter; — **de selección de piloto,** pilot pick-off filter; — **de separación,** isolation filter; — **de todo paso,** all pass filter; — **de vacío,** vacuum filter; — **de vapor,** vacuum filter; — **direccional,** directional filter; — **eléctrico,** electric filter; — **mecánico,** mechanical filter; — **óptico,** optical filter; — **percolador de las aguas cloacales,** trickling filter; — **supresor de diafonía,** crosstalk suppression filter; **depurador de** —, bag house; **filtros emparejados,** twin strainer; **filtros en cascada,** cascade filters; **impedancia de** —, choke filter; **tubo** —, scattering pipe.

Filtro-tamiz, Spray cone.

Fin, End, finishing; — **de carrera,** end of stroke; **cadena sin** —, endless chain; **correa sin** —, endless belt; **sin** —, endless; **tornillo sin** —, endless screw.

Financiación, Financing.

Finanzas, Finance.

Fino, Fine; — (buque), sharp built; **cobre** —, refined copper; **de grano** —, close grained, (hierro, acero, etc....), fine grained; **finos,** silt, slack coal, small coal; **finos reciclados,** returned fines; **hormigón de grano** —, fine grain concrete; **tromel para finos,** fine trommel.

Finura (forma de buque), Sharpness.

Firmado, Undersigned.

Firme, Fast, metal, steady; **tener** —, to hold.

Firmeza, Firmness.

Físico, Physic or physical, physicist; — **nuclear,** nuclear physics; **física** (ciencia), physics; **física aplicada,** applied physics; **química física,** physic chemistry.

Fisiconuclear, Physiconuclear.

Fisión, Fission; — **atómica,** atomic fission; — **nuclear,** nuclear fission; **cámara de** —, fission chamber; **productos de** —, fission products.

Fisionable, Fissionable.

Fisura, Cleavage, cleft, crack, cracking, dyke, rent, slit.

Fisuración, Cracking; — **en frío,** cold cracking; **ensayo de** —, cracking test.

Fisurada (rocas), Seamy.

Fitoquímica, Phytochemistry.

Flambante (Hulla), Open burning coal.

Flameante, Flaming.

Flamear (a la llama). To sear; — **un cañón,** to scale.

Flameo (Templar por), To shorterize.

Flanco, Broad side, wing; — **de fresa,** cut blank; **flancos de cabria,** cheeks.

Flap, Flap; — **articulado,** hinged flap; — **con hendiduras,** slotted flap; — **de curvatura,** camber flap, wing flap; — **de doble ranura,** double slotted flap; — **de dobles bordes de fuga,** double split flap; — **de intradós,** lower flap, split flap, wing flap; — **extendido,** full flap; **extensión de los flaps,** flap extension; **flaps de aterrizaje,** landing flaps; **flaps de picado,** dive flaps; **flaps extendidos,** flaps down; **flaps extendidos, abatidos,** flaps deflected, down, lowered; **flaps retractados,** flaps retracted up; **freno** —, brake flaps, speed reducing flap; **sin flaps** (ala), unflapped.

Flash (Disparador de), Flashgun; — **fotográfico,** flash light.

Flector (Momento), B.M. (Bending moment).

Flecha, Arrow, bending, central deflection, dip, jit, sag, sweep, unit bending stress; — **de la línea,** sag of the line; — **de un ala,** sweep back or angle of sweep back; — **de un dibujo,** arrow head; — **máxima,** camber maxi-

mum; **ala en** —, swept back wing; **cápsula de** —, arrow plate; **determinación de la** —, sagging; **doble** —, double swept; **en** —, swept back; **hacer** —, to deflect, to sag; **radio de la** —, boom swing.

Fleje, Band iron, beam of a balance, hoop iron, iron band, strip steel, weigh beam, weigh vibratory beams; — (de chapa, etc.), strip; — **angular,** angular iron band; **hierro en flejes,** strap iron.

Fletado, Flying; **vuelo** — (vuelo charter), charter flying.

Fletador, Charterer, freighter.

Fletamiento. Charter; — **especial,** charter service; — **por tiempo,** time charter; **compañía de** —, charter company.

Fletar, To charter, to freight; — (un buque), to let; — **un buque,** to affreight.

Flete, Cargo, freight; — **aéreo,** air cargo, air freight; **devolución de** —, rebate.

Fletners, Fletners.

Flexar, To yield to axial compression.

Flexibilidad, Flexibility; — **de unidades,** building-block flexibility.

Flexible, Flexible, limp; **árbol** —, flexible shaft; **conducto** —, flexible duct; **funda** —, armoured flexible; **transmisión** —, flexible shafting; **tubo** —, flexible tube.

Fleximetro, Fleximeter.

Flexión, Bending, buckling, deflection; — **axial por compresión,** break, breaking; — **completa,** bend full; — **del resorte,** bending spring; — **elástica,** deflection; — **invertida,** reversed bending; — **media,** central deflection; — **oblicua,** skew bending; — **por rotación,** rotating bending; **barras sometidas a** —, flexural members; **elasticidad de** —, bending elasticity; **ensayo de** —, flexural strength test; **ensayo de** — **al choque,** blow bending test; **ensayo de resistencia de** — **o de doblado,**

bending test; **esfuerzo de** —, bending stress, breaking strain; **esfuerzo de** — **axial por compresión**, breaking **s**tress; **límite de** —, elastic limit in bending; **momento de** —, bending moment; **resistencia a la** —, bending force; **resistencia a la** — **axial por compresión**, breaking strength; **tensión de** —, intensity of stress due to bending; **trabajo a** —, bending stress.

Flexionar, To deflect.

Flexotracción, Flexotraction.

Floculación, Flock; **ensayo de** —, flock test.

Flojedad, Slack.

Flojo, Slack; **hilo** —, slack wire.

Flor (vértice de varenga), Rung head; **a** — **de**, flush with; **a** — **de agua**, lurking.

Floridina, Floridin.

Flotabilidad, Buoyancy.

Flotación, Flotation; — **en carga**, load line; — **en lastre** (buques), light water line; **actitud de** —, floating attitude; **concentrador por** —, flotation concentrator.

Flotado, Floating; — **de un tubo** (petróleo), floating in; **aguja de** —, float needle.

Flotador, Carburettor float, dripping board, float, pontoon; — **alargable**, detachable float; — **anfibio**, amphibious float; — **anular**, annular float; — **de carburador**, carburettor float; — **de extremo de ala**, wing tip float; — **esférico**, ball float; **cuba de** — (carburador), chamber float; **flotadores emparejados**, twin floats; **grifo de** —, ball cock; **grifo con** —, cam ball valve; **índice de indicador del** —, bob gauge; **interruptor de** —, float switch; **nivel de** —, float gauge; **rediente de** —, step; **válvula de** —, float operated valve, float valve; **vástago del** —, float needle.

Flotante, Floating, water borne; **batería** —, floating battery; **carga** —, floating charge; **dique** —, floating dock, wet dock; **embarcadero** —, landing stage; **rejilla** —, floating grid; **válvula** —, float valve.

Flotar (Hacer) (minerales), To float.

Flote, Afloat; **acabando de poner a** —, completing afloat; **poner a** — **un buque**, to lift; **transportar maderas a** —, to run logs.

Fluctuación, Hunting, waft; **ruido de** —, fluctuation noise.

Fluencia, Creeping, extrusion, flow; — (física), flowingness; — (metales), creep; — **en frío**, cold flow; **con alto límite de** —, creep testing; **ensayo de** —, creep strength; **resistencia a la** —, creep resisting; **susceptible de** —, creepable.

Fluidez, Fluidity, fluidness.

Fluidificar, To fluidize.

Fluidímetro, Flow calculator, flow indicator.

Fluidización de sólidos pulverizados, Solid fluidization.

Fluidizador, Fluidizer.

Fluido, Fluid, — **de arranque**, starting fluid; **cojinete de** —, fluid bearing; **embrague de** — **magnético**, magnetic fluid clutch; **mecánica de fluidos**, fluid mecanics; **muy** —, fast flowing.

Fluir, To pour; — **en hilillo**, to trickle; — **hacia abajo**, to flowdown; — **naturalmente** (petróleo), to flow.

Flujo, Afflux, deflexion, flow, inflow, influx; — **axial**, axial flow; — **continuo**, streamline flow; — **de dispersión**, stray or leakage flux; — **de dispersión en el inducido**, armature stray flux; — **de grupos de electrones del cátodo al ánodo** (klystron), bunching; — **de reacción** (eléc.), reaction flux; — **eléctrico**, flux; — **instantáneo de potencia acústica**, instantaneous sound-energy flux; — **invertido**, reverse flow; — **laminar,** laminar flow; — **luminoso,** flux, luminous flux; — **magnético,** magnetic flux; — **medio de potencia acústica,** average sound-energy flux; — **radial,** radial flow; — **radiante,** radiant flux; — **subsónico,** subsonic flow; — **supersónico,** supersonic flow; — **térmico,** heat flux; — **turbulento,** turbulent flow **compresor de — axial,** axial flow compressor; **densidad de — radiante,** radiant flux density.

Flúor, Fluor or fluorin; **aparato para la dosificación volumétrica de —,** fluometer; **espato —,** fluor spar, fluorite.

Fluoración, Fluorination.

Fluoresceína, Fluorescein.

Fluorescencia, Fluorescence; **iluminación por —,** fluorescence lighting.

Fluorescente, Fluorescent; **iluminación —,** cold cathode lighting; **lámpara —,** fluorescent lamp; **pantalla —,** fluorescent screen.

Fluorhídrico, Hydrofluoric; **ácido —,** hydrofluoric acid.

Fluorita, Fluorite.

Fluorobenceno, Fluorobenzene.

Fluorocarburo, Fluorocarbon.

Fluorofosfórico, Fluorophosphoric; **ácido —,** fluorophosphoric acid.

Fluorogermanato, Fluorogermanate.

Fluoroscopía, Fluoroscopy.

Fluoroscópico, Fluoroscopic; **pantalla fluoroscópica,** fluoroscopic screen.

Fluoroscopio, Fluoroscope; — **electrónico,** electronic fluoroscope.

Fluoruro, Fluoride; — **de calcio,** calcium fluoride; — **de manganeso,** manganous fluoride; **cal compacta impermeabilizada con fluoruros,** compact fluor.

Fluviomarino, Fluviomarine.

Fluviovolcánico, Fluviovolcanic.

Fluxígrafo, Fluxgraph.

Fluxímetro, Flow meter or flow indicator, fluxmeter.

Focal, Focal length; — (adj.), focal; **curva —,** focal; **distancia —,** focal distance or focal length, **eje —,** focal axis; **mancha —,** focal spot; **plano —,** focal plane.

Focalización, Focusing or focussing; — **helicoidal,** helical focusing; — **magnética,** magnetic focusing; **devanado de —,** focusing coil.

Focalizar, To focus.

Foco (óptica), Focus (plural **focuses** or **foci**); — **frío,** heat sink; **de — preciso,** sharp focusing; **dirigido hacia el —,** focused or focussed; **focos,** foci; **focos conjugados,** conjugate foci; **profundidad de —,** depth of focus; **puesta en —,** focusing or focussing.

Focométrico (Buscador), Lens finder.

Focoscopio, Focuscope.

Fogón (Grano del) (cartucho), Vent.

Fogonero, Boiler operative, fireman, furnacer, stoker, stoker mechanic; **pala de —,** fire shovel.

Foliado, Foliated.

Fólico, Folinic; **ácido —,** folinic acid.

Folio de papel de 28 por 62 cm., Elephant paper.

Fondo, Bottom, floor, head, water; — **acanalado,** bottom fluted; — **continuo,** bottom stepless; — **convexo** (calderas), convex dished end; — **de barril,** heading; — **de crisol,** base black; — **de la ventanilla,** bottom window; — **de medidor,** bottom meter; — **de pozo,** discharging trough; — **de presa,** head; — **embutido,** stamped head; — **en varias piezas** (caldera), joined end plate; — **falso,** false bottom; — **inclinado,** slanting bottom; — **rebatible,** box flap bottom; **a —,** home; **acción de colocar un —,** bottoming; **aliviadero de —,** undersluice gate; **ángulo de —,** root angle; **anillo de —,** collar step; **apretado a —,** screwed tight; **capataz del —,**

bottom captain; **con — de**, bottomed; **chapa de —**, bottom plate; **doble —**, double bottom; **empapado del —** (buques), flooring; **fondos de comercio**, stocks; **fondos del Estado**, stocks; **fondos públicos**, stocks; **grifo de extracción de —**, bottom blow off cock; **instalación de —** (minas), underground plant; **limpieza de los fondos**, hogging; **organismo que ensucia los fondos** (buques), fouler; **pintura de —**, ground coat; **placa de —**, base plate, bed plate; **preparación del nivel del —** (minas), silling; **remolque con descarga por el —**, drop bucket trailer; **revestimiento de —**, inner bottom; **ruido de —**, background noise, randon noise; **válvula de —**, bottom gate.

Fónico, Phonic; **rueda fónica**, phonic wheel.

Fonio (unidad de intensidad acústica subjetiva), Phone.

Fonocaptor, Pickup; **— electrostático**, capacitor pick-up; **circuito del —**, pickup circuit.

Fonógeno (Aparato), Noisemaker.

Fonógrafo, Phonograph; **agujas de —**, phonograph styli; **disco de —**, phonograph disc; **rodillo de —**, drum.

Fonolita, Clinkstone.

Fonometría, Phonometry.

Fonómetro, Phonometer.

Fonoquímica, Phonochemistry.

Fonosituador, Phonolocator.

Foración, Sinking; **torno de —**, sinking hoist.

Foraminado, Expanded; **metal —**, expanded metal.

Fóresis, Phoresis.

Forja, Forge, iron mill, smithy; **— catalana**, bloomery fire; **— de afino**, German fining forge; **acero de —**, forging steel; **atizador de —**, smith's poker; **batiduras de —**, anvil cinders, anvil dross, cinders, clinker; **bruto de —**, as

forged; **estampa de —**, dolly; **fuego de —**, blacksmith hearth; **fuelles de —**, fan blower; **herramienta de —**, smith's tool; **hierro de —**, bloomery iron; **maestro de —**, iron master; **mala soldadura por —**, cold shot; **martillo de —**, forge hammer, forging hammer; **martillo de gran —**, power hammer; **martinete de —**, tilter; **obrero de —**, tilter; **pieza de —**, forging; **plana de —**, set hammer; **taller de —**, smith's shop; **tenazas de —**, smith's tongs.

Forjabilidad, Forgeability.

Forjable, Forgeable; **aleación —**, forging alloy.

Forjado, Forged, forging, tilted, wrought; **— con martinete**, tilted; **— en frío, en caliente**, cold, hot forged; **— interno**, internal forging; **acero —**, forged steel, wrought steel; **hierro —**, iron tilted, wrought iron.

Forjador, Forger or forgeman, hammersmith, smith.

Forjar, To forge, to hammer, to malleate, to smith, to tilt; **— con martinete**, to tilt; **— el hierro**, to beat out the iron; **— en frío**, to close the grain; **acción de —**, forging.

Forma, Dry dock, form, matrix, shape; **—** (mat.), linear form; **— de la conexión**, lead configuration; **capaz de recibir una —**, shapeable; **cuchara de — de tetera** (acerías), teapot ladle; **dar —**, to face, to figure; **en — de**, shaped; **en — de bucle**, loop shaped; **en — de campana**, bell shaped; **en — de corazón**, heart shaped; **en — de cruz**, cross shaped; **en — de herradura**, horseshoe shaped; **en — de huevo**, egg shaped; **en — de media luna**, crescent shaped; **en — de S**, S shaped; **en — de silla de montar**, saddle shaped; **en — de T**, T shaped; **en — de Venturi**, Venturi shaped; **factor de —**, form factor; **formas** (de buque), line; **formas cuadráticas**, quadratic forms; **formas lineales,** linear forms; **fresa de —,** profile cutter; **herramienta de —,** form tool; **leva en — de corazón,** heart shaped cam; **leva en — de herradura,** horseshoe shaped; **máquina de dar —,** profiling machine; **plano de las formas,** sheer draught.

Formación de lingotes rectangulares, Blooming; **— de tabletas,** tableting; **aviones en —,** gaggle; **primera pasada de —,** leader.

Formaldehido, Formaldehyde.

Formante (acústica), Formant.

Formar (Prensa de), Forming press.

Formato (567 × 438), Demy.

Fórmico, Formic.

Formoamida, Formamide.

Formón, Belt punch, cow mouth chisel, crosscut chisel, cutter, firmer, former, former chisel, groove cutting chisel; **— de bordes cortantes dispuestos en rectángulo,** self coring mortising chisel; **— de mano,** paring chisel; **— dentado,** notched chisel, toothed chisel; **— para frío,** cold chisel; **filo de —,** chisel end. ·

Fórmula, Formula (plural **Formulae**).

Formulario, Form.

Forrado, Lined, planked; **— de,** botomed.

Forrar, To plate; **— con vagras** (int.), to plank; **— de piola,** to marl; **— un buque** (ext.), to plank; **— un cable,** to line with fur.

Forro, Closing, cover, edging, facing, fur, liner, lining ,plating, sleeve; **— (metálico),** sheathing; **— de carena,** bottom plating; **— de cobre,** copper sheathing; **— de contrapunta,** tailstock sheath; **— de madera,** casing wood; **— de papel,** dust cover; **— del costado,** side plank; **— interior,** inside planking; **con — triple,** three planked; **con doble —,** double planked; **chapa de —,** sheathing sheet; **de — liso** (botes), carved

built; **quitar el — de,** to unsheathe; **triple — trenzado,** braid triple.

Fortificar por cantoneras, To edge; **— un pozo,** to dig a shaft; **— un pozo de mina de carbón,** to dig a shaft.

Fortuna (De) (mástil, timón, etc.), Jury.

Forzado, Force feed, forced; **oscilaciones forzadas,** force oscillations; **reposición forzada,** forced release; **vibraciones forzadas,** forced vibrations; **tiro —,** forced draught.

Forzar, To strain.

Fosa, Pit; **— de colada,** foundry pit; **— de grisú,** foul pit; **última —** (curtición), cloorner.

Fosfatación, Phosphatation, phosphate coating; **— superficial,** surface phosphatation.

Fosfático, Phosphatic; **esteres fosfáticos,** phosphate esters.

Fosfatida, Phosphatide.

Fosfato, Phosphate; **— amorfo,** amorphous phosphate; **— trisódico,** trisodium phosphate.

Fosfito, Phosphite; **— dialkílico,** dialkyl phosphite.

Fosforado, Phosphorated; **hidrógeno —,** hydrogen phosphide; **pasta fosforada,** phosphor composition.

Fosforencia, Phosphorescence.

Fosforescente, Phosphorescent; **substancias fosforescentes,** phosphors; **tungstatos fosforescentes,** tungstate phosphors.

Fosforígeno, Phosphorous.

Fosforizado, Phosphorized.

Fósforo, Phosphor; **—** (véase **Phosphor**), phosphorus; **— blanco,** white phosphor.

Fosforoso, Phosphorous; **bronce —,** phosphor bronze; **cobre —,** phosphor copper; **fundición fosforosa,** phosphorous jig iron.

Fosfurado, Phosphuret.

Fosfuro, Phosphide.

Fósil (Harina), Infusional earth (or **Kiesilguhr**).

Foso, Ditch, drain, hole; — (serrería, cantera), pit; — **de colada,** foundry pit.

Fotalizar, To photolyze.

Foto, Photo.

Fotocalco, Blue printing.

Fotocátodo, Photocathode.

Fotocélula, Photocell; — **autogeneradora,** self-generating photocell; — **de capa de detención,** barrier layer photo cell or blocking layer cell.

Fotocincografía, Photozincography.

Fotocondensación, Photocondensation.

Fotoconductividad, Photoconductivity.

Fotoconductivo, Photoconductive; **efecto** —, photoconductive effect.

Fotoconductor, Photoconductive.

Fotodensidad, Photodensity.

Fotodesintegración, Photodesintegration.

Fotodesprendimiento, Photodetachment.

Fotodiodo, Photodiode.

Fotoelasticidad, Photoelasticity.

Fotoelasticímetro, Photoelasticimeter.

Fotoelástico, Photoelastic.

Fotoeléctrico, Photoelectric; **absorciómetro** —, photoelectric absorptiometer; **célula fotoeléctrica,** electric eye, photocell, photoelectric cell, phototube or switch; **corriente fotoeléctrica,** photocurrent.

Fotoemisor, Emitter; **cuerpo** —, light emitter.

Fotofisionable, Photofissionable.

Fotofluorográfico, Photofluorographic.

Fotogammascopia, Photogammascopy.

Fotogoniómetro, Photogoniometer.

Fotograbado, Engraving by photography, photoengraving, photogravure.

Fotograbador, Photoengraver.

Fotografía, Photography, view; — **aérea,** aerial photography, air survey; — **con flash,** flash photography; — **en colores,** colour photography; — **estereoscópica,** stereoscopyc photography; — **estroboscópica,** stroboscopic photography.

Fotográfico, Photographic; **aeronave fotográfica,** camera aircraft; **ametralladora fotográfica,** camera gun; **emulsión fotográfica,** photographic emulsion; **objetivo** —, camera lens, photographic lens.

Fotógrafo, Photographer.

Fotogrametría, Photogrammetry, photographic survey; — **aérea,** air photographic survey; — **terrestre,** ground photogrammetry, ground photographic.

Fotogramétrico, Photogrammetric; **aberración fotogramétrica,** photogrammetric aberration; **levantamiento** —, photogrammetric survey.

Fotogrametrista, Photogrammetrist.

Fotolisis, Photolysis.

Fotomagnetismo, Photomagnetism.

Fotomesón, Photomeson.

Fotometría, Photometry.

Fotométrico, Photometric; **esfera fotométrica,** photometric sphere.

Fotómetro, Lightmeter, photometer; — **Bunsen,** Bunsen photometer or grease spot photometer; — **de destellos,** flicker photometer; — **de exploración automática,** automatic scanning photometer; — **electrónico,** electronic photometer; — **fotoeléctrico,** photoelectric meter; — **logarítmico,** logarithmic photometer; — **portátil,** illuminometer; — **registrador,** recording photometer.

Fotomicrografía, Photomicrograph, photomicrography.

Fotomicrográfico, Photomicrographic.

Fotomultiplicador, Photomultiplier.

Fotón, Photon; **radiación de fotones,** photon radiation.

Fotonuclear, Photonuclear.

Fotonucleón, Photonucleon.

Fotoplano, Mosaics.

Fotoplastia, Photoplasty.

Fotorreacción, Photoreaction.

Fotorresistente, Lightfast.

Fotosensibilidad específica, Specific photosensitivity.

Fotosensibilizado, Photosensitized.

Fotosensible, Light sensitive, photosensitive.

Fotosíntesis, Photosynthesis.

Fotosfera, Photosphere.

Fotostático, Photostatic.

Fototelegrafía, Phototelegraphy.

Fototipografía, Block process, photosurveying.

Fototubo, Light sensitive tube, phototube or switch; — conteniendo algo de gas, soft phototube; — multiplicador, multiplier phototube.

Foucault (Corrientes de), Eddy effect.

Foveal, Foveal.

Fracción (mat.), Fraction; — de petróleo, cut of petroleum; motor de — de caballo, fractional h.p. motor.

Fraccionado, Fractional; amortiguamiento —, cataract domping; condensación fraccionada, fractional condensation; destilación fraccionada, fractional distillation; explosor —, quenched spark gap; fusión fraccionada, fractional melting; impulso —, serrated pulse.

Fraccionamiento, Fractionation; torre de —, fractionating column or tower.

Fractografía, Fractography.

Fractográfico, Fractographic.

Fractura, Breakage; — (minerales), fracture; — de grano fino, fine granular fracture; — de grano grueso, coarse granular fracture; — fibrosa, fibrous fracture.

Frágil, Cold short brittle; — (sobre las cajas), with care; material —, brittle material.

Fragilidad, Brittleness, shortness; — de revenido, temper brittleness; — del acero por el hidrógeno, hydrolyse embrittlement; — en caliente, hot brittleness, hot shortness; tendencia a la —, embrittlement; zona de —, range of brittleness.

Fragmentabilidad, Fragmentability.

Fragmentación, Fragmentation; bomba de —, fragmentation bomb.

Fragmento, Scrap, shatter; nube de fragmentos, barrage of fragments.

Fragua, Forge; — portátil, portable forge; carbón de —, blacksmith's coal; fuego de —, blacksmith's hearth, forge hearth; fuelles de —, forge bellows; macho de —, about sledge.

Fraguado lento, Slow setting; — rápido, quick setting; cemento de — lento, slow setting cement; cemento de — rápido, quickly taking cement; de — lento (cemento), slow hardening; de — rápido (cemento), quick hardening.

Fraguar, To set.

Franco, Free of charge; — (bombas), free; — a bordo, free on board (F.O.B.); — sobre vía, F.O.R. franco on rail; entregado —, delivery free.

Frangible, Shatterable.

Frángula, Black alder wood.

Franja, Fringe, ring; franjas, slip bands; intensidad de las franjas, fringe intensity.

Franqueable (obstáculos), Bridgeable.

Franqueo, Postage.

Franquía de aduana, Clearance.

Franquicia, Franchise.

Frasco, Bottle; — con tara, weighing bottle; — cuentagotas, dropping bottle; — de boca ancha, salt mouth bottle; — de lavado, washing bottle; — de nivel, levelling bottle; — **de tapadera roscada**, screw capped bottle; — **para gas**, bottle gas; **pinzas para frascos**, bottle pincers.

Fratás, Darby.

Frecuencia, Frequency; — **crítica de un filtro**, cut off frequency; — **de alimentación**, mains frequency, supply frequency; — **de barrido** (televisión), frame frequency; — **de batido**, beat frequency; — **de corriente portadora**, resting frequency; — **de corte**, cut-off frequency; — **de cuadro**, frame frequency; — **de imagen**, picture frequency; — **de la corriente portadora**, center frequency; — **de línea**, line frequency; — **de penetración**, maximum depth frequency; — **de punto**, dot frequency; — **de recurrencia**, recurrence frequency; — **de repetición de impulsos**, pulse repetition frequency; — **de reposo**, centre frequency, resting frequency; — **de resonancia**, resonance frequency; — **de televisión**, video-frequency; — **efectiva de corte**, effective cutt off frequency; — **extra alta**, extra high frequency (EHF); — **fundamental**, fundamental frequency; — **imagen**, image frequency; — **infraacústica**, infrasonic frequency, sub-audio frequency; — **instantánea**, instantaneous frequency; — **intermedia**, intermediate frequency; — **media**, I.F. (intermediate frequency); — **musical**, A.F. or audio frequency; — **muy alta**, very high frequency; — **muy baja**, very low frequency; — **óptima de trabajo**, optimum working frequency; — **óptima de tráfico**, optimum traffic frequency; — **propia**, natural frequency; — **pulsada**, beat frequency; — **resonante**, resonant frequency; — **superada**, super high frequency; — **teórica de corte**, theoretical cut off frequency; — **ultraacústica**, super-audio frequency; — **vocal**, voice frequency; **acentuación de bajas frecuencias**, accentuation of bass frequencies; **adjudicación de** — **a un área geográfica**, frequency allotment to a geographical area; **alta** —, high frequency, R.F. (radio frequency); **analizador de** —, frequency analyser; **arrastre de** —, frequency pulling; **asignación de** —, asignment of frequency; **baja** —, A.F. or audio frequency, L.F. (low frequency); **banda de frecuencias**, frequency band, frequency range; **calefacción a alta** —, radiofrequency heating; **cambiador de frecuencias**, frequency changer; **circuito de alta** —, H.P. circuit; **combinación de altavoces de alta y baja** —, woofertweeter; **conductor de alta** —, litzendraht; **constante de** —, frequency constant; **controlador de** —, frequency controller; **convertidor de** —, frequency converter; **corrector de** —, frequency corrector; **corriente de alta** —, high frequency current; **cuadro de distribución de frecuencias**, frequency allocation table; **distorsión de frecuencias**, frequency distorsion; **distorsión en baja** —, low frequency distortion; **duplicador de** —, frequency doubler; **emisor de** — **fija**, fixed-frequency transmitter; **equipo de llamada de** — **vocal**, signalling relay set; **escalonamiento de frecuencias**, frequency staggering; **espectro de frecuencias de impulsos**, pulse frequency spectrum; **estación de** — **patrón**, standard frequency service, standard frequency station; **filtro de** —, filter pass; **frecuencias de banda lateral**, side frequencies; **frecuencias de potencia mitad**, half-power frecuencies; **gama de frecuencias**, frequency range; **horno de alta** —, coreless induction furnace; **índice de ruido de una sola** —, single frequency noise figure; **interconexión en** — **portadora**, carrier frequency interconnection; **margen de frecuencias medias**, mid-frequency range; **máxima** — **utilizable**, maximum usable frequency; **mínima** — **útil**, lowest useful high frequency LUHF; **modulación de** —, frequency modulation; **modulación de — de impulsos,** pulse frequency modulation; **monitor de —,** frequency monitor; **notificación de asignaciones de —,** notification of frequency assignments; **oscilador de — variable,** signal shifter; **patrón atómico de —,** atomic frequency standard; **perturbación de una — o canal determinado,** spool jamming; **peso sofométrico de una —,** psophometric weight of a frequency; **puente de frecuencias,** frequency bridge; **radio —,** radiofrequency; **registro de frecuencias radioeléctricas,** radiofrequency record; **regulador de —,** frequency regulator; **relé de —,** frequency relay; **resistencia en alta —,** resistance at high frequency; **señalización en dos frecuencias,** two frequency signalling; **separador de frecuencias,** frequency separator; **servicio de patrones de —,** standard frequency service; **sistema de amplificación a baja —** (radio), push pull system; **telegrafía con cuatro frecuencias,** four-tone telegraphy; **telegrafía en dos frecuencias,** two tone telegraphy; **termopar de —,** frequency thermocouple; **transformador de frecuencias,** frequency transformer; **triplicador de —,** frequency tripler; **tubo de altas frecuencias,** acord shaped tube; **ultra alta —,** ultra-high frequency; **umbral de —,** critical frequency; **unidad de —** (10^{12} ciclos), fresnel.

Frecuencímetro de absorción, Absorption frequency meter.

Frenado, Braked, braking, retardation; **— de recuperación,** generative braking; **— diferencial,** differential braking; **— dinámico,** dynamic braking; **— magnético,** magnetic braking; **— reostático,** resistance or rheostatic braking; **dirección del —,** brake direction; **dispositivo de —,** arresting gear; **duración de —,** braking period; **ensayo de —,** bracking test; **esfuerzo de —,** breaking pull; **fuerza de —,** brake load, braking

force; **no —,** non braked; **par de —,** braking resistance; **par resistente de —,** bracking resistance; **paracaídas de —,** drag parachute; **red de —** (aviación), braking net.

Frenador, Braking; **efecto —,** braking effect.

Frenaje, Brake; **prueba de —,** brake test.

Frenar, To brake, to stake.

Frenero de atrás (minas), Swamper.

Freno, Brake, dash pot, drag wheel; **—** (de un tensor), locking wire; **— a las cuatro ruedas,** four wheel brakes; **— a vapor,** steam brake; **— aerodinámico,** air brake; **— al pie,** foot brake; **— antiderrapante,** non skid brake; **— automático,** automatic brake; **— bloqueado,** locked brake; **— continuo,** continuous braking; **— de aceite,** dashpot, oil dashpot; **— de aire,** air brake; **— de aire comprimido,** compressed air brake, westinghouse brake; **— de aterrizaje sobre cubierta,** decking brake; **— de banda con topes,** link brake; **— de cable,** brake cable; **— de cinta,** band brake, strap brake; **— de collar,** band brake; **— de corredera,** ram brake; **— de cuña,** expanding wedge brake; **— de expansión,** brake expander, expanding brake; **— de ferrocarril,** brake track; **— de fricción,** friction brake; **— de hélice,** airscrew brake, propeller brake; **— de láminas,** compressor brake; **— de mano** (auto), hand brake; **— de niobra de —,** brake actuation; **manivela de —,** brake crank; **mecanismo que hace actuar al —,** brake gear; **palanca de — de mano,** hand brake lever; **palanca de retén para frenos,** brake stop; **palanca del —,** brake lever; **patín de —,** brake shoe; **pedal de —,** brake pedal; **perno de zapata de —,** brake pin; **polea de —,** brake pulley; **poner zapatas nuevas a los frenos,** to reshoe the brakes; **portazapata del —,** brake head; **punta de zapata de —,** brake tip; **rueda sobre la**

pedal, foot brake; **— de pica-do** (aviación), dive brake; **— de Prony,** friction brake Prony's brake; **— de rotación,** swing brake; **— de rueda,** drag wheel; **— de socorro,** emergency brake; **— de solenoide,** solenoid brake; **— de tornillo,** screw spindle; **— de translación,** travelling brake; **— de urgencia,** emergency brake; **— de vacío,** vacuum brake; **— de zapata,** block brake, drag, shoe brake; **— directo,** direct braking; **— eléctrico,** electric brake; **— e!ectromagnético,** electromagnetic brake; **— en V,** V shaped brake; **— flap,** brake flaps; **— hidráulico,** hydraulic brake, water brake; **— hidromecánico,** hydromechanical brake; **— hidroneumático,** hydropneumatic brake; **— independiente,** independent brake; **— ineficaz,** ineffective brake; **— interior,** internal brake; **— magnético,** magnetic brake; **— por embrague,** clutch brake; **— regulador,** governor brake; **— sobre llanta,** rim brake; **— sobre raíl,** track brake; **— sobre rueda,** wheel brake; **anclaje de —,** brake anchorage; **aparejo de —,** work brake; **apoyo de eje de —,** brake step; **armadura de zapata de —,** brake web; **banda externa de —,** brake external; **banda interna de —,** brake internal; **cable de —,** brake wire; **cinta de —,** brake strap; **corona de —,** ring; **cubo de —,** brake shell; **cuña para el brazo del —,** brake key; **disco de —,** brake flange; **disco del —,** brake fluid; **eje de mando de —,** brake shaft; **ejes todos con —,** braking all axles; **empujador de zapata de —,** actuator brake shoe; **equipo de —,** brake equipment; **escuadra de —,** brake bracket; **forro de —,** brake lining; **guarnición de —,** lining; **guarnición del —,** brake lining; **guía de —,** brake guide; **mando de — de mano,** brake hand; **segmento de —,** brake shoe; **semicinta de —,** brake half; **sistema de frenos,** brake system; **superficie de zapata de —,** brake face;

tambor del —, brake drum; **tornillo del —,** brake staff; **trinquete de —,** brake pawl; **volante de maniobra de —,** brake wheel; **zapata de —,** brake block, brake shoe.

Frente, Face; **—** (minas), breast; **— de arranque,** mine head, place, (minas) fore field; **— de ataque,** face; **— de carbón dispuesto para el arranque,** buttock; **— de fase,** phase front; **— de llama,** flame front; **— de onda,** wave front; **— empinado,** steep or abrupt front; **vista de —,** end view, front view.

Freón, Freon.

Fresa, Countersink, countersinking drill, cutter, fence, hob, milling cutter, slotting drill; **—** (véase **Cutter**), milling cutter; **—** (véase también **Cutter**), mill; **— angular,** conical side milling cutter, rose bit; **— cilíndrica,** cylindrical cutter, face and side cutter; **— circular,** cone bit; **— con volante,** fly cutter; **— cónica,** cone milling cutter, countersinking bit, rose bit; **— cónica angular,** angle cutter; **— de corte lateral,** side cutting tool; **— de dentado acanalado,** grooved milling cutter; **— de dentado lateral,** side cutter; **— de dientes insertados,** cutter with inserted teeth, inserted teeth milling cutter; **— de disco,** face and side cutter; **— de dos caras,** face and side cutter; **— de escariar,** hole boring cutter; **— de espiga,** end mill; **— de forma,** cutter profile, form cutter, formed cutter; **— de forma convexa, cóncava,** convex, concave cutter; **— de fresadora cepilladora,** facing cutter; **— de machihembrar,** tonguing cutter; **— de perfil constante,** archimedean drill, backed off cutter; **— de perfilar,** profile cutter; **— de pulimentar,** rose countersink; **— de ranuras,** grooving cutter, rebating cutter; **— de refrentar,** face milling cutter; **— de roscar,** fluting cutter for taps; **— de tallar escariadores,** cutter for fluting taps; **— de tallar las ranuras.** fluting cutter for taps; **—**

de tres cortes, side and face cutter; — de costado, side cutter; — del perfil constante, backed off milling cutter; — en ángulo, angular cutter; — en punta, end cutter; — escariadora, internal milling cutter; — esférica, spherical cutter; — matriz, hob, radical or worm hob; — para dentar engranajes, cutter for gear wheels; — para engranajes, gear cutter, wheel cutter; — para escariar, hole boring cutter; — para filetear, thread milling cutter; — para hacer juntas, jointer cutter; — para ranuras, slot cutter; — para rebajos, rebatting cutter; — para redondos, rounding cutter; — para refrentar asientos de taladros, spotfacer; — para retornear, backed off milling cutter; — para tallar escariadores, cutter for fluting taps; — para tallar la ranura de las brocas, cutter for fluting twist drills; — perfilada, formed cutter, profile cutter; — plana, face milling cutter; — plana de dos bordes cortantes, chamfering drill, chamfering tool; — plana de dos filos, chamfering tool; — ranuradora, slot cutter; — redonda (ajust.), cherry; desbaste a la —, fase milling; fresas combinadas, grouped cutters; juego de fresas, set of cutters; máquina de afilar las fresas, cutter grinding machine; máquina de filetear con —, thread milling machine; máquina de rectificar las fresas, hob grinder; máquina para afilar las fresas, milling cutter grinder; matriz de —, cutter blank; torno de — de copiar, copying milling machine.

Fresado, Cutting, milling; cabezal de —, cutter head; mandrino de —, milling arbor.

Fresador, Twisted shell bit; broca de fresadora, spindle of a milling machine; cabezal —, milling head; fresadora a mano, hand milling machine; fresadora de fabricación, manufacturing milling machine; fresadora de fresar hélices, propeller milling machine; fresadora

de husillo vertical, vertical spindle milling machine; fresadora de reproducir, profiling milling machine; fresadora de utillaje, tool or tool room milling machine; fresadora horizontal, horizontal or horizontal spindle milling machine; fresadora portátil, portable milling machine; fresadora simple, plain milling machine; fresadora vertical, vertical spindle milling machine; máquina fresadora de consola, knee and column milling; plato —, cutter head; tren —, grouped cutters; zapata fresadora, milling shoe, million.

Fresadora, Countersink drilling machine, machine milling; — (véase Milling), milling machine; — (véase Milling machine), miller; — automática, automatic milling machine, milling machine; — cepilladora, planer type miller; — copiadora por plantilla, contour miller; — de banco, bench miller; — de carro móvil, ram type miller; — de grabar, engraving miller; — de mesa circular, rotary table miller; — de palanca, handspike miller; — de ranurar, key seating machine; — de reproducir, contour miller, copying milling machine; — de reproducir a izquierdas, left hand copying machine; — de tallar engranajes, gear miller; — horizontal, slabbing miller; — simple, plain miller; — universal, universal miller; bastidor y consola de —, column and knee of a milling machine.

Fresar, To countersink, to mill; — circularmente, to mill circularly; máquina de — cabezas de tornillos, screw head countersink miller; máquina de — engranajes, hobber; máquina de — los aterrajados cortos, short thread milling machine; máquina de — los aterrajados largos, long thread milling machine; máquina de — ranuras, keyway milling machine; máquina para —, gear cutting machine; máquina para — las ranuras, key way milling machine.

Fresnel, Fresnel; **región de —,** fresnel region.

Fresno, Ash tree, ash wood; **— azul,** ash blue; **— verde,** ash green; **madera de —,** ash.

Fricción, Friction, galling, rubbing, scum or skin; **— magnética,** magnetic friction; **a —,** frictional; **arrastre por —,** friction gearing; **disco de —,** friction disc; **embrague de —,** friction clutch; **manguito de —,** box of a friction coupling; **martillo de correa de —,** friction roll drop hammer; **prensa a —,** friction (screw) press; **ruedas de arrastre por —,** brush wheels; **tira de —,** band friction.

Frigorífico, Home refrigerator, refrigerator; **almacén —,** refrigerated warehouse; **aparato —,** refrigerator; **camión —,** refrigerator, refrigerator car; **instalación frigorífica,** refrigerating plant; **máquina frigorífica,** refrigerating machine.

Frío, Cold; **— intenso,** intense cold; **acero estirado en —,** cold drawn steel; **arranque en —,** cold starting; **batido en —,** cold beaten; **batido en — del metal,** cold working; **batir en —,** to cool hammer; **cátodo —,** cold cathode; **contraerse en —,** to cold shrink; **designa actualmente la dureza de las chapas y los flejes desarrollada por el el trabajo en —,** temper; **dorado en —,** cold gilding; **equipado contra el —,** winterized; **ensayo en —,** cold test; **extruido en —,** solid extruder; **extrusión en —,** cold heading; **forjado en —,** cold forged; **fuente fría,** heat sink; **gota fría,** cold shot; **hierro laminado en —,** cold iron; **hilo estirado en —,** hard drawn wire; **laminado en —,** cold reduced; **laminador —,** three high mill; **laminador en —,** cold rolling mill: **laminadores en —,** temper mills; **martillado en —,** cold hammering; **oclusión fría,** cold occlusion; **perforado en —,** cold punched; **prensa de enderezar en —,** cold press; **quebradizo**

en —, cold short, cold short brittle; **trabajo en —,** cold forming, cold starting; **tren laminador de bandas en —,** cold strip mill.

Fritado, Fritted.

Frontal, Frontal, pressed end plate; **bobinaje —,** end winding; **muñón —,** end journal; **traviesa —,** front beam.

Frotador, Cushion, sliding contact; **— compacto del colector,** brush solid; **— posterior,** trailing wiper.

Frotamiento, Friction, rubbing, scuff or scuffing; **— del aire,** air friction; **aserrado por —,** abrasive sawing.

Frotando (Desgastar), To fret.

Frotar, To fret, to rub, to scrub.

Ftaleína, Ptalein.

Ftálico, Ptallic; **ácido —,** ptallic acid.

Ftalocianuros, Ptalocyanides.

Ftioico, Ptioic.

Fuego, Fire, light; **— fijo,** fixed light; **— que arde mal,** dead fire; **a prueba de —,** fire proof; **acción de avivar los fuegos,** firing up; **acción de llevar y mantener el — en el fondo de los hornos,** banking up the fires; **ahogar los fuegos,** to put out the fires; **apagar los fuegos,** to draw the engines, to put out the fires; **apagar un —,** to smother; **avivar los fuegos,** to brisk up the fires, to stir, to urge the fires; **caja de —,** fire chest; **cielo de la caja de —,** fire box top; **color de gran —,** fire proof color; **dejar apagarse los fuegos,** to let the fires down; **dejar el horno sin —,** to blow the furnace; **encender los fuegos,** to fire up the engine; **estañar a —,** to fire tin; **fuegos artificiales,** fire works; **fuegos sofocados** (alto horno), damped down; **montar un arma de —,** to cock; **pegar —,** to ignite; **pérdida al —** (química), deads; **placa de cabeza de la caja de —,**

fire box plate; **poner a —,** to burn; **potencia de —,** fire power; **puesto a —** (alto horno), blown in; **puesto fuera del —** (alto horno), blown off or blown out; **respaldar los fuegos,** to put back the fires; **retardador de —,** fire retardant; **superficies expuestas al —,** firesides; **tabique para fuegos,** fire screen.

Fuel y aceites bituminosos para carreteras, Furol (véase **S.S. Furol**).

Fuel-oil pesado, Boiler fuel.

Fuelle, Bellows, blowing engine, cupola blast; **—** (de regulador para el gas), bellows diaphragm; **—** (met.), blast; **— magnético,** magnetic blow out; **— sencillo,** single bellows; **albergue de —,** chest; **armadura de hierro de los fuelles,** iron armour of bellows; **busa de —,** bellows head; **de —,** expanding; **respiradero de —,** flood gate; **válvula de —,** valve of bellows.

Fuente, Bowl, source; **— luminosa,** light source; **— para beber** (buques), scuttlebutt; **colada en —,** bottom casting.

Fuera, Out; **de — a fuera,** overall; **longitud de fuera a —,** overall length.

Fuerte, Strong; **—** (detrás de una cifra), full; **soldadura —,** hard soldering.

Fuerza, Force, power, strength, vis; **—** (de un salto de agua), foss; **—** (de una grúa), load; **— ácida,** acidic strength; **— antagonista,** controlling force, counterchek; **— ascensional,** ascensional power, static lift; **— centrífuga,** centrifugal force; **— centrípeta,** centripetal force; **— coercitiva,** coercive force; **— contraelectromotriz,** back or counterelectromotive force, B.E.M.F. (back electromotive force), countervoltage; **— de aceleración,** accelerating force; **— de cohesión,** bond stress; **— de estriping,** stripping force; **— de inercia,** vis inertia; **— de recupe-**

ración, restoring force; **— del freno,** back pressure; **— dispuesta para entrar en combate,** readiness force; **— efectiva,** effective pressure; **— elástica,** elastic pressure; **— electromotriz,** electromotive force, E.M.T. (electromotive force); **— magnética,** magnetic strength; **— magnetomotriz,** magnetomotive force; **— motriz,** power; **— nominal,** motive power; **— portadora,** holding power, portative power; **— portadora de un imán,** lifting power; **— portante** (imán), carrying force; **repulsiva,** repelling or repellent force, repelling power; **— sustentadora,** lift or carrying power; **— tensorial,** tensor force; **— transmitida,** effective pull; **— transmitida por una correa,** effective pull; **— viva,** actuation, vis viva, (proyectiles), oomph; **desplazamiento (cm) por unidad de —** (dina), compliance; **dínamo para — motriz,** power dynamo; **generador de — motriz,** prime mover; **línea de —,** power line; **línea de — magnética,** magnetic field line; **pérdida de — sustentadora,** wing drop; **sacar a la —,** to force back, down, in, out; **toma de —,** power take off; **unidad absoluta de —** (13,825 dinas), poundal.

Fuga, Blow by, blowby, leak, leakage; **—** (de gas, de vapor), outrush; **—** (elec.), magnetic loss; **— de gas,** escape; **— de vapor,** steam leakage; **detector de fugas,** leak detector; **detector de fugas por vacío,** vacuum leak detector; **pérdida por fugas,** dripping; **que tiene fugas,** leaky; **tener fugas** (tubos, juntas), to weep; **tener una —,** to leak.

Fugitómetro, Fugitometer.

Fulard (máquina), Quetch.

Fulcro, Pedestal.

Fulcronógrafo, Fulchronograph.

Fulcros, Chocks.

Fuliginoso, Fuliginous.

Fulmicotón, Cotton powder.

Fulminante, Detonating; **pólvora —,** detonating powder.

Fulminato, Fulminate; **— de mercurio,** fulminate of mercury.

Fumante, Fuming.

Fumigación, Fumigation.

Fumigante, Fumigant.

Fumigar, To fumigate.

Fumígeno, Smoke; **bomba fumígena,** smoke bomb; **obús —,** smoke shell.

Fumívoro, Anti-smoke, smoke consuming.

Fumivorosidad, Smoke combustion.

Fumivosidad, Comburation smoke.

Función (mat.), Function; **— analítica,** analytic function; **— armónica,** harmonic function; **— circular,** circular function; **— continua,** continuous function; **— de onda,** wave function; **— de rectángulo,** rectangle function; **— de transferencia,** transfer function; **— de transferencia complementaria,** difference transfer function; **— de transferencia con bucle,** loop transfer function; **— de transferencia regresiva,** return transfer function; **— de transferencia total,** through transfer function; **— delta,** delta function; **— escalar,** scalar function; **— explícita,** explicite function; **— exponencial,** exponential function; **— hiperbólica,** hyperbolic function; **— potencial,** potential function; **— recurrente,** recursive function; **— trabajo,** work function; **— trigonométrica,** trigonometric function; **— univalente,** univalent function; **en — de,** against, to a base; **en funciones,** acting.

Funcional, Functional; **— lineal,** linear functional.

Funcionamiento, Operation, working; **— automático,** automatic operation; **— del vapor,** steam driving; **— en circuito abierto,** open-circuit working; **— en circuito cerrado,** closed-circuit working; **— en dúplex,** duplex operation; **— en paralelo,** parallel operation; **— polarizado,** polar operation; **— silencioso,** silent operation; **capacidad de —,** operability; **características de —,** operating features; **condiciones de —,** operating conditions; **de —,** operational; **en buen estado de —,** in working order; **ensayo de —,** functional test; **instrucciones de —,** running instructions; **mal —,** failure; **margen de —,** operating range; **pérdida neta mínima de —,** minimum working net loss; **seguridad de —,** reliability.

Funcionar, To work; **hacer —** (una máquina), to work; **que no funciona,** wild.

Funda, Casing, duct; **— de cartucho,** cartridge shell; **— de hélice,** propeller cover; **— de turbina,** turbine casing; **— para ánodo,** anode bag; **con —,** screened.

Fundación, Basis, bed, bedding, foundation; **—** (de industria), establishment; **— de bocarte,** bottom; **placa de —,** base plate, bed piece, bottom plate, lobe-plate.

Fundamental, Fundamental; **armónico —,** fundamental harmonic; **frecuencia —,** fundamental frequency; **longitud de onda —,** fundamental wavelength; **oscilación —,** fundamental oscillation· **piedra —,** foundation stone; **unidades fundamentales,** fundamental units.

Fundente, Agent for fusion, flux (plural **fluxes**), limestone flux; **—** (metalurgia), flux; **— aluminoso,** aluminous flux; **— calcáreo,** limestone flux; **— decapante para soldar,** welding flux; **— en polvo,** powdered flux; **— salino,** salt flux.

Funderia, Melting house, smelting works; **— de acero,** foundry steel; **coque de —,** foundry coke.

Fundibilidad (metalurgía), Fondability.

Fundición, Cast iron, colliquation, foundry, iron crude, melting, smelting; **— afinada,** refined cast iron; **— aleada,** alloy cast iron; **—**

blanca, cast iron nº 5, forge pig, white cast iron, white pig iron; — **blanca para acero,** floss; — **bruta,** as cast, pig iron; — **colada al descubierto,** open sand casting; — **de afino,** forge pig; — **de aire caliente,** hot blast pig; — **de moldeo,** foundry pig, (véase **iron y pig),** cast iron; — **de primera fusión,** first smelting of pig iron; — **de una pieza con aletas,** ribbed casting; — **de viento frío,** cold blast pig; — **dúctil,** ductile cast iron; — **dura,** cast iron nº 1, hard cast iron; — **en cáscara,** chill casting; — **en coquilla,** chill casting; — **endurecida,** chilled iron; — **fosforosa,** phosphorous jig iron; — **fundida al aire,** open cast iron; — **fundida al descubierto,** open cast iron; — **gris,** cast iron nº 2, grey cast iron, (nº 2), grey pig iron; — **gris claro,** cast iron nº 3, (nº 3), light grey pig; — **gris oscura,** dark grey pig; — **hecha en molde abierto,** casting open sand; — **jaspeada,** cast iron nº 4; — **líquida,** melt iron; — **maleable,** annealed cast iron, malleable cast iron; — **maleable americana,** black heart castings; — **maleable europea,** white heart castings; — **moldeada,** iron casting; — **moteada** (nº 4), mottled pig iron; — **negra** (nº 1), black pig; — **nodular,** nodular iron; — **para mecanizado,** as machined; — **templada,** chilled iron; — **veteada,** band pig; **arena de —,** foundry sand; **bruto de —,** as cast, just as cast, rough cast, as casting; **cilindros de — endurecida para laminadores,** chilled iron rolls; **cuchara de —,** hot metal ladle, ladle or casting ladle; **chasis de —,** box; **chatarras de —,** sprue; **de — hueca,** cast hollow; **desbarbar los objetos de —,** to dress castings or to trim castings; **desmoldear la —,** to lift the casting; **desmoldeo de la —,** lifting; **escorias de —,** cast scrap; **exceso de —,** chipping piece; **galápago de —,** iron pig; **horquilla para cuchara de —,** ladle carrier; **lingote de —,** iron pig; **mármol**

de —, cast plate; **mazarota de —,** casting sprue; **medida equivalente a ocho lingotes de —,** fodder; **mesa de —,** dressing plate; **moldes de arena para —,** drain metal; **negro de —,** coal blacking; **polvo para espolvorear los moldes de —,** facing; **producto de —,** cast in one piece with, cast integrally, cast solid with; **producto de — con,** cast in the same piece with; **rebaba de —,** fin; **remover la —,** to puddle; **residuos de —,** drain oil, sprue; **técnica de la —,** foundryology.

Fundido, Cast, molten; — **en arena,** cast sand; — **en caja,** flask casting; — **en foso de colado,** cast pit; **acero —,** cast steel; **acero — en crisol,** crucible cast steel; **fusible —,** blown fuse; **pieza fundida de arriba,** casting top; **pieza fundida de asiento para carriles,** casting track; **plomo —,** molten lead; **recién —,** as cast.

Fundidor, Former, founder, smelted, teemer; — **de plomo,** lead caster.

Fundidora, Casting machine; — **a presión,** die casting machine.

Fundir, To cast, to found, to fuse, to liquate, to melt; — (metales), to smelt; — **al descubierto,** to cast in open sand; — **con bebedero en el fondo del molde,** to cast with gate in bottom of mould; — **con macho,** to cast upon a core; — **en hueco,** to cast hollow, to cast upon a core; — **hasta la fusión tranquila,** to dead melt; — **una pieza maciza,** to cast solid; **acción de — los metales,** casting; **máquina de — a presión,** die casting machine.

Fundirse, To blow off, out, to fizz.

Fungicida, Fungicide.

Fungistático, Fungistatic.

Funicular, Ropeway, **cremallera de —,** cog rail.

Funiforme, Funiform.

Furánico, Furano; **compuestos furánicos,** furano compounds.

Furano, Furan.

Furfural, Furfural.

Furgón, Caboose, carriage, waggon or wagon; — **de entrega,** delivery waggon; — **de equipajes,** baggage car.

Fuselado, Stream acid.

Fuselaje, Body, fuselage or fusilage; — (aviación), body; — **afilado,** sharp fuselage; — **de contraplaca,** plywood fuselage; — **de tela,** canvas body; — **doble,** double body; — **metálico,** metal body; — **monocasco,** monocoque fuselage; — **simple,** single body; **morro de** —, nose; **nudo del** —, fuselage intersection or fuselage junction.

Fusibilidad, Fluxibility.

Fusible, Breaker circuit, cut out, fusible, meltable, smeltable; — **cartucho,** cartridge fuse; — **con alarma,** grasshopper fuse; — **de doble elemento,** dual element fuse; — **de lámina de mica,** mica-slip fuse; — **fundido,** blown fuse; **arandela** — (calderas), safety plug; **cartucho de** —, fuse link, link; **cuadro de bornas para fusibles,** fuse block; **plomo** —, safety fuse; **probador de fusibles,** fuse tester; **renovar el** —, to re-fuse; **saltar un** —, to blow a fuse; **tapón** —, blow off plug, fusible plug.

Fusil, Gun; — **calibre 12,** 12 gauge gun; — **con teleobjetivo,** scope sighted gun; — **de cañón rayado,** rifle; — **de caza,** shot gun; — **de eyector,** ejector gun; — **de pequeño calibre,** small bore rifle; — **de repetición,** magazine rifle; — **sin retroceso,** recoilless rifle; **guardamonte de** —, drop; **perrillo de** —, click.

Fusilado, Stream lined.

Fusinita (carbones), Fusinite.

Fusinización (carbones), Fusinización.

Fusión, Blending, colliquation, fusion, melting, merging, smelting; — **de chatarra de hierro o acero,** busheling; — **de dos o más sociedades,** merger; — **en vacío,** fusion vacuum; — **fraccionada,** fractional melting; **en** —, molten; **gas de los hornos de** —, smelter gases; **horno de** —, melting furnace; **moldeado por** —, heat cast; **punto de** —, blowing point, drop point, melting point or M.P.; **soldadura por** —, fusion welding.

Fusta, Carpenter's line.

Fuste, Crank brace, drum; — **de columna,** shaft of the column; — **de tornillo,** body; — **de un cepillo,** stock of a plane.

G

Gabarit, Back board, batter gauge, standard gauge; — **de escuadrado, bevelling board; — para la apertura de un pozo** (mina), barrel curb.

Gabarra, Barge, craft, lighter, lump, scaw, tender; — **automotora,** self propelled barge or motor; — **de carbón,** coal barge; — **porta-bloques,** block carrier barge; **transporte por gabarras,** lighterage.

Gabarraje, Lighterage.

Gabinete, Cabinet; — **blindado,** shielded cabinet; — **de teléfono,** telephone cabinet; — **vertical,** standing cabinet.

Gablete, Canopy.

Gafas, Goggles; — **protectoras de soldador,** welding goggles.

Gagatización (geología), Gagatization.

Galáctico, Galactic.

Galápago (de plomo), Sow; — **de metal,** pig; **estaño de galápagos,** block tin; **latón de galápagos,** block brass; **plomo en galápagos,** pig lead.

Galapo (cordelería), Laying top.

Galaxia, Galaxy.

Galena, Galena, glance, lead glance, lead sulphide or galena; — **argentífera,** silver bearing galena; **horno escocés de —,** blast hearth.

Galera de asiento de los cabezales, Axle bar.

Galería, Bord, drive, gallery, tunnel; — **central,** centre drift; — **de abastecimiento,** inlet tunnel; — **de acceso,** entrance tunnel; — **de desagüe,** adit, deep level, (minas), adit level, off-take; — **de drenaje,** drainage gallery; — **de evacuación,** evacuation gallery; — **de fondo,** deep level; — **de prolongamiento,** deep level; — **de reconocimiento,** exploring drift; — **de ventilación,** air road, wind tunnel; — **inferior,** deep adit; — **pequeña** (minas), creep hole; — **subterránea,** adit; — **transversal,** thirl; **apertura de** —, driving; **blindaje de —,** tunnel lining; **cuadro de entibación de una** — (minas), gallery frame; **fondo de —,** end, face; **levantamiento del muro o del techo de las galerías,** creep; **minero que trabaja en una** —, drift maker; **muro de —,** face; **perforación de galerías de túnel,** tunnel lining; **perforar galerías,** to drift.

Galga, Gauge or gage, templet or template; — **de Birmingham para hilos metálicos,** B.W.G. (Birmingham wire gauge); — **de espesores,** thickness gauge; — **de profundidad,** depth gauge; — **micrométrica,** micrometer gauge; — **normal de los alambres en el Reino Unido,** S.W.G. (Standard Wire Gauge); — **patrón,** standard gauge; **galgas de flejes resistentes,** strain gauges.

Galibado, Moulded (**molded** en América), moulding.

Galibar, To mould (**to mold** en América); **prensa de —,** moulding press.

Gálibo, Modelling board, mould (**mold** en América); — **de un buque,** mould of a ship; **sala de gálibos,** moulding loft; **trazar en el suelo de la sala de gálibos,** to lay off in the mould loft door; **trazar los gálibos,** to assemble the moulds.

Galio, Gallium.

Galocha, Snatch block.

Galón (4,543 litros), Gal; **2 galones** (9,0869 l.), peck; **capacidad en galones,** gallonage capacity; **galones por minuto,** G.P.M.; **galones por segundo,** G.P.S.

Galvánico, Galvanic; **depositado por vía galvánica,** electrodeposited; **dorado —,** electrogilding; **elemento —,** galvanic cell or battery.

Galvanización, Galvanisation or galvanization, galvanizing; **— en caliente,** hot galvanizing.

Galvanizado, Galvanised; **chapa galvanizada,** galvanised sheet; **hierro —,** galvanised iron; **tanque —,** galvanised tank.

Galvanizar, To galvanise or to galvanize.

Galvanómetro, Galvanometer; **— absoluto,** absolute galvanometer; **— aperiódico,** aperiodic galvanometer, dead beat galvanometer; **— astático,** astatic galvanometer; **— balístico,** ballistic galvanometer; **— de cuadro,** Einthoven galvanometer; **— de cuerda,** Einthoven galvanometer, string galvanometer; **— de Einthoven,** string galvanometer; **— de reflexión,** mirror galvanometer; **— de torsión,** torsion galvanometer; **— diferencial,** differential galvanometer; **constante de un —,** galvanometer constant; **movimiento lento de la aguja de un —,** drifting; **shunt de un —,** galvanometer shunt.

Galvanoplastia, Electroplating; **generatriz de —,** plating generator.

Galvanoplástica (Balanza), Plating balance; **dorado galvanoplástico,** electrogilding.

Galvanotipista, Electrotyper.

Gallear (hojalatería), To sprinkle.

Galleta de resudado, Carcass: **galletas,** cobbles, nut coal.

Gama, Range, scale; **con amplia — de velocidades,** wide speed; **de amplia —,** wide range.

Gambota, Futtock.

Gammaexano, Gammexane.

Ganancia, Return; **— compuesta,** composite gain; **— de inserción,** insertion gain; **— de potencia disponible,** available power gain; **— de un transductor,** transducer gain; **— por inversión de sentido,** front-to-back ratio; **bocina de — patrón,** standard gain horn; **control de —,** gain control.

Ganancímetro, Gain measuring set (Kerdometer).

Gancho, Catch, cinder hook, clasp, clinch, crook, crotch, dog, drag, draw hook, grapple, hook, knob, lift, mooring hook, pickup, swivel joint, truck coupler, trigger; **— conmutador,** receiver hook; **— de arranque,** starting claw; **— de cola,** tailhook; **— de cordelero,** loper; **— de enganche,** tug hook; **— de garras,** claw hook; **— de mandíbulas,** chop hook; **— de montón** (petr.), spring swivel; **— de retenida,** arrester hook; **— de tendedera,** cloth pin; **— doble,** ramshorn; **— para barrenas,** bit hook; **— para izar madera,** dog iron; **arandela de —,** drag washer; **cadena de ganchos,** hook link chain; **chapa con —,** plate hook; **cola de —,** hook end; **con movimiento horizontal del —,** level luffing; **gato de —,** dum craft; **polea de —,** hook block; **rellamada por — conmutador,** switch hook flashing.

Ganchudo, Crooked.

Ganga, Attle, bond, dead ground; **—** (minas), cover, dead ground; **—** (mineral), gang, gangue; **— de mineral,** brood; **con — arcillosa,** bonded clay; **pequeños trozos de mineral a los que se adhiere —,** chats.

Gánguil, Mud boat, mud lighter; **— de compuertas,** hopper punt or barge.

Ganzúa, Bolt chisel.

Garaje, Garage, housing; **mecánico de —,** garage mechanic.

Garantía, Guarantee, security, voucher; — **de calidad,** warranty.

Garantizado, Guaranteed.

Garantizar, To guarantee, to warrant.

Garfia, Clasp.

Garfio, Creeper, crook, dog, dolly bar, drag, drag hook, grapnel, hook, miner crow, paw, pinch bar, trigger; — (herramienta de caldeo), crooked poker; — **articulado,** drop hook; — **de correa,** claw; — **de enganche,** draw hook; — **de izar,** lifting hook; — **de tracción,** draw hook; — **doble,** hook; — **para escorias,** devil; — **para izar madera,** dog iron; **acoplamiento, embrague de garfios,** claw coupling; **cuchara de garfios,** grappling bucket; **garfios,** spikes of a jack; **garfios de terracería,** stone grapples; **garfios para madera,** wood grapples; **pico del —,** hook end; **potencial del —,** draw bar horse power.

Garganta, Groove, gut, lip, pass, score, swallow, throat, — (de polea), gorge; — (de sierra), overhanging arm; — **de estanqueidad,** screen groove; — **de polea,** jaw; **con —,** lipped; **herramienta con —,** lipped tool; **polea de —,** grooved pulley.

Garita cubierta, Cab enclosure.

Garlopa, Cutting tool, draw knife, draw shave, drawing knife, drawing shave, jack plane, plane with handle, shave or draw or drawing shave, shooting plane, smoothing plane, turning chisel; — (de tornero de madera), chisel bevelled on both sides; — (ebanistería), jack plane; — **de tonelero,** cooper's jointer.

Garra, Catch, clamp, claw, clip, clutch, cramp, devil's claw, guard, hook, prong;• — **de apriete,** dog hook; — **de compresión,** compression clutch; — **giratoria,** revolving claw; **brazo de —,** claw arm; **engendrado por las garras de los inductores,** claw field; **garras,** clips, clutches, (torno) chuck;

llave de garras, claw foot; **tipo de —,** clincher type.

Garrear, To drive in.

Garrucha para cable, Block rope.

Garrucho (marina), Cringle.

Garzón, Helper; **segundo —,** second helper.

Gas, Gas (plural **gases**); — **asfixiante,** asphyxiating gas; — **de agua,** water gas; — **de alto horno,** blast furnace; — **de alumbrado,** coal gas, lighting gas; — **de ciudad,** town gas; — **de combustión,** flue gas; — **de gasógeno,** producer gas; — **de los hornos de pirita de azufre,** burner gas; — **de los pantanos,** marsh gas; — **de tragante,** top gas; — **detonante,** detonating gas; — **imperfecto,** imperfect gas; — **inerte,** inert gas; — **lacrimógeno,** tear gas; — **licuado** (no debe confundirse con **gas oil**), gasol, liquered gas; — **mostaza,** mustard gas; — **natural,** natural gas; — **noble,** rare gas; — **ocluido,** entrapped gas, occluded gas; — **para fuerza motriz producido sin envío de vapor en el gasógeno,** dry gas; — **resificante,** blister gas; — **tóxico,** toxic gas; **a todo —,** full power, full throttle; **analizador de —,** gas analyser; **aparato a —,** gas apparatus;ᵪ **arrastre del petróleo por una bolsa de — a presión,** cap gas drive; **botella de —,** gas cylinder; **botella para lavaje de —,** gas scrubber; **cable lleno de —,** gas filled cable; **caldera calentada por —,** gas fired boiler; **canalización de —,** gas pipeline; **conducto de —,** gas line; **contador de —,** gas meter; **depurador de —,** gas cleaner, gas purger; **descarga en un —,** gas discharge; **desprendimiento de gases,** gassing; **emanación de — natural,** gas seeps; **enlucido impermeable a los gases,** vapor seal; **exhalaciones de —** (minas), choke damp; **fábrica de —,** gas works; **fuga de —,** gas escape; **gases de escape,** exhaust gases; **gases de horno de fusión,**

smeller gases; **gases perdidos** (alto horno), waste gases; **generador de** —, gas generator; **horno caldeado con** —, gas fired kiln; **horno de** —, gas oven; **idealidad del** —, gas ideality; **impermeable a los gases**, gas proof, gas tight; **instalación de tubería de** —, carcassing; **lámpara llena de** —, gas filled lamp; **mando de los gases** (auto), gas lever; **máquina soplante de — de alto horno,** blast furnace gas blowing engine; **máscara de** —, gas mask; **motor a** —, gas engine; **motor a — de horno alto,** wasted gas engine; **motor a — pobre,** producer gas engine; **que desprende gases,** gassing; **quemador de** —, gas burner, gas lamp; **quemador de — de dos orificios,** fish tail burner; **separador de** —, gas trap; **soldadura por** —, gas welding; **soplete a** —, gas blowpipe; **temperatura para que desprendan gases suficientes para arder momentáneamente,** flashing point; **toma de** —, down take, (horno alto), gas exit pipe; **tubo de** —, gas filled tube, gas pipe, gas tube or gas filled tube; **tubo de conducción de gases,** gas main; **tubo de vacío que contiene algo de** —, gassy tube; **turbina a** —, gas turbine; **turbina de** —, combustion turbine or internal combustion turbine, internal combustion turbine; **válvula de** —, gas valve or vent.

Gasa, Gauze.

Gaseoso, Aereous, gaseous, vaporous; **combustible** —, gaseous fuel; **conducción gaseosa,** gaseous conduction; **descarga gaseosa,** gas discharge; **difusión gaseosa,** gaseous diffusion; **ion** —, gaseous ion; **mezcla gaseosa,** gaseous mixture.

Gasificación, Gasification; **— subterránea,** underground gasification.

Gasoclástico (geología), Gasoclastic.

Gasógeno, Gas producer, generating set, producer gas, retort; **— por aspiración,** gas suction plant; **gas de** —, producer gas.

Gasolina (E.E.U.U.), Gasolene (rare) or gasoline; **—** (en Inglaterra, **gasoline** en Norteamérica), petrol; **— de aviación,** aviation gasolene; **— de cracking o de piroescisión,** cracked or cracking gasolene; **— de destilación,** straight run gasolene; **— de gas natural,** casinghead gasolene; **— ordinaria,** pool petrol; **— sintética,** synthetic gasolene, synthetic petrol; **abreviatura de** —, gas (plural **gases**); **bomba de** —, petrol pump, (auto), fuel pump; **consumo de** —, gasolene consumption, petrol consumption; **depósito de** —, gas tank, petrol tank; **distribuidor de** —, petrol pump; **estar falto de** — (motor), to starve; **lata de reserva de** —, jerrycan; **motor de** —, gasolene engine; **sin** —, out of gas; **vapor de** —, petrol vapour; **vapores de** —, gasolene fumes or vapours.

Gasómetro, Gas holder, gas tank, gasometer; **— de guías helicoidales,** gas tank on spiral guides; **— de guías rectas,** gas tank on straight guides; **— de n carreras,** n stroke gas holder.

Gastable, Spendable.

Gasto, Cost, expense; **— variable,** charge variable; **coeficiente de** —, coefficient of discharge; **con gastos imprevistos** (temporalmente), provisionally; **gastos,** charger, expenditures, fees; **gastos de amortización,** amortizement charges; **gastos de desplazamientos,** travelling expenses; **gastos de eslingar,** slinging; **gastos de explotación,** operating cost, running costs, working expenses; **gastos de mantenimiento,** cost of upkeep, maintenance expenses; **gastos de transporte,** freight charges; **gastos de utillaje,** tooling up expenses; **gastos diversos,** sundries; **gastos falsos,** incidental charges; **gastos imprevistos,** contingencies; **sin gastos,** F.O.C. (free of charge).

Gateamiento, Jacking.

Gatillo, Catch, click, cramp frame, dog, toggle, trigger; — **de arma,** seer; — **doble,** double trigger; — **único,** single trigger; **apretar el —,** to pull the trigger.

Gato, Hand screw, jack, jack screw, ram, screw crane, screw jack, screw lever; — **de dos garras,** jack with a double claw; — **de elevación del tren de aterrizaje,** undercarriage main jack; — **de husillo,** screw jack; — **de pistón,** piston jack; — **hidráulico,** hydraulic jack; — **manual,** hand jack; — **manual con un garfio,** hand jack with a claw; — **manual de dos garfios,** hand jack with a double claw; — **neumático,** pneumatic ram; — **retractor del aterrizador,** retracting jack; — **sencillo,** common hand jack; **cremallera de un — de doble piñón,** bar of a rack and pinion jack; **levantado con —,** jacked, jacked up; **levantamiento con —,** jacking; **levantar con el —,** to jack up.

Gauss, Gauss; **teorema de —,** Gauss theorem.

Gaussio (unidad de intensidad del campo magnético), Gauss; **fuerza magnetomotriz expresada en gaussios,** gaussage.

Gaussiómetro, Gaussmeter.

Geanticlinical, Geanticline.

Gel, Freezing, gel; — **celulósico,** cellulose gel.

Gelatina, Gelatin or gelatine; — **sensibilizada,** sensitized gelatin.

Gelatinizarse, To jellyfy.

Gelificación, Gel formation, gelation.

Gemas (Que tiene) (madera), Wany.

Gemelado, Accoupled.

Gemelo, Sister; — (hélice, cañón, etc.), twin; **buque —,** sister ship; **filtros gemelos,** twin strainers; **gemelos,** binocular glasses, binoculars, twin; **gemelos de campaña,** field glasses; **gemelos periscópicos,** periscopic binoculars; **gemelos prismáticos,** prismatic binoculars; **llantas gemelas,** twin tyres; **máquina con hélices gemelas,** twin screw engine.

Gemíneo, Accoupled.

Generabilidad, Generability.

Generado (Trabajo), Work done.

Generador, Boiler, G (generator), generating, generator; — **armónico,** harmonic generator; — **de acetileno,** acetylene generator; — **de alta frecuencia,** high frequency (h.f.) generador; — **de alternador,** alternator generator; — **de arco,** arc generator; — **de barrido,** sweep generator; — **de base de tiempos,** time-base generator; — **de chispas,** spark generator; — **de dientes de sierra,** saw-tooth generator; — **de forma de onda,** waveform generator; — **de gas,** gas generator; — **de impulsos,** impulse generator; — **de línea vertical,** spike generator; — **de llamada,** ringing machine; — **de onda rectangular,** rectangular wave generator; — **de polos dentados,** claw field generator; — **de señal,** signal generator; — **de sincronización,** synchronizing generator; — **de tensiones muy altas,** surge generator; — **de tiempos en peine,** time comb generator; — **de tono,** tone sender; — **de trama,** grating generator; — **de ultrasonidos,** ultrasonic generator; — **de vapor,** steam generator; — **eléctrico,** electric generator; — **electrónico,** electronic generator; — **electrostático,** electrostatic generator; — **marcador,** marker generator; — **normalizado,** normal generator; **polimórfico,** double current generator; — **sonoro puntual,** simple sound source; **estación generadora,** generating station; **faro con —,** headlamp with separate generator; **klistrón — de armónicos,** klystron harmonic generator; **reactor —,** booster; **tiratrón — de dientes de sierra,** thyratron saw-tooth-wave generator; **tubo — de gases,** gaseous tube generator.

General, General, main; **alimentación —,** main feed; **cargando con carga —,** loaded with general cargo; **gastos generales,** overhead cost; **interruptor —,** master switch.

Generatriz, Generator; **—** (de una curva), element; **— de polos radiales,** radial pole generator; **— de polos salientes,** salient pole generator; **— de rueda hidráulica,** two phase generator, waterwheel generator; **— heteropolar o de flujos alternados,** heteropolar generator; **— homopolar o de flujos ondulados,** homopolar generator; **— monofásica,** single phase generator; **— polifásica,** multiphase generator, polyphase generator; **— polimórfica,** multicurrent generator, polycurrent generator.

Género de temple con revenido aplicado a los aceros con contenido medio de carbono (llamado de doble tratamiento), Toughening; **fábrica de géneros de punto,** hosiery mill; **géneros de punto,** hose, hosiery.

Genol, Futtock.

Geocriológico, Geocryological.

Geodésico, Geodesical, geodetic; **puntos geodésicos,** trig stations.

Geodesta, Geodesist.

Geofísica (la), Geophysics; **—** (adj.), geophysical; **prospección geofísica,** geophysical prospective.

Geología, Geology.

Geologizar, To geologize.

Geólogo especializado que recorre el terreno buscando yacimientos mineros o petrolíferos, Rockhound.

Geomagnético, Geomagnetic.

Géometra, Bounder, surveyor.

Geometría, Geometry; **— algebraica,** algebric geometry; **— analítica,** analytic geometry; **— de las deformaciones,** strain geometry; **— descriptiva,** descriptive geometry, solid geometry.

Geométricamente, Geometrically.

Geométrico, Geometric, geometrical; **fundamento —,** geometrical base; **progresión geométrica,** geometrical progression.

Geoquímica, Geochemistry.

Geotermia, Geothermy.

Gerente, Manager; **— de sociedad,** governing director.

Germanato, Germanate; **— de magnesio,** magnesium germanate.

Germanio, Germanium; **diodo de —,** germanium diode; **óxido de —,** germanium oxide.

Gill de tornillo sin fin (hilatura), Screw gill.

Girador de torreta, Turret turning gear.

Girar a 150 revoluciones por minuto, To run at 150 revolutions per minute; **— con marcha lenta,** to idle; **— en vacío,** to idle; **— la torreta del torno hasta llevarla a sus índices,** to index; **— muy despacio,** to clock over; **hacer —,** to spin.

Giratoria, Turning.

Giratorio, Gyratory, revolving, rotating, rotatory (rare) or rotary, slewable, turnable; **codo —,** bend rotatoble; **collarín —,** swivel neck; **compensador —,** rotating compensator; **descargador —,** rotary spark gap; **distribuidor —,** rotatory valve; **eslabón —,** swivel; **facultades giratorias,** turning power; **flap —,** rolling shutter; **grúa de placa giratoria,** curb ring crane; **junta giratoria,** revolving joint; **lima giratoria,** disk file; **luz giratoria,** revolving light; **magneto de aleta giratoria,** shuttle type magneto; **magneto de inducido —,** revolving armature magneto; **montón —,** swivel block; **placa giratoria,** turnplate or turntable; **puente —,** swing bridge; **repetidor —,** rotary repeater; **tornillo —,** swivel vice; **tramo —,** turning span.

Giro, Slue; — **loco de la aguja imantada,** unsteadiness; — **postal,** P.O. (Postal Order), postal money order; **radio de** —, radius of gyration.

Girocompás (buques), Floating ballistic.

Girodino, Gyrodyne.

Giroperíodo, Gyroperiod.

Giróptero, Gyroptere.

Giroscópico, Gyral, gyroscopic; **aparato de pilotaje** —, gyroscopic pilot; **brújula giroscópica,** directional gyro; **compás** —, directional gyro, gyrocompass (plural **gyrocompasses**), gyroscopic compass; **contador** —, gyroscopic meter; **efecto** —, gyroscopic effect or action; **estabilización giroscópica,** gyrostabilization; **instrumentos giroscópicos,** gyroinstruments; **nivel** —, gyroscopic level; **par** —, gyroscopic couple; **visor** —, gyrogunsight.

Giroscopio, Gyro, gyroscope; — **de vibraciones,** vibratory gyro.

Glaciólogo, Glaciologist.

Glaseado, Blazed; **lingote** —, blazed pig.

Glasis, Glacis; **chapa de** —, glacis plate.

Glauconia, Green chalk.

Glauconífero, Green sand; **moldeo en arena glauconífera,** green sand moulding.

Glavanoplastia (Taller de), Plating room.

Gliceregia, Glyceregia.

Glicerina, Glycerin.

Glicerógeno, Glycerogen.

Glicerol, Glycerol.

Glicol, Glycol.

Global, Gross, overall; **caída** —, gross head; **rendimiento** —, overall efficiency.

Globo, Balloon; — **cautivo,** captive balloon, drachen balloon; — **de ensayo,** test balloon; — **de la marina,** naval balloon; — **de observación,** observation balloon; — **estable,** stable balloon; — **ligero,** flexible balloon; — **libre,** free balloon; — **metereológico,** metereological balloon; — **militar,** military balloon; — **para tiro,** target balloon; — **radio-sonda,** radio balloon; — **salchicha,** sausage balloon; — **semi-rígido,** semirigid balloon; — **sonda,** registering balloon, sounding balloon; **barrera de globos cautivos,** balloon barrage; **maniobra de los globos,** balloon drill.

Globulizar, To globularize.

Glucina, Beryllia.

Glucinio, Beryllium, **carburo de** —, beryllium carbide; **cobre al** —, beryllium copper.

Gluconato, Gluconate; — **de calcio,** calcium gluconate.

Glucosa, Glycogen.

Goas (Muelas de), Casting bed.

Gobernado por, Actuated.

Gobernar, To steer; **aparato de** —, steering gear; **de** —, steering.

Gobierno, Control.

Gofrado, Embossing.

Gofrar, Embossing. **máquina de** —, embossing machine.

Goleta, Schooner.

Golpe, Beat, blow, thrust; — **brusco,** knoch; — **de ariete,** water hammer; — **de pistón,** piston stroke; — **de presión,** rock burst; — **fuerte,** heavy blow; **a golpes,** blows; **forzamiento por medio de golpes,** tunking; **timbre de** — **sencillo,** single stroke bell.

Golpeador, Sounding, tapper; **relé** —, sounding relay.

Golpear, To beat, to knock; — **justo,** to strike home; — **para meter** (pilotes), to drive in.

Golpeo, Slap; — **por autoencendido,** pinking.

Golpeteo, Knocking.

Goma, Gum; — **arábiga,** acacin; — **espuma,** foam rubber, sponge rubber; — **laca,** gum lac; — **laca con 25 % de pez rubia,** cut shellac.

Gomífero, Gum; **árbol —,** gum tree.

Goniometría, Goniometry.

Goniómetro, Angle gauge, angle meter, goniometer; — **cristalográfico,** contact goniometer; — **de reflexión de Wollaston,** Wollaston's goniometer; — **panorámico,** panoramic goniometer.

Gorrería, Hose.

Gorro, Bonnet.

Gorrón, Bearing neck, fulcrum, journal, neck, stud, swing block; — **acanalado,** collar journal; — **de cilindro,** roll neck; — **de eje,** axle neck, neck of an axle; — **esférico,** ball gudgeon; — **frontal,** end journal.

Gosanífero, Gossaniferous; **arcilla gosanífera,** gossaniferous clay.

Gota, Drop; **ensayo a la —,** drop test; **sacar gota a —,** to bleed.

Gotear, To trickle.

Goteo, Drippage; **anillo de —,** drip ring; **bandeja de — de aceite** (palier), dripping cup; **condensador de —,** evaporative condenser; **lubricación por —,** drop feed oiling.

Gotícula, Droplet; **método de las gotículas de cera,** wax droplet.

Gotita, Droplet.

Gozne, Hinge, iron work; **goznes,** butt hinges.

Grabación, Phonograph record, record, transcription; — **fonográfica,** phonograph record; — **sobre disco,** disc recording.

Grabado, Cut, engraving, etching, impression, recorded; — **con agua fuerte,** steel etching; — **en damasquinado,** vermiculating; — **en dulce,** copper plate, copper printing, smooth cut.

Grabador, Carved, engraver, graver; — **de medallas,** die sinker; **hueco —,** die sinker; **pujavante de —,** dogleg chisel.

Grabadora, Recorder.

Grabar, To carve, to engrave, to record; — **al agua fuerte,** to etch; — **en damasquinado,** to vermiculate; **fresadora para —,** engraver miller; **máquina de —,** rose engine.

Grada, Gradient; **colocación en —,** laying down; **gradas de lanzamiento,** ways; **laboreo por —** (roca de respaldo), resuing; **picaderos de —,** stocks; **polea de gradas,** cone pulley.

Gradería (arquitectura), Gradatory.

Gradiente, Gradient; — **de energía,** energy gradient; — **de potencial,** potential gradient; — **de tensión,** voltage gradient; — **normal de módulo de refracción,** standard refractive modulus gradient.

Grado, Class, degree, grad, grade; — **de admisión,** cut off, (motor de explosión), efficiency of supply; — **de comandante,** majorship; — **de humedad,** content moisture; — **de vacío,** degree of vacuum, hardness; **con alto — alcohólico,** high alcoholic content; **ser más antiguo en grado o en antigüedades en un —,** to outrank.

Graduable, Adjustable; **tope —,** adjustable stop.

Graduación, Scale, setting; — **micrométrica,** micrometric scale; **anillo de —,** binding ring; **con baja — de alcohol,** low alcoholic content; **con varias graduaciones,** multirange; **tuerca de —,** adjusting nut.

Graduado, Divided, graduated; **círculo —,** graduated circle; **escala graduada,** graduated scale; **pantalla graduada,** graded tone screen.

Graduador, Calibrating; **instrumento —,** calibrating instrument.

Gradual, Step by; **desvanecimiento —,** fade over; **iluminación «cóncava»,** inverse tappered illumination; **iluminación — «conve-xa»**, tappered illumination; **relé —** (elec.), step by step relay.

Graduar, To calibrate, to divide, to graduate; **— un contador kilométrico**, to calibrate an odometer.

Gráficamente, Graphically.

Gráfico, Diagram, graph, graphical; **—** (adj.), graphic; **— de caudales**, flow graph; **— deslizante**, chart sliding; **— logarítmico**, logarithmic diagram; **análisis —**, graphical analysis.

Grafitado, Graphited; **aceite —**, graphited oil; **grasa grafitada**, graphite grease.

Grafítico, Graphitic.

Grafitización, Graphitization.

Grafito, Black lead, chart, graphite; **— a base de cok y de un ligante**, pitch coke graphite; **— coloidal**, colloidal graphite; **— escamoso**, flaky graphite; **copo de —**, graphite flake; **electrodo de —**, graphite electrode; **fundición con — nodular**, nodular graphite cast iron; **resistencia de —**, graphite resistance.

Grafómetro, Circumferentor or circumventor.

Gramil, Marking gauge, scribing block, shifting gauge, surface gauge; **— de ebanista**, scriber; **— de precisión**, precisión tracing instrument.

Gramilar, To scribe.

Gramo, G (Gram).

Gramófono, Gramophone.

Grampa, Clamp; **— de alambre**, clamp wire; **— de prueba**, clip test; **— del grupo**, clamp unit; **— para baúles**, clamp trunk.

Gran, High; **avión de — radio de acción**, long range plane; **de — potencia**, high powered; **máquina de — producción**, high production machine; **motor de — velocidad**, high speed motor; **objetivo — angular**, wide angle object; **torno de — potencia**, high power lathe.

Gran-angular, Wide angle.

Granada, Grenade; **— anti-tanque**, anti-tank grenade; **— submarina**, depth charge.

Granalla, Metal in grains, minute grains, refuse grain; **— de carbón**, carbon granules; **— para sondeo**, assay grain for lead; **chorreo con —**, shot blasting or shot peening; **sonda de — de acero**, adamantine drill.

Granallado, Peening, shot blasting, shot peening.

Granallar, To peen.

Granatear un agujero, To centre.

Grande, Main.

Granel (A), In bulk, raw, unpacked; **cemento a —**, bulk cement.

Granitización seca, Dry granitization.

Granito, Granite; **lámina de —**, chipping granite.

Grano (metales), Grain; **— de cebada**, pointed chisel, turning chisel; **— de ensayador**, button; **acero de granos orientados**, grain oriented steel; **crecimiento del —**, grain growth; **de — fino**, fine grain; **de — frío**, close grained; **de — grueso**, coarse grain, coarse grit; **de granos apretados**, fine grains; **de granos finos**, close grains, fine granular; **de granos gruesos**, coarse grains, coarse granular; **escalonamiento de los granos**, grain gradation; **escoplo de — de cebada**, heel tool; **fractura de — fino**, fine granular fracture; **fractura de — grueso**, coarse granular fracture; **granos**, grains; **grosor del —**, coarsenability, grain size; **hierro de — grueso**, coarse grained iron; **juntas intermoleculares de los granos**, grains boundary; **pólvora de — grueso**, coarse grained powder; **pólvora de granos cilíndricos**, pellet powder.

Granulación, Graininess, granulation.

Granulado, Granular, granulated; **azufre —**, drop sulphur; **estaño —**, drop tin.

Granular, Granular, to corn; — (met.), feathered; **oro** —, shotty gold.

Granulometría, Sieve test.

Gránulos, Granules.

Granulosa (química), Granulose.

Granza, Dirt.

Grapa, Clamp, clasp, clip, cramp, drag, fold, glut, strap; — **de mando,** clip control; — **para cable,** rope clamp; — **puesta en caliente,** shrunk dowel; **grapas, clips; grapas embutidas,** pressed up clips; **grapas para correas,** belt fasteners; **grapas remachadas,** riveted clips; **máquina de remachar grapas,** staplers.

Grapar, To fold.

Grape, Calkin.

Grapón, Calkin, cramp iron, dog bolt, dog hook, dog iron, hook, hook mail, spike, staple, tie; — **de cabeza uñeteada,** caulking or calking staple; — **doble** (eslinga), spandogs; — **para madera,** dog; — **roscado,** bolt hook; **brazo de** —, hinged dog hook arm; **orificio de** —, cramp hole.

Grasa, Dross, fur, grease, skin, sludge; — **anticongelante,** antifreezing grease; — **consistente,** cup grease, thick grease; — **consistente fibrosa,** fiber grease; — **de ballena,** blubber; — **grafitada,** graphite grease; — **natural de la leche,** butterfat; — **para ejes,** antiattrition, axle grease; **caja de** —, axle box, grease box; **cubeta de** —, grease box; **grasas animales,** animal fats; **inyector de** —, grease injector; **trozo de** — **de ballena,** flitch.

Grasiento, Greasy.

Graso, Fat, greaser; **ácidos grasos,** fatty acids; **barniz** —, oil varnish; **cuerpo** —, fats.

Gratificación, Gratuity; — **por años de servicio,** fogy.

Grava, Gravel, grit; — **para hormigón,** concrete gravel; **de** —, gravelly; **lecho de** —, gravel bed; **quitar la** —, to cleanse.

Gravable, Onerous.

Gravedad, Gravity; **alimentación por** —, gravity feed; **alimentado por** —, gravity fed; **centro de** —, centre of gravity; **onda de** —, gravity wave; **presa de** —, gravity dam; **separación por** —, sorting by gravity.

Gravífico, Gravitational, gravitetic; **campo** —, gravitetic field.

Gravilla, Broken stone, chippings, gravel, grit; **cargador de** —, gravel loader; **cilindrado de** —, grit rolling; **criba lavadora de** —, gravel washing and screening plant.

Gravilladora, Fine reduction crusher.

Gravimetría, Gravimetry.

Gravímetro, Gravimeter.

Gravitación, Gravitation.

Gravitacional, Gravitational; **corriente** —, gravitational current; **invariante** —, gravitational invariant; **onda** —, gravitational wave.

Gravitar, To gravitate, to strike.

Gravitodinámica, Gravitodynamics.

Greda, Grit, marl; **colchón de** —, clay blanket.

Gredal, Clay pit.

Gregarización (entomología), Swarming.

Grés, Grit, grit stone, sandstone; — **de construcción,** brown stone.

Grieta, Cleft, clinking, crack, cracking, chap, chink, chop, fissure, flaw, honeycomb or honey comb, rift, shake, split; — **de entrada de aguas** (minas) case; — **por congelación,** cleft, crack; — **rellena de mineral sin valor,** base cleft; **aparato electromagnético detector de grietas,** electromagnetic crack detector; **grietas en el corazón,** quagginess; **grietas superficiales por enfriamiento lento,** crizzlings; **lleno de grietas,** shaky.

Grifa, Clamp; — (de los agujeros de acceso a la cámara, autoclaves), boiler cramp.

Grifería (Fabricante de), Brass smith.

Grifo, Cock, needle valve, spigot or spiggot, tap, valve; — **atascado contra su cuerpo,** jammed cock; — **calibrador,** water gauge; — **calibre,** gauge tap; — **de admisión,** inlet tap; — **de alimentación,** feed cock; — **de boca curva,** bibcock; — **de calibración,** gauge cock; — **de control,** control cock; — **de cuerpo deslizante,** lift plug valve; — **de cuerpo giratorio,** rotary plug valve; — **de desagüe,** drip cock; — **de descarga,** bib cock, clearing cock, delivery cock; — **de descompresión,** compression relief cock, decompression tap; — **de doble orificio,** double-valve cock; — **de extinción de fuegos,** fire plug; — **de extracción,** blow down valve, blow off cock, brine cock; — **de extracción de fondo,** bottom blow off cock; — **de extracción de superficie,** surface blow off cock; — **de extracción superficial,** brine cock; — **de humo,** cock fume; — **de incendios,** fire plug, hose cock, (véase **fire**), fire plug; — **de nivel,** level cock; — **de parada,** stop cock; — **de prueba de nivel,** test cock; — **de punzón,** needle valve; — **de purga,** bleeder, blow through cock, drain cock, try cock; — **de purga de la camisa,** jacket cock; — **de purga de sedimentos,** mud cock; — **de purga del cilindro,** wateroutlet cock; — **de purga de un cilindro,** pit cock; — **de recalentamiento,** heating cock; — **de tajadera,** screw down valve; — **de toma de agua al mar,** sea cock; — **de toma de muestra,** bleeder; — **de tornillo,** bib cock; — **de tres vías,** three end cock or three way cock; — **de vástago roscado,** point screw valve; — **de purga,** blow down valve; — **indicador,** gauge tap; — **purgador,** waste cock; — **recalentador,** warming valve; — **recto,** globe cock; — **separador,** relief cock; **brazo de** —, cock beam; **cierre de** — **deslizante,** lift plug; **cierre giratorio de** —, rotary plug; **cuerpo de** —, body of a cock, shell of a cock; **huso de grifos,** bobbin clutch; **llave de** —, cock handle, key of a cock; **llave o** — **de detención,** shut off cock; **llave o** — **de interrupción,** stop cock; **macho de** —, cockpit, plug of a cock, spigot of a cock; **reborde de un** —, cock nail; **válvula o** — **de descarga,** sludge cock; **válvula o** — **de descompresión,** pet cock; **válvula o** — **de lubrificación,** lubricating cock; **válvula o** — **de purga,** blow through cock; **válvula o** — **de seguridad,** safety cock; **válvula o** — **de toma de agua,** taking in cock; **válvula o** — **engrasante,** grease cock.

Grillete, Chain joint, connecting link, shackle; — **de motón,** swivel joint; — **del ancla,** shackle; **clavija de un** —, pin of a shackle; **orejeta de un** —, knuckle; **orejetas de un** —, lugs of a shackle; **pasador-perno de** —, schackle key; **perno de** —, shackle bolt, shackle key.

Grilletes, Drag link.

Grímpola, Weather valve.

Gripado (máq.), Rut.

Gripar, To rut.

Griparse, To fray; — (el motor), to cut, to stick.

Gris, Grey; **arcilla** —, grey clay; **fundición** —, grey iron.

Grisú, Explosive atmosphere, filty, fire damp, fulminant damp, methane, puff, wildfire.

Grosor, Size; **de** — **desigual,** flat.

Grúa, Crane; — **a vapor,** steam crane; — **automotora,** self-propelling crane; — **con brazo amantillable,** helmet crane; — **con pivote,** pivoting crane, revolving crane; — **de alimentación** (ferrocarriles), water crane; — **de almeja,** grab crane; — **de arbolar,** crane mast; — **de armamento**

(astillero), equipment crane; — de astillero, shipyard crane; — de brazo amantillable, luffing crane, visor crane; — de brazo horizontal, hammer head crane; — de brazos horizontales, cantilever crane; — de calafatear, mast crane; — de columna, column crane; — de consola, bracket crane; — de construcción, building crane; — de cuchara, clamshell crane, grab or grabbing crane; — de doble brazo, double crane; — de electroimán, magnet crane; — de escotilla, hatch crab, hatch crane; — de fuste, pillar crane; — de garras, claw crane; — de herrada, bucket handling crane; — de horca, jib of a crane; — de maniobra, break down crane; — de maniobra de los trépanos, floating derrick; — de mantenimiento, locomotive crane; — de martillo, hammer head crane; — de martillo pilón, forge crane; — de patio, yard crane; — de placa giratoria, curb ring crane; — de pluma, jib crane; — de pórtico, gantry crane, whirley; — de puente de buque, deck crane; — de puerto, port crane; — de retenidas, derrick crane; — de soporte triangular, angle crane; — de techo, roof crane; — de tijera, mast crane, sheer legs crane; — de tirantes, stripping crane; — de tomo, tower crane; — de transbordo, transfer or transhipment crane; — desplazable, travelling crane; — gigante, giant crane; — locomotora, locomotive crane; — movida a brazo, hand crane; — móvil, movable crane; — mural o de aplique, wall crane; — o puente de manejo rápido, portal crane; — o puente de montaje, erecting crane; — para carbón, coaling crane; — para cargas ligeras, hand crane; — para levantar locomotoras, locomotive crane; — para mástiles, mast crane; — para transportar barras de hierro, bar iron crane; — pivotante, slewing crane; — pórtico, frame crane; — pórtico sobre pilares, bridge crane; — rodante, portable crane; — sobre orugas, caterpillar crane, crawler crane; — suspendida, underslung crane; — titán, giant crane; accionador de —, crane man or crane operator; aguilón de —, crane beam; bancada de —, crane frame; brazo de —, crane beam, crane bill, crane boom, crane post; cabina de —, crane hut; cable —, elevated cableway crane; cabrestante de —, crane crab; campo de alcance de una —, slewing area; campo de rotación de una —, slewing area; campo de trabajo de la —, area served by crane; carro de —, crane trolley; cuchara de —, tipping skip; gancho de —, crane hook; gastos de —, cranage; guinche de —, crane winch; pie de seguridad de — derrick, headache post; pivote de —, pin of a crane; pluma de —, crane beam, crane head, jib of a crane, neck of a crane; pontón —, floating crane; puente — aéreo, overhead travelling crane; torno de una —, drum.

Grúa-ménsula, Drilling frame.

Grúa-pórtico, Portal crane.

Gruesa, Bottomry, gross, respondentia; **a la —,** at respondentia; **contrato a la —,** bottomry bond.

Grueso, Bulk, coarse, thick; **piedra gruesa para cimientos,** hardcore; **pólvora de grano —,** pebble powder; **trabajo en chapa gruesa,** heavy plate works.

Gruista, Craner.

Grujidor, Notcher, notching machine.

Grullas, Davits.

Grumo, Clot, core.

Grumoso, Grumose.

Grupo, Assembly, band, set, unit; — (química), group; — de caldeo, unit heater; — de quemadores, bank; — de refrigeración, cooling unit; — de socorro, relief set; — de soldadura, welding set; — de utilización total, full availability group; — electrógeno, generating or generator set, generator set, power generating set; — **generador portátil**, putt-putt; — **motobomba**, motor pump set; — **motor**, motor set; — **motoventilador**, motor set; — **secundario**, supergroup; — **tubular**, conduit assembly; — **turboalternador**, turboalternator set; — **turbodínamo**, turbodynamo set; — **ward-leonard**, ward-leonard group; **estación directriz de** —, group control station; **grupos principales**, main unit; **nivel vacante en selector de** —, spare group selector level; **onda piloto de** — **primario**, group pilot; **retardo de** —, enveloppe delay.

Gualdera, Flask.

Guarda, Guard, keep; — **de almacén**, storekeeper; — **derrumbes**, caution catcher; **anillo de** —, arcing ring; **placa de** —, axle guard, horn block, (ferrocarriles) axle box guide.

Guardaagujas, Edge rail, pointsman, switch man or switcher; — (**ferrocarriles**), switch ender.

Guardabalasto (Plancha), Ballast plate.

Guardabarros, Fender, mud guard, splash board; — **delantero**, front fender; — **trasero**, rear fender.

Guardacabo, Hank.

Guardacantón, Curb stone.

Guardacuerpos, Railing.

Guardaesquina, Corner band or corner bracket.

Guardafreno, Sprogger.

Guardafrenos, Brake man.

Guardagujas, Edge rail.

Guardahélice, Propeller guard.

Guardalmacén, Storekeeper.

Guardamuelas, Wheel guard.

Guardapiés, Foot guard.

Guardapolvo, Cover dust guard.

Guardarriel, Check rail.

Guardaválvula, Valve guard.

Guardián, Keeper.

Guardín, Tiller rope.

Guarnecer, To arm, to bush, to bush a bearing, to comb; — (**forro buque**), to line; — **con clavos**, to bestud; — **un cojinete**, to line a bearing; — **una junta**, to pack.

Guarnecido de hierro, Bush iron.

Guarnible, Reevable; **eslinga** —, reevable sling.

Guarnición, Casing, facing, gasket, lagging, ring, shoe, upholstery; — (**máq. prensaestopas**), packing; — **de algodón**, cotton packing; — **de amianto**, asbestos packing; — **de cáñamo**, hemp packing; — **de caucho vulcanizado**, vulcanized indiarubber packing; — **de fieltro**, felt gasket; — **de junta deslizante**, elastic packing; — **de prensaestopas**, gland packing, packing of a stuffing box; — **de verga**, scupper leather; — **metálica**, metal gasket, metallic packing; **anillo de** — **helicoidal**, coiled piston ring; **con** — **de amianto**, asbestos steam packing; **guarniciones**, piston rings; **guarniciones metálicas**, piston rings.

Guarnimiento, Reeving.

Guata, Cotton wool.

Guayacán, Lignum-vitae.

Gubia, Barrel plane, carving gouge, gouge, hollow chisel, rose drill, wood turner's tool; — **de 150 a 180 grados**, fluting; — **de cuchara**, entering gouge; — **de punta redonda**, entering gouge; — **descalcadora**, bent gouge; — **para molduras convexas**, tool bead; — **triangular**, corner chisel; **acción de escoplear con la** —, gouging; **escoplear con la** —, to gouge, to gouge out; **trabajo con la** —, gouging.

Guerra (Puerto de), Naval port.

Guía, Bill freight, bushing, clip, connecting link, directory, dog lead, fore or front sight, guide, guiding, permit, sight, slide block; — **circular**, circumferential bearing; — **de circulación**, permit; — **de ondas**, wave conducting gun, wave gun; — **de varilla de válvulas**, valve stem gun; — **del distribuidor**, bridle of the slide; — **del paralelogramo**, motion link; — **porta-herramienta**, bed slide; — **tabicada longitudinalmente**, separate waveguide; **cara de —**, guiding face; **de —**, guiding; **guías**, crosshead guides, **reborde —** (carril), guiding edge; **rodillo de —**, quick pulley; **traviesa —** (prensa hidráulica), cross head.

Guía-cadena, Chain guard.

Guía-mecha, Drill bushing.

Guía-válvula, Valve gun.

Guíacuchilla, Guide blade disc.

Guiado, Guided; — **de cruceta**, cross head and slipper; **carriles de —**, gun rails; **guiada por clavija** (válvula), stem guided; **onda guiada**, guided wave; **zapata de —**, gun shoe.

Guiamiento, Guidance.

Guíaondas, Waveguide; — **articulado**, vertebrate waveguide; — **fungiforme**, dumb bell waveguide; —

revirado, twisted waveguide; **eje de un —**, axis of a waveguide, back electrode; **paquete de —**, wave guide packet.

Guiar, To guide.

Guijarro, Paving stone, pebble.

Guijo (madero), Guijo.

Guillame, Fay, rabbet plane; — **de cola de milano**, dovetail plane.

Guillamen, Rabbet plane; — **de acanalar**, fluting plane; — **de inglete**, bevel plane; — **inclinado**, badger plane.

Guillotina, Guillotine; **tijeras de —**, guillotine shears.

Guimbalete, Pump brake, rocking arm; — (de bomba), brake.

Guindaleza, Hawser, warp; **colchado en —**, hawser laid.

Guiñada, Skid, skidding, yaw.

Guionista (cine, TV), Scriptwriter.

Guitarra, Adjustement plate, quadrant; — (máq.-herr.), pick off gear system.

Gusanillo, Fang.

Gutapercha, Gutta-percha.

H

Habilitar, To qualify.

Habitáculo, Cockpit; — **descubierto,** open cockpit.

Hacer, To make; — **una calicata,** to beat ore; — **una vía de agua,** to spring a leak.

Hacha, Axe, hacker; — (América), ax; — **de carpintero,** bench axe; — **de leñador,** felling axe; — **de mano,** bench axe; — **de pico,** cross axe; **hierro de** —, axe head; **mango de** —, axe handle; **ojo de** —, axe hole.

Hacheta-martillo, Boon.

Hachuela, Bench axe, chip axe; — **de dos filos,** mortise axe.

Hafnio, Hafnium.

Halado, Hauled, kedging.

Halaje, Hauling, warpage, warping; **aparato de** —, haulage plant.

Halar, To haul, to heave, to warp.

Halo (fotografía), Blurring; **con** — (placa fotográfica), halated.

Halofosfato, Halophosphate.

Halogenación, Halogenation.

Halogenado (Fosfato), Halophosphate.

Halogeno, Halide.

Halógenos, Halogens.

Halogenuro, Halide; — **alcalino,** alkali halide; — **de plata,** silver halide; — **orgánico,** organic haiide; — **vinílico,** vinyl halide.

Hall, Hall.

Hangar, Hangar, loft, shed; — **de dirigible,** airship shed; — **para aviones,** aeroplane hangar.

Harina, Dust, flour.

Harnero, Colander, cribble, cullender, dust sieve.

Hastial posterior de un filón, Back of a lode.

Haverita, Haverite.

Haya, Beech; — **blanca,** horn beam.

Haz, Beam, bundle, metape, pin head; — (explosión de proyectil), sheaf; — **ancho,** beam wide; — **convergente,** convergent beam; — **de abanico** (antenas), fanned beam; — **de antenas,** aerial or antenna extension; — **de faro,** beam headlamp; — **de ondas,** beam wave; — **de rayos catódicos,** beam cathode; — **de ruta,** beam course; — **de tránsito,** beam traffic; — **deslumbrante,** beam blinding; — **divergente,** divergent beam; — **geodésico,** geodesic pencil; — **hertziano,** hertzian beam; — **orientable,** rotary beam; — **perspectivo,** perspective beam; — **radárico en abanico,** beavertail; — **tubular,** tube bundle; **desenfoque de** —, beam defocusing; **faro de** — **circular,** circular beam beacon; **oscilógrafo de doble** —, double beam oscillograph; **tetrodo de** —, beam tetrode; **tubo de** — **electrónico,** electron-beam tube; **tubo de** — **orbital,** orbital beam tube.

Hebijón, Tongue.

Hecho a mano, By hand.

Hectogrado, Hectograde.

Helada, Cold; **inalterabilidad a la** —, cold resisting.

Heladizo, Colty.

Heladura, Cleft.

Hélice, Screw; — (curva), helix (plural **helixes** o **helices**); — (de avión en América. Véase **airscrew**), propeller; — **aérea,** air screw; — **aparejada,** out of truth airscrew; — **bipala,** two bladed airscrew; — **calada,** dead airscrew; — **con dos palas,** two bladed airscrew; — **con engranaje reductor,** geared airscrew; — **contrarrotativa,** contrarotating propeller; — **de alas orientables,** reversible propeller; — **de cola** (helicóptero), tail rotor; — **de cuatro palas,** four bladed propeller; — **de doble rotación,** dual rotation propeller; — **de dos palas,** two bladed propeller, two bladed screw; — **de dos, tres, cuatro palas,** two, three, four bladed screw; — **de madera,** wooden airscrew; — **de mando eléctrico,** electric propeller; — **de metal,** metal airscrew; — **de paso a la derecha,** right handed (R.H.) airscrew; — **de paso a la izquierda,** left handed (L.H.) airscrew; — **de paso constante,** constant adjustable pitch airscrew; — **de paso regulable,** adjustable pitch airscrew; — **de paso reversible,** reversible pitch airscrew, reversible pitch propeller; — **de paso variable,** adjustable blade airscrew, adjustable pitch airscrew; — **de propulsión,** driving airscrew; — **de tres palas,** three bladed airscrew, three bladed propeller, three bladed screw; — **demultiplicada,** geared down propeller; — **desembragada,** loose screw; — **dextrórsum,** right hand helix; — **loca,** loose screw; — **molinillo,** air freely rotating; — **propulsiva con dos palas,** screw propeller with blades; — **propulsora,** pusher airscrew, pusher or pusher propeller; — **reversible,** reversible propeller; — **sinistrórsum,** left hand helix; — **subsónica,** subsonic propeller; — **supersónica,** supersonic propeller; — **tractora,** tractor airscrew, tractor propeller; — **tripala,** three bladed airscrew; **árbol de** —, airscrew shaft; **árbol porta-** —, propeller shaft; **barrena en** —, spiral drill; **blindaje de la** —, airscrew sheathing; **blindado de la** —, propeller sheathing; **bomba de** —, propeller pump; **brida de núcleo de** —, airscrew hub flange; **calado**

de la —, propeller setting; **calzado de la** —, airscrew setting; **con dos hélices,** twin screw; **cono de** —, propeller nose; **cuadro de** —, propeller frame; **cubo de** —, propeller hub, screw boss; **en** —, helical; **esbozo de** —, propeller blank; **espacio libre bajo la** —, propeller clearance; **estela de la** —, propeller slipstream; **freno de** —, airscrew brake, brake propeller brake; **fuselado giratorio del núcleo de la** —, airscrew hub spinner; **jaula de** —, screw aperture; **máquina de mecanizar hélices,** propeller milling; **muelle de** — **cilíndrica,** spiral spring; **núcleo de** —, airscrew boss, airscrew hub; **pala de** —, propeller blade, screw blade; **pala de la** —, airscrew blade; **par de la** —, airscrew torque; **paso de** —, airscrew pitch, convolution; **paso de** — **aérea,** airscrew path; **pie de pala de** —, blade root; **pozo de** —, trunk of the screw; **regulador de** —, propeller governor; **remolinos de** —, airscrew wash; **rendimiento de** —, airscrew efficiency; **retroceso de** — **aérea,** airscrew slip; **sin** —, propellerless; **sombrerete de** —, propeller clearance; **superficie barrida por la** —, airscrew disc area; **torbellino de una** —, slipstream; **túnel de** —, shaft trunk; **viento de** —, airscrew draught.

Helicoidal, Helicoid, helicoidal, screw shaped; **antena** —, helical antenna; **barrena** —, half twist bit; **engranaje** —, screw gearing, spiral gear; **engranaje** — **de dentado de perfil de evolvente de círculo,** helical involute gear; **engranaje recto** —, screw spur wheel; **mando por cremallera de dentadura** —, screw drive; **moderador** —, spiral chute; **perno** —, spiral dowel; **resorte** —, helical spring; **taladro** —, spiral drill; **ventilador** —, helicoid fan, propeller fan.

Helicoide, Helicoid.

Helicómetro, Helicometer.

Helicoptérico, Helicopteric.

Helicóptero, Helicopter; — (argot), whirlbird; — **a pulsorreacción,** pulse jet helicopter; — **a reacción,** jet propelled helicopter; — **coaxial,** co-axial helicopter; — **de estatorreactor,** ram jet helicopter; — **de rotores en tándem,** tandem rotor helicopter; — **de tobera de combustión,** pressure jet helicopter; — **sin par motor,** torqueless helicopter; **ala giratoria de** —, rotor of a helicopter; **paleta giratoria de un** —, rotor of a helicopter; **toma de vistas por** —, helevision.

Helio, Helium; — **líquido,** liquid helium.

Heliocromía, Heliochromy.

Helipuerto, Heliport.

Heliorresistente, Sunfast.

Hematíes parda, Brown iron ore.

Hematites, Hematite; — **amarillo,** yellow hematite; — **fosilífera,** fossil ore; — **parda,** brown hematite; — **roja,** red hematite, red iron ore.

Hembra (adaptador, enchufe, etc....), Female; **terraja** —, internal screw cutting tool.

Hemisférico, Hemispherical; **fondo** — (caldera), egg end.

Hemisferio, Hemisphere.

Hemlock, Hemlock.

Hendedor, Cleaver, cleaving tool, cutter of the splitting mill, splitter.

Hender, To rive, to slit, to split; **máquina de** —, slitting machine.

Henderse, To chap, to chip, to exfoliate, to give way; — (minas), to chink.

Hendido (adj.), Split; **mandril de collarín** —, split collect chuck; **perno** — **para contrachaveta,** fox bolt.

Hendidura, Cleavage, cleaving, coltiness, crack, chap, chink, chop, flaw, gaping, narrow bag, nick, notch, rift, shake, slide, slit, slot, split; **con hendiduras,** slotted; **hendiduras,** built in slots; **mandril de hendiduras,** split socket chuck; **sin hendiduras** (ala), unslotted.

Hendimiento del hierro, Cutter.

Hendir (Máquina para) el hierro, Cutter, slitting rollers, splitting mill or rollers.

Hendirse, To rend.

Henrio (unidad de inducción), Henry (plural **henries**); **equivalente del** — (elec.), secohm.

Heptodo conversor, Pentagrid converter tube.

Herida (persona), Injury.

Herir (persona), To injure.

Herméticamente, Hermetically; — **cerrado,** hermetically scaled.

Hermético, Air tight, impervious; — **a los gases,** vapor tight; — **al vacío,** vacuum proof; **cabina hermética,** pressure cabin; **junta hermética al agua,** water tight joint; **junta hermética al vapor,** steam tight joint; **hacer** — **a la intemperie,** to weatherseal; **motor** —, totally enclosed motor; **que no es** —, leaky.

Herradura, Horse shoe; **en forma de** —, horseshoe shaped.

Herraje, Binding iron, iron work.

Herramental, Toolery.

Herramentista, Tool maker.

Herramienta, Tool; — **accionada por explosivo,** powder actuated tool; — **adiamantada,** diamond tool; — **al carburo aglomerado,** sintered carbide tool; — **articulada,** articulated tool; — **compuesta que permite realizar varias operaciones con pocos movimientos** («gang and follow system»), follow die; — **con pastilla de carburo,** carbide tool; — **cortante,** cutting tool, edge tool; — **de acabado,** finishing tool; — **de caldeo,** poker, (picafuegos, atizadores); fire iron; — **de cepilladora,** cutter of a planing machine; — **de conformar,** forming tool; — **de corte lateral,** side tool; — **de desbarbar,** cleansing tool; — **de desbarbe,** shaving tool; — **de desbarbe circular,** circular shaving tool· — **de desbastar,** roughing tool; — **de filetear,**

screw cutting tool; — **de filetear exteriormente,** male or outside screw cutting tool; — **de filetear interiormente,** female or inside screw cutting tool; — **de forma,** form tool; — **de garganta,** lipped tool; — **de moldeador para formar las pestañas,** flange or flanch (rare); — **de perforar o de escariar,** boring tool; — **de punta de diamante,** diamond point tool; — **de reacondicionar las muelas,** dressing tool; — **de rebajar por laminado,** rolling in tool; — **de mano,** hand tool; — **de moldeo,** modelling tool; — **de moletear,** knurling tool; — **de motor,** power tool; — **de ocasión,** second hand tool; — **de rasurar,** shaving tool; — **de reacondicionar muelas,** wheel dressing tool; — **de recamado,** broaching tool; — **de tonelero,** driver; — **de torno,** lathe tool, turning tool; — **de trocear,** cutting off tool, cutting tool; — **múltiple,** gang tool; — **neumática,** air tool, pneumatic tool; — **para engarzar,** clincher; — **para quitar rebabas a los tubos de plomo,** dummy; — **para ranurar interiormente,** recessing tool; — **para roscar,** female cutting tool or inside screw; — **para soldar,** doctor; — **portátil,** portable tool; — **pivotante,** fly cutter; — **recta de sangrar,** cutting off tool; **afilado de la —,** sharpening of the tool; **armario de herramientas,** tool crib; **bolsa de herramientas,** tool kit; **calar la —,** to clamp the tool; **calentamiento de la —,** heating of the tool; **caperuza para proteger una — puntiaguda,** drive cap; **cola de —,** fang of a tool; **designa el contenido en carbono de los aceros de herramientas,** temper; **espesor de metal arrancado por una —,** feed; **espiga de —,** shank of the tool; **espiga de la —,** tool fang; **estantería de herramientas,** tool rack; **estuche de herramientas,** kit, tool kit; **fijar la —,** to fix the tool; **filo de la —,** cutting tool; **filo de una —,** wire edge; **guía del fuste de una —,** fence; **herramientas de calderería,** boiler making tools; **herramientas de choque,** vibrating tools; **herramientas de fabricación de pernos,** bolt making tools; **herramientas de minero,** miner tools; **herramientas de torno,** back tools; **juego de herramientas,** tool set; **levantamiento automático de la —,** self acting lift of the tool; **llave de herramientas,** tool wrench; **montaje de la —,** tool setting; **pasada de —,** cut; **plancha empleada para llevar lubrificante a una — en trabajo,** dripping board; **refrigeración de la —,** cooling of the tool; **soporte de — a mano,** hand tool rest; **talón de una —,** tool heel.

Herrar, To shoe.

Herrero, Anvil smith, blacksmith, forger, iron smith.

Herrumbre, Rust; **comido por la —,** eaten rust.

Hertz, Hertzian; **oscilador —,** hertzian oscillator; **resonador —,** hertzian resonator.

Hertziano, Hertzian; **ondas hertzianas,** hertzian waves.

Hervidor, Boiler, evaporator, fire tube, flame tube, flue, kettle; — **de gas,** gas kettle; — **de vapor,** steam kettle; **tubo —,** boiler tube.

Hervir, To boil.

Hervor, Bubbling.

Heterocíclico, Heterocyclic.

Heterocrono, Heterochronous.

Heteroderivados, Heteroderivatives.

Heterodina (radio), Heterodyne; — **cero,** beat zero; **abreviatura de —,** het; **detector —,** heterodyne detector; **recepción —,** heterodyne reception, reception beat; **receptor heterodino,** heterodyne receiver.

Heterogeneidad, Inhomogeneity.

Heterogéneo, Heterogeneous, inhomogeneous.

Heteromórficos (Transformadores), Transformers in which the kind of current is changed.

Heteropolar o de flujos alternados, Heteropolar.

Hexafásico, Six phase; **rectificador — de media onda,** six phase half wave rectifier.

Hexamotor, Six engine.

Hexodo, Hexode; **triodo — mezclador,** triode hexode mixer.

Hialosiderita, Brown chrysolite.

Híbrido, Hybrid; **bobina híbrida,** hybrid coil; **parámetros híbridos del transistor,** transistor hybrid parameters.

Hicoria alba, Hickory.

Hidantoínas, Hydantoins.

Hidracidinas, Amidrazones.

Hidrácidos, Hydrazides.

Hidracina, Hydrazine.

Hidracinólisis, Hydrazinolysis.

Hidratable, Hydratable.

Hidratación, Hydratation; **calor de —,** heat of hydratation.

Hidratado, Hydrous.

Hidrato, Hydrate.

Hidráulica (ciencia), Hydraulics; **— geométrica,** geometrical hydraulics.

Hidráulicamente, Hydraulically; **regulado —,** hydraulically controlled or operated.

Hidráulico, Hydraulic; **acumulador —,** hydraulic accumulator; **amortiguador —,** hydraulic damper, hydraulic shock absorber; **ariete —,** water ram; **ascensor —,** hydraulic lift; **cabrestante —,** hydraulic capstan; **cal hidráulica,** hydraulic lime; **cemento —,** hydraulic cement, water cement; **cueros para usos hidráulicos,** hydraulic leathers; **efecto —,** hydraulicing; **embrague —,** hydraulic clutch; **fracturación hidráulica,** hydraulic fracturing; **freno —,** hydraulic brake, (de bomba), cataract; **gato —,** hydraulic jack; **ingeniero de obras**

hidráulicas, hydraulic enginer; **junta hidráulica,** water seal; **mando —,** hydraulic drive; **minería hidráulica,** hydraulic mining; **pistón —,** hydraulic ram; **posicionador —,** hydraulic positioner; **prensa hidráulica,** hydraulic press; **prensa hidráulica de arco,** hydraulic type press; **presión hidráulica,** hydraulic pressure; **puntal de amortiguador —,** oleostrut; **relleno — (minas),** hydraulic stowage; **resalto —,** back wash; **rueda de elevación hidráulica,** box water wheel; **turbina hidráulica,** hydraulic turbine, water turbine.

Hidrauliscopio, Hydrauliscope.

Hidravión, Seaplane; **— de casco,** flying seaplane; **— de doble casco,** twin flying; **— de flotadores,** float seaplane.

Hidrazonas, Hydrazones.

Hídrico, Water; **saturación hídrica,** water logging.

Hidroavión, Flying boat, hydroplane, seaplane; **— de casco,** flying boat.

Hidrobarófono, Hydrobarophone.

Hidrobase, Water aereo.

Hidrobromado, Hydrobromination.

Hidrocarbonado, Hydrocarbonaceous.

Hidrocarburo, Hydrocarbon; **— parafínico,** paraffinic hydrocarbon; **escisión del — (petróleo),** cracking; **hidrocarburos aromáticos,** aromatic hydrocarbons; **hidrocarburos de cadena larga,** higher hydrocarbons; **niebla de —,** hydrocarbon mist.

Hidrocinética, Hydrokinetics.

Hidroclasificadora, Teeter.

Hidrocodímeros, Hydrocodimers.

Hidrodinámico, Hydrodynamic; **timón —,** water rudder.

Hidrodinamómetro, Hydrodynamometer.

Hidroeléctrico, Hydroelectric; **central hidroeléctrica,** hydroelectric plant, hydroplant; **pila hidroeléctrica,** hydroelectrical cell.

Hidroenfriar, To water cool.

Hidroesquís, Hydro-skis.

Hidroestabilizador, Hydrostabilizer, seawing.

Hidrófobo, Water repellent.

Hidrófono, Hydrophone.

Hidrogenación, Hydrogenation; — **a alta presión,** high pressure hydrogenation.

Hidrogenado, Hydrogenated; **aceite** —, hydrogenated oil.

Hidrogenar, To hydrogenate.

Hidrógeno, Hydrogen; — **atómico,** atomic hydrogen; — **comprimido,** compressed hydrogen; — **fosforado,** hydrogen phosphide; — **pesado,** deuterium, heavy hydrogen; **bomba de** —, hydrogen bomb; **con bióxido de** —, hydrogen peroxide; **enfriamiento por** —, hydrogen cooled; **fragilidad del acero por el** —, hydrolyse embrittlement; **soplete de** —, hydrogen gas blow pipe; **soplete de** — **atómico,** atomic hydrogen torch.

Hidrogenólisis, Hydrogenolysis.

Hidrografía, Hydrography, nautical surveying; — (de costa), survey.

Hidrográfico, Hydrographic.

Hidrógrafo, Surveyer; **ingeniero** —, hydrographer.

Hidrokinetros, Hydrokineters.

Hidrólisis, Hydrolitic cleavage.

Hidrolizado, Hydrolysate, hydrolysed.

Hidrología, Hydrology.

Hidrológico, Hydrologic.

Hidrómetro, Hydrometer.

Hidromiscible, Water miscible.

Hidroneumático, Hydropneumatic.

Hidroquinona, Hydroquinone or hydrokinons or hydrochinone, quinol.

Hidrorrefrigerante, Hydrocooling.

Hidrostático, Hydrostatic; **balanza hidrostática,** balanced engine, hydrostatic balance, hydrostatic weighing unit; **espoleta hidrostática,** hydrostatic fuse; **hidrostática,** hydrostatics; **pistón** —, hydrostatic disc or piston; **presión hidrostática,** hydrostatic pressure.

Hidroxámico, Hydroxamic; **ácido** —, hydroxamic acid.

Hidroxiesterato, Hydroxystearate.

Hidroxilada (Sal), Hydroxysalt.

Hidroxilos (Que contiene dos grupos), Dihydric.

Hidruro, Hydride; — **de aluminio,** aluminium hydride; — **de estaño,** stannane; — **de litio,** lithium hydride; — **de sodio,** sodium hydride.

Hielo, Ice; — **seco,** dry ice; **columnas de** —, pipkrake; **formación de** —, icing; **formación de** — **sobre un avión,** aircraft icing; **máquina de** —, ice machine.

Hierro, Iron; — **acodado para sujetar,** clamp bent; — **afinado,** refined iron; — **agriado al martillo,** hammer hardened iron; — **agrio,** brittle iron; — **batido,** wrought iron; — **blanco,** tin plate or tinned sheet iron; — **cromado,** chrome iron; — **de bordura,** edge iron; — **de bulbo** (vigueta laminada), bulb iron; — **de contornear,** saw set; — **de forja,** bloomery iron; — **de grano fino,** fine grained iron; — **de grano grueso,** coarse grained iron; — **de hacha,** axe head; — **de marcar,** branding iron; — **de paquetes,** fagotted iron; — **de primera calidad,** B.B. iron (best best iron); — **de soldar,** copper bit, soldering iron; — **de T doble de cuatro listones cruzados,** cross half lattice iron; — **del macho,** core iron; — **doble T,** H iron; — **dulce,** soft iron; — **duro,** brittle iron; — **empaquetado,** fagotted iron; — **en ángulo,** angle iron; — **en barra,** bar iron; — **en barras,** iron in bars; — **en C,** C shaped bar iron; — **en cintas,** strap iron; — **en cruz,** cross iron; — **en doble,** H bar; — **en doble T,** double T iron; — **en doble T con cuatro pestañas cruzadas,** cross half lattice; — **en I,** I beam; — **en lingotes,** pig iron; — **en lupias,** bloom iron; — **en U colocado verticalmente,** channel vertical; — **en T,** T bar, T iron, T section, tee;

— en T con nervio, T bulb; — en T doble con cuatro cordones cruzados, cross half lattice iron; — en U, channel iron; — en Z, Z iron; — espático, spathic iron, squarry iron ore; — especular, specular iron; — esponjoso, sponge iron; — forjado, forged iron, tilted iron, wrought iron; — forjado en U, channel forging; — galvanizado, galvanized iron; — granular, granular iron; — laminado, laminated iron, muck bar, rolled iron; — magnético, magnetic iron; — maleable, black iron, malleable iron; — martilleado, hammered iron; — metálico, metallic iron; — moteado, mottled iron; — móvil, moving iron; — nativo, native iron; — oligisto, oligist iron, oligistic iron; — oxidado amarillo, missy; — pajoso, flawy iron; — perfilado, sectional iron, special iron; — plano, flat iron; — pudelado, puddled iron; — pudelado de paquete, fagot iron; — pudelado en redondos, bar muck; — quebradizo, brittle iron, burned iron, red short iron, short iron; — quebradizo en caliente, hot short iron; — quebradizo en frío, cold short iron; — redondo, round iron; — semicircular, half round iron; — soldado, weld or welded iron; — superior de cepillo, break iron; alambre de —, iron thread, iron wire; alternador de — giratorio, alternator inductor; alto horno para —, iron blastfurnace; aplanar el —, to flatten iron; armadura de —, core iron; armaduras de —, iron frames; armazón de —, iron framing; barra de —, iron bar; barra de — pudelado, crown iron; batidura de —, iron scale; batiduras de —, hammer slags; batir el —, to weld; bobina sin —, aircore coil; cadena de —, iron chain; cantoneras de —, iron corners; chatarra de —, scrao iron; envejecer planchas de —, to age iron sheets; escoria de —, iron cinder; escuadra de —, iron knee, iron square; estirar el —, to draw out iron,

to lengthen, to stretch iron; fábrica de —, iron works; fleje de —, hoop iron, small flat iron; fundería de —, iron foundry; gancho de —, iron hook; grandes hierros, bloom; gris —, iron gray; gris de —, iron mordant; impresión por medio de un — calentado eléctricamente, electric branding; limaduras de —, iron filings; madera de —, iron bark; mano de —, hanging clamp; mastique de —, iron cement; núcleo de — cerrado, closed-iron core; palo de —, black iron wood; pérdidas en el —, core losses, (elec.), iron losses, piritas de —, iron pyrites; placa de —, iron plate; polvo de —, iron powder; polvo o arena de —, iron dust; romper las barras de — afinado, to cab or to cabble; tapón de — solidificado, sprue; tungstato de —, ferberite; virutas de —, iron borings; zuncho de — forjado, wrought iron bond.

Higrofugacidad, Hygrofugacity.

Higrometría, Hygrometry.

Higrómetro, Hygrometer.

Higroscopía, Hygroscopy.

Higroscopicidad, Hygroscopicity.

Higroscópico, Hygroscopic.

Hilachas, Fraying, rags.

Hilada, Course; **mampostería por hiladas,** coursed work; **poner hiladas en voladizo,** to corbel.

Hilado, Extrusion, spinning, spinning yarn, spun, thread, yarn; — **de nilón,** nylon warp; — **en caliente,** hot extrusion; — **en frío,** cold extrusion.

Hiladora, Spinner; — (cordelería), comb frame; — **continua,** spinning.

Hilandería, Factory, mill, spinning factory, spinning mill; — **de algodón,** cotton factory, cotton mill; **obrero de —,** mill hand.

Hilar, To extrude, to spin; **máquina de — algodón,** spinning jenny.

Hilatura, Spinning; **baño para —** spinning bath.

Hilera, Die, dye (rare), former, lay, line, tier, worms; — (trefilería), frame drawing; — **de cojinetes,** die stock; — **de desenganche automático,** self disengaging die; — **de estirar,** draw plate; — **de paleta,** die plate; — **de trefilar,** die plate; — **doble,** stocks and dies; — **partida,** die stock; — **rotativa,** rotary screwing chuck; — **simple,** die plate; **cojinetes de —,** dies; **filetear con —,** to cut screws with a die; **hileras,** die head; **hileras de estirado,** wire drawing dies; **hileras de estirado y trefilado,** wire stretching and drawing dies; **orificio de la —,** drawing hole.

Hilo, Thread, yarn; — **colector,** collecting wire; — **coloreado en un conductor,** tracer; — **con funda de seda,** silk covered wire; — **conductor,** conducting wire; — **de algodón,** cotton yarn; — **de antena,** stranded aerial wire; — **de Archal plano,** creased wire; — **de bobinado,** winding wire; — **de bujía,** ignition lead; — **de cáñamo,** hemp yarn; — **de cierre de circuito,** connecting wire; — **de cobre,** copper wire; — **de cómputo,** meter wire; — **de lana,** flax yarn; — **de llamada,** calling wire; — **de máquina,** wire rod; — **de placa,** plate lead; — **de platino,** platine or platinum wire; — **de protección,** guard wire; — **de puente,** jumpering diagram; — **de resorte,** spring wire; — **de retorno,** return wire; — **de seda,** silk yarn; — **de timbre,** bell wire; — **de unión,** bonding wire; — **de vela,** twine; — **de yute,** yute yarn; — **desnudo,** bare wire, skinned wire; — **doble,** double wire; — **estirado,** drawn wire; — **estirado en frío,** hard drawn wire; — **flexible,** flexible wire, fuse wire, fusible wire; — **flexible de contacto,** catwisker; — **flojo,** slack wire; — **fusible,** fuse wire; — **galvanizado,** galvanized wire; — **metálico,** wire; — **metálico tejido,** woven wire; — **para urdimbre,** warp yarn; — **rectangular,** rectan-gular wire; — **secundario,** secondary wire; — **sin uso,** dead; — **telegráfico,** wire; — **telegráfico de extremo perdido,** dead ended wire; **a —,** with the grain; **anemómetro de — caliente,** hot wire anemometer; **aparato de — dilatable,** hot wire meter; **atirantado con — de acero,** wire bracing; **bobina de —,** yarn package; **circuito de cuatro hilos,** four wire circuit; **circuito de dos hilos,** two wire circuit; **cómputo por cuarto —,** forth wire metering; **contador de hilos y placa,** wire and plate counter; **en el sentido del —,** with the grain; **estirar el —,** to draw wire; **extensímetro de — resistente,** resistance wire strain gage; **hilos de termopar,** thermocouple lead; **hilos trenzados,** twisted wires; **máquina de revestir los hilos metálicos,** wire covering machine; **marcar por un solo — con vuelta por tierra,** single wire dialing; **puente de —,** bridge wire; **registrador sobre —,** wire recorder; **regulador por — piloto,** pilot wire regulator; **repetidor de cuatro hilos,** four-wire repeater; **señal acústica de — inexistente,** unobtainable number tone; **sin hilos,** wireless; **sistema de distribución de cinco hilos,** five wire system; **sistema de distribución de tres hilos,** three wire system; **sistema de hilos de Lecher,** Lecher wire system; **supervisión por tercer —,** sleeve control supervision; **telegrafía sin hilos,** wireless telegraphy; **tensor de —,** elastic cord; **tensor de — aéreo,** come along clamp; **torcer el — antes de encanillarlo,** to rove; **torcido del — antes de encanillarlo,** roving; **trefilar el —,** to wire.

Hincar (de pilotes), Driving; — **a rechazo** (pilotes), to drive home; — **pilotes,** to drive; **cabeza de — de sondeo,** driving cap.

Hinchado, Buckled.

Hinchar, To expand.

Hincharse, To buckle.

Hinchazón, Buckling, inflation, swelling.

Hiperbásico, Strongly basic.

Hiperbólico, Hyperbolic; **logaritmo** —, natural logarithm.

Hiperboloide, Hyperboloid.

Hipercírculo, Hypercircle.

Hipercompound, Hypercompound, overcompounded.

Hipercrítico, Supercritical.

Hipercrómico, Hyperchromic.

Hipereléptico, Hyperelliptic.

Hiperespacio, Hyperspace.

Hiperestático, Rendundant; **reacciones hiperestáticas** (método de), redundant reactions.

Hipereutéctico, Hypereutectic.

Hipereutectoide, Hypereutectoid.

Hiperflujo, High flux; **reactor nuclear de** — **neutrónico,** high flux reactor.

Hiperfrecuencia (300 a 3.000 megaciclos), U. H. F. (ultra high frequency); — (3.000 a 30.000 megaciclos), S. H. F.; **circuito de hiperfrecuencias,** hyperfrequency circuit.

Hipergeométrico, Hypergeometric; **identidades hipergeométricas,** hypergeometric identities.

Hiperoxigenación, Hyperoxygenation.

Hipersensibilización, Supersensitization.

Hipersónico, Hypersonic; **flujo** —, hypersonic flow.

Hipersustentador, High lift; **aleta hipersustentadora,** high lift flap.

Hiperviscosidad, Hyperviscosity.

Hipoapriete, Undertightening.

Hipocementado (aceros), Undercarburized.

Hipocicloide, Hypocycloid.

Hipoclorito, Bleaching powder, hypochlorite; — **cálcico,** bleaching powder.

Hipocloroso, Hypochlorous; **ácido** —, hypochlorous acid.

Hipoeutectoide, Hypoeutectoid.

Hipofosfórico, (Ácido), Pelletier's phosphorous acid.

Hipoide, Hypoid; **engranaje** —, hypoid gear.

Hiposocrómico, Hyposochromic; **desplazamiento** —, hyposochromic shift.

Hiposulfito, Hyposulphite; — **de sosa,** hyposulphite of soda or sodium.

Hipoteca, Mortgage, mortgaging.

Hipotecar, To mortgage.

Hipotecario (Acreedor), Mortgagee; **deudor** —, mortgager.

Hipotenusa, Hypotenuse.

Hipótesis, Assumption.

Hipsómetro, Hypsometer; — **para cohete meteorológico,** rocket sonde hypsometer.

Hircina (mineralogía), Hircine.

Histéresis, Hysteresis, magnetic lag, retentivity, — **de tiempo,** time hysteresis; — **viscosa** (elec.), creeping; **calor por** —, hysteresis heat; **curva de** —, hysteresis curve or loop; **pérdidas por** —, hysteresis losses.

Histograma, Histogram.

Hodográfico, Hodographic.

Hodometro, Ambulator.

Hodoscopio, Hodoscope.

Hogar, Fire box, furnace; — **a pistón,** ram stoker; — **accesorio,** by hearth; — **bajo,** bloomery fire; — **con parrilla de rodillos,** furnace with clinker grinder; — **de afino,** fining forge hearth; — **de alimentación interior,** underfeed stoker; — **de alimentación superior,** overfeed stoker; — **de cadena,** chain stoker; — **de chimenea,** hearth; — **de fusión,** hearth; — **de hélice,** screw stoker; — **de parrilla móvil,** inclined grate stoker, travelling grate stoker; — **de rejilla plana,** flat grate stoker; — **de un**

horno de secar, cockle; **— interior de parrilla horizontal,** box fire; **boca de un —,** fire hole; **camisa del —,** fire box shell; **ciclo de —,** fire crown; **cielo de —,** crown sheets, fire crown, furnace top; **cielo de un —,** top of a furnace; **horno de dos hogares,** furnace with two hearths; **puerta del —,** coaling door; **solera o mesa de —,** dead plate; **tragante de un —,** fire hole.

Hoja, Blade, boring tool, cutter drill, folium, leaf, tongue; **—** (de metal, de papel), sheet; **— agujereada por encima de otra,** counterexcavation; **— de aluminio,** aluminium foil; **— de cuchillo,** blade knife; **— de falsa escuadra,** bevel blade; **— de oro,** gold foil; **— de plata,** silver foil; **— de ruta,** bill, (de tren) time folder; **— de tijera,** shear blade; **— delgada de metal,** foil; **— fina de plomo,** lead foil; **— maestra,** main plate; **— magnética** (elec.), magnetic strate; **— muerta** (aviac.), falling leaf; **— múltiple,** blade multiple; **afilar una —,** to strap; **con dos hojas,** two bladed; **de — de plata, de acero,** silver, steel bladed; **empujar con — empujadora,** to bulldoze; **hojas de salarios,** pay roll; **hojas de zinc,** zinc sheets; **lima de — de savia,** double half round file; **resalto de — de ballesta,** detent pin; **tabaco en — delgada,** dutch foil; **tumbaga en hojas delgadas,** dutch foil.

Hojalata, Latten, tin, tin plate, tin sheet, tinned iron, tinned plate; **— muy delgada,** taggerstin; **artículos de —,** tin ware; **bote de —,** tin can; **forrado de —,** tin clad, tin lined.

Hojalatero, Tin smith, tinker.

Holgura, Clearance, end play, slackness; **—** (piezas de máquinas), play; **— en los ángulos,** clearance corner; **tomar —,** to work loose.

Holoedro, Holohedron.

Hollín, Soot; **soplador de —,** soot blower.

Hombre, Man.

Hombro, Shoulder.

Homeomórfico, Homeomorphic.

Homeomorfismo, Homeomorphism.

Homogeneidad, Homogeneousness.

Homogéneo, Homogeneous; **hierro —,** cast steel; **no —,** inhomogeneous, non homogenous, unhomogeneous.

Homogenizador, Homogenizer.

Homolítico, Homolytic; **reacción homolítica,** homolytic reaction.

Homologado, Homologated.

Homológico, Homological.

Homólogo, Homologous; **puntos homólogos,** homologous points.

Homopolar o **de flujo ondulado** (eléc.), Homopolar.

Homotopía, Homotopy.

Hondón, Cess-pool.

Hook, Hook; **perteneciente a —,** hookean; **último —,** chime hook.

Hora, Hr. (hour), time; **— cargada,** busy hour; **— cargada de un circuito o grupo de circuitos,** circuit or circuit group busy hour; **— de París,** Paris time; **— del meridiano,** meridian time; **— local,** local time; **densidad de llamadas en — cargada,** busy hour calling rate; **marcador de fecha y —,** time recorder; **por horas,** horary.

Horadar, To bore.

Horario, Horary, hourly, schedule; **media horaria,** hourly average; **rendimiento — de un circuito,** hourly percentage paid time; **señal horaria,** time signal; **tablero —,** time table; **variación horaria,** hourly variation.

Horca, Fork, pitchfork, wall drill.

Horizontal, Horizontal; **capa —** (minas), fletz; **fresadora —,** slabber; **mangueta —,** camber; **plano —,** floor plan; **proyección —,** dip view, half breadth plan; **trinchera en terreno —,** level cutting; **vuelo —,** level flight.

Horizontalidad, Horizontality.

Horizontalmente, Horizontally; **polarizado** —, horizontally polarized.

Horizonte, Horizon; — **artificial,** artificial horizon; **propagación sobre el** —, forward-scatter propagation.

Hormigón, Concrete, grubstone mortar; — **alquitranado,** tamped concrete; — **apisonado,** tar concrete; — **armado,** concrete steel, reinforced concrete; — **bituminoso,** bituminous concrete; — **colado,** heaped concrete; — **común,** plain concrete; — **de asfalto,** concrete asphalt; — **de cemento,** beton; — **de grano fino,** fine grain concrete; — **de ladrillo,** concrete brick; — **de plomo,** lead concrete; — **en masa,** mass concrete; — **moldeado,** cast concrete; — **muy mojado,** concrete wet; — **ordinario,** plain concrete; — **poroso,** porous concrete; — **pretensado,** prestressed concrete; — **refractario,** refractory concrete; — **seco,** dry concrete; — **vibrado,** vibrated concrete; **arena para** —, concrete sand; **bomba de** —, concrete pump; **colada en** —, concrete batch; **consistencia del** —, concrete consistency; **embebido en** —, concrete embedded; **embutido en el** —, concreted; **falda en** —, concrete apron; **grava para** —, concrete gravel; **losa de** —, concrete slab; **mezclador de** —, concrete mixer; **pavimentación de** —, concrete pavement; **revestido de** —, concrete; **revestimiento de** —, concrete lining.

Hormigonado, Concreted, concreting.

Hormigonador, Concrete pouring; **pórtico** —, concrete pouring gantry (crane).

Hormigonadora, Concrete spreader.

Hormigonar, To concrete.

Hormigonera, Betron mill, concrete mixer, concrete spreader; — (véase también **mixer**), concrete mixer.

Hornablenda, Hornblende.

Hornada, Baking, charwork.

Hornero, Bolter.

Hornillo, Furnace; — **de ensayo,** assay furnace; — **de llamada,** draught stove; — **de mina,** chamber; — **digestor,** athanor.

Horno, Draw back furnace, furnace, heater, kiln, oven, range; — **alemán,** coffin; — **alto enteramente blindado,** fully cased blast furnace; — **alto enteramente soldado,** all welded blast furnace; — **alto forrado,** blast furnace mantle or structure, blast furnace with chamber hearth; — **anular,** annular furnace; — **basculante,** tilting furnace; — **calorífico,** heating oven; — **cerrado para recocer vidrio,** lear; — **circular,** annular kiln; — **circular de techo abombado para cocer,** cupola or cuppola; — **con carro,** car bottom furnace; — **de aceite pesado,** oil furnace; — **de afinar,** finery; — **de antecrisol,** fore hearth; — **de arco directo,** direct arc furnace; — **de arco indirecto,** indirect arc furnace; — **de atmósfera controlada,** controlled atmosphere furnace; — **de baja frecuencia,** low frequency furnace; — **de cal,** lime kiln; — **de calcinación,** calcining furnace, roasting furnace; — **de canal colector,** gutter furnace; — **de carbón vegetal,** charcoal kiln; — **de carga haciendo resistencia,** charge resistance furnace; — **de cementación,** carburising furnace, cementing furnace; — **de cemento,** cement kiln; — **de colada,** draw kiln; — **de colmena,** beehive coke oven; — **de colmenas** (para fabricar coque), beehive oven; — **de combustión del azufre o de las piritas** (fabricación del ácido sulfúrico), burner; — **de copela,** assay furnace, muffle furnace; — **de copelación,** assay furnace, cupel furnace; — **de coque,** coke kiln, coke oven; — **de coque de recuperación de subproductos,** by product coke oven; — **de corriente monofásica,** single phase furnace; — **de cracking,** cracking furnace, cracking kiln; — **de crisol,** crucible furnace, pot furnace; — **de cuba,** shaft furnace, (met.)

pit furnace; — **de curvar,** bending furnace; — **de decapar,** scaling furnace; — **de desecación de la porcelana después del temple en el baño de vitrificación,** cockle; — **de destilación,** topping furnace; — **de dos hogares,** spectacle furnace; — **de espuma,** drossing oven; — **de extender,** flattening oven; — **de fosa** (forjado), soaking pit; — **de fusión,** melting furnace; — **de gas,** gas oven, gas range; — **de inducción de alta frecuencia,** coreless induction furnace, high frequency (or ironless) induction; — **de ladrillos,** brick kiln; — **de lentes,** spectacle furnace; — **de lupias,** block furnace, bloomery furnace; — **de muflas,** muffle furnace; — **de precalentamiento,** preheating furnace; — **de pudelar,** puddling furnace; — **de rayos catódicos,** cathode ray furnace; — **de recalentamiento,** balling furnace, chafery, heating furnace; — **de recalentar,** fore hearth, heating furnace, reheating furnace, welding furnace, (fabricación de tejas) fire vault; — **de recocer** (tejas), fire vault, (vidrio) cooling furnace; — **de recocido,** annealing box, annealing furnace; — **de reducción,** scaling furnace; — **de reformado** (petr.), reformation furnace; — **de resudado,** capelling furnace; — **de resudar,** soaking pit; — **de revenido,** draw back furnace; — **de reverbero,** air furnace, draught furnace, flaming furnace, flowing furnace, reverb, reverberatory furnace; — **de secar** (madera), dry kiln; — **de secar madera con proyección de agua,** water spray dry kiln; — **de secar madera con regulación de humedad,** humidity regulated dry kiln; — **de socorro,** draught stove; — **de solera,** open hearth furnace; — **de tostación,** kiln for roasting, roasting kiln; — **de tratamientos térmicos,** heat treat oven; — **de túnel,** tunnel kiln; — **de vidriero,** fire vault; — **de vidrio,** glass furnace; — **discontinuo,** batch furnace or counter currents furnace;

— **durmiente,** flaming furnace; — **eléctrico,** electric furnace; — **Martín,** open hearth furnace; — **metalúrgico de cuba con circulación de agua,** water jacket; — **ondulado,** corrugated furnace; — **oscilante,** rocking furnace, tilting furnace; — **para calentar remaches,** rivet forge; — **para recalentar los barrotes,** bar heating furnace; — **para secar,** capelling furnace; — **pit** (forjado), soaking pit; — **rotativo,** revolving kiln, rotary kiln; — **secado al horno,** kiln dried wood; — **secador,** kiln dryer; — **solar,** solar furnace; **accesorios de un** —, furnace mountings; **acción de meter en el** —, ovening; **alimentar el** —, to feed the furnace; **altar de** —, fire bridge; **alto** —, blast furnace, (abr. de «blast furnace»), furnace; **alto** — **de crisol abierto,** blast furnace with open hearth; **alto** — **de crisol oval,** blast furnace with oval hearth; **apagar los fuegos de un** —, to draw the furnace; **armazón de un** —, inner lining; **bajo** —, finery; **blindaje de alto** —, blast furnace armour or casing; **boca de** — **de vidrio,** bottoming hole; **boca de un** —, fire hole; **camisa de un** — **alto,** shell of a furnace; **cargar el** —, to charge the furnace, to feed the furnace; **cuba de** —, furnace body; **cubresoldadura en** —, furnace brazing; **dejar el** — **sin fuego,** to blow down the furnace; **descargar el alto** —, to blow out the furnace; **descargar los fuegos de un** —, to draw the furnace; **encender un alto** —, to blow in the furnace; **envuelta de** —, furnace mantle; **escoria de alto** —, shoddy; **escorias de bajo** —, finery cinders; **fuelle de alto** —, blast furnace blowing engine; **gas de** — **alto,** furnace gas; **limpiar el** —, to clear a furnace; **máquina soplante de gas de** — **alto,** blast furnace gas blowing engine; **mesa de** —, coking plate; **mirilla de** — **metálico,** eye piece; **pala de** —, ovenpeel; **parada momentánea de alto** —, damping down; **pared de** un — de liquefacción, cheek; parrilla de —, fire grate; puente de —, fire bridge; puerta de —, fire door, furnace door; revestimiento de alto —, face; revestimiento exterior de un alto —, outer shell of a blast furnace; secado al — (de la madera), kiln drying; solar de alto —, back of a blast furnace; soldadura con — eléctrico, electric furnace brazing; solera de —, dead plate; solera de un —, dead plate of a furnace; tobera de soplante de alto —, nose pipe; tragante de alto —, blast furnace throat or top; tragante de un —, fire hole; tragante de un — alto, top of a furnace.

Horológico, Horological.

Horómetro, Horometer.

Horquilla, Bodkin, castor, fork yoke; — (vidrio), crotchet iron; — de acoplamiento, fork joint; — de crisol de colada, ladle carrier; — de desembrague (correa), shifting fork; — de lavado, fittering board for buddling; — de mando, clevis control; — de rueda, wheel fork; — para el sacarruedas, adapter hub puller; articulación de —, fork head; de tipo de —, clevis type; en forma de —, forked; en forma de — para el cabello, hairpin shaped; estay de —, split pillar; llave de —, fork wrench; soporte de —, fork carriage, fork support.

Hoz, Bill hook.

Hueco, Bore, carving, hole, hollow; — del macho (fund.), core print; fundición en —, cored work; loza hueca, hollow ware; llanta hueca, hollow tyre; madera hueca, hollow wood; mandril —, socket chuck; muro sin huecos, blind wall; trópano —, mining hollow drill.

Huecograbado, Copper printing.

Huecograbador, Die sinker.

Huelga (de obreros), Strike; declararse en —, to strike.

Huelgo (Con ajuste del), Adjustable for take up; dar —, to loosen.

Huelguista, Striker.

Huella, Track in electronic computers.

Hueso, Bone; huesos descarnados, fished bones.

Hule, Oilcloth.

Hulla, Black coal, coal, pit coal; — a granel, rough coal; — aglutinada, cake coal; — aglutinante, caking or coking coal; — aluminosa, aluminous pit coal; — blanca, white coal, water power; — de grosor medio, cobbling; — de llama corta, short burning coal or short flaming coal; — de llama larga, cannel coal, free burning coal, long flaming coal or long burning coal; — de poco valor, mean coal; — del comercio, commercial coal; — esquistosa, foliated coal, slate coal; — flambante, open burning coal; — grasa, fat coal, smitry coal; — magra, clod coal; — menuda, fine, small coal; — seca, brown coal; — semigrasa, cherry coal, mixon coal, open burning coal; — semi-grasa no adherente, cherry coal; alquitrán de —, coal tar; arrancar —, to brush; briqueta de —, coal coke; capa de — superior, bench coal; carbonización de la —, coking; colorante de alquitrán de —, coal tar color; extracción de —, coal drawing; hidrogenación de la —, coal hydrogenation; mina de —, colliery.

Hullero, Collier; distrito —, coal district; explotación hullera, coal mining; hullera, coal work, colliery; instalación o planta hullera, colliery plant; mina hullera, coal pit; región hullera, coal field; terreno —, coal formation.

Humectabilidad, Wettability.

Humectable, Moistenable.

Humectación, Wetting.

Humedad, Humidity; — absoluta, absolute humidity; — específica, specific humidity; — relativa, relative humidity; caída de —, lapse of humidity.

Humedecer (Máquina para), Degging machine.

Húmedo, Wet; **análisis por vía húmeda,** analyse by wet process; **apomazado en —** (autos), wet sanding; **demasiado —,** overwet; **ensayo en vía húmeda,** wet essay.

Humero, Alder wood.

Humidificación, Humidification or humidifying.

Humidificar, To humidity.

Humidistato, Humidistat.

Humidímetro, Moistmeter.

Humo, Smoke, vapour or vapor; **caja de humos** (caldera), smoke box; **humos** (partículas de 0,1 a 1 μ), fumes, (partículas de carbono inferiores a 0,1 μ), smokes; **índice de humos,** smoke point; **negro de —,** backing, soot back; **pólvora sin humos,** smokeless powder; **recubrimiento de la chimenea de evacuación del —,** arching (of a flue); **sin humos,** smokeless.

Hundimiento, Foundering, sinking.

Hundir, To colt in, to drive.

Hundirse, To fall in.

Hurgar, To poke.

Hurgón, Clay stick, coal poker, fire pricker, fire rake, nipple, ovenrake, poker, pricked bar, pricker; **—** (alto horno), ringer; **—** (herramienta de caldeo), fire hook; **— de cal,** beater.

Husada, Cup.

Husillo, Lead screw, pin; **—** (torno), leading screw; **— métrico,** metric lead screw; **aceite para husillos,** spindle oil; **bomba de —,** screw pump; **carrera del —,** spindle stroke; **con varios husillos,** mult spindle; **manguito de —,** spindle sleeve; **nariz del —,** spindle nose; **roscado por —,** threading with lead screw.

Huso, Nail, spindle; **en —,** spindle shaped; **nuez del —,** spindle wharve.

Hygrómetro, Autometer.

Hypercompuesta (Sobre), Overcompounded.

Hypocompuesta (Sub), Undercompounded.

I

I, I; en —, i shaped.

Iconoscopio, Camera tube, iconoscope, storage camera.

Ida y vuelta, Push and pull.

Identificación, I.F.F.

Idiocromático, Idiochromatic.

Ígneo, Igneous.

Ignición, Ignition; **orden de —** (motor), firing order; **potencial de —,** breakdown potential.

Ignifugado, Flame proof, flame proofed.

Ignitibilidad, Ignitibility.

Ignitrón, Ignitron; **— bombeado,** pumped ignitron; **— sellado,** sealed ignitron; **rectificador de ignitrones,** ignitron rectifier.

Igualación, Equalising or equalizing.

Igualador (de presión), Equaliser or equalizer; **— de fase,** phase equalizer; **— de pendiente,** slope equalizer; **panel —,** equalizer panel.

Igualadora, Balancer.

Igualar, To adjust, to equalise or equalize; **—** (agujeros), to drift; **que iguala,** equalising or equalizing.

Igualdad, Plainness.

Iliquidez, Illiquidity.

Ilmenita, Ilmenite.

Ilumina (Que), Illuminating.

Iluminación, Illumination, lighting; **— artificial,** artificial lighting; **— de las vías públicas,** highway lighting; **— concentrada,** spotlighting; **— de socorro,** emergency lighting; **— difusa,** diffused lighting; **— directa,** down lighting; **— eléctrica,** electric lighting; **—**

estroboscópica, electronic flash light; **— fluorescente,** cold cathode lighting; **— gradual «cóncava»,** inverse tappered illumination; **— indirecta,** indirect lighting; **— por acetileno,** acetylene lighting; **— por fluorescencia,** fluorescence lighting; **— por gas,** gas lighting; **— por incandescencia,** incandescence lighting; **— por luminiscencia,** luminiscence lighting; **— por luz negra,** black lighting; **— uniforme,** uniform illumination; **aparato de —,** luminaire; **batería de —,** lighting battery; **coche de —,** dynamo car; **dispositivo de —,** luminaire; **tablero de distribución de —,** lighting switch board; **unidad de —,** lux.

Iluminado, Lighted.

Iluminador (Cohete), Very's light.

Iluminante, Illuminating; **bomba —,** illuminating bomb.

Iluminar, To light, to lighten.

Iluvial, Illuvial.

Imagen, Image; **— brillante,** bright picture; **— de prueba,** resolution pattern; **— latente,** latent image; **— virtual,** virtual image; **blanco de —,** white signals; **desfase de imágenes,** image phase-change coefficient; **desgaste de —,** picture tearing; **distorsión de —,** image distorsion; **impedancia —,** image impedance; **monitor de —,** image monitor; **predistorsión de la —,** picture predistortion; **protección contra frecuencia —,** rejection of image frequency; **salto vertical de —,** picture jump.

Imágenes, Pix.

Imán, Magnet; **— circular,** circular magnet; **— compensador,** compensating magnet; **— corrector,** compensating magnet, magnet corrector; — **de herradura,** horseshoe magnet; — **de láminas,** laminated magnet; — **director,** controlling magnet, directing magnet; — **lamelar,** lamellar magnet; — **natural,** loadstone or lodestone; — **permanente,** P.M. (permanent magnet); — **sinterizado,** sintered magnet; — **supraconductor,** supermagnet; **desprovisto de partículas de hierro por medio de un —,** drawn; **núcleo de —,** magnet core; **polos de un —,** poles of a magnet.

Imanación, Magnetisation or magnetization.

Imantación, Magnetisation; — **por doble contacto,** magnetisation by double touch; **bobina de —,** magnetising or magnetizing coil; **coeficiente de —,** magnetisation coefficient; **curva de —,** B.H. curve.

Imantado, Magnetised; **aguja imantada,** magnet needle.

Imantar, To magnetise or to magnetize; — **hasta la saturación,** to magnetise to saturation.

Imbornal, Scupper hole; — (buques), limber; **cadena de los imbornales,** limber chain or rope; **canal de los imbornales,** limber passage; **tapa de —,** limber board or plate.

Imbricado, Lapping over.

Imcompresible, Incompressible.

Imflamabilidad, Adustion.

Imitado, Dead.

Imitar ébano, To ebonise.

Impacto (tiro), Impact; — **hidrodinámico en cuerpos cuneiformes,** slamming.

Impar, Odd, uneven; **coeficientes impares** (mat.), odd coefficients; **Isótopo impar —,** odd isotope.

Impedancia, Impedor; — (elec.), impedance; — **acústica característica,** characteristic acoustical impedance; — **acústica por unidad de superficie,** unit-area acoustical impedance; — **característica,** characteristic impedance, surge impedance; — **compleja,** complex impedance; — **de carga,** load impedance; — **de entrada,** driving point impedance (antennas), input impedance; — **de estátor,** stator impedance; — **de placa,** plate impedance; — **de transferencia,** transfer impedance; — **dinámica** (acústica), motional impedance; — **equilibrada,** balanced impedance; — **imagen,** image impedance; — **infinita,** blocked or damped impedance; — **inversa,** inverse impedance; — **iterativa,** iterative impedance; — **mecánica,** mechanical impedance; — **mutua,** mutual impedance; — **negativa,** expedance; — **propia** (antenas), self-impedance; — **superficial,** surface impedance; — **terminal,** terminal impedance; **acoplo por —,** coupling impedance; **adaptación de —,** impedance matching; **desequilibrado de impedancias,** impedance mismatching; **equilibrador de —,** matching stub; **impedancias conjugadas,** conjugate impedances; **línea con — terminal,** terminated impedance line; **puente de —,** impedance bridge.

Impedancímetro, Z meter.

Impelente, Forcing; **bomba —,** force pump, forcing pump; **bomba aspirante e —,** lift and force pump; **pistón de bomba —,** forcer.

Impeler, To force back, down, in, out.

Imperfecto, Imperfect; **emisión imperfecta,** imperfect emission.

Impericia, Inexpertness.

Impermeabilidad, Impermeability, imperviousness; **ensayo de —,** accumulation test.

Impermeabilización, Staunching; **anillo de —,** staunching ring.

Impermeabilizador, Water proofer.

Impermeabilizar, To dry, to waterproof.

Impermeable, Impermeable, impervious, proof, tight, water proof, water tight; — **al agua,** water proof; **hacer —,** to seal.

Implantación, Position, root.

Importación (mercancía importada), Import; **artículo de —,** import; **para la —,** inwards.

Importado, Imported.

Importador, Importer.

Impracticable, Impervious.

Impregnación, Impregnation; **— de aceite,** oil impregnation; **— de barniz,** varnish impregnation; **— en vacío,** vacuum impregnation; **material de —,** saturant; **tanque de —,** impregnation tank.

Impregnado, Impregnated; **papel —,** impregnated paper.

Impregnante, Impregnant.

Impregnar, To impregnate.

Imprenta, Printing office, printing plant; **cuerpo de un tipo de —,** shank; **fundición de caracteres de —,** type founding; **letra de —,** type.

Impresión, Chuck, clip, dinge, impression, press work, print, printing; **— Baumann,** sulphur printing; **— de los tejidos,** textile printing; **— directa,** discharge printing; **— en cuadro,** screen printing; **— en hueco,** intaglio printing; **— en seco,** embossing; **— por estarcido,** screen printing; **— sobre algodón,** calico printing; **bloque de —,** impression block; **cilindro de —,** printing cylinder; **leva de —,** printing cam; **papel de —,** printing paper; **velocidad de —,** writing speed.

Impreso, Form; **circuito —,** printed circuit; **impresos,** printed matter, prints; **telegrafía no impresa,** signal-recording.

Impresor, Printer; **— en cinta,** tape printer; **cilindro —,** printing roller; **sistema — Hell,** Hell printer system; **telégrafo —,** printing telegraph.

Imprevisto, Act of God; **cargas imprevistas,** incidentals or incidents; **caso —,** act of God; **gastos imprevistos,** incidental charges; **gas-** tos varios imprevistos, Incidentals or incidents; **imprevistos,** contingencies.

Imprimación, Chuck.

Imprimibilidad, Printability.

Imprimido, Printed.

Imprimir, To engrave, to print; **prensa de —,** printing press.

Improductivo, Unpayable.

Impuesto, Duty, toll; **— de peso,** metage; **— de salida,** export duty; **— del timbre,** stamp duty; **— diferencial,** differential duty; **libre de impuestos,** duty free.

Impulsar, To impel.

Impulsión, Heading, impetus, impulsion; **— hacia lo alto,** driving up; **— modulada,** modulated impulsion; **altura de —,** discharge head; **carga de —,** impulsion loading; **excitación por —,** impulse excitation; **impulsiones eléctricas,** electrical impulses; **impulsiones ultrasónicas,** ultrasonic pulsations; **pulsación o —,** pulsation or pulse; **tensión de —,** pulsation voltage; **tubo de —,** force pipe.

Impulsividad, Impulsiveness.

Impulso, Impulse; **— barrera,** disabling pulse; **— de borrado,** blanking pulse; **— de cierre,** make impulse; **— de cómputo,** meter pulse; **— de igualación** (TV), equalizing pulse (TV); **— de marcador,** marker pulse; **— de radiofrecuencia,** radiofrequency pulse; **— de recomposición,** rest pulse; **— de sincronismo,** synchronizing pulse; **— en el despegue,** take off thrust; **— fraccionado,** serrated pulse; **— gatillo de disparo,** trigger pulse; **— intensificador de brillo,** brightening pulse; **— partido,** split impulse; **circuito de impulsos alternos,** pulse halving circuit; **corrector de impulsos,** pulse corrector; **duración de un —,** pulse length; **forma de —,** pulse shape; **generador de impulsos,** impulse generator, pulsation generator; **impulsos de alta frecuencia,** high frequency pulsations; **impulsos**

numéricos, impulsing signals; inclinación del frente del —, pulse front steepness; oscilador de impulsos, pulsed oscillator or pulser; radar de impulsos coherentes, coherent-pulse radar; reducción del tiempo de salida del —, pulse steepening; regeneración de impulsos, impulse regeneration; repetidor de impulsos, pulse repeater; señal de comienzo de impulsos numéricos, proceed to send signal; señal de fin de impulsos numéricos, end of impulsing signal; sistema descodificador pòr impulsos, pulse decoding system; transformador de impulsos, pulsation transformer; transmisión por impulsos, pulse transmission; tren de impulsos, pulse train; unidad de distancia de impulsos, strobe unit; voltímetro de amplitud para impulsos, pulse height voltmeter.

Impulsor, Impeller, impulser, pull back.

Impureza, Contaminate, impurity; — donadora, donor impurity; impurezas, dross.

Impuro (Propano), Blau gas.

Imputable a, Defrayable.

Inacabado, Dead; trabajo —, dead work.

Inactínico, Nonactinic.

Inactividad, Inactivity.

Inadhesividad, Non adhesiveness.

Inalterado, Unweathered.

Inalmagable, Nonamalgamable.

Inamortizable, Nonamortizable.

Inanublable, Shadowproof.

Inarrugable, Creaseless.

Inastillable, Safety; vidrio —, safety glass.

Incandescencia, Glow, incandescence, white heat, white heating; — residual, after glow; lámpara de —, incandescent lamp.

Incandescente, Incandescent; carbón —, glowing coal.

Incendio, Fire; — intencionado, arson; bomba de incendios, fire engine; detector de incendios, fire detector; extintores de incendios, fire extinguishers; grifo de incendios, hosecock; lucha contra el —, fire fighting; peligros de —, fire hazards; potencial de —, firing potential; precauciones contra el —, fire precautions.

Incertidumbre (Principio de), Uncertainty principal.

Incidencia, Incidence or incidency; — rasante, grazing incidence; ángulo de —, angle of incidence; punto de —, point of incidence; transmisión con — oblicua, oblique incidence transmission.

Incidente, Incident; luz —, incident light; rayo —, incident ray.

Incineración, Cineration.

Incinerador, Incinerator; — de basuras, destructor.

Incinerar, To incinerate.

Incisión, Cut.

Inclinabilidad, Tiltability.

Inclinable, Inclinable; cabeza —, inclinable head; mortajadora de cabeza —, inclinable head slotter.

Inclinación, Batter, declession, descent, dipping, gradient, inclination, leaning, rake, slope, tilt; — (brújula), dip; — del arma, canting of gun; — del costado hacia dentro, tumble home; — de la mesa, swivel of table; — de onda, wave tilt; — hacia adelante, forward rake; — hacia dentro, tumbling home; — interior de los raíles, cant; — longitudinal, pitching; — máxima, maximum bank; — media, medium bank; — mínima, minimum bank; — vertical (geología), edge seam; indicador de —, bank gyroscopic; tener — del costado hacia dentro, to tumble home.

Inclinado, Banked, inclinated, leaning, raked, slanted, tilted; antena inclinada, tilted antenna; cara inclinada, slanted face; muy —, steeply graded; **plano —**, adjustable tail plane, inclinated plan, incline; **plano — de gravedad** (minas), go devil plane.

Inclinar, To bank, to lean, to tilt; **—** (magn.), to dip; **— las alas,** bank the wings.

Inclinarse, To cant; to slant; **— al virar** (avión), to bank.

Inclinómetro, Inclination estimator, inclinometer, tiltmeter.

Incluído, Imbedded.

Incluir, To immerge or to immerse, to include.

Inclusión, Comprisal.

Inclusiones, Inclusions.

Incógnita (mat.), Unknown.

Incombustibilidad, Fire proofness.

Incombustible, Apyrous, fire proof, flame resistant, incombustible.

Inconel, Inconel.

Incongelable, Non freezing.

Inconvertibilidad, Inconvertibility.

Incorrosible, Incorrodible.

Incremental, Incremental.

Incrustable, Embeddable.

Incrustación, Deposit of scale, scale; **—** (calderas), deposit, fur, incrustation; **— de arena,** furrow; **con incrustaciones,** furred; **incrustaciones,** scale of boilers.

Incrustado, Clogged.

Incrustar, To inlay.

Incurvación, Bend, deflection.

Indanamina, Indanamine.

Indeformable, Non distorting, non distortion, non distorsion or non distorting, rigid.

Indemnidad, Indemnity.

Indemnización, Penalty.

Indentación, Dentating, indentation; **— en uña,** wedge indentation.

Independiente, Independent; **compañía —,** outsider; **excitación —,** separate excitation; **motor de excitación —,** separately excited motor.

Inderramable, Spillproof, unspillable.

Indesgastable, Wear proof.

Indestructible, Indestructible.

Indesviable, Indivertible.

Indeterminación, Indeterminancy.

Indicación, Finding; **— del rumbo,** bearing indication; **— del sentido,** sense-finding; **— luminosa de ocupado,** busy flash; **— óptica automática,** optical automatic ranging (O.A.R.) (optar).

Indicado, Indicated; **caballos indicados,** indicated horse power; **potencia indicada,** indicated horse power; **potencia indicada en caballos,** indicated horse power.

Indicador, Gauge or gage, indicator, locator, telltale, tracer; **— acorazado,** tubular drop; **— de aceptación o rechazo,** pass reject indicator; **— de apertura** (válvula), travel indicator; **— de blanco móvil,** moving target indicator; **— de carga,** charge indicator; **— de caudal,** flow indicator, flow meter; **— de cero,** null indicator; **— de combustible,** fuel gauge; **— de compensación,** balance indicator; **— de control,** monitor; **— de corriente,** current indicator; **— de deformación,** strain indicator; **— de deriva,** drift indicator; **— de deslizamiento lateral,** side slip indicator; **— de distancia y ángulo de elevación,** elevation position indicator; **— de extinción,** flame detector or failure indicator, flame failure indicator; **— de fase,** phase indicator; **— de gasolina** (autos), fuel gauge, petrol gauge; **— de gasto de aceite,** telltale; **— de inclinación lateral,** bank indicator; **— de inclinación longitudinal,** pitching indicator; **— de llenado,** full level indicator; **— de nivel,** level indicator; **— de ojo de buey,** bull's eye indicator; **— de pérdidas,** earth indicator; **— de pérdidas a tierra,** earth indicator, ground detector; **— de presión,** pressure indicator; **— de presión del aceite,** oil pressure gauge; **— de radar,** radar indicator; — **de reacción sobre la palanca de mando**, stick indicator; — **de sentido de corriente** (elec.), polarity indicator; — **de tasa**, subscriber premises meter; — **de tiro**, blast indicator, draft indicator, draft or draught gauge; — **de torsión**, torsion meter; — **de vacío**, vacuum indicator; — **de velocidad de aire**, air speed indicator, ashlering (A.S.I.); — **de velocidad de aterrizaje**, landing speed indicator; — **de volumen**, volume indicator; — **del sentido de la corriente** (elec.), polarity indicator; — **luminoso**, light indicator; — **monocromo**, one color indicator; — **numérico de llamada**, call indicator; **cilindro portapapel de** —, indicator cylinder; **cuadro** —, annunciator board; **curvas de** —, indicator cards or diagrams; **N nudos del** — **Badin**, N knots A.S.I.; **plato** —, index plate; **plato** — **de los avances**, feed index plate; **registrador** — **de velocidad**, speed indicator; **tubo** — **visual**, visual indicator tube.

Indicatriz, Indicatrix.

Índice, Cock, number; — (de libro o dedo índice), index (plural **índices**); — (factor), index (plural **índices**); — **de acidez**, acid number; — **de bromo**, bromine number; — **de coquización**, P index; — **de humos**, smoke point; — **de modulación de referencia**, reference modulation index; — **de refracción**, refractive index, index of refraction or refraction index; — **de refracción modificado**, modified refractive index; — **divisor**, dividing point, indexing head; **índices de refracción**, refraction indices.

Indigómetro, Indigometer.

Indio (química), Indium; — **al plomo**, lead indium; **selenuro de** —, indium selenide.

Indirecto, Indirect; **cátodo de calentamiento** —, indirectly heated cathode; **lámpara de iluminación indirecta**, indirect light lamp or indirect lamp.

Individual, One man.

Indización, Indexation.

Indólico, Indole; **compuestos indólicos**, indole compounds.

Indonas, Indones.

Inducción, Induction; — **electromagnética**, electromagnetic induction; — **estática**, static induction; — **magnética**, magnetic induction; — **mutua**, mutual induction; — **nuclear**, nuclear induction; — **residual**, residual induction; **acoplo por** — (radio), inductive coupling; **altavoz de** —, induction loudspeaker; **balanza de** —, induction bridge; **bobina de** —, choke coil, induction coil, inductor; **brújula de** —, earth inductor compass; **calentamiento por** —, induction heating; **generador de** —, induction generator; **horno de** —, induction furnace (véase **Furnace**); **motor de** —, induction motor; **motor de** — **de jaula de ardilla**, squirrel cage induction motor; **motor de** — **de rotor bobinado**, wound rotor induction motor; **motor de** — **de varias jaulas**, multiple cage induction motor; **puente de** —, inductance bridge; **regulador de** —, induction regulator; **sintonizador de** —, inductuner; **toda clase de bobina de** —, inductorium; **trazador de** —, induction tracer.

Inducido, Armature, choaked or choked; — (adj.), induced; — **al tambor**, drum armature; — **articulado**, hinged armature; — **centrado**, balanced armature; — **de agujeros**, tunnel armature; — **de barras**, bar wound armature; — **de brazos dobles**, double spoke armature; — **de disco**, disc armature; — **de doble T**, H armature, shuttle armature; — **de dos circuitos**, two circuit armature; — **de polos interiores**, radial coil armature; — **del encendido**, armature ignition; — **devanado con alambre**, wire wound armature; — **doble**, double armature; — **fresado**, milled armature; — **giratorio**, revolving armature; — **perforado**, armature tunnel; — **radial**, armature radial; — **Siemens**, girder armature, H armature; — **Siemens o de doble T**, shuttle armature; **arrollamiento del** —, armature winding; **barra del** —, armature bar; **circuito del** —, armature circuit; **cobre del** —, armature copper; **conductor útil de un** —, inductor; **corriente inducida**, induced current; **cuerpo del** —, armature structure; **devanado del** —, armature winding; **dientes del** —, armature teeth; **disco del** —, armature disc; **dispersión del** —, armature leakage; **enrollamiento del** —, wire coil; **envuelta del** —, wire casing; **estrella del** —, armature cross; **flujo de dispersión en el** —, armature stray flux; **fricción de un** — **con el aire**, windage; **hierro del** —, armature iron; **hilo del** —, armature inductor; **longitud inducida** (electricidad), active length; **núcleo del** —, armature core; **número de espiras del** —, armature factor; **radioactividad inducida**, induced radioactivity; **ranura del** —, armature pocket, armature slot; **ranuras del** —, armature grooves; **reacción del** —, armature reactance; **relleno de** —, daubing; **rotación del** —, armature rotation; **tiro** —, exhaust draft, induced draught.

Inductancia, Control inertia; — **concentrada**, lumped or concentrated inductance; — **de conexiones**, lead inductance; — **de fuga** (dispersión), leakage inductance; — **distribuida**, distributed inductance; — **incremental**, incremental inductance; — **mutua**, mutual inductance; **sinónimo de** —, retardation.

Inductilidad, Inductility.

Inductivo, Inductive; **capacidad inductiva**, inductive capacity; **capacidad inductiva específica**, specific inductive capacity; **carga inductiva**, inductive load; **circuito** —, inductive circuit; **devanado no** —, non-inductive winding; **no** —, non inductive.

Inductófono, Inductophone.

Inductor, Inductor; — **de tierra**, earth coil, earth inductor.

Inductotermia, Inductothermy .

Industria, Industry, manufacture; **industrias conexas**, allied industries; **sociedad nacional de industrias eléctricas o de fabricantes de electricidad**, N.E.L.A. (National Electric Light Association).

Industrial, Industrial; **dibujo** —, engineering drawing, mechanical drawing; **enriado** —, mill retting; **rendimiento** —, overall efficiency.

Industrialista, Industrialist.

Ineconómico, Uneconomical.

Inefectivo y duro (avión), Soggy.

Inencogible, Shrink resistant.

Inercia, Inertia, sluggishness; **arrancador de** —, inertia starter; **eje de** —, axis of inertia; **esfuerzo de** —, inertia stress; **espoleta de** —, inertia fuse; **fuerza de** —, vis inertiae; **método de** —, coasting method; **momento de** —, moment of inertia; **relé de** —, inertia relay; **seguir funcionando gracias a la** —, to coast.

Inerte, Actionless, inert; **gas** —, inert gas; **máquina al arco con protección de gas** —, inert gas shielded arc welding.

Inertidad, Inertness.

Inestabilidad, Fickleness, instability; — (mercados), jumpiness; — **dimensional**, dimensional instability; **condiciones de** —, hunting.

Inestabilizar, To unstabilize.

Inestable, Instable.

Inextensible, Inextensible, nonextensible, to strew.

Inferior (Ala), Bottom wing, lower wing; **alternador de eje vertical con rangua** —, umbrella type alternator; **armadura** —, lower reinforcement; **banda lateral** —, lower sideband; **bastidor** —, bottom flask; **bomba** — **colocada en el fondo de un pozo de mina**, bottom lift; **caja** — **de moldeo**, lower box;

canal — (horno de coque), bottom flue; **cara** —, underface; **carbón de calidad muy** —, bastard cannel; **carro** — (torno), bottom slide; **curvatura** —, lower camber; **desviación** —, lower deviation; **estampa** —, bottom die; **flanco** —, low limb; **labio** — (fallas), low wall; **parte** —, carriage; **parte de estampa** (forja), bottom swage; **plano** —, lower plane; **reborde de larguero**, bottom flange; **torreta en la parte** — **del fuselaje**, lower turret; **traviesa** —, bottom rail.

Infiltración, Infiltration, leak, seepage; — (de aire), in leakage; — **subterránea**, under seepage; **encachado contra infiltraciones** (depósito), platform.

Infiltrarse, To filter into, to infiltrate, to seep.

Inflable, Inflatable, swellable.

Inflación, Inflation.

Inflado, Bulgy, inflated.

Inflamabilidad, Inflammability, liability of fire.

Inflamable, Ignitable, inflammable; **madera no** —, fire proof wood; **no** —, non inflammable.

Inflamación (pólvora), Ignition.

Inflamador, Igniter or ignitor.

Inflamar, To ignite, to kindle.

Inflar, To inflate.

Inflexión de una curva, Discontinuity (of a curve); **de** —, inflexional.

Infligible, Inflictable.

Información, Information; — **selectiva**, selective information; **agencia de** — **comercial**, trade protection society; **contenido de** — **estructural**, structural information content; **contenido de** — **selectiva**, selective information content; **oficina de** —, inquiry office; **petición de** —, request for information.

Informe, Account, record.

Infracción, Breach, infringment.

Infraestructura, Ground organization, understructure.

Inframicroscópico, Inframicroscopic.

Infrarrojo, Infrared; — **próximo**, near infrared; **espectro** —, infrared spectrum; **radiación infrarroja**, infrared radiation; **rayo** —, infrared ray.

Infrasónico, Infrasonic.

Infusibilidad, Infusibility.

Infusible, Apyrous, infusible, non-melting.

Ingeniería, Engineering; — **civil**, civil engineering; — **de telecomunicación**, communication engineering; — **naval**, naval engineering; **obras de** — **civil**, civil engineer works.

Ingeniero, Engineer; — **consultor**, consulting engineer; — **de explotación**, managing engineer; — **del servicio técnico**, managing engineer; — **mecánico**, engineer; — **naval**, naval architect, naval constructor; **soldado de ingenieros**, engineer.

Inglete, Fold, mitre; **a** —, mitred; **corte de** —, mitre cut; **guillamen de** —, bevel plane; **junta de** —, clamp mitre, mitre clamp; **tallar a** —, to mitre; **unión a** —, mitre joint.

Ingresos, Earnings, proceeds; **ingresos netos**, net earnings.

Inhalador, Inhalator.

Inhibición, Inhibiting.

Inhibido, Inhibited; **aceite** —, inhibited oil.

Inhibidor, Inhibitor; — **de corrosión**, corrosion inhibitor, oxidation inhibitor; — **de decapado**, prickling inhibitor; — **de senescencia**, senescence inhibitor; — **sintético**, synthetic inhibitor.

Iniciación, Incipiency.

Inicial, Initial; **velocidad** —, initial velocity, M.V. (**muzzle velocity**).

Ininclinable, Nontilting.

Ininflamabilidad, Nonflammability.

Ininteligible, Unintelligible; **diafonía** —, unintelligible crosstalk.

Inmaleable, Unmalleable.

Inmersión, Dip, dive, immersion; — (máq.-herra.), dipping; — **de un horno de reverbero,** dip; — **en un líquido,** dipping; **baño de —,** dip; **campana de —,** diving bell; **de —,** diving; **placa de —** (regulador eléctrico), dipping plate; **regulador de —** (torpedos), diving gear.

Inmersor, Dipping; **tubo —,** dipping tube.

Inmiscibilidad, Immiscibility.

Inmiscible, Immiscible, non miscible.

Inmóvil, Immovable.

Inobstruible, Nonchokable.

Inoculante, Inoculant.

Inodoro, Inodorous.

Inorgánico, Inorganic; **azufre —,** inorganic sulphur; **depósito —,** inorganic depot; **química inorgánica,** inorganic chemistry.

Inoxidabilidad, Stainlessness.

Inoxidable, Inoxidizable, non corrodible, non rust, rustfree, rustproof, stainless, unoxidizable.

Inquilino, Renter.

Insaponificable, Unsaponifiable.

Inscripción, Entry.

Inscriptor, Tracer; — **eléctrico,** electrical tracer.

Insensible, Insensitive; — **a,** proof; — **a la acción de,** non responsive to.

Inserción, Insertion; **ganancia de —,** insertion gain.

Insertado, Built up, inserted; **diente de punta insertada,** detachable point tool; **dientes insertados,** inserted teeth.

Inserta (Pieza), Insert.

Insertar, To insert.

Insolílito, Insolilith.

Insolubilidad, Insolubility, unsolvability.

Insoluble, Insoluble; **productos insolubles en suspensión,** suspended insolubles.

Insolvencia, Insolvency.

Insolvente, Insolvent.

Insonorización, Sound proofing.

Insonorizado, Sound proof, sound proofed; **cabina insonorizada,** soundproofed cabin.

Insonorizador, Muffler.

Insonoro, Acoustical; **panel —,** acoustical panel.

Inspección, Inspection, inspection cover, overhaul, survey, surveyorship; — **de la compresión,** compression check; **agujero de —,** inspection hole; **puerta de —,** inspection door; **trampilla de —,** inspection cover.

Inspector, Overseer, supersonic viser, superviser, surveyor.

Inspectoscopio, Inspectoscope.

Inspectroscopio, Inspectroscope.

Instalación, Equipment, fixture, lay out, planning, plant; — (aparato instalado), installation; — (de aparato), installation; — **al aire libre,** out door plant; — **de concentración** (de minerales), concentrating plant; — **de corriente alterna,** A.C. plant; — **de corriente continua,** D.C. plant; — **de mando,** command installation; — **de refuerzo,** peak lead plant; — **de socorro,** stand by plant; — **de talleres en edificios separados,** cut up arrangement of workshops; — **de telegrafía sin hilos,** wireless installation; — **depuradora** (aceite), reclaiming plant; — **eléctrica,** binding; — **frigorífica,** refrigerating plant; — **minera,** mine plant; — **para la ventilación,** coursing; — **provisional,** makeshift; — **totalmente electrificada,** all relay plant; **carpintero de ribera especializado en construcción e — de palos,** etc. (buques), sparmaker; **gastos de —,** capital cost; **instalaciones afirmadas,** improved arrangements; **instalaciones exteriores** (minas), surface plant; **instalaciones sanitarias,** plumbing; **proyecto de —,** deseaming; **rehacer la — eléctrica,** to rewire.

Instalado sobre avión, Air borne; **estar — en**, to occupy.

Instalar, To accomodate, to manage; — (función), to install; — (máquina, aparato), to install; — **sobre**, to equip.

Instantáneo, Instantaneous; — (foto), snap shot; **armadura de desconexión instantánea**, instantaneous armature; **contactos de separación instantánea**, snap action contacts; **corriente instantánea** (elec.), momentary current; **de acción instantánea**, snap acting; **descarga instantánea**, dead beat discharge; **instantánea** (foto), snapshot; **potencia instantánea** (elec.), instantaneous power; **presión instantánea**, instantaneous pressure; **valor —**, instantaneous value.

Instante, Instant; **instantes ideales de una modulación**, ideal instants of a modulation.

Institución, Establishment, institute.

Instituto, Institute; — **Americano de Petróleo**, American Petroleum Institute (A.P.I.); — **de ingenieros de telecomunicación**, I.R.E. (Institute or Radio Engineers); — **de técnicos del petróleo** (Londres), I.P.T. (Institution of Petroleum Technologists); — **norteamericano de ingenieros eléctricos**, American Institute of Electrical Engineers (A.I.E.E.).

Instrucciones dadas con bastante anticipación antes de empezar la misión asignada (aviación), Prebriefing.

Instrumental (Presentación), Meter display.

Instrumento, Instrument, medium; — **de arista viva**, edge tool; — **de filetear**, fillet plane; — **de madera para sacudir las telas** (preparación mecánica de minerales), dolly; **de precisión**, precision instrument; — **de puntería**, sighting instrument; — **portátil**, portable instrument; — **puntiagudo**, prod; **aproximación por instrumentos** (aviación), instrument approach; **ate-**

rrizaje por instrumentos, Instrument let down; **instrumentos de navegación**, navigational equipment, navigational instruments; **instrumentos giroscópicos**, gyro instruments; **vuelo con instrumentos**, instrument flying.

Insuflación, Blast, injection, spray; — **de chispas**, blow out; — **lateral**, side blow; **aire de —**, spray air; **aparato de —**, blast apparatus.

Insuflado, Blast; **horno —**, blast furnace.

Insuflador, Insufflator.

Insumergible, Insubmergible, non sinkable, unsinkable.

Integración, Integration; — **asintótica**, asymptotic integration; — **extendida al tiempo**, temporal integration.

Integrador, Integraph, integrating, integrator; — **cartográfico**, pictorial computer; — **de impulsos** (contadores radioactivos), impulse totalizer; **calculador —**, integrating computer; **circuito —**, integrating circuit; **relé —**, totalizing relay.

Integral, Summation; — (adj.), integral; — (mat.), integral; — **asociada**, integral calculus, related integral; **integrales discontinuas**, discontinuous integrals.

Integrando, Integrand.

Integridad, Intactness.

Integrodiferencial, Integro-differential.

Inteligente (Perno de cabeza), Flat headed bolt.

Inteligible, Intelligible; **diafonía —**, intelligible crosstalk.

Intemperie, Weather; **al abrigo de la —**, weather proof; **desgastado por la —**, weathered.

Intensidad, Current, intensity; — **acústica equivalente**, equivalent loudness; — **de arranque**, starting current; — **de campo**, field intensity; — **de campo perturbador**, radio noise field intensity; — **de**

campo radioeléctrico, radio field intensity; — **de corriente producida por una pila seca,** amperage dry cell; — **de radiación,** radiation intensity; — **de radiación máxima,** maximum radiation intensity; — **eficaz,** R.M.S. current; — **lumínica en bujías,** candle power; — **luminosa,** light or luminous output, luminous intensity; — **máxima de señal,** maximal signal strength; — **media de radiación,** average radiation intensity; — **radiante,** radiant intensity; — **sonora,** sound intensity; **alumbrado con** —, highlit; **líneas de — de campo constante,** contours of constant field intensity; **modulación de** —, intensity modulation; **nivel de — sonora,** sound intensity level; **nudo de** —, current node; **relé de** —, current relay; **vientre de la** —, current loop.

Intensímetro, Intensimeter.

Interación, Interaction. interference; **atenuación por** —, interaction loss.

Interatómico, Interatomic.

Intercalación, Intercalation.

Intercalado, Inserted.

Intercalar, To insert.

Intercambiabilidad, Interchangeability.

Intercambiable, Interchangeable.

Intercambiador, Interchanger; — **de calor,** heat exchanger; — **de temperatura,** thermic exchanger.

Interceptación, Interceptor; — **controlada desde tierra,** ground controlled interception; **avión de caza y de** —, interceptor fighter.

Interceptador, Interceptor.

Interceptor, Catch; **barrera interceptora,** catch boom.

Intercomunicación, Intercommunication.

Interconectado, Interconnected.

Interconectar, To interconnect.

Interconexión, Interconnexion; — **en frecuencia portadora,** carrier frequency interconnection.

Intercristalino, Intercrystalline.

Interdiurno, Interdiurnal.

Intereje, Axle base.

Interestelar, Interstellar.

Interfase, Interphase.

Interfásico, Interstage; **acoplamiento** —, interstage coupling; **transformador** —, interphase transformer.

Interferencia, Interference, jamming; — **de banda ancha,** broadband interference; — **de canal común,** common channel interference; — **de otro canal,** second-channel interference; — **en el propio canal,** co-channel interference; — **perjudicial,** harmful interference; — **radioeléctrica,** radio interference; **filtro de interferencias,** interference eliminator; **interferencias estáticas** (parásitos), Q.R.N.S.; **umbral de** —, interference threshold.

Interferido, Jammed.

Interferir (radio), To jam.

Interferograma, Interferogram.

Interferometría, Interferometry; — **de haces múltiples,** multiple beam interferometry.

Interferómetro, Interferometer.

Interferoscopio, Interferoscope.

Interformacional, Interformational.

Intergranular, Intergranular; **corrosión** —, intergranular attack or corrosion.

Interior, Inner, inside; — (buques), inboard; **alcance hacia el** —, in reach; **comercio** —, inland trade; **comportamiento** — (auto), inside drive body; **costura** —, inseam; **del** —, inboard; **diámetro** —, I.D. (inside diameter), (calderas) diameter in the clear; **en el** —, inboard, indoor; **engranaje de dientes** —, annular gear and pinion; **micrómetro para interiores,** internal micrometer; **motor** —, inboard engine; **pared** —, inwall; **pozo** — (minas), blind shaft; **red telefónica — de bordo** (aviac.), intercom; **talud** — (cunetas), inslope;

servicios interiores, domestic services.

Interiormente, Inwards; **peine de roscar** —. inside screw cutting tool.

Interlaminar, Interlamellar.

Interlineado, Leading.

Interlinear (tipografía), To lead.

Intermediario, Intermediate, middleman, nonproducer; **circuito** — (radio), intermediate circuit; **frecuencia intermedia,** intermediate frequency; **refrigerante** —, intercooler.

Intermedio, Mean; **árbol** —, middle shaft; **estación intermedia,** way station.

Intermetálicos (Compuestos), Intermetallics.

Intermitente, Intermittent; **corriente** —, intermittent current; **destilación** —, batch distillation; **escansión** — (TV), stop go scanning; **porción** —, intermittent batch.

Intermodulación, Intermodulation; — **de haces,** beam intermodulation; **ruido de** —, intermodulation noise.

Intermolecular, Intermolecular.

Internacional (amperio, culombio, etc....), International; **circuito** — **directo,** direct international circuit; **comunicación directa** —, direct international relation; **conexión telegráfica** — **de tránsito,** transit international telegraph connection; **conexión telegráfica** — **directa,** direct international telegraph connection; **conferencia** — **directa,** direct international call; **transporte** —, international forwarding.

Interno, Internal; **circunferencia interna,** addendum circle; **motor de combustión interna,** internal combustion engine; **resistencia interna,** internal resistance.

Interoperacional, Interoperational.

Interplanetario, Interplanetary.

Interpolación, Interpolation.

Interpolar, Interpolar, interpolate.

Interresonancia, Interresonance.

Interrogador-respondedor, Interrogator-responsor.

Interrumpible, Interruptable.

Interrumpido, Interrupted; **corriente interrumpida,** interrupted current; **temple** —, interrupted cooling, time quenching.

Interrumpir, To interrupt; — **la comunicación,** to disconnect; — **la corriente,** to break.

Interrupción, Non sequence, switch ing; — **de servicio eléctrico,** trip out; **conmutación sin** —, make-before-break contact; **distancia de** —, breaking distance.

Interruptor, Breaker, breaker circuit, contact breaker, interrupter, interrupter switch, S.W. (switch), switch, switch gear; — (radio), chopper ticker; — (radio, etc.), on switch off switch; — **a cero,** no load circuit breaker; — **a presión,** press switch; — **automático,** automatic switch, jack, switch; — **automático de aterrizaje,** crash switch; — **automático de excitación,** automatic field break switch; — **automático en el aterrizaje** (aviac.), crash switch; — **auxiliar,** auxiliary switch; — **bipolar,** double pole switch; — **centrífugo,** centrifugal switch; — **conmutador de barras,** cross bar switch; — **de aceite,** oil break switch; — **de aire,** air break switch, air interrupter; — **de cerradura,** lock up switch; — **de conexión,** branch switch; — **de consola,** bracket switch; — **de contactos de carbón,** carbon break switch; — **de cordón,** pull switch; — **de cuchilla,** chopper switch, knife switch; — **de derivación,** braking switch, branch switch; — **de descarga,** discharge switch; — **de desmagnetización,** demagnetizing switch; — **de doble ruptura,** double break switch; — **de dos cuchillas,** double bladed switch; — **de elevación,** vertical interrupter; — **de envuelta estanca,** switch in watertight case; — **de escalones,** step switch; — **de excitación,** field break switch;

— **de ficha o de clavija,** plug switch; — **de fin de carrera de jaula de minas,** track limit switch; — **de instalación,** box switch; — de lámpara, lamp switch; — **de llamada,** call switch; — **de mano,** hand switch; — **de mercurio,** dipper interrupter, mercury interrupter, mercury switch; — **de motor,** motor driven switch; — **de palanca,** lever switch; — **de palanca articulada,** toggle interrupter; — **de poste,** pillar switch or pole switch; — **de puesta en marcha,** breaker starting; — ·de **regulación de la intensidad luminosa,** dimmer; — **de resistencia regulable,** dimmer or dimming switch; — **de resorte,** spring switch; — **de ruptura brusca,** quick break switch, (elec.), snap switch; — **de ruptura doble,** double break switch; — **de ruptura simple,** single break switch; — **de seccionamiento,** section switch; — **de seccionamiento automático,** mechanically controlled switch; — **de seguridad,** safety switch; — **de vacío,** vacuum breaker; — **disyuntor,** cut out, interrupter switch; — **doble,** break double; — **electrolítico,** electrolytic interrupter; — **estanco,** water proof switch; — **general,** master switch; — **giratorio,** rotary interrupter; — **horario o de tiempo,** time switch; — **para servicio exterior,** breaker outdoor; — **para servicio interior,** breaker indoor; — **periódico,** chopper; — **permutador,** change over switch, changing switch; — **pluridireccional,** multiple way switch; — **principal,** main switch, master switch; — **que sirve para dar paso a la corriente o cortarla,** make and break; — **seccionador,** disconnecting switch; — **temporal,** temporary break; — **tubular,** tubular switch; — **unipolar,** single pole switch; **contacto de** — **giratorio,** rotary interrupter contact; **contacto de lámina de** —, bridging contact; **cuchilla de** —, switch blade; **mordaza del** —, break jaw.

Intersticial, Interstitial.

Intersticio, Gap; — **de junta,** clearance at contact; **diámetro del** —, clearance diameter; **sin** —, gapless.

Interurbano (Autobús), Motor omnibus.

Intervalo, Distance, range; — **aislante,** gap; — **de seguridad,** guard interval; — **entre cifras,** interdigit pause; — **entre los pozos de una mina,** bay; — **igual a 1/1200 de octava,** cent; — **no asegurado,** unguarded interval; **medidor de intervalos de tiempo,** time interval meter; **modulación de** — **de impulsos,** pulse interval modulation.

Intervalómetro, Intervalometer.

Intradós, Intrados, lower surface of a wing; soffit, under surface; — (ala de avión), lower surface of a wing.

Intramolecular, Intramolecular.

Introducir, To drive in, to introduce; — **gasolina en los cilindros,** to dope the engine.

Introflexión, Introflexion.

Intuicionista, Intuitionistic; **números intuicionistas,** intuitionistic numbers.

Inundación, Flooding, overflow.

Inusual, Unconventional.

Invadir (minas), To encroach.

Invariabilidad, Unalterableness.

Invariante, Alternative, invariant.

Invención, Contrivance.

Inventable, Inventible.

Inventar, To invent.

Inventario, Inventory, return, schedule; — (de enseres), inventory of fixtures; **hacer el** —, to take, to draw up the inventory.

Inventor, Inventor.

Inversamente, Conversely.

Inversión, Expense, inversion, investment, reversing, turning; — (de marcha), reverse; — (elec.), reversal; — **automática,** automatic inversion; — **de corriente,** current reverse; — **de fases,** phase reversal; — **de los recuperadores,** open hearth reversal; — **de marcha por correa,** belt reverse; — **del empuje,** thrust reversal, (aviación), jet deflection; — **parcial de matices,** partial tone reversal; **de** — **de marcha,** reversing; **mecanismo de** — **de marcha,** change gear, reversing gear; **palanca de** — **de la marcha de la mesa** (máq.-herram.), hand wheel for reversing table movement; **palanca de** — **de marcha,** lever for reversing table movement, reversing arm, reversing lever, reversing link; **tope de** — **de marcha de la mesa de una máquina-herramienta,** stroke dog for reversing table movement.

Inverso, Inverse; **corriente inversa de rectificación,** rectifier reverse current; **ensayo de plegado alternativo en sentido** —, alternating bending test; **inyección inversa** (petr.), reverse circulation; **polaridad inversa,** reverse polarity; **tensión de ánodo inversa a pico,** peak-anode inverse voltage; **tensión inversa de pico,** peak inverse voltage.

Inversor, Change over, inverter, reverse gear, reversing device; — (elec.), reverser; — **de fase,** phase inverter; — **de frecuencias vocales,** speech inverter; — **de polaridad,** polarity reversing switch; **aparato** —, reversal timer; **conmutador** —, current reverser; **manipulador** —, reversing key.

Invertible, Invertible.

Invertido, Inverted; **ala en diedro** —, inverse taper wing; **amplificador** —, inverted amplifier; **arco** —, counterarch; **bóveda invertida,** countervault; **con inyección invertida** (sondeo), counterflush; **embrague de conos invertidos,** reverse cone clutch; **flujo** —, reverse flow; **grada invertida,** back stope; **horno de llama invertida,** reversed flame kiln; **Immelmann** —, Immelmann turn inverted, inverted immelmann; **pila invertida,** inverted

cell or element; **purgador de cuba invertida,** inverted bucket steam; **relaminado** —, reverse redrawing; **T invertida,** cross tail; **vuelo** —, inverted flying.

Invertidor, Switch; — **de marcha,** reversing switch; — **de polaridad,** polarity reversing switch.

Invertir, To back; — (óptica), to invert; — **el sentido de marcha de un motor,** to reverse a motor; — **el vapor,** to reverse the engine; — **la corriente,** to reverse.

Investigación, Investigation, research.

Involución, Involution.

Involucional, Involutorial.

Inyección, Condensing jet, injection, jet; — **de agua,** water input; — **de cemento,** cement injection; — **de cemento por etapas,** stage grouting; — **de combustible,** fuel injection; — **de sentina,** bilge injection; — **del cubilote,** cupola blast; — **mecánica,** solid injection; — **neumática,** pneumatic injection; — **piloto,** pilot injection; **agua de** —, injection water, water injection; **aguja de** —, injector needle, (Diesel), fuel valve; **aire de** —, injection air; **bomba de** —, fuel injection pump, injection pump, injector pump; **grifo de** —, injection cock; **máquina de** —, injection machine; **motor de** —, injection engine; **solenoide de** —, primer solenoid; **sondeo con** — **de agua** (petróleo), water flush system; **tobera de** —, injection nozzle, injection pipe, priming nozzle; **válvula de** —, injection valve.

Inyectabilidad, Injectability.

Inyectado, Extruded; **fundición inyectada,** die casting.

Inyectar, To deliver; — **cloruro de zinc,** to burnettize; — **con jeringa,** to squirt.

Inyector, Burner, fuel valve, injector, priming jet, spray nozzle; — **de carburante,** fuel nozzle; — **de cemento,** cement injector; — **de combustible,** fuel injector; — **de**

retorno, spill flow burner; — **de turbulencia** (motores), swirl type atomiser; — **Giffard,** Giffard's or Giffard injector; **caudal de** —, atomiser flow; **gasto del** —, burner flow; **válvula de** —, fuel valve nozzle; **verificador de inyectores,** injection nozzle or injector tester.

Intergranular, Intergranular; **corrosión** —, intergranular attack.

Ioduro, Iodide; — **de plata,** silver iodide; — **de potasio,** potassium iodide.

Ión, Ion; — **negativo,** anion; **contador de iones,** ion counter; **iones,** ions; **iones complejos,** complex ion; **iones férricos,** ferric ions; **manantial de iones,** ion gun; **óptica de los iones,** ion optics.

Iónico, Ionic; **cristal** —, ionic crystal; **refracción iónica,** ionic refraction; **resonancia iónica,** ionic resonance.

Ionización (elec.), Ionisation or ionization; — **de hilo caliente,** hot wire ionizer; — **esporádica,** sporadic-E ionization; — **por electrones,** ionization by electrons; — **por impacto,** ionisation by impact; **cámara de** —, faraday chamber, ionisation chamber; **cámara de** — **de rejillas,** grid ionisation chamber; **constante de** —, ionisation constant; **corriente de** —, ionisation current; **potencial de** —, ionizing potential.

Ionizado, Ionised; **capa ionizada,** ionised layer; **fuertemente** —, heavily ionised; **nube ionizada,** ion cloud.

Ionizante, Ionizing; **partículas ionizantes,** ionizing particles.

Ionizar, To ionise.

Ionoplastia, Ionosplasty.

Ionosfera, Ionosphere; **reflejo en la** —, hop.

Ionosférico, Ionospheric; **capa ionosférica,** ionosphere layer; **onda ionosférica,** sky wave; **predicción ionosférica,** ionospheric prediction; **reflexión ionosférica,** reflection by ionosphere.

Iridescente, Pavanine.

Iridiar, To iridize.

Iridio, Iridium.

Iridiscencia, Iridescence.

Irisación, Iridescence.

Irracional (Explotación), Buckeying.

Irradiación, Irradiation, radiation, raying; — **lateral,** broadside radiation; — **por pila o en reactor,** pile irradiation.

Irradiado, Irradiated.

Irradiante, Radiating.

Irradiar, To irradiate.

Irregular, Erratic; **masa** — (filones), corbond.

Irregularidad d e funcionamiento, Erraticness.

Irreparable, Beyond repair.

Irreversibilidad, Irreversibility.

Irreversible, Irreversible; **dirección** — (automóvil), irreversible steering; **pila** —, irreversible cell.

Irrevocabilidad, Irrevocability.

Irrigación (Pala de), Dutch scoop.

Irrompible, Unbreakable; **vidrio** —, unbreakable glass.

Irse a pique (buques), To sink.

Isaloterma, Isallotherm.

Iso, Iso.

Iso-octano, Isooctane.

Isobara, Isobar.

Isobático, Isobath.

Isobutileno, Isobutene.

Isobutílico, Isobutyric; **ácido** —, isobutyric acid.

Isocatalisis, Isocatalysis.

Isocianato, Isocyanate.

Isocianuro de metilo, Isomethyl cyanide.

Isoclinal, Isocline.

Isoclino, Isoclinic; **líneas isoclinas,** isoclinic lines.

Isocromático, Isochromatic.

Isocronismo, Isochronism.

Isócrono, Isochronal, Isochronous; **radiolocalización isócrona,** isochrone determination.

Isodímetro, Isodimeter.

Isoeco, Isoecho.

Isofónicas, Equivalent loudness contours.

Isógono, Isogonous; **líneas isógonas,** isogonic lines.

Isogramas, Isograms.

Isolantita, Isolantite.

Isomerización, Isomerisation.

Isómero, Isomer, isomeric.

Isometrógrafo, Isometrograph.

Isoperimétrico, Isoperimetric.

Isopropílico, Isopropyl; **alcohol** —, isopropyl alcohol.

Isósceles, Isosceles.

Isosmótico, Isosmotic.

Isostático, Isostatic.

Isóstata (Línea), Isostath.

Isotérmico, Isothermal; **líneas isotérmicas,** isothermal lines.

Isotermo, Isotherm or isothermal; **expansión isoterma,** isothermal expansion; **recocido** —, isothermal annealing.

Isotiocianato, Isothioxyanate.

Isotopía, Isotopy.

Isotópico, Isotopic; **trazador** —, isotopic tracer; **separación isotópica,** isotope shift.

Isótopo, Isotope; — **impar-impar,** odd odd isotope.

Isótropo, Isotropous.

Iteración, Iteration.

Iterativo, Iterative; **impedancia iterativa,** iterative impedance; **soluciones iterativas** (mat.), iterative solutions.

Itrio, Ytrium.

Izada, Hoisting; **altura de** —, hoisting height; **velocidad de** —, hoisting speed.

Izado, Hoisting; **aparato de** —, lifter; **de** —, hoisting.

Izador, Hoisting; **carro** —, hoisting trolley.

Izamiento, Lifting.

Izar, To hoist, to lift, to trice; — **los trinquetes de,** to unpawl; **aparato de** —, hoist, hoisting gear; **aparejos de** —, lifting tackle; **cáncamo para** —, triangular lifting eye; **gancho de** —, hoist hook; **máquina de** — **a vapor,** hoisting engine; **maquinaria de** —, hoisting machinery; **motor de** —, hoist engine, hoist motor; **tambor de** —, hoist drum; **torno de** —, hoist, hoisting winch.

Izquierdas (Tornillo con paso a), Left handed screw.

J

Jabalcón, Collar beam.

Jabaleón, Beam arm.

Jable, Chimb, croze.

Jabón, Soap; — **blando,** filled soap; — **flotante,** floating soap; — **transparente,** transparent soap.

Jacena, Anvil, sock anvil.

Jack, Jack; — **de arranque,** trunk jack; — **de corte,** break-in jack; — **de ocupación,** break jack (or busy jack); — **doble,** twin jack; — **local,** local jack; — **múltiple,** multiple jack; **relé de conmutador o — de enlace o de unión,** spring jack; **resorte corto de un —,** the spring of a jack.

Jaira (inclinación del hierro del cepillo), Angle of inflection of a plane.

Jalón, Pole, stake; — **de agrimensura,** levelling pole.

Jalonado, Staving off.

Jalonar, To stake out.

Jamba, Jamb.

Jarcia acalabrotada, Cable laid rope; — **firme,** standing rigging; — **firme de una maniobra,** standing part of a rope.

Jarra, Jar.

Jaspe (Especie de), Diving stone.

Jaula, Cage; — **de ardilla** (elec.), squirrel cage; — **de bolas** (cojinete), ball cage; — **de extracción,** drawing cage, hoisting cage; **doble — de ardilla,** double squirrel cage; **motor de inducción con varias jaulas,** multiple cage induction motor.

Jefe, Principal; — **de equipo,** gangsman; — **de tren** (Estados Unidos), conductor, (Gran Bretaña), guard; **ingeniero —,** chief engineer; **mecánico —,** chief engineer.

Jeringa, Syringe.

Jigger, Jigger; **devanado de —,** jigger winding.

Jornada, Day; **trabajo por —,** day shift, day work.

Jornal (Primera semana sin), Baff.

Jornalero, Charman, daily.

Joule, Joule; **efecto —,** Joule effect.

Juanillo, Screw dolly.

Juego, Clearance, give, looseness, slack, tool set; — (entre los dientes de un engranaje), shake; — (máq.), rub; — **de 0,015,** 0,015 clear; — **de fresas,** set of cutters; — **de funcionamiento,** clearance running; — **de las piezas de las máquinas,** back lash; — **de resortes,** spring set; — **entre dientes,** clearing; — **lateral,** side play; — **perjudicial,** clearance excessive; — **radial,** clearance radial; **en —,** in gear; **que tiene —** (máquinas), free; **tener —,** to play.

Jugo, Must.

Julio (unidad de trabajo), Joule.

Junta, Bond, clamping, commissure, connection, coupler, coupling, coverplate joint, grain boundary, joint, union joint; — **a escuadra,** diagonal joint; — **a la cerusa,** white lead joint; — **a presión de aceite,** oil pressure joint; — **a solapas,** covering joint; — **a tope,** flush joint; — **a tope con cubrejunta,** butt joint; — **acodada,** elbow union, joint with ball; — **aislante,** splitter joint; — **al minio,** minium joint, red lead joint; — **angular,** angle joint, edge joint; — **articulada,** articulated joint, knuckle joint; — **Cardan,** arbor shaft, Cardan joint; — **ciega,** blank flange; — **con grapas,** cramp joint; — **de bayoneta,** bayonet joint; — **de brida,** flange connection, flange joint; — **de bridas,** flange coupling; — **de bujía,** sparking plug gasket; — **de cable,** cable joint; — **de cartón,** board joint; — **de casquillo,** joint with socket and nozzle; — **de cojinete,** bearing seal; — **de collarín,** flanged joint; — **de choque,** choke joint; — **de dilatancia,** expansion joint; — **de doble espiga,** feathered joint; — **de empotramiento,** bridle joint; — **de enchufe,** faucet joint; — **de enchufe con chaveta,** spigot and faucet joint; — **de enchufe y cordón,** spigot faucet joint; — **de espiga,** cogging; — **de estanqueidad,** gastight seam; — **de estanqueidad deslizante,** sliding seal; — **de estanqueidad giratoria,** rotating or rotary seal; — **de extracción,** shaft bucket; — **de fuelle,** bellows joint; — **de laberinto,** labyrinth seal; — **de manguito,** joint with socket and nozzle, spigot and faucet ´joint; — **de palastro embutido,** angle seam; — **de papel,** paper joint; — **de prensaestopas,** gland joint expansion; — **de puente,** bridge joint; — **de racor,** nipple connection; — **de ranura,** drip joint; — **de recubrimiento,** covering joint; — **de rótula,** ball and socket joint, cup and ball joint, joint with ball, socket joint; — **de sebo,** tallow joint; — **de solape,** jump joint, lap joint; — **de vaina,** expanding joint, expansion joint; — **dentada,** cogging joint, joggle joint; — **deslizante,** expanding joint, sliding joint, slip joint; — **elástica,** elastic joint; — **empalme,** American twist; — **en bisel,** bevel joint, bird's mouth joint; — **en cola de milano,** dovetail joint; — **en chaflán,** diagonal joint; — **en escuadra,** elbow union; — **en laberinto,** dummy; — **en pico de flauta,** bird mouth scarf; — **en zig-zag,** labyrinth seal; — **ensamblada,** joggle; — **esférica,** ball joint, cup

and ball joint, socket joint; — **esquinada,** corner joint; — **estanca,** stanch joint, steam tight joint; — **hermética al agua,** water tight joint; — **hermética al vapor,** steam tight joint; — **hidráulica,** water scree; — **lisa,** flush joining, straight joint; — **llena,** blanck flange or blind flange; — **móvil,** bango connection; — **plana,** butt joint; — **plana o lisa,** abutting joint; — **plástica,** plastic seal; — **por machihembrado a cola de milano,** edge joint by grooves and dovetail; — **remachada,** riveted joint; — **rígida,** stiff joint; — **salteada,** break joint; — **solapada,** concealed dovetailing; — **universal,** hooke or hooke's joint, univeral joint; — **viva,** butt square; **caja de** —, connector, connector box; **cojinete de** — (vía férrea), chair joint; **filtro de** —, junction filter; **fresa para hacer las juntas,** jointing cutter; **herramienta para armar juntas universales,** assembling tool; **juntas cruzadas o alternadas,** staggered joints; **juntas de embutición** (piezas cilíndricas), following joints, **juntas intergranulares,** grain boundary; **mampuesta de juntas cruzadas,** broken course; **mastique para juntas,** sealing compound; **relación entre la resistencia a la ruptura de la junta y la de la pieza si no existiese la** —, efficiency of a joint; **rótula de** — **Cardan,** centre piece; **superficie vertical de** —, butt vertical; **unido con** — **lisa,** flush fitted.

Juntar, To join, to joint, to link, to tie.

Juntera, Jointer.

Juntura, Butt, jointing, junction, juncture, knuckle; — **fondo-pared,** head to shell juncture; **material re** —, jointing material

Jurásico, Jurassic.

Justificante, Bill.

Justo, Home.

L

Laberinto (juntas), Labyrinth; **cierre de —**, labyrinth packing; **cierres de —**, labyrinth seals; **junta de —**, labyrinth packing.

Labio, Lip; **con labios,** lipped.

Labor de punto, Knitting; **— preparatoria,** fore winning; **— según el crucero** (minas), slyne; **labores abandonadas** (minas), attle; **labores antiguas** (minas), old man; **labores de preparación** (minas), driving head; **labores preparatorias** (minas), dead works.

Laboral (Huelga), Walkout.

Laboratorio, Lab, laboratory; **— de ensayos,** testing laboratory; **— de investigación,** research laboratory; **lavadora para —,** labwasher; **oscilador de —,** laboratory oscillator.

Laboratorista, Labworker.

Laborear por cámaras, To panel.

Laboreo de minas, Mining; **— por huecos y pilares** (minas), to widen work; **— por subpisos** (minas), substoping.

Labra de piedras, Nigging.

Labrado, Wrought.

Labrar, To axe, to face; **— la madera,** to distort.

Laburnum anagyroides, Laburnum.

Laca, Lac, lacquer; **— en barras,** sticklac; **— en escamas,** shellac; **— en granos,** seedlac; **— fisurable para determinar esfuerzos,** stress lacquer; **goma —,** gum lac.

Lactato, Lactate; **alkil n —,** lactate n alkyl.

Láctico, Lactic; **ácido —,** lactic acid; **éster —,** lactic ester.

Lado, Side; **— de corriente alterna,** alternating current side; **— de corriente continua,** continuous or direct current side; **— de la salida** (laminador), exit side; **antena dirigida hacia los lados,** divided broadside aerial; **lima para colas de milano cuyos lados iguales forman un ángulo de 120°,** six canted file; **pico de caña de —,** bottom tool.

Ladrillar, Brick works, brick yard; **— al aire,** clamp.

Ladrillo, Brick; **— aislante,** insulating brick; **— cintrado,** compass brick; **— circular,** compass brick; **— cocido al aire,** air brick; **— de 5 cms. de espesor,** brick testament; **— de 17,8 × 11,4 × 6,3 cm.,** dump brick; **— de asiento,** laid brick; **— de bóveda,** arch brick; **— de desecho,** place brick; **— de escorias,** slag brick; **— de longitud y anchura normal pero de menor espesor,** scone; **— de paramento,** facing brick; **— de sílice,** silica brick; **— de superficie rugosa y de distintos colores,** tapestry brick; **— delgado,** thin brick; **— dentado,** cogging brick; **— en bisel,** feather edged brick; **— fundido superficialmente,** clinker; **— holandés,** clinker brick; **— inglés,** bath brick; **— mal cocido,** place brick; **— normalizado** (22,8 × 12 × 6,3 cm.), statute brick; **— para esquinas agudas,** squint; **— para pavimentar,** brick paving; **— perfilado,** shaped brick; **— refractario,** fire lump, fireclay brick, fire brick, fire proof brick, kiln brick; **— refractario con alto contenido en sílex pulverulento,** flint brick; **— refractario,** hearth brick; **— semicocido,** burnover brick; **albañil que pone ladrillos,** brick layer;

**aparato de aire caliente de ladri-
llos,** checker brick heater; **arcilla
para ladrillos,** brick clay; **armazón
de ladrillos,** brick nog or nogging;
bóveda de ladrillos, brick arch;
construcción de ladrillos, bricking;
hecho de ladrillos, bricky; **horno
de ladrillos,** brick kiln; **ladrillos
holandeses,** clinkers; **ladrillos ra-
jados,** shuffs; **mampostería de —,**
bricking; **mampostería de ladrillos
revestidos,** plastered brick work;
trozo de —, brick bat.

Lambert, L.

Lamelar, Foliated, lamellar, laminated.

Lameliforme, Lamelliform.

Lámina, Bar, wash, wave; **— bimetálica,** bimetallic strip; **— calibradora,** measuring rod; **— de
adaptación,** matching strip; **— de
agua,** header; **— de cobre,** copper
plate; **— de chapa gruesa,** plate
of sheet iron; **— de metal,** sheet
of metal; **— de oro,** leaf of gold;
— de platino, platinum sheet; **—
de plomo,** lead sheet; **acoplamiento de láminas de acero,** steel lamination coupling; **caldera de láminas,** sheet flue boiler; **cobre en
—,** copper sheet; **de láminas,**
bladed; **en láminas,** laminated;
estaño en —, tin sheet; **fusible
de — de mica,** mica-slip fuse; **láminas,** laminae, lamination; **láminas radiales** (elec.), commutator
segments; **oro de láminas,** binding
gold.

Laminabilidad, Plateability.

Laminación, Lamination; **— a paso
de peregrino,** pilgering; **acanaladura de —,** bloom pass; **batiduras
de —,** fin; **conformado por — en
frío,** cold roll formed; **tosco de
—,** as rolled; **tren de — de desbastes planos,** slabbing mill; **tren
de — de flejes,** strip mill; **tren
de — de perfiles,** structural mill.

Laininado, Bladed, flattening, flatting,
laminated, rolled, rolling; **— de
caucho,** rubber laminate; **— en**

caliente, hot rolled, hot rolling; **—
en frío,** cold reduced, cold rolled,
cold rolling, tempering; **bruto de
—,** as rolled; **chapa laminada,**
rolled sheet iron; **escamas de —,**
mill scales; **herramienta a rebajar por —,** rolling in tool; **hierro
—,** drawn out iron, laminated iron,
rolled iron; **materiales plásticos
laminados,** laminated plastics;
plomo —, sheet lead; **productos
laminados,** laminates; **siliconas
laminadas,** silicone laminates; **tren
de —,** mill; **zinc —,** sheet zinc.

Laminador, Cogging mill, crusher,
drawing frame, flatter, laminating
rollers, mill, roll, roller, rolling
machine or machine mill, rolling
mill or rolling machine; **— con
cilindros de soporte,** cluster mill;
— cuarto o doble-duo, four high
mill; **— de barras,** billeting roll;
— de cambio de marcha, reversing rolling mill; **— de carriles,**
rail rolling mill; **— de cilindros de
apoyos múltiples,** cluster mill; **—
de chapas finas,** thin sheet mill;
— de hierros comerciales, merchant mill; **— de lupias,** ball train;
— de ruedas, disc mill; **— de
tres cilindros superpuestos,** three
high rolling mill; **— de viguetas,**
girder rolling mill; **— desbarbador
(forja),** blooming rolling mill; **—
dúo,** two high mill; **— en frío,**
cold rolling mill, temper mill; **—
para alambres,** flatting mill; **—
para chapa fina,** sheet mill; **—
para chapas finas,** strip mill; **—
para hilo de máquina,** rod rolling
mill; **— para perfiles,** structural
mill; **— perforador,** piercing mill;
— trío, three high mill; **— triple,**
three high mill; **cilindros del —,**
laminating rollers; **desbastar con
—,** to cog; **laminadores de chapa,**
plate rollers; **operario —,** billeting man; **torno para rodillos de
—,** lathe for machining mill rolls;
trefle de —, wable; **tren —,** billet
mill, roll line or roll train; **tren —
continuo,** billet continuous mill;
tren — continuo de bandas, continuous strip mill; **tren — de alambre,** wire rod mill; **tren — de re-**

dondos, rod mill; **tren de alambre de —,** looping mill.

Laminadora, Bending machine, drawing machine.

Laminante, Laminant.

Laminar, Laminar, laminary, sheetlike, to laminate, to draw, to flatten, to mould (**to mold** en América), to reduce, to roll; — (minerales), bladed; **flujo —,** laminary flow; **máquina de — los filetes de los tornillos,** thread rolling machine; **perfil —,** laminar flow section, laminar profile; **régimen —,** laminary regime; **remolino —,** steady swirl; **resorte —,** leaf spring; **tren de — en caliente,** hot mill.

Laminarización, Laminarization.

Lámpara, C (Candle), lamp, valve; — **Carcel,** Carcel's lamp; — **de 16 bujías,** a 16 candle lamp; — **de advertencia,** warning lamp, warning light; — **de arco,** arc lamp; — **de arco con llama,** flame arc lamp; — **de arco concentrado,** concentrated arc lamp; — **de arco en derivación,** shunt wound arc lamp; — **de arco en recipiente cerrado,** enclosed arc lamp; — **de cadmio,** cadmium lamp; — **de cripton,** krypton lamp; — **de cuadrante,** dial light, pilot lamp; — **de descarga,** discharge lamp; — **de descarga luminosa,** glow-discharge lamp; — **de destellos,** flash lamp or flashing lamp; — **de filamento metálico,** metal filament lamp; — **de fin de conversación,** clearing lamp; — **de iluminación indirecta,** indirect lamp or indirect light; — **de incandescencia,** glow lamp, incandescent lamp; — **de llamada,** line lamp; — **de neón,** neon tube; — **de pantalla,** screen valve; — **de petróleo,** petroleum lamp; — **de potencia,** output valve, power valve; — **de radio,** bulb, tube; — **de resonancia,** resonance lamp; — **de salida,** output valve, (radio) power valve; — **de seguridad,** safety lamp; — **de soldar,** blow torch, soldering lamp; — **de soldar de alcohol,** alcohol torch; — **de techo,** ceiling lamp, sun burner; — **de tres electrodos,** three electrode valve or three electrode element; — **de vacío perfecto,** hard valve; — **de vapor a alta presión,** high pressure mercury lamp; — **de vapor al cadmio,** cadmium mercury lamp; — **de vapor de arco corto,** short arc mercury lamp; — **de vapor de mercurio,** mercury vapour lamp; — **de vapor de sodio,** sodium vapour lamp; — **eléctrica,** electric lamp; — **emisora,** transmitting valve; — **fluorescente,** fluorescent lamp; — **fluorescente de encendido por campo electrostático,** slimline fluorescent lamp; — **fotoquímica,** photochemical lamp; — **luminiscente,** luminiscent lamp; — **miniatura,** midget valve, miniature lamp, (radio), midget valve; — **monorrejilla,** one grid valve; — **para copiar,** blue print lamp; — **portátil,** portable lamp; — **que contiene poco gas** (por oposición a **hard valve**), soft valve; — **rectificadora,** rectifying or rectifier valve; — **superamplificadora,** power amplifier valve; — **testigo,** indicator lamp, pilot lamp; **carbón de — de arco,** lamp carbon; **cubierta de la —,** lamp house; **garnitura de —,** burner shell; **lámparas de destellos,** multiflash lights; **montaje de las lámparas en serie de tres,** three lamp system; **potencia de las lámparas,** candle of the lamps; **soporte de —** (radio), tube socket.

Lampista, Lamp trimmer; — (minas), davyman.

Lampistería, Lamp locker.

Lana, Wool; — **aislante,** insulating wool; — **de acero,** steel wool; — **espesa,** fleecing; **cardado de la —,** wool carding; **cardador de —,** wool comber; **con — larga,** long woolled; **de —,** woolen or woollen; **géneros de —,** wool stuffs; **hecho de —,** woolen or woollen; **peinado de la —,** wool combing.

Lanceolado, Lanceolate.

Lancha de salvamento, Life boat.

Lanoso, Woolly.

Lantanaturo, Lanthanide.

Lanza, Lance, nozzle. slice, slice bar.

Lanzabombas, Bomb dropping gear, bomb rack; **alza para —,** bombsight.

Lanzacohetes, Rocket launcher; **mortero —,** rocket mortar.

Lanzadera, Shuttle; **— mecánica,** loom shuttle; **servicio de —,** shuttle service; **servicio de vuelo en —,** shuttle service; **telar sin —,** shuttleless loom.

Lanzado, Rocketed.

Lanzaespuma, Foam lance.

Lanzallamas, Flame thrower.

Lanzamiento, Heaving, launch, launching, start; **— de la roda,** rake; **aparato de —,** launcher; **aparato de — con tornillo sinfin,** worm barring gear; **catapulta de —,** starting catapult; **grada de —,** slipway; **motor de —,** starting motor; **plataforma de —,** launching platform; **puesto de —,** launching post; **rampa de —,** launching stand; **vibrador de —,** magneto booster coil.

Lanzar, To throw; **— (una compañía, un asunto),** to float; **acción de —,** pitching.

Lanzatorpedos (Visor), Torpedo sight.

Laña, Cramp iron.

Lapidar, Stone; **muela —,** stone grinder.

Lapidario, Diamond cutter.

Lápiz, Pencil.

Lápiz-lázuli, Armenian stone.

Lapizlázuli, Azure stone.

Largar, Let go, to drop.

Largo, Long; **compuestos de cadena larga** (quím.), long chain compounds; **de carrera larga** (máquinas), long stroking; **de clavos largos,** long nailer; **distribuidor en D —,** long D slide valve.

Larguero, Frame member, girder, longeron, longitudinal runner, side frame, side girder, sleeper, sole bar, spar, stretcher, water; **— (ala de avión),** nose spar; **— a caja,** box spar; **— anterior,** front spar; **— de escalera,** bridgeboard; **— de locomotora,** frame of a locomotive or frame plate; **— de vía,** beam of a railway; **— dividido,** beam shear; **— hueco,** hollow spar; **— posterior,** rear spar; **— principal,** crank bearing, main spar; **— único** (avión), monospar; **ala de —,** spar flange: **alma de —,** spar web; **cabeza de —,** spar boom, spar cap; **falso —,** false spar; **largueros,** side frames.

Larix americana, Hackmatack; **— europea,** larch.

Lascable, Spallable.

Lascar (cabrestante), To slip.

Lastrado, Load; **proyectil —,** load projectile.

Lastraje, Lastage.

Lastrar, To ballast; **— buques** (para la estabilidad), to stiffen.

Lastre, Lastage; **— (buques),** ballast; **— de agua,** water ballast; **— de estabilidad,** stiffening; **— líquido,** water ballast; **— permanente,** kentledge; **— sólido,** solid ballast; **flotación en —,** light line; **saco de —,** ballast bag, sand bag; **sobre —,** in ballast.

Latencia, Latency.

Latente, Latent; **calor —,** latent head; **raíces latentes** (cálculo matricial), latent roots.

Lateral, Lateral, sideways; **banda — única,** single sideband; **banda — única por portadora suprimida,** single sideband suppressed carrier; **biela — de T** (balancín), cross butt; **biela — del gran T,** crosstail butt, crosstail strap; **banda — inferior,** lower sideband; **botalón —,** side boom; **carlinga —,** side keelson; **emparejadores laterales,** side joggers; **margen**

—, way side; **receptor de banda — única**, single sideband receiver; **sacudida —**, sideshake; **torreta —**, wing turret; **transmisión por una banda —**, single sideband transmission.

Laterodisperso, Sidescattered.

Lateroposición, Lateroposition.

Lateropulsión, Lateropulsion.

Látex, Latex.

Latido, Beat.

Látigo, Whip.

Latina (Vela), Lateen.

Latitud (de un lugar), Latitude.

Latón, Aurichaleum, brass, latten, yellow brass; — **blanco**, brass white; — **blando**, brass soft; — **en chapas**, leaf brass; — **en lingotes**, brass block; — **en tira**, brass stick; — **naval**, naval brass; — **para pernos de navío**, naval brass; **de —**, brazen; **efectos de —**, brass goods; **fundición de —**, brass foundry; **hilo de —**, brass wire; **latones con menos de 30 % de cinc**, shell head brasses; **placa de —**, brass slab; **recubrir de —**, to brass; **soldado con —**, brazed; **soldadura con —**, brazing or hard soldering; **tratamiento del — por flexión**, springing; **tubo de —**, brass pipe.

Latonado, Brass plating.

Latonaje, Brassing.

Lauratos, Laurates.

Lava, Lava; — **ácida**, acid lava; — **alcalina**, alkaline lava.

Lavabilidad, Washability.

Lavadero (minas), Abac or abacus; — **de minerales**, buddler.

Lavado, Bucking of ores, elutriation, scouring, washing; — **del mineral**, ore washing; — **de la lana**, wool scouring; — **de los minerales**, buddling; — **inferior con vapor**, washing out; **aparato de —** (minas), sluice; **área de —** de gas (quím.), buddling dish; **botella de —** de gas (quím.), vessel for bubbling; **cabina de —**, wash booth; **criba para el — de**

minerales, cradle; **dibujo de —**, wash drawing; **horquilla de —**, filtering board for buddling; **instalación de — de minerales**, stream works; **mesa de —**, buddling dish; **mesa de — de sacudidas**, percussion frame; **oro de —**, stream gold.

Lavador, Cleaner, scrubber, washer; — **ciclón**, cyclone washer; — **por pulverización**, spray washer; **criba lavadora de gravilla**, gravel washing and screening plant.

Lavandería, Laundry.

Lavar, To enrich, to scrub; — (dibujo), to wash; — **el mineral**, to clean; — **el mineral en la cuba**, to dilute; — **los minerales en mesas de telas**, to dolly; — **mineral**, to wash; — **minerales**, to buddle; **máquina de —**, air washer, washing machine.

Lazada, Lacing, loop.

Lazo, Grip, tape.

Lector (Cabezal), Reading head.

Lectura (De) directa, Direct reading; **medidor de — directa**, direct reading meter.

Lechada, Grout; — **de cal**, white wash; **rellenar con —**, to grout.

Lecho, Bed; — **caliente**, hot bed; — **de colada**, casting bed; — **de filtración**, filter bed; — **de fusión**, batch; — **de goas**, sow channel; — **de grava**, gravel bed; — **de sillar**, cleaving grain; — **de tizones**, binding course; — **de tostación**, area for roasting; — **de transferencia**, transfer bed.

Lejano, Remote; **ultravioleta —**, vacuum ultraviolet.

Lemniscata, Lemniscate.

Lengua, Chisel, tongue; — **de carpa**, hewing chisel, tongued chisel; — **de tierra**, gore.

Lenguaje en la máquina, Machine language.

Lengüeta, Detent, feather, feather tongue, tongue, winding pawl; — **de ranura**, joint tongue; **arandela de —**, tabwasher.

Lental, Lental.

Lentamente, Slowly.

Lente, Cinematographic lens, lens (plural **Lenses**); — **acromática,** achromatic lens; — **anular,** annular lens — **bicóncava,** double concave lens, negative lens; — **biconvexa,** biconvex lens, double convex lens; — **convergente,** condensing lens, converging lens; — **de campo,** field lens; — **de dieléctrico artificial,** artificial dielectric lens; — **de dieléctrico no metálico,** non-metallic dielectric lens; — **de escalones,** corrugated lens; — **de placa metálica,** metal-plate lens; — **de proyección,** projection lens; — **de rectificado,** rectifying lens; — **de retardo,** delay lens; — **dióptrica,** dioptric lens; — **divergente,** dispersing lens; — **electrónica,** electronic lens; — **electrostática,** electrostatic lens; — **escalonada,** step lens, zoned lens; — **Fresnel,** Fresnel lens; — **magnética,** magnetic lens; — **ocular,** eye lens; — **plano-cóncava,** plano-concave lens; — **plano-convexa,** plano-convex lens; — **planotórica,** planotoric lens; — **simple,** single lens; — **telescópica,** telescopic lens; **foco de una —,** focus of a lens.

Lenticular, Lens shaped, lenticular, lentiform.

Lentiforme, Lens shaped.

Lento, Slow; **conmutador de ruptura lenta,** slow break switch; **fraguado —,** slow setting; **marcha lenta,** low speed, slow running; **pólvora lenta,** slow burning powder; **revenido —,** low draw.

Leña corta, Billet.

Leñador, Wood cutter.

Leñadores, Logging men.

Leñoso, Ligneous.

Letra de cambio, Exchange (bill of); **cambio de letras,** letters shift.

Letrero, Sign; — **de neón,** neon sign.

Leva, Cam disc, driver, knob, lift, lifting, tappet, toe, wiper; — **correctora,** correcting cam; — **de aguja,** needle cam; — **de cierre,** closing cam; — **de disco,** disc cam; — **de hélice,** involute cam; — **de interruptor lento,** slow speed interrupter cam; — **de motor,** motor cam; — **de refuerzo de neumático,** canvas tire; — **de retroceso,** reverse cam; — **de tope,** peg cam; — **de varios escalones,** compound cam; — **excéntrica,** cam, cam follower; — **lineal,** slurcock; — **negativa,** negative cam; — **oscilante,** oscillating cam; — **simétrica,** centralized cam; **accionamiento de —,** cam drive; **anillo de levas,** cam ring; **árbol de — para la marcha adelante,** camshaft; **árbol de — para la marcha atrás,** camshaft reverse; **árbol de levas** (véase **Cam**), camshaft; **árbol de levas hueco,** hollow camshaft; **botón de —,** cam button; **círculo primitivo de —,** cam circle; **chaveta del árbol de —,** camshaft key; **cursor de —,** cam rider; **disposición de las levas,** camming; **distribución de — oscilante,** oscillating cam; **eje de palanca de —,** cam pin; **montaje para levas,** cam fixture; **palier de —,** top of cam; **piñón de mando del árbol de levas,** cam shaft pinion; **rampa de —,** cam incline, cam profile; **rodillo de —,** cam follower, cam roll; **roldana de —,** cam bowl; **rolete de —,** cam roll; **torno para árboles de levas,** cam shaft lathe; **transmisión del movimiento al árbol de —,** camshaft operation.

Levadizo, Draw; **puente —,** draw bridge.

Levadura, Yeast.

Levanta-válvulas, Valve lifter.

Levantacarriles, Rail lifter.

Levantada (la sesión), Chambered; — **de un gasómetro,** stroke.

Levantado, Survey.

Levantamiento, Breaking up, land surveying, level, lifting; — (geología), elevation; — **automático,** automatic lifting; — **catastral,** cadastral survey; — **de detalle,** detailed survey; — **de tierras,** embankment; — **fotogramétrico,** photogrammetric survey; — **geológico,** geological survey; **altura de** —, lifting height; **aparatos de** —, lifting appliances; **dispositivo de** —, lifting gear; **electroimán de** —, lifting magnet; **palanca de** — (válvula de seguridad), easing lever; **patín de** —, jacking pad; **puntos de** —, jacking points.

Levantar, To elevate, to erect, to jack, to jack up, to lift, to mount, to raise, to trice; — (un mapa), to adjust; — **el plano,** to survey; — **un plano de mina,** to dial.

Levante (viento), Levanter.

Levitación, Levitation; — **magnética,** magnetic levitation.

Levógiro, Counter clockwise.

Ley, Law; — (de oro, etc...), standard; — **británica** (para oro y plata), B.S.F. (British Standard Fine); — **cuadrática,** square law; — **de una solución,** standard of a solution; **ecuación de** — **exponencial,** power law equation; **leyes de Faraday,** Faraday's law.

Lezna, Awl; — **de velero de tres cortes,** stabber.

Lía, Draff, lees.

Liar, To knot, to lash.

Liberación, Clearing, escape; — (de virutas), clearance; — **de deuda,** dues payment; — **de garganta,** lip clearance; — **de gases,** degassing.

Liberar, To clear, to disengage, to disgorge; — (descubrir parcialmente), to rip off the planking; — **las escorias,** to break away the clinker.

Libra (medida de peso), Pound; **abreviatura de libras** (peso) **o de libras esterlinas,** lbs.; **lectura en libras** (aparatos), poundage.

Librado, Rid.

Libranza (comercio), Draught or draft.

Librar de acidez, To edulcorate.

Libras-pies (medida de trabajo), Foot lbs.

Libre, Free, loose; **al aire** —, outdoor, outdoor plant; **altura** —, available height; **eje** —, uncoupled axle; **electrón** —, free electron; **escape** —, free exhaut, (relojería), detached escapement; **espacio** —, free space; **limitación del espacio** —, limited clearance; **luz** —, clear distance; **onda** —, free wave; **oscilación** —, free oscillation; **rejilla** —, floating grid, free grid; **túnel de vena** —, open jet wind tunnel; **túnel para ensayos de vuelo** —, free flight wind tunnel.

Libreta, Log.

Libro, Log; — **de cuenta y razón,** passbook; — **de vuelos,** flying log.

Licencia, License or licence; — **de piloto,** pilot license.

Licor, Liquor; — **de Libavins,** tin liquor; — **fumante de Boyle,** Boyle's fuming liquor.

Licuabilidad, Liquability.

Licuable, Liquefiable.

Licuación, Liquation; — (aleaciones), eliquation; **horno de** —, liquation hearth; **someter a la** —, to eliquate.

Licuado, Liquefied; **aire** —, liquefied air; **gas** —, liquefied gas.

Licuar, To fluidize, to liquate, to liquefy.

Licuarse, To deliquiate.

Licuefacción, Liquefaction; **temperatura de** —, liquefying temperature.

Licuefactor, Liquefier.

Licuescencia, Liquescence.

Lidita, Lydite.

Lienzo de herrero, Back plaque; — **de muro,** pane.

Liga (metales), League; — **de oro y plata,** alligation of gold with copper and silver.

Ligado, Bound, knit, linked.

Ligadura, Binding, ligature, tether, truss; **hilo de —,** binding wire; **ligaduras de cuadernas,** frame joints.

Ligamentoso, Ligamental.

Ligantes, Binders; **sin —,** binderless.

Ligar, To mingle.

Ligazón, Binder, connection, coupling, fastening; **energía de —,** binding energy; **ligazones (construcción),** bindings.

Ligereza, Flexibility.

Ligero, Flexible, light; **— (aceite de alquitrán),** sharp; **resistencia ligera,** flexible resistor.

Ligniforme, Ligniform.

Lignina, Lignin.

Lignítico, Lignitic.

Lignitizar, To lignitize.

Lignito, Brown coal, fossil coal, lignite, soft brown coal; **— trapezoide,** moor coal.

Ligroína, Burning fluid.

Lija (Lijar con papel de), To sand paper; **papel de —,** sand paper.

Lijado, Sander; **disco de —,** sander disc; **lijado con papel de —,** sandpapering.

Lijador, Sander; **correa lijadora,** sander belt.

Lijar (Piedra de), Color stone.

Lima, File; **— almendrilla,** cross bar file, thinning file; **— angular,** angular file; **— basta,** bastard file, coarse file, toothed file; **— bastarda,** bastard file; **— bastarda de punta cónica y curvada,** bastard rifler; **— carleta,** pillar file, polishing file, potence file; **— carleta plana,** pivot file; **— carretela,** arm file; **— circular para sierras,** circular saw file; **— cola de rata,** round tapering file; **— con primera picadura,** overcut file; **— cónica,** tarnishing file; **— cuadrada,** arm file, coach maker's file, rough file, square file; **— cuchilla,** hack file; **— cuchilla de bordes huecos,** hollow edge pinion file; **— curva**

file, three square file, triangular **para superficies cóncavas,** riffler; **— de aguja,** needle file; **— de ajustador,** adjusting file; **— de alisar,** planing file; **— de almohaza,** currycomb file; **— de bóveda,** curved file; **— de cantos redondeados para juntas,** round edge joint file; **— de cola de milano,** dovetail file; **— de cola de ratón,** rat-tail file, round file; **— de cuchillas,** knife file; **— de desbastar,** planchet file; **— de deslustrar,** tarnishing file; **— de doble picadura,** double cut file, up cut file; **— de ebanista,** cabinet file; **— de entrada,** entering file; **— de escudo,** hack file; **— de hender,** blade file, key file, screw head file; **— de hoja de savia,** crossing file or cross file, double half round, thin file; **— de hueso,** bone file; **— de igualar,** equaling file or equalizing file; **— de lengua de pájaro,** entering file; **— de llave,** blade file; **— de media caña,** bow file, half round file; **— de media caña de picadura simple sin picadura en la punta,** pitsaw file; **— de media caña de sierra,** frame saw file; **— de picadura cruzada,** cross cut file; **— de picadura irregular,** increment cut file; **— de picadura sencilla,** single cut file; **— de picadura simple,** float cut file; **— de piñón,** pinion file; **— de punta afilada de picadura bastarda o semifina,** mill file; **— de redondear,** cabinet file, safe edge file, off file; **— de relojero,** notching file, watch file; **— de rombo,** feather edged file; **— de rueda de encuentro,** balance whell file; **— de talla cruzada,** cross cut file; **— en forma de pan de azúcar,** state saw file; **— en paquete,** bundle file; **— espada,** feather edged file, slot or slotting file; **— exagonal poco gruesa con picadura por una cara solamente,** lock file; **— extrafina,** dead smooth file; **— fina,** fine toothed file, potence file, smooth file; **— forjada,** blank; **— giratoria,** cut of a file, disc file, turning file; **— gruesa,** rough file; **— ligera-**

mente cónica para afilar las herramientas de corte, reaper file; — ovalada y puntiaguda, tumbler file; — para bisagras, drill file; — para colas de milano, cant file; — para colas de milano cuyos lados forman un ángulo de 108°, five canted file; — para colas de milano cuyos lados iguales forman un ángulo de 120°, six canted file; — para las sierras de gatillo o en bisel, guletting file; — para sierras, mill saw file; — paralela, blunt file, parallel file; — plana, flat file; — plana de bordes redondos sin picadura en la punta, topping file; — plana de media caña, flat half round file; — plana grande, cotter file; — plana ligeramente puntiaguda para tallar los paletones de las cerraduras, warding file; — plana pequeña puntiaguda, crochet file; — plana triangular, banking file; — puntiaguda, taper file; — redonda, circular saw file, round file; — semifina, middle file, second cut file; — sin picadura en una de sus caras por lo menos, rubber file; — sorda, dead file, noiseless file; — triangular, saw file; — triangular abombada por una cara, great American file; triangular en bisel, cant file; — triangular pequeña abombada por una cara, auriform file; — triangular pequeña con una cara abombada, pippin file; — triangular tallada solamente por una de sus caras, barrette file; — viva, sharp file; cincel para limas, file cutter's chisel; corte de —, file stroke; desbarbar a la —, to file lengthwise; diente de —, file tooth; máquina para picar limas, file cutting machine; pasada de —, file stroke; pasador de —, file stroke; pasar la — sobre, to file over; picador de limas, file cutter; picar una —, to cut a file; serie de entalladuras paralelas de una —, course; temple de las limas, file hardening; volver a picar una —, to cut again; yunque para limas, cutting block.

Limado, Filing; **disco de** —, filing disk.

Limador, Filer; **tornillo** — **para sierras,** filing vice.

Limadora, Filing machine, shaping or shaving machine; **máquina** —, shaving machine.

Limaduras, Borings, dust, file dust, filings; — **de hierro,** cuttings; — **de perforación,** cuttings.

Limar, To file; — **a lo largo,** to drawfile; — **transversalmente,** to file across; **máquina de** —, filing machine.

Limatón, Coarse tooth file, rough file, rubber; — **cuadrado,** arm file, heavy square file.

Limbo (arco graduado), Limb.

Limera del timón, Rudderhole.

Liminal, Liminal.

Limitado, Limited; **de responsabilidad limitada** (sociedad), limited.

Limitador, Limitator, limiter; — **de corriente,** current limitator; — **de esfuerzos,** stress limiting bar; — **de picos de audiofrecuencia,** audiofrequency peak limiter.

Limitar, To limit.

Límite, Boundary, boundary grain, grains boundary, limit; — **de elasticidad,** elastic limit, limit of elasticity; — **de flexión,** elastic limit in bending; — **de fusión,** fusion boundary; — **de los alargamientos proporcionales o límite de proporcionalidad,** yield point; — **de proporcionalidad,** proportional limit; — **de rotura,** breaking point; — **de rotura a la tracción,** ultimate tensile stress; — **elástico,** proof stress, yield strength, yield stress, yielding; **ángulo** —, limit angle; **capa** —, boundary layer; **capa de** —, boundary film; **carga** — **de rotura,** ultimate tensile strength; **condiciones límites,** boundary condition; **elevación del** — **de fatiga de las piezas que han soportado un esfuerzo a este** —, understressing effect; **potencia** — **admisible,** overload power level; **tensión —**, breakdown voltage; **velocidad —**, terminal velocity.

Limnético, Lymnetic.

Limo, Silt, slime.

Limonero, Citron tree, lemon tree.

Limonina, Limonin.

Limonita, Bog iron ore, brown iron ore.

Limosina, Limousine.

Limpia-toberas, Clearing iron.

Limpiabilidad, Cleanability.

Limpiado, Furring, scoured.

Limpiador a mano, Cleaning hand; — **automático,** automatic cleaner; — **de tubos,** pipe cleaner; — **químico,** chemical cleaner.

Limpiaparabrisas, Wind screen wiper.

Limpiar, To clean, to cleanse, to dip, to dress, to make clean, to scour, to scrape, to scrub, to uncouple; — **fondos,** to hog; **cable para — los tubos,** cleaning cable.

Limpiatubos, Flue brush.

Limpieza, Cleaning, cleanliness, clearing, scouring; — **de las pieles,** fleshing; — **en la fábrica,** cleaning shop; — **por chorro de líquido,** liquid blasting; **aparato de — de las conducciones,** go-devil; **puerta de —** (calderas), cleaning door; **substancias de limpiezas,** cleaning materials; **tapón de —,** cleanout plug.

Limpio, Clear; **conexión limpia,** close connection; **madera limpia,** clear lumber.

Linde (de una mina, etc...), Boundary.

Línea, Centre line, main line, mains, trunk; — (ferrocarril, electricidad, teléfono), line; — **adicional,** boosting main; — **aérea,** aerial or air line, airline; — **aérea de corta distancia,** airline short range; — **aérea de gran recorrido,** airline long range; — **aérea oficial,** controlled airline state; — **apantallada y equilibrada,** shielded and balan-

ced line; — **artificial complementaria,** line simulator; — **bloqueada,** blocked line; — **coaxial,** coaxial or concentric line; — **compartida,** party line; — **común de cuatro abonados,** four party line; — **con impedancia terminal,** terminated impedance line; — **correspondiente al calefactor,** buss heater; — **de abonado,** subscriber's line; — **de acoplamiento,** tie line; — **de agua a flote,** floating line; — **de alta tensión,** high voltage line; — **de árboles,** line of shafts; — **de consulta** (en centralitas), call back line (in PBX'S); — **de contacto,** nip; — **de cota,** dimension line; — **de derivación,** branch line; — **de doble hilo,** double wire line; — **de doble vía,** double track road; — **de dos vías,** line with two sets of tracks; — **de empalme,** junction line; — **de enlace,** junction line, trunk line; — **de exploración,** scanning line; — **de extensión** (en centralitas) extension line; — **de fe,** fiducial mark, fiducidal mark; — **de ferrocarril,** road; — **de flotación,** level line, line of floating; — **de fuego,** line of fire; — **de fuerza,** line of force, power line; — **de fuerza magnética,** magnetic field line; — **de hilo único,** single wire line; — **de levantamiento,** bearing line; — **de linotipia,** type bar; — **de mínima resistencia,** line of least resistance; — **de mira,** line of sight; — **de mira estabilizada,** stabilised line of sight; — **de nivel,** contour, contour line, datum line, level line; — **de partición de las aguas,** dividing ridge; — **de postes,** poles toll line; — **de puntas,** dotted line; — **de puntería,** stabilised line of sight; — **de puntos y rayas** (dibujo), dot and dash line; — **de quilla** (c. n.), centre line; — **de raspado,** buffing line; — **de selectores,** selector line; — **de separación,** boundary; — **de servicio público,** airline public service; — **de tierra,** datum line, (descriptiva), ground line; — **de transmisión cortocircuitada,** shorted-end transmission line; —

de transporte aéreo, cable way line; — de turbonada, squall line; — de unión entre centralitas privadas, tie line between PBX's; — de vía estrecha, narrow gauge road; — de vía única, single track road, (ferr.), line with a single set of tracks; — emplazada, loaded line; — en cuarto de onda, quarter-wave line; — equilibrada, balanced line; — equilibrada abierta, balanced open line; — flujo de fuerza (elec.), line, flux of force; — libre, clear line; — media, middle line; — neutra, neutral line; — principal (ferrocarriles), main (trunk) line; — resonante, resonant line; — simple, single line; — subterránea, underground line; — telefónica, telephone line; — telefónica internacional, international telephone line; — telegráfica, telegraph line; aeronave de —, airliner; ángulo de — (en poste de ángulo), angle of wires; avión de —, air liner, liner; cambiar de —, to shunt; carguero de —, cargo liner; conjunto de —, lineage; chumacera de — de ejes, pillow block bearing; en —, in alignment, in line; en — recta, true; exploración por líneas contiguas, straight scanning; explorador de líneas de central privada, hunting over a PXB group; fallos de — (telefonía), chickens; líneas bifurcadas, derived lines; líneas con retardo variable, tapped delay lines; líneas de campo eléctrico, electric field lines; líneas de campo magnético, magnetic field lines; líneas de igual intensidad, isodynamic lines; líneas de Newmann, slip bands; líneas de órdenes dividida, split order-wire; líneas isoclinas, isoclinic lines; líneas isógonas, isogonic lines; motor de cilindros en — debajo del cigüeñal, engine of the inverted type; oscilador de — resonante, resonant line oscillator; pérdida por radiación en líneas, radiation loss of lines; pérdidas de —, line losses; prolongación irregular de las líneas horizonta-les (televisión), streaking; radiolocalización de — de posición, radio position line determination; resonador de — coaxial, coaxial live resonator; sección de —, stub line; señal de toma de —, seizure signal; supresión de — (televisión), line blanking.

Lineaje, Lining.

Lineal, Lineal, linear; **amplificación** —, linear amplification; **antena** — **delgada,** thin linear antenna; **detección** —, linear detection; **distorsión** —, linear distorsion; **distorsión no** —, non linear distortion; **distribución** —, linear taper; **distribución no** —, non linear taper; **expansión** —, linear expansion; **hacer** —, to linearize; **no** —, non linear; **polarización** —, linear polarization; **poliamidal** —, linear polyamide; **rectificación** —, linear rectification; **sistema casi** — **de control con realimentación,** feedback control system quasilinear; **velocidad** —, peripheral speed.

Linealidad, Linearity; **no** —, non linearity.

Linealización, Linearization.

Linealizado, Linearized.

Lineámetro, Lineameter.

Linear, To chalk a line.

Lingotaje, Ingoting.

Lingote, Billet, bloom, ingot, runner, slab, wolf; — (de hierro, de fundición), sow; — de acero, cheese, steel bloom; — de acero fundido, blank; — de hierro, piece of iron; — de oro o de plata (antiguamente de todo metal), bullion; — de segunda fusión, secondary ingot; — hueco, bled ingot; — nativo, prill; cobre en lingotes, copper ingots; expedición de los lingotes, ingot run; fundición en lingotes, pig cast iron or pig iron; fundición en lingotes o en galápagos, pig; máquina de moldear los lingotes, pig casting machine; molde para lingotes (fund.), pig bed; torno de lingotes, ingot turning lathe; vagoneta para lingotes, bloom trolley.

Lingotera, Casting mould, chill, foss, ingot mould, mould (**mold** en América).

Lingotismo, Ingotism.

Lingüete, Click, drop pawl, pawl; — **de una rueda de escape,** click of a ratchet wheel.

Lino, Flax; **aceite de —,** linseed oil; **de —,** flaxen; **desfibradora de —,** flax brake; **hilo de —,** flax yarn; **manufactura de —,** flax mill; **máquina para cortar el —,** flax breaker; **peinado del —,** flax dressing; **peine para —,** flax comb.

Linoleico, Linoleic; **ácido —,** linoleic acid.

Linóleo, Linoleum.

Linóleum, Floor cloth.

Linolizar, To linenize.

Linotipia, Linotype.

Linotipista, Linotyper or linotypist.

Linterna, Air core barrel, casing, lamp, lantern; — **de acetileno,** acetylene lamp; — **de machos,** air core barrel; — **delantera,** front lamp; — **trasera,** back lamp; **rueda de —,** lantern wheel.

Liquidación (bolsa), Settlement; — (de una sociedad), winding up.

Liquidambar styraciflua, Red gum.

Líquido, Liquid; — **de amalgamar,** amalgamating liquid; — **de aspersión,** suds; — **de llenado,** sealing liquid; — **excitador,** exciting liquid, (elec.), active liquid; **baileo del —,** sloshing; **combustible —,** liquid fuel; **duración en estado —,** liquid life; **fluidizado con —,** liquid fluidized; **fundición líquida,** hot metal; **hogar de combustión de —,** oil blast furnace; **instrumento para medir el volumen de — de los tanques,** pneumercator; **líquidos corrosivos,** dips; **oxígeno —,** liquid oxygen; **reóstato —,** liquid rheostat; **termostato de dilatación de —,** liquid expansion thermostat; **termostato de dilatación de — o de gas,** hydraulic fluid thermostat; **transformador lleno de —,** liquid filled transformer.

Lira, Quadrant.

Liso, Plain, slick; — (ánima de cañón), smooth; **cañón —** (fusil), plain barrel; **de ánima lisa,** smooth bore; **paredes lisas,** smooth walls.

Lista, List, register.

Listel, Batten, fillet, little rail.

Listón, Ledge, sheer rail; — (carpintería), transom; — **cubrejunta,** splat; — **inferior,** cap lower; **colocación de listones,** battening; **listones,** trussels.

Lisura, Smoothness.

Litio, Lithium; **estearato de —,** lithium stearate; **hidruro de —,** lithium hidride.

Litológico, Lithological.

Litosfera, Lithosphere.

Litosol, Lithosol.

Litros (0,14198), Gill.

Lixiviabilidad, Lixiviability.

Lixiviable, Leachable.

Lixiviación, Flushing, leaching, lixivation; — **al amoníaco,** ammonia leaching.

Lixiviado, Lixiviate; — (sustantivo), leachate.

Lixivialidad, Leachability.

Lixiviar, To leach.

Lixivio, Lixivium.

Lizo (telares), Heddle; **maquinita para lizos,** dobby.

Lobo, Bear, fissure; — (arrancaclavos), shackle crow.

Lóbulo, Lobe; **conmutación de —,** lobe switching; **conmutación de lóbulos,** lobing; **lóbulos secundarios,** minor lobes.

Local, Local; **atracción —,** local attraction.

Localizabilidad, Localizability.

Localizador de averías, Fault finder.

Localizar, To localize, to locate.

Localmente, Locally.

Locativo, Tenantable.

Loco, Loose; **dejar** — (rueda, etc.), to unscrew; **loca** (rueda, hélice), out of gear.

Locomotividad, Locomotivity.

Locomotora, Engine, locomotive; — **a vapor,** steam locomotive; — **con rectificadores,** rectifier locomotive; — **de adherencia,** adhesion engine; — **de cremallera,** rack engine; — **de maniobra,** switch locomotive; — **de maniobras,** shunting engine; — **de motores de corriente alterna,** A.C. motor locomotive; — **de motores de corriente continua,** D.C. motor locomotive; — **de pruebas,** shunting engine; — **de refuerzo,** bank engine; — **de turbina de gas,** gas turbine locomotive; — **de turbina de vapor,** steam turbine locomotive; — **Diesel eléctrica,** Diesel electric locomotive; — **eléctrica,** electric locomotive; — **que maniobra los vagones de una vía lateral por medio de un madero,** poling engine; — **ténder,** tank engine; — **ténder con bastidor de depósito de agua,** wall-tank engine; **bastidor de** —, frame of a locomotive; **calentar la** —, to stoke the engine; **cuerpo de** —, body of a locomotive; **distribución de marcha atrás de** —, back locomotive; **largueros de** —, frame of a locomotive.

Locomóvil, Locomobile; **máquina** —, portable engine.

Locotractor, Locotractor; — **de mina,** mine locomotive; — **eléctrico,** electric locotractor.

Lodo, Sludge; — (petróleo), slush; — **acidificado,** mud acid; — **de peróxido** (acumul.), peroxyde sediment; **bomba de lodos,** slush pump; **colector de lodos** (calderas), honey box; **digestor de lodos,** sludge digester; **lodos ácidos o alquitranes,** acid sludge; **lodos de pulido,** dirt.

Logarítmico, Logarithmic; **curva logarítmica,** logarithmic curve; **decremento** —, logarithmic decrement; **diagrama** —, logarithmic diagram; **media logarítmica,** logarithmic means.

Logaritmo, Logarithm; — **natural, l.n.** (natural logarithm); **logaritmos,** antenna numbers; **logaritmos hiperbólicos, naturales, neperianos,** hyperbolic, natural, neperian or napier's logarithms; **logaritmos ordinarios,** brigg's or common logarithms.

Logonio, Logon; **capacidad de logonios,** logon capacity.

Logotomo, Logatom; **nitidez en logotomos,** logatom articulation.

Lomo (de una sierra), Back; **jefe de maniobras del** — **de asno,** humpmaster.

Lona, Canvas; — **pegada,** canvas friction; **cubre-equipajes de** —, tarpaulin.

Longevidad de un isótopo, Longevity.

Longímetro, Longimeter.

Longisección, Longisection.

Longitud, Length, longitude; — **de desgarradura,** ripping length; — **de engrane,** path of a contact; — **de la carrera del pistón,** length; — **de onda umbral,** threshold wave length; — **de rodado,** wheel base; — **entre perpendiculares,** length between perpendiculars, (buques), construction length; — **total** (aeroplano), overall length; **aumento de la** — **de onda,** softening; **en el sentido de la** — **del ala,** spanwise.

Longitudinal, Lengthwise, longitudinal; **carro** — (torno), lengthwise carriage, main slide; **en sentido** —, lengthways; **mangueta de embrague de avance** —, handle for longitudinal power feed; **nervadura** —, longitudinal brace, longitudinal rib; **resorte** —, axial spring **sección** —, longitudinal section; **viga** —, longitudinal girder.

Longitudinalmente, Longitudinally; **hendido** —, longitudinally split.

Loran (sistema de navegación con radar), Loran (Long Range Navigation); **cadena** —, loran chain.

Loriga, Axle hop.

Losa, Dale, slab; — **de hormigón,** concrete slab; — **de horno,** flag stone; — **de revestimiento,** floor stone.

Lote, Batch.

Loxodromía (ciencia), Loxodromics.

Loxodrómico, Loxodromic; **curva loxodrómica,** loxodromic line.

Lubricación, Lubrication; — **forzada,** forced or forced feed lubrication; — **por chapoteo,** splash lubrication; **copa de —,** oil cup.

Lubricante, Grease; — **a base de bisulfuro de molibdeno,** molykote; — **puro,** straight lubricant.

Lubricidad, Slipperiness, lubricity.

Lubricoso, Lubricous.

Lubrificación, Lubrication; — **por anillo.** ring lubrication; — **por barboteo,** splash lubrication.

Lubrificador, Impermeator.

Lubrificante, Lubricant.

Lubrificar, To lubricate.

Lucernario, Monitor.

Lucir, To lighten.

Lugar, Place; — **geométrico,** locus.

Lumbrera, Oil hole, port; — **de admisión,** admission port; **lumbreras del cilindro,** cylinder ports.

Lumen, Lumen.

Luminaria, Luminaire.

Luminiscencia, Luminescence; **lámpara de —,** glim lamp.

Luminiscente, Luminescent; **lámpara —,** luminiscent lamp; **pantalla —,** luminescent screen; **sustancias luminiscentes,** luminophors.

Luminizar, To luminize.

Luminóforo, Luminophor.

Luminosidad, Lucidity, luminosity; — **de fondo,** background brightness; **curva de —,** luminosity curve.

Luminoso, Electric display apparatus, luminous; **aproximación luminosa,** lighting approach; **espacio no —** (tubo de Crookes), cathode dark space; **flujo —,** luminous flux; **indicador —,** light indicator; **intensidad luminosa,** light output, luminous intensity; **intensidad luminosa en lúmenes,** lumen output; **lámpara de descarga luminosa,** luminous lamp; **onda luminosa,** light wave; **pincel —,** pencil of light rays; **pintura luminosa,** luminous point; **rampas luminosas,** approach lights; **rendimiento —,** luminous efficiency.

Luminotécnico, Illuminating; **ingeniero —,** illuminating engineer.

Luneta, Draw plate, rest; — (máq.-herr.), steady rest; — (torno), cone plate, steady; — **de un péndulo,** bob; — **fija,** steady rest; — **móvil** (torno), follow rest.

Lupa, Magnifier.

Lupia, Ball, lump; **acero en lupias,** bloom steel; **formación de lupias,** balling up; **horno de lupias,** block furnace, bloomery furnace.

Lúpulo, Hop.

Lustrado, Glossing.

Lustrar, To glaze.

Lustroso, Slick.

Lutenado, Luted.

Lutenar, To lute.

Lux, Lux.

Luxemburgo, Luxemburg; **efecto —,** Luxemburg effect.

Luz, Light, ligthouse, span, vent; — (tubo), bore; — **artificial,** artificial light; — **blanca,** white lighting; — **correcta,** proper clearance; — **de aterrizaje,** landing light; — **de aviso** (indicadora), cue light; — **de balizaje,** boundary light; — **de destellos,** flare up light, flash light, flashing light, flashing lighting; — **de pase,** beam passing; — **de posición trasera,** tail parking lights; — **de señalización,** signal light; — **de tubo,** bore pipe; — **descubierta,** bare light; — **giratoria,** revolving light; — **incidente,** incident light; — **laterales,** side lights; — **máxima,** maximum clearance; — **mínima,** minimum clearance; — **monocromática,** monochromatic light; — **negra,** black light; — **piloto,** bulb pilot; — **polarizada,** polarized lighting; — **solar,** day light, sun light; — **visible,** visible light; **año-—,** light year; **área superficial brillante en el agua causada por la —,** light slick; **cristal de portillo de —** (buques), illuminator; **gradación de la —,** light gradation; **haz de —,** pencil; **luces,** lights; **luces de aproximación,** approach lights; **luces de pista,** runway lights, runway lighting; **luces de posición,** station lights, (auto), parking lights; **luces de ruta,** navigation lights; **luces suplementarias,** additional lights; **polarización de la —,** light polarisation; **portillo de —,** scuttle; **transmitancia de —,** light transmittance.

LL

Llama, Flame; — **aeroacetilénica,** air acetylene flame; — **redonda,** fullering tool; **caldera de — directa,** direct flame boiler; **caldera de retroceso de —,** return flame boiler; **canal de llamas,** fire tube, flame tube; **cementación a la —** (oxiacetilénica), flame hardening; **corriente de llamas,** flue; **dispositivo antirretroceso de —,** flame arrester; **en llamas,** flaming; **espectrofotometría a la —,** flame spectrophotometry; **estabilidad de la —,** flame stability; **hulla de — corta,** short burning coal; **hulla de — larga,** long flaming coal; **llamas,** flares; **micrófono de —,** flame microphone; **pantalla de retroceso de —,** fire screen; **repulsado a la —,** flame spinning; **retorno de —,** back fire, burning back; **retroceso de —,** back flame, flare back, return flame; **tubo de llamas,** flame tube.

Llama (Abonado que), Calling party.

Llamada, Draught or draft; — **armónica,** harmonic ringing; — **armónica infrasintonizada,** undertuned harmonic ringing; — **armónica sintonizada,** tuned harmonic ringing; — **automática,** machine ringing; — **cercana,** local call; — **de consulta,** consult call; — **maliciosa,** malicious call; — **manual,** manual ringing; — **por magneto,** magnet ringing; — **por silbato,** whistle call; — **sin llave,** keyless ringing; — **sucesiva,** follow-on call; — **telefónica,** call; **batería de —,** calling battery; **botón de —,** call button, (elec.), bell pull; **cómputo automático de llamadas,** automatic message accounting; **densidad de llamadas,** calling rate; **densidad de llamadas en hora cargada,** busy hour calling rate; **dínamo de —,** calling dynamo; **falsa —,** permanent loop; **indicador acústico de —,** call announcer; **indicador de —,** call letter; **jack de señal de —,** calling jack; **llamadas reducidas en la hora cargada,** equated busy hour calls; **magneto de —,** calling magneto; **onda de —,** calling wave; **pistón de —,** draw back piston; **relé de —,** call relay; **relé de fin de —,** tripping relay; **señal de —,** call signal; **tornillo de —,** counternut.

Llana, Draw knife or drawing knife; **que se puede lanzar con la —,** trowelable.

Llano (adj.), Flat.

Llanta, Rim, tyre or tire (América); — **de cilindro triturador,** slugger; — **de madera,** wooden felloe; — **de refuerzo,** strengthening felloe; — **de una rueda,** jaunt (véase **Rim**); — **maciza,** solid tyre or solid rubber tyre; — **móvil,** detachable rim; — **sin pestaña,** blank tyre; **con llantas macizas,** solid tyred or tired; **enganche de la —,** edge of rim; **máquina de taladrar las llantas de ruedas,** tyre boring machine; **poner llantas a las ruedas,** to shoe a wheel; **prensa de llantas,** tyre press; **renovar las llantas** (ruedas), to retyre; **taladro de máquina de montar llantas,** felloe auger; **torno para llantas de ruedas,** tyre lathe.

Llantón, Sheet bar.

Llave, Damper, feather edged brick, hitch, key, plug; — (ensambladuras), assembling piece; — **acodada,** bent spanner, bent wrench; — **cerrada,** cap key; — **de apriete,** wrench; — **de casquillo,** box spanner; — **de cilindro,** cock cylinder; — **de combinación,** combination key; — **de contacto,** ignition key, switch key; — **de corto-circuito,** taper; — **de cubo,** fork spanner; — **de escucha,** listening key; — **de garfios,** face spanner; — **de horquilla,** fork wrenches; — **de lanzamiento,** shore dog; — **de manguito,** socket key; — **de mordazas móviles,** shifting spanner; — **de mule·illa,** box key, box spanner, socket spanner, (para tuercas y pasadores), box key; — **de observación,** monitoring key; — **de picaporte,** check key; — **de rosca,** screw wrench, wrench; — **de tirafondos,** box spanner; — **de tuerca,** wrench; — **de uñas,** fork spanner; — **giramachos,** breech wrench, tap wrench, wrench; — **inglesa,** adjustable spanner, coach-wrench, monkey spanner, monkey wrench, screw spanner, shifting spanner, spanner, split key; — **inglesa dentada,** claw wrench; — **maestra,** latch key, master key; — **para dar cuerda,** winder; — **para tubos,** alligator wrench, socket wrench; — **para tuercas,** spanner; — **paracéntrica,** paracentric key; — **sencilla,** screw key; — **universal,** universal screw wrench; **accionar una** —, to throw a key; **anillo de** —, clinch ring; **guarda de** —, ward; **llaves de horquilla,** structural wrenches; **piedra de** — **para armar,** cocking nut; **ranura de** —, key hole.

Llavero, Key board.

Llegada, Inlet, intake, supply; — **de agua,** water inlet; — **de agua de refrigeración,** water inlet; — **de gasolina,** gasoline inlet, petrol inlet; **ángulo de** —, angle of arrival; **circuito para tráfico de** —, line for incoming traffic; **tiempo de** —, arrival time; **tubo de** —, induction pipe.

Llegar al contacto, To engage.

Llenado, Clogging; — (de un recalentador, etc...), flooding; — **a presión,** pressure fuelling; — **del depósito,** fuelling; — **sobre el ala,** overwing fuelling; **boca de** —, filler neck; **indicador de nivel de** —, full level indicator; **presión de** —, fuelling pression; **tubo de** —, delivery pipe.

Llenar, To fill; — (calderas), to fill.

Lleno, Full, solid; **demasiado** —, escape head; **hacer el** —, to fill; **lámpara llena de gas,** gas filled lamp; **trazo** —, solid line.

Llevar, To drive; — **al estado de finas partículas,** to flour; — **al máximo,** to boost.

Lluvia (Sumersión en), Sprinkler system.

M

M/H (1852,3), I knot.

Macadam, Macadam, metal

Macadamizar, To metal.

Macerante, Macerating.

Maceta, Small bench hammer.

Macillo de timbre, Ringer striker.

Macizo, Solid; **colar una piedra maciza,** to cast solid; **llanta maciza,** solid tyre; **oro —,** solid gold; **perfil —,** solid shape; **pistón —,** disk piston; **plato —,** solid disc; **rueda maciza,** solid wheel.

Macla, Chestolite.

Maclaje, Twinning; **— eléctrico,** electrical twinning; **— óptico,** optical twinning.

Macro, Macro.

Macroestructura, Macrostructure.

Macrofotografía, Macrophotograph.

Macrografía, Macrograph.

Macrográfico, Macroscopic; **ensayo macroscópico —,** macroscopic test.

Macromolécula, Macromolecule.

Macromolecular, Macromolecular.

Macroscópico, Macroscopic.

Macrosegregación, Macrosegregation.

Mach, Mach; **número de —,** mach No.

Machacado, Crushing, stamped.

Machacadora, Beating, breaker, bruising mill, crusher, mill; **— de mandíbulas,** alligator crusher; **— de martillos,** hammer crusher; **— de piedras,** rock breaker; **vibración —,** bruising vibration.

Machacar, To beat, to bruise, to pound, to smash, to stamp.

Machero, Coremaker; **—** (funderías), pattermaker.

Macheta, Chopper.

Machete, Matchet.

Machihembrado, Grooved, socketing, tongue, tonguing.

Machihembrar, To groove, to tongue; **fresa de —,** tonguing cutter.

Machmetro, Machmeter.

Macho, About sledge, male; **— borrador,** collapsing tap; **— cónico,** entering tap, taper tap; **— de desconexión,** collapsing tap; **— de expansión,** expanding tap; **— de garras,** claw hook; **— de grifo,** plug; **— de repesca,** fishing tap; **— pescador** (sondeos), fishing tap; **— roscador corto,** stub tap; **acanalador —,** tonguing plane; **alojamiento del —,** core print; **arena para machos,** core sand; **caja del —,** core frame; **colada con —,** cored work; **horquilla de machos,** core fork; **linterna para machos,** core barrel; **máquina de hacer machos,** core making machine; **máquina de moldear machos,** core moulding machine; **máquina de soplado de machos,** core blowing machine; **obrero fabricante de machos,** core maker; **secado de los machos,** core drying; **sopladora para machos,** core blowing machine; **soplado de machos,** core blowing; **soplador de machos,** coreblower; **taller de machos,** core moulding shop; **terraja para machos,** core strickle, core templet; **torno para machos,** core lathe.

Madera, Wood; — **a contrahilo,** cross grained wood, end grain; — **a contrapelo,** cross grained wood; — **abarquillada,** warped wood; — **abocinada,** trumpet wood; — **alabeada,** warped wood; — **amaranto,** violet wood; — **blanca,** soft wood, white wood; — **blanda** (los americanos designan con el nombre **soft woods** los árboles de hojas anchas), soft wood; — **borne,** hard wood of Madagascar; — **bruta,** rought timber; — **calcinada,** burnt wood; — **coloreante,** dyer's wood; — **combada,** dull edged wood; — **con gemas,** dull edged wood; — **con grietas radiales,** wood with radiate crevices; — **curvada,** bentwood; — **de abedul,** service wood; — **de abeto argentino de Creta,** Cretan silver bush wood; — **de abeto blanco,** fir wood, fly woodbine wood, white spruce wood; — **de abeto de Europa,** larch wood; — **de abeto del Canadá,** hemlock spruce fir wood; — **de abeto negro de América,** American red spruce fir wood; — **de acacia,** locust tree wood; — **de acafresna,** sorb wood; — **de acebo,** holly wood; — **de agracillo,** barberry wood; — **de álamo,** abel wood, poplar wood; — **de álamo blanco,** white poplar wood; — **de álamo temblón,** aspen wood; — **de alaterno,** backtorn wood; — **de albura,** sap wood; — **de alerce,** larch wood; — **de aliso negro,** black alder wood; — **de almezo,** nettle tree wood; — **de arce,** maple wood; — **de arce moteado,** curled wood; — **de armazón,** timber; — **de avellano,** hazel tree wood; — **de boco,** boca wood; — **de boj,** box wood; — **de campeche,** Campeachy wood, log wood; — **de carpe,** hop hornbeam wood; — **de carvajo,** English oak wood; — **de castaño,** chestnut wood; — **de castaño de Virginia,** dwarf chestnut wood; — **de castaño enano,** dwarf chestnut wood; — **de cedro,** cedar wood; — **de cedro rojo,** red cedar wood; — **de**

cerezo, cherry wood; — **de ciruelo,** plum wood; — **de citiso,** bean tree wood; — **de citiso de los Alpes,** foil tree wood; — **de conífera,** wood of coniferous trees; — **de coníferas,** softwood; — **de construcción,** timber; — **de coscollina,** bucktorn wood; — **de cuerda,** fathom wood; — **de charmilla,** hop hornbeam wood, hornbeam wood; — **de chopo,** alder wood; — **de desecho,** refuse wood, warped wood; — **de doble albura,** dead sap wood; — **de ebanista,** cabinet maker's wood; — **de ebanistería,** cabinet maker's wood; — **de ébano,** bean tree wood, foil tree wood; — **de encina,** oak wood; — **de encina americana,** live oak wood; — **de encina de bellotas dulces,** wood of the small prickly cupped oak; — **de enebral,** juniper wood; — **de entibación,** pit wood; — **de epicea alba,** white spruce wood; — **de estiba,** stow wood; — **de fabuco,** beech wood; — **de fagus,** beech wood; — **de falso ciprés,** white cedar wood; — **de fibra cruzada,** cross fibred wood; — **de flote,** floated or floating wood; — **de fresno salvaje,** quick wood or quick beam wood; — **de haya,** beech wood; — **de hayuco,** beech wood; — **de hierro,** hard wood of Madagascar; — **de lamparilla,** white poplar wood; — **de laricio,** Corsican pine wood; — **de las islas,** cabinet maker's wood, lance wood; — **de lilo común,** lilac wood; — **de lúpulo,** hop hornbeam wood; — **de manzano,** apple wood; — **de meple moteado,** bird's eye maple wood; — **de moral,** mulberry wood; — **de níspero,** medlar wood; — **de nogal americano,** hickory wood; — **de olivo,** olive wood; — **de olmo,** elm wood; — **de olmo negro,** elm wood; — **de ormillo,** elm wood; — **de palisandro,** palisander wood; — **de palo santo,** pock wood; — **de panacoco,** boca wood; — **de papel,** pulp wood; — **de peral,** pear wood; — **de perdiz,** boca wood; — **de Pernambuco**, Brasil wood, Pernambuco wood; — **de pinastro**, pinaster wood; — **de pino**, deal wood; — **de pino amarillo**, yellow pinewood; — **de pino amarillo del Canadá**, Canada yellow pine wood; — **de pino de Burdeos**, wood of the maritime fir; — **de pino de California**, yellow pinewood; — **de pino de Córcega**, Corsican pine wood; — **de pino de Escocia**, red spruce wood; — **de pino de Florida**, pitch pinewood; — **de pino de Italia**, pinaster wood; — **de pino de las Landas**, wood of the maritime fir; — **de pino de los pantanos**, pitch pinewood; — **de pino de Nueva Zelanda**, New-Zealand cowdie pinewood; — **de pino de Riga**, red deal of Riga wood; — **de pino del Canadá**, Canadian fir wood, Canada red pine wood; — **de pino del Lord**, Canada yellow pine wood; — **de pino larix**, Corsican pine wood; — **de pino piñonero**, pinaster wood; — **de pino resinoso**, pitch pinewood; — **de pino rojo**, Canada red pine wood, red spruce wood; — **de pino salvaje**, Scotch pinewood; — **de pino silvestre**, Scotch pinewood; — **de pinus cembra**, cembra wood, wood of the Siberian stone pine; — **de plátano de Virginia**, button wood; — **de pobo**, white poplar wood; — **de populus tacamahacca**, balsannic poplar wood; — **de quemar**, fire wood; — **de raja**, cleft timber, quartered timber; — **de roble rojo de Italia**, Adriatic oak wood, Italian oak wood; — **de rosal**, rose wood; — **de sámago**, sap wood; — **de Sammara austral**, New-Zealand cowdie pinewood; — **de sándalo**, sandal wood; — **de sanguiñuelo**, cornel wood; — **de Santa Lucía**, rock cherry wood; — **de sarga**, willow wood; — **de sauce**, sallow wood; — **de saúco**, elder wood; — **de serbal**, service wood, sorb wood; — **de sicomoro**, sycamore wood; — **de tacamahacca**, balsannic poplar wood; — **de tejo**, yew wood; — **de testa**, end grain;

— **de tiemblo**, aspen wood; — **de tilo**, lime wood; — **de tíndalo**, sharp cedar wood; — **de tinte**, dye wood, dyer's wood; — **de tuya**, white cedar wood; — **de unión de los cabrios**, bawk; — **de xilosa**, beech wood; — **del Brasil**, Brasil wood, Pernambuco wood; — **del Japón**, Japan wood; — **del país**, indigenous wood; — **debilitada**, weakened wood; — **demasiado vieja**, overseasoned wood; — **descortezada**, barked wood; — **desfibrada**, groundwood; — **dura** (los americanos designan con el nombre de **hard woods** los árboles de hojas puntiagudas), hard wood; — **dura de los trópicos**, tropical hard wood; — **en rollizos**, unbarked timber; — **escuadrada**, square timber; — **estratificada**, laminated wood; — **estrellada**, wood with radiate crevices; —. **exótica**, foreign wood; — **extranjera**, foreign wood; — **fina**, soft wood; — **flotada**, drifted wood; — **flotante**, driftwood, raft; — **groseramente escuadrada**, dull edged wood; — **hendida**, split wood; — **hueca**, hollow wood; — **ignífuga**, fire proof wood; — **impregnada con resina sintética y comprimida en caliente**, compreg; — **marítima**, wood of the maritime fir; — **mediocre**, over-seasoned wood; — **moteada**, speckled wood; — **muerta**, dead wood; — **negra**, black wood; — **no inflamable**, fire proof wood; — **no trabajada**, rough timber; — **nudosa**, cross fibred wood; — **ondulada**, curled wood; — **petrificada**, petrified wood, wood stone; — **podrida**, rotten wood; — **podrida circularmente**, colty wood, cracked wood; — **preparada**, seasoned wood; — **que trabaja**, warped wood; — **repelosa**, rough wood; — **resinosa**, jamaica rose wood, resinous wood; — **retorcida**, bulged wood; — **rizada**, curled wood; — **rústica**, cross grained wood; — **sana y limpia**, sound wood; — **satinada**, satin wood; — **seca**, dry wood; — **seca dispuesta para ser utilizada**, seasoned timber; — **secada,** seasoned wood; — **secada al horno,** dry rotten wood, kiln dried wood; — **semirredonda,** half round wood; — **sin defectos,** sound wood; — **tejida,** woven wood; — **tierna,** soft wood; — **torcida,** bulged wood, dull edged wood, wood with crooked fibres; — **verde,** green wood; — **violácea,** walnut wood; **aleta de buque de** —, fashion timber; **almacén de** — **para quemar,** wood yard; **ancla de** —, log anchor; **andana de** — **para secar ladrillos,** hake; **anillos anuales o de crecimiento de la** —, growth rings of wood; **arte de tallar la** —, xylography; **arrugas de la** —, ripple marks of wood; **aserrar** —, to convert; **atacadera de** — **o cobre,** stemmer; **barrena para** —, wood bit; **bastidor de** —, dum; **buque de** —, wooden vessel; **cabilla de** —, treenail; **calzo de** —, wood block, wooden liner; **cartón de pasta de** —, pulpboard; **clavija de** —, wooden peg or wooden pin; **con casco de** —, wooden hulled; **conservación de la** —, preserving or preservation of wood; **construir con** —, to timber; **costero de** —, dull edge; **cubicación de** — **en rollo,** log scaling; **cuchilla de acabado** (torno de madera), boring tool; **de** —, wooden; **defecto de la** —, waney; **depósito de** — **de construcción,** timber yard; **depósito de** — **de quemar,** wood yard; **empalmar a media** —, to halve; **empalme a media** —, halving, syphering; **en** —, in hand; **encoladura de la** —, wood glueing; **ensamble a media** —, joining by rabbets; **estrías de la** —, streak of wood; **fresadora para** —, moulding machine; **fibra de la** —, grain of wood; **fleje de** —, hoop wood; **gusano de la** —, wood worm; **hacer secar la** —, to season timber; **hacer una estructura de** —, to timber; **hecho de** —, wooden; **hender la** —, to cleave; **hilo de la** —, grain of wood; **imbibición de la** —, impregnation of wood; **impregnación de la** —,

impregnation of wood; **instalación de** — **de construcción,** timber yard; **lana de** —, wood wool; **máquina para** —, wood grinding machine, wood working machine; **mazo de** —, wooden hammer; **medir la** —, to cord; **moldura de** —, wood casing; **nudo de la** —, timber hitch; **pulpa de** —, wood pulp; **remover una pieza de** —, to slue; **rueda hendida para poner dientes de** —, core wheel; **rumbo de** —, chock through; **secado de la** —, seasoning of wood, wood seasoning; **seguir el hilo de la** —, to cleave wood with the grain; **serrar la** — **a contrahilo,** to cross cut wood; **serrín de** —, saw dust; **taco de** — **sobre el que apoya el palo,** step; **tala de** —, cutting; **todo en** —, all wood; **tornillo para** —, clincher nail, wood screw.

Maderaje, Casing, timber work.

Maderero, Logger.

Madero, Board, chess, lumber, thick board, wooden beam.

Madrastra, Blast furnace structure.

Madre, Source; **roca** —, source rock.

Maestro, Master; **acometida maestra,** master sergeant; **arco** —, chief arch; **bao** —, main beam; **bóveda maestra,** main vault; **clavija maestra,** main bolt; **hoja maestra,** main plate; **sección por la** —, beam section; **varilla maestra,** main rod; **viga maestra,** chief beam, main girder, principal beam.

Magistral, Master; **índice** — **de interrelación,** master index.

Magmatógeno, Magmatogene.

Magnascopio, Magnascope.

Magnesia, Magnesia, talc earth; — **fundida,** fused magnesia; **sulfato de** —, Epson salt.

Magnesiano, Magnesian, magnesitic.

Magnésico, Magnesium; **óxido** —, magnesium oxide.

Magnesífero, Magniferous.

Magnesio, Magnesium; **aleación al** —, magnesium alloy; **cinta de** —, magnesium ribbon; **cloruro de** —, magnesium chloride; **destello de** —, magnesium light.

Magnesiotermia, Magnesothermy.

Magnesita, Magnesite.

Magnestato, Magnestat.

Magnetoscópico (Ensayo), Magnet testing.

Magnéticamente, Magnetically.

Magnético, Magnetic or magnetical (raro); **acero** —, magnet steel; **amplificador** —, magnetic amplifier; **análisis** —, magnetic analysis; **bastidor** —, magnetic frame; **campo** —, magnetic field; **campo** — **alternativo,** alternating magnetic field; **cartografía magnética,** magnetic charting; **cinta magnética,** magnet tape; **circuito** —, magnetic circuit; **configuración de compás magnético que contiene un plasma,** magnetic bottle; **contactor** —, magnetic contactor; **chapa magnética,** magnet sheet; **declinación magnética,** magnetic declination, magnetic variation; **desviación magnética,** magnetic amplitude; **detector** —, magnetic detector; **deterioro** —, spoiling; **embrague** —, magnetic clutch; **enfoque** —, magnetic focusing; **estricción magnética,** magnetic striction; **estructura magnética** (minerales), magnetic fabric; **inducción magnética,** magnetic induction; **flujo** —, magnetic flux; **flujómetro** —, magnetic flowmeter; **frenado** —, magnetic braking; **inclinación magnética,** magnetic dip; **lámina magnética,** magnet strate; **mandrino** —, magnetic chuck; **metal** —, magnet metal; **micrófono** —, magnet microphone; **mina magnética,** magnet mine; **momento** —, magnet moment; **no** —, non magnetic; **patín de freno** —, magnet; **pérdida magnética,** magnetic decay; **polo** —, magnet pole; **rastreo de minas magnéticas,** magnetic minesweeping; **relé** —, magnet relay; **repulsión magnética,** magnetic repulsion; **resonancia** — **-nuclear,** nuclear magnetic resonance; **saturación magnética,** magnet saturation; **separador** —, magnet separator; **servoamplificador** —, magnetic servoamplifier; **soplador** —, magnetic blower; **timbre** —, magnet bell.

Magnetismo, Magnetism; — **nuclear,** nuclear magnetism; — **remanente,** residual magnetism; — **terrestre,** terrestrial magnetism.

Magnetita, Loadstone, lodestone, magnetite.

Magnetizable, Magnetizable.

Magnetización, Magnetisation or magnetization; — **remanente,** remanent magnetisation; **ciclo de** —, magnetization cycle.

Magnetizado, Magnetised.

Magnetizante, Magnetising; **amperivuelta** —, magnetising ampereturn; **cable** —, degaussing cable; **poder** —, magnetising or magnetizing power.

Magnetizar, To magnetise or to magnetize.

Magneto, Magnesium anode, magneto; — **blindada,** cased magneto; — **de aleta giratoria,** shuttle type magneto; — **de alta tensión,** high tension magneto; — **de avance automático,** automatic lead magneto; — **de avance fijo,** fixed lead magneto; — **de avance variable,** adjustable lead magneto; — **de baja tensión,** low tension magneto; — **de inducido fijo,** stationary armature magneto; — **de inducido giratorio,** revolving armature magneto; — **de llamada,** calling magneto; — **de ruptura,** make and break magneto; **avance de la** —, magneto advance; **brida de** — (auto), magneto strap; **carbón de** —, magneto brush; **pinza de la** —, magneto coupling; **placa de fijación de** —, magneto pad.

Magnetoacústica, Magnetoacoustics.

Magnetocerámico, Magnetoceramic.

Magnetoestricción, Magnetostriction; **micrófono de** —, magneto striction microphone; **transductor de** —, magneto striction transducer.

Magnetogasodinámico, Magnetogasdynamic.

Magnetógrafo, Magnetograph.

Magnetometría, Magnetometry.

Magnetómetro, Magnetometer.

Magnetomotriz, Magnetomotive; **fuerza** —, magnetomotive force; **unidad de fuerza** —, Gilbert.

Magnetón (unidad de momento magnético), Magneton.

Magnetorresistencia, Magnetoresistance.

Magnetorresistividad, Magnetoresistivity.

Magnetoscopia, Magnetic powder inspection.

Magnetostibiana, Magnetostibian.

Magnetrón, Maggie, magnetron; — **de ánodo hendido,** split anode magnetron; — **de ánodo neutro,** neutral anode type magnetron; — **de cavidad,** cavity magnetron; — **de cavidades cilíndricas,** cylindrical-cavity-type magnetron; — **de resonadores múltiples,** multicavity type magnetron; **salto de modo de** —, mode skipping in magnetron; **soplido de un** —, jitter.

Magnitud (astr.), Magnitude; **orden de** —, magnitude range.

Magnolia acuminata, Ailon.

Magnolio, Tulipwood.

Magnón, Magnon.

Magro, Lean.

Maillechort, Packfong.

Majar (Cilindro de), Bruising roller.

Malacate, Bar wimble, drawing engine.

Malaquita, Green copper ore, malachite.

Malaxación, Malaxing.

Malaxar, To mix.

Maleabilidad, Malleability.

Maleable, Ductile, hammerable, malleable; **fundición** —, annealed cast iron, malleable cast iron, (objetos de) malleable castings; **hierro** —, black iron, malleable iron; **mineral para fundición** —, annealing ore.

Malecón, Breakwater, dam, jetty, mound, pier.

Maleinidas (quím.), Maleinides.

Moleteado, Knurled.

Malonato, Malonate.

Malónico, Malonic; **ácido** —, malonic acid; **nitrilo** —, malonitrile.

Maltenos, Malthens.

Malla, Bay, frame space, link, mesh, spacing of the frames; — **de calafate,** calking machine; **criba de mallas finas,** mesh screen; **de mallas,** meshed; **de mallas anchas,** wide meshed; **de mallas estrechas,** narrow meshed; **de mallas finas,** fine meshed; **mallas de hierro,** mail.

Mallón, Eye.

Mamparaje, Bulkheading.

Mamparo, Bulkhead; — **articulado,** hinged bulkhead; — **central,** middle bulkhead; — **estanco,** watertight bulkhead.

Mampostería, Brickwork, mason work, stone work; — (de piedra), stone work.

Mampuesto, Material.

Manar, To squirt.

Mancha, Speck, spot; — **central,** flare; — **luminosa del radar,** blip.

Manchado, Spotted.

Manchar, To stain.

Mandado, Operated; — **por biela,** crank driven; **cuchara mecánica mandada por cable,** cable drive scraper.

Mandar, To drive.

Mandarria, Pin maul, sledge hammer.

Mandíbula, Chap, jaw; — **de apriete** (torno), chuck jaw; **machacadora de mandíbulas,** jaw crusher; **mandíbulas,** chaws, vice chops; **mandíbulas de un tornillo de banco,** jaws of a vice.

Mando, Actuation, commandership, control, deriving, driving, driving gear, monitoring, operation, telemotor controlling gear; — (por correa, por cable), drive; — **a distancia,** remote control; — **a mano,** hand drive; — **blando,** sloggy or sloppy control; — **de alerón,** banking control; — **de la mesa,** drive of the table; — **de lanzabombas,** bomb release; — **de profundidad,** elevator control; — **de timón,** rudder control; — **de volante,** fly wheel action; — **del compresor,** compressor drive; — **del regulador,** governor drive; — **eléctrico,** electric drive; — **electrónico,** electronic driving; — **hidráulico,** hydraulic drive; — **Leonard,** Leonard control; — **manual,** hand drive; — **neumático,** air operation; — **para cinta magnética,** tape handler; — **por acoplamiento de desembrague,** driving with clutch; — **por correa,** belt drive; — **por excéntrica,** eccentric drive; — **usado para girar el timón a la derecha** (aviones), right rudder; **amortiguador de —,** control damper; **aparato de —,** driving gear, operator; **árbol de —,** drive shaft, driving shaft; **árbol de — del carro,** feed shaft; **cabina de —,** control cubicle; **con — eléctrico,** electrically operated; **cuadro de —,** control board; **de —,** actuating; **de — eléctrico,** electrically actuated; **de — neumático,** air actuated; **dispositivo de —,** controller; **doble —,** dual control; **equipo de —,** controls; **esfuerzo sobre la palanca de —,** stick force; **indicador de intensidad de reacción sobre la palanca de —,** stick force indicator; **instalación de —,** command installation; **mandos libres** (aviac.), hands off; **palanca de —,** actuating lever, beer lever, control lever, (aviac.),

control column; **piñón de —,** driving pinion; **puesto de —,** cockpit control, control cubicle, office; **pupitre de —,** benchboard, control desk; **reloj de —,** time control gear; **superficie de —,** rudder; **superficies de —,** control surfaces; **tablero de —,** switch board; **torre de —,** conning tower; **varilla de —,** actuating rod; **volante de —,** control wheel; **voz de —,** word of command.

Mandril, Arbor, chuck, chucker, core bar, magnetic chuck, swedge; — (para igualar un agujero), treblet; — **anular,** chuck ring; — **autocentrador,** self centering chuck; — **combinado,** chuck combination; — **de abatir** (embutidor de remaches), holding up hammer; — **de apriete,** clamping chuck; — **de espiral,** scroll chuck; — **de excéntrica,** eccentric chuck; — **de fijación,** clamping chuck; — **de forja,** nipple; — **de garras independientes,** independent chuck; — **de hendiduras,** split socket chuck; — **de mandíbulas o de mordazas,** jaw chuck; — **de nuez,** nose chuck; — **de puntas,** chuck with holdfasts, fork chuck, prong chuck, spur chuck, strut chuck; — **de rosca,** screw chuck; — **de torno,** dog, lathe chuck; — **de tres mordazas,** three jaw chuck; — **de válvula,** valve chuck; — **engranado,** geared chuck; — **geométrico,** geometric chuck; — **helicoidal,** spiral chuck; — **hendido,** split chuck; — **hueco,** socket chuck; — **ordinario,** plain chuck; — **para cepilladora,** planer chuck; — **para embutir,** beader; — **para hacer tubos,** billet; — **para montar tubos,** drift; — **para óvalos,** oval chuck; — **portafresas,** milling arbor; — **todo acero,** all steel chuck; — **universal,** face plate, universal chuck; **apriete de —,** locking in mandrel; **casco de —,** chuck shell; **equipo del —,** chuck equipment; **llave inglesa de —,** chuck wrench; **plato o — universal,** universal chuck; **trabajo sobre —,** chucking work; **vástago de —,** chuck - stem.

Mandrilado, Beaded, bulging test, rolling.

Mandrilar, To bead, to chuck; **máquina de** —, chucking machine.

Mandrinado, Broaching, drifting, expanding, rolling.

Mandrinar, To broach, to drift, to expand; **aparato para** — **tubos,** tube expander; **husillo de** —, broaching tool; **prensa de** —, expanding press.

Mandrino, Chuck, mandrel, toothed cutting; — **acanalado** (para terminar mortajas), mortise bolt; — **acanalado para acabado,** toothed drift; — **automático,** automatic chuck; — **combinado, universal y de garras independientes,** combination chuck; — **de apriete instantáneo por palanca,** lever chuck; — **de columna,** box mandrel; — **de garras,** claw chuck, dog chuck; — **de resorte,** spring chuck, spring drift; — **de tornillo,** bell chuck; — **elástico,** spring drift; — **excéntrico o de descentrar,** eccentric chuck; — **extensible,** elastic chuck, expanding mandrel; — **formado por cuatro piezas provista cada una de un tornillo de presión,** branch chuck; — **hueco para bolas,** ball turning chuck; — **para el trabajo de pequeñas piezas,** box chuck; — **para soldar tubos de acero,** ball; — **portafresa,** cutter spindle; **introducir el** —, to drive in the mandrel.

Manecilla, Finger.

Manejabilidad, Placeability.

Manejable, Easy to easy handle; **fácilmente** —, easy handling.

Manejar, To handle.

Manejo, Handling; — **a brazo,** manhandling; — **automático,** mechanical or mechanised handling; — **del carbón,** coal handling; **ensayos de** — **en tierra,** ground handling trials.

Maneta, Throttle.

Manga, Beam, siding of a beam; — **cónica usada como veleta,** wind cone; — **de aire,** streamer; — **de construcción,** moulded breadth; — **de fuera a fuera,** extreme breadth; — **filtrante,** filter bag; — **máxima,** moulded breadth; **horno de** —, low blast furnace.

Mangachapuy (madera), Mangachapuy.

Manganeso, Manganese; — **de los pintores,** manganese oxide; **bióxido de** —, manganese dioxide; **bronce al** —, manganese bronze; **cobre al** —, manganese copper; **hidróxido impuro de** —, bog manganese; **mineral de** — (bióxido), brown stone; **óxido de** —, black wad, manganese oxide; **pila al peróxido de** — **aglomerado,** agglomerate cell; **tratamiento con fosfatos de hierro y** —, Parco Lubrizing.

Manganiferroso, Manganiferrous.

Manganita, Acerdese, grey manganese ore, manganite.

Manganosilicoso, Silico manganese.

Mango, Haft, handle; — **de un martillo,** handle of a hammer; — **de un mazo,** elve; — **de un pico,** elve; — **de una herramienta,** helve.

Manguera, Fire hose; — (aviación), sleeve; — **de incendios,** fire hose; — **de lona,** hose; — **de succión,** suction hose; — **de tela,** pump hose; — **para soldadura por acetileno,** acetylene welding hose; **boquerel de** —, nose piece; **carrete de mangueras,** hose reel.

Mangueta, Barrel, neck of an axle, puncheon; — **de eje,** journal; — **de rueda,** stub axle, wheel strut.

Manguito, Boring wheel, bush, bushing, casing, drill socket, edging, ferrule, gaiter, jacket, socket, tubing, union, union joint; — (anillo de metal), thimble; — (cañones), jacket; — (de unión, de refuerzo, cubre-juntas), sleeve; — **acanalado,** splined sleeve; — **adaptador,** cutter block or head; — **de acoplamiento,** claw coupling sleeve, dog clutch sleeve; — **de anillo**, union thimble; — **de broca**, spindle sleeve; — **de cable**, cable shield; — **de extremo de cable**, end sleeve; — **de forro**, shaft sleeve; — **de fricción**, box of a friction coupling; — **de montaje**, socket of the spindle; — **de tubo**, muff; — **dentado**, cam bush; — **exterior**, outer jacket; — **giratorio**, rotating sleeve; — **guia**, guide bush; — **móvil** (de aparato de desembrague), disengaging clutch; — **para perforadora**, drill sleeve; — **porta-broca**, drill chuck; **acoplamiento por** —, box coupling; **junta de** —, eye joint, sleeve joint, spigot and faucet joint.

Manifiesto (declaración de la carga de un buque), Manifest; — **de carga**, load manifest.

Manigueta, Handle; — **de avance transversal**, handle for cross hand feed; — **de embrague de avance longitudinal**, handle for longitudinal power feed; — **de embrague de avance transversal**, handle for cross power feed; — **del soporte del portaherramientas**, handle for top slide; **volante de maniguetas**, capstan hand wheel.

Manija, Hub, shackle, wrist; — (de herramienta), loose handle.

Manila (De), Manila, Manilla.

Manillar (bicicleta), Handle bar.

Maniobra, Handling, labourer, management; — **para cambiar de dirección** (aviones), reversement; **aparato de** —, manoeuvring gear; **auxiliador de** — (obrero), helper; **de** —, actuating; **facilidad de** —, maneuverability; **falsa** —, false racking balk; **falsas maniobras**, blundering; **grúa de** —, break down crane; **jarcia firme de una** —, standing part of a rope; **locomotora de** —, shunting engine, switch locomotive, switcher; **proteger contra falsas maniobras**, to safety.

Maniobrabilidad, Handling, manoeuvrability or maneuverability.

Maniobrable, Manoeuvrable.

Maniobrar, To handle, to manoeuvre or maneuver; — **el registro**, to throttle.

Manipulabilidad, Manipulability.

Manipulación de absorción, Absorption keying; **chasquidos de** —, keying clicks; **filtro de** —, clipper circuit.

Manipulador, Manipulator, positioner, sender; — (comunicaciones), keyer; — (telégrafo), key; — **inversor**, reversing key; — **semiautomático**, bug.

Manipular, To manipulate.

Maniqueta de soporte del portaherramientas, Starting or starting crank handle.

Manivela, Crank, hand brake; — **accionada por un hombre**, one man crank; — **compuesta**, double crank; — **con dispositivo de seguridad para controlador de tranvía eléctrico**, dead man's handle; — **de arranque**, crank handle; — **de brazos**, winch and crank handle; — **de corredera**, slotted crank plate; — **de plato**, disc crank; — **de trépano**, cross handle; — **doble**, drag crank; — **en voladizo**, overhung crank; — **equilibrada**, balanced crank; — **ficticia**, ideal crank; — **sujetadora**, clamp handle; **acoplamiento de manivelas**, crank connecting link; **árbol de** —, crank shaft; **botón de** —, crank, crank pin, crank wrist, pin, wrist; **brazo de** —, crank arm, crank web; **brazos de** —, crank cheeks; **cepilladora de** —, crank planer; **colisa** —, slot and crank; **corredera** —, crank guide, slot and crank; **corredera aislante a** —, oscillating crank gear; **corredera oscilante a** —, oscillating crank gear; **cubo de** —, crank boss; **eje de manivelas** (locomotoras), crank axle; **espiga de** —, crank pin; **gato de** —, gin screw; **mandado por biela-manivela**, crank driven; **manilla de** —, crank handle; **manivelas equilibradas**, opposite cranks; **máquina para cepillar las manivelas**, crank planer; **palier de botón de** —, crank pin steps; **palier del árbol de** —, crank shaft bracket; **par ejercido por o sobre una** —, crank gear; **platillo de** —, crank disk; **plato de** —, crank disc, crank plate; **pozo para la** —, crank race; **puntos muertos superior e inferior de una** —, top and bottom centres; **retorneadora de muñones de manivelas**, crankpin turning machine; **transmisión por** —, crank gear; **vástago de** —, crank rod.

Mano, Hand; — **de obra**, workmanship; — **de pintura transparente**, transparent coating; **a** —, manually; **accionado a** —, hand operated, manually operated; **avance de una herramienta a** —, hand feed; **cizalla de** —, crocodile hand lever shearing machine; **coche de segunda** —, second hand car; **dar un golpe a** —, to bear a hand; **dibujo a** — **alzada**, free hand drawing; **dirigido a** —, manually operated; **en** —, in hand; **hecho a** —, hand made; **sierra de** —, arm saw, hand saw; **sistema de arrastre a** — (minas), dog and chain; **última** —, finishing; **volante de** —, hand wheel.

Manocriómetro, Manocryometer.

Manógrafo, Manograph, pressure gauge.

Manometría, Manometry.

Manómetro, Draft or draught gauge, manometer, pressure controller, pressure gauge; pressure indicator, steam gauge; — **de cuadrante**, dial manometer; — **de dos escalones**, two stage regulator; — **de mercurio**, mercurial manometer; — **de un escalón**, single stage regulator; — **metálico**, metallic gauge, metallic manometer; — **registrador**, manograph.

Manorregistrador, Pressure recorder.

Mantener la máquina, To attend (the engine); — **tenso**, to keep taut.

Mantenimiento, Face, handling, holding, service, servicing; — (de material), maintenance; — **automáti**co, automatic holding; **gastos de** —, maintenance costs or expenses.

Mantisa (de logaritmo), Mantissa.

Manto, Mantle.

Manual, Hand; **cernido** —, cob; **herramientas manuales**, hand tools; **trabajo** —, handwork; **volante** — **de avance longitudinal** (máq.-herram.), hand wheel for longitudinal feed.

Manufactura, Firm, manufacture.

Manufacturado, Manufactured; **producto** —, manufacture.

Manufacturar, To manufacture.

Manzano, Apple tree.

Mañana (De la), Ante meridiem (A. M.).

Mapa a escala 1/1.000.000, Scale map; — **al 1/50.000**, 5.0000 scale map; — **circulante**, chart circular; **camarote de mapas**, chart room.

Maqueta, Bloom, mockup, modal, model.

Máquina, Engine, machine; — **a extrusión**, extrusion machine; — **a inyección**, injection machine; — **a vapor de pistón**, reciprocating steam engine; — **abridora**, devil; — **acabadora**, surfacing machine; — **aspirante** (motor de combustión interna), suction engine; — **atmosférica de simple efecto**, atmospheric engine; — **auxiliar**, auxiliary engine, feed engine; — **auxiliar sincrónica**, booster synchronous; — **cajista**, type setting machine; — **calculadora**, calculating machine; — **cargadora**, loading machine; — **compound** (de disparo separado), compound engine; — **computadora**, computing machine; — **con cofre**, trunk engine; — **con hélices gemelas**, twin screw engine; — **congeladora**, freezing machine; — **cortadora**, steam shearing machine; — **curvadora**, plate bending; — **de 300 H.P.**, 300 H.P. engine; — **de acanalar**, fluting machine; — **de adamascar**, figuring machine; — **de afeitar**, shaping or shaving machine, sharpening machine; — **de afilar**, grinding machine; — **de afilar fresas y escariadores,** cutter and reamer grinding machine; — **de afilar herramientas,** tool grinding machine; — **de agotamiento,** pumping engine, (minas) mine engine; — **de alisar,** planing machine or planer, smoothing machine; — **de amachambrar,** flooring machine; — **de angular,** shingling machine; — **de aplanar,** flattening machine, planishing machine, straightening machine; — **de aplanar de cuatro cilindros,** four roller flattening machine; — **de arrollar,** rolling machine or machine mill; — **de aserrar,** sawing machine; — **de aserrar y trocear,** sawing and cutting off machine; — **de balancín,** beam engine, lever engine; — **de balancines laterales,** side lever engine; — **de batir hierro,** blooming machine; — **de biela directa,** direct acting engine; — **de biela invertida,** back acting engine; — **de biselar,** bevelling machine; — **de bobinar,** coil winding machine, winding machine; — **de bordear pestañas,** flanging machine; — **de bruñir,** honing machine; — **de calandrar,** mangle; — **de cantonear,** fret cutting machine; — **de centrar,** center drilling machine, centering machine; — **de cepillar,** chamfering machine, planing machine or planer; — **de cepillar de dos montantes,** double upright planing machine; — **de cepillar de un montante,** openside planing machine; — **de cepillar las aristas de las chapas,** plate edge planing machine; — **de cepillar las manivelas,** crank planing machine; — **de cizallar,** shearing machine; — **de colar a presión,** die casting machine; — **de colocar aros de toneles,** claw trussing machine; — **de combar,** cambering machine; — **de combustión interna,** internal combustion engine; — **de condensación,** condensing steam engine; — **de conformar,** shaping machine; — **de cortar angulares,** angle iron cutting machine; — **de cortar los hierros en U,** channel bar

cutting machine; — **de cortar los hierros en Z,** Z bar cutting machine; — **de coser,** sewing machine; — **de coser exteriormente,** internal broaching machine, surface broaching machine; — **de coser interiormente,** internal broaching machine; — **de cuatro, de seis ruedas acopladas,** four, six wheeled engine; — **de curvar chapas,** plate bending roll; — **de curvar leños,** wood bending machine; — **de curvar madera,** wood bending machine; — **de curvar tubos,** pipe bending machine, tube bending machine; — **de dentar los engranajes por fresa generatriz,** gear hobbing machine; — **de desbarbar,** fettling machine, trimming machine; — **de destalonar,** relieving machine; — **de dictar,** dictating machine; — **de dividir,** dividing machine, indexing machine; — **de dividir circular,** circular dividing machine; — **de dividir lineal,** linear dividing machine; — **de doble efecto,** double acting machine; — **de dos portaherramientas** (fresadora, cepilladora), duplex machine; — **de embalar,** packaging machine; — **de embutir tubos,** pipe socketing machine; — **de empaquetar,** packaging machine, packet packing machine; — **de encuadernar,** broaching machine; — **de enderezar,** facing machine, straightening machine; — **de enderezar y pulir,** facing and surfacing machine; — **de enrollar o desenrollar cables de engranajes,** winding machine; — **de ensayo,** testing machine; — **de equilibrar,** balancing machine; — **de escariar,** boring machine; — **de escariar de montante fijo,** floor type boring machine; — **de escariar de montante móvil,** table type boring machine; — **de escariar los cilindros,** cylinder boring machine; — **de escribir,** typewriting machine or typewriter; — **de escuadrar,** bevelling machine; — **de estampar en relieve,** embossing machine; — **de estirar,** drawing machine, stretching machine; — **de expansión,** expansion engine or expansive engine; — **de extracción,** hoisting engine, mine hoist, winding engine, winding machine, (minas) hoister; — **de extruir,** extruding machine; — **de fabricación,** production machine; — **de fabricar cabezas de pernos de clavo,** heading machine; — **de fabricar poleas,** block machine; — **de fabricar resortes,** spring coiling machine; — **de filetear,** bolt threading machine, screw cutting machine, thread cutting machine, threading machine; — **de filetear a la muela,** thread grinding machine; — **de filetear con herramienta,** single point tool threading machine; — **de filetear con la fresa,** thread milling machine; — **de filetear de terraja abrible,** self opening die head threading machine; — **de filetear y cortar tubos,** pipe screwing and cutting machine; — **de forjar,** forging machine; — **de fresar matrices,** die sinking machine; — **de gran potencia,** high power machine; — **de gran producción,** high production machine; — **de grujir,** nibbling machine; — **de hacer envases,** caser; — **de hacer espigas de cola de milano,** dovetailing machine; — **de hacer machos,** core making machine; — **de hacer muescas,** grooving machine or groove cutting machine; — **de hacer tubos,** pipe machine; — **de hilar,** filatory; — **de husillo único,** single spindle milling machine; — **de izar a vapor,** hoisting engine; — **de las locomotoras sin hogar,** dummy engine; — **de limpiar relojes,** watch cleaning machine; — **de machacar,** crushing machine; — **de machihembrar,** flooring machine; — **de mandrinar,** chucking machine, jig boring machine; — **de marcar,** marking machine; — **de mecanizar hélices,** propeller milling machine; — **de moldear,** moulding machine; — **de moldear machos,** core moulding machine; — **de moldurar,** moulding machine; — **de mortajar,** mortising machine, paring machine, slotting machine or slot drilling machine;

— **de oficina,** business machine; — **de ondular,** corrugating machine; — **de operación,** single purpose machine; — **de oxicorte,** oxyacetylene cutting machine; — **de perfilar,** profiling machine; — **de perforar,** drilling machine (véase **Drilling**); — **de perforar radial,** radial drilling machine; — **de pesar,** weighing machine; — **de picar limas,** file cutting machine; — **de poner aros,** hooping machine; — **de predecir las mareas,** tide predictor; — **de producción,** production machine; — **de pulir,** polishing machine; — **de pulir cilindros,** cylinder lapping machine; — **de puntear,** boring machine (véase **Boring**); — **de ranurar,** key way cutting machine; — **de rayar** (cañones), boring machine; — **de rayar cañones,** grooving machine or groove cutting; — **de recortar,** cutting press, fret cutting machine; — **de rectificar,** grinding machine; — **de rectificar cigüeñales,** crankshaft grinding machine; — **de rectificar correderas,** slideway grinding machine; — **de rectificar engranajes,** gear grinding machine, gear shaving machine; — **de rectificar los cilindros de laminador,** roll grinding machine; — **de rectificar óvalos,** oval grinding machine; — **de rectificar superficies planas,** surface grinding machine; — **de rectificar válvulas,** valve grinding machine; — **de rectificar y bruñir inferiores con tacos abrasivos,** honer; — **de reproducir,** copying machine; — **de reproducir planos,** blue print copying machine; — **de ribetear,** flanging machine, riveting or rivetting machine; — **de ribetear planos,** blue print lining machine; — **de roscar,** bolt screwing machine, tapping machine; — **de roscar pernos y tuercas,** nut and screw cutting machine; — **de sacar espigas,** tenoning machine; — **de simple efecto,** single acting engine, single acting machine; — **de soldar,** welding machine; — **de soldar con gas,** gas welding machine; —

de soldar por aproximación, butt welding machine; — de superpulir, superfinishing machine; — de taladrar de cuatro brocas, multiple drilling (duplex, quadruplex...) machine; — de taladrar los orificios de los remaches, machine for drilling rivet holes; — de taladrar y roscar, drilling and tapping machine; — de tallar engranajes, gear cutting or gear shaping machine, gear shaper, gear shaping machine; — de tallar las ruedas sin fin, worm wheel cutting machine; — de tallar los engranajes helicoidales, spiral gear cutting machine, spur gear cutting machine; — de tallar los tornillos sin fin, worm cutting machine; — de tallar tuercas, nut shaping machine; — de tallar y dividir las ruedas de los engranajes, wheel cutting and dividing machine; — de tornear muñones, trunnion machine; — de transferencia, processing machine, transfer machine; — de transferencia de tambor giratorio, drum type transfer machine; — de trenzar, plaiting machine, stranding machine; — de tres cilindros, three cylinder engine; — de tres manivelas, three crank engine; — de triple expansión, triple expansion engine; — de trocear, cutting off machine; — de troquelar a inyección, extruding machine; — de turbinas, turbine engine; — de vapor, steam engine; — de vapor a balancín, beam steam engine; — de vapor bicilíndrica, duplex steam engine; — de vapor de doble efecto, double acting steam engine; — de vapor independiente, self contained steam engine; — de vapores combinados, two vapour engine; — desfibradora, wood grinding machine; — elevadora, lifting machine; — equipada con su herramienta, tooled machine; — escariadora, screwing machine; — excavadora, excavating machine; — extricadora, tentering machine; — fija, fixed type machine; — frigorífica, refrigerating machine; — fuelles movi-

dos por una rueda de agua, circular blowing; — grabadora, engraving machine; — herramienta, machine tool; — herramienta complicada, engine tool; — hidráulica, hydraulic engine; — horizontal, horizontal engine, horizontal machine; — lapidadora de cilindros, lapping machine; — limadora, filing machine, filing vice, shaper, shaping machine, shaping planer; — machacadora, grinding machine; — marina, marine engine; — motriz, driving engine, motor engine; — multicopista, manifolder; — múltiple, combined machine tool; — neumática de ribetear, pneumatic rivetting machine; — oscilante, oscillating engine; — para colocar los aros de refuerzo (bidones), swedger; — para cortar chapas en tiras, sheet slitter; — para desescombrar, mucker; — para dosificación de sustancias químicas, proportioner; — para engatillar, seamer; — para escuadrar los extremos del tocho caliente y desprender la cascarilla, staver; — para hacer colas de milano, dovetailer; — para hacer las ranuras de los machos, tap groove sharpening machine; — para lavar minerales, trunking engine; — para madera, wood machine; — para mezclar la nieve y apisonarla, pulvimixer; — para quitar piedras pequeñas de los cereales, cleanser; — para rodar las bolas de cojinete sobre ellas mismas, tumbling machine; — para taponar el agujero de colada, clay gun; — para trabajar la madera, wood working machine; — peinadora, wool combing; — perforadora de revólver, turret head boring machine; — perforadora fijada a una columna, pillar drilling machine; — pilón, inverted cylinder engine, inverted vertical engine, overhead cylinder engine; — plegadora, bending machine, machine for making shapes; — propulsora de la pasta, expressor; — punzonadora, punching and plate cutting machine; — punzonadora y ribetea-

dora, punching and riveting machine; **— que quema combustibles diversos,** multi-fuel engine; **— que utiliza los colores perdidos,** waste gas engine; **— reductora,** reducing machine; **— retorcedora,** doubling machine; **— rígida,** heavy duty machine; **— rotativa,** rotary engine; **— rotativa a vapor,** rotary steam engine; **— rozadora,** coal cutting machine; **— sembradora,** seed drill; **— sin condensación,** non condensing engine; **— sin expansión,** non expansive engine; **— soplante,** blowing engine; **— tejedora del pie,** footer; **— térmica,** heat engine; **— terrestre,** land engine; **— trilladora,** thrashing machine; **— trituradora,** crushing mill, grindstone set; **¡a toda —!,** full speed; **accesorio de — agrícola,** agricultural machine accessory; **aceite para máquinas,** machinery oil; **aparato de alimentación de una — cualquiera,** feeder; **¡atrás a toda —!,** full speed astern!; **¡avante a toda —!,** full speed ahead!; **avería de una —,** shut down or shut off; **balancín de una —,** engine beam, main lever; **bancada de una — de mortajar,** machine table; **bancada de una — de perforar,** machine table; **bastidor de —,** machinery structure; **bastidor de la —,** engine framing; **caballete de una —,** engine bearers or sleepers; **cálculo por máquinas,** machine computation; **casa de máquinas,** enginehouse; **cojinetes de los árboles de una —,** engine bearings; **conjunto de las máquinas,** machinery; **construcción de máquinas,** engine building; **depósito de las máquinas,** engine house; **desarreglo en las máquinas,** breakdown mechanical; **dínamo cuyo rotor está calado sobre el árbol de la — motriz,** engine type generator; **edificio de las máquinas,** engine house; **elaborar a —,** to machine; **enderezar una —,** to line up, or to make true an engine; **escotilla de la —,** engine hatch; **espadillado a —,** mill scutching; **estampa de la —**

de trancanil, crease; **hilo de —,** wire rod; **invertir la —,** to back the engine; **invertir la marcha de una —,** to reverse the engine; **ladrillos resistentes prensados a —,** engineering bricks; **mesa de — herramienta,** travelling table; **moderar la marcha de una —,** to slack the engine; **parte de tracción de una — de ensayo,** draw head; **poner la — delante,** to head the engine; **pozo de la — de agotamiento,** engine shaft; **provisto de máquinas,** engined; **remachado a —,** machine riveting; **rendimiento de una —,** modulus (plural Moduli); **sala de máquinas,** engine room; **taller de constucción de máquinas,** engine works; **taller de máquinas,** machine shop; **trabajo hecho a —,** machine woork; **vigilante de las máquinas,** engine minder; **volante de la —,** engine flywheel.

Máquina-herramienta, Machine tool.

Maquinabilidad, Machinability.

Maquinable, Machinable; **no —,** non machinable.

Maquinado, Machined; **acero de fácil —,** free machining steel; **sobreespesor para el —,** allowance for machining.

Maquinaria, Machinery; **— para la preparación de conservas,** canning machinery; **disposición de la —,** machinery layout; **instalación de —,** anlage; **tipo de —,** make of machinery.

Maquinista, Driver, engine driver, engineer, stoker; **— de locomotora,** driver; **— de tres** (U.S.A.), engineer; **— jefe,** commandant engineer; **oficial —** (mar.), engineer.

Maquinistas, Enginemen.

Mar, Sea; **alta —,** high water, offing; **de —,** seagoing; **de alta —,** seafaring, seagoing; **ecos de —,** sea returns; **echazón a la —** (de una carga), jetsam; **emborronamiento debido al —,** sea wave clutter; **en — abierta,** offshore.

Marbeteador, Labeler.

Marca, Counter, indent, mark, trade name; **— de bajamar,** low water mark; **— de disco de presencia,** counter; **— registrada** (comercio), trade mark; **aceite de —,** branded oil; **escala de —,** tide gauge; **marcas de matrícula,** registration mark; **marcas de tiempo,** timing markers.

Marcación, Marking; **— a larga distancia,** long distance bearing; **— absoluta,** absolute bearing; **— aparente,** observed bearing; **— directa,** direct bearing; **— magnética,** magnetic bearing; **— recíproca,** reciprocal bearing; **— relativa,** relative bearing; **— verdadera,** true bearing; **error de —,** bearing error.

Marcado, Scored; **— al fuego,** branded.

Marcador, Marker; **— de exploración de televisión,** T.V. sweep marker; **— de fecha y hora,** time recorder; **— de límite,** boundary marker; **— de zona,** zone marker; **— en abanico,** fan marker; **rodillo —,** marking wheel.

Marcar, To adjust, to bestick; **— a la operadora,** dialling-out; **— al fuego,** to brand; **— con el gramil,** dialling; **— en anillo,** looping; **por teclas,** to dub; **compás de —,** scribing compass; **máquina de —,** marking machine.

Marcario (Derecho), Trade mark law.

Marcasita, Marcasite.

Marco, Curb; **— completo de entibación** (minas), durns; **— de guillotina,** sash window; **— de la hélice** (buques), sternframe; **— de puerta,** boxing; **— de sierra,** bow; **— de suspensión,** breast summer, grate bar bearer; **— de yeso que rodea el cerco de la puerta,** fillet; **— del distribuidor,** valve buckle; **pestillo de —,** catch frame.

Marcha, Operation, running; **— adelante,** ahead motion; **— caliente,** hot working; **— de un horno alto,** state; **— en impulsión,** impulsion run; **— en paralelo,** parallel running; **— en vacío,** idle running, running idle; **— fría** (horno alto), cold working; **— lenta,** throttling down; **— normal,** regular steady working; **— supercaliente,** extrahot working; **— y parada,** start and stop; **árbol de cambio de —,** reverse shaft; **barra de cambio de — de distribuidor de vapor,** reversing rod; **barrena con motor en —,** power spin; **confortabilidad de la — de un vehículo,** rideability; **correa de — atrás,** return belt; **de —,** operational; **de inversión de —,** reversing; **en —,** in blast, while running; **engranaje de — atrás,** reverse gear, reversing gear; **estabilidad de —,** road holding; **estar en —,** to be at full speed; **facilidad de puesta en —,** startability; **girar en — lenta,** to tick over; **horquilla de — atrás,** reverse fork; **invertir la —,** to reverse; **manivela de puesta en —,** starting crank, starting handle; **mecanismo de distribución y cambio de —,** valve gear; **mecanismo de inversión de —,** reverse gear; **mecanismo de puesta en —,** starter; **moderado de —** (motor), throttled back; **motor de inducción con arranque y — por condensador,** permanent split motor; **orden de —,** running order; **palanca de puesta en —,** starting lever; **picado con la — de los motores reducida,** throttled dive; **piñón de — atrás,** reverse pinion; **piñón loco de — atrás,** reverse idler gear; **poner en —,** to start; **poner en — una máquina,** to trip; **puesta en —,** motor starting, pickup, release, restarting, starting, starting gear, working; **puesto en —,** released; **turbina de — atrás,** astern turbine; **uña de puesta en —,** starting claw; **volante de puesta en —,** reversing wheel; **volver a poner en —,** to restart.

Marea, Tide, water; **— alta,** high water; **— baja,** low water; **— de cuadratura,** neap; **bolea de —,** tide ball; **donde se aprecia la —,** tidal;

marca de — alta o baja, water mark; **puerto de mareas,** tidal harbour or tidal port.

Mareógrafo, Marigraph, tide gauge.

Mareograma, Tidal curve.

Mareología, Tidology.

Mareómetro, Tide gauge.

Marga, Chalk, marl; **— arcillosa,** clay grit; **— arcillosa azul,** Bradford clay; **— blanca,** pipeclay.

Margal, Clay pit, marlpit.

Margen, Margin, permissible deviation; **— de aparatos arrítmicos,** margin of «start-stop» apparatus; **— de canto,** singing margin; **— de frecuencias medias,** mid-frequency range; **— efectivo** (de un aparato), effective margin (of an apparatus); **— interno de aparato arrítmico,** synchronous margin of start stop apparatus; **— nominal** (de un tipo de aparatos), nominal margin (of a type of apparatus); **— normal arrítmico,** normal margin of start-stop apparatus; **— para el ángulo de deriva,** allowance drift angle; **— teórico,** theoretical margin; **oscilador de — X,** X band oscillator; **quitar el —,** to emarginate.

Marginalidad, Marginality.

Margoso, Marlaceous.

Marguera, Clay pit.

Marina, Navy; **— mercante,** merchant or mercantile navy, shipping.

Marinero, Leatherneck.

Marinita, Marinite.

Marinización, Marinization.

Marino, Marine; **cabeza de biela marina,** marine end; **caldera marina,** marine boiler; **máquina marina,** marine engine; **milla marina,** nautical mile; **trineo —,** sea sled.

Mariposa, Throttle; **—** (válvula), butt throttle, butterfly; **antena de — de varios picos,** several-bay superstunstile antenna.

Marítimo, Naval; **agencia marítima,** shipping office; **agente —,** shipping agent; **asegurador —,** underwriter; **corredor —,** shipping broker.

Marmajera, Sand blower.

Mármol, Bench face plate, dressing plate, marble, surface plate; **—** (para enderezar), bench for plate; **— de enderezar,** planometer; **— de taller,** face plate; **— de trazar,** plate, surface plate; **— de vidrio,** glass surface plate.

Marojo, Cypress oak.

Maroma, Rope; **— alquitranada,** tarred rope; **— colchada en guindaleza,** hawser laid rope; **— de cáñamo,** hemp rope; **— de cáñamo de Manila,** Manilla rope; **— de recambio,** spare rope; **— de tres torones,** three stranded rope; **— trazada a derechas,** right handed rope; **— trenzada a izquierdas,** left handed rope or back laid rope.

Marquesina (de locomotora), Cab.

Marquetería, Inlaid work; **— de dibujos geométricos,** parquetry; **trabajo de —,** checker work.

Martensita, Martensite.

Martensítico, Martensitic; **acero —,** martensitic steel; **temple diferido —,** martempering.

Martensitización, Martensitization.

Martensitizar, To martensitize.

Martillado, Peening; **— en frío,** cold beaten; **chapa martillada,** hammered sheet iron; **hierro —,** hammered iron; **tocho parcialmente —,** ancony.

Martillar, To hammer.

Martilleado, Hammered.

Martilleo, Hammering.

Martillete, Ball; **— de caída libre,** board drop stamp.

Martillo, Bell, chasing hammer, driving mallet, hammer, percussion hammer, stock; **— a correa de fricción,** friction roll hammer; **— acanalado para romper el hierro,** bolt hammer; **— con amortiguador,** dead stroke hammer; **— corto y pesado de carpintero,** framing hammer; **— de agua,** water hammer; **— de alisar,** flatting hammer, planishing hammer; **— de**

aplanar, catch hammer, (forja), set hammer; — **de batir hierro,** shingle hammer; — **de caída amortiguada,** drop press; — **de caída libre,** drop hammer; — **de cara redondeada,** ball faced hammer; — **de conformar,** closing hammer; — **de correa de fricción,** friction roll drop hammer; — **de desincrustar,** chipping hammer, furring hammer, (calderas), pick; — **de dos manos,** sledge or sledge hammer, two handed hammer; — **de encarrujar,** facing hammer; — **de forja,** forge or forging hammer; — **de fundidor,** flogging hammer (véase **Flogging**); — **de gran forja,** power hammer; — **de mano,** hand hammer; — **de minero de dos puntas,** beele; — **de orejas,** tack hammer; — **de pala,** face hammer; — **de pala plana,** hack hammer; — **de peña,** riveting hammer; — **de pizarrero,** sax; — **de prensa de forjar,** tup; — **de pudelaje,** shingle hammer; — **de punta,** pointed hammer; — **de remachar,** bench hammer, dolly, riveting hammer; — **de resorte,** dead stroke hammer; — **de uña,** clinch hammer, tack hammer; — **de uñas,** claw hammer; — **de vaciar las cajas,** frame tapper; — **de zapatero,** cobler; — **delantero,** fore hammer; — **embutidor,** nail stump; — **golpeador de badajo,** bell clapper or bell crank; — **mecánico,** drop hammer; — **minero,** borer's mallet; — **neumático,** compressed air hammer, drop hammer, pneumatic chipper, pneumatic pick, rock drill; — **para hacer sierras,** dog head hammer; — **para picar el granito,** dunter; — **para picar incrustaciones,** scaling prick; — **para picar la sal,** furring hammer; — **para romper el mineral,** bucking iron; — **perforador,** borer's mallet, drill hammer; — **perforador con inyección de agua,** wet drifter; — **de forja de palanca accionada por leva,** tilt hammer; — **pilón,** block hammer, drop hammer, power hammer, stamper, steam hammer; — **piqueta,** pick; — **se-**dero, closing hammer; **cogote de — pilón,** bracket; **cotillo de —,** face; **cotillo del —,** hammer face; **estirar al — el lingote de hierro,** to dolly; **forjado a —,** hammer forged; **forjar en el — pilón,** to drop; **grúa de —,** hammer head crane; **interruptor de —,** hammer break; **orejetas de —,** cheeks; **pala de un —,** pane of a hammer; **triturador de martillos,** hammer mill; **trituradora de martillos,** hammer crusher.

Martillo-estampa, Cup shaped die.

Martinete, Drop hammer, drop weight, gin, level hammer, pile driver, ram, ram engine, stamp, stamper, tilt hammer; — **con amortiguador,** dead stroke hammer; — **de caída libre,** drop press, drop stamp; — **de embutir,** chasing hammer; — **de fricción,** friction roll hammer; — **de hinca de pilotes,** rammer; — **de mano,** hand pile driver, (para clavar pilotes) monkey; — **para estampar,** drop work; — **para hincar pilotes,** ram; **contraestampa de —,** dolly device; **embutición con el —,** dummying; **juanillo de —,** dolly bar.

Masa, Beetle, block, bulk, copper load, mass; — (auto), ground; — **abatible,** drop weight; — **cocida,** massecuite; — **crítica,** critical mass; — **de equilibrado,** balance mass; — **de escorias para refundir,** ball; — **de hierro,** bloom ball; — **de mineral o de escoria imperfectamente fundida,** brouse; — **subcrítica,** sub-critical mass; **cinta metálica de —** (motores), earth strap; **contacto de —,** body contact; **criadero en —,** orebody; **en la —,** through the material; **en toda la —,** throughout; **equilibrado de —,** massbalancing; **espectro de —,** mass spectrum; **espectrógrafo de masas,** mass spectrograph; **espectrometría de —,** mass spectrometry; **espectrómetro de —,** mass spectrometer; **hilo de —,** earth wire, ground wire; **sin —,** massless.

Mascado, Worn.

Mascar, To chaw.

Máscara, Mask; — (cañón), shield; — **de gas,** gas mask; — **de oxígeno,** oxygen mask; **cartucho filtrante de una — de gas,** filter cartridge of a gas mask.

Mascarilla protectora, Face guard.

Masicote, Massicot, yellow lead; **fabricar —,** to dross.

Masilla (Tapar con), To putty.

Mástic para reparaciones, Repair cement.

Mástil, Mast; — (elec.), tower; — **a popa,** rear strut; — **bípode,** bipod mast; — **compuesto de varias piezas,** made mast; — **de amarre,** mooring mast; — **de arrastre,** drag strut; — **de proa,** front strut; — **desmontable,** compound mast; — **interior,** inner strut; — **principal,** main mast; — **telescópico,** telescope mast; **chimenea de — metálico,** mast hole; **de tres, de cuatro mástiles,** three, four masted; **grúa para mástiles,** crane mast; **quitar un —,** to unship a mast.

Mastique, Cement, lute, mastic, putty; — **antióxido,** rust cement; — **de hierro,** iron cement, rust; — **de limadura de hierro,** rust putty.

Mastiquear, To lute.

Mata, Metal; — (metalurgia), matte; — **blanca,** blue metal; — **bruta,** coarse metal; — **compacta,** close metal; — **concentrada** (con 60 % de cobre), blue metal; — **de cobre,** copper rust; — **fundida,** molten matte; — **resudada,** copper reduced by liquidation; — **vesicular,** pimple metal; **horno de tostación de las matas,** metal calciner.

Mate, Dead, matt; **carbón —,** dull coal; **papel —** (foto), surface paper matt; **poner —,** to dim.

Matemáticamente (Considerar), To mathematize.

Matemáticas, Mathematics; — **aplicadas,** applied or mixed mathematics; — **pura,** abstract mathematics.

Matemático (adj.), Mathematical.

Materia, Material, stuff; — **activa,** paste, (acus.) active material; — **activa con caída** (acus.), dropping active material; — **activa que cae,** falling paste; — **bruta,** staple; — **de desecho,** dross; — **filoniana,** lodestuff; — **inerte,** filling substance; — **prima,** raw material, staple; **caída de — activa** (acumuladores), scaling; **materias aislantes,** insulating materials; **materias brutas,** raw material; **materias de consumo,** consumable stores; **materias extrañas,** foreign materials; **materias metaloplásticas,** copper asbestos material; **materias primas,** raw material, raw stocks; **materias tamizadas,** siftage.

Material, Equipment, material, plant, stock, store; — **de arranque,** winning equipment; — **de enganche superior e inferior,** pit bank and bottom equipment; — **de guarnición,** fettling material; — **de perforación,** sinking equipment; — **de ribetear,** welting; — **de terracería,** earthmoving equipment; — **luminiscente activado,** activated luminescent material; — **plástico alveolar,** foamed plastic; — **refractario,** refractory materials; **compras de — de guerra,** ordnance procurement; **materiales,** materials, stuff; **materiales de construcción,** engineering materials, building materials; **materiales de guarnición,** fettling materials; **materiales faltantes en el embarque,** shortshipment; **resistencia de materiales,** mechanics of materials, resistance of materials.

Matiz, Nuance; **inversión parcial de matices,** partial tone reversal.

Matraz, Bolt head, bulb boiling, flask; — **de lavado,** edulcorator.

Matrices (mat.), Matrices; — **conmutantes**, commuting matrices; — **de permutación**, permutation matrices.

Matricial, Matrix; **análisis —**, matrix analysis; **ecuación —**, matric equation.

Matrícula, Accession; **número de —**, accession number.

Matriculación, Register, registration.

Matriculado, Registered.

Matriz, Bare, bed die, bottom die, counterfoil, die, dye (rare) (plural **dies**), form, former, grade, mould (**mold** en América), plasm, print, stamp; — **cerrada o de reborde**, closed die; — **de dar forma**, trimming die; — **de forma**, forming die; — **de ribetear**, female die; — **de ribetear o de revestir**, die plate; — **de yeso**, plaster mould; — **estampa**, bed die; — **móvil**, movable die; — **para alfarería**, dod; **acero para matrices**, die steel; **calibre de —**, hole in the die; **eyector de la —**, die pad; **máquina para fresar las matrices**, die sinking machine; **media —**, half stamping die; **transmisión con matrices**, matrixing.

Matrizado, Pressed; — **en caliente**, hot forming, hot pressing; **prensa de —**, stamping press.

Matrizar, To press; **prensa de —**, dieing press.

Máxima, Maximum; **disyuntor de —**, maximum cut out.

Maximalidad, Maximality.

Maximización, Maximation.

Maximizar, To maximize.

Máximo, Maximum, peak; — **de una curva**, peak of a curve; **inducción máxima en los dientes** (elec.), maximum tooth induction; **intensidad máxima**, peak intensity; **respuesta —**, peak response; **separación máxima**, maximum departure; **termómetro de máxima**, maximum thermometer; **termómetro de máxima y mínima**, maximum and minimum thermometer.

Maza, Club, drop weight, great bench hammer, iron hammer, monkey, ram, rammer; — (martillo pesado), maul; — **de bombo**, beetle; — **de hierro**, mall; — **para enderezar carriles**, gad; — **puntiaguda**, pin maul.

Mazarota, Channel, dead head, discard head, feed head, feeding or feed head, runner; — (fundición), feeding head iron; — **de una pieza fundida**, connecting piece; **con —**, capped; **sistema de mazarotas**, capping.

Mazo, Beater, beetle, driving mallet, mallet, pile driver, stock; — **de madera**, wooden hammer; — **de prensa-uvas**, cover plate; — **grueso**, mall.

Mazut, Bunker fuel, bunker oil, masout.

Mecánica, Engineering, machinery; — **naval**, naval engineering; — **racional**, abstract mechanics; **taller de construcciones mecánicas**, machine shop.

Mecánicamente, Mechanically; **enclavar —**, to lock mechanically; **válvula accionada —**, mechanically operated valve.

Mecánico, Machinist, — (adj.), mechanical, power; — (U.S.A.), machine tender; — (E.E.U.U.), mechanic; — **de garaje**, garage mechanic; — **de precisión**, precision mechanics; **ajuste — a destajo**, machining for trade; **aparato —**, doojigger; **ayudante —**, driver assistant; **cepillado —**, power brushing; **con mando —**, mechanically operated valve; **construcción mecánica**, mechanical engineering; **constructor —**, engineer, manufacturing engineer; **eje —**, mechanical axis; **enderezador —**, mechanical rectifier; **escalera mecánica**, escalator; **exploración mecánica**, mechanical scanning; **fuerza mecánica**, faculty; **impulso mecánico**, momentum; **ingeniería mecánica**, engine building; **inyección mecánica** (Diesel) solid injection, (motor Diesel) (poco empleado) soaking injection; **manipulación mecánica,** mechanical handling; **mecánica** (ciencia), mechanics; **mecánica celeste,** celestial mechanics; **mecánica cuántica,** quantum mechanics; **mecánica de fluidos,** fluid mechanics; **mecánica del suelo,** soil mechanics; **mecánica ondulatoria,** wave mechanics; **mecánica racional,** abstract mechanics; **polarización mecánica,** mechanical bias; **prensa mecánica,** mechanical press, power press; **rendimiento —,** mechanical efficiency; **rozadora mecánica,** mechanical miner, mining machine; **ruptor —,** mechanical breaker; **tecnología mecánica,** mechanical engineering; **válvula con mando —,** mechanically operated valve.

Mecanismo, Appliance, gear, machinery, mechanism, operating gear, work; **— auxiliar,** auxiliary engine; **— de arranque,** gear for starting; **— de avance** (máq.-herr.), feed mechanism; **— de cerrojo,** bolt mechanism; **— de conmutación,** switch gear; **— de desembrague,** apparatus for disengaging; **— de distribución,** distribution gear, driving gear; **— de distribución por impulsor,** tappet motion; **— de distribución por válvulas,** gear valve; **— de inversión de marcha,** reversing gear; **— de movimiento por biela y corredera,** crank gear; **— de palanca,** lever action mechanism; **— de reloj diferencial,** differential clockwork; **— de repetición por bomba,** slide action mechanism; **— de sustitución** (motor de aceite), change mechanism; **— del cambio** (motor de aceite), change over mechanism; **— para recuperar estemples,** sylvester; **— que comunica el movimiento al distribuidor,** valve gear; **— registrador,** recording clockwork; **disparo del — de avance** (torno), feed tripping; **funcionamiento desordenado de un —,** dancing; **juego de un —,** action.

Mecanizabilidad (Especie de recocido para mejorar la), Spheroidizing.

Mecanización, Mechanization; **tolerancia de —,** free allowance.

Mecanizado, Cutting, machining, mechanized, working; **— en serie,** in line machining; **— por chispas,** spark working; **creces de —,** grinding allowance, (fund.), delivery; **sin —,** non machined; **sobreespesor de —,** allowance; **trabajo de —,** cutting work; **trabajos de —,** machining operations; **unidad de —,** multihead.

Mecanoagitador, Mechanical shaker.

Mecanoelectrónico, Mechanoelectronic.

Mecanotermia, Mechanothermy.

Mecha, Fuse, heart, slab, wick; **—** (de timón, de cabrestante), spindle; **— de cabrestante,** capstan spindle; **— de cebo de combustión lenta,** blasting fuse; **— de madera,** wood bit; **— de mátil,** stump; **— espiral,** twist drill; **— espiral con labios cortantes,** auger bit with advance cutter; **— plana,** flat drill; **engrasador de —,** wick lubricator.

Mechero, Burner; **— abierto,** exposed burner, naked burner; **— boquilla** (gas, lámpara), burner; **— Bunsen,** Bunsen burner; **— conjugado,** twin burner; **— de alcohol,** alcohol burner; **— de bencina,** benzine burner; **— de dos orificios,** fish tail burner; **— de llama,** burner flame; **— de petróleo,** kerosene burner; **— de ranura,** slot burner; **— de un orificio,** rat tail burner; **— doble,** forked burner; **— multicombustible,** multifuel burner; **— redondo,** circular burner; **— tangencial,** tangential burner; **— vertical,** vertical burner.

Mechinal (Fijar en un), Putlog.

Media, Average (s), mean, plural de **Medium; — luneta,** boring collar; **antena de — onda,** half wave antenna; **medias de seda,** silk hose; **por encima de la —,** above the average; **sección —,** mid section.

Mediacaña, Craping iron.

Medición, Gauging, measuring, meterage.

Medida, Measure, mete, mete yard, metering, survey; — (9 galones de cerveza), firkin; — (220 yardas, 1609, 314 metros), furlong; — a pasos, pacing; — de capacidad (el barrel americano = 42 galones = 159 litros; el barrel inglés = 41 galones = 185 litros), barrel; (el galón americano vale 3,785 l., el inglés vale 4,543 l.), gallon; — de longitud, yard; — de volumen (109,043 litros), sack; — que vale 11,358 l., quart; — superficial de unos 500 metros cuadrados, carucate; aparato de —, determinator, measuring apparatus, meter; aparato de — de la fluidez, fluidity meter; aparato de — de la movilidad, mobility meter; aparato de — de ruidos, sound level meter; aparato de — del ruido, sound level meter; aparato de medidas de ruidos, sound level meter; cuadrante de —, metering dial; fuera de —, offsize; instrumentos de —, measuring instruments; tornillo de —, metering screw; unidad de — de la sección transversal de varillas, tubos, hilos, etc., circular mil; unidad de — de pesca, mease.

Medido, Gauged; bomba de caudal —, metering pump.

Medidor, Batcher, measurer; — (instrumentos) teller; — con la cinta, tape man; — de alto vacío, high-vacuum gauge; — de esfuerzos, strain gauge; — de flujo de la masa, massometer; — de flujo electromagnético, electromagnetic flowmeter; — de intervalo, interval meter; — de intervalo de tiempo, time-interval meter; — de ionización, ionization gauge; — de la tensión superficial por el número de gotas, guttamer; — de potencia de salida, output power meter; — de profundidad, depthometer; — de profundidad de modulación, modulation factor meter; — de volumen, volume batcher.

Medio, A.v.g. (average), average (s), device, half, middle, semi; — (física), medium; — de transmisión, transmission medium; caída media, average head; calado —, mean draught; carga media, average load; centro de empuje —, mean aerodynamic centre; cuerda media de ala, mean length of chord; del — del buque, midship; en — de, mid; en — pesado, heavy medium; escoger una muestra media, to take averages; frecuencia media, m.f. (medium frequency); línea media, middle line; media (mat.), medium; media geométrica, geometric mean; piloto —, average pilot; ondas medias, medium waves; plano —, centre pin; presión media eficaz, m.e.p. (mean effective pressure); tráfico — en días laborables, traffic per average working day; velocidad media, average speed, mean speed.

Mediofírico, Mediophyric.

Mediosilícico, Mediosilicic.

Medir, To gauge, to measure, to mete, to survey; aparato para — el aislamiento, insulation testing set.

Medular, Medullary; rayo —, medullary ray.

Mefítico, Dampy; gas —, choque damp.

Megaciclo, Mc, megacycle.

Megadina (unidad de fuerza), Megadyne.

Megaergio (unidad de trabajo), Megerg.

Megafónico (Amplificador), Public adress amplifier.

Megaloscopio, Megaloscope.

Megaohmetro, Megger.

Megatrón, Megatron.

Megavatio, Megawatt.

Megomita (mica a la goma-laca), Megomit.

Meidinger, Meidinger; pila —, meidinger cell.

Meionita, Meehanite.

Mejilla, Cheek.

Mejora, Betterment, improvement.

Mejorabilidad, Improvability.

Meladura, Cleare.

Melanoscopio, Melanoscope.

Melaza, Claggum.

Melazas, Molasses; — **de caña de azúcar,** cane molasses.

Melinita, Melinite.

Mella, Flaw.

Membradura, Support.

Membrana, Booms, film; — (teléfono), diaphragm.

Memoria, Memory; — **en cilindro,** magnetic drum memory; — **en cinta magnetofónica,** magnetic tape memory; **memorias,** proceedings; **registro de —,** memory storage; **registro intermedio de —,** intermediate memory storage.

Mena, Ore; **clasificación de menas,** ore morshalling; **plaza de tostación de menas,** ore roasting spot; **roca intrusiva portadora de menas,** ore bringer.

Menisco, Meniscus; — **divergente,** diverging concave-convex lens.

Menor, Minor; **eje — de elipse,** minor axle.

Menos, Minus.

Mensaje, Message; — **cifrado con la dirección sin cifrar en el encabezamiento,** plaindress; — **telegráfico,** telegraph message.

Mensual, Monthly; **media —,** monthly average.

Ménsula, Corbel; **cepilladora de —,** table type planer; **soporte en —,** overhung bearing.

Mensurabilidad, Measurability, mensurability.

Mentonera, Check strap.

Menudeo (Al), In the piece.

Menudo, Fine, mean coal, pea coal, slack coal; **menudos,** 100 gauge mesh; **menudos de carbón producidos durante el lavado,** barings; **menudos de coque,** dross; **menudos de hulla,** dross.

Meollar, Spun yarn.

Mercado, Market; **acotación del —,** market quotations.

Mercancía, Marchandise; — **voluminosa,** bulky merchandise; **anotación de mercancías embarcadas o desembarcadas,** tally; **mercancías,** goods; **mercancías de cubicación,** measure goods; **mercancías en depósito,** bond goods, goods in bond; **mercancías voluminosas,** measure goods; **tren de —,** freight train.

Mercante, Merchant; **buque —,** merchant ship, trader; **marina —,** mercantile navy.

Mercaptano, Mercaptan.

Mercaptol, Mercaptol.

Mercerización, Mercerization.

Mercurial (Producto), Mercurial.

Mercúrico, Mercuric.

Mercurificación, Mercurification.

Mercurio, Mercury, quick silver; **amidocloruro de —,** amidochloride of mercury; **arco de —,** mercury arc; **baño de —,** mercury pool; **cátodo de —,** mercury cathode; **cloruro de —,** mercuric chloride; **de —,** mercurial; **fulminato de —,** fulminate of mercury; **interruptor de —,** mercury switch; **interruptor de chorro de —,** mercury jet interrupter; **lámpara de vapor de —,** mercury discharge lamp, mercury lamp or mercury vapour lamp; **lámpara de vapor de — con ampolla de cuarzo,** quartz mercury lamp; **lámpara de vapor de — de arco corto,** short arc mercury lamp; **manómetro de —,** mercurial steam gauge or manometer; **mineral de —,** mercury ore; **óxido de —,** oxide of mercury; **rectificador de baño de —,** mercury pool rectifier; **rectificador de vapor de —,** mercury arc rectifier, mercury vapour rectifier; **sulfato de —,** mercury sulphate.

Mercurioso, Mercurous.

Meridiano (geogr.), Meridian; — **de París,** meridian of Paris; — **geográfico,** geographic meridian; — **magnético,** magnetic meridian; **del —,** meridianal.

Merlín, Small stuff.

Merma, Crop; — (de barril), ullage; — (de temple), check; **en —,** ullaged.

Mesa, Surface, table; — (máquina herramienta), plateen; — **con movimientos cruzados,** double cross motion table; — **con transmisión rígida,** solid table; — **de cola,** tail surface; — **de colada,** tapping bed; — **de dibujo,** drawing table; — **de entintar** (imprenta), distributing table; — **de lavado** (preparación mecánica de los minerales), blanket sluice; — **de malla inclinada,** framing table; — **de moldear ladrillos,** banker; — **de pruebas,** test desk; — **de reparaciones,** build up table; — **de sacudidas,** bump or bumping table, vibrating table; — **de un mármol de enderezar,** testing surface; — **de yunque,** anvil plate; — **en T,** cross table; — **giratoria,** rotary table; — **portapieza,** work table; **alzamiento de la —** (cepilladora), tipping of the cable; **anchura de la —,** table width; **avance de la —,** table feed; **carrera de retorno de la —,** return stroke of the table; **carrera de trabajo de la —,** working stroke of the table; **deslizaderas de la —,** table slides; **elevación de la —,** tipping of the table; **elevación de la — portapiezas,** work table; **elevación de la — transversal,** transversal table; **longitud de la —,** table length; **mando de la —,** drive of the framing table; **manivela de bloque o de la —,** table clamping handle; **motor de accionamiento de la —,** table driving motor; **palanca de mando del avance de la —** (máq.-herr.), lever for table feed; **regulación de la inclinación de la —,** table dipping adjustment; **soporte de la —,** supporting table arm; **tornillo de elevación de la —,** table elevating screw; **velocidad de la —,** speed of the table.

Mesoescala, Mesoscale.

Mesón, Meson; — **escalar,** scalar meson; — **mu,** mu meson; — **negativo,** negative meson; — **neutro,** neutral meson; — **pi,** pi meson; — **pseudoescalar,** pseudoscalar meson.

Mesónico, Meson; **campo —,** meson field.

Mesotorio, Mesothorium.

Mesotrón, Mesotron.

Mesua ferrea, Iron wood, matopus.

Metabólico, Metabolic.

Metabolismo, Metabolism.

Metacéntrico, Metacentric; **altura —,** metacentric height.

Metacentro, Metacenter.

Metaclorito, Metachlorite.

Metacrilato, Methacrylate; — **polimetílico,** polymethyl methacrylate.

Metacrílico, Methacrylic; **ácido —,** methacrylic acid.

Metacromatismo, Metachromatism.

Metacromía, Metachromy.

Metadona, Methadon.

Metaestable, Metastable.

Metafosfato, Metaphosphate.

Metal, Metal; — **alcalino-térreo,** alkaline earth metal; — **antifricción,** antifriction metal, white metal, (véase **Babbit**), babbit's metal; — **antimagnético,** antimagnetic metal; — **blanco,** white metal; — **de aporte** (soldadura), filler metal; — **de base,** base metal; — **delta,** delta metal; — **extruído,** extruded metal; — **foraminado,** expanded metal; — **inglés,** Britannia metal; — **ligero,** light metal; — **magnético,** magnetic metal; — **no férreos,** non ferrous metal; — **para cojinetes,** bush metal; — **perforado,** perforated metal; — **pulverizado,** powdered metal; — **utilizado en los tubos de condensación 70 % de cobre, 29 % de cinc, 1 % de estaño,** admiralty metal; **costra de un — en fusión,** skin; **defecto en un —,** ghost; **esmaltador sobre metales,** metal enameler; **forrar con —**, to metal sheathe; **metales cerámicos,** ceramic metals (or cermets); **metales de construcción,** structural metals; **metales dorados o plateados** Ruolz, electrum; **mezclador de — licuado,** metal mixer; **partes de — fundido que caen en la ceniza,** dross; **partícula de —,** metal particle; **plaquita de —,** plaquette; **rellenado con - - antifricción.** white metalling; **tratamiento del —,** metal forming; **trozos de — solidificados en el canal de colada,** drain metal.

Metalación, Metalation.

Metalescencia, Metallescency.

Metálico, Bullion, metallic; **anillos metálicos,** packing rings; **avión —,** all metal aeroplane; **cápsula metálica,** metallic capsule; **cenizas metálicas,** calx; **completamente —,** all metal; **comprimido —,** metal compact; **construcción enteramente metálica,** all-metal construction; **construcción metálica,** structural engineering; **construcciones metálicas,** structural steel work; **de casco —,** metal hulled; **de celda metálica,** metal clad; **de célula metálica,** metal clad; **enteramente —,** all-metal; **escoria metálica,** metal slag; **forro —,** bushing; **guarnición metálica,** metallic packing; **lente de dieléctrico no —,** non metallic dielectric lens; **lentes metálicas,** metal lenses; **manómetro —,** metallic manometer; **moaré —,** crystal tin; **óxido —,** metal oxide; **papel —,** Dutch metal, foil; **papel lustroso gracias a un barniz —,** enamel paper; **partículas metálicas,** chipped edge; **polvo —,** metal powder; **residuos de ladrillos de horno —,** cobbing; **tela metálica,** metal gauze, metallic wire cloth; **torón —,** wire strand.

Metalífero, Metalliferous.

Metalización, Bonding, metal spray or spraying, metal spraying, metallizing.

Metalizado, Metallized; **neumático —,** conductive tyre; **resistencia metalizada,** metallized resistor; **tela metalizada,** metallized fabric; **vidrio —,** metallized glass.

Metalizadora (Pistola), Metal spraying gun.

Metaloderivado, Metalloderivative.

Metalografía, Metallography.

Metalográfico, Metallographic.

Metaloide, Metalloid.

Metalología, Metallology.

Metalóptrica, Metalloptrics.

Metalurgia, Metal craft, metallurgy.

Metalúrgico, Metallurgic or metallurgical; **—** (persona), metallurgist; **equilibrios metalúrgicos,** metallurgic equilibria; **obrero —,** metal worker.

Metanización, Methanization.

Metano, Methane.

Metanol, Methanol.

Metanómetro, Methanometer.

Meteoroide, Meteoroid.

Meteorológico, Meteorological; **previsiones meteorológicas,** meteorological forecasts.

Meteorólogo, Meteorologist.

Meteotrón, Meteotron.

Meter, To drive, to drive in, to force back, down, in, out, to immerge or to immerse.

Meticulosidad, Fastidiousness.

Metido (tren de aterrizaje), Retracted.

Metílico, Methylic; **alcohol —,** methyl alcohol, methylic alcohol; **éster —,** methyl esther; **ésteres metílicos,** methylesters.

Metilo, Methyl; **bromuro de —,** methyl bromide; **sulfuro de —,** methyl sulphide.

Método, Method, system; **— de desviación de nodo,** node shift method; **— de espejo para determinar la ganancia,** the mirror method of gain measurements; ` — de imágenes, image method; — de las sombras, shadow method; — de substitución, substitution method; — de sujeción, clamping method; — de trabajo, business method; — del cero, balanced method, null method, zero method; — del lomo de asno, hump method; — espectrográfico, spectrographic method; — sistemático de analizar oscilogramas, . schedule method of analysing oscillograms.

Métrico, Metric, metrical; husillo —, metric lead screw; onda métrica, metric wave; pasos métricos, metrical pitches; sistema —, metric system; tonelada métrica, metric ton.

Metro, M. (meter), meter.

Metronio, Metron; capacidad de metronios, metron capacity.

Metrópoli (La), Home; puertos de la —, home ports.

Mezcla, Blending, mixture; — bituminosa, bituminous mixture; — de arcilla y arena, marl; — de óxidos en polvo de cobre, manganeso, plata y cobalto, hopcalite; — de reparación, repair compound; — de sonidos (radio), mixing; — detonante, explosive mixture; — gaseosa, gaseous mixture; — normal (fabricación vidrio), running batch; — pobre (auto), lean mixture; — refrigerante, freezing mixture; capacidad de —, mixing capacity; enriquecimiento de la — en el arranque, priming; temperatura de —, mixture temperature; valor de —, blending value.

Mezclado, Mixing.

Mezclador, Blender, mixing drum; — de canales, channels mixer; — de cristal equilibrado, balanced crystal mixer; — de mortero, mortar mill; triodo-hexodo —, triode-hexode mixer.

Mezcladora, Blunger, mill, mixer; — de arcilla, clay tempering machine; — de contracorriente, counterflow mixer; — de hormigón, concrete mixer; — de materiales bitumino-

sos, roadbuilder; — de tambor basculante, tilting drum mixer; — de triple cono, triple cone mixer.

Mezclar, To admix, to blend, to mingle, to mix; — la pasta, to blunge; — los minerales y los fundentes (met.), to mix the ores and fluxes; cuba de —, mixing trough; pala de —, blunger; rastrillo de —, blunger.

Mica, Argyrodamas, daze, mica; arandela de —, mica washer; cinta de —, mica tape; condensador de —, mica capacitor; escamas de —, mica flakes; hoja de —, mica foil; hojuelas de —, splittings; placa de —, mica sheet; preparar la —, to bond mica.

Micáceo, Micaceous.

Micanita, Micanite.

Micelar, Micellar; carga —, micellar charge.

Micelas, Micelles; — de jabón, soap micelles; — lamelares, lamellar micelles.

Micro, Micro.

Microamperímetro, Microammeter.

Microanálisis, Microanalysis.

Microanalizador, Microanalyser.

Microcalorímetro, Microcalorimeter.

Microcampo, Microfield.

Microcavidad, Microcavity.

Microcojinete, Tiny bearing.

Microcolorímetro, Microcolorimeter.

Microconstituyente, Microconstituent.

Microdestilación, Microdistillation.

Microdosificación, Microdetermination, microestimation.

Microdureza, Microhardness; ensayo de —, microindentation test.

Microestructura, Microstructure.

Microfaradio (unidad de capacidad eléctrica, una millonésima de faradio), Microfarad.

Microfase, Microstage.

Microfilm, Microfilm.

Microfiltración, Microfiltrate, microfiltration.

Micrófono, Microphone, mike; **— de bobina móvil,** moving coil microphone; **— de carbón,** carbon dust microphone; **— de contacto,** contact microphone; **— de cristal,** crystal microphone; **— de diagrama en cardiode,** cardioid microphone; **— de granalla de carbón,** granular or granulated carbon microphone; **— de magnetostricción,** magnetostriction microphone; **— de válvula,** probe-tube microphone; **— diferencial,** differential microphone; **— electrostático,** condenser microphone; **— en contrafase,** push-pull microphone; **— miniatura,** miniature microphone; **— piezoeléctrico,** piezo-electric microphone; **— sin diafragma,** diaphragmless microphone; **— térmico,** hot wire microphone; **hablar muy próximo al —,** close talking.

Microfotogrametría, Microphotogrammetry.

Microfotómetro, Microphotometer.

Micrografía, Micrograph; **— electrónica,** electron micrograph.

Microhenrio, Microhenry (plural **microhenries**); **abreviatura de microhenrios,** mhys.

Microindentaciones (Aparato de), Microindenter.

Microinterferómetro, Microinterferometer.

Microinterruptor, Microswitch.

Microlito, Microlith.

Micromanipulación, Micromanipulation.

Micrométrico, Micrometric; **broca micrométrica,** micrometer spindle; **cuadrante —,** micrometer dial; **escala micrométrica,** micrometric scale; **galga micrométrica,** micrometer gauge, micrometer inside; **tornillo —,** micrometer screw; **visor —,** diopter.

Micrómetro, Graticule, micrometer; **— de chispas,** spark micrometer; **— pneumático,** pneumatic micrometer.

Micromotor, Micromotor.

Micrón, Micron.

Microobjetivo, Microlens.

Microohmio (unidad de resistencia eléctrica una millonésima de ohmio), Microohm.

Microonda, Microwave; **resonador de microondas,** microwave resonator.

Microperforación, Microdrilling.

Micropesada, Microweighing.

Microplastrón, Breast plate transmitter.

Microporosidad, Microporosity.

Micropotenciómetro, Micropontentiometer.

Microquímica, Microchemistry.

Microradiografía, Microradiography.

Microrelé, Midget relay.

Microscopía, Microscopy; **— electrónica,** electron microscopy; **— para contraste de fases,** phase contrast microscopy.

Microscópico, Microscopic.

Microscopio, Microscope; **— binocular,** binocular microscope; **— de lectura,** reading microscope; **— de parpadeo,** blink microscope; **— de protones,** proton microscope; **— de rayos X,** X rays microscope; **— electrónico,** electron microscope; **objetivo de —,** microscope objective.

Microsegundo, Microsecond.

Microsíntesis, Microsynthesis.

Microsurco (disco), Microgroove.

Microtermómetro que puede medir hasta 1000°C, Templug.

Microvoltímetro, Microvoltmeter.

Milivoltímetro, Millivoltmeter.

Miera, Resin pitch.

Migmatización, Migmatization.

Migración (quím.), Migration.

Milésima de pulgada inglesa (0,0254 mm.), Mil; **área de un cuadrado de una — de pulgada de lado,** square mil.

Miliamperímetro, Milliammeter, milliamperemeter; — **patrón,** standard milliamperemeter.

Miliamperio, Ma, milliampere.

Milibar, Millibar.

Milibarnio, Millibarn.

Miligramos (64,799), I grain (troy).

Mililitro, Milliliter.

Milimicra, Billionth.

Miliohmímetro, Milliohmmeter.

Milipulgada circular (véase **Mil),** Cir mil.

Militar, Military; **comunicación —,** military communication.

Milivatímetro, Milliwattmeter.

Milivoltímetro, Millivoltmeter; — **patrón,** standard millivoltmeter.

Milla (unidad de medida), Mile; — **de detención,** adjusting ring; — **geométrica,** measured mile; — **marina,** marine mile, (1253,154 m), geographical mile; — **medida,** measured mile; **millas por galón,** m.p.g. (miles per gallon); **millas por hora,** m.p.h. (miles per hour); **tarifa por —,** mileage rate; **trituradora de millas verticales,** edge mill.

Millerita, Capillose.

Milliambertio, ML.

Millón, Million.

Millonésima, Micro.

Millonésimo, Millionth.

Mimicría, Mimicry.

Mina, Coal pit, digging, mine; — **a cielo abierto,** open pit mine; — **a la deriva,** floating mine; — **anclada,** anchored mine; — **de carbón,** pit; — **de contacto,** contact mine; — **de hierro,** iron mine; — **de hulla,** coal mine; — **de oro,** gold mine; — **de plástico,** plastic mine; — **de plomo,** lead mine; — **flotante,** floating mine; — **improductiva,** duffer; — **magnética,** magnetic mine; — **metálica,** metallic mine; — **submarina,** submarine mine; **abrigo de —,** coe; **acción de retirar las minas,** demining; **agujero de —,** drill hole; **aparato para desactivar minas,** mine sterilizer; **atracar un hornillo de —,** to damp; **avión fondeador de minas,** milling laying plane; **ayudante de minas,** bounder; **barra de —,** miner crow; **capataz de —,** bar master; **cargado de —,** tamping; **consolidar un pozo de —,** to tamp a blast hole; **cuerno de — submarina,** milling horn; **defecto de —,** air drain, air hole; **detector de minas,** mine detector; **draga de minas,** milling sweeper; **encrucijada de —,** enlargement; **entrada de —,** descent; **explotar una —,** to work a milling; **fondeador de minas** (buque), laying ship or milling layer; **fondeo de minas,** milling laying; **grieta de —,** air pipe; **hacer estallar una —,** to spring a milling; **hornillo de —,** blast hole, mine chamber; **inspector de minas,** colliery mine viewer; **labores de —,** workings; **locomotora de —,** milling locomotive; **motor de —,** mining motor; **pega de —,** firing; **perforadora de —,** mining drill; **perno de anclaje de —,** mine anchorage; **pólvora de —,** blasting powder, rackarock; **pozo de —,** milling shaft, shaft; **utillaje de las minas,** mining machinery; **vagoneta de —,** milling tub, mine car.

Minado, Mined.

Minador (marít.), Derrick.

Minar, To abrade, to excavate, to mine; **acción de —,** exesion.

Mineral, Bin, cob, inorganic, mine, mineral, ore; — **bruto,** raw ore; — **de aluvión,** diluvial ore; — **de calidad inferior separado por escogido a mano,** dredge; — **de cobre,** copper ore; — **de estaño,** tin ore; — **de estaño bueno para fundir,** crop; — **de hierro,** brush ore, iron grade ore; — **de hierro arcilloso,** clay band, gubbin; — **de manganeso** (bióxido), brown stone; — **de oro o plata conte-**

niendo poco o nada de plomo y mucha sílice, dry ores; — de plata, silver ore; — de plomo, lead ore; — de plomo no refinado, bouse; — de primera calidad, bestwork; — de turberas, bog iron ore; — de valor obtenido por lavado, color or colour; — de zinc, zinc ore; — en granos, beans and nuts ore; — en trozos, lump ore; — escogido, bucking ore; — nativo, ground ore; — oxigenado, oxidised ore; — pobre, lean or low grade ore; — que existe lejos de la roca origen, float ore; — rico, best work ore, bucking ore, high grade ore; — rico en plomo, bing ore; aceite —, hydrocarbon oil, mineral oil; agua de enjuague de los minerales, cock water; aguas minerales, mineral waters; bocarte para — de estaño, craze mill; bolsa de —, crevice; carbón —, mineral carbon; electrolito —, inorganic electrolyte; ensayo de minerales, ore assaying; extraer el —, to dig ore; extraer un —, to mine; filón de —, ore lode; fundir el —, to smelt ore; horno para fundir el —, ore furnace; lavado del —, ore washing; lavar el —, to wash ore; lavar los minerales auríferos to chim; lona —, mineral wool; lote de —, dole; moler los minerales, to crush ore; molido de minerales, ore crushing; partes de — lavado, creases; partes terrosas ligeras separadas del — por lavado, causalty; preparación mecánica de los minerales, dressing, ore dressing; recoger y estudiar minerales, to mineralogize; separar los minerales, to buck ore; sinterización de minerales, ore sintering; tostación de los minerales, burning of ores; tostador de —, mine burner; tostar el —, to roast ore; tratamiento del — (met.), ore process; triturado de los minerales, spalling of ores.

Mineralita, Mineralite.

Mineralización, Mineralization.

Mineralizar, To mineralize.

Mineralogía, Mineralogy.

Mineralógico, Mineralogic or mineralogical.

Mineralogista. Mineralogist.

Mineraloide, Mineraloid.

Minero, Clearer, coal miner, collier, derrick, mine digger, miner; — de realce, raiseman; — picador, digger; — que trabaja en roca, mullocker; cincel de —, cross mouthed chisel; concesionario —, claimholder; fondo —, claim mining; herramientas de —, miner implements, miner tools; pica de —, axe for bursting stones; planta minera, milling plant; yesca de —, crib.

Minerografía, Minerography.

Mínima, Minimum; disyuntor de —, minimum cut out.

Minimal, Minimal; función —, minimal function.

Mínimo, Minimum; adición mínima, minaddition; inducción mínima en los dientes, minimum tooth induction; línea de mínima resistencia, line of least resistance; reducir a un —, to minimise; termómetro de mínima, minimum thermometer.

Minio, Minium, red lead; junta al —, minium joint, red lead joint.

Ministerio, Office.

Minoritario, Minority; tiempo de vida de portadoras minoritarias, lifetime of minority carriers.

Minuto, Minute.

Mioglobina, Myoglobine.

Mira, Sight, staff; ángulo de —, angle of sight, (positivo) angle of elevation.

Miraguano, Kapok.

Mirilla, Eye, peep-hole, visor; — de engrase, oil visor.

Miscibilidad, Mixibility.

Miscible, Miscible.

Misil radioguiado de tierra al aire o de aire al aire, Sparrow.

Mismo (Si), Self.

Mixoscopia, Mixoscopy.

Mixto, Combined, compound; — (madera y hierro), composite; **conexión en series paralelas o mixtas,** multiple series connection; **devanado** —, series parallel winding; **dínamo de excitación mixta,** compound wound dynamo.

Modal, Modal; **lógica** —, modal logic.

Modelado, Contact forming, modelling; — **de onda,** wave shaping.

Modelador, Wave shaping; **red modeladora de onda,** wave shaping network.

Modelaje, Pattern making.

Modelar, To frame, to model, to mould (**to mold** en América).

Modelista (fund.), Modeler.

Modelo, Design, mockup, model, pattern, standard, templet; — **a escala,** scale model; — **de contrato,** standard contract; **conicidad de salida de un** —, draw taper; **modelos moleculares,** molecular models; **taller de modelos,** model loft, pattern shop.

Moderabilidad (freno), Moderability.

Moderador, Damper, moderator; — **helicoidal,** spiral chute.

Moderar, To damp; — **la marcha,** to slow.

Modernización, Modernization.

Modernizar, To revamp.

Modificador, Modifier.

Modillón, Click.

Modo, Mode; — **de radiación axil,** axial mode of radiation; — **desvaneciente,** evanescent mode; — **fundamental,** dominant mode; — **resonante,** resonant mode; **modos de un guíaondas,** wave-guide modes; **salto de** — **de magnetrón,** mode skipping in magnetron.

Modulabilidad, Modulability.

Modulable, Modulable.

Modulación, Modulation, modulus (plural **moduli**); — **asimétrica,** vestigial sideband modulation; — **clase A o B,** class A or class B modulation; — **de alto nivel,** high-level modulation; — **de alto rendimiento,** high efficiency modulation; — **de amplitud,** amplitude modulation; — **de corriente catódica,** cathode modulation; — **de corriente constante,** constant current modulation; — **de frecuencia,** frequency modulation, frequency selection; — **de frecuencias,** F.M. (frequency modulation); — **de impulsos en amplitud,** pulse-amplitude modulation; — **de impulsos en duración,** pulse-duration modulation; — **de intensidad,** intensity modulation; — **de intervalo de impulsos,** pulse-interval modulation; — **de luminancia,** brillance modulation; — **de subportadora,** sub-carrier frequency modulation; — **doble,** double modulation; — **en frecuencia de impulsos,** pulse frequency modulation; — **en rejilla,** grid modulation; — **interior,** internal modulation; — **multidimensional,** multidimensional modulation; — **perfecta,** percentage modulation, perfect modulation; — **por absorción,** absorption modulation; — **por desplazamiento de frecuencia,** frequency-shift signalling; — **por diapasón,** fork-tone modulation; — **por diferencia de fases,** outer modulation, outphasing modulation; — **por impulsos,** pulse modulation; — **por impulsos en duración variable,** pulse time modulation; — **por número de impulsos,** pulse code modulation; — **según dos tipos distintos;** dual modulation; **de** —, modulating; **electrodo de** —, modulating electrode; **emisor de** — **de frecuencia,** F.M. transmitter; **índice de** —, modulation index; **índice de** — **de referencia,** reference modulation index; **instantes ideales de una** —, ideal instants of a modulation; **productos de** —, modulation products; **tensión de** —, buncher voltage; **ten-**

sión de — de rejilla, grid-bias potential; **transmisor de — de frecuencia**, frequency modulation transmitter; **vatímetro de doble —**, double modulator wattmeter.

Modulado, Modulated, tuned; — **en amplitud**, amplitude modulated; — **en frecuencia**, frequency modulated; **amplificador — en placa**, plate modulated amplifier; **impulso —**, modulated impulsion; **onda modulada**, modulated wave; **oscilador de velocidad modulada**, velocity modulation oscillator; **radar — en frecuencia**, frequency modulated radar, frequency pulling.

Modulador, Modulator; — **de frecuencia**, wobbulator; — **de reactancia**, reactance modulator; — **equilibrado**, balanced modulator.

Modular, To modulate, to tune; **veta —**, ball vein.

Modularización, Modularization.

Módulo, Modul; — **de compresión**, bulk modulus; — **de elasticidad**, modul of elasticity, modulus of elasticity; — **de masa**, bulk modulus; — **de refracción**, refractive modulus; — **de Young**, Young's modulus.

Modulómetro, Modulometer.

Mofeta, Black damp.

Mohoso, Mildewed.

Mohs, Mohs; **escala de —**, Mohs scale.

Mojado, Wet; **termómetro de bola mojada**, wet bulb thermometer.

Mojar (cerillas), To dip.

Molaba, Molave.

Molalidad, Molality.

Molar, Mill; **capa de piedra —**, mill stone grit; **piedra —**, mill stone quarry.

Molde, Casting mould, mould (**mold** en América), plasm, print; — (fund.), mold (véase **mould**); — **de arena verde o glauconífera**, mould of green sand; — **de la copela**, cup pan; — **de tierra**, eave trough; — **de yeso**, plaster mould;

— **metálico**, mould (**mold** en América); — **metálico de moldeo a presión**, pressure die casting; — **para hormigón**, form; — **superior**, case; **colada en — permanente**, permanent mold casting; **ennegrecimiento de los moldes**, dusty; **foso para los moldes**, mould hole, moulding hole; **fundición en moldes**, box casting; **fundir con bebedero en el fondo del —**, to cast with gate in bottom; **inserción metálica para enfriar un punto del —**, chill; **lodos de moldes**, cottles; **macho de —**, hollow of a mould; **molde o porción de — de fundición**, chill; **moldes**, fastening; **partes de moldes**, cottles; **respiradero de un —**, air hole.

Moldeabilidad, Castability, moldability.

Moldeable, Castable.

Moldeado, Moulded (**molded** en América); — **en coquilla**; chilled; — **por fusión**, heat cast; **objeto —**, moulding (**molding** en América); **pieza moldeada**, caster main; **pieza moldeada en coquilla bajo presión**, pressure die casting; **piezas moldeadas**, mouldings.

Moldeador, Moulder; **agujeta de —**, moulder venting wire; **espátula de —**, moulder sleeker; **pisón de —**, moulder's rammer; **punzón de —**, moulder venting wire.

Moldear, To mould (**to mold** en América), to cast, to found, to malleate; — **en terrajas**, to sweep; **coquilla de —**, mould (**mold** en América); **máquina de —**, moulding machine, squeezer; **máquina de — por inyección**, extruding machine; **prensa de —**, forming press; **tierra de —**, moulding earth, moulding loam.

Moldeo, Cast, casting, centrifugal casting, forming, founding, gravity die casting, moulding; — (acción), moulding (**molding** en América); — **a la cera perdida**, lost wax casting; — **a presión**, compression moulding; — **al descubierto**, open sand moulding; — **al**

mercurio congelado, frozen mercury casting; **— bajo presión,** pressure moulding; **— de fundición,** iron casting; **— de piezas anulares,** casting ring; **— de precisión,** precision casting; **— en arena seca,** dry casting, dry sand moulding, moulding in dry sand; **— en caja,** box casting; **— en cajas (fundición),** moulding between flasks; **— en cascada,** case casting; **— en cáscara,** chill casting, shell moulding; **— en coquilla,** chilled work, moulding in iron moulds; **— en coquilla bajo presión,** pressure die casting; **— en coquilla metálica,** metal mold casting; **— en tierra,** loam casting; **— en yeso,** plaster cast; **— plástico,** plastic replics; **— por compresión,** compression moulding; **— por extrusión,** extrusion moulding; **— por extrusión por recalcado,** extrusion moulding; **— por inyección,** injection moulding; **— por recalcado,** extrusion moulding; **banco de —,** moulding table; **caja de —,** bottle, cradle, moulding box; **molde metálico de — a presión,** pressure die casting mould; **moldeos en fundición maleable,** malleable castings; **orejetas de las cajas de —** (fund.), flanges of the half boxes; **orejetas de una caja de —,** lips of a pair of boxes; **semicaja inferior de —,** drag.

Moldura, Covering bead, moulding (**molding** en América); **— de madera para hilos eléctricos,** casing; **abrazadera de —,** boom angle; **lista de —,** ledge.

Moldurar (Cuchilla de), Moulding cutter; **máquina de —,** moulding machine.

Molécula, Molecule; **— biatómica,** diatomic molecule; **— grama,** mole.

Molecular, Molecular; **bomba —,** molecular pump; **estructura —,** molecular structure; **flujo —,** molecule flow; **manguitos moleculares,** molecular glands; **masa —,** mol; **modelos moleculares,** molecular models; **peso —,** molecular weight; **transposición —,** molecular rearrangement.

Moledura, Centre less grinding; **— cilíndrica,** cylindrical grinding; **— de forma,** form grinding; **— en seco,** dry grinding.

Moler, To bruise, to buck, to crush, to mill, to moulder; **— fino,** to beat small; **cilindro de —,** engine beating; **rueda para — amianto,** chaser.

Moleta, Loper, roller, skid; **— de extracción,** head sheave; **— de rectificar,** dresser cutter; **— marcadora,** marking wheel; **aparato de —,** ink writer; **llave de —,** adjustable spanner.

Moleteado, Knurling, milled; **tuerca moleteada,** milled nut.

Moletear, To knurl.

Molibdato, Molybdate.

Molibdenato, Molybdenate.

Molibdeno, Molybdenum; **acero al —,** molybdenum steel; **bisulfuro de —,** molybdenum disulphide.

Molibdenoso, Molybdenous.

Molíbdico, Molybdic; **ácido —,** molybdic acid.

Molido, Breakage, broken, crushing.

Molinador (de seda), Thrower.

Molinaje (de la seda), Throwing.

Molinar la seda, To throw.

Molinero, Flour miller; **piedra molinera,** mill stone.

Molinete, Vane, wind mill; **— regulador,** air wing; **anemómetro de —,** wind mill anemometer; **en —** (hélice), windmilling; **en régimen de —,** wing milling; **girar en —,** to windmill.

Molinillo, Flatting mill.

Molino, Crusher, disintegrator, mill; **— de agua,** water mill; **— de amalgamado,** amalgamating mill; **— de arcilla,** clay mill; **— de barras,** rod crusher; **— de bolas,** ball crusher, ball mill; **— de campana,** bell crusher; **— de cemen-**

to, cement mill; — **de mar,** tide mill; — **de mareas,** tide mill; — **de muelas,** rolling crusher; — **de pulpa,** pulp mill; — **de trigo,** flour mill; — **de vapor,** steam mill; — **en húmedo,** wet ball milling; — **giratorio,** giratory crusher; — **harinero,** corn mill, flour mill; **manijado de un —,** crown; **muela de —,** mill stone; **tolva de —,** mill hopper.

Molturabilidad, Millability.

Molturación, Grinding.

Momento, Momentum; — (mecánica), moment; — **angular,** angular momentum; — **de inercia,** moment of inertia; — **de torsión,** twisting moment; — **dipolar,** dipole moment; — **flector,** bending moment; — **magnético,** magnetic moment; — **recuperador,** righting moment; — **tetrapolar,** quadruple moment.

Moneda, Currency, mint; — (en sentido genérico), coin; — (metálico), coin; **acuñar —,** to coin; **canto de —,** edge; **fabricación de la —,** coinage.

Monel (Metal) (aleación níquel-cobre), Monel.

Monetario, Monetary.

Monitor (buque), Monitor; — **de frecuencia,** frequency monitor; — **de imagen,** image monitor; — **de modulación,** modulation monitor; — **de radiación,** radiation monitor.

Monitrón, Monitron.

Mono, Mono, single.

Monoácido de cloro, Monochloric acid.

Monoatómico, Monatomic.

Monoauricular, Monaural.

Monobloque, Monobloc, one piece, solid.

Monocarril, Monorail.

Monocasco, Monocoque.

Monocíclico, Single cylinder; **motor —,** single cylinder engine.

Monocilíndrico, Single cylinder; **motor —,** single cylinder engine.

Monocilindro, One cylinder.

Monoclinal, Monocline.

Monoclínico, Monoclinic.

Monoclino, Monoclinous.

Monocloroacético, Monochloroacetic acid.

Monocloruro, Monochloride.

Monocristales, Single cristals.

Monocromático, Monochromatic; **luz monocromática,** monochromatic light.

Monocromatizar, To monochromatize.

Monocromuro, Monochromide.

Monodisco, Single disk; **freno —,** single disk brake.

Monoenergético, Monoenergetic.

Monoestable, Monostable; **circuito —,** monostable circuit.

Monoetápico, Single stage; **cohete —,** one staged rocket; **turbina monoetápica,** single stage turbine.

Monofásico, Single phase; **contador —,** single phasemeter; **generatriz monofásica,** single phase generator; **motor —,** single phase motor; **motor — de inducción,** single phase induction motor; **rectificador — de onda completa,** single phase full wave rectifier; **rectificador — de onda completa en puente,** single phase full wave bridge rectifier; **transformador —,** single phase transformer.

Monofoto, Monophotal.

Monoglicérido, Monoglyceride.

Monolarguero, Monospar.

Monómero, Monomer; **estado —** monomeric state.

Monómetro, Monometer.

Monomolecular, Unimolecular.

Monomotor, One engine, single engine.

Monoplano, Monoplane; — **biplaza,** two seater monoplane; — **en voladizo,** cantilever monoplane.

Monoplaza, Single seat; single seated, single seater or single seat plane; — (aviación), single place; **caza** —, single seat fighter.

Monopolar, Single pole.

Monopolea, Single pulley; **torno** —, single pulley lathe.

Monopolio, Monopoly.

Monorregulador, Pressure governor.

Monorrueda, Single wheel.

Monoscopio, Monoscope; phasmajector.

Monosimétrico, Monosymmetrical.

Monotonicidad, Monotonicity.

Monótono, Monotone; **aplicaciones monótonas** (mat.), monotone mappings; **función monótona,** monotonic function.

Monotrón, Monotron.

Monotrópico, Monotropic.

Monovalencia, Univalency.

Monoválvula, Monovalve.

Monóxido, Monoxide.

Montacargas, Elevator, freight elevator, hoist, lift; — **con tolva de alimentación,** bucket hoist; — **de cubeta tolva,** bucket hoist; — **de cubetas,** bucket elevator; — **de muelle,** shore elevator; — **eléctrico,** electric hoist; — **inclinado,** inclined hoist; — **neumático,** pneumatic hoist; — **para barcos,** ship's elevator.

Montacorreas, Belt shifter, slipper belt.

Montado, Assembled, fitted, mounted; — **en derivación,** abreast; — **en la fábrica,** factory assembled; — **en paralelo,** abreast; **sierra de mano montada,** German hand saw.

Montador, Assembler, engine fitter, erecter, erecting machinist, fitter; — (obrero), mounter; **jefe** —, boss mechanic; **obrero** —, erector.

Montaje, Assembling, assembly, beaming, connection, erecting, erection, fitting, fixing, fixture, lay out, mounting, setting, splicing, wiring; — **a garras,** collecting; — **antivibraciones,** antivibration mounting; — **de batería seleccionada en tampón,** divided battery float scheme; — **de fabricación,** fixture; — **de los álabes,** attaching blades; — **de trabajo,** jig; — **de una máquina,** fitting up of a machine; — **directo,** direct coupled wiring; — **en cadena,** continuous assembly, production line up; — **en cola de pez,** fishtail mount; — **en derivación,** shunt coupled wiring, (elec.), bridge; — **en estrella,** star connection, y connection; — **en fábrica,** assembly in the works; — **en flotación,** float power scheme; — **en paralelo,** banking; — **en polígono,** mesh or ring connection; — **en serie,** mass assembly; — **en triángulo,** delta connection, mesh connection; — **en voladizo,** overhung mounting; — **indirecto,** inductively coupled wiring; — **sobre el terreno,** erection at the plant; **cadena de** —, assembly line, production line; **en** —, being assembled, during assembly, under erection; **fábrica de** —, assembling plant; **operación de** —, assembly operation; **presión de** —, assembling pressure; **puente de** —, erecting crane; **sala de** —, erecting bay; **taller de** —, assembly hall, assembling shop, erecting shop; **tuerca de** —, pilot nut.

Montante, Bearer, column, housing, stanchion, standard, strut, upright; — (de rueda, de carril), tread; — **de compresión** (aviac.), drag strut; — **de larguero de enlace de cola** (avión), tail boom strut; — **de una escala,** cheek; — **de vigueta de enlace,** tail boom strut; — **del batán,** laysword; — **del fuselaje,** brace fuselage; — **en A,** A shaped; — **entre planos,** interplane strut; — **extremo** (armazón metálico), end point-post; — **hueco,** hollow strut; — **lateral,** side standard; — **para dar sustentación adicional** (aviones), lift strut; — **provisional**, jury strut; **carrera del** —, travel of column; **con dos montantes**, double upright; **de doble** —, double column, double housing; **de un solo** —, single housing; **pulidora de** — **móvil**, table type boring machine; **sin montantes** (ala), unstrutted.

Montar, To assemble, to attach, to fit, to install, to mount; — (máq.), to erect; — **de nuevo**, to refit; — **una máquina**, to fit up an engine, to put together; — **una pieza de una estructura por entablillado**, to fish.

Montmorillonita, Montmorillonite.

Montón, Clamp, dump, heap, stack; — **de carbón**, barrow; **en** —, heaped; **tostación en** —, open heap roasting.

Montura, Assembly, mount, mounting, setting, stack; — **para cristal**, crystal mounting.

Monzonita, Monzonite.

Moral, Mulberry.

Moray, Oak tree.

Mordaza, Bench clamp, bench strip, chap, clamping dog, clip, cramp, dog head, flange or flanch (rare), fold, gripping jaw, jaw; — **de apriete**, clamp; — **de arrastre** (ferrocarril), carrier fillet; — **de barras**, bar tightener; — **de bisel**, vice clamps; — **de caldera**, boiler angle seam; — **de escobilla**, brush clamp; — **de torcer** (los cables), splicing clamps; — **para tensar**, nail claw; **anchura de** —, length of jaws; **de tres mordazas**, three jawed; **mandril de tres mordazas**, three jaw chuck; **mordazas**, chamfer clamps, clutches, vice clamps; **mordazas de tenazas**, chop; **mordazas de tornillo**, bit; **mordazas del tornillo**, chop; **mordazas o garras**, vice chops.

Morder, To bite, to catch, to nip; — (libros), to gnaw; **acción de** — (trefilería), biting in.

Mordido, Nipped; — (cable), jammed; — (cuerdas), jammed.

Mordiente, Mordicant; **primer** —, first bite.

Morra (madera), Morra.

Morrillo, Ashlar, rugged ashlar.

Morro, Jetty head; **con el** — **levantado**, table down.

Morse (Cono) (herramientas), Morse taper.

Mortaja, Clamp, joggle, key seat, key way, mortise, notch, peg hole, scope, sloat, slot; — **de cola de milano**, dovetail hole; **agujero de llamada de una espiga en su** —, draw bore; **broca para abrir una** —, slotting drill; **ensamblar la** —, to assemble by mortises; **gramil de** —, mortise gauge; **unido a** —, mortised.

Mortajado, Mortised, slotted, slotting; — **circular**, circular slotting; — **longitudinal**, longitudinal slotting; — **transversal**, transverse slotting.

Mortajadora, Mortising machine, slotter, slotting machine; — **de cabeza inclinable**, inclinable head slotter; — **horizontal**, horizontal slotting machine; — **ranuradora**, keyway slotting machine.

Mortajar, To cut grooves, to mortise, to slot; **máquina de** —, mortising machine, slot drilling machine, slotter, slotting machine; **martillo grueso de** —, framing chisel.

Morterista, Mortarman.

Mortero, Grout, mortar; — **aéreo**, air mortar; — **de cemento**, cement mortar; — **de cohetes**, rocket mortar; — **para la trituración de minerales**, dolly; **bomba de** —, mortar bumb; **construir con** —, to grout; **mezcladora de** —, mortar mill; **pisón de un** —, beater.

Mosaico, Mosaic.

Moscovita, Muscovite.

Mostacilla (caza), Dust shot.

Mosto, Must; **preparación de los mostos**, must preparation; **refrigerador de** —, beer fall.

Moteado, Mottled; **madera de meple** —, bird's eye maple wood.

Motilidad, Motility.

Motos (Desfile de) o de autos, Motorcade.

Motobomba, Motor pump; **grupo** —, motor pump set.

Motocicleta, Motor cycle.

Motonáutica, Motonautics.

Motoniveladora, Autopatrol.

Motoplaneador, Motor glider.

Motor, Driving, engine, motive, motory, mover; — (casi siempre eléctrico), motor; — (excitado) **en derivación,** shunt motor or shunt wound motor; — (excitado) **en serie,** series or series wound motor; — **a gas de alumbrado,** coal gas engine; — **a gas de hulla,** coal gas engine; — **a gas pobre,** producer gas engine; — **a reacción,** jet, jet engine, reaction motor; — **abierto,** open type motor; — **acorazado,** enclosed motor; — **antideflagrante,** explosion proof motor; — **asíncrono,** asynchronous motor; — **asíncrono con inducido, en cortocircuito,** motor.with short circuited rotor; — **asíncrono de anillos colectores,** slip ring induction motor; — **auxiliar,** auxiliary motor; — **calado,** dead engine; — **cerrado,** enclosed motor, totally enclosed motor; — **cerrado ventilado,** enclosed ventilated motor; — **cohete,** pulse jet engine, rocket motor; — **compound,** compound wound motor; — **con enfriamiento por agua,** water cooled engine; — **con enfriamiento por aire,** air cooled engine; — **con hélice en toma directa,** direct drive engine, straight drive engine; — **con nervaduras,** rib motor; — **con reducción,** geared engine; — **con reductor,** gear motor; — **de accionamiento del cabezal portapieza,** work head motor; — **de aletas,** flange cooled motor; — **de alta tensión,** high tension motor; — **de amplia gama de velocidades,** wide speed range motor; — **de armadura oscilante,** reciprocating solenoid motor; — **de arranque,** starting motor; — **de arranque por repulsión y marcha por inducción,** repulsion start, induction run motor; — **de arranque y marcha por condensador,** capacitor start motor, capacitor run motor; — **de ascensor,** elevator motor, lift motor; — **de aviación,** aeromotor; — **de avión,** aeroengine, aircraft engine; — **de azimut** (compás giroscópico), azimuth motor; — **de baja tensión,** low tension or low voltage motor; — **de barrido,** scavenging engine; — **de camisa deslizante,** sleeve valve engine; — **de camisa deslizante de forro,** sleeve valve engine; — **de cilindros en línea,** line engine; — **de cilindros opuestos,** opposed cylinder engine; — **de colector,** commutator motor; — **de condensador,** capacitor motor; — **de conducción** (de Atkinson), conductive or conduction motor; — **de corriente alterna,** alternating current motor; — **de corriente continua,** continuous current motor, direct current motor; — **de cruceta,** crosshead engine; — **de cuatro cilindros,** four cylinder engine; — **de cuatro cilindros horizontales opuestos dos a dos,** flat four engine; — **de cuatro tiempos,** four cycle engine, four stroke engine; — **de cuerpo liso,** smooth motor; — **de chorro con su compresor accionado por motor alternativo de gasolina,** motorjet; — **de chorro suspendido debajo del ala,** jet pod; — **de desplazamiento rápido,** slewing motor; — **de dirigible,** airship engine; — **de doble colector,** double commutator motor; — **de dos tiempos,** two cycle (or two stroke) engine, two stroke engine; — **de dos tiempos de doble efecto,** two cycle double acting engine; — **de ensayo,** standard engine; — **de excitación,** motor exciter; — **de excitación independiente,** separately excited motor; — **de explosión,** explosion engine or explosive engine; — **de gas,**

gas engine; — **de gas de horno alto,** blast furnace gas engine; — **de gasolina,** gasoline engine; — **de gran velocidad,** high speed engine, high speed motor; — **de grupo,** group motor; — **de histéresis,** hysteresis motor; — **de inducción,** induction motor; — **de inducción con arranque y marcha por condensador,** permanent split motor; — **de inducción con devanado,** split phase motor; — **de inducción con devanado auxiliar en cortocircuito para el arranque,** shaded pole motor; — **de inducción de repulsión,** repulsion-induction motor; — **de inyección,** injection engine; — **de izar,** hoist motor, hoisting motor; — **de jaula de ardilla,** squirrel cage motor; — **de lanzamiento,** starting motor; — **de mando,** driving motor, step motor; — **de máquina de coser,** sewing motor; — **de n caballos,** n HP motor; — **de n cilindros,** n cylinder engine; — **de nervaduras ventiladas,** ventilated rib motor; — **de orientación,** slewing motor; — **de pesas,** weight motor; — **de petróleo,** oil engine, petrol engine; — **de pistón,** piston engine; — **de pistones opuestos,** opposed piston engine; — **de poca velocidad,** slow speed motor; — **de propulsión,** propelling motor, propulsion engine; — **de pruebas,** standard engine; — **de reducción demultiplicado,** geared engine; — **de regulación,** regulating motor; — **de repulsión,** repulsion motor; — **de rotor devanado,** motor wound rotor induction, wound rotor motor; — **de telar,** loom motor; — **de tipo ligero,** light type motor; — **de tipo marino,** marine or ship's motor; — **de tracción,** traction motor; — **de tranvía,** tramcar or tramway motor; — **de tren de engranajes,** geared motor; — **de válvulas,** valve engine; — **de válvulas delanteras,** overhead valve engine; — **de válvulas en cabeza,** valve-in-head engine; — **de varios cilindros,** multicylinder engine; — **de velocidad constante,** constant speed motor; — **de velocidad regulable,** adjustable speed motor; — **de velocidad variable,** variable speed motor or varying speed motor; — **de virador** (buques), barring motor; — **Diesel,** Diesel or Diesel oil engine; — **eléctrico,** electric motor; — **eléctrico fijo,** fixed electric motor; — **en abanico,** fan shape engine; — **en estrella,** radial or radial type engine, star shape engine; — **en V,** V engine, V motor, V shape engine; — **en V invertida,** inverted V engine; — **en W,** arrow engine; — **enfaldillado,** flanged motor; — **enfriado por aire,** air-cooled motor; — **equilibrado,** balanced engine; — **exterior,** outboard engine; — **fijo,** fixed engine, stationary engine; — **fónico,** phonic motor; — **fuera bordo,** outboard motor; — **generador,** motor generator; — **hermético,** totally enclosed motor; — **interior,** inboard engine; — **monocilíndrico,** single cylinder engine; — **monofásico,** monophase motor, single phase motor; — **monofásico de inducción,** single phase induction motor; — **monoválvula,** monovalve engine; — **no sobrealimentado,** unsupercharged engine; — **para pulido,** polishing motor; — **piromagnético,** pyromagnetic motor; — **polifásico,** multiphase motor, polyphase motor; — **rápido,** high speed engine; — **reversible,** reversible engine, reversible motor; — **rotativo,** rotary engine; — **semicerrado,** semi-enclosed motor; — **sin válvula,** valveless engine; — **sin válvulas,** sleeve valve engine; — **síncrono,** synchronous motor; — **sobrealimentado,** supercharged engine, supercompressed engine; — **sobrecomprimido,** high compression engine, surface condensing engine; — **Still,** Still engine; — **térmico,** heat engine; — **trasero,** rear end engine; — **trifásico,** three phase motor; — **trifásico de inducción con inducido en cortocirtuito,** three phase induction motor with squirrel cage; — **turbo-**

compound, turbocompound engine; — **vertical,** upright engine; **accesorios de motores,** engine fittings; **accionado por** —, motor driven; **árbol** —, drive axle, driving shaft; **arrancar un** —, to start an engine; **arranque de un** —, motor starting; **arrastre de un** — **acoplado a otro,** drag; **avería de un** —, engine failure; **balancín** —, motor pendulum; **bancada del** —, engine mounting; **bancada para** —, engine stand; **basada de un** —, engine base; **cabezal** —, head motor; **carenaje del** — (aviac.), engine cowl or cowling; **cárter del** —, engine case; **con** — **Diesel,** Diesel engined; **con dos motores,** twin engined, twin engined airplane; **con mando a** —, motor operated; **con motores a pistón,** piston engined; **con motores traseros,** rear engined; **con n motores,** motores; **con tres motores,** tri-motored; **conducción por la pista por medio de sus motores** (aviones), power steering; **cortar un** —, to cut the engine; **cuna de** —, engine nacelle; **cuna del** —, engine support; **de cuatro motores,** four engined; **de dos motores,** twin engine; **de seis motores,** six engine; **de un** —, single engine; **decalaminar un** —, to decarbonize an engine; **funcionamiento con** —, motoring; **gasolina para motores,** motor gasoline, motor spirit; **gasto de un** —, motor output; **grupo** — **generador,** M.G. set; **grupo de motores,** motor set; **hacer arrancar un** —, to crank an engine; **interruptor de** —, motor driven switch; **libreta del** —, engine log; **mandado por** —, motor driven; **moderar la marcha de los motores,** to throttle the engines; **montaje de un** —, engine assembly; **parar el** —, to cut the engine; **pequeño** — **auxiliar,** donkey engine; **peso** —, driving weight; **puesta a punto de un** —, tuning; **resorte** —, driving spring; **soporte del** —, engine bed, engine bearer, engine cradle; **trabajo** —, mechanical work.

Motor-cohete, Rocket motor.

Motor-generador, Motor generator.

Motorizado, Motorised or motorized.

Motoventilador, Motor fan; **grupo** —, motor fan set.

Motriz, Driving, motive, mover; **dínamo cuyo rotor está calado sobre el árbol de la máquina** —, engine type generator; **fuerza** —, leading power, motive power; **generador de fuerza** —, prime mover; **polea** —, lead sheave; **rueda** —, driving wheel.

Movedizo, Drift; **arena movediza,** drift sand.

Mover, To jog, to joggle, to move.

Moverse, To move.

Móvil, Detachable, moveable, travelling or traveling; — (adj.), shifting; **alza** —, flashboard; **amperímetro de cuadro** —, moving coil ammeter; **andamiaje** —, portable dock; **brida** — (tubo), moveable flange; **corona** —, moveable disc; **eje** —, sliding axle, turning axle; **estación** —, mobile service; **estación** — **de radionavegación,** radionavigation mobile station; **estación** — **terrestre,** land mobile station; **fresadora de carro** —, ram type miller; **hogar de parrilla** —, inclined grate stoker, travelling grate stoker; **máquina de escariar de montante** —, table type boring machine; **máquina de filetear de terraja** —, self opening die head threading machine; **micrófono de bobina** —, moving coil microphone; **servicio** — **marítimo,** maritime mobile service; **servicio** — **terrestre,** land mobile service; **testigo sonda** —, travelling probe.

Movilidad, Mobility, moveability.

Movimiento, Movement; — (mecán.), motion or movement; — **acelerado,** accelerated motion; — **alternativo,** reciprocating motion; — **angular,** angular motion; — **arrollador y estirador,** taking motion; — **circular,** rotary motion; — **de aproximación de la herramienta**

de corte del torno, application of the turning tool; — de avance de una herramienta, feed movement; — de excéntrica, eccentric motion; — de llamada, back motion; — de relojería, chronometric movement; — de rotación, rotatory motion; — de vaivén, alternate motion, seesaw motion, to and fro motion; — de vuelco (vagones, etc.), tipping motion; — oscilatorio, oscillatory motion; — pendular, pendulum like motion; — rectilíneo, rectilinear motion; — uniforme, equable motion, uniform motion; — uniformemente acelerado, uniformly accelarated motion; — uniformemente retardado, uniformly retarded motion; — uniformemente variado, uniformly variable motion; cantidad de — mecánica, mechanical momentum; conmutador de dos movimientos, double motion switch; conmutador de un —, single motion switch; poner en —, to set in motion; puesta en —, starting; selector de dos movimientos, two motion selector; transmisión de —, gearing.

Muaré, Tabby.

Mudada (carda), Doffing.

Mueble, Cabinet; — del receptor, cabinet (receiver).

Muela, File wheel, grinder, wheel; — abrasiva, abrasive wheel, grinding of the wheel, grinding wheel; — abrasiva de taza cilíndrica, straight cup wheel; — acopada, cup wheel; — cilíndrica, cylinder wheel; — cónica, dish grinding wheel; — corriente, edge runner; — de acabado, file wheel; — de afilar, grindstone; — de alundón, alundum wheel; — de carborundum, carborundum wheel; — de esmeril, buff wheel, emery grinder, emery wheel; — de grés, sandstone wheel; — de polvo de diamante, diamond wheel; — de talla, stone grinder; — de trocear, cut off wheel; — desmontable, detachable wheel; — diamante, diamond grinding wheel;

— dura, hard wheel; — en cubeta, cup wheel; — flexible, flexible bellows; — periférica, circular grinding wheel; — plana, straight grinding wheel; — rodante, edge runner; — solera, bed stone; — superior, runner; — vertical, edge runner; — vitrificada, vitrified wheel; acabar a la —, to finish by grinding; acero rectificado con la —, ground steel; aparato de diamantes para repasar muelas, block diamond; aparato para rectificar las muelas, grindstone dresser; árbol de la —, wheel spindle; bruñido de la —, glazing of the wheel; cara o corte de la —, face of the wheel; cojinetes del árbol de la —, wheel spindle bearings; depósito de suciedad de la —, loading of the wheel; desbaste a la —, rough grinding; desgaste de la —, wear of the wheel; dureza de una —, grade; ensuciamiento de la —, loading; grado de la —, grade of the wheel; grano de la —, grain of the wheel; grés de —, farewell rock; la — corta libremente, the wheel cuts freely; máquina de cortar de —, abrasive cutter; molino de muelas verticales, edge runner; protector de —, wheel guard; pulido a la —, grinding; reacondicionamiento de muelas, cutting; reavivador de muelas de esmeril, emery wheel dresser; reavivamiento de la —, truing the wheel; rebajado con la —, rough grinding; rectificado con —, honing; tajadera de la —, face of the wheel; triturador de muelas, edge runner.

Muelle, Main spring, mole, pier, quay, wharf; — arriostrado, post spring; — de desembarco, landing stage; — de láminas, indicator spiral spring; — resorte, leaf spring; — resorte de hojas, hoop spring; — resorte de láminas, hoop spring; — resorte espiral, hair spring; — resorte helicoidal, helical spring; — resorte helicoidal del indicador, indicator spiral spring; **a lo largo del —,** alongside the quay; **cajera de —,** spring box; **cargador de —,** heaver, (E.E.U.U.) longshoreman; **de apriete por —,** spring blased; **derechos de —,** pierage, quayage, wharfage; **entablamiento de un —,** tablet; **espira de —,** coil; **fabricante de muelles,** spring maker; **gravidímetro de —,** spring gravitimeter; **guardián de —,** wharfinger; **jefe del —,** dockmaster; **grillete de — de suspensión,** spring clip; **muelles y estacadas,** wharfing; **muro de —,** quay wall; **propietario de —,** wharfinger; **que se adapta por acción de un —,** spring urged.

Muerto, Dead; **parte muerta de las vueltas** (bobinado de dínamos), dead wire; **peso —,** dead weight; **pozo —,** dead well; **tonelaje —,** dead weight; **vía muerta,** blind track, (ferrocarriles) short dead end; **volumen del cilindro menos los espacios muertos,** effective capacity of the cylinder; **vuelta — (nudo),** turn round time.

Muesca, Cock, cog, cut, cut out, dent, gab, groove, hack; hole, jag, joggle, kerf, nick, nock, notches, recess, scope, score, tally; **— cuadrada,** square jag; **— de la biela de excéntrica,** eccentric gab; **— de mira móvil** (canón), moveable notch; **— de tarja,** notch; **— de trinquete,** gab; **— del percutor,** cocking notch; **— en cola de milano,** dovetailed jag; **cincel de muescas,** bur chisel; **hacer muescas,** to bestick, to cut grooves, to score; **regleta de —,** slot wedge; **sin —,** unnotched.

Muescado, Linked by contignation.

Muescadora, Notching machine.

Muestra, Bleeding or bleed, faucet, off-take, pattern, sample, specimen; **— de aire,** air bleeding; **— de sondeo,** core; **— media,** all level or average sample; **— para la mazarota,** dead head modelling; **espira de —** (medidas radioeléc-

tricas), sampling loop; **toma de muestras,** sampling; **tomar muestras,** to core.

Muestreador, Sampleman.

Muestreo, Sampling; **— del carbón,** coal sampling; **aparato de —,** sampler.

Mufla, Block, hoisting block, tackle; **— inferior,** lower block; **— superior,** upper block; **horno de —,** muffle furnace.

Mugre, Dirt.

Mujel, Gasket.

Muleta, Leg.

Muletilla (Llave de), Socket spanner.

Multa, Fine, penalty.

Multi, Multi.

Multiaxialidad, Multiaxiality.

Multicapsular, Multicapsular.

Multicelular, Multicell or cellular.

Multicopista, Multicopier.

Multidentado, Multidentate.

Multidireccional, Multiway.

Multigenerador, Multigenerator.

Multígrafo, Multigraph.

Multiorificial, Multiorifice.

Multiplano, Multiplane.

Multiplaza, Multiseater; **avión —,** multiseater plane.

Múltiple, Manifold, multiple; **antena —,** multiple antenna; **batán —,** multiple process picker; **cabezal —,** multiple head; **caldera de hervidores múltiples,** multiple deck boiler; **con rigidizadores múltiples,** multistiffened; **contador de llamadas al final del —,** late choice call meter; **de choques múltiples,** multipactor; **de enlaces múltiples,** multilinked; **de herramientas múltiples,** multitool; **de hojas múltiples,** multiblade; **de recintos múltiples,** multienclosure; **de resonadores múltiples,** multicavity; **eyector de orificios múltiples,** multiple opening jet; **maclado —,** multiple twinning; **onda portadora —,** multiple carrier wave; **perforadora —,** multiple drilling machine; **reflexión — entre la tierra y la ionósfera,** multihop; **seleccionador —,** multisorter; **taladrar con taladros múltiples,** to multidrill; **telegrafía múltiplex o —,** multiplex telegraphy; **tren de aterrizaje de bogies múltiples,** multiple wheel bogie undercarriage.

Múltiplex, Multiplex; **— por división de frecuencia,** frequency-division multiplex; **— por división de tiempo,** time-division multiplex.

Multiplicación, Multiplication; **— de diagramas,** pattern multiplication.

Multiplicador, Multiplicator, multiplier; **— de electrones,** electron or photomultiplier; **fototubo —,** multiplier phototube; **klistrón — de frecuencia,** frequency multiplier klystron.

Multiplicidad, Multiplicity.

Multipolar, Multipolar.

Multipolaridad, Multipolarity.

Multiprogramación, Multiprogramming.

Multirreactor, Multi-engine jet, multijet.

Multiscopio, Multiscope.

Multivaluación, Multiple valuedness.

Multivibrador, Multivibrator; **— de disparo,** one-shot multivibrator.

Mullidora de tierras, Mellowing.

Municiones, Ammunition, munitions; **alimentación de —,** ammunition feed; **caja de —,** ammunition box.

Muñeca inclinable de fresadora, Swivelling overhanging arm.

Muñequilla, Crank pin.

Muñidor, Scrivener.

Muñón, Gudgeon, journal, trunnion; **— esférico,** ball journal.

Muraje de galerías, Walling.

Mural, Wall; **armella — de empotramiento,** wall eye; **consola —,** wall bracket; **grúa —,** wall crane; **perforadora —,** wall drilling machine; **toma-corriente —,** wall block.

Muralla, Wall.

Murar (Acción de), Bricking in.

Muro, Wall; **—** (mina), footwall; **—** (minas), bottom, pit bottom; **— de caída,** lift wall, wall retaining; **— de contención,** retaining wall; **— de muelle,** quay wall; **— de seguridad en las minas,** chain; **— de seguridad entre dos minas,** barrier; **— de sostenimiento,** barrier, breast wall; **— divisorio,** bearing wall, partition walls; **— en ala,** wing wall; **— retenedor,** retaining wall; **— suspendido,** suspended wall; **— térmico,** heat barrier; **recalzo de edificios empleando vigas que atraviesan los muros,** needling.

Murtia, Cog.

Musical, Musical; **nivel —,** musical level.

Mutable, Finable.

Mutador, Inverter, mutator.

Mutágeno, Mutagen.

Mutuo, Mutual; **coeficiente de inducción mutua,** coefficient of mutual induction; **reactancia mutua,** mutual reactance.

N

Nacela, Basket, pod.

Nadiral, Nadiral.

Nafta, Earth oil; **aceite de** —, naphta.

Naftalina, Naphtalene or naphtaline.

Naftazacina, Naphtazazine.

Nafténico, Naphtenic.

Nafteno, Naphtene.

Naftilo, Naphtyl.

Nanovatio, Nanowatt.

Naranja, Orange; **color** — **vivo,** bright orange.

Naranjo, Orange tree.

Nariz, Nose.

Nativo, Astralish; **cobre** —, barrel copper, nature copper; **hierro** —, native iron.

Natrón, Native soda.

Natural, Natural; **gas** —, natgas, natural gas; **transformador de enfriamiento** —, self cooling transformer.

Naturaleza de las mercancías, Staples of goods; **de la** — **del verdín,** eruginous.

Naufragio (Restos balizados de un), Lagan.

Nauropómetro, Nauropometer.

Náutico, Nautical, salty.

Nautófono, Nautophone.

Naval, Naval; **arquitectura** —, naval craft; **artículos navales,** marine stores; **astillero de construcciones navales,** ship yard; **construcción** —, ship building or construction; **ingeniería** —, naval engineering; **jerga** —, navalese; **mecánica** —, naval engineering.

Nave (arquitec.), Nave; — **de almacenado,** storing hall; — **de chatarra,** scrap hall; — **lateral** (iglesia), aisle; **identificación de naves propias,** identifying friend or foe.

Navegable, Seaworthy.

Navegación, Avigation, navigation, shipping; — **a la estima,** navigation by dead reckoning; — **aérea,** avigational, aerial navigation; — **astronómica,** celestial navigation, celonavigation; — **loxodrómica,** loxodromic navigation; — **ortodrómica,** orthodromic navigation; — **por inercia,** inertial navigation; **compañía de** — **a vapor,** steamship navigation company; **compás de** —, steering compass; **de** —, navigational; **instrumentos de** —, navigational instruments; **línea de** —, shipping line; **patente de** —, certificate of registry; **sistema de** —, navigator.

Navegante, Navigator; — **aéreo,** avigator.

Navicert, Navicert.

Naviforme, Naviform.

Navío, Vessel.

Navisferio, Navisphere.

Nebulizador, Atomiser or atomizer, nebulizer.

Nebuloso, Nebulous.

Nefelométrico (Análisis), Nephanalysis.

Nefoscopio, Nephoscope.

Negativo (elec. foto), Negative; — **patrón,** fotomat; **borne negativo** (elec.), negative terminal; **carga negativa,** negative charge; **polo** —, minus, negative pole; **superficie negativa** (diagrama), deficiency area; **tensión de rejilla negativa,** negative bias.

Negatrón, Negatron.

Negociabilidad, Negotiability.

Negociante, Dealer, trader; — **al por mayor,** wholesale dealer, (importador o exportador) merchant.

Negocios, Business, concerns; — **públicos,** public concerns.

Negro, Black; — **animal,** abaiser, char, charcoal bone; — **artificial,** artificial black; — **de acetileno,** acetylene black; — **de carbón,** coal black; — **de carbono,** carbon black; — **de humo,** lamp black; — **de marfil,** abaiser; — **de oxamina,** black oxamine; — **túnel,** channel black; **alteración del — por ruido,** noisy blacks; **cobre —,** blister copper; **cuerpo —,** black body; **chubasco —,** black squall; **filtro de — animal,** char filter; **luz negra,** black light; **madera de aliso —,** black alder wood; **pólvora negra,** black gunpowder; **tratamiento con — animal,** char treatment.

Neoabiético, Neoabietic; **ácido —,** neoabietic acid.

Neocuerpo (mat.), Neofield.

Neodimio, Neodymium.

Neón, Neon; **anuncio de —,** neon sign; **lámpara de —,** neon lamp; **tubo de —,** neon tube.

Neptunio, Neptunium.

Nervadura, Bulkhead, feather, ledge, rib, ridge, stringer; — **clavada,** tacked rib; — **de borde de fuga,** trailing edge rib; — **de refuerzo,** ribbing, stiffening rib; — **hueca,** hollow rib; — **llena,** solid rib; — **pegada,** glued rib; — **reforzada,** strengthened rib; — **transversal,** transversal rib; **alma de —,** web, web of rib; **con nervaduras,** ribbed, webbed; **chapa de —,** rib flange; **motor con nervaduras,** flanged motor, rib motor; **motor con nervaduras ventiladas,** ventilated rib motor; **nervaduras,** nerves.

Nervio, Feather, stick; — **longitudinal,** longitudinal rib; — **metálico,** metal rib; **escuadra con —,** bulb angle; **remache de —,** rivet of fibrous iron.

Neto, Net; **pérdida neta,** net loss; **peso —,** net or nett weight.

Neumahiperoxia, Pneumohyperoxia.

Neumático, Pneumatic, tyre or tire (América) · — **a prueba de pinchazos,** puncture proof; — **conductor,** conductive tyre; — **de baja presión,** balloon tyre; — **de pestañas,** cover with beaded edges; — **estriado,** beaded edge tyre, flanged tyre; — **metalizado,** conductive tyre; **almohadilla neumática,** air pad; **amortiguador —,** air dashpot, pneumatic shock absorber; **apriete —,** pneumatic clamping; **calibre —,** air gauge; **control —,** pneumatic control; **criba neumática,** air jig; **chapaleta neumática,** air lock, air valve; **desgaste de los neumáticos,** tyre wear; **extracción neumática,** air lift; **extractor —,** air lift, lift; **eyector —,** pneumatic ejector; **ferrocarril —,** atmospheric railway; **freno —,** air brake; **grupo de bombear de contrapeso —,** air balance pumping unit; **herramienta neumática,** air tool; **llanta neumática,** pneumatic tyre; **máquina neumática,** air pump; **martillo —,** compressed air hammer, pneumatic pick; **micrómetro —,** pneumatic micrometer; **montacargas —,** pneumatic hoist; **neumáticos gemelos,** twin tyres; **perforadora neumática,** pneumatic drilling machine; **pico —,** breaker pneumatic; **presión de los neumáticos,** tyre pressure; **regulador —,** air governor; **relé —,** pneumatic relay; **relieves del —,** notches; **relleno —,** pneumatic stowing; **remachado —,** pneumatic riveting; **reventón —,** puncture; **reventón de —,** tyre burst; **talón de cubierta de —,** tyre flange; **transmisor —,** pneumatic transmitter.

Neumatolisis, Pneumatolysis.

Neumohidráulico, Pneudraulic.

Neutralidad (química), Adiaphory.

Neutralización (Dispositivo de). Neutralizer.

Neutralizador, Neutralator.

Neutreto (quím.), Neutretto.

Neutrinos (Sin), Neutrinoless.

Neutro, Neutral; — **a tierra,** grounded neutral; — **aislado,** insulated neutral; **aceite** —, neutral oil; **conductor** — (elec.), neutral wire; **eje** —, neutral axis; **fibra neutra,** neutral fibre; **lado** —, neutral end; **línea neutra,** neutral line; **tinte** — (pintura), neutral tint; **transformador con** — **a tierra,** grounded transformer.

Neutrodinar, To neutrodyne.

Neutrón, Neutron; — **diferido,** delayed neutron; — **lento,** slow neutron; — **rápido,** fast neutron; — **térmico,** thermal neutron; **absorbedor de neutrones,** neutron absorber; **detector de neutrones,** neutron detector; **difusión de los neutrones,** neutron scattering; **haz de neutrones,** beam of neutrons.

Nevización, Firnification.

Newtoniano, Newtonian.

Nicotinamida, Nicotinamid.

Nicotínico, Nicotinic; **ácido** —, nicotinic acid.

Nicho, Recess.

Niebla, Smog; — **salina,** salt spray.

Niel, Chimb.

Nieve, Snow; — **compactada,** crete snow; **vehículo que puede funcionar en la** —, weasel.

Nigrita (variedad de asfalto), Nigrite.

Nigrómetro, Nigrometer.

Nilpotente (mat.), Nilpotent; **grupo** —, nilpotent group.

Nimónico, Nimonic.

Niobio, Columbium, hatchett, niobium.

Nioburo, Niobide.

Niple, Nipple; — **de sugerencia,** nipple flow; — **reductor** (pozo petrol.), bean (flow).

Níquel, Nickel; **acero al** —, nickel steel; **acero al** — **-cromo,** chrome nickel steel; **cromato de hierro y** —, ferrous nickel chromate; **sulfuro de** —, nickel sulphide.

Níquel-cromo, Chrome nickel, nichrome, nickel chromium.

Niquelado, Nickel plated, nickel plating, nickeling; **baño de** —, nickel bath, nickel plating bath.

Niquelar, To nickel.

Niquelina, Niccolite.

Nitidez (óptica), Sharpness; — **de banda,** band articulation; — **de frases,** articulation of phrases; — **de la superficie,** cleanliness surface; — **de sonido,** sound articulation; — **en logotomos,** logatom articulation, syllabe articulation; — **ideal,** ideal articulation.

Nitración, Nitration.

Nitrado, Nitrated.

Nitradora, Nitrator.

Nitrar, To nitrate.

Nitrato, Nitrate; — **amónico,** ammonium; — **de etilo,** ethyl nitrate; — **de plata,** silver nitrate; — **de sodio,** sodium nitrate.

Nitrera, Nitre bed or nitre works.

Nítrico, Nitric; **ácido** —, nitric acid; **compuestos nítricos,** nitrocompounds; **tratar con ácido** —, to nitrate.

Nitrificación, Nitrification.

Nitrificar, To nitrify.

Nitrilo, Nitroxyl.

Nitro, Nitre, nitro.

Nitroalmidón, Nitrostarch.

Nitroaminas, Nitroamines.

Nitrobenceno, Nitrobenzene.

Nitrocelulosa, Nitrocellulose.

Nitrogelatina, Nitrogelatine.

Nitrogenado, Nitrogenous; **abonos nitrogenados,** nitrate fertilizers.

Nitrógeno, Azote; — **activo,** active nitrogen; **bióxido de** —, nitric oxide; **peróxido de** —, nitric dioxide, nitrogen peroxide, nitrogen tetroxide; **protóxido de** —, nitrogen monoxide, nitrous oxide.

Nitroglicerina, Nitroglycerine.

Nitrolisis, Nitrolysis.

Nitrometría, Nitrometry.

Nitrómetro, Nitrometer.

Nitroparafina, Nitroparaffin.

Nitrosados (Compuestos), Nitrocompounds.

Nitrosilo, Nitrosyl; **cloruro de** —, nitrosyl chloride.

Nitroso, Nitrous; **anhídrido** —, nitrous anhydride; **óxido** —, nitrous oxide.

Nitruración, Nitriding, nitruration; — **por amoníaco activado,** chapmanizing.

Nitrurado, Nitrided, nitrogen hardened; **broca nitrurada,** nitrided spindle.

Nitruro, Nitride.

Nivel, Mete stick, transit; — (instrumento), level; — **absoluto de corriente,** absolute current level; — **absoluto de potencia,** absolute power level; — **absoluto de tensión,** absolute voltage level; — **de aceite,** oil level; — **de agua,** water level; — **de anteojo,** dumpy level; — **de borrado,** blank level; — **de burbuja,** air level, spirit level; — **de burbuja de aire,** spirit level (cuya parte superior solamente es de vidrio), box level; — **de conversación,** speech level; — **de descenso,** drop level; — **de eco,** echo level; — **de energía,** energy level; — **de ensayo,** test level; — **de Fermi,** Fermi level; — **de flotador,** float gauge; — **de intensidad,** intensity level; — **de intensidad sonora,** loudness level, sound intensity level, sound level; — **de mercurio,** mercurial level; — **de negro,** reference black level; — **de onda portadora,** carrier level; — **de referencia,** referencia level;

— **de ruido de vídeo,** video noise level; — **de selección,** selection level; — **de solicitación,** stress level; — **del agua,** level of the sea, water level; — **del mar,** level of the sea, sea level; — **esférico,** spherical level; — **giroscópico,** gyroscopic level; — **medio,** mid level; — **musical,** musical level; — **separador,** buffer; — **telescópico,** dumpy level; — **vacante en selector de grupo,** spara group selector level; **al** — **de,** even with; **controlador de** — **de líquido,** liquid level controller; **cuba de** — **constante** (carburador), float chamber; **de** —, a flat; **de** — **automático,** self levelling; **de** — **constante,** constant level, unilevel; **descenso de un** —, draw down; **grifo de prueba de** —, gauge cock; **indicador de** —, level gauge, level indicator, petrol gauge, side glass, sight glass, water glass; **indicador de** — **sonoro,** sound level meter; **línea de** —, contour line; **medidor de la sensibilidad de niveles de burbuja,** level trier; **modulación de alto** —, high efficiency modulation, high-level modulation; **paso a** —, level crossing, railroad crossing; **puesta a** —, releveling; **tirada de mineral con pala de un** — **a otro,** cast after cast; **tubo de** —, gauge glass, water gauge; **varilla del** — **de la gasolina,** petrol gauge.

Nivel-altura, Level.

Nivelación, Levelment, **mira para** —, levelling staff.

Nivelado, Levelled, levelling or leveling; **mira para** —, levelling staff.

Nivelador, Skimming.

Niveladora, Grader, scraper; — **de precisión,** finegrader; **col equipo de** —, skimmer equipment; **colector de** —, skimming dipper, skimmer scoop; **pala** —, skimming shovel.

Nivelante, Levelling; **tornillo** —, levelling screw.

Nivelar, To level, to line up or to make true an engine, to make even, to plain.

Niveleta, Boning rod.

Nivelímetro, Level meter.

Niveliscopio, Levelscope.

Nobelio, Nobelium.

Noctilucente, Noctilucent.

Noctiluminoso, Noctiluminous.

Noche, Night; **error de —,** night error.

Nodal, Nodal; **punto —,** nodal point.

Nodalizador, Nodalizer.

Nodo (astronomía), Node; **— (fís.),** node; **— de intensidad,** current node; **— troposférico,** tropospheric node.

Nodriza, Auxiliary tank, collector tank, feeder, header tank, service tank; **bomba —,** booster pump.

Nodular, Nodular, to nodulize; **fundición —,** nodular iron; **fundición con grafito —,** nodular graphite cast iron; **grafito —,** nodular graphite.

Nodulización, Pelletization; **— (siderurgia),** pelletization.

Nodulizado, Pelletized.

Nodulizar, To pelletize.

Nogal, Nut tree, walnut, walnut tree; **— de América,** hickory.

Nomenclador, Nomenclator.

Nómina, Pay roll.

Nominal, Nominal, normal, rated; **frecuencia —,** center frequency; **potencia —,** nominal horsepower; **presión —,** rated pressure.

Nominatario, Nominee.

Nomografía, Nomography.

Nomográfico, Nomographic.

Nomograma, Nomogram or nomograph.

Nonágeno, Nonagon.

Nonimal (Tensión), Rated voltage.

Nonio, Nonius.

Nonuplo, Nunuple.

Noria, Bucket chain, conveyer or conveyor, elevator; **— de bateas,** trayveyor; **rosario de —,** rosary.

Norma, Standard; **normas británicas Withworth,** B.S.W. (British Standard Whitworth); **normas de televisión,** television standards.

Normado, Normed; **anillo —** (topología), normed ring.

Normal, Normal, rated; **conmutación —,** change over contact; **soporte —,** standard pin; **vía —,** standard gauge track.

Normalizabilidad, Normalizability.

Normalización, Normalising or normalizing· **horno de —,** normalising furnace; **tratamiento de —,** normalising or normalizing.

Normalizado, Standard; **impedancia normalizada,** normal impedance.

Normalizar, To standardise or standardize.

Normativismo, Normativism.

Norte, North; **orientado al —,** northlighted; **polo —,** north pole.

Nota, Bill, note.

Notación, Rating.

Notario, Notary.

Notificación, Notice, notification.

Notificador, Announcing; **equipo — de demora,** delay announcing equipment.

Novedad, Newness.

Nube, Cloud; **— térmica,** thermical cloud; **altura de nubes,** ceiling height.

Nucleación, Nucleation.

Nuclear, Nuclear; **combustible —,** nuclear fuel; **desintegración —,** nuclear desintegration; **detonación —,** nuclear detonation; **emulsión —,** nuclear emulsion; **energía —,** nucler energy, nuclear power; **escisión —** (fisión), nuclear fission; **espín —,** nuclear spin; **física —,** nuclear physics; **fisión —,** nuclear fission; **magnetismo —,** nuclear magnetism; **multiplete —,**

nuclear multiplet; **química —,** nuclear chemistry; **reactor —,** nuclear reactor; **resonancia —,** ·nuclear resonance; **retroceso —,** nuclear recoil; **sistema —,** ring system.

Nucleido, Nucleid.

Núcleo, Drum head, kernel, nucleous, rumpf, shank; **—** (fundición electricidad), core; **—** (química), ring; **— acodado,** curved core; **— anticlinal,** core of anticline; **— cerrado,** closed core; **— cuadrado,** angular core; **— de cuerda,** centre rope; **— de chapas** (elec.), iron plate core; **— de hierro,** iron core; **— de hierro cerrado,** closed-iron core; **— de hilos,** iron wire core; **— de un tornillo, de un molde,** core; **— de unión,** boss attaching; **— del inducido,** armature core; **— magnético,** magnet core, pole shank; **— polar,** pole core; **— tiazolínico,** thiazoline ring; **— tórico,** toroidal core; **aglomerante de núcleos,** core binder; **alcance del —,** core mark; **árbol de —,** core spindle; **bobina con — de aire,** air cored coil; **bobina con — de herradura de hierro comprimido,** iron dust core coil; **bobina con — de hierro,** iron core coil; **bobina de inducción con — de hierro,** C.H.; **cierre de —** (quím.), ring closure; **con el — radioisotopizado,** ring labeled; **hierro del —,** core iron; **núcleos,** nuclei; **núcleos atómicos,** atomic nuclei; **núcleos pesados,** heavy nuclei; **parte vacía de un —,** caliber or calibre; **ranura del —,** core groove; **regulador de — móvil,** moving core regulator; **sin —,** coreless; **torno para núcleos,** core frame; **transformador de — de aire,** air core transformer; **transformador de — de hierro,** iron core transformer.

Nucleofusión, Nucleofusion.

Nucleogénesis, Nucleogenesis.

Nucleolisis, Nucleolysis.

Nucleón, Nucleon.

Núclido, Nuclide.

Nudo, Assemblage point, bend, brazing seam, cover plate joint, hitch, tie; **—** (árboles), knaur; **—** (de amarre), knot; **—** (madera), snub; **—** (velocidad de buques), knot; **— a mano,** man rope knot, tack knot; **— corredizo,** loop, noose, runner; **— de cabeza de alondra,** lark's head knot; **— de la madera,** excrescence, gnar, knurl; **— de madera,** timber hitch; **— de tejedor,** weaver's knot; **— en la madera,** knag, knar; **— flojo** (hilos), slub; **— llano,** reef knot; **— plano o llano,** flat knot.

Nudoso, Gnarly, knotty, nodous.

Nuez (torno), Spring chuck; **corteza verde de la —,** walnut water.

Nulivalente, Nulvalent.

Numeración, Numbering; **plan de — nacional,** national numbering plan.

Numerador, Numerator; **transmisor — automático,** automatic numbering transmitter.

Numerar, To number.

Numerario, Cash; **—** (valor), numerary.

Numérica (Presentación), Digital display.

Número, Number; **— de abonado,** subscriber number; **— de Mach,** Mach number; **— de onda,** wave number; **— de segundos necesarios para que 50 ml. de aceite pasen por el orificio del viscosímetro Redwood a una temperatura dada,** Redwood standard seconds; **— de serie,** serial number; **— entero,** whole number; **— impar,** odd number; **— par,** even number; **— primo,** prime number; **modulación por — de impulsos,** pulse code modulation; **números intuicionistas,** intuitionistic numbers; **números normales o números Renard,** preferred numbers.

Nylon, Nylon.

O

Obencadura, Running rigging.

Obenque de lugre, Sheer pole.

Objetivo, Design, lens (plural **Lenses**), object, objective; — (óptica), object glass; — **de microscopio,** microscope objective; — **doble para retrato,** portrait lens; — **gran angular,** wide angle object lens; — **revestido,** coated objective; **apertura de —,** lens aperture; **doble —,** double lens; **obturador de —,** lens shutter; **tapa del —,** cap of the lens.

Objeto principal, Head; **extremo grueso de un —,** butt end.

Oblicuamente, Diamondwise, obliquely, slantwise.

Oblicuidad, Skew.

Oblicuo, Awry, bevel way, cross, oblique, skewgee, skewly, slanting, warped; **clavo —,** toe nail; **chaveta oblicua,** angle locking; **distorsión oblicua,** skew distortion.

Obligación, Bond, share; — (ver también **Customs**), debenture.

Obligatorio, Bond holder, obligee.

Obra, Job, working; — **de ladrillo cuyo paramento no es plano,** skintled; — **en escalones,** coffin; — **hecha con diversos trozos,** patchwork; **a pie de —,** in site; **fijado en —,** brick set; **grandes obras de acero,** block work; **mano de —,** labour (**labor** en América); **montaje a pie de —,** assembly in site; **obras de arte** (ferrocarriles), constructive works; **obras muertas,** dead works, (buques), upper works; **obras vivas,** quick works; **puesta en —,** working.

Obrero, Craftsman, hand, mechanic, workman; — **a destajo,** butty; — **de extracción** (minas), hoistman; — **de la madera,** wood worker; — **desrebabador,** trunker; — **empleado en la excavación de canales y por extensión, terraplanador, excavador** (abreviatura de **Navigator**), navvy (plural **navvies**); — **encargado de las puertas de ventilación** (minas), trapper; — **encargado de vaciar vagonetas,** dumpman; — **encolador,** sizeman; — **para maniobra de vagones,** wagon shifter; — **que rompe barras de hierro,** cabbler; **despido de un —,** discharge.

Obscuridad (Zona de) absoluta, Late darkness zone.

Observación, Observation; **cámara de —,** observation chamber; **cámara de — submarina,** submarine observation chamber; **circuito de toma y — de líneas,** plugging-up an observation line circuit.

Obstáculo de pequeña altura, Bump slight; — **en un grifo,** gad.

Obstrucción, Choking, clog, clogging, fouling, obstruction, scaffold; — **de un filtro,** filter clogging.

Obstructor, Obstructer.

Obstruido (orificio), Foul; — **por suciedad,** choked, clogged with dirt; **tubo —,** clogged pipe.

Obstruir, To gag, to obstruct, to wring.

Obstruirse, To choke, to choke up, to clog.

Obtener, To get.

Obturación, Obturation, plugging, seal, sealing.

Obturado, Sealed.

Obturador, Cleaner, drop shutter, gasket, obturator, plug, shield; — (fotografía), shutter; — **antipolvo,** dust shield; — **de anilla,** cup obturator; — **de persiana,** flap shutter; — **de pulsómetro,** clapper valve; — **de ranura del ala** (aviac.), spoiler; — **horizontal,** horizontal choker; — **vertical,** vertical choker; **disparo del —** (foto), shutter release; **líquido —,** sealing liquid; **sin —,** shutterless.

Obturar, To obturate, to plug, to seal.

Obtuso, Blunt, disedged, obtuse; **ángulo —,** obtuse angle.

Obús, Howitzer, round, shell, shot; — **fumígeno,** smoke shell; — **iluminador,** star shell.

Ocasión (De), Second hand.

Oceanografía, Oceanography.

Oceanográfico, Oceanographic.

Ocluido, Occluded; **gas —,** occluded gas.

Oclusión (Ensayo de) (de batería), Buffer test.

Octano, Octane; **gasolina con elevado índice de —,** high octane gasoline; **índice de —,** octane number.

Octante, Octant.

Octileno, Octylene.

Octodo, Octode.

Octogonal, Eight angled, octogonal.

Octógono, Octagon.

Octopolar, Octupole.

Octovalente, Octovalent.

Ocular, Ocular, eye glass, eye lens; — (lente de telescopio), eye piece; **campo del —,** ocular field.

Ocultación, Occultation.

Oculto, Concealed.

Ocupación, Occupancy; **coeficiente de — de un circuito,** percentage occupied time; **contador de — de reloj,** group occupancy meter; **contador de tiempo de — de grupo,** group occupancy time meter; **jack**

de —, break impulse; **prueba de —,** busy test.

Ocupado, Busy; **señal acústica de —,** busy tone.

Odógrafo, Odograph.

Odómetro, Ambulator, viameter.

Odontolito, Odontolite.

Odorimetría, Odorimetry.

Odorizante, Odorizing.

Oferta, Tender; — (subasta), bid or bidding.

Ofertante, Bidder.

Ofertar, To tender.

Ofertor, Tenderer.

Oficial (Camarote de) (buques), Stateroom; **no —,** officious.

Oficina, Office; — **de cambio,** handing-over office; — **de cambios,** exchange office; — **receptora,** receiving office; — **telegráfica pública,** public telegraph office; — **transmisora,** forwarding office.

Oficio, Craft, handicraft, trade.

Ofimoteado, Ophimottling.

Ofita, Axe stone.

Óhmico, Ohmic; **pérdidas óhmicas,** ohmic losses; **resistencia óhmica,** ohmic resistance.

Ohmímetro, Ohmmeter.

Ohmio, Ohm; — **legal, voltio legal,** congress ohm, congress volt.

Oicocristal, Oikocryst.

Oído, Ear.

Ojal, Loop; — **de botón de manivela,** small eye; — **metálico,** eyelet; **barra de —,** eye bar.

Ojiva, Ogee, ogive; — (proyectiles), nose; **en forma de —,** ogive pointed.

Ojivado, Bottling, nosed.

Ojival, Ogive pointed.

Ojivar (los obuses), To bottle; — (proyectiles), to mose; **prensa de —,** nosing press.

Ojo, Eye; — (cardenillo), aerugo; — (de un puente), arch; — **de aguja**, eye; — **de buey**, port hole; — **de cable**, eye ring; — **del hacha**, axe hole; — **del martillo**, eye; — **mágico**, magic eye; **gancho de** —, eye hook; **indicador de** — **de buey**, bull's eye indicator; **levantamiento a** —, eye sketch.

Ola, Wave; — **encrestada**, beach comber.

Oldham, Oldham; **junta** —, oldham coupling.

Oleaginoso, Oleaginous.

Olefinas, Olefins; **contenido de** —, olefinic content.

Olefínico, Olefinic.

Oléico, Oleic; **ácido** —, oleic acid.

Oleoducto transarábico, T.A.P.-line.

Oleófila, Oleophitic.

Oleohidráulico, Oleohydraulic.

Oleómetro, Oilometer.

Oleoneumático, Oleo-pneumatic.

Oleorresinoso, Oleoresinous.

Oligisto, Oligist or oligistic iron.

Oligodinámico, Oligodynamic.

Olivino, Olivine; **roca de** —; olivine rock.

Olivo, Olive tree.

Olmo, Elm.

Olores (Absorbente de), Odor absorber.

Olla, Kettle, pot; — (remolino), air pocket.

Omegatrón, Omegatron.

Omnidireccional, Omnidirectional.

Omnímetro, Omnimeter.

Oncnoide, Onchnoid.

Onda, Wave; — **complementaria**, complementary wave; — **continua**, continuous wave, I.C.W. (interrupted continous waves); — **corta**, S.W. (short wave); — **cuadrada**, square-wave; — **de choque**, shock wave; — **de gravedad**, gravity wave; — **de marea**, tidal wave or tide wave; — **de presión**, pressure wave; — **de propagación**, pressure wave; — **de radar**, radar wave; — **de reposo**, spacing wave; — **de retorno** (emisión por arco, radio), compensation wave; — **de superficie**, surface wave; — **de tierra**, ground wave; — **decimétrica**, decimetric wave; — **directa**, direct wave; — **elástica**, elastic wave; — **eléctrica longitudinal**, H wave; — **eléctrica transversal**, T.E. wave, transverse electric wave; — **electromagnética**, electromagnetic wave; — **electromagnética periódica**, periodic electromagnetic wave; — **electromagnética transversal**, transverse electromagnetic wave; — **esférica**, spherical wave; — **estacionaria**, stationary or standing wave; — **extraordinaria**, X wave; — **guiada**, guided wave; — **hertziana**, hertzian wave; — **ionosférica**, ionospheric wave, sky wave; — **libre**, free wave; — **luminosa**, light wave; — **magnética longitudinal**, H wave; — **magnética transversal**, E wave, T.M. wave; — **manipulada**, keyed wave; — **métrica**, metric wave; — **ordinaria**, O wave, ordinary wave; — **permanente**, steady wave; — **periódica**, periodic wave; — **piloto**, pilot wave; — **piloto de regulación**, regulating pilot wave; — **plana**, plane wave; — **polarizada en un plano**, plane polarized wave; — **portadora** (radio), carrier water; — **portadora múltiple**, multiple carrier wave; — **portadora única**, single carrier wave; — **radial**, radial wave; — **radioeléctrica**, radiowave; — **rectangular**, rectangular wave; — **reflejada**, reflected wave; — **reflejada por tierra**, ground-reflected wave; — **refractada**, refracted wave; — **sonora**, sound wave; — **ultracorta**, microwave; — **ultrahertziana**, microwave; — **ultrasónica**, ultra-sonic wave; **absorción de ondas**, absorption of waves; **antena de** — **completa**, full-wave antenna; **antena de ondas estacionarias**, standing wave aerial; **aparato para toda** —, all wave set; **característica corriente-longitud de —,** current-wavelength characteristic; **con doble gama de ondas,** dual wave; **conmutador de longitudes de —,** wave changing switch; **detector de — estacionaria,** standing wave detector; **detector de ondas bolométricas,** detector bolometer; **diatermia de — corta,** short wave diatermy; **forma de —,** wave shape; **forma de — de compuerta,** gating waveform; **frente de —,** wave front; **función de —,** wave function; **gama de longitudes de —,** wave range; **generador de — rectangular,** rectangular wave generator; **generador de ondas,** wave maker; **guía de —,** wave guide; **guía de — de rendija,** slotted wave guide; **línea en cuarto de —,** quarter wave line; **longitud de —,** wave length; **longitud de — crítica** (de un filtro), cut off wavelength; **longitud de — fundamental,** fundamental wavelength; **modelado de —,** wave shaping; **ondas amortiguadas,** damped waves; **ondas centimétricas,** centimetric waves; **ondas compensadas,** balanced waves; **ondas continuas,** C.W. (continuos waves), sustained waves or undamped waves; **ondas continuas moduladas,** modulated continuous waves; **ondas cortas,** short waves; **ondas de baja frecuencia,** audio waves; **ondas de polarización circular,** circularly polarized waves; **ondas de polarización horizontal,** horizontally polarized waves; **ondas de polarización vertical,** vertically polarized waves; **ondas decamétricas,** decametric waves; **ondas entretenidas** (radio), sustained waves; **ondas estacionarias,** standing waves; **ondas hectométricas,** hectometric waves; **ondas kilométricas,** kilometric waves; **ondas largas,** long waves; **ondas medias,** intermediate waves, medium waves; **ondas milimétricas,** millimetric waves; **ondas moduladas,** modulated waves; **ondas recurrentes,** recurrent wave forms; **ondas reflejadas,** reflected waves; **ondas simétricas,** symmetrical waves; **ondas ultracortas,** ultrashort waves; **propagación de ondas radioeléctricas,** radio waves propagation; **relación de — estacionaria,** standing wave ratio; **termopar de forma de —,** waveform thermocouple; **toda —,** all waves; **transformador de cuarto de —,** quarter wavelength line transformer; **tren de ondas,** wave train; **válvula de — progresiva,** travelling wave aerial.

Ondámetro, Ondameter, ondometer; **— coaxil,** coaxial wavemeter; **— de absorción,** absorption wavemeter.

Ondímetro, Wavemeter; **— de absorción,** absorption wavemeter; **— de cavidad resonante,** cavity resonator wavemeter.

Ondógrafo, Ondograph.

Ondograma, Ondogram.

Ondoscopio, Ondoscope.

Ondulación, Ripple; **frecuencia de ondulaciones,** ripple frequency; **ondulaciones,** slot ripples, (madera) ripple marks.

Ondulado, Corrugated; **arrollamiento —,** armature wave; **chapa ondulada,** corrugated plate, corrugated sheet, dished plate; **devanado —** (elec.), wave winding.

Ondulador, Inverter, undulator.

Ondular, To corrugate.

Ondulatorio, Undulatory; **corriente ondulatoria,** undulatory current, wave current; **mecánica ondulatoria,** undulatory mechanics.

Onza, Ounce.

Oolita, Oolite.

Oolítico, Oolitic.

Opacidad, Opaqueness; **—** (química), milkiness.

Opacímetro, Opacimeter, turbidimeter.

Opaco, Dim, opaque; **radio- —,** radio-opaque.

Opalizar, To opalize.

Ópalo (Variedad porosa de), Float stone.

Opción, Option; **con** —, optionnally; **sin** —, unoptionnally.

Operación, Process, processing; — **ligera preparatoria de forja,** saddening; — **lógica,** logical operation; **ciclo de operaciones,** processing cycle; **máquina de** —, single purpose machine; **segunda** —, second operation; **tiempo de** —, operate lag; **torno de segunda** —, second operation lathe.

Operador, Operator; — **de ley cuadrática,** squarer.

Operadora principal, Controlling operator; **retención por la** —, manual holding.

Operario calador, Pinker; — **encargado del torno,** winch man; — **que maneja mordientes,** mordanter.

Opisómetro, Opisometer.

Opoide, Opoid.

Oponerse a, To buck.

Oposición, Opposition; — **de fase,** phase opposition; **dúplex por** —, opposition duplex.

Opositor, Opposer.

Optar, To opt.

Óptico, Optical; **ángulo** —, optical angle; **centro** —, optical center; **comparador** — **electrónico,** electron-optical comparator; **eje** —, optical axis; **filtro** —, optical filter; **óptica** (ciencia), electron optics; **óptica de los iones,** ion optics; **óptica electrónica,** optics; **paralaje** —, optical parallax; **persona que repasa el equipo** —, opticalman; **pirómetro** —, optical pyrometer; **vidrio** —, optical glass.

Optimetrista, Optometrist.

Optímetro, Optimeter.

Optiscopio, Optiscope.

Opuesto a, Ecccentric to; **motor de pistones opuestos,** opposed piston engine; **opuestos,** opposed.

Oquedad de fundición, Quench crack.

Orbicular, Orbicular; **textura** —, orbicular texture.

Órbita, Orbit; — **circular,** circular orbit; **órbitas electrónicas,** electronic orbits.

Orbital (un), Orbital; — (adj.), orbital; — **molecular,** molecular orbital.

Orcanete, Alkanet.

Orden (funcionamiento), Order; **a la** —, with order; **en** — **de marcha,** in working order; **en** — **de vuelo,** in flying trim; **línea de órdenes dividida,** split order wire; **para órdenes,** F.O. (For orders).

Ordenada (de un punto de una curva), Ordinate.

Ordenador, Orderer.

Ordinario, Plain; **pozo** —, draw shaft.

Ordoviciano, Ordovician.

Oreado, Drying.

Orear, To dry.

Oreja, Tab; — (de ancla), palm.

Orejeta, Lug.

Orejetas, Cotter plates, kevel; **tuerca de** —, lug nut; **unión de** —, lug union.

Orgánico, Organic; **ácidos orgánicos,** organic acids; **azufre** —, organic sulphur; **color** —, toner; **depósito** —, organic depot; **éster** —, organic ester; **película orgánica,** organic film.

Organización, Management, organization, system; — **de la producción,** production management; — **internacional de aviación civil** (international civil aviation organization), I.C.A.O.

Organizador, Institutor.

Órgano de salida, Output device; **órganos de recepción y entrega,** input-output devices.

Organoborano, Organoborane.

Organogenia, Organogeny.

Organosilanos, Organosilanes.

Organosilícico, Organosilicon; **compuestos organosilícicos,** organosilicon compounds.

Orictogeología, Oryctogeology.

Orientable, Steerable; **antena —,** steerable aerial.

Orientación, Orientation; **— del haz luminoso,** adjustment of the light beam; **— preferencial,** preferred orientation; **motor de —,** trimming motor; **rueda de —** (molino de viento), directing wheel.

Orientado, Oriented; **posición orientada,** biased position; **acero de granos orientados,** oriented steel.

Orientador, Orienting.

Orientar, To orientate.

Orificio, Aperture, gap, mouth, nozzle, opening, orifice, port; **— ciego,** blind hole; **— de admisión,** intake port, steam way; **— de casquillo,** barrel bushing; **— de colada,** git, iron notch, pouring gate, riser, tap hole; **— de colada de un molde,** gate of a mould; **— de cuña expulsadora,** drift hole; **— de desarenado,** core hole; **— de descarga,** discharge nozzle; **— de desengrasado,** clinker hole; **— de desincrustación,** mud hole; **— de emisión,** outlet; **— de entrada de gas o aire a la cámara de combustión,** nostril; **— de escape,** exhaust port, waste steam port; **— de escorias,** clinker hole, tap hole; **— de extracción de la sangría,** bleeding port; **— de grapa,** countersunk hole; **— de inspección,** peep hole, sight hole; **— de la hilera,** drawing hole; **— de limpieza,** mud hole; **— de mina,** drill hole; **— de remache,** rivet hole; **— de sondeo,** bore hole; **— de trefilado,** draw hole; **— roscado,** tapped hole; **mechero de un —,** rat tail burner; **orificios,** cylinder ports; **orificios de introducción,** live steam ports; **orificios de salida,** steam exhaustion ports.

Origen de crecimientos (cuadrados), Non-growing end of board; **estación de —,** office of origin.

Original, Peppy.

Originar, To cause.

Orillo, Cording.

Orinque, Mine buoy rope.

Orioscopio, Orioscope.

Orites excelsa, Southern silky oak.

Orlón, Orlon.

Oro, Gold; **— macizo,** aurum massivum, solid gold; **— mate,** goldgize; **bolsadas de —,** stringer; **bricho de —,** flat gold wire; **de —,** golden; **electrómetro de láminas de —,** gold leaf electrometer; **hecho de —,** golden; **lámina de —,** gold foil; **polvo de —,** gold dust.

Oropimente, Yellow arsenic.

Orticonoscopio, Orthicon.

Orto, Ortho.

Ortobárico, Orthobaric.

Ortocromático, Orthochromatic.

Ortocromatismo, Orthochromatism.

Ortogonal, Orthogonal; **series ortogonales,** orthogonal series.

Ortogonalidad, Orthogonality.

Ortogonalizar, To orthogonalize.

Ortonormal, Orthonormal.

Ortorrómbico, Orthorhombic.

Ortosismómetro, Orthoseismometer.

Ortotómico, Orthotomic.

Oruga, Caterpillar; **con orugas,** crawler; **grúa sobre orugas,** caterpillar crane, crawler crane; **orugas,** carterpillar tracks; **sobre orugas,** crawler mounted; **tracción sobre orugas,** caterpillar traction; **tren de orugas,** crawler chain.

Oscilabilidad, Oscillatability, swingability.

Oscilación, Beat, dumping or dump, oscillation, rocking, swing, swinging; **— armónica,** harmonic oscillation; **— continua,** continuous oscillation; **— de velocidad,** hunting; **— eléctrica,** hunting; **— intermitente,** intermittent oscillation; **oscilaciones amortiguadas,** damped oscillations; **oscilaciones forzadas,**

forced oscillations; **oscilaciones libres,** free oscillations; **periodo de —,** oscillation time.

Oscilador, Oscillator; **— abierto,** open oscillator; **— adiabático,** adiabatic oscillator; **— cerrado,** closed oscillator; **— continuo controlado por cristal,** free-running crystal-controlled oscillator; **— de acoplo electrónico,** electron-coupled oscillator; **— de baja frecuencia,** audio oscillator; **— de bloqueo,** blocking oscillator; **— de cristal,** crystal oscillator; **— de cristal de cuarzo,** quartz cristal oscillator; **— de diapasón vibrador,** tuning-fork oscillator; **— de impulsos,** pulsed oscillator; **— de inducción,** induction oscillator; **— de laboratorio,** laboratory oscillator; **— de línea resonante,** resonant-line oscillator; **— de margen X,** X band oscillator; **— de relajación,** relaxation oscillator; **— de velocidad modulada,** velocity-modulation oscillator; **— en contrafase,** push-pull oscillator; **— equilibrado,** balanced oscillator; **— estabilizado por línea,** line stabilized oscillator; **— estabilizado por resistencia,** resistance-stabilized oscillator; **— heterodino,** heterodyne oscillator; **— lineal,** linear oscillator; **— maestro (patrón),** master oscillator; **— mariposa,** butterfly oscillator; **— modulado,** modulated oscillator; **— polifásico,** polyphase oscillator; **— regulado por oscilaciones de relajación,** squegger; **— ultraaudión,** ultra-audion oscillator; **lámpara osciladora,** oscillator.

Oscilante, Oscillating, oscillatory, rocking, wavelike; **árbol —,** rocking shaft; **campo —,** oscillating field, **campo —,** swinging field; **canaleta —,** shaking shoot; **circuito —,** oscillatory circuit; **corredera — a manivela,** oscillating crank gear; **cuadro —,** swing frame; **descarga —,** oscillatory discharge; **horno —,** rocking furnace; **mandíbula — (quebrantadora),** swing jaw; **soporte de roldana con pivo-**

tes oscilantes, antifriction pipe carrier.

Oscilar, To joggle, to oscillate, to rock; **— irregularmente,** to wobble.

Oscilatorio, Oscillatory, vibrative, wavelike.

Oscilografía, Oscillography.

Oscilográfico, Oscillographic; **ensayo —,** oscillographic test; **registro —,** oscillographic recording.

Oscilógrafo, Oscillograph, pendulum wheel; **— de doble haz,** double beam oscillograph; **— de rayos catódicos,** cathode ray oscillograph; **— magnético,** magnetic oscillograph.

Oscilograma, Oscillogram; **método sistemático de analizar oscilogramas,** schedule method of analyzing oscillograms.

Osciloscopio, Oscilloscope; **— de baja frecuencia,** low frequency oscilloscope; **— de proyección,** projection oscilloscope; **— de rayos catódicos,** cathode ray oscilloscope; **pantalla de —,** oscilloscope screen; **tiempo de tránsito de un —,** transit time in a cathode ray oscilloscope.

Oscurecimiento, Obscurement; **— parcial,** brownout, dimout.

Oscuro, Dark; **tonalidad oscura,** low key.

Ósmico (Anhídrido), Osmium tetroxide.

Osmio, Osmium.

Ósmosis, Osmosis or osmose; **— eléctrica,** electrical osmosis.

Osmótico, Osmotic; **presión osmótica,** osmotic pressure.

Osófono, Osophone.

Osometría, Osometry.

Ostaga (de aparejo), Runner.

Ovalado, Egg shaped, oval shaped; **alto horno de crisol —,** blast furnace with oval hearth; **dispositivo para tornear —,** oval turning device; **máquina de rectificar —,** oval grinding machine; **placa ovalada,** security plate.

Ovalarse, To wear oval.

Ovalización, Ovalisation, running out of true.

Óvalo, Oval.

Oviforme, Egg shaped.

Ovoide, Egg coal, oviform.

Oxalacético (Ácido), Oxalacetic.

Oxálico, Oxalic; **ácido —,** oxalic acid.

Oxazolina, Oxazolin.

Oxhídrico, Oxhydrogen; **pila oxhídrica,** oxy-hydrogen cell; **soplete —,** oxhydrogen blow-pipe.

Oxiacetilénico, Oxyacetylene; **soldadura oxiacetilénica,** oxyacetylene welding; **soplete —,** acetylene blowpipe, oxyacetylene blowpipe, oxyacetylene flame, oxyacetylene torch.

Oxiacetileno, Oxyacetylene.

Oxiácido, Oxyacid.

Oxianion, Oxyanion.

Oxiarco, Oxyarc.

Oxibitumen, Oxybitumen.

Oxibromuro, Oxybromide; **— de plomo,** lead oxybromide.

Oxicloruro, Oxychloride.

Oxicorte, Flame cutting, gas cutting, oxy-cutting, torch cutting; **máquina de —,** oxyacetylene cutting machine.

Oxidabilidad, Oxidizability.

Oxidación, Oxidation, oxidizement; **— acoplada,** coupled oxidation; **— anódica,** anodic oxidation; **— progresiva,** eremacausis; **— -reducción,** oxidation reduction; **de —,** oxidising; **índice de —,** oxidation number; **inhibidor de la —,** oxidation inhibitor; **potencial de —,** oxidation potential; **torre de —,** oxidation tower, oxidising tower.

Oxidado, Oxidated, oxidised, rusted; **mineral —,** oxidised ore.

Oxidante, Oxidant; **escoria —,** oxide slag; **substancia —,** oxifier.

Oxidar, To oxidate, to oxidise.

Oxidarse, To rust.

Oxidasa, Oxidase.

Oxidiometría, Oxidiometry.

Oxido, Oxide, rust; **— bárico,** baric oxide; **— cúprico,** cupric oxide; **— cuproso,** cuprous oxide, red oxide of copper; **— de calcio,** oxide of calcium; **— de carbono,** carbonic oxide; **— de cobre,** copper oxide, crocus of venus; **— de fluor,** oxygen fluoride; **— de manganeso,** black wad, manganese oxide; **— de níquel,** nickelic oxide or nickel oxide; **— de nitrógeno,** nitric oxide; **— de plomo,** oxide of lead; **— de potasio,** potassic oxide or potassium oxide; **— de sodio,** sodic oxide; **— de zinc,** zinc oxide; **— estannico,** oxide of tin, stannic oxide; **— estannoso,** stannous oxide; **— férrico,** ferric oxide, red oxide of iron; **— férrico para pulimentar,** crocus; **— hídrico,** hydric oxide; **— mangánico,** manganic oxide; **— manganoso,** oxide manganeous; **— mercúrico,** mercuric oxide; **— mercurioso,** mercurous oxide; **— metálico,** metal oxide; **— túngstico,** tungstic oxide; **cápsula de —,** cap rust; **con película de —,** oxide coated; **destructor de —,** scale breaker; **emisor de —,** oxide emitter; **junta al —,** rust joint; **óxidos,** forge scales; **pararrayos de capa de —,** oxide film arrester; **rectificador de — de cobre,** copper-oxide rectifier; **rompedor de óxidos,** scale breaker.

Oxidorreducción, Oxidoreduction.

Oxieléctrico, Oxyarc; **corte —,** oxyarc cutting.

Oxigenación, Oxygenation.

Oxigenado, Oxygenated; **sal oxigenada,** oxysalt.

Oxigenar, To oxygenate.

Oxígeno, Oxygen; **— atómico,** atomic oxygen; **— líquido,** liquid oxygen; **— molecular,** molecular oxygen; **bomba de —,** oxygen bomb; **dosificador de —,** oxygen tester; **inhalador de —,** oxygen breathing apparatus, oxigen equipment; **mascarilla de —,** oxygen mask; **transporte de —** (elec.), migration of oxygen.

Oxígrafo, Oxygraph.

Oxiluminiscencia, Oxyluminescence.

Oxisal, Oxysalt.

Oxisulfato, Oxysulphate; **— de plomo,** lead oxysulphate.

Oxisulfuro, Sulfoxide.

Oxotrópico, Oxotropic.

Ozokerita, Ceresin, earth wax;

Ozonación, Ozonation.

Ozonida, Ozonide.

Ozonizador, Ozonizer, ozonizor.

Ozonizar, To ozonize.

Ozono, Ozone; **— atmosférico,** atmospheric ozone; **generador de —,** ozone generator.

Ozonólisis, Ozonolysis.

Ozonoscopio, Ozonoscope.

Ozoquerita, Ozokerite.

P

P, P; — **ácido,** P acid; — **valente,** P valent.

Pabellón, Pavilion; — **desmontable,** portable pavilion.

Paca prensada, Bale pressed.

Padder, Trimmer; — (electrónica), padding.

Paga, Addlings, blister, pay; — **parcial,** instalment.

Pagador, Purser.

Pagar, To pay; — **adelantado,** to prepay.

Pagaré, I.O.U., promissory note.

Pago, Acquitting, payment; **televisión de** — **previo,** coin freed television.

Pago-milla, Revenue mile.

Paja, Flaw; — (metal), cleft; — (metales), brack; — **de soldadura,** link of solder; **pajas,** hammer slags.

Pájaro (Vista a vuelo de), Bird's eye view.

Pajizo, Hot short brittle.

Pajoso, Flawy.

Pala, Blade, bucket, shovel; — **a vapor,** steam shovel; — **automática,** grab bucket; — **cargadora descargando hacia atrás por encima del chasis,** overloader; — **con motor Diesel,** Diesel shovel; — **de arrastre,** scraper drag; — **de bomba,** blade pump; — **de bulldozer,** bulldozer moldboard; — **de cuchara de arrastre,** slip scraper; — **de dientes,** pronged shovel; — **de hélice,** blade, propeller blade, propeller blank; — **de irrigación,** dutch scoop; — **eléctrica,** electric shovel; — **excavadora,** diggster; — **fija,** fixed blade; — **mecánica,** mechanical or power shovel; — **niveladora,** skimming shovel; — **para carbón,** coal shovel; — **retrocavadora,** back digger, back digging shovel; — **retroexcavadora,** pull shovel; **ángulo de calado del perfil de las palas,** blade tilt; **base de la** —, blade pin; **botón de cambio del ángulo de la** —, unfeathering button; **brazo de** — **de grúa,** boom; **brazo de** — **excavadora,** racking shovel boom; **cucharón de draga de** —, bucket; **de cuatro, de seis aletas o palas,** four, six bladed; **de dos palas,** two blade, two bladed; **de tres palas,** three blade, three bladed; **desfase angular del eje de las palas de una hélice,** blade sweep; **dorso de** —, blade back; **echar con** —, to shovel; **extremo de** —, blade tip; **inclinación hacia atrás de las palas de la hélice,** propeller rake; **paso en el ángulo mínimo de la** —, flat pitch, flat spin; **pie de** — (de hélice), blade root; **raíz de la** —, blade base.

Palabra, Word; — **telegráfica,** telegraph word; **nitidez de** —, word articulation; **tiempo de** —, word time.

Paladio, Palladium.

Palanca, Crow, lever, pry or prybar, toggle; — **acodada,** angle lever, bell clapper or bell crank, bell crank, bent lever, elbow joint lever, elbow lever, joint lever, knee brake, toggle, (aviac.) rudder lever; — **alzaprima,** pinch bar; — **compensadora,** compensating lever; — **con cadena** (para troncos), samson; — **con contrapeso,** balance lever; — **curvada o falciforme,** bent crank; — **de accio-**

namiento de profundidad, joy stick; — **de admisión de los gases,** throttle lever or handle; — **de aire,** air lever; — **de ajuste,** adjustment lever; — **de alerón,** aileron lever; — **de alimentación rápida,** quick traverse lever; — **de alzamiento** (válvula de seguridad), easing lever; — **de arranque,** starting lever; — **de avance** (máq.-herr.), feed lever; — **de avance al encendido,** sparking lever, timing lever; — **de bloqueado,** locking lever; — **de buterola,** dolly lever; — **de cambio de marcha,** reversing arm; — **de cambio de velocidad,** change speed lever; — **de cambio de velocidades,** gear lever; gear shift lever or gear; — **de cambio de vía,** eccentric clamp; — **de carraca,** ratchet drill; — **de comando,** control arm; — **de conmutador,** change lever, change over lever; — **de control,** control lever; — **de cruzamiento,** crossing clamp; — **de desembrague,** releasing lever; — **de embrague,** clutch lever, coupling lever, engaging lever, gab lever, operating lever; — **de engrane,** gab lever; — **de freno de mano,** hand brake lever; — **de gancho,** cant hook; — **de hierro,** gablock; — **de horquilla o de brida,** double eye lever; — **de inversión de la marcha de la mesa** (máq.-herramienta), hand wheel for reversing table movement; — **de inversión de marcha,** back gear shaft handle, lever for reversing table movement, reversing lever; — **de los gases** (auto), gas lever; — **de mandíbula para voltear,** weaze; — **de mando,** clutch operating lever, control bar (aviación), control column (avión), joy stick, (máq.-herr.), field rod; — **de mando altimétrico,** altitude control lever; — **de mando del avance de la mesa** (máq.-herr.), lever for table feed; — **de maniobra,** hand lever, handspike, (ferrocarril) switch lever; — **de mano,** tommy bar; — **de pie de cabra,** claw, claw bar, claw ended crow bar, iron crow, miner pinching bar, miner pitching tool, nail claw, pinch or pinching bar, spike bar; — **de pie de cabra para separar bloques de pizarra,** splitted crow bar; — **de puesta en marcha,** distributing lever, starting bar; — **de puesta en tren,** starting bar, starting lever; — **de retención,** click; — **de sufridera** (remachado), dolly bar; — **de timón en profundidad** (aviac.), elevator lever; — **de trinquete,** ratchet hoist; — **de uñas,** crooked crow bar; — **de velocidades,** shift lever; — **del mecanismo de engranajes,** change gears handle; — **gruesa,** crow bar; — **montada excéntricamente,** lever witch eccentric fulcrum; **brazo de —,** lever arm, leverage; **brazo de — de avance,** advance lever arm; **con — acodada,** toggle operated; **con palancas,** levered; **de dos, de tres palancas articuladas,** two, three toggle; **freno de —,** lever brake; **interruptor de — articulada,** toggle interrupter; **juego de palancas,** set of arms; **junta de palancas móviles bajo diferentes ángulos,** toggle joint; **mando por — única,** one lever control; **martillo de — horizontal,** lift hammer; **mover muy rápidamente la — de gases,** to rumble; **orificio de — avance,** advance lever hole; **palancas articuladas,** hinged brakes; **prensa de — acodada,** toggle press; **relación de los brazos de la —,** leverage; **rótula para — de avance,** advance lever ball stud; **sistema de palancas articuladas,** toggle system; **taladro de —,** lever brace; **talón de —,** heel of a crow bar; **válvula de —,** lever valve; **válvula de — acodada,** toggle operated valve.

Palangre (pesca), Boulter.

Palanqueta, Ball.

Palastro (Riostra de), Shoulder bracket.

Paleadora, Shoveller.

Paleta, Balling rake or tool, bucket, flap, pallet; — (de rueda), paddle; — (rueda), float; — **articulada de una rueda,** feathering paddle; — **de hélice,** blade of a screw, screw blade; — **de rueda hidráulica,** float board; — **de tipo de ala,** blade wing; — **de vidriero,** batten; — **directriz,** guide bucket; **buque de ruedas de paletas,** paddle ship; **de paletas,** bladed; **molinillo regulador de paletas,** fly; **subir las paletas,** to reef the paddles.

Palier, Bearing, bearing black, bearing fulcrum, block, bracket, cushion, end journal bearing, fulcrum; — **-consola,** wall bearing; **de botón de manivela,** crank pin steps; — **de descarga de un pozo de extracción,** bank of a drawing shaft; — **frontal,** end bearing; — **interior,** inside bearing; — **intermedio** (turbina), centre bearing; — **oblicuo,** angle pedestal bearing; — **ordinario,** pillow block; — **soporte,** plummer block; **carga de** —, bearing stress; **consola** — **de columna,** post hanger bearing; **consola de** — **suspendido,** hanger; **chasis regulable de** —, binder frame; **sombrerete de** —, cap.

Palisandro, Black rose wood, palisander, purple wood, rose wood.

Palma (Aceite de), Palm oil.

Palmer, Wire gauge, micrometer caliper.

Palmera, Palm tree.

Palo, Wood; — **de atortorar,** Spanish windlass; — **de hierro,** black iron wood; — **rojo,** peachwood; — **rosa de las Antillas,** Jamaica rose wood; **obencadura del** — **macho,** lower rigging; **tamborete del** —, cap of mast.

Palomilla, Bracket; — (fund.), lug of a mould.

Palpador, Feeler, finder, follower, tracer lever; — **eléctrico,** electric feeler; **galga palpadora,** feeler gauge.

Pallete, Mat; — (buques), paunch.

Pan de oro o de plata, Pan.

Panal, Honeycomb or honey comb; **bobina de** —, honeycomb coil; **bobina de alma de** —, honey comb coil; **bobina en** —, lattice wound coil; **en forma de** —, comby; **radiador de** —, honeycomb radiator.

Pancromático, Panchromatic; **emulsión pancromática,** panchromatic film.

Pandearse, To distort; — (la madera), to buckle.

Pandeo, Bending, bending produced by axial compression, buckling, collapse; — **plástico,** plastic buckling.

Panel, Panel; — **absorbente,** absorbing panel; — **acristalado,** glass panel; — **acústico,** acoustical panel; — **de construcción,** structural board; — **de inspección,** inspection panel; — **igualador,** equalizer panel; — **insonoro,** acoustical panel; **con paneles de roble,** oak pannelled; **dividir por paneles,** to panel.

Panificación, Bakery.

Panorámico, Panoramic.

Pantalla, Back, baffle, baffle plate, brick arch, light filter, screen, shield; — **acústica,** sounder screen; — **contra infiltraciones,** raft; — **contra la radiación,** radiation shield; — **cromática,** color picture screen; — **de agua,** water screen; — **de cimentación,** basket; — **de Faraday,** Faraday screen, Faraday shield; — **de mallas finas,** fine wire scattering; — **de proyección,** projection screen; — **de radar,** radar screen; — **de televisión,** television screen; — **electrostática,** electrostatic shield; — **falsa,** threshold bed; — **fluorescente,** fluorescent screen; — **fluoroscópica,** fluoroscopic screen; — **graduada,** graded tone screen, graduated screen; — **luminiscente,** luminiscent screen; — **magnética,** magnetic screen, magnetic shield; — **panorámica,** P.P.I. (Plan Position Indicator); **bajo** —, screened; **con** —, screened; **con**

— **de rejilla**, grid screen; **diámetro útil de** —, useful screen diameter; **efecto de** —, screening; **lámpara** —, scattering valve; **sin** —, non screen.

Pantascopio, Pantascope.

Pantógrafo, Pantograph.

Pantómetra, Bevel protractor, bevel square.

Pantoque, Bilge; **picadero de** —, bilge block.

Panza, Belly; **aterrizaje de** —, belly landing.

Paño, Cloth, fabric, wool cloth; **fundir** —, to squeeze; **rueda pulidora recubierta de** —, cloth wheel.

Pañol, Compartment; — **de bombas,** bomb bay.

Pañolero, Trimmer.

Papel (véase los Cuadros para las denominaciones inglesas de los papeles), Paper, sternmost frame; — **absorbente,** absorbent paper; — **al bromuro,** bromide paper; — **al ferroprusiato,** blue print paper; — **de 51/2 × 3/4 pulgadas,** imperial; — **de calco,** flax paper, tracing paper; — **de dibujo,** drafting or drawing paper; — **de dibujo inglés,** antiquarian; — **de embalar,** casing paper, packing paper; — **de filtro,** filter paper; — **de lija,** sand paper; — **de seda,** cambric paper, tissue paper; — **embreado,** brown paper; — **fotográfico,** photographic paper; — **gris,** cap paper; — **impregnado,** impregnated paper; — **metálico,** tinsel; — **moneda,** paper credit, paper money; — **oleoso,** cartridge paper; — **ondulado,** corrugated paper; — **revestido de silex machacado,** flint paper; — **secante,** blotting paper; — **sensible** (fotografía), bromide paper; — **timbrado,** stamped paper; — **tornasol,** litmus paper; — **vitela,** laid paper; **bobina de** —, paper reel or paper pool; **cable aislado con** —, paper insulated cable; **cinta de** —, paper tape; **disco o arandela de** — (pila), paper disk; **ensayo de un** — **hablado en la televisión,** line rehearsal; **fábrica de** —, paper making, paper mill; **fabricación del** —, paper making; **fabricante de** —, paper maker, paper manufacturer; **fabricante de papeles pintados,** paper stainer; **junta al** —, paper joint; **máquina de fabricar** —, paper (making) machine; **pasta de** —, paper pulp; **pasta para** —, pulp wood.

Papeleo, Red tapism.

Papelería, Paper mill.

Papeleta, Certificate; — **de salida,** clearing certificate.

Paquebote, Liner; — **postal,** mail boat.

Paquete, Bundle, fagot or faggot, pile; — (pudelado), fagot or faggot; — **de guiaondas,** waveguide packet; **hierro pudelado en** —, fagot iron; **oxicorte en** —, stack oxycutting; **punzonado en** — **de chapas,** multiple layer punching.

Par, Cell, torque, yoke; — (cifra), even; — (cinemática), pair; — (mec., etc.), couple; — (química, electrónica, etc...), pair; — **antagonista,** locked rotor torque or opposing torque; — **coaxil,** coaxial pair; — **concéntrico,** concentric pair; — **de arranque,** starting torque; — **de desconexión,** breaking down torque; — **de desenganche,** breaking down torque; — **de esferas iguales que forman un oscilador Hertz,** dipole; — **de llamada,** restoring torque; — **inferior,** under; — **magnético,** magnetic couple; — **máximo que puede soportar un motor de inducción sin caída prohibitiva de velocidad,** break down torque; — **resistente,** locked rotor torque or opposing torque; — **sincronizante,** restoring torque; **a la** —, at par; **analizador de** — **motor,** torque analyser; **conversión del** — **motor,** torque conversion torque; **de** —, torque; **empalme por pares** (hilos cableados), twisted pairs splicing;

medidor del — motor, torque meter; **verificador del — motor,** torque tester.

Parabarros, Mud guard flap.

Parábola, Parabola.

Parabólico, Parabolic, parabolical; **antena parabólica,** parabolic antenna; **diafragma —,** paracurve; **espejo —,** parabolic mirror; **espejo — metálico,** metal parabola; **rayado —,** parabolic rifling; **reflector —,** parabolic reflector.

Parabolocilíndrico, Parabolocylindrical.

Parabrisas, Screen, wind screen, wind shield; **—** (auto), wind scattering; **— antibalas,** bullet resistant wind shield.

Paracaídas, Air chute (véase **Parachute),** parachute; **— de descenso retardado,** time descent parachute; **— de extremo de ala,** wing tip parachute; **— de frenado,** drag parachute; **— dorsal,** back type parachute; **bengala con —,** parachute flare; **cordón de suspensión del —,** parachute shroud line; **cordones de suspensión del —,** parachute rigging lines; **correaje del —,** parachute harness; **espía arrojado en —,** paraspy; **saco del —,** parachute pack; **saltar en —,** to parachute; **sanitario adiestrado en lanzarse con —,** paramedic; **velamen de —,** canopy of parachute.

Paracaidismo, Parachuting.

Paracaidista, Parachutist.

Paracéntrico, Paracentric.

Paracompacidad, Paracompactness.

Paracuerda, Parachors.

Parachispas, Lightning arrester, spark arrester, spark catcher; **—** (locomotora), bonnet.

Parachoques, Buffer, bumper, catch, driver, guard, hurter, stop; **— central,** buffer central; **— delantero,** front bumper; **— trasero,** rear bumper; **antena de —,** bumper antenna.

Parada, Catch, scot, shunt down or shut off, standstill, stop, stoppage; **— de máquinas,** standstill, stoppage; **— momentánea,** damping; **breve — de movimiento,** dwell; **condensador de —,** stopping capacitor; **distancia de —,** stopping distance; **gancho de —,** catch; **mecanismo de —,** catch, cut off; **órgano de — o de blocaje,** detent; **potencial de —,** stopping potential; **punto de — y de arrastre** (ferrocarriles, señales), catch point.

Paradiafonía, Near-end crosstalk.

Paraelíptico, Paraelliptic.

Parafásico, Paraphase; **amplificador — flotante,** floating paraphase amplifier.

Parafina, Paraffin, petroleum jelly; **— bruta en escamas,** crude scale; **aceite de —,** paraffin oil; **cera de —,** paraffin wax; **vela de —,** paraffin candle.

Parafínico, Paraffinic; **combustible —,** paraffinic fuel; **hidrocarburo —,** paraffinic hydrocarbon.

Parageosinclinal, Parageosynclinal.

Paragirita, Dark red silver ore.

Paragolpes, Buffer stop, bumper, bumper plate.

Paragotas, Water slinger.

Parahidrógeno, Parahydrogen.

Paralaje, Parallax or parallaxe; **sin —,** parallax free.

Paralelamente, Parallely.

Paralelepípedo, Parallelopiped.

Paralelismo, Parallelism.

Paralelo, Parallel; **conexión en —,** parallel connection; **en —** (circuito), multiple; **malalineación paralela,** parallel misalignment; **marcha en —,** parallel running; **poner en —** (elec.), to parallel; **puesta en —** (elec.), paralleling; **resonancia paralela,** parallel resonance; **sacudida en —,** longitudinal surge; **ser — a,** to run parallel; **torno —,** parallel lathe.

Paralelograma, Parallel; **biela del —,** parallel rod; **varilla de —,** parallel bar.

Paralelogramo, Parallelogram, rhombold; **—** (de Watt), parallel motion; **—** (máquina), parallel motion gear; **tirante del —,** main link.

Paralelopipédico, Parallelopipedic.

Parallamas, Fire arrester, flame arrester, flame trap.

Paramagnético, Paramagnetic; **anisotropía paramagnética,** paramagnetic anisotropy; **resonancia paramagnética electrónica,** electronic paramagnetic resonance; **susceptibilidad paramagnética,** paramagnetic susceptibility.

Paramento, Face.

Paramétrico, Parametric; **amplificador —,** paramp.

Parametrización, Parametrization.

Parámetro, Constant, parameter; **— de retículo,** lattice constant; **parámetros híbridos del transistor,** transistor hybrid parameters.

Parapeto, Breastwork, railing.

Parar, To block, to stop; **— las máquinas,** to stop.

Pararrayos, Arrester, lightning arrester, lightning conductor, protective gap, protector; **— de aire rarefiado,** vacuum lightning arrester; **— de capa de óxido,** oxyde film arrester; **— de expulsión,** expulsion arrester; **— de punta,** comb; **— de rodillos,** roller arrester; **— electrolítico,** electrolytic arrester; **varilla de —,** lightning rod.

Parásito, Interference; **capacidad parásita,** stray capacity; **oscilaciones parásitas,** parasitic oscillations; **parásitos,** X's (véase también **parasitic signals, atmospherics statics, strays, storbs**), (radio), clicks, statics, strays, sturbs; **parásitos industriales,** power parasitics.

Parasol, Lens hood, sun visor.

Paratorpedos (Red), Torpedo net.

Paravanes (marít.), Paravanes.

Paraviento (alto horno), Blast plate.

Paraxial, Paraxial.

Parcial, Partial; **admisión —,** partial admission; **saturación —,** partial saturation; **turbina de distribución —,** partial turbine with variable admission.

Pared, Wall; **— acústica,** acoustic wall; **— de la cuba,** cell wall; **— de la envoltura** (acumuladores), cell wall; **— de plomo,** lead wall; **— frontal,** front wall; **con dobles paredes,** double walled; **con paredes delgadas,** thin walled; **falsa —,** counter; **paredes,** lining; **paredes de limpieza,** monkey walls.

Parpadeo, Blink.

Parque, Yard storage; **— de chatarra,** scrapyard.

Parquet, Floor.

Parrilla G (Grid), grate; **— basculante,** dumpling grate; **— de cadena sin fin,** chain grate; **— de escalones,** grate witch steps; **— de escorias,** dumpling grate; **— de horno,** range; **— de rodillo,** cylinder grate; **— descubierta,** bath stove; **— en pisos,** grate with stories; **— esparcidora,** spreader stocker; **— inclinada,** steep grate; **— móvil,** movable grate, travelling grate; **— para separar los minerales brutos del menudo** (minería), ore grizzly; **— rotatoria,** revolving grate; **— tubular,** grate of tubes; **— u hogar mecánico,** mechanical stoker, stoker; **asiento de —,** grate bar bearer; **barrote de —,** bar of a fire grate, fire bar, grate bar; **barrotes de parrilla,** furnace bars; **chasis de —,** grate bar bearer; **durmiente de —,** bar frame; **horno de — abierta,** basin grate; **superficie de —,** area of fire bars, bar surface, grate area, grate surface; **superficie inactiva de la —,** dead grate area; **superficie obturada de la —,** dead grate area; **traviesa de —,** bar bearing.

Parte (contrato, proceso), Party; — **de beneficios,** lay; — **dura de una veta** (min.), bont; — **estrecha de un filón,** twitch; — **mate** (metalografía), dead spot; — **sólida,** main breadth; — **superior,** cover of the boiler, piston head, top, top of a boiler; — **volada,** cantilevered part; **a la** —, by the lay; **en dos partes,** asunder.

Partición, Partition; **función de** —, partition function.

Participación, Share.

Partícula, Fleck; **acelerador de partículas,** atom smasher; **con partículas de un metal más duro que el resto,** pinny.

Particular, Patch; **campo** —, patch field; **efecto** —, patch effect.

Partículas, Particles; — **alfa,** alpha particles.

Partida, Batch; **carta de** —, charter party.

Partidario de la teoría de la plasticidad, Plastician.

Partido, Broken; **chaveta partida,** spring key; **rueda partida,** built wheel.

Partir, To start.

Pasada, Cutting; — **de acabado,** finishing cut, finishing pass; — **de desbaste,** roughing pass, (laminador) pony roughing; — **de rebajado,** roughing cut; **pasadas múltiples,** multiple passes; **penúltima** —, planisher; **primera** — (máq.-herr.), roughing out cut; **última** —, finishing cut.

Pasadera, Footbridge.

Pasadizo, Spout.

Pasador, Auger, bolt, bush, cask plug, colander, collar, cullender, detent pin, dowel, draining dish, feather, fore lock, gudgeon, iron pin, knag, spile or spill, sprig, stud, swivel, tee, wheel lock, wire ferrule, wrist; — (de máquina), bushing; — (de unión), dowel; — **central,** centre pin; — **de aletas,** bolt pin, forelock bolt; — **de bisagra,** joint pin; — **de bucle,** ring bolt; — **de cabeza redondeada,** round headed bolt; — **de cadena,** chain pin; — **de cierre** (de cadena), end pin; — **de cizallamiento,** shearing pin; — **de charnela,** joint pin, pin of a joint; — **de chaveta,** collar pin, fore lock bolt; — **de detención,** check pin; — **de durmiente,** shelf bolt; — **de eje,** linchpin; — **de empalme,** bult bolt; — **de enganche,** knuckle pin; — **de grillete,** shackle pin; — **de hierro,** iron bolt; — **de madera,** peg; — **de punta,** pointed bolt; — **de retención,** cotter, eye bolt; — **de riostra,** clamp nail; — **de seguridad,** joint pin, shearing pin; — **del tornillo de punteo,** box of the elevating screw; — **dentado,** rag bolt; — **falso,** square chuck; — **hendido,** split pin; — **para ayustar cables,** splicing fid; — **pequeño,** toggle; **acción de pasar un** — **cónico para igualar los agujeros que no coinciden,** drifting; **gancho de** —, clevis hook; **sacar un** —, to drive a bolt; **tornillo de** —, eye bolt and key.

Pasaje, Pass; **componente de** —, by-pass component; **conexión de** — **de cátodo,** by-pass cathode.

Pasajero, Passenger.

Pasamanar, To passement.

Pasamano (mar.), Gangway.

Pasamanos, Handrail.

Pasamuros, Wall chisel.

Pasando por, Ducted.

Pasarela, Foot bridge, gangway.

Pasavante (aduana), Transire.

Pasillo de eyección, Discharge chute.

Pasivación, Passivation.

Pasivador, Passivator.

Pasividad, Passivity.

Pasivo, Passive; **radiobaliza pasiva,** passive radiobalize; **reflector** — **indicador,** coded passive reflector.

Paso, Channel, crossing, outlet, pass; — (de un tornillo, etc.), pitch; — **a derechas,** R.H. (Right handed), right handed thread; — **a la izquierda,** L.H.; — **a nivel,** level crossing, (E.E.U.U.), grade crossing; — **alto** (filtro), high pass; — **bajo,** low pass; — **balizado,** buoyed channel; — **cíclico,** cyclic pitch; — **constante,** fixed pitch; — **corto,** fine pitch, low pitch; — **creciente** (hélices), expanding pitch; — **de audiofrecuencia,** audiofrequency stage; — **de banda,** band pass; — **de conmutación,** switching stage; — **de devanado,** spacing, winding pitch; — **de dos vías,** dual channel; — **de los álabes,** blade spacing (turbina), blade pitch; — **de radiofrecuencia,** radiofrequency stage; — **de selección,** selecting stage; — **de sierra,** pit of a saw; — **de tornillo,** screw pitch, screw thread; — **de una cadena,** chain pitch; — **de velocidades,** gear shift or shifting; — **del rayado** (cañones), twist; — **elevado,** overhead crossing; — **entre los asientos delanteros,** aisle front seat; — **fuerte,** heavy cut; — **inglés,** Whitworth pitch; — **largo,** coarse pitch, high pitch; — **métrico,** metric pitch; — **navegable,** navigable channel; — **nulo,** flat pitch; — **polar,** pole pitch; — **polar del colector,** commutator pitch; — **progresivo** (elec.), forward pitch; — **reversible,** reverse pitch; — **subterráneo,** subway crossing passage; — **superior** (ferrocarril), shoofly; — **variable,** controllable pitch, V.P. (Variable pitch); — **Whitworth,** Whitworth pitch; **acción** — **a paso,** step by step action; **agujero de** — (punzonadora), clearance hole; **aparato para coger el** — (máquina de roscar), equipment for picking up thread; **aparato para determinar el** —, pitchometer; **bloqueado del** —, pit lock; **calibre para pasos de tornillo,** screw pitch gauge; **cambio de** —, pitch change; **comprobadora del** —, lead checker; **con** — **a izquierdas,** left right handed, left handed thread; **conmu-**tador — **a paso,** step by step switch; **dispositivo de cambio de** —, pit controlling mechanism; **dispositivo de pasos rápidos,** pitches device; **efecto de** —, by-passing effect; **errores en el** —, pitch errors; **filtro de** —, dry pipe; **fitro de un** — **de banda,** band pass filter; **hélice de** — **reversible,** reverse pitch propeller; **retorcedora de** — **ascendente,** uptwister; **tope de** — **corto** (hélice), fine pitch stop; **tope del** — **corto,** low pitch stop; **tornillo cuyo** — **es igual al del tornillo madre o es un submúltiplo exacto,** pitch screw; **vía de** —, through path.

Pasta, Paste; — **antes de ser cargada en la batidora,** halfstuff; — **antideslizante para correas,** belt dressing; — **de materia activa,** active paste; — **de resina,** resinous compound; **extracción de la tinta del papel impreso hecho** —, deinking.

Pasteurización, Pasteurization.

Pasteurizador, Pasteurizer.

Pasteurizar, To pasteurize.

Pastilla, Blank, pellet; — (fresadora), tip; — **de herramienta,** tool tip; **con** — **de carburo,** carbide tipped.

Pastosidad, Pastiness.

Pastoso, Pasty.

Pata, Claw, leg, lug, paw; — **articulada,** articulated leg; — **de araña,** abrid, oil groove, (máquinas) grease channels; — **de cabra,** cheek; — **de gallo,** back plate; — **de ganso,** bridle, dolphin, goose-foot; — **de retención,** guard lug; — **del tren de aterrizaje,** landing strut; — **oleoneumática,** oleostrut; — **telescópica,** telescopic leg; **patas,** clutches; **patas de araña** (máq.), cruciform grooves, oil tracks.

Patentado, Babbited, patent.

Patentar, To babbit.

Patente, Babbit metal, license or licence; — (máquinas), fillet; — **de capitán de altura,** master's certificate; — **de capitán de cabotaje,** coasting master's certificate; — **de invención,** patent; **agentes de patentes,** patent agents; **cesión de una** —, assignment of a patent; **ley de patentes,** patent law; **toma de fecha de una** — **de invención,** caveat.

Patín, Friction shoe, gun block, shoe, skate, undercarriage skid; — **antiderrapante,** skid resistor; — **articulado,** articulated magnet; — **de carril,** foot; — **de cola,** tail skid; — **de cruceta,** cross head slipper; — **de eje,** axle slipper; — **de extremo de ala,** wing tip skid; — **de máquina,** block; — **de proa,** nose skid; — **de raíl,** bearing plate; — **de tope,** thrust pad; — **oscilante,** oscillating pad; — **pulsante,** pulsing shoe; — **retractil,** retractable skid; — **tetrapolar,** four pole magnet; **cara inferior de** —, slipper; **patines,** guide rods, gun rods; **soporte de** —, shoe holder.

Pátina (Dar), To patinize.

Patinaje, Slipping.

Patinar, To skid; — (engranaje de embrague), to slip; **embrague que patina,** slipping clutch.

Patinazo, Skidding.

Patrón, Principal; — **de frecuencia,** frequency standard; — **de imágenes,** definition chart.

Patrullero, Patrol vessel.

Pavés, Bullwark.

Pavesa, Brand.

Pavimentadora, Paving machine; **máquina** —, paver.

Pavimento, Paving; — **de guijarros,** cobble stones.

Paxilado, Paxilose.

Peaje, Toll.

Pecio, Wreck.

Pechblenda, Black blend, pitchblende.

Pecho, Breast; **brazada de** —, breast stroke; **taladro eléctrico de** —, electric breast.

Pectoral (Placa), Diver breast plate.

Pedal, Pedal; — **de acelerador,** foot throttle; — **de embrague,** clutch pedal; — **de freno,** brake pedal; — **del acelerador** (auto), accelerator pedal; — **o carril de enclavamiento,** lock bar; **de varios pedales,** multiped; **pedales de gobierno del timón de dirección,** rudder pedals.

Pedazos (Que se cae a) (buque viejo, etc...), Iron sick.

Pedernal, Fire stone.

Pedestal, Carriage, footing, pillow block.

Pedido, Order form; — (a un proveedor), order; **pedidos no cumplidos,** back log.

Pedregosidad, Stoniness.

Pega de mina, Blasting; **hueco para la** —, blast hole.

Pegado, Glued, jamming, taped.

Pegadura de los aros, Ring stickning.

Pegajoso, Fitchery.

Pegar, To glue, to paste.

Peinado, Combed, combing, worsted; **tejido** —, worsted fabric.

Peinadora, Combing machine; — **mecánica,** combing machine.

Peinar, To comb.

Peine, Comb; — **de filetear,** comb; — **de roscar,** screw tool, screwing tool; — **de roscar exteriormente,** outside screw tool; — **de roscar interiormente,** inside screw tool; — **de tejedor,** weaver's comb; — **hembra,** inside chaser; — **macho,** outside chaser; — **para cáñamo,** hatchel; — **para machos,** external chaser; — **postizo,** inserted chaser; — **vertical,** vertical comb; **en forma de** —, comb shaped; **peines** (herramientas de torno), back tools; **tornillo de** —, comb screw.

Peldaño de escala, Rung; — **de escalera,** stair.

Película, Film, skin, thin film; — **de óxido,** casting skin, oxide film; — **orgánica,** organic film; — **resistiva,** resistive film; **bobina de películas,** film spool; **carrete de —,** film cartridge, film pack; **con — de óxido,** oxide coated; **emisor de — atómica,** atomic film emitter; **máquina para revelar películas,** film developing machine; **rodillo de películas,** film reel. .

Peligro (Sin), Safe.

Pendiente, Descent, fall, gradient, hanging, incline, longitudinal declivity, slip, slope, sloping; — (geología), cohade; — **fuerte,** high gradient; — **hacia atrás,** back sloping; — **lateral,** side sloping; — **negativa,** negative rake; **de fuerte —,** steepened; **en —,** pitch, slanting, sloping; **igualador de —,** slope equalizer; **indicador de —,** clinometer, grademeter or gradometer; **registrador de —,** dip meter.

Pendol (Dar), Keel over, to heave down.

Pendolón, Broach post.

Pendulación, Pendulatión.

Pendular, Pendulum like; **movimiento —,** pendulum like motion.

Péndulo, Ball head, centrifugal head, clock, governor head, pendulum; — **trazador,** control clock; **apoyo de —,** swing bearing; **movimiento de —,** clock castings

Penetrable, Fathomable.

Penetración, Penetration; — **excesiva,** overpenetration; **frecuencia de —,** maximum depth frequency.

Penetrador, Impressor.

Penetrascopio, Penetrascope.

Penetrómetro, Penetrometer, qualimeter; — **de cono,** cone penetrometer.

Peniplanicie, Peneplain.

Pentafásico, Five phase; **sistema —,** five phase system.

Pentaleno, Pentalene.

Pentalobulado, Cinquefoil.

Pentano, Pentane.

Pentatrón, Pentatron.

Pentavalencia, Quinquevalence.

Pentiazolinas, Penthiazolines.

Péntodo (radio), Pentode.

Pentógrafo, Pentograph.

Pentriodo, Pentriode; **amplificador —,** pentriode amplifier.

Peña (martillo), Edge, pane.

Peñón, Rock; — **de pista,** attendant runway.

Pepita, Prill; — **de oro** (minas), nugget; **buscador de pepitas de oro,** chimmer.

Peptida, Peptide.

Peptídico, Peptide; **ácido —,** acid peptide; **enlace —,** peptide linkage.

Peptonización, Peptonisation.

Pequeño, Small; **montado a pequeña altura,** low mounted; **tamaño muy —,** pewee.

Pera, Swedge; — **de goma,** bottle.

Peral, Pear tree.

Peralte, Elevation.

Percal, Cambric muslin.

Perceptrón, Perceptron.

Perclorato, Perchlorate.

Perclórico, Perchloric; **ácido —,** perchloric acid.

Percolador, Percolator.

Percristalización, Percrystallization.

Percusión, Knock, knocking, percussion; — **en tierra** (aviac.), ditching; **ejercicio de — en tierra,** ditching drill; **estopín de —,** percussion priming; **perforación por —,** percussion drilling, percussive boring or drilling.

Percutir, To knock.

Percutor, Firing pin, hammer, striker; **aparato —** (torpedos), pistol.

Perder, To leak; — **la unión** (albañilería), to break joint.

Pérdida, Casualty (plural **casualties**), loss (plural **losses**), wastage; — (elec.), fault; — (metal), diminution; — **de calor por las paredes del cilindro,** abstraction of heat from the walls of the cylinder; — **de carga,** duct loss; — **de inserción,** insertion loss; — **de propagación,** propagation loss; — **de retorno,** return loss; — **de sombra,** shadow loss; — **de transmisión,** transmission loss; — **de velocidad** (aviac.), pancake; — **en el espacio libre,** free space loss; — **en vatios,** watt loss; — **magnética,** magnetic loss; — **neta mínima,** minimum net loss; — **neta mínima de funcionamiento,** minimum working net loss; — **o ganancia por reflexión,** reflection loss (for gain); — **por absorción,** absorption loss; — **por corrientes de Foucault,** eddy current losses; — **por efecto rasante,** grazing loss; — **por radiación en líneas,** radiation loss of lines; — **por torbellinos,** eddy loss; — **uniforme,** flat loss; **acero de pérdidas débiles,** low loss steel; **área de pérdidas,** loss aperture; **beneficios y pérdidas,** profit and loss; **cable sin pérdidas,** nonlossy cable; **corrientes de —,** leakage currents; **factor de pérdidas,** loss factor; **indicador de pérdidas,** loss meter; **pérdidas de carga,** head losses, idle losses; **pérdidas en el cobre,** copper losses; **pérdidas en el hierro,** iron losses; **pérdidas en el núcleo,** core or watt losses; **pérdidas en la línea,** line losses; **pérdidas en las piezas polares,** polo-shoe losses; **pérdidas en los álabes,** blade losses; **pérdidas óhmicas,** ohmic losses; **pérdidas por histéresis,** hysteresis losses; **pérdidas por pegadora del hormigón a la hormigonera,** stikage; **pérdidas totales,** core or watt losses; **sin —,** lossless; **sin pérdidas,** nonlossy.

Perdido, Dead; — (fuste), on trip; **hilo telegráfico de extremo —,** dead ended wire; **tiempo —** (tornillo), end play.

Perditancia, Decrease, waste.

Perfeccionado, Improved.

Perfeccionamiento, Development, improvement.

Perfeccionar, To eke.

Perfecto, Perfect; **cortocircuito —,** dead short circuit; **emisión perfecta,** perfect emission; **transductor —,** ideal transducer.

Perfil, Aerofoil, blade, contour, crown, face mould, profile, section, shape, wing; — **conjugado,** conjugated profile; — **curvilíneo,** curved profile; — **de ala,** wing camber, wing curve, wing section; — **de álabe,** blade section; — **de baja velocidad,** airfoil slow speed; — **de explanación,** batter gauge; — **de leva,** cam profile; — **de tamaño natural,** airfoil full size; — **en doble T,** H bar or I bar; — **extruído,** shape; — **laminar,** laminar flow section; — **o plano delgado,** airfoil thin section; — **zore,** zore profile; **angulares y perfiles,** angular sections.

Perfilado, Contour forming, extruded section or shape, forming, profile turning, profiling, section, shaping, trueing or truing, to shape; — **en bronce,** brass section; — **sin virutas,** chipless profiling; **fresa perfilada,** profile cutter.

Perfilador, Truer.

Perfilar, To adapt, to profile; **fresa de —,** profile cutter; **máquina de —,** machine for making shapes, profiling machine; **pieza troncocónica de una máquina de —,** dummy.

Perforación, Boring, drilling, driving, fusion piercing, perforation, piercing, sinking, trepanning; — **al diamante,** diamond drilling; — **con inyección inversa** (petróleo), reverse circulation drilling; — **chadless,** chadless perforation; — **de**

fichas, card punching; — **de un pozo,** shaft sinking; — **petrolífera en mar abierta,** offshore drilling; — **subterránea,** cutting across; **afuste de** —, fuel control bar; **ayudante de** —, roughneck; **cabria de** —, draw works; **capacidad de** —, drilling capacity; **con aparejo de** —, sinking hoist; **diámetro de** —, drilling diameter; **ensayo de** —, breaking down test; **ensayo de** — **de los cables,** cable breakdown test; **grúa de** —, boring frame; **herramientas de** —, boring tools, drills; **llegar a la capa por una** — **lateral,** to cut across; **muestra de** —, bore sample; **programa de** —, campaign drilling; **prueba de** —, breaking down test; **torno de** —, boring tower; **torre de** —, rig.

Perforado, Holed, perforated, punctured, sunk; — **con estrangulamiento,** choke bored; **ánima perforada,** drilled web; **cálculo por tarjetas perforadas,** punched card calculation; **no** —, unpierced.

Perforador, Casing gun, chisel, drill, perforator; — **de aire comprimido,** compressed air drill; — **de moldes,** boring chisel; — **de trinquete,** ratchet brace; **aguja perforadora,** drill; **bobina de** — **de un arco,** ferrule; **máquina perforadora de révolver,** turret head boring machine; **martillo** —, drill, drill hammer; **perforadora de percusión a mano,** plugger; **perforadora móvil,** wall drilling machine; **prensa perforadora,** piercing press.

Perforador-impresor, Printing keyboard perforator.

Perforadora, Bit drilling, boring machine, drilling machine (véase **Drilling**), punch, rock drill; — (sonda), pode drill; — **a mano,** hand drilling machine; — **automática,** automatic driller, automatic drilling machine; — **de banco,** bench drilling machine, bench type drilling machine, bench type machine; — **de brocas alineadas,** straight line driller; — **de brocas**

múltiples, multiple spindle drilling machine; — **de columna,** column drilling machine, drill press, pillar drilling machine; — **de engranaje cónico,** drill brace; — **de gran carrera,** deep hole drilling machine; — **de mano,** hand drill; — **de precisión,** precision driller; — **de roca,** cutter of cross galleries; — **de trépano,** upright drill; — **eléctrica,** electric drilling machine; — **fijada a una columna,** pillar drilling machine; — **horizontal,** horizontal drilling machine; — **múltiple,** gang drill, gang drilling lathe, horizontal drilling machine; machine, multiple drilling (duplex, quadruplex...) machine; — **mural,** wall drilling machine; — **neumática,** pneumatic drilling machine; — **radial,** radial drilling machine; — **rápida,** high speed drilling machine; — **rígida,** heavy duty drilling machine, rigid drilling machine; — **roscadora,** drilling and tapping machine; — **transportable a mano,** drilling jig; — **universal,** universal drilling; — **vertical,** upright driller, upright or vertical drilling machine, vertical boring machine; **taladradora** —, boring machine.

Perforamuelas, Wall chisel.

Perforar, To drift, to drill, to drive, to hole, to perforate, to pierce; — (condensador), to puncture; — **el horno alto,** to tap; — **un pozo,** to sink; — **un pozo de mina,** to blast a hole; **balancín para** —, cramp; **brazo de** —, boring frame; **cambio de velocidades de máquina de** —, drill speeder; **carraca de** —, ratchet drill; **carro portaherramienta de una máquina de** —, boring wheel; **instrumento de** —, borer; **máquina de** —, boring engine, boring frame, drill press, drilling machine; **máquina de** — **de aplique,** wall drilling machine; **máquina de** — **las calderas,** boiler shell drilling machine; **máquina horizontal de** —, drilling lathe; **máquina para** — **carriles,** rail drilling machine; **martillo de** —, borer's mallet.

Perforarse un dieléctrico, To breakdown.

Performado, Preformed, preforming.

Performar, To preform.

Pergamino, Parchment; — **vegetal,** vegetable parchment.

Periclasa, Periclase; **cristal de —,** periclase crystal.

Periferia, Periphery.

Periférico, Peripheral or peripheric; **velocidad periférica,** peripheral speed.

Périkon, Perikon.

Perímetro, Perimeter.

Perinuclear, Perinuclear.

Periódico, Cyclic, periodic; **ácido —,** oxygen of iodin **error —,** cyclic error.

Periodímetro, Periodometer.

Periodización, Periodization.

Período, Period, stage; — (elec.), cycle; — **de admisión,** admission period; — **de bloqueo,** off period; — **de conducción,** on period; — **de tasación,** charge period; — **de trabajo,** cycle of action; — **propio,** natural period; **motor de n períodos,** n cycle motor; **multivibrador de — simple,** one cycle multivibrator; **períodos,** c (cycles); **períodos por segundo,** cps (cycles por second).

Periscópico, Periscopic; **gemelos periscópicos,** periscopic binoculars.

Periscopio, Periscope; — **electrónico,** electronic periscope.

Peritación (de buque), Survey.

Peritar (buque), To survey.

Perito, Surveyor.

Perjudicial, Harmful; **interferencia —,** harmful interference.

Perjuicio, Loss (plural **losses**).

Perla, Pearl; — **de bórax para ensayo,** bead; **concentrado a punto de —,** pearled; **ensayo a la —** (quím), plane bead.

Perlado, Beaded glass.

Perlita, Pearlite, perlite; — **globular,** spheroidite.

Perlítico, Pearlitic, perlitic; **acero —,** pearlitic steel; **aleación perlítica,** pearlitic alloy.

Perloide, Pearloid.

Permanente, Livelong, permanent, steady; **eco —,** permanent echo; **imán —,** permanent magnet; **régimen —,** steady condition.

Permanganato, Permanganate; — **de potasio,** potassium permanganate.

Permatron, Permatron.

Permeabilidad (elec.), Permeability; — **magnética,** magnetic permeability; **de — magnética inferior a uno,** diamagnetic.

Permeable, Leachy, permeable, pervious.

Permeancia, Permeance; **unidad de —,** perm.

Permiso, Channel, license or licence; — (de un navío), clearance.

Permutación, Permutation; **matrices de —,** permutation matrices.

Permutaciones, Permutations.

Permutador, Changer, changing switch; **conmutador —,** throw over switch.

Permutar, To change over.

Permutatriz, Commutator rectifier.

Pernio, Butt hinge.

Perno, Bolt, dog stay, drift bolt, gudgeon, journal, iron bolt, iron pin, stud, swivel, trunnion; — **acanalado,** collar journal; — **ajustado,** fitted bolt, reaming bolt, template bolt; — **arponado,** baybolt, swedge bolt; — **articulado,** swing bolt; — **cilíndrico,** cylindrical bolt; — **con chaveta,** eye bolt and key; — **con tuerca de gancho,** bolt heel; — **cónico,** taper bolt; — **cónico destinado a acercar los bordes de una espiga y una mortaja,** draw bore pin; — **cuadrado,** square bolt; — **de agrimensor,** arrow; — **de ancla**

je, rag bolt, stone bolt; — de anclaje pasante, crab bolt; — de apriete, draw bolt; — de apriete de la traca sobre la cuaderna, wringbolt; — de apriete de un prensaestopas, packing bolt; — de arrastre, carrier; — de brida, fish bolt, track bolt; — de cabeza, cap bolt; — de cabeza inteligente, flat headed bolt; — de cabeza perdida, flush bolt; — de cabeza redonda, boss bolt; — de cáncamo, swivel bolt; — de cierre, fang bolt; — de cimentación, holding down bolt; — de clavija, key bolt; — de cruceta de la barra del pistón, piston rod bolt; — de cubrejunta, fish bolt; — de charnela, joint bolt; — de chaveta, collar pin; — de detención, check bolt; — de enganche, locking bolt; — de ensamble, holding bolt; — de espaldón, shoulder bolt; — de esquina, corner bolt; — de gancho, bolt hook, swivel bolt; — de muescas, jagged bolt; — de ojal, eye bolt; — de patilla, feathered bolt; — de punta perdida, dump bolt; — de reborde, collar bolt; — de recambio, spare bolt; — de retén, stop bolt; — de retención, check bolt, lock bolt, retaining bolt; — de rosca, bolt and nut, screw bolt; — de rótula, knuckle pin; — de sombrerete, cap screw, (de palier), keep bolt; — de tapa, breech bolt; — de traviesa, stay bolt, tie bolt; — de unión, coupling fork, in and out bolt, joint bolt, tack bolt; — de uña, dogbolt; — del balancín, main pin; — en bruto, blank bolt; — en T, T bolt; — intermediario, neck collar journal; — para llantas, tire bolt; — para rejilla, rag bolt; — pasante, in and out bolt; — prisionero, drop bolt; — que atraviesa de lado a lado, in and out holt; — que atraviesa de parte a·parte, in and out bolt; — sin cabeza, short drove bolt; — y tuerca, bolt and nut; alambre para pernos, bolt wire; cabeza de —, bolt head; cabeza redonda de —, fillister (screw) head; extremo de —, bolt end;

guiada por — (válvula),, stem guided; herramienta de fabricación de pernos, bolt making tool; hierro para pernos, bolt iron; ranura para extractor de pernos, drift hole; recalcar un —, to start a bolt; sacar un —, to drive a bolt; válvula de —, bolt valve.

Perovskita, Perovskite.

Peroxicarbónico, Peroxycarbonic; ácido —, peroxycarbonic acid.

Peróxido, Peroxide; — de nitrógeno, nitrogen peroxide; — dietilénico, diethylene peroxide; lodo ·de — (acumulador), peroxide sediment.

Perpendicular, Perpendicular; — a, normal a; entre perpendiculares, between perpendiculars; pie de —, end; trazar una —, to let fall a perpendicular.

Perpiaño, Bonder, concrete block.

Perrénico, Perrhenic; ácido —, perrhenic acid.

Persecución espacial, Space tracking.

Persiana de escotilla, Hatchway screen; cierre de persianas, louvered or louvred wall; persianas (de radiador); louvres or louvers.

Persistencia (ecos), Hangover.

Persona que turna, Rotated person.

Perspectiva, Cut away drawing, perspective.

Perspectivo (adj.), Perspective; haz —, perspective beam; plano —, perspective plan.

Perspectograma, Perspectogram.

Pértiga, Pole; — (medida), rod; — de micrófono, boom; — de toma de corriente, trolley or trolly, trolley arm.

Perturbación, Blights, disturbance, interference; — del orden público, civil commotion; — en el servicio, break down; — errática, random disturbance; — magnética, magnetic disturbance; sin perturbaciones parásitas, staticless.

Perturbador (Intensidad de campo), Radio noise field intensity.

Pervibrado, Pervibrated.

Pervibrador, Pervibrator.

Pesa-ácidos, Acid densimeter.

Pesa-sales, Salt gauge.

Pesada, Weigh, weighing.

Pesado, Heavy; aceite —, fuel oil; agua pesada, heavy water; electrón —, heavy electron; hidrógeno —, heavy hydrogen.

Pesante, Heavy.

Pesasales, Salt gauge.

Pesca (Marineros dedicados a la) de arrastre, Driftermen.

Pescado (Aceite de), Marine oil.

Pescador de pestillo (sondeo), Jack latch.

Pescante, Jib.

Pescar (Cesta para), Panfish.

Pescatubos, Bell socket.

Pesillo de monedas, Coin balance.

Peso, Chock, gravity, wt or wgt, weigh, weighing; — adhesivo, adhesive weight; — atómico, atomic weght; — bruto, gross weight; — cuántico, level degeneracy; — de 1 litro de hidrógeno, crith; — de 45,395 kg., centner; — de alambres de acero, sinket; — de alimentación de la pieza (máquina de moldurar), feeding weight; — de catorce libras, stone; — en vacío, dry weight, empty weight; — específico, specific weight; — legal, standard weight; — molecular, molecular weight; — motor, driving weight; — muerto, dead load, dead weight; — muerto de un buque, burden; — neto, net weight; — que produce el aplastamiento, crushing weight; — sofométrico, psophometric weighting factor; — sofométrico de una frecuencia, psophometric weight of a frequency; — total, all up weight; — útil, useful load; aligeramiento de —, easing; avión ligero de poco —, beecraft; buen —, draught or draft; economía de —, weight saving; medida de —, ounce; para

los probadores, — de 1,771 g, centner; superar en —, to outweight.

Pestaña, Bulb, flange or flanch (rare), rebate; — (ferrocarril), rib bearing; con pestañas, flanged; neumático de pestañas, cover with beaded edges.

Pestañadora, Flanger.

Pestillo, Bolt, catch, click, flat bolt, German lock, latch, sliding bolt, slip bolt; — de cerradura, bolt of a lock; guarda del —, ward of a lock.

Peterrear (motores), To sputter.

Petición, Demand; — de comunicación, booking of a call; — de vapor, steam demand.

Peto de popa, Arcasse.

Petrografía, Petrology.

Petroleros, Petrolens.

Petróleo, Fossil oil, petroleum, rock oil; — bruto, crude oil; — lampante, burning oil, kerosene or kerosine, lamp oil, paraffin oil, petroleum oil; — más volátil, vaporising kerosene; — purificado, lamp oil; abastecimiento de —, oil supply; aceite de —, petroleum; arrastre del — por el agua salada, water drive; arrastre del — por los gases disueltos, dissolved gas drive; corroído por —, oil rotted; crudo de —, crude petroleum; en algunos casos — lampante, paraffin; ensayo de — al plumbito sódico, doctor test; éter de —, petroleum ether; motor de —, oil engine; pozo de —, oil well; quemador de —, oil burner; refinería de —, oil refinery; rezumadero de —, oil seepage; tanque de —, oil tank.

Petrolero (buque), Tanker; buque —, oil tanker, oiler; puerto —, oil port.

Petrolífero, Oil bearing; arena petrolífera, oil sand.

Petroquímico, Petrochemical; productos petroquímicos, petrochemicals.

Pez para aconchegar, Clobber.

Pezón de un eje, Arms.

Pezonera, Linchpin.

Picada (Aparato de) (telares), Equipment for picking up thread; **mar —**, choppy sea.

Picadero, Block, stock; **—** (dique seco), angle blocks. pitted.

Picado, Edging; **—** (de calderas), chipping; **— con los motores reducidos de marcha**, throttled dive; **— de limas**, cutting; **— en espiral**, spiral dive; **ángulo de —**, dive angle; **bombardero en —**, dive bomber; **flaps de —**, dive flaps; **freno de —**, dive brake; **velocidad de —**, diving speed; **viraje en —**, dive turn; **vuelo en —**, diving flight.

Picador, Builder up; **—** (mina), hewer; **—** (minas), brusher, pikeman, stooper; **— de carbón**, picksman.

Picadura, Bite, sand hole, wormhole; **—** (de lima), cut; **— cruzada** (lima), double cut; **— de un metal**, pitting; **— de una lima**, cut of a file; **— dulce** (limas), smooth cut; **— simple** (lima), float cut; **— superfina** (lima), dead smooth cut; **primera —** (limas), lower cut; **segunda —** (limas), upper cut.

Picafuego (herramienta de caldeo), Fire slice.

Picafuegos, Ash rake, ash scraper, cinder hook, coal poker, crow bar, pricker, slice bar, tapping bar; **—** (herramienta de caldeo), poker with a lance, slice.

Picaporte, Latch, latch key, locket; **— de coche**, devil; **nariz de —**, key hook.

Picar, To cut, to dive, to dress, to pit; **—** (aviac.), to dart; **—** (calderas), to chip; **acción de — incrustaciones** (calderas), pricking; **máquina para — limas**, file cutting machine; **martillo de —**, chipping hammer; **martillo de — sal**, scaling prick; **que pica**, prick; **que sirve para —**, prick.

Picarse (herrumbre), To pit.

Pico, Beak (of an anvil), bill, hack, mattock, mortise axe, pick, pike; **—** (tobera), nosc; **— cortante**, bill; **— de aceite**, oil bill; **— de bigornia**, beckiron; **— de minero**, miner pick; **— de pato**, duckbill, duck's bit; **— en corazón**, miner pick; **con —**, beaked; **corriente de —**, peak current; **junta en — de flauta**, bird mouth scarf; **limitador de picos de audiofrecuencia**, audiofrequency peak limiter; **pica de minero**, axe for bursting stones; **que no se pica** (metales), nonpitting; **tensión inversa de —**, peak inverse voltage.

Picoculombio, Picocoulomb.

Picrato, Picrate.

Pícrico, Picric; **ácido —**, picric acid.

Picudo, Billed, peaky.

Pie, Ft (**foot**), heel, root, stand; **—** (medida), foot; **— cuadrado**, square foot; **— cúbico**, cubic foot; **— de biela**, connecting rod bottom end; **— de cabra**, bar spike, pinch bar; **— de muro**, footing; **— de pilar**, pedestal base; **— de rey**, caliper square, calipers scale, slide or sliding caliper, vernier caliper; **— de roda**, fore foot; **— de talud**, base; **— de un par**, heel of a frame; **— de yunque**, anvil foot; **— derecho**, arch pillar, bracing strut, bracket, crown post, iron spur, pilaster, strut; **altura del —**, dedendum; **articulación de — de biela**, gross head pin bearing; **con mando al —**, foot operated; **de —**, hanging; **de tres pies**, tripod; **electroimán de — zambo**, lagging electromagnet; **en —**, up, upright; **especie de — de cabra**, dwang; **freno de —**, foot brake; **libra por —**, ft, lb (**foot pound**); **longitud del —** (engranajes), dedendum; **medir con el — de rey**, to caliper; **palanca de — de cabra**, claw ended crowbar, miner pitching bar; **pies cúbicos por minuto**, c.f.m.; **pies cúbicos por segundo**, c.f.s.; **pies por minuto**, f.p.m. (feet per minute); **pies por se-**

gundo, f.p.s. (feet per second), f/s (foot seconds); **sumando al** —, footed; **trípode de** — **de rey**, adjustable tripod.

Piedra, Pebble, stone; — **angular,** corner stone, head stone; — **avisante,** swine stone; — **brillante,** daze; — **de aceite,** hone, hone stone; — **de afilar,** grinding stone, hone, whet stone; — **de águila,** eaglestone; — **de arranque,** toothing stone; — **de batir,** beating stone; — **de bruñir,** agate burnisher; — **de cal hidráulica,** cement stone; — **de construcción,** building stone; — **de cuchillas,** bath brick; — **de dorar,** agate burnisher; — **de lijar,** colour stone; — **de mano,** whetstone; — **de pulir,** ayr stone, emery stick; — **de rectificar,** hone; — **de repasar,** whetststone; — **de rustina,** filling place; — **de sillería,** cut stone, free stone; — **de talla,** ashlar, broad stone, building stone; — **esmeril,** polishing stone; — **filtrante,** filter stone or filtering; — **flotante,** float stone; — **fundamental,** corner stone, foundation stone; — **ligera,** float stone; — **machacada,** crusher stone; — **pequeña,** finger stone; — **pómez,** pumice stone; — **preciosa,** gemstone; — **quebrantada,** ballast stone, broken stone; — **refractaria,** fire stone; — **rota,** ballast stone, broken stone; — **tallada,** hewn stone; **cantera de** —, stone yard; **cimiento de** —, course of stone; **cuadrar la** —, to axe; **escoplo de labrar** —, stone chisel; **escuadrador de piedras,** stone squarer; **esquirla de** —, stone chip; **molino compuesto por una** —, drag stone mill; **muro de** — **seca,** cog; **pasar por la** — **de aceite,** to hone; **plataforma para las piedras,** bed wheel; **primera** —, foundation stone; **sentado de piedras,** bed of stones; **talla de la** —, stone cutting; **taqueo de una** — **grande,** snakeholing.

Piel, Hide; — **fabricada con tripa de cordero,** gold beater's skin.

Piernas (de tenazas), Arms.

Pieza, Cut, piece, work; — **accionada por otra,** follower; — **compuesta,** built member; — **de agarre,** clamping piece; — **de artillería,** piece of ordnance; — **de cola de milano,** joggle; — **de empalme,** bus distributing; — **de garras,** claw wrench; — **de madera de cualquier forma,** chuck; — **de máquina,** piece of a machine; — **de tope lateral,** rail brace; — **en bruto para mecanizar,** blank; — **inserta,** patch; — **justificativa,** voucher; — **matrizada,** pressing; — **moldeada,** casting; — **pegada,** patch; — **polar,** pole tip; — **rebatible,** falling board; **aparato vendido por piezas sueltas,** kit; **colocar una** — **vieja** (automóvil, etc...) **en los montones de chatarra, en el cementerio de automóviles, etc....,** to place on the scrap heap; **dar juego a una** —, to ease; **en una sola** —, solid; **en varias piezas,** divided; **huelgo entre piezas,** sluck; **juegos de piezas,** kits of parts; **piezas,** parts; **piezas complicadas,** tricky parts; **piezas de automóvil,** automobile parts; **piezas de avión,** aircraft parts; **piezas de recambio,** spare parts replacement; **piezas embutidas,** false core; **piezas matrizadas,** drop forgings; **piezas matrizadas, embutidas,** drop forgings; **piezas móviles,** working parts; **punto de apoyo de una** — **sobre otra,** journal; **toda** — **apoyada contra otra para reforzarla o protegerla,** false.

Piezocristalización, Piezocrystallization.

Piezocromía, Piezochromy.

Piezodieléctrico, Piezodielectric.

Piezoeléctrico, Piezoelectric; **efecto** —, piezoelectric effect; **eje** —, piezoelectric axis; **indicador** —, piezoelectric indicator; **micrófono** —, piezoelectric microphone; **oscilador** —, piezoelectric oscillator; **resonador** —, piezoelectric resonator; **transductor** —, piezoelectric transducer.

Piezostato, Pressurestat.

Piezotransmisibilidad, Piezotransmisibility.

Pigmento, Pigment; — **para pintura,** paint pigment; — **para pinturas,** point extender.

Pila, Battery, chain reactor, dump, stack; — **articulada** (puentes), rocking pier; — **atómica,** atomic pile; — **Daniell,** chamber battery; — **de bricromato de potasa,** bichromate cell; — **de cable,** cell cable; — **de circulación,** circulation battery, flowing battery; — **de concentración,** cell concentration; — **de dos líquidos,** concentration cell; — **de encendido,** firing battery; — **de líquido inmovilizado,** dry cell; — **de madera,** stack of wood; — **de micrófono,** microphone cell; — **de pesos,** cup weights; — **de polarización,** polarisation battery; — **de reacción en cadena,** chain reacting pile; — **de un solo líquido,** single fluid cell; — **de varios circuitos,** banked battery; — **de Volta,** column battery; — **eléctrica,** pile; **pila-estribo,** standing pier; — **formada por dos electrodos de metales diferentes hundidos en el suelo,** earth cell; — **fotoeléctrica,** barrier layer cell; — **hidroeléctrica,** wet cell; — **patrón,** cell control, standard cell, (fuerza electromotriz a 15° C: 1,4322 voltios), clark cell; — **seca,** dry battery, dry pile; — **Siemens,** Siemens cell; — **tapada herméticamente,** dry cell; — **voltaica,** cell voltaic, voltaic pile; **pilas secas,** flashlight batteries, flashlight battery; **batería de pilas en derivación,** parallel battery; **batería de pilas en series paralelas,** multiple series battery; **colocación en pilas, en paquetes,** cross piling; **elemento de** —, cell; **elemento de una** —, cell of a battery; **tajamar de** — **de puente,** cutwater.

Pilar, Pier, pillar, post; — (minas), craunch; — **de puente,** column bridge; — **de un puente,** butment; — **estrecho de carbón,** ranse; **cru-**cero en un —, narrow bag; **explotación por pilares,** board and pillar system.

Pilastra, Pilaster; — (de puente, etc.), pier.

Pilón, Beetle, crushing machine, drop weight, feather, monkey, stamp; **máquina** —, inverted cylinder engine, inverted V engine.

Pilotado, Piloted.

Pilotaje, Blimping, pilotage; — **de puentes,** pile trestle; **cabina de puesto de** —, cockpit; **cepo de** —, binding piece; **puesto de** —, cockpit.

Pilote, Pile, spile or spill, stake, stilt; — **de disco,** disc pile; — **de rosca,** screw pile; — **de sostén de tablestacado,** filling pile; — **de sostén del estacado,** filling pile; — **metálico de sección redonda o exagonal,** boxpile; **alargadera para** —, follower; **anclaje del** —, pile strutting; **azuches de pilotes,** pile shoes; **cabeza de pilotes,** butt pile; **cimentación sobre pilotes,** pile foundation; **falso** —, cushion; **hincar pilotes,** to drive piles; **máquina de arrancar pilotes,** pile extractor; **martinete para hincar pilotes,** pile driver; **puente sobre pilotes,** pile bridge; **sobre pilotes,** on piles; **tope del** —, pile butt; **vertedero sobre pilotes,** pile weir; **zunchos de los pilotes,** pile rings.

Piloto, Pilot, pilot wire; — **automático,** auto or automatic pilot; — **de pruebas,** test pilot; — **experto de combate,** ace; **asiento del** —, pilot seat; **blanco antiaéreo sin** —, plover; **cable** —, pilot cable; **chispa** —, pilot spark; **filtro de selección de** —, pilot pick off filter; **onda** — **de conmutación,** switching control pilot, switching pilot; **onda** — **de grupo primario,** group reference pilot; **onda** — **de regulación,** regulating pilot wave; **onda** — **de sincronización,** synchronising pilot; **onda** — **de supergrupo,** supergroup reference pilot; **planta** —, pilot plant; **radar de —**, pilotage radar; **teledirigir un avión sin —**, to beep.

Pina, Felloe; — (de rueda de madera), felly.

Pinaza, Barge, pinnace.

Pincel, Brush; — **de cubrir,** brush stopping; — **fino,** fine brush; — **luminoso,** pencil of light rays; — **para artistas plano,** fitch brush; — **para cemento,** cement brush; — **para negro de humo,** dusty brush.

Pinchado, Punctured.

Pinchar, To puncture.

Pinchazo, Puncture.

Pinche vagonero (minas), Hodder.

Pinjante (dovelas), Drop ornament.

Pino, Pine, pine tree; — **blanco del Canadá,** white pine; — **de Huon,** Huon pine; — **resinero,** pitch pine; — **resinoso,** fatwood; — **rojo,** red pine; **madera de —,** deal wood; **madera de — de Florida,** pitch pine wood; **planchas de —,** deal boards.

Pintado, Painted; — **de blanco,** white painted.

Pintar, To paint; **pistola de —,** painting machine.

Pintor, Painter.

Pintura, Paint, painting; — **al aceite,** oil paint; — **al agua,** water paint; — **al aluminio,** aluminium paint; — **al temple,** annealing, distemper painting; — **de carena,** ship bottom paint; **disolvente para — y barniz,** paint thinner; **pigmento para —,** paint pigment; **pigmento para pinturas,** paint extender; **pulverización de —,** chalking of paint; **taller de —,** paint house.

Pínula, Alidade, cross staff, vane.

Pinza, Clamp, clip, crow, fold, gripper, iron crow, pickup; — **americana,** collet; — **de apriete,** chucker, holding collet; — **de la contrapunta,** tailstock collet; — **de seguridad,** catch safety; — **de tuerca,** screw clamp; — **elástica,**

spring collet; — **holandesa,** devil's claw; — **para sujetador de riel,** clip pump; — **sujetadora de papel,** clip paper; **capacidad de la — portapieza,** collet capacity; **pinzas,** dogs, fire tongs, nippers, pincers, pliers or plyers, tongs; **pinzas americanas,** collet chuck; **pinzas cortantes,** cutting nippers; **pinzas de curvar,** bending pliers; **pinzas de tornillo de abertura estrecha,** dog nose hand vice; **pinzas escalonadas,** step collets; **pinzas finas de resorte** (relojería), tweezers; **pinzas para gas,** gas pliers; **pinzas para portaescobillas,** brush plate; **pinzas para retirar las placas fotográficas del baño,** dipper; **pinzas planas,** flat bit tongue, flat nosed pliers, straight pincers; **pinzas portabarras,** bar collets.

Pinzabarras, Ear collets.

Piñón, Driver, gear, pinion; — **cónico,** bevel pinion; — **de ángulo,** bevel pinion; — **de arrastre,** driver gear, driving pinion; — **de dentado doble,** double-toothed pinion; — **de distribución,** valve gear pinion; — **de embrague,** jam wheel; — **de mando del árbol de levas,** cam shaft pinion; — **de primera velocidad,** first speed pinion; — **excéntrico,** cam pinion; — **grande** (bicicleta), chain wheel; — **loco,** idler; — **recto,** spur pinion; — **satélite,** differential pinion; — **sin rematar,** blank pinion; **corona y — multiplicador,** bevel reduction; **grande —,** bull pinion; **grasa para piñones,** pinion grease.

Pipa, Header, stack.

Pipeta, Drop meter, pipette; — **cuentagotas,** dripping tube; **especie de —** (quím.), washing bottle.

Pipetada, Pipetful.

Piquera, Chive, tap hole; — **de colada,** basin and gate; — **de escorias,** cinder hole, floss, floss hole; — **de evacuación de escorias** (cubilote), breast hole.

Piqueta, Bede, chipping hammer, mattock, pick; — **mecánica,** road breaker, scarifying machine.

Piquete, Picket, pole, stake.

Piramidal, Pyramidal.

Pirámide, Pyramid.

Pirargirita, Dark red silver ore.

Pirca, Dry wall.

Piridina, Pyridine.

Piridínico, Pyridine; **series piridíni-cas,** pyridine series.

Pirimidina, Pyrimidine.

Pirita, Kies, sulphur ore; **— de hierro,** brazil, coal brass, fire stone; **carbón de alto contenido en piritas,** brazil; **piritas,** pyrites; **piritas calcinadas,** puritic calcines; **piritas de cobre,** copper pyrites; **piritas de hierro,** iron pyrites; **piritas de hierro en el carbón,** brances.

Pirítico, Pyritic.

Pirobitumen, Pirobitumen.

Piroférico, Sparking; **aleación piroférica,** sparking alloy.

Pirogálico, Pyrogallic; **ácido —,** pyrogallic acid.

Pirogalol, Pyrogallol.

Pirólisis, Pyrolysis.

Pirolítico, Pyrolytic.

Pirométrico, Pyrometric; **cable —,** pyrometer lead; **control —,** control pyrometric.

Pirómetro, Pyrometer; **— de inmersión,** immersion pyrometer; **— electrónico,** electronic pyrometer; **— fotoeléctrico,** photoelectric pyrometer; **— óptico,** optical pyrometer; **— registrador,** pyrotron.

Pirosensible, Pyrosensitive.

Pirotecnia, Pyrotechnics.

Pirotécnico, Pyrotechnic.

Pirrotina, Pyrrothite; **— artificial,** artificial pyrrothite.

Pisasfalto, Earth pitch.

Piso, Floor, floor board, row, storey, story; **— (mina),** thill; **— (minas),** bank level, under lier; **— de caldeo,** foot plate; **— de calde-**

ras (buques), stokehold; **— de maniobra exterior,** brace; **— del techo,** roofdeck; **de dos pisos,** double decked; **de n pisos,** n storied; **de un —,** single decked.

Pisón, Beetle, bull, commander, earth rammer, ram, rammer, stamp, tamping bar.

Pista (aviación), Runway; **— de asfalto,** bitumen runway; **— de aterrizaje,** landing strip; **— de concreto,** concrete apron; **— de rodamiento a bolas,** ball race; **— en servicio,** active runway; **— hormigonada,** concrete runway; **— peraltada,** banked track; **— tangencial,** tangential runway; **carta de —,** runway chart; **eje central de la —,** runway central line; **luces de —,** runway lights; **rebotar sobre la — al aterrizar,** to balloon off.

Pistola, Gun, pistol; **— (para dibujo),** bend; **— de engrasar,** grease gun; **— de vapor,** steam gun; **— metalizadora,** gun, spray or spraying gun; **— rociadora,** spraygun.

Pistoleta, Irregular curves; **pistoletas del dibujante,** moulds.

Pistón, Piston, swab; **— auxiliar utilizado en algunos motores de gas para comprimir la mezcla explosiva antes de su entrada en el cilindro motor,** displacer; **— buzo con camisa,** trunk plunger; **— buzo de prensa hidráulica,** ram; **— cerrado,** box piston; **— con camisa,** trunk piston; **— de acumulador,** accumulator plunger; **— de achique (pozos entubados),** swab; **— de equilibrio,** dummy piston; **— de faldilla abierta,** split skirt piston; **— de llamada,** draw back piston; **— de prensa hidráulica,** hydraulic ram; **— de una bomba aspirante e impelente,** sucker; **— encamisado,** trunk piston; **— hidrostático,** hydrostatical piston; **— libre (con),** free piston; **— plano,** disc piston; **— que tiene juego u holgura,** loose fitting piston; **— tubular,** trunk; **anillo del —,** junk ring; **anillo tensor de —,** piston curl;

barra de —, piston rod; **bomba de — tubular,** plunger pump, plunging lift; **cabeza de** —, piston crown, piston head; **carrera del** —, piston stroke, piston travel; **con motores de** —, piston engined; **corona de** —, pasking plate, piston cover; **criba de — para carbón,** piston coal jig; **cuerpo de** —, piston body; **culata de** —, piston head; **deslizaderas de la cabeza del vástago del** —, piston rod cap guides; **eje de** —, piston pin; **empaquetaduras de** —, piston packings; **empaquetar un** —, to pack a piston; **enfriamiento de los pistones,** piston cooling; **enmangado de vástago en el cuerpo del** —, piston tail piece; **extremo de** —, piston end; **faldilla del** —, piston skirt; **fondo de** —, piston crown; **fondo de un** —, piston chunk; **gato de** —, piston jack; **golpeo del** —, piston slap; **golpeteo del** —, piston slap; **guía del vástago del** —, piston rod guide; **motor a** —, piston engine; **motor de pistones opuestos,** opposed piston engine; **partes superior e inferior de** —, piston cover and bottom; **prensaestopas del vástago de un** —, piston rod collars; **segmentos del** —, piston rings; **sustancia para pegar el — al cilindro,** lacquer; **tapa de** —, follower; **tirafondo de la corona del** —, piston cover eyebolt; **válvula de — tubular,** plunger valve.

Pitarrasa, Reemer, reeming iron.

Pitarrasear, To reem.

Pitómetro, Cask gauge.

Pitón, Cog, heel, spline; **— recto,** corner locking.

Pitot, Pitot; **tubo de** —, Pitot tube.

Pivotabilidad, Pivotability.

Pivotamiento, Slewing.

Pivotante, Pivoting; **bogie** —, swiveling bogie; **grúa** —, pivoting crane; **plato** —, swiveling base; **rueda** —, castoring wheel.

Pivotar, To pivot, to slew.

Pivote, Foot step, pivot, spindle, swivel pivot; **— central,** stediment; **— de portaescobillas,** brush pillar; **— de retenida,** detent pin; **avance del — de una rueda,** drift; **espejo de** —, thrust bearing runner; **espejo de — de turbina,** thrust bearing runner; **pivotes,** cotter plates.

Pizarra, Slate; **— carbonosa,** blaes; **— de alumbre,** alun slate.

Pizarrero, Slater.

Pizarrosidad, Slatiness.

Placa, Flange or flanch (rare), patch, sheet, strip; **— (de chimenea),** hob; **— (de mármol, etc...),** slice; **— (tubo de vacío),** sheath; **— alveolada,** close meshed grid; **— autógena,** solid plate; **— colocada sobre el macho,** crown plate; **— con nervaduras** (acum.), ribbed plate; **— cubierta,** apron lathe; **— de acumulador,** accumulator plate, plate; **— de anclaje,** anchoring plate, tie plate; **— de apoyo,** back plate, boom sheet, (máq.) saddle; **— de apoyo de cojinete,** foot of a chair; **— de apoyo de larguero,** spar boom; **— de apretamiento,** sinker; **— de apriete o de fijación,** bridge plate; **— de arrastre,** drive plate; **— de asiento,** carriage, sleeper; **— de asiento de carril,** chair plate, tie plate; **— de asiento de raíl,** bearing plate; **— de asiento o silleta de raíl,** bearing plate; **— de bastidor** (acum.), frame plate; **— de blindaje,** armour plate; **— de cabeza,** tube head, (acum.), end plate; **— de cabeza de la caja de fuegos** (caldera), firebox plate; **— de características,** nameplate ratings; **— de cepillo,** face; **— de cielo de hogar,** crown plate; **— de cierre,** locking plate; **— de colada,** casting slab; **— de condensador,** capacitor plate; **— de conexión,** connecting plate; **— de contraviento,** baffle plate; **— de dama,** baffle plate, dam plate; **— de desprendimiento** (banco de sierra circular de madera), delivering plate; **— de empaquetadura,** packing plate;

— **de enderezar,** dressing plate; — **de escorias,** front plate; — **de fijación de alambres,** wiring plate; — **de fondo,** end plate; — **de fundación,** bed piece, bed plate, bottom plate, foundation plate or base plate, heel plate, sole plate; — **de guarda,** axle guard, horn plate or guard plate, rub plate, (ferrocarril) axle box; — **de hierro,** iron plate; — **de hierro sobre la que se forjan las horquillas,** fork anvil; — **de inmersión,** dipping plate; — **de la piquera de salida de la escoria de la caldera,** back of a blast furnace; — **de la tobera,** back of a hearth; — **de lastre,** ballast plate; — **de latón,** brass slab; — **de matrícula** (auto), back number plate; — **de metal,** plate; — **de núcleo** (elec.), core plate; — **de peraltado,** bearing strip; — **de piquera,** cast plate, front plate; — **de piquera de escorias,** front plate; — **de plomo** (acum.), lead plate; — **de presión,** pressure plate; — **de protección,** armour shield; — **de pulverización,** atomizing disc; — **de recambio,** spare plate; — **de recubrimiento,** cover, junction plate; — **de rejilla,** grid plate; — **de revestimiento,** back board, casing; — **de soldadura,** welding plate; — **de soporte,** bottom, (de timón), shoe; — **de suplemento,** packing plate; — **de tierra,** ground plate (elec.), earth plate; — **de tubo de vacío,** plate; — **de unión,** junction plate; — **de yunque,** anvil plate; — **de zinc,** zinc plate; — **deflectora** (conducto de gas), deflecting plate; — **del constructor** (máquinas), nameplate; — **del tiro** (chimenea), base; — **dorsal,** diver shoulder plate; — **empastada,** pasted plate; — **engrudada,** pasted plate; — **extrema,** end plate; **fotográfica,** photographic plate, plate; — **frotante de distribuidor,** sliding plate; — **giratoria de grúa,** curb ring; — **impresionada,** exposed plate; — **lamelar,** laminated plate; — **lateral,** plate; — **negativa** (acum.), negative plate; —

para cerner, bucking plate; — **para colocar el modelo sobre el torno,** centre plate; — **Planté** (acumuladores), Planté plate; — **positiva** (acum.), positive plate; — **redonda con un agujero en el centro por donde se inyecta aire a presión consiguiéndose así que la placa se separe del suelo,** levapad; — **reglamentaria** (acum.), regulation number plate; — **soporte** (acum.), supporting plate; — **tubular** (calderas), end plate; — **tubular de caldera,** flue plate; — **Tudor,** Tudor plate; — **virgen** (foto), unexposed plate; **antenas con — de tierra,** ground plane antennas; **aparato de placas,** plate camera; **bloque de placas,** set of plates; **característica de —,** plate characteristic; **conductancia de —,** plate conductance; **conjunto de placas** (acum.), set of plates; **conjunto de placas móviles de un condensador,** rotor winding; **corriente de —,** plate current; **deformación de las placas** (acum.), buckling of the plates; **depresión en la superficie de una —,** buckle; **detección por —,** plate detection; **electrodo de —,** plate electrode; **en placas,** platy; **espesor de la —,** plate thickness; **impedancia de —,** plate impedance; **lente de — metálica,** metal plate lens; **línea de transmisión de placas paralelas,** pillbox; **placas fijas de condensador,** stator plates; **resistencia de —,** plate resistance; **superficie de —** (acum.), plate surface; **tensión de —,** plate voltage.

Placeres (de oro), Digging.

Plafond ilimitado, Ceiling unlimited.

Plagioclástico, Plagioclastic.

Plagiodromía, Plagiodromy.

Plan, Contrivance, plan, scheme; — **de ejecución,** lay.

Plana, Punch; — **cuadrada,** square set hammer, (forja) square punch; — **redonda,** top fuller; — **semicircular,** fuller, half round set hammer; **cara —,** face plane; **pinzas planas,** straight pincers.

Planaridad, Planarity.

Plancha, Board, plank, thin board; — **de estibar,** sheet pile; — **de pino,** deal; — **rodillera,** knee pad; **días de** — (para la carga y descarga de un buque), lay days; **martillo de** —, board drop stamp; **planchas de 1,6 cm. de espesor,** slit deals; **planchas de 3,1 cm. de espesor,** whole deals; **planchas de 7,6 cm. a 22,8 cm. de espesor y 3,60 m. de largo,** standard deals; **planchas de 12,7 mm. de espesor y menos,** deal five out stuff; **planchas de menos de 1,80 mm. de longitud,** deal ends.

Planchaje, Plating.

Plancheta, Blank.

Planeado, Planishing; — **del vuelo,** flight planning; **descenso en vuelo** —, gliding fall; **vuelo** —, gliding flight.

Planeador, Glider; **bomba planeadora,** gliding bomb.

Planear, To volplane.

Planeidad, Flatness.

Planeo, Gliding; — **en espiral,** spinning dive; **ángulo de** —, gliding angle; **trayectoria de** —, glide path.

Planetario, Planetary; **engranaje** —, planet gear; **engranajes planetarios,** planetary gears; **reductores de trenes planetarios,** planet reduction gearing; **sistema** —, planetary, planetary system; **transmisiones planetarias,** planetary transmissions.

Planicidad, Evenness.

Planicie aluvial, Carse.

Planiespiral, Planispiral.

Planificar, To plan.

Planígrafo, Planigraph.

Planimetrado, Plotting.

Planimetría, Planimetry.

Planimétrico, Planimetric or planimetrical.

Planisferio para reconocimiento de estrellas, Star identifier.

Planisimetría, Planisymmetry.

Plano, Design, diagram, draft or draught, drawing, even, flat, flat bar, foil, plane, stabiliser fin, tracing; — (de rueda), flat bar; — (superficie plana en geometría), plane; — **aerodinámico,** aerofoil section; — **central,** central plane; — **de alabeo,** wing flap; — **de asiento,** setting plane; — **de base,** base plane; — **de crucero,** bedding plane (minerales), plane of cleavage; — **de deriva,** fin; — **de deslizamiento,** slip plane; — **de dirección compensado** (aviac.), balanced surface; — **de envergadura infinita,** airfoil of infinite span; — **de escantillones,** plan scantling; — **de estiba,** tier; — **de estratificación,** bedding plane; — **de las vagras planas,** plan of the diagonals; — **de los escalones o del escalonamiento** (turbina), diagram of stages; — **de maniobra,** engine plane; — **de polarización,** plane of polarization; — **de rotación,** plane of spin; — **de separación entre dos rocas diferentes,** contact; — **delgado,** thin airfoil; — **detallado,** assembly detail; — **extremo,** outward plane; — **fijo,** tail plane; — **fijo de incidencia variable,** adjustable tail plane; — **fijo en V,** butterfly tail plane; — **fijo horizontal,** tail plane; — **fijo sobrealzado,** high set tail; — **fijo vertical,** fin; — **inclinado,** inclined plane; — **inferior,** lower plane; — **longitudinal** (buques), sheer drawing; — **medio,** centre plane; — **perspectivo,** perspective plane; — **primitivo,** pitch plane; — **principal de expoliación perpendicular a la estratificación,** face; — **superior,** upper plane; — **sustentador,** supporting plane; **ángulo de calado del** — **fijo,** tail setting angle; **ángulo de incidencia de los planos en el descenso,** angle of inclination of planes; **ángulo de incidencia de los planos en la subida,** angle of elevation of planes;

barrena plana, flat spin; cinta plana, open sliver; clavo de cabeza plana, flat headed nail; correa plana, flat bar; chapa plana, flat sheet; de —, flatlong, flatways, on the flat; de cima plana, flat topped; desbastado en —, slabbed; dibujar el — de, to plan; espejo —, flat mirror; estampa plana, enlarging hammer; extracción por — inclinado, hoisting slope; hogar de rejilla plana, flat grate stoker; levantado de —, survey; levantado o replanteo de —, location; lima ranuladora plana, cotter file; mando de regulación del — fijo, tail trim control; onda plana, plane wave; perno de cabeza plana, flat headed bolt; planos de cola, fin; polea de llanta plana, flat pulley; primer —, close up; productos planos, flats; rectificadora plana, surface grinder; regulación del — fijo, tail setting; tope —, flat buffer; tornillo de cabeza plana, flat headed screw; trazado de un —, planning; vidrio —, flat glass.

Planta, Plant; — al aire libre, outdoor plant; — de carga de acumuladores, accumulator plant; — de reposición, peak load plant; — horizontal, plan view; — piloto, pilot plant; — refrigeradora, water cooling plant; forma en —, plan form; vista en —, plan view.

Plantador mecánico (árboles), Mechanical planter.

Plantilla, Copy, core modelling, modelling board, templet or template; — de madera, wooden templet; — de mecanizado, jig; — de montaje, assembly jig, jigging; — de taladrar, jig; — envolvente, envelope jigging; — metálica, metal templet; — para el taladro, drill templet; punteadora taladradora de —, jig borer.

Plantillero (obrero), Templater.

Plasticidad, Plasticity, toughness.

Plasticímetro, Plasticimeter.

Plasticina, Plasticine.

Plástico, Plastic; — fenólico, phenolic plastic; — vinílicos, vinyl plastics; deformación plástica, plastic deformation; estabilidad plástica, plastic stability; flujo —, plastic flow; junta plástica, plastic seal; material —, plastic; material — moldeado, moulded plastic; materiales plásticos, plastics; materiales plásticos acrílicos, acrylic plastics; materiales plásticos celulósicos, cellulosic plastics; moldeo —, plastic replic; pandeo —, plastic buckling; plásticos, plastic; plásticos estratificados, laminate plastics; resbalamiento —, plastic glide.

Plastificación, Plasticization.

Plastificado, Plasticized.

Plastificante, Plasticizer.

Plastificar, To plasticize.

Plastímetro, Plastimeter.

Plastrón de cerrajero, Breast plate.

Plata, Silver; — de ley para monedas (en Inglaterra ley de 925 milésimas; en América 900 milésimas), coin silver; acero —, silver steel; brillo de la —, coruscation; de —, argent; ensayo sobre papel de sales de —, silver print; halogenuro de —, silver halide; ioduro de —, silver iodide; lámina de —, foil silver; nitrato de —, lunar caustic; papel con sales de —, silver paper; papel de —, silver nitrate, silver paper, tinfoil.

Plataforma, Bench plank, boom sheet, flat, flat car, flooring, foot plate, landing, pallet, platform; — (minas), dilly; — continua móvil, travolator; — de aterrizaje, landing platform; — de bascular, dead fall; — de carga, loading platform; — de excéntrica, eccentric pulley; — de lanzamiento, launching platform; — de mantenimiento, pallet; — de pruebas, testing floor; — de terraja, brace; — de tiro, gun platform; — de transporte, truck; — giratoria, racer; — para el transporte de objetos largos y pesados, dolly; — pequeña, burton;

— **principal**, main sill; — **transportable**, base wheeled; **pequeña** — **portátil**, stillage; **por** —, by steps.

Plátano, Plane tree.

Plateado, Silver plating, silvered, silvering.

Platear, To silver.

Platillo, Disc, saucer; **calentador de platillos**, baffle feed heater; **manivela de** —, disk crank; **válvula de** —, disk valve.

Platina de un reloj, Plate of a watch.

Platinado, Platinization; **contacto** —, platinum point; **tornillos platinados**, platinum tipped screws.

Platinito, Platinite.

Platino, Platine, platinum; **bromuro de** —, platino-bromide; **contactos de** —, platinum contacts; **crisol de** —, platine crucible; **esponja de** —, platinum sponge; **hilo de** —, platine wire; **hoja de** —, platinum foil or sheet; **lámina de** —, platinum foil or sheet; **negro de** —, spongy platinum; **platinos**, ignition point, (auto) platinum tipped screws.

Platinotipia, Platinotype.

Plato, Carrier, chuck, disc, face plate, table, tray; — **(bicicleta)**, chain wheel; — **(de cepilladora)**, platen; — **(de un motor)**, flange or flanch (rare); — **aislante**, swashplate; — **ancho**, flat billet; — **circular**, circular plate; — **combinado**, combination chuck; — **conductor del mandril**, driving chuck; — **de arrastre**, drive plate, driver or driving plate, flat trailer; — **de excéntrica**, eccentric disk; — **de fijación orientable**, monitor chuck; — **de garras** (torno), dog chuck; — **de pulir**, surfacing plate; — **de punta giratoria**, center chuck; — **de un torno**, driver chuck; — **divisor**, index plate; —**fresador**, cutter head; — **indicador**, index plate; — **indicador de los avances**, feed index plate; — **macizo**, solid disc; — **magnético**, magnetic chuck; — **oscilante**, swash plate; — **porta-**

mandrino, catch plate, dog plate; **embrague de platos móviles**, slip clutch coupling; **mandíbula fijada a un** — **de torno para transformarlo en mandrino**, face plate jaw; **manivela de** —, disc crank; **pistón de** —, disc piston; **torno de** —, surface lathe; **transmisión por platos de fricción**, disk friction wheels.

Playa, Band.

Plazo (Vencer el), To fail due.

Plega-resortes, Spring chape.

Plegabilidad, Bendability, foldability, pliability.

Plegable, Collapsible, folding; **asiento** —, folding seat; **capota** —, folding hood; **cartabón** —, bevel protractor; **panel** —, folding pannel.

Plegado, Copping, deflection, folded; **ensayo de** — **alternativo en sentido inverso**, alternating bending test; **plantilla de** —, bending horse; **prueba de** — **único**, single bend test.

Plegador, Batten, beamroll, copping wire, plaiter.

Plegadora, Folder, folding machine; **máquina** —, folding machine cramp; **prensa** —, folding press.

Plegamiento, Fold, folding.

Plegar, To bend, to deflect, to fold; — **a 90°**, to bend through 90°.

Plegarresorte, Spring chape.

Plenamar, High water.

Pleno, Full; **aprovechamiento** —, full availibility; **despegue a plena carga**, full load take off.

Pleocroicos (Halos), Radiohaloes.

Pletina, Sheet billet; — **a banda para fabricar tubos soldados**, skelper.

Pliego, Bill; — **de condiciones**, bid or bidding, (para una adjudicación), tender; — **de muestras**, bill of specifications; — **sellado**, bid sealer, sealed tender.

Pliegue, Bend, fold; — **anticlinal** (geología), saddleback.

Plinto, Skirt or skirting; — **radiante,** base board.

Pliodinatrón, Pliodynatron.

Pliotrón, Pliotron.

Plisado, Corrugated; **papel —,** corrugated paper.

Plomada, Bob plumb, plumb bob; **nivel de —,** plumb level.

Plomado, Lead coated.

Plomar, To lead.

Plombagina, Black, black lead, plumbago; — **a los moldes,** blackening.

Plombaginación, Blackleading.

Plomeo (escopeta de caza), Pattern.

Plomería, Lead work, leadsmithing, plumbing.

Plomero, Plumber; **mazo de —,** lead dresser; **soldadura de —,** lead solder; **suelda de —,** plumber's soil.

Plomo, Lead; — (de plomada), plumb, plummet; — **antimoniado,** reguline lead; — **antimónico,** antimonial lead, hard lead; — **de plomada,** bob; — **de revestimiento de chapa,** assay lead; — **de sonda,** plumb bob; — **de trépano,** drill plate; — **dulce,** soft lead; — **duro,** hard lead; — **en láminas,** sheet lead; — **en lingotes,** pig lead; — **espático,** black lead ore; — **esponjoso,** spongy lead; — **estañado,** tinned lead; — **laminado,** rolled lead; — **metálico,** metallic lead; — **pulverulento,** lead dust; — **tetraetilo,** T.E.L. (tetraethyl lead), tetraethyl or tetraethyle lead; **a —sobre,** up and down with; **acumulador de —,** lead accumulator; **alma de —,** lead core; **arandela de —,** lead washer; **barniz de —,** lead glaze; **basura de —,** lead dross; **batería de —,** lead battery; **bióxido de —,** puce; **botas con — de buzo,** diver leaden shoes; **bromuro de —,** lead bromide; **cable envainado de —,** leaded cable; **cámara de —,** lead chamber; **campana para fabricar tubos de —,** core die; **carcasa de —,** lead grid; **combustible al —,** leaded fuel; **composición con —,** open matter; **con funda de —,** lead covered; **de —,** leaden; **desplatación del —,** lead desilvering; **disco de —,** lead disc; **forro de —,** box lead; **fundería de —,** lead works; **granalla de —,** lead shot; **hilo de —,** lead wire; **hoja delgada de —,** lead foil; **horno de fundir —,** lead smeelter; **incrustación de —,** lead fouling; **indio al —,** lead indium; **iones —** (elec.), lead ions; **lámina de —,** lead sheet; **lingote de —,** lead pig; **mata de —,** lead matte; **mena del —,** lead ore; **mina de —,** black lead; **mineral de —,** lead ore; **monóxido de —,** lead monoxide; **mordazas de — para banco,** lead vice grips; **oxibromuro de —,** oxybromide lead; **óxido de —,** lead oxide, oxide of lead; **oxisulfato de —,** lead oxysulphate; **pared de —,** lead wall; **perfil o puente de conexión de —,** lead connector; **peróxido de —,** lead peroxide; **placa de —,** lead plate; **pigmento compuesto de óxido de zinc y sulfato básico de —,** leaded zinc oxide; **plomos de garantía,** leads; **protosulfuro de —,** lead sulphide or galena; **raspar —,** to chip; **revestido de —,** lead coated; **sal de —,** lead salt; **sin —,** leadless, non leaded; **sulfuro de —,** lead glance; **tapón de —,** lead plug; **temple en baño de —,** lead quenching; **tetraacetato de —,** lead tetraacetate; **vidrio de —,** lead glass.

Plot, Contact plug.

Pluma, Derrick crane, pen; — **a mano,** hand derrick; — **fuente,** fountain pen; **lima —,** feather file.

Plumbífero, Lead bearing.

Plumbita (Tratamiento con), Sweetening.

Plumbito (Tratamiento con) sódico, Doctor treating.

Pluriaxial, Pluriaxial.

Pluricelular, Pluricellular.

Pluridireccional (Interruptor), Multiple way switch.

Plurietápico, Multistage.

Plurifuncional, Polyfunctional.

Plurihélices (buques), Multipropellered.

Pluripartido, Multipartite.

Plusvalía, Plus valve.

Plutonilo, Plutonyl.

Plutonio, Plutonium.

Pocero, Hitcher, sewerman; — (minas), minder.

Poco a poco, Inchemeal; **acero — templable,** shallow hardening steel; **acero con pocas pérdidas,** low loss steel; **de — precio,** low priced; **de poca potencia,** low powered.

Podadera, Bill hook, pruning knife.

Poder, Power; — **absorbente,** absorbing power; — **aislante,** insulating power; — **calorífico,** calorific power, heating power, heating valve; — **de corte,** interrupting capacity; — **de detención,** stopping power; — **de iluminación,** illuminating power; — **de parada,** stopping power; — **de resolución,** resolving power; — **de retención** (mandrino magnético), holding power; — **de ruptura,** interrupting capacity; — **difusor,** diffusing power; — **emisivo,** radiating power; — **emisor,** emissive power, emitting or emissive power; — **magnetizante,** magnetising power.

Podrido, Rotten; — (madera), dead.

Podsol, Podsol.

Podsolizar, To podsolize.

Poise (unidad de viscosidad absoluta: 1 dinasegundo/cm^2 o bien 1,02 × 10^{-2} kgs/m^2), Poise.

Polacra, Polacre; **aparejo de —,** polacre rig.

Polaina, Gaiter.

Polar, Polar; — **recíproca,** reciprocal polar; **ángulo de expansión —,** pole shoe angle; **coordenadas polares,** polar coordinates; **corona —,** pole crown; **cuernos polares,** pole tips; **diagrama —,** polar diagram; **dispersión de las piezas polares,** pole shoe leakage; **disposición —,** pole leakage; **expansión —,** pole face, pole shoe; **expansiones polares,** projecting pole pieces; **masa —,** pole face, pole piece; **núcleo —,** pole core; **paso —,** pole pitch; **pérdidas en las piezas polares,** pole shoe losses; **pieza —** (véase **Pole**), pole shoe; **pieza — del intercambiable,** armature shoe.

Polaridad (elec.), Polarity; — **invertida,** reversed or reverse polarity; **inversión de —,** polarity reversal; **inversor de —,** polarity reversing switch.

Polarímetro, Polarimeter.

Polariscopio, Polariscope.

Polarizabilidad, Polarisability, polarizability; — **electrónica,** electronic pole polarizability; — **iónica,** ionic polarizability.

Polarizable, Polarizable.

Polarización, Polarization; — (elec.), polarization or polarisation; — **automática,** automatic bias, self bias; — **bolométrica,** bolometric bias; — **cero,** zero bias; — **circular,** circular polarization; — **de la luz,** light polarization; — **de los electrodos,** galvanic polarization; — **del vacío,** vacuum polarization; — **electrolítica,** electrolytic polarization; — **electrostática,** electrostatic polarization; — **elíptica,** elliptical or elliptic polarization; — **horizontal,** horizontal polarization; — **lineal,** linear polarization; — **mecánica,** mechanical bias; **ángulo de —,** angle of polarization, polarizing angle; **antena de — circular,** circularly polarized antenna; **bobina de —,** bias coil; **control por —,** bias control; **error de —,** polarization error; **inversión de la**

—, reversal of polarization; **ondas de — circular,** circularly polarized waves; **ondas de — horizontal,** horizontally polarized waves; **ondas de — vertical,** vertically polarized waves; **pequeña potencia de —,** bias minute; **pila de —,** bias cell; **plano de —,** plane of polarization; **sistema de —,** bias system; **tensión de —,** bias voltage.

Polarizado, Biased, polarized or polarised; **— elípticamente,** elliptically polarized; **— horizontalmente,** horizontally polarized; **detector —,** bias detector; **drenaje eléctrico —,** polarized electric drainage; **luz polarizada,** polarized light; **onda polarizada en un plano,** plane polarized wave; **relé —,** polarized relay.

Polarizador, Polarizer, polarizing.

Polarizante, Polarizing; **corriente —,** polarizing current.

Polarizar, To bias, to polarize or polarise.

Polarografía, Polarography.

Polarográfico, Polarographic; **análisis —,** polarographic analysis; **dosificación polarográfica,** polarographic determination; **reducción polarográfica,** polarographic reduction.

Polarógrafo, Polarograph; **— registrador,** recording polarograph.

Polaroide, Polaroid.

Polea, Belt pulley, block, pulley, roller, tackle; **— con ranuras,** pitched pulley; **— cono de cuatro escalones,** four stepped cone; **— de accionamiento,** driver; **— de arrastre,** driving pulley; **— de conos escalonados,** machine pulley, stepped pulley; **— de escalones,** belt speeder; **— de extracción,** winder; **— de garganta,** clip pulley, grooved pulley; **— de hierro,** pulley; **— de mando,** driving pulley; **— de reenvío,** guide pulley; **— de retorno,** end pulley, quarter block; **— de rosca,** worm block; **— de talón,** shoulder block;

— de transmisión, pulley; **— de violín,** fiddle block; **— diferencial de cuadernal,** fiddle block; **— escalonada,** speed rigger; **— fija,** fast pulley, fixed pulley, (de un polipasto), dead pulley; **— Koepe,** Koepe pulley, Koepe winder; **— loca,** loose pulley; **— motriz,** driver, driving pulley; **— móvil,** live pulley, moveable pulley; **— para correa,** band pulley, band wheel; **— pazteca,** snatch block; **— tensora,** idler pulley; **— triple,** threehold block; **— virgen,** sister block; **— volante,** fly pulley; **caja de —,** gin, pulley housing; **clan de una —,** channel; **con poleas,** pulleyed; **cuello de eje de —,** crowning; **cuerpo de la —,** shell of a pulley; **de —,** belted; **deslizar una correa sobre la —,** to creep; **garganta de —,** notch of a block, score; **garganta de una —,** score of a pulley, slot of a pulley; **mando por poleas-cono,** cone pulley driving; **montón de dos poleas,** sister block; **pasar una cuerda por una —,** to reeve; **pequeña — con gancho,** monkey block; **porta —,** pulley brace, pulley bracket; **quijada de —,** cheek of a block.

Polea-cono de cuatro gradas, Four stepped cone pulley; **mando por poleas-cono,** cone pulley driving or continuous speed conedriving.

Polea-guía, Guide pulley, idler, pulley idler; **— de correa,** belt idler.

Poli, Poly.

Poliamida, Polyamide.

Poliatómico, Polyatomic.

Polibutílico, Polybutyl; **acrilato —,** polybutyl acrylate.

Polibutílicol, Polybutyl.

Policilíndrico, Multicylindered.

Policinético, Multivelocity.

Policondensación, Polycondensation.

Policrasa, Polycrase.

Policristalino, Polycrystalline.

Policromático, Polychromatic.

Polidinamismo, Polydinamism.

Poliedro, Solid angle.

Polielectrolitos, Polyelectrolytes.

Polieno, Polyene.

Poliéster, Polyester.

Poliestireno, Polystyrene.

Polietápico, Multistage.

Polietileno, Polyethylene, polymerised ethylene.

Polifásico, Multiphase; — (elec.), polyphase; **corriente polifásica,** polyphase current; **generador —,** polyphase generator; **motor —,** polyphase motor; **rectificador —,** polyphase rectifier; **sistema — equilibrado,** balanced multiphase system; **sistema — no equilibrado,** unbalanced multiphase system; **transformador —,** polyphase transformer.

Polifónico, Polyphonic.

Polifoto, Polyphotal.

Polifuncional, Polyfunctional.

Poligonizar, To polygonize.

Polígono, Polygone; — **cerrado,** closed stress diagram; — **de experiencias,** proving ground or yard; — **de tiro** (artillería), butment, butt; **conexión en —** (elec.), ring connection; **línea de cierre del — funicular,** end line.

Poliisobutileno, Polyisobutene.

Polimercaptales, Polymercaptals.

Polimercaptoles, Polymercaptols.

Polimérico, Polymeric; **esteres poliméricos,** polymeric esters.

Polimerización, Polymerisation; — **térmica,** thermal polymerisation; — **vinílica,** vinyl polymerisation.

Polimerizado, Polymerised; **etileno —,** polymerised ethylene, polythene.

Polimerizar, To polymerise.

Polímero, Polymer; — **acriloide,** acryloid polymer; **polímeros,** polymers; **polímeros elevados,** high polymers.

Polimórfico, Multicurrent; **generador —,** double current generator; **generatriz polimórfica,** multicurrent dynamo.

Polimorfismo, Polymorphism.

Polinuclear, Polynuclear.

Poliolefinas, Polyolefins.

Polipasto, Block, differential block, pulley block, purchase, tackle; — **de cadena,** chain tackle; — **de cola,** tail jigger; — **de gancho,** hook tackle; — **de izar,** lifting tackle; — **de recambio,** relieving tackle; — **de retención,** retaining tackle; — **diferencial,** differential tackle; **polipastos de cuatro ruedas,** fourfold purchase; **polipastos de dos ruedas,** twofold purchase; **polipastos de tres ruedas,** threefold purchase.

Politeno, Polythene; **disco de —,** polythene disc.

Politetrafluoroetileno, Polytetrafluorethylene.

Politipismo, Polytypism.

Polivinílico, Polyvinyl; **alcohol —,** polyvinyl alcohol.

Polivinilo (Cloruro de), P.V.C. (polyvinyl chloride).

Póliza, Policy; — **de seguro de ida y vuelta,** round policy.

Polo, Instantaneous centre; — (elec.), pole; — **auxiliar,** commutating pole; — **de conmutación,** commutating pole; — **de polaridad alternadas,** alternate polarity poles; — **de zinc,** zinc pole; — **inductor,** field pole; — **magnético,** magnetic pole; — **negativo,** negative pole, zinc pole; — **positivo,** positive pole; — **saliente,** salient pole; **alternador de polos salientes,** salient pole alternator; **generador de polos dentados,** claw field generator; **hacia el —,** polewards; **polos al-**

ternados (elec.), staggered poles; **polos consecuentes,** consequent poles; **polos de mismo nombre,** like poles, similar poles; **polos de signo contrario,** opposite poles; **polos guarnecidos,** bushed poles; **separación de los polos,** pole spacing.

Polonio, Polonium.

Polvo, Dust, powder; — **abrasivo,** grinding powder; — **de carbón,** granulated carbon powder; — **de carbón mezclado con arcillo,** stup; — **de cementación** (forja), cementing powder; — **de coque,** braize; — **de esmeril,** polishing powder; — **de hierro,** iron powder; — **de limado,** file dust, filing dust; — **de soldar,** brazing powder; — **de talco,** talcum or talc powder; — **metálico,** metal powder; — **metalurgia,** powder metallurgy; — **para blanqueo,** detergent salt; — **sin humos,** smokeless powder; **bórax en —,** powdered borax; **caja de polvos,** dust catcher; **captor o colector de polvos,** dust collector; **eliminador de polvos,** dust catcher; **en —,** powdered; **hermético al —,** dirtproof; **polvos,** duff, (partículas sólidas de 150 micras), dusts; **polvos de diamante para pulimentar,** abradant.

Polvometalurgia, Powder metallurgy.

Pólvora, Powder; — **de grano fino,** fine grained powder; — **de grano grueso,** coarse grained powder; — **de mina,** blast powder or blasting powder; — **fulminante,** detonating powder; — **lenta,** slow burning powder; — **negra,** black powder; — **para cañón,** cannon powder, gun powder; **algodón —,** nitrocotton; **fábrica de —,** gun powder mill; **pañol de —,** powder magazine; **tiro con —,** exploding; **voladura con —,** blasting.

Polvoriento, Dusty.

Polvorín, Mealed powder, powder cutting; powder depot, powder magazine, spray.

Pómez, Pumice; **piedra —,** pumice or pumice stone.

Ponderabilidad, Ponderability.

Ponderado, Weighted; **tensión ponderada,** weighted voltage.

Pondol, Heaving down.

Poner, To get, to put; — **a cero,** to adjust to zero; — **a flote,** to get off, (buques) to get afloat; — **a punto,** to focus; — **bajo tensión,** to energize; — **en astillero,** to lay down; — **en oposición,** to stop the engines; — **en paralelo,** to bank; — **en punto,** to adjust; — **una guarnición,** to drive in.

Pontón, Hulk, pier, straith; — (arsenales, canteras), pontoon; — **arbolado,** shear hulk; — **arboladura,** shear hulk or sheer hulk; — **grúa,** floating derrick, pontoon crane.

Ponzón embutidor, Plunger die.

Popa, Stern; **a —,** abaft; **a — de la maestra,** abaft amidships; **aleta de —,** cheek; **armazón de —,** stern, stern frame; **castillo de —,** quarter deck, sterson; **codaste a —,** heel post, propeller post, stern post; **golpe de mar por la —,** pooping; **hacia —,** aftward; **parte de — de un dirigible,** after part of an airship; **portañolas de armazón de —,** stern ports; **saltillo de —,** raised quarter deck; **timón de —,** stern rudder.

Popel, Sternmost, sternmost frame.

Porcelana, China, china ware, porcelain; — **esmaltada,** enamelled porcelain.

Porcentaje, Percentage; — **de comprensión inmediata,** inmediate appreciation percentage; — **de comunicaciones atendidas,** effective booked calls percentage; — **de repeticiones,** repetition rate; — **de vaporización,** steam rate; **con menor —,** downgraded.

Pórfido, Porphyry; — **feldespático,** elvan.

Porfidogranulítico, Porphyrogranulitic.

Porfiroide, Porphyroid.

Poro, Pore; **presión en los poros,** pore pressure.

Porosidad, Porosity; — **cerrada,** sealed porosity; — **de poros esféricos,** round porosity.

Poroso, Porous; **hormigón** —, porous concrete; **mezcla porosa,** open mix; **no** —, non porous; **recipiente** —, porous cell.

Porspección (Trabajos de), Exploratory works.

Porta de carga, Raft port.

Porta-álabes, Blade ring.

Porta-aviones, Seaplane.

Porta-broca, Drill stock; — (máq. de perforar), drill spindle; — **revólver,** revolving cutter head; **porta-brocas,** boring spindle; **mandril porta-brocas,** boring chuck.

Porta-cuchilla, Boring wheel, cutter block or head, cutter head; **porta-cuchillas elíptico,** drunken cutter.

Porta-electrodo, Electrode holder.

Porta-fusible, Fuse holder.

Porta-herramienta, Cutter block, drill spindle, head ·stock, tool carrier; — **de ranura,** box tool; **carro** — (para excavar), sliding tool carriage; **porta-herramientas,** tool box; **porta-herramientas pivotante,** flying cutter.

Porta-muñón, Trunnion bracket.

Porta-sierra, Hack frame.

Portabombas, Bomb carrier.

Portabroca, Drill spindle, spindle bush.

Portabrochas, Broach holder.

Portabujía, Candle; **balanza** —, candle balance.

Portacarbón, Carbon body, carbon holder, clip.

Portacojinete, Pedestal.

Portacrisol, Crucible shank.

Portacuchilla, Cutter head; **portacuchillas elíptico,** drunken cutter.

Portada, Core print, portal.

Portador, Bearer, conveyer or conveyor, supporting; — (catálisis), carrier; **al** —, to the bearer; **ala portadora,** aerofoil; **avantrén y tres ejes portadores traseros** (locomotoras), engaging and disengaging gear; **banda lateral única por portadora suprimida,** single sideband suppressed carrier; **cable** —, lift wire; **desplazamiento de portadora,** carrier shift; **eje** —, bearing axle, supporting axle; **frecuencia de la corriente portadora,** centre frequency; **írecuencia portadora,** carrier current telegraphy, carrier frequency; **fuerza portadora,** carrying capacity; **onda portadora,** carrier, carrier wave; **onda portadora de imagen,** carrier image; **onda portadora flotante,** carrier floating; **perfil de ala portadora,** aerofoil section; **pieza portadora,** carrying member; **portadora** (radio), carrier wave, **portadora de transmisor,** carrier transmission; **residuo de portadora,** carrier leak; **sistema de portadora retirada,** quiescent carrier system; **superficie portadora,** carrying area; **teléfono por corrientes portadoras,** carrier telephony; **telegrafía por corrientes portadoras,** carrier current telegraphy; **tiempo de vida de portadoras minoritarias,** lifetime of minority carriers.

Portaeje, Arbor support.

Portaelectrodo, Electrode holder; — **enfriado por el agua,** ferrule.

Portaequipajes, Luggage carrier.

Portaescobilla, Brush holder; **pivote de** —, brush pillar; **puente o yugo de** —, brush rocker.

Portaestampa, Die block.

Portafiltros, Filter holder.

Portafreno, Brake; **disco** —, brake disc.

Portafusil, Sling.

Portaguarnición, Gland housing.

Portaherramienta, Rest, tool box, tool carrier, tool holder, tool post; **— de alojamiento,** tool box; **— de charnela,** hinged tool holder; **— de forma de escariador,** boring cutter block; **— de luneta,** tool box; **carro —,** tool box, tool slide; **soporte de —,** top slide or top tool rest.

Portahilera, Die holder.

Portaisótopos, Cassette.

Portalámparas, Holder, lamp holder, socket; **— de bayoneta,** bayonet socket; **— roscado,** screw socket.

Portalápiz, Clip.

Portaleva, Cam lifter.

Portalón (mar.), Gangway.

Portamaleta, Luggage; **portamaletas,** luggage bot, (coche).

Portamapas, Map case, map holder.

Portamatriz, Die holder.

Portamecha, Boring spindle.

Portamechero, Burner holder.

Portamuela, Wheel spindle.

Portamuelle, Spring box.

Portamuñón, Trunnion bracket.

Portante, Lifting; **poder —,** lifting power; **superficie —,** lifting surface.

Portañola, Port.

Portaobjetivo, Lens holder, lens holder or mount, lens mount, lens tube.

Portaocular, Eye tube.

Portapelícula, Film holder.

Portaplacas, Photographic chassis.

Portaprimordio, Blank holder.

Portapunta, Boring; **mandril —,** boring spindle.

Portasierra, Blade holder; **carro —,** saw carriage.

Portátil, Portable; **acumulador —,** portable accumulator; **fragua —,** field forge, portable forge; **instrumento —,** portable instrument; **lámpara —,** hand lamp.

Portavoz, Speaking tube.

Porte, Way; **carta de —,** way bill.

Porticado, Portal; **estructura porticada,** portal frame.

Pórtico, Frame gantry, gantry, gantry frame, portal; **— acarreador,** travelling gantry; **— de frenado,** braking gantry; **— hormigonador,** concrete pouring gantry; **grúa- —,** gantry crane, portal crane.

Portuario, Lumper.

Pose, Exposure.

Posformación, Postforming.

Posición, Position; **— combinada de líneas y anotaciones,** combined position line and recording; **— de operadora,** operator's position; **— en punto muerto,** dead center position; **— principal,** controlling position; **— viciosa de rodillos,** angularity of rollers; **croquis de la —,** position sketch; **indicador de — de radar,** P.P.I. (Plan Position Indicator); **modulación de impulsos en —,** pulse position modulation; **montaje de —,** positioner; **relé de dos posiciones,** side stable relay.

Posicionador, Positioner; **—** (taller de cañones), skid; **—** (telefonía), position finder.

Posicionamiento, Positioning.

Positivo (elec., foto, etc...), Positive; **ángulo de rebaje —,** positive rake; **cantidades positivas de electricidad,** affirmative quantities; **carga positiva,** positive charge; **cómputo por batería positiva,** positive battery metering; **electricidad positiva,** positive electricity; **electrodo —,** positive electrode; **filme — virgen,** positive stock; **modulación positiva,** positive modulation; **ocular —,** positioning eye piece; **polo —,** positive pole.

Positrón, Positive electron, positon.

Positrónico, Positronic.

Poso, Dregs.

Posos, Emptyings.

Post-combustión (turborreactor), After burning; **aparato de —**, after burner.

Postal, Postal; **giro —**, P.O.O. **(Post Office Order); tarifas postales,** postal rates; **telegrama —**, mailgram.

Postcombustión, After burning; **dispositivo de —**, after burner.

Poste, Cushion, pole, post, standard; **— angular,** corner post; **— de madera,** wood pole; **— indicador,** sign post; **— telegráfico,** telegraph post; **ancla de riostra de —**, anchor of guy pole; **caperuza para —**, pole saddle; **conexión para pruebas en —**, test pole connection; **extremo grueso de — o de árbol,** butt end; **línea interurbana de postes,** poles toll line; **postes acoplados,** a pole, coupled poles, twin poles, twin posts, (telégrafos), A pole; **postes gemelos,** coupled poles.

Postensar, To posttension.

Posterior (Punto nodal), Emergent nodal point; **umbral —** (televisión), back porch; **vista —**, rear view.

Postineo (aviación), Flathatting.

Postura, Laying.

Potable (Agua), Freshwater.

Potámico, Potamic.

Potasa, Potash, potassium hydroxide; **— cáustica,** caustic potash; **acetato de —**, diuretic salt; **carbonato de —**, carbonate of potash; **lejía de —**, potassium hydrate; **sulfato de —**, potassium sulphate, sulphate of potash.

Potásico, Potassic; **bromuro —**, potassium bromide; **cianuro —**, potassium cyanide; **clorato —**, potassium chlorate.

Potasio, Potassium; **bicromato de —**, potassium bichromate.

Pote de cementación, Annealing box.

Potencia, Efficiency, output, power, rating; **— absorbida,** input power; **— activa,** active power; **— acústica instantánea,** instantaneous sound power; **— acústica media,** average sound power; **— al freno,** actual power, brake power; **— aparente** (elec.), apparent power; **— ascensional,** lifting power; **— de despegue,** take off output; **— de excitación,** driving power; **— de fuego,** fire power; **— de levantamiento,** hoisting capacity; **— de pico,** peak power; **— de ruido disponible,** available noise power; **— de salida,** output power; **— de tracción,** hauling capacity; **— de vaporización,** evaporative power; **— disponible,** available power, available rating; **— efectiva,** actual horse power, actual power; **— efectiva radiada,** effective radiated power; **— en tierra,** sea level horse power; **— específica** (elec.), specific power; **— específica inductiva,** specific inductive power; **— límite admisible,** overload power level; **— magnética,** magnetic power; **— marítima,** seapower; **— máxima en tierra,** maximum boost horse power; **— media de salida,** average power output; **— nominal,** normal output, rated power; **— nominal en vuelo,** rated horse power; **— sofométrica,** psofometric power; **— suministrada,** output power; **— térmica,** thermic power; **— útil,** effective power, output power; **— vocal instantánea,** instantaneous acoustical speech power; **a toda —**, full power; **aumento de —**, burst of power; **aumento de la — de régimen,** uprating; **característica con factor de — cero,** wattless characteristic; **con doble —**, double purchase; **con mayor — artillera,** upgunned; **condensador para mejorar el factor de —**, power capacitor; **convertidor elevador de —**, upconverter; **corrección del factor de —**, powder factor correction; **de gran —**, heavy duty, high rated; **de poca —**, low powdered; **de una — de,**

rated; **densidad de** —, power density; **densidad de** — **sonora**, sound power density; **diagrama de** — **de una antena**, power pattern of an antenna; **ensayo a toda** —, full power trial; **factor de** —, P.f. (Power factor), powder factor; **flujo medio de** — **acústica**, average sound energy flux; **frecuencias de** — **mitad**, half power frequencies; **ganancia de** — **disponible**, available power gain; **máquina de gran** —, high power machine; **medidor de** — **de salida**, output power meter; **motor con débil factor de** —, low power factor motor; **nivel absoluto de** —, absolute power level; **pérdida de** — (motores), balking; **posibilidad en** —, potentiality; **potencias**, ratings; **válvula rectificadora de** —, power rectifying valve.

Potencial, Potential; — **absoluto**, absolute potential; — **de arco**, striking potential; — **de carga**, charging potential; — **de contacto**, contact potential; — **de descarga**, breakdown potential; — **de desionización**, deionization potential; — **eléctrica**, electric potential; — **de encendido**, firing potential; — **de excitación**, exciting potential; — **de extinción**, extinction potential; — **de ignición**, break down potential; — **de oxidación**, oxidation potential; — **de parada**, stopping potential; — **de placa**, plate potential, shield bias; — **de radiación**, radiation potential; — **de rejilla pantalla**, screen potential; — **de tierra**, earth or ground potential; — **magnético**, magnetic potential; — **retardado**, delayed potential; **barrera de** —, potential barrier; **caída de** —, fall of potential, potential drop; **diferencia de** —, difference of potential, ·P.D. (Potential difference); **diferencia de** — **de contacto**, contact potential; **energía** —, potential energy; **función** —, potential function; **gradiente de** —, potential gradient; **igualador de** —, potential equalizer; **toma de** —, potential tap;

transformador de —, transformer potential.

Potenciómetro, Potentiometer; — (radio), volume control; — **con tubo de rayos catódicos**, sectrometer; — **de varias tomas**, tappered potentiometer.

Potencioscopio, Potentioscope.

Potenciostato, Potentiostat.

Potente, Powerful; **filón** —, powerful lode.

Pozo, Shaft, sump, well; — **a polea**, inclined well; — **a rueda**, draw well; — **artesiano**, artesian well, pressure vessel, tube well; — **auxiliar**, jack head pit; — **de casca rico**, bloomer pit; — **de desagüe** (minas), standage; — **de extracción**, drawing shackle, (minas) working pit; — **de garrucha**, draw well; — **de inyección** (petróleo), intake well; — **de la máquina de exhaustación**, engine shaft; — **de mina**, blast hole, deep pit, pit; — **de mina de carbón**, deep pit; — **de minas**, shaft of a mine; — **de palanca**, draw well; — **de pérdida**, absorbent tank; — **de petróleo**, oil well; — **de petróleo de gran estabilidad de producción**, stayer; — **de polea**, draw well; — **de recalentamiento**, soaking pit; — **de transformador** (elec.), transformer pit; — **de ventilación**, air course, (minas), air pit, staple; — **del cigüeñal**, crank pit; — **estrangulado**, bottle necked well; — **negro**, cess-pool; — **ordinario**, draw shackle; — **profundo**, deep well; — **secundario**, by pit; **abrir pozos detrás de los filones para indagar sus direcciones**, to costean; **apeo del** —, derrick; **arcillado de un** —, coffering; **cabrestante de perforación de pozos**, well borer's winch; **cabria de** — **de mina**, staple shaft hoist; **castillete de** — **de mina**, pit head frame; **embocadura de un** —, bank head; **enganche inferior de** — **de mina**, pit bottom; **eyector colocado en un** —, deep well elevator; **fondo de** —, discharging trough; **guarnición**

de la entrada de un —, collar; **perforación de** —, well sinking; **perforación de un** —, shaft sinking; **perforar o abrir un** —, to bore a well; **revestimiento de las paredes de un** —, steaning.

Práctica, Practice.

Práctico, Practical; **— en una profesión,** practitioner.

Pradosia lactecens, Sweetwood.

Prealeado, Prealloyed; **polvos de acero prealeados,** prealloyed steel powders.

Preamplificador, Preamplifier.

Precalculado, Precomputed.

Precalcular, To precalculate.

Precalentado, Preheated.

Precalentador, Preheater.

Precalentamiento, Preheat, preheating, prewarming.

Precalentar, To preheat.

Precargado, Preloaded.

Precargar, To preload.

Precaución, Caution; **tener** —, caution to exercise.

Precedente, Antecedaneous.

Precentrado, Precentred.

Precesión, Precession.

Precinta, Wale.

Precintable, Sealable.

Precintar (una costura), To parcel.

Precinto para cuerdas, Parcelling.

Precio, Cost, price; **— al detalle,** retail price; **— al por mayor,** wholesale price; **— de compra,** first cost, purchase price; **— de costo,** cost price, price, prime cost; **— de fábrica,** cost price; **— de tarifa,** price list; **— de transporte,** porteage; **— fijo,** set price; **— mínimo fijado de subasta,** upset price; **— total,** full price; **a — alzado,** contract price; **baremo de precios,** price list; **fijación de precios,** pricing; **precios,** market quotations, terms; **precios en**

grueso al por mayor, wholesale prices; **rebaja de** —, markdown.

Precipitabilidad, Precipitability.

Precipitación, Precipitation; **— diferencial,** differential precipitation; **— eléctrica,** electrical precipitation; **— química,** chemical precipitation; **estáticos de** —, precipitation statics; **índice de** —, precipitation number.

Precipitado, Precipitate; **—** (adj.), precipitated.

Precipitador, Precipitator; **— de polvos,** precipitator; **— electrostático,** electrostatic precipitator.

Precipitar, To precipitate.

Precipitometría, Precipitimetry.

Precipitrón, Precipitron.

Precisión, Accuracy, precision; **mecánica de** —, precision mechanics; **moldeo de** —, precision casting; **reglaje de** —, accurate or fine adjustment.

Preciso, Accurate.

Precombadura, Precamber.

Precompresión, Prestressing.

Precompreso, Prestressed; **hormigón** —, prestressed concrete.

Preconducción, Preconduction; **corriente de** —, preconduction current.

Predeformación, Prestraining.

Predeformar, To predistort.

Predestilación, Preflash; **torre de** —, preflash tower.

Predeterminar, To predetermine.

Predicción lineal, Linear prediction.

Predisociación, Predissociation.

Preencogimiento, Preshrinking.

Preenfriado, Desuperheating.

Preestirado de los muelles, Scragging.

Preextruir, To preextrude.

Prefabricación, Prefabrication.

Prefabricado, Prefabricated; **piezas prefabricadas,** prefabs.

Prefabricar, To prefabricate.

Preferente, First choice; **buscador** —, directly connected finder; **vía** —, first choice route.

Prefijo que marca la privación, la negación, lo contrario, Un.

Prefiltro, Prefilter.

Prefocal, Prefocus; **casquete** —, prefocus cap.

Preforadora, Drill press.

Prematuro, Premature.

Premezclador, Premixer.

Premoldeado, Precast, premolded; **hormigón** —, precast concrete.

Premoldear, To precast.

Prenavegacional, Prenavigational; **información** —, prenavigational information.

Prenda, Mortgage.

Prensa, Casting press, press, pressing machine; — (de banco), screw cheek; — **a mano,** clamps; — **a pedal,** foot press; — **cerrada,** enclossed type press; — **cortadora,** punch or punching press; — **de acuñar moneda,** coining press; — **de aglomerar,** briquetting press; — **de banco,** bench screw; — **de bastidor en cuello de cisne,** open front press; — **de cocodrilo,** gacodrile press; — **de copiar,** copying press; — **de curvar,** bending press; — **de dilatar,** upsetting press; — **de doble acción,** double action press; — **de embutir,** stamp press; — **de embutir cueros,** cap leather press; — **de empaquetar,** beater press; — **de estampar,** drop forging press, stamping press; — **de estirar,** drawing press, stretch press, stretching press; — **de excéntrica,** cam press, eccentric press; — **de forjar,** forging press; — **de forjar por extrusión,** extruding press; — **de fricción,** friction (screw) press; — **de hacer muescas,** notching press; — **de impresión a mano,** hand press; — **de**

mandrinar, expanding press; — **de mano,** cramp, frame cramp; — **de matrizar,** dieing press, stamping press; — **de moldear,** moulding press; — **de moldurar,** forming press; — **de ojivar,** nosing press; — **de palanca,** crocodile press; — **de platina,** platen press; — **de plegar. y de formar,** folding and forming press; — **de punzonar,** punch or punching press; — **de recortar,** puncher; — **de remachar,** riveting press; — **de rodillo,** rolling press; — **de romper,** breaking press; — **de tornillo,** screw press; — **de uña,** wedge press; — **de zunchar obuses,** banding press; — **estopas,** stuffing box; — **extruidora de husillo,** screw extruder; — **hidráulica,** Brahmah's press, hydraulic press, water press; — **hidrostática,** hydrostatic press; — **mecánica,** engine press, mechanical press, power press; — **moldeadora,** squeezer; — **múltiple,** transfer type press; — **para aglomerar,** bricketting press; — **para algodón,** cotton press; — **para anillar** (obuses), band crimping press; — **para calar,** arbor press — **para calar ruedas,** wheel press; — **para embutir cueros,** cap leather press; — **para exprimir semillas oleíferas,** oil expeller; — **para hacer las balas de lana,** dumping press; — **para llantas,** tyre press; — **plana,** flatbed; — **plegadora,** bending press; — **reductora,** reducing press; — **revólver,** turret press; — **rodante,** working press; — **rotativa,** rotary press; — **tipográfica,** printing press; — **vertical de embalar,** baling press; **ajustado en** —, press fitted; **aplastado en la** — **de forja,** squabbed; **calado con** —, pressed on fit; **desbastado en** —, press roughing; **en** —, in the press; **fondo embutido con** —, pressed end plate; **mármol de** —, press stone; **matriz para** —, press die; **parte superior de arriostrado de** —, cross head; **trabajar con la** —, to press; **trabajo con la** —, pressing; **zócalo de** —, pallet.

Prensa-estopas, Gland, packing box, stuffing box; **aceite de enfriamiento de —,** gland oil; **sombrerete de —,** gland of a stuffing box; **tuerca de —,** gland nut.

Prensa-filtro, Filter press.

Prensado, Pressed; **— de pieles,** pressing; **— en caliente,** hot pressing; **— en frío,** cold pressing.

Prensador, Pressman.

Prensaempaquetaduras, Packing block.

Prensaestopas, Packer, packing box; **acción de guarnecer un —,** packing; **arandela de prensaestopas,** packing washer.

Prensar, To press; **—** (pieles), to press; **acción de —,** grinding.

Preparabilidad, Preparedness.

Preparación, Preparation, remaking; **— de armaduras,** adapting the iron work; **— de galería,** opening of a gallery; **— en grandes masas** (minas), disposition; **comprobación y — para su uso antes de iniciar el vuelo,** preflight; **servicio internacional con — previa,** international service with advance preparation; **taller de — mecánica,** dressing floor.

Preparado elástico, Resilient compound.

Preparar, To prepare, to process; **— la madera,** to season.

Preparativo, Arrangement.

Presa, Barrage, clough, dam; **— baja de ría,** cross dike; **— de bóveda,** arch dam; **— de bóvedas múltiples,** multiple arch dam; **— de gravedad,** gravity dam; **— de retenida,** impounding dam; **— de rocalla,** rockfill dam; **compuerta de —,** barrage gate; **hacer —,** to bind.

Presaestopas (Hacer estanca una junta por medio de un), To pack; **sin —,** glandless.

Prescripción (Adquirible por), Prescribable.

Presedimentación, Presedimentation.

Preselección, Secondary selection; **segunda — parcial,** partial secondary selection.

Preselectivo, Pre-selective; **cambio de velocidad —,** pre-selective gear change.

Preselector, Pre-selector; **— de abonado,** subscriber uniselector; **— hidráulico,** hydraulic pre-selector; **buscador —,** line finder with alloter switch; **circuito —** (radio), rejectostatic circuit.

Presentación (comercio), Sight; **— descentrada,** off-centre plan display; **— numérica,** digital display; **— panorámica,** plan position indicator; **a la —,** at sight.

Presentar despojo (fundic.), To deliver.

Preservador, Preventive or preventative.

Preservar, Preserved.

Preservativo, Antifouling; **revestimiento —,** antifouling composition.

Presidente, Chairman.

Presilla aislante, Clamp insulator.

Presión, Pressure; **— absoluta,** absolute pressure; **— acústica máxima,** maximum sound pressure; **— atmosférica,** atmospheric pressure; **— barométrica,** barometric pressure; **— de abajo a arriba,** upward pressure; **— de arriba a abajo,** downward pressure; **— de compensación,** equalising pressure; **— de deflección** (tub.), deflection pressure; **— de descarga,** discharge pressure; **— de escape,** exhaust pressure; **— de extracción,** extraction pressure; **— de régimen,** working pressure; **— de vapor,** steam pressure; **— dinámica,** pilot pressure; **— efectiva,** active pressure, actual pressure; **— estática,** static pressure; **— exagerada,** undue pressure; **— hidráulica,** hydraulic pressure; **— hidrostática,** hydrostatic pressure; **— interna,** internal pressure; **—**

media, mean pressure; — nominal, rated pressure; — total, over all or top pressure, total pressure; — unitaria, unit pressure; a —, forced; a toda —, with every pound of steam; acabado por emulsión química abrasiva eyectada por aire a —, liquid honing; alta —, high pressure; arrastre del petróleo por una bolsa de gas a —, cap gas drive; baja —, L.P. (Low pressure); bajo —, pressure locked, (cabina) pressurized, (engrase) force feed; botón de — (de traje), press stud; calibrador magnético de —, pressductor; canalización a —, pressure piping; cierre de —, pressure bulkhead; cilindro de alta —, high pressure cylinder; dispositivo de seguridad contra las presiones, off loading; equipo regulador de la —, pressure control unit; expulsar a —, to press out; fluctuación de la —, pressure fluctuation; igualador de —, pressure equalizer or equaliser; indicador de —, pressure gauge, pressure indicator; indicador de — de admisión, boost gauge; insuflación a —, pressure blowing; inyector de grasa a —, compressor grease; junta a — de aceite, oil pressure joint; la — sube, the steam rises; limpieza por arena a —, grit blasting; lingüete de —, pressing pawl; manómetro de — de admisión, gauge boost; mantener a —, to keep up steam; máquina de alta —, high pressure engine; moldeo a —, compression moulding; no se tiene —, the steam is down; onda de —, pressure wave; perforación a —, pressure drilling; pieza moldeada en coquilla bajo —, pressure die cast; presiones meteorológicas, weather forecasting, weather forecasts; regulador de —, pressure regulating valve, pressure regulator; repostaje a —, pressure refuelling; resistencia a la —, bending strength; resorte de —, compressing spring, presser; riostra de —, crotchet; rodete de

alta — (turb.), high pressure disc; se tiene —, the steam is up; sin —, pressureless; sostenido por la —, pressure supported; tanque a —, pressure feed tank; tener —, to have steam up; toma de —, bypass pressure; tornillo de —, adjusting screw, binding screw, set screw; transformador de —, pressure transformer; válvula reductora de —, gas reducing valve.

Presionante, Pressurant.

Presionización, Pressurization, pressurizing; — del combustible, fuel pressurizing.

Presionizado, Pressurized; armario de montaje —, pressurized assembly cabinet.

Presionizar, To pressurize.

Presolidificación, Presolidification.

Presonorización, Prescoring.

Prestador, Lender.

Préstamo, Loan; — sobre mercancías, respondentia; hacer un —, to borrow; zanja de préstamos (excavaciones), borrow pit.

Prestar, To borrow.

Presupuesto, Appropiation, estimate, scheme, specification; — aproximado, rough estimate; — vial, appropiation highway; hacer un — de un proyecto, to abstract.

Presurización, Pressurization, pressurizing.

Presurizado, Pressure locked, pressurized; depósito de combustible —, pressurized fuel tank; no —, unpressurized.

Presurizar, To pressurize.

Pretensado, Pretensioning.

Pretil, Guard rail; — de puente, bridge rails, hand railing.

Preventivo, Preventive or preventative.

Previo (Amplificador), Signal frequency amplifier; tratamiento —, coaxing.

Previsiones, Estimates; — (del tiempo), fore casts.

Previsto, Rated.

Prima, Bounty; — (comercio), premium; — **de exportación,** bount; — **de seguros,** premium of insurance.

Primario, Astralish, primary; **árbol** —, primary shaft; **circuito** —, primary circuit; **colores primarios,** primary colours; **corriente primaria,** primary current; **cracking** —, primary cracking; **devanado** —, primary winding; **diagrama** —, primary pattern; **onda piloto de grupo** —, group reference pilot.

Primero, First; **acero de primera clase,** high class steel; — **picadura** (limas), lower cut; **primera velocidad** (auto), first speed; **primeros socorros,** first aid.

Primitivo (Círculo), Addendum line, pit circle.

Principal, Principal; — (adj.), main, master; **antena** — **de televisión,** television master antenna; **apoyo** —, mainstay; **árbol** —, main shaft; **bodega** —, main hold; **canalización** —, main line, mains; **carlinga** —, main keelson; **centro rural** —, rural main exchange; **ciclo** —, major cycle; **clavija** — **del carro,** main pin; **cubierta** —, main deck; **depósito** —, main tank; **entrada** — **de aire,** main air inlet; **filón** —, master lode; **galería** —, dip head level; **galería** — **de arrastre,** main haulageway; **interruptor** —, power switch; **manga** —, main breadth; **mástil** —, main mast; **montaje** —, master mounting; **resorte** —, main spring; **rueda** —, main wheel; **surtidor** —, main jet.

Prioría, Priory.

Prisionero, Set bolt, set pin, stud, stud bolt, tap rivet; — (tornillo), setbolt.

Prisma, Prism; — **de dispersión,** analyser; — **de reflexión total,** total reflection prism; — **giratorio,** rotating prism; — **reflejante,** reflecting prism; — **refringente,** refracting prism; **astrolabio de** —, prism astrolab; **gemelos de** —, prismatic binoculars.

Prismático, Binocular, prismatic; **antena prismática,** prismatic antenna; **correderas prismáticas,** prismatic slides; **gemelos prismáticos,** binocular prism.

Prismoesfera, Prismosphere.

Privado, Private; **conferencia privada ordinaria,** ordinary private call; **conferencia privada urgente,** urgent private call.

Proa, Bow, front; — (buques), fore; — **afilada,** bow model; — **llena,** bow bluff; **a** —, forward; **cala de** —, forehold; **castillo de** —, fore castle; **codaste de** —, bow post.

Probabilidad, Probability; **curva de** —, probability curve.

Probable, Probable; **error** —, probable error.

Probado en vuelo, Flight tested.

Probador de elementos, Cell tester; — **de fusibles,** fuse tester.

Probar, To prove, to test, to try.

Probatorio, Probatory; **peso** —, probatory weight.

Probeta, Assaying beam, stress gauge, test bar, test glass, test piece, test tube; — **tratada,** tool bit.

Probógrafo, Probograph.

Procedimiento, Procedure, process; — **de extracción del oro** (el mineral se agita en un tonel con el reactivo adecuado), barrel process; — **de perforación por congelación,** freezing process.

Proceso, Action, process; — **catalítico,** catalytic process; — **de fabricación,** manufacturing process; — **metalúrgico que da directamente un metal utilizable,** direct process; — **por vía seca,** dry process; — **verbal,** record; **procesos verbales,** procedings.

Procuración, Proxy.

Procurador, Solicitor.

Producción, Generation, making, production, yield; — (minas), output; — **de energía,** power production; — **de vapor,** steam generation; — **en grandes series,** mass production; — **en pequeñas series,** small or small lot production; — **en serie,** quantity production, quantity proportion; — **en series medias,** medium production; **capacidad de —,** productive capacity; **comodidades para la —,** accomodation for mass production; **contingente de —,** allowable production; **torno de —,** production lathe.

Producir, To remove.

Productividad, Earning capacity; — **financiera,** earning capacity.

Productivo, Productive.

Producto, Produce; — (de una multiplicación, etc...), product; — **antipútrido,** rotproofer; — **de fundición con,** cast in the same piece; — **de ganancia por anchura de banda,** gain-bandwith product; — derivado, by produce, by product; — **detergente,** cleansing compound; — **final** (química), end product; — **manufacturado** (poco usado), fabric; **productos de intermodulación,** intermodulation products.

Productor, Producer; **tubo —,** conduit.

Profesión, Handicraft, pursuit.

Profundidad, Depth; — **de la pasada,** cutting depth; — **de ranura,** depth of slot; — **del cuello de cisne,** depth of throat; **falta de —,** shoaliness; **registro en —,** hill and dale recording.

Profundizar, To deepen.

Profundo, Heavy; **barreno poco —,** blockhole; **corte —,** heavy cut.

Progación sobre tierra plana, Plane-earth propagation.

Progresión, Progression; — **aritmética,** arithmetical progression; — **geométrica,** geometrical progression; **selector de — inversa,** back-ward-acting selector; **vía de —,** forward path.

Progresivo, Stepless; **arranque —,** stepless starting; **tarifa progresiva,** progressive tariff.

Progreso, Development, improvement.

Prolina, Proline.

Prolongación (minas), Pitch.

Prolongado, Extended.

Prolongamiento, Extension.

Prominencia, Boss, bulging, knob.

Propagabilidad, Propagability.

Propagación, Propagation; — **anormal,** abnormal propagation; — **de ondas radioeléctricas,** radio waves propagation; — **más allá del horizonte,** forward-scatter propagation; — **normal,** standard insulator, standard propagation; — **por acodos,** layerage; — **por difusión troposférica,** tropospheric scatter propagation; — **por un salto,** single hop propagation; — **sobre el horizonte** (troposférica), forward-scatter propagation; **constante de —,** constant propagation; **onda de —,** pressure wave; **relación de —,** propagation factor or ratio; **ruido de —,** path distortion noise; **tiempo de — de fase,** phase delay; **velocidad de —,** propagation velocity.

Propanizar, To propanize.

Propano, Propane.

Propensidad, Propensity.

Propiedad, Property; — **limítrofe,** abutting property; **propiedades químicas,** chemical properties.

Propietario, Owner; — **de servicios urbanos,** carrier municipal.

Propileno, Propylene; **óxido de —,** propylene oxide.

Propílico, Propyl; **alcohol —,** propyl alcohol.

Propilita, Propylite.

Propilo, Propyl.

Propio, Natural; **frecuencia propia,** natural frequency; **impedancia propia,** self impedance; **longitud de onda propia,** natural wave length; **período —,** natural period; **resonancia propia,** natural resonance.

Propiónico, Propionic; **ácido —,** propionic acid.

Proporción, Content, proportion, rate; **— armónica,** harmonical proportion.

Proporcionado (instalaciones), Sizable.

Proporcional, Proportional; **cálculos proporcionales,** sentential calculi; **media —,** median proportional; **servomecanismo —,** linear servomechanism.

Proporcionalmente, Retably.

Propulsado, Propelled, propulsed; **— por,** powered; **— por cohete,** rocket powdered, rocket propelled; **— por reacción,** rocket powered.

Propulsar, Propellent, to propel, to propulse.

Propulsión, Drive, propulsion; **— a reacción,** jet propulsion; **— de los envíos,** marine propulsion; **— por cohete,** rocket propulsion; **con — a chorro,** jet powered; **con — a reacción,** jet propelled; **de —,** propelling; **de — atómica,** atomic powered; **motor de —,** propelling engine or machinery or motor, propulsion engine; **submarino de — atómica,** atomic powered submarine; **turbina de —,** propulsion turbine.

Propulsivo, Propulsive; **rendimiento —,** propulsive efficiency.

Propulsor, Propellant, propeller or prop; **carga propulsora,** propelling charge.

Prospección, Land surveying, wildcat or wildcatting; **— aeromagnética,** aeromagnetic surveying; **— geológica,** geological surveying; **— petrolera,** oil exploration; **labores de** (minas), burrowing for lodes; **sondeo de —,** wildcat or wildcatting.

Prospectar, To survey.

Protactínido, Protactinide.

Protección, Coating, inhibiting, keep; **—** (armadura), protection; **— contra aviones,** aircraft protection; **— dinámica,** dynamic inhibiting; **— por blindaje,** armour protection; **— submarina,** underwater protection; **de —,** protective; **explosor de —,** protective gap; **lámpara de —** (radio), guard lamps; **manguito de —,** protector; **razón de —,** protection ratio; **resistencia de —,** protective resistance.

Protector, Inhibitor, protector, shelter; **— de neumático,** casing leather; **— de red,** network protector; **bloque —,** protecting block; **falso —,** wooden block; **relé —,** protective relay; **sombrerete —,** tail rod casing; **tubo —,** protective tube.

Proteger con pilotes, To stake.

Protegido, Coated; **—** (navío de guerra, etc...), protected; **contactos protegidos,** protected contacts.

Proteína, Protein.

Proteínico, Protein; **fibra proteínica,** protein fibre.

Protobitumen, Protobitumen.

Protogeométrico, Protogeometric.

Protón, Proton; **— de retroceso,** recoil proton; **haz de protones,** proton beam.

Protonosfera, Protonosphere.

Protosulfuro de mercurio, Aethiops mineral.

Prototipo, Prototype; **avión —,** prototype.

Protóxido de hierro, Aethiops martialis.

Protuberancia, Knob; **—** (chapas), bulging

Provecho, Income, return.

Proveedor, Contractor, purveyor, supplier; **—** (de navíos), ship chandler; **— de fondos** (minas), habilitator.

Proveer de, To fit.

Provisional, Makeshift.

Provisto de, Equipped; **coche — de radio**, radio equipped car.

Provocado, Stimulated.

Proximidad, Closeness.

Próximo (Infrarrojo), Near infrared.

Proyección, Lug, plan, projection; — **central**, central projection; — **continua de un haz radárico sobre un objeto**, searchlighing; — **de agua** (cald.), overflow of water; — **de chispas en el alto horno**, drop; — **de Mercator**, Mercator's projection; — **horizontal**, dip view, half breadth plan; — **longitudinal**, sheer plan; — **transversal**, body plan; **aparato de —**, projector; **lente de —**, projection lens; **moldeadora por — de arena**, sandrammer; **pantalla.de —**, projection screen; **protegido contra proyecciones de agua**, splash proof; **proyecciones** (en las escobillas), spitting; **sala o cabina de —**, projection room.

Proyectabilidad, Projectability.

Proyectar, To design, to plan; **máquina de — la arma**, sand slinger.

Proyectil, Projectile, shot; — (teledirigido, radioguiado), guided missile; — **con punta protegida**, capped shell; **casquillo de —**, sabot.

Proyectiles, Ammunition.

Proyecto, Designing, draft or draught, plan, scheme, sketch; — **del casco**, sheer drawing; **error en la salida del —**, angle jump; **oficina de proyectos**, estimating iffice.

Proyector, Floodlight, projector, searchlight; — **cinematográfico**, movie projector; — **estereoscópico**, stereo projector; **encargado del —**, maypole; **iluminación por proyectores**, floodlighting; **lámpara de —**, projector lamp.

Proyectoscopio, Projectoscope.

Prueba, Experiment, proof, proving, try, tryout; — (calderas, placas, etc.), test; — **al agua**, water test; — **con el péndulo metalúrgico**, fall proof; — **de abocardado**, expanding test; — **de alargamiento**, elongation test; — **de continuidad**, continuity test; — **de finura de la arena**, sand fineness test; — **de mandrinado** (tubos), expanding test; — **de ocupación**, busy test; — **de recepción**, acceptance test; — **defectuosa**, mistest; — **silenciosa**, blank; — **sobre amarras**, trial at moorings; **a — de**, proof; **a — de aire**, air proof; **a — de bombas**, bomb proof; **a — de falsas maniobras**, safetied; **a — de impericia**, foolproof; **a — de uso**, wear proof; **aparato de pruebas**, routine tester; **banco de pruebas**, proving bench, test bed, testing bed; **caballete de pruebas**, test rig; **capacidad de —**, capacity probe; **cinta de pruebas**, test strip; **conectador a — de humedad**, moisture proof connector; **doble —**, double test; **lente de —**, essaying glass; **línea de — al repartidor**, test interception circuit of M.D.T.; **máquina de pruebas**, testing machine; **mesa de pruebas**, test desk; **período de —**, probationary period; **piloto de pruebas**, test pilot; **plataforma de pruebas**, test stand; **pruebas**, prints; **pruebas en anillo**, loop test; **resiliencia de —**, proof resilience; **tirar una —**, to print (out, off) a negative; **velocidad de pruebas**, trial speed.

Prueba-tubos, Casing tester.

Prusiato, Prussiate; — **de potasa**, prussiate of potash.

Prúsico, Prussic **ácido cianhídrico o —**, prussic acid.

Pseudoescalar, Pseudoscalar; **campo —**, pseudoscalar field.

Pseudohalogenuros, Pseudohalides.

Pterocarpus indicus, Narra.

Pteroico, Pteroic; **ácido —**, pteroic acid.

Publicidad, Advertisement, advertising; **aparato luminoso de —,** electric display apparatus.

Público, Civil; **funcionario —,** civil servant.

Pudelado, Puddled, puddling; **— en paquete,** fagotting; **barra de hierro — ordinario,** boiled bar; **escorias de horno de —,** floss; **hierro —,** fagotted iron, puddled iron.

Pudelador (obrero), Puddler; **pudeladora mecánica,** puddling machine.

Pudelaje por cocción, Boiling.

Pudelar, Mashing, to puddle; — (met.), to fagot; **escoria de los hornos de —,** puddling slag; **horno de —,** puddling furnace.

Pudrición (madera), Rot; **— fungosa,** conk.

Puente, Bridge; **— angosto,** narrow bridge; **— autoequilibrado,** self-balanced bridge; **— basculante,** bascule bridge, draw bridge, lift bridge; **— carretero,** road bridge; **— colgante,** hanging bridge, suspension bridge; **— con garras,** crane with tongs; **— con pinzas,** gripping crane; **— de balsas,** bridge on rafts; **— de barcos,** pontoon bridge; **— de báscula,** bascule bridge, draw bridge; **— de brazo,** crane with jib; **— de campana,** centre handle; **— de campo,** country bridge; **— de canal,** canal bridge; **— de capacidad,** capacity bridge; **— de capacitancia,** capacitance bridge; **— de colada,** ladle crane; **— de conexión,** bridge connector; **— de cuerdas,** bridge rope; **— de cursor,** meter bridge; **— de estriping,** stripping machine; **— de fragua,** forging crane; **— de frecuencias,** frequency bridge; **— de hilo dividido,** meter bridge; **— de impedancia,** impedance bridge; **— de indas,** rope bridge; **— de cursor, ducción,** induction bridge; **— de maniobra,** operating bridge; **— de pontones,** pontoon bridge; **— de portaescobilla,** brush segment; —

— de resistencia, resistance bridge; **— de navío,** bridge; **— de oxígeno,** oxygen bridging; **— de tirantes,** strut frame bridge; **— de transmisión,** transmission bridge; **— de vigas llenas,** beam bridge; **— de Wheatstone,** apparatus of resistance, wheatstone bridge; **— desbarbador,** stripping machine; **— deslizante,** sliding bridge; **— eléctrico,** electric bridge; **— en abanico,** radiating bridge; **— en caparazón de tortuga,** turtle back deck; **— en tortuga,** turtle deck; **— fijo,** stationary bridge; **— giratorio,** revolving bridge, swing bridge; **— grúa,** traveller; **— grúa, sobre vía aérea,** traveler on overhead track; **— internacional,** international bridge; **— levadizo,** swing bridge; **— levadizo de balancín,** lever drawbridge; **— magnético,** permeability bridge; **— metálico,** iron bridge; **— para tráfico carretero,** carriage bridge; **— principal,** main deck; **— protegido de la metralla,** splinter deck; **— rectificador,** rectifier bridge; **— repetidor de impulsos,** impulse repetition bridge; **— rodante,** crane bridge, overhead rack; **— sobre pilotes,** pile bridge; **— superior,** spardeck; **— transbordador,** crane bridge, ferry bridge, travelling crane; **— transbordador aéreo,** overhead travelling crane; **— trasero** (auto), axle housing; **— volante,** flying bridge, flying ferry; **acoplamiento en —,** bridge connection; **cabeza de —,** end girder; **caja de cimentación para puentes,** bridge foundation cylinders; **caja de resistencia en forma de — de Wheatstone,** box bridge; **circuito —,** bridge circuit; **circuito en —,** bridge circuit; **construcción de puentes,** bridge building; **de dos puentes,** double decked; **en —,** bridged; **estilo de —,** bridge type; **estribo de —,** wring wall; **junta de —,** bridge joint; **método de —,** bridge method; **ojo de —,** span; **pilar de —,** bridge abutment; **pretil de —,** bridge rails; **red en —,** bridged network; **supervisión por — de transmisión,** bridge control supervision; **tablero de** —, bridge floor, dash board, floor; **vara de hierro para puentes,** bridge rod; **vértice de un** —, bridge apex.

Puente-grúa, Crane, crane bridge, travelling crane; — **de descenso rápido,** quick handling crane, quick lowering crane; — **desmoldeador,** stripping crane; **carro de** —, crane trolley.

Puerta, Door, gate; — **de aguas arriba** (esclusa), crown gate; — **de cenicero,** pit door; — **de ceniceros** (quemadores), pit door; — **de dos batientes,** clamshell door; — **de esclusas o de depósito,** gate; — **de póstigo,** wicket door; — **de un solo batiente,** single (swing) door; — **de vaciado,** cleaning door; — **de ventilación,** trap door; — **de visita,** access panel; — **de visita de las válvulas de una bomba,** bonnet; — **deslizante,** sliding door; — **desprendible,** jettison door; — **emballenada,** mitre gate; — **ensamblada de ranuras y espigas encajadas,** clamped door; — **hermética,** watertight door; — **levadiza,** lifting gate; **bastidor de** —, door case; **batiente de** —, door leaf; **bisagra de** —, door hinge; **contacto de** —, door push; **dintel de** —, door head; **interruptor de** —, door contact switch; **montante de** —, door post; **pestillo de** —, door latch; **puertas autoclaves,** sludge doors.

Puerto (diques y muelles), Harbour; — **comercial,** commercial harbour; — **de armamento,** port of registry; — **de comercio,** commercial port; — **de guerra,** naval port; — **de mar,** port, sea port; — **de pesca,** fishing harbour; — **de refugio,** harbour of refuge; — **exterior,** outer harbour; — **franco,** free port; — **interior,** inner harbour; — **petrolero,** oil port; **almacén del** — **franco,** free port store; **capitán de** —, harbour master; **derechos de**

—, groundage, port charges; **grúa de** —, port crane **guardia de** —, port watch.

Puesta a cero, Reset; — **a cero a mano,** hand reset; — **a tierra,** grounding; **conmutador de** — **a tierra,** antenna grounding switch.

Puesto, Cockpit, embedded, gang, station, way; — **ametrallador posterior,** cockpit aft; — **de carga,** loading station; — **de escucha,** listening post; — **de pilotaje,** pilot's cockpit; — **delantero,** gunner's cockpit; — **sobre,** mounted; — **trasero,** rear cockpit; **puesto a** —, two way.

Puja, Outbidding, overbidding.

Pujavantes, Waist.

Pukutukawa (madera), Pukutukawa.

Pulgada, Inch; — (medida de longitud), inch; **de 5 pulgadas,** 5 inched; **libra por** — **cuadrada,** P.S.I. (Pound per square inch).

Pulido, Buffing, flatting, glazing, lap finish, lapping, polish, polished, polishing; — **a mano,** hand polished; — **al cuero,** buffing; — **al esmeril,** emery polishing; — **con arena o polvo de pómez,** sand buffing; — **electrolítico,** electrolytic polishing; — **especular,** mirror polish; — **por ataque con ácido,** etching polishing; — **satinado,** satin finish; **disco de** —, polishing wheel.

Pulidor, Buff stick, emery stick, finishing bit, planisher, polishing bit, polishing iron; **torno** —, boring and turning mill.

Pulidora, Block machine, boring machine, grinding machine, leveler, polisher; — **de montante móvil,** table type boring machine; — **de precisión,** precision boring, precision boring machine; — **horizontal,** horizontal boring machine; — **portátil,** buffer portable; — **rígida,** rigid boring machine; — **universal,** universal boring machine; — **vertical,** vertical boring machine; **barra de** —, boring spindle; **cabe-**

zal de —, boring head; **máquina** —, lapper, lapping machine; **portacuchilla de una** —, boring block.

Pulidora-fresadora, Boring and milling machine, boring mill, boring milling and facing machine.

Pulimentable, Polishable.

Pulimentado de los espejos, Flattening.

Pulimentar, To grind.

Pulir, To brighten, to buff, to burnish, to polish, to scrubb, to smooth, to varnish; — **el cañón de un arma de fuego,** to fine bore; **disco de** —, burnishing wheel; **herramienta para — ranuras,** key way cutter; **máquina de** —, polishing machine; **máquina de — cilindros,** cylinder lapping machine; **máquina de — las ruedas,** wheel grinder; **máquina para — los pistones,** piston boring machine; **piedra de** —, grinder, grinding tool, lap stick, lapper, polishing cask; **polvo de** —, burnishing powder; **torno de** —, boring mill.

Pulpa, Pulp; — **de madera,** wood pulp; **molino de** —, pulp mill.

Pulpación, Pulping.

Pulsación del líquido, Churning; **amortiguador de pulsaciones,** pulsation damper; **pulcasiones sonoras,** sound pulsations.

Pulsada (Potencia), Pulsed power.

Pulsador de línea, Line pulse; — **de válvula dura,** hard tube pulser; **micrófono con** —, pushmike.

Pulsante, Pulsing; **circuito** —, pulsing circuit; **patín** —, pulsing shoe.

Pulsátil, Pulsative; **flujo** —, pulsative flow.

Pulsatorio, Pulsating; **carga pulsatoria,** pulsating load; **corriente pulsatoria,** pulsating current.

Pulsorreactor, Pulsejet.

Pulverizabilidad, Sprayability.

Pulverizable, Pulverizable.

Pulverización, Atomization, atomizing, cooling, mealing, pulverisation, pulverizing, spray, spraying; — **de agua,** water spray; — **de vapor,** steam atomizing; — **por rotación,** swirl atomizing **agua de** —, spray water; **busa de** —, spray nozzle; **cámara de** —, spraying chamber; **lavador de** —, spray washer; **sistema de — de agua,** humidification system.

Pulverizado, Atomized; **carbón vegetal** —, aigremore.

Pulverizador, Disintegrator, dropper, dropping tube, pulveriser or pulverizer, spray nozzle; — (auto, Diesel), sprayer; — (Diesel), atomiser or atomizer; — **de cilindros,** tubular atomiser — **de tobera,** nozzle atomiser, swirl type atomiser; **tubo de** —, burner pipe.

Pulverizar, To atomize, to meal, to pulverise; **cilindro para — metales,** flatting mill; **muela para** —, abrasive wheel.

Pulverulento, Dusty, powdery; **volverse** —, to dust.

Pulvicortado, Powder cut.

Pulvicorte, Powder cutting.

Punta, Apex (plural **Apices**), bill, brad, crest, end, nose, peak, pip, point, prong, sprig, tag, tip, tit; — **cuadrada,** puncher chisel; — **de apoyo,** hip; — **de carga,** load peak; — **de corazón** (cambio de vias), core piece; — **de derramaje,** in rush peak; — **de electrodo,** electrode tip, (soldadura) welding tip; — **de esclusa,** clow sluice; — **de flecha,** gad; — **de rebajar,** edge tool; — **de torno,** centre stock, pike; — **de trazar,** marking awl; — **de un torno,** broach, centre of a lathe; — **de yunque,** anvil pillar; — **del cabeza móvil de un torno,** dead centre; — **del cabezal fijo de un torno,** live centre, square centre; — **del cabezal móvil de un torno,** back centre or center, live centre; — **fija,** dead centre, fixed centre; — **fija de un torno,** dead spindle of a lathe; — **giratoria,** live centre, revolving centre, running centre; — **muerta,** dead end; — **ofensiva,** spearhead; — **seca de un compás,** needle point; — **trazadora,** marking awl; **acción de marcar las líneas de un buque con la — de trazar,** rasing; **altura de puntas** (torno), height of centres; **armado de —,** spiky; **bala de — blanda,** soft nose bullet; **bala de — redondeada,** round nose bullet; **clavazón a — perdida,** dump; **compás de — de bola,** club compasses; **con puntas,** spiked; **de —,** on end; **de — cuadrada,** square tipped; **diente de — insertada,** detachable point tool; **distancia entre puntas,** distance between centres; **en —,** tapering; **herramienta de —,** point tool; **herramienta de — de diamante,** diamond point tool; **mandrino de puntas,** prong chuck; **pico de dos puntas,** mahndril; **puntas** (de compás), leg; **puntas descentradas,** centres out of line; **puntas desplazables,** centres with endlong movement; **receptor de — seca,** telegraphic embosser; **serrucho de —,** compass saw; **sin puntas,** centre less; **tenazas de —,** cramp; **tensión de —,** peak voltage; **torna —,** corner brace; **tornear entre puntas,** to turn between dead centres; **torno de puntas,** pole lathe.

Puntal, Bracing strut, cross stretcher, cross stud or cross stretcher, landing brace, landing strut, leg, pillar, prop, proppet, rib, ricker, sprag, stanchion, stud; — **articulado contra retroceso** (cañón), skid; — **de carga** (aparatos de izar), gin; — **de eslora,** crutch; — **inclínado,** raking prop; — **oblicuo de madera,** angle brace; — **volante,** ricker; **base del —,** pillar footing.

Punteado, Dotted, press roughing; **dibujar — recto,** to draw dash line; **punteados,** pointing.

Punteamiento, Pincushion.

Puntear, To centre; — (dibujo), to punctuate; — (una costura), to prick; **aguja de —,** dotting needle; **máquina de —,** jig boring machine, (tipo fresadora) jig mill, (tipo rectificadora) jig grinder, (tipo taladradora) jig boring machine; **rueda de —,** dotting wheel.

Punteo (Pasador del tornillo de), Box of the elevating screw.

Puntería, Sight; — **automática,** automatic aiming; — **de azimut** (cañón), training; **aparato de —,** sighting apparatus; **aparatos de —,** sights; **cúpula de —,** sighting blister; **de —,** sighting; **instrumentos de —,** sighting instruments; **línea de —,** side line; **rejilla de —,** antiaircraft sight.

Punterola, Pitching tool.

Puntiagudo, Fine, nibbled, picked, pointed, pointwise, sharp.

Punto, Butt, point, speck; — (torno), centre or center; — **a plomo,** plumb point; — **a punto,** point to point; — **acotado,** spot height; — **consecuente,** consequent point; — **crítico,** critical point; — **de alimentación de una antena,** feeding point of an antenna; — **de amarre,** berth loading; — **de aplicación,** working point, (de una fuerza) point of application; — **de apoyo de la palanca,** bearance; — **de ataque,** working point; — **de combustión,** fire point; — **de conducción,** cut-in point; — **de congelación,** F.P. (Freezing Point), freezing point, pour point; — **de contacto de dos piezas,** bearing; — **de convergencia,** converging point; — **de corte,** cut-out point; — **de Curie,** Curie point, magnet transition temperature, magnetic transmission temper, magnetic transition temperature; — **de deformación permanente,** breaking down point; — **de destello,** flash point; — **de detención y de arrastre** (ferrocarriles, señales), catch point; — **de ebullición,** boiling point, ebullition point; — **de excitación** (antenas), driving point (antenna); — **de ex-**

tracción de vapor, bleed point; — de fluencia, pour point; — de fusión, melting point; — de gota, drop point; — de ignición, burning point; — de inflamabilidad de los petróleos, flashing point; — de inflexión, point of inflexion; — de reagrupamiento, rally point; — de referencia, bench mark; — de relajamiento, yield point; — de retroceso, stationary point, (geom.) node; — de rocío, dew-point; — de señal horaria (radio), pip; — de soldadura, lug; — de trazar, draw point, drop point; — de turbiedad de un aceite (es la temperatura en grados F, para la que una cera de parafina o cualquier otra sustancia sólida empieza a cristalizar o a separarse de la solución cuando se enfría el aceite en determinadas condiciones), cloud point; — de unión, lug; — de unión de las fases, neutral point, star point; — director, guide point; — estacionario, cusp; — final (de combustible), end point; — geodésico, triangulation point; — luminoso móvil, flying spot; — medio de filamento, centre filament; — muerto, dead centre, dead point (máquina), centre or center; — muerto inferior, B.D.C. (Bottom Dead Center); — muerto superior, T.D.C. (Top Dead Center); — nadiral, plumb line; — negro, blind spot; — neutro, neutral point, star point; — neutro artificial, artificial star point; — peligroso de un cruce (ferr.), fouling; — subsolar, subsolar point; aguja de hacer —, knitting needle; apoyo del —, bearing centre; comunicación — a punto, point to point communication; con punta, pointed; de puntos, dotted; descarga por las puntas (elec.), point discharge; descargador de puntas, saw tooth arrester; en punta, pointed; estrella de cinco puntas, pentacle; explorador indirecto de — móvil, flying spot scanner; máquina de hacer —, knitting machine; máquina de puntos por corriente pulsatoria, pulsation spot

welding; martillo de punta, pointed hammner; poner a —, to develop, to set up, to set up the tool; primer — de contacto de un diente de engranaje; first point of contact; punta de trazar, pointer borer; punta de un torno, point of a lathe; puntos cardinales, cardinal points; puntos geodésicos, trig stations; puntos homólogos, homologous guides; puntos muertos, superior e inferior de una manivela, top and bottom centres; puntos pitagóricos, pythagorean points; puntos y rayas del alfabeto Morse, dots and dashes; puesta en —, adjustment; reunión de rayos luminosos en un —, corradiation; sujecion por puntos, nuggeting; tiralíneas para trazar líneas de puntos, dotting pen; último — de contacto de un diente de engranaje, last point of contact.

Punto muerto, Dead centre.

Puntual, Point; electrodo —, point electrode; foco —, point focus.

Puntualidad (horario), Punctuality.

Punzón, Awl, blunt chisel, bodkin, borer, broach post, caulking chisel or calking chisel, centre point, centre punch, chisel, crown post, dab, die, dye (rare), die stamp, drift, driver, gab, graver, nail punch, prodding tool, punch, sharp pointed bit, stamp; — a mano, bear; — afilado, brad awl; — biselado, bevelled punch; — calibre, centre punch for rivets; — cónico, conical pen; — cuadrado, square graver; — de acero, dog's tooth; — de bocarte, die, dye (rare); — de embutir, chasing punch; — de mano, brad punch; — de punta cónica, needle; — de remachar, rivetting punch; — de robinete, cock key; — de taladrar, hollow punch; — de tonelero, gimblet or gimlet; — de tornillo, screw punch; — embutidor, die plunger; — para clavijas, spile awl; — sumergido, die, dye (rare); cincelar con punzones, to chase; golpe de —, centre dab, centre mark, centre pop; **grifo de tornillo de** —, point screw valve; **perforar con el** —, to punch.

Punzonado, Blanking, piercing, punched, punching.

Punzonadora, Cutting press, punch press, punching machine; — **de cizallas,** punching and shearing machine; — **hidráulica,** hydraulic punch; **máquina** — **y ribeteadora,** punching and riveting machine.

Punzonar, To pierce, to punch; **prensa de** —, punch press.

Pupila, Pupil; — **de entrada,** entrance pupil; — **de salida,** exit pupil.

Pupinizado, Loaded.

Pupitre de mando, Chief operator's desk.

Purga, Bleeding or bleed, blow down, blow off, drain, escape; — **de aire,** air drain, air escape, draining; — **de recalentador,** heater drain; — **del cilindro,** cylinder drain, draining the cylinder; **grifo de** —, blow down valve, blow through cock, drain cock; **purgas,** vents; **refrigerante de purgas,** drain cooler; **tubo de** —, blow through pipe, drain pipe, drip, drip pipe; **válvula de** —, drain valve; **válvula de** — **de condensador,** blow through valve.

Purgado, Bled, drained; — (text.), picking.

Purgador, Bleeding screw, draining device, purger, steam separator, trap; — **continuo,** drip tap; — **de cuba invertida,** inverted bucket steam trap; — **de hilos,** picker; — **de humedad,** moisture separator; — **de vapor,** steam trap; — **termostático,** thermostatic trap.

Purgar, To bleed, to blow off or out, to blow through, to drain, to drive out; — (máquina de vapor), to drive; — **las tuberías,** to bleed the lines; — **una caldera,** to blow down.

Purificar, To depurate; — **por lavado,** to edulcorate.

Purina, Purine.

Puro, Pure; **cobre** —, pure copper; **matemática pura,** abstract mathematics.

Pústula, Blister.

Q

Q, Q; — **de radiación,** radiation Q.

Q-metro (aparato de medida de sobretensiones), Q-meter.

Quebradizo, Breakable, brittle, dry, eager, hot short brittle, short; — **al rojo,** hot short brittle; — **en caliente,** hot short brittle; — **en frío,** cold short brittle; — **y tierno,** brashy; **hierro** —, red short iron, short iron; **hierro** — **en frío,** cold short iron.

Quebraja (madera), Chap.

Quebrantado, Breaking, broken, hogged; — (navíos), broken bocked; — **previo,** coarse crushing; — **primario,** primary crushing; — **secundario,** secondary crushing.

Quebrantadora, Crusher, rock crusher, stone breaker; — **de mandíbulas,** jaw crusher; — **de mineral,** busk; **quebrantadoras,** stamp mills.

Quebrantar, To buck, to crush, to pound.

Quebranto, Hogging; **esfuerzos de** —, hogging strains.

Queche, Ketch.

Quelatos (Compuestos), Chelate compounds.

Quema por transitorio, Transient burning.

Quemado, Burned, burnt; — **turbillonario,** burning turbulent; **no** —, unburnt.

Quemador, Burner, flame holder; — **circular,** fan tailed burner; — **de aceite pesado,** oil burner; — **de boca redonda,** straight slot burner; — **de gas,** gas burner; — **de gas con encendido eléctrico,** flash burner; — **de gas de hendidura,** bat's wing burner; — **de hidrocarbón,** burning hydrocarbon; — **de llama azul,** blue flame burner; — **de mariposa,** bat's wing burner; — **de ranura,** long slot burner; — **en abanico,** fan tailed burner; **cabeza de** —, combustion head.

Quemadura, Burning; — **de válvula,** burning of valve; — **lenta,** burning slow; — **ligera,** burn slight; — **profunda,** burn deep.

Quemar, To burn, to calcine; — **con llama,** to deflagrate; **acción de** —, firing.

Queratina, Keratine.

Quercus montana, Chestnut oak.

Queso (Antena tipo), Cheese antenna.

Quicio, Binding, butt hinge, hinge.

Quicionera, Bearing disc, brass, breast, bush, footstep bearing, fulcrum, rest, socket; — **a bolas,** ball (collar) thrust bearing; — **anular,** collar step bearing; — **de bolas,** ball pivot bearing.

Quiebra (Síndico de), Assigne, receiver.

Quijo (Que tiene) (minería), Gossany.

Quilate, Carat.

Quilla, Keel; — **de ángulo,** angle keel; — **de balance,** bilge keel; — **de buque,** keel; — **de varado,** docking keel; — **inferior,** lower keel; — **lateral para varada en dique,** side docking keel; — **principal,** main keel; — **superior,** upper keel; — **vertical,** middle line keelson; **falsa** —, false keel, outer keel; **picaderos de** —, keel blocks; **talón de** —, skeg.

Química, Chemistry; — **analítica,** analytical chemistry; — **aplicada,** applied chemistry; — **coordinativa,** co-ordination chemistry; — **física,** physical chemistry; — **general,** general chemistry; — **nuclear,** nuclear chemistry; — **orgánica,** organic chemistry; — **trazadora,** tracer chemistry.

Químicamente, Chemically.

Químico, Chemist; — (adj.), chemical; — **especialista en el ramo de petróleo,** chemist petroleum; **absorción química,** chemical absorption; **composición química,** chemical composition; **constitución química,** chemical constitution; **fábrica de productos químicos,** chemical works; **modificación química,** chemical change; **precipitación química,** chemical precipitation; **productos químicos,** chemicals; **substancia química,** chemical substance.

Quimicobiológico, Chemicobiologic.

Quimioluminiscencia, Chemiluminescence.

Quimioterapéutico, Chemotherapeutic.

Quimioterapia, Chemotherapy.

Quinazolinas, Quinazolines.

Quincallería, Hardware, iron mongery, iron ware.

Quincallero, Ironmonger.

Quincenal, Biweckly.

Quinoleico, Quinoline; **derivados quinoleicos,** quinoline derivatives.

Quinoleína, Quinoline.

Quinoxalinas, Quinoxalines.

Quintal (medida de peso), Quintal; — **inglés,** hundredweight.

Quitanieves, Snow plough, snow plough or blower; — **centrífugo,** rotary snow plough; — **de tracción,** draw snow plough.

Quitanza, Discharge, receipt.

Quitapiedras, Fender, rail guard.

Quitar, To curtail, to remove; — **al fuego** (metalurgia), to blow down; — **estregando,** to abrade; — **los sedimentos de una caldera,** to scale off a boiler.

R

Rabdomante, Water finder.

Rable, Balling rake or tool, rabble.

Racémico, Racemic.

Racemización, Racemization.

Ración alimenticia normalizada, Standardized food ration.

Racional, Rational: **número —,** rational number.

Racionalización, Scientific management.

Racionalizado, Rationalized.

Racor, Connecting pipe, connector, nipple, pipe fitting, pump connection, raccord, union joint; **—** (de tubo), bend; **— curvado,** one height bend; **— en T,** union T; **— en U,** return bend; **— roscado,** union nut joint; **unión con —,** nipple connection.

Rada, Road.

Radar, Radar (radio detection and ranging), radiolocation; **— de aterrizaje,** landing radar; **— de bombardeo automático,** sniffer; **— de bordo,** airborne radar; **— de cola,** airplane flutter; **— de dirección,** tracking radar; **— de impulsos coherentes,** coherent-pulse radar; **— de navegación,** navigation radar; **— de piloto,** pilotage radar; **— de popa,** stern radar; **— de proa,** bow radar; **— de vigilancia,** early warning radar, search radar; **— de visión del terreno sobrevolado,** stinky; **— modulado en frecuencia,** frequency-modulated radar; **— primario,** primary radar; **— secundario,** secondary radar; **accionado por —,** radar operated; **antena de —,** radar antenna; **buque o avión equipado con — de largo alcance que opera en la periferia de una**

zona, radar picket; **dirección por —,** radar tracking; **imagen de eco del —,** pip; **onda de —,** radar wave; **pantalla de —,** radar screen or scope, scope; **radiofaro para —,** raymark; **tapa de protección de equipo —,** radome.

Radárico, Radar; **buscador —,** radar scanner; **eco —,** radar echo.

Radarista, Radarman.

Radiación, Rad, radiancy, radiation; **— blanda,** soft ray; **— con ángulo elevado,** high-angle radiation; **— cósmica,** cosmic radiation; **— de fotones,** photon radiation; **— del cuerpo negro,** black-body radiation; **— dura,** harsh ray; **— electromagnética,** electromagnetic radiation; **— espuria,** spurious radiation; **— fuera de banda,** out-of-band radiation; **— parásita,** parasitic radiation; **— perturbadora,** harmful radiation; **— residual,** residual radiation; **— tangente,** tangential wave path; **— térmica,** thermal radiation; **— útil,** useful radiation; **— ultravioleta,** ultraviolet radiation; **— visible,** visible radiation; **abertura de re- —,** scattering aperture; **ángulo de —,** angle of radiation; **ciencia de las radiaciones,** radiatics; **diagrama de — fusiforme,** cigar-shaped radiation pattern; **diagrama de — toroidal,** doughnut shaped radiation pattern; **enfriamiento por —,** radiational cooling; **fugas de —,** radiation leakage; **intensidad de — máxima,** maximum radiation intensity; **intensidad media de —,** average radiation intensity; **modo de — axil,** axial mode of radiation; **modo de — normal,** normal mode of radiation; **monitor de —,** radiation monitor; **Q de —,** radiation Q; **resistencia de — de antena,** aerial radiation resistance; **sistema de — transversal,** broadside array; **sobrecalentador de —,** radiant superheater.

Radiador (auto, elec.), Radiator; **— anisótropo,** anisotropic radiator; **— con aletas,** flanged radiator, ribbed radiator; **— con incrustaciones,** furred radiator; **— de ala,** wing radiator; **— de aletas,** gilled or grilled radiator, ribbed radiator; **— de secciones,** sectional radiator; **— de tubos planos,** flat tube radiator; **— directivo,** directional source or radiator; **— elevado,** overhead radiator; **— en panal,** honeycomb radiator; **— frontal,** front radiator; **— integral,** complete radiator; **— principal,** primary radiator; **— puntual,** point source radiator; **— tubular,** tubular radiator; **persiana del —,** radiator shutter; **radiadores acoplados,** twin radiators; **rejilla de —,** radiator case, radiator frame; **sistema continuo de radiadores puntuales,** continuous array of point radiator; **sistema lineal de radiadores,** linear array of radiators; **sistema tridimensional de radiadores puntuales,** volume array of point radiators; **tapón de —,** radiator cap.

Radial (adj.), Radial; **ajuste —** (ferr.), radial adjustment; **avance —,** radial feed; **campo —** (elec.), radial field; **componente —,** radial component; **corrosión —,** radial wear; **delgas radiales,** commutator segments; **disposición — de las armaduras,** arch; **flujo —,** radial flow; **generador de polos radiales,** radial pole generator; **madera con grietas radiales,** wood with radiate crevices; **onda —,** radial wave; **perforadora —,** radial; **profundidad — del arrollamiento,** radial depth of winding; **taladradora —,** radial drilling machine; **tensión — en la corona,** radial rim strain; **turbomáquina de flujo —,** radial turbomachine.

Radian, Radian.

Radiante, Radiant, radiating; **calor —,** radiant heat; **mástil —,** tower radiator; **ranura —,** radiating slot; **superficie —,** radiating surface.

Radiar, To radiate.

Radical (química), Radicle.

Radicando (matemáticas), Radicand.

Radio, Lenghtened arm of a wheel, radio, radium, radius (plural radii), scope, spoke; **—** (de rueda), spoke; **— Corporation of America,** R.C.A.; **— de acción,** action range action, cruising range, endurance, radius of action, range; **— de acción a la velocidad de crucero,** cruising range; **— de evolución,** turning radius; **— de excentricidad,** eccentric radius, throw of the eccentric; **— de giro,** radius of gyration, turning radius; **— de la excéntrica,** eccentric radius; **— de proa,** nose radius; **— de una rueda,** arm of a wheel; **— de viraje,** turning radius; **— opaco,** opaque radio; **— de vigilancia,** radio-warning; **codo de retorno de gran —,** easy return bend; **con radios de madera,** wooden spoked; **de gran — de acción,** long range; **prólogo de —,** announcement radio; **variaciones de la intensidad de las señales de — debidas a causas atmosféricas,** swinging.

Radioactivación, Radioactivation.

Radioactividad, Radioactivity; **— inducida,** induced radioactivity; **variación de la —,** reactivity drift.

Radioactivo, Radioactive; **cenizas radioactivas,** radiofallout; **desintegración radioactiva,** radioactive decay; **detección radioactiva,** radiac; **isótopo —,** radioisotope; **yodo —,** radioiodine.

Radioaficionado, Ham.

Radioaltímetro, Electronic altimeter.

Radioastronomía, Radio astronomy.

Radioaterrizaje, Radiolanding.

Radioayuda, Radio-aids.

Radiobaliza de aterrizaje, Approach beacon; — **de límite**, boundary marker; — **de onda corta**, radar range; — **en abanico**, fan marker beacon; — **pasiva**, passive radiobalize; **radiobalizas de guía**, radio range marker beacon.

Radiobario, Radiobarium.

Radiocesio, Radiocesium.

Radiodiascopía, Radiodiascopy.

Radiodifundir, To broadcast.

Radiodifusión, Broadcast or broadcasting; — **de sonidos**, sound broadcasting; — **multiplex**, multiplex broadcast; **aparato de** —, broadcaster; **canal de** —, broadcast channel; **emisor de** —, broadcast transmitter; **estación de** —, broadcast station.

Radiodirigido, Radioguided; **bomba radiodirigida**, radioguided bomb.

Radioeléctrico, Radio; **espectro** —, radio spectrum; **onda radioeléctrica**, radiowave; **rastreo** —, radio tracking; **reflector de ondas radioeléctricas**, radioreflector.

Radioeléctrico (Circuito), Radio electronic circuit.

Radioemisor, Radio sender.

Radiofaro, Racon, radar beacon, radio beacon, radiophare, radio range station; — **de alineación**, radio range; — **de alineación omnidireccional**, omnidirectional radio range; — **direccional**, directive beacon; — **equiseñal**, equisignal beacon.

Radiofotoluminiscencia, Radio photoluminiscence.

Radiofrecuencia, Radiofrequency.

Radiogoniometría, D.F. (Direction Finding), radio direction finding, radio goniometry.

Radiogoniómetro, Compas wireless, direction finder, direction finding unit, radio direction finder, radiogoniometer; — **acústico**, aural-null direction finder; — **Bellini-Tosi**, Bellini-Tosi direction finder; — **Robinson**, Robinson direction finder.

Radiografía, Radiography.

Radiograma, Radiogram.

Radioguía, Radioguidance; — **de alineación**, localizer beacon; — **de descenso**, glide path transmitter.

Radioguiado, Radioguided; **bomba radioguiada**, radioguided bomb.

Radioindicador, Radiotracer.

Radioisotopía, Radioisotopy.

Radiolocalización, Radiolocation; — **de línea de posición**, radio position-line determination; — **isócrona**, isochrone determination; **servicio de** —, radiolocation service.

Radiomensajes (Interceptación de), Radiointercept.

Rediometalografía, Radiometallography.

Radiómetro, Radiometer.

Radionavegación, Radionavigation; **estación móvil de** —, radionavigation mobile station; **servicio de** — **marítima**, maritime radionavigation service.

Radionuclido, Radionuclide.

Radiorreceptor, Radio receiver.

Radiosonda, Radiosonde.

Radiotalio, Radiothallium.

Radiotelefónico, Radiotelephone; **circuito** —, radiotelephone circuit; **emisor** —, phone transmitter.

Radiotelémetro, Distance measuring equipment.

Radioterapia, Radiotherapy.

Radiotermología, Radiothermy.

Radiotropismo, Radiotropism.

Radomo, Radar dome, radome.

Radón, Radon.

Raedera, Chip, shaving.

Raedura, Fret.

Raer, To abrade, to fret, to rub.

Rafaelita, Rafaelite.

Ráfaga, Burst; — **corta,** burst short; **túnel aerodinámico de ráfagas intermitentes,** blow down wind tunnel.

Rafagosidad, Gustiness.

Rafia, Raffia.

Raíl, Rail; — **con garganta,** tram rail; — **de reborde,** edge rail; **contracabeza de** —, check; **sobre raíles,** rail track mounted.

Raíz, Root; — **cuadrada,** square root; — **cúbica,** cubic or cube root; — **de diente de engranaje,** snag; — **de la media de los cuadrados,** root mean square; — **del ala,** wing root; **raíces latentes,** latent roots.

Raja, Cracking.

Rajado, Cracked; — **de la estructura cristalina,** rifting; **rajada (madera),** shaken.

Rajadura, Flaw.

Rajarse, To rive.

Ralentí, Slow running.

Rama, Bough, branch; — **receptora,** receiving leg; **con ramas y nudos,** branchy; **ramas del puente de Wheatstone (electricidad),** arms.

Ramaje seco, Brush wood.

Ramal, Branch, branch line; — (ferr.), feeder, tap line; — **ascendente (correa),** side engaging with pulley; — **colector de transportador de bandas,** collecting end; — **conducido (correa),** slack side of belt, (de correa) driven side of belt; — **conductor,** tight side of belt; — **de tracción (correa),** driven side (of belt); — **descendente (correa),** side of delivery; — **distribuidor (de transportadora de banda),** distributing end; — **oblicuo,** branch sloping.

Ramificación, Branch, feeder, forking, offshoot; — (tuberías), branching; — **inductiva,** inductive branch; **de** —, distributing; **repetidor de** —, branching repeater.

Ramoneo, Abrasion.

Rampa, Acclivity, bank, grade, gradient, hand railing, hand riveting, incline, ramp; — (de bujía), harness; — (de lanzamiento, de izado), slip; — **de carga,** stalth; — **de encendido,** ignition harness; — **de lanzamiento,** launching stand; — **elevable,** retractable ramp; — **encarrilladora,** rerailing ramp; — **móvil,** mobile ramp; **rueda de** —, climber.

Rancho (Marinero que reparte el), Portioner.

Randa, Anti-priming pipe.

Rango, Rank.

Rangua, Brass, foot step bearing, pillow, pillow block, pillow bush, pivot box, pivot hole, step, step bearing; — **anular,** collar step bearing; — **axial,** bearing axial; **grano anular de** —, collar step.

Ranura, Cannelure, channel, channel groove, faucet, flute, furrow, groove, kerf, notch, rabbet, raggle, rebate, score, slot, stator slot; — (carp.), channel groove; — (electr.), slot; — **de borde,** channel head; — **de encaje,** fillister; — **de escape,** exhaust trough; — **de estátor** (elec.), stator slot; — **de extremo de ala,** wing tip slot; — **de junta,** chase; — **de mandrilado,** groove hole; — **de mesa de lavado,** riffle; — **de rotor** (elec.), rotor slot; — **de segmento,** piston ring groove, ring land; — **de segmento de pistón,** piston ring slot; — **de succión,** suction slot; — **de sustentación,** lift slot; — **de tubo,** core recess; — **de una longitud de onda,** wavelength slot; — **de una pieza de madera,** channel notch, gut; — **del inducido,** armature slot; — **en T,** T slot; — **en una pieza de madera,** gouging, score; — **fungiforme,** dumb-bell slot; — **helicoidal** (cañones), groove; — **para retener el agua,** riffle; — **radiante,** radiating slot; — **rectilínea,** linear slot; — **vacía o sin arrollamiento,** dummy slot; **ala de ranuras múltiples,**

multislotted wing; **alerón con —,** slotted aileron; **alza de —,** peepsight; **anchura de —,** width of slot; **antena de —,** slot aerial; **atomizador de —,** slot atomiser; **campo de dispersión de las ranuras,** slot stray field; **campo de las ranuras** (elec.), slot field; **cepillo de —,** band plane; **con ranuras,** notched, slotted; **cuña de —,** slot wedge; **dimensiones de las ranuras,** slot dimensions; **dispersión de —,** slot leakage; **filete de — en saliente,** land; **flap con ranuras,** slotted flap; **fresa de ranuras,** grooving cutter; **fresa para ranuras,** slot cutter; **guía de ondas de ranuras,** slotted wave guide; **hacer ranuras,** to cut grooves; **hacer una —,** to rabbet; **hacer una — a,** to rebate; **herramienta para pulir ranuras,** key way cutter; **lengüeta de —** (carp.), feather tongue; **máquina de —,** key seating machine; **máquina de fresar ranuras,** slot milling machine; **máquina para hacer las ranuras de los machos,** tap groove sharpening machine; **número de ranuras,** number of slots; **paso de las ranuras,** slot pitch; **puente o istmo de —,** slot bridge; **ranuras,** gains; **ranuras de alas fijas,** cut through slots; **ranuras de engrase,** grease channels; **ranuras en T,** tee slots; **ranuras en V,** V grooves; **ranuras permanentes,** permanent slots; **ranuras ventiladas,** ventilated grooves.

Ranuración, Slotting.

Ranurado, Slotted.

Ranuradora, Notching machine; **máquina —,** key way cutting machine.

Ranurar, To cut grooves, to flute, to slot; **— con soplete,** to flame gouge; **cepillo de —,** banding plane; **frecuencia de —,** key seating machine; **fresa de —,** grooving cutter, slotting cutter; **fresadora de —,** key seating machine; **herramienta para — interiormente,** recessing tool; **máquina de —,** key way cutting machine, keyseater, slot drilling machine.

Rápido, Quick, rapid; **—** (movimiento), snappy; **acero —,** high speed steel, quick cutting steel, rapid steel; **contrapunta de apriete —,** quick clamping tailstock; **de secado —,** quick drying; **empalme —,** quick union; **motor —,** high speed engine.

Raqueta (moldeo), Planer.

Rarificante, Rarefactive.

Ras (A) de tierra, A flat.

Rasante, Skimming; **rayo —,** skimming ray, tangent ray.

Rascado, Scraper, scraping.

Rascador, Cleaner, parer, scraper; **— de cadenas** (calderas), chain scraper.

Rascar, To scrape.

Rasgabilidad, Rippability.

Rasgo de pluma, Dash.

Raspado, Scraped, scraping.

Raspador, File, scraper; **—** (dibujo), erasing knife; **segmento —,** scraper ring.

Raspadura del hierro, Paring.

Raspar, To chafe, to erase, to scrape; **— plomo,** to chip.

Rasqueta, Scraper, squeegee.

Rastrear, To drive.

Rastreo, Tracking; **— radioeléctrico,** radio tracking; **recalada por —,** track homing.

Rastrillador, Harrower.

Rastrillaje del lino, Flax dressing.

Rastrillar, To comb, to flesh, to hatchel, to rake.

Rastrillo, Rake; **— de salinas,** balling rake, rake; **— para el cáñamo,** hatchel, hemp comb; **— rascador,** scraper.

Ratinado, Friezing.

Ratonera de trampilla (petróleo), Mouse trap.

15

Raya, Line, score; — (alfabeto Morse), dash; — **espectral,** spectral or spectrum line; — **Morse,** Morse dash; — **producida por un hilo lustroso** (telas), shinner; **anchura de las rayas,** line breadth.

Rayado, Banded, cutting, grooved, hatched, rifling, scoring, scratch, smearing, striped; — (dibujos), hatching or hatching stroke; — **cruzado,** counter hatching; — **express,** bore express; — **parabólico,** parabolic rifling; **dureza al** —, scratch hardness; **línea de** —, scratch line.

Rayadura, Cutting, rifling, streak; **rayaduras,** gains.

Rayar, To score; — (dibujos), to hatch; — (un arma de fuego), to rifle; **máquina de** — **los cañones,** rifling bench.

Raylio, Rayl.

Rayo, Beam, lightning, ray; — **beta,** beta ray; — **cósmico,** cosmic ray; — **gama,** gamma ray; — **incidente,** incident ray; — **luminoso,** beam, light ray; — **medular,** medullary ray, spith ray; — **o radio radial,** radial spoke; — **rasante,** skimming or tangent ray; — **tangencial,** tangential spoke; **empalme en** — **de Júpiter,** joggled and wedged scarf; **haz de rayos luminosos,** electric brush; **oscilógrafo de rayos catódicos,** cathode ray oscillograph; **protegido contra el** —, storm-proof; **rayos infrarrojos,** infra red rays; **rayos positivos,** canal rays, positive rays; **rayos refractarios,** refracted ray; **rayos ultravioletas,** ultraviolet rays; **rayos X,** X rays; **tubo de rayos catódicos,** cathode ray tube; **voltímetro de rayos catódicos,** cathode-ray tube voltmeter.

Rayón, Rayon.

Razón, Ratio; — **dinámica,** dynamic ratio.

Reacción, Feel, reaction; — (radio), feed back, regeneration, retroaction; — **del inducido,** armature reaction; — **en cadena,** chain reacting, chain reaction; — **en sentido inverso,** degeneration; — **estabilizada,** stabilized feed back; — **integral,** integral reaction; — **nuclear,** nuclear reaction; — **proporcional,** proportional feel; — **pura,** pure jet; **a** —, reacting; **acoplamiento a** —, feed back coupling; **álabes de** —, reaction blades; **avión a** —, jet plane, reaction plane; **avión de transporte a** —, jet transport; **cámara de** —, reaction chamber; **caza a** —, jet fighter; **condensador a** —, jet condenser; **despegue a** —, jeft lift; **escalón de** —, reaction stage; **flujo de** —, reaction flux; **motor a** —, jet engine; **reacciones secundarias** (elec.), secondary reactions; **reacciones termonucleares,** thermonuclear reactions; **sistema de** —, reaction system; **soplido de los motores a** —, jet blast; **supresor de** —, singing suppressor; **turbina de** —, back turbine, jet turbine, reaction turbine; **velocidad de** —, reaction rate.

Reacondicionamiento de las muelas, Dressing.

Reacondicionar (una muela), To dress; **herramienta de** — **muelas,** wheel dressing tool.

Reactancia (elec.), Reactance; — **capacitiva,** capacitive reactance; — **de dispersión,** stray reatance; — **de núcleo saturable,** saturable reactance; — **de soldadura,** welding reactance; — **mutua** (antenas), mutual reactance (antennas); — **propia** (antenas), self-reactance (antennas); **bobina de** —, reactive coil or reactor; **inversa de la** —, susceptibility.

Reactivación, Reactivation.

Reactivador, Reactivator.

Reactivar, To reactivate, to revive.

Reactividad, Reactivity; **factor de** —, reactivity factor.

Reactivo, Etchent, indicator, reagent, wattless; — (adj.), reactive; **caída reactiva,** reactive drop; **carga reac-**

tiva, reactive load; **corriente reactiva**, idle current, reactive current, wattless current; **efecto** —, back lash; **energía reactiva**, reactive energy; **metal** —, reactive metal; **potencia reactiva**, reactive power; **virado de un** —, color reversion.

Reactor, Japee, jet, reactor; **— de núcleo magnético saturable**, saturable reactor; **— nuclear**, nuclear reactor; **— nuclear con defensa de radiaciones por agua en una piscina**, swimming pool reactor; **— térmico**, thermal reactor; **a prueba de reactores**, jet resistant; **despegue ayudado por** —, jato.

Reafilado, Regrinding.

Reafilar, To regrind.

Reagrupamiento, Regrouping.

Reajuste cero, Zero reset.

Real, Actual; **bomba** — (buques), main pump; **retroceso** — (hélices), true slip; **temperatura** — **de combustión**, actual combustion temperature.

Realce (arcos), Stilting; — **de piedra**, boss.

Realimentación negativa, Negative feedback; **coeficiente de** —, feedback factor, feedback path; **sistema lineal de control con** —, linear feedback control system; **sistema no lineal de control con** —, nonlinear feedback control system.

Realineación, Relining.

Realineado, Relining.

Realinear, To re-line.

Realizabilidad, Realizability.

Realización, Realisation; — (del equilibrio, etc...), build.

Realizar, To ascend, to erect.

Realzar, To emboss.

Reapretar, To retight.

Reapriete, Retightening.

Reapropiación, Reappropiation.

Reaprovisionamiento de combustible, Refueling.

Reasegurador, Reinsurer.

Reasignar, To reallocate.

Reasumible, Resumable.

Reata, Woolding.

Reatar, To woold.

Rebaba, Burr, chip, chipped edge, fash, flash; — **de una pieza de fundición**, beard of a cast; — **exterior**, burr outside; — **saliente formada al colar el molde**, fash; **quitar rebabas de una pieza moldeada**, to trim; **rebabas**, chippings; **rebabas de metales**, chippings of metals.

Rebabar, To burr.

Rebajado, Bearded, lowered; — (chasis auto), low swung; — **al buril**, rough chipping; — **de los extremos**, shift of butts; **ajuste con** —, clearance fit; **eliminación de grietas por** —, scarfing; **ojiva rebajada**, drop arch.

Rebajador, Roughing down; **cilindro** —, roughing down roll.

Rebajar, To dress, to lower, to make elliptic, to rebate; **máquina de** — **lentamente**, notching machine; **punta de** —, edge tool.

Rebajo (Unión a), Rabbeting.

Rebalastar (vía férrea), To restone.

Rebarbador (obrero), Fettle.

Rebarbar (Cortafríos de) ancho, Flogging chisel; **martillo para golpear sobre el cortafríos de** —, flogging hammer.

Rebasar los enganches, To overtravel.

Rebatimiento, Rabatment.

Rebenque, Gasket.

Rebobinado, Rewinding, rewound; **acción de** —, rewiring.

Rebobinar, To rewind.

Rebollo, Bitter oak, turkey oak.

Reborde, Bearing rib, edge, flange of a wheel, flange or flanch (rare), knee cap, lapping, ledge, linch, lip, pad, rand, ridge; — (de un neumático), beading; — **de una rueda**, flange of a wheel; — **guía** (carril), guiding edge; — **inferior de traviesa**, bottom flange; **de rebordes**, brimmed; **formación de rebordes**, burring; **punta de talón del** —, beacon toe.

Rebordeado, Beaded.

Rebordeadora, Flanging.

Rebordear (Máquina de), Flanging machine; **máquina de** — **planos**, blue print lining machine.

Rebose, Overflow, waste, wear; **tapón de** —, overflow plug; **tubo de** —, overflow pipe.

Rebotar, To rebound, to rebuild, to ricochet.

Rebote, Rebound, rebounding, rebuilding, ricochet.

Recajeo (traviesas ferrocarril), Rechairing.

Recalada (aviones), Approach; — **por rastreo**, track homing.

Recalcado, Burnishing.

Recalcador de sacudidas, Jolt rammer.

Recalcadura, Upsetting.

Recalcar, Stuffing, to burnish, to reduce; — (forja), to upset; **prensa de** —, upsetting press.

Recalentado, Resuperheat.

Recalentador, Preheater, resuperheater, torpedo heater; — **de agua de alimentación**, feed water heater, waterfeed preheater; — **de aire**, air heater; — **de combustión**, combustion heater; — **de convección**, convection superheater; **tubo** —, overheating, overheating pipe.

Recalentamiento, Reheat, reheating, superheat; — **después de la combustión**, reheat; **turbina con** — **intermedio del vapor**, reheat turbine, reheating turbine.

Recalentar (la máquina, etc...), To warm; — (un motor), to warm up; **horno de** —, balling furnace, mill furnace, reheating furnace; **horno**

de — **las barras**, bar heating furnace; **horno para** — **los barrotes**, bar heating furnace.

Recalescencia, Recalescence.

Recalibrador, Resizer.

Recalibrar, To resize.

Recalzado de cimientos, Underpinning.

Recambio, Spare; **árbol de ruedas de** —, change shaft; **de** —, spare; **piezas de** —, duplicates, spare parts; **recambios**, replacement parts, spare things or spares.

Recanteado, Milled; **borde** —, milled edge.

Recarburación, Carbon restoration.

Recarga, Depositing, hard facing, reloading; — (ferrocarriles), consolidation.

Recargado, Re-loaded; — **en varias piezas**, built up.

Recargar, To build up, to deposit, to re-load.

Recauchatado, Recapped, recapping.

Recauchutar, To recap; **tira de** —, camelback.

Recaudación, Receptance; **recaudaciones**, revenue.

Recebado, Restarting.

Recepción, Acceptance, receptance trial; — (máquinas), acceptance; — (radio), receiving; — **con diagrama en ocho**, figure-of-eight reception; — **de dos señales independientes en la misma línea o en radio en la misma antena**, diplex reception; — **de la caldera**, boiler acceptance; — **de radiotelegrafía**, code reception; — **de vaporización**, steam trial; — **de velocidad**, speed trial; — **directa**, direct coupled receiving; directional receiving; — **en cardioide**, cardioid reception; — **en diversidad**, diversity reception; — **heterodina**, heterodyne receiving; — **indirecta**, inductively coupled receiving; — **y transmisión simultáneas de señales en la mis-**

ma línea o en radio en la misma estación, duplex telegraphy; antena de —, receiving aerial or antenna; conmutador de —, shift receiving equipment; ensayo de —, receptance test; órganos de — y entrega, input-output devices; prueba de —, acceptance test; puesto de —, receiving station; punzón de —, acceptance stamp; señal de acuse de —, acknowledgement signal; vuelo de —, acceptance flight.

Recepcionista, Receptionist.

Receptancia, Receptance; ensayo de —, receptance test.

Receptor, Ear piece, receiver, steering receiver; — comercial, commercial receiver; — de alta fidelidad, high-fidelity receiver; — de banda lateral única, single sideband receiver; — de cambio de frecuencia, superhet; — de cristal, crystal receiver; — de radio difusión, broadcast receiver; — de señales, signal receiver; — de telecomunicación, communication receiver; — de televisión, television receiver; — en doble diversidad, dual-diversity receiver; — heterodino, heterodyne receiver; — Morse de puntas secas, Morse embosser; — radiotelegráfico, radiotelegraph receiver; — telegráfico, telegraph receiver; almacén —, take up magazine; aparato —, receiving apparatus; aparato — que radia señales, blooper; cuadro —, loop aerial; emisor —, transponder; mecanismo —, receptor mechanism; rama receptora, receiving leg; silenciador para receptores, muting system in receivers.

Receptoría, Receivership.

Recerner, To rebolt.

Recibido (hormigón), Placed.

Recibo, Receipt, voucher; dar —, to receipt.

Reciclado, Recycling, returned; finos reciclados, returned fines.

Reciclar, To recycle.

Recipiente, Container, tank, vat, vessel; — o pieza fundida que pierde en la prueba hidráulica o en servicio, leaker; — para incinerar, boat; — para recoger las gotas de aceite, de agua, drip; — poroso, porous cell; manija para mover la pintura del —, agitator pressure container.

Reciprato, Reciprate.

Recíproco, Reciprocal; impedancia recíproca, reciprocal impedance; polar recíproca, reciprocal polar; redes recíprocas, reciprocal gratings.

Recirculación, Recirculation, recycling.

Reclamar, To reclaim.

Reclamo por entrega incompleta, Claim for shortage.

Reclarificación, Reclarification.

Reclinar, To lean.

Recobrable, Collectible.

Recocción, Refiring.

Recocer (metal), To anneal; — (véase To anneal), to neal; horno de —, annealing furnace, annealing oven.

Recocido, Annealed, annealing, postheat; — (metal), soft; — (metalurgia), reheating; — de metales, softening of metals; — isotérmico, isothermal annealing; — mediano, medium anneal; — ordinario, ordinary annealing; — seguido de enfriamiento al aire, normalising or normalizing; baño de —, annealing bath; color de —, annealing colour.

Recogedor de aceites (palier), Drip pan; — de goteo (máq.), save-all.

Recolección, Collecting; cuba de —, collecting vat.

Recolocación, Resiting.

Reconectado, Recloser.

Reconectar, To reclose.

Reconexión, Reclosing or reclosure; **dispositivo de —,** reclosing or reclosure.

Reconmutación, Reswitching.

Reconocimiento, Survey; **vuelo de —,** survey flight.

Reconsideración, Rehearing.

Reconstituir, To reconstitute.

Reconstrucción, Rebuilding.

Reconstruir, To rebuild, to reconstruct.

Recontaminación, Recontamination.

Reconversión, Reconversion.

Recorrido, Run; **— de aterrizaje,** clear run; **— por la corriente eléctrica bajo tensión,** alive; **señalador de —,** tracker.

Recortable, Chippable.

Recortado, Cut.

Recortar, To cut out, to emarginate, to groove, to pare; **máquina de —,** cutting press; **sierra de —,** jig saw.

Recorte, Cutting, paring; **— (minas),** stenton; **recortes,** borings, chip piece, scrap end, offcuts.

Recorrido de armadura (relés), Armature stroke (relays); **— del eco,** singing path; **dispersión estadística de —,** range straggling.

Recristalización, Recrystallisation.

Recristalizar, To recrystallize.

Rectangular, Rectangular; **acanaladura —,** box pass; **lima —,** equalling fire; **reflector diédrico —,** square corner reflector; **sección —,** box section.

Rectangularidad, Rectangularity.

Rectificación, Calibration, commutation, grinding, rectification, trueing or truing; **— en semilongitud de onda,** half wave rectification; **— húmeda,** wet grinding; **aparato de —,** rectifying apparatus; **aparato de — interior,** internal grinder; **pasada final de —,** temper passing; **refrigerante de —,** grinding fluid.

Rectificada (De corriente) (elec.), Unidirectional.

Rectificado, Commutated, dressing, ground, rebored, reboring, rectified, straightened; **— a muela,** lapping; **— con muela,** ground, lapped; **— de forma con muela perfilada,** crush forming; **— interior con muela,** internal grinding; **corriente rectificada,** rectified current, redressed current; **creces para el —,** allowance grinding; **procedimiento de — de dentado de engranajes,** shaving process.

Rectificador, Rectifier, single anode rectifier; **— complementario,** complementary rectifier; **— cuadrático,** square-law rectifier; **— de alto vacío,** high-vacuum rectifier; **— de cátodo frío,** cold-cathode rectifier; **— de contacto,** contact rectifier; **— de cristal,** crystal rectifier; **— de chorros de mercurio,** jet chain commutator; **— de disco seco,** dry disc rectifier; **— de discos,** disc rectifier; **— de excitación,** exciting rectifier; **— de germanio,** germanium rectifier; **— de ignitrones,** ignitron rectifier; **— de media onda doblador de tensión,** half-wave voltage doubler rectifier; **— de mercurio,** mercury pool rectifier; **— de metal,** metallic rectifier; **— de óxido de cobre,** copper oxide rectifier; **— de rejilla controlada,** grid controlled rectifier; **— de selenio,** selenium rectifier; **— de semiconductor,** semiconductor rectifier; **— de silicio,** silicon rectifier; **— de tubos de vacío,** vacuum tube rectifier; **— de vapor de mercurio,** hot-cathode mercury-vapor rectifier, mercury arc rectifier; **— de vapor del mercurio,** hot-cathode mercury-vapor rectifier; **— demodulador,** demodulator rectifier; **— doblador de tensión en cascada,** cascade voltage double rectifier; **— electrolítico con ánodo de aluminio,** electrolytic or aluminium cell rectifier; **— electrónico,** electronic rectifier; **— en zigzag,** zigzag rectifier; **— hexafásico de media onda,** sixphase half-wave rectifier; — **mecánico,** mechanical rectifier; — **metállco,** metal or metallic rectifier; — **monofásico de onda completa,** single-phase full-wave rectifier; — **monofásico de onda completa en puente,** single-phase full-wave rectifier; — **polianódico,** polyanode rectifier; — **seco,** dry plate rectifier; — **termoiónico,** thermoionic rectifier; — **trifásico de onda completa,** three-phase full-wave rectifier; **barra rectificadora,** boring bar; **cubeta del —,** rectifier pool; **lámpara rectificadora,** rectifier valve; **pila de rectificadores,** rectifier stack; **tubo —,** rectifying valve.

Rectificadora, Grinder, grinding machine (véase **Grinding**); — **automática,** automatic grinder; — **cilíndrica,** cylinder grinding machine; — **copiadora,** contour grinder; — **de perfilar,** contour grinder; — **para machos de roscar,** tap grinder; — **plana,** flat grinding machine, surface grinder.

Rectificar, To calibrate, to commutate, to dress, to grind, to grind true, to make true, to rebore, to rectify, to train; — (aerofotografía), to horizontalize; — (muela), to edge; — **con muela,** to lap; — **la corriente,** to rectify; — **la puntería,** to realm; — **o desbarbar,** to true up; — **una pieza,** to clean; — **una superficie,** to true; **aparato para — las muelas de esmeril,** emery wheels truers; **herramienta de —,** grinding tool; **máquina de —,** grinding machine; **máquina de — cilindros,** cylinder lapping machine; **máquina de — engranajes,** shaving machine; **máquina de — interior y exteriormente,** universal grinding machine; **máquina de — interiormente,** internal grinding machine; **máquina de — las correderas,** slideway grinding machine; **máquina de — las deslizaderas,** slide way grinding machine; **máquina de — las válvulas,** valve grinding machine; **máquina de — los berbiquíes,**

crankshaft grinding machine; **máquina de — los centros de árboles,** centre hole grinding machine; **máquina de — los cilindros de laminador,** roll grinding machine; **máquina de — los engranajes,** gear grinding machine; **máquina de — los fileteados,** thread grinding machine; **máquina de — los óvalos,** oval grinding machine; **máquina de — sin centro,** centreless grinding machine; **máquina simple de — cilíndrica,** plane cylindrical grinding machine; **máquina universal cilíndrica de —,** universal cylindrical grinding machine; **moleta de —,** dresser cutter.

Rectilinealidad, Rectilinearity.

Rectilineidad, Straightness.

Rectilinear, Rectilinear.

Rectilíneo, Rectilineal; **sistema de antenas rectilíneas,** array of linear antennas.

Recto, Straight, upright; **bancada recta** (tornos), straight bed; **correa recta,** open belt; **involución de rectas,** line involution; **piñón —,** spur pinion.

Rectobílico, Rectoblique.

Recubierto, Covered, plated; — **de,** cased with, surfaced; — **de alquitrán,** tar surfaced.

Recubriente (No), Nonblanketing.

Recubrimiento, Lapping; — (cajones), overlap; — (de las chapas de un buque), land (véase **Lap**), lap; — (distribuidor), covering; — (distribuidores), cover; — **activo,** emissive coating; — **de contrachapado,** ply-wood covering; — **de escape,** exhaust lap; — **de la corredera,** lap of the slide; — **en la admisión,** steam overleap; — **en la evacuación,** eduction overlap; **ajustar con —,** to lap; **con —,** lap jointed, lapped; **chapa de —,** covering plate; **junta de —,** lap joint; **soldado con —,** lap welded; **soldar con —,** to lap weld.

Recubrir, To cover; — (junta a solape), to overlap.

Recuento, Cont, counting, metering.

Recuperabilidad, Recuperability.

Recuperación, Reclamation, recovery; **— de sub-productos,** by product recovery; **frenado de —,** regenerative braking; **horno de —,** recuperative or continuous furnace; **sin —,** at one traverse.

Recuperado, Reclaimed.

Recuperador, Checker, recuperator; **— de aceite,** oil extractor; **— tubular,** tubular recuperator.

Recuperar, To pick up; **— el juego,** to take up the slack; **— la flecha,** to take up the slack; **— velocidad,** to pick up.

Recurrencia, Recurrency; **frecuencia de —,** recurrence frequency.

Recurrente, Recurrent.

Recursión, Recursion; **ecuación de —,** recursion equation.

Recursivo, Recursive; **función recursiva,** recursive function.

Rechazado, Rejected.

Rechazar, To bump out, to discard, to drive home, to drive out, to reject.

Rechazo, Heave, offscouring, reject, rejection; **— (minas),** burst; **— de piezas inútiles,** rejectance; **a —,** home.

Rechupe, Draw hole, pipe, piping, shrink hole, shrink piping, shrinkage cavity, void, vug; **— (de metal),** pinhole.

Red, Channel, grid, net; **— (elec. etec.),** network; **— (fluvial de comunicaciones, etc...),** net; **— (óptica),** gitter; **— celular,** ladder network; **— conversora de frecuencia,** frequency converting network; **— de antenas,** aerial network; **— de anulación,** anulling network; **— de desconexión, de desacoplo,** decoupling network; **— de distribución,** distributing network; **— de ferrocarriles,** railway network; **— de frenado (aviac.),** braking net; **— de retardo,** delay network;

— en puente, bridge network; **— equilibradora,** balancing network; **— equivalente,** equivalent network; **— geodésica,** chain; **— lineal,** linear network; **— modeladora de onda,** wave shaping network; **— pasiva,** passive network; **— privada,** private network; **— pública,** public network; **— radial,** radial grating; **— secundaria,** secondary network; **— subterránea,** underground network; **— telefónica,** telephone network; **— telegráfica,** telegraph network; **— terminal,** terminal network; **constantes de una —,** network constants; **fondeador de redes,** net vessel; **impedancia de —,** network impedance; **maquinilla pequeña para izar redes,** line hauler; **parámetros de —,** network parameters; **redes recíprocas,** reciprocal gratings; **tensión de —,** main supply voltage.

Redefinición, Redefinition.

Redisolución, Re-solution.

Redistribución (en tubos de memoria por carga), Redistribution (in charge storage).

Redoma, Bottle; **— con reactivo,** reagent bottle.

Redondeado, Rounded edge.

Redondear, To round.

Redondo, Roughturned; **estampa redonda (forja),** rounding tool; **torno de descortezar redondos,** roughing lathe.

Reducción (fundición), Draft; **— al horizonte,** dip; **— de gastos,** savings; **— exagerada del cobre por sobreagitación,** overpoling; **aparato de — a cero,** device of return to zero; **aparato de — al cero,** set back device; **codo de —,** angle reducer; **coeficiente de — (elec.),** reduction factor; **dispositivo de — de la resistencia,** drag reducing device; **horno de —,** scaling furnace; **licenciar por — de efectivos,** to rif.

Reducible, Throttleable.

Reducido, Reduced.

Reducir, To deoxidate, to reduce, to tighten; — (un metal), to base; — **a polvo,** to moulder; — **al nivel normal,** to adjust the water level; — **de longitud a lima,** to draw file; — **la intensidad de una señal,** to fade in; — **la presión,** to bleed off; — **la sección de paso del motor,** to throttle back or down; — **los fuegos,** to draw.

Reductibilidad, Reducibility.

Reducto, Redoubt.

Reductor, Battery switch, cell switch, reducer, reducing agent; — **de tornillo sinfin,** worm gear reducer; — **de velocidad,** speed reducer; — **por trenes planetarios,** planet reduction gearing; **engranaje —,** back gear; **manómetro —,** regulator; **reductores de velocidad,** speed reducing gears.

Redundancia, Redundancy; **comprobación con —,** check redundancy.

Redundante (estructuras), Overrigid.

Reembolsable, Reimbursable.

Reemisión, Re-radiation.

Reempleo, Re-use.

Reencender, To relight; — (arco), to restrike.

Reencendido, Reignition, relighting, restrike.

Reenfocado, Refocused.

Reenganchar, To reengage, to reset.

Reengancharse, To reenlist.

Reenganche, Reset, resetting; — **a mano,** manual resetting.

Reestibar, To restow.

Reevaluación, Revaluation.

Reexpedición, Reforwarding.

Reexpedir, To reforward.

Refección, Revamping.

Referencia, Adjusting line, adjusting point, counter, dash, datum, marker, regulating line or mark; — (minas), stomp; **equivalente de —,** loudness volume equivalent GB; **intensidad acústica de —,** refe-

rence sound level; **referencias,** data; **ruido de —,** reference noise; **sistema de —,** reference system; **volumen de —,** reference volume.

Referir, To add.

Refinabilidad, Refinability.

Refinado, Exaltation, fining, refined, refining; **asfalto natural —,** epure.

Refinador, Refiner.

Refinar, To refine.

Refinería, Refinery; — **de petróleo,** oil refinery.

Reflación, Reflation.

Reflectividad, Reflectivity.

Reflectómetro, Return measuring set.

Reflector, Reflector; — (cine), shiner; — (lámpara eléctrica), reflecting shade; — **cilíndrico,** cylindrical reflector; — **de grafito del reactor nuclear,** reactor graphite reflector; — **de guía de ondas,** wave guide reflector; — **de reja,** grid tipe reflector; — **de varillas,** rod mirror; — **diédrico rectangular,** square corner reflector; — **parabólico,** parabolic reflector; — **paraelíptico,** paraelliptic reflector; — **pasivo indicador,** coded passive reflector; — **plano,** flat sheet reflector; **abertura plana de un —,** plane aperture of a reflector; **antena de — diédrico,** corner reflector antenna; **revestimiento —,** reflector coating; **saliente del —,** bulb nose.

Reflectoscopio, Reflectoscope; — **supersónico,** supersonic reflectoscope.

Reflejado, Reflected; **onda reflejada por tierra,** ground-reflected wave.

Reflejante, Reflective.

Reflejar (la luz), To reflect.

Reflejo, Glare; — **de un aceite,** bloom, cast.

Reflex, Reflex; **klistrón —,** klystron reflex.

Reflexión, Reflection; **— anormal,** sporadic reflection; **— de ondas,** reflection of waves; **— en tierra,** reflection at ground; **— especular,** regular or specular reflection; **alidada de —,** pelorus; **ángulo de —,** angle of reflection, glancing angle; **círculo de —,** reflecting cercle; **de —,** reflecting; **diagrama por —,** reflector pattern; **factor de —,** factor mismatching, reflectance; **índice de —,** reflection factor; **microscopio de —,** engyscope; **reflexiones esporádicas,** sporadic reflexions.

Reflujo, Flowing back, reflux; **relación de —,** reflux ratio.

Reformado, Reforming.

Reforzado, Reinforced, strengthened, trussed; **— por nervaduras,** stringer reinforcer; **nervadura reforzada,** strengthened rib; **tapa reforzada,** armoured top.

Reforzador, Emphasiser.

Reforzamiento, Dodging.

Reforzar, To reinforce, to stiffen, to strengthen, to truss; **— una maquina,** to compound over.

Refracción, Refraction; **— atmosférica,** atmospheric refraction; **— normal,** standard refraction; **doble —,** double refraction; **gradiente normal del módulo de —,** standard refractive modulus gradient; **índice de —,** refraction index or index of refraction, refractive index; **módulo de —,** refractive modulus.

Refraccionar, To refractionate.

Refractable, Concealable.

Refractado, Refracted; **rayo —,** broken ray, refracted ray.

Refractar, To refract.

Refractario, Heat resistant or resisting, heat resisting, refractory; **—** (minerales), calcitrant; **arcilla refractaria,** flint clay; **arena refractaria,** ganister; **barro —,** ganister mud; **con revestimiento —,** refractory lined; **fabricante de productos refractarios,** refractorer; **ladri-**

llo —, fire lute, fire tile; **ladrillos refractarios,** fire bricks; **materia refractaria,** refractory; **materia refractaria moldeada,** moulded refractory; **materias refractarias,** refractory materials; **mineral —,** stubborn ore; **retorta refractaria,** refractory retort.

Refractividad, Refractivity.

Refractómetro, Refractometer; **— de inmersión,** dipping refractometer.

Refrangibilidad, Refrangibility; **aberración de —,** Newtonian aberration.

Refrangible, Refrangible.

Refrescar, To cool.

Refrigeración, Cooling, refrigeration; **— de tubos,** tube cooling; **— por absorción,** absorption refrigeration; **— por agua,** water-flow cooling; **— por vaporización,** vaporization cooling; **compresor de —,** refrigerating compressor, refrigeration compressor; **torres de —,** cooling towers; **transformador de — forzada,** forced cooling transformer.

Refrigerado, Chilled, cooled; **altar —,** bridge cooled; **válvula refrigerada por agua,** water cooled tube.

Refrigerador, Cooling plant, refrigerator; **— de las purgas,** drain cooler; **bomba de líquido —,** coolant pump; **planta refrigeradora,** water cooling plant.

Refrigerante, Cooler, refrigerant, refrigeratory; **— de aire,** air cooler; **— de condensación,** trickling cooling plant or dripping cooling plant; **— de lluvia,** dripping cooling plant; **— para cuba de fermentación,** attemperator; **— para laboratorio,** laboratory condenser; **aparato —,** cooling gear or cooling machinery; **fluido —,** coolant; **mezcla —,** freezing mixture.

Refrigerar, To cool; **volver a —,** to refreeze.

Refringencia, Refractive power.

Refringente, Refracting, refractive; **prisma —,** refracting prism.

Refuerzo, Boss, doubling, lining, reinforcement, stiffener, stiffening, strengthening, strengthening piece; trussing; — (de placa), rib; — (hormigón), annular rod; — **de imanes,** charging magnet; — **de la intensidad de corriente,** strengthening of current; — **de tonos altos,** high-tones boosting; — **de tonos bajos,** bass boosting; — **interno** (avión), integral stiffening; **armadura de** —, additional reinforcement; **bastidor de** —, stiffening frame; **cargador de** —, booster set; **collarín de** —, reinforcing collar; **con refuerzos a lo ancho,** wide ribbed; **chumacera de** —, pad; **de** —, reinforcing; **dispositivo de** —, stretcher; **locomotora de** —, account engine; **nervio de** —, reinforcing web, stiffening rib; **neumático con** — **de alambre,** wire guarded cover; **pieza de** —, doubling; **riostras de** —, stiffening girders; **tubo de** —, reinforcement tube.

Refugio, Vault.

Refundición, Recasting, refit, thorough repair; **refundiciones importantes,** extensive repairs.

Refundir, To recast.

Regado, Spray; **alcachofa de** —, armature spider.

Regala, (buques), Gunwale, planksheer.

Regalía, Royalty.

Regatear, To bargain.

Regenerabilidad, Recuperative ability.

Regenerable, Regenerative; **pila** —, regenerative cell.

Regeneración, Reconditioning; — **de impulsos,** impulse regeneration; — **en amplificadores,** amplifiers regeneration; **condensador de** —, regenerative condenser; **horno de** —, regenerative furnace.

Regenerado, Reclaimed; **caucho** —, reclaimed rubber.

Regenerador, Checker, regenerator; — **de aire,** regenerator air; **pilas de** —, checker work.

Regenerar, To reclaim.

Régimen, Rate, regime; — **de carga en diez horas,** ten hour rate; — **permanente,** steady state; **a débil** —, low rate; **a fuerte** —, high rate; **puesta en** —, setting up; **variaciones del** —, load variations; **velocidad de** —, normal speed, rating speed.

Región, Region; — **de difracción,** diffraction region; — **de Fraunhofer,** Fraunhofer region; — **de Fresnel,** Fresnel region; — **de sombra,** shadow region; — **ionosférica,** inonospheric region; — **prohibida,** forbidden region.

Registrable, Registerable.

Registrado, Registrado.

Registrador, Register; — (adj.), registering; — **de carga,** load recorder; — **de caudal,** flow recorder; — **de cinta magnética,** magnetic tape recorder; — **de ecos,** echo sounding recorder; — **de espectro,** spectrum recorder; — **de profundidad,** depth recorder; — **de respuesta,** response recorder; — **del tráfico ferroviario,** traingraph; **aforador** —, recording gage or gauge; **altímetro** —, recording altimeter; **amperímetro** —, recording ammeter; **aparato** —, recording apparatus; **extensión del** —, register length; **sifón** —, siphon recorder; **termómetro** —, recording thermometer; **traductor de** —, register's translator; **voltímetro** —, recording voltmeter.

Registraduría, Recorderhip, registrarship.

Registro, Automatic fee registration, booking, check valve, hand hole, mud hole, recording, registration, shutter, steam reducing valve, valve; — (de un buque), registry; — **a distancia,** remote recording; — **básico de frecuencias radioeléctricas,** master radio frequency record; — **circulatorio,** circulating register; — **de aire,** air funnel; — **de aspiración,** suction valve; — **de cenicero,** ash stop; — **de**

cifras, digit storage; **— de comprobantes,** voucher register; **— de charnela,** clack valve; **— de chimenea,** damper, register; **— de datos,** recordkeeping; **— de frecuencias radioeléctricas,** radiofrequency record; **— de hombre,** manhole; **— de humos giratorio,** revolving damper, swivel damper; **— de inversión,** throwout damper; **— de memoria,** memory storage; **— de señal telegráfica,** signal recording telegraphy; **— de vapor,** steam valve, throttle valve; **— de ventosa,** draught regulating wheel; **— de visita** (de buque), register; **— en profundidad,** hill and dale recording; **— fotográfico,** photographic recording; **— intermedio de memoria,** intermediate memory storage; **— marítimo** (de puerto), register; **—- oscilográfico,** oscillographic recording; **— previo,** input storage; **— sonoro magnético,** sound magnetic recording; **— vertical,** sliding damper, vertical recording; **alojamiento del —,** damper pit; **certificado de —,** certificate of registry; **oficina de —** (aduanas), booking office; **puerta de — de hombre,** manhole cover or door; **puerto de —,** port of registry; **registros,** louvres or louvers; **tiempo de** (magnetófono), playing time (tape recorder).

Regla, Rule, ruler; **— de análisis,** analising ruler; **— de cálculo,** calculating rule, slide rule; **— de Maxwell o del sacacorchos,** Maxwell rule or corkscrew rule; **— de tres,** rule of three; **— empírica,** rule of thumb; **— flexible,** flexible curve; **— integradora,** cumulative rule; **— para medir modelos teniendo en cuenta la contracción de las piezas moldeadas,** contraction rule; **— plegable,** batten; **falsa —,** bevel square; **reglas vibrantes,** weigh vibratory beams.

Reglaje, Adjustment, control, rigging; **—** (de compás), regulation; **— de control remoto,** adjustment distance type; **— en altura,** height adjustment; **— por la estrangulación de la admisión,** adjustment by throttling the intake.

Reglamentar, To prorate.

Reglamentaria (Placa) (autos), Regulation number plate; **uniforme reglamentario,** service uniform.

Reglamento, Regulations; **reglamentos,** regulations.

Regolito, Regolith.

Regresión del ala, Back sweep.

Regresivo, Backward; **señal regresiva,** backward signal.

Reguarnecer (cojinetes), To re-line, to refill; **— un prensaestopas,** to repack.

Reguarnecido, Re-lined; **—** (prensaestopas), repacked; **reguarnecidos** (cojinetes), refilled.

Reguera, Culvert, channel, diversion cut, gut, gutter, pig bed, runner, sluice; **horno de —,** gutter furnace.

Regulable, Adjustable; **cojinetes regulables,** adjustable bearings; **espinterómetro —,** adjustable spark gap; **paletas regulables,** adjustable blades; **velocidad —,** adjustable speed.

Regulación, Adjusting, controlling, monitoring, setting, timing, tuning, valve setting; **—** (aparatos), regulation; **—** (máq.), governing; **— automática,** automatic regulation; **— con máxima economía,** high economy adjustment; **— de la excitación,** field control; **— de la tensión,** voltage regulation; **— de la tensión de la correa del ventilador,** fan belt adjustment; **— de la tonalidad,** tone control; **— de las válvulas,** valve timing; **— del aire caliente,** hot air adjustment; **— del avance al encendido,** ignition timing; **— del caudal,** flow control; **— del pano fijo,** tail trim; **— del voltaje,** voltage adjustment; **— para velocidades medias,** intermediate speed adjustment; **bomba de —,** governor pump; **botón de — de rumbo** (aviac.), course setting knob; **con tomas de** —, tapped, tapped transformer; **cono de** —, adjusting cone; **curva de** — (distribuidores), regulating curve; **de** —, rated; **disco de** — (máq.-herr.), regulating disc; **dispositivo de** —, adjusting device; **gabarit de** —, adjustment templet or template; **horno de secar madera con** — **de humedad,** humidity regulated dry kiln; **palanca de** —, adjustment lever; **singlón de** —, adjustment notch; **sistema de** —, regulating system; **tornillo de** —, adjusting boll, adjusting screw, metering screw; **tornillo de** — **de la marcha lenta,** throttle regulating screw; **tornillo de** — **de la presión,** pressure regulating screw.

Regulado, Set.

Regulador, Controller, governor, regulating mechanism, regulating valve, regulator, throttle; — (calderas), float gauge, flow gauge; — (torno), regulator screw; — **a pistón,** actuated governor; — **a relé de aceite,** oil relay governor; — **activador,** governor actuator; — **activo,** forward-acting regulator; — **automático de alimentación,** automatic feed regulator; — **automático de volumen,** automatic volume range regulator; — **con realimentación,** feedback regulator; — **de acción rápida,** quick action regulator; — **de aceite,** oil choke; — **de agua de alimentación,** feed water regulator; — **de aire,** air chest, air regulator; — **de alimentación,** boiler regulating valve; — **de bolas,** ball or flyball governor; — **de bombeo de conducto recto,** straight line pumping adjuster; — **de carga,** lighting transformer; — **de caudal,** flow governor, flow regulator; — **de combustión,** combustion regulator; — **de deslizamiento,** slip regulator; — **de diferencia de presiones,** differential pressure regulator; — **de escape,** blast pipe flap; — **de frecuencia,** frequency regulator; — **de fuerza centrífuga,** conical pendulum; —

de hélice, piston propeller governor; — **de inducción,** induction regulator; — **de intensidad constante,** constant current regulator; — **de núcleo móvil,** moving core regulator; — **de orificio,** orifice governor; — **de palancas en escuadra,** bell crank governor; — **de presión,** pressure regulator; — **de sobrepresión,** excess pressure regulator; — **de temperatura,** attemperator; — **de tensión,** rotating regulator, voltage regulator; — **de turbina hidráulica,** water turbine governor; — **de velocidad,** speed governor; — **del gasto de gas,** gas governor; — **electrónico,** electronic regulator; — **hermético del circuito de alimentación,** closed feed controller; — **piloto,** pilot regulator; — **por hilo piloto,** pilot wire regulator; — **principal de alimentación,** main feed valve; — **retroactivo,** backward-acting regulator; **anillo** —, adjusting ring; **anillo deslizante de** —, collar lever; **asiento del** —, choke set; **brida del** —, choker flange; **compuerta reguladora,** regulator gate; **mando de** —, governor drive; **molinete** —, air vane; **oscilaciones incesantes del** —, governor dancing; **taquímetro** —, governor head; **taquímetro de un** —, centrifugal head; **taquímetro del** —, governor head.

Regular, To adjust, to control, to frame, to set up, to tune; — (aparatos cronómetros), to regulate; — **al encendido,** to adjust the ignition.

Regularidad, Reliability.

Regularización, Regularization.

Régulo, Assay grain, regulus, white metal.

Rehabilitar una licencia, To requalify.

Rehacer, To revamp; — **las camas portadas,** to rebed; — **un empalme,** to rejoint.

Rehidratación, Rehydration.

Reignitir, To reignite.

Reimportación (Permiso de), Bill of sight.

Reintegrable, Refundable.

Reinyección, Cycling.

Reja, Grid; **reflector de** —, grid type reflector.

Rejalgar, Red arsenic.

Rejilla, Grate, grating, grid, lead grid, rake, screen; — (de acumulador), frame; — (hidr.), weed scattering; — **colectora,** collecting grid; — **cuadriculada,** squared grid; — **de campo,** field grid; — **de control,** control grid; — **de entrada de aire,** air inlet screen; — **de fondo,** bottom rake; — **de mando** (control), driving grid; — **doble,** balloon slidings; — **libre,** half grid or free grid; — **pantalla,** screen grid; — **partida,** split grid; — **plana,** flat grid; — **supresora,** suppresor grid; **acumulador de** —, grid accumulator; **alvéolo de** —, interstice of a grid; **amplificador con** — **a tierra,** grid grounded amplifier; **amplificador de** — **a masa,** grounded grid amplifier; **antena de** —, grid antenna; **barrote de** — **en zigzag,** interlocking grate bar; **capacitancia de** — **placa,** grid plate capacitance; **característica de** —, grid characteristic; **característica de** — **placa,** grid anode characteristic; **circuito de** —, grid circuit; **condensador de** —, grid capacitor; **conductancia de** —, grid conductance; **corriente de** —, grid current; **electrodo de** —, grid electrode; **empastillado de la** —, grid filling; **inversor de empuje de** —, retractable jet deflector; **modulación de** —, grid modulation; **pantalla de** —, screen grid; **placa de** —, grid plate; **potencia de** — (radio), bias of grid; **potencial de** —, grid bias; **resistencia de** —, grid leak, grid resistance; **soporte de** —, bar frame; **tensión de** —, grid voltage; **tensión negativa de** —, bias or grid.

Rejuntar (Paletín para), Filling trowel.

Relabrado de paramentos viejos, Regrating.

Relación, Ratio, yield; — **apertura-cierre,** impulse ratio; — **de 2 a 1,** 2 to 1 ratio; — **de corto-circuito,** short circuit ratio; — **de corriente de transferencia directa,** forward transfer current ratio; — **de desviación,** deviation ratio; — **de espiras,** turn loop, turns ratio; — **de finura,** fineness ratio; — **de la altura al ancho,** aspect ratio; — **de onda estacionaria,** standing-wave ratio; — **de propagación,** propagation or transfer ratio; — **de realimentación,** feedback ratio; — **de reducción,** drive ratio; — **de reproducción,** reproduction ratio; — **de tensión de transferencia inversa,** reserve transfer voltage ratio; — **de transferencia,** transfer ratio; — **entre la radiación deseada y la opuesta,** front-to-back radiation ratio; — **entre la sustención y la resistencia al avance,** lift drag ratio; — **estequiométrica,** stoiochimetric valve; — **longitud-anchura,** length-beam ratio; — **portadora/ruido,** carrier-to-noise ratio; — **señal-ruido,** signal-to-noise ratio; **corrector de** — **fija,** fixed ratio corrector; **derivada con** — **al tiempo,** time derivative; **relaciones que no armonizan,** conflicting ratios.

Relacionología, Relationology.

Relajación, Reappraisal, relaxation; — **dieléctrica,** dielectric relaxation; — **plástica,** plastic relaxation; **circuito biestable de** —, bistable relaxation circuit; **oscilador de** —, relaxation oscillator; **tiempo de** —, relaxation time.

Relajador (matemático), Relaxer.

Relajamiento, Relaxation; **métodos de** —, relaxation methods.

Relaminado, Redrawing, rerolling.

Relámpago, Flash.

Relasación, Reappraisal.

Relatividad, Relativity.

Relativista, Relativistic.

Relativo, Relative; **entropía relativa,** relative entropy; **velocidad relativa.** relative speed; **viento** —, relative wind.

Relaxómetro, Relaxometer.

Relé, Relay; — **bimetálico,** bimetal relay; — **conmutador de escobillas,** wiper-switching relay; — **de acción lenta,** slow acting relay; — **de acción rápida,** quick acting relay; — **de caja,** box relay; — **de campo derivado,** shunt-field relay; — **de cierre,** closing relay; — **de contacto de mercurio,** mercury contact relay: — **de control,** control relay; — **de corriente alterna,** a. c. relay; — **de corriente audible,** voice operated relay; — **de corriente mínima,** under-current relay; — **de corte,** cut-off relay; — **de cortocircuito,** sharting relay; — **de dos posiciones,** side-stable relay; — **de enclavamiento diferido,** time limit relay; — **de gobierno,** steering relay; — **de inducción,** field relay; — **de inercia,** inertia relay; — **de inversión de corriente,** inverse power relay; — **de línea,** line relay; — **de llamada,** call relay; — **de máximo de intensidad,** overload relay; — **de mínimo de tensión,** undervoltage relay; — **de proximidad,** proximity relay; — **de prueba,** testing relay; — **de reconexión,** reclosing relay; — **de seguridad,** guard relay; — **de sobreintensidad,** overcurrent relay; — **de supervisión,** supervisory relay; — **de telemando,** remote control relay; — **desconectador,** tripping relay; — **detector de defecto,** fault sensing relay; — **diferencial,** differential relay; — **diferido,** time delay relay; — **direccional,** directional relay; — **electrónico,** electronic relay; — **enano,** miniature or midget relay; — **fónico,** box sounding relay; — **giratorio,** rotating relay; — **integrador,** totalizing relay; — **lento,** sluggish relay; — **miniatura,** miniature or midget relay; — **neumático,** pneumatic relay; — **para corriente en retorno,** reverse current relay; — **plano,** flat-rate subscriber, flat type relay; — **protector,** protective or protector relay; — **receptor de impulsos,** impulse accepting relay; **retardado por viscosidad,** dashpot relay; — **sensible,** sensitive relay; — **telegráfico,** telegraph relay; — **temporizado por condensador,** capacitor timed relay; — **térmico,** thermal relay; — **termiónico,** thermionic relay; — **vibrador,** vibrating relay; **circuito estático de** —, combinational relay circuit; **circuito secuenciado de** —, sequential relay circuit; **conmutador de** —, commutator for making contact; **instalación de relés,** relaying.

Relevado, Relayed.

Relevador (Constancia de un), Constancy of a relay.

Relevamiento, Bearing; **campo de** —, bearing field.

Relevar, To relay; — (cuadrilla), to spell.

Relevo, Spell.

Relieve, Relief; **en** —, embossed; **grabar en** —, to emboss.

Relinga, Bolt rope, rope.

Relingar, To marl.

Reloj, Clock; — (de muñeca o de bolsillo), watch; — **de cilindro,** cylinder watch; — **de longitudes,** marine chronometer; — **de partición,** partition clock; — **eléctrico,** electric clock; — **magnetoeléctrico,** magneto-electric clock; **cilindro de** —, barrel watch; **dar cuerda a un** —, to wind; **en el sentido de las agujas del** —, clockwise; **en el sentido inverso al de las agujas del** —, counter clockwise; **forma** —, clock type; **manecilla de un** —, hand of a clock; **subir las cuerdas de un** — **de pared,** to wind up.

Relojería, Clock making, watch making; **mecanismo de** —, clock time; **movimiento de** —, chronometric movement, clockwork.

Relojero, Horological, watch maker; **industria relojera,** horological industry.

Reluctancia (Unidad de), Rel.

Reluctividad, Reluctivity.

Rellamada, Recall; — **por destellos,** flashing recall; — **por gancho conmutador,** switch-hook flashing.

Rellenable, Refillable, replenishable.

Rellenado, Refilling.

Rellenador, Builder up, packbuilder.

Rellenar, To fill up, to refill; **máquina de —,** back filling machine.

Rellenazanjas, Back filler.

Relleno, Back filling, cog, filling, pugging, stowing, stuffing; — (minas), gobbing, wastrel; — **de mortero o de yeso,** beam filling; — **de zanjas,** back fill; — **neumático,** pneumatic stowing; **agua de —** (calderas), make up water or make up; **labor de — de los huecos,** back filling; **materiales de —,** back filling materials; **pilar de —,** cog; **rellenos,** refilled; **tapón de —,** filler cap; **tira de —,** filler strip; **tubo de —,** slurry pipe.

Remachado, Clinching, point, riveted, riveting or rivetting; — **a mano,** hand riveting; — **abombado,** snap riveting; — **abuterolado,** snap riveting; — **cónico,** conical riveting; — **cuádruple,** quadruple riveting; — **de cabeza plana,** pan riveting; — **de cuatro filas,** quadruple riveting; — **de cubrejunta sencillo,** single butt plate riveting; — **de cubrejuntas doble,** double covering state riveting; — **de la junta,** butt riveting; — **de las cabezas,** butt riveting; — **de las juntas,** riveting for butt fastenings; — **de punta de diamante,** conical riveting; — **de tres filas,** triple riveting; — **de una fila,** single riveting; — **del revestimiento exterior,** shell riveting; — **doble,** double riveting; — **en cadena,** chain riveting; — **en caliente,** hot riveting, hydraulic riveting; — **en frío,** cold riveting; — **en tresbolillo,** zigzag riveting;

— **estanco,** watertight riveting; — **fresado,** countersunk riveting; — **sencillo,** single riveting; — **triple,** triple riveting; **descoser una costura remachada,** to drive out the rivets; **gato de —,** screw dolly; **junta a tope con — sencillo,** butt joint with single riveting; **mandril de —,** stock for rivetting; **roseta de —,** rivet plate.

Remachadora, Riveting or rivetting, riveting machine.

Remachar, To cleat, to clench, to clinch, to rivet; **máquina de —,** riveting machine; **máquina de — de tres cabezas,** three head riveting machine; **martillo de —,** riveting tool; **prensa de — de rodillos,** riveting press; **tenazas de —,** riveting tongs; **torno de —,** screw dolly.

Remache, Clinch, rivet; — **abuterolado,** snapped rivet; — **ahogado,** flush rivet; — **colocado con anticipación,** dummy rivet; — **colocado de antemano,** dummy rivet; — **de cabeza abombada,** snap headed rip; — **de cabeza avellanada,** countersink rivet; — **de cabeza cónica,** conical head rivet; — **de cabeza embutida,** flush head rivet; — **de cabeza fresada,** counter sunk rivet; — **de cabeza perdida,** flush rivet; — **de cabeza plana,** pan headed rivet; — **de cabeza redonda,** round head rivet; — **de cuaderna,** frame rivet; — **de las juntas longitudinales,** edge riveting; — **de montaje,** binding rivet, dummy rivet; — **de nervio,** rivet of fibrous iron; — **de orificio cónico,** taper bore rivet; — **de quilla,** keel rivet; — **de revestimiento exterior,** shell rivet; — **de timón,** rudder rivet; — **del codaste,** stern-post rivet; — **del estrave,** steam rivet; — **explosivo,** explosive rivet; — **mal colocado,** dummy rivet; — **paralelo,** chain riveting; — **taladrado y roscado interiormente,** rivnut; **abatir un —,** to clinch a rivet; **arandela para —,** burr rivet; **botar un —,** to drive out a rivet; **bute-**

rola de remaches, rivet stam; **cabeza de** —, rivet head; **cabeza de cierre de** —, clinched head of a rivet; **caldera sin remaches,** wrought welded boiler; **con doble hilera de remaches,** double riveted; **con triple hilera de remaches,** treble riveted; **cuerpo de** —, shaft of a rivet; **diámetro de un** —, diameter of a rivet; **embutidor de remaches,** riveter or rivetter; **espaciamiento de los remaches,** spacing of rivets; **formar la cabeza de un** —, to jog a rivet head; **fuste de** —, rivet shank or stem; **hilera de remaches,** row of rivets; **hornos para remaches,** rivet hearths or rivet forges; **junta a tope con dos (tres) filas de remaches en cadena,** butt joint with double (treble) chain riveting; **máquina de hacer remaches,** rivet making machines; **máquina neumática de remachar,** pneumatic riveting machine; **orificio de** —, rivet hole; **orificio de** — **punzonado,** punched rivet hole; **pinzas de remaches,** rivet pliers; **poner un** —, to drive a rivet; **remaches,** banks; **separación de los remaches,** pit of drills; **sin remaches,** rivet less; **taladro de remaches,** rivet auger; **tenaza de** —, riveting clamp; **unión a solape con dos filas de remaches en cadena,** lap joint with double (treble) chain riveting.

Remanencia, Remanence, retentivity.

Remanente, Remanent; **imantación** —, remanent magnetization.

Remanipulación en montones, Rehandling.

Remanipular, Rehandle.

Rematar (Máquina de), Capping machine.

Remate, Coping; **piedra de** —, coping stone.

Remendar, To botch.

Remetido, Cording.

Remitente, Addresser.

Remoción, Mulling; — (de baño metálico), stirring; — **por inducción,** inductive stirring.

Remodulado, Remodulated.

Remodular, To remodulate.

Remojadero, Steeper.

Remojado (de curtidos), Drenching.

Remojo (tinte), Dipping.

Remolcado, Hauled, hauling, towage, towed, trailing; **antena suspendida o remolcada,** trailing aerial; **planeador** —, towed glider.

Remolcador, Tender, tug boat, tugger, tug, tugboat; — (poco frecuente), towboat; **patrón de** —. tug master.

Remolcar, To haul, to bow; — **a la sirga,** to track.

Remolino, Back wash, bump, burble, eddy, eddying; **espacio de remolinos** (turbina), eddy space; **pérdida por remolinos** (turbina), eddy loss; **remolinos,** eddies.

Remolque, Caravan, hauling, towing, trackage, trailer, tug; — (acción a precio pagado), towage; — **con descarga por el fondo,** drop bucket trailer; — **cuba,** tank trailer; — **de dos ruedas,** semitrailer; — **de tres ruedas,** three wheel trailer; **anillo de** —, tow ring; **arco de** —, tow rail; **brida de** —, tow shackle; **cable de** —, tow line, towrope; **cadena de** —, drag chain; **calabrote de** —, warping line; **cisterna** —, tank trailer; **derechos de** —, towage fees; **estacha de** —, towing hawser; **instalado en un** —, trailer housed; **llevar a** —, to take in tow.

Remosquear, To chaw.

Remover, To stir.

Rempujar, To bolt out.

Remunerabilidad, Profitability, remunerativeness.

Remunerador (No), Unpayable.

Rendija, Aperture, chink.

Rendimiento, Availability, duty, efficiency, output, return, useful effect, yield; **—** **aerodinámico,** lift drag ratio; **— de combustión,** combustion efficiency; **— del ala,** wing efficiency; **— eléctrico,** electric efficiency; **— energético,** energy efficiency; **— garantizado,** guaranteed efficiency; **— global,** overall efficiency; **— horario de un circuito,** hourly percentage paid time; **— industrial,** overall efficiency; **— luminoso,** luminous efficiency; **— ponderado,** measured efficiency; **— térmico,** heat efficiency; **— volumétrico,** volume efficiency; **coeficiente de —,** efficiency; **de gran —,** high duty; **modulación de alto —,** high efficiency modulation.

Renio, Rhenium.

Renovación, Renewal; **— de las vigas,** regirdering.

Renovado, Serviced; **bujía renovada,** serviced plug; **préstamo —,** renewed lease.

Renovar una licencia, To requalify.

Renta, Carrying capacity, income, return; **— neta,** net income; **libre de impuesto sobre la —,** F.I.T.

Rentabilidad, Earning capacity.

Rentas, Stocks.

Reodorización, Reodorization.

Reológico, Rheological.

Reopexía (reología), Rheopexy.

Reordenación molecular, Molecular rearrangement.

Reoscopia, Rheoscopy.

Reósfato de calentamiento, Filament resistance.

Reostático, Rheostatic; **frenado —,** resistance braking, rheostatic braking.

Reóstato, Resistor, rheostat; **— de arranque,** starting rheostat; **— de cambio de velocidades,** speed changing rheostat; **— de campo,** field rheostat; **— de carga,** charge rheostat; **— líquido,** liquid rheostat; **— potenciométrico,** potentiometer type rheostat; **con —,** rheostatic; **control por —,** rheostatic control; **distribución de la resistencia en un potenciómetro o —,** taper.

Reostricción, Rheostriction.

Reotomo, Rheotome.

Reotrón, Rheotron.

Reparación, Mending, recondition, reconditioning, repair; **— de baches,** dribbling; **dificultad en la —,** offbeat; **en —,** under repair; **estuche de reparaciones,** repair outfit; **foso de reparaciones,** repairing fit; **reparaciones ligeras,** slight repairs; **taller de reparaciones,** repair shop, repairing shop.

Reparado, Refitted.

Reparador, Repairer; **grifo —,** relief cock.

Reparar, To make good, to mend, to recondition, to repair, to refit, to vamp; **— las mellas,** to stop dent.

Repartición, Distribution; **— del campo** (elec.), field distribution; **muro de —,** deflector.

Repartido, Distributed; **inductancia repartida,** distributed inductance.

Repartidor, Dispatcher; **—** (principal o intermedio), distributing frame (main or intermediate); **— de combinación,** combination distributing frame; **— horizontal,** horizontal distributing; **línea de prueba al —,** test interception circuit of M.D.T.

Reparto, Compartition, distribution; **— de cargas,** charge distribution; **— del flujo,** distribution of the flux.

Repasar, To grind; **—** (rep. de cuerdas), to overhaul.

Repaso, Whelting.

Repercusión, Repercussion.

Reperforación, Redrilling.

Reperforador con manipulador e impresor, Printing keyboard perforator.

Repetición, Replicate; **de —,** repeating; **frecuencia de — de impulsos,** pulse repetition frequency; **fusil de —,** repeating shot gun.

Repetida (Valoración), Back titration.

Repetidor, Repeater; **— de cable submarino,** submarine cable repeater; **— de cuatro hilos,** four-wire repeater; **— de depresión,** dropping repeater; **— de impulsos,** impulse repeater; **— de llamada,** ringing repeater; **— de portadora,** carrier repeater; **— de ramificación,** branching repeater; **— demodulador,** back-to-back repeater; **— discriminador,** discriminating repeater; **— en contrafase,** push-pull repeater; **— giratorio,** rotary repeater; **— heterodino,** heterodyne repeater; **— radioeléctrico,** radio repeater; **— regenerativo,** regenerative repeater; **— telefónico,** telephone repeater; **— telegráfico,** telegraph repeater; **bobina repetidora,** repeating coil; **círculo —,** repeating circle; **compás —** (compás giroscópico), repeater compass.

Repique, Edging.

Repisa, Bolster, piedouche.

Replanteo, Ranging; **hojas de —,** pole diagram book.

Replegable, Retractable.

Replegado, Retracted.

Replegar, To retract; **— las alas,** to sweep wings.

Repliegue, Fold.

Repoblación forestal, Reafforestation, reforestation.

Repoblar de árboles, To afforest.

Reposa-pies, Foot rest.

Reposición, Release; **— forzada,** forced release; **— por ambos abonados bilateral,** last part release; **— por un abonado unilateral,** first part release; **arco de —,** homing arc; **circuito de — forzada,** forcible release circuit; **tiempo de —,** release lag.

Reposo, Standstill; **en —,** on the shelf; **envejecimiento en —,** shelf aging; **polarización de —,** spacing bias; **tono de —,** tone-on-while idle; **voltaje en —,** voltage on open circuit.

Repostar, To refuel; **avión para — en vuelo,** tanker aircraft.

Represa de agua, Banking; **— de colada** (hormigón), set up.

Represar (un río), To dam.

Representante, Representative, salesman.

Reprise, Pickup.

Reproducción, Reproducing attachment, reproduction; **— fiel de los ángulos,** conformal; **relación de —,** reproduction ratio.

Reproducir, To copy, to duplicate, to reproduct; **dispositivo de —,** tracer attachment; **fresadora de —,** copying milling machine; **máquina de —,** copying machine, profiling milling machine; **máquina de — planos,** blue print copying machine, blue print reproducer.

Reproductividad, Repeatability.

Reproductor, Breeder, reproducer; **— de excéntrica,** cam reproducer.

Repuesto, Spare; **rueda de —,** spare wheel.

Repujado, Chased work, embossed, embossing; **— a la llama,** flame spinning; **— de metales,** metal spinning.

Repujar, To chase; **— con mazo, con martillo,** to chase with the mallet; **trabajo con mazo de —,** chased work.

Repulsión, Repulsion; **arranque por —,** repulsion start; **fuerza de —,** repulsion stress; **motor de —,** repulsion motor.

Repulsivo, Repellent; **fuerza repulsiva,** repellent force.

Repulsorio, Repulsory.

Requisición, Requisition.

Resaca, Ground roller.

Resalto, Cheek, projection.

Resbaladera, Rail; — (lanzamiento), sliding way; — (para madera), skidway.

Resbalamiento lateral, Slip.

Rescatar, To redeem.

Rescindido, Cancellated.

Rescindir (contrato), To cancel.

Rescisión, Cancellation.

Rescisorio, Rescissory.

Rescoldo (Horno de), Breeze oven.

Reserva, Reservation, reserve; **bajo** —, under reserve; **combustible de** —, reserve fuel; **de** —, spare; **en** —, in store.

Resguardo, Clearance, check, receipt, warrant.

Residuación, Residuation.

Residual, Residual, retained; **austenita** —, retained austenite; **campo** —, residual field; **carburante** —, residual fuel; **carga** —, residual charge; **compresión** —, residual compression; **energía** —, residual energy; **error** —, residual error; **gas** —, residual gas; **incandescencia** —, after glow; **inducción** —, residual induction; **ionización** —, residual ionisation; **luminiscencia** —, afterglow; **magnetismo** —, residual magnetism; **productos residuales,** waste, waste disposal; **tensiones residuales,** residual stresses.

Residuo, Bottom, refuse, residue or residuum; — (quím.), educt; -- **de primera destilación,** topped crude; **residuos,** tailings, waste; **residuos consistentes,** road oil; **residuos de coque,** waste coke; **residuos de extracción,** extraction residues; **residuos de grasa fundida de ballena,** fenks; **residuos que vuelven a caer cerca del sitio de detonación,** fallback.

Resiliencia, Brittle failure, impact value, resilience or resiliency; **ensayo de** —, impact test.

Resina, Resin; — **de trementina,** rosin; — **fundida,** cast resin; — **sintética,** synthetic resin; — **sólida,** hard resin; — **ureica de formaldehido,** urea formaldehyde resin; **de** —, resinoid; **resinas acrílicas,** acrylic resins; **resinas orgánicas,** organic resins.

Resinificable, Resinifiable.

Resinificar, To resinify.

Resinilo, Resin oil.

Resinoso, Resinous; **canales resinosos,** resin canals; **con aglomerado** —, resinoid bonded.

Resinterizar, To resinter.

Resistencia, Endurance, resistance, resistor, strength; — (del terreno), bearing capacity (of the ground); — **aerodinámica,** drag; — **a la cizalladura,** shearing resistance, strength of shearing; — **a la compresión,** compressive strength; — **a la corrosión,** corrosion resistance; — **a la fatiga,** endurance limit, fatigue strength; — **a la flexión,** bending strength; — **a la flexión en estado seco,** dry flexural strength; — **a la percusión,** impact strength; — **a la ruptura,** breaking strength; — **a la tracción,** strength for extension, T.S. (Tensile Strength); — **a la usura,** wear resistance; — **a tierra,** ground resistance; — **al aplastamiento,** reactive tenacity; — **al avance,** head resistance; — **al choque,** impact strength, shock resistance, toughness; — **al levantamiento por el viento,** wind uplift resistance; — **aparente,** apparent resistance; — **bifilar,** bifilar resistance; — **bloqueada,** blocked resistance; — **componente,** component resistance; — **compuesta,** combined strength; — **con efecto de compensación,** ballast resistance; — **con envoltura metálica,** candohm; — **con tomas,** tapped resistor; — **de aislamiento,** insulating strength, insulation resistance; — **de antena,** antenna resistance; — **de arranque,** starting resistance; — **de caldeo,** filament resistance or rheostat; — **de calibración,** calibrating resistance; — **de carga,** charging or loading resistor; — **de cátodo,** cathode bias, cathode resistor; — **de circuito derivado,** shunt resistance; — **de compensación,** compensating resistance; — **de contacto,** contact resistance; — **de cursor,** slide wire; — **de desacoplo,** decoupling resistance; — **de destalonado,** calibrating resistance; — **de drenaje,** bleeder resistance; — **de empotramiento,** cantilever strength; — **de equilibrado,** ballast resistance; — **de fase,** phase resistance; — **de fricción,** frictional resistance; — **de gran disipación,** power resistor; **de materiales,** strength of materials; — **de pérdidas** (antenas), equivalent terminal loss resistance; — **de perfil,** profile drag; — **de placa,** plate resistance; — **de protección,** protective resistance; — **de reducción de luces,** limiting resistance; — **de rejilla,** grid resistance; — **de rotura,** rupture strength; — **del agua,** water resistance; — **del aire,** air resistance; — **devanada,** wire-wound resistor; — **dieléctrica,** dielectric strength; — **dinámica,** dynamic resistance; — **disruptiva,** break down resistance; — **efectiva,** effective resistance; — **eléctrica,** electric resistance; — **electrolítica,** electrolytic resistance; — **en corriente continua,** direct-current resistance; — **específica,** specific resistance; — **estática,** static resistance, static strength; — **exterior,** external resistance; — **fija,** fixed resistor; — **grafítica,** graphite resistance; — **inducida,** induced drag; — **inductiva,** inductive resistance; — **interna,** internal resistance; — **intrínseca,** intrinsic resistance; — **metalizada,** metallized resistor; — **mutua** (antenas acopladas), mutual resistance (coupled antennas); — **negativa,** negative resistance; — **no inductiva,** non inductive resistance; —

óhmica, ohmic resistance; — **para rebajar tensión,** dropping resistor; — **pelicular de carbón,** carbon film resistance; — **por unidad de superficie,** draper unit of area; — **reguladora de tensión,** bleeder resistor; — **residual,** residual resistance; — **resultante,** resultant resistance; — **total,** total resistance; — **variable,** adjustable or tapped resistor; **acero de alta** —, high tensile bronze steel; **acoplamiento por** —, resistance coupling; **alambre para resistencias** (cobre y níquel), eureka wire; **caja de resistencias,** resistance box; **coeficiente de** —, resistance coefficient; **dispositivo de reducción de la** —, drag reducing device; **ensayo de** —, endurance test; **inversa de la** — **de aislamiento,** leakance; **límite de** —, endurance limit; **línea de mínima** —, line of least resistance; **máquina de soldar por** —, resistance welding machine; **metal de gran** —, high duty metal; **relación entre la reactancia y la** — **eficaz,** coil constant; **soldadura por** —, resistance welding; **unidad de** — **eléctrica,** ohm.

Resistente Resistant, resisting, strength giving; — **a,** proof; — **a la corrosión,** chemical resistant; — **a la usura,** wear resisting; — **a las balas,** bullet resistant; — **a los choques,** tough; — **al calor,** heat resisting; **par** —, opposing torque.

Resistividad, Resistivity, specific resistance.

Resistivo, Resistive.

Resistor, Resistor.

Resnatrón, Resnatron.

Resol, One step resin.

Resoluble, Resolvable.

Resolución, Resolution; **dispositivo de** —, resolver; **poder de** —, resolving power.

Resolvedor, Resolutor.

Resonador, Resonator; — **anular,** annular resonator; — **compuesto,** compound resonator; — **de cavidad,** cavity resonator; — **de cavidad cilíndrica,** cylindrical cavity resonator; — **de cuarzo,** quartz resonator; — **de línea coaxial,** coaxial-live resonator; — **de microondas,** microwave resonator; — **de salida,** catcher resonator; **de** —, multicavity type magnetron; **primer** — **de cavidad,** buncher resonator; **primer** — **de gravedad,** buncher or buncher resonator.

Resonancia, Resonance, tuning; — **de fase,** phase resonance; — **de velocidades,** velocity resonance; — **en serie,** series resonance; — **ferromagnética,** ferromagnetic resonance; — **magnética,** magnetic resonance; — **magnético-nuclear,** nuclear-magnetic resonance; — **natural,** natural resonance; — **nuclear,** nuclear resonance; — **paralela,** parallel resonance; — **paramagnética electrónica,** electronic paramagnetic resonance; — **propia,** natural resonance; — **subarmónica,** subharmonic resonance; — **subsíncrona,** subsynchronous resonance; **agudeza de** —, sharpness of resonance; **celda de** —, resonance cell; **condiciones de** —, resonant conditions; **curva de** —, resonance curve; **filtro de** —, resonant filter; **frecuencia de** —, resonance frequency; **ganancia en** —, gain at resonance; **puente de** —, resonance bridge.

Resonante, Resonant or resonating, sounding; **cámara** —, resonant chamber; **cavidad** —, resonant cavity; **circuito** —, acceptor circuit, resonant circuit; **extracción** —, resonant extraction; **no** —, non resonant; **Q de cavidad** —, Q of cavity resonator; **relación de la reactancia a la resistencia en un círculo** —, Q factor.

Resorcinol, Resorcinol.

Resorte, Spring; — **amortiguador,** damping spring; — **antagonista,** antagonistic spring, opposing spring, pickup; — **cantilever,** cantilever spring; — **compensador,** equaliser spring; — **corto de un Jack,** tip spring of a Jack; — **de accionamiento,** actuating spring, driving spring; — **de acero,** steel spring; — **de coche,** equaliser or equalizer; — **de compresión,** compression spring, split spring; — **de conexión,** connecting spring; — **de disco,** disc spring; — **de disparador,** sear spring; — **de embrague,** clutch spring; — **de eyector,** ejector spring; — **de fiador,** catch spring; — **de flexión,** flexion spring; — **de guarnición,** band spring; — **de lámina,** flat spring; — **de láminas escalonadas,** carriage spring, step spring; — **de llamada,** release spring, reset spring, return spring; — **de parada,** tumbler spring; — **de pestillo,** trigger spring; — **de presión,** split spring; — **de reloj,** watch spring; — **de retroceso,** heelspring, release spring; — **de suspensión,** bearing spring, suspension spring; — **de temblador,** contact breaker spring; — **de tope,** buffer spring; — **de tracción,** drag spring; — **de válvula,** valve spring; — **elíptico,** elliptical spring; — **en arco,** bow spring; — **en C,** cee spring; — **en voladizo,** cantilever spring; — **espiral,** coiled spring, spiral spring, volute spring; — **helicoidal,** coil spring; — **largo de un jack,** ring spring of a jack; — **longitudinal,** axial spring; — **motor,** main spring; — **oscilante,** joggle spring; — **plano,** flat spring; **accionado por** —, spring actuated; **alambre para** —, spring wire; **apoyo de** —, spring support; **arandela de** —, spring washer; **barrilete de** —, spring drum; **brida de** —, spring bridle, spring buckle; **calibre de** —, spring caliber; **cargado por** —, spring loaded; **cerrojo de** —, spring bolt; **cinta de** —, spring band; **colector de** —, spring cap; **collarín de** —, spring collet; **contador con** — **de rechazo,** kick off spring message register; **dis-**

parar un —, to relax a spring; fiador de —, spring catch; flecha de un —, camber; gran ramal de un —, leaf; hoja de —, plate; lámina de —, spring leaf, spring plate; mandril de —, spring drift, spring expander; maneta con —, catch spring; máquina de fabricar resortes, spring coiling machine; martinete con —, dead stroke hammer; patín de —, spring bracket; pinza de —, spring clip; pinzas de — (química), spring clamp; soporte de —, spring bracket; tope de —, spring buffer.

Respaldar los fuegos, To put back the fires.

Respiradera, Eye.

Respiradero, Air hole, air pipe, blow through valve, breather, draught hole, draw box, funnel, gate, port hole, relief valve, snift or sniffing valve, vent, vent hole; — (minas), air shaft; agujero de —, draught hole.

Respirador al vacío, Suction breather; colador del —, breather screen.

Respirometría, Respirometry.

Resplandor (Aparato para medir el), Glarimeter.

Respondedor, Responser.

Responsabilidad, Liability; — incondicional, absolute liability; de — limitada, L.T.D.

Respuesta, Response; — a una banda uniforme de frecuencia, flat top response; — de paso de banda, passband response; — del bucle, loop output signal; — en régimen transitorio, transient response; — máxima, peak response; — pagada, prepaid answer; — transitoria, transient response; curva de —, response curve; dispositivo de — rápida, quick response device; registrador de —, response recorder; tiempo de — de un receptor, receiver response time.

Resquebrajado, Choppy.

Resquebrajadura, Clinking, shake, split.

Restablecimiento, Recovery.

Restar, To curtail.

Restaurador de la componente continua, D.C. restorer.

Restitución, Plotting; — fotogramétrica, plotting; aparato de — (fotogrametría), plotting machine; cuadrícula de —, plotting skeletton; mecanismo de —, plotting gear.

Restricción de ruta, Route restrition.

Restricciones, Curtaliments.

Restringido, Shrunk.

Restringir, To draw.

Resudación, Eliquation; galleta de —, cake.

Resudante, Fizzing; blanco —, fizzing heat.

Resudar, To roast.

Resultado, Data; conjunto de resultados, data; resultados de ensayos, test data.

Resultante (mec.), Resultant; señal — en bucle, loop actuating signal.

Resvestimiento de hormigón, Concrete pavement.

Retacado, Deadening; — (máq.), overlaying; — a mano, hand calking.

Retacador, Calking or caulking iron; — (calderas), breaker iron; — neumático, pneumatic calking.

Retacar, To calk.

Retardado, Delayed, restrained; — (encendido), retarded; admisión retardada, later admission.

Retardador, Dash pot, retardant, retarder; — (fotografía), restrainer; — de velocidad de tiro, retarder draught.

Retardar, To restrain, to slack or to slacken, to slack speed.

Retardo, Delay time; **— de cierre** (en disyuntores), constant time lag; **— de cierre en disyuntores,** constant time lag; **— de grupo,** enveloppe delay; **bobina de —,** delay coil; **con espoleta de corto —,** short fuzed; **espoleta de —,** delay action fuze; **líneas de —,** delay lines.

Retemplar, To retemper.

Retén, Retene, wire ferrule.

Retención (de bienes, sueldo, etc.), Embargo; **— de ondas,** back surge; **— del abonado llamado,** called-subscriber-hold condition; **— hacia adelante,** forward holding; **— hacia atrás,** backward holding; **— por la operadora,** manual holding; **barra de —,** holding bar; **cadena de —,** back stay; **conexión de válvula de —,** check connection; **pared de —,** bulkhead; **pasador de —,** jig pin; **tiempo máximo de —,** maximum retention time; **válvula de —,** feed check valve, return check valve; **válvula de — para el inyector,** check injector.

Retenedor (Anillo) del lubricante, Seals bearing.

Retener, To guy; **fácil de —,** catchy.

Retenibilidad, Retainability.

Retenida, Guy; **— de tierras,** earth retaining; **calzo de —,** slip; **collarín de —,** set collar; **chaveta de —,** check pin; **perno de —,** retaining bolt.

Retenido, Backing up, bound.

Reteñir, To re-dye.

Retícula, Reticle.

Reticular, Lattice; **distancia —,** interplanar spacing, lattice spacing; **intervalo —,** lattice spacing.

Retículo, Cross wire, grating, grid, spider wire; **— circular,** circular grating; **— cristalino,** crystal lattice, lattice; **— espín,** spin lattice; **— recíproco,** reciprocal lattice; **parámetro de —,** lattice constant; **puntos del —,** lattice points.

Retinita (mineral), Retinite.

Retintado, Re-dyeing.

Retirador (sierras), Receder.

Retirar, To withdraw.

Retocado, Calked.

Retocar (foto), To retouch.

Retoque (foto), Retouching.

Retorcedura, Twisting; **taller de —,** twisting shop.

Retorcer, To twist; **— textiles,** to twine; **banco de —,** twister.

Retorcibilidad, Kinkability.

Retorcido, Stranded; **conductor de cables retorcidos,** stranded wire.

Retorno, Return; **— de arco,** restrike; **— de encendido,** back fire or firing; **— de llama,** back fire or firing, return flame; **— rápido** (de la herramienta), quick return; **corriente de —,** after current; **choque de —,** back shock, back stroke; **dispersión de —,** backscatter; **inyector de —,** spill flow burner; **polea de —,** snatch block; **velocidad de —** (máq.-herr.), return speed.

Retorta, Retort; **— de arcilla,** clay retort; **— esférica** (refinado del alcanfor), bombolo; **— refractaria,** refractory retort; **soporte de —,** retort stand.

Retracción, Contraction, retraction, spring back; **— de un muro,** diminution; **tiempo de —,** retraction time.

Retráctil, Collapsible, jet deflector, retractable; **góndola —,** retractable nacelle; **soporte —,** swing aside bracket.

Retracto, Right to recover.

Retractor, Retracting; **gato —,** retracting jack.

Retraer, To retract.

Retraído, Retracted.

Retransmisión, Retransmission; **— de cinta perforada,** perforated-tape retransmitter tape relay; **— manual,** manual retransmission; **—**

mediante cinta perforada, tape retransmission; **conmutación con — por cinta perforada,** tape retransmission automatic routing; **telegrama de escala con — manual,** transit telegram with manual retransmission.

Retraso, Delay, lag, loosing rate, outside lap, time delay, timing; **— a la solidifación,** under cooling; **— de corriente,** retardation of current; **avance o — al encendido,** spark timing variation.

Retroalimentación, Positive feed back.

Retroceder, To back; **—** (arma), to recoil; **—** (arma de fuego), to kick; **hacer —,** to bolt out.

Retroceso, Kick, recoil; **—** (rueda, hélice), slip; **— de la llama,** back flashing; **— de llamada,** back motion; **— del carro,** carriage return; **— nuclear,** nuclear recoil; **cañón sin —,** recoiless gun; **con n retrocesos** (curvas), n cusped; **choque de —,** return shock; **fusil sin —,** recoiless rifle; **sin —,** recoiless; **velocidad de —,** reverse speed.

Retroexcavadora, Pull shovel, trench hoe.

Retrógrado, Retrograde.

Retrovisor, Rear view mirror.

Reutilizable, Re-usable.

Reutillaje, Retooling.

Reutillar, To retool.

Revalorización, Back titration.

Revelado, Processing; **—** (foto), development; **—** (fotografía), developing; **— cromógeno,** colour developing; **— en cubeta vertical,** dipping bath development; **baño de —,** development bath; **que detiene el —,** shortstop.

Revelador, Developer.

Revender, To resell, to subcontract.

Revenibilidad, Temperability.

Revenido, Draw, draw back, drawing back, temper, tempered; **—** (metal), drawback, drawing, let down;

actualmente casi siempre —, (véase **Hardening**), tempering; **fragilidad por —,** temper embrittlement; **tras —,** tempered.

Revenir, To temper; **— el acero por socarrudo con aceite,** to blaze off.

Reventa, Reselling.

Reventado, Stove in.

Reventar, To puncture; **—** (barril, buque), to stave.

Reventón, Burst; **— de un neumático,** blowout, burst of a tyre.

Reverberación, Reverberation.

Reverberímetro, Reverberometer; **— de relajación,** relaxation reverberometer.

Reverbero (de un horno), Cap; **de —,** reverberatory; **horno de —,** air furnace, reverberatory furnace; **piquera de un horno de —,** discharge aperture.

Reversibilidad, Reversibility; **—** (dirección de autos), spinback.

Reversible, Reversible, reversing; **hélice —,** reversible propeller; **hélice de paso —,** reversible pitch or propeller; **laminador —,** reversing mill; **motor —,** reversible engine; **paso —,** reversible pitch; **pila —,** reversible cell; **trinquete —,** reversible claw, throw over claw.

Reversiblemente, Reversibly; **adsorbido —,** reversibly adsorbed.

Revestido, Coated, covered, plated, revetted; **—** (cable), iron coated; **— con metal antifricción** (cojinete), rebabitted; **— de,** lined; **— de latón,** cased brass.

Revestidora, Coater.

Revestimiento, Carpet, casing, clothing, coating, cob work, countermure, encasement, facing, lag, lagging, lining, pavement, paving, revetment, skinning, surfacing, taping; **—** (aeroplano), covering; **—** (alto horno), facing; **—** (aviación, etc...), skin; `— (calabrote viejo), junk; — (de cañón, de torreta), hood; — (N), border; — **ácido**, acid lining; — **calorífugo** (de caldera, de cilindro), felting; — **de carreteras**, road paving; — **de caucho**, rubber lining; — **de contrachapado**, plywood skinning; — **de chimenea**, air case; — **de disminución**, diminishing planking; — **de hormigón**, concrete lining; — **de horno** (met.), lining; — **de los altos**, topside planking; — **de protección**, ditch; — **de un buque** (ext.), planking; — **de zinc**, coating of galvanizing; — **del hogar**, firebox shell; — **del puente**, deck plating; — **exterior**, outer bottom, outer shell, outside plank, outside planking, outside plating; — **fino**, thin skin; — **lateral**, side plating; — **metálico**, metal covering; — **protector**, protective coating; — **reflector**, reflector coating; — **refractario**, refractory lining; **con** — **ácido**, acid lined; **con** — **básico**, basic lined; **con** — **cerámico**, ceramic coated; **con** — **espeso**, heavy or heavily coated; **con** — **fino**, lightly coated; **con** — **refractario**, refractory · acid; **con doble** — **de seda**, D.S.C. (Double Silk Covered); **con doble, con triple** —, double triple plated; **crisol con** — **refractario**, crucible lined with charcoal; **enlucidos y revestimientos aislantes**, non conducting compositions; **madera de** —, facing board; **punto de** —, casing point; **rehacer el** —, to re-line; **sin** —, unlined.

Revestir, To cover, to line, to plate, to revet; — (conductor eléctrico), to cover; — **de nuevo**, to reface.

Revirado (Guiaondas), Twisted waveguide.

Revirar, To slue.

Reviro de cuadernas, Flaring.

Revisión periódica, Periodic checking.

Revisado, Overhauled.

Revisión, Overhaul, overhauling; **período entre dos revisiones sucesivas**, interoverhaul period; **taller de revisiones**, repair dock.

Revista, Survey.

Revistimiento de grafito coloidal, aquaduc.

Revocación, Revocation.

Revocar un muro, To dub out.

Revoco, Revetment.

Revolución (máq.), Revolution; **girar a 150 revoluciones por minuto**, to run at 150 revolutions per minute; **revoluciones**, revs (revolutions); **revoluciones por hora** (r.p.h.), rev. per. hr. (revolutions per hour); **revoluciones por minuto**, r.p.m. (revolutions per minute).

Rezumar, To thicken, to weep.

Ribeteadora, Beading machine, riveting or rivetting machine, stitcher.

Ribetear, To edge; **máquina de** —, flanging machine.

Rica (Aleación) en plomo, High lead alloy; **mineral rico**, best work ore.

Riego, Irrigation; **toma de** —, irrigation outlet.

Riga, Riga; **madera de pino de** —, red deal of Riga wood.

Rigidez, Rigidity, steadiness, stiffness, tightness; — **dieléctrica**, breakdown strength, breakdown stress; — **magnética**, magnetic rigidity.

Rigidizador, Stiffener.

Rigidizar, To rigidify.

Rígido, Rigid, taut, tight; **perfil de modelo** —, airfoil rigid model; **sondeo por vástago** —, boring by means of rods.

Rigurosidad, Rigourousness.

Riguroso, Stringent.

Rincón, Corner.

Rinconada, Corner wall.

Riobasalto, Rhyobasalt.

Riostra, Anchor plate, bracing, cross stud or cross stretcher, guy, guy wire, stay, stiffener, strut, transom, truss rod; — (minas), struddle; — **cruzada,** cross quarter; **e en arco,** brace arched; **collar de** —, brace collar; **pasador de** —, clamp nail.

Riostrar, To brace.

Ripado, Shifting.

Ripar, To shift.

Ripia, Batten, fir plank, scantling, thin board.

Riqueza, Yield.

Riscoso, Craggy.

Risímetro, Rhysimeter.

Ritmicidad, Rhythmicity.

Ritmo de trabajo, Working rate.

Rizado, Looping; **factor de** —, ripple factor.

Rizador, Die, dye (rare).

Rizos (Con todos los) (velas), Close reefed.

Robinetería automóvil, Cock mobile.

Roblar, To cleat.

Roble, Oak, oak tree; — **acuático,** water oak; — **albar,** yellow oak; — **blanco,** chestnut white oak, hoary oak, white oak; — **canescente,** hoary oak; — **ciprés,** cypress oak; — **común,** common oak, wainscot oak; — **de agallas,** gall bearing oak; — **de gruesos frutos,** cup white oak; — **de hojas de laurel,** laurel oak; — **de las Indias,** Indian oak; — **de los tintoreros,** dyer's oak; — **de montaña,** rock oak; — **de nuez de agalla,** dyer's oak; — **de tintoreros,** gall bearing oak; — **de Valonia,** Valonia oak; — **estrellado,** iron oak; — **francés de las Antillas,** olive bark oak; — **kermés,** kermes oak, scarlet oak; — **negro,** barren oak; — **para entramados,** shingle oak; — **pequeño,** garmander oak; — **rojo,** red oak; — **sauce,** willow oak; — **tintóreo,** dyer's oak; **clavija de** —, peg, treenail; **corteza**

de —, oak bark; **de** —, oaken, oaky; **duro como el** —, oaky; **falso** —, teak wood; **madera de** —, oak timber; **retoño de** —, ground oak.

Roblón, Clinch.

Robustez, Rigidity.

Robusto, Sturdy.

Roca, Rock; — **de pared,** by work; — **encajante,** partition rock; — **escarpada,** scaur; — **formada por restos de esqueletos calizos cementados por carbonato cálcico,** beachrock; **alumbre de** —, rock alun; **cristal de** —, rock crystal; **escombros de** — **que provienen de la formación de una falla,** fault rock; **intrusión de** —, cog.

Rocalla, Rock work.

Rociada, Sprinkling.

Rociador, Sprinkler, **aparato** — **de ducha,** sprinkler.

Rociadora, Water sprinkler.

Rociar, To sprinkle.

Roda, Stem.

Rodado (Canto), Cam bowl; **cantos rodados,** boulder stones.

Rodadura, Run; **anillo de** —, ball race; **anillo o arandela de** —, ball race; **camino de** —, spherical bearing; **garganta de** —, ball bearing race.

Rodaje, Break in, wearing in; — (de un motor), running in; — **sobre el suelo,** taxiing; — **sobre el suelo en la llegada,** to taxi in; — **sobre el suelo en la salida,** to taxi out; **encastre de** —, caster bowl.

Rodamiento, Bearing, roller bearing; — **a bolas,** ball bearing; — **a bolas de contacto angular,** angular contact ball bearing; — **de agujas,** needle bearing; — **de cilindros,** roller bearing; — **de rodillos,** roller bearing; — **de los rodillos cónicos,** taper or tapered roller bearing; **corona de** —, ball bearing race; **fricción de** —, friction of or rolling friction; **palier de** —, ball race bearing; **pista de** —, roller path; **rodamientos antifricción**, frictionless bearings; **rodamientos sin rozamiento**, frictionless bearings; **superficie de —**, raceway.

Rodante (adj.), Rolling; **carga —**, wheel load; **grúa —**, portable crane; **material —** (ferrocarril), rolling stock; **puente levadizo —**, roller lift bridge.

Rodar (motores), To break in; **— un motor**, to run in; **hacer —**, to roll.

Rodeado de, Cased with.

Rodete, Beading, block sheave, bulb, curb, sheave of a block; **— de acción** (turbina), impulse wheel; **— de gran salto**, high head runner; **— de salto pequeño**, low head runner; **— intermedio**, intermediate wheel; **— tangencial**, tangential wheel.

Rodilla, Knee.

Rodillera de armadura, Knee cap or knee piece.

Rodillo, Flatter, pulley, roll, roller; **— cementado**, hardened roller; **— compresor**, road roller; **— con patas de carnero**, sheep's foot roller; **— de apoyabrazo**, arm pillow; **— de arrastre**, drive roller bearing; **— de cabrestante**, tumbler; **— de calandra**, bowl; **— de contacto**, contact roller; **— de empujador**, tappet roller; **— de entrada**, feeding roller; **— de fricción**, friction roller; **— de madera** (para vigas, etc.), skid; **— de plantilla**, copying roller; **— de tensión**, expanding roller; **— tensor**, idler; **cadena de rodillos**, block chain, roller chain; **corona de rodillos**, roller cage, roller ring; **chumacera de empuje de rodillos**, roller thrust bearing; **escobilla de rodillos dentados**, roller brush; **luneta de rodillos** (tornos), roller back rest; **rodillos machacadores**, crushing rollers; **rodillos riparadores**, castors; **rueda montada sobre rodillos**, roller mounted wheel.

Rodillo-guía, Idler roller.

Rodio, Rhodium.

Rodonita, Red manganese ore.

Roentgenómetro, Ionometer.

Roer, To begnave or begnaw, to gall; **acción de —**, exesion.

Roído, Eaten.

Rojo, Red; **— blanco**, bright red; **— cereza**, cherry red; **— de Inglaterra**, English red, polishing rouge or colcothar; **— escurriente**, bleeding red; **— llama**, fiery red; **— mate**, dull red; **— oscuro**, dark red, dull red, faint red; **— vivo**, bright red, full red; **bronce —**, copper powder; **calentado al —**, red hot; **hematíes roja**, red hematite; **ocre —**, raddle.

Rol, Crew list, roll.

Roldana, Block sheave, drum, heart, sheave; **— de conducción**, leading block; **— de polea**, n block sheaved, sheave of a block; **— del trole**, trolley wheel.

Rollizo, Log.

Rollo de alambre, Coiling of wire; **— de madera**, log; **en —** (maderas), unbarked; **madera de —**, rough timber.

Romana, Auncel; **—** (balanza), steelyard.

Rombeédrico, Rhomboedral.

Rómbico, Rhombic; **antena rómbica**, rhombic antenna; **cristal —**, trimetric crystal.

Rombo, Lozenge, rhomb; **acanaladura en —**, diamond pass; **en —**, diamond; **lima de —**, feather edged file.

Rompe-hierro, Ice breaker.

Rompe-hormigón, Concrete breaker.

Rompe-terrones, Clod crusher.

Rompedor de concreto, Breaker concrete; **— de mano**, bullpoint; **— de virutas**, chiprupter.

Rompedora de hierro fundido, Driver.

Rompeolas, Breakwater. .

Romper, To part; **prensa de** —, breaking press.

Romperse, To give way.

Rompevirutas, Chip breaker.

Ropa encerada, Clothing oiled.

Rosario, String.

Rosca, Screw; — **estampada,** stamped threading; **balancin de** —, screw press; **borne de** —, screw terminal; **de** —, screwed; **fondo de la** —, thread root; **grifo de** — **de vástago,** point screw valve; **gusanillo de** —, auger bit; **polea de** —, worm block.

Roscado, Screw cutting, screw tapped, screwed, screwing, tapped; — **por husillo,** threading with lead screw; — **por troquelación por rulos,** roll threading; **acoplamiento** — **de tubos,** screw pipe coupling; **arandela roscada,** eye screw; **armella con espiga roscada,** eye screw; **casquillo** —, screw box; **empalme de bridas roscadas y pernos,** screw flange coupling; **extremos roscados,** screwed ends; **junta roscada,** screw joint; **mandril** —, screw chuck; **manguito** —, —, screw socket; **pasador** —, screw pin; **prensa roscada,** screw press; **taladro** —, screw auger, screw drill; **tapón** —, screw cap, screw plug; **tapón** — **en una parte hueca para protegerla,** drive head.

Roscador (Macho), Tapped gun.

Roscar, To tap; — **a mano,** to cut screws by hand; — **con macho,** to cut screws with a die; — **el aire en el torno,** to chase; — **interiormente,** to cut; **cabezal de** —, die head, screwing chuck; **de** — (véase **Screw**), screw machine; **macho de** —, tap; **mandril de** —, screw point chuck; **máquina de** —, screwing machine; **máquina de** — **tuercas,** screw cutting machine; **mordaza de** —, chaser die; **peine de** —, comb screwing tool, (herramienta de torno), chaser; **peine hembra de** — (herramienta de torno), inside screw tool; **torno**

de —, screw cutting lathe, threading lathe.

Roseta, Burr, cake, coif stock.

Rosetón, Ceiling rose.

Rotación, Gyration, rotation, swinging, twirl; — **dextrorsa,** clockwise rotation; — **específica,** specific rotation; — **magneto-óptica,** magneto-optical rotation; — **según una hélice,** spin; — **trabada,** hindered rotation; **centro de** —, centre of gyration; **de** —, rotational; **espectro de** —, rotational absorption spectrum; **freno de** —, swing brake; **isomería de** —, rotational isomerism; **mesa de** — (petr.), rotatory table; **velocidad de** —, rotational speed.

Rotativamente (Madera pelada), Rotary peeled timber.

Rotativo, Rotating, rotatory (rare) or rotary, whirling; **barrena rotativa,** rotodrill; **bomba rotativa,** rotatory pump, rotoplunge pump; **brazo** —, whirling arm; **campo** —, rotating field, rotatory field; **conmutador** —, rotatory switch; **criba rotativa,** revolving screen; **máquina rotativa,** rotatory engine; **poder** —, magnetic rotation; **regulador** —, rotating regulator; **rotativa topográfica,** rotatory letterpress; **taladrado** —, rotatory drilling; **terraja rotativa,** rotary schewing chuck.

Rotatorio, Rotary; **campo de selección** —, rotary selector bank.

Roto, Broken; **palanca rota,** bent lever.

Rotoaspirador, Rotoexhauster.

Rotogalvanostegia, Barrel plating.

Rotograbado, Rotogravure.

Rotohorno, Rotokiln.

Rotonda para locomotoras, Circular shed.

Rotoplano, Rotoplane.

Rotor, Armature, impeller, spool; — (turbina, etc.), rotor; — **bobinado,** wound rotor; — **con álabes,** bladed spindle; — **en cortocircuito,** short circuit rotor; — **liso,** smooth rotor; **álabes de** —, rotor blade; **bobinado de** —, rotor winding; **pala de** —, rotor vane; **rueda de** —, rotor disc; **separador de** —, rotor spacer.

Rotórico, Rotor; **arrollamiento** —, rotor winding.

Rotors (Con dos), Two spool.

Rótula, Ball and socket joint, pivot bolt.

Rótula de junta Cardan, Centre piece; — **en el apoyo,** abutment impost; — **macho,** ball male; **apoyo de** —, tilting bearing; **caja de** —, ball joint housing, ball socket housing; **casquillo de** —, ball follower; **eje de** —, knuckle pin; **horquilla de** — (petr.), swivel wrench; **junta de** —, ball and socket joint, ball and socket joint, swivel joint; **semicojinete de** — **con cola,** spherical cup with.

Rotura, Breakage, failure, flat; — **de álabes,** bucket failure; — **del avión,** collapse airplane; — **debida a la flexión,** break flexing; — **en vuelo de una cosmonave,** space shipwreck; — **múltiple,** break multiple; — **por choques,** break impact; — **por fatiga,** fatigue failure; **carga de** —, breaking weight, rupture stress; **carga límite de** —, ultimate tensile strength; **coeficiente de** —, ultimate modulus; **controlador de** — **de hilo,** wire breakage lock; **ensayo de** — **por tracción,** breaking test; **límite de** —, breaking point; **resistencia a la** —, breaking strength; **tensión de** —, intensity of breaking stress.

Roturador, Buster; — **de surcos,** buster ridge.

Roza (minas), Bannocking, jad.

Rozado, Coal mining, cutting.

Rozadora, Cutter; — **de carbón,** coal cutter; **máquina** —, coal cutting machine.

Rozamiento, Abrasion, chafing or chaffing, scuff or scuffing; — **de derrape,** skidding friction; — **de deslizamiento,** friction of sliding, sliding friction; — **de rodadura,** friction of rolling or rolling; — **entre una pieza fija y otra giratoria,** rub; — **superficial** (aviac.), skin friction; **ángulo de** —, angle of friction; **coeficiente de** —, friction coefficient; **de** —, frictional; **desgastar por** —, to gall; **desgaste por** —, galling; **patín de** —, friction shoe; **pérdidas por** —, frictional losses; **resistencia de** —, frictional resistance; **rodamientos sin** —, frictionless bearings; **sin** —, frictionless.

Rozar, To cut untrue, to skin; — (la roca), to cut.

Rozarse una tela, To chafe.

Rubidia, Rubidia.

Rubidio, Rubidium.

Rueda, Follower, truck; — **acanalada de trócola,** sprocket wheel; — **alabeada,** buckled wheel; — **arrastrada,** led wheel; — **blanda,** soft wheel; — **catalina,** escapement wheel, sprocket wheel; — **con copero,** dished wheel; — **con dentado de costado,** face wheel; — **con dentadura postiza de madera,** mitre wheel; — **conductora,** leading wheel; — **cónica,** angular wheel, bevel gear wheel, mitre wheel, skew wheel; — **correctora,** correcting wheel; — **de acción,** leading wheel; — **de accionamiento,** engaging wheel; — **de agua para mover los sopletes,** bellows wheel; — **de álabes,** bucket wheel, chest or cellular wheel, impeller, paddle wheel; — **de alta presión** (turbina), high pressure disc; — **de ángulo,** bevel gear wheel, mitre wheel; — **de aterrizaje,** landing wheel; — **de aterrizaje del morro,** nose gear; — **de cadena,** chain sheave, chain wheel; — **de carro** (de torno copiador), copy wheel; — **de cola** (aviac.), tail wheel; — **de compresor,** compressor impeller; —

de contacto, contact wheel; — de corindón, corindon wheel; — de corona, contrate wheel; — de costado, breast (water) wheel contrate wheel; — de cuchilla, knife wheel; — de cursor, wheel running in a shute; — de cheurones, double helical wheel; — de detención, click wheel; — de disco, disc wheel, plate wheel; — de elevación hidráulica, box water wheel; — de engranaje de cuero crudo, rawhide wheel; — de engranaje desplazable, sliding gear wheel; — de escape, clink, crown wheel, rack wheel, escapement wheel; — de esmeril, buff wheel; — de fricción, friction wheel; — de garganta, groove wheel; — de inmersión variable por izamiento, undershot wheel with lowering gear; — de levas, crown, sprocket wheel; — de linterna, lantern wheel, wallower; — de mano de avance (herramienta), hand feed wheel; — de morro, wheel nose gear; — de primera velocidad, first speed wheel; — de punteado, dotting wheel; — de radios metálicos, wire wheel; — de recambio, square wheel; — de reenvío, castor wheel; — de río, current wheel; — de rozamiento, friction wheel; — de sierra de cinta, band wheel; — de sinfín, worm wheel; — de socorro, spare wheel; — de tercera velocidad, third speed wheel; — de trinquete, rack wheel, ratchet wheel; — de trócola, sheave; — de turbina, wheel; — de turbina de dos escalones de velocidad, two row velocity wheel; — de viento, fan wheel, wind wheel; — del timón, wheel; — delantera, front wheel, nose wheel; — delantera bajo el morro del avión, nose wheel; — delantera retráctil, retractable nose wheel; — dentada, cog wheel, spur wheel, toothed wheel; — dentada cilíndrica, circular spur wheel; — dentada con trinquete de rodillo, tally wheel; — dentada interior, annular wheel; — di-

rectriz, guide wheel; — doble, double wheel; — en corazón, heart wheel; — en hélice, screw wheel; — envolvente, paper wheel; — epicicloidal, epicycloidal wheel; — estriada, screw wheel, spiral wheel, worm wheel; — excéntrica, eccentric wheel; — fónica, phonic wheel; — frontal, contrate wheel; — graduada sobre su llanta, division wheel; — hidráulica, bucket engine, water wheel; — hidráulica de admisión trasera, back shot wheel; — hidráulica de costado, breast (water) wheel, middle shot wheel; — hidráulica inferior, overshot wheel, undershot wheel; — hidráulica de pera, danaide; — hiperbólica, skew wheel; — Kaplan, Kaplan runner; — loca, idle wheel; — maciza, disc wheel, plate wheel, solid wheel; — metálica, metallic wheel; — motora de acepilladora, bull planer; — motriz, driving wheel, engaging wheel, impeller; — motriz de las cruces de Malta, nacelle; — móvil de bomba, pump impeller; — móvil de turbina hidráulica, runner; — no recíproca, single wheel; — para bobinar un cable, drum wheel; — para el cambio de marcha, reversing wheel; — Pelton, Pelton runner, Pelton wheel; — plana, plain wheel; — por detrás, high breast wheel; — que tranforma el movimiento circular continuo en movimiento rectilíneo alternativo, mangle rack or mangle wheel; — satélite, mangle rack or wheel, sun and planet wheel; — sencilla, single wheel; — sobre la que actúa el freno, brake wheel; — tipo hélice, propeller turbine runner; — trasera, rear wheel; — trazadora, tracer wheel; antena de —, cartwheel aerial; aparejo de dos ruedas perpendiculares, duplex purchase; bloqueo de las ruedas, wheel locking; calar una —, to wedge a wheel; con cuatro ruedas, four wheeled; con dos ruedas, two wheeled; con seis ruedas, six wheeler; **cubo —**, camshaft hub; **cubo de —**, runner boss; **cubo de una —**, stock of a wheel; **cuerpo de la —**, wheel center; **de una manera general toda pieza que comunica un movimiento a una segunda, por ejemplo — de un engranaje,** driver; **desengranar las ruedas,** to ungear wheels; **eje de una —**, axle pin of a wheel; **espernada de —**, wheel lock; **freno sobre —**, wheel brake; **generador de — hidráulica,** water wheel generator; **horquilla de —**, wheel fork; **hueco de —**, bore wheel; **hueco de una — dentada,** clearing; **huella de —**, sprocket; **inducido de —**, carretilla, wheel armature; **laminador de ruedas,** disc mill; **llanta de —**, wheel rim; **llanta de una —**, felloe; **máquina de cepillar ruedas,** wheel grinder; **máquina de fresar ruedas,** wheel cutting machine; **máquina de fresar ruedas de engranajes,** wheel cutting machine; **máquina de fresar y dividir las ruedas de engranajes,** wheel cutting and dividing machine; **máquina para tallar las ruedas de los engranajes,** cross engine; **marcha en — libre,** free wheeling; **nervadura de la corona de una — dentada,** rim collar; **patinaje de la —**, wheel spin; **patinaje de las ruedas,** skating; **pestaña de —**, ear, wheel flange; **pestaña de — desgastada por el roce,** knife edge; **pestaña de una —**, flange of a wheel; **poner llanta a una —**, to shoe a wheel; **prensa de calar las ruedas,** wheel press; **radio de —**, arm of a wheel, wheel arm; **reborde de —**, bull angles; **ruedas acopladas,** coupled wheels; **ruedas escamoteables,** retractable wheels; **ruedas motrices,** working wheels; **ruedas portadoras,** trailing wheels; **ruedas que engranan por fricción,** brush wheels; **saliente de una —**, flange of a wheel; **salto de las ruedas,** bouncing of wheels; **sin —**, wheelless; **sobre ruedas,** wheeled; **sombrerete de —**, wheel cap; **taller de fresadoras para**

ruedas, wheel cutting; **tractor sobre ruedas,** wheel type tractor; **tren de la — delantera,** nose wheel dolly.

Ruedecillas (Montado sobre), Caster mounted.

Rugosímetro, Profilometer, rugometer; **— electrónico,** electronic profilometer.

Rugoso, Harsh.

Ruido, Bluster, noise; **— ambiente,** room noise; **— de agitación térmica,** shot noise; **— de aguja,** surface noise; **— de aguja de gramófono,** needle scratch; **— de alimentación,** battery supply circuit noise; **— de amplificador,** noise in amplifier; **— de circuito,** circuit noise; **— de conmutación,** switching noise; **— de contactor,** contact noise; **— de chispa,** flicker effect; **— de explosiones en el silenciador,** barking; **— en el embrague,** chatter clutch; **— de fluctuación,** fluctutation noise; **— de fondo,** random noise; **— de fondo de un receptor,** receiver noise; **— de fondo de una válvula,** valve noise; **— de hierros,** rattle; **— de inducción,** induction noise; **— de intermodulación,** intermodulation noise; **— de resistencia,** resistance noise; **— errático,** random noise; **— externo,** external noise; **— interno,** set noise; **— iónico,** ion noise; **— microfónico,** microphonic noise; **— seco,** clicking; **— telegráfico,** telegraph noise; **— térmico,** thermal noise; **compensador de —**, noise weighting; **cono de —**, noise cone; **espectro de —**, noise spectrum; **generador de ruidos,** noise generator; **hacer —** (máq.), to pound; **índice de —**, noise figure; **índice total de —**, integrated noise figure; **potencia de — disponible,** available noise power; **recepción con ruidos** (radio), mushy; **relación portadora —**, carrier-to-noise ratio; **relación señal- —**, signal-to-noise ratio; **sin ruidos,** noiseless; **supresor de**

—, noise suppressor; **supresor de ruidos de aguja,** scratch suppresor.

Ruidosidad, Noisiness.

Ruidoso (Menos), Quieter.

Ruina, Decay.

Ruleta, Caster.

Rumbo, Course; **— al este,** easting; **ángulo de —,** track course angle; **botón de corrección de —,** course setting knob; **con — al Oeste,** westbound.

Rupinización, Rupining.

Ruptor, Breaker, contact breaker, make and break, ruptor; **—** (auto), make and break mechanism; **—** (electricidad), trembler; **base del —,** breaker base; **palanca de mando del —,** breaker control.

Ruptura, Breaking, burst, cleavage, rupture, rupturing; **— de arco,** arc rupturing; **— de circuito,** break; **— de dientes,** breaking of teeth; **alto poder de —,** high rupture capacity; **aparato de control de — de hilo,** wire breakage

lock; **arco de —** (elec.), interruption arc; **capacidad de —,** interrupting capacity; **capacidad de — de arco,** arc rupturing capacity; **contacto de — de carbón,** break carbon; **corriente de —,** break induced current; **límite crítico de —,** breaking down limit; **magneto de —,** make and break magneto; **resistencia de —,** rupture strength.

Rural, Rural; **carga —,** rural load; **línea —** (elec.), rural line.

Rustina, Back stone, hearth stone; **piedra de —,** filling place.

Ruta, Course, lane, way; **— comercial,** avenue of trade; **— de cable,** cable run; **— de navegación transatlántica,** steamer lane; **integrador de —** (aviación), course computer; **puesta en —,** starting up; **trazado de —** (aviac.), flight log.

Rutenio, Ruthenium.

Rutilo, Rutile, titanium dioxide; **electrodo de —,** rutile electrode.

Rutina comprobatoria, Test routine.

S

Sabino (unidad de absorción acústica), Sabin.

Sabotaje, Sabotage.

Saca (explotación forestal), Clearcutting.

Saca-piñón, Gear withdrawer.

Saca-remaches, Hold down pad.

Sacabocados, Cutting out machine, cutting press, hollow punch, punch, punch pliers, punching machine; — **para perforar la correa,** belt punch.

Sacaclavos, Catcher nail, clay wrench.

Sacacorchos, Corkscrew.

Sacahélices, Propeller remover.

Sacalíneas, Knib.

Sacar, To bolt out; — (tren de aterrizaje), to lower; — **de la caja,** to uncrate.

Sacarruedas (autos), Wheel puller.

Saco, Bag; — **de cemento,** cement bag; — **de lastre,** ballast bag, sand bag.

Sacudida, Concussion, heaving, jerk, jog, jolt, pull, shaker, surge; — **en paralelo,** longitudinal surge; — **en serie,** transverse surge; **bomba de sacudidas,** jerk pump; **criba de sacudidas,** shaker screen, shaking sieve; **máquina de sacar piezas por sacudidas,** shake out; **marcha por sacudidas,** inching, jogging; **solera de sacudidas,** vibrating tamper; **transportador de sacudidas,** shaker conveyor.

Sacudir, To jog, to joggle, to shake.

Saetín (rueda hidráulica), Guide; — **de aguas arriba,** head bag.

Sal, Salt; — **cuaternaria,** quaternary salt; — **de acederas,** sorrel salt; — **de Glauber,** Glauber's salt, sodium sulphate; — **de plomo,** lead salt; — **gema,** rock salt; — **marina,** salt; — **mineral,** mineral salt; — **neutra,** neutral salt; — **paramagnética,** paramagnetic salt; — **Rochelle o de Rochela,** Rochelle salt; — **soluble,** soluble salt; **baño de —** (metalurgia), salt bath; **espíritu de —,** soldering spirit; **mina de —,** salt mine; **sales reptantes,** top crust.

Sala, Loft, shop; — **de aparatos,** instrument room; — **de aparatos telegráficos,** telegraph instruments room; — **de árboles,** shaft floor; — **de baterías,** battery room; — **de gálibos,** mould loft; — **de máquinas,** engine room, machine floor; **acústica de salas,** room acoustics.

Salado, Salt; **agua salada,** salt water.

Salario, Addlings, salary, wages.

Salbanda, Saalband.

Saldo, Balance; — **deudor,** balance debit; — **en el comercio,** balance trade; **artículos de —,** oddments.

Saledizo, Jut, projection, projecture.

Salida, Delivery, eduction, egress, exit, gas uptake, issue, outlet, release, start, tap; — **aguas abajo,** dowstream heading; — **de agua,** water outlet; — **de aire para fragua,** blast forge; — **de barco,** bound; — **de derivación,** bleeder outlet; — **de gas,** gas off-take; — **en frío,** cold start, cold starting; — **lanzada,** flying start; — **parada,** standing start; **circuito**

para tráfico de —, line for outgoing traffic; **descodificador de —,** outscriber; **extremo de —,** delivery end; **gas de —,** exit gas; **impulso de —,** jerk; **lado de — (laminador),** exit side; **potencia de —,** power rating; **potencia media de —,** average power output; **tobera de —,** poping outlet; **transformador de —,** output transformer, **tubo de —,** tail pipe.

Saliente, Bossy, bulge (véase **Bilge**), cam, flange or flanch (rare), hub, jutty, lug, projecting, salient, teat; **— (diente de engranaje),** addendum; **— (ojos),** beady; **— de anclaje,** boss for foundation bolt; **— de cierre estanco,** edging knife; **— de muela,** damsel; **— de óxido sobre las paredes de una pieza metálica,** blotch; **— pequeño,** knobble; **alternador de polos salientes,** salient pole; **en —,** overhanging, overhung; **lleno de salientes,** knobby; **montaje en —,** overhung mounting; **polo —,** salient pole; **salientes,** clutches; **tejado en —,** overhanging roof; **tongada —,** corbel table; **viga en —,** overhung girder.

Salífero, Saliferous.

Salimanita, Bamlite.

Salinas, Brine pond, salt marsh, salt pan or pit or works.

Salinidad, Saltness.

Salinización, Salinization.

Salino, Saline; **depósito —,** saline deposit; **fundente —,** salt flux; **niebla salina,** salt spray; **solución salina,** salt solution.

Salinómetro, Brine gauge, brineometer.

Salir, To extend; **hacer —,** to drive out; **hacer — de la dársena,** to undock.

Salitre, Nitre, saltpeter works.

Salmer, Skew back.

Salmuera, Brine pipe.

Salpicadero, Gate.

Salpicadura, Splash, spurting.

Saltación, Saltation.

Saltado (Esmalte), Chipped enamel.

Saltar, To blow up; **— en paracaídas,** bail out; **— un fusible,** to blow a fuse; **hacer —,** to blow up, to explode.

Saltarregla, Bevel, bevel protractor.

Salto de pulga, Hop; **— horizontal de imagen,** picture weave; **— vertical de imagen,** picture jump.

Salva, Salvo.

Salvadera, Sand blower.

Salvado, Bran.

Salvamento, Rescue; **— (material, mercancías, etc.),** salvage; **aparato de —,** rescue apparatus; **buque de —,** salvage vessel; **contrato de —,** salvage agreement; **prima de —,** salvage; **sociedades de —,** salvage association.

Salvar, To salve.

Samario, Samarium.

Sanafán (Circuito), Sanaphan circuit.

Sandaraca, Sandarach.

Sanfordización, Sanfordizing.

Sangrado, Bled, cast; **aire —,** bled air; **horno —,** blast furnace.

Sangradura de pinos para obtener savia, Boxing.

Sangría, Bleeding or bleed, tapping; **vapor de —,** process steam.

Sanguina, Red chalk; **— (color),** sanguine.

Sano, Sound.

Saponificación, Saponification; **índice de — de un aceite** (n.º de miligramos de potasa necesarios para saponificar 1 gr. de este aceite), saponification number.

Saponificar, To saponificate, to saponify.

Saquete (Electrodo con) de carbón, Carbon bag electrode.

Sarrusófono, Sarrussophone.

Satélite (piñón), Spider gear; **movimiento** —, sun and planet wheel; **rueda** —, sun and planet wheel; **satélites**, planetary gears.

Satinado, Calendering, glazed, rolled; — (papel), hot pressed; **acabado** —, satin finish; **madera satinada**, satin wood; **papel** —, glazed paper.

Satinar, To glaze, to press, to satinize; **rodillos para** —, calender stack.

Saturabilidad, Saturability.

Saturable, Saturable, saturable core; **núcleo** —, saturable core; **reactor** —, saturable reactor.

Saturación, Saturation; — **adiabática**, adiabatic saturation; — **de filamento**, temperature saturation; — **magnética**, magnetic saturation; — **parcial**, partial saturation; **corriente de** —, saturation current; **curva de** —, saturation curve; **no** —, unsaturation; **presión de** —, saturation pressure; **valor de** —, saturation valve.

Saturado, Saturated; **jute** — (cable, electricidad), saturated jute; **no** —, unsaturable; **vapor** —, saturated steam, wet steam or wet saturated steam.

Saturador, Saturator.

Saturar, To saturate.

Sauce (De hojas de), Willow oak.

Savia, Sap; **sin** —, sapless.

Scott, Scott; **transformador** —, Scott's transformer.

Scheelita, Scheelite.

Sebo, Carriage grease, coom, gome, sludge, tallow; **árbol de** — **vegetal**, tallow tree; **untar con** — **o grasa consistente**, to tallow.

Secada (madera), Seasoned.

Secadero, Dryer or drier.

Secado, Dehumidification or dehumidifying, dried, drying; — (de la madera), seasoning; — **al aire** (de la madera), air drying; — **de los** **núcleos**, core drying; — **en el horno**, kiln drying; — **natural**, air seasoning; **de** — **rápido**, quick drying; **madera secada al horno**, dry rotten wood, kiln dried wood.

Secador, Dehumidifier, drier, dryer; — **centrífugo**, centrifugal or rotary dryer; — **de vapor**, steam dryer; — **recubridor**, dryer coater; — **rotativo**, centrifugal or rotary dryer; **cilindro** —, drying cylinder; **tubo** —, dry pipe, (química) drying tube.

Secante, Drier, dryer, sec; — (trigonometría), secant; — **exterior**, exsec; **aceite** —, drying oil, siccative oil.

Secar, To arefy, to dehumidity, to dry, to season; **hacer** —, to dry.

Secativo, Siccative.

Sección, Cut away drawing, section; — (de pieza de madera), siding; — **adaptadora serie**, impedance transforming section; — **central**, center section; — **coaxil**, coaxial stub; — **compensadora**, compensating line; — **de ala**, wing curve; — **de control**, control section; — **de filtro**, filter section; — **de línea**, stub line; — **de radio**, radio section; — **de repetición**, repeater section; — **de transición**, transition section; — **de transposición**, transposition section; — **en U**, channel section; — **en varenga**, inner section; — **estrechada**, squeeze section; — **fuera borda**, outer section; — **posterior**, aft section; — **ranurada**, slotted section; — **transversal de diente**, tooth section; **bobina de secciones**, section wound coil; **dibujo en** —, cut away drawing; **manguito de reducción de** —, pipe reducer; **porcentaje de reducción de** — (laminador), draft; **sintonizador de doble** —, double stub tuner.

Seccionado, Disconnected.

Seccionador, Disconnect, disconnecting switch, sectioning; **de** —, sectionaliser.

Seccional, Sectional.

Seccionamiento, Sectionalizing; **punto de —,** sectionalizing point.

Seccionar, To sectionalyse or sectionalise.

Seco, Cold short brittle, dry, sapless; **batería de pilas secas,** dry battery; **estampadura en —,** blind blocking; **forma seca,** dry dock; **hielo —,** dry ice; **lavador —** (de gases), dry scrubber; **moldeo en arena seca,** dry casting, dry moulding, dry sand moulding; **pila seca,** dry battery, dry cell; **porcentaje de vapor seca,** dryness fraction; **procedimiento por vía seca** (quím.), dry process; **rectificador de disco —,** dry disk rectifier; **vía seca** (química), dry method.

Sectil, Sectile.

Sectilidad, Sectility.

Sector, Electric mains, power line, sector; **—** (elec.), main line; **— de silencio,** silent area; **— dentado,** curved rack, toothed quadrant; **— deslizante,** slide sweep; **— graduado,** graduated sector; **— muerto,** dead sector; **.— recto,** straight link motion; **— sólido,** solid sector; **cabezal portaherramientas de —** (máq. limadora), fiddle; **conmutador de sectores,** wafer switch; **corredera de —,** link block; **en forma de —,** sectoral; **exploración por sectores,** sector scanning; **guía del —,** quadrant guide.

Sectorial (Compuerta), Sector gate; **compuerta — con flotador,** sector gate with; **compuerta — con pantalla,** sector gate with flap.

Secuencia, Sequence; **— negativa positiva,** negative positive sequence.

Secuencial, Sequential; **arrancador —,** sequential starter.

Secular, Secular; **ecuación —,** secular equation.

Secundario, Secondary; **—** (transformador), secondary; **árbol —,** secondary shaft; **arrollamiento —,** secondary winding; **circuito —,** secondary circuit; **corriente secundaria,** secondary current; **descarga secundaria,** secondary discharge; **dínamo —,** secondary dynamo; **engranaje reductor —,** back secondary; **fermentación secundaria,** after fermentation; **lóbulos secundarios,** minor lobes; **reacciones secundarias,** secondary reactions; **roca secundaria,** fletz formation.

Seda, Silk; **borra de —,** floss silk; **con doble capa de —,** double silk covered; **con una sola capa de —,** single silk covered; **de —,** silk; **devanadera de —,** silk reel; **en —,** silk; **filatura de —,** silk mill, silk spinning; **géneros de —,** silk goods; **molinaje de —,** silk throwing; **oficial de fábrica de —,** silk weaver; **torcedor de —,** silk thrower; **trama de —,** shute; **vedija de —,** silk flock.

Sedalina, Silkaline.

Sedimentable, Settleable.

Sedimentación, Sedimentation, settling.

Sedimentador, Settler; **tanque —,** settler.

Sedimento, Draff, foot, sediment, settling.

Segadora, Mower; **— mecánica,** power mower.

Segmento, Bar, ring; **—** (máq.), segment, segment ring; **— colector de aceite,** oil control ring, scraper ring; **— de barrido,** oil wiper; **— de empuje,** thrust pad; **— extensible,** spring ring; **— hendido,** cut ring; **acoplamiento de segmentos extensibles,** spring ring coupling; **ranura de —,** piston ring slot; **ranura de — de pistón,** piston ring slot; **segmentos de pistón,** piston rings; **válvula- —,** segment sluice.

Segregación, Segregation.

Segueta, Compass saw; **— de vaivén,** piercing saw.

Seguidor, Follower, **amplificador —
catódico,** cathode follower amplifier; **amplificador — de ánodo,** anode follower amplifier.

Seguimiento automático, Automatic following.

Seguir el hilo de la madera, To cleave with the grain; **— un filón** (minas), to train.

Segundo, Sec, second; **ciclo por —** (c/s), cycle per second (c/s); **cienmillonésima de —** (radar), shake; **de segunda mano,** second hand; **número de segundos necesarios para que 60 ml.** de aceite pasen por el orificio del viscosímetro Saybolt Furol a una determinada temperatura, S.S. Furol (Saybolt Furol Seconds); **número de segundos necesarios para que 200 ml.** de aceite pasen a temperatura dada por el orificio del viscosímetro Engler, Engler seconds; **piñón de segunda velocidad,** second speed pinion; **segundos Engler divididos por el tiempo en segundos necesarios para que 200 ml. de agua destilada a 20° C pasen por el orificio del viscosímetro Engler,** Engler degrees or Engler number.

Seguridad, Safety, security; **— aérea,** flight safety; **— automática,** built in safety; **— en servicio,** dependability; **arnés de —,** safety harness; **caja de —** (laminador), breaking piece; **cerrojo de —,** safety latch; **cinturón de —,** safety belt; **coeficiente de —,** safety factor; **dispositivo de —,** safety device; **dotar de —,** to safety; **eslabón de —,** breaking link; **grifo de —,** safety cock, safety tap; **lámpara de —** (minas), aphlogistic lamp; **margen de —,** safety margin; **muesca de —,** safety catch; **pasador de —,** safety pin; **perno de —,** security bolt; **relé de —,** guard relay; **tope de —,** safety dog, safety stop; **transformador de —,** safety transformer; **tuerca de —,** fast on nut; **válvula de —,** alarm valve, control gate, relief valve, safety valve; **válvula de — de camisa de vapor,** jacket safety valve; **válvula de — del cilindro,** cylinder escape valve, cylinder safety valve.

Seguro, Insurance; **—** (véase **Insurance**), ensurance; **— de arma de fuego,** safety catch; **— de vida,** life insurance; **— mutuo,** mutual insurance; **compañía de seguros,** insurance company; **de funcionamiento —,** dependable, reliable.

Selección, Selection; **— a distancia,** long distance selection; **— electrónica y mando de barras** (ESBO), electronic selection and bar operation (ESBO); **— semiautomática,** operator trunk semiautomatic dialling; **— tricoma,** one strip color separation; **campo de — rotatorio,** rotary selector bank; **impulso de —,** gating pulse; **señal de fin de —,** end of selection signal.

Seleccionable, Sortable.

Selectancia, Selectance.

Selectividad espectral, Spectral selectivity.

Selectivo, Selective; **absorción selectiva,** selective absorption; **desvanecimiento —,** selective fading; **extracción selectiva de muestras,** selective logging; **reflexión selectiva,** selective reflection.

Selector, Selector, switch; **— automático,** automatic selector; **— de cursor,** selector with sliding contact or slide selector, slide selector; **— de disco,** dial selector; **— de dos movimientos,** two motion selector; **— de escobilla,** trip spindle; **— de grupo final o de línea,** final group or line selector; **— de progresión directa,** forward acting selector; **— de rumbo,** heading selector; **— de tres posiciones,** three position switch; **— final de 200 contactos,** 200-line final selector; **— giratorio,** dial switch; **armazón de selectores,** selector rack; **conmutador —,** selector switch; **conmutador — de medida,** metering selector switch; **toma de —,** picking up a selector.

Selenífugo, Boiler composition.

Selenio, Selenium; **rectificador de —,** selenium rectifier.

Selenioso, Selenious; **ácido —,** selenious acid.

Seleniuro, Selenide; **— artificial,** artificial selenide.

Sellado, Coinage, sealing; **— oficial del estaño menudo,** coinage.

Sello, Stamp.

Semejanza (Centro de), Direct center.

Semi, Mid, semi.

Semi-monocasco, Semimonocoque.

Semi-nilpotente (mat.), Seminilpotent: **ideales semi-nilpotentes,** nilpotent ideals.

Semianular (Sección), Cannular section.

Semiautomático, Semiautomatic; **central semiautomática,** auto-manual switching center; **selección semiautomática,** operator trunk semiautomatic dialling.

Semibulbo, Semibulbous; **proa de —,** semibulbous bow.

Semicalmado (Acero), Semideoxidized steel.

Semicarrera, Midcourse, midway.

Semicerrado (motor), Semiclosed; **cable —,** half lock rope; **cable metálico —,** semilocked cable; **tipo —,** semienclosed type.

Semicilindro, Hemicylinder.

Semicircular, Semicircular; **placa —,** half round set hammer.

Semicírculo, Semicircle.

Semicojinete de rótula, Spherical cup; **— de rótula con (sin) cola,** spherical cup with (without) stem.

Semiconducción, Semiconduction.

Semiconductor, Acceptor semiconductor, semiconductor; **— de impurezas,** impurity-type semiconductor; **— de oxidación,** oxidation semiconductor; **— de reducción,** reduction semiconductor; **— donante,** donor semiconductor; **— extrínseco,** extrinsic semiconductor; **— intrínseco,** intrinsic semiconductor; **— tipo n,** type-n semiconductor; **— tipo p,** type-p semiconductor.

Semicontinuo, Semicontinuous.

Semicruzado, Half crossed; **correa semicruzada,** half crossed belt, quarter twist belt.

Semiduro, Semihard; **acero —,** half hard steel.

Semieje, Half axle-tree.

Semielaborado, Semifinished; **productos semielaborados,** semifinished products.

Semienvergadura (aviones), Semispan.

Semifina (Lima), Second cut file.

Semifuerte, Medium heavy; **carga —,** medium heavy loading.

Semilongitud (Rectificación en) de ondas, Half wave rectification.

Semillas, Tacks or carpet.

Semimecanización, Semimechanization.

Seminocasco, Seminocoque.

Semirredondeado, Half round; **madera semirredondeada,** half round wood.

Semirremolque, Semitrailer.

Semirrevestido, Semicoated.

Semirrígido, Half rigid, semirigid.

Semisoldado, Semiwelded.

Sencillo, Common; **gato —,** common hand jack; **nudo —,** overhand knot.

Senda (Transmisor de) de descenso, Glide path transmitter.

Seno, Sine; **galvanómetro de senos,** sinegalvanometer.

Sensación sonora, Loudness; **umbral de — dolorosa,** threshold of feeling; **umbral normal de — dolorosa,** normal threshold of feeling.

Sensibilidad, Sensitivity; — (instrumentos), sensitiveness; — **de desviación electrostática,** electrostatic deflection sensitivity; — **dinámica** (fototubo), dynamic sensitivity; — **eléctrica,** electric sensitivity; **alta** —, high sensitivity.

Sensibilización, Sensitization.

Sensibilizado, Sensitized.

Sensibilizar, To sensitize.

Sensible, Responsive, sensing, sensitive; **elemento** —, sensing unit, (compás giroscópico), main gyro element, sensitive element; **emulsión** —, sensitive emulsion; **papel** — (fotografía), sensitized paper; **varilla** —, probre feeler.

Sentado, Embedded.

Sentido, Direction, set; **de** — **único,** one way; **determinación del** —, sense finding; **en los dos sentidos,** two way; **en** — **longitudinal,** broad wise; **en los dos sentidos,** end ways.

Sentina, Bilge; **agua de** —, bilge water; **bomba de** —, bilge pump.

Señal, Adjusting line, bench mark, dash, mark, signal; — **compuesta,** compound signal; — **de asistencia,** forward transfer signal; — **de bloqueo,** blocking signal; — **de bucle complementaria,** loop difference signal; — **de comienzo de impulsos numéricos,** proceed to send signal; — **de comprobación de reposición,** release guard signal; — **de conexión,** clearforward signal; — **de doble pitido,** pip-pip tone; — **de entrada al bucle,** loop input signal; — **de espera,** waiting signal; — **de fin,** clearing out signal; — **de fin de impulsos numéricos,** end of impulsing signal; — **de fin de selección,** end of selection signal; — **de fin por tierra,** earth clearing; — **de grupo ocupado,** group engaged tone; — **de impulsos,** pulsed signal; — **de línea libre,** free line signal; — **de llamada,** call signal, ringing tone signal; — **de principio de comunicación,** cleardown signal;

— **de retorno en el bucle,** loop return; — **de servicio,** prosing; — **de supervisión,** supervisory signal; — **de supresión,** blanking signal; — **de un grifo,** score of a cock; — **deseada,** desired signal; — **errónea con bucle,** loop error signal; — **imagen,** image signal; — **luminosa,** light signal; — **para alimentación de bucle;** loop feed back signal; — **progresiva,** forward signal; — **rechazada,** rejected signal; — **regresiva,** backward signal; — **resultante en bucle,** loop actuating signal; — **simple,** simple signal; — **telegráfica,** telegraph signal; **batería de señales,** signalling battery; **distribuidor de** — **de antena,** antenna signal distributer; **elementos de** — **sucesivos,** sequential signal elements; **emisión de señales horarias,** time signals emission; **generador de** —, tone generator; **generador de falsas señales,** meacon; **intensidad máxima de** —, maximal signal strength; **señales amortiguadas,** spark signals; **señales de blanco y negro,** black and white signals; **señales de exploración,** driving signals; **señales sonoras,** sound signal; **transmisor de** —, aural transmitter.

Señalar, To locate, to mark.

Señalización, Signalling; — **con telefonía,** speech plus signalling; — **eléctrica,** electric signalling; — **en dos frecuencias,** two-frequency signalling; — **en portadora,** carrier signalling; — **fuera banda,** out-of-band signalling; — **por corriente alterna,** A.C. signalling system; — **por disco,** dial signalling; — **submarina,** under water signalling; **bomba de** —, signalling bomb; **lámpara de** —, signal lamp; **luz de** —, signal light; **puesto de** —, signal-box.

Señalizador, Signaler.

Separable, Detachable.

Separación, Deflection, picking, segregation, separation, spacing; — (de los remaches), pitch; — (metales), elutriation; — **cíclica del rediente del agua pero quedando la cola plegada al agua** (hidros de canoa), pattering; — **del fondo,** bottom clearance; — **de las puntas** (lámpara), plug gap; — **de las venas líquidas sobre la cara pasiva de la hélice** (cavitación), boundary layer separation; — **de las vagras,** span; — **de los electrodos,** electrode spacing; — **de minerales,** bucking; — **isotópica,** isotope shift; **borna de** — (elec.), distance terminal; **contactos de** — **brusca** (termostato), snap action contacts; **contactos de** — **instantánea,** snap action contacts; **factor de** — (elec.), splitting factor; **superficie de** —, separating surface, separation surface; **tabique de** —, distance piece.

Separador, Arrester, catchpot, separator, spacer, trap; — **ciclón,** cyclone separator; — **de aceite,** oil separator; — **de agua y aceite,** oil-water separator; — **de aire,** air separator; — **de amplitud,** amplitude separator, synchronizing separator; — **de arcos,** spacer; — **de cenizas de hulla,** flyash arrester; — **de cenizas volantes,** flyash arrester; — **de choque,** baffle separator; — **de deflectores,** baffle separator; — **de ferrita,** ferrite separator; — **de frecuencia,** frequency separator; — **de los rodillos de laminar,** loosener; — **de polvos,** gas catcher; — **de señales,** clipper, synchronising separator (televisión), amplitude separator, synchronizing separator; — **de sincronismo,** syn separator; — **de vapor,** steam separator; — **de viscosidad,** breaker viscosity; — **eléctrico de polvo,** electric precipitator; — **electrostático,** electrostatic separator; — **magnético,** magnetic separator; — **neutralizado,** buffer neutralized; — **sincronizante,** synchronising separator.

Separar, To trap.

Sepentín, Helix (plural **helixes** o **helices**).

Sepiolita, Meershaum.

Sequoia, Coast quick wood, wellingtonian tree.

Serbal, Sorbtree.

Serializador, Serializer.

Sericígeno, Sericigenous.

Serie, Bank, repetition, series; — **de cifras,** figures case; — **de engranajes,** gear changes; — **de grapas,** nogg; **alimentación** —, series feed; **circuito en** —, series circuit; **conexión en** —, series connexion; **conexión en series paralelas o mixtas,** multiple series connection; **desarrollo en** —, series expansion, series development; **devanado en** —, series coil, series winding; **dínamo de excitación en** —, series dynamo; **en** —, in series, series (electricidad), tandem; **excitación en** —, series excitation; **excitado en** —, series wound; **fabricación en** —, in-line machining; **fabricación en grandes series,** mass production; **fabricar en** —, to mass produce; **montaje en** —, mass assembly; **motor** —, series motor, series wound motor; **número de** —, serial number; **resonancia en** —, series resonance; **series de Fourier** (mat.), Fourier's series; **series de interpolacón,** interpolation series; **series lagunares,** gap series; **series mixtas,** parallel series; **series múltiples,** parallel series; **series temporales,** time series; **transformador** — **-paralelo,** multiple series transformer.

Serina, Serine.

Serpentín, Coil, convolution of pipes, serpentine, worm; — **de calefacción,** heating coil; — **de calentamiento,** heating coil; — **de enfriamiento,** cooling coil; — **de vapor,** steam coil; **serpentines planos,** pancake coils.

Serratiforme (Estructura), Serrature.

Serrín, Dust; — **de madera,** saw dust.

Serrote, Little span saw.

Serrucho, Fine hand saw, broken space saw, cock saw, pad saw; — **de calar,** keyhole saw, lock saw; — **de marquetería,** compass saw; — **de punta,** compass saw, keyhole saw, lock saw; — **largo de dos manos,** whipsaw.

Servicio, Department, operation, service; — **de aficionados,** amateur service; — **de ayuda meteorológica,** meteorological aids service; — **de compras,** purchase department; — **de contabilidad,** account department; — **de control,** supersonic vision service; — **de expediciones,** despatch department; — **de información,** inquiries service; — **de radiodifusión,** broadcasting service; — **de radionavegación,** radionavigation service; — **de radionavegación marítima,** maritime radionavigation service; — **fijo** (de radio comunicación), fixed service (radio); — **general,** general service; — **internacional con preparación previa,** international service with advance preparation; — **medida,** measured service; — **móvil marítimo,** maritime mobile service; — **móvil terrestre,** land mobile service; — **permanente,** continuous service; — **privado,** private service; — **público,** public service; — **rápido internacional,** international demand service; — **técnico,** engineering department; — **telegráfico,** telegraph service; — **télex,** telex service; **calidad de** —, grade of service; **conferencia internacional de** —, international service call; **entrar en** —, to be commissioned; **interrupción de** —, outage; **supresión de los servicios,** canceling of service; **tensión de** —, operating voltage; **unidad de tasa para un** — **internacional determinado,** unit charge in a particular international service; **vía directa en el** — **internacional,** direct route in the international service; **zona de** —, service area.

Serviolas, Davits.

Servo, Servo.

Servoaccionar, To servooperate.

Servoacelerímetro, Servoaccelerometer.

Servocontrolador, Controller system.

Servodino, Servodyne.

Servoflap, Servoflap.

Servógrafo, Servograph.

Servología, Servosystem science.

Servomando, Power operated control; **aleta de** —, servotab.

Servomecanismo, Servomechanism; **con** —, pilot operated.

Servomecanizar, To servomechanize.

Servomotor, Servomotor, steering engine; — **de arranque,** barring engine; — **de dirección,** rudder servomotor; — **de profundidad,** elevator servomotor; **mecanismo** —, follow up system.

Servopistón, Servopiston.

Servoválvula, Valve actuator.

Sesgado, Slopewise.

Sesgo, Skew; **al** —, cross wise.

Sesquióxido de hierro, Ferric oxide.

Sesquiplano, Sesquiplane.

Sesquiterpenos, Sesquiterpenes.

Sextante, Sextant; — **de burbuja,** bubble sextant; — **periscópico,** periscopic sextant.

Shoran (sistema de radar para bombardeos sin visibilidad), Shoran.

Shunt (elec.), Shunt; — **de corriente,** current shunt; — **de un galvanómetro,** galvanometer shunt; — **universal,** Ayrton or universal shunt.

Shuntado, Shunted; **bobina de autoinducción shuntada,** shunted reactor.

Shuntaje, Shunting.

Shuntar, To shunt.

Sicométrico, Psychrometric.

Sicomoro, Sycamore.

Sicrófilo, Psychrophilic.

Sicrómetro, Psychrometer.

Sicrometría, Psychrometry.

Siderógeno, Siderogenous.

Siderurgia, Siderurgy.

Sierra, Saw; — **abrazadera,** long saw, pit saw, two handed sand; — **al aire,** pit saw; — **alternativa,** hack saw; — **alternativa para metales,** hack saw; — **alternativa vertical,** jig saw; — **anular,** crown saw; — **cabrilla,** pit saw; — **cilíndrica,** annular saw, drum saw; — **circular,** bow saw, circular saw, crown saw, disc saw; — **circular de carro movido por cremallera,** rack circular saw; — **con marco,** framed saw; — **de arranque,** cutting out saw; — **de aserrar a hilo,** cross cut saw; — **de balancín para trocear.** swing crosscut saw; — **de bastidor,** frame saw; — **de bastidor para rollizos,** log frame saw; — **de cinta,** annular saw, band saw, endless saw, ribbon saw, strap saw; — **de contornear,** bow saw; — **de charnela,** hinge saw; — **de descantear,** edge saw; — **de dientes articulados,** chain saw; — **de disco de fricción,** friction disc saw; — **de enrasar,** tenon saw; — **de escotar,** sweep saw; — **de escuadrar,** edge saw; — **de madera contrachapada,** veneer cutting machine, veneering saw; — **de mango,** chest saw; — **de mano,** arm saw, carcase or carcass saw, hand saw, pad saw; — **de mano montada,** German hand saw; — **de marmolista,** bat, cross cut saw; — **de movimiento alternativo,** hacksawing machine; — **de pedal,** foot saw; — **de péndulo,** pendulum saw; — **de perforar,** bow saw, chair saw, inlaying saw, sweep saw, turning saw; — **de rodear,** compass saw; — **de trocear,** cross cut saw; — **de trocear alternativa,** drag saw; — **de varias hojas,** multiple saw; — **en bisel,** bevelled circular saw; — **en caliente,** hot sawing machine; — **en frío,** cold sawing machine;

— **longitudinal,** pit frame saw, rip saw, ripping saw, slitting saw, whip saw; — **mecánica,** metal cutting saw, mill saw, power saw, saw engine, saw mill, sawing machine; — **mecánica alternativa vertical,** fret saw; — **mecánica de hoja circular,** circular saw mill; — **mecánica de hoja sinfin,** band saw mill; — **para colas de milano,** dovetail saw; — **para cortar en la dirección de la fibra,** rip saw; — **para cortar las colas de milano,** dovetail saw; — **para madera,** studs saw, torn saw; — **para metales,** metal saw; — **para postes,** studs saw; — **pendular,** flying shear; — **pequeña,** hand saw; — **respaldada,** back saw; — **vertical de varias hojas,** log frame saw; **aparato para aplastar los dientes de** —, swage shaper; **aparato protector de sierra,** saw guard; **aplastamiento de los dientes de una** —, swaging saw teeth; **bastidor de** —, saw frame; **corte de** —, jerk, saw cut; **diente de** —, dog's tooth, saw tooth; **diente doble de** —, champion tooth; **hilo de** —, saw notch; **hoja de** —, saw blade; **lima triangular para dientes de** —, saw file; **máquina de afilar sierras,** saw sharpening machine; **muela de afilar sierras,** saw sharpener; **pequeña** — **circular,** burr; **tiratrón generador de dientes de** —, thyratron saw tooth wave generator; **vía de** —, set.

Sifón, Seal box, spigot or spiggot, syphon, syphon line, trap; — **de ácido,** acid syphon; — **de alcantarilla,** drain trap; — **invertido,** dip piping (conducción de agua), dip pipe; **en forma de** —, broken backed; **galería de** —, blind level; **mecha de** —, syphon wick; **registrador de** —, syphon recorder.

Sifonamiento, Piping, siphoning.

Sigmatización, Sigmatizing.

Silábico, Syllabic; **potencia silábica,** syllabic speech power.

Silano, Silane; — **alcohilénico,** alkenyl silane.

Silbante (Atmosférico), Whistler.

Silbato, Whistle; — **a vapor,** steam whistle; — **de alarma,** alarm whistle; — **de varios tonos,** chime whistle.

Silenciador, Exhaust box, exhaust muffler, exhaust pit, exhaust pot, exhaust tank, silencer or exhaust, squelch circuit; — (auto), muffler; — **de escape,** muffler; — **de ruido,** noise silencer; — **para receptores,** muting system in receivers; **colector de los silenciadores,** silencer manifold.

Silenciar, To silence.

Silencio, Silence; **cono de —,** cone of silence; **zona de —,** skip distance, (radio) skip zone.

Silencioso, Exhaust muffler, exhaust silence or exhaust snubber, exhaust tank, sound deadener; — (adj.), quiet; — (adjetivo), silent; **batería silenciosa,** quiet battery; **funcionamiento —,** silent operation.

Silex, Flint; — **córneo,** capel.

Silicagel, Silica gel.

Silicato, Silicate; — **cristalino,** cristalline silicate; — **de potasa o de sosa,** water glass; — **de zinc,** zinc silicate; **cartón de —,** silicate board.

Sílice, Silica; — **empleada en la fabricación de la dinamita,** infusional earth (or **Kieselguhr**); **gel de —,** silica gel; **microgel de —,** silica microgel.

Silícea (Arena), Silica sand.

Siliciación, Siliconization.

Silícico, Silicic; **ácido —,** silicic acid.

Silicificar, To silicify.

Silicio, Silicon; **acero al —,** silicon iron or steel; **acero al — de granos orientados,** grain oriented

silicon steel; **aislado con —,** silicone insulated; **rectificador de —,** silicon rectifier; **tratamiento por absorción de —,** siliconizing.

Sílico-orgánico, Silico-organic.

Silicocarburo, Silicocarbide.

Silicona, Silicone; **barniz de siliconas,** silicone varnish.

Silicoso, Siliceous.

Silo, Bin, clamp, silo; — **aspirador,** suction elevator; **silos,** bunker.

Siloxeno, Siloxene.

Sílvica, Silvics.

Silvícola, Silvicolous.

Silla, Chair; — **de montar,** saddle; — **de postura,** posing chair; — **metálica,** metallic chair; **armadura de silla,** chair frame.

Sillar, Bed stone, quarry stone; **pequeños sillares,** expletives.

Sillería, Ashlar; — **de adoquines,** ashlar work; **piedra de —,** filler.

Silleta, Chair plate, drop hanger bearing, hanger, propeller strut; — **abierta,** drop hanger frame; — **cerrada,** drop hanger frame V form; — **de columnas,** post bearing (hanger), post hanger; — **de nervaduras,** ribbed hanger; — **de raíl,** fishing base plate; — **de uña (para raíles Vignole),** bed plate.

Símbolo de susceptancia, B; — **lógico,** logical symbol; — **que representa la intensidad del campo magnético,** B; **símbolos,** symbols.

Simetría, Symmetry; **centro de —,** centre of symmetry.

Simétricamente, Symmetrically.

Simétrico, Symmetric or symmetrical.

Simetrización, Symmetrization.

Simicidad, Seismicity.

Similitud, Similitude; — **física,** physical similarity.

Simple, Single; **contabilidad por partida** —, bookkeeping by single entry; **cuerpo** — (química), elementary body; **de** — **efecto** (máquinas), single acting; **gancho** —, swivel hook; **lima de picadura** —, single cut file; **partida** —, single entry; **señal** —, simple signal.

Simpléctito, Sympletic.

Simplesita, Symplesite.

Simplex conjugado, Two way simplex.

Simplezómetro, Symplesometer.

Simulado, Dummy.

Simulador de vuelos, Flight simulator.

Simultáneo, Multiple; **cortes simultáneos,** multiple cutting.

Sinclinal, Syncline; — **en una capa de carbón** (minas), swally.

Sincrófono, Synchrophone.

Sincronismo, Synchronism; **corrección de** —, synchronous correction.

Sincronización, Synchronisation.

Sincronizado, Phase locked, synchronised; **emisores sincronizados,** synchronized transmitters.

Sincronizador, Phaser, synchroniser or synchronizer; — **electromecánico,** mag slip.

Sincronizante, Synchronizing; **pulsación** —, synchronizing pulse; **relé** —, synchronizing relay; **señales sincronizantes,** synchronizing signals; **separador** —, synchronizing separator.

Sincronizar, To synchronise or synchronize.

Síncrono, Synchronous; **condensador** —, synchronous capacitor or condenser; **corriente alterna síncrona,** symmetric alternating curren; **generador** —, synchro generator; **ignitrón** —, synchronous ignitron; **motor** —, rotatory capacitor, synchronous capacitor or condenser, (elec.) synchronous motor; **recep-**

tor —, synchromotor or selsyn motor; **reloj** —, synchronous clock; **repetidor** —, synchronous repeater; **término genérico aplicada a todo el dispositivo** — (motor, etc...), synchro; **transformador** —, synchronous converter.

Sincronociclotrón, Synchrocyclotron.

Sincronodetectores, Selsines.

Sincronoscopio, Synchronoscope.

Sincrotón, Synchroton.

Sinfín, Spiral conveyer; **tornillo** — **de un filete,** single start worm.

Singonía (mineralogía), Syngony.

Singulete, Singlet.

Sinistrogiración, Sinistrogyration.

Sinistrórsum, Left hand; **hélice** —, left hand helix.

Sinistrotorsión, Sinistrotorsion.

Sinomenina, Sinomenine.

Sinoverso, Versene.

Sinterizabilidad, Sinterability.

Sinterización, Pressing, sintering; — **de los minerales,** ore sintering; — **en caliente,** hot pressing; **horno de** —, sintering furnace; **planta de** —, sinter plant; **tanque de** —, sintering tank.

Sinterizado, Sinter; — (carburo), sintered; **alúmina sinterizada,** sinter alumina; **carburo** —, sintered carbide.

Sintetizador, Synthetizer.

Sinterizar, To sinter.

Sinterizarse, To clinker.

Síntesis, Fusion, synthesis.

Sintético, Synthetic; **amoníaco** —, synthetic ammonia; **aproximación sintética,** synthetic approach; **fibras sintéticas,** synthetic fibers; **gasolina sintética,** synthetic petrol; **inhibidores sintéticos,** synthetic inhibitors; **productos sintéticos,** synthetics; **resina sintética,** synthetic resin.

Sintetizador, Synthetiser or synthetizer; — **armónico,** harmonic synthetiser.

Sintonía, Syntony; — (radio), syntonism; — **por tecla,** push-button tuning; **amplificador de — doble,** double tuned amplifier; **amplificador de — escalonada,** stagger tuned amplifier; **antena de — múltiple,** multiple tune aerial; **condensador de — de antena,** antenna tuning condenser.

Sintoniscopio, Tunoscope.

Sintonizable, Tuneable; **testigo sonda —,** tunable probe.

Sintonización, Syntonization, tuning; — **automática,** automatic tuning; — **de antena,** antenna tuning; — **desajustada,** tuning out; **alojamiento del sistema de — de antena,** dog house; **bobina de —,** syntonising or syntonizing coil, tuning coil; **circuito de —,** tuner; **condensador de —,** tuning capacitor; **indicador de —,** tuning indicator; **indicador de — de rayos catódicos,** cathode ray tuning indicator.

Sintonizado, Tuned; **relé —,** tuned relay.

Sintonizador de doble sección, Double stub tuner; — **de guiaondas,** waveguide tuner; — **de tuerca,** slide screw tuner.

Sintonizar, To syntonize, to tune.

Sinuoso, Circuitous.

Sinusoidal, Sinusoidal; **campo —,** sinusoidal field; **casi —,** nearly sinusoidal; **componente —,** formants applied to speech; **distribución —,** sinusoidal distribution; **movimiento —,** sinusoidal movement; **onda —,** sinusoidal wave.

Sinusoide, Sinusoidal curve.

Sirena, Siren.

Sisal, Sisal.

Sísmico, Seismic; **sondeo —,** seismic sounding.

Sismógrafo, Seismograph.

Sismología, Seismology.

Sistema, Array, design, system; — **acústico para localizar explosiones submarinas,** sofar; — **arrítmico,** start-stop system; — **arrítmico con arranque sincrónico,** stepped start-stop system; — **automático de relés,** relay automatic system; — **automático Wheatstone,** Wheatstone automatic system; — **bifásico,** two phase system; — **bifásico de cuatro conductores,** two phase four wire system; — **bifurcado,** forked working system; — **con partición de tiempo,** time shearing system; — **cuadruplex,** quadruplex system; — **de accionamiento por motor,** power-driven system; — **de antenas acopladas,** antenna array; — **de antenas direccional,** directional array; — **de aterrizaje instrumental,** instrument landing system; — **de batería central,** common battery system; — **de batería local,** local battery system; — **de bloque** (ferrocarril), block system; — **de bucle cerrado,** closed loop system; — **de código,** code system; — **de comunicación por impulsos,** pulse communicating system; — **de control con realimentación,** feedback control system; — **de doble canal,** dual channel system; — **de dos partículas cargadas de cantidades iguales de electricidad pero de cargas contrarias,** doublet; — **de encendido,** ignition system; — **de fases concatenadas,** interlinked two phase system; — **de haz,** beam system; — **de hilos de Lecher,** Lecher wire system; — **de microondas,** microwave system; — **de onda portadora,** carrier system; — **de portadora retirada,** quiescent carrier system; — **de pregunta-respuesta,** interrogator-responder; — **de radiación longitudinal,** end-fire array; — **de radiación transversal,** broadside array; — **de radiadores puntuales,** array of point sources; — **de ranuras,** array of slots; — **de reacción,** reaction system; — **de recep-**

ción, arrangement; — **de recibir señales enemigas de radiofaros y retransmitirlas para confundir la navegación enemiga,** meaconing; — **de regulación,** regulating system; — **de sistemas,** array of arrays; — **de telecomunicación,** communication system; — **de telefonía secreta,** privacy telephone system; — **de tierra,** earth system; — **de transmisión de imágenes,** facsimile; — **de transposición,** transposition system; — **de tres direcciones,** three-addresses system; — **de unidades Georgi basadas en el metro, kilogramo, segundo,** georgi units; — **de ventilación para todo tiempo,** all weather ventilation; — **Decca** (radio-navegación), decay system (radio-navigation); — **directo,** direct coupled system; — **en fase,** array phased; — **giratorio,** rotary system; — **impresor Hell,** Hell printer system; — **indirecto,** inductively coupled system; — **legal de pesas y medidas,** imperial system; — **lineal de control con realimentación,** linear feedback cointrol system; — **lineal de radiadores,** linear array of radiators; — **manual,** manual system; — **monocíclico,** monocyclic system; — **multicanal armónico,** VF system; — **no lineal de control con realimentación,** nonlinear feedback control system; — **óptico,** optical system; — **«panel»,** panel system; — **paso a paso,** step by step system; — **patrón de trabajo,** standard working system; — **pentafásico,** five phase system; — **planetario,** planetary system; — **policíclico,** polycyclic system; — **polifásico,** multiphase system; — **polifásico de fases separadas,** non interlinked multiphase system; — **polifásico equilibrado,** balanced multiphase system; — **polifásico no equilibrado,** unbalanced multiphase system; — **radioeléctrico,** radio system; — **Raydist de navegación** (tipo hiperbólico), Raydist system; — **semi-automático,** semi-automatic system; — **síncrono,** synchronous system; — **solar,** solar system; — **telegráfico ómnibus,** omnibus telegraph system; — **tridimensional de radiadores puntuales,** volume array of point radiators; — **trifásico,** three phase system; **centro de fase de un —,** phase center of an array; **sistemas lógicos,** logical systems; **todo — de transmisión de movimiento,** gear.

Sistemático, Systematic; **error —,** systematic error.

Sistematización, Systematization.

Sitio, Place, site.

Skip, Skip or skip hoist.

Sobrantes, Leftovers, overages.

Sobreabundante, Redundant.

Sobreagitado (cobre), Overpoled.

Sobrealimentación, Boost, pressure charging, supercharging; **bomba de —,** pump boost; **presión de —,** pressure boost; **relación de —,** supercharger compression; **soplante de —,** supercharger.

Sobrealimentado, Pressure charged, supercharged; **motor —,** supercharged engine.

Sobrealimentador (Impulsión del), Supercharger delivery.

Sobrealimentar, To boost, to supercharge.

Sobrealzado (Plano fijo), High set tail.

Sobrealzar, To raise.

Sobreamortiguado, Overdamped.

Sobreasegurar, To overinsure.

Sobrecalentado, Overheated; — (vapor), superheated.

Sobrecalentador, Superheater; — **de radiación,** radiant superheater; — **de vapor,** steam superheater.

Sobrecalentamiento (Calorímetro de), Superheating calorimeter.

Sobrecalentar, To overheat, to superheat.

Sobrecapitalizar, To overcapitalize.

Sobrecarga, Overcharging, overload or overloading, overstressing; — (acús.), overcharge; **distorsión de** —, overload distortion; **flotación en** —, deep load line; **indicador de** —, overload indicator.

Sobrecargado, Overloaded; — (buque, etc.), overladen.

Sobrecargar, To overcharge, to overload.

Sobrecarguría (buques), Pursership.

Sobrecompensación, Overall balance, supercharging; **relación de** —, supercharging ratio.

Sobrecomprimido, High compression; **motor** —, high compression engine.

Sobredimensionado, Supersized.

Sobreelevación, Cant, elevation, leaning.

Sobreestadías, Demurrage.

Sobreestimar, To overrate.

Sobrexcitación, Overexcitation.

Sobreexcitado, Overexcited.

Sobreexposición, Over-exposure.

Sobrefundir, To surface.

Sobrehinca (pilotes), Overdriving.

Sobreintensidad, Overcurrent; **relé de** —, overcurrent relay, overcurrent tripping device.

Sobremesa, Table; **aparato de** —, table set.

Sobremultiplicación, Overdrive or overdrive transmission.

Sobreoxigenado, Overoxygenated.

Sobrepresión, Excess pressure.

Sobreprima, Loaded premium.

Sobrequilla, Keelson; — **lateral,** bilge keelson.

Sobrerrefinado, Overrefined.

Sobresaliente (Punto), Highlight.

Sobresalir, To flare, to overhang.

Sobresaturación, Supersaturation.

Sobresaturado, Supersaturated.

Sobresaturar de óxido, To add an excess of oxide.

Sobresoplado, After blow.

Sobrestadías, Lay days.

Sobretensión, Boosting, excess voltage, over voltage, O, surge; — (elec.), buck; **ensayos de** —, surge testing; **relé de** —, over voltage relay.

Sobretorcer, To overtwist.

Sobrevelocidad, Overspeed; **desconexión para** —, overspeed trip.

Sobreviraje (autos), Oversteering.

Sobrevoltaje, Boost, boosting voltage.

Sobrevolar, To overfly.

Socavación, Honeycomb or honey comb, undermining; — **por las aguas,** blowing up.

Socavado, Undercutting.

Socavar, To undercut.

Socave (minas), Kerving.

Socavón, Sapping.

Sociedad Americana de Ingenieros Mecánicos, A.S.M.E. (American Society of Mechanical Engineers); — **americana para el ensayo de materiales,** A.S.T.M. (American Society for Testing Materials); — **anónima,** joint stock company; — **de clasificación de navíos mercantes,** Lloyd's register; — **de ingeniería de la iluminación o** — **de luminotecnia,** I.E.S. (Illuminating Engineering Society); — **de seguros marítimos,** Lloyd; — **internacional de normalización,** I.S.A. (International Standardization Association).

Socio (comercio), Partner.

Socioeconómico, Socioeconomic.

Socorro, Relief, standby or stand by; **batería de** —, standby battery; **de** —, emergency; **freno de** —, emergency brake; **iluminación de** —, emergency lighting; **instalación de** —, standby plant; **neumá-**

tico de —, emergency tyre; **rueda de —,** emergency wheel; **salida de —,** emergency exit; **señales de —,** assistance signals; **vía de —,** emergency route.

Sódico, Sodium; **bicarbonato —,** baking soda, sodium bicarbonate; **bicromato —,** sodium bichromate; **carbonato —,** sodium carbonate; **cloruro —,** sodium chloride; **fluoruro —,** sodium fluoride; **hiposulfito —,** sodium hyposulphite; **ión —,** sodion; **nitrato —,** sodium nitrate; **silicato —,** sodium silicate; **sulfato —,** sodium sulphate.

Sodio, Sodium; **lámpara de —,** sodium; **lámpara de vapor de —,** sodium vapour lamp; **tolerancia al —,** sodic tolerance.

Sofométrico, Psophometric; **peso —,** psophometric weighting factor; **tensión sofométrica,** psofometric voltage.

Sofómetro, Psophometer.

Solado, Floor; **—** (de fragua, etc.), floor plates; **—** (de tejas), paving.

Solador, Blocklayer, tiler.

Solapa, Strip, valve face; **recubrimiento de las solapas del distribuidor,** slide valve lap.

Solapado, Lapped; **apartaderos solapados** (ferrocarril), lap siding; **costura solapada,** lapped seam.

Solapaje, Lappage.

Solapar, To lap.

Solape, Lapping, overlap; **con —,** lap jointed.

Solar, Solar; **— de alto horno,** back, back of a blast furnace, back stone; **— de un edificio,** solum; **radiación —,** solar radiation; **sistema —,** solar system.

Solarígrafo, Solarigraph.

Solarímetro, Solarimeter.

Soldabilidad, Weldability; **— de un acero,** welding quality.

Soldable, Weldable; **acero —,** welding steel.

Soldado, Jointed, soldered; **— por aproximación,** jump jointed; **— por fusión,** fusion welded; **acero —,** weld steel; **armazón soldada,** weld frame; **borna soldada,** soldered terminal; **completamente —,** all welded; **construcción soldada,** weldment; **enteramente —,** wholly welded; **hierro —,** weld iron; **horno alto enteramente —,** all welded blast furnace; **pieza soldada,** weld, weldment; **piezas soldadas,** welding.

Soldador, Soldering tool, welder; **—** (herramienta), soldering iron; **— eléctrico,** electric burner; **buzo —,** welder diver; **gafas de —,** welding goggles.

Soldadora, Welding machine.

Soldadura, Brazing seam, soldering, welding; **—** (aleación), solder; **—** (forja), weld; **— a la moleta,** seam welding; **— al arco,** arc welding; **— al arco con protección de gas inerte,** gas shielded arc welding; **— al arco en atmósfera de helio,** helium shielded arc welding; **— al arco en presencia de argón,** argon arc welding or argon shielded arc welding; **— argón arco,** argon arc welding or argon shielded arc welding; **— autógena,** autogenous welding; **— bajo el agua,** underwater welding; **— blanda,** soft solder, soft soldering; **— blanda a base de plomo,** lead base solder; **— cabeza a cabeza,** butt joint; **— composite,** composite weld, composite welding; **— con estaño,** tin soldering; **— con horno,** furnace brazing; **— con horno eléctrica,** electric furnace brazing; **— con plata,** silver brazing, silver solder; **— con rodillo,** seam welding; **— con soplete,** blow pipe welding, torch brazing; **— continua,** continuous fillet, seam welding; **— de alta frecuencia,** high frequency welding; **— de ángulo,** fillet weld; **— de contacto,** butt weld, butt welded; **— de estaño,** tin soft welding; **— de extremo,** butt welding; **— de puntos de pinzas,** pincer gun; — **de puntos por corriente pulsatoria,** pulsation spot welding; — **de radiofrecuencia,** radiofrequency welding; — **de solape,** jump or lap weld, lap welding; — **de un cordón,** one pass weld; — **eléctrica,** electric brazing, electric welding; — **en ángulo,** fillet weld; — **en barra** (estaño), rod solder; — **en cabeza,** end lap weld; — **en el extremo,** butt welding, (eslabón de cadena) end lap weld; — **en frío,** cold welding; — **en tubos,** brazing tube; — **enrasada,** flush welding; — **fuerte,** bronze weld or welding, hard solder; — **fuerte exterior,** outside brazing; — **mixta,** composite weld; — **o remachado,** metal joining; — **oxiacetilénica,** oxyacetylene welding; — **por aluminotermia,** thermit welding; — **por arco sumergido,** submerged arc welding; — **por chispas,** flash welding; — **por corriente alterna,** alternating current welding; — **por corriente continua,** direct current welding; — **por corriente pulsatoria,** pulsation welding; — **por descarga de condensador,** capacitor discharge welding; — **por fusión,** fusion welding; — **por percusión,** percussion welding; — **por puntos,** resistance welding; — **por resistencia,** deep welding; — **profunda,** spot welding; — **sin fusión,** non fusion welding; **a lo largo de un cordón de** — (y por debajo), under bead; **cabeza de** —, welding head; **contorneado de la** — (llanta, etc.), returning; **control de la** —, weld checking; **control de las soldaduras,** inspection of welds; **cordón de** —, seam, weld bead, weld seam; **decapado anterior a la** —, preweld cleaning; **electrodo de** —, welding rod; **estirado sin** —, seamless drawn; **gota de** —, ball of solder; **grupo de** —, welding group; **máquina de** — **de gas,** gas welding machine; **paja de** —, link of solder; **planta de** —, welding plant; **polvo de** —, welding powder; **producto de aparte de** —, brazing solder; **pues-**

to **de** —, welding plant; **reactancia de** —, welding reactance; **sin** —, seamless, solderless, weldless; **sujeción por puntos de** —, tackle; **taller de** —, weldery; **tensión de** —, weld stress; **transformador de** —, welding transformer; **tubo estirado sin** —, weldless tube; **tubo sin** —, seamless tube.

Soldar, To braze, to solder, to weld; — **con latón o bronce,** brayer; — **dos piezas conjuntamente,** to burn together; **aparato de** —, blow pipe apparatus; brazing equipment; **apuntamiento antes de** —, pretacking; **barra de** —, copper bit with an edge; **barra-lápiz de** —, iron pencil; **cuchara de** —, soldering ladle; **de** —, soldering; **hierro de** —, copper bolt, soldering bit; **horno de** —, brazing forge; **lámpara de** —, blow pipe lamp, blow torch, brazing lamp, soldering lamp; **máquina de** —, welder (véase **Welding machine**), welding machine; **máquina de** — **de varios electrodos,** multielectrode welding machine; **máquina de** — **por arco,** arc welder, arc welding machine; **máquina de** — **por contacto,** butt welding machine; **máquina de** — **por puntos,** spot welding machine; **máquina de** — **por resistencia,** resistance welder, resistance welding machine; **para** —, soldering; **pólvora de** —, brazing powder; **soplete de** —, welder blow pipe.

Soldeo a tope, Percussive welding.

Solenoide (elec.), Solenoid; — **de borrado magnético,** withdrawal solenoid; — **de frenado,** brake solenoid; — **de inyección,** primer solenoid; **freno de** —, solenoid brake; **válvula accionada por** —, solenoid valve.

Solera, Bank, bed, bed plate, bottom, hearth, invert; — (hornos), sole; — **giratoria,** rotary hearth.

Soleta, Sill plate.

Solfatárico, Solfataric; **gas —,** solfataric gas.

Solicitación, Canvassing, stress.

Solidario con, Integral with.

Solidificabilidad, Solidificability.

Solidificación, Solidification.

Solidificado, Concrete.

Solidificar, To solidify.

Solidificarse, To congeal, to fix, to freeze.

Sólido, Fast, rugged, solid, steady; **inyección sólida,** soaking injection, solid injection.

Soltador (Gancho) (grúa), Dump hook.

Soltar (chapas), To start.

Soltura, Easiness.

Solubilidad, Solubilidad; **— en frío, en caliente,** cold, hot solubility.

Solubilización, Solubilisation.

Solubilizado, Solubilized; **ceniza solubilizada,** solubilized ash.

Soluble, Soluble; **sal —,** soluble salt.

Solución, Solution; **— de tampón,** buffer solution; **— electrolítica,** electrolytic solution; **— iterativa** (mat.), iterative solution.

Soluto, Solute.

Solvatación, Solvatation.

Solvente, Solvate.

Solvólisis, Solvolysis.

Sombra, Shade, shadow; **— arrojada,** cast shadow, shadow; **método de las sombras,** shadow method.

Sombrerete, Clip, cowl, pillow case; **—** (palier), cover; **— de cojinete,** keep; **— de chimenea,** hood; **— de chumacera,** binder; **— de grifo,** bonnet cock; **— de palier,** bearing cap; **— de prensa-estopas,** cap, gland of a stuffing box, stuffing gland; **— de válvula,** bonnet valve; **aislante de —,** cap.

Sombrero, Hat.

Sonancia, Sonance.

Sonaridomo, Sonardome.

Sonda, Bore machine, churn drill, gauge rod, ground auger, lead, probe, scraper, sounding; **—** (minas), sounding borer; **— de barrena,** miner's auger; **— de horodar,** bore; **— de toma de muestra,** sampling probe; **— de válvula,** self emptying borer; **— o varilla de sonda,** gage or gauge rod; **— trépano,** earth boring auger; **aparato para extraer los trozos de — trabados en la barrenación,** bore extractor; **cabezal de —,** brace head; **caracola para extraer varillas de —,** crow's foot; **circuito de —,** probe circuit; **globo —,** pibal, registering balloon, sounding balloon; **manivela de — de minero,** brace head; **plomo de —,** milling plummet; **varilla de —,** auger shank, gauge rod.

Sondador, Drill, leadsman; **— acústico,** fathometer; **— eléctrico,** electric depth finder; **— radar,** radar scanner.

Sondadora, Sounding machine.

Sondaje (Muestra de), Borer test.

Sondar, To probe, to sound; **máquina de —,** sounding machine.

Sondea (Que), Sounding.

Sondeo, Boreholing, drilling, excavation, logging, probing, sounding, well, well bore; **— con el diamante,** boring diamond; **— con ultrasonidos,** ultrasonic sounding; **— de terreno,** boring test; **— del terreno,** taking borings; **— por cable,** funicular boring; **— por percusión,** percussive boring; **— por vástago rígido,** boring by means of rods; **— rígido,** boring by rod; **caballete de —,** bore frame; **cabezal de —,** drilling head; **cabria de —,** draw works; **cuerpo de —,** drilling shaft; **equipo de —,** drilling equipment; **fluido de —,** drilling fluid; **granalla para —,** assay grain for lead; **hacer un —,** to make an adit; **indicador de peso de tren de sondeos,** drillometer; **operaciones de —,** wildcat operations;

polvo para — o para taladrado, bore dust; **pozo de —,** bore hole, wildcat well; **testigo de —,** bore sample; **tren de —,** drill pipe string; **trépano de —,** boring chisel; **varilla de —,** drill pipe.

Sónico, Sonic; **aislamiento — o fónico,** sound insulation; **aparato de sondeo —,** sonic depth finder; **ondas sónicas,** sound waves.

Sonido, Sound; **— (televisión),** audio; **— corto,** blast short; **— estereofónico,** stereophonic sound; **— largo,** blast long; **— metálico,** clang or clank; **— musical,** musical sound; **— parásito,** bastard sound; **a prueba de —,** sound proof; **barrera del —,** sound barrier; **detección por el —,** sound detection; **hipermodulación del —,** overshooting; **lectura al — (telegrafía),** acoustic reading; **operador del — (cine),** recordist; **reflector parabólico de —,** sound concentrator; **supresión de portadora de —,** sound rejection; **toma de —,** pickup; **transmisor de —,** aural transmitter; **velocidad del —,** sonic speed.

Sonógeno (Dispositivo), Hammerbox.

Sonómetro, Sound level meter.

Sonoro, Sounding; **films sonoros,** sound motion pictures; **generador — puntual,** simple sound source; **intensidad de un generador — puntual,** strength of a simple source of sound; **nivel de intensidad sonora,** sound level; **pulsaciones sonoras,** sound pulses.

Sonotrodo, Sonotrode.

Soplado, Blistering, blown, fur, furring; **— a presión,** pressure blowing; **— a presión reducida,** slow blowing; **— de hollín,** soot blowing; **— de machos,** core blowing; **— de vidrio,** glass blowing; **— lateral,** lateral blowing; **asfalto — al vapor,** steam treated asphalt; **caña de — de vidrio,** blowing iron; **con — lateral,** side blown; **cuña de —,** blowing iron.

Soplador, Blower; **— de hollín,** soot blower; **— de las chispas,** spark extinguisher; **— magnético,** magnetic blower.

Sopladura, Blow hole, blowing, honeycomb or honey comb; **— en la fundición,** blowhole or blown hole in casting; **— superficial,** skinhole.

Soplante, Blower; **— de barrido,** scavenging blower; **— de motor a gas,** gas engine blower; **máquina —,** blast engine, blower, blowing engine; **máquina — de gas de alto horno,** blast furnace gas blowing engine; **motor de máquina —,** blowing engine.

Soplar, To blow; **— el fuego,** to blow the fire; **— el vidrio,** to blow; **caña de hierro para — vidrio,** blowing iron.

Soplete, Bellows blow pipe, blow gun, blow off pipe, blow out pipe, blow pipe flame, torch; **— a gas,** gas blow out pipe; **— a hidrógeno atómico,** atomic hydrogen torch; **— cortante,** fusing burner; **— de calentar,** heating burner; **— de corte,** cutting torch, flame cutter; **— de eliminar grietas,** deseaming torch; **— de hidrógeno,** hydrogen gas blow pipe; **— de oxicorte,** cutting torch; **— oxiacetilénico,** oxyacetilen blow pipe, oxyacetylene torch; **— oxhídrico,** oxydrogen blow pipe; **— ranurador,** gauging torch; **— soldador,** welding blow pipe; **dardo de un —,** cone; **prueba al —,** blowpiping; **soldadura al —,** blow pipe welding.

Soplido, Blowing; **ruido de —,** blowing sound.

Soporte, Back up, bearer, bearing, bearing black, bearing up, bolster, bracket, carriage, crutch, double beam, fulcrum, gantry, hammock, mounting, pedestal, prop, rack, rest, socket, stanchion, stand, standard, strut, support, swivel bearing, toe bearing; **— articula-**

do, swivel bearing; — de aislador, insulator bracket; — de árbol propulsor (turbina), propeller strut; — de arcos, bow support; — de barra, bar support; — de caucho para la ballesta, spring rubber bufter; — de cojinete, thrust bearing pedestal; — de cremallera, crutch; — de cristal, crystal holder; — de cuchilla, blade bearing; — de extensión, brace extension; — de la mesa, angle table; — de portaherramienta, tool rest; — de radio de rueda, foot of a spoke; — de resorte, spring bracket; — de rótula, self aligning bearing, swivel bearing; — de seguridad, axle sleeve; — de transposiciones, transposition pin; — de turborreactor, jet pedestal; — de una parte giratoria, headstock; — de zapata, brake angle plate; — del contrapunto, back stay; — del eje, journal bearing; — del huso, spindle bearing; — del portaherramientas (torno), top slide; — doble en U, J o S, double U, J or S insulator spindle; — eclipsable, swing aside bracket; — elástico, elastic support, flexible bearing; — en escuadra, square support; — en ménsula, overhung bearing; — en saliente, overhanging arm; — fijo, steady rest; — fluido, fluid bearing; — guía, guide bracket; — móvil (calderas), expansion brachet; — normal, standard pin; — ordinario, angle pedestal bearing, pedestal bearing; — para caso de rotura de eje, axle sleeve; — Seller (de rótula), Seller's bearing; — suspendido, drop hanger frame; — universal, universal bracket; — vertical, drop bracket; — vibrante, vibrating bearing; bulón de sombrerete de —, bearing bolt; cable —, additional steel suspension; cojinete —, plummer block; defecto de — de las escobillas, faulty bearing of the brushes; escuadra de —, back square; tirante de —, brace support; zócalo de —, body.

Sorbita, Sorbite.

Sorbítico, Sorbitic.

Sordina, Exhaust tank.

Sorteo, Lot; elegido por —, selected by lot.

Sosa, Soda, sodium hydroxide; — cáustica, caustic soda; — de comercio, common soda; carbonato de —, mineral alkali; cernada de —, alkali waste; fábrica de —, soda works; lejía de —, sodium hydrate.

Sostén, Propping.

Sostener, To stake, to support.

Sostenimiento, Bearing up; muro de —, breast wall; muro de — con aletas de retorno, angular retaining wall, retaining wall angle.

Soterramiento, Bury.

Soudobrasaje, Bronze weld, bronze welding.

Standard, Standard; dimensiones —, standard sizes.

Stephenson, Stephenson; colisacorredera —, Stephenson's link motion.

Stock, Stock; en —, in stock.

Suave (avión), Touchy.

Suavización, Softening.

Suavizador, Softening agent.

Suavizar, To smooth, to soften.

Subarmónico, Subharmonic.

Subarrendador, Sublessor.

Subasta, Auction; adjudicación por — o licitación, competition tender; precio de —, upset price; venta en pública —, auction.

Subastador, Auctioneer.

Subcapa, Undercoat.

Subconjunto, Subassembly.

Subcontratista, Subcontractor.

Subcontrato (Propuesta para), Sub-bid.

Subestación (elec.), Portable substation, substation; — **portátil**, portable substation; **transformador de** —, substation transformer.

Subestratosférico, Substratospheric.

Subexcitado, Underexcited.

Subexposición, Underexposure.

Subfluvial, Underriver.

Subfusil, Submachine gun.

Subgrupo, Grading group.

Subhedral, Subhedral.

Subida, Climb, gas uptake, hoisting; — **automática**, automatic climbing; — **de barómetro**, rise; — **normal**, normal climb; — **vertical**, vertical ascent.

Subintrusión del magma (geología), Subtrusion.

Sublimación, Exaltation.

Submarino, Submarine, submarine boat, underwater; — (adj.), underwater; — **de propulsión atómica**, atomic powered submarine; **abreviatura de** —, sub; **cable** —, submarine cable; **cámara de observación submarina**, submarine observation chamber; **detección submarina**, submarine detection; **dinamitado** —, underwater blasting; **onda sonora submarina**, underwater sound wave; **protección submarina**, underwater protection; **romperocas** —, underwater rock breaker; **tubo lanzatorpedos** —, submerged torpedo tube.

Submolecular, Submolecular.

Submúltiplo, Submultiple.

Subnitrato, Basic nitrate.

Subportador, Sub-carrier; **modulación de subportadora**, sub-carrier frequency modulation.

Subproducto, By product, by-product; **horno de coque de recuperación de subproductos**, by product coke oven; **laboratorio de subproductos**, by-product plant.

Subsecuente (Admisión), After admission.

Subsónico, Subsonic; **difusor** —, subsonic diffuser; **flujo** —, subsonic flow; **hélice subsónica**, subsonic propeller.

Substantivo (colorante), Direct.

Substitución, Substitution; **método de** —, substitution method.

Substraer, To substract.

Subsuelo, Subgrade, subsoil.

Subterráneo, Subway, underground; **cable** —, underground cable; **pasadizo** —, drift way; **red subterránea**, undernetwork.

Subtratado, Subcontracted.

Subvertir, To subvert.

Subyacente, Underlying; **roca** —, bed rock.

Succión, Suction; **draga de** —, pump dredger, suction dredger; **hendidura de** —, suction slot; **procedimiento de** — (petr.), swabbing.

Sucedáneo, Substitute.

Sucesiones divergentes, Divergent sequences.

Succionómetro, Suctionometer.

Suceptímetro, Susceptometer.

Sucesivamente, Seriatim.

Sucio, Dirty, foul.

Sucursal, Branch bank, branch office.

Sudante, Fizzing; **calda** —, sparkling heat.

Sudar, To sweat, to weep.

Suela, Slab.

Suelda, Weld, welding.

Suelo, Flooring, ground, pavement, soil; — **móvil**, blind bottom; — **solifluido**, solifluidal soil; **compactación del** —, soil compacting; **drenaje del** —, land drainage; **mecánica de suelos**, soil mechanics; **mejora del** —, land reclaiming; **rodar sobre el** — (aviones), to taxi; **telegrafía por el** —, ground telegraphy.

Suelto, Loose.

Sufridera, Collar tool, counter knocker; — **acodada** (remachado), gooseneck dolly; — **de estampas,** upper die; — **de remachar,** dolly.

Sujeción, Retaining; — **del cable,** cable attachment; **espárrago de** —, claw chips, snug, spline; **prensa de** —, clamp.

Sujetacarril, Rail clip.

Sujetado, Nipped.

Sujetador, Retaining; — **para el cuadro,** clip frame; **anillo** —, retaining ring; **tubo** —, closing tube.

Sujetar, To bind, to fasten.

Sujetasacos, Bag holder.

Sulfamidas, Sulfonamides.

Sulfatado, Sulphated; — (de acumuladores), sulphating or sulphation.

Sulfatar (acum.), To sulphate.

Sulfato, Sulfate, sulphate; — **de aluminio,** concentrated alum; — **de calcio,** calcium sulphate; — **de cobre,** copper sulphate, sulphate of copper; — **de hierro,** green copperas, green vitriol; — **de magnesio,** Epsom salt; — **de mercurio,** mercury sulphate; — **de sosa,** sulphate of soda; — **de zinc,** white copperas; — **ferroso,** ferrous or iron sulphate.

Sulfídrico, Sulphydric.

Sulfitador, Sulfitor.

Sulfito, Sulphite; — **de sodio,** sodium sulphite.

Sulfoácido, Sulphoacid.

Sulfobase, Sulphur base.

Sulfocianato, Sulphocyanate.

Sulfociánico, Sulphocyanic.

Sulfocianuro, Sulphocyanide; — **de amonio,** ammonium sulphocyanide.

Sulfohidrato, Sulphydrate; — **de amoniaco,** Boyle's fuming liquor.

Sulfona, Sulfone, sulphone.

Sulfonación, Sulphonation.

Sulfonate, Sulfonate.

Sulfónico, Sulfonic; **ácido** —, sulfonic acid.

Sulforoso, Sulphur; **ácido** —, sulphur dioxyde.

Sulfuración, Sulphuration.

Sulfurado, Sulphurate, sulphuret (rare), sulphuretted (rare); **cobre** —, copper glance; **compuestos sulfurados,** sulphur compounds; **hidrógeno** —, stonedamp, sulphurated hydrogen.

Sulfurar, To sulphurate.

Sulfúrico, Sulphuric; **ácido** —, sulphuric acid; **ácido** — **diluido,** dilute sulfuric acid; **ácido** — **fumante,** fuming sulphuric acid; **éter** —, sulphuric ether.

Sulfurilo, Sulfuryle.

Sulfurización, Sulphuration.

Sulfurizar, To sulfurize.

Sulfuro, Sulphide; — (de plomo, de cobre), glance; — **de hidrógeno,** stinkdamp; — **de hierro,** sulphur ores; — **de plomo,** alquifou; — **de sodio,** sulphide of sodium; — **de zinc,** zinc sulphide.

Sulfuroso, Sulphureous, sulphurous, sulphury; **ácido** —, sulphureous acid.

Suma, Account, amount, summation; — (arítm.), sum.

Sumabilidad (mat.), Summability; **factor de** —, summability factor.

Sumable, Summable; **función** —, summable function.

Sumando, Addend.

Sumar, To add, to amount to; **máquina de** —, adding machine.

Sumergible, Diver, plunger.

Sumergido, Immersed; — **en el aceite,** oil immersed; **antena sumergida,** submerged aerial.

Sumergir, To dip, to dive, to immerge or to immerse.

Sumidero, Catch piston, cess-pool, drain pit, draining well, sink, sink hole, sump, sump tank.

Suministrado (Trabajo), Work done.

Suministro, Supply; — eléctrico, electric supply; suministros, supplies.

Super, Super.

Superaditividad, Superadditivity.

Superalto, Super high; frecuencia superalta, super high frequency.

Superar, To exceed.

Superaudible, Superaudible.

Supercarburante, Premium fuel, premium petrol, supergasoline.

Supercarga, Overpoling.

Supercavitación, Supercavitation.

Superconductibilidad, Superconductivity.

Superconductor, Superconductor or superconducting.

Superdirector, Superintendant.

Superestructura, Supersonic structure; buque con cubierta de —, awning deck vessel.

Superficial, Above ground; aspecto nuboso —, surface haze; barrujo —, surface litter; bujía de descarga —, surface discharge spark plug; decoloración —, tarnish, fricción — (aviac.), skin friction; impedancia —, surface impedance; localización —, skin effect; percusión —, light percussion; temple —, surface hardening; tensión —, surface tension.

Superficialmente (Tratar), To surface treat.

Superficiativo (Agente), Surfactant.

Superficie, Area, face, surface; — alabeada, skew surface; — circunferencial, circumferential surface; — con nervios, ribbed surface; — cuártica, quartic surface; — cubierta, floor space; — de apoyo, bearing face; — de caldeo, fire surface, flue surface, heating surface; — de cola, tail area; — de cola de emplumadura, tail area; — de discontinuidad, boundary layer; — de la rejilla, walled area; — de las alas, wing area; — de parrilla, grate area; — de placa (acum.), plate surface; — de recubrimiento de una pieza sobre otra, facing; — de rodamiento, braking surface, tread; — de separación, separation or separating surface; — de vela, sail area; — eficaz (electrodos, etc.), effective surface; — en la ciudad, area city; — equipotencial, equipotential surface; — evaporante, evaporating surface; — frontal, area frontal; — normal de junta, butt normal; — o plano delantero, forward surface; — o plano trasero, rear surface; — portadora, wing area; — positiva (diagrama), excess area; — sustentadora, supporting plane; — sustentadora móvil, adjustable supporting plane; — sustentadora rígida, rigid supporting plane; — total, total area; — útil (máq.-herr.), working surface; acabado de —, hardfacing surface finish, surfacing; acción de —, surface action; alimentación en —, splash feed; andadura de superficies planas, surface grinding; antigua medida de — (500 m² aproximadamente), carucate; buques de —, surface craft; conformar una — plana al torno, to surface; deterioro de la — (plásticos), envenomation; extracción de — (calderas), surface blow off; granulación de la —, pimpling; grifo de extracción de —, surface blow off cock; máquina de rectificar superficies planas, surface grinding machine; máximo de —, area maximum; mínimo de —, area minimum; onda de —, surface wave; operarios de —, above ground hands; placa de tope de — convexa, angle iron bumper; registrador de las irregularidades de —, surface analyser; superficies de compensación de los timones, fletners; tratamiento de —, surface treatment, surfacing; unidad de —, unit area; velocidad en — (submarinos), surface speed.

Superfina (Picadura), Dead smooth cut.

Superfluidez, Superfluidity.

Superfosfato, Superphosphated.

Supergrupo, Supergroup; **onda piloto de —**, supergroup reference pilot.

Superheterodina, Superheterodyne or superhet.

Superior, Above, upper; **ala —**, upper wing; **curvatura —**, upper comber; **dínamo de tipo —**, overtype dynamo; **galería —** (minas), air drift; **inducido de tipo —**, overvoltage; **moldura —**, upper block; **parte —**, keep; **paso —** (ferrocarril), overcrossing; **plano —**, upper plane.

Superlinear, Superlinear.

Superposición, Overlap; **ángulo de —**, overlap angle.

Superpuesto, Superimposed, superposed; **— transparente** (sobre un plano), overlay; **estación central superpuesta**, superposed power station; **llamada superpuesta**, superimposed ringing; **turbina superpuesta**, superposed turbine.

Superpulir (Máquina ˙de), Superfinition honing machine.

Superreacción (radio), Superregeneration.

Supersónico, Supersonic or suprasonic; **avión —**, supersonic plane; **difusor —**, supersonic diffuser; **flujo —**, supersonic flow; **hélice —**, supersonic propeller; **túnel —**, supersonic wind tunnel; **velocidad supersónica**, supersonic speed.

Supervisar, To supervise.

Supervisión, Supervision; **— por puente de transmisión**, bridge control supervision; **— por tercer hilo**, sleeve control supervision; **amplificador de escucha o —**, monitoring amplifier; **señal de —**, supervisory signal.

Suplementado con calzos, Shimmed.

Suplementario, Auxiliary; **horas suplementarias**, overtime; **válvula suplementaria de detención que toma directamente el vapor en las calderas**, auxiliary stop valve.

Suplemento rebordeador, Bordering tool.

Supletorio (Árbol), Extension shaft; **vía supletoria**, alternative route.

Supresión de eco, Echo suppressor; **— de haz**, back-out; **— de portadora de sonido**, sound rejection; **— de servicio en estaciones regidos por un solo agente cuando la explotación no es rentable**, dualization.

Supresor, Suppressor; **— de reacción**, singing suppressor; **— de ruidos**, noise suppressor.

Surco, Groove, slipstream; **—** (disco), groove; **— estrecho en el piso** (mina), gauton.

Surgimiento (Punto de), Seep.

Surtido, Suit.

Surtidor, Jet; **— auxiliar de carburador**, auxiliary jet; **— de carburador**, jet; **— de marcha lenta**, pilot or slow running or slow speed jet; **— sumergido**, submerged jet; **calibrado del —**, bore of jet.

Susceptancia, Susceptance; **— de electrodo**, electrode susceptance.

Susceptibilidad (elec.), Susceptibility; **— magnética**, magnetic susceptibility; **— paramagnética**, paramagnetic susceptibility.

Suspender el tiro, To check.

Suspendible, Suspendable.

Suspendido, Hanging, suspended; **muro —**, suspended wall; **sonoabsorbedor —**, suspended sound absorber.

Suspensión, Hammock, mount, suspension; **— bifilar**, bifilar suspension; **— Cardan**, Cardan suspension, gimbal bearing or gimbal frame; **— de góndola**, nacelle rigging; **— de hilo**, wire suspension; **— de ruedas delanteras in-**

dependientes, independent four wheel suspension; **— por cuchillas,** knife e. je suspension; **aislador de —,** suspension insulator or isolator; **aparato de —,** suspending device; **barra de —,** suspension bar; **cable con — continua,** lashed cable; **círculo de —,** gimbal ring; **cojinete de la silleta de —,** drop hanger bearing; **cordones de — del paracaídas,** parachute rigging lines; **cuerda de —,** guy; **de — libre,** freely suspended; **en estado de —,** entrained state; **grapa de —,** cable hanger; **marco de —,** cross girder, girder; **muelle de —,** bearing spring, suspension spring; **puntal de —,** adjusting spring link; **varilla de —,** adjusted spring link.

Sustancia antipolvos, Dustproofer; **— humectante,** humectant; **— protectora,** protectant.

Sustentación, Lift, sustension; **— por reacción,** jet lift; **centro de —,** centre of lift; **coeficiente de —,** lift coefficient; **fuerza de —,** lifting power; **rendija de —,** lift slot.

Sustentador, Lift carry, sustainer; **fuerza sustentadora,** lift carry power; **plano —,** supporting plane; **superficie sustentadora,** aerofoil; **superficie sustentadora rígida,** rigid supporting plane.

TAB — 507 — TAC

T

T, T; — **híbrida**, hybrid T; — **invertido**, cross tail; — **mágica**, magic T; **biela lateral del gran —**, cross tail butt, cross tail strap; **hierro en —**, i beam; **hierro en doble —**, double T iron, i bar; **hierro en — con bridas**, flanged tee; **pieza en forma de —**, tee piece; **ranuras en —**, tee slots.

Tabicado, Divided; **escape —**, divided blast.

Tabique, Baffle, bulkhead, fire wall, wainscot; — **de celosía**, bay of joists; — **de panderete**, outer casing; — **de presión**, pressure bulkhead; — **de reparto**, baffle plate; — **de separación entre conductos**, midfeather; — **de ventilación**, brattice or brattish, (minas), bayshon; — **entre las lumbreras**, valve seat bridges; — **entre las lumbreras de un motor de explosión**, bridge; — **longitudinal**, longitudinal bulkhead; — **para aceite**, oil baffle; — **para fuegos**, fire proof bulkhead, fire screen, fire wall, fireproof bulkhead; — **transversal**, cross bulkhead; **separador de tabiques**, baffle separator.

Tabiquería, Bulkhead, partitioning; — **para mantener el carbón en su lugar**, battery.

Tabla, Board; — **cónica**, round buddle; — **de harmonía**, sounding board; — **de tolerancias**, chart limits; — **inclinada**, chute sack; **tablas de armadura**, slab wood.

Tablaje, Pannelling.

Tablazón, Boarding, plank; — **de aparadura**, garboard plank; — **de carena**, bottom plank; — **de los cucharros**, buttock plank; — **de proa**, bow plank; — **del forro interior**, inside plank; — **del pantoque**, bilge plank; — **marginal**, boundary plank.

Tablero, Shelf, sluice board; — (elec.), board; — **de bordo**, instrument board, instrument panel; — **de cepilladora**, bed; — **de control**, control board; — **de control de bordo**, telltale; — **de distribución**, distributing board; — **de distribución de los acumuladores**, battery switch board; — **de llaves**, key-shelf; — **de puente**, platform; — **hecho de trozos pequeños de madera comprimidos a gran presión**, particleboard; — **indicador de chapas** (llamadas), drop indicator board; — **para detener las materias flotantes**, scumboard; **tableros** (autos), apron.

Tablestaca, Sheet pile, timber lining; **tablestacas**, pile planks.

Tablestacado, Sheet piling, tree (of a water mill).

Tablilla de mira, Vane.

Tablón, Chess, flooring plank, garboard, plank; — **de pino**, spar; — **marginal**, margin plank; — **supletorio**, extension.

Taco, Billet, block, catch, chock, cleat, dog, driver, guard, key, lug, peg, plug, stop; — **aislador**, crossing cleat; — **de apriete**, terminal clamp; — **de arrastre**, clamp dog; — **de corredera**, die block, link block, slide or sliding block; — **de escuadrado**, block; — **de excéntrica**, catch tappet; — **de retenida**, grip block; — **de solar de horno**, back plaque; — **de tope**, grip block; — **grueso**, kvel; — **para remaches**, dolly; **despunte del —**, angle of the shoe.

Tacogenerador, Tachogenerator.

Taconita, Taconite.

Tacto (Seco al) (pinturas), Touch dry.

Tactoide, Tactoid.

Tacho, Teachability.

Tachonado, Mottled.

Tafilete, Morocco leather.

Tajadera, Blacksmith's chisel, chop hammer, cleat, cold set, cold set chisel, cutter, chisel, handle chisel, hardle, sate, slice; **— de yunque,** chisel; **— para caliente,** chisel for hot metal, hot chisel; **grifo de —,** screw down valve.

Tajamar, Back starling, dike dam, prow; **—** (de espigón de pila de puente), starling.

Tajo, Billet, block, board, face; **— de mina,** board; **— de yunque,** stock of an anvil; **— en galería transversal,** beard.

Tala, Log; **— de árboles,** cutting down.

Talada, Felled wood; **conjunto de taladas,** felled wood.

Talado, Felled; **— de árboles,** felling.

Taladrable, Borable, drillable.

Taladrado, Boring, drilling, logging, piercing, punched, punching; **— al diamante,** diamant drilling; **— con diamante,** diamond bored; **— en seco,** dry drilling; **— por fusión,** fusion piercing; **— por percusión,** churn drilling, percussive drilling; **agujero —,** hole bored cutter; **chapa taladrada,** punching; **ensayo de —,** drill test; **equipo de —,** drilling rig or drilling equipment; **quitar los remaches por —,** to drill out rivets; **virutas de —,** bore chips.

Taladrador, Borer; **— de corona,** square bit; **vástago de —,** auger bit.

Taladradora, Drilling, punching machine; **— de avance manual,** sensitive driller, sensitive drilling machine; **— de banco,** bench driller; **— de columna,** upright drill, upright drill press; **— de manivela,** drill crank; **— de mano,** punching bar; **— de pico de pato,** duck nose bit; **— múltiple,** multispindle driller; **— recortadora,** punching and shearing machine.

Taladradura, Bore; **broca de —,** bore bit.

Taladrar, To drill, to cut; **— (a mano, con hilera),** to cut screws (by hand, with a die); **— con precisión,** to finish bore; **aparato de — carriles,** borer rail; **gálibo para —,** drill templet or template; **herramienta de —,** boring instrument, drilling bit; **máquina de —,** boring frame; **máquina de — fija,** drilling bench; **máquina de — los orificios de los remaches,** machine for drilling rivet holes; **máquina de — y remachar,** punching and riveting machine.

Taladrista, Drillman.

Taladro, Auger, awl, bed, bore, bore hole, borer, broach, die, dye (rare), dowel bit, drill, driller, gimblet or gimlet, single cutting drill, wimble; **— (forja),** bolster; **— a derechas,** right hand drill; **— a izquierdas,** left hand drill; **— angular,** angle brace, corner drill; **— cilíndrico,** cylinder bore; **— circular,** circular bit; **— con virola,** drill with ferrule or ferrule; **— cónico,** tape bore; **— de boca expansible,** expanding borer; **— de cabeza postiza,** tool bit; **— de carburo,** carbide drill; **— de carraca,** lever brace, ratchet drill; **— de espiral de Arquímedes,** Archimedean drill; **— de excavación,** dolly; **— de filete sencillo,** single lipped screw auger; **— de gran velocidad,** high speed drill; **— de lengua de aspid,** flat drill; **— de mano,** drill rod, piercer, ships borer; **— de media caña,** auger long, long borer, slot borer, slot driller; **— de paso,** leakhole; **—**

de relojero, fiddle drill; — de tornillo, screw auger; — helicoidal, twisted shell bit; — matriz, hub; — por percusión, churn drilling; — ranurador, traverse drill; bobina de —, box; perforar con —, to drill.

Talar, To fell.

Talato (química), Tallate.

Talaya, Young oak.

Talco, French chalk, talcum; polvos de —, talcum powder.

Talio, Thallium; de —, thallous; nitrato de —, thallium nitrate.

Talón, Bead, end piece, heel, ogee, spur, wiper; — (ferrocarril), bearing rib; — (neumáticos), bead; — anti-derrapante, non skid beacon; — de cubierta de neumático, tyre flange; — de la quilla, heel; — de neumático, clincher tire; — de un boleto, de un recibo, counterpart.

Talonable (ferrocarril), Trailable.

Talud, Bank, batter, diminution, draft, earth bank, slope, sloping; — del paramento, batter; — del paramento de aguas abajo, downstream batter; — del paramento de aguas arriba, up-stream batter; conformación de taludes, bank sloping.

Taludadora, Sloper.

Talla, Cut, place, tally; — transversal, cross opening; ángulo de —, cutting angle; lima de — cruzada, crosscut file.

Tallar, To axe, to cut, to hew, to train; — en punta, to gore; fresa para — los escariadores, cutter for fluting taps; máquina de — los engranajes de perfil de evolvente, involute gear cutter; máquina de — los engranajes rectos, spur gear cutting machine; máquina de — los tornillos sinfín, worm wheel cutting machine; máquina para —, cutting machine; máquina para — las ruedas de tornillos sinfín, worm wheel cut-

ting machine; máquina para — los engranajes, gear cutting machine; máquina para — los engranajes rectos, spur gear cutting machine; máquina para — los tornillos sinfín, worm cutting machine.

Taller, Factory, firm, shop, work shop, work yard, working house, workshop, yard; — artesano, job shop; — de ajuste, erecting shop, fitting shop; — de arboladura (astilleros), masthouse; — de averías, service shop; — de construcción de máquinas, engine or engineering works; — de construcciones mecánicas, machine shop; — de estampación, press working shop; — de forja, smithery; — de jarcia, rigging loft; — de machos, core moulding shop; — de montaje, assembling shop, erecting shop; — de pequeño utillaje, milliwright work; — de refinado, bloomery; — de reparaciones, repair or repairing shop; — de retorcedura, twisting shop; — de tintorería, dye works; — de utillaje, tool room; jefe de —, head workman.

Tamaño, Magnitude, size; de varios tamaños, multisized.

Tamara (madera), Tamara.

Tambor, Bolter, drum; — (torno de elevar), barrel; — atmosférico, wind drum; — cilíndrico, cylindrical drum; — cónico, conical drum; — corredizo, sliding barrel; — de cable, cable drum; — de columna, disk; — de contrapeso de acumulador, weight drum; — de desarrollamiento, paying out drum; — de freno, brake drum; — de perforación, bullwheel; — de resorte, drum, spring drum; — de rodillos, roller ring; — de rozadora, drigging drum; — de turbina, casing of turbine; — escalonado, stepped drum; — giratorio, rotating drum; — indicador, indicator barrel; — motor, chain drum; — para cuerda, rope drum; — para hacer duelas, barrel saw; — para hacer respaldos de silla, barrel saw; — **secador,** drying cylinder; **acabado con** — **de frotación,** tumbling barrel; **alimentado por** —, drum fed; **cámara de** drum camera; **controlador de** —, drum controller; **devanado de** —, barrel winding; **inducido de** —, drum armature; **máquina de** — **lijador,** drum sander; **máquina de transferencia de** — **giratorio,** drum type transfer machine; **nervadura de** — **de torno,** drum spider; **nervio de** — **de chigre,** whelp; **velocidad del** —, drum speed.

Tambucho (revestimiento de roda o de codaste), Hood.

Tamiz, Colander, composition sieve, cribble, cullender, dust sieve, screen, sieve, strainer, van, wing; — **de 100,** 100 gauge mesh; — **de sacudidas,** vibrating screen or sieve; — **vibratorio,** vibrating screen.

Tamizador, Ore sifter, sifter.

Tamizar, To sieve, to sift.

Tampón, Buffer, pad; **batería** —, trickle battery.

Tamponado (química), Buffered.

Tandem, Tandem; **conectar en** —, to cascade; **helicóptero de rotores en** —, tandem rotor helicopter; **en** —, in tandem.

Tangencial, Tangential; **componente** —, tangential component; **fuerza** —, crank effort.

Tangente, Tangent; **brújula de tangentes,** tangent galvanometer; **radiación** —, tangential wave path; **tornillo** —, tangent screw.

Tangorreceptor, Tangoreceptor.

Tanímetro, Barkometer.

Tanización, Tannization.

Tanque, Tank; — **de alas,** wing tank; — **de alimentación,** header tank; — **de almacenamiento,** fuelling tank; — **de colmatación,** settling tank; — **de compensación,** surge tank; — **de decantación,** separating tank; — **de depósito de lodos,**

settling tank; — **de ensayos,** testing tap; — **de equilibrio,** surge tank; — **medio,** medium tank.

Tantalato, Tantalate.

Tantalio, Tantalum; **carburo de** —, tantalum carbide.

Tanteo, Fumbling.

Tanto, Rate; — **por ciento,** yield; **abonado a** — **alzado,** flat-rate subscriber; **trabajar a** — **alzado,** to contract by the job.

Tapa, Bezel, bung; — **de válvula,** (de compuerta...), bonnet; — **de caucho,** cap rubber; — **de claraboya,** skylight hood; — **de convertidor,** belly; — **de escobén,** buckler; — **de escotilla,** hatch cover; — **de regala** (buques), covering board; — **de válvula,** valve hood; — **del cilindro,** lid of the cylinder, top of the cylinder; — **del domo,** dome casing; — **protectora de válvula,** valve cover; — **ranurada,** slotted cap.

Tapabocas (cañón), Tompion.

Tapacubos, Hub cap; — (ruedas), hubcap.

Tapadera, Cap, cover, cylinder head, lid, partition cap, removable top, top; — **abatible,** hinged cover; — **con charnela,** hinged lid; — **de escotilla,** lid of a hatchway; — **de protección,** protecting cap.

Tapar la piquera de colada, To bolt.

Tapicería, Upholstery.

Tapón, Buckler, bung, cork, dog, dowel, end cap, gauge plug, plug, safety plug, stopper, stopper head, wad; — **calibrador,** plug gauge; — **calibrador doble,** double ended plug gauge; — **calibrador liso,** plain plug gauge; — **de arcilla** (alto horno), clay plug; — **de bujía,** sparking plug hold; — **de colada,** stopper; — **de escobén,** hawse plug; — **de evacuación de aire,** air plug; — **de goma,** rubber plug; — **de limpieza,** mud plug; — **de llenado,** filler plug; — **de plomo,** lead plug; — **de radiador,** radiator cap; — **de rebose,**

overflow plug; — **de relleno,** filler plug; — **de tubo de caldera,** boiler tube plug; — **de vaciado con filtro,** drain plug with filter; — **estriado,** fluted plug; — **fileteado,** screw plug; — **fusible,** fusible plug; — **poroso,** porous plug; — **vaciado,** drain plug or blow off plug; **calibre de —,** plug gauge; **extractor de — de hierro,** sprue extractor or puller.

Taponamiento, Plugging.

Taponar, To foul, to obstruct, to plug, to stop; **máquina de —** (metal), gun; **máquina de — el orificio de colada,** clay gun.

Taqué, Driver, stop; — (válvula), striker; — **de excéntrica,** catch tappet; **taqués** (de caja de moldeo), cotter plates.

Taqueo de una piedra grande, Snakeholing.

Taquigrafía, Short hand; **tomar en —,** to write short hand.

Taquigrama, Speed record.

Taquillo de espaciamiento, Calking piece.

Taquimétrico, Tacheometric; **tablas taquimétricas,** tacheometric tables.

Taquímetro, Revolution indicator, speedometer, tachometer; — (de regulador), centrifugal head; — **de mano,** hand tachometer; — **estroboscópico,** stroboscopic tachometer; — **registrador,** registering tachometer.

Taquistoscopio, Tachytoscope.

Tara (peso), Tare; — **de corrección,** amount of overbalance; **determinación de la —,** taring.

Tarabilla, Turnbuckle.

Taraceador, Inlayer.

Taracear, To inlay, to veneer.

Tarar, To tare.

Tarde (5 de la), 5 P.M.; **de la —,** P.M.

Tarifa, Fare, tariff; — **a tanto alzado,** bulk tariff; — **aérea,** air fare; — **de ida,** single fare; — **de ida y vuelta,** return fare; — **de potencia,** power rate; — **de transporte,** freight rate; — **diferencial,** differential rate; — **fuera de la hora de puntas** (elec.), off peak fare; — **nocturna,** night rate; — **telefónica,** telephonic rate; **reducción de —,** allowance; **tarifas,** charges, price list; **tarifas de mercancías,** goods rate; **tarifas ferroviarias,** railway rates; **tarifas postales,** postal rates.

Tarja (Muesca de), Jag.

Tarjeta, Card; — **de ruta,** tracing chart; — **-fianza,** bond card; **máquina de tarjetas perforadas,** punched card machine.

Tarquín, Dirt.

Tarquinómetro, Siltometer.

Tártaro bruto, Argol or argal.

Tartrato, Scale; **tartratos de las calderas,** scale of boilers.

Tártrico, Tartaric; **ácido —,** tartaric acid.

Tarugo cómodo ensanchador, Tampion; — **de madera** (introducido en un muro), dook.

Tás, Chasing anvil, chasing stake, die holder, dolly, head cup; — **de espiga,** anvil stake.

Tasa, Due, fee, rate, rating, ratio, tax; — **de aduanas,** duty; — **de embarque,** loading tax; — **unitaria,** unit fee; **indicador de —,** subscriber premises meter.

Tasable, Appraisable.

Tasación, Charge; **período de —,** charge period.

Tasador, Valuator.

Tascar, To gall, to tew.

Tasco, Boon.

Tautomería, Tautomerism.

Taxus baccata, Yew.

Té, Square; — **o T,** cross head.

Tea limoncillo, Jamaica rose wood.

Teca, Kyun; — (madera), teak.

Tecla, Push button; **sintonía por —,** push button tuning.

Teclado, Finger board, manifold; — **alfabético,** alphabetic keyboard; — **con motor,** motorized keyboard; — **con seguro de cambio,** shift-lock keyboard; — **numeral,** number key set.

Tecnecio, Technetium.

Técnica, Engineering, practice, process; — **de las patentes de invención,** patentry; — **de modelos a escala** (antenas), model technique (antennas); — **ferroviaria,** railway engineering; — **forestal,** forest engineering.

Técnico, Expert, technician; — (adj.), technical; **aplicaciones técnicas,** engineering; **escuadra técnica,** back square; **garantizador —,** technical guarantor; **rueda técnica,** tuning wheel.

Tecnología, Technology.

Tectónico, Tectonic.

Techo, Cap, ceiling, roof; — (minas), back; — **a dos aguas,** gable roof; — **abovedado,** barrel roof; — **con nervaduras,** grooved ceiling; — **de artesones,** coffered ceiling; — **de carpintería,** boarded ceiling; — **de garaje,** garage ceiling; — **de habitáculo,** cockpit hood or cockpit roof; — **de jaula** (minas), bonnet; — **de un avión,** ceiling; — **de un humero,** arching of a flue; — **de una vertiente,** shed roof; — **derrumbado** (minas), shet; — **desplazable,** opening top; — **en bóveda,** shell roof; — **en voladizo,** overhanging roof; — **mínimo,** minimum ceiling; — **práctico,** service ceiling; — **protector de tablas,** astel; — **realizable,** attainable ceiling; **amplitud de —,** ceiling range; **con —,** ceilinged; **contramarcha de —,** overhead transmission; **de — bajo,** low ceilinged; **falso —** (minas), ramble; **lámpara de —,** ceiling lamp; **pesadas del —** (laminadores), strands; **roseta de**

—, ceiling casting; **sin —,** roofless.

Techumbre, Roofing.

Teflón, Teflon.

Teja, Fire tile, tile; — **de caballete,** crest tile; — **de cumbrera,** crest tile, roof tile; — **de drenaje,** drain tile; — **de reborde,** edging tile; — **plana,** flat tile; **cubrir de tejas,** to tile; **horno de tejas,** tile kiln; **tejas de cinc,** emdecca.

Tejedor, Weaver; — **de paños,** clothworker; **peine de —,** weaver's comb.

Tejeduría de cintas, Ribbon weaving.

Tejido, Fabric, gauze, woven; — (madera), tissue; — **basto de hilo,** drabbet; — **con urdimbre de algodón y trama de lana peinada,** russel cord; — **de algodón,** cotton fabric; — **impregnado de caucho,** rubber impregnated fabric; — **leñoso,** hard tissue; — **poroso o vascular,** soft tissue; — **rizado,** moutonne; **aprestadora de tejidos,** cloth finishing machine.

Tejuelo, Foot step; — **para colores,** saucer.

Tela, Canvas, cloth, cotton fabric, fabric, linen; — **aceitada,** empire cloth, varnished cambric; — **cruda,** unbleached linen; — **de algodón estampado,** embossed cloth; — **de calcar,** writing cloth; — **de dibujo,** drafting cloth; — **de doble trama,** twilled cloth; — **de tamiz,** bolting cloth; — **encauchada,** rubberized fabric; — **encerada,** oil fabric; — **encerrada,** enamel cloth; — **fabricada,** oiled fabric; — **metálica,** gauze wire, metallic wire clotch; — **mojada para enfriar moldes,** wet cloth on a stick; — **para velas,** sail cloth; **cinta de — aceitada,** varnished cambric tape; **en — de araña,** spider web; **papel —,** writing cloth.

Telar, Loom, spinning frame, weaving gin; — **de husillos,** tenters pin; — **de tapicería,** carpet loom; — **mecánico,** power loom; **aceite para**

telares, loom oil; **barra de —,** back rest; **como sale del —** (telas), run of the loom; **motor de —,** loom motor.

Tele, Tele.

Teleamperímetro, Teleammeter.

Teleautografía, Teleautography, tele-writing.

Teleautógrafo, Teleautograph, tele-writer.

Telecomunicación, Telecommunication; **ingeniería de —,** communication engineering.

Telediafónica (Atenuación), Far-end crosstalk attenuation.

Teledirigido, Guided.

Teleférico, Telepher, ropeway.

Telefluoroscopia, Telefluoroscopy.

Telefonía, Telephony; **— cifrada,** ciphony; **— sin hilos,** wireless telephony; **señalización con —,** speech plug signalling; **sistema de — secreta,** privacy telephone system; **telegrafía y — simultáneas,** speech plus telegraphy.

Telefónico, Telephone; **cable —,** telephone cable; **casco —,** phone head; **circuito — internacional,** international telephone circuit; **línea telefónica,** telephone line; **línea telefónica internacional,** international telephone line; **llamada telefónica,** phone call; **receptor —,** telephone receiver; **red telefónica,** telephone network; **relé —,** telephone relay; **tarifas telefónicas,** telephone rates.

Teléfono, Telephone; **— colgante,** pendant telephone; **— de altavoz,** loud-speaking telephone; **— de cabeza,** cans; **— de columna,** desk-stand subset; **— de pago previo,** coin collecting telephone set; **— oculto,** knee-hole telephone.

Telefonógrafo, Telephonograph.

Telefonometría, Telephonometry.

Telefoto, Facsimile, telephoto.

Telefotografía, Telephotography.

Telegrafía, Telegraphy; **— alfabética,** alphabetic telegraphy; **— armónica,** voice frequency multichannel telegraphy; **— con cuatro frecuencias,** four-tone telegraphy; **— duplex simultánea** (doble en sentido inverso), duplex telegraphy; **— en dos frecuencias,** two-tone telegraphy; **— escalonada,** echelon telegraphy; **— facsímil,** facsimile telegraphy; **— infraacústica,** sub-audio telegraphy; **— multiplex o múltiple,** multiplex telegraphy; **— óptica,** visual signalling; **— por corriente vocal,** voice frequency telegraphy; **— por modulación de amplitud,** amplitude change telegraph signalling; **— por tierra,** ground telegraphy; **— registrada,** printing telegraphy; **— sin hilos,** wireless telegraphy; **— supraacústica,** super-audio telegraphy; **— y telefonía simultáneas,** speech plug telegraphy.

Telegrafiar, To wire.

Telegráfico, Telegraphic; **alfabeto —,** telegraphic alphabet; **cable —,** telegraph cable; **circuito — internacional,** international telegraph circuit; **estación telegráfica corregida,** slave telegraphy station; **instrumento para práctica telegráfica,** code instrument; **línea telegráfica,** telegraph line; **oficina telegráfica pública,** public telegraph office; **palabra telegráfica,** telegraph word; **práctica telegráfica,** code practice; **registro de señal telegráfica,** signal-recording telegraphy; **ruido —,** thump; **sistema — ómnibus;** omnibus telegraph system; **velocidad de transmisión telegráfica,** signalling telegraphy speed.

Telegrafista, Telegraphist.

Telégrafo, Telegraph.

Telegrama, Telegram; **— alfabético,** alphabetic telegram; **— de escala,** transit telegram; **— de escala con retransmisión automática,** transit telegram with automatic retransmission; **— de escala con retransmisión manual,** transit telegram with manual retransmission; — **de tránsito con conmutación**, transit telegram with switching; — **facsímil**, facsimile telegram; — **sin escala**, direct transit telegram.

Teleguiado, Pilotless.

Teleimpresor, Teleprinter; — **de frecuencia acústica** (Inglaterra), telex.

Teleirradiación, Teleirradiation.

Telemando (Relé de), Remote control relay.

Telemetría, Telemetering.

Telémetro, Rangefinder, telemeter; — **de coincidencia**, coincidence rangefinder; — **electrónico**, electronic rangefinder; — **estereoscópico**, stereoscopic rangefinder; — **para medir la altura de las nubes**, ceilometer; **base de un —**, base of a rangefinder.

Telemotor, Telemotor.

Teleobjetivo, Teleobjective.

Telepirómetro, Telepyrometer.

Telepuntería, Director system.

Telerreglaje (Dispositivo o aparato de), Remote control adjuster.

Telerregulado, Remote controlled; **estación telerregulada**, remote controlled station.

Telescópico, Telescopic, telescoping; **chimenea telescópica**, telescopic funnel; **engrasador —**, telescope lubricator; **gato —**, telescopic lift; **lente telescópica**, telescopic lens; **tornillo —**, telescopic screw; **tubo —**, draw tube, telescopic pipe, telescopic tube.

Telescopio, Sighting telescope, telescope; — **electrónico**, electron telescope.

Teletipo, Teletype.

Televisado, Televised.

Televisar, To televise.

Televisión, Video; — (véase **Tele**), T.V.; — (véase **T.V.** y **Video**), television; — **comercial**, sponsored television; — **de alta, baja definición**, high, low definition television; — **de pago previo**, coin-freed television; — **en color**, color video; — **en colores**, color television; — **en sala**, theater television; — **para aviones-relés**, stratovision; **antena de —**, television antenna; **aparato de —**, television set; **emisor de —**, television transmitter; **espectador de —**, teleseer; **frecuencia de —**, video frequency; **imágenes de —**, telepix; **marcador de barrido de —**, television sweep marker; **normas de —**, television standards; **pantalla de —**, television screen; **proyección de —**, television projection; **receptor de —**, television receiver; **señales de —**, television signals; **tubo amplificador de —**, teletube; **tubo de —**, television pick up tube; **tubo de — de rayos catódicos**, cathode ray television tube; **tubo emisor de —**, iconoscope; **tubo tomavistas de —**, television pick up, tele tube; **tubos de —**, television tube.

Televisivo, Televisional.

Televisual, Televisual.

Telúrica (Corrosión), Soil corrosion; **corrientes telúricas**, earth plate currents.

Teluro, Tellurium.

Telurómetro, Tellurometer.

Telururo de plomo, Altait.

Temblador, Contact breaker.

Temblar, To jar.

Temerario, Reckless; **vuelo —**, reckless flying.

Temperatura, Temperature; — **absoluta**, absolute temperature; — **ambiente**, ambient temperature; — **de caldeo**, firing temperature; — **de color**, color temperature; — **de desprendimiento**, flash point; — **de ebullición**, boiling heat; — **de inflamabilidad**, flash point; — **de inflamación espontánea**, S.I.T. (Spontaneous Ignition Temperature); — **del aire en la admisión,** inlet air temperature; — **exterior,** outside temperature; **alargamiento gradual y permanente de un metal con la carga, el tiempo y la —,** creep; **coeficiente de —,** temperature coefficient; **elevación de —,** temperature rise; **ensayo a — elevada,** fire assay; **ensayo a baja —,** cold test; **ensayo de resistencia a los cambios bruscos de —,** spalling test; **explorador de temperaturas,** temperature scanner; **limitador de —,** temperature limiter; **registrador de —,** temperature recorder; **regulador de —,** temperature regulator.

Templabilidad, Hardenability, quenchability; **ensayo de —,** hardening test.

Templable, Hardenable; **acero —,** hardenable steel; **acero poco —,** shallow hardening steel; **no —,** non hardenable.

Templado, Annealed, chilled, hardened, quenched, tempered, treated; — **en paquete,** case or face hardened; — **en seco,** hardened right out; **plomo —,** chilled shot.

Templador de sierra, Gad.

Templar, To dip, to harden, to overharden, to treat; — (poco empleado actualmente) (véase **To Harden**), to temper; **acción de — (vidrio),** cold stoking.

Temple, Absorbent grounds, cooling, dip, hardening, quench, quenching, treatment or treating; — (met.), disposition; — **al aceite,** oil hardening; — **al aire,** air hardening or self hardening, (algunas veces «normalizado»), air quenching; — **al soplete,** flame hardening, torch hardening; — **bainítico,** austempering; — **bainítico inferior,** martempering; — **blando,** soft anneal; — **congelado,** chilling; — **en caliente,** hot dip; — **en paquete,** case hardening; — **interrumpido,** interrupted quench, (hilos metálicos) patenting; — **isotermo,** austempering; — **parcial,** differential or local hardening; — **por**

inducción, induction hardening; — **profundo,** thorough hardening; — **secundario,** temper hardening; — **selectivo,** selective hardening; — **superficial,** contour hardening, surface hardening; **antiguamente —,** temper, tempering; **baño de —,** quenching bath, quenching medium; **con poca penetración de —,** shallow hardening steel; **enfriamiento para el —,** quenching; **ensayo de — por un extremo,** end quench test; **grieta de —,** quench crack or cracking; **pintura al —,** absorbent grounds, distemper painting.

Temporal, Time; **acoplamiento —,** disengaging coupling; **series temporales,** time series; **variación —,** temporal variation.

Temporización, Time delay.

Temporizado, Delayed; **desconexión temporizada,** time releasing.

Temporizador, Time delayed; **relé —,** time delayed relay.

Tenacidad, Strength, tenacity, toughness.

Tenacillas, Fire tongs; **tenacillas holandesas,** frog clamp.

Tenaz, Sticking, tough; **azufre —,** sticking sulfur.

Tenaza, Riveting clamp; **mordazas de —,** bit of the tongs; **tenazas,** clamp, clips, dogs, (para sujetar troncos) grips, nippers, pincers, pliers or plyers, tongs; **tenazas biseladas,** bit pincers; **tenazas de bisel,** bet pincers; **tenazas de boca curva,** elbow tongs; **tenazas de crisol,** elbow tongs; **tenazas de curvar,** cutting pliers; **tenazas de forja,** clips tongs; **tenazas de herrero,** clip tongs; **tenazas de tornillo de abertura estrecha,** dog nose handvice; **tenazas para tubos,** riveting clamp for boilers; **tenazas para crisoles,** clutch.

Tendedor de cinta, Cord adjuster.

Tendencia, Leaning.

Ténder (ferrocarril), Tender.

Tendido, Fixing.

Tenedor de pagaré, Noteholder.

Tensar, To stiffen, to stretch, to tighten.

Tensil, Tensible.

Tensímetro, Tensometer; — o extensímetro, strain gauge.

Tensiometría, Tensometry.

Tensión, Strain, stress, tension, tightness, voltage; — **aceleradora,** accelerating potential; — **adicional,** boosting voltage; — **antagonista,** bucking voltage; — **aux:liar,** auxiliary voltage; — **de ánodo inversa de pico,** peak-anode inverse voltage; — **de caldeo,** filament voltage; — **de carga,** loading resistor; — **de cebado** (tubo de vacío), ignition voltage; — **de colada,** casting stress; — **de correa,** belt tension; — **de cresta,** crest voltage; — **de descomposición,** generator voltage; — **de desintegración,** desintegration voltage; — **de disparo,** dropout voltage; — **de excitación,** exciting voltage; — **de filamento,** filament voltage; — **de flexión,** intensity of stress due to bending; — **de formación,** formation voltage; — **de inductor,** field voltage; — **de modulación** (Klystron), buncher voltage (Klystron); — **de modulación de rejilla,** grid-bias potential; — **de placa,** ep, plate voltage; — **de plegado,** bending stress; — **de punta,** peak voltage, surge voltage; — **de red,** main supply voltage; — **de régimen,** working voltage; — **de regulación,** regulating voltage; — **de rejilla,** C bias, eg; — **de rotura,** intensity of breaking stress; — **de salida,** output voltage; — **de saturación,** saturation voltage; — **de vapor,** vapour pressure; — **del inducido,** armature voltage; — **disruptiva,** breakdown voltage; — **eficaz,** effective voltage, R.M.S. voltage; — **electromagnética,** electromagnetic stress; — **en circuito cerrado,** closed-circuit voltage; — **entre cátodo y ánodo,** acceleration voltage, beam voltage; — **entre fases concatenadas,** interlinked voltage; — **equilibrada,** balanced voltage; — **estrellada,** star voltage; — **final,** final voltage; — **interfacial,** interfacial tension; — **máxima,** maximum voltage; — **media,** average voltage; — **mínima,** minimum voltage; — **nominal,** rated voltage; — **periférica,** hoop stress; — **ponderada,** weighted voltage; — **pulsatoria,** pulsating voltage; — **residual,** residual stress; — **sofométrica,** psofometric voltage; — **superficial,** surface tension; — **total,** total voltage; — **útil,** useful voltage; a —, tensile; **alta** —, H.T. (High Tension), H.V. (High Voltage); **aparato de** —, stabiliser gear; **aumentar la** —, to step up; **baja** —, L.T. (Low Tension), low tension or low voltage; **bajar la** —, to step down; **bajo** —, hot, live; **borne de** —, high tension terminal; **caída de** — **en el tubo,** tube voltage drop; **capacidad de alta** —, high-voltage capacity; **cebado a alta** —, high tension ignition; **cebado a baja** —, low tension ignition; **cebado a baja** — **y alta frecuencia,** low tension and high frequency ignition; **circuito de** —, stabiliser circuit; **divisor de** —, voltage divider; **elasticidad de** —, tension elasticity; **elevación de** —, building the voltage; **elevar la** —, to step up; **eliminación de las tensiones,** relieving stress; **eliminación de tensiones internas,** stress relieving; **en** —, in series; **estabilizador de** —, voltage stabilizer; **lado de baja** —, low tension side; **línea de alta** —, high line voltage; **modulación a** — **constante,** series modulation; **nivel absoluto de** —, absolute voltage level; **nodo de** —, voltage node; **plano de** —, stabiliser fin; **puesta a** —, tensioning; **puesta bajo** —, energizing; **rectificador de media onda doblador de** —, half-wave voltage doubler rectifier; **reducir la** —, to step down; **regulador de** —, voltage regulator; **resonancia de**

— (elec.), pressure resonance; **sin** — (elec.), dead; **tensiones de inercia**, internal stresses; **transformador de** — **constante**, constant voltage transformer; **zuncho de** —, drawband.

Tenso, Stiff, taut, tight.

Tensor, Bending head, draw tongs, draw vice, flange or flanch (rare); stiffener, strengthener, stretcher, stringer, tension rod, tension shackle, tightener; — (correa), idler; — **de cable**, wire stretcher; — **de cadena**, chain tightener; — **de correa**, belt adjuster, belt stretcher, belt tightener; — **de hilo aéreo**, come along clamp; — **de tornillo**, straining screw; **freno de un** —, locking wire; **rodillo** —, expanding roller; **tuerca tensora**, adjusting nut.

Tensorial, Tensorial; **análisis** —, tensorial analysis; **fuerza** —, tensor force.

Teñible, Dyeable.

Teñido, Dyeing, slightly coloured, stained.

Teñir, To colour, to dye, to stain.

Teodolito, Theodolite; **levantamiento con el** —, theodolite surveying.

Teorema, Theorem; — **de discontinuidad**, gap theorem; — **de Thevenin**, Thevenin's theorem.

Teoría, Theory; — **de la comunicación**, communication theory; — **y práctica**, theory and application.

Teórico, Theoretical; **margen** —, theoretical margin.

Teraciclos, Teracycles.

Terbio, Terbium.

Teredo, Ship worm; — (gusano marino), teredo (plural **teredos**).

Termal, Thermal.

Térmico, Thermal, thermic; **aislamiento** —, heat insulation, insulating coating; **amperímetro** —, hot band ammeter, hot wire amperemeter; **barrera térmica** (aviac.), heat barrier; **central térmica**, heat engine station; **conductibilidad térmica**, heat conductivity; **detalle** —, characteristic heating; **dilatación térmica**, thermic expansion; **dinamómetro** —, heat dynamometer; **energía atómica**, heat energy; **máquina térmica**, heat engine; **micrófono** —, hot wire microphone; **motor** —, heat engine; **poder** —, thermic power; **reflexión térmica**, thermal reflectante; **resistencia térmica**, thermistor; **tratamiento** —, heat treatment or treating; **voltímetro** —, hot wire voltmeter.

Termidad, Thermity.

Terminación, Completion; — **adaptada**, matched termination; — **de guiaondas**, termination for waveguide; — **de línea coaxil**, termination for coaxil line; — **de pozo**, well completion; **buque en** — **a flote**, ship completing after launching.

Terminado, Finish; **enlace** — **en clavija**, plug ended junction.

Terminal, Through; — **con guardacabado**, union thimble; — **de cable**, terminal conector; — **de conexión**, connecting tag; — **de línea muerta**, dead line trunk; **bloque de terminales**, distributing block; **centro** — **internacional**, international terminal exchange; **equipo** —, terminal; **espiga** —, end tenon; **impedancia** —, terminal impedance; **tira a banda de plomo** — (acum.), end connecting strip, lead connecting strip.

Terminar, To complete.

Término, Lease, terminal.

Terminología industrial, Engineering terminology.

Termión, Thermion.

Termiónico, Thermionic; **diodo** — **de gas**, gas-filled thermionic diode; **diodo** — **de vacío**, vacuum thermionic diode; **diodo** — **de vapor**, vapor filled thermoionic diode.

Termistor, Thermistor; — **de cuenta,** bead thermistor; — **electrolítico,** electrolytic thermistor.

Termita, Termit or thermit; **soldadura con —,** thermit welding; **soldadura con — de hierro,** termit welding.

Termo, Thermo.

Termoactínico, Thermactinic.

Termoaislamiento, Heat insulation, insulation.

Termoaislante (Material), Heat insulator; **materiales termoaislantes,** insulation materials.

Termoconvención, Thermal convection.

Termodinámica, Thermodynamics.

Termodinámico, Thermodynamical.

Termodisipador, Heat dissipator.

Termodúrico, Thermoduric.

Termoelasticidad, Thermoelasticity.

Termoelástico, Thermoelastic.

Termoelectricidad, Thermoelectricity.

Termoeléctrico, Thermoelectric; **corriente termoeléctrica,** thermoelectric current; **escala de fuerzas termoeléctricas,** thermoelectric series; **filamentos de par —,** thermocouple leads; **par —,** thermoelectric couple; **pila termoeléctrica,** thermopile; **pila termoeléctrica diferencial,** balancing thermopile; **tensión termoeléctrica,** thermo E.M.F.

Termoelectrón, Thermoelectron.

Termoelemento, Thermoelement.

Termoendurecible, Thermosetting.

Termoestático, Thermostatic.

Termófono, Thermophone, thermotelephone receiver.

Termoiónico, Thermionic.

Termolisis, Thermolysis.

Termología, Thermology.

Termoluminiscencia, Thermoluminiscence.

Termomagnético, Thermomagnetic.

Termométrico, Thermometric.

Termómetro, Thermometer; — **de bola mojada,** wet bulb thermometer; — **de bola seca,** dry bulb thermometer; — **de cuadrante,** dial thermometer; — **de máxima,** maximum thermometer; — **de máxima y mínima,** maximum and minimum thermometer; — **de mínima,** minimum thermometer; — **de presión,** tasimeter; — **registrador,** recording thermometer; — **sin cero,** suppressed zero thermometer; **depósito del —,** thermometer bulb; **todos los termómetros termoeléctricos,** thermels; **varilla del —,** thermometer stem.

Termonegativo, Thermonegative; **metal —,** thermonegative metal.

Termonuclear, Thermonuclear; **reacciones termonucleares,** thermonuclear reactions; **reactor —,** thermonuclear reactor.

Termoóptico, Thermooptical.

Termopar, Resistance thermometer, thermocouple; — **de aguja,** needle thermocouple; — **de alto vacío,** high vacuum thermocouple; — **de forma de onda,** waveform thermocouple; — **de frecuencia,** frequency thermocouple; — **de inmersión,** immersion thermocouple.

Termoplástico (adj.), Thermoplastic, **termoplásticos,** thermoplastics.

Termoplastificación, Heat plasticization.

Termopositivo, Thermopositive; **metal —,** thermopositive metal.

Termopulverización, Thermospray.

Termorregulación, Thermostat control.

Termosensible, Temperature sensitive.

Termosifón, Thermosyphon.

Termostatización, Thermostatization.

Termostato, Thermostat; — **de cinta,** strip type thermostat; — **de dilatación de líquido,** liquid expansion thermostat; — **de dilatación de líquido o de gas,** hydraulic fluid thermostat; — **de dilatación diferencial,** differential expansion thermostat.

Termotolerante, Thermotolerant.

Termotransmisividad, Heat transmissivity.

Termotropía, Thermotropy.

Ternario, Ternary; **aleación ternaria,** ternary alloy.

Terpénico, Terpene; **series terpénicas,** terpene series.

Terpenos, Terpenes.

Terracería en gradas, Bench digging; — **por bancos,** bench digging; **trabajos de** —, earth working.

Terraja, Former, male screw, modelling board, screw cutting tool, screw tool, threading die; — **de filete cuadrado,** screw with a square thread; — **de filete triangular,** screw with a triangular thread; — **hembra,** inside or internal screw cutting tool, inside screw tool; — **macho,** outside or external screw cutting tool; — **sencilla,** screwing table; **terrajas,** worms.

Terrajadora, Tapper, tapping · machine.

Terraplén, Bank, dike, earth bank, earth work, embankment, fill, landfill.

Terraplenado, Back filling, digging, earth work.

Terraplenador, Cogger.

Terraplenadora, Back filling machine.

Terraplenar, To bank up, to earth, to fill up.

Terreno, Ground, soil; — **de aluvión,** bottomland; — **estéril,** dead ground; **levantamiento del** —, heavage; **promontorio del** —, bump ground; **propietario de un** —, lienee.

Terrestre, Land; **avión** —, land plane; **blanco** —, ground target; **estación** — **de radionavegación,** radionavigation land station; **estado magnético** —, earth magnetic state; **fotogrametría** —, ground photogrammetry.

Terrígeno, Terrigenous.

Territorial (Propiedad), Real state.

Tesar, To pull taut.

Teseral, Tesseral.

Testado (Estado de haber), Testacy.

Testigo, Bead, check sample, essay drop; — **instrumental,** attestor; — **sonda móvil,** travelling probe; — **sonda sintonizable,** tunable probe; **extracción de testigos,** coring; **funda de** —, core shell; **hilo** —, pilot wire; **inyección** —, pilot injection; **lámpara** —, pilot lamp, warning lamp; **sonda de toma de** —, sampling probe.

Tetra, Tetra.

Tetraacetato, Tetraacetate; — **de plomo,** lead tetraacetate.

Tetrabromuro, Tetrabromide; — **de carbono,** carbon tetrabromide.

Tetracloruro, Tetrachloride; — **de carbono,** carbon tetrachloride; — **de titanio,** titanium tetrachloride.

Tetraédrico, Tetrahedral.

Tetraedro, Tetrahedron.

Tetraetilo, Tetraethylene; **plomo** —, tetraethylene or ethyl lead.

Tetragonal, Tetragonal.

Tetraoxisulfato, Tetraoxysulfate; — **de plomo,** lead tetraoxysulfate.

Tetraploidia, Tetraploidy.

Tetrapolar, Four pole; — (elec.), tetrapolar; **patín** —, four pole magnet.

Tetrarreactor, Quadrijet; **bi, tri, cuatri o** —, bi, tri, quadrijet plane.

Tetrasustituído, Tetrasubstituted.

Tetratorónico, Four stranded; **cala-brote** —, four stranded rope.

Tetrodo, Tetrode; — **de haz,** beam tetrode.

Textil, Textile; **fibra** —, textile fiber.

Texturómetro, Texturometer.

Thevenin, Thevenin; **teorema de —,** Thevenin's theorem.

Tiazol, Thiazole.

Tiazolina, Thiazoline.

Tiazolínico, Thiazoline; **núcleo —,** thiazoline ring.

Ticket, Ticket; **confección automática de —,** automatic toll ticketing; **confección automática del —,** automatic toll ticketing.

Tiemblo, Aspen.

Tiempo, Time; **— de acceso,** access time; **— de arranque** (magnetófono), start-time (tape recorder); **— de corte** (de un receptor), splitting time (signalling receiver); **— de decaimiento** (en tubos de memoria por carga), decay time; **— de decaimiento en tubos de memoria por carga,** decay time in a charge storage tube; **— de establecimiento de una corriente,** current building up time; **— de ocupación en el servicio internacional,** holding time of an international circuit; **— de operación,** operate lag; **— de palabra,** word time; **— de resolución,** resolving time; **— de respuesta de un receptor,** receiver response time; **— de superposición,** overlap periode; **— de tránsito,** transit time; **— de tránsito de un osciloscopio,** transit time in a cathode ray oscilloscope; **— máximo de retención** (en tubos de memoria por carga), maximum retention time; **— medio,** mean time; **— muerto,** dead or idle time, idle time, idling, insensitive time; **— que transcurre entre la bajada y la subida** (minas), from bank to bank; **— tasable,** chargeable duration; **de dos, de tres tiempos,** two, three shot; **espoleta de tiempos,** time fuse; **estudios de — de fabricación,** time study; **máquina de dos tiempos,** two cycle engine; **marcador de —,** timing marker; **marcas de —,** timing markers; **medidor de tiempos,** timer; **mi-**

nimización del —, time minimization; **motor de cuatro tiempos,** four cycle engine; **motor de dos tiempos,** two cycled engine; **que sabe prever el —,** weatherwise; **regulación de —,** timing.

Tienda, Shop; **— de chapistería,** sheet metal shop; **— de servicio,** service shop.

Tierra, Earth, ground, land; **— batida,** claying; **— cocida,** baked clay; **— de aluviones,** estuarine deposits; **— de aporte,** earth work; **— de bataneros,** fulling clay; **— de desmonte,** fill earth; **— de infusorios,** diatomite, infusional earth (or **Kieselguhr); — de Kieselguhr,** infusorial silica; **— de moldear,** loam; **— de seguridad** (conmutación), guarding earth; **— rara,** rare earth; **— roja con la que se trata la caoba,** abraum, abraun; **bajo —,** underground; **borna de conexión a —,** earth terminal; **carbón de — sin clasificar,** pit coal; **circuito con pérdida de fluido a —,** earth return; **conducción en — apisonada,** cob work; **conectado a —** (Inglaterra), earthed; **conectar a —,** to earth; **conexión a —,** earth connection, earthing, ground connection; **conexión perfecta a —,** dead ground; **cono radiante en presencia de —,** single cone above earth; **contacto completo a —,** solid earth; **contacto intermitente con —** (elec.), swinging earth; **corriente de la placa de —,** earth current; **corrimiento de tierras,** earthshake, landfall; **cubrir de —,** to clay, to earth; **de — (costado del buque),** landward; **dispositivo de conexión a — por chorro de agua,** water jet earthing device; **efecto de —** (aviación), cushioning; **ensayo en —,** ground test; **ensayos de comportamiento en —,** ground handling trials; **ensayos de manejo en —,** ground handling trials; **indicador de pérdidas a —,** ground detector or indicator, groundometer; **levantamiento de —,** earth bank; **línea de**

conexión a —, earth wire; **marcar por un solo hilo con vuelta por** —, single wire dialing; **material de movimiento de tierras,** earth moving equipment; **medición de pérdidas a** —, ground testing; **movimiento de tierras,** earth moving, earth work; **neutro a** —, grounded neutral; **no a** —, ungrounded; **onda de** —, ground wave; **pasar por — grasa,** to pipeclay; **pérdida a** —, earth leakage, ground leak; **permuta de tierras,** excambion; **personal de** —, ground crew; **placa de** — (elec.), ground plate; **plancha de** —, earth plate; **poner a** —, to put to earth, to ground; **potencial de** —, earth potential, ground potential; **propagación sobre — plana,** plane earth propagation; **puesta a** —, grounding; **puesta a — por un solo hilo,** single wire grounding; **puesto a** —, grounded; **reflexión en** —, reflection at ground; **resistencia de** —, ground resistance; **retención de tierras,** earth retaining; **retorno por** —, earth return, (elec.), ground circuit; **toma de** —, ground connection, ground wire; **sistema de** —, ground system; **sistema de conexión a** —, earthing system; **toma de** —, ground clamp, ground wire, (aviación) landing approach; **transmisor a** —, ground transmitter; **varilla de** —, grounding rod; **varilla de conexión a tierra,** ground rod; **velocidad respecto a** —, ground speed.

Tierra-hulla, Humphed coal.

Tijera cepilladora, Planoguillotine; — **para chapas,** plate cutting machine; **tijeras,** scissors; **tijeras de hojalatero,** snips.

Tilo, Lime tree.

Tilla, Cuddy.

Timbrado, Stamped.

Timbre, Bell, electric bell; — **anunciador,** warning bell; — **con disco indicador,** alarm drop indicator type; — **de armadura polarizada,** biased bell; — **de caldera,** working pressure; — **de golpe sencillo,** single stroke bell; — **de llamada,** call bell; — **temblador,** trembler bell; **macillo de** —, ringer striker; **tintineo de** —, bell tinkling; **transformador para** —, bell transformer.

Timón, Draught bar, helm, rudder; — **compensado,** balanced rudder, compensated rudder; — **de altura** (aviac.), elevator; — **de arado,** colter-beam; — **de dirección,** rudder, vertical rudder; — **de inmersión** (submarinos), hydroplane; — **de popa,** after hydroplane, stern rudder; — **de proa,** bow rudder, fore hydroplane, forward rudder; — **de profundidad,** elevator, hydroplate or plane plate, (submarino) diving plate, (aviones) flipper; — **de profundidad delantero,** fore diving plate; — **de profundidad trasero,** after diving plate; — **delantero,** bow rudder; — **hidrodinámico,** water rudder; — **horizontal de submarino,** diving plane; — **vertical,** vertical rudder; **barra del** —, rudder bar; **caña del** —, helm, tiller; **cuña de** —, stock; **charnela del — de dirección,** rudder hinge; **de la caña del** —, steering; **domo del** —, wheel box; **eje del** —, rudder head; **guardián del** —, wheel rope; **herrajes del** —, rudder band or brace; **indicador del ángulo del** —, helm indicator; **macho del** —, pintle, rudder stock; **madre del** —, main piece; **mando del** —, rudder control; **mando del — de inmersión,** hydroplane control; **muesca del** —, pintle score; **pedal de gobierno del** —, rudder bar; **rastra de** —, sweep; **timones acoplados,** twin rudders; **zapata de** —, sole.

Timonera, Helm hole, rudder hole.

Timonería de profundidad, Elevator stick.

Timpa (Tongada de la), Fauld.

Tina de amalgamación, Amalgamating tub.

Tíndalo (Madera de), Sharp cedar wood.

Tingibilidad, Stainability.

Tingladillo, Clinked; **construido en —,** clinked built.

Tinta, Ink; **— china,** China ink or Indian ink; **— de imprenta,** printing ink; **— oléica,** oily ink; **aparato con marcador de —,** ink writer, inker; **goma de —,** ink eraser; **receptor de —,** ink writer; **receptor impresor a —,** ink writer, inker.

Tintes (Arcilla ferruginosa empleada en los), Dye stone; **buen tinte,** fast color; **fábrica de —,** dye house, dye works; **falso tinte,** false color; **obtención de un tinte por corrosión en una tela teñida anteriormente,** discharge.

Tintineo, Clink; **— de timbre,** bell tinkling.

Tintómetro, Dyeometer, tintometer.

Tintorería, Dye works.

Tintorero, Stainer.

Tintura, Tincture; **— al metal fundido,** molten metal dyeing; **— al naftol,** napthol dyeing; **— madre,** mother tincture; **— oscura de anilina,** cannell.

Tiocianatos, Thiocyanates.

Tiodiacético, Thiodiacetic; **ácido —,** thiodiacetic acid.

Tiofeno, Tiophen.

Tioles, Thiols.

Tionilo, Thyonil.

Tiorgánico, Thioorganic.

Tioureas, Thioureas.

Tipificación, To standardise or standardize.

Tipo, Design, type; **— abierto** (generador), open type; **— alacasco,** wind and hull type; **— cerrado,** closed type; **— de carga,** class of loading; **— en V,** V type; **— en voladizo,** overhung type; **— o caracter de imprenta grande,** large type; **— semice-**rrado, semienclosed type; **dínamo de — inferior,** undertype dynamo; **fundidor de tipos,** type caster, type founder; **inducido de — inferior,** undertype armature; **margen nominal de un — de aparatos,** nominal margin of a type of apparatus; **ondas — AS** (televisión), type AS television waves; **ondas — B amortiguadas,** type B damped waves; **paquete —, packet of type; **transformador del — de circuito abierto,** open type transformer.

Tipográfico, Printer; **composición tipográfica,** type setting; **rotativa tipográfica,** rotary letter press.

Tipógrafo, Typesetter, typographer.

Tipometría, Typometry.

Tira, Strip; **— de conexión,** bonding strip; **— o banda de plomo** (acum.), lead connecting strip; **— o banda de plomo terminal** (acum.), end connecting strip; **conmutador bávaro de tiras,** Swiss switch; **cortadora de tiras,** strip slitter.

Tira-líneas, Drawing pen.

Tiracintas de ondulador, Ondulator motor driven.

Tiraclavos, Claw wrench.

Tirada, Heaving, printing, run; **— de día,** daylight printing.

Tirado, Extruded.

Tirador selecto emboscado, Sniper.

Tirafondo, Coach screw, draw bolt.

Tirafondos, Clamp, screw lag, screw spike.

Tiraje, Printout.

Tiralíneas, Drawing pen; **— de punteado,** dotting pen.

Tiramollar (aparejo), To overhaul.

Tirante, Anchor, batten, binder, binding joint, brace, cramp, cramp iron, cross bar, drawing rod, driver, end girder, rod, scantling, spear, tension member, tie bar, tie beam, tie bolt, tie piece, tie rod, truss rod, wind brace; **—**

(máquinas), stay; — **de bastidor,** frame stay; — **de escuadra,** blade; — **de extensión,** diagonal brace; — **de placa tubular,** belly stay; — **de redondo de hierro,** brace rod; — **de tensado,** bracing wire; — **horizontal,** back brace; — incl:nado, angle tie; — **longitudinal,** longitudinal girder; — **perfilado,** streamline or streamlined wire; — **superior,** wind beam; — **transversal,** cross tie; **acción de colocar tirantes de riostras,** bracing; **corte hecho en —,** draw cut; **puente de tirantes,** strut frame bridge; **tirantes del paralelogramo,** back links.

Tirar, To haul; — (cañón), to shoot; — (chimenea), to draw off; — **con fuerza,** to tug; — **los metales,** to extrude.

Tiratrón, Thyratron.

Tiravira (cable), Parbuckle, parasitic signals.

Tiravirar, To parbuckle.

Tiritaña (tela), Linsey

Tiro, Blast, blasting, firing, shooting; — **de chimenea,** draught or draft; — **de explosivos,** short firing; — **de rebote,** bound shot; — **de salva,** charge blank; — **forzado,** forced draught; — **inducido por aspiración,** induced draught; — **intensivo,** sharp draught; — **mecánico,** draught mechanical; — **natural,** natural draught; — **rápido,** quick firing; **ángulo de —,** angle of elevation, firing angle; **indicador de —,** draft indicator, draught gauge; **plataforma de —,** gun platform; **regulador de —,** draught regulator; **retardador de velocidad de —,** draught retarder; **ventilador de — forzado,** forced draft fan.

Tirolita, Thyrite.

Tirosina, Tyrosine.

Tiroxina, Thyroxine.

Tisaje, Weaving.

Titanato, Titanate; — **de bario,** barium titanate; — **de plomo,** lead titanate.

Titanífero, Titaniferous; **magnetita titanífera,** titaniferous magnetite.

Titanio, Titanium; — **metálico,** metallic titanium; **carburo de —,** titanium carbide; **hidruro de —,** titanium hydride; **óxido de —,** titanium oxide.

Titanita, Titanite.

Titanito de estroncio, Fabulite.

Título, Security, voucher.

Tixotropía, Thixotropy.

Tixotrópico, Thixotropic.

Tiza, Chalk, chalk stone.

Tizón, Bond stone, brand; — (muros), binding stone, bonder.

Toba, Alluvial stone; — **volcánica,** tuff.

Tobera, Bellows pipe, duct, jet, header, manifold, nose pipe, nozzle, scop, snout, stack, tail pipe, tube, tuyere; — **convergente,** contracting or convergent nozzle; — **cuadrada,** square nozzle; — **de admisión,** induction or inlet manifold, inlet pipe; — **de aspiración** (inyector), combining cone, combining nozzle; — **de aspiración de aire,** stand pipe for air pump suction; — **de cúpula,** stand pipe on dome; — **de descarga,** head pipe; — **de escape,** exhaust manifold, jet pipe, stub pipe, (loc. tubo de escape), exhaust piping; — **de escorias,** cinder notch; — **de eyección,** discharge nozzle; — **de fragua,** tewel; — **de inyector,** cone; — **de Laval,** de Laval nozzle; — **de salida,** final nozzle, outlet piping; — **de salida de los gases,** jet outlet; — **de trabajo,** gill; — **divergente,** diverging nozzle, expanding nozzle; — **móvil,** flap cone; — **para hilar,** spinneret; — **redonda o circular,** circular nozzle; — **supersónica,** supersonic nozzle; **ángulo de inclinación de la —,** nozzle inclination; **canal o conducción de —,** nozzle channel; **cuerpo de la —,** nozzle body; **desescoriar la piquera de la —,** to cut off the slags on the conduit pipe; **estrangulamiento de la —,** nozzle contraction; **fijación de las toberas,** fastening of nozzles; **guarniciones de —,** nozzle fittings; **lengüeta de —,** nozzle flap; **operario de la —,** nozzleman; **piquera de la —,** dross; **punta de la — de escorias,** cone of slag; **tejadillo de la —,** tuyere arch.

Tobogán, Chute.

Tocadiscos, Turntable.

Tocón, Log, stump.

Tocho, Bloom.

Todo de acero, All-steel; **filtro de — paso,** all pass filter; **para todas ondas,** all wave; **receptor de toda onda,** all wave receiver; **todos los servicios,** all service.

Toldilla, Poop, poop deck.

Toldo, Tilt.

Tolerabilidad, Tolerability.

Tolerable, Permissible.

Tolerancia, Allowance, clearance, latitude, letting, permissible deviation, tolerance; **— de frecuencia,** frequency tolerance; **— de frecuencia de un transmisor,** frequency tolerance of a radio transmitter; **— estrecha,** close tolerance; **tolerancias muy pequeñas,** close tolerances.

Tólueno, Toluene.

Toluídico, Toluic; **ácido —,** toluic acid.

Toiva, Bin, bunker, dust bin, hopper, hopper punt or barge, retort; **— de arena,** sand hopper; **— de carga,** bath hopper; **— de cenizas,** ash hopper; **— de descarga,** bath hopper; **— de grava,** gravel hopper; **— en subsuelo,** earth hopper; **vagón con —,** hopper car.

Toma, Adapter, adaptor, drive, engagement, gripe, hold, setting, tap; **— (de agua, de vapor),** tapping; **— (trépano),** outlet; **— corriente mural aislante,** wall block; **— de agua,** fire plug, flooding valve, hydrant, tapping point; **— de agua contra incendios,** fire hydrant; **— de aire,** air inlet, (auto) air manifold; **— de bobina,** coil tap; **— de corriente,** connector, plug, tapping, wall plug; **— de gas,** catcher, gas uptake, (alto horno) gas exit piping; **— de regulación,** adjusting tapping; **— de regulación de un transformador,** transformer tap; **— de tierra,** ground clamp, landing approach; **— de vapor,** bleeding or bleed, drawing off, off-take, throttle valve; **— de vistas** (televisión), pickup; **— directa,** direct connection, direct drive, top drive, (auto) top gear; **— superior,** topmost tap; **alcachofa de —,** rose; **alcachofa de bomba o de — de agua,** fringe; **conmutación de tomas en carga,** load tap changing; **doble —,** dual switching; **en —** (engranajes, ruedas), in mesh; **en — directa,** direct connected; **punto de — de vapor,** bleeding point; **transformador con — central,** center-tapped transformer.

Tomavistas automática, Automatic camera; **— de mano,** hand camera; **— electrónico,** electronic camera; **aparato —,** camera, camera pod.

Tonalidad, Tone; **regulación de la —,** tone control.

Tonel, Coop, tun, vessel; **—** (acrobacia aérea), cartwheel; **—** (aviación), roll; **— rápido** (aviac.), flick roll; **en forma de —,** barrel vaulted; **medio —,** half roll.

Tonelada, Ton; **—** (marítima), ton; **— de extracción** (minas), corb; **— de fuerza,** ton; **— marina,** tun; **— métrica,** metric ton; **de n toneladas,** n tonner.

Tonelada-pie (medida de trabajo), foot ton.

Tonelaje, Tonnage, wt or wgt; **— bruto,** gross tonnage; **— en grueso,** gross tonnage; **— neto,** net tonnage, register tonnage; **— registrado,** register tonnage.

Tonelero, Cooper, hooper; **cepillo curvo de —,** cooper's plane; **garlopa de —,** cooper's jointer; **martillo de —,** cooper's hammer; **tajo de —,** cooper's block; **tenaza de —,** cooper's dog; **tirafondo de —,** cooper's turrel.

Tongada saliente, Cantaliver (rare) or cantilever, corbelling.

Tónico, Mitre.

Tono de prueba, Test tone; **— de trabajo,** tone-off white idle; **compensación de tonos altos,** treble compensation.

Tonómetro, Tonometer.

Topar rendijas, To stuff.

Tope, Abutment, bawk, block, bumper, cam, catch, chuck, dog, driver, gab pin, hurter, peg, projection, stop, thrust, winding pawl; **— amortiguador de choques,** buffer; **— de aguja** (ferrocarril), bearing stud, stud bolt; **— de choque,** buffer block; **— de desembrague,** knockoff; **— de detención** (torno), catch plate; **— de empuje,** tappet; **— de estirado,** parallel carrier; **— de excéntrica,** eccentric catch, snug; **— de ferrocarril,** bumper railway; **— de grúa,** crane buffer; **— de inversión de marcha,** stroke dog for reversing table movement; **— de madera,** wood chock; **— de parada,** abutment stop, buffer stop, (torno), catch plate; **— de paso corto** (de hélice), fine pitch stop; **— de profundidad,** depth stop; **— de puente,** back; **— de seguridad,** safety dog, safety stop; **— de válvula,** catcher; **— de ventanilla,** window bumper; **— del palo** (buques), masthead; **— del pistón,** piston retainer; **— elástico auxiliar,** auxiliary buffer; **— neumático,** pneumatic bumper; **— trasero,** back bumper; **— regulable,** adjustable stop; **a —** (empalme), home; **alojamiento de —,** thrust housing; **bisagra con —,** butt tipped; **cojinete de —,** clutch adjusting collar; **colocar a — dos**

piezas de construcción, to abut; **contracción de chapas soldadas a —,** knuckling; **costura a —,** weld joint; **desviación a —,** full-scale deflection; **junta a —,** straight joint; **pieza de — lateral,** rail brace; **placa de —,** bumper plate; **puntal de —,** rail brace; **soldado a —,** butt welded; **soldadura a —,** butt welding; **sombrerete del —** (ferrocarriles), buffer cap; **tapón de —,** bumper shoe; **topes,** caps; **tornillo de bloqueado de —,** catch pin; **traviesa de — trasero,** bumper crosstie; **unión a —,** abutment.

Topleriano, Toplerian; **bases toplerianos,** toplerian bases.

Topografía, Survey, surveying, topography; **— fotográfica,** photographic surveying; **hacer la — de,** to survey; **instrumentos de —,** surveying instruments.

Topográfico, Topographic or topographical; **delineante —,** topographic draftman.

Topología, Topology.

Topológico, Topological.

Toposcopio, Toposcope.

Toposecuencia, Toposequence.

Topotaxia, Topotaxy.

Toque de sirena, Blast; **— intermitente,** blare intermittent.

Torbellino, Spiralling, swirl, vortex; **— de extremo,** tip vortex; **— libre,** free vortex; **inyector de —,** swirl type atomizer.

Torcer, To twine, to twist, to warp, to wind, to wring; **máquina de — el hilo,** roving machine.

Torcerse, To bow, to distort.

Torcido, Atwist, skew, twisted, warped; **correa torcida,** twisted belt; **rueda torcida,** buckled wheel; **urdimbre de hilo —,** doubled warp.

Torcreto, Torcrete.

Toriado, Thoriated; **filamento —,** thoriated filament; **tungsteno —,** thoriated tungsten.

Toriesférico, Torispherical.

Torio, Thorium.

Tormenta ionosférica, Ionospheric storm; — **magnética,** magnetic storm.

Tornapunta, Brace, dragon beam, push pole brace, strut; — **de apoyo,** thrust block; — **de tope,** rail brace; — **de tornillo,** screw prop; **tornapuntas,** corner brace; **cadena con tornapuntas,** stud link chain.

Tornasol, Chatoyment, litmus; **papel** —, litmus paper; **tintura de** —, litmus solution.

Tornasolado, Brinded.

Torneado, Turned; — **a izquierdas,** brace head; — **cónico,** taper turning; — **de metales,** metal turning; **dispositivo de** — **cónico,** taper turning device; **en** —, being turned; **longitud de** —, turning length; **taller de** — **de ejes,** axle turning shop.

Torneadora, Turning machine; — **de cigüeñales,** crank pin turning; —

Tornear, To groove; — **entre puntas,** to turn between dead centres; — **exteriormente,** to turn out; — **interiormente,** to turn off; **dispositivo para** — **cónico,** taper turning device; **dispositivo para** — **en óvalo,** oval turning; **dispositivo para** — **ovalado,** oval turning device; **torno para** — **los cilindros de laminador,** roll turning lathe.

Toricónico, Toriconical.

Tornería, Auger smithery, turnery, turning shop.

Tornero, Auger maker, turner; — **que rosca,** screwcutter; **moleta de** —, nurl.

Tornillo, Jack, screw, vice or vise (rare); — **con acanaladura,** cornice screw; — **con paso a izquierdas,** left handed screw; — **con varios filetes,** multiplex thread screw; — **de accionamiento del avance,** feed screw; — **de ajuste,** tangent screw; — **de apriete,**

clamping screw, locking screw, tool jack; — **de Arquímedes** (transportador), screw conveyor; — **de banco,** bench vice, vice bench; — **de banco sobre base pivotante,** swivel vice; — **de bloqueo de tope,** catch bolt; — **de cabeza avellanada,** sunk screw; — **de cabeza fresada,** bevel headed screw, button headed screw, countersunk head screw; — **de cabeza plana,** flat headed screw; — **de cabeza ranurada,** spring screw; — **de cabeza redonda,** round headed screw; — **de cabeza redonda ranurada cilíndricamente,** fillister (screw) head; — **de casquete,** cap screw; — **de cierre,** closing screw, concrete screw, fitting screw; — **de cola,** tail vice; — **de correa,** belt jack; — **de descarga,** delivery screw, discharge screw; — **de detención,** attachment screw; — **de enfoque** (fot.), focusing screw; — **de equilibrado,** balance screw; — **de espiral de Arquímedes,** Archimede's screw; — **de fijación,** fixing screw; — **de filete cuadrado,** flat threaded screw, square threaded screw; — **de filete doble,** double threaded screw; — **de filete sencillo,** single threaded screw; — **de filete triangular,** sharp screw; — **de forja,** standing vice; — **de llamada,** adjusting screw, regulating screw; — **de mano,** filing vice, hand vice; — **de medición,** metering screw; — **de nivelación,** levelling screw; — **de orejas,** ear screw; — **de parada,** clamping screw; — **de peine,** comb screw; — **de pie,** standing vice, tail vice; — **de presión,** adjusting screw, binding screw, pinching screw, pressing screw, set screw, thumb screw; — **de puntería,** elevating screw; — **de purga,** bleeding screw; — **de regulación,** adjusting screw, clamping screw, metering screw; — **de regulación de la marcha lenta,** throttle regulating screw; — **de regulación de la presión,** pressure regulating screw; — **de** resorte, spring screw; — de sujeción, clamping screw; — de tope, adjusting screw; — de tres filetes, triple thread (ed) screw; — diferencial, differential screw; — empleado para sostener pequeñas piezas de brida, box chuck; — grueso para madera de cabeza cuadrada, lag screw; — hidráulico, water screw; — hidráulico de Arquímedes, Archimedean water screw; — hundido con el martillo, drive screw; — micrométrico, micrometer screw, tangent screw; — navilante (teodolito), foot screw; — para madera, screw nail, wood screw; — para tubos, tube vice; — paralelo, parallel vice; — regulador, lead screw, check screw, (quemador de gas) check screw; — regulador de un carro de torno, regulator screw of the slide of a lathe; — roscado a derechas, right handed screw; — sin cabeza, grub screw; — sinfín, conveyer worm, conveyor spiral, creeping, endless screw, perpetual screw, worm; — sinfín de un filete, single start warm; — tangencial micrométrico, gradienter; — tangente, worm; — telescópico, telescopic screw; — transportador, conveyor spiral; accionado por — micrométrico, micrometer screw actuated; acoplamiento de —, screw coupling; anilla de —, eye screw; arandela de — de culata, tin cup; borna de —, binding post; cabeza de —, screw head; calibre de —, screw caliper; calibre para pasos de tornillos, screw pitch gauge; calibre para tornillos, screw gauge; cierre de — de cañón, breech screw; de —, screwed; desatornillar un —, to loosen a screw; engranaje de — sinfín, screw and wheel; engranaje de — tangente, worm and wheel; estropear el filete de un —, to burr up a screw; filete de —, screw thread, screw worm; filete de un —, thread; manguito de —, screw coupling box; máquina de filetear tornillos, screw cutting machine; máquina de tallar las ruedas de — sinfín, worm wheel cutting machine; mordaza de —, screw clamp; mordazas de —, vice chops; mordazas de — de banco, vice jaws; palanca a —, screw lever; parte no fileteada de un —, blank part of a screw; pasar de rosca un —, to overscrew; paso de —, worm; paso de — inglés, box thread; paso de un —, thread; racor de —, coupling screw, joint screw; separación de las mordazas de un —, de una tenaza, etc., mouth; soporte de —, screw block; tensor de —, coupling screw, straining screw, turnbuckle; terraja para tornillos de madera, devil; tornapunta de —, screw prop; tornillos platinados, platinum tipped screws.

Torniquete, Coining press, drill rod; — contador, turnstile; antena —, bay turnstile antenna.

Torno, Lathe, slicing lathe, turning lathe, whim, winch; — a mano, hand lathe; — a vapor, steam winch; — al aire, bar lathe, chuck lathe, chuck or chuck plate lathe, face lathe, facing lathe, flywheel lathe, surface lathe; — automático, automatic lathe; — de achaflanar, lockfiler's clamp; — de antena, aerial or antenna drum; — de bancada corto, short bed lathe; — de bancada partida, break lathe; — de bancada prismática, bar of gantry lathe; — de bancada rota, gap lathe; — de barra, bar lathe; — de cabezal motor, motor driven headstock lathe; — de calibre, founder's lathe; — de carro, sliding lathe; — de cilindrar, non screw cutting lathe, slide or sliding lathe, turning lathe; — de cilindrar y de filetear, engine lathe, sliding end screw cutting lathe; — de cilindro y de pulir, sliding and surfacing lathe; — de cilindros, roll turning lathe; — de cinco pulgadas de altura de punta, 5 in center lathe; — de combinación, combination turret lathe; — de copiar, contour turning lathe, copying lathe; — **de damasquinar,** grinding lathe; — **de desbastar redondos,** roughing lathe; — **de destalonar,** relieving lathe; — **de doble herramienta,** duplex lathe; — **de dos puntas,** double centre lathe; — **de embutir,** chasing lathe, spinning lathe; — **de escariar,** boring lathe; — **de escudo,** apron lathe; — **de extracción accionado a mano** (minas), stowce; — **de fabricación,** manufacturing lathe; — **de filetear,** brass finisher's lathe, screw cutting lathe, threading or thread cutting lathe; — **de formar,** copying lathe; — **de gran potencia,** high power lathe; — **de gran velocidad,** high speed lathe; — **de grandes mandíbulas,** cross chap; — **de herramentista,** tool maker lathe; — **de herramienta de mano,** hand tool lathe; — **de herramientas múltiples,** multicut lathe; — **de latonero,** fox lathe; — **de lingotes,** ingot turning lathe; — **de machos,** founder's lathe; — **de mandril,** chucking lathe; — **de mano,** dodge, hand winch, hand windlass, throw lathe; — **de marquetería,** figuring lathe; — **de mecanizar los ejes,** axle lathe; — **de núcleos** (fund.), founder's lathe; — **de operación,** operation lathe; — **de perfilar,** forming lathe; — **de plantilla,** copying lathe; — **de plato,** chucking lathe, flywheel lathe, surface lathe; — **de plato de garras,** chuck lathe, facing lathe; — **de portaherramientas revólver,** turret lathe; — **de pozo,** case; — **de pozo de mina,** staple shaft hoist; — **de precisión,** precision lathe; — **de producción,** production lathe; — **de pulir,** grinding lathe; — **de pulir superficialmente,** surfacing lathe; — **de puntas,** centering lathe, centre lathe; — **de recortar,** cutting off lathe; — **de relojero de puntas fijas,** dead centre hand tool lathe; — **de reproducir,** copying lathe (véase **Copying**), forming lathe; — **de repujar,** burnishing lathe, spinning lathe; — **de retornear,** relieving lathe; — **de revólver,** capstan lathe, monitor lathe, turrent lathe; — **de roscar,** screw cutting lathe; — **de segunda operación,** finishing lathe, second operation; lathe; — **de torneado al aire,** facing lathe; — **de tornear los cilindros de laminador,** roll turning lathe; — **de tornear los muñones,** trunnioning lathe; — **de torreta,** combination turret lathe, turret lathe with capstan; — **de tronzar,** slicing lathe; — **de utillaje,** tool room lathe; — **de varal,** bar lathe; — **de vidriero,** glass-maker's lathe; — **elevador,** crab; — **elevador eléctrico,** electrical winch; — **limador,** filing machine, shaping or shaving machine; — **monopolea,** single pulley lathe; — **ordinario,** centre lathe; — **para árbol de levas,** camshaft; — **para árboles de transmisión,** shafting lathe; — **para banco,** bench lathe; — **para cigüeñales,** crankshaft lathe; — **para ejes,** axle turning lathe; — **para espigas de ejes,** axle turning lathe; — **para hilar,** reel; — **para llantas de ruedas,** tyre lathe; — **para machos,** core lathe; — **para muñequillas de cigüeñales,** crank pin turning; — **para pernos,** stud lathe; — **para rodillos de laminador,** lathe for machining mill rolls; — **paralelo,** centre lathe, engine lathe, parallel lathe, slide or sliding lathe; — **pequeño,** cat head, crab winch; — **revólver,** capstan lathe; — **semiautomático,** semiautomatic lathe; — **universal,** universal lathe; — **vertical,** turning mill, vertical boring mill; — **vertical de uno, de dos montantes,** turning mill with one, two uprights; **árbol de un — de arco,** turning arbor; **bancada de —,** lathe bed; **banco de —,** shear; **bastidor de —,** frame of lathe, lathe chuck, lathe frame; **batería de — elevador,** plunge battery; **broca de —,** lathe chuck, spindle lathe; **cabezal de —,** puppet; **cabezal fijo de un —,** dead head;

cabezal motor de —, head of lathe; cabezal móvil de —, sliding puppet of a lathe; carro de —, shifting pedestal; contrapunta de un —, back centre of a lathe; escote de banco de —, crank; filetear al —, to cut screw with a chaser; garras de un plato de —, chuck jaws; guías prismáticas del —, shears of a lathe; herramientas de —, lathe tools; jimelga de un banco de —, side of a lathe; luneta de —, cone plate; luneta de — para madera, stay bush; mandril de un —, carrier; mecanizado en —, turned, turning; montar la pieza en el —, to put the work in the lathe; mordaza de —, clamp; mordazas de prensa, de —, cheeks; pata de —, clamp; pequeño —, bench lathe, cat's back; plato de — sobre el cual la pieza que se va a trabajar está pegada por medio de resina, cement chuck; punta de —, lathe centre; punta del cabezal móvil de un —, pin of the movable puppet; punta fija de un —, dead centre, dead spindle; repujado al —, spinning; repujar al —, to spin; soporte de un —, rest of a lathe; taller de tornos para ejes, axle turning shop; virutas de —, turnings.

Toroidal, Toroidal.

Torón, Rounding, strand, thoron; — **metálico,** wire strand; **con n torones,** stranded; **con tres torones,** three stranded; **maroma de cuatro torones,** four stranded rod; **romperse un —,** to strand; **vacío entre torones,** contline.

Toronar (un cable), To lay.

Torpedero, Torpedo boat.

Torpedo, Torpedo; — (carga de explosivos en un sondeo), shell; — **acústico,** acoustic torpedo; — **eléctrico,** electric torpedo; — **magnético,** magnetic torpedo; — **que se dirige automáticamente hacia el blanco,** homing or target tracking torpedo; — **sin estela,** wakeless torpedo; **dispositivo de** —, torpedo gear; **mango de —,** pole.

Torre, Tower; — **autoestable,** self-supporting mast; — **de absorción,** absorption tower; — **de agua,** water tower; — **de control,** control tower; — **de destilación,** stripping tower; — **de estriping,** stripping tower; — **de extracción,** extraction tower; — **de extracción de platillos perforados,** sieve plate extraction tower; — **de fraccionamiento,** bubble tower, fractionating column, (petr.) fractionating tower; — **de primera destilación,** stripping tower; — **de refrigeración,** cooling tower; — **de sondeo,** boring tower; — **de sondeos,** derrick.

Torrefactar, To torrefy.

Torreta, Gun rail, gun turret, turret; — **cuadrada,** square turret; — **de ametralladora,** machine gun turret; — **hexagonal,** turret hexagon; — **pivotante,** rotating gun turret; **blindaje de —,** turret cover; **cañón montado en —,** turret gun; **carrera de la —,** turret travel; **girador de —,** turret turning gear.

Torsión, Torsion; **barra de —,** torsion bar; **cizallar por —,** to torshear; **de —,** torsional; **dinamómetro de —,** torsion dynamometer; **elasticidad de —,** torsional elasticity; **esfuerzo de —,** torsional stress; **galvanómetro de —,** torsion galvanometer; **hilo de —,** torsion wire; **indicadores de —,** torsion meters; **momento de —,** torque, twisting moment; **sin —,** non spinning; **vibraciones de —,** torsional vibrations.

Torsivo, Torsive.

Tortuga, Turtle, wheel box.

Torzal, Twine; — (mecha de engrase), sliver.

Tosco (De funcionamiento), Coarse running; **material —,** coarse feed.

Tostación, Roasting; — **en montones,** roasting in bulk; **horno de —,** calciner, roasting kiln; **lecho de —,** roasting bed.

Tostado, Roasted; — **a muerte,** dead roasted; — **de los minerales,** burning; **poner** —, to brown.

Tostar, To calcine, to roast.

Total, Total; **caída** —, gross head; **elevación** — **o manométrica** (de bomba), total head; **longitud** —, overall length; **pérdida de carga** —, total head; **peso** — (cargamento), gross weight; **reembolso** —, full repayment.

Totalización, Integration.

Totalizador, Cumulative, integrating, totalizer; — **integrador,** totalizer; **contador** —, integrating meter.

Totalizante, Totalling.

Totalmente, All; — **soldado,** all welded.

Toxicidad, Toxicity.

Tóxico, Toxic.

Trabado, Mixing.

Trabajabilidad, Machinability, workability.

Trabajado, Wrought.

Trabajador (término genérico), Labourer.

Trabajar, To distort, to work; — **a destajo,** to work by the job.

Trabajo, Action, job, labour (**labor** en América), processing, work; — **a destajo,** charter; — **a la máquina,** machine work; — **con maza y punterola,** moiling; — **de equipo,** team working; — **de mecanizado,** cutting work; — **de toma de agua,** head work; — **en chapa gruesa,** heavy plate works; — **en frío,** cold working; — **intenso de poca duración,** spell; — **por jornadas,** day works; — **por piezas,** piece work; — **que funciona,** working; — **total,** whole effect; — **útil,** useful effect; **altura de** —, working height; **bobina de** —, operating coil; **cadencia de** —, working rate; **calidad de un** —, workmanship; **carga de** — **de la mesa,** working stroke of the table; **ciclo**

de —, cycle of action, duty cycle; **cilindro del** —, working cylinder; **chorreo con granalla de acero mientras la pieza está en estado de** —, stress peening; **frecuencia óptima de** —, optimum working frequency; **función** —, work function; **hacer mal** —, to bungle; **piso de** — (petróleo), derrick floor; **polarización de** —, marking bias; **puesto de** —, shift; **sistema patrón de** —, standard working system; **trabajos,** labours, proceedings; **trabajos a destajo,** to work by the job; **trabajos de precisión,** precision jobs; **trabajos de terraplenado,** earth working; **trabaios de utillaje,** tooling jobs; **trabajos públicos,** public works.

Trabar la mezcla, To bungle, to temper.

Trabarse, To clog.

Trabazón (Hilada de), Bond course.

Traca, Stake; — (buques), strake; — **de aparadura,** garboard strake; — **intercalada,** stealer.

Tracción, Drive, extension, tension, traction; — **a las cuatro ruedas,** four wheel drive; — **automóvil,** automobile propulsion; — **de corriente alterna,** A.C. traction; — **de corriente continua,** D.C. traction; — **de superficie,** surface traction; — **delantera** (auto), front wheel drive; — **eléctrica,** electric traction; — **en recta** (ferrocarril), straight track haulage; — **mecánica,** power haulage; — **pesada,** heavy traction; — **sobre orugas,** caterpillar traction; — **subterránea** (minas), underground traction; **acumulador de** —, traction accumulator; **cable de** —, drag wire; **cadena de** —, pull chain; **con** — **por,** driven; **de** —, tractive; **deformación por** —, tensile deformation; **ensayo de** —, tensile test; **gancho de** —, draw hook; **hélice de** —, tractor screw; **motor de** —, traction motor; **rasante que requiere doble** —, pusher grade; **resistencia a la** —, tenacity, tension strength; **resor-**

te de —, drag spring, draw spring; **sistema de** — (colocación de los cables eléctricos), draw in system; **vástago de** —, draw rod.

Traccionabilidad, Tractionability.

Tracería, Tracery.

Tractolina, Tractoline.

Tractómetro, Pullmeter.

Tractor, Tractor; — **agrícola,** agricultural trade or farm; — **con cuatro ruedas motrices,** four wheel drive tractor; — **de orugas,** caterpillar tractor; — **pequeño de hoja empujadora que se introduce en la bodega para cargar el cucharón de la grúa de descarga,** payloader; — **sobre ruedas,** wheel type tractor; **esfuerzo — de camiones,** ability motor truck; **tren arrastrado por** —, tractor train.

Tractor-oruga, Caterpillar tractor.

Traductor de registrador, Register's translator.

Tráfico, Merchandise; — (ferrocarril, etc.), traffic; — **aéreo,** air traffic; — **de sobrecarga,** overflow traffic; **aeródromo de gran** —, busy airport; **circuito para — de llegada,** line for incoming traffic; **circuito para — de salida,** line for outgoing traffic; **con mucho** —, congested; **condiciones de** —, character of traffic; **contador de — al final del múltiple,** late choice traffic meter; **frecuencia óptima de** —, optimum traffic frequency; **jefe general de — y rodaje,** commissioner of motor vehicles; **lugar de — complejo,** congested district; **promedio de — por enlace,** average traffic per trunk.

Tragante, Furnace top, tapping hole; — (horno alto), top, throat; — **bajo alta presión,** top high pressure; — **de horno alto,** blast furnace top; — **de humos,** smokejack; **presión en el** —, top pressure.

Traída (Galería de), Inlet tunnel.

Trama, Frame, weft, woof; **de gran capacidad de** —, large weft capacity; **en dirección de la** —, fillingwise; **madera de** —, fathom wood.

Tramo, Stub; — (de puente, etc.), bay; — **de un pozo de mina oblicuo,** bay; — **exterior,** outer bay; — **interior,** inner bay.

Trampa, Hatch, hatchway; — (de humedad), trap.

Trampilla, Flap door, valve.

Tranca, Cross bar.

Trancanil, Stringer; — **a sacudidas,** conveyer trough.

Tranchete, Anvil chisel, cooper's block, cutter; — (o formón), bottom chisel.

Trans, Trans.

Transatlántico, Transatlantic, transatlantic liner.

Transbordador, Bogie, craft, tender, transporter, traverser; — **de tracción sobre cadenas,** chain ferry; — **de vagones,** wagon traverser; **barco** —, ferry boat; **buque** —, ferry boat; **puente** —, aerial ferry; **puente — aéreo,** overhead travelling crane.

Transbordar, To tranship or transship.

Transcendente (Función), Transcendant function.

Transconductor, Transducer.

Transcripción, Transcription.

Transductivo, Transducer; **atenuación transductiva,** transducer loss.

Transductor, Transducer; — **electroacústico,** electro-acoustic transducer; — **de magnetoestricción,** magneto striction transducer; — **electromecánico,** electromechanical transducer; — **lineal,** linear transducer; — **perfecto,** ideal transducer; — **piezoeléctrico,** piezoelectric transducer.

Transferencia, Assignation, assignment, transfer; — **de la banda sonora de un film a otro,** re-recording; **coeficiente de** — **iterativa,** iterative transfer coefficient; **componente de** — **conjugada,** conjugated transfer coefficient; **constante de** — **imagen,** image transfer coefficient constant; **curva de** — (potencia a la salida en función de la potencia a la entrada), transfer curve; **factor de** —, transfer factor; **función de** — **complementaria,** difference transfer function; **función de** — **regresiva,** return transfer function; **función de** — **total,** through transfer function; **máquina de** —, transfer machine; **máquina múltiple de** —, processing machine; **relación de corriente de** — **directa,** forward transfer current ratio; **relación de tensión de** — **inversa,** reserve transfer voltage ratio.

Transferidor, Transferor.

Transferir, To assign.

Transforación, Transforation.

Transformable, Collapsible.

Transformación, Conversion, processing, revamping; **relación de** —, transformer ratio.

Transformador, Converter, transformer; — **acorazado,** shell transformer; — **adaptador de impedancias,** impedance matching transformer; — **anular,** ring transformer; — **bifásico,** two phase transformer; — **compensador,** balancing transformer; — **compound,** compound transformer; — **con neutro a tierra,** grounded neutral transformer; — **con núcleo,** core transformer; — **con toma central,** center-tapped transformer; — **con tomas de regulación,** tapped transformer; — **de acoplamiento,** tie in transformer; — **de adaptación,** matching transformer; — **de alimentación,** feeding transformer, supply transformer, transformer for rectifiers; — **de alta frecuencia,** high frequency transformer; — **de alta tensión,** high tension transformer; — **de alumbrado,** lighting transformer; — **de amortiguamiento,** damping transformer; — **de audio,** audio-frequency transformer; — **de baja frecuencia,** low frequency transformer; — **de baja tensión,** low tension transformer; — **de carga,** load transformer; — **de circuito abierto,** open circuit transformer; — **de circuito cerrado,** closed circuit transformer; — **de circuito magnético abierto,** transformer with open magnetic circuit; — **de circuito magnético cerrado,** transformer with closed magnetic circuit; — **de coeficiente de inducción variable o para intensidad constante,** suction transformer; — **de columnas,** column transformer; — **de corriente de baja tensión en corriente de alta tensión,** step up transformer; — **de cuarto de onda,** quarter-wavelength line transformer; — **de cuba ajustada,** form fit transformer; — **de distribución,** distribution transformer; — **de enfriamiento natural,** self cooling transformer; — **de enfriamiento por aire,** dry type transformer; — **de ensayo,** testing transformer; — **de entrada,** input transformer; — **de excitación,** exciting converter, exciting transformer; — **de fase,** phase transformer; — **de frecuencia,** frequency transformer; — **de impedancias,** impedance transformer; — **de impulsos,** pulse transformer; — **de intensidad,** current transformer; — **de línea,** line transformer; — **de núcleo cerrado,** closed core transformer; — **de núcleo de hierro,** iron core transformer, open core transformer; — **de plato,** tray conveyer; — **de potencia,** power transformer; — **de potencial,** potential transformer; — **de presión,** pressure transformer; — **de red,** network transformer; — **de refrigeración forzada,** forced cooling transformer; — **de regulación,** regulating transformer; — **de se-**

lida, output transformer; — **de seguridad,** safety transformer; — **de soldadura,** welding transformer; — **de subestación,** substation transformer; — **de tensión,** tension transformer, voltage transformer; — **de tensión constante,** constant voltage transformer; — **de tres columnas,** three column or three legged transformer; — **del tipo del circuito abierto,** open t'oe transformer; — **diferencial,** differential transformer; — **elevador,** booster transformer, step up transformer; — **en baño de aceite,** oil transformer; — **en derivación,** shunt transformer; — **en serie,** series transformer; — **enfriado por aire,** air cooled transformer; — **enfriado por aceite,** oil cooled transformer; — **erizo,** hedgehog transformer; — **ideal** (prototipo), ideal transformer; — **interfásico,** interphase transformer; — **lleno de líquido,** liquid filled transformer; — **monofásico,** monophase or single phase transformer; — **móvil,** mobile transformer; — **para aplicaciones especiales,** functional transformer; — **para fuerza motriz,** power transformer; — **para timbre,** bell transformer; — **protegido por fusible,** fused transformer; — **reductor,** reducing transformer, step down transformer; — **regulador,** regulating transformer; — **rural,** rural transformer; — **serie paralelo,** multiple series transformer; — **shunt,** shunt transformer; — **simétrico-asimétrico,** balance to unbalance transformer; — **sin hierro,** air core transformer; — **sin núcleo,** core transformer; — **síncrono medidor del error,** resetter; — **tesla,** tesla transformer; — **trifásico,** three phase transformer; **acero para transformadores,** transformer steel; **acoplamiento o montaje de** —, transformer connection; **borna de** —, transformer clamp; **borne aislante de** —, transformer bushing; **bornes de** —, —, transformer clamps; **cuba de** —, transformer tank; **pozo de** —,

transformer pit; **primario de** —, primary of transformer; **tapa de** —, transformer cover; **toma de regulación de** —, transformer tap; **transformadores heteromórficos,** transformers in which the kind of current is changed; **transformadores homomórficos,** transformers in which the kind of current is not changed; **transformadores montados o acoplados en paralelo,** transformers connected in parallel.

Transformados, Transforms.

Transformar, To convert, to process, to revamp.

Transición, Transition; — **progresiva,** taper transition; **carril de curva de** —, easing rail; **factor de** —, mismatching factor; **sección de** —, transition section.

Transiluminar, To transilluminate.

Transistor, Transistor; — **de contacto,** junction transistor; — **de puntas,** point-contact transistor; — **de unión,** junction transit (j. t.).

Transistorización, Transistorization.

Transitabilidad, Trafficability.

Transitable, Carriageable.

Tránsito, Forwarding, transit; — **(comercio),** transit; **centro de** — **internacional,** international transit centre; **conferencia internacional de doble** —, two link international call; **en** —, in transit; **país de** —, transit country; **permiso de** —, transire; **tiempo de** —, transit time; **tráfico de** —, traffic transit.

Transitorio (adj.), Transient; **corriente transitoria,** transient current; **corriente transitoria de retorno,** transient restriking; **corrientes transitorias,** transients; **fenómeno** —, transient; **respuesta en régimen** —, transient response; **respuesta transitoria,** transient response.

Translación, Displacement, travel; — **de frecuencia,** frequency translation; **mando de** — **del carro,** crab runway.

Transmisiómetro, Transmissiometer.

Transmisión, Drive, driving gear, in transit, shafting; — **angular,** angle drive; — **automática,** automatic transmission; — **con incidencia oblicua,** obique-incidence transmission; — **de calor,** heat transfer; — **de dos señales independientes en la misma línea, o en radio en la misma antena** (transmisión diplex), diplex transmission; — **desde los ·estudios,** studio broadcast; — **flexible,** flexible shafting; — **hidráulica,** fluid drive; — **intermedia,** countershaft; — **intermedia por correa,** countershaft; — **por cables múltiples,** continuous rope drive systems; — **por cadenas,** chain gear, chain gearing; — **por correa,** belt driving; — **por corriente continua,** direct-current transmission; — **por corriente de dos polaridades,** double current transmission; — **por corriente de una polaridad,** single-current transmission; — **por fricción,** friction drive; — **por hilos flexibles,** flexible wire mechanism; — **por manivela,** crank gear; — **por onda portadora,** carrier transmission; — **por una banda lateral,** singlesideband transmission; — **radioeléctrica,** radiotransmission; — **secreta,** secret transmission; **árbol de —,** continuous line or shafting, transmitting shaft; **caballetes de — intermedia,** counter shaft suspension arms; **cadena de —,** pull chain; **cadenas de —,** gearing chains; **cárter de —,** gear box; **de —,** transmitting; **equivalente efectivo de —,** effective transmission equivalent; **estabilidad de —,** transmission stability; **índice de calidad de —,** transmission perfomance; **línea de — abierta,** open transmission line; **línea de — de estrías,** strip line; **mecanismo de —,** driving gear; **oficial encargado de las transmisiones,** communication officer; **piezas de — de movimiento,** bobs; **sala de —,** broadcasting room;

sentido de — aire-tierra, air-to-ground way of transmission; **sentido de — barco-costera,** ship-to-shore way· of transmission; **sentido de — tierra-aire,** ground-to-air way of transmission; **sistema de — multiplex,** channelling; **torno para árboles de —,** shafting lathe.

Transmisividad, Transmissitivity.

Transmisor, Sender, transmitter; — **de arco,** arc transmitter; — **de código** (en radiofaros), code sender; — **de órdenes,** telegraph, telegraphic embosser; — **de posición,** position transmitter; — **de senda de descenso,** glide path transmitter; — **de sonido,** aural transmitter; — **numerador automático,** automatic numbering transmitter; — **telegráfico,** telegraph transmitter; **oficina transmisora,** forwarding office; **rama transmisora,** transmitting branch; **tolerancia de frecuencia de un —,** frequency tolerance of a radio transmitter.

Transmutación, Transmutation.

Transónico, Transonic; **túnel —,** transonic tunnel.

Transparencia, Transparence or transparency; — (telas), sheerness.

Transparente, Transparent.

Transpirómetro, Transpirometer.

Transportabilidad, Portability.

Transportable, Portable engine.

Transportador, Conveyer chain, protractor, rope way, transporter; — (aparato), conveyer or conveyor; — **a sacudidas,** shaker conveyer, vibrating conveyer; — **aéreo,** aerial carrier, aerial rope way, aerial transporter; — **de cinta,** belt conveyer; — **de correa,** belt conveyor; — **de dramantista,** cadrans; — **de garfios,** hook conveyer; — **de paletas,** flight feeder; — **de rastrillos,** rake conveyor; — **de taller,** bevel protactor; — **por arrastre,** rope conveyer; —

por cinta, conveyorised; **cadena transportadora**, chain conveyer, conveyer line; **cangilón de —**, conveyer bucket; **cinta transportadora**, conveyer chain; **correa transportadora**, conveyer belting; **elevador —**, hoist conveyor.

Transportadora de tensión provocada, Drive with weighted belt tightener.

Transporte, Carriage, convection, transport, transportation; **— de granos**, grain carrier; **— por banda**, belt conveyance; **— por carretera**, road transport; **— por vía**, rail transport; **avión de —**, transaircraft or transport; **avión de — turbopropulsado**, turbo prop transport; **caja de —**, case field; **capacidad de — de corriente**, current carrying capacity; **empresa de —**, carrier delivering; **ganguil de — del lino**, dredger hopper; **rastra para — de troncos**, swingdingle; **tarifas de —**, freight rates; **transportes por camión**, trucking; **tubo de —**, conveyer tube.

Transposición (química), Rearrangement; **— aniotrópica**, aniotropic rearrangement; **— benzidínica**, benzidine rearrangement; **— vertical**, drop bracket transposition; **aislador de —**, transposition insulator; **soporte de — sencilla**, simple pin transposition; **transposiciones para fantomización**, phantom transpositions.

Transuránido, Transuranian.

Transvección, Transvection.

Transversal, Cross sectional, crosswise, transversal, transverse, thwart ships **— principal**, deep adit; **avance —**, traverse feed; **balancín —**, cross beam; **brazo —**, crown rail; **brazola —**, ledge; **carro —**, cross tool, (máq.-herr.), crosswise carriage, (torno) cross slide; **corte —**, cross section; **costura —**, transversal seam; **escoplo cilíndrico de filo —**, cross mouth chisel; **estabilidad —**, transversal stability; **filón —**, cross course, cross course spar;

flujo — (elec.), cross flux; **galería —**, cross connector, cross cut, cross working, drift, traverse gallery, (minas) cross way; **guía — (máq.-herr.)**, crown rail; **junta de clavijas transversales**, cross keyed connection; **manigueta de embrague de avance —**, handle for crosshand feed; **onda —**, transwave; **pendiente —**, crossfall; **ramal —**, cross branch; **rigidez —**, transverse restraint; **sección —**, cross section; **sección — activa**, active cross section; **talla —**, cross opening; **tirante —**, cross tie.

Transversalmente, Spanwise, thwart.

Tranvía, Electric street car, tram car.

Trap, Trap rock.

Trapecio, Trapezium.

Trapezoidal, Trapezoidal; **correa —**, trapezoidal belt.

Trapezoide, Parallel trapezium.

Trapiche horizontal, Cane horizontal.

Trasdós (Sierra de), Back saw.

Trasegado, Drawoff.

Trasero, Rear; **avantrén y dos ejes portadores traseros** (locomotora), four coupled double ender; **camión con vuelco —**, rear dump truck; **con motor —**, rear engined; **jaula parà cojinetes a bolas —**, rear ball race; **mano fija de la ballesta trasera**, rear mounted spring bracket; **parachoques —**, rear bumper; **placa trasera**, back sheet; **puente —**, back (or rear) axle, (auto) live axle; **rueda hidráulica de admisión trasera**, back shot wheel; **trompeta del puente —**, rear axle tube.

Traspuntín, Bracket seat, flap seat.

Tratado, Hardened, treated; **no —**, untreated.

Tratamiento, Curing, hardening, process, proccessing, treatment or treating; **— con ácido sulfúrico**, acid treatment; **— con álcalis**, alcali treatment; **— de chatarras**, process scraps; — **de las pieles antes del curtido dejándolas sumergidas en solución de enzimas pancreáticas,** puering; — **de redisolución,** resolution treatment; — **de superficie,** surface treatment; — **del mineral,** process ore; — **por calor,** heat treatment; — **por cantidades extremadamente débiles de materia,** threshold treatment; — **por contacto,** clay treatment; — **químico,** chemical processing; — **térmico,** heat treatment; (mineral), **que da oro o plata sin tueste ni otro — químico,** free milling; **procedimiento de — en verde,** sap stream process.

Tratar, To process, to treat.

Través (de un navío), Broad side; — **de estribor,** starboard beam; **al —,** cross wire, obliquely, slanting, slantwise; **por el —,** abeam, athwart.

Travesaño, Bolster, bracket, head beam, scarf, tie, tie beam; — (armazón), summer tree; — **de hierro liso,** brace; — **de poste,** crossbuck; **conjunto de travesaños,** seating; **travesaños,** mounting.

Travesero, Bridging.

Travesía, Bushing, cross over, crossing.

Travesía, Bawk, beam, bearer, butment, collar, cross bar, cross hammer, cross head, cross member, cross piece, cross rail, cutter slide, cross stud or cross stretcher, cross tie, ear bed, end girder, frame stay, pillar bolt, rail bearer, sleeper, stretcher, tie, tie bar, tie bolt, truss; — (ferrocarril), sleeper; — **de cuerpo de pistón,** cross-head beam; — **de ferrocarril,** cross sleeper; — **de mamparo,** bay rail; — **de parrilla,** bearing bar for furnace; — **de pilotaje,** cross bar, cross sleeper; — **de vía,** railway tie; — **del cenicero,** clinker bar; — **inferior,** bottom rail; — **inferior de una puerta de esclusa,** bottom; — **móvil,** bogie; **cajear traviesas,** to

adze; **cojinete de —,** cross head pin; **colocación de traviesas,** sleepering; **entalladura de traviesas,** adzing; **gorrón de —,** cross head pin; **guías de la —,** cross head guides; **patín de — o de T,** cross head guide block; **perforadora de traviesas,** sleeper driller; **perno de —,** cross head pin; **plantilla para el cajeado de traviesas,** cramp gauge; **refuerzo de —,** centre boss.

Trayectos (Efecto de) **múltiples,** Multipath effect.

Trayectografía, Trajectography.

Trayectoria, Path, trajectory; — **curva,** curved path; — **de descenso,** glide slope; — **iónica,** ionic track.

Traza de corrosión, Bite.

Trazado, Dab, design, designing, drawing, lay, lofted, lofting, logging, marking off, profile, scored, shaping, tracing; — **accidentado,** irregular configuration; **aparato para el — de curvas,** plotter; **cuadernas de —,** principal frames; **puntal de —,** moulded depth.

Trazador, Tracer, tracer lever; — **de ruta** (aviac.), flight log; — **isotópico,** isotope or isotopic tracer; — **radioactivo,** radioactive tracer; **estudio por medio de trazadores,** tracer study; **rueda trazadora,** tracer wheel.

Trazar, To delineate, to draw, to draw in lead, to loft, to plot, to trace; — **sobre madera o metal,** to scribe; — **una curva en función de,** to plot against; **punta de —,** cutting point, draw point, drop point, pointer borer, scribe, scriber, scribing iron; **punto de —,** scribing awl.

Trazo, Line, mark; — **lleno,** solid line, (dibujo) dash line; **hacer trazos,** to bestick.

Trefilado, Drawing, wire drawing; **hilera de —,** wire drawing dies; **orificio de —,** draw hole.

Trefilador, Wire drawer.

Trefilar, To draw; **caja para — los cables,** drawing in box.

Trefilería, Drawing mill, wire drawing machine, wire mill, wire working.

Trefle (Acoplamiento de), Wobbing coupling.

Trementina, Turpentine, white resin.

Tremógrafo, Tremograph.

Trémolo (acústica), Quaver.

Tren, Apparatus (plural **Apparatuses**); — (ferrocarril), train; — **continuo,** continuous mill; — **continuo de bandas,** continuous strip mill; — **continuo de laminación,** billet continuous mill; — **de alambre,** rod mill; — **de aterrizaje,** undercarriage; — **de aterrizaje de bojies múltiples,** multiple wheel bogie under carriage; — **de aterrizaje de orugas,** track tread landing gear; — **de aterrizaje escamoteable,** retractable undercarriage; — **de aterrizaje escamoteable lateralmente,** sideways retractable undercarriage; — **de aterrizaje para viento de través,** cross wind landing gear; — **de aterrizaje retráctil,** releasable under carriage; — **de bandas,** sheet mill; — **de bucle,** looping mill; — **de encalar y urdir,** ward dresser; — **de engranajes,** toothed hearing, train; — **de engranajes planetarios,** planetary gear train; — **de flotadores,** floatation landing gear; — **de laminación de bandas,** strip mill; — **de laminación de desbastes planos,** slabbing mill; — **de mercancías,** freight train, luggage train; — **de ondas,** trains of waves or wave trains; — **de orugas,** track tread landing gear; — **de pasajeros,** passenger train; — **de varillas,** stand; — **desbastador,** cogging mill; — **dúo,** two high train; — **laminador,** train; — **laminador de bandas en frío,** cold strip mill; — **laminador para bandas,** strip mill; — **máquina continuo,** continuous rod mill; — o **laminador desbarbador,** puddle rolling mill; — **para flejes,** slitting mill; — **para redondos,** rod mill; — **remolcado por tractor,** tractor train; — **retraído,** landing gear up; — **reversible,** reversing mill; — **sacado,** landing gear down; — **triciclo,** tricycle undercarriage; **alojamiento del — de aterrizaje,** undercarriage well; **gato de elevación del —,** undercarriage main jack; **indicador de elevación del — de aterrizaje,** undercarriage indicator; **pequeño — de madera,** crib; **puesta en —,** starting, starting gear; **trenes bajados,** wheels down.

Trenzado (Alambre), Braided wire.

Trencha, Ripping chisel.

Trenza, Braid, coiling; — (de cáñamo, de paja), sennet; — **barnizada con minio o con blanco de cerusa,** gasket soaked in red or white lead; — **de cáñamo o de algodón,** gasket; — **de cobre,** copper braid; — **del cable,** strand of the rope; — **embreada,** oil soaked gasket; — **metálica,** metal braided; — **para guarniciones,** packing tow; — **plana,** tape; — **plana, redonda, cuadrada,** flat, round, square braid.

Trenzado, Braided, knit; **amianto —,** braided asbestos; **hilos trenzados,** twisted wires.

Trenzar, To braid, to twist.

Trepable, Climbable.

Trepador, Climbers, climbing spur.

Trepadores, Climbing irons.

Trepanado, Trepanning.

Trepanar, To trepan.

Trépano, Bit, bore bit, borer pump, boring bit, chisel, cross mouthed chisel, drill, drill jar, miner's auger, mining drill, reaming bit, rock bit, roller bit; — **de berbiquí,** borer; — **de cuchara,** spoon bit; — **de disco,** disc bit; — **de ensanchar,** reamer; — **de láminas,** drag bit; — **en cola de carpa,** fishtail bit; — **ensanchador,** under-reamer; — **hueco,** mining hollow drill; — **macizo**, mining solid drill; — **minero**, earth borer; — **múltiple**, multiple blade; — **piloto**, pilot bit; — **plegable**, collapsible bit; **calibrador de** —, bit gauge; **desbloqueador de** —, bit breaker; **plomo de** —, drill plate.

Trepar, To creep.

Trepidación, Jar, jarring, jog, tremor.

Trepidar, To jar, to pant.

Tres, Three; **buque de** — **puentes**, three deck vessel.

Tresbolillo, Quincunx; **al** —, staggered.

Triangulabilidad, Triangulability.

Triangulación, Survey, triangulation; — **fotográfica**, photographic triangulation; **hacer la** —, to survey; **red de** —, skeleton triangulation.

Triangular, Triangular; **lima** —, three square file.

Triangular (Terraja de filete), Screw with a triangular thread screw.

Triángulo, Dog, triangle; — (montaje en), delta; — **de entrada** (turbina), inlet diagram; — **de error**, triangle of error; — **de palastro**, gusset stay; — **isósceles**, isoceles triangle.

Triángulo-estrella (montaje), Delta wye.

Triarticulado, Three pivoted.

Triaxial, Triaxial; **cizallamiento** —, triaxial shear.

Tricetonas, Triketones.

Triciclo, Tricycle; **tren** —, tricycle undercarriage.

Triclínico, Triclinic.

Tricloroetileno, Westrosol.

Tricloruro, Trichloride; — **de yodo**, iodine trichloride.

Tricolorímetro, Tricolorimeter.

Tricotar, To knit.

Tricoma (Selección), One strip color separation.

Tricomoscopio, Trichromoscope.

Tricromático, Tristimulus, trichromatic; **integrador** —, tristimulus integrator.

Tridimensional, Three dimensional.

Tridimensionabilidad, Tridimensionality.

Tridireccional, Three way; **conmutador** —, three way switch.

Trifásico, Three phase, triphase; — (elec.), three phase; **contador para corrientes trifásicas** (elec.), three phasemeter; **motor** —, three phase motor; **rectificador** — **de onda completa**, three phase full wave rectifier; **sistema** —, three phase system; **transformador** —, three phase transformer.

Trifibio, Triphibious; **operaciones trifibias**, triphibious operations.

Trifluoroacético, Trifluoroacetic; **ácido** —, trifluoroacetic acid.

Trifluoruro, Trifluoride.

Triforio (arquitectura), Triforium.

Triformo, Triformic.

Trigonometría, Trigonometry.

Trigonométrico, Trigonometrical or trigonometric; **función trigonométrica**, trigonometrical function; **retículo** —, trigonometrical survey.

Trillón, Trillion; **en Francia y en Estados Unidos 1** — **es un millón de millones** (que en España se llama billón), trillion; **en Gran Bretaña 1** — **es el cubo del millón**, trillion.

Trímero, Trimer.

Trimestral, Quarterly.

Trimetal, Trimetal.

Trimetálico, Trimetallic.

Trimetilacético (Ácido), Trimethylacetic acid.

Trimétrico, Trimetric.

Trimetrogón, Trimetrogon.

Trimotórico, Trimotored.

Trinca, Holdfast; — (buques), gripe; **aparejo de** —, relieving tackle.

Trinchar, To chop off, to clip, to cut.

Trinchera, Cutting, digging, opening, trench.

Trinitrato, Trinitrate.

Trinoscopio, Trinoscope.

Trinquete, Cat and rack brace, catch, clack, click, click and ratched wheel, click and spring work, click catch, click iron, detent, drop pawl, iron stud, pallet, pawl; **— de resorte,** catch spring; **— reversible,** reversible claw, throw over claw; **acoplamiento de —,** pawl coupling; **aparejo de —,** ratchet hoist; **colocar los trinquetes** (cabrestante, etc.), to pawl; **gatillo de —,** spawl; **lengüeta de una rueda de —,** click of a ratchet wheel; **llave de —,** ratchet brace, ratchet lever; **muesca de —,** engaging scarf; **perforador de —,** ratchet, ratchet brace, ratchet drill; **rueda de —,** click, click wheel, (véase **Wheel**), ratchet wheel; **uña de —,** catch, click; **zafar un —,** to drop.

Triodo, Triode; **— doble,** duotriode.

Tripala (hélice), Three bladed.

Tripión, Tripion.

Triplano, Three plane.

Triple, Treble, triple; **con — fila de remaches,** treble riveted; **mezcladora de — cono,** triple cone mixer.

Triplicador, Tripler **— de frecuencia,** frequency tripler.

Trípode, Tripod; **— de patas telescópicas,** adjustable tripod; **mástil —,** tripod mast.

Tripolar, Three pole, tripole.

Tripulación, Crew; **— de avión,** operating crew.

Tripulante, Crewman.

Triscador, Saw set.

Triscadora, Saw set.

Trisección, Trisection; **— del ángulo,** angle trisection.

Trisectriz, Trisector.

Trisódico, Trisodium; **fosfato —,** trisodium phosphate.

Trisulfuro, Trisulfide.

Triterpeno, Triterpene; **— con 6 enlaces dobles pero que es una mezcla de isómeros de doble enlace,** squalene.

Tritiación, Tritiation.

Tritio (adj.), Tritium.

Tritón, Triton.

Triturabilidad, Grindability.

Trituración, Attrition, backing of ores, break back, comminuting, pounding; **— con bocarte,** pounding.

Triturado, Crushing.

Triturador, Grinder, pestle, pulper; **cilindro —,** crushing cylinder, grinder; **cilindros trituradores,** crushing rollers; **rodillos trituradores,** crushing rollers.

Trituradora, Bruising mill, shredder; **— de barras,** rod mill; **— de cilindros,** crushing mill.

Triturar, To bruise, to buck, to crush, to pound; **disco de madera para — salitre,** boring wheel; **máquina de —,** grinding machine.

Trivalente, Three condition; **código — para cable,** three condition cable code.

Trocear, To cut off, to cut out; **— madera,** to cut up; **máquina de —,** cutter.

Trocoidal, Trochoidal; **onda —,** trochoidal wave.

Trocoide, Trochoid.

Trocotrón, Trochotron.

Trocha, Cross cut.

Trochos de hierro, Billet.

Trofeo, Trophy; **adjudicación del —,** trophy award.

Trole, Trolley or trolly; **roldana de —,** trolley wheel; **rueda de —,** trolley wheel; **sistema de tranvía de — subterráneo,** conduit system.

Trolebús, Trolley bus.

Tromel de limpieza, Clearing trommel.

Trompa, Horn.

Troncanil, Gutter.

Tronco, Block, log, stub; — **abatido,** log; — **corto,** billet; — **para aserrar,** small beam; **corte de troncos,** logging.

Tronera, Gun aperture.

Tronzadora (Máquina) de muela abrasiva, Abrasive cutter.

Tronzar, Cut off; **herramienta de** —, cutting off tool; **máquina de** —, cutting off machine; **torno de** —, cutting lathe.

Tropicalización, Tropicproofing.

Troposfera, Troposhere.

Troposférico, Tropospheric; **onda troposférica,** tropospheric wave.

Troquel, Die, die stamp, dye (rare), punch; — **de acanalar,** creasing die; — **de bases,** collar tool; **eyector del** —, die pad; **forzamiento en** —, extrusion.

Troquelado, Punching.

Trozo, Cut, chunk, lump, mammock, piece, stub; — **de hielo,** chunk of ice, flake; — **pequeño,** scrap; **aplastar un** — **de tocho en la prensa de forjar para formar un disco grueso,** to squab; **mineral en** —, lump ore.

Trucar una mina o una muestra minera por introducción de minerales de otra procedencia, To salt.

Trueno, Lightning.

Troncado, Blunt.

Trulla, Trowel.

Truncado, Blunt; **cono** —, blunt cone.

Truncar, To truncate.

Tubería, Draw pipe, line, main, manifold, piping, tubing; — **de aire comprimido,** compressed air piping; — **de arranque** (Diesel), starting piping; — **de caucho,** rubber tubing; — **de combustible,** fuel line; — **de descarga,** force pipe; — **de distribución de acetileno,** acetylene gas line; — **de relleno,** stowing pipe; — **de retorno del agua de condensación y de aire,** dry return; — **de ventilación,** vent line; — **ligera,** flexible tubing; — **para agua de lastre,** ballast piping; — **para agujas hipodérmicas,** needle tubing; — **principal periférica para achique final de tanques,** ring main stripping line; **gastos de transporte por** —, pipage; **polea de tuberías,** casing pulley; **tuberías,** ductwork; **tuberías de achique,** dewatering pipe.

Tubo, Blast plate, culm, draw pipe, duct, pipe, snout, spout, tube; — **acelerador de bomba,** booster bomb; — **acodado,** elbow piping, kneed pipe; — **aislante de alumbrado,** conduit lighting; — **amplificador,** amplifier tube; — **aumentador,** augmenter tube; — **«ballast»,** ballast tube; — **bellota,** acorn tube; — **bifurcado,** branch piece, branch place, Y branch; — **bifurcado de chimenea,** inner shell; — **bifurcado de expulsor de compresor,** discharge manifold; — **bifurcado en horquilla,** breech pipe, Y branch; — **capilar,** capillary tube; — **captador de imágenes,** storage camera tube; — **catalizador,** catalysing tube; — **catódico,** cathode ray tube; — **colador para pozos,** casing screen; — **compensador,** expansion piping; — **cónico,** cone mouth, cone pipe; — **contador de radiación,** radiation counter tube; — **curvado,** angle pipe; — **de acero,** steel tube; — **de ademe,** casing tube; — **de admisión,** induction pipe; — **de aletas,** fin tube; — **de alimentación,** feed piping, (loc.) delivery pipe; — **de alto vacío,** hard tube or hard valve; — **de aluminio,** aluminium tube; — **de ánodo refrigerado,** cooled anode tube; — **de aspiración,** admission pipe, draft tube, draught tube, sucking tube, suction pipe; — **de caída barométrica**, barometric discharge pipe; — **de caldera**, boiler tube; — **de campo retardador**, retarding-field tube; — **de carga espacial**, space-charge-grid tube; — **de cátodo caliente**, hot-cathode tube; — **de cátodo frío**, cold-cathode tube; — **de cobre**, copper tube; — **de codaste**, stern tube; — **de comunicación**, connecting pipe; — **de condensador**, condenser tube; — **de conducción**, conduit pipe; — **de conducción de vapor**, main pipe; — **de conducción del vapor**, steam feed piping; — **de conos escalonados**, petticoat piping; — **de cuarzo**, quartz tube; — **de chimenea**, inner shell, tunnel, uptake; — **de choque**, shock tube; — **de derramamiento**, chute drop; — **de desagüe**, waste pipe; — **de descarga**, by wash, discharge tube, down piping, outlet piping, spout, waste water pipe; — **de descarga con envoltura metálica**, tank; — **de descarga condensada**, flash discharge tube; — **de descarga de camisa metálica**, pool tube; — **de descarga de cátodo frío**, luminous tube; — **de distribución**, delivery hose, delivery pipe, distributing piping; — **de doble rejilla**, double grid tube; — **de electrodos en capas paralelas** (megatrón), dish seal tube; — **de elevado factor de amplificación**, high mu tube; — **de emisión**, delivery trap; — **de empalme**, branch pipe, junction pipe; — **de enchufe**, faucet pipe, socket pipe; — **de entrada**, inlet pipe; — **de entrada del vapor**, entrance steam piping; — **de escape**, tail pipe, waste steam pipe; — **de escape de máquina de vapor**, blast pipe; — **de evacuación**, blow down pipe, down comer, eduction piping, tail pipe; — **de gas**, gas pipe; — **de gas perforado por pequeños orificios dispuestos en serie que sirven para propagar el encendido**, flash pipe; — **de haz electrónico**, elec-

tron-beam tube; — **de haz orbital**, orbital beam tube; — **de humo** (calderas), fire tube; — **de imagen**, picture tube; — **de inyección**, injection pipe; — **de la válvula**, extended rod; — **de la válvula del neumático**, extended rod; — **de lanzamiento**, torpedo tube; — **de lodos** (caldera), mud drum tube; — **de llenado**, delivery hose; — **de medida**, measuring tube; — **de memoria por carga**, charge storage tube; — **de mu variable**, variable-mu tube; — **de muestreo**, sampler tube; — **de neón**, neon tube; — **de nivel**, gauge glass; — **de núcleo**, core bottom; — **de obturación**, dip piping (gas), dop pipe; — **de papel bituminizado**, bituminized paper pipe; — **de petróleo**, petrol piping; — **de Pitot**, Pitot head; — **de plomo**, leaden pipe; — **de potencia**, power tube; — **de prensaestopas**, gland joint expansion; — **de protección**, shield tube; — **de purga**, blow through pipe, drain piping, drip piping; — **de rayos catódicos**, cathode-ray tube; — **de rebose**, branch nozzle, overflow piping, waste pipe; — **de relleno** (minas), slurry piping; — **de resonancia**, resonance tube — **de retorno de agua**, header; — **de retorno de agua de condensación y de aire** (sistema de caldeo por vapor), dry return; — **de retorno del agua de condensación** (sistemas de caldeo por vapor), wet return; — **de salida**, output tube, tail pipe; — **de salida de un canalón de recogida de aguas**, pap; — **de salida del vapor**, exit steam piping; — **de siete electrodos**, heptode tube; — **de televisión**, television tube; — **de traída de aceite**, oil supply piping; — **de tres electrodos**, three electrode tube; — **de unión**, joint pipe; — **de vacío**, vacuum tube, vacuum valve; — **de vacío con envoltura metálica formando ánodo**, cat kin tube; — **de vacío que contiene algo de gas**, gassy tube; — **de válvulas**, valve tube; — **de** vapor alrededor del cilindro, belt pipe; — de ventilación, air pipe, blast tube; — de vidrio, all-glass tube, glass tube; — doble, duplex tube; — electrónico, electron tube; — electrónico defectuoso, defective electronic tube; — en cabeza, head pipe; — en forma de Y, branch Y; — en T, cross head; — en T con codo, single sweep T; — en Y, breeches pipe; — enderezador de vapor de mercurio, capacitron; — estirado, drawn tube, seamless tube; — extensible, expansion piping; — faro, disk seal tube; — flexible, flexible tube, hose, hose pipe; — generador de gases, gaseous tube generator; — hervidor, fire tube; — indicador de la presión hidráulica, water gauge; — indicador visual, visual indicator tube; — interior, inside tube; — invertido, inverted tube; — lanzatorpedos, torpedo tube; — lanzatorpedos submarino, submerged torpedo tube; — liso, blank pipe; — metálico ligero que contiene hilos aislados, Bx or Bx cable; — miniatura, miniature tube; — negro, black casing; — para hilos eléctricos, conduit wire; — portatestigo, core barrel; — protector, protecting tube; — pulverizador, dropping tube; — receptor, receiving tube; — receptor de televisión, kinescope; — refrigerante, cooling pipe; — revestido, casing coated; — secador, dry piping, drying tube; — sin costura, seamless tube; — sin soldadura, weldless tube; — sobre la flotación, above water tube of torpedo; — sobrecalentador, overheating piping; — soldado, welded tube; — sumergido, dipping tube; — telescópico, draw tube, telescopic tube; — termoiónico, thermionic tube, thermionic valve; — tomavistas en televisión, television pick up tube; — transmisor de órdenes, armoured tube; — transversal, bridge pipe; — vertical, down comer; abocardadora de tubos, tube expander;

abrazadera para fijar tubos a la pared, holderbat; acoplamiento roscado de tubos, screw pipe coupling; ánodo auxiliar (tubos de gas), keep-alive anode; aparato de trocear tubos, pipe cutter; bifurcación de tubos, branching pipe; blindaje de — (radio), valve shield; brida de sujeción de —, boiler seating; canalizaciones bajo tubos, conduit tubes; casquillo de —, buffer tube; casquillo del — en T (máq. de vapor), centre box; collar para tubos, clip; collarín o brida de —, pipe flange; colocación de una brida en —, flanging; curvadora de tubos, pipe hickey; dar forma de — a, to tubulate; detector de — de vacío, vacuum tube detector, vacuum tube rectifier; elevador de tubos, casing elevator; en forma de —, pipy; enganchatubos de sondeo, pipe grab; enrolladora en tubos (tejidos), tuber; estrechamiento de la luz de tubos, baffling tube; estroboscopio de — de neón, stroboglow; extremo macho de un — de conducción, spigot end of a pipe; fábrica de tubos, pipeworks; forjador de tubos, tube forger; gancho para tubos, casing hook; ladrillo de unión del —, boiler seating; llave arranca-tubos, pipe dog; llave de —, wrench socket; llave para tubos, bulldog wrench; mandril para la fabricación de tubos de plomo, core; mandriladora de tubos, tube expander; máquina de curvar tubos, pipe bending machine; máquina de embutir tubos, pipe socketing machine; máquina de fabricar tubos, pipe machine, tube engine, tube frame; máquina de probar tubos, tube tester; máquina de trocear tubos, pipe cutter; muñonera de —, elbow joint; obstrucción del —, pipe choking; pantalla de — de rayos catódicos, target of cathode ray tube; placa de cabeza de los tubos, flue plate or flue sheet; por encima de los tubos (caldera), in the clear; prensa para tubos de grés, dod;

presentación en tubos de rayos catódicos, cathode-ray display; pulverizador de tubos concéntricos, tubular atomiser; reborde de —, elbow joint; rebordear tubos, to bead; recorrido de un —, lead of a pipe; rectificador de — de vacío, vacuum tube rectifier; sensibilizar en tubos de memoria por carga, to prime in charge-storage tubes; serie de tubos elevadores (bomba), ascending column; sin —, tubeless, (estufas), flueless; soporte para el — de reacción, anchorage torque tube; substituto de tubos, casing substitute; tambor para decapar tubos, tambling drum; tapón para los tubos, tube plug; tenazas para tubos, pipe tongs; tubos, chimney flues; tubos abocinados, flared up tubes; tubos de acero, tubular steel; tubos de cielo (de alambique), roof tubes; tubos de empaquetadura, packed tubes; tubos intercambiables, interchangeable tubes; tubos radiantes, radiant tubes.

Tuboaxial, Tubeaxial.

Tubuladura, Branch, branch pipe, muzzle, neck, nozzle.

Tubular, Tubing, tubular; bastidor —, tubular chassis or frame; caldera —, pipe still; carcasa —, tubular framework; distanciador —, distance sink tube; género — para fundas de almohada, pillow tubing; haz —, tube bundle; máquina de pistón —, trunk engine; parrilla —, grate of tube; placa —, tube plate; recuperador —, tubular recuperator; riostra —, distance tube; tirante —, distance tube.

Tuerca, Female screw, hollow screw, nut; — acanalada, castle nut; — autobloqueante, self locking nut; — autorretenedora, stiffnut; — ciega, box nut; — con muescas, castle nut; — con resalto, collar nut; — con resalto o de resalto, collar nut; — cuadrada, square nut; — de casquete, screwed cap;

— de corona, castellated nut; — de eje, axle nut; — de empalme, capping; — de fijación, adjusting nut, circular nut; — de garganta, groover nut; — de inmovilización, binding nut, stopping nut; — de llave, ear nut; — de mariposa, butterfly nut, wing nut, wring nut; — de orejas, thumb nut, thumb screw; — de orejetas, butterfly nut, finger nut, lug nut, thumb nut, wing nut; — de perno de rosca, bolt nut; — de quijadas, clasp nut; — de regulación, adjusting nut; — de seguridad, fasten nut, locking nut; — dividida en dos mitades, split nut; — embragable sobre el tornillo madre, clasp nut; — exagonal, hexagonal nut; — frenada, safetied nut; — inaflojable, lock nut; — perforada, capstan bolt, circular nut; — plataforma, cheek lateral; — prisionera, cage nut; — roscada, box screw; — roscada interior y exteriormente, screw nut; abrazadera con tuercas, bolt yoke; aflojamiento de una —, backing a nut; contra —, lock nut; embrague de — de los conos de fricción, screw brake nut; frenar una — con un pasador, to cotter; freno de —, nut lock; llave de tuercas, screw wrench; llave de tuercas universal, universal screw wrench; llave grande de tuercas, dwang; llave para tuercas, screw key; macho de roscar tuercas, screw tap; máquina de fabricar tuercas, nut making machine; máquina de roscar tuercas, nut tapping machine; sintonizador de —, slide screw tuner.

Tulio, Thulium.

Tumbaga, Dutch brass.

Túnel, Tunnel; — aerodinámico, wind tunnel; — aerodinámico de baja temperatura, blizzard wind tunnel; — aerodinámico de ráfagas intermitentes, blow down wind tunnel; — canal aerodinámico, wind funnel (véase Tunnel); — canal aerodinámico para aviones super-

sónicos, supersonic wind tunnel; **— de agua,** water tunnel; **— de ráfagas intermitentes,** intermittent wind tunnel; **— de vena cerrada,** closed jet wind tunnel; **— de vena estanca,** closed throat wind tunnel; **— de vena libre,** open jet wind tunnel; **— del eje** (buques), shaft tunnel; **— en circuito cerrado,** return circuit wind tunnel; **— para ensayos de vuelo libre,** free flight wind tunnel; **— supersónico,** hypersonic wind tunnel, supersonic wind tunnel; **— transónico,** transonic wind tunnel; **álabes directores de — aerodinámico,** wind tunnel guide vanes; **difusor de — aerodinámico,** wind tunnel nozzle; **entrada de —,** portal; **pie derecho de —,** tunnel abutment; **ventilador de — aerodinámico,** wind tunnel fan.

Tungsteno, Tungsten; **— toriado,** thorium tungsten; **acero al —,** tungsten steel.

Tungstato, Tungstate; **— de manganeso,** hubnerite.

Tupí, Spindling machine, spinner; **trabajado con la —,** spindled; **trabajar con la —,** to spindle.

Turba, Peat, turf; **con sabor a humo de —,** peaty.

Turbera, Bog, coal pit, digging, peat bog, peat moss, turbary; **lignito de —,** bog coal; **mineral de turberas,** bog iron ore.

Turbidimetría, Turbidimetry.

Turbidímetro, Turbidimeter.

Tubo de gas, Gas o gas filled tube.

Turbina, Turbine; **— a reacción,** jet turbine, pressure turbine; **— aspirante,** syphon turbine; **— auxiliar,** auxiliary turbine; **— centrípeta,** turbine with inward radial flow; **— combinada,** combined turbine; **— compuesta,** side by side turbine; **— con extracción de vapor,** top turbine; **— de acción,** impulse turbine; **— de acción plurietápica,** action turbine with pressure stage; **— de acción y reacción,** im-

pulse reaction turbine; **— de agua,** water turbine; **— de alta presión,** high pressure turbine; **— de baja presión,** low pressure turbine; **— de circuito cerrado,** closed cycle turbine; **— de combustión interna,** internal combustion turbine; **— de condensación,** condensing turbine; **— de condensación y extracción,** condensing extraction turbine; **— de contrapresión,** back pressure turbine, process turbine; **— de contrapresión y extracción,** non condensing turbine; **— de corona cónica,** conical turbine; **— de crucero,** cruising turbine; **— de disco o de plato,** disc turbine; **— de distribución parcial,** partial turbine or turbine with variable admission; **— de división parcial,** divided turbine; **— de doble extracción,** double extraction turbine; **— de enfriamiento,** cooling turbine; **— de extracción,** extraction turbine; **— de extracción de vapor,** top or topping turbine; **— de flujo axial,** axial flow turbine; **— de flujo rápido,** blown down turbine; **— de gas,** combustion turbine; **— de inversión,** reversing turbine; **— de marcha hacia adelante,** ahead turbine; **— de presiones escalonadas,** pressure compounded turbine; **— de propulsión,** propulsion turbine; **— de reacción,** reaction turbine; **— de recalentamiento,** reheating turbine; **— de reversible,** reverse turbine; **— de tambor,** drum turbine; **— de vapor de escape,** exhaust steam turbine; **— de vapor recalentado,** reheat turbine; **— de velocidades escalonadas,** velocity compounded turbine; **— eólica,** wind turbine; **— Francis,** Francis turbine; **— hidráulica,** hydraulic turbine; **— horizontal,** horizontal turbine or horizontal shaft; **— Kaplan,** Kaplan turbine; **— monoetápica,** single stage turbine; **— radial,** radial turbine; **— superpuesta** (de extracción de vapor), superposed turbine; **— tubular,** pipe turbine; **— vertical,** vertical or vertical shaft turbine; **árbol de —,** turbine shaft, turbine spindle; **cámara de —,** tank; **cámara de turbinas,** turbine pit; **escape del vapor de una — a una segunda turbina a presión más baja,** crosscompounding; **pala de —,** turbine blade; **parar una —,** to shut down; **rodete de —,** drum; **rodete de — hidráulica,** turbine runner.

Turbinología, Turbinology.

Turbio (líquidos), Dreggish, roiled.

Turbo, Turbo.

Turboalternador, Turboalternator.

Turboaspirador de gas, Turbogas exhauster.

Turbobomba, Turbopump; **— de vacío,** bucket wheel air pump.

Turbociclón, Turbocyclone.

Turbocompresor, Turbocompressor, turbocharger, turbosupercharger; **— de gas de escape,** exhaust turbocharger.

Turbodínamo, Turbodynamo; **grupo —,** turbodynamo set.

Turbogenerador, Turbine generator, turbogenerator.

Turbohélice, Propeller turbine.

Turbointerruptor, Mercury turbine interrupter, turbine interrupter.

Turboneumático, Turbopneumatic.

Turbopropulsado (Avión comercial), Turboprop transport.

Turbopropulsador, Turboprop.

Turbopropulsor, Propeller turbine.

Turborreactor, Pulsation jet, turbojet or turbojet engine, turboreactor; **— centrífugo,** centrifugal turbojet, turbojet; **— de flujo axial,** axial flow turbojet.

Turborrotatorio, Turborotary.

Turbosoplante, Turbobooster.

Turbulencia, Swirl, turbulence; **— isotrópica,** isotropic turbulence; **inyector de —** (motores), swirl type atomiser.

Turbulento, Turbulent.

Turbulizador, Turbulizer.

Turgescente, Turgescent.

Turismo, Touring; **avión de —,** tourer or touring plane.

Turmalina negra, Schorl; **todo mineral existente bajo la forma de cristales largos y de color oscuro como la — negra y de la chorlita,** cockle.

Turno, Shift; **— de día,** day shift; **— de noche,** night shift.

Turquesa, Turquoise.

Tyndaloscopio, Tyndalloscope.

U

U, U; **eclisa en —,** channel fish plate; **en forma de —,** U; **ramas de la —,** U legs.

Ultra, Ultra; **— alta frecuencia,** ultra high frequency.

Ultraaudión, Ultra-audion; **oscilador —,** ultra-audion oscillator.

Ultraligero, Ultralight.

Ultramicrometría, Ultramicrometry.

Ultraosciloscopio, Ultraoscilloscope.

Ultrasonda, Supersonic echorecorder.

Ultrasónico, Ultrasonic; **— (procedimiento), sonar; vibraciones ultrasónicas,** ultrasonic vibrations.

Ultrasonido, Suprasonic; **aparato de ultrasonidos,** ultrasonic gear; **de ultrasonidos,** supersonic or suprasonic; **detección de los defectos de un metal por ultrasonidos,** ultrasonic detection; **generador de ultrasonidos,** sonic generator, ultrasonic generator; **haz de ultrasonidos,** ultrasonic beam; **ultrasonidos,** ultrasonics, ultrasonic waves.

Ultrasonorizador, Ultrasonorizator.

Ultrasonoscopia, Ultrasonoscopy.

Ultravioleta, Ultraviolet; **— lejano,** vacuum ultraviolet; **rayo —,** ultraviolet ray.

Ululación, Wow.

Umbral (dique, aliviadero), Sill; **— de audibilidad,** auditory or audiometric; **— de detección,** detection threshold; **— de esclusa,** lock sill; **— de interferencia,** interference threshold; **— de sensación dolorosa,** threshold of feeling; **— diferencial,** increment threshold; **— normal de audibilidad,** normal threshold of audibility; **— normal de sensación dolorosa,** normal threshold of feeling; **frecuencia —,** threshold frequency.

Uni, Single, uni.

Unicidad, Ubiqueness.

Único, Single; **con fila única de remaches,** single riveted; **conmutador de dirección única,** single way switch; **de dirección única,** single way; **de interrupción única,** single break; **distribución de cámara única,** single steam valve chest; **ferrocarril de vía única,** single track railroad; **línea de vía única** (ferrocarril), line with a single set of tracks; **máquina de husillo —,** single spindle milling machine.

Unicolor, Single colored.

Unicursal, Unicursal.

Unidad, Unit; **—** (de número, de peso, de medida), denomination; **—** (igual a 8,686 decibelios), neper; **— de área,** unit area; **— de canal,** channel unit; **— de cantidad de calor,** British thermal unit (B.T.U.); **— de cantidad de electricidad** (10 culombios), abcoulomb; **— de capacidad** (200 pies cúbicos), admiralty unit; **— de capacidad igual a 1/900 mfd,** jar; **— de capacitancia** (10^9 faradios), abfarad; **— de conductancia** (10^{-9} mho), abmho; **— de diafonía,** crosstalk unit; **— de diferencia de potencial** (10^8 voltios), abvolt; **— de distancia de impulsos,** strobe unit; **— de energía eléctrica,** B.O.T. unit (Board of Trade Unit); **— de enfoque,** focus supply unit; **— de escala métrica,** metrical scale unit; **— de frecuencia** (inverso de la longitud de onda en cms), cm^{-1}; — **de inductancia** (10^9 henrios), abhenry; — **de intensidad** (10 amperios), abampere; — **de intensidad luminosa** (1 bujía de inglesa vale 1,01 decimal), candle power; — **de la Asociación Británica**, B.A.U. (British Association Unit = 1 ohm. B.A.); — **de luminosidad** (ib cm^t), stilb; — **de masa atómica**, atomic mass unit (A.M.U.); — **de potencia**, unit of power of work; — **de representación**, display unit; — **de resistencia** (10^{-9} ohmios), abohm; — **de volumen**, volume unit; — **derivada**, derived unit; — **electromagnética**, electromagnetic unit; — **electrostática**, electrostatic unit; — **exploradora**, scanner unit; — **fundamental**, fundamental unit; — **práctica de viscosidad cinemática** (véase **Kinematic Viscosity**), stoke; **código de cinco unidades**, five-unite code; **flexibilidad de unidades**, building-block flexibility; **resistencia por — de superficie**, drag per unit of area; **sistema inglés de unidades** (pie, libra, segundo), F.P.S.; **unidades de transmisión**, transmission units; **unidades electromagnéticas**, E.M.U. (Electromagnetic Units).

Unidimensional, One dimensional.

Unidireccional, Single way, unidirectional; **conmutador —**, single way switch.

Unido, Jointed, linked; — **a cola de milano**, joggled.

Unificado, Unified; **campo —**, unified field.

Unificar, To unitize.

Unifilar, Unifilar.

Uniforme, Flat, uniform; **pérdida —**, flat loss; **velocidad —**, univelocity.

Unilateral, Unilateral.

Unión, Attachment, bond, coupling, cover plate joint, coverplate joint, forjoining, joining, jointing, junction, overlaunching, splicing, union, tie; — **a chaveta**, keyed joint; — **a media madera**, halved joint; — **a solape** (recubrimiento), lap joint with single riveting; — **cabeza a cabeza**, butt and butt joint; — **capsular**, bend connection; — **con encaje**, clamping; — **con recubrimiento**, lap joint; — **con solape**, lap joint; — **de cadena**, chain joint; — **de cola de milano**, coak and plain; — **de chapas**, commissure; — **de chaveta**, fit; — **de dos chapas laminadas**, doubled bloom; — **de nudo**, knot coupling; — **de planchas**, clamping; — **de tuberías**, connection line; — **eléctrica de seguridad**, bonding; — **eléctrica de todas las partes de un aparato** (aviones), bonding; — **en T**, elbow joint; — **por dientes**, joining by jags; — **por empotramiento**, joining by rabbets; — **por riostras**, strut frame; — **por soldadura**, metal joining; **caja de —** **subterránea**, earth connection box; **cajas de —**, junction boxes; **cartabón de —**, gusset, tie bracket; **collarín de —**, flanged seam; **chapa de —**, crutch; **discos de ferodo de — de los árboles**, couplings of shafts; **enchufe de —**, branch sleeve; **hierro de —**, binding iron; **lazo de —**, bond of union; **lengüeta de — de dos piezas**, dowel; **línea de —**, connecting line; **modo de —**, bond; **objetos de —**, fixtures; **pasador de —**, driftpin, riveting pin; **pieza de —**, bond timber, connection piece; **punto de —**, seating; **tubo de —**, connecting tube; **tubuladora de —**, connecting branch.

Uniparámetro, Uniparameter.

Unípode, Unipod.

Unipolar, Single pole, unipolar; **interruptor —**, single pole switch.

Unir, To join, to joint, to link, to mitre, to tie; — **dos piezas**, to scarf; — **por dientes**, to join by coggings; — **por medio de cabillas**, to dowel.

Unitario, Unital; **alargamiento — o específico,** elongation per unit of length.

Universal, All purpose, all service, universal, versatile; — (aparatos eléctricos), all mains; **junta —,** universal ball joint; **junta cardan —,** universal ball joint; **llave —,** (llave inglesa), universal screw wrench; **llave de tuercas —,** universal screw wrench; **mandrino —** (torno), universal chuck.

Untar, To paste.

Untuosidad, Oiliness.

Uña, Nail, spur, staple; **— de martillo,** claw; **palanca de —,** nail claw.

Uranilo, Uranly, uranyle; **nitrato de —,** uranyle nitrate; **sulfato de —,** uranyle sulphate.

Uranio, Uranium; **bomba de —,** uranium bomb; **nitrato de —,** uranium nitrate; **óxido de —,** uranium oxide.

Uranopilita, Uranopilite.

Uranotita, Uranotite.

Urbano, Local; **conferencia urbana,** local call; **enlace —,** city trunk.

Urdido, Warping.

Urdidor (máquina), Warper.

Urdidora porta-hilos, Self stopping beaming machine.

Urdir, To warp.

Urgencia (De), Emergency.

Uricolítico, Uricolytic.

Usado, Stale.

Usar, To wear.

Uso, Purpose; **para todo —,** general purpose, versatile; **para varios usos,** multipurpose or purposed.

Usura, Wear.

Utensilio, Implement; **utensilios,** appliances.

Útil, Useful; **mínima frecuencia —,** lowest useful high frequency LUHF; **trabajo —,** effective power.

Utilizabilidad, Useability.

Utilizable, Available, serviceable; **factor de frecuencia máxima —,** maximum usable frequency factor; **frecuencia máxima —,** maximum usable frequency.

Utilización, Harnessing, processing, utilization; **— del vapor para usos industriales,** processing; **porcentaje de —,** rate of utilization.

Utilizar (la energía), To harness.

Utillaje, Gear, planning, plant, tooling; **con buen —,** having a good plant; **fresadora de —,** tool milling machine; **gastos de —,** tooling up expenses; **pequeño —,** kit; **taller de —,** tool room; **torno de —,** tool room lathe; **trabajos de —,** tooling jobs.

V

V, Vee; **cilindros en** —, V type cylinders; **correa en** —, vee belt; **de forma de** —, V; **motor en** —, V shape engine; **plano fijo en** —, tailless aeroplane.

Vaciadero, Burrow, dump.

Vaciado, Carved, drained, draining, eduction, evacuation, moulding (molding en América), recessing; — **del cilindro,** exhausting the cylinder; — **rápido,** quick draining; **agujero de** —, drain hole; **bomba de** —, exhauster; **compuerta de** —, drain valve; **grifo de** —, drain cock, (calderas) sludge cock; **nervadura vaciada,** cutaway rib; **tapón de** —, drain plug; **válvula de** — **rápido,** blow down or blow off.

Vaciador, Bruzz, emptier.

Vaciamiento, Carving, recess.

Vaciar, To drain, to drain off, to empty, to exhaust, to fill a boiler, to groove.

Vacilar, To stagger.

Vacío, Blank, empty, vacuum, void; — **absoluto,** absolute vacuum; — **energético,** energy gap; **aparato de izar por** —, vacuum lifter; **aparato de medida de desgaste bajo** —, vacuum wear machine; **aparato de medida de desgaste en** —, vacuum wear machine; **arranque en** —, loadless starting; **bomba de** —, exhauster, vacuum tank, void pump; **cámara de** —, vacuum chamber; **característica de** —, no load characteristic; **conductancia mutua de un tubo de** —, gm; **corriente en** —, no load current; **descargador de** —, vacuum arrester; **destilación en** —, vacuum distillation; **detector de**

fugas por —, vacuum leak detector; **detector de tubo de** —, vacuum tube detector; **disyuntor o interruptor de** —, zero cut-out; **donde se ha hecho el** —, evacuated; **en** —, loadless; **envuelta de** —, vacuum envelope; **estanco al** —, vacuum proof, vacuum tight; **estanqueidad al** —, vacuum tightness; **evaporación bajo** —, vacuum evaporation; **evaporador de bajo** —, vacuum evaporator; **excitación en** —, no load excitation; **fusión bajo** —, vacuum fusion; **grado de** —, degree of vacuum; **hacer el** —, to evacuate, to exhaust; **impregnación de** —, vacuum impregnation; **indicador de** —, barometer gauge, condenser gauge, vacuum indicator or gauge, vacuum monitor; **juntas de** —, vacuum fittings; **lámpara de** — **perfecto,** hard tube or hard valve; **manómetro de** —, vacuum manometer; **marcha en** —, idle running; **marcha lenta o en** —, idling; **marchar en** —, to run idle; **metalurgia bajo** —, vacuum metallurgy; **pérdidas en** —, idle losses; **peso** —, empty weight; **producto químico que absorbe las últimas trazas de gas en un tubo de** —, getter; **protector de** —, vacuum arrester; **purgador de** —, vacuum trap; **recipientes vacíos,** empties; **rectificador de tubos de** —, vacuum tube rectifier; **termopar de alto** —, high vacuum thermocouple; **tubo de** —, vacuum tube; **vagones vacíos,** empties; **válvula de** —, vacuum lock.

Vacuorreguladora (Válvula), Vacuum breaker valve.

Vacuidad, Vacancy.

Vacuoformar, To vacform.

Vacuometalización, Vacuum metallization.

Vacuostato, Vacuistat.

Vacuovaporización, Vacuum steaming.

Vagón, Car, tip car, waggon or wagon; — **basculante,** dump car, tip waggon; — **batea,** gondola; — **carbonero,** colliery waggon; — **cargado con remolques carreteros,** trailer lot; — **cisterna,** rail tank, tank car; — **con plataforma,** basket car; — **de ferrocarril** (América), carriage, (Inglaterra) car; — **de mercancías,** freight car; — **de mercancías descubierto,** flat truck; — **restaurante,** dining car; **armadura de la caja de un** —, axle tree washer; **en** —, in trade.

Vagonada, Carload.

Vagoneta, Buggy, truck, waggon or wagon; — **de báscula,** tip car; — **de costado abatible para carbón,** coke waggon; — **de mina,** mine tube; — **para transporte de mineral en la mina** (espuerta), cauf; **arrastrador de vagonetas** (minas), carter; **basculador de vagonetas,** mine car tippler.

Vagonetero, Hurrier.

Vagra, Ceiling, floor plating; — **de construcción,** riband; — **de un buque,** lining of a ship; **acción de instalar vagras para enmaestrar,** ribbanding; **conjunto de vagras,** floor plating; **conjunto de las vagras** (int.), planking; **vagras** (véase **Ribband**), ribbons; **vagras a proa o a popa de un buque,** harpings.

Vaharada, Blast.

Vaina, Can, cartridge case, conduit; — (cable), sheath; — **de empalme,** connecting conduit; — **de los conductores,** conductor sheathing; — **metálica,** metal casing.

Vaivén, Jog, jolt, push and pull; **movimiento de** —, reciprocating motion, to and fro motion.

Valencia (química), Valence or valency; **ángulo de** —, valence angle; **electrón de** —, peripheral electron, valence electron.

Valor, Denomination, value; — **máximo** (o de cresta), peak value; — **nominal** (com.), face valve; **mercado de valores,** stock market; **relación entre los valores de una variable** (tensión, intensidad, potencia..., a la salida y a la entrada), gain.

Valoración, Titration, titre.

Valorador, Titrator.

Valorar, To titrate.

Valorimétrico, Titrimetric.

Valorímetro, Titrometer; — **doble,** dual titrometer.

Valuación, Valuedness.

Valva, Valve; **cuchara de valvas mordientes en cuartos de cáscara de naranja,** orange peel automatic bucket; **excavadora de valvas mordientes,** grab dredger.

Válvula, Clack, delivery valve, drop door, gate, valve, vane; — (bomba), clapper; — (de bomba), cap; — **abombada,** mitre valve; — **acampanada,** bell shaped valve; — **accionada mecánicamente,** M.O.V. (Mechanically Operated Valve); — **acuñada en su asiento,** jammed valve; — **acuñada sobre su asiento,** jammed valve; — **alabeada,** warped valve; — **anular,** annular valve; — **atmosférica,** air valve, atmospheric valve, vacuum valve; — **atmosférica de las calderas,** inlet or intake valve; — **automática,** automatic valve, automatically operated valve or automatic valve (A.O.V.); — **avisadora,** sentinel valve; — **circular,** mushroom valve; — **compuerta,** screw down valve; — **compuerta deslizante,** slide or sliding valve; — **cónica,** conical valve; — **conversora,** converter tube; — **champiñón,** mushroom valve, poppet valve; — **de abertura variable,**

variable orifice valve; — de accionamiento eléctrico, electric or electrically operated valve; — de accionamiento por solenoide, solenoid valve; — de admisión, admission valve, induction valve, inlet valve; — de aguja (Diesel), needle valve; — de aire, breather; — de alimentación, feed valve; — de alimentación principal, main feed valve; — de alzamiento variable, variable lift valve; — de arranque (Diesel), (véase Auxiliary), starting valve; — de asiento cónico, mushroom valve; — de aspersión (muela), valve for water; — de aspiración, suction valve; — de aspiración del mar de las bombas de circulación, circulating inlet valve; — de barrido (Diesel), scavenger or scavenging valve; — de báscula, tipping valve; — de bola, ball valve, globe valve, spherical valve; — de bomba, pump valve; — de bomba de aire, air pump valve, blow valve, flap valve; — de cabeza, head gate, head valve, upper valve, (bomba de aire) top clack; — de campana, bell shaped valve; — de carga directa, dead weight valve; — de caucho, rubber valve; — de cierre, shut off valve, (gasógeno) charging valve; — de codo, check valve with screwed tails, corner valve; — de combustible, fuel valve, index (plural indices); — de compresión constante, back pressure valve; — de compuerta, gate valve; — de comunicación, sluice valve; — de control, control valve, crest gate; — de control de empuje, check thrust valve; — de coquilla, shell slide valve; — de Cornouaille, disc valve; — de corona, bell shaped valve, cup valve; — de corredera, slide valve; — de charnela, flap, hanging valve, hinged valve; — de depósito, reservoir gate; — de desahogo, snifting valve; — de descarga, delivery clack, delivery flap, delivery valve, discharge valve, waste water valve; — de descarga de las bombas de circulación, circulating outlet valve; — de detención, outlet valve, shutting clack; — de detención de alarma, alarm check valve; — de detención de vapor, check valve or non return valve; — de difusión, diffuser valve; — de disco, disc valve; — de distribución, distributing cock; — de doble asiento, double seated valve; — de doble orificio, double ported valve; — de elevación, lift valve; — de émbolo buzo, plunger valve; — de engrase, tallow cock; — de ensayo, pet valve, testing valve; — de entrada de aire, snift or snifting valve; — de equilibrio, equilibrium valve; — de escape, exhaust clack; — de escuadra, valve angle; — de estrangulación, choke butterfly, choke valve; — de estrangulamiento, throttle valve; — de exhaustación, air escape valve, escape valve; — de evacuación de aire, air release valve; — de evacuación de escape, exhaust valve; — de expansión, expansion valve; — de expansión de aire, air reducing valve; — de expansión variable, regulating valve; — de fuelle, clicker hole; — de gas, gas valve, gas vent; — de guía, spindle valve; — de impulsión, head valve; — de introducción a los cilindros de expansión para asegurar la puesta en marcha del aparato, auxiliary valve; — de introducción directa en los cilindros de expansión para el funcionamiento como máquina ordinaria, change valve; — de introducción directa en los orificios de los cilindros de las máquinas compound, by-pass valve; — de inundación, flood cock, flooding valve; — de inyección, injection valve; — de lanzamiento (torpedo), firing valve; — de levantamiento, lifting valve; — de limpieza automática, flushometer; — de llenado, charging door, inlet fitting; — de maniobra, manoeuvring valve; — de mariposa, butt valve, butterfly throttle, butterfly valve, clack valve, flap valve, hanging valve, leaf valve, throttle valve; — de movimiento libre, ungeared valve; — de onda progresiva, travelling-wave tube; — de parada, check valve, shut valve, shutting clack; — de parada automática, self acting or self closing valve; — de petróleo en los cilindros para facilitar el arranque, engine priming; — de pie (condensador), foot valve, (de bomba de aire) bottom blow valve; — de pistón, bucket valve; — de plato, disc valve; — de poco consumo, dull emitter valve; — de presión, pressure clack; — de presión, de descarga, delivery clack; — — de punzón, pin valve; — de purga, drain valve, snift or snifting valve; — de purga de condensador, blow through valve; — de rebose, overflow valve, return valve; — de rejilla blindada, amplifier screen grid; — de rejillas coplanarias, coplanar grids valve; — de respiración (de un depósito), vent valve; — de respiración de un depósito, breather; — de retención, back pressure valve, check valve or non return valve, crest gate, feed check valve, outlet valve; — de retención a bola, ball check valve; — de retención de charnela, swing check valve; — de retención de emisión, outlet valve; — de retención que toma el vapor de la parte superior del recalentador, superheater valve; — de retenida, N.R. valve, non return valve; — de retorno, return check valve; — de retorno de alimentación, supply check valve; — de seccionamiento, isolating valve; — de segmento, sector gate; — de seguridad, control gate, relief valve, rupture diaphragm, safety valve, alarm; — de seguridad de camisa de vapor, jacket safety valve; — de seguridad de cilindro, cylinder escape valve; — de seguridad de palanca, lever safety valve; — de seguridad del cilindro, cylinder safety valve; — de seguridad del recalentador, superheater safety valve; — de seguridad exterior, external safety valve; — de seta, mushroom valve; — de sombrero, bell shaped valve, crown valve; — de suministro, delivery valve; — de tapa, crown valve; — de toma de agua, inlet gate, (compuerta) regulator gate; — de toma de agua de mar, seacock; — de toma de aire, air inlet valve; — de toma de vapor, communication valve, throttle valve; — de tres electrodos, three electrode valve; — de tres vías, cross valve; — de una vía, one way valve; — de vaciado rápido del depósito, jettison valve; — durmiente, fixed valve; — eléctrica con ánodo de aluminio, electrolytic or aluminium cell rectifier; — eléctrica de vapor de mercurio, mercury arc rectifier; — electrónica, electronic valve; — en cabeza, head valve, valve in head; — equilibrada, cornish valve, equilibrated valve; — esférica, balance valve, ball valve, globe valve; — estabilizadora de tensión, stabilovolt tube; — faro, lighthouse tube; — flotante, float valve; — giratoria, turning valve; — hidráulica, hydraulic clack; — hidromática, hydromatic valve; — invertida, drop valve; — Kingston, Kingston valve; — maestra, master valve; — manorreductora, gas reducing valve; — metálica, metal tube; — mezcladora, blending valve; — miniatura, miniature valve; — o distribuidor de emisión de evacuación, eduction valve; — refrigerada por agua, water-cooled tube; — refrigerada por aire, forced air-cooled tube; — registro de retención, non return valve; — registro flap, valve clack or valve clapper; — reguladora, governing valve, regulator gate; — reversible, reversible valve; — selectora, selector valve; — sin retroceso, non return valve; — suplementaria de detención que toma directamente el vapor en las calderas, auxiliary stop valve; — vacuorreguladora, vacuum breaker valve; agarrotamiento de una —, sticking of a valve; aguja de —, pin valve, valve cone; ajuste de las válvulas, valve regrinding; asiento de —, clack seat, valve cup, valve seat or seating; balancín de —, valve rocker, barreno de —, sludger; cabezal de —, valve box, valve case, valve chamber; cabezal de — de admisión, inlet valve chest; caja de —, chamber valve, chest valve, clack box, valve pocket; caja de la — de admisión, admission valve box; caja de válvulas, clack box, distributing valve chest; carga de la — de seguridad, safety valve load; carga de una —, load of a valve, weight on the valve; carrera de —, valve lift; cierre de —, valve leaf; cubierta de —, valve cover; culata de motor sin válvulas, junk head; desmontador de válvulas, valve extractor; distribución por válvulas, valve motion; doble —, double valve; falsa —, dummy valve; grifo — de vaciado, flush or flushing valve; grifo de —, gate valve, gauge cock, valve cock; graduación de juego libre de las válvulas, adjustment push rod; guía de —, feather of a valve, valve guide, valve spindle; guía de vástago de —, valve stem guide; indicador de cierre de una —, valve positioner; linterna de —, valve box; máquina de rectificar las válvulas, valve grinding machine; mecanismo de accionamiento de —, valve actuator, valve operating mechanism; mecanismo de distribución por válvulas, valve gear; micrófono de —, probe tube microphone; motor con válvulas, valve engine; obturador de —, valve clack, valve leaf; obús de la —, valve plug; parte cónica de la —, valve cone; pistón de — (bomba), bucket; pistón de válvulas, valve piston; probador de válvulas, checker tube, tube

tester; pulsador de — dura, hard tube pulser; regulación de las válvulas, valve timing; repaso del asiento de la —, valve refacing; resorte de —, lifter, valve spring; rodillo de empujador de —, valve tappet roller; sin —, valveless; sistema de válvulas, valve mechanism, valving mechanism; sombrerete de —, valve head; tapón de —, valve hood; tope de —, valve guard; tubo de la — de un neumático, valve stem; tubo de válvulas, valve tube; válvulas de inundación, sea valves; varilla de —, valve spindle; varilla de mando de — (motor de combustión interna), digger; vástago de —, valve spindle, valve stem.

Vanadatos de vanadio, Vanadic vanadates.

Vanadio, Vanadium; acero al —, vanadium steel or vanadium alloy steel.

Vanadinita, Vanadinite.

Vapografía, Vapography.

Vapor, Damp, steam, vapour or vapor (Estados Unidos); — (buque), steamer; — a alta presión, high pressure steam; — a baja presión, low pressure steam; — condensado, condensed steam; — de agua, aqueous vapour; — de caldeo, heating steam; — de escape, exhaust steam; — de extracción, extraction steam, process steam; — de hélices gemelas, twin screw steamer; — de petróleo, petrol vapour; — de purga, bled steam; — húmedo, wet steam; — irregular, tramp; — perdido, dead steam; — portador, bearer steamer; — saturado, saturated steam; — seco, dry steam; — sobrecalentado, heated steam, overheated steam; a todo —, full power; acumulación de vapor, accumulation steam pressure; acumulador de —, steam accumulator; aparato de extracción del lubricante arrastrado por el —, deoiler; arrastrar agua con el —, to prime; arrastre de agua por el —, priming; **aspirador de —,** steam exhauster; **barco a —,** steamboat; **blanqueado con —,** steam blanched; **bomba de —,** steam pump; **buque a — de hélice sencilla,** single screw steamer; **buque a — de hélices,** screw steamer; **buque a — de ruedas,** paddle steamer; **buque a — de turbinas,** turbine steamer; **buque de —,** steamship; **caja de —,** steam chest; **caldeo por —;** steam heating; **caldera para producir —,** steam raiser; **cámara de —,** steam room, (calderas) steam holder; **camisa de —,** steam jacket; **carguero a —,** steamer; **cavidad de —,** cavity steam; **circulación del —,** steam discharge; **colchón de —,** cushion, spring cushion; **compresión del — en un cilindro,** cushion; **condensación de —,** vapour condensation; **contador de —,** steam meter; **cualquier — distinto del vapor de agua,** vapour or vapor; **culote de bifurcación del tubo de toma de —,** nigger head; **chorro de —,** rush; **dejar escapar el —,** to let off steam; **del tipo de toma de —,** bleeder type; **deslustre al —,** damping by steam; **desprendimiento de —,** exit; **destilación en corriente de — de agua,** steam distillation; **dínamo a —,** steam dynamo; **draga de —,** dirt lighter; **economizador de —,** steam saver; **estanco al —,** steam tight; **estufa de —,** steam-chest; **expansionar (se) el —,** to cut off; **fuga de —,** steam leakage; **golpe de martillo pilón con introducción del — durante el descenso,** dead blow; **introducción del — durante el descenso,** cushioned blow; **lámpara de — de mercurio,** mercury vapour lamp; **lámpara de — de sodio,** sodium vapour lamp; **limpieza al — de la chimenea,** steam sweeping; **locomotora a —,** steam locomotive; **locomotora de — a condensación,** dummy; **máquina de —,** steam engine; **montador de calderas y tuberías de —,** steam fitter; **orificios de admisión y es-**cape de —, steam ports; **parrilla de tiro forzado por chorro de —,** steam jet grate; **presión de —,** steam pressure, vapour pressure; **producción de —,** steam making; **productor de —,** steamotive; **pulverización de —,** steam atomizing; **registro de —,** throttle; **secador de —,** steam dryer, water catcher, water trap; **separador de —,** steam separator; **sobrecalentador de —,** steam superheater; **tapón de —,** vapour lock; **tensión de —,** vapour pressure; **tobera de —,** steam nozzle; **toma de —,** steam control valve, throttle; **torno de —,** steam winch, **tubo de —,** steam pipe; **tubo de alimentación de —,** steam feed pipe; **turbina de — de escape,** exhaust steam turbine; **vapores,** fumes; **vapores de aceite,** oil fumes; **vapores de bromo,** bromine vapours; **vapores de escape,** exhaust fumes; **vapores de gasolina,** gasoline fumes, gasoline vapours; **varilla de registro de —,** main valve spindle; **volumen de —,** steam space.

Vaporizable, Vaporizable.

Vaporización, Elevation, metal spraying, spraying, vaporization or vaporizing; **descebado por —,** vapour lock; **ensayo de —,** steam trial; **poder de —,** evaporative power; **punto de —,** vaporating point; **refrigeración por —,** vaporization cooling.

Vaporizador, Spraying, vaporiser; **aparato —,** spraying machine.

Vaporizar, To evaporate, to vaporize; **cesto de —,** steaming skip.

Vaporizarse, To vaporize.

Vaporoso, Vaporous; **ataque corrosivo —,** vaporous corrosive attack.

Vaporpermeable, Vaporpermeable.

Var (unidad de potencia reactiva), Var.

Vara de tacos, Loom spindle; **— larga,** bar; **compás de varas,** beam compasses.

Varactor, Varactor.

Varadero, Tidal basin, tidal harbour or tidal port; **en —,** the slips.

Varado en seco por mareas vivas, Beneaped.

Varenga, Cant floor, floor, floor timber, rung; — (de buque), rib; — **alta,** deep floor; **chapa —,** floor plate.

Variabilidad, Variability.

Variable, Adjustable, expanding borer; **ala de curvatura —,** variable camber plane; **carrera —,** adjustable stroke; **condensador —,** variable condenser; **inductor —,** variable inductor; **no —,** fixed; **plano fijo de incidencia —,** adjustable tail plane; **resistencia —,** tapped resistance; **transformador de tomas variables,** tapped transformer; **variables aleatorias,** random variables.

Variación, Alteration, flicker; **— de carga,** alteration of load; **modulación por — de la resistencia de carga,** modulation by variation of loading.

Variador, Speed changer; **— de toma bajo carga,** load tap changer.

Variar (Hacer), To adjust.

Variedad de calcita, Dog's tooth spar.

Varilla, Culm, lath, rod, shank, spear, toe; **— conductora de agua o de lubrificante sobre una herramienta en trabajo,** drip stick; **— de adaptación,** matching pillar; **— de admisión,** admission gear rod; **— de arrastre,** drag link; **— de contacto,** copy spindle; **— de hierro para pernos,** bolt rod; **— de nivel,** dipstick; **— de nivel de aceite,** sounding rod; **— de pararrayos,** lightning rod; **— de péndulo** (aparato regulador), boss rod; **— de sonda,** bore rod; **— de suspensión,** adjusted spring link; **— de tierra,** grounding rod; **— de torneado al aire,** bar of a bar lathe; **— de tracción,** draw rod; **— del distribuidor de admisión,** supply rod; **— del pistón,** piston rod; **— empujadora,** push rod; **— graduada,** index rod, meter stick; **— palpadora,** copy spindle; **— palpadora de torno,** copy spindle; **— para destaponar los respiraderos,** feeding rod; **— portaherramientas,** rifling rod; **reflector de varillas,** rod mirror; **torno de —,** bar lathe.

Variómetro, Climb indicator, rate of climb indicator, variometer; **— de antena,** aerial variometer.

Varios, Contingencies.

Varistor, Varistor.

Vaselina, Vaseline.

Vasija, Vessel; **— de extraer agua,** founder's scoop; **— donde el amalgamador lava el mineral,** abac or abacus; **— para extraer agua,** baster, dipper.

Vaso abierto, Open cup; **— de precipitación,** beaker; **— graduado,** measuring glass; **— poroso,** clay cell, diaphragm.

Vástago, Driver. fang, joint bolt, piston, rod, shank, stem, stick; **—** (de corredera), spindle; **— de bomba** (petr.), sucker rod; **— de bomba elevadora,** bucket rod; **— de distribuidor,** valve rod or slide valve rod; **— de excéntrica,** eccentric rod; **— de la corredera,** slide valve rod, slide valve spindle; **— de paralelogramo,** parallel motion shaft; **— de tope** (ferroc.), rod of a buffer; **— del paralelogramo de Watt,** bar of the parallelogram; **— empujador,** push rod; **— portatenaza,** tong beam; **— recto,** straight shank; **cola o — de herramienta,** fang of a tool.

Vathorímetro, Watthourmeter; **— de inducción,** induction watthourmeter.

Vatiado, Wattfull.

Vatímetro, Wattmeter; **— coaxil,** coaxial wattmeter; **— de balanza,** watt balance; **— de doble modulación,** double modulator wattmeter; **— electrónico,** electronic wattmeter.

Vatio, Ampere volt; — (elec.), watt; — **-hora,** watthour; **contador de vatios-hora,** watthourmeter; **potencia de vatios,** wattage.

Vector, Vector; — **de Poynting,** Poynting vector; — **información,** information vector.

Vectorial (Diagrama), Vector diagram; **espacio** —, vector space.

Vectorialmente, Vectorially.

Vectormetro, Vectormeter.

Vectorscopio, Vectorscope.

Vegetal, Vegetable; **aceite** —, vegetable oil.

Vehículo, Vehicle; — **a motor,** motor vehicle; — **anfibio,** amphibious vehicle; — **levitante por reacción de aire sobre una superficie horizontal,** hovercraft; **para vehículos,** vehicular.

Vela, Sail; — **de abanico,** spirtsail; — **de mesana de cangrejo,** mizzen; **a** —, sailable; **largar velas,** to unfurl; **tela para velas,** sail cloth.

Veladura, Wing; **resistencia a la** —, blush resistance.

Velero (avión de vuelo a vela), Sail plane; — (obrero), sail mail.

Veleta, Vane, wind vane.

Vélico, Sail; **superficie vélica,** sail area.

Velo (fotografía), Veil.

Velocidad (véase también **Velocity**), speed; — **al choque,** velocity on impact; — **angular,** angular velocity; — **con relación al suelo,** ground speed; — **constante,** constant speed, constant velocity; — **crítica,** critical speed; — **de acercamiento,** closing speed; — **de aproximación,** closing speed; — **de aterrizaje,** landing speed; — **de barrido,** scanning speed; — **de borrado** (en tubos de memoria por carga), erasing speed (in charge storage tubes); — **de borrado en tubos de memoria por carga,** erasing speed in charge storage tubes; — **de broca,** spindle speed; — **de corte** (torno), cutting speed; — **de descenso,** lowering speed; — **de descenso vertical,** sinking speed; — **de desplome,** stalling speed; — **de enhebrado,** threading speed; — **de fase,** phase velocity; — **de grupo,** group velocity; — **de levantamiento,** hoisting speed; — **de marcha lenta,** idling speed; — **de picado,** diving speed; — **de pistón,** stroking speed; — **de punta,** peak speed; — **de régimen,** rating speed, working speed; — **de retorno,** return speed; — **de rotación,** rotational speed; — **de sensibilización en tubos de memoria por carga,** priming speed in charge storage tubes; — **de subida,** climbing speed; — **de trabajo,** working speed; — **de translacción,** translational speed; — **de transmisión telegráfica,** signalling telegraphy speed; — **del aire,** air speed; — **del sonido,** sonic speed; — **en vuelo horizontal,** level speed; — **excesiva,** overspeed or overspeeding; — **inicial,** initial boost, initial velocity, muzzle velocity; — **límite inferior,** stalling speed; — **periférica,** peripheral or tip speed, tip speed; — **regulable,** adjustable speed; — **remanente,** remaining velocity; — **supersónica,** supersonic speed; — **uniforme,** uniform velocity; — **variable,** adjustable speed, varying speed; **a gran** —, fast running, high rate, high speed, H.V. (High Velocity); **a pequeña** —, low rate; **a toda** —, full speed; **caja de velocidades,** speed box; **cambiador de velocidades,** speed variator; **cambio de velocidades** (auto), change speed gear; **con amplia gama de velocidades,** wide speed range; **de poca** —, L.V. (Low Velocity), (motor) slow speed (motor); **dispositivo de** — **variable** (torno), double gear; **escalón de velocidades,** velocity row; **fabricante de cambios de velocidades,** builder transmission; **indicador de** —, speed disc; **indicador de** — **mínima de sustentación,**

stallometer; **indicador de velocidades,** speedometer; **mecanismo de cambio de velocidades,** movable gears; **motor de gran —,** high speed engine; **movimiento con cambio de —,** catch motion; **palanca de cambio de velocidades,** change speed lever; **pequeña —,** low speed; **pérdida de —,** stalling; **pérdida de — en vuelo,** stall; **perdiendo —,** stalled; **piñón de segunda —,** second speed pinion; **poner a toda —,** to put at full speed, to put on full steam; **ponerse en pérdida de —,** to stall; **prueba de —,** speed trial; **reductor de —,** speed reducer; **reductores de —,** speed reducing gears; **regulador de —,** speed governor; **sobrepasar en — (buques),** to outsail; **vaciador de velocidades,** speed variator; **variador de —,** speed regulator; **variador de velocidades,** speed changer; **vibración a una — crítica,** thrash.

Velocímetro, Velocimeter; **cámara estanca del —,** air indicator vacuum reservoir; **escala del —,** air speed scale; **indicador de presión del —,** air indicator gauge.

Vellón, Fleecing, flock.

Vena, Course, vein; **— de aire,** air stream; **— de filón,** by vein.

Vencido (comercio), In arrear.

Vencimiento, Prompt; **al —,** when due.

Vendedor, Salesman; **— al por mayor,** wholesaler.

Venida de gas, Gas penetration.

Venta, Sale; **— a plazos,** instalment system; **facilidad de —,** marketability; **gastos de —,** marketing expenses.

Ventana, Apertura, window; **marco de —,** sash; **marco fijo de —,** sash frame.

Ventanilla, Spyglass.

Ventanillos, Louvres or louvers.

Venteadura, Air bubble, air hole, blister, bubble; **— (metales),** air

bubble; **acero de cementación con venteaduras,** blistered steel; **venteaduras,** air cells.

Ventilación, Ventilation, venting; **— del núcleo,** core ventilation; **— forzado,** air blast; **— mecánica,** mechanical ventilation; **— natural,** natural ventilation; **abertura de —,** vent opening; **boca de —,** louvre; **canal de — (minas),** air pipe; **conducto de —,** channel; **chimenea de —,** vent; **galería de —,** ventilating course; **galería de — de minas,** air way; **grupo de —,** venting unit; **perforación para —,** air hole; **pocillo de —,** air cask; **portillo de —,** air scuttle; **pozo de — (minas),** air course, air pit, air shaft, down cast; **pozo de — descendente,** down go board; **pozos de —,** ventilation conduits; **puerta de —,** air door or air gate, (minas) trap door; **recorte de — (minas),** monk; **tubo de —,** air pipe, breatherpipe; **vainas de —,** ventilation conduits; **vía de — (minas),** air road; **vigilante de —,** deputy.

Ventilado, Ventilated; **motor de nervaduras ventiladas,** ventilated rib motor; **muescas ventiladas,** ventilated grooves; **nervaduras ventiladas,** ventilated ribs.

Ventilador, Air blower, airer, airing ventilator, blast engine, blower, brattice or brattish, fan, ventilator; **— aspirante,** air exhauster, air trap, exhaust blower, vacuum fan; **— centrífugo,** centrifugal blower, centrifugal fan or screw fan; **— de aeración,** ventilation fan; **— de aireación,** ventilating blower; **— de fuelle,** wind tunnel fan; **— de las instalaciones,** accommodation fan; **— de paletas,** blower vane; **— de tiro forzado,** forced draft fan; **— de tiro inducido,** induced draft fan; **— helicoidal,** axial flow fan, helicoidal fan, propeller fan; **— para escotilla (buques),** wind scoop; **— para habitaciones,** air trunk; **— por tiro inducido,** induced draft fan; **aleta de —,** fan blade; **com-**

portamiento del —, air trunk; correa de —, fan belt; **difusor de — centrífugo,** volute chamber; **eje de —,** fan spindle; **encargado del soplante o —,** blowerman; **envoltura del —,** blower shell; **polea de accionamiento de —,** fan driving pulley; **turborreactor de doble flujo o de — auxiliar,** directed fan engine, ducted fan turbojet engine; **ventiladores para forja,** tanners.

Ventilar, To ventilate.

Ventolina, Catspaw.

Ventosa, Air hole, draught hole; **— de horno,** draught hole; **registro de —,** draught regulating wheel.

Venturi, Throat, venturi; **— auxiliar,** boost venturi.

Veratramina, Veratramine.

Veratrina, Veratrine.

Verde, Green.

Verga, Spreader, yard; **aro de la —** (buques), hasp.

Verificación, Calibration, check up, checking, checking up, rating; **recipiente de —,** checking container.

Verificado, Tested.

Verificador, Gauger, tester; **— cónico,** master taper gauge; **— de aduanas,** jerquer; **— de alisado,** bore gauger; **— de par,** torque tester.

Verificar, To calibrate, to check, to overhaul, to test; **— el juego,** to check a fit; **— un cronómetro,** to rate.

Vernier, Sliding gauge, vernier.

Vertedero, Dump, overflow, overshoot, shoot, spillway, wear, weir; **ataguía para — de fondo,** bottom outlet bulkhead.

Vertedor, Scoop.

Verter, To discharge, to pour; **—** (líquido), to discharge.

Vertical, Upright, vertical; **barra — de extremo** (armazón metálica), end vertical; **componente —,** vertical component; **conductor —** (antena tipo), single vertical wire antenna; **conductor — plegado** (antena tipo), folded stub antenna; **despegue —** (aviac.), vertical take off; **desvío —,** vertical spotting; **eje —,** vertical axis; **en la — de,** up and down with; **escariador —,** upright boring mill; **generador de línea —,** spike generator; **junta —,** abutting joint; **molino de muelas verticales,** edge mill; **movimiento —,** vortex movement; **peine —,** vertical comb; **polarización —,** vertical polarisation; **refuerzo —,** vertical stiffener; **timón —,** vertical rudder; **turbina —,** vertical shaft turbine; **turbina de eje —,** vertical shaf turbine.

Verticalidad, Plumbness, verticality, verticalness.

Verticalmente, On end, vertically.

Vértice, Angular point, top; **— del arco,** apex of arch; **— de la curva,** apex (plural **apices).**

Verticidad, Verticity.

Vertido, Cast.

Vesicante, Vesicant.

Vesícula, Blister.

Vesiculación, Blistering.

Vestíbulo, Hall.

Vestigial, Vestigial.

Vestir (cable, hilo metálico), To coat.

Veta, Coal seam, course, feeder, layer, lode, seam; **—** (minas), bed; **— calcárea o esquistosa en una capa de carbón,** bone; **— de pórfido feldespático transversal,** clvan; **— de substancias pedregosas,** dike; **— horizontal,** flat; **— principal,** champion lode; **— rica en mineral,** course; **— que corta el filón principal,** cross bar; **— sin afloramiento,** blind; **contracción de una —,** balk; **explota-**

ción de vetas auríferas, reefing; hastial de una — (min.), cheek; inclusión cristalina de una —, comb; parte inferior de la — (extracción de carbón), deep; pequeña — lateral, feeder.

Veteado, Veining.

Veteadura (forja), Blown hole.

Vetitas, Stringer.

Vetustez, Decay.

VF (Sistema) (sistema multicanal armónico), VF system.

Vía, Channel, line, track, tread, way; — (minas), opening; — ancha, broad gauge; — de acceso, driveaway; — de apartadero, side track, siding; — de carga, siding; — de clasificación, distributing track; — de comunicación, communication circuit; — de enlace, connection track; — de ferrocarril, rail road track; — de gran separación, broad gauge; — de progresión, forward path; — de socorro, emergency route; — directa en el servicio internacional, direct international telegraph connection, direct route in the international service; — doble, double track; — estrecha, narrow gauge track; — ligera, light track; — métrica, meter gauge; — muerta (ferrocarriles), short dead end; — normal, normal route, standard gauge track; — preferente, first-choice route; — seca (química), dry method; — secundaria, secondary route; — sencilla, single track; — supletoria, alternative route; — suspendida, runway; aparato para dar — (sierra), saw set; asentador de —, platelayer; cambio de —, shunting, siding; cubrir la —, to interlock; de doble —, double railed; de dos vías, two way; de varias vías, multiway; de — única, single railed; grifo de dos vías, two way cock; recorredor de la —, track walker; rectificación y nivelación de la —, track surfacing; vagoneta de mano para reconocer la — férrea,

pushcart; válvula de una —, one way valve; vigilante de —, lineman.

Viabilidad, Livability.

Viaducto, Over bridge, viaduct.

Viaje (Hacer un) imperial (aeroplano), to cant over.

Vibración, Chatter or chattering, flutter, jar, jarring, jumping (of a tool), niril, tremor, vibration; — aerolástica de pérdida de velocidad, stalling flutter; — amortiguada, damped vibration; — completa, diadrom; — de alta frecuencia, screech; — estructural (aviones), buffeting; amortiguador de vibraciones, vibration damper; captador de vibraciones, vibrations pickup; de —, vibrational; espectro de —, vibrational spectrum; exento de vibraciones, vibrationless; frecuencia de vibraciones, vibration frequency; huella de —, chatter mark; interruptor de —, vibraswitch; vibraciones de torsión, torsional vibrations; vibraciones forzadas, forced vibrations; vibraciones irregulares, erratic vibrations; vibraciones irregulares imprevisibles, erratic vibrations; vibraciones regulares, steady vibrations; vibraciones ultrasónicas, ultrasonic vibrations.

Vibracional, Vibrational.

Vibrado, Vibrated.

Vibrador, Buzzer, jolter, tickler, vibrator; — (telégrafo), ticker or tikker; — de cuarzo, quartz vibrator; — de llamada, pole changer; — sintonizado, buzzer tuned; contacto de —, buzzer coil.

Vibrante, Vibrating; cernedor —, vibrating sifter; lámina —, vibrating reed; placa — (teléfono), vibrating diaphragm; talochas vibrantes, vibrating hawks.

Vibrar, To jar, to pant, to vibrate; — (herramienta pieza de máquina), to chatter.

Vibratorio (Pisón), Vibratory tamper.

Vibrógrafo, Vibrograph.

Vibroscopio, Vibroscope.

Vibroseparador, Vanner.

Viciado, Stale.

Vida, Life.

Vídeo, Video; **estudio de —,** video studio.

Videoenlace, Videofrequency amplifier.

Videofrecuencia, Videolink.

Vidriar (alfarería), To varnish.

Vidriera, Stained glass.

Viedriería, Glasswork.

Vidriero, Glazier; **caña de —,** bunting iron; **tenaza de —,** croppie.

Vidrio, Glass; **— adherente al crisol,** collet; **— biselado,** bevelled glass; **— coloreado,** coloured glass; **— con bollones,** crown glass; **— crown,** crown glass, flashed glass; **— cuarteado,** frosted glass; **— chapado,** flashed glass; **— esmerilado,** ground glass; **— estirado,** drawn glass; **— irrompible,** unbreakable glass; **— laminado,** rolled glass; **— metalizado,** metalized glass; **— opalino,** bore glass; **— para cristal de ventana,** broad glass, window glass; **— para cristales,** broad glass; **— para planchas,** plate of glass; **— plano,** flat glass; **— refractario,** heat resisting glass; **— resistente a las balas,** bullet resistant glass; **— soplado,** blown glass; **ampolla de —,** glass bulb; **calor del —** (alto horno), blast heat; **escoria del —,** sandiver; **esmalte de —,** glass enamel; **fibra de —,** fiber glass, glass staple; **fibras de —,** glass wool; **mármol de —,** glass surface plate; **tejido de —,** glass cloth.

Vidrioso, Glassy.

Viejo, Stale.

Viento, Slipstream, wind, wind brace; **—** (alto horno), blast air; **—** (met.), blast; **— caliente,** hot wind; **— caliente de Egipto,**

Khamsin; **— de chimenea,** belly stay, stay; **— de hélice,** slip stream; **— de la hélice,** airscrew draught; **— de los motores a reacción,** jet blast, jet blasting; **— de proa,** headwind; **— en exceso** (proceso Bessemer), after blow; **— nulo,** still air; **aparato de — caliente** (horno alto), hot blast stove; **caja de —,** blast box, blast tank; **cámara de —,** air chamber; **cantidad de —,** blast capacity; **con vientos,** stayed; **dar —,** to blow; **dar — al horno,** to blow in a furnace; **enfriamiento debido al —,** wind chill; **falso tirante de molino de —,** collar beam; **horno de —,** air furnace; **máquina a —,** airing machine; **prueba de —,** bubble test; **radio de acción en — nulo,** still air range; **rosa de los vientos,** card of a compass; **tobera de —** (metálica), air shaft.

Vientre, Antinode (véase también **Loop**), loop (véase también **Antinode**); **—** (alto horno), breast; **—** (Fís.), lobe; **— de alto horno,** belly, belly of a furnace; **— de intensidad,** current antinode, current loop, loop of current; **— de potencial,** loop of potential; **— de tensión,** voltage loop; **— de un alto horno,** body of a blast furnace; **vientre o blindado de —** (alto horno), shaft.

Vierteaguas (de portillo de luz), wriggle.

Viga, Baulk, girder; **— armada,** fished beam, strengthened beam truss; trussed beam, trussed girder; **— artesonada,** girder box; **— articulada,** articulated girder, hinged girder; **— con eclisa,** fishing beam; **— consola,** overhung girder; **— de abeto sin hendiduras,** bank; **— de alas anchas,** wide flange beam; **— de alma llena,** plate girder, web girder; **— de anclaje,** buck stay; **— de celosía,** cantilever girder; **— de cremallera,** intended beam; **— de ensamble,** built up girder; **— de entramado,** grooved beam; **— de fuerza,** corbel tree; **— de largas**

alas, wide flange beam; — de ligazón, tail boom; — de machihembrado, beam indented; — de madera de alma metálica, flitch girder; — de rodamiento, runway girder; — de travesero, tie bolt; — de unión, built beam, (aviones) tail outrigger; — del cielo del hogar, crown bar; — doble, twin boom; — empotrada, restrained beam; — en cajón, box girder, bow string girder; — en capón multicelular, box beam; — en celosía, lattice girder; — en ménsula, cantilever girder, overhung girder; — en retículo, lattice or latticed girder; — en U, strut bracing; — maestra, assembling piece, bind beam, breast summer, corbel piece, chief beam, chimney trimmer, cross rafter, dormant tree, girder, main girder, sleeper; — perfilada, structural beam; — reforzada, trussed beam; — transversal (de puente rodante), lifting beam; — transversal de carga, cross bar; — travesera, bridging beam, bridging piece; — tubular, box beam, box girder, girder box; — tubular multicelular, multicell box beam; — vertical de sostén, brow piece; — vertical de sostenimiento, brow piece; abrazadera de —, beam clamp; ala de —, chord; apoyo de —, beam support; apoyo de ala de —, boom sheet; doble —, twin boom; flecha formada de una —, wharf crane.

Vigilancia, Supervision; — a distancia, remote supervision; — de las máquinas, attendance; equipo de —, survey equipment; radar de —, early warning radar; radio —, radio warning.

Vigilante, Coe, overlooker, overseer, surveyor; — (minas), butty, doggy; — de puerta de entrada a los muelles, dockgateman; — en tierra de puntos de caída submarinas lanzadas por avión, minewatcher.

Vigilar, Overloading, to overlook; — (trabajos), to superinted; — la máquina, to attend (the engine).

Viguería, Beaming, girderage or girdering.

Vigueta, Binding joint, bridging joist, girder, joist, little beam, lumber, small beam, spar; — armada, trussed joist; — de duelas, codling; — de enlace, tail boom; laminador de viguetas, girder rolling mill.

Vilorta, Bond.

Vinílico, Vinyl; éteres vinílicos, vinyl ethers; plásticos vinílicos, vinyl plastics; polimerización vinílica, vinyl polimerisation; resina vinílica, vinyl resin.

Vinilidénica (Resina), Vinylidene resin.

Vinilo (Acetato de), Vinyl acetate; sulfuro de —, vinyl sulfide.

Vinilideno, Vinylidene.

Vino (Espíritu de), Ardent spirit.

Violeta, Purpled wood.

Virador, Barring engine, burden chamber, turning gear, turning wheel; — (acerería), burden of a chain; motor de —, barring motor.

Viraje, Curve, swerve, turn; — cerrado, steep turn; — en ángulo recto, right angle turn; — en picado, dive turn; — en S, Sturn; — inclinado, banked turn; — sin motor, gliding turn; vuelo de —, circling flight.

Virar, To heave, to wind; — demasiado inclinado, to underbank; — en redondo, to turn back; — en un plano, to over bank; — seguido (al cabrestante, etc...), to heave away.

Virial, Virial; coeficiente del —, virial coefficient; tensor —, virial tensor.

Virola, Bush, clasp, collar, corrugation, ferrule, pipe section; — de chimenea, belt of an iron chimney; — de extremidad (calderas), end shell ring; — de extremo (calderas), end shell ring; — del cuerpo cilíndrico, shell belt; — del horno, flue belt.

Virotillo, Cross bar, splacing ring, stay ring.

Virtual, Virtual; **foco —,** virtual focus; **imagen —,** virtual image; **longitud —,** time length.

Viruta, Chip, shaving, sliver, thread; **— de laminación,** chip; **— de madera,** broom; **— encrespada,** chip curling; **— metálica,** chip metal; **desprendimiento de virutas,** swarf clearance; **sin virutas,** chipless; **virutas,** chippings of metals, clippings, swarf.

Viscoelasticidad, Viscoelasticity.

Viscoelástico, Viscoelastic.

Viscosidad, Viscosity; **— absoluta,** absolute viscosity (véase **Poise**); **— cinemática** (obtenida dividiendo la viscosidad absoluta por la densidad del aceite), kinematic viscosity; **— específica,** specific viscosity; **— relativa,** relative viscosity.

Viscosimetría, Viscosimetry.

Viscosímetro, Viscosimeter or Viscometer; **— de rotación,** rotational viscosimeter; **lo mismo que el anterior pero para el — ordinario,** S.U.S. (Saybolt Universal Seconds).

Viscoplástico, Viscoplastic.

Viscoso, Viscose, viscous; **amortiguamiento —,** viscous damping; **retardo —,** viscous drag.

Visera de protección, Protective visor.

Visibilidad, Visibility; **aterrizaje sin —,** blind approach; **bombardeo sin —,** blind bombing; **campo de —,** field of visibility; **despegue sin —,** blind take off; **sin —,** blind; **vuelo sin —,** blind flight or flying.

Visiogénico, Visiogenic.

Visión, Vision; **— estereoscópica,** stereoscopic vision.

Visita, Inspection, overhauling, survey; **agujero de —,** side hole, sludge hole.

Visitado, Overhauled.

Visitar (máquinas), To overhaul.

Visor, Sight, view finder; **— de calado del rumbo,** course setting bombsight; **— de envolvente,** envelope viewer.

Vista, Design, sight, view; **— a vuelo de pájaro,** bird's eye view; **— aérea,** aerial view; **— aguas arriba,** upstream view; **— cercana,** close up; **— de costado,** side elevation, (dibujo) end elevation, side view; **— de frente,** end view, face plan; **— detallada,** exploded view; **— esquemática,** diagrammatic view; **— frontal,** front elevation, front view; **— posterior,** rear view.

Visual, Visual.

Vitallium, Vitallium.

Vitral, Stained glass.

Vítreo, Glassed, glazy; **sílice vítrea,** vitreosil.

Vitrificabilidad, Vitrifiability.

Vitrificado, Vitrified; **porcelana vitrificada,** vitrified porcelain.

Vitriolo, Vitriol; **— azul,** blue stone, copper sulphate; **— verde,** ferrous or iron sulphate.

Vitroclástico, Vitroclastic.

Vitrofido, Vitrophyre.

Vivianita, Blue ochre.

Viviente, Live.

Vivo, Live; **cal viva,** quick lime; **obras vivas,** quick works; **plata —,** quick silver.

Vivianita, Vivianite.

Vocal, Speech; **cresta de potencial —,** peak speech power; **inversor de frecuencias vocales,** speech inverter; **potencia — instantánea,** instantaneous acoustical speech power.

Voladizo, Jut, overhang, shed; **eje en —,** projecting axle; **en —,** cantaliver (rare) or cantilever, free belt, overhanging, overheating, overhung, projecting; **estar en —**, to be corbelled out, to overhang; **resorte en —**, cantilever spring.

Volante, Fly, hand wheel; **—** (máquina), flywheel; **— de dirección** (auto), steering wheel; **— de maniguetas**, capstan hand wheel; **— de maniobra del freno**, brake wheel; **— de mano que acciona el avance de la muela** (máquina rectificadora), hand wheel for feeding grinding wheel; **— de mano que acciona el cabezal móvil** (máq.-rectificadora), hand wheel for actuating headstock; **— de mano que regula el descenso de la muela** (máquina rectificadora), hand wheel for setting grinding wheel movement; **— de puntería**, training wheel; **— dentado**, toothed flywheel; **— hendido**, split flywheel; **— montado en voladizo**, overhung flywheel; **ala —**, all wing aircraft, flying wing; **andamio — en un pozo**, cradle; **cubo de —**, boss of the flywheel; **mando de —**, fly wheel action; **perforadora de mano provista de un pequeño volante**, fly drill; **tapadera del —**, flywheel cover.

Volar, To cantilever; **— a ciegas**, to fly blind; **— contra el viento**, to fly into the wind.

Volátil, Volatile; **álcali —**, volalkali; **no —**, non volatile.

Volatilidad, Volatility.

Volatilizable, Volatilizable.

Volatilización, Volatilization; **— del zinc**, zinc volatilization.

Volatilizar, To volatilize.

Volcado, Dump; **— por el fondo**, bottom dump.

Volcador, Dumper.

Volcar, To discharge, to upset.

Volquete, Cart tip, coke wagon, coop; dumping cart, rocker, tip barrow, tip cart; **— de basculación hacia adelante**, end tipping barrow; **bastidor con —**, dumper.

Volt (Electro), Electron volt.

Voltaje, Voltage; **— de alimentación**, input voltage; **— de carga**, charging voltage; **— de pico**, crest voltage; **— de régimen**, working voltage; **— en reposo**, voltage on open circuit; **— excesivo**, boosting voltage; **— inicial**, initial voltage; **— o tensión de acumulador**, accumulator voltage; **— o tensión de pila**, cell voltage; **— suplementario o adicional**, additional voltage; **alto —**, high voltage; **bajo —**, low voltage; **caída de — o de tensión**, voltage drop; **duplicador de —**, voltage doubler; **elevador de —**, booster; **limitador de —**, voltage restrictor.

Voltamétrico, Coulometric; **valoración voltamétrica**, coulometric titration.

Voltámetro, Coulometer.

Volteador de trozos (sierras), Canter.

Voltear, To trip.

Voltímetro, Voltmeter; **— aperiódico**, dead beat voltmeter; **— avisador**, signal voltmeter; **— de alta frecuencia**, high frequency voltmeter; **— de amplitud para impulsos**, pulse height voltmeter; **— de baja tensión**, low tension voltmeter; **— de bolsillo**, pocket voltmeter; **— de Cardew**, Cardew's voltmeter; **— de contacto**, contact voltmeter; **— de corriente continua**, direct current voltmeter; **— de cristal**, crystal voltmeter; **— de chispa**, spark-gap voltmeter; **— de diodo**, diode voltmeter; **— de dos escalas o de dos graduaciones**, double scale voltmeter; **— de fase**, phase voltmeter; **— de parada de aguja**, pointer stop voltmeter; **— de precisión**, standard voltmeter; **— de puente**, bridge-type voltmeter; **— de punta**, peak voltmeter; **— de rayos catódicos**, cathode-ray tube voltmeter; **— de resorte**, marine voltmeter, spring voltmeter; **— de servicio**, operating voltmeter; **— de triodo**, triode voltmeter; **— de**

tubo de vacío, vacuum tube voltmeter; — **diferencial,** differential voltmeter; — **doble,** double voltmeter; — **electromagnético,** electromagnetic voltmeter; — **electrónico,** electronic voltmeter, valve voltmeter; — **electrostático,** electrostatic voltmeter; — **Ferraris,** Ferraris voltmeter; — **generador,** generator voltmeter; — **logarítmico,** logarithmic voltmeter; — **multicelular,** multicellular voltmeter; — **para corriente alterna,** alternating current voltmeter; — **registrador,** recording voltmeter; — **térmico,** hot wire voltmeter; — **termoiónico,** thermionic voltmeter.

Voltinidad, Voltinity.

Voltolisis, Voltolysis.

Voltio (elec.), Volt.

Voltohmímetro, Voltohmmeter.

Volumen, Bulkiness, measurement, volume; — **de un peso de un quilate de agua destilada a 4º C,** water carat; — **de vapor,** bulk of stream, (calderas, etc...), steam space; **control automático de —,** automatic volume control; **de poco —,** compact; **exceso de —,** bulginess; **indicador de —,** volume indicator; **medida de —** (que corresponde en América a 3,623 m³ y en Inglaterra a 3,56 m³), cord; **mercancía de gran —,** bulk freight; **unidad de — sonoro,** acoustic volume unit.

Volumenómetro, Volumenometer.

Volumétrico, Bulk, volumetric; **análisis —,** volumetric analysis; **módulo —,** bulk modulus; **potencia volumétrica,** specific power; **rendimiento —,** volume efficiency, volumetric yield.

Voluminoso, Bulky.

Voluntad de proa (buque en marcha), Feather spray.

Voluta, Scroll, volute; — **espiral,** case, scroll case; **con volutas,** voluted; **ombligo de —,** central point of a volute.

Volver, To turn.

Vórtice, Ericsson's screw.

Vortical (Estela), Swirling wake.

Vorticidad, Vorticity.

Voz, Loud; **de alta —** (teléfono), loudspeaking.

Vranilo, Wranyl.

Vuelcavagones, Car dumper, car tilter or tipple.

Vuelco, Dump, dumping or dump, overtuning, tilt, tippling, turning; — **lateral,** sideways dumping.

Vuelo, Flight or flying, stunt; — **a ciegas,** blind flight; — **a solas,** solo flight; — **a vela,** soaring; — **acrobático,** stunt flight; — **asimétrico,** asymetric flight; — **corto de baja altitud,** hop, hopping; — **charter,** charter flying; — **de acrobacia,** stunt flying; — **de adiestramiento,** training flight; — **de crucero,** cruising flight; — **de entrenamiento,** training flight; — **de grupo,** group flight; — **de noche,** night flight; — **de prueba,** test hop; — **de recepción,** acceptance flight; — **de reconocimiento,** survey flight; — **en altura,** high flight; — **en grandes alturas,** high altitude flying; — **en longitud,** long flight; — **en 90 grados,** banking vertical; — **en picado,** diving flight, pitching; — **estacionario** (aviac.), hovering; — **hacia adelante,** forward flight; — **horizontal,** horizontal flight; — **invertido,** inverted flight; — **planeado,** glide, gliding flight; — **planeado en espiral,** spiral glide; — **sin escalas,** non-stop flight; — **sin visibilidad,** blind flight; **analizador de —,** flight analyser; **ensayado en —,** flight tested; **descender en — planeado,** to volplane down; **ensayo en —,** flight test; **ensayos en —,** flight testing; **negativa con un — denso,** chalky negative; **primer —,** maiden flight; **simulador de —,** flight simulator.

Vuelta, Eddying, turn; — (de cable maroma), lead; — (de un cable que se fila), kneck; — **muerta**

(nudo), round turn; **circuito fantasma con — por tierra,** earth-return phantom circuit; **de —** (golpe de pistón), inboard; **de un cote y — de braza** (nudo), half hitch timber.

Vulcanización, Vulcanising or vulcanizing, vulcanization or vulcanisation.

Vulcanizado, Vulcanizate or vulcanisate, vulcanized or vulcanised; **caucho —,** vulcanized indiarubber; **fibra vulcanizada,** vulcanized fiber.

Vulcanizador, Vulcaniser, vulcanizer; **ajuste para vulcanizadora,** cavity clamp.

Vulcanizar, To vulcanize or vulcanise.

W

W (Cilindros en), W type cylinders.
Weberio, Weber.
Wolframita, Cal.

Wolframio (Óxido de), Tungstic oxide.

X

X (Microscopio de rayos), X rays microscope.
Xantofila, Xantophyll.

Xenón, Xenon; **lámpara de** —, xenon lamp.
Xileno, Xylene.
Xilografía, Xylography.

Y

Yacimiento, Bed, deposit, field, lens (plural **lenses**), pool; — **de riqueza variable,** bunch; — **dislocado,** faulted deposit; — **en conglomerado,** ore body; — **estanífero,** tin deposit; — **irregular,** bunchy; — **rico pero de poca potencia,** bonney; **yacimientos rodáceos,** rudaceous deposits.

Yatroquímica, Iatrochemistry.

Yesca, Tinder.

Yeso, Gips, gypsum, plaster; — **alumbrado,** Keene's marble cement; — **de París,** plaster of Paris; **relleno de mortero o de —,** rough walling.

Yesoso, Gypseous, plastery.

Yodación, Iodination.

Yodímetro, Iodimeter.

Yodo, Iodine; **índice de —,** iodine number.

Yodométrico, Iodometric; **valoración yodométrica,** iodinated, iodometric determination.

Yodoplatinato, Iodoplatinate.

Yodosa, Iodose.

Yugo, Yoke.

Yunque, Anvil, swage block; — **de acanalar,** grooved anvil; — **de aplanar,** planishing stake, straightening block; — **de clavero,** nail stake; — **de cola,** stake anvil; — **de dos pies,** two beaked anvil; — **de embutir,** chasing anvil, embossing anvil; — **de enderezar,** straightening block; — **de mano,** hand anvil; — **de martinete,** anvil and hammer; — **de plomero,** anvil for slatters; — **de redondear chapas,** chasing anvil; — **de remache,** riveting anvil; — **de un brazo,** anvil with one arm; — **de un solo brazo,** beak iron; — **para aplanar,** polishing block; — **para formar el fondo,** bottom anvil; — **para limas,** cutting block; — **para tallar limas,** anvil for cutting files, file cutting anvil; — **y martillo de hierro colado,** anvil and hammer; **arista del —,** anvil edge; **biogornia de —,** filing block, filing board; **cepo del —,** anvil bed, anvil block; **cuerno de —,** horn for the anvil beak; **cuerpo del —,** anvil pillar; **efecto de —,** anvil effect; **estampa del —,** anvil pallet; **forjar al —,** to anvil; **manguito del —,** anvil sleeve; **mesa de —,** face; **mesa del —,** anvil face, anvil plate; **pie de —,** anvil side; **pie del —,** anvil bed, anvil foot; **tajadera de —,** anvil chisel; **tajo del —,** anvil block, anvil stock; **zócalo del —,** anvil bed.

Yuntero, Driver.

Yute (planta, hilo), Jute; — **saturado** (cables eléctricos), saturated jute; **cable bajo —,** jute protected cable; **fibra de —,** jute fiber; **hilo de —,** jute yarn; **saco de —,** jute bag.

Yuxtalineal, Juxtalinear.

Z

Z (Acero en), Z steel; **hierro en —**, Z bar or zed.

Zafar, To trip; **— un trinquete,** to unclink.

Zafiro, Sapphire.

Zafra (minas), Rubbish.

Zamarra, Ball, pile, stab; — (met.) lump.

Zambullida (En), Underwater.

Zambullir, To immerge or to immerse.

Zanja, Cutting, digging, drain, open cut; **— de nivel,** level cutting; **máquina de cavar zanjas,** trencher or trenching machine; **relleno de —**, trench blackfill.

Zapado, Mined.

Zapadores (Regimiento de) de combate, Engineer combat group.

Zapapico, Bede, hack, pick axe or ax.

Zapar, To excavate, to hew, to mine.

Zapata, Chap, friction shoe, pad, roller block, shoe, slipper; — (de cabria, de ancla), shoe; **— de carril,** chair; **— de cementación a torbellino,** whirler shoe; **— de freno,** block of brake; **— de fricción,** friction shoe; **— de patín,** clumb sole; **— de quilla,** chock; **— de tornillo,** anchor; **con — nueva** (freno), reshoed; **freno de —**, block brake.

Zarpar (veleros y vapores), To sail.

Zénit (astr.), Altitude.

Zig-zag, Zig-zag; **montaje en —**, zigzag connection; **rectificador en —**, zig-zag rectifier.

Zinc, Zinc; — (aviación), bus; — **comercial,** spelter; **— en láminas,** zinc sheets; **— laminado,** sheet zinc; **acumulador de —**, zinc accumulator; **blanco de —**, zinc white; **cloruro de —**, zinc chloride; **disco o arandela de —**, zinc disc; **fluoruro de —**, zinc floride; **gramalla de —**, granulated zinc; **mineral de —**, zinc ore; **óxido de —**, zinc oxide; **pila hierro —**, zinc iron cell; **placa de —**, zinc plate; **placa de — amalgamada,** amalgamated zinc plate; **polo de —**, zinc pole; **revestido de —**, coated zinc; **silicato de —**, zinc silicate; **sulfato de —**, white copperas, white vitriol, zinc sulphate; **sulfuro de —**, zinc sulphide; **varilla o lápiz de —**, zinc rod.

Zincado, Zinc coated.

Zincador, Zinc worker.

Zincar, To zinc.

Zincita, Zincite.

Zip fastener, Cierre relámpago o de cremallera.

Zirconía, Zirconia.

Zirconilo, Zirconyl.

Zirconio, Zirconium; **bióxido de —**, zirconium dioxyde.

Zirconita, Jacinth.

Zócalo, Base, bed plate, chimney base, footing, pedestal, skirt or skirting, socket; — (máquinas), sole; **— de un motor,** engine base; **— octal,** octal plug.

Zona, Area, belt, zone; **— auroral,** aurorale zone; **— contraindicada,** condemned zone; **— de aterrizaje,** landing area; **— de balance de mareas,** intercotidal; **— de combustión,** combustion zone; **— de**

crepúsculo, twilight zone; — **de día**, daylight zone; — **de estacionamiento** (aviación), holding area; — **de indiscriminación**, confusion region; — **de noche**, darkness zone; — **de oscuridad absoluta**, late darkness zone; — **de partida**, departure area; — **de recepción deficiente**, blind spot; — **de silencio** (radio), skip zone; — **de tasa local**, toll local zone; — **equifásica**, equiphase zone; — **equiseñal**, equisignal zone; — **franca**, free zone; — **oscura**, obscure zone; — **superficial arenosa**, sand streak; — **tranquila en la superficie del mar**, greysslick; **caldeo por zonas**, zoning; **cómputo por tiempo y** —, time and zone metering.

Zores (Perfiles), Zore profiles.

Zozobrar, To tip over.

Zulaque, Lute.

Zumbador eléctrico, Buzzer; — **para práctica**, practice buzzer; **núcleo del** —, buzzer core.

Zumbido, Buzzing, droning.

Zunchado, Banding, binding wire, bound, bound with iron hoops, hooped; — (resorte), banded; **cañón** —, coiled gun.

Zunchar, To hoop.

Zuncho, Band, barrel band, binding, binding hoop, collar, curbing, ferrule; — (cañón, camisa de forzamiento), hoop; — **de hierro forjado**, wrought iron bond; — **del eje**, axle hop; **segmento de** —, clamping segment.

Zurrar, To comb; — **pieles**, to hammer.